Von Österreichern und Chinesen

Gerd Kaminski
Else Unterrieder

Von Österreichern und Chinesen

Europaverlag
Wien · München · Zürich

Nr. 13 der Berichte
des Ludwig Boltzmann Institutes
für China- und Südostasienforschung

GEFÖRDERT DURCH DEN JUBILÄUMSFONDS
DER OESTERREICHISCHEN NATIONALBANK

Umschlag von Wilhelm Kögl

Lektorat Peter Aschner

Printed in Austria
Fotosatz Bergler Wien
Druck Elbemühl Wien
ISBN 3-203-50744-7

Den Menschen
in Österreich und China
gewidmet

Inhalt

Vorwort

Der Leser würde es uns schwer verzeihen, stellten wir diesem umfangreichen Buch auch noch ein umfangreiches Vorwort voran. Wir wollen es daher kurz fassen. Warum wir das Werk geschrieben haben? Der Charakter der Österreicher und der Chinesen verfügt über so viele einnehmende und eigenartige Besonderheiten und Facetten, ihr Weg durch die Geschichte war jeweils so lang und windungsreich, daß es vielleicht doch nicht als pathetische Floskel aufgefaßt wird, wenn wir antworten: Aus Liebe zum österreichischen und chinesischen Volk. Dieses Gefühl war nicht nur das treibende Moment beim Beginn unserer Arbeit, sondern hat uns auch geholfen, sie zu vollenden. Denn dieses Werk hat uns mehr an Substanz gekostet, als man in Worten ausdrücken kann.

Wir wollten den beiden Völkern, deren Mentalität in wesentlichen Zügen sehr ähnlich ist, zeigen, daß sie miteinander schon einige Jahrhunderte lang zumindest auf Grußfuß stehen und es immer wieder geschafft haben, die Entfernung zu überwinden, um fruchtbaren Kontakt zu pflegen. Was den österreichisch-chinesischen Beziehungen bisher abging, war weniger Quantität oder Intensität, sondern vor allem Kontinuität. Bei unseren Nachforschungen erschloß sich die Geschichte der österreichisch-chinesischen Beziehungen nicht als großes, zusammenhängendes Bild, sondern es handelt sich um verstreute große und kleine Steine, die sich wohl von ordnender Hand zu einem Mosaik fügen lassen, doch hat man bisher offenbar weder im amtlichen noch im privaten Bereich beider Länder den Versuch unternommen, aus dem Gewirr von Details dieses Mosaik herzustellen.

Periodenweise waren die österreichisch-chinesischen Beziehungen auf verschiedenen Gebieten sehr rege. Doch immer dann, wenn die Kontakte einen vielversprechenden Stand erreicht hatten, traten in dem einen, im anderen oder in beiden Staaten innen- oder außenpolitische Ereignisse ein, welche die Brücken und Stege, die entstanden waren, zum Einsturz brachten. Früher oder später kam es dann wieder zu Berührungen, aber man baute bei den neuen Brückenschlägen nicht auf den alten Fundamenten weiter, sondern schuf neue, ohne auf die alten Verbindungswege Bedacht zu nehmen, oft sogar, ohne von ihnen zu wissen.

Bei dem Vorhaben, all das, was Österreich und China seit Jahrhunderten miteinander verbindet, vor dem Leser auszubreiten, waren zwei Wege möglich: ein Sammelwerk mit Beiträgen verschiedener Spezialisten oder eine von uns selbst gestaltete Arbeit, die versucht, von Ratschlägen verschiedener Fachleute zu profitieren. Der Einheitlichkeit und Lesbarkeit halber haben wir uns für den zweiten Weg entschieden. Wir bitten daher die Leser, über die eine oder andere Stelle, welche sie aufgrund eigener spezieller Informationen anders sehen, nicht bloß mit einem Naserümpfen hinwegzugehen, sondern uns – und damit den Lesern des Ergänzungsbandes, der in einigen Jahren erscheinen soll – ihre besonderen Kenntnisse und Ratschläge zur Verfügung zu stellen. Das gilt auch für Verwandte und Bekannte von Persönlichkeiten, die in den österreichisch-chinesischen Beziehungen eine Rolle gespielt haben und dennoch hier nicht aufscheinen. Bitte, melden Sie sich und geben Sie uns Gelegenheit, dies in dem geplanten zweiten Band nachzuholen. Vielleicht wird sich dieser dann auch auf mehr Material aus chinesischen Archiven stützen können?

Wir haben uns jedenfalls redlich Mühe gegeben, so viele Fachleute und Auskunftspersonen wie möglich anzusprechen, und es haben in dankenswerter Weise einige Hundert ihre wertvolle Hilfe gewährt. Da es unmöglich ist, eine derartig lange Dankliste aufzunehmen, bitten wir um Verständnis, daß wir nur insgesamt danken können. Sie alle haben uns Ihre Zeit, Ihr Wissen und Ihr Material zur Verfügung gestellt. Wir werden Ihnen dafür immer zutiefst dankbar sein.

Finanziell ist die Durchführung der notwendigen Forschungen vor allem dadurch ermöglicht worden, daß das Projekt von der Oesterreichischen Nationalbank in die Förderung durch ihren Jubiläumsfonds aufgenommen worden ist. Vorstudien für die Themen China und Wien im 19. Jahrhundert sowie über die China-Kontakte von Vertretern der österreichischen Arbeiterbewegung waren durch ein Forschungsstipendium der Stadt Wien beziehungsweise einen Theodor-Körner-Preis unterstützt worden. Von besonderem Gewicht war natürlich der Entschluß des Europaverlages, dieses aufwendige Werk in sein Programm aufzunehmen. Ihnen allen gebührt unsere große Dankbarkeit.

Wir schreiben diese Zeilen im siebenten Monat des chinesischen Kalenders – etwa um die Zeit, da sich der Legende nach der Hirte und das Webermädchen über der Milchstraße treffen. Tausende von Vögeln bilden zusammen eine Brücke, die die beiden zusammenführt, sich aber nach der siebenten Nacht des siebenten Monats in Nichts auflöst. In ähnlicher Weise sind früher Verbindungen zwischen Österreich und China aus dem Gedächtnis verschwunden, als ob es sie nie gegeben hätte. Die Aufnahme der diplomatischen Beziehungen zwischen den beiden Staaten im Jahre 1971 hat der Intensität des österreichisch-chinesischen Verhältnisses einen neuen Aufschwung gebracht. Brücken zwischen zwei Völkern sind dann dauerhaft, wenn sie im Bewußtsein der Menschen verankert werden. Das Wissen um die gemeinsame Geschichte mag dabei von besonderer Bedeutung sein.

Wien, im August 1980

Gerd Kaminski
Else Unterrieder

Erstes Kapitel

Die Fernberger zu Egenberg – erste österreichische Chinafahrer?

Die ersten österreichischen Chinafahrer scheinen zwei aus dem oberösterreichischen Geschlecht der Fernberger zu Egenberg gewesen zu sein. Während der Onkel, Georg Christoph Fernberger, seine Reise freiwillig antrat und als einer der ersten Orienttouristen angesehen werden kann, ging die noch weitere Fahrt seines Neffen zweiten Grades, Carl Christoph Fernberger, auf eine Verkettung von Unglücksfällen zurück.

Doch zuerst zum Onkel. Georg Christoph Fernberger wurde 1557 geboren und hatte schon vor seiner großen, selbstgeplanten Studienreise Gelegenheit, entferntere Länder zu besuchen. Kaiser Rudolf II. schickte ihn in diplomatischen Geschäften nach Konstantinopel. Dabei dürfte Fernberger Gefallen am Erforschen fremder Reiche gefunden haben. 1588 brach er dann gemeinsam mit Hans Christoph von Teufel zu einer Fahrt auf, die man nach damaligen Begriffen durchaus als Weltreise bezeichnen kann. Erstes Ziel war das Fernberger bereits vertraute Konstantinopel. Von dort ging es nach Kleinasien, nach Ägypten und in den Mittleren Osten. Von Ormuz an schlugen die beiden Österreicher verschiedene Wege ein. Teufel ging nach Persien und Armenien und besuchte danach Jerusalem. Georg Christoph Fernbergers Reiselust übertraf die seines Partners und führte ihn nach Indien, Hinterindien, Malakka und wahrscheinlich auch nach dem chinesischen Macao[1].

Die Antwort auf die Frage, ob Georg Christoph Fernberger tatsächlich China erreicht hat, ist deshalb etwas schwierig, weil die den Autoren vorliegenden Handschriften diesbezüglich voneinander abweichen. In der ausführlicheren lateinischen Handschrift findet sich weder im Titel noch im Text ein Hinweis darauf, ob der österreichische Adelige sich bloß in angrenzenden Regionen über chinesische Verhältnisse informiert oder selbst chinesischen Boden betreten hat. Unter dem Titel *Peregrinatio Montis – Synai, Terrae Sanctae cum itineribus: Babylonico, Persico et Indico*[2] erzählt Fernberger davon, daß die Handelswege von Malakka nach China und Japan nicht allen offenstünden, welche Güter ausgetauscht würden und auf welcher Route sie nach Alexandrien kämen, um von dort in die verschiedenen europäischen Häfen verschifft zu werden[3]. Die Schrift enthält auch einige Hinweise auf die Entfernung zwischen China und Japan wie auch auf die Distanz zwischen Macao

PEREGRINATIO MONTIS SYNAI ET TERRAE SANCTAE CUM ITINERIBUS: Babylonico, Persico et Indico, A GEORGIO CHRISTOPHERO FERNBERGER ab Egenberg confecta, breviterque descripta.

ANNO

M. D. XCIII.

Cor hominis disponit viam suam, Domini autem est dirigere gressus eius.

Qui navigant mare, narrant pericula eius.

Non conosce terra ne la stima
Chi non ha provato il mare prima

Handschriftensammlung der Österreichischen Nationalbibliothek und Kanton[4]. Fernberger erwähnt ferner, daß die Lusitanier (Portugiesen) auf Macao ein Erzbistum errichtet hätten[5]. Das in der Nähe liegende Kanton bezeichnet er als »berühmtesten Handelsplatz« Chinas[6].

Hat Fernberger sich dieses Wissen in Macao selbst angeeignet? Der deutsch geschriebene »Kurtze Summarische Ausztzug der ansehnlichen und gancz verwunderlichen Reisz so der Edl und Gestreng Herr Georg Christoff Fernbergs von Egenberg auss Österreich ob der Enns in der Türckej nach Constantinopel, von dannen nach dem Berg Sinay, ferner nach Babylon und entlich in die Orientalische Indien verricht und folgendts durch Persien, das gelobte Land, Poln und Littaw wieder in sein Vatterland angelangt ist«, scheint die Anwesenheit Fernbergers in Macao zu bestätigen. Es heißt dort, Fernberger sei am 4. Januar 1590 »in den oriental Indien« aufgebrochen[7] und am 6. August desselben Jahres »abermal nach dem Indien abgefahren«. Vom Land »Coromandel« habe er sich nach »Pegu« begeben[8] und von dort innerhalb von acht Tagen nach Macao, über das allerdings im Gegensatz zu Pegu ansonsten nichts berichtet wird[9]. Lediglich eine Entfernungsangabe für die Strecke von Malakka nach China ist in dieser deutschen Handschrift noch zu finden[10]. Doch immerhin ist Macao als Reiseziel in der deutschen Version angeführt, während die lateinische darüber schweigt; da aber die lateinische Ausgabe in Anbetracht der flüchtigen Schrift und der vielen Korrekturen als vorläufiges Konzept Fernbergers angesehen werden kann[11], ist das Fehlen eines Vermerks über den Besuch in Macao noch kein Beweis dafür, daß ein solcher nicht stattgefunden hat.

Denn zur Herausgabe überarbeiteter oder vielleicht sogar gedruckter Versionen hat das Schicksal Fernberger nicht mehr Zeit gegönnt. 1593 kam er nach Europa zurück. Die jeweils letzte Seite der beiden Handschriften berichtet, daß er im Frühjahr Polen erreichte und sich von dort in die Heimat begab. Im darauffolgenden Jahr bescherte ihm ein Feldzug viel unerfreulichere Begegnungen mit den Türken, als er vorher als Tourist gehabt hatte. Bei einem Gefecht in Ungarn erhielt er einen Schuß ins Bein und starb an seiner Verwundung, erst 37 Jahre alt, am 29. Juni 1594[12]. Da er also daran gehindert war, seine Manuskripte zu bearbeiten und zu ergänzen, bieten sie über China weniger Informationen, als man vielleicht in jenen Ausgaben von Fernbergers Schriften hätte finden können, deren Herausgabe wegen seines frühen Todes unterbleiben mußte.

Was dem Onkel versagt blieb, war dem Neffen ohne besonderen Wunsch und Willen beschieden. Er, der noch weiter herumkam als sein Onkel, vermochte auch nachher darüber ausführlich Bericht zu geben. Christoph Carl Fernberger wurde dem Erbkämmerer von Österreich ob der Enns, Carl Ludwig Fernberger, als zweiter Sohn geboren[13]. Sein Vater war ein Cousin unseres ersten weitgereisten Fernberger[14]. Schon als junger Mann trat Christoph Carl Fernberger in kaiserliche Dienste und kämpfte in der spanischen Armee, die das Rheinland und den habsburgischen Teil der Niederlande zu schützen hatte. 1621 wurde er bei

Christoph Carl Fernberger
(Bildarchiv der Österreichischen Nationalbibliothek)

einem Gefecht gefangengenommen und hielt sich nachher im Hauptquartier des Prinzen von Oranien bei Rosenthal auf[15].

Was dann weiter geschah, ist bereits seinen Aufzeichnungen zu entnehmen[16]. »Im jahr nach Christi geburt daß man zählt eintausendsechshundert und ain und zwanzig, den 13. Octobris, bin ich von der hollendischen Armee (nachdem ich 300 prabantische Gulden zur rantion erlegt) widerumb loß gelassen worden[17] . . .« Ein französischer Graf willigte auf Fernbergers Bitte ein, ihn nach Haag mitzunehmen, und so war es das erste Mal, daß er »aufs waßer kam[18]«. Diesem Element sollte er dann allerdings auf längere Zeit verbunden bleiben. Von Haag begab er sich nach Amsterdam und hielt dort nach einem Schiff Ausschau, welches ihn in die Nähe seiner Heimat bringen könnte. Nach längerem Warten hörte er, daß ein Kaufmannsschiff nach Venetien absegeln sollte, und versuchte, darauf einen Platz zu bekommen: »Der schiffer oder capitan, welcher ein rauher gesell war sah mich an, wan ich mich wolte bey seinem koch in der kuhel zu allem gebrauchen laßen; und thuen was mir der koch schaffen würde, so wolt er mich mitnehmen, sonst aber nit[19] . . .«

Ein wichtiges Detail blieb aber dem neubestallten Küchengehilfen seitens des Kapitäns – möglicherweise absichtlich – verborgen: Das Schiff war gar nicht nach Venetien bestimmt, sondern sollte Landana nördlich der Kongomündung anlaufen[20]. Fernberger scheint dies mit Gelassenheit getragen zu haben, denn seine Erinnerungen enthalten diesbezüglich keine Klage. Schon bald hatte er Gelegenheit, seine Unerschrokkenheit unter Beweis zu stellen. In Sierra Leone galt es, Früchte zu beschaffen. Während der Schiffer ein anderes Mannschaftsmitglied mit Schlägen dazu treiben mußte, ging Fernberger freiwillig. Sie wurden in ein Gefecht mit Eingeborenen verwickelt, das für Fernbergers Gefährten tödlich ausging[21]. Bald darauf aber sollten sie alle in Lebensgefahr kommen. Ein Sturm trieb das Schiff am 29. Januar 1622 gegen die Klippen der Kapverdischen Insel Boa Vista. Fernberger konnte nicht schwimmen. Seine Rettung war ein gebrochenes Ankerkreuz, an das er sich zwei Stunden lang festklammerte, bis er schließlich an Land gezogen wurde[22].

Die Robinsonade, welche darauf folgte, überstand er recht gut. Am 7. Februar starb der Kapitän und vermachte Fernberger für treue Dienste »sein brot und keß, sambt den stockhfisch«. Noch zwei andere Männer erlagen einer Krankheit, und ein Matrose aus Danzig hat sich »auß kleinmütigkeit den felßen hinabgestürzt, und in stücken zerfallen[23]«. Fernberger bewahrte sich seinen Optimismus, und als eine holländische Flotte vorbeikam, die nach Südamerika unterwegs war, nahm er zum Unterschied von manchen Gefährten, welche von der weiten Reise zurückschreckten, das Angebot an, mitgenommen zu werden[24].

Seine Konstitution scheint gut gewesen zu sein, denn er überlebte die Fahrt, die so kräftezährend war, daß der Admiral der Flotte am 19. April an der südamerikanischen Ostküste ein Schiff verbrennen mußte, weil dafür nicht mehr ausreichend Mannschaft vorhanden war[25]. Um ein Haar wäre Fernberger allerdings eines gewaltsamen Todes gestorben, denn bei einer vom Schiffsbalbierer angezettelten und in letzter Minute verhinderten Meuterei hätte er als Getreuer des Admirals als erster daran glauben sollen[26]. Auf dem Weg zur Magellan-Straße ergänzten sie ihren Proviant, indem sie 3000 Pinguine fingen und einsalzten. Dennoch gingen Krankheiten so stark unter der Mannschaft um, daß wiederum ein Schiff zurückgelassen werden mußte. Von den ursprünglich fünf Schiffen waren nun nur noch zwei größere und eine Schaluppe übrig. Allein von Fernbergers Schiff hatten bereits 250 Mann ein Seemannsgrab gefunden[27]. Das erschwerte etwas die Aktionen, die man sich gegen spanische Ansiedlungen in Südamerika vorgenommen hatte, doch gelang schließlich die Plünderung von Städten, Gutshöfen und Schiffen in der Gegend von Peru und Ecuador auch mit reduzierter Mannschaft[28]. Nicht immer fielen den Holländern dabei Eßwaren in die Hände. In der Nähe von Acapulco kaperten sie am Christtag 1622 eine Fregatte, doch fanden sie nur Textilien vor. Im Januar war ihre Lage recht verzweifelt:

> ... der koch und budelier gaben nit mehr zu essen, sie haten nichts; ich kans mit gueter Wahrheit sagen, das wir anfingen leder zu kochen, und es stilt uns halt den hunger so wol, das wir gar bey den admiral anhielten, das er unß wol die feuereimer und das leder das noch dar ist außdeilen damit keiner mer als der ander hette; darauf gab er unß ein gueten muet, und giengen ihn die augen über, sagt, wir wollen den rechten weg nach der Molluques nemben[29].

Schließlich gelang es, auf einer kleinen Insel ein großes Krokodil zu schießen, das ihnen so mundete, als wäre es Kapaunenfleisch[30]. Doch auch ein großes Krokodil war auf die Dauer keine Lösung ihrer Proviantprobleme. Da trafen sie am 1. Februar auf ein von den Philippinen kommendes spanisches Schiff: »... Wir ... als hungerige wölf, liefen mit unß 24 in sein Schiff uber, mit bloßen Hauers oder säbels in den henden[31].« Die mit dem Mut der Verzweiflung kämpfenden holländischen Seeleute siegten und konnten sich an den reichen Vorräten des Schiffes gütlich tun. Fernberger fand in einem Geheimfach ein Kästchen mit sechs großen ungeschliffenen Diamanten[32].

Nun hatten sie genügend Proviant, um Batavia zu erreichen, wo sie am 25. Juli 1623 anlangten. Hier dürfte Fernberger seine erste Begegnung mit Chinesen gehabt haben: »... auch kamen ein Haufen schwarzen, Khineßen, Jaboneßen und Japhanen, und andere Nationen mehr, die brachten allerhandt verforschungen oder frücht, teilten und tauschten mit unß; in suma war es auf unßern Schiff als auf ein kirtag[33] ...«

Von den ursprünglich von Holland abgefahrenen 1300 Mann konnten sich allerdings nur noch 318 an diesem Bild erfreuen[34]. Wie alle anderen, sollte Fernberger nunmehr auf einen Landdienst bei der Holländisch-Ostindischen Kompanie vereidigt werden. Nachdem er seine Krankheit auskuriert hatte, wurde er am 29. September zum Wachdienst eingeteilt. An jenem Tage henkte man gerade einen Deserteur, und Fernberger, der über seinen Kriegsdienst als einfacher Musketier nicht begeistert war, bekam vor Augen geführt, daß er sich über eine Veränderung seiner Situation besser mit den Vorgesetzten ins Einvernehmen setzen sollte. Um seiner Bitte Nachdruck zu verleihen, schenkte er dem General einen der großen Diamanten, die er auf dem spanischen Schiff erbeutet hatte.

Durch Fürsprache seines Militäroberen wurde Fernberger beim Rat der Kompanie Gehör geschenkt. Er sagte ihnen, daß er »diße landten gern durchsehen wollte« – die Fernbergersche Reiselust scheint sich also auch auf ihn vererbt zu haben –, und erhielt von ihnen unter der Bedingung die Freiheit, daß er dortselbst für fünf Jahre Wohnung nehme[35]. Fernberger war es recht, und so begann er auf Rat eines dort ansässigen Schweizers Handel zu treiben: »... ist alßo auß einem edelman ein landtfahrer geworden[36]«, war sein lakonischer Kommentar. Als Kaufmann gewann er an den Chinesen Interesse, welche damals in Batavia regen Handel trieben, und er hatte bald Gelegenheit, den Besuch eines chinesischen Gesandten zu beobachten:

Den 20. December ist ein seneßische junkh aus China komen, welche in die 600 Chinesen auf gehabt, und ist mit allerley kestlichen waren geladen, darauf ein großer herr aus China mit ist, so Lottia genent wirdt. Nachmitag sein die Chinesen so hier waren mit vilen *(Schiffen)* hinauß gefahren, und haben vill fänlein und mußikh auf ihr manier, und haben ihn mit großer bracht ins hauß von den capidan von unßern Chinesen gebracht.
Den 26. hat der Chines Lotthia bey dem hern generaln audienz gehabt und als er einkomen sein ihm vil freyschiß gethan worden; er ist mit vilen leiten herein komen, ist gar ein alter man, hat ein schwarz seiden rockh auf ihr manier angehabt, darumb ein große girtel, welche weit hinauß gieng, auf seinem kopf hat er ein selzame hauben aufgehabt mit fligeln von schwarzen har gemacht; for ihm her sein etliche pfeifer mit selzamen hornß hergangen, die haben aufgeblaßen, hernach hat er in 2 tafel darauf senesis geschriben fortragen laßen, und nach demselben hat einer den brief in einen seiten tuch getragen, und nach demselben er selber und hat ihn ein griner seiten gibisol für die sonn laßen ober sein haubt tragen, und hinder ihn sein die fornembsten gangen, und darnach sein 4 gangen die haben zwey gibisollen getragen von gelber seiten, und gar stattlich gestickht vor den general, und hernach hat er 12 stuckh samet und 12 stuckh atlaß und 12 stuckh gulten tuch laßen tragen, und ein großen ballen rauche seiten, mit einen hauffen kerben, darin mit ihr drankh so all in klein botten und oben mit erdt zugemacht, und etliche korben mit zuckerkandel, und andern und etliche korben mit pomeranzen auß ihren landt und darnach noch woll 20 große botten von eingemachten imber *(Ingwer)* und andern; dißes alles hat er vor des generals fießen laßen ligen, und hat ins verehrt, und darnach den brief geben, darauf ist er alßobalten wider wekhgegangen ...
Den 7. *(Januar 1624)* hat der herr general mit seinen ganzen raht bey den senesisen capitan so in der statt ein schönes hauß hat, auf ihr manir gebaut, und er hat das ganze comento über alle Chinesen so hier wonen, es lossiert auch der potschafter dar, darbey hat der alte ambasator auch geßen, und auf der ein seiten hat der general auf hollendisch zu eßen geben, und auf der andern seiten der capitan auf fein senesiß und neben der tafel hat der ambasator laßen ein bin aufrichten, da haben seine Seneßen ein comedi gespilt; sie sein anselig in kleidern, haben selzame manier in schönen springen fechten, und

weilen sie gespilt hat der capitan hinder dem general gestandten und auß der chinesischen sprach ins moleische gesagt, ich aber hab nichts darauß noch konen vernehmen[37].

Die von den Chinesen mitgebrachten Waren kamen auch Fernberger zugute. Am 9. Januar 1624 fuhr er mit »senesiser war« auf die Insel Sumatra und vermerkte in seinem Tagebuch: »Diß ist mein erste reiß gott laß mirs glückhen[38].« Diese erste weitere Handelsfahrt brachte ihm tatsächlich Erfolg. Er konnte alle seine Ware gegen Pfeffersäcke eintauschen, welche er dann mit großem Gewinn an die holländische Kompanie verkaufte[39].

Während er zu diesem Unternehmen noch gemeinsam mit anderen europäischen Kaufleuten aufgebrochen war, wagte er seine nächste Reise nach Bantam (West-Java) bereits allein: »Den 25. *(Februar)* bin ich mit einer sineßischen junkh oder schiff so 82 Sinesen und 34 Javanen und ich nur allein gieng mit ihnen und ich namb 600 realn und etwas an kleider mit[40].« Die prächtigen chinesischen Gewänder, welche Fernberger dem König von Bantam zum Geschenk machte, und der Umstand, daß er kein Holländer war, förderten auch dort die Geschäfte des unternehmungslustigen Österreichers, und er konnte auch diese Fahrt günstig abschließen.

Bei einer weiteren Unternehmung traf das Schiff, auf dem er sich befand, auf zwei spanische Galeonen, mit denen bald ein erbitterter Kampf entbrannte. Fernberger bediente eine der Kanonen, da schlug ihm eine feindliche Kanonenkugel den Ladestock aus der Hand, und er verlor das Bewußtsein. Als man ihn zu den Toten warf, erwachte er von dem schmerzhaften Fall und setzte mit den anderen den beiden spanischen Schiffen so zu, daß sie schließlich die Flucht ergriffen, Wieder einmal war Fernberger unter den wenigen Überlebenden seines Schiffes[41].

Am 24. September 1624 kamen drei Dschunken von »Zenzau« (gemeint ist wahrscheinlich der in der chinesischen Provinz Fukien gelegene Hafen Changchou[42]), doch verbot die Kompanie den freien Kaufleuten den Handel und konfiszierte außerdem gegen eine geringe Entschädigung Fernbergers Pfeffervorräte. Daraufhin litt es Fernberger nicht mehr bei den Holländern, und er trachtete, nach China zu gelangen:

> . . . als ich das gelt empfangen resolvirte ich mich von den Hollendern wökh zubegeben, den ich sahe das sie den leiten das ihrige mit gewalt nemben und betrogne leit seint; ich fandt dar auch ein Chinesen welchen ich zu Jaccatra gekent; ich handelte mit ihm ob kein / miglikeit wer in das königreich China zu komen, ich wolt im dinen und geben was ich het; so hat er mir alle umbstent der unmiglikeit erzelt, das kein andere nation möcht hinein komen, aber in die statt Zenzau wolte er mich bringen doch muest ich vorgeben das ich ein Portugeß wer; ich schenkhte ihm 20 realn, dar befahl er mir das ich mich solte fertig halten; so gieng ich zu meinen camerat, gab ihm den

zetel umb die 400 taler, wan er nach Jaccatra kombt solte er daßelbig gelt einnemen und so ich nit widerumb komb, solt ers behalten mit meinem hauß und nach 3 jarn meine elf schläfen frey geben.

Den 6. October bin ich mit den Chinesen auf ihr schiff gangen und hab kleider angelegt als sie, und mein Sineß gab mir / sein halben ort ein, das ich dar schlafen kundt, und ließen mich mit ihm gesalzen fisch und reiß eßen.

Den 9. kamen wir in die refier Zenzau, da funden wier zwei portugesische vergäz *(Fregatten)* oder schifflein; den andern tag fur ich mit meinen gleitsman mit einen kleinen schifflein welches sie schanpans nenen, und fueren die refier 3 meilen auf biß wier zur statt kamen; ist alßobalt ein Portugeß zu mir komen, der hieß mich willkom und fragte mich wor ich von danen kam; ich erzelte ihm alle sachen im portuießisch den ich mich ein wenig damit behelfen kundt; ich bedankhte mich gegen den Chinesen, gab ihm 10 taler, namb alßo urlaub; ich gieng darauf mit dißem in sein hauß, dar ward noch ein anderer der sagt mir / das er ein pater jesuit were; sie fragten mich wie ich mich understehen dürfte mit eitel Chinesen zu fahren, und es namb ihn wunder das sie mich nit ermort heten; wier discurirten von einem und anderen, dar sagten sie mir das sie inner 8 tagen nach dem königreich Siam wolten; der pater bat mich alßbalt ich solte ihn zum camerat annemen, der er vor dißen auch ein hohteutschen zum reißgeferten gehabt, der ihn vil guets gethan, umb deßelbigen willen wöll ers mir auch thuen; ich gab ihm die handt, sagte ihm zur dreu zu sein bis im todt, da gab er mir seinen namen zu verstehen, als er hies Emanuel Rotrigo und von Goa bürtig; sein vater were von hohen stamben und auß Portugahl geboren; dißer guete pater gab mier alßobalt ein kleit / wie die Portugesen in Indien zu tragen pflegen, und giengen mit einander die statt zu besehen; diße statt ist von selzamen gebeuen und ligt an einer refier so auch den namen Zenzau hat; das wonen anderst nicht als Chinesen, aber die Portugesen derfen dar frei komben und zu handeln aber doch derfen sie zur landtborten nicht außgehen den sie würden von den inlendern erschlagen; diße statt ist ein halbe meil nit rund, und umbher einen waßergraben, aber keinen wall; die heußer sint auf eine selzame manier gebaut, das holzwerch daran ist künstlich ineinander geschloßen, sonder einige negels; die dächer von den heußer seint in der miten nieder und haben auf der seiten vergulte leisten und sehr künstlich und lieblich anzusehen! Vornen her ist in ihren heußern ein schöner saal und auf / der Straßen offen, darinen da stet ein tisch mit zwen großen leichtern, darauf 2 brenente kerzen welche tag und nacht brennen, miten auf dem tisch da steht ein göz gleich einen teufel den sie anbeten, den sie geben vor das die welt von zweyn geistern geregieret würd; der eine der ist guet und kan nichts beßes thuen der ander aber mueß angerufen werden darumb das er niemandt nichts beßes zufiege; über ihren thieren *(Türen)* haben sie vil caracteris *(Schriftzeichen)* und seg

> auf ihr weiß; was reiche leit bleiben fast den ganzen tag in ihren heußern, und schlafen most bei tag, sobalt aber die nacht kombt so werden durch die ganze gaßen kleine tischlein gesetzt, und dem so der tisch zurkombt, hat ein licht und ein peckhen voll kupferner pfening / samb einen kleinen vieröckheten stöckhlein, darinen er allezeit unbesehen einen pfening thuet und sezt es auf den tisch darauf komen arme und reiche umb zu spilen und wötten auf die 4 march so den pfening hat, und welcher etwas verspilt geht alßobalt bei ein andern tisch; sie sein so begierich umb diß spil zu spilen, das sich manicher auf sein lebtag für leibeigen verspilt; theils komen auch darhin die bringen zuckher und allerhandt eßente speiß zu verkaufen; welche aber gewinen, kaufen ihnen was zu eßen, und haben ein gueten muet, und die nit spilen wollen, die laßen ihnen stiele bringen, und sizen nacheinander, discurirn von allerhandt sachen; hinder ihnen sizt ein jung, der gibt ihn bißweilen zwen schißlein / von porceläna, in den einen ist warmb waßer darinen ein kraut gesott wirdt und mit dem andern kielens sies so lang ab bis sie es drinkhen künen, und dißes drankh wird tee genent, ist guet wan einer schlefrig oder ein mieden leib hat, so benimt es ihm die miedigkeit alßobalt und vergeht ihm auch der schlaf davon; bißweilen drinkhen sie auch ein pfeif chineschisch tabäckh; der meisten dißer Chineßen kleidung ist feiglbraun leinbat, dragens armb und reich frauen und mans in gleichen formb; sie tragen lange haren gleich die frauen doch bindten die mans ihre haren gleich einen runden kopf miten auf dem haubt, darüber tragen sie ein gestickhten hauben / von schwarz oder weiß roßhar gemacht, und steckhen bey dem kopf ihrer haren einen kempel und ein silberne ohrleffel . . .

Die chinesische Bevölkerung beschreibt Fernberger – abgesehen von einigen wahrscheinlich auf Renommiersucht oder Mißverständnisse zurückzuführenden Details[44] – nicht ungünstig:

> . . . von persohn sein sie ein wenig gelb, wol proportioniert, ihre angesichter sein gar weibisch und dragen keinen part; sie greinen gern, schlagen sich aber wenig . . . Diße Nation it sehr curioßisch; überdreffen unß teutschen weit, künen sie besser in armut und reichtumb schickhen; wan ich solte ihr ganzes wesen beschreiben, das ich hier an dem schlechtesten Ort von China, so hete ich ein buch allein dazur von nöten[45] . . .

Schade! Ein solches Buch würde heute eine besonders interessante Lektüre darstellen! Doch leider kommen in der Folge die Chinesen in Fernbergers Schrift nur noch als Dschunkenbesatzungen vor, denen sich der Österreicher gern anvertraute. Mit einer »seneßischen junkh« kam er nach Palampan in Nordsumatra, nachdem ihm der Aufenthalt in Indochina zu gefährlich geworden war. Er hatte nämlich für die den Siamesen tributpflichtige Königin von Patanien gegen deren Oberherren

Krieg geführt, war aber vor der von der Königin geplanten, sehr persönlichen Belohnung geflohen: »Den ich begerte lieber im waßer zu sterben als nach gehabter unzucht auß bevelh der königin zu sterben[46] . . .«

Von Sumatra begab sich Fernberger nach Japan und betrachtete erstaunt die Männer mit ihren »4 sabels um ihren leib[47]«. Er trieb dann noch einige Zeit auf den Insulinden Handel und war bei den einheimischen Herrschern wohlangesehen. Der König von Saraboy auf West-Java schenkte ihm zwei junge Tiger, die er aber trotz verschiedener Methoden nicht zähmen konnte: ». . . eins habe ich sie im waßer lassen schwimmen und als ich sie herauß ziehen wollten, sein sie auf mich gesprungen und zwey löcher in hindern gebissen[48] . . .«

In der Folge sollte Fernberger der Umgang mit weniger gefährlichen, aber auch weniger edlen Tieren beschieden sein. Er mußte die Kamele eines Armeniers hüten. Wie war es zu diesem Wechsel gekommen? Das Schiff, das er im September 1625 bestiegen hatte, um nach Europa zu gelangen, war im Persischen Golf gescheitert, und Fernberger war von seinen Rettern als Sklave verkauft worden[49]. Mit seinem Herrn kam er nach Isfahan in Persien und konnte sich endlich dort von einem holländischen Kaufmann 30 Taler borgen, um sich loszukaufen[50].

Danach hat Fernberger, wie er berichtet, »vil große armuet, glückh und unglückh außgestanden«, bis er 1627 Vorbereitungen traf, um mit einem Türken und einem Armenier nach Konstantinopel zu reisen. Da hörte er von einem »verlogenen Kaufmann«, daß der Türke ganz Österreich erobert habe, und wollte in die bedrängte Heimat zurück. Er vermied Konstantinopel und begab sich nach Macao, um von dort nach Lissabon zu fahren. Da ihm der geforderte Preis für die Überfahrt zu hoch war, wollte er sich ein holländisches Schiff suchen und kam wieder nach Java. Am 29. September 1627 begab sich Fernberger samt einem jungen schwarzen Diener, vier Papageien, zwei kleinen und einem großen Affen sowie einem Leoparden auf den Segler, der auch den holländischen General befördern sollte: »Den 1. October mitten tag giengen wier zu segl mit solhen freiden, als ob wier den himel zurliefen[51].« Der schwarze Bub überlebte die Reise nicht, und auch 120 Mann der Besatzung erlagen verschiedenen Krankheiten.

Fernberger selbst blieb diesmal von Krankheiten und Unglücksfällen verschont, außer daß ihm in Haag vom Prinzen von Oranien sein Leopard beschlagnahmt wurde. In Hamburg erwarb er zwei Pferde und ritt über Lüneburg, Leipzig und Prag nach Wien, wo er, »gott seis gedankht«, all die seinigen »glickhlichen und gesundt gefunden[52]«.

In Österreich scheint er wieder in den Kriegsdienst getreten zu sein, denn er wird 1645 als Obrist eines kaiserlichen Infanterieregimentes erwähnt. Schon 1636 war er zum »General-Land-Oberstlieutenant im Erzherzogthum ob der Enns« ernannt worden, und das Jahr 1652 brachte ihm die Würde eines Ritterstandsverordneten[53]. Am 7. Dezember 1653 starb Christoph Carl Fernberger und wurde in Maria Enzersdorf begraben. Den Lesern seiner Reiseaufzeichnungen empfahl er:

> Der sich auf den globus terrestere versteht, der wirdt sehen, das ich mit zimblichen fleiß auf meiner ganzen ein- und außreiß mein hohte und lehte fleißig angezeichnet hab. Der es aber nit versteht und den kein glauben geben will, der zieh selber hinein und besehe es[54].

Diesen markigen Spruch konnte Fernberger wohl mit reinem Gewissen an das Ende seiner Aufzeichnungen stellen, denn die von ihm geschilderten wesentlichen Details halten einer Überprüfung stand. Daß aber der Leser zuweilen gut tat, bei der Lektüre von Erinnerungen weitgereister Herren etwas Skepsis walten zu lassen, beweisen die Berichte des österreichischen Grafen Moritz August von Benyowsky, der mehr als hundert Jahre nach Fernberger ostasiatische Gewässer befuhr. Benyowsky wurde als Sohn eines kaiserlichen Generals in der Nähe von Preßburg geboren; er wurde in Wien erzogen und verließ später die Armee Maria Theresias, um auf polnischer Seite gegen die Russen zu kämpfen[55]. Er geriet in Gefangenschaft und wurde ins ferne Kamtschatka verbannt. Diese Fakten scheinen ebenso festzustehen wie die Revolte, durch welche sich Benyowsky im Mai 1771 ein Schiff verschaffte, mit dem er im September desselben Jahres in Macao anlangte.

Der englische Herausgeber des in London im Jahre 1789 veröffentlichten Buches über des Grafen Moritz August von Benyowsky Schicksale und Reisen hatte Benyowskys Angaben überprüft und dafür, daß dieser die genannte Seereise tatsächlich unternommen hatte, nicht nur die Erklärungen von Residenten Macaos, sondern auch zustimmende Aussagen des berühmten Captain Cook anführen können[56]. Es scheint auch, daß Benyowsky auf dem Wege nach Macao einige japanische Häfen besucht und dort unter dem Namen »Baron Aladar von Bengoro« schwerwiegende Verwirrung gestiftet hat, indem er behauptete, von einer unmittelbar bevorstehenden russischen Invasion Japans zu wissen[57]. Doch bereits ein Besuch der chinesischen Insel Formosa muß als sehr zweifelhaft angesehen werden. Benyowsky behauptete, er habe in die Kämpfe von Eingeborenen gegen die chinesische Herrschaft eingegriffen. Die Kleidung des Generals, dem er angeblich gegen die Chinesen beistand, bestand seinen Angaben nach:

> . . . aus einem langen rothen Patalone (welches eine dicht an den Leib schließende Kleidung ist, die vom Kopf bis zu den Füßen aus einem Stücke besteht), Sinesischen Halbstiefeln, einem weißen Hemde, nebst einer schwarzen Weste und einem roten Oberkleide, an welchem sich einige Knöpfe von Korallen in Gold befaßt befanden. Auf dem Kopfe trug er eine scharf zugespitzte Strohmütze, die oben mit rot gefärbten Pferdehaar verziert war[58] . . .

In der Folge läßt Benyowsky einheimische Kavallerieeinheiten auftreten, spricht von einer militärisch durchorganisierten Einwohnerschaft, verteilt bündelweise kostbare japanische Schwerter als Gastgeschenke und jagt mit je fünfzehn Mann an den Flügeln und einem massierten Zentrumsaufgebot von neunzehn Mann ein Heer von 12.000 in die Flucht[59]. Der ob solch ins Auge stechender Leistungen hocherfreute Fürst will Benyowsky zum Dank dafür sein Reich abtreten, dieser aber lehnt bescheiden ab[60]. Mit dieser Mischung von Münchhausen und Märchen scheint Benyowsky gleichzeitig Unterhaltung und Unterhalt bezweckt zu haben. Er beschrieb die Möglichkeit, auf Formosa Pflanzstädte anzulegen, ebenso anschaulich wie den Kontrakt, den er zu diesem Zwecke mit dem einheimischen Herrscher abgeschlossen hatte[61]. Höchstwahrscheinlich sollte dies Leichtgläubige dazu animieren, in ein solches Unternehmen Geld zu investieren.

Daß diese Vermutung berechtigt ist, beweist ein späteres ähnliches Unternehmen auf Madagaskar. 1784 veröffentlichte der »in der gelehrten Welt wohlbekannte Joh. Hyacint de Magellan« eine gedruckte französische Anzeige, welche Vorschläge zur Herausgabe der Denkwürdigkeiten und Reisen des Grafen Benyowsky auf Subskription in drei Bänden enthielt. Der Graf befand sich damals auf einer Privatexpedition nach Madagaskar, zu welcher ihm Magellan »eine sehr ansehnliche Summe« vorgeschossen hatte[62]. Benyowsky wählte allerdings den Umweg über die Vereinigten Staaten, wo er seine Familie zurückließ und einige amerikanische Kaufleute ermuntern konnte, zusätzliches Geld in das Unternehmen zu stecken. Im Oktober 1784 segelte er ab, erreichte aber statt Madagaskar versehentlich die Küste von Brasilien. Im Juli fand er dann sein Reiseziel, wo ihm – wie sich die Bilder gleichen – die Eingeborenen prompt Ovationen darbrachten. Bald nachdem er Blutsbruder des Königs der Eingeborenen geworden war, verschwand Benyowsky in der Nacht von seinem Lagerplatz. Seine Leute behaupteten, die Schwarzen hätten ihn umgebracht. Der auf das Prestige seines Autors bedachte Herausgeber wußte es anders: Das Schiff war ohne den Grafen abgesegelt, darauf hatte er die Madegassen unter sich vereinigt, Angriffe auf französische Faktoreien unternommen und war bei tapferer Abwehr einer Übermacht französischer regulärer Truppen von einer Kugel tödlich in in die rechte Brust getroffen worden. »So endigten das Leben und die Abentheuer des Grafen Benyowsky; eines Mannes von unbezwinglichen Muthe[63] ...«, meint der Herausgeber. Endigte es wirklich so? Oder hat man einige Zeit nach dem Verschwinden des Grafen irgendwo in Amerika im Familienkreis einen geglückten Coup gefeiert?

Zum Unterschied von Carl Christoph Fernbergers Aufzeichnungen wurden die von Benyowsky in mehreren Ausgaben gedruckt und fanden recht große Verbreitung. Während Fernberger den hohen Wert der Authentizität für sich in Anspruch nehmen kann, bleibt für Benyowsky allerdings eher jener der Kuriosität. Denn was hat ein weiser Mann in solchen Fällen gesagt: »Bevor ich mich so wunder', glaub ich's lieber nicht.«

1 Die Schilderung folgte bisher Karl R. Wernhart, *Christoph Carl Fernberger – Der österreichische Weltreisende,* Wien 1972, S. 24 f.
2 Österreichische Nationalbibliothek, Handschriftensammlung, Cod. 15434.
3 Ebd., F. 62 r.
4 Ebd., F. 62 r., 62 v.
5 Ebd., F. 63 r.
6 Ebd.
7 Österreichische Nationalbibliothek, Handschriftensammlung, Cod. 8135, F. 70 r.
8 »Königreich in dem nördlichen Theil der Halb-Insel von Indien, jenseits des Ganges in Asien, welches gegen Norden an Brama, gegen Osten an Tunquin, gegen Süden an Siam, und gegen Westen an Martaban und Arracan grenzet . . .« – Johann Hübner, *Reales Staats-, Zeitungs- und Conversations-Lexicon,* Regensburg-Wien 1761, S. 814.
9 Cod. 15434 F. 70 v.
10 Ebd.
11 Vgl. dazu auch Wernhart, a. a. O., S. 26.
12 Ebd., S. 24.
13 Ferdinand Menčik, *Freiherrn Fernbergers Seereise 1621–1628,* in: *Mitteilungen der k. k. Geographischen Gesellschaft in Wien,* 1896, XXXIX. Band, neue Folge, Bd. 29, S. 60.
14 Wernhart, a. a. O., S. 29.
15 Menčik, a. a. O., S. 60.
16 Die Autoren halten sich an die textkritische Ausgabe der Schrift, die in verdienstvoller Weise von Karl R. Wernhart vorgenommen worden ist.
17 Wernhart, a. a. O., S. 46.
18 Ebd., S. 47.
19 Ebd., S. 50.
20 Ebd.
21 Ebd., S. 53 f.
22 Ebd., S. 55 f., 58.
23 Ebd., S. 57.
24 Ebd., S. 57 f.
25 Ebd., S. 64 f.
26 Ebd., S. 66.
27 Ebd., S. 69 f.
28 Ebd., S. 75–79.
29 Ebd., S. 79.
30 Ebd.
31 Ebd., S. 80.
32 Ebd., S. 81.
33 Ebd., S. 96 f.
34 Ebd., S. 101.
35 Ebd., S. 102 f.
36 Ebd., S. 104.
37 Ebd., S. 106–108.
38 Ebd., S. 108.
39 Ebd., S. 108 f.
40 Ebd., S. 109.
41 Ebd., S. 117–119.
42 »Der für die Portugiesen wie für die chinesischen Kaufleute und Beamten – durch Korruption und andere illegale Einnahmen – in gleicher Weise Gewinn bringende Handel ließ sich auf die Dauer nicht unterbinden. Zunächst verlagerte er sich von dem gesperrten Kanton nordwärts auf die Häfen Ch'üanchou und Changchou in Fukien und Ningpo in Chekiang . . .« – Wolfgang Franke, *China und das Abendland,* Göttingen 1962, S. 28.
43 Wernhart, a. a. O., S. 122–124.

44 ». . . Sie sein sehr geil, den des tags gehen junge leit herumb die rufen zeyboy, das ist auf deutsch ein puger; dan so gehen sie heraus besehen ihn und so er ihnen gefelt so brauchen sie ihn zur Unzucht.« Ebd., S. 125. Hier ist anzufügen, daß Fernberger auch sonst recht gerne mit erotischen Beobachtungen renommierte: »Die weiber deckhten sich vor unß auf, und gaben unß anleitung zur unzucht« (bezüglich einer Chile vorgelagerten Insel, S. 72); ». . . ob sie zwar schwarz sein sie doch wol gebilt, aber sehr geil den sie weißen und daß wir solten unzucht mit ihnen dreiben . . .« (Frauen auf den Ladronen, S. 83); »Ihre frauen sein gar weiß und anmütig auch geil . . .« (Über Japan, S. 137). Vgl. auch seine Behauptung, vom König Ternate (Molukken) eingeladen worden zu sein, sich seines Harems zu bedienen (S. 93 f.). Allerdings ist auch anzumerken, daß Homosexualität in China verbreitet war, wenn auch nicht in dem von Fernberger angedeuteten Ausmaß.
Auf einem Mißverständnis muß folgende Bemerkung Fernbergers beruhen, welche den streng beachteten chinesischen Geboten der Achtung vor den Eltern völlig widerspricht: ». . . Wan der Chineßen eltern alt werden so nemen ihnen die kinder ihr guet ab und gebrauchen die eltern zur gröbsten haußarbeit und so sie ein wenig gelt von nöten haben so verkaufen sie die eltern.« (S. 125).
45 Ebd., S. 124 f.
46 Ebd., S. 135. Die Königin pflegte unwillige oder unfähige Liebhaber hinrichten zu lassen.
47 Ebd., S. 137.
48 Ebd., S. 147.
49 Ebd., S. 150 f.
50 Ebd., S. 151.
51 Ebd., S. 156 f.
52 Ebd., S. 152–167.
53 Menčik, a. a. O., S. 72.
54 Wernhart, a. a. O., S. 167.
55 Peter Pantzer, *Japanforschung in Österreich – Ein historischer Überblick,* in: *Japanforschung in Österreich,* Wien 1976, S. 6.
56 Vorwort des englischen Herausgebers W. Nicholson vom 7. Dezember 1789, in: *Des Grafen Moritz August von Benyowsky Schicksale und Reisen; von ihm selbst beschrieben,* Bd. 1, Leipzig 1791.
57 Peter Pantzer, a. a. O., S. 6.
58 *Des Grafen Moritz August von Benyowsky Begebenheiten und Reisen, von ihm selbst beschrieben. Aus dem Englischen übersetzt von E. D. Ebeling. Professor am Gymnasium in Hamburg, und Dr. J. P. Ebeling, Stadt- und Landphysikus in Parchim, mit des erstern Anmerkungen und Zusätzen,* Bd. 2, Hamburg 1791, S. 33.
59 Ebd., S. 35, 38, 44–47, 55.
60 Ebd., S. 51.
61 Ebd., S. 56 f.
62 Vorwort des englischen Herausgebers.
63 Ebd.

Zweites Kapitel

Das Chinabild in Österreich und das Österreichbild in China zur Zeit der Renaissance und des Barock

Das Chinabild in Österreich

Auf beiden Seiten war es die Oberschicht, welche zuerst in verschiedener Form mit dem anderen, so weit entfernten Reich in Berührung kam. Informationen aus erster Hand erhielt vor allem die österreichische Kaiserfamilie, indem Jesuiten aus der chinesischen Mission zur Audienz kamen oder brieflich aus China direkt an die kaiserliche Familie oder über deren Beichväter Berichte gaben. Gelegentlich sandten sie dabei auch chinesische Druckschriften, Samen, Arzneien, um ihre hohen Gönner damit zu erfreuen. Auch der Adel bekam, soweit er die Chinamission protegierte, auf diese Weise genauere Information über das Reich der Mitte (vgl. das der Jesuitenmission in China gewidmete Kapitel).

Zu diesen Werken kam 1688 noch eine Schenkung von Christian Mentzel, dem chinabegeisterten Leibarzt und Botaniker des Kurfürsten Friedrich Wilhelm. Wie aus der von Mentzel verfaßten Widmung hervorgeht, muß es in Wien in der kaiserlichen Bibliothek bereits eine ansehnliche Menge von Chinaliteratur gegeben haben, denn er schreibt, »die unvergleichliche Güte« des Kaisers habe geruht, auf sein Gesuch hin »neben anderen chinesischen Büchern auch die lateinische Übersetzung des Tetrabiblion des Confucius . . . zu entnehmen und hierher *(d. h. nach Berlin, d. Übers.)* zu senden[1]«. Dennoch müssen Mentzels Geschenke als außerordentliche Rara bezeichnet werden, denn es handelte sich dabei um Werke aus dem Besitz des berühmten ersten Chinamissionars, Matteo Ricci, der 1610 in Peking verstorben war. Mentzel selbst war sich über den Wert seines Geschenkes im klaren und formulierte dies in den Formen barocker Höflichkeit:

> Diesem meinem Manuskript füge ich das chinesische Tetrabiblion selbst der chinesischen Philosophen Kungfuzius und Menzius hinzu; der Titel ist su xú: es *(dieses chinesische Original – d. Übers.)* kam im vorigen Jahre mit einigen anderen chinesischen Büchern von der fernen Molukkeninsel Amboina herüber, ein Exemplar, welches durch die Schönheit und Erlesenheit der Schriften und des Papiers

alle Bücher seiner Art bei weitem übertrifft und ihnen den Siegeskranz entwindet. Und was einmalig, ja geradezu wunderbar erscheint: dieses Buch besaß nämlich der selige P. Ricci aus Italien, der unter den Gründern der orientalischen Kirche Christi hervorragt und durch seine Schriften hochberühmt ist. Dies beweisen sein Namenszug und die Titel der Bücher, die er mit eigener Hand in die Buchumschläge eingeschrieben hat. Ein außergewöhnliches Geschick bewirkt es also, daß durch diese von mir von Schaben und Motten gereinigten Bücher das Andenken an einen solchen Mann durch die Aufbewahrung in Eurer kaiserlichen Bibliothek auf das würdigste erhalten bleibt. Nehmt also, gnädigster Kaiser, voll Huld diese geringe Gabe als Zeichen der Verehrung für Eure kaiserliche Majestät entgegen! Der allmächtige und barmherzige Gott möge Eure kaiserliche Majestät und Euer erlauchtes Haus bis in Euer hohes Alter heil und unversehrt erhalten!

Gegeben in Berlin am 9. Tage des Oktober im Jahre 1688

An den großmächtigsten und unbesiegbarsten Kaiser, Seiner allerheiligsten und erhabensten Majestät

ergebenster und unterwürfigster Diener
Christian Mentzel Doctor
(Original lateinisch)[2]

So wertvoll Mentzels Geschenk war, wesentlich neue Informationen waren damit für Österreich nicht verbunden, denn die kaiserliche Bibliothek besaß etliche frühere Ausgaben der konfuzianischen Klassiker. Eine davon ist eine handgeschriebene portugiesische Übersetzung mit dem Abschlußvermerk aus dem Jahre 1634[3]. 1672 erwähnt Peter Lambeck, daß sich eine lateinisch gedruckte Ausgabe des 2. Buches des Kanons unter den Geschenken des Chinamissionars Prospero Intorcetta an Kaiser Leopold I. befunden habe, und druckte 1675 den vollen Text dieses Exemplars in Wien nach[4].

Mentzel hatte aber richtig erkannt, daß das Interesse Leopolds I. an den in der kaiserlichen Bibliothek befindlichen original chinesischen Schriften groß, dessen Möglichkeiten, zu deren Übersetzung in Österreich Fachleute zu finden, jedoch sehr gering waren. Gelegentlich kamen Chinamissionare durch Wien, doch unter den in der Hauptstadt ansässigen Wissenschaftlern scheint es keinen gegeben zu haben, der des Chinesischen mächtig war. Leopold I. hatte sich daher wiederholt an den Kurfürsten Friedrich Wilhelm gewandt und diesen darum gebeten, ihm für die nötigen Übersetzungen Gelehrte zur Verfügung zu stellen[5]. Die Chancen für Mentzel, der nach dem Tod des Großen Kurfürsten in Berlin sein Betätigungsfeld beschnitten sah, sich durch sein großzügiges Geschenk für ein Wirken am Wiener Hof zu rekommandieren, waren daher sehr günstig. In einem an einen nicht identifizierten österreichischen Gönner gerichteten Schreiben gab er der Hoffnung Ausdruck, noch im Herbst des gleichen Jahres von Karlsbad mit seiner umfangreichen chinesischen Bibliothek nach Wien reisen zu können[6]. Leider brachte ihm aber die Kur in Karlsbad keine Heilung von der Schüttellähmung, die ihn befallen hatte, sondern sein Leiden verschlimmerte sich, und Österreich ging eine wertvolle chinawissenschaftliche Entwicklungsmöglichkeit verloren[7]. So mußte Daniel von Nessel in seinem 1690 gedruckten Katalog von Wiener Handschriften bedauern, »daß er keinen des Chinesischen kundigen Helfer habe finden können und sich deshalb auf knappe Notizen von dreizehn ihm besonders interessant erscheinenden Büchern und Bildwerken beschränken müsse[8]«.

Trotz dieses Mangels konnte man sich damals in Österreich auf dem Wege der Lektüre besser über China informieren als umgekehrt. Zu den vielen von den Jesuiten veröffentlichten Werken kamen solche aus dem profanen Bereich, wie der von Jan Nieuhof 1670 in Amsterdam veröffentlichte Bericht über die Gesandtschaft der Niederländisch-Ostindischen Kompanie nach China[9], der auch bei der allgemeinen Bevölkerung so bekannt wurde, daß in dem vom Urahn des Wiener Hanswursts, J. A. Stranitzki, verfaßten Stück *Ollapotrida des durchtriebenen Fuchsmundi* ein Gelehrter sagen konnte, er »durchreise gantz Asien mit dem Ortelio, gantz Africa mit Dopper und gantz China mit dem Neuhof[10]«. Ebenso wie das von österreichischen Jesuitenmissionaren stark mitgeformte *China illustrata* Athanasius Kirchers bis ins 19. Jahrhundert Vorlage für eine »kaum übersehbare Zahl von Kopien und Entlehnungen« war[11], hatte Nieuhofs Buch einen sehr hohen Bekanntheitsgrad. Und wenn schon nicht jeder Leser die Originale der aufwendig gestalteten Standardwerke über China in die Hand bekam, so gelangten doch viele Auszüge, Nacherzählungen oder einzelne der Kupferstiche, die mit viel Erfolg auf den Messen vertrieben wurden, in breitere Kreise der Bevölkerung.

Die Berichte über China ermöglichten es aber auch dem Medium des Theaters, seinen Beitrag zur Popularisierung des Reiches der Mitte zu leisten. 1735 gab man in Wien das von Pietro Metastasio und Antonio Caldara verfaßte Singspiel *Le Cinesi,* und 1752 wurde Metastasios Stück *Der chinesische Held,* zu dem die Übersetzung des chinesischen Trauerspiels *Die Waise aus dem Hause Tschao* von P. Prémare die Anregung gegeben hatte, von Damen und Herren des Wiener Hofes in Schönbrunn aufgeführt[11a]. 1756 schrieb Gluck für den Wiener Hof die Musik zu Anseaumes Zwischenspiel *Le Chinois poli en France,* und 1766 fand in Wien die Uraufführung der bedeutendsten Tanz-Chinoiserie statt *(Orfano della Cina* nach Voltaires *Orphelin),* für welche Gluck gemeinsam mit dem großen Ballettmeister Angiolini verantwortlich zeichnete. Dabei bemühten sich der Ton- und der Tanzkünstler um die Wette, die kultivierten Chinesen und die barbarischen Tataren in der rechten Charakterisierung einander gegenüberzustellen. 1772 tanzte Noverre eine »chinesische Hochzeitfeyerlichkeit auf der Redoute« in Wien[11b].

Fischer von Erlach hat sich mit der chinesischen Baukunst eingehend beschäftigt, und wenn er auch in den »Drachen-Zügen und krummen

MINT. . . . . Parlano queste
Cicatrici abbastanza. Osserva. Il caro
Mio genitor tu sei.

L'EROE CINESE atto III. Scena Ultima

Szenenbild aus der Wiener Aufführung von »L'eroe cinese«
(Bildarchiv der Österreichischen Nationalbibliothek)

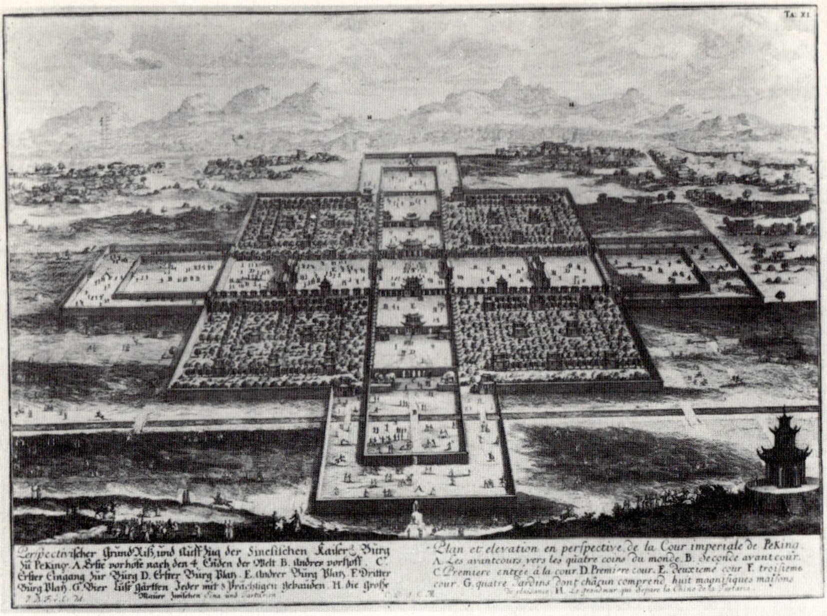

Johann Bernhard Fischer von Erlach nahm in seinem »Entwurf einer Historischen Architektur« auch Bilder chinesischer Bauwerke auf. Bei den von ihm selbst entworfenen Vorlagen für die Kupferstecher veränderte er öfter Nieuhofs Skizzen zugunsten seiner eigenen ästheti-

Drachen« eine »gewisse Regellosigkeit« fand, so betonte er, daß »man einem jedem Volke sein Gutdunken so wenig abstreiten kan, als den Geschmack[12]«. Im Vertrauen darauf, daß man das Werk ohnehin kannte, verzichtete er im chinesischen Teil seines »Entwurfs einer historischen Architektur« darauf, Nieuhofs Opus als Quelle ausdrücklich zu nennen[13]. Für sein Werk entwarf Fischer von Erlach die Vorlagen der Kupferstecher selbst, indem er sich dabei sowohl der Skizzen Nieuhofs als auch anderer Beschreibungen bediente. So machte er seine Leser mit der »Kaiserburg zu Peking«, der »Porzellanpagode zu Nanking«, den Brücken von »Fucheu« und Luoyang sowie mit chinesischen Ehrenbogen und künstlich angelegten Bergen bekannt.

Schon vor der Fertigstellung der chinesischen Architekturstücke für das Manuskript von 1712[14] war an Fischer von Erlach in einem kaiserlichen Dekret vom 24. Januar 1703 der Auftrag ergangen, für die Gemahlin Josephs I. ein »indianisches Cabinett« zu entwerfen[15]. Unter den Begriff »indianisch« fiel auch China, und er war bereits zu einer Zeit geprägt worden, als man über den Fernen Osten kaum aus Schriften, sondern mehr anhand von gesammelten Kuriositäten Kenntnis hatte. Die Kunst- und Wunderkammern der Spätrenaissance beherbergten neben einheimischen Kostbarkeiten in einem oft bunten Gemisch ausländische Gegenstände, die von allerlei konserviertem Getier bis zu Waffen, chinesischen Rollbildern und Porzellangerät reichte. Besonders die Wunder-

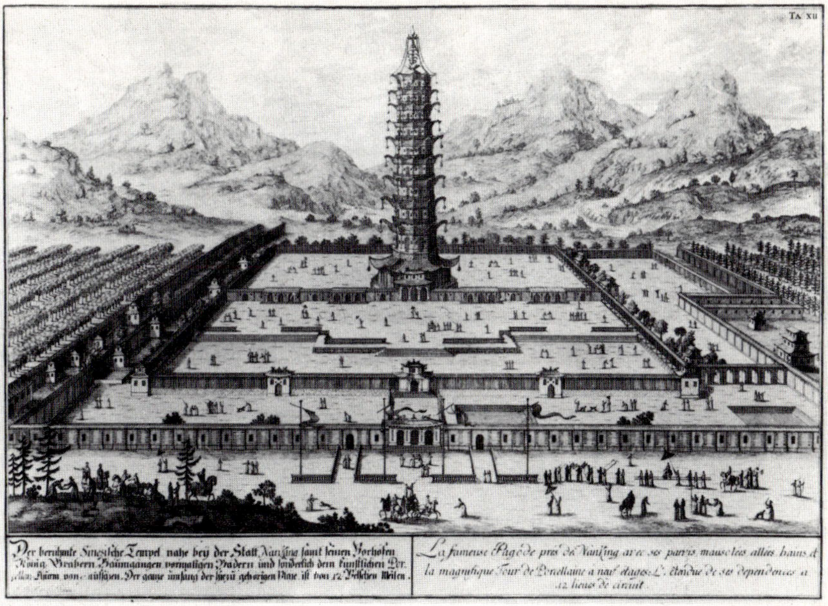

schen Vorstellungen – so bei der Darstellung des Kaiserpalastes von Peking und der Pagode von Nanking. (Bildarchiv der Österreichischen Nationalbibliothek)

kammer Erzherzog Friedrichs von Österreich (1529–1595) in Schloß Ambras bei Innsbruck war mit chinesischem Kunsthandwerk reich versehen. Im vierzehnten [terra-sigillata] der kunstvoll hergestellten Kasten fanden sich neben terra-sigillata und anderen Gefäßen auch »geschirr von parzolona«, bestehend aus 233 »porzelana schisselen« und »porzelanaschälelen« ohne Abgabe des Ursprungslandes[16]. Chinesische Rollbilder, die als indianisch bezeichnet wurden, befanden sich im siebzehnten Schrank, wo ethnographische Besonderheiten aufbewahrt wurden[17]. Den hochgeborenen Sammlern scheint China kein leicht identifizierbarer Ursprungsort von Stücken ihrer Sammlungen gewesen zu sein, war doch der Begriff »indianisch« so weit gefaßt, daß in der Kunstkammer Kaiser Rudolfs II. auf dem Hradschin in Prag aus Westafrika stammende »helfenbeinene Jägerhörner« ebenfalls darunter subsumiert wurden[18]. Im Inventar der Rudolfinischen Kunstkammer scheinen außerdem 150 »gefürnisste« Kästchen von indianischer Arbeit sowie »indianische Geschirre von Erde auf«, was im ersten Fall auf chinesische Lackarbeiten und im zweiten auf chinesisches Porzellan schließen läßt[18a].

Immerhin wurde bereits in der Wunderkammer auf Schloß Ambras etwas offenbar, was zur Zeit des Barock und im Rokoko in Form der Chinoiserien noch viel stärker hervortreten sollte: der Wunsch, derlei Dinge auch im eigenen Lande herzustellen. Ein berühmtes Zeugnis

Tischplatte, welche 1596 Ferdinand II von seinem Sohn, Kardinal Andreas von Burgau, geschenkt wurde. (Foto: Anton Fesl)

früher Nachahmung der ostasiatischen Dekorationsweise ist eine aufklappbare Tischplatte, die 1596 Ferdinand II. von seinem Sohn, Kardinal Andreas von Burgau, geschenkt wurde[19]. Während der Barockzeit begnügte man sich nicht mehr damit, Asiatica zu sammeln und in Schränken zu verwahren, sondern die Stücke aus China, über deren Herkunftsland man nun schon etwas mehr wußte, wurden bei der Gestaltung von Räumen als Prunkstücke herausgestellt. Als man damals in Europa versuchte, chinesisches Kunsthandwerk zu imitieren, bemühte man sich anfänglich um getreue Nachbildung.

Eifriger noch als in Österreich huldigte man in Frankreich und Deutschland der Chinamode, aber auch im Habsburgerreich ging die Nachahmung so weit, daß nicht nur nach chinesischem Muster Sänften eingeführt wurden, sondern auch Sänftenverordnungen: »Wiener Erlasse aus dem Jahre 1727 unterscheiden z. B. ›Hof- und Raths-Porte-Chaisen‹. Die Unterscheidung nach der Farbe hatte ihr Vorbild in der chinesischen Vorschrift, daß nur der Kaiser eine gelbe Sänfte benützen dürfe, während alle anderen Sänften von schwarzer Farbe sein mußten[20].«

An China gemahnte auch ein anderes Verkehrsmittel, der sogenannte »Chineser«. Es handelt sich dabei um einen zweisitzigen, offenen Parkwagen auf vier Rädern, mit dem ursprünglich Fahrten in den vom chinesischen Stil beeinflußten Parks unternommen wurden. Unter diese Kategorie fällt auch der heute noch in der Wagenburg des Schlosses Schönbrunn zu besichtigende Karussellwagen der Kaiserin Maria Theresia[20a].

Auch bei der Porzellanerzeugung hielt man sich vorerst an chinesische Vorbilder. 1709 erzeugte Böttger in Dresden das erste europäische Hartporzellan, und 1710 wurde seine Produktionsstätte nach Meißen verlegt. Doch Österreich sollte ebenfalls bald seine eigene Porzellanmanufaktur haben. 1718 stahlen sich Christoph Konrad Hunger und Samuel Stölzel, zwei von Böttgers Angestellten, aus Meißen davon und gingen nach Wien, wo sie C. Du Paquier beim Aufbau der berühmten Augarten-Porzellanmanufaktur halfen. Doch dafür mußte Wien an Meißen einen überaus begabten Maler abgeben. 1720 entschloß sich Stölzel zur Rückkehr nach Meißen, und Johann Gregor Höroldt[21] ging mit ihm[22]. Hatte man vorher in Meißen vor allem blau gemalt, so experimentierte Höroldt als Leiter der Malereiabteilung mit Rot, Gold und Purpurglanz. Die Szenen, die er entwarf, hielten sich nicht mehr an das chinesische Vorbild, sondern zeigten schwerelos scheinende, groteske Figuren, Landschaften und Gebäude[23]. Der Wiener wurde in Meißen bald Obermaler und prägte einen ganzen Zweig der Porzellanmalerei, die nach ihm benannten »Höroldt-Chinoiserien[23a]«.

Ein Mischstil in der Malerei, dessen Proportionsverhältnis sich immer mehr zuungunsten einer getreuen Wiedergabe chinesischer Verhältnisse verschob, wurde auch in Wien Mode[24]. Das »Indianische Zimmer«, welches Fischer von Erlach – wahrscheinlich im Leopoldinischen Trakt der Burg – für die Gemahlin Josephs I. errichtet hat, war mit von der Wiener Porzellanmanufaktur hergestelltem »indianischen Geschirr« ausgestattet (ähnlich wie das noch prächtigere, 1725–1730 entstandene Porzellankabinett des Palais Dubsky in Brünn[24a]). Kunoth meint, das Porzellan sei über dem Kamin auf Sims und Konsolen nach der in den Niederlanden gebräuchlichen Fasson so aufgestellt worden, »daß nicht die Einzelform einer chinesischen Vase, sondern deren gedrängte Vielheit als barockes Ornament wirkte, während die Lackmalerei der Möbel und der Vertäfelung, wie dies nicht so ganz selten geschah, Darstellungen aus dem vielgelesenen chinesischen Reisewerk des Neuhof zeigte[25]«.

Für Kunoths Annahme spricht der Bericht des Bildhauers Christian Hauser, der bei seinem 1715 erfolgten Ansuchen um den Hoftitel erwähnt, »daß er in der kais. Kammer dasjenige Ornament gemacht, worauf die indianischen Figuren gestellt worden und oberhalb des Kamins zur Aufstellung des Porzellangeschirres sowie den Fuß zum indianischen ›Kastel‹ etc.[25a]«.

Fischer von Erlach konnte sich also bei der Einrichtung des exotischen Zimmers auf in diesem Stil erfahrene österreichische Künstler stützen. Das beweist auch ein Blick in den Hofkalender. In der Ausgabe von 1721 wird ein Johann Adalbert Cratochwill als »Indianischer Kammer-Mahler« geführt. Die Ernennung erhielt Cratochwill bereits 1712 aufgrund eines Gesuches, in dem er bemerkte, »daß er sowohl in

Luster aus dem »Dubsky-Zimmer«
(Fotoabteilung des Österreichischen Museums für Angewandte Kunst)

gewöhnlicher als in indianischer Malerei Kenntnisse besitze und in beiden besondere Kunststücke erfunden habe[25b]«. Nach seinem Tode scheint seine Frau als »Maria Anna Kratochwillin, Indianische Kammer-Mahlerin«, 1730 bis 1732 in den Hofstaatsverzeichnissen auf, bis dann der Titel 1741 aus den Listen verschwindet. Man weiß auch von einem Maler und Vergolder namens Marcus Müller, der für den Prälaten von St. Florian eine indianische Malerei auf Silber für einen Uhrkasten angefertigt hat, und die Tragsessel, deren Gebrauch man aus

China übernommen hatte, wurden gelegentlich auch im Stil ihrer alten Heimat dekoriert. Im Jahre 1750 scheinen in den Hofrechnungen Zahlungen an den »Indianischen Kunstmahler« Paul Schmidt auf, der für Arbeiten an den Sänften des Erzherzogs Leopold und der Erzherzoginnen Maria Anna und Maria Christina 90 Gulden erhielt. Ein »indianischer Lackierer« namens Karl Biden wurde sogar noch 1779 in Fr. da Pontys Wiener Häuser-Schema genannt[25c].

Zur Zeit des Rokoko ließ die Hand der europäischen Künstler in den Chinoiserien das chinesische Element noch weiter zurücktreten. Ostasiatische Arbeiten wurden in die Rokokodekoration einbezogen und bil-

Palais Harrach, Chinesisches Kabinett
(Bildarchiv der Österreichischen Nationalbibliothek)

deten bloß eines ihrer Elemente. Dabei wurden oft Lacktafeln barbarisch zerschnitten, um sie den vorliegenden Dekorationsentwürfen anzupassen[26]. Ähnlich wie im Schloß Rheinsberg geschah dies auch im Vieux-Laque-Zimmer von Schloß Schönbrunn zu Wien[27]. Im sogenannten Porzellanzimmer von Schönbrunn befinden sich, eingerahmt von Porzellan imitierenden Holzrahmen, Zeichnungen chinesischer Motive, die angeblich von den Töchtern Maria Theresias unter Anleitung ihres Lehrers angefertigt worden sind. Wenn man die Bilder, die im

Schönbrunn »Porzellanzimmer«
(Bildarchiv der Österreichischen Nationalbibliothek)

Grunde bloß ein dekoratives Element der Wandvertäfelung bilden, einzeln näher ins Auge faßt, vermitteln sie weder einen Eindruck der chinesischen Kunst noch vom realen Leben in China.

So wie in ganz Europa hat sich das Chinabild auch in Österreich während der Barockzeit gewandelt. Zuerst war China ein unbekanntes und sagenumwobenes Reich, von dem nur seltsame Kunstgegenstände kündeten, dann legten nicht nur die Jesuiten[28], sondern auch die europäischen Denker und Fürsten ihre Vorstellungen von einer idealen Welt in ihr Chinaverständnis. Als verstärkte Kontakte ergaben, daß sich dieses wirklichkeitsfremde Idealbild nicht aufrechterhalten ließ, war die Enttäuschung – für die China nichts konnte – unausweichlich. Man beschäftigte sich nicht mehr mit der chinesischen Realität, die den in sie gesetzten Hoffnungen nicht standgehalten hatte, sondern baute eine neue

Scheinwelt auf – diesmal eine von grotesken Figuren, die sich in einer unwirklichen Umgebung bizarr verhalten. Soweit man originalchinesische Kunstwerke verwendete, wurden sie um des rein äußerlichen Eindrucks willen in Rokoko-Interieurdekorationen aufgelöst[29]. In der Konkurrenz staatsphilosophischer Konzepte hatten die Chinesen nicht überzeugt bzw. war nach der Französischen Revolution ein neuer Maßstab gesetzt, der den humanen, aber patriarchalischen chinesischen Prinzipien voraus war, und in der Technik meinte man den Chinesen sowieso überlegen zu sein[30].

Der Wandel in der Einschätzung Chinas wird offenbar, wenn man verschiedene Ausgaben des in Regensburg und Wien erschienenen *Realen Staats-Zeitungs- und Conversations-Lexicons* vergleicht. In der Ausgabe von 1757 werden bereits genauere Angaben über Land und Leute offeriert. Unverkennbar ist allerdings, daß die Erläuterungen unter dem Stichwort »China, Sina, Tschina« – wohl unter dem Einfluß der Jesuitenberichte – von starkem Wohlwollen gekennzeichnet sind. Um ein paar Kernsätze zu zitieren: »Es ist ein fruchtbares und gesegnetes Land . . . hat über die Flüsse die schönsten Brücken, und auf denen Land-Strassen viele und bequeme Wirthshäuser. Die Einwohner sind sehr klug, höflich, arbeitsam, lieben die Gelehrsamkeit, Künste und Wissenschaften, sonderlich die Mathematic, und wollen einige, daß die Buchdrucker- und Stückgiesser-Kunst von ihnen herkomme[31].«

Von der 1820 in Graz veröffentlichten Neuauflage des *Realen Staats-Zeitungs- und Conversations-Lexicons* wird man annehmen können, daß sie die Erfahrungen des 18. Jahrhunderts voll ausgeschöpft hat. Die Information über China ist mit mehr als vier Spalten gegenüber 1757 auf das Doppelte angewachsen und im Vergleich zu der früheren Ausgabe kritischer. Ganz hatte man übrigens selbst in diesen recht ins Detail gehenden Schilderungen das sagenhafte Element nicht ausmerzen können. Unter den vielen Tierarten, die das Werk für China anführt, fehlt nicht »das Einhorn an den Ufern der Sümpfe«. Als zusätzliche Charakterisierung der Chinesen ist in diesem Band die Behauptung zu finden: »Die Chinaer besitzen viele körperliche Kraft und üben sich von Jugend auf, große Lasten zu heben.« Das Gesamtbild ist nach wie vor freundlich: »Im Umgange sind sie sanft und höflich, Freunde von allem, was nützlich ist, wenn es auch mit der mühsamsten Anstrengung verbunden ist.« In der Folge werden aber frühere Urteile über die wissenschaftliche, künstlerische und technische Kapazität der Chinesen abgeschwächt: »In gelehrten Kenntnissen übertreffen die Chinaer, mit Ausnahme der Japaner, alle Völker Asiens; aber ihre Erdbeschreibung und Geschichte ist voll Mährchen; die Sternkunde ist größten Theils abergläubige Sterndeutung, doch haben sie das Sonnenjahr von 365 Tagen und einigen Stunden, theilen es in 12 Monate, diese in Wochen von 7 Tagen, und haben auch die erforderlichen Schalttage etc.; die Arzneikunde ist ein handwerksmäßiges Herkommen etc. Bücher drucken sie mit unbeweglichen Buchstaben. Sie schreiben mit Pinseln und Tusche auf Papier von oben gegen unten zu. In der Mahlerey haben sie zwar lebhafte Farben, aber schlechte Zeichnungen; die Musik ist einförmig und lärmend; ihre Baukunst artet in Roheit aus. – Ihre Fabriken sind ausgezeichnet . . . Der größte Handel hat im Innern zwischen den Provinzen Statt, und wird durch die vielen Kunstflüsse und guten Heerstraßen sehr befördert. Der unbedeutende Außenhandel wird theils durch Karawanen nach Siberien, theils zur See nach Japan und Indien getrieben; doch können die Fahrzeuge der Chinaer keine weiten Fahrten unternehmen . . . Die Seemacht ist unbedeutend[32].«

In der zweiten Hälfte des 18. Jahrhunderts hat sich China wegen seiner Zurückhaltung und Herablassung gegenüber den auf Handel und Ausbreitung ihres Einflußbereiches bedachten Nationen unbeliebt gemacht. Das führte vor allem in England, das durch eine von Earl Macartney geleitete Delegation (1793/94) die Errichtung einer englischen Gesandtschaft und eines Handelszentrums in Peking, die Öffnung mehrerer Häfen und Erlaubnis für Missionstätigkeit verlangt, vom chinesischen Kaiser jedoch eine deutliche Abfuhr erhalten hatte[33], zu negativen Darstellungen von China. So verfaßte zum Beispiel John Barrow, der Earl Macartney auf dessen Chinamission als Privatsekretär begleitet hatte, ein Buch, das in Europa weite Verbreitung fand und 1805 in Wien in deutscher Übersetzung erschien. Er wolle, so schrieb er gleich anfangs, das Rauschgold und den Glanzfirnis abstreifen, mit denen die Missionare China bedeckt hätten, und das chinesische Volk so darstellen, wie es wirklich sei[34]. Seine Schwarzmalerei wurde jedoch der Wirklichkeit noch viel weniger gerecht als die zum Teil idealisierenden Erzählungen der Jesuiten. Die Ende des 18. Jahrhunderts sich mehrenden und lauter werdenden kritischen Stimmen über China fanden allerdings in Österreich, das sich China gegenüber keine Einflußsphären sichern wollte und daher nicht Beteiligter war, weniger Echo[35].

Hält man vom Ende des 18. Jahrhunderts Rückblick, ist die Bilanz

Das »chinesische Zimmer« im Stift Altenburg
Foto: Kolorit-Verlag Wien

der chinesischen Präsenz in Österreich durchaus positiv. Kunst und Kunsthandwerk in Österreich wurden nachhaltig beeinflußt, wenn auch einschränkend gesagt werden muß, daß der Zusammenhang der Chinoiserien mit der chinesischen Realität nur mehr ein äußerlicher und entfernter war. Äußerlich war natürlich der Zusammenhang auch bei den Bällen und Maskeraden in chinesischem Kostüm, was, von den Höfen in Paris und Wien ausgehend, im Laufe des Jahrhunderts derart Sitte geworden war, daß schließlich das ganze Volk daran teilhatte[36]. Und wenn auch weder dadurch noch durch die höfischen oder populären Theaterstücke eine wirkliche Chinainformation vermittelt wurde, so wurde doch damit die Erinnerung an das chinesische Reich wachgehalten und für die Chinesen eine Art Sympathiewerbung durchgeführt. Hat doch sogar Maria Theresia selbst im ersten chinesischen Stück Metastasios 1735 eine Rolle übernommen[36a]! Und selbst als man von den aus China übernommenen Sänften wieder abkam, gemahnte die Bezeichnung »Chineser« für zweisitzige offene Wagen an das ferne Land im Osten. Im Inseratenteil der *Wiener Zeitung* vom 1. April 1807 wurden nicht weniger als zwei »Chineser-Caleschen« zum Kauf angeboten[37]. Daneben lebte das skurrile, aber freundliche Chinabild der Barockzeit auf Wiener Hausschildern fort. Bis weit ins 19. Jahrhundert hinein hießen einige Wiener Häuser »Zum Chinesen[37a]«.

Nachrichten über China erreichten Österreich während der Barockzeit bereits relativ häufig. Beginnend mit den Berichten der Jesuiten an Kaiserhaus und Adel und der Aufstellung von ihnen übersandter chinesischer oder selbstverfaßter Literatur in der kaiserlichen Bibliothek, wurden Informationen über China einem immer breiteren Publikum zugänglich, so daß, wie oben berichtet, Stranitzki sogar in einem Volksstück ein berühmtes Chinabuch nennen konnte – offenbar ohne befürchten zu müssen, beim Publikum auf Unverständnis zu stoßen.

Österreich in China

In China waren die Bedingungen für die Entstehung konkreter Vorstellungen über Österreich vergleichsweise viel schlechter. Auch hier war es der Kaiserhof, der – ebenfalls im Wege über die Jesuiten – als erster Details über das andere Reich erfuhr. Ab 1584 brachte der erste Jesuitenmissionar in China, der Italiener Matteo Ricci, in Peking mehrere von ihm gezeichnete Weltkarten heraus. Auf einer Zentraleuropa, Zentralasien und Nordafrika gewidmeten Karte, die naturgemäß nicht sehr genau ist, finden sich chinesische Übersetzungen Riccis für Österreich – Aoshituliya (Ao-shih-t'u-li-ya), Böhmen – Boyimiya (Po-i-mi-ya) und Deutschland – Ruermaniya (Ju-erh-ma-ni-ya)[38]. Über Österreich finden sich keine näheren Angaben, aber schon bei Ricci verschwimmt die Trennlinie zwischen den Erbländern der österreichischen Habsburger und dem Heiligen Römischen Reich Deutscher Nation, über das Ricci in einer auf der Karte angebrachten Notiz berichtet, die Kaiserwürde dieses Reiches sei nicht erblich, sondern der Kaiser werde von den Fürsten der sieben deutschen Staaten gewählt[39].

1674 war es wieder ein Jesuit, nämlich Ferdinand Verbiest, der in China eine Weltkarte vorlegte. Darin kam sowohl Böhmen – Boyemiya (Po-yeh-mi-ya), Tirol – Diluoping (Ti-lo-p'-ing), Flandern – Fulantiya (Fu-lan-ti-ya) – wie auch die Donau – Duonao (To-nao) vor. Auch Verbiests Karte wies hinsichtlich Deutschlands einen Vermerk auf: »Das Land Germania ist mit Flandern verbunden. Hinsichtlich ihres Gebietes hängen sie auch zusammen. Es ist die erste Großmacht Europas. Die Königswürde wird dort dem Edelsten vergeben und ist nicht erblich. Man hat neunzehn Universitäten errichtet. Die Bewohner sind im Handwerk sehr geschickt. Ein von ihm abhängiges Reich ist Böhmen. Es erzeugt Gold; es gibt Klumpen von über zehn Pfund Gewicht. Auch auf dem Grund der Flüsse gibt es häufig Gold, so groß wie Bohnen und Körner[40].«

Da also in den kartographischen Arbeiten der Jesuiten das Reich der österreichischen Habsburger nicht besonders herausgearbeitet wurde, nimmt es nicht wunder, daß die Chinesen, als sie begannen, aufgrund eigener Erfahrungen und der Kontakte mit den europäischen Händlern Beschreibungen fremder Länder herauszugeben, sich mit der Einordnung Österreichs ebenfalls nicht sehr leicht taten. Der Vater des Autors, welcher 1744 das *Haiguo wenjian lu* (Hai-kuo wen-chien lu, auf deutsch etwa: Fremde Länder vom Hörensagen) herausbrachte, hatte als Beamter auf Formosa und in den Küstenprovinzen viel mit Fremden zu tun, und dies hatte das Interesse seines Sohnes erweckt, der während der Mußestunden seiner Dienstzeit als Mitglied der Leibwache des Kaisers und später als Offizier der Armee sich mit Geographie beschäftigte und seine Kenntnisse in dem Büchlein niederlegte. Wahrscheinlich nach dem gelben Hintergrund des kaiserlichen Doppeladlers wurde Österreich als Huangqi (Huang-ch'i) – Gelbe Flagge – bezeichnet: »... Die Gelbe Flagge(-Leute) gehören alle zur Rasse der Rothaarigen. Früher standen sie nicht in Verbindung mit China; seit kurzem aber gibt es Schiffe, die nach Kuangtung kommen, um Handel zu treiben[41]. Im Süden schließt (Huang-ch'i) sich an Rom sowie Venetien (Min-nien-shen) an, und im Osten bildet das benachbarte Preußen die Grenze ... Rothaarige ist der Name für alle Barbaren des Nordwestens. Sie haben blondes Barthaar und rotbraunes Haar. Sie tragen blaue, aus Filz gerollte Hüte, kurze Gewänder und Ärmel, enge Socken sowie Lederschuhe mit hoher Hintersohle (d. i. Absatz). Sie sind den nach Peking kommenden Russen ziemlich ähnlich. (Sie haben) hohe Nase(rücken) und grünblaue Augen, manchmal ähnlich wie in China. Sie sind groß von Statur, scharfsinnig und wendig. Stets ist das, was sie machen, solid und ingeniös. Sie sind vertraut mit Kanonen und erforschen die Astronomie und Geographie. Nach ihrem Brauch nehmen sie keine Konkubinen. Die Sprache eines jeden Landes ist verschieden, und das Hutabnehmen Sitte[42].« Unter den

»Verehrern des Himmelsherrn« (den katholischen Nationen) werden Kastilien, Spanien, Portugal und das Land der gelben Flagge aufgezählt[43].

Mit Deutschland wurde Österreich wiederum in dem vom Kaiser Qian Long in Auftrag gegebenen enzyklopädischen Werk *Huangchao Wenxian tongkao* (Wen-hsien t'ung-k'ao) (1786–87 vollendet) verwechselt. In dem letzten Teil, der gewöhnlich »Untersuchung über die Fremdvölker der vier Himmelsrichtungen« genannt wird, findet sich ein Hinweis auf den aus der österreichischen Ordensprovinz der Jesuiten stammenden Krainer Grafen August von Hallerstein:

> Im 18. Jahre der Ära Ch'ien-lung (1753) war Direktor des Kaiserlichen Astronomischen Amtes Liu Sung-ling (i. e. August von Hallerstein), ein Deutscher (Jo-erh-ma-ni-ya-jen). Sein Land befindet sich 5000 li nordöstlich von Portugal (Po-erh-tu-ko-er-ya). Die Königswürde seines Landes ist nicht erblich: Man nimmt dazu Würdenträger des eigenen Landes oder Herrscher anderer Länder und sucht um die Sanktion des Papstes (chiao-wang) nach, um ihn einzusetzen. Leute dieses Landes leben verstreut in allen Ländern als Soldaten. Sie sind äußerst loyal und aufrecht. In allen Ländern wählt man zum Schutz der Paläste und Städte stets Leute dieses Landes aus und besetzt mit ihnen (diese Posten). In ihren handwerklichen Arbeiten sind sie sehr geschickt.
> (Zu Deutschland) gehören die Franken (Fa-lan-ko-ti-jen). Von Natur aus sind sie geradeheraus und leichtgläubig. Man baut viel Weinreben an und versteht sich gut darauf, Wein herzustellen, den man ständig an Leute, die in andere Gegenden reisen, verkauft.
> Weiter gibt es ein Land namens Böhmen (Po-ê-mei-ya), das (zu Deutschland) gehört. Sein Boden bringt Gold hervor. Man gräbt Schächte, aus denen man ständig Goldklumpen gewinnt. Ferner sind da die Lothringer (Te-lo-lin-jih-ya steht fälschlich für Lo-te-lin-jih-ya), die höchst verschwenderisch und prunksüchtig sind. In einer Banketthalle ihres Königs sind auf allen Seiten rundherum Korallen angeordnet wie auf einer Zwischenwand. Wenn man von Portugal nordostwärts reist und Spanien (I-hsi-pa-ni-ya), Flandern (Fa-lan-te-szu) und Frankreich (Fo-lang-ch'a) passiert, soll man dorthin kommen[44].

Daß es Österreich während des 18. Jahrhunderts kaum gelungen ist, für die Chinesen ein klarer Begriff zu werden, beweist das von dem bekannten chinesischen Geographen Li Zhaoluo (1769–1841) verfaßte *Haiguo jiwen* (Hai-kuo chi-wen: Aufzeichnungen von fremden Ländern) ebenfalls. Li stützte sich dabei auf eine Arbeit, welche von einem alten chinesischen Seemann, der viel in Europa herumgekommen war, um 1820 in Macao einem Literaten diktiert worden war[45]. Österreich ist dabei folgender Abschnitt gewidmet:

Das Doppeladlerland (Shuang-ying kuo) heißt auch Italien (I-tanien). Es befindet sich nordwestlich der türkischen (Tai-ku) Häfen. Die Grenzen sind mit denen des Westlichen Ozeans gleich. Mit dem Einadlerland[46] ... steht es in brüderlichem Verhältnis. Bei Notlagen helfen sie einander gegenseitig. Auch bekennt es sich zum katholischen Glauben. Die Sitten sind im großen und ganzen die gleichen wie beim Westlichen Ozean. Wenn die fremden Schiffe, die nach Kuangtung kommen, eine weiße Flagge führen *(Verwechslung mit Preußen, Anm. d. A.),* auf die ein Vogel mit zwei Köpfen gemalt ist, dann handelt es sich um dieses Land[47].

Während sich die europäischen Staaten der Barockzeit einschließlich Österreichs gegenüber dem Gedankengut und den Kunstfertigkeiten, die aus China kamen, zumindest längere Zeit hindurch aufgeschlossen zeigten, ja sogar gegebenenfalls bereit waren, eine chinesische Überlegenheit anzuerkennnen, hinderte das china-zentrische Weltbild die Chinesen daran, europäischen Vorzügen Bewunderung zu zollen. Der bekannte Sinologe Otto Franke hat diese Haltung öfters treffend als »nil admirari« bezeichnet. Daher hatten es die Österreicher schwer, sich in China zu profilieren. Gewiß, es waren die »Rudolfinischen Tafeln«, welche Johannes Kepler seinem verstorbenen Gönner, Kaiser Rudolf II., gewidmet hatte, die für den aus der deutschen Ordensprovinz kommenden Adam Schall von Bell, den Reformer des chinesischen Kalenders, unentbehrlich waren. Doch der chinesische Kaiser wollte den Herkunftsort nicht zur Kenntnis nehmen. In einem Brief von 1640 schrieb Schall darüber: »Das Wort *hsi* (westlich) ist sehr unpopulär, und der Kaiser braucht in seinen Edikten nie ein anderes Wort als *hsin* (neu)[48].«

Da und dort scheinen Missionare der österreichischen Ordensprovinz versucht zu haben, bei ihrer Tätigkeit Traktätchen über das Leben frommer Mitglieder des österreichischen Kaiserhauses zu verwenden oder diesbezügliche Erzählungen einfließen zu lassen. Sie dürften dabei bestenfalls bei christlichen Mitgliedern des Kaiserhauses Aufmerksamkeit erregt haben, die jedoch infolge des durch den Ritenstreit hervorgerufenen Missionierungsverbotes (siehe das Kapitel über die Jesuiten) immer weniger wurden. Geschenke, welche dem chinesischen Kaiser von österreichischen Hof geschickt wurden, sah man in China prompt als Tribut an, wie der Bericht eines chinesischen Malers, dem die österreichischen Schnupftabakdosen gefielen – immerhin also ein bleibender Eindruck! – beweist: Zhao Zheqian (1829–1884) vermerkt in seiner Schrift *Forschungen eines Dilletanten,* daß »im 17. Jahr der Ära Ch'ienlung Kaiser Joseph dem Herrscher über China einen ansehnlichen Tribut sendet, der aus 22 Arten von Geschenken besteht, darunter einige Dosen zum Schnupfen aus rotem Metall *(wahrscheinlich vergoldetes Silber)*[49]«.

Eindruck mögen auf einige der chinesischen Herrscher auch die aus Österreich kommenden Spinette gemacht haben und die Kunstfertigkeit, mit der die böhmischen Jesuiten darauf musizierten. Das alles war aber zu wenig, um ein Bild daraus zu formen. Im großen und ganzen blieb das Österreichverständnis in China während der Barockzeit auf dem Stand, den das Chinaverständnis in Österreich während der Renaissance hatte. So wie die österreichischen Sammler in ihren Kunst- und Wunderkammern häuften die chinesischen Sammler rare westliche Exotika an, ohne viel nach dem Herkunftsland zu unterscheiden. So wie China in Österreich anfänglich hinter dem weiten Begriff des »Indianischen« zurücktreten mußte, war Österreich im allgemeinen den Chinesen bestenfalls unter dem Sammelbegriff »westlich« bewußt, und selbst dieser – siehe die oben zitierte Passage aus dem Brief Schalls – durfte nicht immer verwendet werden.

ANMERKUNGEN

1 Liselotte Wiesinger, *Ein Dankgeschenk des Berliner Hofarztes Christian Mentzel an Kaiser Leopold I. in Wien aus dem Jahre 1688,* in: Martin Sperlich – Helmut Börsch-Supan (Hrsg.), *Schloß Charlottenburg, Berlin, Preußen – Festschrift für Margarete Kühn,* S. 182.

2 Ebd., S. 183.

3 Österreichische Nationalbibliothek, Cod. 9673 – Ta-hsüeh, Chung-young und Lun-yü 434 S., Cod. 9674 – Meng-tzu 354 S. Übersetzung mit kurzen Sprachnotizen. Abschlußvermerk am Ende des 2. Bandes vom 3. Aug. bzw. 30. Nov. 1634 für Bd. 1 bzw. 2. – Zitiert nach Eva Kraft, *Christian Mentzels chinesische Geschenke für Kaiser Leopold I.,* in: Martin Sperlich – Helmut Börsch-Supan (Hrsg.), *Schloß Charlottenburg, Berlin, Preußen, Festschrift für Margarete Kühn,* S. 193.

4 Eva Kraft, *Christian Mentzels chinesische Geschenke für Kaiser Leopold I.,* S. 193.

5 Ebd., S. 199.

6 Ebd.

7 Ebd.

8 Ebd.

9 Jan Nieuhof, Het Gezantschap Der Neerlandtsche Oost-Indische Compagnie, aan den Grooten Tartarischen Cham, Den tegenwoordigen Keizer van China: war in De gedenkenwardighste Geschiedenissen, die onder het Reizen door de Sineesische Landtschappen . . . en aan het Keizerlijke Hof te Peking, sedert den jare 1655, tot 1657. zijn voorgevallen, . . . Beneffens Een Naukeurige Beschrijving der Sineesische Steden, Dorgen, Regeeringh, Wetenschapen, Hantwercken, Zeden, Godsdiensten, Gebouwen, Drachten, Schepen, Bergen, Gewassen, Dieren & ceen Oologen tegen de Tarters. Verciert met over de 150 Afbeeltsels, na't leven in Sina getekent: En beschreven door Jan Nieuhof. . . Amsterdam . . . Anno 1670. – Angaben darüber von Liselotte Wiesinger und Helmut Börsch-Supan, in: *China und Europa,* Katalog der Ausstellung im Schloß Charlottenburg, Berlin 1973, S. 158.

10 J. A. Stranitzki, *Ollapotrida des durchtriebenen Fuchsmundi,* Wien 1711, Wiener Neudrucke 1886, X., S. 106, zitiert nach George Kunoth, *Die historische Architektur Fischers von Erlach,* Düsseldorf 1956, S. 108. Zu Stranitzki siehe Reinhard Urbach, *Die Wiener Komödie und ihr Publikum,* Wien-München 1973, S. 23 ff.

11 Helmut Börsch-Supan, *Die Chinamode in der Malerei des 17. und 18. Jahrhunderts,* in: *China und Europa* (Katalog), S. 62; vgl. auch Adolf Reichwein, *China und Europa,* Berlin 1923, S. 25.

11a Dietrich Gronau – Johannes Sembritzki, *Feste, Theater und Literatur im Verhältnis zu den modischen Strömungen ihrer Zeit,* in: *China und Europa* (Katalog), S. 118, 121.;

Einleitung Alfred Forkes zu dem von ihm herausgegebenen Schauspiel *Der Kreidekreis*, Frankfurt 1951, S. 6.
11b E. H. Tscharner, *China in der deutschen Dichtung*, München 1939, S. 64.
12 Ebd., S. 10.
13 George Kunoth, *Die historische Architektur Fischers von Erlach*, S. 108.
14 In Druck ging das Werk 1721, ebd., S. 107.
15 Ebd. Das Kabinett befand sich wahrscheinlich im Leopoldinischen Trakt der Burg und ist heute nicht mehr erhalten.
16 Winfried Baer, *Zur Chinamode im Kunstgewerbe*, in: *China und Europa* (Katalog), S. 48; s. auch Julius von Schlosser, *Die Kunst- und Wunderkammern der Spätrenaissance*, Leipzig 1908, S. 64 ff.
17 Baer, a. a. O., Schlosser, a. a. O., S. 67.
18 Schlosser, a. a. O., S. 81.
18a Albert Ilg, *Die Fischer von Erlach*, Wien 1895, S. 442.
19 Schlosser, S. 64; Hans Huth, *Lacquer of the West*, Chicago-London 1971, S. 4 f. Der Tisch ist dort auch im Anhang abgebildet.
20 Adolf Reichwein, *China und Europa*, S. 41.
20a Auskunft von Dr. Georg Kugler, Kunsthistorisches Museum, Wien.
21 Bei Reichwein ist der Name »Herold« angegeben.
22 Hugh Honour, *Chinoiserie – The Vision of Cathay*, London 1961, S. 105.
23 Ebd., Reichwein, *Europa und China*, S. 34 f.; Wilfried Baer, *Zur Chinamode im Kunstgewerbe*, in: *China und Europa* (Katalog), S. 58.
23a Waltraud Neuwirth, *Porzellan aus Wien*, Wien-München 1974, S. 12
24 George Kunoth, *Die historische Architektur Fischers von Erlach*, S. 107.
24a Waltraud Neuwirth, a. a. O., S. 20.
25 Ebd., S. 107.
25a Albert Ilg, *Die Fischer von Erlach*, Wien 1895, S. 441.
25b Ebd., S. 444
25c Ebd.
26 Chisaburo Yamada, *Die Chinamode des Spätbarocks*, Berlin 1935, S. 64.
27 Ebd.
28 Sie gaben auch wegen der erhofften Unterstützung bei der Mission bewußt sehr positive Bilder von China.
29 Chisaburo Yamada, *Die Chinamode des Spätbarocks*, S. 71.
30 Vgl. Wilfried Daim, *Chinesen in Europa*, Wien-München 1973, S. 87 ff.
31 *Johann Hübners neu-vermehrtes und verbessertes Reales Staats-Zeitungs- und Conversations-Lexicon*, Regenspurg und Wien 1757, S. 261.
32 *Johann Hübners reales Staats-Zeitungs- und Conversations-Lexicon*, ganz umgearbeitet und nach den neuesten politischen Verhältnissen eingerichtet von F. X. Sperl, Graetz 1820, Sp. 768–770.
33 Ssu-yu Teng – John K. Fairbank, *China's Response to the West*, New York 1970, S. 19 f.; E. Backhouse – J. O. P. Bland, *Annals & Memoirs of the Court of Peking*, London 1914, S. 322 ff.
34 John Barrow, *Reise durch China (von Peking nach Canton im Gefolge der Großbritannischen Gesandtschaft in den Jahren 1793 und 1794)*, in der Übersetzung von Johann Christian Hüttner, Wien 1805, S. 5.
35 Vgl. dazu Auszüge aus der 1793 zu Wien erschienenen *Allgemeinen Erdbeschreibung* Franz Joh. Jos. von Reillys, Dritter Teil:

»Der Sineser ist höflich, sanft und phlegmatisch, schamhaft, arbeitsam, eingezogen und vorsichtig, sparsam, im Essen und Trinken maessig, dabey aber auch weichlich, im Handel und Wandel eigennützig und betrügerisch, unertraeglich stolz auf die wahren und eingebildeten Vorzüge seiner Nation, zur Verstellung und heimlicher Rache geneigt.« (191) (Entspricht wörtlich: Raphael Kleinsorg, *Abriß der Geographie*, Salzburg 1787, 2. Aufl., S. 571.)

»Die Regierungsart ist despotisch, wird aber nicht immer so ausgeübt. Wenigst gab es viele Kaiser, die mehr Väter ihres Volkes als Despoten, alle wichtigen Reichsangelegen-

heiten nicht nach Willkuer entschieden, und sich in Memoralien an ihre Pflicht erinnern liessen . . .« (195) (Entspricht wörtlich: Kleinsorg, ebd., S. 573.)
»Der auswärtige Seehandel erstreckt sich nicht über Japan und Ostindien hinaus. Die Wissenschaften stehen in sehr grosser Achtung, und sind der einzige Weg zu Ehrenstellen. Es fehlt aber noch sehr viel, daß Sineser es hierin Europaern gleich thun. Ihre Lieblingsstudien sind Reichsgeschichte, Rechtswissenschaft, Moral, Mathematik, besonders Astronomie. Zu Peking ist eine berühmte Sternwarte. In der Baukunst, Schifffahrt und Geographie sind sie noch sehr weit zurück, in Kunstwerken ohne Geschmak, überhaupt ohne Kritik. Das Sonnenjahr von 365 Tagen, die Inokulation der Poken, den Gebrauch des Papiers und der Magnetnadel, die Buchdruckerey und das Schießpulver zählen sie zu ihren Erfindungen.« (198f) (Gekürzte Fassung von Kleinsorg, ebd., S. 575.)
Die verdorbenen Sitten in chinesischen Hafenstädten, welche durch die Ausländer selbst herbeigeführt worden waren, spiegeln sich also hier ebenso wider wie die Enttäuschung, wegen der chinesischen Zurückhaltung zu keinen größeren Profiten im Chinahandel zu kommen. Da Österreich damals in China kaum auftrat, war die Beurteilung von anderen, wohl vor allem der englischen Nation beeinflußt, geriet aber nicht so drastisch wie in den Staaten, denen es um Einflußsphären in China ging.

36 Reichwein, *China und Europa,* S. 77.

36a Alfred Forke, a. a. O.

37 *Oesterreichisch-Kaiserliche privilegierte Wiener-Zeitung,* 1. April 1807, S. 3.

37 a Hausschild im V. Bezirk (Margareten) in der Zwerchgasse 5. Ziegler – Vasquez, *Die k. k. Haupt und Residenzstadt Wien mit ihren Vorstädten und nächster Umgebung,* Wien 1830, S. 312; im VII. Bezirk, Mondscheingasse, Ziegler–Hellwein–Siegris, Wien 1924, S. 93; im VIII. Bezirk, Lerchengasse, Ziegler–Döbler–Rotter, *Die Josefstadt,* Wien 1918, S. 361 f.; im IX. Bezirk, Thury, Obere Hauptstraße, Ziegler–Oeller, S. 67.

38 Hartmut Walravens, *Die Deutschland-Kenntnisse der Chinesen (bis 1870),* Diss., Köln 1972, S. 7 f.; sowie der von der Vatikanischen Bibliothek 1938 herausgegebene Neudruck des Kartenwerks von Ricci, Tafel XIX (chinesisch) und Tafel XX (italienisch).

39 Tafel XIX und XX (s. Anm. 38).

40 Hartmut Walravens, *Die Deutschland-Kenntnisse der Chinesen (bis 1870),* S. 20f.

41 Die in Ostende beheimatete Handelskompanie mit dem Privileg Karls VI. – Siehe das Kapitel über Marinekontakte.

42 Hartmut Walravens, *Die Deutschland-Kenntnisse der Chinesen (bis 1870),* S. 30 f.

43 Ebd., S. 31.

44 Ebd., S. 34.

45 Ebd., S. 35–37.

46 Preußen.

47 Hartmut Walravens, *Die Deutschland-Kenntnisse der Chinesen (bis 1870),* S. 37. Möglicherweise hat die Verwechslung von Österreich und Preußen einen realen historischen Hintergrund. Als die Ostendische Kompanie infolge der Eifersucht der anderen Mächte unter kaiserlicher Flagge keine Fahrten nach Ostasien mehr durchführen durfte, erlangte sie vom König von Preußen einen Privatpaß, und so lief das in Wahrheit österreichische Schiff *Apollo* im August 1730 in Kanton ein und zeigte dort zum ersten Male die preußische Flagge: einen Adler auf weißem Grund. Vielleicht mag sogar etwas über die Hintergründe dieser Fahrt durchgesickert und dadurch die Vorstellung der gegenseitigen Hilfe in der Not mitbegründet worden sein. – Berhard Struck, *Österreichische Kolonialversuche im 18. Jahrhundert,* in: *Völkerkunde,* 3. Jg., Heft 7–9, 1927, S. 189 f.; Karl Rieger, *Geschichte der Ostendischen Compagnie,* in: *2. Jahresbericht der Wiener Handelsakademie,* Wien 1874, S. 350.

48 Siehe die Erläuterungen Liselotte Wiesingers, in *China und Europa* (Katalog), S. 137, 139.

49 Michel Beurdeley, *China. Chinesische Sammler durch die Jahrhunderte,* S. 182, München 1966.

Drittes Kapitel

China und die österreichischen Jesuiten

1. Zur Geschichte der Jesuitenmission in China

Die Angehörigen des Jesuitenordens brachten etwas mit, das für das Wirken in China eine notwendige Voraussetzung war: hohe Bildung und Anpassungsfähigkeit. Ihre erlesene Ausbildung prädestinierte sie dazu, die europäische Kultur in China eindrucksvoll zu vertreten. Andererseits waren sie bereit, den ehrwürdigen chinesischen Kulturleistungen Achtung zu erweisen und auf die Eigenart der Chinesen Bedacht zu nehmen. Schon Matteo Ricci, der Pionier der Jesuitenmission in China, legte sich nach seiner Ankunft sehr bald Gelehrtenkleidung zu, da er die Gelehrsamkeit als optimales Vehikel für die Glaubensverbreitung erkannt hatte[1]. Ricci ging mit Behutsamkeit und Einfühlungsvermögen vor, so daß seine in China verfaßten Werke, die den Chinesen das Christentum nahebringen sollten, von ihnen vielfach als Interpretation und Fortentwicklung der chinesischen Klassiker empfunden wurden[2].

Jesuiten wirkten in China als Mathematiker, Astronomen, Kartographen, Uhrmacher, aber auch als Architekten, Maler und Musiker. »Zusammen mit chinesischen Gelehrten übersetzten sie an die siebzig Bücher über Astronomie, Mathematik, Mechanik, Geographie u. a. aus europäischen Sprachen ins Chinesische[3].« Wenn auch die meisten Erfindungen, welche die Jesuiten den Chinesen vermittelten, in China schon früher bekannt waren, können jene dennoch in Anspruch nehmen, der Naturwissenschaft in China wichtige Impulse gegeben zu haben, denn vieles davon war in China wieder in Vergessenheit geraten[4]. Eine Reihe von Mitgliedern des Ordens gelangten bei Hof zu großem Einfluß und hohen Würden. Andere widmeten sich in den chinesischen Provinzen der seelsorgerischen Tätigkeit und konnten bald eine beachtliche Anzahl von chinesischen Christen verzeichnen.

Während sie bei den Chinesen von Errungenschaften der europäischen Kultur kündeten, informierten die Mitglieder der Gesellschaft Jesu ihre Landsleute in Europa über das bis dahin noch halb legendär gewesene China. In ihren Briefen, deren wichtigste im *Weltbott* des Grazer Jesuitenpaters Joseph Stöcklein veröffentlicht wurden, und in ihren Büchern ließen sie vor dem Auge des europäischen Lesers eine malerische, aber wohlgeordnete Welt aufsteigen, wo Gelehrsamkeit viel galt und die Moral sehr hoch geachtet wurde.

Wer weiß, wie viele und dauerhafte Brücken von den Jesuiten schon damals zwischen Europa und China geschlagen worden wären, hätte nicht der »Ritenstreit« ihren Bemühungen ein Ende gesetzt. Als andere Orden ebenfalls darangingen, in China zu missionieren, ließen sie es an Verständnis und Respekt für Kultur und Sitten der Chinesen fehlen. Da die Ahnenverehrung bei den Chinesen weniger religiöser Kult als ein Ausdruck der Pietät war, wurde sie von Ricci und den Jesuitenmissionaren nach ihm als ziviler Brauch toleriert. Nun aber kamen der Predigerorden und andere, die den chinesischen Christen unter Androhung der Exkommunikation neue Verpflichtungen und Verbote auferlegten. Chinesische Christen, aber auch nichtchristliche Beamte wurden mit religiösem Fanatismus behandelt, der gleichzeitig nach der Märtyrerkrone blickte[5]. Eifernde Mitglieder der Mendikantenorden zögerten auch nicht, die Jesuiten in Rom wegen der Duldung heidnischer Bräuche zu verklagen[6]. Der Papst gab diesen Beschwerden nach, und als er 1742 die Ausübung des Ahnenkultes endgültig verbot, verurteilte er damit auch die christliche Mission in China zum Untergang.

Eine Zeitlang waren die Jesuiten mit ihren profanen Fertigkeiten bei Hof noch geduldet. Die bald darauf erfolgte Aufhebung des Ordens in Europa tat ein übriges, um die Verbindungen, die von den Jesuiten in langer und mühevoller Arbeit zwischen China und Europa geknüpft worden waren, zu zerreißen. Ein chinesischer Beamter und Literat hat später, im 19. Jahrhundert, festgestellt, daß die Jesuiten in hervorragendem Maße geeignet gewesen wären, die Beziehungen Chinas zu den westlichen Staaten positiv zu beeinflussen[7].

2. Der Beitrag der österreichischen Jesuiten

Unter den zuvor angesprochenen westlichen Staaten hätte sich jedenfalls auch Österreich befunden, denn österreichische Jesuiten hatten an der China-Mission wesentlichen Anteil. Sie stellten Experten für alle am chinesischen Hof begehrten Wissenschaften und Künste, sie verbuchten aber auch sowohl in Peking wie in den Provinzen große seelsorgerische Erfolge und unternahmen während des Ritenstreites heftige Anstrengungen, ihre mühsame Aufbauarbeit doch noch zu retten. Einige herausragende Persönlichkeiten mögen den Anteil des österreichischen[8] Elementes an der China-Mission des Jesuitenordens verdeutlichen.

A. Mitglieder der österreichischen Ordensprovinz

Wolfgang Andreas *Koffler* legt dafür Zeugnis ab, daß österreichische Jesuiten in China schon früh und mit großem Einfluß hervortraten. Er wurde 1603 in Krems geboren und trat 1627 in den Orden ein. 1642 kam er nach China[9]. Dort konnte er sich bald mit hohen christlichen Hofbeamten anfreunden.

Lukas, ein kommandierender kaiserlicher General, nahm Koffler auf seine Feldzüge mit. Eines Tages kamen sie an einen Ort, wo des Kaisers

Schiff ankerte. Doch der Kaiser, der »mithin in seinem Hirn ziemlich verruckt« war, wagte nicht, seinen Fuß auf das Ufer zu setzen, da er fürchtete, von Teufeln geplagt zu werden[10]. Schließlich konnte der Kanzler Pan, welcher – obwohl verschnitten – auf den maskulinen Namen Achilles getauft worden war, den Kaiser bereden, Koffler zu empfangen. Dabei übergab Koffler als Ehrengeschenke einen Rundspiegel, mehrere mathematische Instrumente und ein Bild Marias mit dem Kind, auf dem auch Johannes der Täufer zu sehen war. Kaum hatte die Kaiserin das Bild erblickt, erschrak sie und sagte, nämlicher Knabe sei ihr unter dem Zuruf im Traum erschienen: »Wenn du mein Gesetz nicht annimmst, so will ich dich töten!« Dazu habe er sich von dem anderen (Johannes dem Täufer) sogar den Kreuzstab ausborgen wollen. Trotzdem lehnte es die Kaiserin zuerst ab, Koffler zu sich zu lassen, sondern hätte es vorgezogen, von ihrem Landsmann Pan die Taufe zu empfangen. Koffler hatte es sich aber vorgenommen, der offenbar nervlich zerrütteten Familie mit Festigkeit zu begegnen, und ließ der Kaiserin sagen, »es wären bisher viel Kayser und noch mehr Kayserinnen in die Höll gefahren; wollte sie ihnen dahin folgen, so seye der Weg schön und breit gebahnt: widrigenfalls aber, wenn sie begehrte selig zu werden, so müßten die Patres selbst notwendigerweis mit ihr reden und sie in allem christlichen Glauben vollkommentlich unterrichten, ja nach christlichem Kirchen-Gebrauch, mit eigener Priesterlicher Hand tauffen ...[11]«. Pan unterstützte Koffler in seinen Ermahnungen und fungierte schließlich als Gevatter. Koffler taufte die Kaiserin-Mutter auf den symbolträchtigen Namen Helena und die »rechtmäßige«, sprich erste kaiserliche Gemahlin auf den Namen Anna.

Damit ist schon ein wesentliches Hindernis für Kofflers den Kaiser betreffende Bemühungen angesprochen. Denn dieser billigte es zwar, nachdem er von einem Feldzug heimgekehrt war, daß die Frauen die Taufe empfangen hatten[12], wollte sich aber nicht mit dem Gebot der ehelichen Keuschheit anfreunden, wonach »er mit seiner rechtmäßigen Ehegattin sich allein hätte begnügen sollen[13]«. Später, als eine von einer Nebenfrau geborene Prinzessin starb, wurde dies dem Kaiser von Koffler als des Himmels Strafe für die Vielweiberei entgegengehalten. Als dann noch die Kaiserin nach christlichen Andachtsübungen einem gesunden Thronfolger das Leben schenkte, stieg das Ansehen Kofflers gewaltig. Er taufte aber den Prinzen nur unter der Bedingung, daß man ihn später nur mit einer Frau vermählen würde. Als Taufnamen wählte er Konstantin.

Koffler verzeichnete einen Sieg auf der ganzen Linie. Der Kaiser rüstete sogar eine Gesandtschaft christlicher Beamter an die Jesuitenmission in Macao aus. Wie staunte man dort über eine Flottille chinesischer Schiffe, welche das Kreuzzeichen auf ihren Segeln trugen! Darüber hinaus hegte der Kaiser die Absicht, einen Gesandten zum Apostolischen Stuhl zu entsenden.

Die Wirren der zerfallenden Dynastie ließen dem Kaiser aber keine

Andreas Koffler
(Gemälde im Besitz des Historischen Museums der Stadt Krems)

Zeit, die begonnenen Kontakte zu verstärken. Über das Reich hereinbrechende Mandschukrieger töteten ihn, und Koffler erging es nicht besser. Nach einem Schreiben des Jesuitenpaters Joannis Nadasi an den Pater Provinzial der österreichischen Provinz war Koffler im Süden Chinas in der Nähe der Stadt »Thien-tscheu« (Provinz Guangxi) mit seinem Schiff auf einer Sandbank gestrandet. Ein Mandschu-Hauptmann kam mit seiner Schar hinzu und wollte über den Fremden Bescheid erhalten. Koffler sagte ihm, er unterrichte die Lehren des Gesetzes, und

DE BELLO
TARTARICO
Historia;
In quâ,
Quo pacto Tartari
hac nostrâ aetate
Sinicum Imperium
invaserint, ac fere
totum occuparint,
narratur; eorumque
mores breviter
describuntur.
Cum Figuris Æneis
Auctore R.P. Martino
Martinio S.I. etc.
AMSTELODAMI,
Apud Iohannem Ianßonium
Juniorem. 1655.

schlug ein Kreuz, wobei er auf chinesisch »Im Namen des Vaters, des Sohnes und des Heiligen Geistes« sprach. Hierauf erschlug ihn der Hauptmann mit kreuzweise geführten Schwertstreichen[14]. So endete im Chaos des Sturzes einer Dynastie, was von Koffler so hoffnungsvoll begonnen worden war.

Kofflers Andenken wurde nicht nur von geschichtlichen oder religiösen Werken gepflegt, sondern sein Name war so bekannt, daß Eberhard Werner Happel den österreichischen Missionar am Ende seines 1673 in Hamburg veröffentlichten berühmten China-Romans *Der Asiatische Onogambo* auftreten ließ:

> Printz Polagi ward zum Unterkönig in Canton gesetzet, und Printz Gallias hatte gleiche Ehr in Nanking. Die neue Keyserin ließ sich

aber bald tauffen und Helena heissen. Polixa (ein armenischer Christ) ward zum Reichs-Cantzler gemacht, und Pam Achilleus genennet. Über ein Jahr erfreuete die Keyserin Terragam, so nun Helena hieß, ihren Gemahl mit einem Printzen, den sie Constantinus nennete, und von einem Europeischen Pater aus Oesterreich, so Andreas Koffler hieß, den ihr die Keyserin zum Beichtvater erwehlet hatte, getauffet ward[14a].

Martinus *Martini,* geboren 1614 zu Trient, gestorben 1661 zu Hangzhou, kam 1643, also fast gleichzeitig mit Koffler, nach China. Er arbei-

102 *De Bello Tartarico*

mus; de quo me acturum promisi: ut quo pacto Tartari non modo Orientaliora, ac Mediterranea, sed etiam Occidentalissima Sinæ occuparint, edisseram.

Canghien-chungus immanis tyrannus. Pudet equidem ac tædet de hujus latronis rebus agere; tum quia ejus facinora vix fidem invenient, tum quia sunt ejusmodi, ut de iis ne cogitare quidem deceat sine horrore. De eo longam habeo narrationem, à duobus nostris Patribus scriptam, qui in Suchuen Provincia, ubi latro erat, rem divinam procurabant, nempe R. P. Ludovico Bullio Siculo & R. P. Gabriële de Magellanes Lusitano; quorum integritati, quia debetur fides, ideo adducar ut credam, mortalem hominem ad tantam nequitiam ac sævitiam pervenire potuisse. Ex ea igitur narratione hæc breviter desumpsi, quæ nihil ferè aliud continent, quam diræ crudelitatis exempla, & adeo exquisitæ, ut vix dubitari possit, quin Lector, quantumvis humanus, ejus auctorem, non hominem, sed feram, aut carne humana indutum dæmonem appellare debeat; & si quod est aliud dirius nomen illi imponere.

In varias Provincias penetravit hic latro, quas omnes rapinis, cædibus, incendiis, omnibusque miseriis impletas fœdavit. Erat illi animus omnes vastare

tete dort hauptsächlich als Geograph und Kartograph. Dadurch lernte er Land und Leute gründlich kennen. 1650 wurde er als Procurator Missionis nach Rom entsandt, um in der Ritenfrage zu verhandeln und um Hilfskräfte zu ersuchen[15]. In der Ritenfrage konnte er für seinen Orden Erfolge verbuchen und 1658 einen relativ günstigen Bescheid nach China zurückbringen. Er nutzte seinen Europaaufenthalt aber auch in anderer Weise und ließ Werke, welche er in China verfaßt hatte, in Druck gehen. Diese sollten das europäische Chinabild stark und nachhaltig beeinflussen. Sein *De bello tartarico,* worin er die Geschichte der Eroberung Chinas durch die Mandschus erzählt, war eine Art Bestseller der Barockzeit. Nach der 1654 in Antwerpen und Amsterdam fertiggestellten Ausgabe erschienen noch im gleichen Jahr in Antwerpen, Wien und Köln drei lateinische Neuauflagen sowie holländische und französische Übersetzungen. Im darauffolgenden Jahr kam das Buch in Portugal, Spanien und Schweden und 1706 in Dänemark heraus. Dadurch, daß es die Grundlage zu Hagdorns berühmtem, 1670 erschienenen Roman *Aeyquan, oder der große Mogol* bildete, gewann dieses Buch Martinis noch zusätzliche Breitenwirkung[16].

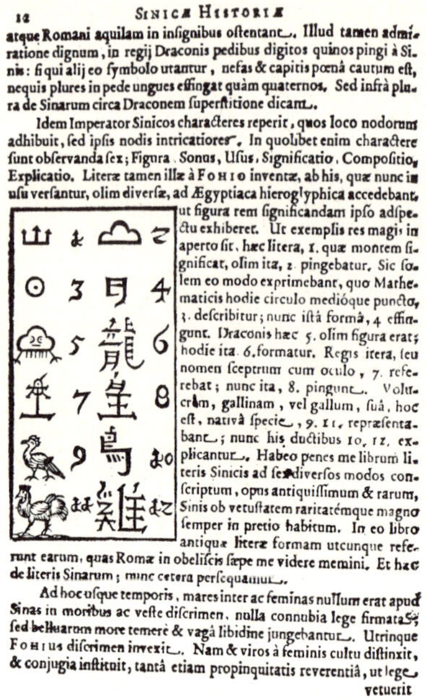

12 SINICÆ HISTORIÆ

atque Romani aquilam in insignibus ostentant. Illud tamen admiratione dignum, in regij Draconis pedibus digitos quinos pingi à Sinis: si qui alij eo symbolo utantur, nefas & capitis pœnâ cautum est, nequis plures in pede ungues effingat quàm quaternos. Sed infrà plura de Sinarum circa Draconem superstitione dicam.

Idem Imperator Sinicos characteres reperit, quos loco nodorum adhibuit, sed ipsis nodis intricatiores. In quolibet enim charactere sunt observanda sex; Figura, Sonus, Usus, Significatio, Compositio, Explicatio. Literæ tamen illæ à FOHIO inventæ, ab his, quæ nunc in usu versantur, olim diversæ, ad Ægyptiaca hieroglyphica accedebant, ut figura rem significandam ipso adspectu exhiberet. Ut exemplis res magis in aperto sit, hæc litera, 1. quæ montem significat, olim ita, 2. pingebatur. Sic solem eo modo exprimebant, quo Mathematicis hodie circulo medióque puncto, 3. describitur; nunc istâ formâ, 4 effingunt. Draconis hæc 5. olim figura erat; hodie ita 6. formatur. Regis litera, seu nomen sceptrum cum oculo, 7. referebat; nunc ita, 8. pingunt. Volucrem, gallinam, vel gallum, suâ, hoc est, nativâ specie, 9. 11. repræsentabant; nunc his ductibus 10. 12. explicantur. Habeo penes me librum literis Sinicis ad sex diversos modos conscriptum, opus antiquissimum & rarum, Sinis ob vetustatem raritatémque magno semper in pretio habitum. In eo libro antiquæ literæ formam utcunque referunt earum, quas Romæ in obeliscis sæpe me videre memini. Et hæc de literis Sinarum; nunc cetera persequamur.

Ad hoc usque temporis, mares inter ac feminas nullum erat apud Sinas in moribus ac veste discrimen, nulla connubia lege firmata; sed belluarum more temerè & vagâ libidine jungebantur. Utrinque FOHIUS discrimen invexit. Nam & viros à feminis cultu distinxit, & conjugia instituit, tantâ etiam propinquitatis reverentiâ, ut lege vetuerit

Aus: **De bello tartarico**

Das Hauptwerk Martinis ist aber der 1655 publizierte *Novus Atlas Sinensis.* Lange Zeit war dies der verläßlichste China-Atlas. Martini war nach der Aussage Richthofens der »bedeutendste Geograph der chinesischen Mission« und »Vater der geographischen Kenntnis Chinas«, und Joseph Needham hebt in seinem monumentalen Werk *Science and Civilization in China* die Bedeutung von Martinis Arbeit hervor[17]. Martini stützte sich auf eigene Vermessungen und auf chinesische Quellen, vor allem auf eine zu Beginn des 17. Jahrhunderts entstandene *Geographie des Reiches in 24 Bänden.* Er wies auch auf die Benützung chinesischer Quellen hin und zollte dabei den chinesischen Leistungen Anerkennung:

> Es soll hier niemand gedencken, wir finden solche Sachen in unserem Hirn und ertichten es selbst: Dann wir bekennen hiemit und auf gut Teutsch, daß wir alles aus den Sinenser Welt-Büchern und Landtaffeln, so sie selbst von jeder Landschafft absonderlich gemacht und gedruckt, genommen; haben auch erwehnte Stuck zur Hand und können einem jeden Liebhaber solcher Sachen vorzeigen. Was wir aber vor Schärfe und Fleiß darauff gewand, das kann leicht erachten, wer in der Weld-Beschreibung nicht allerdings fremd ist[18].

Die Einleitung zu dem Atlas weist Martini als scharfen, aber wohlwollenden Beobachter der Zustände in China aus. Die chinesische Zivilisation wird von ihm als gleichwertig akzeptiert[19]. Er lobt die Intelligenz der Chinesen, ihre unglaublich rasche Auffassungsgabe, ihren Scharfsinn und ihren Fleiß[20]. Besonders angetan ist er von ihrer Friedfertigkeit. »Niemand«, so schreibt er mit einem Seitenhieb auf europäische Verhältnisse, »komme auch auf den Gedanken, so unschicklich zu sein und

ASIE,
LIVRE PREMIER.
NOVVS
ATLAS
SINENSIS,
A
MARTINO
MARTINIO
Soc. Iesu
DESCRIPTVS
ET
SERENISSIMO
ARCHIDVCI
LEOPOLDO
GVILIELMO
AVSTRIACO
DEDICATVS.
Cum privilegio S. C. Maj. et Ord. Fœd. Belg.
CLAVSA RECLVDO

mit einer Waffe auf die Straße zu gehen[21].« Ebenso weiß er die Mäßigkeit[22], den Familiensinn[23] und die Sittenlehre[24] der Chinesen zu würdigen. Er heißt die Absenz eines Geburtsadels europäischen Musters gut[25] und sieht in der chinesischen Monarchie alte europäische philosophische Ideale verwirklicht. »Wer es wünsche, daß der Herrscher Philosoph sei und die Weisen regierten, der müsse dieses Reich der Chinesen glücklich preisen[26].« Neben detaillierten Schilderungen der chinesischen Landwirtschaft[27] gibt er auch Wertungen über das damals in China bestehende technologische Niveau ab. Wenn er auch insgesamt den Stand der Naturwissenschaften in Europa für weiter fortgeschritten hielt, räumte er doch einzelnen chinesischen Wissenschaftszweigen – wie zum Beispiel der Heilkunde – den Vorrang ein[28]. Er hatte die Chinesen sichtlich gern, wenn sie ihn auch mit seiner Meinung nach übertriebener Höflichkeit strapazierten und er einige als recht durchtrieben erkennen mußte[29]. Alles in allem verraten seine Urteile einen Mann, dessen Schilderungen besonders realitätsnah und daher überaus geeignet waren, dem europäischen Leser ein getreues Chinabild zu geben.

Martini war aber nicht nur ein »Bestseller-Autor« – zu seinen Werken kam 1658 noch eine nach chinesischen Quellen verfaßte Geschichte Chinas in der Zeit vor Christi Geburt hinzu –, sondern er erinnert auch in anderer Hinsicht an moderne Zeiten. Öfter hielt er in Europa über seine Chinaerlebnisse Vorträge und benützte dabei zur Illustration seiner Ausführungen – als erster – einen Bildprojektor[31]! Ein österreichischer Jesuit also, der nachhaltig und vielfältig Europa und China einander nähergebracht hat.

Auch bei Christian Wolfgang *Herdtrich,* geboren 1625 in Graz, gestorben 1684 in Jiangzhou, Provinz Shanxi, der sich als nächster Österreicher der chinesischen Mission widmete, handelte es sich um einen hochgebildeten Mann. In Österreich hatte er vorher als Professor der Humanität und Rhetorik gewirkt. 1660 kam er nach China und war zuerst in Shanxi und Honan in der Provinzmission tätig. 1671 wurde er als Hofmathematiker nach Peking berufen und blieb dort fünf Jahre. Dabei faßte er eine Zuneigung zur chinesischen Ethik und begann die chinesischen Klassiker gründlich zu studieren. Zur Information in Europa über China trug er bei, indem er an dem 1687 in Paris erschienenen großen Werk *Confucius Sinarum Philosophus sive Scientia sinensis latine exposita* mitarbeitete. Außerdem arbeitete er an einem Instrument zur Verbesserung der europäisch-chinesischen Kommunikation, das für beide Teile große Bedeutung besaß: in mühevollster Arbeit stellte er das erste große lateinisch-chinesische Wörterbuch zusammen[32]. Welch großen Ansehens Herdtrich sich in China erfreute, ist daraus zu entnehmen, daß der chinesische Kaiser einen anderen Missionar (Pater Grimaldi) als seinen persönlichen Vertreter entsandte, um an Herdtrichs Begräbnis teilzunehmen und die vom Kaiser persönlich verfaßte Grabschrift zu überbringen[32a].

Der 1623 in St. Florian bei Linz geborene Johann *Grueber* sollte dadurch weltberühmt werden, daß er mit seinem Mitbruder d'Orville als erster Europäer das sagenumwobene Tibet durchquerte. Schon die Hinreise nach China hätte Grueber eigentlich auf dem Landweg antreten sollen, und zwar als Begleiter des in Wippach, Krain, geborenen Jesuiten Bernhard Diestel. Diestel hatte im Vorderen Orient Missionserfahrung gewonnen und durch einen im März 1665 im Grazer Jesuitenkollegium gehaltenen Vortrag seinen soeben zum Priester geweihten Studienkollegen Grueber so stark beeindruckt, daß dieser ebenfalls die Entsendung in die Mission erbat[32b]. Gemeinsam mit Diestel sollte Grueber 1656 über Persien und Samarkand nach China reisen, doch erwies sich die Route infolge kriegerischer Wirren als nicht gangbar, so daß schließlich doch der Seeweg gewählt werden mußte. Der aus der deutschen Provinz stammende Ordensobere in Peking, Pater Adam Schall von Bell, beschäftigte beide im Astronomischen Amt, dessen Vorsteher er war. Grueber wirkte außerdem als Hofmaler des Kaisers[33].

Schon bei ihrer Einreise nach China hatten die beiden österreichischen Jesuiten vom Vizeprovinzial Pater Simon da Cunha in Macao die Instruktion erhalten, später auf der nördlichen Route nach Europa zurückzukehren, um einen gangbaren Landweg zu erschließen. Eine schwere Krankheit hinderte Diestel jedoch daran, gemeinsam mit Grueber die Heimreise anzutreten. Da er das Klima in Peking nicht vertrug, schickte man ihn an die Missionsstation von Jinan, wo er 1660 im Alter von 37 Jahren an einem Blutsturz verstarb[34].

So mußte Grueber auf seinen alten Reisegefährten verzichten und brach am 13. April 1661 gemeinsam mit dem belgischen Jesuiten d'Orville und dem aus Sichuan stammenden chinesischen Diener Matthäus (Cham Ma-teu)[34a] zu dem gigantischen Expeditionsunternehmen – dem größten des 17. Jahrhunderts! – auf[35]. Durch die Wüste und über hohe Pässe gelangen sie nach Tibet und am 8. Oktober 1661 in die Hauptstadt Lhasa. Dort werden sie zuerst genau verhört, da sie aber den großen Geleitbrief des Kaisers von China vorweisen können, werden sie zuvorkommend behandelt und vom Vizekönig empfangen. Auf die Audienz beim Dalai Lama verzichten sie, weil sie sich dem vorgeschlagenen Anbetungszeremoniell nicht unterwerfen wollen. Grueber stellte Ähnlichkeiten zwischen der christlichen und der lamaistischen Religion in gewissen äußeren Formen fest und meinte sogar, daß der Lamaismus christliche Ideen enthalte. Als Beweis führte er das Vorhandensein der Namen »Dominikus, Franz und Anton« an, welche er aus der fremden Sprache herausgehört zu haben meinte[36].

Von der Schönheit des Potala-Palastes war Grueber sehr beeindruckt; er fertigte davon eine Zeichnung an, die 1667 in Form eines Kupferstichs in Athanasius Kirchers *China illustrata* reproduziert wurde. Gruebers Kunstfertigkeit verdanken wir noch eine Reihe anderer interessanter Skizzen von tibetischen Motiven: Bilder des Vizekönigs, Buddhafiguren, Gebetsmühlen und sogar das berühmte Staatsorakel. Grueber

72 ATHANASII KIRCHERI

Stich nach einer in Lhasa angefertigten Zeichnung des österreichischen Jesuitenpaters Grueber

CHINA ILLUSTRATA. 73

Stich nach einer in Lhasa angefertigten Zeichnung Truebers

Der Potala in Lhasa – Stich nach einer in Lhasa angefertigten Zeichnung Gruebers

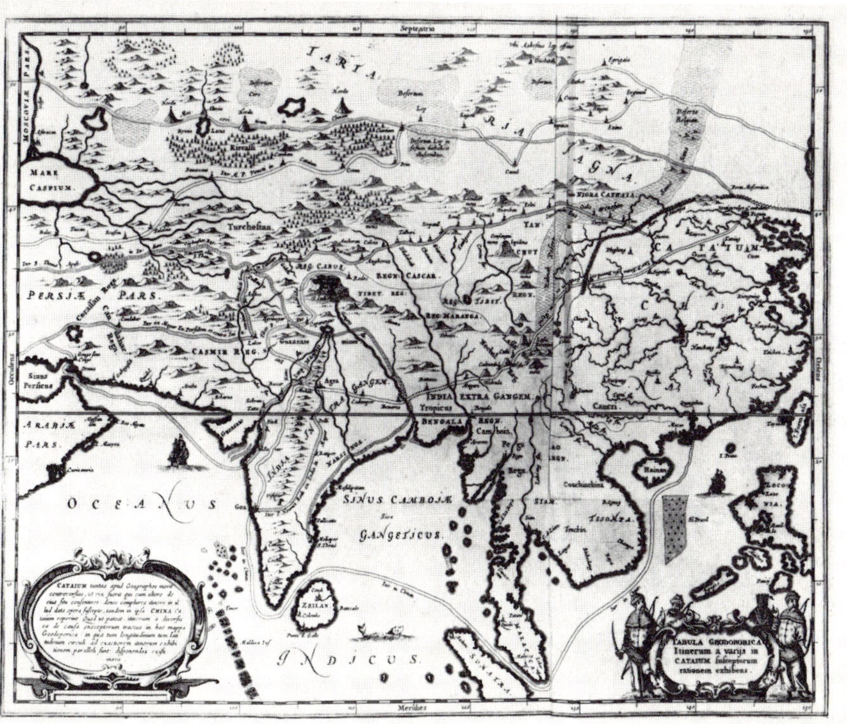

Landkarten SO Asien 1667: »Tabula Geodoborica Itinerum a variis in Cataium susceptorum rationem exhibens« mit der Route Gruebers, Stich aus Athanasius Kircher: »China Illustrata« 1667

bestimmte auch die geographische Breite von Lhasa. Sein Resultat von 29° 6′ weicht von den modernen Messungen nur wenig ab.

Am 8. November 1661 ging es – mitten im Winter! – weiter. Der Himalaya wurde überwunden, Nepal passiert, und am 31. März 1662 kamen die beiden Jesuiten in der indischen Stadt Agra an. Dort verstarb d'Orville an den Folgen der während der Reise ausgestandenen Strapazen, und Heinrich Roth von der Agra-Mission trat an seine Stelle. Mit ihm, dem Chinesen Matthäus und Roths indischem Diener durchquerte Grueber Indien, Persien und Kleinasien und erreichte am 20. Februar 1664 Rom. 32.000 Kilometer hatte er zurückgelegt! Der Auftrag, einen Landweg nach China zu erschließen, war erfüllt. Zur Erleichterung späterer Reisen empfahl Grueber, Missionsstationen in Nepal und Xining zu gründen[37].

Leider war die Ordensleitung in Rom außerstande, aus dieser großartigen Leistung Gruebers und seiner Begleiter praktischen Nutzen zu ziehen. Portugal, welches damals das Patronatsrecht über alle katholischen Missionen im Fernen Osten innehatte, sah durch eine Umstellung vom See- auf den Landweg seinen Einfluß gefährdet und protestierte. So konnte der Landweg prinzipiell nur für den Fall vorgesehen werden, daß der Seeweg blockiert war[38].

Immerhin hatte Grueber die Genugtuung, daß seine Aufzeichnungen und Skizzen in Europa großes Aufsehen erregten. Athanasius Kircher interessierte sich sehr für sein Bildmaterial sowie die Beschreibungen seiner Erlebnisse und räumte ihnen in seinem berühmten Werk *China illustrata* einen wesentlichen Platz ein. Daß er Grueber viel verdankt, hat Kircher selbst im Vorwort zum Ausdruck gebracht[39].

Die Rückreise nach China sollte Grueber ausnahmsweise wieder über den Landweg antreten dürfen, doch erkrankte er 1665 in Skutari schwer und mußte nach Istanbul umkehren. Dort verstarb zu seinem großen Leidwesen sein treuer chinesischer Gehilfe Matthäus, der ihn von Peking bis Rom, in viele Städte Europas (darunter auch nach Wien) und schließlich bis Istanbul begleitet hatte. Auch bei Gruebers mitreisenden Ordensbrüdern hatte sich der bescheidene Chinese größter Beliebtheit erfreut. Davon kündet der Nachruf von Pater Tafferner:

> Der vierdte (der Verstorbenen) weyland ein Götzen-diener, nahmens Matthäus, ein Chineser, hatte zwar längst den wahren Glauben an sich genommen und lebte von angenommener heiliger Tauff hero in Dienst und Liebe gegen denen PP. Jesuiter, und begleitete die jenige, welche auß seinem Vaterland nach Europam reiseten, damit er seinen einheimischen, wann er wieder zuruck kommen wurde, verkündigen könte, was er für Volckreiche, ansehnlichste Ort gesehen, an welchen einmüethig ihr verdamlicher Aberglauben verworffen wird. Die Unschuld und Lebens-Weis dises Menschen, kunte denen Europäischen verwunderlich seyn; und gewißlich war es auch also, alß welche über sein unbefleckten und unsträflichen Wandel alß ein

lebendiges Beyspiel aller Andacht sich höchlichst verwunderten, und konten von ihm wohl eine Lehr nehmen, was die ernsthaffte Liebe gegen denen Christlichen Gesatzen für Vollkommenheit mit sich bringe[40].

Grueber hingegen, der – selbst noch schwer krank – am Sterbebett seines Gefährten geweilt hatte, erholte sich wieder und wirkte noch anderthalb Jahrzehnte in der ungarischen Mission. In dem ihm vom Orden gewidmeten Nachruf heißt es, daß kein Jesuit jemals größere Strecken zurückgelegt habe[41, 42]. Im Jahre 1915 wurde vor dem Gymnasium der Jesuiten auf dem Freinberg in Linz ein Gedenkstein errichtet, der an Grueber mit folgender Inschrift erinnert:

Dem Andenken des berühmten Linzer Forschungsreisenden und Missionärs P. Johann Gruber, S. J., geb. zu Linz 28. Okt. 1623, 1659–61 Hofastronom in Peking, 1661–64 auf Reisen durch China, Tibet, Indien, Persien, gest. 30. Sept. 1680 zu Sárospatak in Ungarn[43].

Besonders viele Briefe aus China sind von Hieronymus *Franchi* erhalten. 1667 in Brescia geboren, absolvierte er sein Noviziat in der österreichischen Ordensprovinz und gehörte ihr als Mitglied an[44]. 1701 traf er in Nanchang, der Hauptstadt der chinesischen Provinz Jiangxi, ein und widmete sich dort der Seelsorge. Obwohl »Wälscher« von Geburt, zeigte er sich Österreich sehr verbunden und erhoffte das Kommen weiterer Missionare aus dieser Ordensprovinz[45]. An Pater Studena, den Beichtvater der Erzherzoginnen Elisabeth und Magdalena, schrieb er, viele Missionare in China hielten dafür, »daß an der Erhaltung des Allerdurchleuchtigsten Erz-Hauses Österreich die Ruhe genannter christlicher Kirchen und dieser sinischen Mission gelegen seye[46]«.

Den von ihm herbeigesehnten Neuankömmlingen aus der österreichischen Provinz gab er – obwohl selbst erst kurz in China – Ratschläge, die von klarem Urteilsvermögen und guter Einfühlung Zeugnis ablegen. Gleich vorweg stellte er klar: »Erstlich wäre es eine vergebene Sach, aus Hoffnung der Marter-Cron nach Sina zu seufftzen, dann wann wir doch solten vertilget werden: wird man uns vielmehr aus dem Reich vertreiben, als in demselbigen tödten . . .[47]« Franchi war sich der gutmütigen Natur des chinesischen Volkes gewiß und nahm zutreffenderweise an, daß die Chinesen nicht darauf aus waren, Ausländern das Leben zu nehmen – es sei denn, sie verhielten sich so fanatisch wie Mitglieder der anderen Orden, wovon Franchi aber ganz offensichtlich nichts hielt. In einem späteren Brief an Studena beklagte er sich darüber, daß der »unzeitige Eifer eines christlichen Ordensmannes« entsetzliche Verfolgungen nach sich gezogen habe[48]«. Daher mahnte Franchi schon in seinem ersten Schreiben aus China:

... Viertens hat ein Missionarius in Sina nebst einem guten Vorrat rechtschaffener christlicher Tugenden auch nötig, mit einer erlesenen Klug- und Bescheidenheit begabt zu seyn; nimassen kein anders Volk unter der Sonnen in dem menschlichen Umgang so empfindlich ist, als die Chinesen, welche wegen der geringsten Ursach ihr Gemüt von einem abwenden. Eine unterlassene schlechte Ceremonie, ein unbedachter Weiß entfallenes Wort, ein nur in etwas wenigem zu hoch gespanntes Ansinnen, oder was anders dergleichen wird sogar deren Christglaubigen Hertz und Sinn von dem Missionario entschlagen und abschröcken, mit was Schaden deren Seelen, weiß der allein, der dieses Land erfahren hat[49].

Franchi war ein Mann der Seelsorge und nicht des Hofdienstes. Denen, die seine Neigung teilten, riet er, sich weniger mit Mathematik, sondern mehr mit »Leib- und Wund-Artzney« zu beschäftigen, welche auf dem Lande viel nützlicher sei. Auch würde es nicht schaden, wenn man Sonnenuhren reißen oder Schlaguhren richten könne[50]. Das heißt aber nicht, daß es Franchi abgelehnt hätte, sich wissenschaftlich zu betätigen. Er zog lediglich Fächer vor, die ihm auf direkterem Wege ein verbessertes Verständnis für China ermöglichten. So beschäftigte er sich mit Konfuzius, chinesischen Bräuchen, berichtete darüber nach Europa[51], sandte chinesische Samen und Arzneien[52] und studierte die Sprache mit solcher Intensität, daß er bereits zwei Monate nach seiner Ankunft Beichte hören und chinesisch predigen konnte[53].

Franchi, dem das Hofleben ein Greuel war, hielt es mit den Armen: »Wann er (der Missionar) prediget, hören sie ihn mit solcher Ehrerbietigkeit an, dergleichen die Europäer nicht fähig seyend. Ein anders ist mit denen vornehmen Sinensern, bey welchen weniger Nutzen und Freud zu erwarten ist ...[54]«

Von der Moral der Chinesen war er stark beeindruckt, und er schloß diesbezüglich trotz seiner Vorliebe für die armen Leute den Kaiserhof mit ein. Den europäischen Monarchen ins Stammbuch geschrieben ist offenbar seine Erzählung, daß der chinesische Kaiser, als er von einem seiner Zensoren scharf kritisiert wurde, diesen nicht nur nicht gestraft, sondern später sogar zum Vizekönig der Provinz Kanton gemacht habe. Denn:

In Sina der Kayser gern verbeißt
Wan ihn ein Juncker Wüttrich heißt;
Bey uns ist viel
Wan, da ein König
In aller Still
Allein mit wenig
Worten gantz gelind
Vorrückt seine That
Dem Knecht, er nicht geschwind
In Harnisch g'rath[55].

Dem europäischen Kapitän, der einer Chinesin an die Brust gegriffen hatte, gönnte Franchi sichtlich die ihm zugemessenen hundert Stockschläge (»Wo findet man eine solche Zucht unter uns Christen?«) und meinte gleichzeitig zu der in späteren Jahrhunderten noch stärker hervortretenden Diskrepanz zwischen Missionsbemühungen und dem Verhalten christlicher Laien in China:

> ... welche vergebens über Meer reisen, die Heyden zu bekehren, wann da der eine guten Samen des Göttlichen Worts aussäet, der andere Mitten des guten Weitzens Distel und Dörner pflanzt, mithin ein Europäer niederreißt, was der andere Europäer mit langer Mühe aufgebauet hat[56].

Franchi war allerdings in seiner Liebe zu den Chinesen nicht blind und hielt nicht – wie später bisweilen österreichische Missionare des 19. Jahrhunderts[57] – von vornherein keinen chinesischen Christen einer Schandtat für fähig. Zwar erfreute er sich an der Moral seiner Christen, an der großen Reue, die sie auch nach kleinen Verfehlungen zeigten, doch meinte er, nachdem er herausgefunden hatte, daß es ein Christ mit der Schwiegermutter trieb und trotzdem zum Abendmahl ging: »Hat unter diesen frommen Leuten der Teufel auch seinen Ausschuß[58].« Aus den Erfahrungen der Praxis schrieb er an den Beichtvater Leopolds I., Franciscus Menegati: »Zwo Tugenden kommen vor andern die Sinenser hart an, nämlich die Keuschheit und die Liebe ihrer Feinden, zumalen das Unbild noch frisch ist ...[59]« Franchi räumte auch ein, daß so mancher Missionar in seiner Herde recht räudige Schäflein beherbergte, und gab den chinesischen Beamten zum Teil recht, welche meinten, die »guten Europäer« würden »schelmisch hintergangen«. In einem Brief an Studena berichtete er sogar von dem kuriosen Vorfall, daß ein Räuberhauptmann von einem arglosen Missionar gar zum Kirchenvogt gemacht worden war[60]. Auch darin unterschied er sich wohltuend von dem Stil anderer Orden und bestimmter späterer Perioden der China-Mission.

Während der späteren Jahre seines Aufenthaltes stieß die katholische Mission in den chinesischen Provinzen zunehmend auf Schwierigkeiten. Besorgt eilte Franchi 1710 nach Peking und erwirkte dort einen »Ratschluß des Sittengerichts«, daß der Unterkönig von Shandong sich an die Dekrete über die freie Ausübung der christlichen Religion halten möge. Erschöpft kehrte er zurück, geschwächt »von der Ungemächlichkeit der Reis«, »der Hitz« und dem »Ekel über die Nahrung«. Halluzinationen gaukelten ihm vor, in Loiben, Graz, Straßgang und anderen Orten der Steiermark zu sein. Doch die Ginsengwurzel brachte ihm Genesung[61] und eine Reihe weiterer fruchtbarer Jahre in der Mission der Provinz Shandong. Er starb dortselbst am 13. Februar 1718.

Ein Mitnovize Franchis am Kolleg in Loiben in der Steiermark war Ernbert Xaver *Fridelli* (Friedel), geboren am 11. März 1673 zu Linz.

Sein Schicksal blieb mit dem Franchis auch insofern verbunden, als er 1706 bald nach seiner Ankunft in China anstelle des dem Hofdienst abgeneigten Franchi in das Kaiserliche Mathematische Kollegium berufen wurde. Er kam dabei in der Nähe von Franchis Residenz vorbei. Dieser fand Fridelli »ausgemergelt« und ziemlich unpäßlich. In einem Brief an Studena bedauerte Franchi seinen Mitbruder, daß er sich ohne Erlaubnis zur Missionstätigkeit in »knechtische Dienstbarkeit« habe begeben müssen[62]. Damals war die Situation der Jesuiten in China infolge des Ritenstreites bereits prekär geworden. Jene, die als Hofbeamte wirkten, hatten laut kaiserlichem Befehl ausschließlich ihren wissenschaftlichen und künstlerischen Tätigkeiten nachzugehen. Dazu kam, daß der neue Kaiser, Qian Long, nicht so wie seine Vorgänger naturwissenschaftlich, sondern mehr künstlerisch interessiert war. Deshalb stand ein Ordensbruder Fridellis, Pater Josephus Castiglione, beim Kaiser in hohem Ansehen. Bei den Zusammenkünften Qian Longs mit Castiglione wurde Fridelli wegen seiner ausgezeichneten Chinesischkenntnisse oft als Dolmetsch herangezogen[63].

Trotzdem fand Fridelli im Verlauf seines mehr als siebenunddreißigjährigen Aufenthalts in China reichlich Gelegenheit, als Missionar und als Wissenschaftler zu wirken. 1717 wurde er Superior der Residenz an der St.-Josephs-Kirche, 1724 Rektor des Portugiesischen Kollegs der Jesuiten in Peking, und 1730 kehrte er wiederum als Superior an die St.-Josephs-Kirche zurück, wo er bis zu seinem Tode verblieb[64]. An der Planung und Ausführung dieser Kirche war Fridelli übrigens maßgeblich beteiligt – nicht ohne Nutzen für das Gotteshaus, denn als Peking im Jahre 1730 durch ein gewaltiges Erdbeben erschüttert wurde, trug die St.-Josephs-Kirche keinerlei Schäden davon, obwohl viele andere Gebäude zusammenbrachen. Die Kirche soll übrigens auch noch nach dem Zweiten Weltkrieg in Peking unter dem Namen *Dong-tang* erhalten gewesen sein.

Dort hielt Fridelli in brillantem Chinesisch Fasttagspredigten, las die Messe und spendete die Taufe. Sogar als die Missionstätigkeit der Jesuiten schon schwierig geworden war, reichte er im Lauf eines Jahres in der Kirche 3612 Personen das Abendmahl (und an 2570 in Privathäusern) und taufte 898 Chinesen, darunter 158 Findelkinder[66]. Auch bei Hof war er als Missionar aktiv. Er betreute die christlichen Mitglieder der kaiserlichen Sippe und spendete einem Enkel des »Stammeskönigs Sunu« in feierlicher Form das Sakrament der Taufe[67].

Fridelli war ein engagierter Verfechter der Akkomodationsmethode – der Anpassung an chinesische Kultur und Tradition – und vertrat diesen Standpunkt während des Ritenstreites mit allem Nachdruck. Die 1717 verfaßte Verteidigungsschrift der Jesuiten in der China-Mission, *Informatio pro veritate contra iniquiorem famam per Sinas cum calumnia PP Soc. Jesu et detrimento Missionis, Communicata Missionariis in Imperio Sinensi*[68], die Fridelli nach Meinung einiger Autoren sogar selbst abgefaßt hat, wurde von ihm jedenfalls voll unterstützt, indem er ein Exemplar dem Beichtvater des Kaisers nach Wien übersandte und die China-Mission der Jesuiten seinem Schutz anempfahl[69].

Mittlerweile hatten die Missionare in China einen immer schwereren Stand. Gemeinsam mit zwei Mitbrüdern wandte sich Fridelli an den chinesischen Kaiser. Diesem war aber das Verhalten der anderen Orden und des Papstes in die falsche Kehle gekommen, und so erwiderte er:

> Ihr trachtet danach, daß alle Sinenser sich zum Christentum bekehren, Euer Gesetz will es so, ich weiß es. Wann nun solches geschehen sollte, wo würden wir hinkommen? Was könnte aus uns endlich werden? Gelt? Zu Untertanen Euerer Könige? Die von Euch bekehrten Christen erkennen keine andere Obrigkeit als Euch. Sie würden zur Zeit einer inneren Unruhe keine andere als Euere Stimme anhören. Ich weiß, daß derzeit nichts zu fürchten ist. Aber wann Euere Schiffe zu tausend und tausend anlangen, alsdann dürfte es wohl eine Unordnung absetzen . . . Ich erlaube Euch allhier in Peking und Kanton zu bleiben, doch nur so lange, als Ihr Euch ruhig werdet aufführen, daß wider Euch keine Klage kommt[70]. . .

Das veranlaßte Fridelli, sich wiederum in Rom für einen in der Ritenfrage günstigen Bescheid zu verwenden, allerdings wieder ohne Erfolg[71].

Abgesehen von seinen seelsorgerischen Anstrengungen, welche mit einer großen Achtung vor der chinesischen Kultur Hand in Hand gingen, sind Fridellis bedeutende wissenschaftliche Leistungen hervorzuheben. Wie seine Mitbrüder hatte er eine ausgezeichnete wissenschaftliche Ausbildung genossen und gab sich auch in China Mühe, auf dem neuesten Stand der europäischen Entwicklung zu bleiben. In einem Brief vom 29. Oktober 1720 schrieb er: »Euer Ehrwürden werden mich ungemein verbinden, wann sie mir die neuen in Europa ausgegangene Mathematischen und andere fürwitzige Bücher, zumalen Ephemerides, Tabulas Astronomicas und Abhandlungen von neu erfundenen Kunst-Stücken oder Werckzeugen werden zukommen lassen[72]. . .«

Ein besonderes wissenschaftliches Denkmal hat sich Fridelli durch seine entscheidende Mitarbeit an dem chinesischen Jesuitenatlas gesetzt, welcher das Werk Martinis ablöste und bis in die zweite Hälfte des 19. Jahrhunderts die Grundlage aller chinesischen und europäischen Atlanten über China blieb[73]. Dieser Atlas wurde allgemein von europäischen Fachleuten – von Richthofen bis Sven Hedin – als Meisterwerk bezeichnet. Fridelli war an der Vermessung Shenyangs (Mukdens), des Ussuri und seiner Nebenflüsse, »Petschelis«, Sichuans, Yünnans, »Hukuangs«, der Dsungarei, des Tianshan-Gebietes und Kaschgars beteiligt[74]. Sein österreichischer Mitbruder Hallerstein schrieb darüber:

> ». . . ebenso hat er sich um den Hof verdient gemacht, als er in Verfertigung der Landkarten des sinischen Reiches beschäftigt war und

das ganze Reich von Yünnan, der äußersten Provinz gegen Süden bis an die letzten Grenzen der sinischen Tartarey außerhalb der Mauern mit sehr beschwerlichen Reisen durchwandert hat.« Und Domincus Pinheyro SJ meinte in seinem Nachruf: ». . . Pater Ernbertus hat nebst anderen Probestücken seiner Tugend und Wissenschaft besonders durch jene vollständige Landkarte des Reiches, welche er durch mehrjährigen Fleiß verfertigt hat, seinen Namen in diesem Kaisertum verewigt[75] . . .«

Wie sehr Fridelli sich und seinem Orden beim chinesischen Kaiser Ansehen verschafft hatte, ist der anschließenden Passage von Pinheyros Brief zu entnehmen:

. . . In Ansehen dieses seltsamen Werkes hat der jetzt regierende Kaiser, als er von dem Tod dieses großen Mathematikers erfuhr, nicht nur allein eine reiche Beisteuer, um die Unkosten des Begräbnisses zu bestreiten, sondern auch die gnädigste Erlaubnis erteilt, zwei andere europäische Missionare herbeizurufen, die in des Verstorbenen Stelle eintreten sollen[76].

Graf August *Hallerstein,* geboren 1703 in Laibach, reiste 1735 nach China ab, nachdem er sich vorher in Lissabon in Astronomie vervollkommnet hatte. Sein Ziel erreichte er 1738. Wegen seines Namens als Mathematiker wurde er an den chinesischen Kaiserhof berufen. Dennoch blieb ihm nicht verborgen, daß die Bedingungen für das Wirken der Jesuiten in China sich stark gewandelt hatten. Das Interesse bei Hof an den Kenntnissen der Jesuiten hatte abgenommen. Seinem Bruder Weichard Hallerstein schrieb er im Winter des Jahres 1741:

. . . Euer Ehrwürden werden zu wissen verlangen, in was für Ansehen dermalen bey hiesigem Hof die Europäische Mathematik stehe? Ich diene zur Antwort, daß die Wahrheit zu reden, mir scheine, die Zuneigung deren Chinesern zu unseren Wissenschaften immer mehr abnehmen. Die Großen des Reichs richten sich auch in diesem Stuck nach dem Beyspiel des Kaysers, welcher fast keine andere Europäische Kunst, als die Mahlerey schätzet. Dies machet unsern Bruder Joseph Castiglione bey dem Monarchen täglich angenehmer, und würdigen sich Seine Majestät, den künstlerischen Pinsel dieses Europäischen Meisters öfters zu gebrauchen[78] . . .

Hallerstein knüpfte daran die Hoffnung auf die Entsendung weiterer Ordensbrüder nach China. Man müsse Castiglione, der allmählich ermatte, unter die Arme greifen. Die Malerei sei fast die einzige dem Kaiser angenehme Kunst, jedoch sei für Neuankömmlinge wichtig, daß sie die Perspektive beherrschten[79]. Über die Situation der Missionstätigkeit wußte Hallerstein wenig Positives zu berichten. Der Kaiser hielt sich an die Maxime seines Vaters, daß Europäer nicht in den Provinzen, wohl aber bei Hofe nützlich seien[80].

Wie viele seiner Mitbrüder sah auch Hallerstein die Ursache dieser Haltung in der Unnachgiebigkeit Roms hinsichtlich der Ritenfrage. In einem Brief vom 6. Oktober 1743 sagt er zur Nova Constitutio von Benedikt XIV. knapp: »Wir werden dienen.« Die chinesischen Christen seien ohnehin zumeist arme Leute und hätten kein Geld für die Ahnenverehrung. Im übrigen: je weniger darüber, desto besser[81]!

Trotz der ungünstigen Vorbedingungen versuchte Hallerstein die lange Chinamissionstradition der Jesuiten – Erlernen der chinesischen Sprache, Studium der chinesischen Kultur – für sich fruchtbar zu machen. Der zuständige Visitator hatte ihm anempfohlen, er solle sich im Chinesischen vervollkommnen, damit er die wichtigsten Bücher der chinesischen Gelehrten mit der Zeit begreifen könne. In dankbarer Erinnerung schrieb Hallerstein: »Dieser väterlichen Ermahnung zufolg habe ich alle Zeit, die mir von meinen geistlichen Übungen und denen schuldigen Diensten meines Nächsten übriget mit ununterbrochenem Fleiß der Erlernung der Sinesischen Sprach, und zwar, für welches ich Gott unendlichen Dank abstatte[82].« Außerdem versuchte Hallerstein sein Bestes, damit der chinesische Hof an den früher so bewunderten naturwissenschaftlichen Kenntnissen der Jesuiten wiederum mehr Geschmack fände:

> Wir seynd zwar, der Sternseh-Kunst halber, in diese Länder nicht herüber gereiset, doch unterlassen wir nicht, alle von unserer Hauptarbeit übrige Zeit dieser Wissenschaft anzuwenden, teils die mit unseren Europäischen Freunden angefangene schriftliche Handlung fortzusetzen, teils die Chinesen überzeugen zu können, daß ihnen von dem vollkommenen Begriff dieser Kunst noch sehr vieles abgehe, und wir ihnen annoch notwendig seyen[83].

Die oben zitierten Zeilen beweisen, daß die wissenschaftliche Beschäftigung für Hallerstein, wie auch für andere seiner Ordensbrüder, einen gewissen Eigenwert bekommen hatte. Hallerstein schickte seine Arbeiten an die »gelehrten Gesellschaften« zu Petersburg, London und Paris. Aus Europa bestellte er sich neue Instrumente, um auf dem Stand des wissenschaftlichen Fortschritts zu bleiben[84].

Seine wissenschaftlichen Bemühungen fanden aber auch in China Beachtung. Nach dem Tode des portugiesischen Paters Peregra wurde er vom Mathematischen Kollegium einstimmig vorgeschlagen, dessen Platz als Beisitzer einzunehmen[85]. Als er in dieser Funktion dem chinesischen Kaiser vorgestellt wurde, war dieser von den ausgezeichneten Chinesischkenntnissen Hallersteins sehr beeindruckt[86]. Nach dem Tode des bayrischen Vorstehers des Mathematischen Kollegiums, Pater Ignaz Kögler, bedurfte es dann gar nicht mehr eines Vorschlags des Kollegiums, sondern der Kaiser ernannte von sich aus Hallerstein zum Vorsteher und verlieh ihm zugleich die hohe Würde eines Mandarins zweiten Grades[87].

In der Folge stieg Hallerstein auch zu hohen kirchlichen Ämtern auf. 1751, 1757–1762 und 1766–1773 war er Visitator der Mission sowie 1757–1762 und 1766–1773 Provinzial der chinesischen Vizeprovinz. Er starb in Peking am 29. Oktober 1774 infolge eines Schlaganfalles, der mit der Nachricht von der Aufhebung des Ordens zusammenhing.

In China blieb ein ehemaliger Mitnovize Hallersteins zurück, nämlich der 1707 in Wien geborene Gottfried von *Laimbeckhoven,* der gemeinsam mit Hallerstein nach China gekommen war. Laimbeckhoven hatte sich vor allem die Seelsorgetätigkeit in der Provinz angelegen sein lassen. Die dreizehn Jahre, die er seinen Freund überlebte, widmete er ganz dieser Aufgabe. Obwohl er in Österreich für eine Verwendung am chinesischen Kaiserhof mathematisch ausgebildet worden war, sah er seine Berufung woanders. Seinen Platz am chinesischen Hof überließ er dem älteren und mathematisch versierteren Hallerstein, schlug aber auch das Angebot aus, als Hofmathematiker beim König von Cochinchina zu wirken. Sein Wunsch war es, den breiten Schichten der Bevölkerung das Evangelium zu verkünden[88]. So wurde er von seinen Oberen der Provinz »Hu-quam« zugeteilt. Rasch ging er an das Erlernen der chinesischen Sprache, und nach bloß drei Monaten konnte er bereits chinesisch predigen und Beichte hören[89]. Im März 1939 trat er die Reise in sein neues Aufgabengebiet an, nachdem er sich zwecks Tarnung einen Zopf hatte drehen, die übrigen Haupthaare scheren und chinesisch gewanden lassen[90].

Doch nicht nur in diesen Dingen war er entschlossen, sich anzupassen. Am 14. September 1741 schrieb er bereits aus der Nähe der Stadt »Te-ngan-fu«: »Der Europäischen Lebens-Art habe ich ziemlich vergessen, ich bin unter denen Chinesen nunmehro auch schon bald ein Chineser geworden[91] . . .« Seine – nach den wegen des Ritenstreites ergangenen kaiserlichen Verboten illegale – Missionstätigkeit war von Anfang an mühsam. Über die Betreuung seiner 6000 Christen zählenden Gemeinde schrieb er:

> Acht Monate lebe ich auf einem Schiff, allwo ich auch öfters die heilige Meß lese, und auf demselben meine, an denen Seen und Flüssen liegende Christen-Gemeinden besuche. Die auf den Gebirgen zerstreuten Missionen zu durchgehen, bringe ich zwey Monate zu, da mich zuweilen ein Pferd oder Esel, zuweilen meine eigenen Füß tragen müssen; gar selten bediene ich mich des Sinesischen Fuhrwerks, welches ein kleiner rot angestrichener Wagen ist, so in der Mitte nur ein Rad hat, und von zweyen Menschen gar leicht gezogen wird[92].

Des öfteren versuchte man ihn zu veranlassen, sich von diesen Strapazen eine Ruhepause zu gönnen und ein Amt bei Hof anzunehmen. Doch davon wollte er, wie vor ihm Franchi, nichts wissen. Ähnlich wie Franchi hegte er für die chinesischen Bauern große Sympathie. Beides ist einem Brief zu entnehmen, den Laimbeckhoven im Sommer 1743 an Philipp Sibin in Macao schrieb, welcher sich angeboten hatte, ihm eine Verwendung im Hofdienst zu vermitteln:

> Lasse man mich sterben unter meinen Neuglaubigen, die ich wie mein Herz liebe! In ihrem Dienst sterben, wird mir in meinem Tod-Bette ungemein vergnüglich seyn! ... Meine Neuglaubigen seyend zwar meistens vom letzten Bauren-Stand, aber eines, unsere Glaubens-Geheimnisse zu begreiffen, so fähigen Verstandes: eines in Umfahung der benannten Wahrheit so bereiteten Willens, daß ich billig zweifle, ob man in unserem Europa von dieser Gattung Leut finde, die unseren Chinesern das Gewicht halten können[93] ...

Man erfüllte seinen Wunsch und übertrug ihm in der Folge sogar noch mehr seelsorgerische Verantwortung. 1750 verstarb der Bischof von Nanking, de S. Rosa, und Laimbeckhoven wurde zu seinem Nachfolger ernannt. Wegen der schwierigen Situation der Mission in China dauerte es aber drei Jahre, bis er nach Macao reisen konnte, um dort geweiht zu werden. Danach gelang es ihm aber wegen der scharfen Kontrollen nicht, seine Diözese zu erreichen. Nach drei Jahren, die er auf der Flucht verbrachte, ließ er sich schließlich in der Provinz Honan an einem Ort nahe der Grenze zu Jiangnan nieder. Von dort aus betreute er die Christen seines Sprengels. Da überdies der vom König von Portugal zugesagte Unterhalt bald gänzlich ausblieb, wurde die Situation Laimbeckhovens noch verschlimmert[95].

Doch bald sollten ihm katholische Amtsbrüder noch mehr zu schaffen machen als chinesische Missionsverbote und die Unbill seiner Lebensumstände. 1773, als der Jesuitenorden auf der ganzen Welt aufgehoben wurde, traten die nationalen Gegensätze zwischen den in China tätigen Missionaren offen zutage. Während die portugiesischen Patres bis auf Pater da Rocha den neuernannten Bischof von Macao, de Sylva, bei seinen gegen den Orden gerichteten Schritten unterstützten, machten die anderen gegen ihn Front. Sie weigerten sich, von jemandem anderen als Laimbeckhoven Order entgegenzunehmen, der 1757 nach dem Tode des Bischofs nach geltenden kirchenrechtlichen Bestimmungen die Administration dieser Diözese interimistisch übernommen hatte[96]. Ein Schisma entstand. Abgesehen von den portugisischen Patres weigerten sich die anderen, die von Sylva und seinem Anhang vorgebrachten Proklamationen hinsichtlich der Aufhebung des Jesuitenordens zur Kenntnis zu nehmen.

Schließlich erhielt aber Laimbeckhoven selbst am 17. Juni 1775 von der Propaganda Fidei das Aufhebungsdekret mit dem Auftrag zugeschickt, es allen Jesuiten in den Diözesen Nanking und Peking mitzuteilen. So mußte er schweren Herzens die Nachricht, die ein Jahr zuvor seinem Mitbruder Hallerstein das Leben gekostet hatte, offiziell bekanntmachen lassen. Seine Loyalität und Disziplin ließen ihn noch eine Reihe von Streitigkeiten, die innerhalb der Kirche von Peking bestanden, schlichten, doch wurde ihm dies in Rom nicht gelohnt. 1779 ernannte man ihm einen Koadjutor, der offenbar in Wahrheit die Amtsgeschäfte übernehmen sollte[97]. Dies kränkte ihn, doch übte er dessen ungeachtet ungebrochen und rüstig weiterhin seine seelsorgerische Tätigkeit aus, wie man aus einem in dieser Zeit verfaßten Brief eines Mitbruders entnehmen kann:

> Fürwahr, ein herrliches Schauspiel, den Bischof von Nanking zu sehen, an dem alles vornehm ist, Geburt, Erziehung, Seeleneifer, einen aus dem alten Geschlecht der Laimbeckhoven, wie er, ein Greis von mehr als siebzig Jahren, von Krankheiten und Gebrechen aller Art heimgesucht, doch ohne Unterlaß seine Diözese durchwandert, die größer ist als ganz Italien. Einen Strohhut auf dem Kopf, ein Hemd von grober Leinwand und alte Schuhe, so kommt er daher wie ein armer Bauer. Er muß sich in einer kleinen Fischerbarke verstecken, unerträglicher Hitze ausgesetzt und Tag und Nacht gequält von Insekten aller Art; so ist er ständig in Gefahr, im nächsten Augenblick ergriffen zu werden. Möchte er gerne in irgendeine elende Hütte einkehren, um sich dort zwei oder drei Nächte auszuruhen und zu erholen, so wagen es die armen Christen nicht, ihn aufzunehmen, weil er sie in Gefahr brächte. Die Nächte verbringt er mit Beichthören, die Tage Schmerzen erduldend. Die europäischen Großen vergönnen ihm kaum seine Nahrung und welche Nahrung. Seit zwanzig Jahren erleidet er Verfolgungen jeder Art, und doch ist er heute als Greis von siebzig Jahren so eifrig und unermüdlich wie mit dreißig[98].

Laimbeckhovens robuste Natur war es auch, die schließlich das Problem mit dem Koadjutor löste. Laimbeckhoven überlebte ihn um nicht weniger als acht Jahre. Rom verzichtete darauf, einen neuen Koadjutor zu ernennen[99]. Da er die europäischen Missionare einen um den anderen ins Grab sinken sah, gab er sich um so mehr Mühe, einheimische Nachfolger heranzubilden, welche die Kontinuität der Verbreitung des katholischen Glaubens in China sichern sollten. Der Überlieferung nach kam Laimbeckhoven 1784 als Wasserträger verkleidet in die Stadt Suzhou und weihte in der Hauskapelle einer christlichen Familie vier Christen zu Priestern. Am 22. Mai 1787 verstarb Laimbeckhoven – wie es heißt, in seinem Boot – in der Nähe von Songjiang am Ufer des Huangpu[101].

Laimbeckhoven muß einen starken, in einzelnen Zügen vielleicht kindlich naiven Glauben besessen haben. Als in seiner Gemeinde Kinder starben, die trotz seines Verbotes von ihren Eltern bereits in frühem

Alter verlobt worden waren, sah er darin Gottes Hand[102]. Er versagte dem Eifer der Dominikaner nicht seine Bewunderung[103] und schien auch deren Bestreben, Jungfrauen zur ewigen Keuschheit zu überreden, gutzuheißen[104]. Eine Einstellung, die mit der von den Jesuiten sonst weitgehend respektierten konfuzianischen Ethik, welche von pietätvollen Kindern Nachkommenschaft forderte, unvereinbar war[105].

Andererseits bewies er Verständnis für die chinesische Lebensart, als 1756 die Inquisition ein Dekret herausgab, demzufolge die Bischöfe Chinas nicht mehr selbstständig vom Ehehindernis der Religionsverschiedenheit dispensieren durften. Laimbeckhoven bat den Papst brieflich um Abhilfe und betonte, daß bei der männlichen Jugend in China der Drang zur Ehe so groß sei, »daß man nicht mit gutem Gewissen von ihnen den Stand der Jungfräulichkeit erwarten könnte. Bei den Mädchen sei aber die Schwierigkeit noch viel größer. Nach Landessitte und nach den Staatsgesetzen bekommt das Mädchen kein Erbe, und die Eltern können für das Fortkommen ihrer Tochter nur dadurch sorgen, daß sie es durch eine glückliche Heirat in eine andere Familie verpflanzen[106]«.

Hinsichtlich der von den früheren China-Missionaren gepriesenen chinesischen Wissenschaften hatte Laimbeckhoven seine eigene Einschätzung. An Erasmus Fröhlich schrieb er diesbezüglich nach Wien:

> ... Überhaupt von der chinesischen Weißheit zu reden, tut man der Sach in Europa zu viel, da man vor selber so ungemeine Hochachtung traget, und sie über die Europäische, ja über die Stern erhebet. Ich gieb es gern zu, daß wir Europäer denen Chinesern einige Erfindungen als des Schieß-Pulvers Feuer-Röhren, und was dergleichen mehr, zu danken haben: seye es, daß ihre Sternseh-Kunst weit älter als die unserige seye! Ich will auch ihren dermaligen Fleiß, die Wohlredenheit und Sitten-Lehr auf das höchste zu betreiben, sein geziemendes Lob nicht absprechen, im übrigen (seye es ohne jemandes Beleidigung gesagt) halte ich davor, daß heutige chinesische Gelehrte in keiner Wissenschaft die Europäer übertreffen, in vielen aber nicht einmal das Wasser reichen. Sollte mir mit der Zeit eine minder arbeitsame Mission von meinen Oberen angewiesen, oder auf eine Art mehr Zeit gegeben werden, würde ich meine Gedanken von der Chinesischen Wissenschaft überhaupt in einem kurzen Werklein, welches ich zum Druck zu befördern gedenke, denen gelehrten Europäern aufrichtig entdecken, und vielleicht vielen das Fell von den Augen abziehen[107].

Als man ihn aus Europa ersuchte, über den regierenden chinesischen Kaiser zu schreiben, war er trotz dessen missionsfeindlicher Haltung ehrlich um Objektivität bemüht:

> Kurz zu sagen: er ist ein mit vielen Naturgaben gezierter Fürst, in dem nichts hochmütiges, barbarisch- und unmäßiges, doch ist er in

seinen Anmutungen sehr unbeständig und veränderlich, außer in der Liebe des Abgottes Fo und seiner Priester der Lamen, die das Herz des Kaysers gründlich besitzen. Ihn, dieses heidnische Kayserthum, samt unserer bedrängten Mission befehle ich in Euer Ehrwürden heilige Andacht[108]!

Diesem »heidnischen Kayserthum« hat Leimbeckhoven neunundvierzig Jahre seines Lebens gewidmet. Auf dem ihm 1887 in Suzhou von Jesuiten errichteten Grabstein ist zu lesen:

Hic iacet
Illustrissimus D D. Godefridus
de Laimbeckhoven S. J.
Natione Austriacus
Domo Viennae
. . . .
Pro suis ovibus
Pro religione tuenda
Incredibilia passus[109].

An weiteren China-Missionaren aus der österreichischen Provinz der Gesellschaft Jesu wären noch Johann Baptist Messari, geboren am 12. August 1673 in Görz, gestorben am 25. Juni 1723 in Tunkin[110], Balthasar Miller, geboren am 27. Juli 1682 in Friaul, gestorben am 1. August 1741 in Pozega (Slawonien)[111], Johann Bakowski, geboren am 22. Juli 1672 in Wiklow (Polen), gestorben 1731 in Manila[112], und der am 10. August 1741 in Wien geborene und 1788 ebendort verstorbene Michael Baldermann[113] zu nennen.

B. Mitglieder anderer Ordensprovinzen

In China wirkten nicht nur Jesuiten aus der österreichischen Provinz, sondern auch solche, die zwar anderen Provinzen angehörten, nach ihrem Geburtsort aber »Altösterreicher« waren. In diesem Zusammenhang sind die Angehörigen der böhmischen Provinz besonders hervorzuheben. Nicht nur, weil sie eine zahlenmäßig starke Gruppe darstellen, sondern auch, weil sie den chinesischen Hof mit einem Kulturgut bekanntmachten, für welches Österreich auch heute noch in China gut bekannt ist: mit der europäischen Musik. Gewiß, einige der Ordensbrüder aus der böhmischen Provinz brillierten auch in Mathematik, wie Franz *Tillisch* (geboren am 16. Januar 1670 in Breslau, gestorben am 8. September 1716 in Peking)[113a], der sich gleich nach seiner Ankunft trotz mangelnder Chinesischkenntnisse mit dem chinesischen Kaiser Kangxi in mathematischen Symbolen unterhalten konnte[114], oder Karl *Slawiczek* (geboren am 24. Dezember 1678 zu Ingerwitz in Mähren, gestorben am 24. August 1737 in Peking)[115], der es in China als Mathematiker und

Musiker zu hohem Ansehen brachte. Die meisten von ihnen erlangten allerdings wegen ihrer musikalischen Leistungen beim chinesischen Kaiser Beliebtheit.

Als Slawiczek nach seiner Ankunft im Jahre 1717 beim chinesischen Kaiser Audienz erhielt, so befragte ihn dieser wohl zuerst über Rechenkunst und Feldmesserei, ging aber dann mit Eifer zu musikalischen Themen über:

> ... nach solchem sange er mir das ut, re, mi, fa vor mit Befehl, ich solle ihm solches nachsingen, spielte auf meinem Spinett, forderte verschiedenes von denen musikalischen Tonis und ließe sich unter sehr vielen Anzeichen seiner Gnaden Gewogenheit mit ausführlichen Werken vernehmen[116] ...

Das Interesse an der europäischen Musik wurde von den Jesuiten aus der böhmischen Provinz wachgehalten. 1738 kam Florian *Bahr* (geboren am 16. August 1706 zu Falkenberg in Schlesien, gestorben 1771 in Peking) nach China und wirkte dort als Hofmusiker. Von ihm sagen zeitgenössische Berichte, daß er sich auf der Orgel in der musikalischen Komponierkunst einen Meister nennen durfte[117]. Gemeinsam mit dem 1741 eingelangten Johann *Walter* (geboren am 6. Januar 1708 zu Bilin in Böhmen, gestorben am 27. Juni 1759 in Peking)[118] und Theodorico Pedrini stellte er aus Hofjunkern ein Orchester europäischen Stils zusammen und übte es ein. Nach dem ersten Vorspielen beim Kaiser berichtete Johann Walter:

> Es ließen sich endlich seine Majestät belieben, die Lieblichkeit der Europäischen Musik zu verkosten; zu welchem End er uns achtzehn seiner Hof-Junkern anvertraut, die wir in der Europäischen Art, auf verschiedenen Instrumenten zu spielen, unterrichten sollten. Kaum hatten diese Lehrling ein- und anderes Stück, nach dem Europäischen Geschmack, zu spielen erlernet, als sie der Kayser, teils zu erfahren, was sie unter unserer Anführung für einen Fortgang in der Musik machten, teils zu hören, was doch die Europäische Musik wäre, vor sich rufte, und mit solcher Vergnügenheit spielen hörte, daß er Befehl erteilet, denen Lehrlingen jedem ein gutes Stück Geld, uns Lehr-Meistern aber, jedem ein Stück Seiden-Tuch, so wir Damasc nennen, von der besten Gattung darzureichen, als wir, unsere Danksagung abzustatten, nach Hof kammen, wurde uns gnädigst erlaubet, unsere schuldige Erkanntlichkeit in der höchsten Gegenwart ihrer Majestät selbst abzulegen.
>
> Es ist die Europäisch- von der Sinischen Music-Art so weit entfernet, als weit China von Europa entlegen. Die Chinesische Musik, ob sie schon auch ihre Kunst-Regeln hat, ist ganz einfach, und obwohlen deren Instrumenten viel und verschiedene seynd, werden doch alle eintönig und zwar sehr langsam gespielet: hingegen besteht die Euro-

päische Music-Kunst, in einer artigen Vermischung deren Tönen, und in einer Regul-mäßigen Geschwindigkeit auf denen Musicalischen Instrumenten zu spielen. Wir beförchteten Anfangs, unsere Sing- und Spielart wurde wegen ihrem großen Unterschied von der Chinesischen, keinen sonderen Beyfall finden, maßen, ohne diesem, die Chineser, aus ihrem angebohrnen Hochmut, alles Ausländische zu verwerfen pflegen, nichts desto minder hat sich, so gar bey Hof das Widerspiel gezeiget. Als unsere Lehr-Jünger einstens vor dem Kayser, ein Europäisches, doch mindertöniges Stuck, welches vom Chinesischen nicht viel unterschieden ware, spielten, sagte der Monarch: Dergleichen Stucke haben wir auch: lernet einige künstlichere, und zugleich, daß ihr selbe mit eben der Annehmlich-Hurtigkeit und Manieren spielen möget, wie eure Lehr-Meister pflegen[119].

Damit waren Fundamente zu einem Bogen gelegt, der sich über böhmische Damenmusikkapellen und einen österreichischen Militärkapellmeister im China des 19. Jahrhunderts bis zum Besuch der Wiener Philharmoniker in der Volksrepublik China 1974 spannen sollte.

3. Die Rolle des österreichischen Kaiserhauses bei der China-Mission der Jesuiten

Bei der Förderung der Missionstätigkeit der Jesuiten in China durch Mitglieder des österreichischen Kaiserhauses spielten zuerst Motive der Frömmigkeit und des persönlichen Interesses die Hauptrolle. Es war für die Jesuiten relativ leicht, ihre die China-Mission betreffenden Bitten bei Hof an geeigneter Stelle zu deponieren, da die Mitglieder ihrer Gesellschaft, welche dort als Beichtväter wirkten, vermittelnd auftreten konnten. Wie die Lektüre des *Weltbott* zeigt, richteten sich die Briefe der China-Missionare in vielen Fällen an die Beichtväter des Kaisers oder seiner Familienangehörigen, und die Habsburger boten den Bitten des Ordens um Unterstützung bei der China-Mission ein geneigtes Ohr.

»Schon Unserem erlauchten Großvater und Vater, Ferdinand II. und Ferdinand III. hochseligen Andenkens«, so schrieb am 17. September 1664 Kaiser Leopold I. an den Ordensgeneral Paul Oliva[120], »war es ein Herzenswunsch, daß das Evangelium Christi unter den Heidenvölkern so weit als möglich verbreitet werde, besonders aber in dem unermeßlichen Reiche von China. Deshalb hat auch vor zehn Jahren Ferdinand III. eine Summe dafür ausgeworfen, 1000 Gulden jährlich, daß Väter der Gesellschaft Jeszu in jene Mission geschickt und in derselben unterhalten werden könnten[121].« Diese Stiftung Ferdinands III. wurde von Fridelli in einem seiner Briefe, mit denen er um die Zusendung wissenschaftlicher Bücher und Instrumente bat, ausdrücklich angesprochen:

> Das Geld kann unser Provintz-Prokurator aus der Sinischen Stiftung Ferdinandi III herschießen, ich aber dasselbe allhier nach des Stifters Meynung wieder ersetzen. Solches Almosen habe ich dieses Jahr für das erstemal erhalten, aus demselben aber bereits angefangen, allhier eine Schul aufzurichten, in welcher die Kinder dern Sinischen Christen in der Sprach und dem wahren Glauben sollen unterrichtet werden[122].

Abgesehen von den finanziellen Zuwendungen, kümmerten sich die Mitglieder des Kaiserhauses auch sonst um das Wohl der in China tätigen Jesuiten. Ein besonderes Problem stellte für diese der lange und beschwerliche Seeweg nach China dar. Hatten sie – was oft nicht der Fall war[123] – die gefahrvolle Reise glücklich überstanden, dann litten sie unter der außerordentlich langen Zeit, welche die Beförderung der Briefe in Anspruch nahm. Die meisten Missionare beklagten sich darüber, oft mehrere Jahre ohne Nachricht von daheim zu sein. Manchmal dauerte der Postweg zwei Jahre, und in einem Fall erhielt Fridelli einen an ihn aus Europa gerichteten Brief gar erst nach dreizehn Jahren[124]! Auch die Zustellung der wichtigen finanziellen Subsidien verzögerte sich dementsprechend.

Daher lag dem Orden daran, einen Landweg nach China zu eröffnen. Wie schon berichtet, hat Grueber für die Verwirklichung dieses Vorhabens Pionierleistungen erbracht. Kaiser Leopold I. empfing ihn 1664 zu einer langen Audienz und setzte sich in Briefen an Papst Alexander VII. und den Jesuitengeneral Oliva für die Vorschläge Gruebers ein: Da der Seeweg durch die Holländer gesperrt und der Transport der für den Unterhalt der Mission dienenden Geldmittel gefährdet sei, solle in Zukunft der Landweg durch Rußland oder über die Türkei und Persien genommen werden[125]. Der Kaiser erklärte sich gleichzeitig zum »Begründer und Protektor der Fundation für besagten Landweg[126]«. Aber seine Initiative scheiterte infolge eines Protests Portugals, welches das Patronatsrecht über alle katholischen Missionen im Fernen Osten besaß. Dennoch blieb der Wunsch vieler China-Missionare nach einem kaiserlichen Missionsprotektorat. Am 20. Oktober 1710 schrieb Hieronymus Franchi an den Beichtvater der Erzherzoginnen Elisabeth und Magdalena, Pater Studena, viele in China hielten dafür, »daß an der Erhaltung des Allerdurchleutigsten Erz-Hauses Österreich die Ruhe genannter christlichen Kirchen und dieser sinischen Mission gelegen seye[127] . . .«.

Später, nachdem unter Karl VI. die Kaiserlich Ostindische Handelskompanie in Ostende gegründet worden war und das Interesse der Habsburger an der Jesuitenmission in China auch einen wirtschaftlichen Aspekt bekam, wurden die österreichischen Jesuiten in ihren Briefen noch deutlicher:

> Etliche Europäer sehen die Kayserlichen von Ostende in diesem Hafen eingeloffenen Schiff mit schelen Augen an, obschon diese die

Sinische Mission nicht wenig befördern. Solcher Unwillen kommt teils von einer Sorg her, Ihro Römisch Kayserliche Majestät mögten (gleichwie es die meisten Missionarii, zumalen aus Wälsch-Teutsch und Niederland wünschen) die Sinische Mission in Dero Allerhöchsten Schutz nehmen: theils von einer Begierde, das Gewerb mit Ausschließung aller andern Nationen an sich zu ziehen[128].

Allein, die Ostindische Handelsgesellschaft wurde 1731 aufgelöst, und bald traf ein gleiches Schicksal den Jesuitenorden. Immerhin haben die Jesuiten wesentlich dazu beigetragen, China beim österreichischen Kaiserhaus bekanntzumachen. Die Habsburger empfingen heimgekehrte oder auf Urlaub befindliche Jesuiten gerne zu Audienzen und ließen sich auch sonst direkt oder über ihre Beichtväter die Situation in China schildern. So schrieb zum Beispiel Franchi, der Kaiser habe ihm anbefohlen, »öfters zu schreiben« und ihn »mit Sinischen Nachrichten zu ergötzen[129]«. In ihren an den Hof gerichteten Briefen gaben die Jesuiten Beschreibungen von Land und Leuten, den Lehren des Konfuzius oder chinesischen Bräuchen, schickten chinesische Druckschriften und anderes mehr[130]. Das gute Einvernehmen führte dazu, daß Kaiser Leopold wichtige, von Jesuiten verfaßte Bücher über China gewidmet worden sind[131].

Die Mitglieder des chinesischen Kaiserhauses waren vergleichsweise weniger wißbegierig, doch in kleinem Umfang bemühten sich die Jesuiten, auch in jener Richtung Informationen zu übermitteln. Balthasar Miller etwa missionierte unter Zuhilfenahme eines ins Chinesische übersetzten Büchleins über das Leben der Kaiserin Eleonora Magdalena Theresia, und Florian Bahr beeindruckte einen christlichen Prinzen mit einem Bildnis von Joseph II. im Knabenalter aufs höchste. Wie er schreibt, habe er diesem Prinzen, der Joseph II. als Jesulein anbeten wollte, erklärt,

> daß in dieser Lieb-vollen Abbildung der erstgeborene Sohn unserer Großmächtigsten Frauen und Kayserin, Maria Theresia, die Stütze des teutschen Reichs und Hoffnung unseres Vaterlandes abgeschilderet werde[132].

ANMERKUNGEN

1 *Erste Missionsreise der Jesuiten nach China von 1579 bis zur ständigen Niederlassung und allseitigen Ausbreitung im Jahre 1609,* beschrieben von Nikolaus Tigault und in Kürze mitgeteilt von Dr. Göschl, königl. Professor zu Aschaffenburg, in: Joachim Heinrich Jäck, *Taschenbibliothek der wichtigsten und interessantesten Reisen durch China,* 1. Teil, 3. Bändchen, Grätz 1832, S. 59.

2 Wolfgang Bauer, *Chinas Vergangenheit als Trauma und Vorbild,* Stuttgart 1968, S. 91.

3 Wolfgang Ruppert / Erich Wang, *Naturwissenschaft und Technik in China,* Wien 1975, Nr. 2 der Berichte des Österreichischen China-Forschungsinstitutes, S. 21.

4 Ebd., S. 22.

5 So bezeichneten Bischof Petrus Sanz und seine Gefährten den Tag ihrer Verurteilung

zum Tode als glücklichsten ihres Lebens. Siehe Thomas Maria Wehofer, *Die Apostel Chinas – Der selige Bischof Petrus Sanz und seine Gefährten* (Kreuzesblüten aus der Geschichte der Dominikanermission), Wien 1894, S. 90.

6 George H. Dunne, *Das große Exempel – Die China-Mission der Jesuiten,* Stuttgart 1965, S. 301 ff., 308.

7 T'cheng Ki-tong, *China und die Chinesen,* Leipzig 1885, S. 134 f.

8 »Österreichisch« wurde hier weit gefaßt und bezieht sich in den folgenden Abschnitten sowohl auf Mitglieder der damaligen österreichischen Ordensprovinz als auch auf Mitglieder, die zwar anderen Provinzen angehörten, aber aus österreichischen Erbländern kamen.

9 Anton Huonder, *Deutsche Jesuitenmissionäre des 17. und 18. Jahrhunderts,* Freiburg 1899, S. 191; Anton Pinsker (Provinzarchivar), *Missionarii Provinciae Austriae in Societate antiqua* (Maschinschrift, ohne Datum).

10 *Bericht des Pater Michael Boym vom Jahre 1653, welchen er in Rom abgestattet hat,* in: *Weltbott* Nr. 13, Bd. 1, Teil 1, S. 43.

11 Ebd.

12 Ebd., S. 44.

13 Ebd.

14 *Weltbott* Nr. 219, Bd. 2, Teil 9, S. 2 f.

14 a E. H. Tscharner, *China in der deutschen Dichtung,* München 1939, S. 37.

15 Huonder, a. a. O., S. 191; Felix Alfred Plattner, *Jesuiten zur See,* Zürich 1946, S. 133.

16 Plattner, a. a. O., S. 133; E. H. Tscharner, *China in der deutschen Dichtung,* München 1939, S. 25, 116. Erwähnenswert ist vielleicht, daß Martini auch noch für weitere berühmte China-Romane die Vorlage lieferte: für das von Eberhard Werner Happel 1673 zu Hamburg veröffentlichte Werk *Der Asiatische Onogambo* (ebd., S. 35) und Lohensteins *Großmüthiger Feld-Herr Arminius oder Herrmann,* 1689/90 (ebd., S. 41).

17 Joseph Needham, *Science and Civilization in China,* Cambrigde 1962, Bd. IV/I, S. 123, sowie Günther Hamann, *P. M. Martini, ein Tiroler Jesuit als Begründer der Geographie Chinas,* in: *Tiroler Heimat,* Jg. 1966, S. 101 ff.

18 Plattner, a. a. O., S. 281.

19 Günther Hamann, *Das Leben der Chinesen in der Sicht eines Tiroler Missionars des 17. Jahrhunderts,* Sonderabdruck aus dem Archiv für österreichische Geschichte, Band 125, *Bausteine zur Geschichte Österreichs,* S. 99.

20 Ebd., S. 100.

21 Ebd., S. 100 f.

22 Ebd., S. 111

23 Ebd., S. 112 f.

24 Ebd., S. 117–119.

25 Ebd., S. 118.

26 Ebd., S. 117.

27 Ebd., S. 101.

28 Ebd., S. 102 f.

29 Ebd., S. 112 f.

30 Plattner, a. a. O., S. 134.

31 Needham, a. a. O., S. 123.

32 Anton Pinsker, a. a. O.

32a Brief des P. Johannes Vallat vom 19. Mai 1685, in: *Weltbott* Nr. 16, Bd. 1, Teil 1, S. 49.

32b Bruno Zimmel, *Bernhard Diestel – Ein österreichischer Missionär und Entdeckungsreisender des 17. Jahrhunderts,* in: *Festschrift für Josef Stummvoll,* Wien 1970, S. 887.

33 Ebd., S. 887 f.

34 Ebd., S. 888 f.

34a Bruno Zimmel, *Johann Grueber in China,* in: *Biblos,* Jg. 13, 1964, Heft 3, S. 173.

35 Die Schilderung folgt anschließend, soweit nicht anders angegeben, Bruno Zimmel, *Die erste Durchquerung Tibets im Jahre 1661 durch den Österreicher P. Johann Grueber S. J.,* in: *Österreich in Geschichte und Literatur,* Jg. 5, 1961, S. 221–226.

36 Gottlieb August Wimmer, *Geschichte der geographischen Entdeckungsreisen,* Bd. 3, Wien 1838, S. 212.
37 Alfons Vath, *Johannes Adam Schall von Bell,* Köln 1933, S. 239.
38 Bruno Zimmel, *Johann Gruebers letzte Missionsreise,* in: *Oberösterreichische Heimatblätter,* Jg. 2, 1957, Heft 3/4, S. 161 f.; Vath; a. a. O., S. 239.
39 Athanasius Kircher, *China illustrata,* Amsterdam 1767, S. 2, Proemium ad Lectorem: »Pater Joannes Gruberus Mathematum cultu insignis Anno 1656. ad Sinos abiturus, hic Romae a me ad omnia singula, ea qua pars est, fide, quae Rei Geographicae nonnihil luminis adferre possent, observanda sollicitutus: quae obnixe ab eo contenderam, ultra quam dici potest, fideliter praestit.«
40 Bruno Zimmel, *Johann Gruebers letzte Missionsreise,* S. 177 f.
41 Bruno Zimmel, *Die erste Durchquerung Tibets im Jahre 1661 durch den Österreicher P. Johann Grueber,* S. 226.
42 Huonder, a. a. O., S. 188; Joseph Dehergne, *Répertoire des Jésuites de Chine de 1552 à 1800,* Rom-Paris 1973, S. 125; Günther Hamann, *Geistliche Forscher- und Gelehrtenarbeit im China des 17. und 18. Jahrhunderts,* in: *Österreich und Europa* (Festschrift für Hugo Hantsch), Graz-Köln 1965, S. 57.
43 Bruno Zimmel, *Johann Grueber in China,* S. 177
44 Huonder, a. a. O., S. 186; Anton Pinsker, a. a. O.
45 Brief Franchis an den damaligen österreichischen Provinzial R. P. Franciscus Voglmair vom 30. September 1702 aus Nanchang, in: *Weltbott* Nr. 67, Bd. 1, Teil 3, S. 21 f.
46 Brief vom 20. Oktober 1710, in: *Weltbott* Nr. 108, Bd. 1, Teil 5, S. 55.
47 S. 45.
48 Brief vom 30. Oktober 1712, geschrieben zu Tsinan, in: *Weltbott* Nr. 133, Bd. 1, Teil 6, S. 22.
49 Siehe Anm. 45, S. 21.
50 Ebd., S. 22.
51 Brief an Balthasar Miller, Beichtvater ihrer Majestät, der Römischen Kaiserin Eleonora Maria Magdalena, vom 15. Oktober 1702, in: *Weltbott* Nr. 68, Bd. 1, Teil 3, S. 23.
52 Brief vom 11. Oktober 1716, in: *Weltbott* Nr. 154, Bd. 1, Teil 7, S. 14.
53 An Studena aus Nanchang am 18. Oktober 1702, in: *Weltbott* Nr. 82, Bd. 1, Teil 4, S. 9.
54 Ebd., S. 10.
55 Ebd., S. 11.
56 Ebd., S. 14.
57 Vgl. den vom österreichischen Lazaristen P. Joseph Wilfinger am 4. Mai 1900 an das österreichische Generalkonsulat in Schanghai gerichteten Brief, Marine-Archiv, Jahr 1900, 1195/O. K., Blatt 37, Rückseite.
58 Brief an Franciscus Menegati, Beichtvater Leopolds I., aus »Can-tscheu-fu«, Provinz Jiangxi, vom 19. Oktober 1703, in: *Weltbott* Nr. 86, Bd. 1, Teil 4, S. 25.
59 Ebd., S. 26.
60 Brief an Studena aus Tsinan vom 31. Oktober 1714, in: *Weltbott,* Nr. 134 Bd. 1, Teil 6, S. 22 f.
61 Brief an Studena vom 20. Oktober 1710, in: *Weltbott* Nr. 108, Bd. 1, Teil 5, S. 55 f.
62 Franchi an Studena aus Tsinan am 28. Oktober 1706, in: *Weltbott,* Teil 50, S. 50.
63 Brief Romani Hinderers aus Kanton vom 6. Oktober 1723, in: *Weltbott* Nr. 201, Teil 8, S. 24.
64 Alfred Zerlik, *P. Xaver Ernbert Fridelli – Chinamissionar und Kartograph aus Linz,* Linz 1962, S. 51.
65 Ebd., S. 52 f.
66 Ebd., S. 59.
67 Ebd., S. 53.
68 Eine auf chinesischem Papier geschriebene und chinesisch gebundene Ausgabe befindet sich im Archiv der österreichischen Ordensprovinz.
69 Alfred Zerlik, *P. Xaver Fridelli – Chinamissionar und Kartograph aus Linz,* S. 43.

70 Ebd., S. 54.
71 Ebd., S. 55.
72 *Weltbott* Nr. 194, Bd. 1, Teil 8, S. 18.
73 Günther Hamann, *Geistliche Forscher- und Gelehrtenarbeit im China des 17. und 18. Jahrhunderts,* S. 61.
74 Alfred Zerlik, *P. Xaver Ernbert Fridelli – Chinamissionar und Kartograph aus Linz,* S. 30 f.
75 Ebd., S. 38.
76 Ebd., Fridelli starb 1743 siebzigjährig in Peking.
77 Huonder, a. a. O., S. 187; Anton Pinsker, a. a. O.
78 *Weltbott* Nr. 675, Bd. 5, Teil 34, S. 41.
79 Ebd., S. 79.
80 Brief an Nicolaus Giamprano (neapolitanische Provinz), geschrieben am 28. des Wintermonats in Peking, 1749, in: *Weltbott* Nr. 696, Bd. 5, Teil 35, S. 126.
81 Brief 1 im Anhang von R. P. Benedicti Cetto, *Clerici Regularis e Scholis Piis De Sinensium Imposturis Detectae Et Convulsae. Accedunt Epistolae anecdotae R. P. Augustini E Comitibus Hallerstein Ex China Scriptae (Opus editum a Georgio Pray)* Budae, Typis Regiae Universitatis Anno 1781, S. IV.
82 Brief vom 1. November 1743 an Josephus Ritter, Beichtvater der Königin von Portugal, in: *Weltbott* Nr. 681, Bd. 5, Teil 34, S. 77.
83 Brief vom 28. des Wintermonats an Nicolaus Giamprano, S. 128.
84 Ebd., S. 127.
85 Brief von Johannis Walter an seine Eltern, Peking, zweiten Christmonats 1744, in: *Weltbott* Nr. 683.
86 Brief von Gottfried Xaver Laimbeckhoven vom 18. Juli 1746 an Pater Erasmus Fröhlich in Wien, in: *Weltbott,* Nr. 689, S. 26.
87 Ebd., S. 27.
88 August Zehetner, *Gottfried Laimbeckhoven SJ als Missionar und Bischof,* Lizentiatsarbeit in Kirchengeschichte, Schanghai 1934, S. 7.
89 Ebd.
90 Ebd., S. 8.
91 *Weltbott* Nr. 676, Bd. 5, Teil 34, S. 36.
92 Ebd.
93 *Weltbott,* Nr. 678, Bd. 5, Teil 34, S. 56.
94 Otto Werner, *P. Gottfried Laimbeckhoven S. J. Ein Wiener, der letzte Jesuitenbischof von Peking,* Wien 1926, S. 10.
95 Der Unterhalt wurde ihm ab 1759, dem Jahr, in dem der Jesuitenorden aus Portugal verbannt wurde, nicht weiter gewährt. – S. Zehetner, a. a. O., S. 17.
96 Ebd., S. 17, 20 f.
97 Ebd., S. 25.
98 Ebd.
99 Ebd., S. 26.
100 Otto Werner, a. a. O., S. 13.
101 Ebd., S. 14; Zehetner, a. a. O., S. 27.
102 Brief an Francicus Peickardt, Prediger am Dom zu St. Stephan, geschrieben am 29. August 1741 zu »Hu-kin-tien«, in: *Weltbott* Nr. 676, Bd. 5, Teil 34, S. 51.
103 Brief an seinen Schwager Anton Freiherr von Sumerau, geschrieben im Jahre 1747, in: *Weltbott* Nr. 691, Bd. 5, Teil 75, S. 76.
104 Zehetner, S. 12.
105 Später hat der große österreichische Chinakenner Arthur von Rosthorn diese unkluge Vorgangsweise der katholischen Mission in China scharf kritisiert.
106 Zehetner, S. 19.
107 Brief vom 18. Juli 1746 geschrieben zu »Tsao-yang-hien«, in: *Weltbott* Nr. 689, Bd. 5, Teil 35, S. 28.
108 Ebd., S. 29.
109 Zitiert nach Werner, a .a. O., S. 14.

110 Anton Pinsker, a. a. O., Huonder, a. a. O., S. 191.
111 Anton Pinsker, a. a. 1O.; Joseph Dehergne, a. a. O., S. 176.
112 Huonder, a. a. O., S. 185; Dehergne, a. a. O.,S. 22.
113 Anton Pinsker, a. a. O., Huonder, a. a. O., S. 185; Dehergne, a. a. O., S. 22.
113a Huonder, a. a. O., S. 196; Dehergne, a. a. O., S. 270.
114 *Weltbott,* Brief Nr. 152.
115 Huonder, a. a. O., S. 194; Dehergne, a. a. O., S. 255.
116 Brief Slawiczeks an Julius Zwicker, Provinzial der böhmischen Provinz, geschrieben zu Peking am 19. März 1717, in: *Weltbott* Nr. 156, S. 20 f.
117 Huonder, a. a. O., S. 184; Dehergne, a. a. O., S. 22. – Bahr war auch Mitarbeiter an einem »weitläufigen Wörterbuch von Lateinisch, Französisch, Wälsch, Portugisisch und Teutsch« – Huonder, ebd.
118 Huonder, a. a. O., S. 196, Dehergne, a. a. O., S. 296.
119 Brief aus Peking, geschrieben 19. Wintermonats 1743, in: *Weltbott,* Nr. 680, S. 68.
120 Huonder, a. a. O., S. 47.
121 »Diese 1000 Gulden wurden aus der Salz- und Biersteuer in Böhmen erbracht. Leopold I. erlaubte, daß die Summe eine Zeitlang der hart bedrängten ungarischen Mission zugewandt wurde. Dann ging sie wieder regelmäßig nach China, soviel wir wissen, bis zur Mitte des 18. Jahrhunderts. Dem Verlangen der österreichischen Missionäre 1717, daß dieses österreichische Geld ihnen auch besonders zugute komme, wurde jedoch nicht entsprochen, vielmehr bestimmte der General, daß es den Ordenssatzungen gemäß wie andere Almosen in die gemeinsame chinesische Missionskasse gehe« (handschriftliche Urkunde in Privatbesitz). – Huonder, ebd., S. 47 f.
122 Brief Fridellis vom 20. Oktober 1720 an Wolfgang Eggendorff, in: *Weltbott,* Nr. 194, Bd. 1, Teil 8, S. 18.
123 Zwischen 1655 und 1660 kamen 18 Jesuiten auf dem Seeweg nach China um. – Huonder, a. a. O., S. 49.
124 Ebd., S. 124.
125 Alfons Väth, *Johann Adam Schall von Bell,* S. 239; Bruno Zimmel, *Johann Gruebers letzte Missionsreise,* S. 162; Huonder, a. a. O., S. 48.
126 Huonder, ebd.
127 *Weltbott* Nr. 108, Bd. 1, Teil 5, S. 55.
128 Brief Johann Bakowskis aus Kanton, 9. April 1723, in: *Weltbott* Nr. 200, Bd. 1, Teil 8, S. 24.
129 Brief aus Tsinan vom 28. Oktober 1706 an Studena, in: *Weltbott* Nr. 104, Bd. 1, Teil 5, S. 50.
130 Siehe z. B. Brief von Hieronymus Franchi aus Nanchang vom 15. Oktober 1702 an Balthasar Miller, Beichtvater ihrer Majestät der Römischen Kaiserin Elenora Maria Magdalena, in: *Weltbott* Nr. 68, Bd. 1, Teil 3, S. 23.
131 So z. B. Werke Adam Schalls, Athanasius Kirchers *China illustrata,* oder Martinis Atlas.
132 Florian Bahr an Philipp Walter aus Peking am 28. November 1749, in *Weltbott* Nr. 695, S. 123.

Viertes Kapitel

Doppeladler auf dem Gelben Meer

Österreichisch-chinesische Marinekontakte bis zum Besuch der Korvette »Carolina« (1821)

Der Seehandel mit China unter Karl VI.

Karl VI. war es, der die Voraussetzungen für Besuche von Schiffen unter österreichischer Flagge in China schuf. Triest und Ostende war nach seinen Plänen die Rolle von Welthäfen zugedacht. Nach dem Spanischen Erbfolgekrieg waren die »spanischen Niederlande« an die österreichischen Habsburger gekommen. Der Zugang zu Antwerpen über die Scheldemündung war von den Holländern gesperrt, und so wurde Ostende zum Heimathafen österreichischer Asienschiffe. Vorher, unter spanischer Herrschaft, war es Belgien verwehrt gewesen, mit Ostasien

Prunksaal der Österreichischen Nationalbibliothek, Kuppelfresko von Daniel Gran – Detail Österreichisches Asienschiff (Bildarchiv der Österreichischen Nationalbibliothek)

Handel zu treiben, denn Papst Alexander VI. hatte 1493 Ostasien unter Ausschluß Spaniens dem Handelsbereich Portugals zugewiesen. Die Schranke für den spanischen Chinahandel war nochmals im Westfälischen Frieden bekräftigt worden. Doch für die österreichische Linie der Habsburger, die vertraglich nicht gebunden war, bedeutete der neue Besitz Belgiens ein legitimes Sprungbett für Fahrten in den Fernen Osten[1].

Natürlich waren es zuerst kaum Bürger österreichischer Binnenländer, die von dort aus auf österreichischen Schiffen in See stachen, sondern es waren Flamen, Franzosen, Iren und Schotten, welche ihre seemännische Erfahrung zur Verfügung stellten und auf weit entfernten Meeren die österreichische Flagge zeigten: den kaiserlichen Doppeladler auf gelbem Grund[2]. Schon 1715 kam es in Ostende zu Unternehmungen, die dem Ostindien- und Chinahandel galten[3]. Im März 1715 verließ die *Charles* (im Eigentum einer Reedergemeinschaft), mit kaiserlichem Paß *(lettre de mer)* versehen, den Hafen von Ostende; wenig später folgten die *Karl Matthäus* und die *Prinz Eugen* des Kaufmanns Thomas Ray. Die Schiffe kehrten im darauffolgenden Jahr mit reicher Ladung zurück. Das Beispiel machte Schule, und bald gingen jährlich drei bis vier China-Schiffe von Ostende ab, um Porzellan, Seide und Tee nach Europa zu bringen, was sich als sehr einträglich erwies. Der irische Kapitän der *Prinz Eugen,* Jacob Tobin, gründete am 23. August 1719 in Kanton eine Faktorei, und Kaiser Kangxi erließ aufgrund eines Empfehlungsschreibens Karls VI. ein Edikt, das allen Schiffen und Untertanen des habsburgischen Kaisers Schutz gewährte[4].

Aber auch aus dem mediterranen Bereich wurden unter österreichischem Schutz Handelsunternehmungen gestartet, und einzelne dieser Kaufleute scheinen prosperiert zu haben. So berichtet der österreichische Jesuit Johann Baptist Messari in einem Brief vom 10. Juni 1715, daß er in Macao den reichen Kaufmann Nicolaus aus Fiume angetroffen habe[5]. Aus anderen Briefen österreichischer Jesuiten kann auf eine relativ häufige Präsenz österreichischer Schiffe in chinesischen Häfen geschlossen werden[6]. Zugleich zeugen diese Briefe von einem Neid anderer Nationen, die sich offenbar durch die Förderung österreichischen Seeverkehrs nach China in ihrem Handels- und Missionsmonopol gefährdet sahen. So schrieb, wie bereits erwähnt, der aus Polen stammende österreichische Jesuit Johann Bakowski am 9. April 1723 aus Kanton:

> Etliche Europäer sehen die Kayserlichen von Ostende in diesem Hafen eingeloffenen Schiff mit schelen Augen an: obschon diese die Sinische Mission nicht wenig befördern. Solcher Unwillen kommt teils von einer Sorg her, Ihro Römisch Kayserliche Majestät mögten (gleichwie es die meisten Missionarii, zumalen aus Wälsch-, Teutsch- und Niederland wünschen) die Sinische Mission in Dero Allerhöchsten Schutz nehmen: theils von einer Begierde, das Gewerb mit Ausschließung aller anderen Nationen an sich ziehen[7].

Tatsächlich warf der Chinahandel hohe Profite ab, und das ermutigte Karl VI., 1722 die Gründung der *Compagnie Impériale et Royale Établie dans les Pays-Bas Autrichiens* zu erlauben. Im kaiserlichen Patent war für die neue Gesellschaft das Recht enthalten, dreißig Jahre lang Handel nach Ost- und Westindien und an den afrikanischen Küsten zu treiben. Dabei durfte sie des Kaisers Wappen und Flagge führen und mit den Fürsten jener Länder Verträge abschließen[8].

Die Flagge der Ostender Kompanie 1722–1732 (aus: Marine, gestern, heute, Bd. 1979)

Festzuhalten ist in diesem Zusammenhang, daß trotz der Erlaubnis der Befestigung der angekauften Faktoreien die Kompanie keine kriegerischen Ziele verfolgte. Ihre Politik war es, mit Asiens Herrschern auf friedlichem Wege Abmachungen zu treffen, und die größten Gewinne wurden durch vier friedliche Handelsfahrten nach Kanton erzielt[9]. »Ende 1730 hatte die Kompanie bereits 6 Millionen Gulden (100 Prozent des Aktienkapitals) ausgezahlt[10].« Aus Konkurrenzgründen verboten Frankreich, England und Holland ihren Bürgern unter Androhung der Todesstrafe, bei der Ostender Kompanie Dienst zu nehmen[11]. 1723 wurden gar drei aus Ostende stammende bzw. dort eingebürgerte Kapitäne, weil sie mit Schiffen der dortigen Kompanie nach Ostindien ausgelaufen waren, in Abwesenheit verurteilt und in effigie gehenkt. Vorher hatten Holländer und Engländer ostendische Asienschiffe einfach gekapert und erst nach der mit kaiserlicher Erlaubnis geschehenen Wegnahme holländischer Schiffe von der Fortführung solcher Maßnahmen Abstand genommen[11a].

Der Neid der atlantischen Seemächte beließ der ostendischen Kompanie nur eine kurze Lebensdauer. Als die anderen Reiche von Karl VI. Zugeständnisse verlangten, damit sie bereit wären, der Erbfolge Maria Theresias zuzustimmen, war eines der Opfer, die ihr Vater bringen mußte, die Auflösung der Kompanie[12]. Versteckt unter anderen Namen und Flaggenpatenten, setzte die Gesellschaft allerdings ihre Tätigkeit fort, woran der Linzer Kaufmann Adam Pruner starken Anteil hatte. Er verdiente am Asienhandel so viel, daß er in Linz ein Waisenhaus stiften konnte[13]. Die Idee einer österreichischen Asienkompanie behielt daher weiter ihre Attraktivität.

1764 wandte sich der in Lüneburg wohnhafte »k. k. Commerzienrath und Speditionsfactor der ungarischen Bergwerke«, Gottfried Joachim Edler von Mayersbach, an Kaiserin Maria Theresia und legte ihr einen Plan zur Errichtung einer Ostindischen Compagnie nach dem Vorbild der Asiatischen Compagnie zu Emden vor. Die im Commerzienrath versammelten wirtschaftlichen Berater der Kaiserin lobten ihn für seinen Eifer, meinten aber, es könne von seinen Vorschlägen »dermalen kein Gebrauch gemacht werden«, doch sei ihm »das Allerhöchste Wohlwollen zu bezeugen«. Auf weiteres Drängen Mayerbachs äußerte das erlauchte Gremium, daß »dem europäischen Welttheile das Commercium nach Ostindien nicht nur nicht nützlich, sondern wegen seines lediglich passiven Bestandes höchst schädlich sei . . .« Ähnliche Pläne des Niederländers Delplang scheiterten nur mehr knapp. Carl von Zinzendorf votierte am 11. Dezember 1771 sogar zustimmend. »Wenn einige geschickte Kaufleute«, meinte er, »die Unternehmung oder Einleitung eines directen Handels von Triest oder Ostende nach China und Indien bewerkstelligen wollen, so ließe sich dagegen kein Bedenken erheben[13a]. . .«

Dann trat ein deutschstämmiger ehemaliger Angestellter der Englisch-Ostindischen Kompanie namens Wilhelm Bolts an den österreichischen Gesandten in London, Graf Belgiojoso, heran und schlug ihm die Errichtung von Faktoreien in Afrika und Asien vor. Bolts, der in Indien unter Beschlagnahme seines Vermögens entlassen worden war, behauptete Belgiojoso gegenüber, dortselbst viel Geld zur Verfügung zu haben. Dem wenig seriösen, aber offenbar beredten Projektanten gelang es, was anderen versagt geblieben war. Der Aufmerksamkeit von Graf Belgiojoso entging, daß Bolts 1773 Bankrott gemacht hatte[14]. Er empfahl ihn an Kaunitz weiter, dieser zeigte sich von den Plänen des 1775 geheim als »Kaufmann Lopez« nach Wien gekommenen Bolts beeindruckt und lobte die »Freimüthigkeit seines Betragens, seine Einsicht usw.[15]«. Kaunitz war zwar ebenso wie Maria Theresia und Joseph II. Unternehmungen in Übersee prinzipiell abgeneigt, stellte aber im besonderen Fall die Möglichkeit einer Umsatzsteigerung bei staatlichen Exportgütern wie Kupfer und Quecksilber in Rechnung[16]. Außerdem war der Plan geeignet, den Hafen von Triest zu fördern, und eröffnete die Möglichkeit, überseeische Luxuswaren, an die man sich gerne gewöhnt hatte, nunmehr aus erster Hand zu beziehen[17]. Also gab Kaunitz dem »aggressiven Geschäftsmann« Bolts seine Chance. »Das Werk wär groß, wann reussierte«, schrieb die Kaiserin. Um einiges skeptischer äußerte sich ihr Sohn Joseph: »Dem Bolts, so wenig ich auf sein gantzes Unternehmen halte, ist dennoch der Obristleutnantstitel zu ertheilen.« Joseph war auch vorsichtig genug, Bolts nur zwanzig Mann protestantische Begleitung, aber keine erbländischen Untertanen von Staats wegen zur Verfügung zu stellen[18].

Vorsicht wurde auch den österreichischen Diplomaten für die Bekanntgabe des Projekts im Ausland empfohlen, zumal gleich nach Ruchbarwerden der österreichischen Pläne der alte Konkurrenzneid wieder aufflackerte. Dem sollte folgendes beruhigendes Zirkular entgegenwirken:

> Sie werden, mein Herr, aus dem folgenden Bericht erfahren, daß alle Gerüchte über die Errichtung einer österreichischen Kompagnie, über die kombinierten Operationen zwischen Ostende und Triest, über Absichten, die Koromandelstützpunkte der alten Ostendekompagnie zu erneuern, nur vage Ideen sind, geboren aus dem Müßiggang von Kaffeehauspolitikern und verbreitet von Journalisten – sogar hiesigen –, die solche Gerüchte als Gewißheit verkünden.
> Herr Wilhelm Bolts plant in seinem Namen und auf seine Rechnung einen direkten Handelsverkehr von den Häfen Triest und Fiume nach Persien, China und jenem Teil Ostindiens, der von allen europäischen Nationen frei frequentiert werden kann. Herr Bolts hat zu Händen des Grafen Kolowrat, des Finanzministers und derzeitigen Handelsministers, den Treueid geleistet. Er hat sich nach London begeben, um von der Indienkompagnie das 32-Kanonen-Schiff *The Earl of Lincoln* zu erwerben. Militärkonvoi und Geschütze werden vom Arsenal in Triest gestellt. Der Barbaresken halber ist Bewaffnung erforderlich. Hierin ist nichts Außerordentliches, es sei denn der Herrn Bolts verliehene Oberstleutnantstitel. Zwecks Zeitgewinn wird er Livorno ansegeln und auf der toskanischen Fregatte *Etruria* bis auf die Höhe von Madeira eskortiert werden.
> Soweit das exakte Detail dieser ersten österreichischen Expedition nach Asien, die dem Beispiel vieler anderer Nationen folgt. Ihr Ziel ist es, die Verluste zu vermindern, die uns der Indienhandel alljährlich bereitet. Sie geht nicht von Flandern aus, da die Verträge das verbieten. Die ersten Ausladungen und Verkäufe werden in den Häfen des österreichischen Küstenlandes stattfinden[19].

Trotz dieser Versicherungen wurden die Schiffe argwöhnisch betrachtet, die nun neuerlich die österreichische Flagge durch asiatische Gewässer trugen. Sie hießen unter anderem *Austria, Cobenzl, Conte di Belgiojoso, Erzherzog Maximilian, Kaunitz, Kolowrat, Der Österreicher* und *Zinzendorf*[20].

Die meisten dieser Schiffe waren bewaffnet und führten 24, 30 oder noch mehr Kanonen, um sich gegen Seeräuber und Kaperei wehren zu können. »Das kriegerische Aussehen dieser Handlungsschiffe ist ein auffallender Zug in dem österreichischen Seewesen«, heißt es in einem zeitgenössischen Werk. ». . . es zeiget gegenwärtig, wessen Geist sie künftig seyn werden. Viele derselben stellen eine Fregatte vor. Sie haben es schon gewiesen, daß ihr Kanonen nicht auf die Verdecke hingepflanzt sind, um nur ihre Ankunft oder Abschied von den Seestädten zu verkün-

Namen des Schiffes.	Toñelate	Cañoni	Petrieri	Uomini	Verfallen oder zurückgestellt.
Nave Breitensée	600.	in bianco	in bianco	35.	verfallt im augt. 784.
Nave La Citta di Trieste	260	10.	—	26.	verfallt im augt. 784.
Nave Le Prince de Kaunitz	600.	24.	—	80.	verfallt im Decemb. 784.
Nave Le Comte de Kollovrat	600.	22.	—	85.	verfallt im Xbre 784.
Nave Le Baron de Binder	480.	18.	—	65.	verfallt im Xbre 784.
in Bianco	in bianco	in bianco	in bianco	in bianco	verfallt im Janu. 785.
in Bianco	in bianco	in bianco	in bianco	in bianco	verfallt im Janu. 785.
in Bianco	in bianco	in bianco	in bianco	in bianco	verfallt im Janu. 785.
in Bianco	in bianco	in bianco	in bianco	in bianco	verfallt im Janu. 785.
in Bianco	in bianco	in bianco	in bianco	in bianco	verfällt im Janu. 785.
Nave L'aigle Imperial	1100	in bianco	in bianco	in bianco	verfällt im april 785.
Nave Le Hongrois	700.	in bianco	in bianco	in bianco	verfallt im april 785.
Nave L'autrichien	900.	in bianco	in bianco	in bianco	verfällt im april 785.
Nave L'archiduc Maximilien	900.	in bianco	in bianco	in bianco	verfällt im april 785.
Nave Le Croate	600.	in bianco	in bianco	in bianco	verfallt im april 785.

Listen von österreichischen Asienschiffen
(Haus-Hof- und Staatsarchiv, Ostindische Companie)

Numerus	Jahr	Monat	Tag	Namen des Schiffs Patrons, und des Schiffführers.
Patent Patent N°. 457. Scontrino N°. 424	1781.	augst.	27.	Petrus Comes de Proli Capo. Steffano Mattich di Segna.
Patent N°. 458 Scontrino N°. 425.	do.	do.	30.	Petrus Comes de Proli et comes de Giulay. Capo. aloisio Pettinello.
Patent N°. 464. Scontrino N°. 431.	do.	Decemb.	12.	Bolts et Compagnie Capo. Giovanni Mackenzie.
Patent N°. 468. Scontrino N°. 435.	do.	do.	23.	Bolts et Compagnie Capo. Thomas Bendbridge.
Patent N°. 469. Scontrino N°. 436.	do.	do.	do.	Bolts et Compagnie Capo. Angelus Leeps.
Patent N°. 471. Scontrino N°. 438.	1782.	Janus.	5.	Bolts et Compagnie Capo. in Bianco.
Patent N°. 472. Scontrino N°. 439.	do.	do.	do.	Bolts et Compagnie Capo. in Bianco.
Patent N°. 473. Scontrino N°. 440.	do.	do.	do.	Bolts et Compagnie capo in Bianco.
Patent N°. 474. Scontrino N°. 441.	do.	do.	do.	Bolts et Compagnie Capo. in Bianco.
Patent N°. 475. Scontrino N°. 442.	do.	do.	do.	Bolts et Compagnie Capo. in Bianco.
Patent N°. 483. Scontrino N°. 450.	do.	April	14.	Bolts et Compagnie Capo. in Bianco.
Patent N°. 484. Scontrino N°. 451.	do.	do.	do.	Bolts et Compagnie Capo. in Bianco.
Patent N°. 485. Scontrino N°. 452.	do.	do.	do.	Bolts et Compagnie Capo. in Bianco.
Patent N°. 486. Scontrino N°. 453.	do.	do.	do.	Bolts et Compagnie Capo. in Bianco.
Patent N°. 487. Scontrino N°. 454.	do.	do.	do.	Bolts et Compagnie Capo. in Bianco.

Schale: China, Porzellan um 1800. Teller: Porzellan, Emailfarben, für Karl VI. hergestellt
(Österreichisches Museum für Angewandte Kunst)

digen, sondern um jedem sich mit Macht entgegen zu setzen, der sich erkühnte, selbe in ihrem Lauf zu beunruhigen. Sie sind die stille Marine Österreichs[20a] . . .«

Bolts hatte bei seiner ersten Fahrt (1776–1781) mit der auf *Joseph und Theresia* umbenannten *Lincoln* zwar Briefe Maria Theresias an den chinesischen Kaiser Qian Long an Bord, stieß aber während der Reise auf allerlei Schwierigkeiten und kehrte, nachdem er in Afrika und Indien Faktoreien erworben und auf den Nikobaren Stützpunkte für den künftigen Chinahandel errichtet hatte, zurück[21]. Immerhin hatte er Erfolge aufzuweisen, was neue Interessenten auf den Plan rief. Begünstigt wurden seine Pläne außerdem durch die Attraktivität der neutralen kaiserlichen Flagge auf den damals durch Krieg stark verunsicherten Weltmeeren.

Kaiserin Maria Theresia hat die Heimkehr von Bolts nicht mehr erlebt. Vor der von ihm geführten *Joseph und Theresia* war am 8. Februar 1780 die *Kaunitz* in Triest eingelaufen, deren Kommandant Bauer samt zwei mitgebrachten Chinesen nach Wien kommen wollte[22]. Die Kaiserin, bis in ihr hohes Alter fürsorglich und auf Details bedacht, hatte sich noch Gedanken gemacht, was sie diesen so weitgereisten exotischen Gästen schenken könne[23].

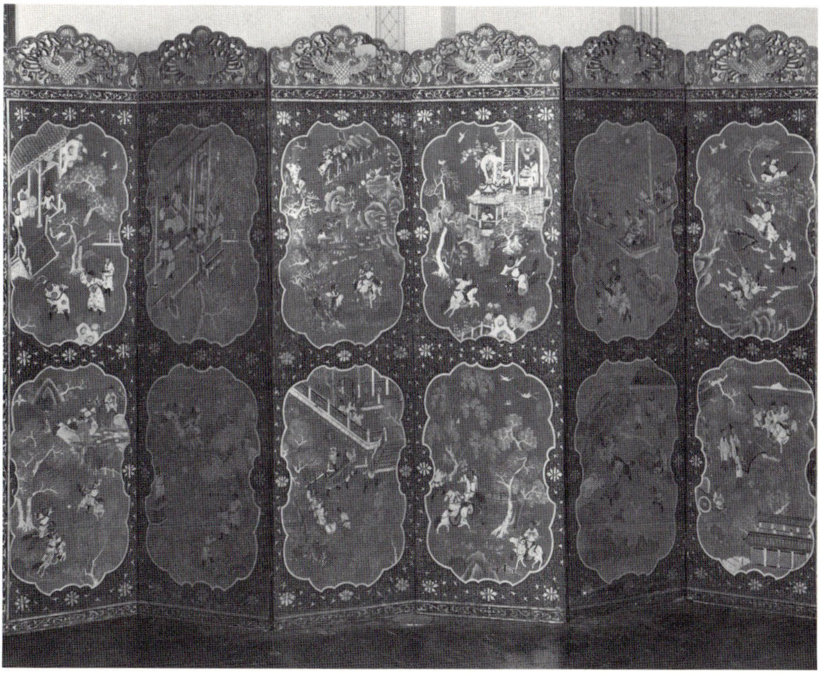

Ein gewisses Maß an Kontakten scheint auch nach dem Bankrott der österreichischen China-Kaufleute Bolts und Proli weiterbestanden zu haben. Davon zeugt ein mit Doppeladlern gezierter chinesischer Wandschirm, der Anfang des 19. Jahrhunderts in den Besitz des österreichischen Kaisers Franz gelangt ist. Die Beschreibung: 6 Blatt; Weichholz, mit chinesischer Vieux-laque-Arbeit, Szenen und Motive darstellend, und zwar: auf jedem Blatte untereinander je 1 Szene auf rotem Grund mit einem geschwungenen Bande eingefaßt. Die beiden Szenen sind auf schwarz-gold Fundament aufgebracht. Als Bekrönung eines jeden Blattes ein Doppeladler, durchbrochen in schwarz-gold Technik. (Im Besitz des Bundesmobiliendepots. Aufnahme: Fotoabteilung des Österreichischen Museums für Angewandte Kunst)

Später sicherte sich der Antwerpener Bankier Karl Proli, der Bolts' Unternehmen anfangs mit großem Risiko finanziert hatte, dann aber sein Konkurrent geworden war, und hinter dem vierzig belgische Firmen standen, im Chinahandel mehr Einfluß. 1780 kam eines seiner Schiffe in Triest an mit einer Ladung, die angeblich einen Wert von dreieinhalb Millionen Gulden hatte. Sie bestand »zum weitaus größten Teil aus Tee, doch waren auch über zweihundert Kisten rohe Seide, 40 Kisten Zimt, andere Gewürze, Farbhölzer, blaues und buntes Porzellan in größeren Mengen« mitgebracht worden[24].

Bolts konzentrierte sich mehr auf Indien und hatte außerdem hochfliegende, weltweite Pläne. Seine ungezügelte Abenteuerlust trieb ihn 1782 in die Insolvenz. Proli hingegen hielt am Gedanken des Chinahandels fest. Er drang auch auf die Ernennung österreichischer Konsuln in China[25] und schuf sich zusammen mit etlichen Partnern eine Flotte von neun Schiffen, so daß bis zu fünf österreichische Schiffe zur selben Zeit in Kanton vor Anker lagen[26]. Noch 1783 verfügte Österreich über zwölf Ostindien-Segler[26a]. Prolis Kapitulation kam erst, als nach Beendigung des amerikanischen Befreiungskrieges die österreichische Ostasienschifffahrt den Wettbewerbsvorteil ihrer Neutralität verlor. Dazu kam, daß der Tee billiger wurde und drei Schiffe der Kompanie fast gleichzeitig verlorengegangen waren[27]. Proli fallierte und beging Selbstmord. Bolts starb zwanzig Jahre später in völliger Armut, nachdem er Mitte der achtziger Jahre durch eine in Paris veröffentlichte Rechtfertigungsschrift nochmals die Richtigkeit seines auf ein Faktoreisystem gegründeten indisch-chinesischen Handelssystems nachzuweisen versucht hatte[28]. Doch in Triest zeigte man sich nicht beeindruckt. Einige seiner dortigen Gläubiger stellten aufgrund der mit Bolts gemachten Erfahrungen die Forderung auf, »daß man bei Galgenstrafe jedes Projekt eines Handels in fremde Weltteile verbieten sollte[29]«.

Die Fahrt der Korvette »Carolina« 1820

Bolts hatte bei seinen späteren Projekten versucht, über die selbstauferlegte Schranke österreichischer Politik, keinerlei Arten von Kolonialbesitz anzustreben[30], hinauszugreifen. An dieser grundsätzlichen Einstellung hatte sich auch nichts geändert, als 1820 mit der Korvette *Carolina* das erste österreichische Kriegsschiff Kurs auf China nahm[31]. Nein, Kurs auf China ist eigentlich zu viel gesagt, denn der Schiffskommandant Pöltl hatte – weil es sich offenbar ohnehin irgendwie auf dem Weg befand – vorher Rio de Janeiro anzulaufen, um den österreichischen Gesandten in Brasilien, Freiherr von Stürmer, auf diese für ihn bequeme Weise an den Ort seines künftigen Wirkens zu bringen. Schon daraus wird der unkriegerische Charakter des ganzen Unternehmens ziemlich offenbar. Einen klaren Beweis dafür stellt die Instruktion dar, die Kapitän Pöltl auf die Reise mitbekam. Nach Erledigung der Mission in Brasilien waren der k. k. Generalkonsul für China und Ostindien, de Watts, und eine Ladung von zwei Tonnen Quecksilber nach Kanton zu bringen. Die aufgrund der vielen Vorgespräche ebenso umfangreiche Instruktion umfaßte nicht weniger als 71 Punkte[32]. Ausdrücklich wurde in Punkt 22 der private Charakter der Expedition hervorgehoben (»La Spedizone della Flute[33] la Carolina non essendo una Impresa dello Stato ma una Speculazione privata del Sigr. Watts . . .«) und außerdem den Offizieren in Punkt 26 aufgetragen, in China in Zivil und nicht uniformiert von Bord zu gehen, um Verdacht oder Aufregung bei den Chinesen zu vermeiden. (»Il Generale Comandante la Marina avendo rappresentato, che sarebbe forse conveniente di prescrivere ai ufficiali della Flute di discendere a Canton senza uniforme con abito piuttosta borghese per non dar sospetto od allarme ai Cinesi . . .«).

Österreich wollte also nur sehr vorsichtig und taktvoll offiziöse

Fühler nach dem Fernen Osten ausstrecken. Zu dieser Haltung mag auch ein von einem ehemaligen Chinafahrer verfaßter Brief beigetragen haben, welcher der *Carolina* mit guten Ratschlägen dienen sollte[34] und am 1. Juni 1820 von Venedig an den k. k Hofkriegsrat geleitet wurde:

> Bekanntlich ist die chinesische Regierung äußerst argwöhnisch und läßt bewaffnete Fahrzeuge, von welcher Nazion sie auch seyn mögen, durchaus in ihre Häven nicht einfahren.
> Da der Unterzeichnete selbst Zeuge der unangenehmen Folgen war, welche daraus entstehen, wann ein fremdes Schiff sich in obiger Hinsicht weiter zu gehen erlaubt, und da die Chinesen ihren Karakter seither um nichts herabgestimmt haben, so dürfte dem Kommandanten der Fregatte hier ein vorzügliche Vorsicht anzuempfehlen ...
> Der Unterzeichnete befand sich nämlich im Jahre 1779 an Bord des Schiffes Kaunitz unter kaiserl. Flagge und für Rechnung der Antwerpener Handelsgesellschaft zu Canton, als dort die englische Fregatte Seahorse anlangte, welche den Fluß hinauf bis zum Orte Wampon, wo die Handelsschiffe zu ankern pflegen, etwa 8–10 Meylen von Canton entfernt, fahren wollte. Der Vejat Hampon (?) auch Vizekönig jener Provinz widersetzte sich diesem Vorhaben, und drohte, weil er keine Militärmacht entgegenzusetzen in der Lage war, den Handel mit allen europ. Nazionen, von denen sich im Augenblick Schiffe zu Canton befanden, abzubrechen. Hierdurch mächtig für ihr eigenes Interesse beunruhigt, drangen alle dort anwesenden fremden Handelskapitäne in den Kommandanten der engl. Fregatte, zum Besten des Kommerzes sein Vorhaben aufzugeben und sich den Launen der Chinesen hinein gleich allen anderen Nazionen zu fügen; worauf er dann auch wirklich davon abstand.
> Auch in den neueren Zeiten haben sich ähnliche Fälle dort ereignet, wie die Zeitungsblätter zu entnehmen gaben, ohne daß es möglich gewesen wär, den Chinesen hierin etwas abzugewinnen.
> Es ist allerdings richtig, daß die Carolina nicht gleich neuen Kriegsfahrzeugen ausgerüstet wird, doch tragen die Offiziere der k. k. Marine milit. Uniformen, mithin ist für die Chinesen St. . .(?) genug vorhanden, ihre Eifersucht rege zu machen ...

Trotz der Ratschläge, Vorgespräche und Vorbereitungen, die im Marinearchiv ganze Aktenfaszikel füllen, kann die Expedition der *Carolina* kaum als Erfolg bezeichnet werden. Die Schwierigkeiten fingen bereits an, als die *Carolina* am 15. Juli 1820 beim Auslaufen aus Venedig auf eine Sandbank stieß und nur mit Mühe freikam, um nach Triest zu segeln. Dort wäre Kapitän Seraphin von Pöltl froh gewesen, wenn ihm für die nötigen Vorbereitungen nur ein Bruchteil der Zeit zur Verfügung gestanden wäre, welche vorher für lange Beamtenpalaver aufgegangen war. Vor allem wehrte er sich gegen die seiner Meinung nach zu tiefe Lagerung des Quecksilbers an Bord. Doch während er noch protestierte, kam am 11. September 1820 der Befehl, Segel zu setzen und die Reise anzutreten. Auf dem Weg nach Gibraltar wäre das Schiff, das wegen der Art der Stauung so heftig rollte, daß es die Großmastrahe verlor, beinahe untergegangen. Mühevoll wurde die Ladung in Gibraltar umgestaut. Sie machte immerhin einen Wert von einer halben Million Gulden aus und wurde daher von dem k. k. Gubernialkonzipisten Freiherr von Schimelpfenig und dem k. k. Handlungskommissär Wickerhauser begleitet. Für Schimelpfenig war die Reise allerdings schon während ihres ersten Teiles zu Ende. Er starb an einer choleraähnlichen Krankheit, und seine Leiche wurde der See übergeben. Von Rio de Janeiro ging es über Kapstadt nach Batavia, das man am 11. Juni 1821 erreichte. Danach raffte die Cholera zwanzig von den siebenundsiebzig Mann der Besatzung dahin. Im Hafen von Singapur gelangten die Kranken sowie die Gesunden, die infolge der vielen Ausfälle einen viel schwereren Schiffsdienst zu versehen hatten, wieder zu Kräften. Am 10. Juli 1821 segelte die *Carolina* von Singapur in Richtung Macao ab, wo sie auch glücklich anlangtc. Allein, hier wartete auf die geprüfte Besatzung ein neues Mißgeschick. Als »Flutte«, d. h. als ein zu Transportzwecken eingesetztes Kriegsschiff, führte die *Carolina* die rot-weiß-rote Kriegsflagge. Die Mandarine in Macao hatten aber bis dahin bloß die von den österreichischen Handelsschiffen geführte Flagge mit dem Doppeladler auf gelbem Grund gesehen. Sie weigerten sich daher standhaft, das Schiff als österreichisches anzuerkennen und ihm den Verkehr mit dem Lande oder die Weiterfahrt nach Kanton zu gestatten.

Sollte die ganze opferreiche Fahrt vergeblich gewesen sein? Sie war es nicht. Chinesen und Österreicher entdeckten eine beide verbindende gemeinsame Nationaltugend: Kompromißbereitschaft. Kapitän Pöltl polterte nicht, wie es vielleicht der Kommandant eines Schiffes prominenterer europäischer Seemächte getan hätte, erblickte im chinesischen Verhalten keine Beleidigung seiner Flagge, sondern überlegte, wie man beiden Seiten gerecht werden könnte. Und so lautet sein Bericht:

> Am 10. July, nachdem wir überall den umständlichen Rapport eingeschickt haben, segelten wir von Sincapoor, und langten den 22. detto in Macao an, wo uns die Chinesen nicht als die nehmliche Nation anerkennen wollten, die vormahls unter der Flagge des doppelten Adlers hier Handel trieb. Da unsere Papiere nicht fermochten, die Chinesen aus dieser Laune zu bringen, verwendeten wir uns an das Porthugesische Ministerium und begaben uns nach Lantau vor Anker, wo wir bis zum 25ten Aug. in dieser Abgeschiedenheit liegen blieben, ohne durch bocca tigris eingelassen zu werden, wir erhielten Besuche von vielen Mandarins und ich war endlich gezwungen, nach dem Rathe des Porthuges. Ministers der Nothwendigkeit zu weichen, ließ einen doppelten Adler in ein Signal roth-weiß-roth nähen und erhielt endlich den Paß nach strenger Überprüfung von drei Manda-

rins mit einem großen Gefolg; die die Zusammenstimmung dieses Signals mit den DÖ Siegeln, mit 6 doppelten Adlern, die ich mir noch in Venedig im Schiffe auf einigen Hauptplätzen mahlen ließ, und endlich mit einem kleinen detto gravirt in der Cornice da puppa, der von den Chinesen zu ihrer größten Beruhigung entdeckt wurde, besonders beherzigten[35] . . .

Die *Carolina* erreichte Kanton am 28. August 1821, wo sie aber gleich wiederum auf Probleme stieß. Herr Watts erwies sich nämlich als Betrüger, der das Hofkammer-Präsidium hintergangen hatte. Da er einem Kaufmann in Kanton 120.000 spanische Taler schuldig war, lief die Quecksilberladung der *Carolina* Gefahr, beschlagnahmt zu werden. Handelskommissär Ignaz Wickerhauser und Kapitän Pöltl hatten größte Mühe, Herrn Watts zu seinen »Pflichtleistungen gegen das allerhöchste Aerar« zu bringen[36]. Wickerhausers diesbezüglicher Bericht enthält auch einen Seitenhieb gegen die Wiener Behörden, welche allzu leichtfertig Watts und seinen Associé Goddard zum österreichischen Konsul bzw. Vizekonsul gemacht hatten:

> Um also jede Beschämung diesen Herren zu ersparen, und hauptsächlich um die Ehre der österreichischen Nation, deren Repräsentanten sie unglücklicherweise hier sind, nicht noch mehr, als es schon wirklich ist, bloß zu stellen, wenn es zu Zwangsmitteln kommen sollte, so habens sich Watts und Goddard durch Vermittlung des Capitän Pöltl, der sich viele Mühe gab und viele Schwierigkeiten dabei zu bekämpfen hatte, doch endlich entschlossen, die Sache mir zu übergeben[37].

Dank Wickerhausers geschäftlichem Geschick kam »das allerhöchste Aerar« und nicht zuletzt das österreichische Ansehen in China noch mit einem blauen Auge davon.

Der Führung der Expedition durch Kapitän Pöltl – insbesondere die Kompromißbereitschaft, mit der er die Weiterfahrt nach Kanton ermöglicht hatte – fanden die Billigung und das Lob des Marineoberkommandos in einem an den Hofkriegsrat gerichteten Bericht:

> Das Benehmen dieses Schiffskommandanten ist in jeder Beziehung lobenswert; seine zweckmäßigen Verfügungen bei dem vielfältigen Unglück und Elend, welches sein Schiff heimsuchte, in dem Verfolg seines Zieles nicht gehemmt zu werden, bewiesen den erfahrenen, unerschrockenen Soldaten und Seemann.
> Sein Verfahren mit den chinesischen Mandarinen zeigt auch, daß er mit ebenso großer Fassung als Vorsicht das größte Hindernis zu beheben wußte, welches ihm durch die bei jenem Volk unverletzbare Heiligkeit und fest eingewurzelte Verehrung der Sitten und Gebräuche ihrer Voreltern in den Weg gelegt wurde und ihn der Gefahr

aussetzte, den Zweck des für den Staat so kostspieligen Unternehmens und aller überstandenen Leiden und Mühseligkeiten durch eine scheinbare Kleinigkeit vereitelt zu sehen[38].

Leider konnte sich der tüchtige Kapitän dieses Lobs nicht mehr selbst erfreuen. Er starb auf der Heimreise – wahrscheinlich an Nachwirkungen der Cholera –, und Linienschiffsleutnant Ghega, der Vater des Erbauers der Semmeringbahn, brachte das Schiff sicher nach Hause.

Konkrete, weiterreichende Ergebnisse hat die Fahrt nicht gebracht. Ausgenommen vielleicht jenes, daß die Erfahrung, welche Schwierigkeiten mit dem Wechsel einer eingeführten Flagge verbunden sein können, die Verantwortlichen in ihrer Abneigung gegen neuerliche Veränderungen der Flagge bestärkten[39].

ANMERKUNGEN

1 Franz Pollack, *Das ostindische Handelsunternehmen des Wilhelm Bolts* (Diss.), Wien 1926, S. 5 f.

2 Vgl. den Brief von Balthasar Miller im *Weltbott* Nr. 160, Bd. 1, Teil 7, S. 41–43: ». . . Den 13. Juli 1718 ist zu Kanton ein Schiff aus den Österreichisch-Kayserlichen Niederlanden, der Prinz Eugenius genannt, mit der Flaggen, Ihre heutigen Tags Glorwürdigst regierenden Römisch Kayserlichen Catholischen Majestät Caroli VI mit zweyen Priestern unserer Gesellschaft glücklich angelangt . . .«; Alexander Randa, *Österreich in Übersee*, Wien-München 1966, S. 56 ff.; Anton E. Sokol, *Welches österreichische Schiff war das erste, das China anlief?*, für die Zeitschrift *Marine, gestern, heute* bestimmtes Schreibmaschinenmanuskript, S. 2. Über die Namen der anderen Schiffe gibt folgendes, aus dem Besitze von Dr. Lothar Baumgartner stammende Manuskript Auskunft:

Schiffe der Kaiserlichen Gesellschaft von Indien

Typ	Name	Größe	Bewaffnung	Besatzung
Brigantine	St. Carolus		26 Kanonen	
	H. Elisabeth		22	
Fregatte	Arent		22–26	82
	Carolus Sextus			
	Keyserinne (später Apollon [I])			
	Marquis de Prié (I)			
Fregatte	Marquis de Prié (II)		28	106
	Leeuw			
	Peys			
	Neptune (I)			
	Neptune (II)			
Fregatte	Tygher	250 tonneaux		
	Hoope		10–6 Pfdr.	110
	Aerts-Hertoginne Marie-Elisabeth als Apollon (II)		28	110
	Concordia (I)	ca. 40 m lang,	400 tonneaux	42
	Concordia (II)		600 tonneaux	
	Seepert (I)			
	Seepert (II)			

	Prins Eugenius (I) »Der Kleine«, sp. Duc de Boufflers, Phönix			
	Prins Eugenius (II) »Der Große, Ältere«			
	Prins Eugenius (II) »Der Große, Ältere«			
	Prins Eugenius (III) »Der Große, auch Starhemberg genannt, Jüngere«, 400 Faß			
	Le Marquis de Starhemberg			
	Starhemberg			
	Hertog van Lorreynen			
	La Flandre Impériale			
	Charles III			
	Le Charles (meist »Prins Eugenius« [III] genannt)			
	St. Matthias			
	Marquis del Campo (I)			
Fregatte	Marquis del Campo (II)			
	Stadt Gendt			
	St. Pierre			
	Ville d'Ostende			
	Le Succès			
	St. Joseph			
Fregatte	Huys von Oostenrijck			
	Keyserinne Elisabeth	400 tonneaux	30 Kan.	100 M
Brigantine	De Postillion			
	St. Philippe			
	Diamant			
	Lion d'Or			
	Zeepost			
	De nieuwe Zeepost			
	St. Antonius de Padua			
	Le Postillion			
Galiot	De jonge Dirk			

3 Heinrich Benedikt, *Als Belgien österreichisch war,* Wien 1965, S. 33. Anton E. Sokol-Lothar Baumgartner, *Welches österreichische Schiff war das erste, das China anlief?,* in: *Marine, gestern, heute,* Bd. 1979, S. 91. Laut Mitteilung von Gilbert von Randich, der sich dabei auf das den Autoren nicht zugänglich gewesene Werk von Giacomo Braun, *Carlo VI e il commercio d'oltremare,* Triest 1921, beruft (Brief vom 15. Januar 1980 an die Redaktion von MGH), hieß der Kapitän der *Charles* Joseph Gheselle und war gleichzeitig einer der drei Reeder.

4 Anton E. Sokol, a. a. O., S. 3.; Bernhard Struck, *Österreichische Kolonialversuche im 18. Jahrhundert,* in: *Völkerkunde,* 3. Jg. 1927, Heft 7–9, S. 185, 187.

5 *Weltbott* Nr. 137, Bd. 1, Teil 6, S. 32.

6 Balthasar Miller, *Weltbott* 160, Bd. 1, Teil 7, S. 41–43; Ernbert Xaver Fridelli (Brief vom 29. Oktober 1720), *Weltbott* Nr. 194, Bd. 1, Teil 8, S. 18 (schreibt von einem ostendischen Schiff, das im Vorjahr dagewesen sei); Johann Bakowski (Brief vom 9. April 1723), in: *Weltbott* Nr. 200, Bd. 1, Teil 8, S. 24 (schreibt von mehreren in Kanton eingelaufenen ostendischen Schiffen).

7 Johann Bakowski, a. a. O.

8 Karl Rieger, *Geschichte der ostendischen Compagnie unter Karl VI.,* 2. Jahresbericht des Vereines der Wiener Handelsakademie, Wien 1874, S. 308. Vom Kaiser wurden auch die ersten 7 Direktoren der Gesellschaft ernannt: Jacob de Prét, Jacob Malcamp, Franz de Cöning, Paul Kempe, Pierre Proli, Jacob Baut und Thomas Ray. Ebd.

9 Alexander Randa, *Österreich in Übersee,* S. 59.

10 Friedrich Wallisch, *Die Flagge Rot-Weiß-Rot,* Leipzig 1942, S. 30.

11 Franz Pollak, *Das ostindische Handelsunternehmen des Wilhelm Bolts,* S. 8.

11a Karl Rieger, a. a. O. S. 299 f., 302, 321.

12 Randa, a. a. O., S. 60; Sokol, a. a. O., S. 4.

13 Alexander Randa, a. a. O., S. 60. Als Kreditinstitut bestand die Gesellschaft weiter bis zum Ende der österreichischen Herrschaft in Belgien. Rieger a. a. O., S. 350.

13a Adolf Beer, *Die österreichische Handelspolitik unter Maria Theresia und Joseph II.*, Archiv f. österr. Geschichte, Bd. 86, Wien 1898, S. 101 f.

14 Pollack, a. a. O., S. 13; 23 f.

15 Pollack, a. a. O., S. 26.

16 Alexander Randa, *Österreich in Übersee,* S. 73 f.; Johann Wagner, *Österreichische Kolonialversuche in der zweiten Hälfte des neunzehnten Jahrhunderts* (Diss.), Wien 1955, S. 2., HHStA, Ostindische Companie 3, Correspondenz mit den Hofstellen.

17 Pollack, a. a. O., S. 15.

18 Alexander Randa, *Österreich in Übersee,* S. 74; Heinrich Bayer von Bayersburg, *Die k. u. k. Kriegsmarine auf weiter Fahrt,* Wien 1958 S. 14.

19 Alexander Randa, *Österreich in Übersee,* S. 73 f.

20 Bayer von Bayersburg, *Die k. u. k. Kriegsmarine auf weiter Fahrt,* S. 14.

20a Schweighofer, *Versuch über den gegenwärtigen Zustand der österreichischen Seehandlung,* Wien 1783, Vorbemerkungen.

21 Alexander Randa, *Österreich in Übersee,* S. 75 f. In dem betreffenden Faszikel des HHStA fanden sich zwar eine Reihe von Empfehlungsschreiben, welche Maria Theresia Bolts für andere Potentaten mitgegeben hat, leider aber nicht der Brief an den chinesischen Kaiser. Er mag ähnlich abgefaßt gewesen sein wie das Schreiben an den persischen Herrscher, das hier im Anschluß wiedergegeben wird:

»Serenissime ac Potentissime Principi Domino Sultano kerin han Persarum Regi Amico Nostro honorato salutem et omnis Propsritatis incrementum. Serenissime ac Potentissime Princeps Amice honorate! Fidelis Nobis dilectus subditurus Noster Wilhelmus Bolts mercator suscepta sub auspiciis Nostris mari Mercatura in portum quendam Serenitatis Vestrae dominationii subjectum appellere naves suas cogitat; quapropter proficiscentem praescutibus commendatiis comitamur, testamurque non mediocriter Nostra interesse, ut, quod molitur negotium, prospere succedat: hocque cofidentius declaramus, cum Nobis eximiae virtutes acdotes vere Regiae, quibus potentis populi Serenitatis Vestrae imperio paventis felicitas constat, fama publica notae sunt. Itaque peramice petimus, Serenissime ac Potentissime Princeps ut Wilhelmum Bolts ejusque Comites, qui praesentes literas Nostras illi porrigi curabunt protegere. Gubernatorque in Bassora praecipere non gravetur ut dictis hominibus auxilium, quo in expeditionibus suis indigere poterunt praestet, illosque iisdem privilegiis frui sinat, quibus aliarum Europae Nationum mercatores in Serenitatis Vestrae portubus gaudent. Hoc quidem audacter asserere non dubitamus, hunc Wilhelm Bolts tanta cum prudentia se gesturum, ut Serenitatis Vestra favoribus dignum se reddat. Nos vicissim subditis Ejusdem, qui in Nostris portubus mercaturam exercere volent, paria subsidia et adminicula pollicemur, probe enim novimus, tunc demum homines fore fortunatissimos, quando Principes potentia sua utuntur ad protegendum et animandum Commercium generale, quod mutuis permutationibus remotissimarum ac pertotum terrarum orbem dispersarum Nationum studia et commoda felicissimo nexu jungere amat. Ceterum ex Wilhelmo Bolts aliquando reduce lubentissime intellegimus, qui sit Serenitatis Vestrae status valetudinis, cui vitam longaevam, Regnumque prosperum diurtunumque precamur. Dabantur in Civitate Nostra Viennac dic 27ma Martii Anno Millesimo Septingentesimo Septuagesino Sexto Regnorum Nostrorum trigesimo sexto.

Serenitatis Vestrae Bona Amica«

HHStA, Ostindische Companie 3, Correspondenz mit den Hofstellen.

22 Bayer von Bayersburg, *Die k. u. k. Kriegsmarine auf weiter Fahrt,* S. 14.

23 Alexander Randa, *Österreich in Übersee,* S. 18.

24 Pollack, a. a. O., S. 77.

25 Pollack, a. a. O., S. 93. Laut einem Bericht von Haas wurde das erste österreichische Honorar-Konsulat im Jahre 1789 in Kanton errichtet. Joseph Haas, *Statistische und wirtschaftliche Verhältnisse von China im Jahre 1880,* Wien 1882, S. 8.

26 Anton E. Sokol, a. a. O., S. 5; Alexander Randa, *Österreich in Übersee,* S. 80.

26a Die Namen der Schiffe lauteten: Joseph und Theresia, Kaunitz der Große, Kaunitz der Kleine, Kolowrat, Baron Binder, Belgiojoso, Maximilian, Stadt Wien, Der Ungar, Der Kroat, Graf Neni. – Schweighofer, *Versuch über den gegenwärtigen Zustand der österreichischen Seehandlung,* S. 78. Davon war das einzige Triester Handlungsschiff die *Stadt Wien.*

27 Alexander Randa, *Österreich in Übersee,* S. 81 f. Die Graf Belgiojoso scheiterte mit der reichsten Ladung, die je ein Schiff aus Liverpool wegführte, auf einer Sandbank in der Nähe von Dublin und »ging mit Mann und Maus verloren«. »Der kleine Kaunitz wurde auf seiner Rückreise von Westindien an die Küsten von Madera geworfen, der größte Theil der Waaren und Menschen, worunter viele ansehnliche Passagiers waren, die mit diesem Schiff nach geendigten Krieg nach Europa zu kommen suchten, giengen zu Grund.« »Das andere Schiff der Erzherzog Maximilian war gleichfalls nach China bestimmt und scheiterte, doch wurde ein Theil der Ladung gerettet.« Schweighofer, a. a. O., S. 79 f.

28 Ebd., S. 82.

29 Pollack, a. a. O., S. 117. Trotzdem scheinen indirekte Handelskontakte zumindest in gewissem Umfang weiter bestanden zu haben, denn das Bundesmobiliendepot in Wien bewahrt einen chinesischen Wandschirm mit Doppeladlern, der Anfang des 19. Jahrhunderts in den Besitz von Kaiser Franz gelangt war. Diesen Hinweis verdanken wir dem Gründer des Doppeladlerarchivs, Dipl.-Ing. Weyss.

30 Johann Wagner, *Österreichische Kolonialversuche in der zweiten Hälfte des neunzehnten Jahrhunderts,* S. 3.

31 Soweit keine anderen Quellen angegeben sind, folgt die Schilderung dem Bericht Bayer von Bayersburgs, *Die k. u. k. Kriegsmarine auf weiter Fahrt,* S. 26–32.

32 Marinearchiv 1820 M/C, 22, 10-b, S. 142–146.

33 »Flute« oder »Flutta« wurde ein für Handelszwecke – vor allem durch Ausbau von Kanonen – umgerüstetes Kriegsschiff genannt.

34 Marinearchiv 1820 M/c 22, S. 2529.

35 Marinearchiv 1820 M/c 22/9, S. 1 f.

36 Alexander Dorn, *Kriegsmarine und Volkswirtschaft,* Wien 1885, S. 48–56.

37 Ebd.

38 Bayer von Bayersburg, *Die k. u. k. Kriegsmarine auf weiter Fahrt,* S. 32.

39 Lothar Baumgartner, *Die Entwicklung der österreichischen Marineflagge,* in: *Militaria Austriaca,* 1977, S. 31. China gegenüber traten allerdings solche Probleme wegen der darauffolgenden Absenz österreichischer Schiffe in chinesischen Häfen nicht mehr auf. Nach dem Bericht von Haas war das nächste österreichische Schiff im Hafen von Kanton erst 1842 die Brigg *Splendido* unter Kapitän Visin. – Haas, a. a. O., S. 8.

Fünftes Kapitel

Von Wundermännern, Insekten und Seelenzuständen

Die Schriften der ersten österreichischen »Sinologen«

Es ist nicht die Überheblichkeit einer Zeit, die manchmal für sich in Anspruch nimmt, Wissenschaft und Technik gleichsam erfunden, jedenfalls aber zu besonderer Blüte gebracht zu haben, ebensowenig ein Zweifel an der Ernsthaftigkeit der wissenschaftlichen Arbeit jener drei Männer, deren Leben und Werk wir im folgenden untersuchen wollen, daß wir sie unter Anführungszeichen als »Sinologen« bezeichnen. Es ist im Gegenteil so, daß die Leistungen, die heute in diesem Fachbereich erbracht werden, oft den Vergleich mit dem nicht standhalten, was jene Pioniere unter akutem Mangel von uns heute unentbehrlich scheinenden Hilfsmitteln geleistet haben. Mit wahrem Feuereifer sind sie darangegangen, eine riesige »terra incognita« zu erobern und diese sich und ihren Landsleuten geistig zu erschließen.

Der erste unserer drei Pioniere legte die weite Strecke zwischen den Kontinenten nicht nur bildlich, sondern mit all den Strapazen und Entbehrungen zurück, welche damals, zumal für einen mittellosen Wanderer, Entfernungen von einigen tausend Kilometern bedeuteten.

Er kam nur bis an den Rand Chinas: Alexander (Sándor) Csoma (1784–1842). Allein die Beschreibung seines Lebens könnte einen Band füllen. Das von ihm hinterlassene Werk füllt viele Bände.

Nach mancherlei Studien: Theologie, Sprachen, Geschichte, Erd- und Völkerkunde, hatte Csoma nach dem Tod seiner Eltern den Plan gefaßt, über Odessa nach Moskau und von dort mit einer Karawane nach Irkutsk zu ziehen, um, wenn irgend möglich, in die Nordprovinzen Chinas zu gelangen. Er hatte vor, hier die mongolischen Sprachen zu studieren[1].

Aber die lange Reise verlief nicht so glatt, wie Csoma es erhofft hatte. Des öfteren mußte er, nicht selten zu Fuß, vor Epidemien und drohenden kriegerischen Auseinandersetzungen fliehen. So verschlug es ihn in die Himalaya-Staaten, wobei er immer auf die finanzielle Hilfe anderer angewiesen war. Denn er war durchaus nicht mit irdischen Gütern gesegnet. Er gehöre nicht zu den reichen europäischen Gentlemen, »who travel at their own expense for their pleasure and curiosity«, er sei als armer Student ausgezogen, um von den asiatischen Völkern mehr zu erfahren und das Gelernte weiterzugeben, sagt er später im Vorwort seines tibetisch-englischen Wörterbuches[2].

Csoma war ein sehr fleißiger Student, der speziell das eine Jahr, welches ihm ein gelehrter Lama aus Zangskár zur Seite stand, voll nutzte, um Tibetisch zu lernen, Material für seine tibetische Grammatik und das Wörterbuch zu sammeln und daneben die Werke der tibetischen Literatur abschreiben zu lassen, wovon er dann später in Kalkutta großangelegte Übersetzungen vornahm. Im Vorwort zur französischen Ausgabe der von Csoma übertragenen Grundregeln der tibetischen Religion wird Alexander Csoma 1881 von Leon Feer bescheinigt, daß er mit seiner Arbeit Licht in ein ganzes Gebiet der Geschichte des menschlichen Geistes gebracht habe, das vorher noch unbekannt gewesen war. Spätere Gelehrte auf diesem Gebiete hätten nur noch den von Csoma vorgezeichneten Weg zu betreten brauchen. »Er hat damit nicht nur eine sozusagen unbekannte Welt enthüllt, sondern darüber hinaus eine wertvolle Hilfe für andere Studien geliefert, unter denen die indische Literatur, die indochinesische Literatur und die chinesische Literatur bereits Gegenstand des Studiums waren oder bald werden sollten[3].«

Weitab von dieser Würdigung, in der Alexander Csoma der »Begründer der tibetanischen Studien« genannt wird, war die Beurteilung Csomas, die er – »subject to his Imperial Majesty the Emperor of Austria«[4] – in den Blättern und biographischen Werken seiner Heimat erfuhr. Nicht, daß man keine Notiz von ihm genommen hätte. Im Gegenteil. 1835, also schon zu seinen Lebzeiten, fand er Aufnahme in die *Oesterreichische National-Encyklopädie*[5] als – »merkwürdiger Reisender« – wie auch in die 1838 erschienene Geschichte der geographischen Entdeckungsreisen[6].

Alexander Csoma

Obwohl er also nicht unbekannt war, wird es schwer sein, einen Wissenschaftler zu finden, über den man noch vor und in besonderem Maße auch nach seinem Tode so viel Falsches berichtet hätte wie über Csoma. Den Grundstein dazu legte Freiherr von Hügel, der in den dreißiger Jahren des vorigen Jahrhunderts auf einer großangelegten Asien-

Australien-Reise mit seiner 150köpfigen Begleitung auch in den Himalaya gezogen war und dabei Alexander Csoma kennengelernt hatte. In dessen vierbändigem Werk *Kaschmir und das Reich der Siek,* das Hügel Kaiser Franz Ferdinand I. widmete und das zur Standardlektüre aller reise- und abenteuerlustigen Österreicher gehörte, registriert er zu Csoma, den er als seinen Freund bezeichnete, folgendes:

> Czoma de Körös. Ein Siebenbürger, welcher elf Jahre in einem Buddhu-Kloster der Provinz Kanaur im Himalaya zubrachte, um thibetanisch zu lernen, welches ihm vollkommen gelang. Als er später nach Kalkutta kam und sich überzeugte, daß er nur eine untergeordnete Sprache erlernt hatte, verlegte er sich auf deren Urtypus, das Sanskrit[7].

Diese Darstellung zog eine Kette von Unverständnis über die Tätigkeit und wissenschaftliche Leistung Csomas in seinem Heimatlande nach sich. Daneben entbehrt aber auch die Angabe über die Dauer von Csomas Tibet-Aufenthalt jeder Grundlage. Zu guter Letzt hat Hügel auch noch Csomas Namen falsch geschrieben. Immerhin hat er ihn nicht, wie es z. B. Wimmer in seiner Geschichte der geographischen Entdeckungsreisen tat, überhaupt in »Köröschy« umbenannt. Da Csoma aus Körös in Siebenbürgen (damals zu Ungarn, heute zu Rumänien gehörend) gebürtig war, fügte er seinem Namen dieses »aus Körös« hinzu. Aber nicht nur bezüglich des Namens, sondern auch hinsichtlich des Geburtsdatums gab es Differenzen, und zwar um die Kleinigkeit von vierzehn Jahren[8].

Nach seinem Tode nahmen die Legenden um Csoma kein Ende. Hatte Hügel schon fälschlich von einem elfjährigen Himalaya-Aufenthalt berichtet, so schrieb man nach einem dreiviertel Jahrhundert, als gerade Sven Hedin in aller Munde war, Csoma zu, er habe als erster Europäer überhaupt Lhasa besucht und die Residenz des Dalai-Lama betreten[9]. »Von Dardschiling aus« habe er die tibetische Hauptstadt unter großen Mühen erreicht.

Diesen heißgehegten Wunsch konnte sich Csoma jedoch nicht mehr erfüllen. Sein durch jahrelange Strapazen und Entbehrungen geschwächter Körper hielt diesen letzten Kraftakt nicht mehr durch, und er verstarb am 11. April 1842 in Darjeeling. Sein Grab, das von den Briten – die ihm, und zwar Offizielle wie auch Privatleute, zeitlebens die finanzielle Grundlage zu seiner Arbeit gegeben hatten – in Würdigung der Bedeutung des Verstorbenen gepflegt, nach einem Erdrutsch wieder restauriert und auf die »list of those public monuments, which are forever to remain under the care of the officers of Government«, gesetzt worden war, wurde vor allem im Gefolge von Sven Hedins aufsehenerregenden Reisen zu einer wahren Touristenattraktion[10], und die Lobeshymnen auf Csoma, die nach seinem Tode auch in Österreich zu lesen waren, gingen teilweise so weit, daß nicht nur seine Wanderschaft, sondern »sogar« sein Werk in die Worte der Bewunderung mit einbezogen wurde. So schreibt der *Wanderer* nach Ausführungen über die martialischen Gepflogenheiten der Dalai-Lamas und der fundamentalen Erkenntnis, daß Tibetisch mit Chinesisch – wenn auch nur entfernt – verwandt sei: »Aus diesem Grunde und wegen der Unzugänglichkeit des Landes ist denn auch dieses Idiom den Europäern sehr spät eröffnet und erst vor einigen zwanzig Jahren erobert, ja wohl erobert worden, freilich von einem unblutigen Eroberer, einem Helden ohne Mordwerkzeuge, der aber, wenn man den Mann nur nach der eisernen Kraft seines Willens beurtheilt, nach der Energie, mit der er seinem vorgesteckten Ziele nachstrebt, keinem Entdecker und Eroberer, meinetwegen weder Columbus noch Alexander weicht. Es ist auch ein Alexander, nämlich *Alexander Csoma*[11].«

Dr. Duka Tivadar, der als Heeresarzt der königlich-britischen Armee Jahre nach dem Tode Csomas den Spuren seines großen Landsmannes gefolgt ist und die Stätten seines Wirkens besuchte, hat in den achtziger Jahren des vorigen Jahrhunderts, inzwischen korrespondierendes Mitglied der königlich-ungarischen Akademie der Wissenschaften geworden, viele Details über das Leben Csomas ermittelt und publiziert. Zuerst trat er damit anläßlich einer Ausstellung der Werke Csomas (40 Bände, davon 16 in Manuskriptform), welche die Royal Asiatic Society 1884 anläßlich des 100. Geburtstages des Wissenschaftlers veranstaltete, an die Öffentlichkeit[12]. Er konnte damit eine Reihe von falschen Angaben zur Person und Fehleinschätzungen der Arbeit seines Landsmannes richtigstellen. Er nimmt in diesem Zusammenhange auch vehement gegen die verbreitete[13] Ansicht und »fanciful idea« Stellung, Csomas lange, entbehrungsreiche Reisen und Studien hätten nur den Zweck gehabt, in den von ihm besuchten Ländern eine dem Ungarischen verwandte Sprache zu finden. Hatte doch schon Wimmer in seinen *Geographischen Entdekkungsreisen* 1838 geschrieben: »Köröschy ist ein geborener Siebenbürger, von wo er sich, voll ungarischem Nationalenthusiasmus, um eine Welt, worin auch Gott Vater ungarisch spricht, aufzusuchen, im Jahre 1819 entfernte.«

Auch dem Grafen Széchényi, so Duka, habe man ja ähnliches nachgesagt. Was nun Csoma betrifft, so hat dieser in der Vorrede zu seinem tibetisch-englischen Wörterbuch allerdings tatsächlich erklärt: ». . . the study of the Tibetan language did not form part of the original plan of the author«, dennoch habe er die ihm dazu gebotene Gelegenheit ergriffen, »hoping, that it might serve him« (d. h. »the author« – er spricht von sich in der dritten Person) »as a vehicle to his immediate purpose, namely, his researches respecting the origin and language of the Hungarians[14].«

An anderer Stelle, in dem oben bereits zitierten Brief an Captain Kennedy, schreibt Csoma, er habe sein ganzes Leben Forschungen gewidmet, die später vielleicht der Gelehrtenwelt Europas von Nutzen sein könnten. Daß dies der Fall war, beweisen spätere Bemühungen um die Herausgabe seiner Werke ebenso wie die Tatsache, daß noch in der Gegenwart Symposien zu seinem Gedenken Wissenschaftler aus aller Welt zusammenführen[15]. Und dabei ist es völlig unerheblich, welches das Motiv bei der Erschaffung des großen Werkes des Alexander Csoma gewesen sein mag.

War Alexander Csoma ein Ruheloser, den sein Forscherdrang in die Ferne trieb und der dann auch fernab der Heimat starb, so ist das ganze Gegenteil davon *August Pfizmaier,* ein Gelehrter, den man sich einem Gemälde Spitzwegs entstiegen denken könnte. Auch er bereiste mehr als die halbe Welt, ohne aber dabei die Enge seines Studierstübleins zu verlassen. Man sagt ihm nach, er habe vom Deutsch-Französischen Krieg 1871 erst aus einer japanischen Zeitung erfahren, die ihm zehn Jahre nach dem Ereignis in die Hände gefallen sei.

Mag Pfizmaier auch etwas wunderlich gewesen sein, ein Spinner war er darum ganz und gar nicht: dem großen Werk, das dieser bescheidene, zurückhaltende Mensch in langjähriger unermüdlicher, bienenfleißiger Arbeit geschaffen hat, kann niemand, der sich eingehender damit beschäftigt, seine Bewunderung versagen.

Waren die beiden, Csoma und Pfizmaier, auch recht verschieden, eines hatten sie gemeinsam: Pfizmaier war ebenso wie Csoma nicht mit irdischen Gütern gesegnet.

August Pfizmaier wurde am 16. März 1808 in Karlsbad als Sohn eines Gastwirtes geboren und sollte nach dem Willen seines Vaters ebenfalls einen Beruf ergreifen, der seinen Mann ernährt[16]. So wurde der Sohn im zarten Alter von elf Jahren nach Dresden geschickt, um daselbst, wie es heißt, ein tüchtiger Koch zu werden. Doch die Neigungen – und gewiß auch die Fähigkeiten – des jungen Pfizmaier lagen nicht in diesem Bereich. Zurückgekehrt, durfte der verhinderte Koch das Gymnasium besuchen. Hier fiel bereits sein großes Sprachentalent auf. Im Selbststudium erlernte er Englisch, Französisch und Italienisch und begann auch mit türkischen Studien. Nach der Gymnasialzeit bemühte er sich um Aufnahme an die Wiener Orientalische Akademie. Als das mißlang, setzte sich wieder der praktisch denkende Vater durch, und auf dessen Geheiß studierte der Sohn lustlos zuerst Jus, dann Medizin. Im letzteren Fach brachte er es zu einem Abschluß, und im Jahre 1835 ließ sich der frischgebackene Dr. med. in Karlsbad nieder. Aber der Umgang mit den dort zahlreich vorhandenen ausländischen Patienten scheint sich mehr auf sprachlichem denn auf medizinischem Gebiet bewegt zu haben. Jedenfalls lernte er in dieser Zeit von Patienten Arabisch und Koptisch. Auch Dänisch, Russisch und Altgriechisch eignete er sich an, und in der türkischen Sprache brachte er es so weit, daß er dadurch einige Berühmtheit erlangte: für die Herausgabe einer – damals sehr beliebten – Polyglotte übertrug er eine Ode versgerecht ins Türkische, ein Unterfangen, das der berühmte Orientalist Hammer-Purgstall als zu schwierig abgelehnt hatte, und wofür dieser Pfizmaier dann auch seine Bewunderung nicht versagte.

1838 endlich hängt Pfizmaier den ungeliebten Beruf ganz an den Nagel und zieht nach Wien, um von da an ganz seinen sprachlichen Neigungen, genauer: Leidenschaften, zu leben. Zunächst plant er auch die Herausgabe einer Zeitschrift, die Problemen der Sprache und Literatur gewidmet sein soll. Nach dem Fehlschlagen dieses von Amts wegen bereits genehmigten Projektes wendet er sich, mit dem kleinen Umweg über Schwedisch und Norwegisch, den asiatischen Sprachen – Chinesisch, Mandschurisch, Japanisch – zu, welche dann seine nächsten und letzten Jahrzehnte voll ausfüllen.

War die Palette der Werke Pfizmaiers in den Bereichen der anderen Sprachen schon beachtlich, so ergießt sich jetzt ein Füllhorn über alle an asiatischer Kultur und Sprache Interessierten, wobei an dieser Stelle auch Spezialstudien in der Ainu- und Eskimo-Sprache Erwähnung finden sollten. Den größten Umfang aber nehmen mit etwa 110 Titeln chinesische, gefolgt von etwa 60 japanischen, Übertragungen ein.

Dieses große Werk hat Pfizmaier unter den ungünstigsten wirtschaftlichen Verhältnissen geschaffen. Zwar hatte er einige Jahre einen Lehrauftrag an der Wiener Universität, und man konnte Herrn Dr. med. August Pfizmaier, wohnhaft Josefstädter Glacis 224, im Vorlesungsverzeichnis unter der Rubrik »Freye (theils ordentliche, theils ausserordentliche) Lehrgegenstände« mit »chinesischer, türkischer (arabischer) und persischer Sprache und Literatur, in abgesonderten Lehrkursen[17]« finden, und sogar die in Leipzig gedruckte *Illustrirte Zeitung*[18] lobte, daß »die wiener Universität seit kurzem eine Lehrkanzel für chinesische Sprache und an Dr. Pfizmaier einen gelehrten Professor der letzteren« besitze – aber die Revolution von 1848 überdauerten Pfizmaier als Dozent und auch seine Lehrkanzel nicht. Pfizmaier wurde jetzt zwar ordentliches Mitglied der philosophisch-historischen Klasse der jungen Akademie der Wissenschaften und wohl einer der fleißigsten Vortragenden in deren Sitzungen, doch diese Würde war eine brotlose. Hätte nicht Karl von Scherzer, dessen auch auf anderen Gebieten segensreiches Wirken wir in weiteren Kapiteln kennenlernen werden, sich um eine kleine jährliche Zuwendung beim Ministerium für Kultus und Unterricht verwendet, wären die letzten Jahre Pfizmaiers sicher sehr traurig gewesen[19]. Scherzer hatte, im Zusammenhang mit der Weltumsegelung der *Novara* sowie der Fahrt der Jahre 1869–71, Pfizmaier aber auch mit der ebenso dringend benötigten geistigen Nahrung in Form von asiatischen Druckschriften versorgt. So brachte er unter anderem einige literarische Zeugnisse der Taiping-Revolution wie auch einige Taiping-Münzen mit, und mit Feuereifer begab sich Pfizmaier an die Übersetzung und Beschreibung. Das zehnstrophige *Gedicht des chinesischen Gegenkaisers,* in der Sitzung der philosophisch-historischen Klasse der Akademie am 10. November 1858 vorgetragen, stellt auch heute noch ein interessantes historisches Zeugnis dar, wie auch ein *Maueranschlag*

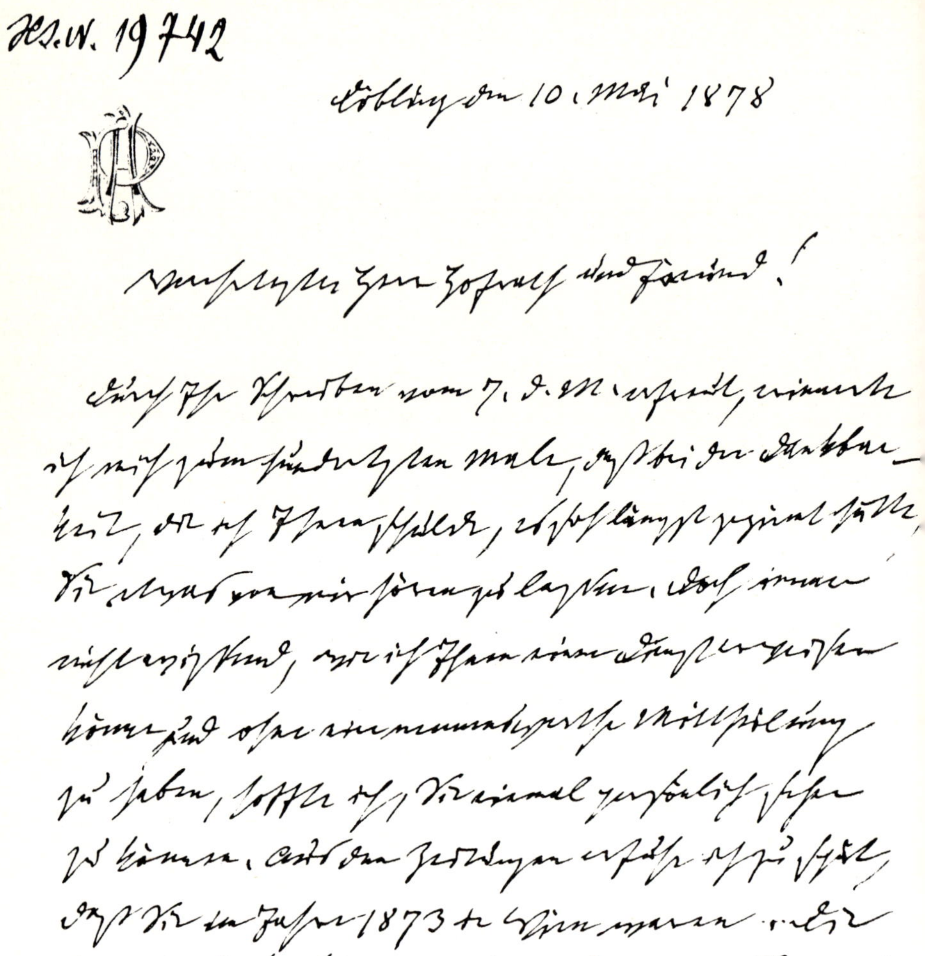

Hs. N. 19742

Döbling den 10. Mai 1878

Verehrtester Herr Hofrath und Freund!

Durch Ihr Schreiben vom 7. d. M. erfreut, erinnerte ich mich zum hundertsten Male, daß bei der Dankbarkeit, die ich Ihnen schulde, es sich längst geziemt hätte, Sie einmal von mir [illegible]. Doch immer nicht wissend, wo ich Ihnen einen Augenblick [illegible] könnte und ohne eine nennenswerthe Mittheilung zu haben, hoffte ich, Sie einmal persönlich sehen zu können. Aus den Zeitungen erfuhr ich [illegible], daß Sie im Jahre 1873 in Wien waren und die jüngste Nachricht, daß Sie von London als Generalconsul nach Leipzig kommen, [illegible].

Ich werde nächsten Mittwoch den Vorschlag für die (wenigstens den wirklichen Mitgliedern der phil. hist. Classe) einreichen und zugleich soviele Unterschriften als möglich zu gewinnen suchen, [illegible] mit den Mitgliedern besprechen. Ich bin übrigens kein Mitglied der Wahlcommission. In der phil. hist. Classe auf die Wahlliste kommen ist sehr leicht.

Pfizmaier an Scherzer (Wiener Stadtbibliothek)

Jedesfalls fällt es in der Gesammtakademie oft ganz anders aus, als man glaubt, und sind namentlich die Mitglieder der naturwissenschaftlichen Classe in solchen Dingen sonderbar eigensinnig. Ich werde Ihnen Ende d. M. das Resultat und die näheren Umstände bekannt geben, da Sie letztere aus den Zeitungen nicht erfahren können.

Ich bin jetzt 70 Jahre alt geworden, doch hat sich bei dieser Gelegenheit, im Gegensatze zu dem, was festzustellen bei Andern der Fall ist, nicht das Geringste bei mir ereignet. Den mir durch Ihre Güte zugebrachten jährlichen Beitrag erhalte ich bisher regelmässig gegen ein an den Herrn Minister für Cultus und Unterricht zu stellendes Ansuchen.

Meine Bücher muss ich aus Holland oder durch holländische Vermittlung beziehen, da die Hofbibliothek kaum ein paar Werke besitzt, die ich für meine Arbeiten brauche, wenn auch diese Literatur nicht catalogisirt ist. Von den japanischen

Büchern, welche der hiesige Buchhändler, Herr Braumüller vor etwa drei Jahren aus Zagreb erhielt, kann ich nicht ein einziges, weder käuflich noch leihweise, bekommen; da Herr Braumüller vorgibt, die Bücherkisten in seinem Magazin von anderen Büchern so verstellt, dass das Hinzugelangen zu ihnen unmöglich ist.

In der Hoffnung, dass Sie mir doch einmal vergönnt sein wird, Sie zu sehen verbleibe ich in Dankbarkeit

Ihr ergebenster

Dr Ant. Stojanović

Döbling, 10 Mai 1878

Verehrter Herr Hofrath und Freund!

Durch Ihr Schreiben vom 7. d. M. erfreut, erinnerte ich mich zum hundertsten Male, daß bei der Dankbarkeit, die ich Ihnen schulde, es sich längst geziemt hätte, Sie etwas von mir hören zu lassen, doch immer nicht wissend, wo ich Ihnen einen Dienst erweisen könne und ohne eine nennenswerthe Mittheilung zu haben, hoffte ich, Sie einmal persönlich sehen zu können. Aus den Zeitungen erfuhr ich zu spät, daß Sie im Jahre 1873 in Wien waren, und die jüngste Nachricht, daß Sie von London als Generalkonsul nach Leipzig kommen, ist vielleicht unbegründet.

Ich werde nächsten Mittwoch den Vorschlag für Sie (vorerst zum wirklichen Mitgliede der phil.-hist. Classe) einreichen und täglich soviele Unterschriften als möglich zu gewinnen suchen, auch mich mit den Mitgliedern besprechen. Ich bin, obzwar kein Mitglied der Wahlkommission, zu der phil.-hist. Classe auf die Wahlliste kommen ist sehr leicht, jedoch fällt es in der Gesamtakademie oft ganz anders aus, als man glaubt, und sind namentlich die Mitglieder der naturwissenschaftlichen Classe in solchen Dingen wunderbar eigensinnig. Ich werde Ihnen Ende d. M. das Resultat und die näheren Umstände bekannt geben, da Sie letztere aus den Zeitungen nicht erfahren können.

Ich bin jetzt 70 Jahre alt geworden, doch hat sich bei dieser Gelegenheit im Gegensatz zu dem, was heutzutage bei Andern der Fall ist, nicht das Geringste bei mir ereignet. Den mir durch Ihre Güte zuwege gebrachten jährlichen Beitrag erhalte ich bisher regelmäßig gegen ein an den Minister Cultus und Unterricht zu stellendes Ansuchen.

Meinen Bedarf an Büchern muß ich aus Holland oder durch holländische Vermittelung beziehen, da die Hofbibliothek kaum ein paar Werke besitzt, die ich für meine Arbeiten brauchen kann, und auch dieses Wenige nicht catalogisirt ist, von den japanischen Büchern, welche der hiesige Buchhändler Herr Braumüller vor etwa drei Jahren aus Japan erhielt, kann ich nicht ein einziges, weder käuflich noch leihweise bekommen, da Herr Braumüller vorgibt, die Bücher seien in seinem Magazin von anderen Büchern so umstellt, daß das Hinzugelangen zu ihnen unmöglich ist.

In der Hoffnung, daß es mir doch einmal vergönnt sein wird, Sie zu sehen, verbleibe ich in Dankbarkeit

Ihr ergebenster
Dr. Aug. Pfizmaier

der Aufständischen[20] (»drei Ellen in der Breite und anderthalb Ellen in der Höhe« – eine frühe Ausgabe der uns heute wohlvertrauten Dazibaos!), wovon schon eine englische Übersetzung des damals in China lebenden W. H. Medhurst vorlag, mit der Pfizmaier aber nicht recht zufrieden war.

Pfizmaier jedenfalls war fair und bescheiden genug, zuzugeben, daß auch er nicht unbedingt frei von Irrtum sei[21]. Tatsächlich hat er sich nicht selten geirrt. Erwin von Zach, der wohl streitbarste unter den oft recht zänkischen Sinologen – die einander pausenlos Fehler aufrechneten und damit schon so manchen China-Interessierten zur Verzweiflung gebracht hatten –, hat auch vor Pfizmaier nicht haltgemacht und einige von diesem aus dem Chinesischen übertragene Gedichte Bai Juyis neu übersetzt – in zweifellos bedeutend höherer sachlicher und stilistischer Qualität[22]. Aber Zach lebte ein halbes Jahrhundert später, war im Grunde von derselben Besessenheit wie Pfizmaier, konnte sich aber der so geliebten Sprache auch unter wesentlich günstigeren Arbeitsbedingungen widmen, als sie dem alten Pfizmaier gegeben waren.

Pfizmaier hatte ja nie chinesisch sprechen hören. Von der Struktur der gesprochenen Sprache hatte er praktisch keine Vorstellung, und seine Phonetik stellt eine eigenartige Mischung von in südlichen Dialekten noch erhaltenen Ausspracheformen mit dem Hochchinesischen dar – eine Erscheinung, wie man sie in ähnlicher Form in allen europäischen China-Werken jener Zeit vorfindet. Stellenweise kann man auch nicht mehr von einer bloßen Dialektfärbung sprechen[23]. Dennoch muß man zu Pfizmaiers Ehre sagen, daß er mit Interesse aufnahm, was ihn an Veröffentlichungen über die gesprochene Sprache erreichte[24].

So mancher wird sich auch eines Lächelns nicht erwehren können, wenn er die teilweise recht wunderlichen Titel von Pfizmaier-Übersetzungen zu Gesicht bekommt: *Geschichtliches über einige Seelenzustände und Leidenschaften, Die Lösung der Leichname und Schwerter, Denkwürdigkeiten von den Insekten Chinas, Über einige Wundermänner Chinas, Die Menschenabteilung der wandernden Schirmgewaltigen, Das Ereignis des Wurmfraßes der Beschwörer*[25], und wenn er dann noch die kurzen Einleitungskommentare Pfizmaiers dazu liest:

> Man erzeugt den Wurmfrass auf folgende Weise: Man gibt hundert Arten von Kerbthieren in eine Schale und lässt sie gegenseitig sich aufzehren. Diejenigen, welche übrig bleiben, sind der Wurmfrass[26].

oder:

> Die einzelnen Seelenzustände und Leidenschaften, deren Absonderlichkeiten hier zur Kentniss gebracht werden, sind: Vergesslichkeit und Irrthum, Irrsinn und Blödsinn, Dummheit, Feigheit, Furcht, Zorn, Groll und Unzufriedenheit, Beschämung, Hochmuth, Verschwendung[27].

Aber Pfizmaier ging eben alles mit äußerstem Ernst an, diese merkwürdig anmutenden ebenso wie die Vielzahl sehr seriös klingender Titel – Übertragungen zumeist aus den großen chinesischen Geschichtswerken, die dann leider so zerpflückt in den verschiedenen Sitzungsberichten der Akademie erschienen, daß die längste Zeit niemand wußte, um die Übersetzung welcher chinesischen Werke es sich dabei eigentlich handelte[28]. Es ist wohl als »Leidenschaft« Pfizmaiers zu bezeichnen, wenn er versuchte, aus dem fremden Kulturkreis, dessen Bedeutung er erkannt hatte, möglichst viel nach Europa zu bringen. Zu einer Zeit, da er dieses Werk gerade begonnen hatte, sah er außer der Sprachbarriere einen weiteren Grund im geringen Verbreitungsgrad chinesischer Werke: »Denn gewöhnlich dachte man im Verkehre mit China nur an den äusseren Vortheil, während die Literatur des Volkes, von deren Reichthum, Mannigfaltigkeit und Gediegenheit Europa im Allgemeinen noch keinen Begriff hat, bisher nur wenigen Einzelnen und selbst diesen nur in ziemlich beschränkter Ausdehnung zugänglich war[29]«, und Pfizmaier stellte sich der Herausforderung, diesem Mangel abzuhelfen.

Bei seinen Übertragungen hielt Pfizmaier eisern an einer Wort-für-Wort-Übersetzung fest. Seine Absicht war, möglichst viel vom Original und dessen sprachlicher Struktur zu erhalten. (Konsequent ließ er sogar die im Text eingestreuten chinesischen Zeichen von rechts nach links, also in der dem deutschen Text entgegengesetzten Richtung, verlaufen.) Dieser sein Stil ging aber andererseits nicht nur zu Lasten der Verständlichkeit, sondern führte auch zu einer Reihe von Mißdeutungen und Fehlern. Der große englische China-Fachmann Needham spricht von »dead-pan translations« Pfizmaiers[30], aber er stellt auch das frühe Datum von dessen Übersetzungen sowie seine isolierten Arbeitsbedingungen in Rechnung und gibt dem Werk Pfizmaiers breiten Raum in den Registern seiner bis jetzt erschienenen Bände von *Science and Civilization in China.*

Seine Wiener Mitbürger jedenfalls waren, soferne sie Kenntnis von Pfizmaiers Schaffen erhielten, erstaunt und entzückt über soviel ausgefallene Gelehrsamkeit ihres Landsmannes[31]. Aber auch spätere Generationen verdanken Pfizmaiers bienenfleißiger Arbeit Anregung sowie Rohmaterial zur Weiterverarbeitung. Dies gilt besonders für Pfizmaiers Übertragungen von Gedichten des chinesischen Dichters Bai Juyi (oder Pe-Lo-Thien, wie er hier mit einem anderen Namen genannt wird). Zugleich waren diese in zwei großformatigen Bänden[32] erschienenen Gedichte die beiden letzten Arbeiten des alten Pfizmaier, der 1887 starb, im gleichen Jahr, in dem sein *Pe-Lo-Thien* das Licht der Welt erblickte. Trotz der oben erwähnten Kritik Zachs und ungeachtet des schon besprochenen unglücklichen Übersetzungsstils kann man in diesen beiden Büchern, die wohl den größten Verbreitungsradius aus all seinen Arbeiten erzielten, sehr schöne, kraftvolle Sprachbilder finden, hoch gelobt vor allem von Albert Ehrenstein[33], der nach Pfizmaiers Vorlagen viele Nachdichtungen schuf.

Die Wiener Akademie, die eigentliche geistige Heimat des einsamen

Pfizmaier, würdigte in einer feierlichen Sitzung im Jahre 1887 die Verdienste August Pfizmaiers – der trotz langjähriger Mitgliedschaft den wohl dünnsten Personalakt sämtlicher Mitglieder aufweisen dürfte – und schloß den Nekrolog mit folgenden Sätzen:

> Ohne eine Berufsstellung, die ihn mit der Außenwelt in Berührung gebracht hätte, lebte Pfizmaier in völliger Abgeschiedenheit, ohne Kenntnis dessen, was um ihn vorging. Sein Verkehr beschränkte sich auf die Bücher, welche ihm zukamen, seine Welt war die Studierstube, die er seit Jahren nicht mehr verlassen hat. Zum Glücke fand sich eine treue Hand, die bis zu seinem Lebensende für ihn besorgt war.

Alle, die einmal mit Interesse oder Begeisterung die chinesischen Gedichte von Klabund und Albert Ehrenstein auf sich wirken ließen oder dies angesichts der heutigen China-Renaissance wieder tun, sollten dabei auch des etwas skurrilen Gelehrten August Pfizmaier gedenken, der das Rohmaterial dazu geliefert hat.

Zur Zeit Pfizmaiers lebte in Wien ein weiterer Gelehrter, der sich mit der chinesischen Sprache beschäftigte und weit mehr von sich reden machte als der zurückgezogen lebende Pfizmaier. Es war dies ein Mann mit völlig anderen Charakteranlagen und völlig anderem Werdegang. Ihm wurden alle Ehrungen zuteil, die sich ein Wissenschaftler erhoffen mag. Dennoch war sein Ende ein tragischeres, ihm war nicht das Glück eines langen, arbeits- und ertragreichen Lebens beschieden. Die Ereignisse der 48er-Revolution hoben ihn noch weiter in die Höhe und ließen ihn dann in eine Tiefe fallen, aus welcher der Fünfundvierzigjährige nicht wieder emporkam. Er starb am 28. März 1849 in Wien.

Stephan Ladislaus Endlicher (Bildarchiv der Österreichischen Nationalbibliothek)

Stephan Ladislaus *Endlicher* wurde im Jahre 1804 – also wenig vor Pfizmaier – in Preßburg als Sohn eines praktischen Arztes geboren[34]. Nach abgeschlossenen philosophischen und theologischen Studien in Wien und Pest und dem Empfang der niederen Weihen verließ er die geistliche Laufbahn wegen nicht näher bekannter Veränderungen in seinen Familienverhältnissen und widmete sich dem Studium der Sprachen und der Naturwissenschaften. Ihm ging es besser als seinen beiden Kollegen: Die Eltern waren nicht unvermögend gewesen, und so konnte er seine Studien unbelastet von Sorgen um seine materielle Existenz betreiben, zumal er sehr bald noch eine ihm sehr angenehme Stellung im Staatsdienst erhielt: ab 1827 betreute er den Handschriftenkatalog der kaiserlichen Hofbibliothek. Er hatte genügend Zeit, sich seiner wissenschaftlichen Weiterbildung zu widmen, betrieb vor allem intensive botanische Studien, wurde 1836 Kustos am Hofnaturalienkabinett und in Anerkennung seiner Leistungen im Jahre 1840 Direktor des Botanischen Gartens – den er ganz umgestaltete – sowie Professor der Botanik an der Wiener Universität. An fünf Wochentagen hielt der fleißige Mann hier schon ab sieben Uhr morgens seine Vorlesungen.

Es ist an dieser Stelle unmöglich, Endlichers zahlreiche Schriften auf dem Gebiete der Botanik auch nur zu erwähnen; vermerkt sei nur, daß eine Pflanzengattung (aus der Familie der Rubiaceen) mit dem Namen *Endlichera* belegt wurde. Auch eine Reihe von Schriften literaturhistorischen Inhalts liegt von dem vielseitigen Endlicher vor (eine davon gemeinsam mit Hoffmann von Fallersleben herausgegeben).

Was kann den erfolgreichen Wissenschaftler veranlaßt haben, sich daneben auch noch der chinesischen Sprache zuzuwenden und sich intensiv mit ihr zu beschäftigen? In einer Ausgabe der *Illustrirten Zeitung* von 1845[35] ist zu lesen:

> Wie es aber kam, daß er sich mit besonderer Vorliebe zu den hinterasiatischen Sprachen, namentlich zur chinesischen hingezogen fühlte und in welchem Zusammenhange mit diesen sprachlichen Übungen der allmälig zum leidenschaftlichen Hange gesteigerte Feuereifer für Botanik stehe, darüber sind wir zur Zeit nicht aufgeklärt.

Was schon damals nicht möglich war, kann wohl heute noch schwerer nachvollzogen werden. Sicherlich aber hat die Tätigkeit in der kaiserlichen Hofbibliothek Endlicher angeregt, sich mit den dort vorhandenen chinesischen und japanischen Büchern zu beschäftigen. Nachdem es im 17. Jahrhundert dem Berliner »Sinologen« Christian Mentzel (s. 2. Kapitel) aus gesundheitlichen Gründen nicht mehr vergönnt gewesen war, seine geplante Tätigkeit an der Wiener Hofbibliothek aufzunehmen – bzw. die Hofbibliothek nicht in den Genuß dieser Tätigkeit gekommen war –, hatte die Bibliothek in Endlicher den ersten Beamten, der mit den Asiatica überhaupt etwas anzufangen wußte.

Im Jahre 1837 gab Endlicher das erste Verzeichnis dieser chinesisch-mandschurisch-japanischen Bücher der Hofbibliothek heraus, in einem mit der Beschreibung asiatischer Münzen, die er im k. k. Münz- und An-

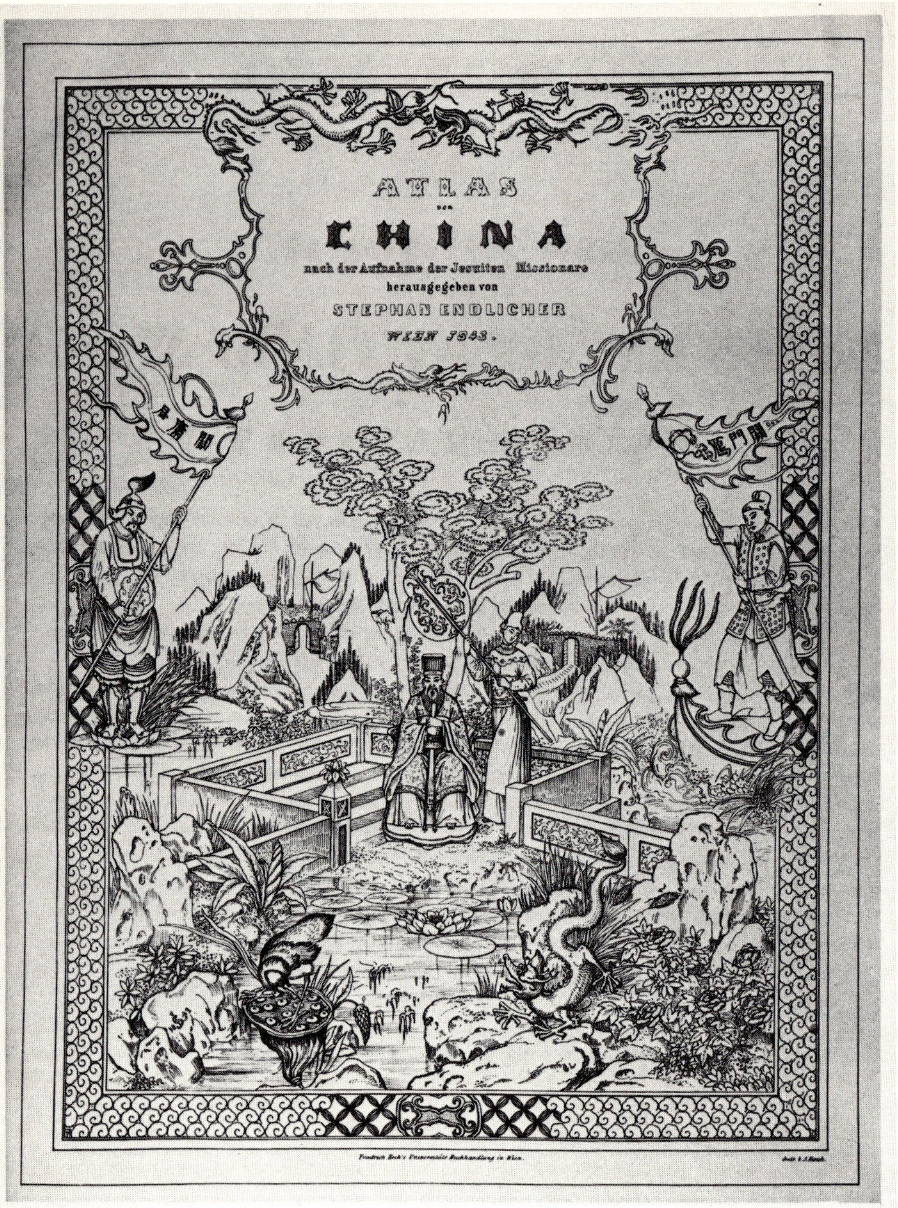
ATLAS
von
CHINA
nach der Aufnahme der Jesuiten Missionare
herausgegeben von
STEPHAN ENDLICHER
WIEN 1843.
Friedrich Beck's Universitäts Buchhandlung in Wien.

tikenkabinett vorfand. Unter den chinesischen Titeln sind die großen Geschichtswerke in der Überzahl, eben die Bücher, aus denen Pfizmaier dann so fleißig übersetzte. Aber es waren auch lyrische Werke vorhanden, so das Shijing (Schi-king, das »Buch der Lieder«), von dem man liest, daß Endlicher es schon 1835 in chinesischen Lettern habe nachdrucken lassen, was aber bisher nicht nachgewiesen werden konnte[36]. Für den Druck seines Bücherverzeichnisses und der Beschreibung der Münzen ließ Endlicher die chinesischen Charaktere in Holz schneiden, später in Metall gießen, was nicht immer ganz glückte. Auch die Transkriptionen sind nicht sehr glücklich zu nennen; dort, wo sie völlig falsch sind, dürfte es sich allerdings um Druckfehler handeln.

1843 folgte die Herausgabe des *Atlas von China – nach der Aufnahme der Jesuiten Missionare,* wie das erstgenannte Werk in der Beckschen Universitäts-Buchhandlung erschienen. Endlicher widmete dieses Werk dem damaligen Präfekten der kaiserlichen Hofbibliothek, Moriz Graf von Dietrichstein, weil dieser die Bibliothek unter anderem durch eine Sammlung von in China in Kupfer gestochenen Landkarten bereichert hatte. In seiner Vorrede erklärt der Herausgeber die Vorgänge bei der Kartenherstellung zur Zeit des Kaisers Kangxi und erwähnt auch die Verdienste des (Linzer) Paters Fridelli, den er als Deutschen bezeichnet (er hatte freilich auch wesentlich weniger Grund, eine so strikte Unterscheidung vorzunehmen, wie dies die Autoren dieses Buches zu tun gezwungen sind). Die von Endlicher bearbeiteten Karten zeichneten sich durch größere Genauigkeit in den Abmessungen und Ortsbezeichnungen aus als alle früheren Kartenwerke. Bezüglich der chinesischen Zeichen, »welche der gelehrte Herausgeber gewiss mit vieler aufopfernder Mühe einzeln in Letternmetall schneiden liess«, bemerkte Pfizmaier weiter in einer sehr lobenden Besprechung des neu erschienenen Werkes:

> Sie übertreffen die von Des Guignes und Remusat angewendeten, in Holz geschnittenen, beweglichen Lettern um vieles an Eleganz, und, obwohl sie den in chinesischen Originalwerken vorkommenden kleinsten Lettern in dieser Eigenschaft nachstehen, so haben doch Hrn. Prof. Endlicher's Lettern vor den letztgenannten den Vorzug einer viel grösseren Deutlichkeit, wodurch sie besonders dem minder Geübten sich empfehlen[37].

Leider blieb es damals bei der ersten Kartenlieferung.

Zwei Jahre später erschien dann Endlichers sinologisches Hauptwerk, die *Anfangsgründe der chinesischen Grammatik,* knappe 400 Seiten, gefeiert als »erste derartige Erscheinung in Deutschland[38]« und sicherlich ein äußerst schwieriges Unterfangen für einen Mann, der das Land und dessen Sprache nur aus – zum Teil noch höchst zweifelhaften – Büchern kannte. Sprachlich stützte sich Endlicher auf Julius von Klaproth (Berlin-Petersburg) und Stanislas Julien (Paris), dem er die Grammatik auch widmete, sowie auf das Vokabular eines Missionars aus

Text.

53

Doppelmittel

54

Chinesisch.

(Tšwan.)

Tertia.

55

(Kyai.)

Cicero.

今臨欠坎臨見臨今父
我格臨見臨陷負青們
臨入格見臨陷青蒸坎
格救債格格臨日爾而
債及與陷格見旨于之
爾扉債陷陷許父許今

56

Tertia.

在天者我等父我等
見聖爾國臨格爾旨
地如於天焉我等望
與我我日用糧爾又
我也兒負我債者免
陷于險坎乃救我於

57

(Tshao.)

Cicero.

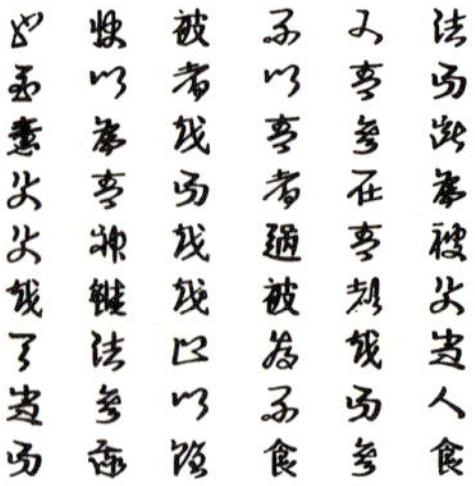

58

Tertia.

59

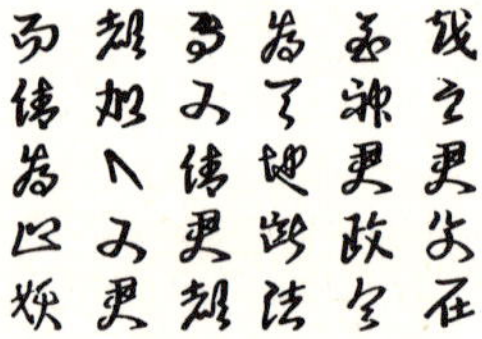

Doppelmittel.

(Aus systematischen Zeichen zusammengesetzt.)

不可以濟盛昌
神事以搖養氣
天厥妨神農之
事也水農將持

60

Coreanisch.

(Alt.)

Tertia.

61

(Neu.)

Petit.

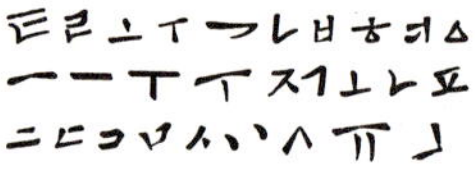

62

Cyrillisch.

(Altslavisch.)

Petit.

Парі́нтєлє нώстрꙋ чє́ла чѐо
є̃щь ꙟ̂ чє́рюрї. свинцáскъ сѫ нꙋ́-
мєлє тъꙋ̀. съ віє а пъръцѫ́а
тà. съ фіє вó тà, кꙋ́мь ꙟ̂ чє́-

63

Cicero.

НДОХЪП РАЗОРНТН ЗА
КОНА НЛН ПРОРОКЫ, НЄП
ХЪ РАЗ ОРНТН РОСЛАВТ
ОТЦА ВАШ ГО, НЖЄ НЛН

64

Tertia.

МАЖЄ АЩЄ ІЄЗР
ѢНР НТЪ ДННꙊЙО
ЗАПВД СНХЪ ЄТД

65

Schriftproben der k. k. Hof- und Staatsdruckerei

Saigon, was man dem Werk auch schmerzlich anmerkt. Es kann und soll hier nicht auf alle Fehler eingegangen werden, die dem Autor nicht nur hinsichtlich der Zeichen und ihrer Phonetik, sondern auch hinsichtlich bestimmter Grundlagen der chinesischen Sprache und Schrift unterlaufen sind. So wußte er nicht, in welchen Regionen des Landes die Hochsprache anzusiedeln sei, und verstieg sich zu der Annahme, daß wohl in den Dialekten, nicht aber in der Hochsprache eine Beachtung der Töne zum Verständnis der Sprache nötig sei[39]. Teilweise angestellte Vergleiche mit dem Annamitischen machen das Ganze noch verwirrender, als es schon ist[40]. Sicher konnten diese *Anfangsgründe* einem Lernenden, der sich mit den Anfangsgründen müht, wenig Hilfe geben, andererseits aber hat Endlicher durch seine Arbeit Dialogmaterial für Fachkollegen aufbereitet, aus dem sich schließlich mit der Zeit, wenn auch nicht Befriedigendes, so doch Verständlicheres entwickeln konnte.

Noch einmal sollte man an dieser Stelle Endlichers Verdienste um die Herstellung chinesischer Druckzeichen hervorheben. Er hatte für seine früheren Werke schon einige tausend anfertigen lassen, welche er später der Staatsdruckerei schenkte. Dieser Bestand der Druckerei wuchs dann unter Endlichers Anleitung auf etwa 12.000 an[41]. Davon hat auch Pfizmaier bei der Herausgabe seiner Akademie-Vorträge profitiert. Pfizmaier selbst hatte sich übrigens um die Herstellung japanischer Typen ähnliche Verdienste erworben wie Endlicher hinsichtlich der chinesischen. Überhaupt verfügte die Staatsdruckerei damals über eine erstaunlich gute Ausrüstung fremdländischer Drucksätze, und das Lieblingskind ihres langjährigen verdienstvollen Direktors, Aloys Ritter Auer von Welsbach, *Die Sprachenhalle* – eine Ausgabe des Vaterunsers in zunächst etwa 200 und schließlich (1844) in 814 Sprachen und Mundarten in Originaltypen –, wurde damals in der Akademie der Wissenschaften (unter Beteiligung Pfizmaiers) viel und ernsthaft diskutiert. Leider sind diese Drucksätze nicht mehr vorhanden, ihr Blei diente im Zweiten Weltkrieg nicht mehr wissenschaftlichen, sondern kriegerischen Zwecken.

Auch Endlichers Weg ging anders zu Ende, als es ursprünglich bestimmt zu sein schien. 1847 war er noch Regierungsrat geworden. Viele ausländische Regierungen hatten ihn hoch dekoriert. So war er Mitglied der Friedensklasse des Ordens pour le mérite. Anläßlich dieser Auszeichnung durch den preußischen König konnte man wahre Lobeshymnen auf Endlicher lesen:

> Wien aber darf auf seinen Endlicher in doppelter Hinsicht stolz sein, einmal als auf seinen Abel-Remusat und dann als auf seinen de Candolle. Überzeugt, dass alles Wissen todt, wenn es nicht nach allen Richtungen hin fördernd, strebend und theilnehmend, mit einem Wort human, schließt sich Endlicher keineswegs selbstisch von fremdem Schaffen und Trachten ab, sondern reicht gern helfend und unterstützend die Hand, wo es gilt, ächter Wissenschaftlichkeit einen

Dienst zu erweisen und ernstliches Streben zu ermuntern. Dies gereicht ebenso sehr seinem Kopfe als seinem Herzen zur Ehre[42].

Endlicher hatte auch wesentlichen Anteil an der Gründung der Wiener Akademie der Wissenschaften, und über seinen Antrag wurde der ursprünglich geplante naturhistorische Privatverein zu einer alle Fächer umfassenden wissenschaftlichen Institution. Er war aber nur kurz Mitglied der Akademie und trat bald wieder aus. »Man wollte das Motiv in einer Kränkung darüber finden, daß nicht er, sondern Hammer-Purgstall zum Präsidenten der Akademie gewählt worden. Während dieser Zeit wurde E. auch zu außeramtlichen Arbeiten, zuweilen zu Missionen verwendet und war in den höchsten Kreisen ein oft gesehener Gast[43].«

Dann überschlugen sich die Ereignisse. Die Biographen berichten: »Als die Ereignisse des J. 1848 hereinbrachen, war nun er es, dessen Beliebtheit bei der studierenden Jugend den drohenden Sturm beschwichtigen helfen sollte[44].« Er schloß sich »der freiheitlichen Bewegung an und wurde ins Parlament von Frankfurt und in den Reichstag von Kremsier gewählt. Vermittlungsversuche machten ihn bei den Studenten, eine Denunziation bei der Regierung mißliebig, so daß er flüchten mußte. Da infolge reicher Geschenke von Büchern und Sammlungen an die von ihm geleiteten Institute seine Finanzlage schlecht war, kam, als er bald nach seiner Rückkehr plötzlich starb, das später widerlegte Gerücht von seinem Selbstmord auf[45].« Lange hielt sich das Gerücht, daß der plötzliche Tod Endlichers im März 1849 auf Selbstmord durch Gift zurückzuführen gewesen sei[46]. Einig sind sich die Biographen, daß »der Tod ihn von einer qualvollen Existenz erlöst« habe und daß er auf den Wechsel der Verhältnisse zurückzuführen gewesen sei, der Endlichers Gemüt tief erschüttert hatte[47].

Endlicher stand damals in der Blüte seiner Jahre. Sein jähes Ende hat die österreichische Wissenschaft eines ihrer damals fähigsten und aufgeschlossensten Köpfe beraubt, und wir können nur bedauern, daß es Endlicher nicht vergönnt war, den zehn Jahren, die er sich mit chinesischen Gegenständen befassen konnte, noch einige fruchtbare Jahrzehnte folgen zu lassen.

ANMERKUNGEN

1 Nach *Körösi Csoma Sándor Dolgozatai,* gesammelt und mit einem Lebenslauf eingeleitet von Dr. Duka Tivadar, Budapest 1885, S. 13 und 21.
Vgl. auch den Bericht Dr. Dukas im *Journal of the Royal Asiatic Society,* London 1884, Bd. 16, S. 489.

2 *Essay towards a Dictionary, Tibetan and English,* Kalkutta 1834, Vorwort.

3 Vorwort von Leon Feer in *Analyse du Kandjour* von Alexandre Csoma de Körös, in: *Annales du musée Guimet,* Lyon 1881, S. 132.

4 In einem Brief Csomas an Capt. C. P. Kennedy, veröffentlicht in: *The Journal of the Royal Asiatic Society,* London 1834 (Bd. 1), S. 128.

5 *Österreichische National-Encyklopädie,* 1. Bd., Wien 1835, S. 639.

6 Gottlieb August Wimmer, *Geschichte der geographischen Entdeckungsreisen zu Wasser und zu Lande,* 3. Bd., Wien 1838, S. 234.

7 Hügel, Carl Freiherr von, *Kaschmir und das Reich der Siek,* 4 Bde., Stuttgart 1840–42, 4. Band – Register und Glossarium, S. 53.

Der *Wurzbach,* 3. Teil, Wien 1858, schmückt dies auf S. 68 noch weiter aus, indem er schreibt: »So hatte er ein Leben voller Entbehrungen, Beschwerden und Mühseligkeiten geführt, ohne den eigentlichen Zweck desselben . . . erreicht und kaum mehr gewonnen zu haben, als die Kenntnis eines verdorbenen Sanskrit . . .«

An dieser Stelle sollen noch einige Angaben zu dem Wahlösterreicher Freiherr von Hügel angemerkt werden: »Hügel: Karl Alexander Anselm Freiherr v. H., Staatsmann, Reisender und Naturforscher, geb. am 25. April 1796 zu Regensburg, gest. am 2. Juni 1870 zu Brüssel. . . . Er trat 1811 in die österreichische Armee, . . . wurde als Diplomat mehrfach verwendet, . . . und verließ 1824 die militärische Laufbahn, um sich zu einer großen Reise nach dem Oriente vorzubereiten. Dieselbe wurde 1830 angetreten. H. . . . schloß seine Reisen in Asien mit dem Besuche von Kaschmir ab (1835). . . . In Wien traf H. zu Anfang des J. 1837 ein. Die Ausbeute dieser Reise in naturgeschichtlicher sowie in ethnographischer Beziehung war sehr reich, wie dies die umfangreichen, den k. k. Hofmuseen Wiens einverleibten botanischen und zoologischen Sammlungen, ferner die mitgebrachten Handschriften, Druckwerke, Münzen, Webereien, Waffen, Tempelgeräthe, Schmucksachen usw. beweisen. Auch sehr viele lebende Pflanzen . . . sendete H. nach Europa und cultivirte sie in seiner Villa zu Hietzing nächst Wien. Dadurch wurde sein Garten ein wahres Eldorado und erfreute sich eines europäischen Rufes. Bis zum J. 1848 verweilte H. in Wien. . . . Während dieser Zeit spielte er auch in der aristokratischen Gesellschaft Wiens eine hervorragende Rolle und verkehrte namentlich mit dem Fürsten Metternich vielfach. Im Frühlinge des J. 1848 ging H. ebenso wie Fürst Metternich nach England; 1849 wurde er zum österreichischen Gesandten in Toscana ernannt, 1859 kam er in gleicher Eigenschaft nach Brüssel. 1867 trat H. in den Ruhestand und verlebte die letzten Jahre seines Lebens in England. . . . Eine besondere Vorliebe widmete H. der Horticultur; im Vereine mit Joseph Freiherrn v. Jacquin gründete er 1827 die k. k. Gartenbaugesellschaft in Wien und gab 1837 ein ›Botanisches Archiv‹ heraus . . .« (Nach: *Allgemeine Deutsche Biographie,* Leipzig 1881, S. 308.) Hügel brachte von seinen Reisen, die ihn auch nach Kanton geführt hatten (vgl. Bd. 2, S. 368 seines Werkes), dankenswerterweise auch viele chinesische Objekte mit, für die ihm Pfizmaier und Endlicher insbesondere sehr dankbar waren. Neben Münzen und einigen Büchern sind auch Keramikpuppen und Tiere aus Papiermaché zu nennen, welche heute den ältesten Bestand des Museums für Völkerkunde in Wien an ostasiatischem Spielzeug bilden.

Dennoch soll dem Leser hier nicht vorenthalten werden, was Hügel im Register und Glossarium seines Buches nebst den Ausführungen über Csoma unter der Überschrift »Chinesen« zu berichten weiß:

»Chinesen. Der Gottesdienst der Chinesen findet eigentlich nur an den Gräbern ihrer Verstorbenen statt; hier bethen sie in ihrer einsilbigen Sprache, die jedoch nicht so klingt. In ihren Tempeln wird nur fratzenhaftes Zeug getrieben: Feuerwerk angezündet, die Pauken geschlagen, auch wohl geschossen.«

8 Lt. *Österreichische National-Encyklopädie* wurde Csoma 1797, lt. *Wurzbach* 1798 geboren. Sein richtiges Geburtsjahr ist nach den Angaben seines Biographen Dr. Duka aber 1784. Das falsche Jahr im *Wurzbach* könnte seine Erklärung in der Tatsache finden, daß auch auf Csomas Grabstein in Darjeeling vermerkt ist, daß er 1842 44jährig verstorben sei. Dadurch erklärt sich aber nicht das falsche Datum in der *National-Encyklopädie,* welche ja noch zu Csomas Lebzeiten erschienen war.

9 So Prof. Dr. Friedrich Umlauft, Wien, in der von ihm herausgegebenen *Deutschen Rundschau,* Wien-Leipzig 1904, S. 502 f.

10 Vgl. den Reiseführer von A. L. (Anton Lekisch), *40.000 km mit dem österreichischen Lloyd nach Ostasien und zurück,* Dresden 1905, S. 135 f.

11 *Wanderer,* 47. Jg., Nr. 158, 5. April 1856. An dieser Stelle des längeren Feuilletons

unter dem Titel »Die Ausdauer des Ungarn Sandor Csoma« wird die *Weser-Zeitung* Nr. 3830 von 1856 zitiert.

12 *Some Remarks on the Life and Labours of Alexander Csoma de Körös, delivered on the occasion when his Tibetan Books and MSS. were exhibited before the Royal Asiatic Society on the 16th June, 1884.* By Surgeon-Major Theodore Duka. In: *Journal of the Royal Asiatic Society,* Bd. 16, London 1884, S. 486 ff.

13 So schreibt der *Wurzbach,* 3. Teil, Wien 1858, S. 65 f., Csoma habe während seiner Studienzeit in Deutschland in einer Vorlesung des berühmten Göttinger Professors Blumenbach gehört, daß die Ungarn wahrscheinlich von den in chinesischen Annalen oft erwähnten Volke der Uyguren abstammten. Diese Äußerung soll Csoma zu dem Entschluß geführt haben, jenen angeblichen Urstamm der Magyaren und deren ursprüngliches Vaterland im Inneren Asiens aufzusuchen. In ähnlicher Weise äußert sich der Autor des bereits zitierten Feuilletons im *Wanderer.*

14 *Essay towards a Dictionary, Tibetan and English,* a. a. O., S. VIII.

15 So vom 24. bis 30. 9. 1976 zum Csoma de Körös Memorial Symposium in Matrafüred, Ungarn.

16 Diese und die weiteren Angaben folgen im wesentlichen dem biographischen Lexikon *Wurzbach,* 22. Teil, Wien 1870, S. 193 ff.
Vgl. weiters Peter Pantzer in: *Japanforschung in Österreich,* Wien 1976, S. 7 ff.

17 S. Vorlesungsverzeichnisse der k. k. Universität zu Wien, Studienjahre 1844/45 1847/48.

18 Nr. 105, 1845.

19 Vgl. Brief von Pfizmaier an Scherzer vom 10. Mai 1878. Nr. 19742, Handschriftensammlung der Wiener Stadtbibliothek.

20 Sitzungsberichte der Kaiserlichen Akademie der Wissenschaften, philosophisch-historische Klasse, 33. Bd., Wien 1860.

21 »Ein Gedicht des chinesischen Gegenkaisers,« gelesen von dem w. M. Herrn Dr. Pfizmaier in der Sitzung vom 10. November 1858. Sitzungsberichte der Akademie der Wissenschaften, 29. Bd., Wien 1858, S. 27.

22 E. v. Zach, *Lexicographische Beiträge* II, Peking 1903, S. 114 ff. und *Kritische Miszellen,* Tokio 1910.

23 Ein Beispiel: »zwei« heißt bei ihm »ni« (statt »er«).

24 S. Dr. August Pfizmaier, *Die neuesten Leistungen der englischen Missionäre auf dem Gebiete der chinesischen Grammatik und Lexicographie,* Wien 1867.

25 Die Bibliographie der Werke August Pfizmaiers füllt Seiten. Die meisten sind enthalten in der Dokumentation zur Österreichischen Akademie der Wissenschaften, 1847–1972, Wien 1972, S. 220–226 (zweispaltig).
Die chinesischen Quellen der Übersetzungen Pfizmaiers sind in den Indices von Joseph Needhams großem Werk *Science and Civilization in China,* Cambridge 1954, enthalten, der sich dabei auf R. L. Walker beruft. Vgl. dazu Richard L. Walker, *August Pfizmaier's translations from the Chinese,* in: *Journal of the American Oriental Society,* 1949, S. 215–223.

26 *Das Ereignis des Wurmfrasses der Beschwörer,* Wien 1862, S. 3 f.

27 *Geschichtliches über einige Seelenzustände und Leidenschaften,* Wien 1868, S. 3.

28 Vgl. Anm. 257.

29 *Oesterreichische Blätter für Kunst und Literatur,* Nr. 45, 4. September 1844, S. 353.

30 Needham, a. a. O., Vol. V, S. 159. Dieser Slang-Ausdruck wäre wohl am besten mit »ausdruckslos« zu übertragen.

31 Vgl. die biographische Skizze über Pfizmaier in den *Sonntagsblättern,* Wien, V. Jg., 1846, Nr. 23, S. 530.

32 *Der chinesische Dichter Pe-Lo-Thien,* Wien 1886, und *Die elegische Dichtung der Chinesen,* Wien 1887.

33 Albert Ehrenstein, *Pe-lo-thien,* Berlin 1923, S. 79 f.

34 Bezüglich des Geburtsdatums differieren die Quellen um ein Jahr. Der *Wurzbach,* 4. Teil, Wien 1858, S. 44, und das zum guten Teil auf ihm basierende *Österreichische Biographische Lexikon* sowie die Dokumentation zur Akademie der Wissenschaften in

Wien geben den 24. 6. 1804 an. Die *Oesterreichische National-Encyklopädie,* Wien 1835, S. 53, bringt den gleichen Tag, aber ein Jahr später. Es scheint dies ein reiner Druckfehler gewesen zu sein.

35 *Illustrirte Zeitung,* Leipzig, Nr. 105 von 1845, S. 11.

36 S. entsprechende Erwähnungen in der *Illustrirten Zeitung,* a. a. O., sowie im *Wurzbach,* 4. Teil, Wien 1858, S. 45. Der Ausgangspunkt für diese Angaben ist wahrscheinlich eine Erwähnung in der *Oesterreichischen National-Encyklopädie* von 1835, wo es auf S. 53 unter »Endlicher« heißt: »Unter der Presse befindet sich eine Ausgabe des chinesischen Liederbuches Chiking, mit mobilen Typen . . .«

37 Pfizmaier, *Endlichers Atlas von China,* in: *Oesterreichische Blätter für Literatur und Kunst,* Nr. 45, 4. September 1844, S. 354.

38 *Illustrirte Zeitung,* a. a. O.

39 *Anfangsgründe der chinesischen Grammatik,* Wien 1845, S. 124 f.

40 Ebd., S. 24 ff.

41 Nach: Regierungsrat Georg Fritz, *Geschichte der Wiener Schriftgießereien,* Wien 1924.

42 *Illustrirte Zeitung,* a. a. O.

43 *Wurzbach,* 4. Teil, Wien 1858, S. 44.

44 Ebd.

45 *Österreichisches Biographisches Lexikon* 1815–1950, Wien 1957, S. 249.

46 Daß das Gerücht jeder Grundlage entbehrte, hat G. Haberlandt mit dem von ihm hrsg. *Briefwechsel zwischen Franz Unger und St. E.* eindeutig bewiesen. Berlin 1899, S. 169 ff.

47 *Wurzbach,* a. a. O.

Sechstes Kapitel

Die Chinastationen auf der Weltumsegelung der »Novara«

Die Planung der Expedition

Am Zustandekommen der Weltumsegelung der *Novara* hatten vor allem zwei Personen, nein, Persönlichkeiten hervorragenden Anteil: Erzherzog Ferdinand Max und Linienschiffskapitän Wüllerstorf-Urbair. Der jüngere Bruder Kaiser Franz Josephs war schon mit neunzehn Jahren aus Begeisterung für die Seefahrt in die Marine eingetreten und erhielt 1854 deren Oberkommando. Erzherzog Ferdinand Max sah die Marine, die er nach Kräften förderte, nicht bloß als militärisches Instrument an, sondern versuchte auch ihre Bedeutung für Volkswirtschaft und Wissenschaft hervorzukehren[1]. In Wüllerstorf fand er einen kongenialen Partner. Die wissenschaftlichen Leistungen, die Wüllerstorf bereits als Kadett im Bereiche der nautischen Astronomie erbrachte, ver-

Die Fregatte »Novara« nach einem Gemälde von Alexander Kircher (Heeresgeschichtliches Museum, Wien, Foto: Bildarchiv der Österreichischen Nationalbibliothek)

schafften ihm die ehrende Zuteilung an die Sternwarte in Wien, wo er sich unter dem berühmten Gelehrten J. J. Littrow weiterbilden konnte[2]. Schon mit 23 Jahren wurde er zum Direktor der Marine-Sternwarte in Venedig ernannt, wo er auch astronomischen und nautischen Unterricht erteilte. Im »Gelehrten-Congreß« in Venedig versah Wüllerstorf die Stelle eines Sekretärs der mathematisch-physikalischen Klasse. Im praktisch-militärischen Dienst bewies er Tapferkeit und großes Organisationstalent. Dies verschaffte ihm den Orden der Eisernen Krone dritter Klasse und die Stelle eines Präsidialreferenten und Mitglieds des Admiralitätsrates.

Im Herbst 1856 beriet Erzherzog Ferdinand Max mit Wüllerstorf das Projekt einer See-Expedition nach Indien und China. Wüllerstorf meinte dazu, man sollte die Planung auf eine Reise um die ganze Erde ausdehnen. Ferdinand Max war Feuer und Flamme, und bald ergingen sich die beiden in konkreten Überlegungen. Sie waren sich darin einig, daß »diese Fahrt nicht nur der Ausbildung von Stab und Mannschaft dienen würde, sondern vor allem führenden Männern der österreichischen Wissenschaft für eine vielseitige und umfangreiche Tätigkeit als Forscher zu Gebote stehen müßte und zugleich Pionierarbeit für den österreichischen Handel zu leisten hätte[3]«.

Als Kommandant wurde Wüllerstorf selbst gewählt und in den Rang eines Commodore (Geschwaderführers) erhoben. Die Wahl scheint eine gute gewesen zu sein, denn unter dem Hinweis, daß mit Ausnahme des Ehestandes kaum ein anderes Verhältnis tieferen Einblick in die Seele eines Menschen biete als eine langjährige gemeinsame Einschiffung zur See, beschrieb Wüllerstorfs wissenschaftlicher Mitarbeiter Karl von Scherzer den Kommandanten als edlen Charakter, dessen Verehrung für die Wissenschaft, Begeisterung für alles Große und Schöne, Freimut und Humanität er in hundert kleinen Zügen habe beobachten können[4]. Tatsächlich war Wüllerstorfs Geisteshaltung für eine Begegnung mit China besonders geeignet. Dies geht aus den von ihm verfaßten Aphorismen hervor, von denen zwei eine besondere Verwandtschaft zu chinesischen moralischen Prinzipien aufweisen:

> Schaue ruhigen Blickes in die weite Welt, kämpfe, wo es sein muß, mit Naturgewalten und menschlichen Leidenschaften, thue Deine Pflicht und erreiche durch sittliche Arbeit gekräftigt und gereift Dein Ziel, bleibe zu jeder Zeit wahr und anspruchslos in Mitte der menschlichen Begierden – und Du erwirbst Liebe und Achtung Deines Nächsten, Du hast für das Leben und Sterben gesorgt.

> Der Fehler, welcher heutzutage bei Aufstellung confessionsloser Schulen begangen wird, besteht darin, daß kein Bildungselement vorhanden ist, um schon in den jungen Gemüthern den Keim der Sittlichkeit und Moral zu legen, daß mithin keine Präventiv-Maßregeln getroffen werden, um die menschliche Gesellschaft vor den Aus-

wüchsen der Leidenschaften und des Lasters zu bewahren und zu verhindern, daß der Staat in vermehrtem Maße zu Repressivmaßregeln greifen müsse, um Recht und Gesetz aufrecht zu erhalten . . . Leider besitzen wir in Europa keinen Confucius, der die Arbeit erleichtert[5].

Wüllerstorf war also gerade der richtige Führer für eine Expedition, die keine imperialistische, der Sicherung von Kolonialgebieten oder Einflußsphären dienende, sondern eine der Wissenschaft und dem Kommerz gewidmete war. Er achtete persönlich darauf, daß die *Novara* für diese Vorhaben entsprechend ausgestattet wurde. Das Schiff war solide gebaut und angeblich das seetüchtigste Segelschiff der österreichischen Marine. Erst 1850 war es in Venedig vom Stapel gelaufen. Die Wasserverdrängung betrug 2107 Tonnen. Eigentlich war die Fregatte für 46 Kanonen angelegt, doch wurden sechzehn davon entfernt, um den wissenschaftlichen Expeditionsmitgliedern mehr Arbeits- und Wohnraum zu verschaffen[6]. Das sogenannte Kanonenzimmer in der Batterie, welches eigentlich zur Wohnung des Kommandanten gehörte, wurde in ein Lesezimmer verwandelt und mit einer Bibliothek von mehreren hundert Bänden versehen. Damit hatten die Angehörigen des wissenschaftlichen Stabes die Möglichkeit, Schreibarbeiten und Zeichnungen außerhalb ihrer engen, stickigen Kabinen auszuführen, was von ihnen als große Wohltat empfunden wurde[7].

Novara (Tableau mit den Bildweisen der Kommandierenden Beamten und Gelehrten der »Novara«-Expedition aus Lpg. Illustr. Zeitung Nr. 759 vom 16. 1. 1858, S. 41, Bildarchiv der Österreichischen Nationalbibliothek)

Das Schiff wies eine stattliche Besatzung auf: acht Offiziere, vier Ärzte, einen Schiffskaplan, einen Mechaniker, vierzehn Marinekorpskadetten, zweihundertvierunddreißig Mann Bootsleute, Matrosen und Schiffsjungen, dreiunddreißig Mann Infanterie, vierzehn Mann Artillerie, sechzehn Handwerker, zwei Köche, zwei Speisemeister, neun Privatdiener und sieben Mann Musik.

Dazu kam noch das wissenschaftliche Team: Dr. Karl von Scherzer sollte sich mit Handelsangelegenheiten und ethnographischen Forschungen befassen, außerdem war er von Erzherzog Ferdinand Max zum Historiographen der Expedition bestimmt worden. Die Kaiserliche Akademie der Wissenschaften hatte aufgrund der an sie ergangenen Einladung zwei Naturforscher, nämlich Dr. Ferdinand Hochstetter für Physik und Geologie sowie Georg Frauenfeld für Zoologie, zu Mitreisenden bestimmt. Der Erzherzog Marineoberkommandant genehmigte außerdem noch die Berücksichtigung eines praktischen Zoologen (Johann Zelebor), eines Malers (Joseph Selleny) und eines Kunstgärtners (Anton Jellinek). Um auch jemanden für Botanik zur Verfügung zu haben, wurde mit Dr. Eduard Schwarz ein Mediziner zum Schiffsarzt berufen, der auch über botanische Kenntnisse verfügte[8].

Dem Aufruf, der Expedition Wünsche und Ratschläge mitzugeben, waren zahlreiche Wissenschaftler und wissenschaftliche Institutionen des In- und Auslandes gefolgt. Von den Institutionen wären die Geographische Gesellschaft, die Geologische Reichsanstalt und die Gesellschaft der Ärzte zu nennen[9]. Unter den Wissenschaftlern ragen die Namen Alexander von Humboldt, Charles Darwin, Thomas Huxley, Karl von Siebold, Max von Pettenkover, Justus von Liebig, August Pfizmaier und Karl Ritter heraus[10]. Alexander von Humboldt empfahl in seinem Brief an Wüllerstorf seine gelehrten und ihm lieben Freunde Dr. Ferdinand Hochstetter und Dr. Karl Scherzer dem besonderen Schutz und Wohl-

Der Geologe und Physiker Ferdinand v. Hochstetter während der Expedition 1857 in seinem Arbeitsraum auf der österreichischen Fregatte »Novara« (Stich nach einer Zeichnung Josef Sellenys aus der Volksausgabe von Scherzers Reisebericht)

wollen des Kommandanten und schloß daran ein längeres Konvolut physikalischer und geognostischer Erinnerungen, die der Arbeit des wissenschaftlichen Stabes nützlich sein sollten. Abschließend heißt es in seinem in Berlin in der Nacht vom 7. April 1857 verfaßten Schreiben: »Da ich längst nicht mehr unter den Lebenden sein werde, wenn die Fregatte *Novara* nach Triest mit wissenschaftlichen Schätzen, neuen Kenntnissen über die todte und organische Natur, über Menschen-Racen, über Sitten und Sprachen zurückkehrt, so flehe ich zu Gott dem Allmächtigen, daß Sein Segen dies große und edle Unternehmen zur Ehre des gemeinsamen Deutschen Vaterlandes begleite[11].«

Der wissenschaftliche und friedliche Charakter der Expedition wurde auch in der am 26. Januar 1857 an Wüllerstorf ergangenen Instruktion des Marineoberkommandanten betont:

> Es ist der Zweck dieser Reise, die kaiserliche Flagge in den verschiedenen Meeren der Erde auf würdige Weise zu zeigen und zu vertreten und zur Verbreitung der Wissenschaft gemäß unserer Zeit und der Ehre Sr. Majestät Kriegsmarine auf entsprechendem Wege beizutragen; gleichzeitig sind aber handelspolitische Interessen in's Auge zu fassen, zu beurtheilen und in richtiger Abschätzung der Umstände mir in jener Weise getreu darzustellen, daß dieselben zum Nutzen Sr. Majestät Regierung gereichen können[12].

Erste intensivere Begegnung mit Chinesen in Singapur (April 1858)

Beim Aufenthalt in Singapur konnte sich die Besatzung der *Novara* selbst von der chinesischen Tüchtigkeit überzeugen. Hochstetter war von der Rührigkeit und Geschäftigkeit dieses Volkes so beeindruckt, daß die Chinesenstadt in Singapur sein Interesse am meisten gefangennahm[13]. »Sieht man dazu noch die zierliche, nette Einrichtung der reicheren Häuser, die bizarre, aber nichtsdestoweniger Kunst und Geschmack zur Schau tragende, reich geschmückte Pagode mit wunderbaren Holz- und Steinschnitzereien, so bekommt man in der Tat allen Respekt vor den Söhnen des Himmlischen Reiches mit ihren langen Zöpfen[14].« Aber Hochstetter waren auch drei Übel aufgefallen: Spielhöllen, Opiumkneipen und ein anwachsendes Proletariat: »Die ersten sind streng verboten, die zweiten privilegiert, und das Proletariat ist geduldet[15].« Immerhin hatte der Herr aus Wien sich so viel unbefangenes Urteil bewahrt, daß er, entgegen dem damals üblichen Urteil in Europa, den künstlerischen Leistungen der Chinesen seine Sympathie nicht versagte. Dem Proletariat gegenüber auch noch Toleranz zu zeigen, hätte ihn wahrscheinlich überfordert, zumal es – wie seine späteren Aussagen beweisen – offensichtlich eines seiner Lieblingssteckenpferde war, anhand des Vorhandenseins eines Proletariats über fremde Städte pseudowissenschaftliche Urteile abzugeben.

Karl von Scherzer hingegen stieß sich nicht am Proletariat, sondern an der von England erzwungenen Vergiftung der chinesischen Bevölkerung mit Opium; das war ihm in Singapur beim Besuch einer Opiumfabrik mit größtenteils süchtigen chinesischen Arbeitern vor Augen geführt worden:

> Wir werden Gelegenheit finden, während unseres Aufenthaltes in China auf dieses glänzendste, einträglichste, aber auch schmachvollste Monopol der britisch-ostindischen Compagnie zurückzukommen, das Millionen Menschen in eine furchtbare Sclaverei stürzt und gegen dessen Fortsetzung die chinesische Regierung zu wiederholten Malen, wenn auch ohnmächtig und vergeblich Verwahrung eingelegt hat. Würdig eines christlichen Monarchen sind die Worte des götzenanbetenden Kaisers von China, welcher, als man im Jahre 1840 in ihn drang, die Opiumeinfuhr zu einer Staatseinnahme zu machen, erwiderte: »Es ist wahr, ich kann die Einfuhr dieses fließenden Giftes nicht hindern, gewinnsüchtige und verderbte Menschen werden aus Habgier oder Sinnlichkeit die Erfüllung meiner Wünsche stets zu Nichte machen, aber nichts wird mich bewegen, aus dem Laster und dem Elende meines Volkes einen Gewinn zu ziehen[16].«

Positiv beeindruckt war Scherzer von der Effizienz des chinesischen »Schiffs-Verproviantirers« und meinte dazu, dies gebe »einen Fingerzeig, was chinesische Rührigkeit, Fleiß und Ausdauer zu leisten im Stande sind[17]«. Whampoa, so ist uns der Name dieses Mannes überliefert, brauchte nur zwei Tage, um die Fregatte für die Dauer von sechs Monaten vollständig mit Lebensmitteln und hundert Tonnen Trinkwasser zu versorgen – eine Arbeit, die in jedem europäischen Hafen mehr als die dreifache Zeit in Anspruch genommen hätte. Doch nicht nur das. Whampoa überraschte auch durch niedrige Preise und vortreffliche Qualität. Darüber hinaus bewirtete er die Österreicher sowohl in seinem Stadthaus als auch auf seinem Landsitz in freundlichster und großzügigster Weise[18]. Kein Wunder, daß man Whampoa in guter Erinnerung behielt. Auch die Besatzungen späterer österreichischer Schiffe kehrten und kauften bei ihm ein, und später wurde Whampoa für seine Verdienste um die Beschickung der Wiener Weltausstellung sogar zum Ritter des Franz-Josephs-Ordens ernannt[19].

Hongkong (4. Juli 1858)

Noch ehe Land in Sicht war, setzte ein chinesisches Fischerboot einen Lotsen auf der *Novara* ab, der ihre Flagge, die er noch nie gesehen hatte, lange und verwundert betrachtete und schließlich für die spanische hielt. Dieser Irrtum unterlief auch den Chinesen, die später mit der *Novara* zu tun hatten, ganz allgemein[20]. Als Hongkong in Sicht kam, war die Besatzung der *Novara* sehr beeindruckt. Hochstetter schreibt darüber: »Mir war es, als läge ein Stück unserer Alpen vor mir, in's Meer getaucht bis über die Grenze unserer Waldvegetation, so daß nur die Gipfel hervorragen. Unsere Matrosen begrüßten freudig die Küste des Himmlischen Reiches, die sie an ihre Heimat Dalmatien erinnerte[21].«

In Hongkong nahm sich der k. k. österreichische Konsul, G. Wiener, ein deutscher Angestellter der Firma Lindsay u. Comp., der Gäste von der *Novara* an und gab in seinem Hause für sie häufig Gesellschaften[22]. Die Kontakte zur chinesischen Bevölkerung waren durch die Auseinandersetzung, in die China damals mit England und Frankreich verwickelt war, getrübt, und wegen der aufgebrachten Einheimischen standen die Chancen für eingehendere naturwissenschaftliche Forschungen schlecht, da Ausflüge, selbst in die nächste Umgebung, mit einem erheblichen Sicherheitsrisiko verbunden waren[23]. Die gespannte Atmosphäre und die – nicht zuletzt durch europäischen Einfluß in den geöffneten Häfen bewirkte und durch den Kriegszustand noch verstärkte – negative Einstellung der chinesischen Bevölkerung zu den Europäern sowie der Ausländertratsch über Charakter und Bräuche der Chinesen wirkten sich auf die Mitglieder der *Novara* in verschiedener Weise aus. Hochstetter äußerte sich sehr negativ und meinte, sein Steckenpferd reitend (siehe oben), das Unvermögen der Hongkong-Chinesen, bei ihm Gefallen zu erregen, mit dem großen Anteil von Proletariat begründen zu müssen:

> Ihnen vom chinesischen Leben und Treiben aus Hongkong zu erzählen, wäre voreilig, da wir noch Shanghai, eine echt chinesische Stadt, zu sehen hoffen. Wollte man die Chinesen überhaupt nach dem Charakter der Hongkong- und Canton-Chinesen beurtheilen, so müßte man sie wohl für eine intelligente und in Handarbeiten außerordentlich geschickte Race erklären, aber auch für das gemeinste und hinterlistigste, betrügerischste und aller edleren Gefühle bare Volk, welches nur überhaupt existiert. Aber die Hongkong-Bevölkerung gehört fast durchwegs nur dem chinesischen Proletariat an, die Frauen, denen man begegnet, sind nur Weiber aus den niedrigsten Klassen, wie ihre hübschen natürlichen Füße, auf denen sie menschlich gehen können, beweisen. Frauen mit den bekannten, verkrüppelt eingebundenen Stelzfüßen von bewundernswerter Kleinheit, sogenannte Number one-Frauen (die Chinesen in Hongkong bezeichnen alles, was bessere Qualität ist und sie besonders anempfehlen wollen, als

»Number one«), sieht man bis jetzt nur wenige, und ihre geringe Anzahl ist das sicherste Merkmal für die Volksklasse, die hier vertreten ist[24].

Zum Unterschied von Hochstetter, der besser bei seinem physikalisch-geologischen Leisten geblieben wäre, äußerte sich der mit den Fachgebieten Länder- und Völkerkunde betraute Scherzer viel positiver. Er kritisierte zwar den drakonischen Charakter der chinesischen Justiz[25] und übernahm recht übertriebene europäische Erzählungen von angeblich weit verbreiteten Praktiken des Mordes an neugeborenen Mädchen[26], allgemein aber bemerkte er zum Volkscharakter der Chinesen:

> Nüchternheit, Geschick, Fleiß, zähe Lebensfähigkeit und Seelenzahl scheinen den Chinesen eine große Rolle nicht nur im Entwicklungsgange der indischen Völker, sondern auch in der Geschichte der Menschheit anzuweisen; sie sind, wie sie ein deutscher Gelehrter so richtig bezeichnet, die Griechen und Römer des östlichen Asiens und werden, einmal von der großen Weltströmung mit fortgerissen, Thaten vollbringen, welche selbst die Culturvölker der alten Welt in Staunen und Bewunderung versetzen werden[27].

Scherzer hielt auch »kein Land der Welt besser als China für geeignet, mit der ungeheuren Menge seiner überschüssigen Arbeitskräfte den bevölkerungsarmen Staaten und Inseln Asiens, Amerikas und Australiens zu Hilfe zu kommen[28]«. Andererseits vertrat er dem europäischen Zeitgeist entsprechend die Ansicht, daß China sich zu seinem eigenen Besten nicht nur durch Auswanderung seiner Einwohner, sondern auch durch Zulassung Fremder auf seinem eigenen Territorium dem allgemeinen Fortschritt erschließen möge:

> In der That sind alle Pulsadern des chinesischen Riesenkörper unterbunden, und in seinen Eingeweiden wird gewühlt mit Feuer und Schwert. Englische, französische und amerikanische Kriegsschiffe halten die wichtigsten Punkte des chinesischen Reiches besetzt. In mehreren Provinzen des Innern hat ein Rebellenkaiser sein Heerlager aufgeschlagen, und im Norden des Reiches an den Ufern des Amur baut Rußland Festungen und richtet sich ein, gerade als ob es daselbst zu Hause wäre. Aber alle diese Erscheinungen, so divergirend ihre Interessen auch im Moment sein mögen, werden doch nur das Eine gewaltige Resultat herbeiführen: das unermeßliche chinesische Reich aus seiner tausendjährigen Ruhe zu rütteln, und die Völker, die es umfaßt, zu zwingen, dem großen Culturfortschritt, der heute im Sturmeslauf durch die Welt braust, sich anzuschließen[29]!

Trotz der Ungunst der Umstände gelang es der Expedition, die Mehrzahl der »von dem berühmten Sinologen Herrn Dr. Pfizmaier« herangetragenen Wünsche, soweit sie den Erwerb seltener chinesischer Bücher sowie verschiedene ethnographische und linguistische Fragen betrafen, zu erfüllen. Dabei war insbesondere der deutsche Missionar und Schulinspektor Dr. W. Lobscheid behilflich. Darüber hinaus wurden die Naturforscher von Gouverneur Sir John Bowring eingeladen und erhielten dabei Gelegenheit, sich mit den namhaftesten Wissenschaftlern der Kolonie zu unterhalten. Bowring veranlaßte auch zu Ehren der österreichischen Expeditionsmitglieder eine außerordentliche Sitzung des Zweigvereins der Royal Asiatic Society.

Über die Eigenschaften des »grünen Indigo« konnte man sich in der gelehrten Welt Hongkongs keine genauen Kenntnisse verschaffen[30], hingegen verschaffte das deutsche Mitglied der Baseler Missionsgesellschaft, Dr. Ph. Winnes, Sprachproben des Hakka-Dialekts[31]. Vom preußischen und nachmalig österreichischen Konsul Gustav Overbeck erhielt die Expedition mehrere kulturhistorisch sehr wertvolle Gegenstände, von welchen nach der Rückkehr der *Novara* die meisten in das kaiserliche Antikenkabinett in Wien aufgenommen wurden[31a]. Der Chefarzt der Kolonie verschaffte einigen Mitgliedern der Expedition die Möglichkeit, im Gefängnis und im Spital anthropologische Messungen durchzuführen[32].

Bereits in Hongkong verwendeten die Wissenschaftler viel Aufmerksamkeit auf das Ordnen und Verpacken der gesammelten Gegenstände. Wie Scherzer hervorhebt, hielten sie sich dabei an das Prinzip Humboldts, dieser Tätigkeit ebensoviel Bedeutung beizumessen wie der eigentlichen wissenschaftlichen Arbeit[33].

Am meisten zu tun gab es allerdings für den Tierpräparator Zelebor, der mit großem Eifer gesammelt hatte und nun das Material kaum bewältigen konnte. Dazu hatte er noch Sprachprobleme, da sein Wiener Dialekt keineswegs überall verstanden wurde, wie er annahm. Wüllerstorf erinnerte sich:

> Am Lande in einem Hotel untergebracht, saß er da, fast begraben unter Thierbälgen aller Art. Vierfüßler, Schlangen, Vögel, Schmetterlinge, Raupen und Würmer, Fische und manch lebendiges Exemplar füllten das große Zimmer, so daß man sich kaum darin bewegen konnte. – Das Meiste war zu conserviren oder in solchen Zustand zu versetzen, daß es unverletzt in die Heimat gesendet werden konnte. Anderes war aber auszustopfen, wo es sich darum handelte, die Körperform und die Struktur des Thieres nach dem Leben wieder herzustellen, was nicht immer in den Museen Europas gelingen mochte. Eines Abends kam ich dahin, um zu sehen, wie lange noch Zelebor zu arbeiten haben würde, und ihn anzueifern, bald einen Abschluß zu machen, da wir wieder weiterreisen mußten. »Ah, ich würde schon fertig werden«, meinte er, »so viel auch da herumliegt und noch hinzukommen kann, denn das Land ist prächtig, ist unerschöpflich. Aber mit den Leuten hier ist nicht auszukommen, und ich muß Alles selber machen, denn die beigegebenen Matrosen

können auch nicht wissen, was ich brauche, und den Leuten ihre Anliegen verständlich erklären.« »Was brauchen Sie denn?« »Ja, wissens, Herr Commandor (Commodore), ich möcht' halt zum Ausstopfen auch Sägespäne haben. Da läut' ich dem Kellner und sag' ihm deutlich – jeder Gassenbub hätt's verstanden – bring me Sogschatten *(Wiener Dialektausdruck für Sägespäne, Anm. d. A.)* – schaut mich der Kerl an, lacht mir in's Gesicht und geht wieder zum Teufel. Und so geht's immer fort[34].«

Kanton (10. Juli 1858)

In diese Stadt, die sich wegen der kriegerischen Ereignisse unter der Kontrolle englischer und französischer Truppen befand, begab man sich nicht mit der *Novara,* sondern der britische Stationskommandant stellte den Offizieren des österreichischen Schiffes das Kanonenboot *Algerine* zur Verfügung. Die blühende Handelsstadt war zu dieser Zeit ein »ödes, verlassenes, zum Theil in Trümmer geschossenes oder verbranntes Häusermeer«. »Todesstille, wie auf einem Leichenacker, herrschte in der Stadt[35].« Als Wüllerstorf und seine Begleitung das alliierte Hauptquartier besuchten, wurden sie Zeugen eines heftigen nächtlichen Raketenangriffs chinesischer Guerrilleros, der sie in nicht geringe Unruhe versetzte. Am Morgen danach statteten die Österreicher in Begleitung des englischen Regierungskommissärs Parkes dem einzigen in Kanton belassenen chinesischen Beamten, dem Tatarengeneral Pihkwei, einen Besuch ab. »Der Commodore mußte auf einem erhöhten Sitze Platz nehmen. Während der Conversation, bei welcher Mr. Parkes als Dolmetsch diente, wurde Thee serviert. Pihkwei erkundigte sich nach den Zwecken der Expedition und ließ sich die Namen der fremden Offiziere geben[36] . . .« Aus Wüllerstorf wurde dabei »Wu-ta-sz-tap[37]«.

Zeremoniell wie die Begrüßung war auch der Abschied. Wieder erklangen eine »ohrenzerreißende Musik« und eine Anzahl von Böllerschüssen. Tagsüber besichtigten Wüllerstorf und seine Begleitung noch einige Teile der Stadt und kehrten am Abend mit der *Algerine* wiederum nach Hongkong zurück[38].

Shanghai (Abfahrt von Hongkong 18. Juli – Ankunft in Shanghai 29. Juli)

Als die *Novara* den Jangtsekiang hinauflief, hatte Scherzer eine vom liberalen Handelsgeist des 19. Jahrhunderts erzeugte Zukunftsvision:

. . . Welch großartiger Verkehr, welch gewaltiger Umschwung steht hier zu erwarten, wenn bald, nach den Bestimmungen des Friedens-

vertrages von Tientsin, englische Schiffe beladen mit Waaren und Bedürfnissen aller Art den mächtigen Strom und seine Tributäre hinaufdampfen werden, um die Bewohner tief im Innern mit den verschiedenen Fabricaten europäischer Industrie bekannt zu machen und zu versehen, und im Tausche dafür unzählige neue und werthvolle Producte und Erzeugnisse zurückzubringen. Denn das ist das größte Verdienst des Kaufmannes, daß er nicht bloß Handelswege erschließt und durch gesteigerten Absatz der Fabricate des Mutterlandes den Wohlstand vermehren hilft, sondern daß er culturfördernd auf fremde Völker wirkt, und Wissenschaft und Industrie mit neuen Erfahrungen bereichert . . .
Von diesem höhern Standpunkte hat wohl auch Schiller den Beruf des Kaufmannes in seinem herrlichen Distichon aufgefaßt:
»Euch, Ihr Götter, gehöret der Kaufmann. Güter zu suchen
Geht er, doch an sein Schiff knüpfet das Gute sich an.«[39]

Leider war in der Folge der europäische Handel mit China keineswegs von solchen guten Absichten und Idealen getragen, wie sie Scherzer vor der Ankunft in Shanghai vorgeschwebt waren. Doch hatten es andere Verantwortliche und Völker in der Hand, China als gleichberechtigten Partner zu behandeln. Daß es nicht so geschah, konnte weder von Scherzer noch von seinem Heimatstaat Österreich beeinflußt werden.

Mit der Springflut und einer günstigen Brise segelte die *Novara* am 29. Juli in dreieinhalb Stunden von Wusong nach Shanghai, »wo sie namentlich von den hier ansässigen Deutschen mit lautem Jubel und sichtbarem Stolze begrüßt wurde – das erste Kriegsschiff einer deutschen Großmacht im Wusung-Flusse[40]!«.

Und da wurden die Expeditionsmitglieder schon vom Sog der temperamentvollen, lärmenden, betriebsamen Hafenstadt erfaßt. Dem im Vergleich zu Scherzer offensichtlich etwas weniger weltgewandten Hochstetter drängte sich der äußere Eindruck des bunten Getriebes so auf, daß es zu einem tieferen Einblick nicht reichte:

Die ganze Stadt Shanghai – und die chinesischen Städte sollen alle darin sich gleich sehen – ist nichts Anderes als eine Boutikenstadt, ein großer Jahrmarkt. Und wie bei einem Jahrmarkt neben den Verkaufsboutiken auf freieren, geräumigeren Plätzen die umfangreicheren Buden von Seiltänzern, Kunstreitern, Menagerien und Panoramen aufgeschlagen sind, so bekommt man auch hier, wenn man sich weiter durchdrängt, als besondere Merkwürdigkeiten die Mandarinengebäude, den Tsching-hwang-meau-Tempel, das Bankgebäude, ein öffentliches Versatzamt, ein Findelhaus, den Theegarten, und in Shanghai mitten in der Chinesenstadt auch eine christliche Missionskirche zu sehen. Der Fremde eilt wohl zuerst nach dem Theegarten, um seine Neugierde zu befriedigen; denn hier kann er mit einemmale ein Bild vom chinesischen Geschmack in Anlagen und Bauten und zugleich von chinesischem Volksleben sehen. Ein solcher Theegarten, den jede chinesische Stadt ohne Ausnahme besitzt, ist nichts Anderes als der Wiener Wurstelprater in's Chinesische übersetzt, ein öffentlicher Belustigungsort für die niederen Volksclassen. Eine besondere, abgesperrte Abtheilung des Theegartens ist ausschließlich nur den Vornehmeren und Reichen zugänglich. Die Anlage zeigt die ganze Bizarrerie und Barockheit des Chinesenthums. Canäle und Teiche mit stinkendem, grün überzogenem Wasser, in dem aber üppig die Lotosblume ihre weißen Blüthen öffnet; Zickzackbrücken mit geschnitztem Geländer, Inseln mit künstlich aufgemauerten Felsen, Felsgrotten, unterirdische Gänge, Pavillons von allen Größen und Formen, langhaarige weiße Ziegenböcke als Staffage in den künstlichen Kalkgebirgen, Verkaufsbuden aller Art, Theehäuser an allen Ecken und Enden, Wahrsager, Sänger, Musikanten, Gaukler, Komödianten aller Art, Possenreißer, Marktschreier, Seltenheitskrämer, eine unaufhörliche Ebbe und Fluth von Menschen, die Belustigung suchen, von Bummlern, Hetären und Spitzbuben, die Gewinn suchen – das sind die Elemente des chinesischen Wurstelpraters[41] . . .

Immerhin räumt Hochstetter dann ein, daß er die Werkstätten voll und dort alles fleißig an der Arbeit gesehen habe. Er war auch bereit, den Chinesen gewisse – offensichtlich ihn sympathisch berührende – Verwandtheiten ihrer Einrichtungen mit europäischen zu konzedieren:

Bei all den vielen Gegensätzen zu europäischer Sitte und europäischem Geschmack, denen man begegnet, ist man aufs höchste überrascht, auf der andern Seite wieder Vieles so vollkommen übereinstimmend zu finden, daß man glauben sollte, wir hätten's den Chinesen nachgemacht oder die Chinesen uns. Versatzamt, Findelhaus, Bank, Gelehrtenverein, Wohltätigkeitsgesellschaft, alles das findet sich in Shanghai ganz wie bei uns. Eine chinesische Apotheke ist mit ihrem Kräuter- und Pillengeruch, mit der minutiösen Ordnung, die in all den in Reih' und Glied aufgestellten Büchsen und Schachteln und in den sorgfältig etikettierten Schubladenreihen herrscht, mit Gewichten und Wagen, mit den Procenten, welche der Apotheker nimmt, auf und nieder das Ebenbild unserer Apotheken. Nur werden hier neben Kräutern und Käfern auch Steine, Tigerknochen und Petrefacten um schweres Geld auf der Wage als Medicin vorgewogen. Ein chinesischer Bücherladen ist wie eine europäische Buchhandlung, wenn auch die chinesischen Bücher hinten anfangen und die Anmerkungen darin oben an die Seite gedruckt sind, nicht unten. Es ist leicht begreiflich, daß diese Gegensätze und wieder die Uebereinstimmung, die wir finden, der Hauptgrund sind, warum die Chinesen uns und wir den Chinesen so sonderbar erscheinen, daß sich beide gegenseitig als die größten Curiositäten anstaunen und übereinander lachen müssen[42] . . .

Trotz dieser heimatlichen Reminiszenzen vermochte es auch Shanghai nicht, Hochstetter ganz für die Chinesen und ihre Kultur einzunehmen. Zwar war er sich bewußt, daß sich »die Charaktereigenthümlichkeit und die geistigen Eigenschaften des Chinesen . . . bei so kurzem Aufenthalt und so beschränkten Erfahrungen, wie sie uns möglich waren, nur schwer unparteiisch und vorurtheilsfrei genug auffassen« lassen[43]. Das hinderte ihn aber nicht, gleich darauf munter daraufloszudilettieren:

> Aber das kann ich sagen, daß die Bedeutung unserer Redensart: »er ist ein Chineser« eine gänzlich unberechtigte ist. Klugheit, berechnender Verstand, in anderer Form Schlauheit und Pfiffigkeit sind vor allen anderen hervortretende Eigenschaften des Chinesen; da dazu noch Zähigkeit, Fleiß und Ausdauer kommt, so ist der Chinese im Allgemeinen ein tüchtiger Mensch, der zumal unter Fremden es leicht zu etwas bringt. Wenn ein Schriftsteller sagt, ganz China sei nur Ein ungeheurer großer Jahrmarkt, so muß man auch sagen, alle Chinesen sind geborne Krämer, und die Chinesen sind das größte Krämervolk der Welt, um nicht zu sagen das größte Handelsvolk. Alle diese Eigenschaften erinnern an den jüdischen Nationalcharakter. Wenn aber die Israeliten »das von Gott auserwählte Volk« waren, so sind die Chinesen das von Gott verlassenste Volk der Welt. Materialismus, Skepticismus, Egoismus, Epikuräismus – Worte und Begriffe, welche den absolutesten Widerspruch und Gegensatz des Christenthums bedeuten – das sind in China herrschende Principien. Die Staatsreligion, das politisch-social-philosophische System des Confucius, sanctioniert diese Principien, wenn nur das Princip der Pietät, des Gehorsams gegen Eltern und Obere, gegen den Kaiser nicht verletzt wird. Dieses Princip hält China und in ihm 380 Millionen Menschen in geordneter Gesellschaft beisammen. Höhere Vernunfteigenschaften, reinere sittliche Grundsätze scheinen den Chinesen fast gänzlich zu fehlen. Ich glaube, wer auch ganz China durchreist, wird – Naturscenen ausgenommen – nichts finden, was begeisternd, innerlich befriedigend, erhebend wirkt, er wird ungerührt, kalt das Land und seine Bewohner wieder verlassen, wie der, welcher nur acht Tage an Chinas Küste verlebt hat. Und doch kann man dem Chinesen, nicht dem Pöbel, aber dem Gebildeten, eine gewisse Liebenswürdigkeit, Anmuth und Feinheit im Umgange nicht absprechen, ebenso wenig als den Töchtern des Himmlischen Reiches, besonders in den höheren Classen, Schönheit und gute Erziehung. Die Literatur Chinas ist eine immense, vergeblich wird man aber Werke von tieferem wissenschaftlichen Werthe suchen, oder Dichter wie die Dichter Indiens, wohl aber kann man eine Statistik von 20.000 Bänden finden, Roman- und Komödienschreiber so viel man will. Die Chinesen haben riesige Bauwerke aufgeführt und luxuriöse Bauwerke, aber keines von ihnen wird einen Eindruck auf uns machen,

wie ihn der Anblick einer ägyptischen Pyramide oder eines Hindu-Tempels hinterläßt. Alles ist trockener Verstand; Phantasie, Gemüth, Ideen fehlen, und wo im Menschenleben uns nicht ein frischer Hauch der Begeisterung anweht, da gehen wir vorüber wie vor einer öden Haide, und wo die Gestaltung des Lebens nach Vernunftideen, nach den ewigen Ideen der Tugend, des Rechtes, der Kunst und der Wissenschaft fehlt, da erscheint der Mensch nur als die »Spottgeburt aus Feuer und Dreck«, nicht als Ebenbild Gottes[44].

Dem Leser, der nun tief Luft holt, sei gesagt, daß diese komprimierte Überheblichkeit, Selbstzufriedenheit, Pseudowissenschaftlichkeit und Verständnislosigkeit leider nicht nur auf China-Besucher des 19. Jahrhunderts beschränkt waren, sondern daß man auch heutzutage in China auf Europäer trifft, welche – wenn sie zwar auch Hochstetters Standard nicht erreichen – sich zumindest redlich Mühe geben.

Erfreulicherweise können aber Hochstetters Ergüsse nicht als repräsentativ für die Leitung der Expedition angesehen werden. Der Kommandant Wüllerstorf selbst hat (siehe oben) in seinen späteren Schriften den hohen Stand der ethischen Prinzipien des chinesischen Volkes anerkannt und bedauert, daß Europa keinen Konfuzius habe. Scherzer, der schon 1852–1855 eine Fahrt durch die USA, Mittelamerika und Westindien unternommen hatte, war ein weltoffener Mensch, der tiefer zu blicken vermochte. Gewiß, auch er hatte an Shanghai das eine oder andere auszusetzen. So fand er die dortige öffentliche Badeanstalt »nicht so elegant und comfortable wie das weitbekannte Morawetz'sche Dampfbad in Wien[44]«. Kritisch wurde von ihm auch vermerkt, daß es damals in China mit einigen alten Kunsthandwerken – wie der Porzellanerzeugung – bergab ging[45], eine Tatsache, die heute von chinesischen wie von europäischen Kunsthistorikern bestätigt wird. Mit wachem Blick sah Scherzer jedoch auch Lobenswertes und zögerte nicht, seine Eindrücke wiederzugeben. Die Achtung, die man in China dem Lehrerstand entgegenbrachte, imponierte ihm, und er meinte, daß für die Lehrer in China viel ausreichender gesorgt sei als in Österreich oder Deutschland[46]. Beeindruckt war er auch von der in China geübten religiösen Toleranz: »Ein besonders erfreulicher Beweis religiöser Duldsamkeit, würdig der Nachahmung in christlichen Staaten Europa's, ist das Bestehen protestantischer und katholischer Gotteshäuser mitten unter den Buddhistentempeln und anderen, dem heidnischen Cultus geweihten Hallen[47].« Sehr zum Unterschied von Hochstetter war Scherzer bereit, europäische Mängel zu sehen und anzukreiden. Ihm fehlte die christliche Selbstzufriedenheit seines Reisegefährten, und sein Glaube hinderte ihn nicht, die Missionstätigkeit der Jesuiten mit jener früherer Zeiten kritisch zu vergleichen:

Überhaupt sind die gegenwärtigen Leistungen der Mitglieder aus der Gesellschaft Jesu in China bei weitem nicht mit jenen ihrer berühmten Genossen im vorigen Jahrhundert zu vergleichen; man begegnet weder gründlicher Bildung noch praktischer Tüchtigkeit, und Sikkawéi[48] mit seiner dermaligen geistlichen Bevölkerung wird in keinem unbefangenen Katholiken einen befriedigenden Eindruck zurücklassen. Es fehlt hier dermalen an allem, was einst den Jesuiten in China zu so viel Ruhm und Ansehen verhalf: weder eine entsprechende Bibliothek, noch astronomische und physicalische Instrumente, noch chemische Laboratorien sind vorhanden, und fast scheint es auch an christlicher Toleranz, jenem untrüglichen Kennzeichen wahrer Bildung und Aufklärung, zu fehlen. Wenigstens glauben wird dies aus den Bemerkungen eines Jesuiten schließen zu müssen, welcher uns im Kloster herumführte, einige chinesische Worte an die neugierig uns angaffenden langbezopften Zöglinge richtete und dann, zu uns gewendet, im Französischen bemerkte: »Ich habe den jungen Chinesen erklärt, daß unsere gegenwärtigen Gäste römisch-katholische, *wahre* Christen seien, weil zuweilen auch Engländer die Mission besuchen, und das sind Ketzer.«[49]

Shanghai bot der Expedition reichlich Gelegenheit, die in Hongkong begonnenen Studien und Sammlungen zu ergänzen. Pfizmaier hatte den *Novara*-Reisenden ein Verzeichnis von vierzehn seltenen chinesischen Büchern anvertraut, und nach einem stundenlangen Aufenthalt in einem heißen und engen Laden gelang es tatsächlich, alle diese Werke mit Ausnahme eines einzigen zu erwerben. Außerdem kaufte man noch einige moderne chinesische Bücher, darunter einen Volksroman in 22 Bänden[50].

Der chinesischen Heilkunde und ihrer langen Tradition brachte Scherzer Respekt entgegen. Als er erfuhr, daß in chinesischen Apotheken als Heilmittel auch Muttermilch abgegeben werde, machte sich neben seinem wissenschaftlichen allerdings auch sein kommerzielles Interesse bemerkbar, und er rechnete sich aus, daß ein Chinese mit fünf bis sechs Nebenfrauen »eine förmliche Meierei« anlegen könne. Daneben verschaffte sich Scherzer genauere Informationen über die Ginsengwurzel, den grünen Indigo, verschiedene Teesorten und Seidenqualitäten, das chinesische Zuckerrohr Sorgho, verschiedene Bambusarten und über all das, was sich für Im- und Export bzw. zum Anbau in Europa oder China eignen konnte. Der französische Konsul Montigny beschenkte die Expedition mit Sämereien aus dem Norden Chinas[51]. Die American Episcopal Mission, die über einige sinologisch interessierte Missionare verfügte, war den Österreichern bei der Beantwortung vieler von Pfizmaier aufgeworfener ethnographischer, naturwissenschaftlicher und linguistischer Fragen behilflich. Vom Vorsteher dieser Mission, Dr. Bridgman, der ein chinesisches Werk über die Miau übersetzt hatte, waren bis dahin noch nicht zugänglich gewesene Informationen über diesen in einigen Provinzen Chinas lebenden Volksstamm zu erfahren, der das besondere Interesse Pfizmaiers erregt hatte[52].

Auch in Shanghai fand zu Ehren der Expeditionsmitglieder eine außerordentliche Sitzung des Zweiges der Royal Asiatic Society statt, an der etwa vierzig Personen teilnahmen. Nach dem Austausch von Begrüßungsadressen zwischen dem Präsidenten Dr. Bridgman und Commodore Wüllerstorf hielt Scherzer einen Vortrag in englischer Sprache »über den Hauptzweck der ersten österreichischen Erdumsegelungs-Expedition und ihre wissenschaftlichen Aussichten[53]«.

Nach Beendigung dieser Vorträge ergriffen noch mehrere der Anwesenden das Wort, darunter der eben in Shanghai verweilende bevollmächtigte Minister der Vereinigten Staaten von Nordamerika, Mr. Reed, welcher seine lebhafte Freude darüber ausdrückte, während seines Aufenthaltes in China mit dem Befehlshaber einer in so schöner Mission begriffenen österreichischen Fregatte und dessen Gefährten zusammengetroffen zu sein[54].

Außerdem trafen die beiden der Expedition angehörenden Naturforscher mit dem französischen Gesandten Baron Gros zusammen, nahmen aber von dem Besuch keinen positiven Eindruck mit. Der Diplomat sprach am liebsten von sich und seinen Verbindungen und versuchte ausgerechnet ihnen die Bedeutung Humboldts zu erklären[55].

Angenehm verliefen hingegen die Begegnungen mit hohen chinesischen Beamten Shanghais. Durch die Freundlichkeit des englischen Konsuls Brook Robertson erhielten der Befehlshaber Wüllerstorf und einige Mitglieder seines Stabes die Gelegenheit, im Konsulatsgebäude dem Empfang des höchsten chinesischen Beamten der Stadt beizuwohnen. Scherzer schildert den Mandarin als eine »sehr wohlproportionirte, schöne Gestalt, mit vornehmen, äußerst intelligenten Zügen, einem runden, glatten, weichen Gesicht, ohne allen Bartanflug, geschlitzten Augen, schönen, kleinen Händen und zierlichen Fingern mit sehr langen Nägeln[56]«. Nachdem ihm Wüllerstorf und Scherzer vorgestellt worden waren, richtete er an sie die Frage, ob die *Novara* ebenfalls im Golf von Petschili gewesen sei – mit anderen Worten, ob sie sich am militärischen Druck gegen das chinesische Reich beteiligt habe. Der englische Konsul erwiderte, die *Novara* sei das erste Kriegsschiff einer mit England befreundeten deutschen Großmacht, welches den Jangtsekiang und den Wusongfluß befahren habe, und die kaiserliche Fregatte verbinde mit ihrer Reise zugleich wissenschaftliche Zwecke. Dann behandelten die beiden Herren laufende Geschäfte, bis der Gastgeber das Gespräch wieder auf Österreich brachte, mit der Bemerkung, er habe nie vorher von dieser Macht etwas gehört. Der englische Dolmetsch bemühte sich, dem Gedächtnis des chinesischen Beamten zu Hilfe zu kommen, ließ die von Dr. Muirhead ins Chinesische übersetzte *Allgemeine Geographie* holen und schlug die Österreich betreffende Stelle auf. Der Mandarin ließ sich daraufhin diesen Passus von seinem Diener vorlesen. »Hierauf«, so berichtet Scherzer, »erkundigte sich der wißbegierige Chinese um die

Hauptausfuhrartikel und den Haupthandel des Landes, und sagte, er hoffe bald mehr ›Mandarine aus Österreich‹ in Shanghai zu sehen. Die *Novara*-Reisenden versuchten ihrerseits, durch Vermittlung des Regierungs-Dolmetschers aus einem leicht verzeihlichen, patriotischen Stolze dem Táu-tái eine möglichst gute Meinung von ihrem Vaterlande beizubringen und eine glänzende Schilderung von dem österreichischen Kaiserreiche, seinen Naturschätzen und seiner Bevölkerung zu geben[57].«

Hochstetter und Selleny brachten außerdem auf eigene Faust einen privaten Kontakt zu einem anderen chinesischen Beamten zustande. Der Mandarin mit dem blauen Knopf, Li Hoi-wan, angeblich Stellvertreter des ranghöchsten chinesischen Magistrats der Stadt, wohnte in einem weitläufigen, von vielen Höfen umgebenen Anwesen, in das sich die beiden Österreicher ohne Umstände eines schönen Morgens in Sänften hineintragen ließen. Als sie schließlich auf einen bewachten Eingang stießen, meldeten sie sich als fremde Gelehrte an und beriefen sich auf die gemeinsame Bekanntschaft mit einem englischen Arzt in Shanghai. Die ungebetenen Gäste wurden alsbald von einem Diener in ein Empfangszimmer gebeten, und bald erschien Li und bewirtete sie mit Zuckerbackwerk, Früchten, Zigarren, Tee und auch verschiedenen chinesischen Weinen, die jedoch die österreichischen Gäste nach Geruch und Geschmack eher an die Produkte eines Parfümerieladens erinnerten. Doch

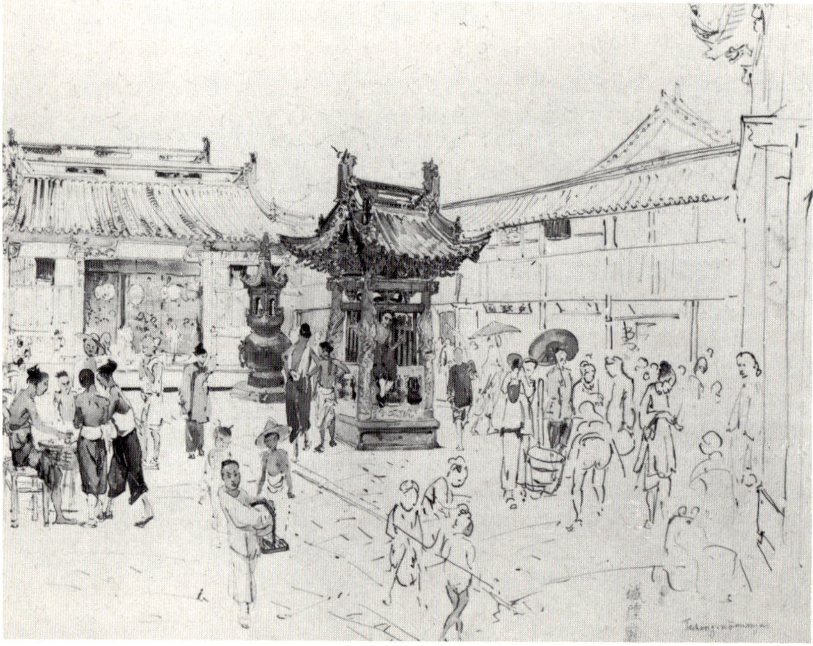

Tempelhof in Shanghai – Skizze von Josef Selleny
(Bildarchiv der Österreichischen Nationalbibliothek)

Li erhob immer wieder mit feierlichen Verneigungen sein Glas, und sie mußten austrinken. Als der chinesische Gastgeber vernahm, daß Selleny Maler war, bat er darum, ihn zu porträtieren, was am nächsten Tag geschah und zur vollsten Zufriedenheit des Mandarins gelang.

Später kam Li zum Gegenbesuch in die Wohnung der beiden Österreicher, welche ihnen vom Oldenburger Konsul Probst zur Verfügung gestellt worden war. Genau zur festgesetzten Stunde erschallten drei weithin tönende Gongschläge, und ein Polizeisoldat brachte die große rote Visitenkarte des Besuchers. Nach einem opulenten Essen, das mit Champagner beschlossen worden war, versuchte Li Hochstetter und Selleny dazu zu überreden, eine nochmalige Einladung zum Diner anzunehmen, was sie aber im Hinblick auf die baldige Abreise ablehnen mußten. Mit viel Höflichkeiten wurde – wie die Österreicher glaubten, für immer – Abschied genommen. Doch sie irrten. Nach wenigen Tagen erklangen am frühen Morgen wiederum Gongschläge, und vor dem Tor befand sich der Mandarin in einem prächtigen Tragsessel, von großem Gefolge begleitet. Selleny war schon an Bord, und Hochstetter, dem der Besuch zu dieser Zeit ungelegen kam, ließ sich verleugnen und dem Mandarin ausrichten, er möge sich an Bord der Fregatte begeben. So setzte sich der lange Zug wieder in Bewegung, und beschämt mußten die Österreicher hören, warum sich Li so früh zu ihnen bemühen wollte. Er

Josef Selleny, Figurenstudien von Chinesen aus Hongkong, Aquarell 1858
(Bildarchiv der Österreichischen Nationalbibliothek)

hatte vernommen, daß die Fregatte bald absegeln werde, und wollte den neu gewonnenen Freunden noch einige Andenken bringen, damit sie sich an ihn »wie an einen Bruder« erinnerten. Selleny bekam einige Rollbilder mit Kalligraphien von Lis eigener Hand sowie einen Seidenstoff und Hochstetter ein reiches Assortiment von Nüssen, Tee und getrockneten Früchten[58].

So erinnerte sich selbst der skeptische Hochstetter, auf dem Schiffe Lis Tee schlürfend, der chinesischen Gastfreundschaft mit Freude. Überdies waren sämtliche Mitglieder der Expedition von einem reichen chinesischen Kaufmann, dessen Name mit Ta-ki überliefert wird, zum Essen eingeladen worden, bei dem es nicht nur an die fünfzig Gänge gegeben hatte, sondern auch noch die malerische Umrahmung durch eine private Theatervorstellung[59]. So mögen die österreichischen Forschungsreisenden auf den China-Stationen ihrer Weltreise in verschiedenem Maße China verstehen und lieben gelernt haben. Dem überwältigenden Eindruck chinesischer Gastlichkeit vermochte sich aber kein einziger von ihnen zu entziehen.

Die Auswertung der Expeditionsergebnisse

Auf der Heimreise schien es gelegentlich so, als wäre die Auswertung der wissenschaftlichen Tätigkeit der Forschungsexpedition ernstlich gefährdet. In lateinamerikanischen Gewässern erreichte Wüllerstorf die Nachricht, daß ein Krieg zwischen Österreich und Frankreich unmittelbar bevorstehe. Im Programm waren noch Besuche in Lima, auf den Galapagos-Inseln, in Buenos Aires und Montevideo vorgesehen. Doch Wüllerstorf stand nun vor der verantwortungsvollen Aufgabe, das Schiff und seine Ladung vor feindlichem Zugriff zu bewahren, und entschloß sich, auf direktem Wege heimzusegeln. Als er am 11. Mai 1859 Valparaiso verließ, halfen ihm noch die Boote eines französischen Kriegsschiffs, die *Novara* aus dem Hafen zu schleppen[60]. Nach der Umsegelung von Kap Hoorn hörte der Commodore von einem Kauffahrer, daß der Krieg schon längst ausgebrochen war, und er war daher während der Überquerung des Atlantiks immer gewärtig, von überlegenen feindlichen Kräften angegriffen zu werden. Erst beim Eintreffen in Gibraltar am 27. Juli 1859 erfuhr Wüllerstorf, daß Napoleon III. den ausdrücklichen Befehl erlassen hatte, der *Novara* freie und unbehinderte Fahrt zu gewähren, weil sie wissenschaftliche Schätze trage und die Wissenschaft das Gemeingut aller Völker der Erde sei[61].

Man muß allerdings sagen, daß auch Österreich in Ansehung dieses Gedankens seinen Beitrag geleistet hat, indem die Forschungsergebnisse der Expedition in umfassender Weise bekanntgemacht wurden. Die genauen Berichte Karl von Scherzers wurden auf Kosten der Kriegsmarine in 5000 Exemplaren gedruckt und waren bereits nach einem Jahr ausverkauft, so daß die Verlagsbuchhandlung Carl Gerold's Sohn 1864 eine Volksausgabe desselben Werkes herausbrachte[61a]. Hochstetter hatte seine Eindrücke laufend in der *Wiener Zeitung* veröffentlicht, und seine Berichte erschienen nach seinem Tode nochmals gesammelt in Buchform bei Eduard Hölzel in Wien. Für die internationale Wissenschaft war aber vor allem der umfangreiche Gesamtbericht von Interesse, welcher im Auftrag des Kaisers in 21 Bänden von der Hof- und Staatsdruckerei herausgegeben wurde. Der Kostenaufwand für dieses unter Leitung der Kaiserlichen Akademie der Wissenschaften publizierte Werk betrug nicht weniger als 125.000 Gulden. Material war in einer solchen Fülle gesammelt worden, daß die Aufarbeitung und Drucklegung fast achtzehn Jahre in Anspruch nahm. Im Dezember 1876 hielt Wüllerstorf als Präsident der *Novara*-Kommission eine Schlußsitzung ab und überreichte nachher dem Kaiser die beiden letzten Bände des wissenschaftlichen Berichtes[62].

Die im Auftrag der Akademie der Wissenschaften ausgeführte Bearbeitung der von Karl Scherzer gesammelten Unterlagen geriet allerdings diesen nicht immer zum Vorteil. Im anthropologischen Teil, für den der k. k. Oberarzt Dr. A. Weisbach als Bearbeiter verantwortlich zeichnete, wurden zum Beispiel anhand weniger Messungen, die noch dazu ausschließlich an Südchinesen vorgenommen worden waren, weitreichende Schlüsse auf Nasenlänge und -höhe »der Chinesen« gezogen, die dann wieder mit denen der »Neuseeländer, Amboinesen, Sundanesen, Nikobarern, Javanesen« usw. verglichen wurden. Beim Herausarbeiten des Unterschiedes zwischen beiden Geschlechtern kam Weisbach zu dem umwerfenden Ergebnis, daß das Weib kleiner und schwächer und sein Puls schneller sei. Daß die bedeutenden Unterschiede, was den Puls betrifft, unter Umständen zum Teil darauf zurückzuführen waren, daß weibliche Sträflinge sich mehr darüber erregten, ausgezogen und von Ausländern gemessen zu werden, als ihre männlichen Kollegen, ist ein Gedanke, der bei der Auswertung nicht aufgetaucht ist[63].

Viel schlimmer ist es allerdings noch um den China gewidmeten ethnographischen Teil bestellt, der dem Professor für orientalische Linguistik an der Universität Wien, Friedrich Müller, zur fachkundigen Bearbeitung übergeben worden war. Die Lektüre dieses Teils gibt darüber Auskunft, daß Müllers Informationen über China im wesentlichen aus Vorurteilen und wissenschaftlichen Informationen aus dritter und vierter Hand bestanden. Aus beiden hat er ausgiebigst geschöpft. Schon seine eingangs getroffene Feststellung, der Chinese »bezeichnet den Punkt, bis zu welchem der Hochasiate überhaupt sich zu entwickeln vermag[64]«, läßt Schlimmes ahnen. Wenig später dann versucht Müller, dem Leser seinen eigenen, außerhalb jeder wissenschaftlichen Kategorie stehenden Schönheitsbegriff aufzudrängen. Oder er reproduziert unverdaut und kritiklos Angelesenes, wenn er schreibt: »In der Jugend, bis etwa zum fünfzehnten und zwanzigsten Jahre, ist der Chinese oft von hübschem, einnehmendem Aussehen; dagegen wird er nach erlangter Geschlechtsreife in der Regel häßlich, da die breiten Backenknochen hervortreten[65].« In der Folge läßt er dann keinen der damals über China verbreiteten irreführenden Gemeinplätze aus: Die Chinesen wüschen sich nicht, betrachteten das Bad als den Göttern nicht angenehm und ernährten sich mit Vorliebe von abscheulich riechenden Fischen in fortgeschrittenem Verwesungsstadium[66]. Nicht fehlen darf hier natürlich der Vorwurf des Mangels an schöpferischer Phantasie und die damit verknüpfte Feststellung einer Stagnation des chinesischen Volkes[67]. Mit der im 19. Jahrhundert in Europa üblichen Verachtung für nicht proper gerüstete Staaten bemängelt Müller die ungenügende kriegswissenschaftliche Ausbildung der Beamten, das Fehlen an Ausrüstung und an Drill[68]. Im Gegensatz zu Scherzer, auf dessen Angaben er sich angeblich stützt, und welcher der chinesischen Medizin in differenzierter Art eine Würdigung nicht versagte, kommt Müller zu dem kurzen Urteil, daß sich die chinesische Medizin auf einer tiefen Stufe befinde[69]. In seinem ureigensten, nämlich dem sprachwissenschaftlichen, Bereich sucht er sich am Anfang den Anstrich eines Experten zu geben, indem er die Aussprache des Mandarins mit dem Kantonesischen vergleicht, bringt aber in der Folge beides gründlich durcheinander und dürfte nicht einmal gewußt haben, wie chinesische Wörter in der damals üblichen englischen Transskription auszusprechen sind. So wie ihm das *Yi Jing* »ein Werk voll dunkler Sätze« war, so dürfte ihm die chinesische Realität ganz allgemein eher im dunklen geblieben sein[70].

Im Vergleich dazu liest sich der von Scherzer verfaßte »Statistisch-commerzielle Theil« sehr wohltuend. Scherzer hat sich sichtlich die Unabhängigkeit seines Urteils ebenso bewahrt wie die Fähigkeit, über die Mauern von Vorurteilen hinwegzublicken. Und er zögert auch nicht, solche Vorurteile mit der ihm eigenen Sachlichkeit zu korrigieren:

> ... Der bekannte deutsche Missionar Gützlaff bezeichnet den Chinesen zwar als kriechend, lügnerisch, ränkevoll und habsüchtig, in dessen Charakter sich so viele Widersprüche zeigen, daß man sich kaum überreden kann, es könnten die nämlichen Laster und Tugenden derselben Person angehören; allein auch dieser gründliche Kenner chinesischen Wesens muß zugeben, daß die Chinesen ein großes Volk sind, welches, seiner Macht einmal bewußt, Gewaltiges leisten dürfte! Der heutige verkommene Zustand des Landes und seiner Bewohner muß überhaupt weit mehr den egoistischen Herrschern des Reichs der Mitte als dem Volke zur Last gelegt werden, welches jetzt, im ungehinderten Verkehr mit den Nationen des Westens, sicher mit Riesenschritten einholen wird, was es bisher ohne sein Verschulden versäumt hat[71].

Scherzers Darstellung ist außerdem eine Fundgrube für wichtige Details des Handels mit China. Scherzer gibt einerseits Ratschläge, wie man am besten nach China exportieren könne:

Es ist wichtig, hervorzuheben, daß in China nicht nur ein zierliches Äußeres und eine sorgfältige Verpackung, sondern auch Güte und Dauerhaftigkeit der Waaren gefordert wird. Man muß die sehr pedantischen Chinesen in *allen* ihren Eigenheiten zufriedenstellen, um irgendein günstiges Resultat auf ihren Märkten zu erzielen[72].

Andererseits gibt Scherzer dem Importeur detaillierteste Angaben – so etwa, wie die Aromatisierung von chinesischem Tee vorgenommen wird oder wie die Qualität von Rhabarberwurzeln zu prüfen ist (»Wenn die Wurzel beim Kauen schleimig wird, sollte sie zurückgewiesen werden.«)[73]. Außerdem hatte Scherzer dafür gesorgt, daß der autodidaktisch zum qualifizierten Sinologen aufgerückte August Pfizmaier wenigstens einige Unterlagen erhielt, mit denen er vorübergehend seinen großen Wissensdurst stillen konnte. Pfizmaier widmete sich diesen neuen Quellen mit wahrem Feuereifer und berichtete bald darauf vor der philosophisch-historischen Klasse der Akademie der Wissenschaften eingehend über »ein Gedicht des chinesischen Gegenkaisers«, einen Maueranschlag der Aufständischen in China und »einige von Herrn Dr. Karl Ritter v. Scherzer eingesandte chinesische und japanische Münzen[74]«. Sämtliche Berichte zeugen von großem Sachverstand und einer kaum zu überbietenden Akribie, welche der Bearbeitung der Materialien sehr zum Vorteil gereichten. Pfizmaier arbeitete rascher, korrekter und gründlicher als die meisten der offiziell zur Auswertung der Expedition berufenen Wissenschaftler. Mögen also die gesammelten Forschungsberichte über die Reise der *Novara* verschieden detailliert oder fundiert sein, so blieb jedem einzelnen Beitrag sein Wert als Grundlage und Informationsquelle für weitere Forschungen. In diesem Sinne ist die Reise der *Novara* sehr hoch zu bewerten und sind die Expeditionsresultate, wie Scherzer meint, »ein Gemeingut der ganzen gebildeten Welt geworden«. Kein geringerer als Charles Darwin hat diese Auffassung bestätigt, als er an Scherzer über das *Novara*-Werk schrieb, »es sei darin eine erstaunliche Menge von belehrenden Mittheilungen angehäuft[75]«.

ANMERKUNGEN

1 Friedrich Wallisch, *Sein Schiff hieß Novara*, Wien-München, 1966, S. 15.

2 Diese und auch die anschließenden biographischen Daten Wüllerstorfs folgen dem von Dr. Karl von Scherzer für die *Allgemeine Zeitung* verfaßten und den *Vermischten Schriften* Wüllerstorfs vorangestellten Nekrolog: *Vermischte Schriften des k. k. Vice-Admirals Bernhard Freih. v. Wüllerstorf-Urbair*, hrsg. von seiner Witwe, Graz 1889, S. VIII ff.

3 Wallisch, *Sein Schiff hieß Novara*, S. 16.

4 *Vermischte Schriften des k. k. Vice-Admirals Bernhard Freih. v. Wüllerstorf-Urbair*, S. XIII.

5 Ebd., S. 604 f.

6 *Ferdinand von Hochstetters gesammelte Reiseberichte von der Erdumsegelung der Fregatte »Novara« 1857–1859*, Wien 1885, S. 3.

7 Karl von Scherzer, *Reise der österreichischen Fregatte Novara um die Erde in den Jahren 1857, 1858, 1859,* Volksausgabe, Bd. 1, Wien 1864, S. 4.
8 Ebd., S. 3, sowie S. 30 der Beilagen. Joseph Selleny, geb. 1824 zu Wien, gest. 1875 in der Irrenanstalt von Inzersdorf, hielt den Verlauf der Expedition in einer Reihe gut gelungener Bilder fest.
9 Ebd., S. 3.
10 Wallisch, *Sein Schiff hieß Novara,* S. 18.
11 Scherzer, *Reise der österreichischen Fregatte Novara . . .,* S. 28.
12 Alexander Dorn, *Kriegsmarine und Volkswirtschaft in Österreich-Ungarn,* Wien 1885, S. 67.
13 *Ferdinand von Hochstetters gesammelte Reiseberichte . . .,* S. 188.
14 Ebd., S. 189.
15 Ebd.
16 Scherzer, *Reise der österreichischen Fregatte Novara . . .,* S. 468.
17 Ebd., S. 474.
18 Ebd., S. 474–477. Gemäß den Angaben Doblhoffs nannte sich dieser erfolgreiche Geschäftsmann nach seinem in der Nähe Kantons gelegenen Heimatort Whampoa und hieß in Wirklichkeit Hoa K'ee. J. D., *Tagebuchblätter von einer Reise nach Ostasien 1873–1874,* Wien 1874, 2. Band, S. 32.
19 Josef Lehnert, *Um die Erde – »Erzherzog Friedrich« – 1874–1876,* S. 155.
20 *Ferdinand von Hochstetters gesammelte Reiseberichte . . .,* S. 228.
21 Ebd., S. 229 f.
22 Ebd., S. 231.
23 Scherzer, *Reise der österreichischen Fregatte Novara . . .,* Bd. 2, S. 2 f.
24 *Ferdinand von Hochstetters gesammelte Reiseberichte . . .,* S. 234.
25 Scherzer, *Reise der österreichischen Fregatte Novara . . .,* Bd. 2, S. 3 f.
26 Ebd., S. 11–13.
27 Ebd., S. 15.
28 Ebd., S. 33.
29 Ebd., S. 25.
30 Ebd., S. 15–17.
31 Ebd., S. 10.
31a Ebd., S. 17.
32 Ebd.
33 Ebd., S. 40.
34 *Vermischte Schriften des k. k. Vice-Admirals Bernhard Freiherr von Wüllerstorf-Urbair,* S. 597 f.
35 Scherzer, *Reise der österreichischen Fregatte Novara . . .,* Bd. 2, S. 18 f., 20.
36 Ebd., S. 21 f.
37 *Ferdinand von Hochstetters gesammelte Reiseberichte . . .,* S. 239.
38 Scherzer, *Reise der österreichischen Fregatte Novara . . .,* S. 21 f.
39 Ebd., S. 44.
40 Ebd., S. 46.
41 *Ferdinand von Hochstetters gesammelte Reiseberichte . . .,* S. 255 f.
42 Ebd., S. 257.
43 Ebd., S. 259.
44 Scherzer, *Reise der österreichischen Fregatte Novara . . .,* S. 50.
45 Ebd., S. 64.
46 Ebd., S. 67.
47 Ebd.
48 Missionsstation der Jesuiten außerhalb von Shanghai.
49 Scherzer, *Reise der österreichischen Fregatte Novara . . .,* S. 93 f.
50 Ebd., S. 49.
51 Ebd., S. 62 ff.
52 Ebd., S. 78 f.
53 Ebd., S. 81 f.

54 Ebd.
55 Ebd., S. 83.
56 Ebd., S. 87.
57 Ebd., S. 87 f.
58 *Ferdinand von Hochstetters gesammelte Reiseberichte...*, S. 262–264.
59 Scherzer, *Reise der österreichischen Fregatte Novara ...*, S. 97 ff.
60 Friedrisch Wallisch, *Sein Schiff hieß Novara*, S. 43 f.
61 Ebd., S. 44 f.
61a Scherzers Werk behielt bis weit ins zwanzigste Jahrhundert hinein seine Popularität. Eine Kurzausgabe erschien als Bd. 49 in der Reihe *Reisen und Abenteuer* 1930 bei Brockhaus in Leipzig; 1973 wurde das Buch von Günter Treffer bei Fritz Molden, Wien-München-Zürich, neu herausgegeben.
62 *Vermischte Schriften des k. k. Vice-Admirals Bernhard Freiherr von Wüllerstorf-Urbair*, S. 661.
63 *Reise der österreichischen Fregatte Novara um die Erde in den Jahren 1857, 1858, 1859* – Anthropologischer Theil, Zweite Abteilung, Wien 1867, S. 12, S. 49.
64 Ebd., Anthropologischer Theil, Dritte Abteilung, S. 153.
65 Ebd., S. 157.
66 Ebd., S. 158, 160.
67 Ebd., S. 162.
68 Ebd., S. 171.
69 Ebd., S. 174.
70 Ebd., S. 182–184.
71 Karl von Scherzer, *Statistisch-commerzielle Ergebnisse einer Reise um die Erde, unternommen an Bord der österreichischen Fregatte Novara in den Jahren 1857–1859*, Leipzig – Wien 1867, S. 336.
72 Ebd., S. 443.
73 Ebd., S. 395.
74 Sitzungsberichte der Kaiserlichen Akademie der Wissenschaften, Philosophisch-historische Klasse, Bd. 29, 1859, S. 26–36; Bd. 33, 1860, S. 233–246; Bd. 37, 1861, S. 45–55.
75 *Vermischte Schriften des k. k. Vice-Admirals Bernhard Freiherr von Wüllerstorf-Urbair*, S. XII.

Siebentes Kapitel

Reisernte mit Sensen aus Österreich?

Pläne für einen österreichischen Chinahandel

1868 veröffentlichte Paul Pacher im Auftrag des Vereins der österreichischen Industriellen eine Schrift, in der die Pläne zu einer weiteren ostasiatischen Expedition kritisch beleuchtet wurden[1]. Darin setzt er sich teils mehr, teils weniger fachkundig mit den Chancen Österreichs auf dem ostasiatischen Markt auseinander. Das Frachtgeschäft im chinesischen Meer hält er wegen der niederen Stufe der chinesischen Schiffsbaukunst für sehr lohnend. Er sieht auch im Direktimport bestimmter Güter – Rohseide und Tee – gute Chancen und dringt darauf, als Gegenwert österreichische Waren zu exportieren. Nach der Empfehlung, den Chinesen Brünner und Reichenberger Schafwollwaren anzubieten, hebt er besonders die Möglichkeit hervor, österreichische Sensen – natürlich mit ausgiebiger staatlicher Exportförderung – in China an den Mann zu bringen[2].

Wie war es dazu gekommen, daß man sich so konkret mit Exportplänen nach China befaßte? Den Grundstein dazu hatte die Expedition der *Novara* gelegt, deren Leiter, Wüllerstorf-Urbair, aufgrund der gemachten Beobachtungen 1860 ein »Project einer Expedition zu handelspolitischen Zwecken nach Siam, China und Japan« vorlegte. Er sah die Möglichkeit regelmäßiger Handelsbeziehungen mit jenen Ländern zum Vorteil der kommerziellen und industriellen Entwicklung Österreichs und sagte für den Fall der Verwirklichung seines Projektes voraus:

> Handel, Industrie und Schiffahrt, die drei belebenden Factoren der Civilisation und des Wohlstandes der Völker, würden auch in unserem Vaterlande sich entwickeln und nicht nur die Individuen bereichern, sondern indem dieselben steuerkräftiger werden, auch dem Gesamtstaate solchen Nutzen bringen, daß die gegenwärtige Auslage *(Anknüpfung der Handelsbeziehungen durch eine staatliche Expedition – Anm. d. A.)* rasch darüber vergessen werden dürfte. Dieses Capital würde sich hundertfach verzinsen, wenn es gelingt, uns den Weltmarkt zu öffnen und der Vortheile theilhaftig werden zu lassen, deren sich andere Nationen bereits erfreuen[3]...

In Verfolgung dieses Zieles vertiefte sich Wüllerstorf in die Ausarbeitung eines Planes, der die Erschließung dieser Möglichkeiten für Österreich durch eine staatliche Expedition in ostasiatische Gewässer vorsah.

Als er noch an dem Projekt arbeitete, besuchte er in Wien und Brünn eine Reihe von Industriellen und besprach mit ihnen die Ursachen der verhältnismäßig geringen Ausfuhr österreichischer Fabrikate und des noch geringeren Anteils, den die österreichischen Seehäfen daran hatten. Er meinte, dies liege an der zu geringen Bedeutung, welche in Österreich bis jetzt dem Seehandel zugemessen worden sei. Die Ausdehnung der Handelsmarine eines Staates gebe ihm eine so große Wichtigkeit, daß seine Oberflächenausdehnung, ja die absolute Größe seiner Bevölkerung und alle seine Reichtümer dagegen kaum in Betracht kämen[4]:

> Heutzutage ist ein Staat ersten Ranges ohne Küste und ohne Schifffahrt nicht denkbar, sowie seine Civilisation nur nach Maßgabe seiner größeren oder kleineren Berührungen mit der See, seiner größeren oder geringeren Verbindungen mit fernen Küsten eine höhere Stufe erreichen kann, denn die Civilisation ist die Tochter des Verkehres, nur in ihm liegt der Fortschritt des praktischen Wissens ... Industrie, Handel und Schiffahrt sind also die drei belebenden Elemente einer Nation ... Österreich, so groß es ist, so sehr es an Bodenerzeugnissen und Hilfsquellen Überfluß hat, so sehr auch in letzter Zeit in einigen Theilen desselben die industriellen Kräfte nach höherer Entwicklung ringen und selbst große Fähigkeiten an den Tag legten, ist, seit die Handelsbewegung anderer Länder allgemeiner geworden, zurück-, also arm geblieben, weil eben die drei Factoren des Reichthums und der Intelligenz eines Volkes, Industrie, Handel und Schiffahrt einseitig vorgingen, auf die Gesamtheit der Bevölkerung, sowie auf die Regierung keinen einheitlichen Einfluß ausüben konnten und sich eher gegenseitig geschadet als genützt haben[5].

Und schließlich wies Wüllerstorf auf Triest hin, dessen Bedeutung als Hafen zu heben, schon das Anliegen Karls VI. und Maria Theresias gewesen war:

> Triest als wichtigster Hafen der Monarchie, als größter Handelsplatz Österreichs hat aber zu eigenem und zu allgemeinem Nutzen die Aufgabe zu lösen: die österreichische Industrie und Production und die österreichische Schiffahrt zu heben, dadurch das wirkliche Handelsemporium für den Kaiserstaat, für die zum Theile jungfräulichen Hinterländer zu werden, der Vermittler des Verkehres zu sein zwischen In- und Ausland[6].

Ähnlich äußerte sich Wüllerstorf vor dem niederösterreichischen Gewerbeverein. Außerdem brachte er dort zum Ausdruck, daß die Erzeugnisse, die im Fernen Osten loszuschlagen wären, gerade solche seien, über welche Österreich in großer Menge verfüge: Glaswaren und Spiegel, Quecksilber, Blei, Kerzen, Mehl, Tuche, Segelleinwand usw. Da größere Schiffe ihre ganze Fracht nicht auf einmal verkaufen könnten, eigneten sich für chinesische Häfen am besten Schiffe von 400 bis 600 Tonnen. Dies habe auch schon ein Österreicher erkannt: Kapitän Visin, der mit seiner kleinen Brigg *Splendido* die glänzendsten Geschäfte mache[7].

Ein besonderes Echo fanden Wüllerstorfs Ausführungen in Triest, wo sich die Reeder schon längere Zeit hindurch bemüht hatten, auf die Vorteile des Fernhandels hinzuweisen. In diesem Zusammenhang sind vor allem die Handelsfirmen Revoltella, Reyer und Schlick zu nennen. Im Finanzminister, Freiherr Karl von Bruck, hatte man einen Verbündeten gewonnen, der sich seine ersten kommerziellen Sporen in Triest als Angestellter bei Reyer verdient hatte und später als Direktor des Lloyd, Handelsminister und Gesandter in Konstantinopel zu höchsten Ämtern gelangt war. Zum Kreis gehörten auch Scherzer sowie der Professor der Nationalökonomie Lorenz von Stein[8]. Bald trat auch Erzherzog Ferdinand Max als Generalgouverneur von Lombardo-Venetien als wirksamer Förderer an ihre Seite.

1860 jedoch erhielten die Bemühungen um den Fernhandel einen schweren Schlag. Eine Betrugs- und Bestechungsaffäre kam auf, in die auch Freiherr von Revoltella verwickelt war. Bruck, der in dieser Affäre aussagen sollte, wurde in den vorzeitigen Ruhestand versetzt und beging Selbstmord. Erzherzog Ferdinand Max mußte auf seine Ämter als Generalgouverneur und Marinekommandant verzichten, was nicht zuletzt für seine mexikanische Option ausschlaggebend war. Die Pläne, welche Bruck, Stein und Scherzer für den Erwerb von auf dem Weg nach Ostasien liegenden Stationen zur Unterstützung des Fernhandels in diese Region unterbreitet hatten, blieben unerledigt[9]. Bloß Pasquale Revoltella blieb unerschüttert und tröstete seine Angehörigen mit der knappen Bemerkung: »Seid ruhig, Kinder, so reich ist kein Kaiser der Welt, daß er einen Revoltella verurteilen lassen könnte[10].« Doch auch er mußte sich drei Jahre lang ruhig verhalten und konnte sich erst nach einer namhaften patriotischen Spende erlauben, wiederum die Initiative zu ergreifen. Ab 1863 war das Revoltella-Komitee bereits wieder dabei, aufgrund der Erfahrungen der Expedition der *Novara* ein neues, konkreteres, handelspolitisch ausgerichtetes Unternehmen zu planen[11]. Nachdem Revoltella dem Kaiser eine Denkschrift überreicht hatte, verordnete dieser mit einem Allerhöchsten Handschreiben vom 9. Februar 1864 die Einsetzung eines Spezial-Komitees zur Vorbereitung einer kommerziell-maritimen transozeanischen Expedition in Triest[12].

Die hohe Protektion durch Erzherzog Ferdinand Max war den Triestiner Handelshäusern zwar verlorengegangen, doch konnten sie nach wie vor des Interesses hochgestellter Persönlichkeiten der österreichischen Marine sicher sein. Wüllerstorfs »Projekt einer Expedition zu handelspolitischen Zwecken nach Siam, China und Japan« hatte das Interesse des Kaisers erregt. Mit seinem ehemaligen Untergebenen Tegetthoff, der schon in seinen Kadettentagen von einer Reise nach Ostasien geträumt hatte, besprach Wüllerstorf noch vor dem Beginn des Krieges von

1866, daß ein österreichisches Geschwader zur Anknüpfung umfangreicher Handelsverbindungen nach dem Fernen Osten auslaufen sollte. Die akkuraten Vorstellungen Wüllerstorfs von dem Projekt hatten in der Zwischenzeit den Ministerpräsidenten Belcredi so für das handelspolitische Verständnis des Admirals eingenommen, daß er ihn einlud, in seinem Kabinett das Amt des k. k. Ministers für Handel und Volkswirtschaft zu bekleiden[13]. Diese Funktion führte Wüllerstorf übrigens wieder mit Karl von Scherzer zusammen, der im selben Ministerium die Funktion eines Ministerialrates ausübte. Natürlich nutzte Wüllerstorf auch dieses Amt, um mit aller Tatkraft für die verstärkte Nutzung Triests einzutreten.

Der »Ausgleich« mit Ungarn brachte dann allerdings die Schaffung eines eigenen ungarischen Handelsministeriums mit sich, eine Lösung, der Wüllerstorf aus prinzipiellen Gründen nicht zustimmen mochte. Der Nachfolger Belcredis als Ministerpräsident, Ferdinand Friedrich Graf von Beust, widersetzte sich aber sogar den Mindestforderungen Wüllerstorfs nach einer Einheit des Eisenbahnwesens und der Handelsmarine, und so legte Wüllerstorf am 18. April 1867 sein Amt nieder. Kaiser Franz Joseph ernannte ihn zum lebenslänglichen Mitglied des Herrenhauses und berief ihn zum Kommandanten des Geschwaders, das nach Ostasien abgehen sollte[14].

ANMERKUNGEN

1 Paul Pacher, *Die ostasiatische Expedition im Auftrage des Vereins der österreichischen Industriellen kritisch beleuchtet*, Wien 1868.

2 Ebd., S. 17–21.

3 *Vermischte Schriften des k. k. Vice-Admirals Bernhard Freih. v. Wüllerstorf-Urbair*, hrsg. von seiner Witwe, Graz 1889, S. 216.

4 Ebd., S. 225 f.

5 Ebd., S. 226 f.

6 Ebd., S. 231.

7 *Mittheilungen über den Handel in den verschiedenen, von Sr. Majestät Fregatte »Novara« berührten Ländern der Erde* – Vortrag des Contre-Admirals Freiherrn von Wüllerstorf – Separat-Abdruck aus den Verhandlungen und Mittheilungen des nieder-österreichischen Gewerbe-Vereines, Wien 1861, S. 13. Den mutigen Unternehmungen des von Wüllerstorf erwähnten Kapitän Visin wurde übrigens nicht nur verbales Lob zuteil. Er wurde – wahrscheinlich als einziger – mit der 1850 von Kaiser Franz Joseph gestifteten weißen Ehrenflagge mit dem Doppeladler ausgezeichnet. Diese vor allem für die Erschließung neuer Handelswege vorgesehene Anerkennung erhielt Visin, nachdem er zwischen 1851 und 1859 acht Jahre lang erfolgreiche Handelsfahrten nach China absolviert hatte. Die Fahne hängt heute noch im Rathaus von Visins Heimatgemeinde Perzagno/Prcanj in der Boka Kotorska. – Anton E. Sokol – Lothar Baumgartner, *Welches österreichische Schiff war das erste, das China anlief?*, in: *Marine, gestern, heute*, Bd. 1979, S. 93. Vgl. auch Lothar Baumgartner, *Die Entwicklung der österreichischen Marineflagge*, in: *Militaria Austriaca*, 1977, S. 29 ff.

8 Johann Wagner, *Österreichische Kolonialversuche in der zweiten Hälfte des neunzehnten Jahrhunderts* (Diss.), Wien 1955, S. 7.

9 Ebd., S. 61
10 Ebd., S. 62.
11 Ebd.
12 Alexander Dorn, *Kriegsmarine und Volkswirtschaft in Österreich-Ungarn,* Wien 1885, S. 73.
13 Friedrich Wallisch, *Sein Schiff hieß Novara,* Wien-München 1966, S. 84, 89.
14 Ebd., S. 89 f.

Achtes Kapitel

Ist Franz Joseph wirklich »Kaiser« ?

Vorbereitung, Verhandlung und Abschluß des ersten Vertrages zwischen der Doppelmonarchie und China

Die Vorbereitungen

Vorbereitungen fanden im wesentlichen bloß auf österreichischer Seite statt, da die Chinesen von ihrem Glück noch nichts wußten. Das Projekt der Expedition wurde unter der Leitung des Reichskanzlers Ferdinand Friedrich Freiherr von Beust im Rahmen einer interministeriellen Kommission eingehend besprochen. Außer ihm gehörten der Kommission noch an: der österreichische Handelsminister Ignaz von Plener, der Hof- und Ministerialrat im k. k. Ministerium des Äußeren Maximilian Freiherr von Gagern, der Ministerialrat im k. k. Handelsministerium Dr. Karl Ritter von Scherzer, der k. k. Linienschiffskapitän Anton Ritter von Wiplinger als Vertreter des k. k. Reichskriegsministeriums sowie der Sektionsrat im königlich-ungarischen Handelsministerium Graf Zichy[1].

Da Beust mitteilte, es sei ihm zu Ohren gekommen, daß Wüllerstorf den Auftrag als seinem Rang nicht entsprechend ablehnen würde, entschloß man sich, an Wüllerstorf eine offizielle Anfrage zu richten, ob er bereit sei, die Escadre zu führen[2]. In diesem Zusammenhang wies Scherzer darauf hin, daß der Expeditionsleiter entsprechender Hilfspersonen bedürfe – zur Berichterstattung an wissenschaftliche Institute, an die Industrie, zur Intervention bei den Lokalbehörden. Scherzer benützte die Gelegenheit auch gleich dazu, um sich selbst um die Ernennung zum Expeditionsleiter zu bewerben[3].

Beust reagierte darauf zuerst ausweichend, betonte nochmals, daß man zuerst von Wüllerstorf Antwort bekommen müsse, und warf außerdem indirekt Scherzer aus dem Rennen, indem er betonte, daß der Chef der Expedition sich während der gesamten Reise an Bord zu befinden habe[4]. Das war Scherzer nicht möglich, denn er sollte im Auftrag der Regierung den Isthmus von Suez bereisen, Bombay besuchen und sich der Expedition erst in Singapur anschließen[5]. Danach machte Zichy für Ungarn einen Vorstoß und berichtete vom Interesse ungarischer Industrieller, der Expedition Musterproben von ungarischen Erzeugnissen wie Mehl, Speck, Seife, Wachstuch, Zündwaren, Nadeln u. a. mitzugeben. Der österreichische Handelsminister Plener empfahl hierauf den österreichischen Produzenten, ein gleiches zu tun, und Kapitän Wiplinger, dem dabei offensichtlich grauenhafte Visionen von der Umgestaltung seines Schiffes in eine »vermischte Warenhandlung« aufgestiegen waren, beeilte sich, im Namen der Marine darauf hinzuweisen, daß der Laderaum an Bord der *Donau* und der *Erzherzog Friedrich* ziemlich beschränkt sei[6]. Nun machte Scherzer die Kommission darauf aufmerksam, daß man sich das Mitnehmen von Geschenken sparen könne, da »deren Verabreichung in China nicht üblich sei« – eine Bemerkung, die zweifellos unrichtig war und angesichts der reichen Erfahrung Scherzers verwundert. In dem von ihm selbst verfaßten Expeditionsbericht gibt Scherzer dazu einen Hinweis: Nur tributpflichtige Stämme pflegten der Regierung in Peking Geschenke zu überbringen[7]. Die auf der Sitzung zum besten gegebene Version dürfte der alte Fuchs deshalb gewählt haben, um langwierige Debatten zu vermeiden. Außerdem machte er noch den Vorschlag, Warenmuster aus Fernost nach Österreich-Ungarn zurückzubringen, was für die Feststellung des dortigen Geschmacks von Wichtigkeit sei[8]. Das zeitigte von Zichy die bürokratische Reaktion, daß der Kostenvoranschlag für derlei Ausgaben nichts vorsehe. Doch Scherzer gelang es, die Kommission zu überzeugen, indem er auf die Geringfügigkeit der dazu notwendigen Aufwendungen hinwies, von denen andererseits die Auswertung der Reiseergebnisse sehr wesentlich abhängen konnte[9]. Einig war man sich hingegen darüber, daß man von den beiden Schiffen der Escadre eines, nämlich die *Erzherzog Friedrich,* in Ostasien stationieren wollte[10].

Obwohl die Zeit drängte, ließ man sich mit der Anfrage an Wüllerstorf Zeit. Erst am 12. Juli 1868 erhielt der auf Kur weilende Vizeadmiral ein entsprechendes Telegramm des Kriegsministeriums, das ihm auf langwierigem Wege von der Telegrafenstation in Hofgastein in sein kleines Bad im Pinzgau zugestellt worden war. In seinem Antwortschreiben[11] erinnerte Wüllerstorf daran, daß er sich ja bereits zum Auftrag des Kaisers geäußert und das Reichskriegsministerium ersucht habe, »sich bewogen zu finden, Seine Majestät zu bitten, Allergnädigst gestatten und anordnen zu wollen, daß ein anderer Admiral S. M. Marine die Führung der Ostasiatischen Expedition übernehme«. Als Begründung gab Wüllerstorf seinen Gesundheitszustand an, der ihm Fahrten in solche Klimazonen nicht mehr erlaube.

Nach der Ablehnung Wüllerstorfs schlug Beust in einem Schreiben vom 26. Juli 1868 Kaiser Franz Joseph den Konteradmiral Petz als Expeditionsleiter vor[12]. Für die handelspolitischen Aufgaben empfahl Beust dem Monarchen Dr. Karl Ritter von Scherzer, der schon bei der *Novara-Expedition* seine Fähigkeit bewiesen habe und dem die acht fachmännischen Berichterstatter (für Textilindustrie, Metallindustrie und Kurzwaren, Drogen und Hilfsstoffe für die Industrie, Rohprodukte, Assekuranz- und Geldwesen, Landwirtschaft und Seidenraupenzucht, Zoologie und allgemeine nationalökonomische Studien) zu unterstellen seien. Darüber hinaus wurde Scherzer ausersehen, die Interessen von wissenschaftlichen Institutionen, wie der Akademie der Wissenschaften, des Kunstmuseums, der Geologischen Reichsanstalt oder des Polytechnikums, wahrzunehmen. Angesichts dieser verantwortungsvollen Aufgaben schlug der Reichskanzler dem Kaiser vor, für Scherzer als ersten Beamten des Konsular- und Ministerialdienstes ein dem Rang entsprechendes Gehalt, doppelte Diäten und ein Ausrüstungspauschale von 1000 Gulden zu bewilligen. Ein zweiter zu bestellender Beamter sollte später als Generalkonsul zurückbleiben. Als Sitz für die vorläufige österreichische diplomatische Vertretung in China wurde von Beust Shanghai vorgeschlagen.

Karl Scherzer (Bildarchiv der Österreichischen Nationalbibliothek)

Dann ging Beust die Liste der Kandidaten für diesen Posten durch: Freiherr von Friedenfels sei zwar diensteifrig, erfülle aber keine speziellen Vorbedingungen. Der Sektionsrat Heinrich Barb sei ein vorzüglicher Orientalist, verzichte aber auf die Entsendung im Hinblick auf seine eventuelle Ernennung zum Gesandten am persischen Hof. Der Hauptmann-Auditor und gewesene mexikanische Oberstleutnant und Kabinettsbeamte Richard Kerschel sei beinahe geeignet, aber doch nicht vollkommen zu empfehlen. Also blieb als bestgeeigneter Kandidat der Wirkliche Konsul in Liverpool, Heinrich Calice, übrig, der früher im Konsulardienst in Konstantinopel beschäftigt gewesen war. Offenbar spielte dabei der Gedanke mit, wer sich im Vorderen Orient durchgeschlagen habe, dem würde dies auch im Fernen Osten gelingen. Nach dem Rat Beusts sollte die Ernennung zum Generalkonsul in Shanghai an Ort und Stelle durch den Chef der Expedition vorgenommen und Calice vorläufig ohne Ortsbestimmung ernannt werden.

Weiters wurden für das vom Außenamt zu entsendende Team die Konsulatskanzler Rudolf Schlick und Ladislaus Hengelmüller von Hengervar sowie noch zwei jüngere Beamte, Eugen Freiherr von Ransonnet und Geysa von Bernath, in Vorschlag gebracht. Zu Ransonnet, an dessen Ernennung ihm offenbar besonders lag, bemerkte Beust, dieser habe zwar seine Studien noch nicht vollendet, zeichne aber so gut, daß der ursprünglich beantragte Photograph entbehrlich sei.

Am 28. Juli 1868 gab Franz Joseph den Personalanträgen Beusts seine Zustimmung. Schon früher waren ihm vom Reichskanzler Expeditionsvorschlag und Kostenvoranschlag vorgelegt worden[13]. Nach diesem Dokument sollte die Escadre aus der Schraubenfregatte *Donau* und der Schraubenkorvette *Erzherzog Friedrich* bestehen. Aus Ersparnisgründen wurde vorgeschlagen, den Oberbefehlshaber der beiden Schiffe gleichzeitig zum Gesandten und Bevollmächtigten für den Vertragsabschluß zu ernennen. Diese Person sei aus der Kriegsmarine unter Berücksichtigung von Charakter, Einsicht, Urteilsvermögen und wissenschaftlicher Bildung auszuwählen. Vor der Rückkehr der Expedition sollte eine vorläufige diplomatische Vertretung für China und Japan errichtet werden. Vom Erscheinen der österreichischen Flagge in ostasiatischen Gewässern versprach man sich »nicht nur die gesicherte Grundlage eigener Verträge, sondern auch neue Absatzwege und Erwerbsquellen zu verschaffen . . .« Von den Gesamtkosten sollten Österreich 70 Prozent und Ungarn 30 Prozent übernehmen.

In dem hier zitierten Bericht Beusts an den Kaiser finden auch die Geschenke an die Kaiser von Siam und Japan ausgiebig Erwähnung. Vom chinesischen Hof ist dabei nicht die Rede. Scherzer hatte sich also mit seiner Ansicht durchgesetzt. Für die Vertragsverhandlungen mit China wurden zwei bis drei Monate veranschlagt und die Anwesenheit eines Kriegsschiffs als Staffage bei den Vertretungsverhandlungen für notwendig empfunden. Dieser Bericht Beusts trägt das Datum vom 14. Juli 1868. Drei Tage später kam in den Akt der Vermerk Franz Josephs:

> Ich genehmige den Mir vorgelegten Plan und Kostenvoranschlag einer handelspolitischen Expedition nach Ostasien und Südamerika zum Abschluß von Handels- und Schiffahrtsverträgen mit Siam, Japan und China, dann Peru, Chile und der argentinischen Confederation sowie zur Errichtung der nötigen Consulate. Ich gewärtige die zu erstattenden Personalvorschläge und beauftrage Sie, im Einvernehmen mit Meinem Reichskriegsminister und Meinen beiden Handelsministern zur weiteren Ausführung dieser Expedition das Erforderliche zu veranlassen.
>
> Laxenburg, 17. Juli 1868

Tegetthoff, der sich schon gemeinsam mit Wüllerstorf für die Ostasiatische Expedition eingesetzt hatte, förderte sehr, daß seinem »rangersten Unterführer und Mitstreiter von Lissa«, dem Konteradmiral Freiherr von Petz, das Oberkommando übertragen wurde[14]. Dieser erhielt die Ernennung und außerdem eine dicke Instruktion mit auf den Weg[15]. Darin wird gleich eingangs festgestellt, daß der Ursprung der Expedition nicht außenpolitischer Natur sei, sondern ausschließlich auf Interessen des Handels- und Reederstandes zurückgehe:

> Es soll jenes erste und wesentliche Hindernis, welches der gedeihlichen Entwicklung unserer Verkehrsbelange in einigen außer der Zone moderner Zivilisation im fernen Osten gelegenen Ländern entgegensteht, nämlich die absolute Recht- und Schutzlosigkeit unserer

Staatsangehörigen und Schiffe, nach dem Muster anderer uns hierin vorangegangenen europäischen Nationen, sowie der Vereinigten Staaten von Nordamerika, durch den Abschluß möglichst günstiger Friedens-, Handels- und Schiffahrtsverträge beseitigen, und es soll für die Aufrechterhaltung der aus diesen Verträgen fließenden Rechte und Privilegien durch Aufstellung hiezu berufener und befähigter Vertreter, an den nach Maßgabe der Verkehrsrichtungen zu bestimmenden geeigneten Orten, sowie auch durch andere zweckentsprechende Vorkehrungen vorgesorgt werden.
Die für diese Zwecke notwendig erachtete Machtentwicklung soll aber auch dazu dienen, um sowohl auf dem Hin- als dem Rückwege die k. u. k. Flagge auch in anderen Ländern, wo ein handelspolitisches Interesse dafür spricht, mit dem einer Großmacht würdigen Glanze zu entfalten.

Anschließend wird in der Instruktion nochmals auf die große Bedeutung der »Eröffnung neuer Absatz- und Erwerbsquellen für unsere heimatlichen Produzenten« hingewiesen. Gabriel Freiherr von Herbert, welcher der Delegation als Legationsrat zugeteilt war, sollte dafür verantwortlich sein, »daß in die abzuschließenden Verträge keine solche Bestimmung aufgenommen werde, welche mit Rücksicht auf die Behandlung auf dem Fuße der meistbegünstigten Nation, die in den vielen mit anderen Staaten, insbesondere mit Nachbarstaaten abgeschlossenen Handelsverträgen enthalten ist, zu mißlichen Konsequenzen und Verlegenheiten letzteren Staaten gegenüber führen könnten«. Besonders wurde dann dem Kommandanten Petz der Leiter des kommerziellen Dienstes der Mission, Ritter von Scherzer, ans Herz gelegt: Er besitze das besondere Vertrauen der Handelsbehörden, und der Handelsminister habe ihn als wesentliche Bedingung für den Erfolg des Unternehmens angesehen. Das Büro Scherzer sollte für die Verträge Zusätze kommerzieller Art und Warenverzeichnisse beisteuern. Über den zum Generalkonsul ausersehenen Calice sagt die Instruktion, er verfüge über »vollkommene Übung der englischen Sprache und Umgangsformen«. Diese Qualitäten und Empfehlungsschreiben englischer Handelshäuser würden ihm zu guten Verbindungen mit der in China ansässigen Geschäftswelt verhelfen.

Gemäß der Instruktion sollten bei der Vorbereitung die Hilfe des k. k. Generalkonsuls in Hongkong, Ritter von Overbeck, sowie der Vertreter Englands und Frankreichs in Anspruch genommen werden. Die mit China abzuschließenden Verträge seien dem Muster des preußisch-chinesischen Vertrags nachzubilden, allerdings nicht ohne vorher an Ort und Stelle festzustellen, ob nicht andere Staaten noch günstigere Bedingungen zugesagt erhalten hätten. Als Hintergrundinformation zu China werden folgende Hinweise gegeben:

Was China betrifft, so machen sich zwei Strömungen bemerkbar, welche die Beziehungen dieses ältesten und volkreichsten Staates der

Erde zu den zivilisierten Staaten Europas und Amerikas in nicht allzu weiter Ferne wesentlich umgestalten und ausdehnen dürften. Einerseits nämlich sind es neue Bedürfnisse, welche in den letzten Dezennien der zu ungewohnter Entwicklung gediehene Handels- und Schiffahrtsverkehr an jenen Küsten erzeugt hat, und welche ständig zur Inanspruchnahme vermehrter Konzessionen nun der chinesischen Regierung zu Gunsten der betreffenden Handels-Kommunitäten, insbesondere jener von Hongkong und Shanghai, hinführen, andererseits scheint die chinesische Regierung selbst aus ihren alten Gewohnheiten der Absperrung hinausgetreten und willens zu sein, an den politischen Kombinationen der zivilisierten großen Handelsstaaten teilzunehmen, wie insbesondere die Absendung einer mit großen Vollmachten versehenen Gesandtschaft nach den Vereinigten Staaten von Nordamerika und den Staaten Europas beweist.

Weitere Mitteilungen über diese unter Leitung des ehemaligen amerikanischen Gesandten in Peking, Anson Burlingame, stehende Delegation sollten der österreichischen Expedition nach Singapur nachgesandt werden.

Die bisherige österreichische Vertretung war nach der Schilderung der Instruktion beklagenswert. Zwar versuchte seit dem 20. Dezember 1864 ein Kaufmann namens Rudolf Heinsen für die österreichischen Interessen zu wirken, es sei diesem »aber nicht gelungen, irgendeine Anerkennung seitens der chinesischen Behörden und die Zulassung zur Ausübung der ihm übertragenen Funktionen zu erlangen«. Unter dem Zwischentitel »Dringendes Bedürfnis einer wirksamen Consularvertretung in China und Japan« heißt es dann weiter, die österreichische Handelsmarine sei bis zur Errichtung diplomatischer Vertretungen in den ost- und südostasiatischen Gewässern schutz- und rechtlos. Die Unzugänglichkeit eines so ausgedehnten Küstengebietes erschwere den österreichischen Schiffen den Besuch Indiens, Malayas, Australiens und Westamerikas, »nachdem sie sich gezwungen sehen, auf die allervorteilhaftesten Fahrt- und Frachtenkombination zu verzichten und sonach, statt an dem Gewinne der besser geschützten Flaggen teilnehmen zu können, mit Verlusten und Einbußen der empfindlichsten Art heimkehren müssen«. In bezug auf China habe »die Consularenquete-Commission vom Jahre 1864 sowie auch später die mit der Begutachtung der Vertragsentwürfe betraute Commission in Triest es als eine unabweisliche Notwendigkeit bezeichnet, daß zunächst in Shanghai, welcher Platz für den europäischen Handels- und Schiffahrtsverkehr an jenen Küsten am günstigsten gelegen ist und sich in neuester Zeit über alle anderen chinesischen Häfen an Bedeutung und Wichtigkeit erhoben hat, ein zur Gewährung des dringlich benötigten Rechtsschutzes qualifiziertes und autorisiertes Consularamt errichtet werde«. Unbesoldete Funktionäre hätten zu wenig Achtung und Einfluß, sie seien von ihren eigenen Geschäften zu sehr in Anspruch genommen und könnten ihre Aufgabe nicht erfüllen. Darum müsse in Shanghai ein wirklicher Staatsbeamter eingesetzt werden, dem das Konsulargericht und die Oberleitung über alle in China noch zu errichtenden Konsularämter zu übertragen seien.

Dieser Dienstort scheint Calice allerdings nicht behagt zu haben, denn der Akt enthält auch sein Ersuchen, von einer genauen Ortsbestimmung vorläufig noch abzusehen, weil es ihn aus klimatischen Gründen eher nach Japan zog. Vielleicht tröstete es ihn, daß Petz durch die Instruktion auch ermächtigt wurde, provisorische – »selbstverständlich nur unbesoldete« – Konsuln zu ernennen, welche der Oberleitung seines Generalkonsulats unterstellt werden sollten. Für Calice selbst war die interimistische Beglaubigung als diplomatischer Vertreter vorgesehen. Von den beiden Schiffen sollte die *Donau* zurückfahren und die *Erzherzog Friedrich* in »Station oder Kreuzung« verbleiben.

Aus den oben zitierten Dokumenten geht ziemlich deutlich hervor, daß man aus handelspolitischen und nicht etwa aus außenpolitischen, mit Expansionsabsichten verknüpften Gründen engere Beziehungen zu China anstrebte. Wenn auch die österreichische Haltung vom Geist eines liberalisierten Welthandels, dem sich kein Land der Erde entziehen dürfe, und von einer höheren Einschätzung des europäischen Fortschritts geprägt war, so versagte sie doch dem Alter der Kulturen Ostasiens nicht den nötigen Respekt. Übrigens wurden China und Japan in einem anderen die Ostasiatische Expedition betreffenden Dokument ausdrücklich als »uralte Pflanzstätten menschlicher Kultur« angesprochen[16].

Mit den genaueren Informationen über China scheint es allerdings noch immer nicht zum besten gestanden sein. Aber man meinte optimistisch, nach Beratungen mit Leuten, denen die Verhältnisse wohl vertraut seien, werde der Abschluß der Verträge mit China und Japan nicht die geringsten Schwierigkeiten verursachen[17].

Die bisherige ausländische Erfahrung mit den Beziehungen zu China auszuwerten, war die Aufgabe des Expeditionsmitglieds Legationsrat Herbert. Er erstellte aufgrund von ausländischen Auskünften ein »Mémoire sur les affaires de Chine«. Die Schrift gibt einen geschichtlichen Überblick der vorhergehenden Beziehungen und Vertragsabschlüsse europäischer Mächte mit China, läßt aber Hinweise auf frühere österreichisch-chinesische Kontakte völlig vermissen, was als Zeichen dafür gewertet werden könnte, daß jene Berührungen (Handelsgesellschaften unter Karl VI. und Maria Theresia, Expedition der Korvette *Carolina*) zu keiner Verankerung im österreichischen Bewußtsein geführt hatten.

Überhaupt scheint man damals im österreichischen Außenamt Vorgänge in und um China kaum mit Argusaugen beobachtet zu haben, sonst wäre es Baron Herbert kaum eingefallen, den Vorschlag zu machen, der ehemalige amerikanische Botschafter in China, Anson Burlingame, möge durch Vermittlung des österreichischen Missionschefs in Washington eingeladen werden, sich nach Wien zu begeben, um der österreichischen Ostasiatischen Expedition als Berater zur Verfügung zu stehen[18]. Anson Burlingame, der sich nach dem Ablauf seiner Amtszeit in China dem chinesischen diplomatischen Dienst zur Verfügung gestellt hatte, befand sich zu dieser Zeit bereits an der Spitze einer chinesischen Delegation in London und begab sich später noch in andere europäische Staaten, allerdings nicht nach Österreich. Das dürfte kein Zufall gewesen sein, denn acht Jahre vorher war derselbe Anson Burlingame, als er sich auf dem Weg befand, um seinen Posten als amerikanischer Gesandter in Wien anzutreten, von der österreichischen Seite zur persona non grata erklärt worden. Der Grund für dieses unübliche und für Burlingame peinliche Vorgehen lag darin, daß dieser bei seinen Wahleinsätzen für Präsident Lincoln um der Werbung italienischer Stimmen willen recht antiösterreichische Positionen vertreten hatte. Nach seiner verunglückten Mission nach Österreich war er dann von Lincoln ersatzweise mit der Leitung der Gesandtschaft in Peking betraut worden (ist China eigentlich je klargeworden, daß es den Leiter seiner ersten erfolgreichen Gesandtschaft den Österreichern zu verdanken hat?), und es ist kaum anzunehmen, daß er von dem Anerbieten, als österreichischer Berater zu wirken, begeistert gewesen wäre[19].

Der Vertragsabschluß

Bei den Verhandlungen in China stellte sich heraus, daß die Mission keineswegs, wie amtlich erwartet, auf »nicht die geringsten Schwierigkeiten«, sondern im Gegenteil auf gar nicht geringe Schwierigkeiten stieß. In seinem Memorandum hatte Herbert betont, es könnte von großem Nutzen sein, sich bei den Verhandlungen in Peking der guten Dienste einer dort bereits etablierten Gesandtschaft zu bedienen. Frankreich, Preußen und die USA wurden teils aus personellen Gründen und teils wegen zu geringen Einflusses bei den Chinesen von Herbert aus der engeren Wahl ausgeschieden, Rußland wegen seiner »eifersüchtigen und egoistischen Politik im Orient[20]«. Die Assistenz der britischen Gesandtschaft schien hingegen aus mehreren Gründen vorteilhaft: aufgrund des großen Volumens des britisch-chinesischen Handels, der starken Präsenz britischer Konsuln und Marineeinheiten und des persönlichen Prestiges des britischen Gesandten, Sir Rutherford Alcock[21]. Ohne es zu wissen, entsprach man damit übrigens auch einem chinesischen Konzept, denn nach einer Reorganisation des Zongli Yamen (Behörde für auswärtige Beziehungen, Vorläufer des chinesischen Außenministeriums) wurden die österreichischen Angelegenheiten im Rahmen der Englandabteilung behandelt, vielleicht deshalb, weil Österreich-Ungarn sich damals in China vornehmlich durch englische Konsuln mitvertreten ließ[21a].

Tatsächlich plante Petz, nachdem er im Juni 1869 in Hongkong eingelangt war, seinen Besuch in Peking so, daß er Sir Rutherford Alcock noch vor dessen Europaurlaub antraf[22].

Als die Escadre von Hongkong in Richtung Kanton auslief, traf sie ein österreichisches Handelsschiff. Petz berichtete:

Wir hatten Hongkong kaum verlassen, als das österreichische Vollschiff *Cleopatra,* Capitän Duscovich, an uns vorüber mit vollen Segeln nach der Rhede fuhr. Es ist dies eines der wenigen Schiffe der Monarchie, die bisher diese Gewässer befahren, und sein Capitän, den ich später kennen zu lernen Gelegenheit hatte, ein Mann, der mir ganz geeignet scheint, den alten Ruf der Tüchtigkeit unserer Mercantilmarine auch in diesen entfernten Meeren aufrecht zu erhalten[23].

In Kanton versäumte es Petz nicht, dem chinesischen Vizekönig seine Aufwartung zu machen, unterrichtete ihn über den Zweck seiner Sendung und fügte hinzu, es sei sein Wunsch gewesen, »nicht an dieser wichtigen und interessanten Stadt vorüberzufahren, ohne die Gelegenheit zu benützen, ihm als dem Manne, dem die kaiserlich chinesische Regierung die Verwaltung dieser so bedeutenden Provinz anvertraut«, seinen persönlichen Besuch zu machen. Seine Exzellenz dankte für die Aufmerksamkeit, erwähnte, daß er seit Jahren von der seitens der k.u.k. Regierung beabsichtigten Entsendung einer Gesandtschaft nach China unterrichtet sei, wünschte gutes Gelingen und erklärte sich bereit, seiner Regierung durch einen eigenen Kurier von der bevorstehenden Ankunft der Mission Nachricht zu geben[24].

Nachdem die Escadre am 19. Juni Shanghai erreicht hatte, boten die ansässigen englischen und französischen konsularischen Vertreter ihre guten Dienste an. Der englische Vizekonsul Forrest erteilte Petz den Rat, »unbeschadet der gleichlautenden, dem Gouverneur der drei Häfen in Tientsin zu übermittelnden Declaration – durch eine an den in Nanking residierenden Vicekönig der drei Provinzen Jiangnan, Anhui und Jiangsu gerichtete Zuschrift, der chinesischen Regierung directe Mittheilung von der bevorstehenden Ankunft der k. und k. Gesandtschaft zu machen«. Außerdem machte Forrest den österreichischen Kommandanten auf die Notwendigkeit aufmerksam, den offiziellen Titel der k.u.k. Monarchie in chinesischer Übersetzung feststellen zu lassen und sich mit einem Siegel zu versehen, dessen chinesische Umschrift nebst seinem Titel auch einen Hinweis auf seine Vollmacht zum Vertragsabschluß enthalten müsse[25]. Unter Hinzuziehung mehrerer gewiegter Kenner der chinesischen Sprache wählte man schließlich als künftige Bezeichnung für Österreich-Ungarn, welche im Vertrag und den anderen offiziellen Dokumenten verwendet werden sollte[26]: *Da Aosi-Majia-guo.*

Auch in Shanghai traf Petz mit dem höchsten lokalen chinesischen Beamten zusammen. Der Dolmetsch des französischen Konsulats übersetzte, und der Distriktsgouverneur von Shanghai teilte den Österreichern mit, daß sie »bei Abschluß des Vertrages um so weniger auf Schwierigkeiten stoßen werden, als das Mißtrauen, welches die chinesische Regierung ehemals den Fremden entgegengebracht, der Überzeugung gewichen, daß der Contact mit den westlichen Völkern für beide Theile mit Vortheilen begleitet sei[27]«.

Am 26. Juni mittags verließ Petz mit der Fregatte *Donau* Shanghai und gelangt am 3. Juli an die Mündung des Beihe bei Tianjin (Tientsin). In Peking wurde die österreichische Delegation vom britischen Gesandten Sir Rutherford Alcock empfangen und im britischen Gesandtschaftshotel untergebracht. Es war auch die britische Legation, welche am 19. Juli 1869 die chinesische Übersetzung des österreichischen Vertragsentwurfes im Zongli Yamen übergab. Am 20. Juli kam von dort die Mitteilung, daß zwei mit prächtigen Titeln ausgestattete Herren von der chinesischen Seite zur Verhandlung des Vertrages ermächtigt worden seien: Dong Xun, Präsident des Conseils der Staatseinnahmen, Kabinettminister für auswärtige Angelegenheiten, sowie Chong Hou, Vormund des Thronerben, Vizepräsident des Kriegs-Conseils, Kommandant des roten Banners mit Borten der chinesischen Bannertruppen und Aufseher des Handels der drei Nördlichen Häfen[28].

Etwa zur gleichen Zeit fand in Shanghai eine Ausstellung der für China bestimmten Sammlung von Warenmustern statt, die am 8. Juli eröffnet worden war. Wegen des zu dieser Jahreszeit für die Mannschaft besonders ungünstigen Klimas wurde der Verbleib der *Erzherzog Friedrich* mit dem Tod von drei Besatzungsmitgliedern erkauft[29]. Die Ausstellung fand eine so günstige Aufnahme, daß Scherzer an das Handelsministerium den Antrag stellte, die Mustersammlung zu komplettieren und außerdem eine eigene Mustersammlung für Hongkong zusammenzustellen[30].

Ein weniger günstiges Echo hatten vorerst die österreichischen Vertragsunterhändler in Peking. Petz berichtete nach Wien, daß von chinesischer Seite nicht unerhebliche Modifikationen zu dem von österreichischer Seite vorgelegten Vertragsentwurf verlangt worden seien, und gab in diesem Zusammenhang folgende Beurteilung und Prognose ab:

> Leider habe ich bisher entnehmen können, daß die Umstände des Augenblickes durchaus nicht danach angetan sind, um die Verhandlungen eines Vertrages mit China zu erleichtern. Am meisten trägt dazu die Revision sämtlicher mit fremden Mächten bisher abgeschlossenen Verträge bei, infolge deren letztere in den Augen der chinesischen Regierung gewissermaßen in ein Stadium des Provisoriums getreten sind. Da übrigens die Revision voraussichtlich längere Zeit andauern wird, ehe ein eigentliches Resultat zustande kommen kann, so ist anzunehmen, daß die Schwierigkeiten, die ich nun vorfinde und die allerdem vor einem Jahre nicht vorhanden gewesen wären, keineswegs in nächster Zukunft beseitigt sein dürften[31].

Und wie sahen die Verhandlungen in den Augen der chinesischen Unterhändler aus? Darüber gibt der abschließende Bericht der chinesischen Behörde für auswärtige Beziehungen Auskunft. Tatsächlich war man auf chinesischer Seite nicht sehr geneigt, den österreichischen Vertragsentwurf voll zu akzeptieren, sondern man versuchte, die mit anderen Vertragsmächten gemachten Erfahrungen bei der Abfassung des Textes zu berücksichtigen. Das sah nach der Darstellung des Ministers Dong Xun folgendermaßen aus:

> Der Botschafter Bici *(Petz, Anm. d. Aut.)* der Österreichisch-Ungarischen Monarchie ist über Hongkong und Tianjin nach Peking gekommen und ließ den englischen Gesandten A-li-guo *(Alcock, Anm. d. Aut.)* für ihn um den Abschluß eines Vertrages bitten. Bici hat der Behörde für den Handel in den drei Häfen in Tianjin ein Memorandum überreicht. Darüber hat Chong Hou der Kaiserlichen Hoheit *(gemeint ist Prinz Gong, Regent und Onkel des noch unmündigen Kaisers)* Bericht erstattet, und dies wurde von meiner Behörde (für auswärtige Angelegenheiten) wie bei anderen Ländern, die mit China einen Vertrag abgeschlossen haben, genehmigt. Über die Genehmigung wurde am 20. Juli 1869 der Kaiserlichen Hoheit Bericht erstattet. Nach der Weisung der Kaiserlichen Hoheit sollte ich, Dong Xun, mit Chong Hou gemeinsam den Abschluß des Vertrages erledigen. Diese Weisung habe ich Chong Hou mitgeteilt und auch an A-li-guo geschrieben, damit er die Angelegenheit weisungsgemäß weiterleitet. Der Botschafter Bici kam gleich mit dem englischen Vize-Botschafter Ya-tuo-ma *(gemeint ist wahrscheinlich der Dolmetsch der britischen Mission, Thomas Adkins, über dessen tatkräftige Mithilfe Scherzer berichtet)* in meine Behörde, um mich zu besuchen, und hat mir die ins Chinesische übersetzte *(Vollmacht)* seines Landes und den Entwurf des Vertrages vorgelegt. Diesen habe ich geprüft. Es waren 49 Artikel, die aus den Verträgen, die andere Länder mit China abgeschlossen haben, ausgewählt und zusammengestellt worden sind. Es fehlen einige Artikel, die es in Verträgen mit anderen Ländern gibt und nicht zu eliminieren sind. Einige Artikel sind hinzugefügt, die es in Verträgen mit anderen Ländern nicht gibt und die nicht hinzuzufügen sind. Einige Artikel haben einen gleichen Inhalt und lassen sich in einem Artikel vereinigen. Ich ließ jeden Artikel genau prüfen und habe vier Artikel eliminiert, die entweder dem Textaufbau widersprechen oder ein Übel weiterverbreiten könnten. Außerdem habe ich noch den Inhalt der zu verbleibenden Artikel verbessert und drei neue Artikel hinzugefügt. Der den Verträgen mit anderen Ländern gemäße Entwurf wurde mit nur 47 Artikeln neu redigiert und dem englischen Vize-Botschafter Ya-tuo-ma am 31. Juli 1869 geschickt, damit er ihn dem österreichisch-ungarischen Botschafter Bici zur Prüfung und weiteren Veranlassung überreiche. Bald darauf schrieb der Botschafter Bici, daß der von unserer Behörde hinzugefügte Passus, ein Kaufmann dürfe nicht als Konsularbeamter tätig sein, nicht in den Vertrag einzufügen und der von unserer Behörde eliminierte Artikel für die Verkündigung der Religion wieder in den Vertrag einzufügen sei. Jedoch dachte ich daran, daß die Ausländer wegen der Verkündigung der Religion in China viel Übles ver-

ursachten. Neulich gab es immer wieder Religionszwischenfälle. Würde ein Land mehr zur Verkündung der Religion berechtigt sein, wären mehr solche Fälle zu erwarten. Um solches zu vermeiden, sollte man schon von vornherein vorsichtig handeln und die Entwicklung einschränken. Daher sorgte ich dafür, daß der Artikel für die Verkündung der Religion unbedingt gestrichen wurde, obwohl ein solcher Artikel in Verträgen, die China mit anderen Staaten abgeschlossen hat, existiert, um die Gefahr abzuwenden. Infolge des Umstandes, daß ein Kaufmann, der als Konsularbeamter tätig ist, ausländische Kaufleute in Schutz nehmen kann, die den Zoll hinterzogen haben, ist viel Übles getan worden. Zur Zeit sind noch viele Kaufleute aus textilhandelstreibenden Ländern als Konsularbeamte in verschiedenen Häfen tätig. Um dies zu verbieten, wurden immer wieder Memoranden geschickt, die noch in den Akten enthalten sind. Ein vorheriges Verbot ist immer besser als ein späterer Schutz. Deswegen habe ich einen dem Artikel 4 des Vertrages, den China mit Japan abgeschlossen hat, nachgebildeten Passus in den Vertrag eingefügt und klar formuliert, nach welchem ein Kaufmann nicht als Konsularbeamter tätig sein darf, um Übel beim Handel in den Häfen zu vermeiden. In Anbetracht der Wichtigkeit dieser beiden Artikel habe ich mich mit dem österreichisch-ungarischen Botschafter Bici über zwanzig Tage lang ernst darüber auseinandergesetzt, bin nicht von meinem Standpunkt abgewichen und habe mich nicht mit ihm geeinigt. Erst am 18. August 1869 schickte mir der Botschafter Bici einen Brief und war er damit einverstanden, den Artikel über die Verkündung der Religion zu eliminieren. Hinsichtlich der Frage, daß kein Kaufmann als Konsularbeamter tätig sein darf, wird er darüber ein Memorandum abfassen lassen und es bei der Unterzeichnung des Vertrages überreichen, damit es später als Beweis dient. Denn er glaubt, ein Memorandum hat die gleiche Wirkung wie ein Artikel im Vertrag. Da dieses Land den Artikel über die Verkündung der Religion nach unserem Wunsch strich, obwohl dieser Artikel in den Verträgen mit dem Ausland existiert, sollte man natürlich etwas nachsichtig sein. Ich habe deshalb die Bitte um Abschluß des Vertrages genehmigt. Am 21. August 1869 ist Ya-tuo-ma in meine Behörde gekommen, um alle Artikel des Vertrages zu prüfen. Einige Artikel wurden zusammengezogen. Da es keinen Unterschied macht, habe ich dies genehmigt. Die besprochenen 47 Artikel wurden auf 45 reduziert. Um die Fremden aus der Ferne zu beruhigen, soll man nicht mehr weiter auf den Vertrag bedacht sein.

Über Handels- und Zollbestimmungen sind wir übereingekommen, sie nach den gleichen wie für die anderen Länder geltenden Bestimmungen zu behandeln, und so brauchen wir darüber nicht mehr zu verhandeln.

Alle 45 Artikel des Vertrages wurden ausgefertigt und geprüft und für richtig befunden. Gemäß der bisherigen Gepflogenheit habe ich der

Kaiserlichen Hoheit am 1. September 1869 Bericht erstattet. Zuerst habe ich gemeinsam mit dem österreichisch-ungarischen Botschafter Bici in der Behörde für auswärtige Angelegenheiten persönlich unterzeichnet und mein Siegel beigedrückt. Zur Vereinfachung der Prozedur habe ich den Vertrag nach Tianjin an Chong Hou geschickt. Er wird nach der Ankunft des Botschafters Bici in Tianjin noch einmal den österreichischen Originaltext, aus dem ins Chinesische übersetzt wurde, und das Original des Memorandums gemeinsam unterzeichnen.
Hier überreiche ich der Kaiserlichen Hoheit zur Prüfung die Kopie von den 45 Artikeln des Vertrages. Die ins Chinesische übersetzte Vollmacht seines Landes und das Original des Memorandums werden unter einem dem Verteidigungsministerium zur Überprüfung überreicht.
Anmerkung: Die ursprüngliche Urkunde, die der Botschafter Bici vorgelegt hat, ist mit »Österreichische Monarchie« unterzeichnet. Nach der Erklärung des englischen Botschafters A-li-guo soll Österreich als Hauptglied und Ungarn als hinzugefügt gelten. Es ist so wie Preußen zu Deutschland[32].

Da Petz von englischer Seite bedeutet worden war, daß ein weiteres österreichisches Insistieren im Punkte der Religionsklausel das Scheitern der Verhandlungen herbeiführen könnte, er darauf baute, die verweigerten Rechte würden Österreich-Ungarn im Wege über die Meistbegünstigungsklausel zugute kommen, und überdies annahm, daß »es faktisch nicht einen österreichischen oder ungarischen Missionär bisher in China geben dürfte«, gab er nach[33], und die chinesische Seite konnte in dieser Angelegenheit einen Erfolg verbuchen.

Ein wunder Punkt wurde allerdings vom chinesischen Unterhändler in seinem sonst recht ausführlichen Bericht offenbar geflissentlich nicht berührt: die langen und harten Debatten über die chinesische Übersetzung des Titels des österreichischen Kaisers. Als man sich über alles andere schon geeinigt hatte, folgten noch zehn Tage, an denen sich die chinesischen Verhandlungspartner hartnäckig weigerten, für den österreichischen Monarchen die chinesische Bezeichnung »Da huangdi« (Großer Kaiser) zu verwenden. Das war auch nicht weiter verwunderlich, denn dieser Titel war mit einer langen Tradition chinesischer universalistischer Weltanschauungen verknüpft und dem chinesischen Herrscher vorbehalten. Nun aber verlangte eine europäische, in China bis dahin kaum bekannte Macht, die mit bescheidenen zwei Schiffen gekommen war, für ihren Herrscher die gleiche Titulatur wie für den die Welt beherrschenden chinesischen Kaiser! Kein Wunder, daß sich die chinesischen Beamten mit Händen und Füßen wehrten. Die Debatte erregte Aufsehen, wurde von in China ansässigen Ausländern als Zeichen verstärkter chinesischer Aufsässigkeit kommentiert und fand später sogar

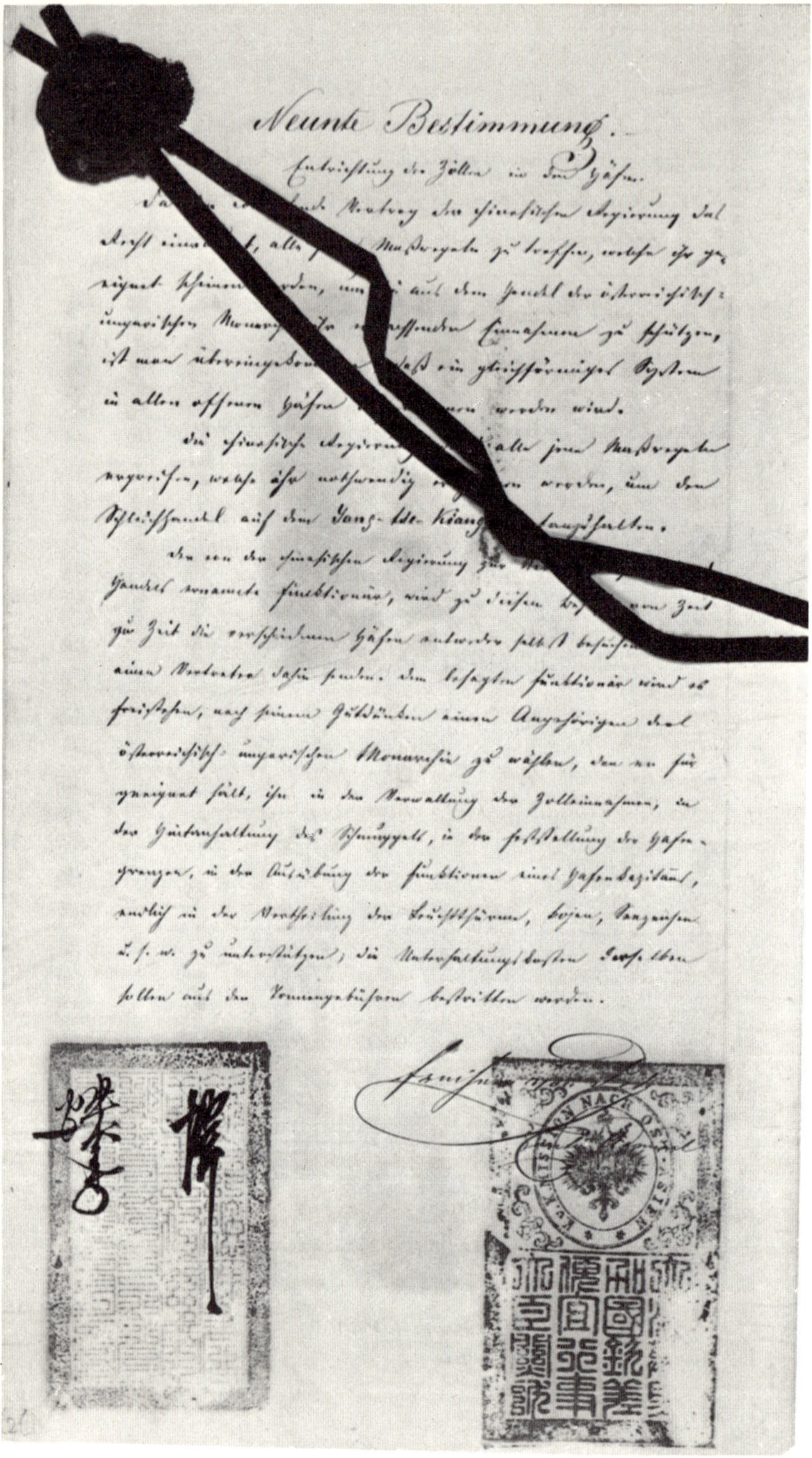

Neunte Bestimmung.

Entrichtung der Zölle in den Häfen.

Da [illegible] Antrag der chinesischen Regierung das Recht einräumt, alle [illegible] Maßregeln zu treffen, welche ihr geeignet scheinen [illegible], um [illegible] auf dem Handel der österreichisch-ungarischen Monarchie [illegible] entfallenden Einnahmen zu schützen, ist man übereingekommen [illegible] daß ein gleichförmiges System in allen offenen Häfen [illegible] werden wird.

Die chinesische Regierung [illegible] jene Maßregeln ergreifen, welche ihr nothwendig [illegible] werden, um den Schleichhandel auf dem Yang-tse-Kiang [illegible] hintanzuhalten.

Der von der chinesischen Regierung zur [illegible] Handels ernannte Funktionär, wird zu diesem [illegible] von Zeit zu Zeit die verschiedenen Häfen entweder selbst besuchen [illegible] einen Vertreter dahin senden. Dem besagten Funktionär wird es freistehen, nach seinem Gutdünken einen Angehörigen der österreichisch-ungarischen Monarchie zu wählen, den er für geeignet hält, ihn in der Verwaltung der Zolleinnahmen, in der Hintanhaltung des Schmuggels, in der Feststellung der Hafengrenzen, in der Ausübung der Funktionen eines Hafenkapitäns, endlich in der Vertheilung der Leuchtthürme, Bojen, Signalen u. s. w. zu unterstützen; die Unterhaltungskosten derselben sollen aus den Tonnengebühren bestritten werden.

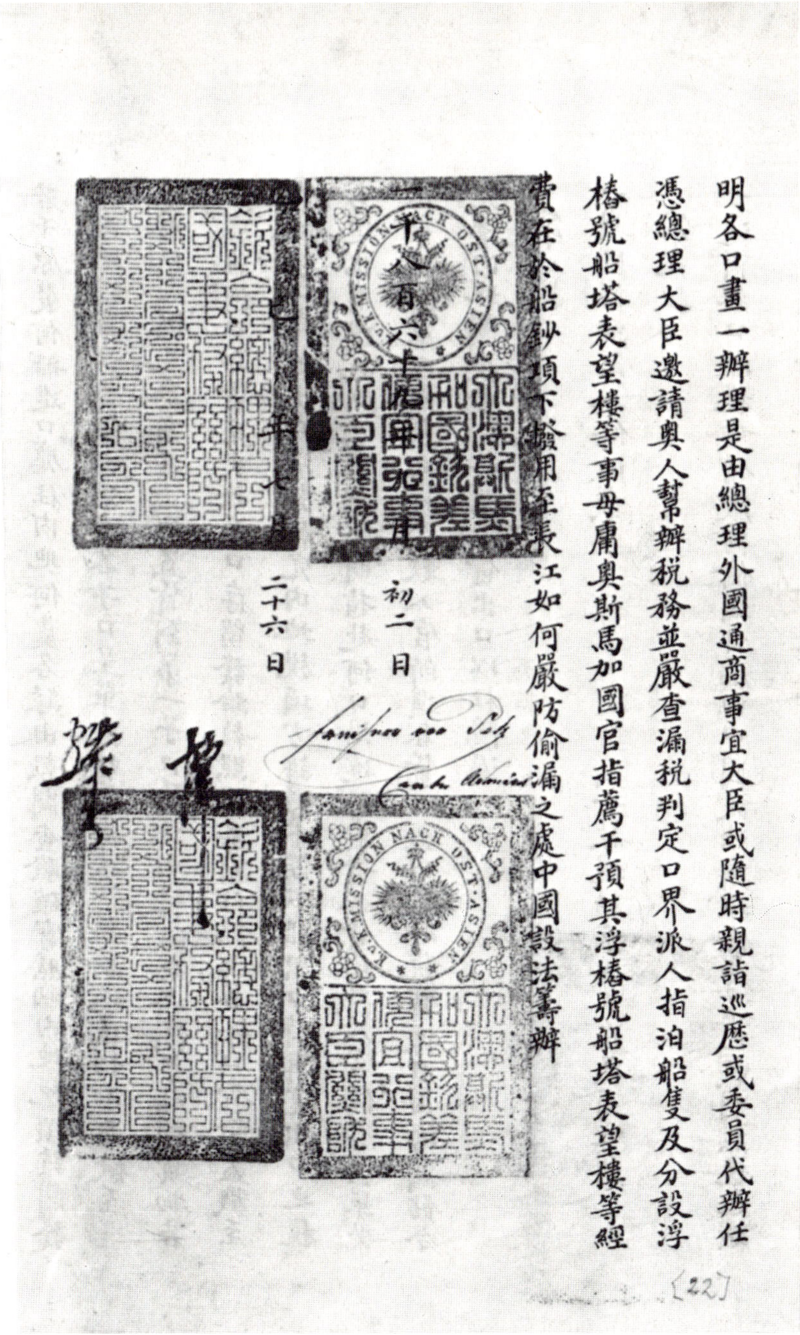
明各口畫一辦理是由總理外國通商事宜大臣或隨時親詣巡歷或委員代辦任
憑總理大臣邀請奥人幫辦税務並嚴查漏税判定口界派人指泊船隻及分設浮
椿號船塔表望樓等事毋庸奥斯馬加國官指薦干預其浮椿號船塔表望樓等經
費在於船鈔項下撥用至長江如何嚴防偷漏之處中國設法籌辦

初二日

二十六日

K. K. MISSION NACH OST-ASIEN

K. K. MISSION NACH OST-ASIEN

[22]

Ausschnitt aus dem österreichisch-chinesischen Vertrag von 1869. Gut erkennbar ist das zweisprachige Siegel der österreichischen Unterhändler (Haus-Hof- und Staatsarchiv)

Eingang in das Standardwerk über die Geschichte der internationalen Beziehungen Chinas von H. B. Morse[34].

Ohne die massive Unterstützung durch die englische Mission wäre Petz schwerlich in der Lage gewesen, in der Frage Erfolge zu buchen[35]. So aber konnte er zu guter Letzt ins gesandtschaftliche Tagebuch schreiben:

> Am 31. August erhielt ich Kenntnis von dem Einlangen eines Schreibens des Ministers Wen-hsiang an Sir R. Alcock, welches das Nachgeben in der Frage des Allerhöchsten Titels bekundete. Auch lief eine gleichfalls günstige Antwort vom Prinzen Kung ein[36].

Ähnlich befriedigt äußerte sich Sir Robert Hart, der britische Chef des chinesischen Zolldienstes[36a]. Doch beide hatten nicht mit der Findigkeit der Chinesen gerechnet. Ein Blick auf den chinesischen Text des Vertrages zeigt, daß es ihnen doch geglückt ist, in der Terminologie einen Unterschied zwischen dem chinesischen und dem österreichischen Kaiser herauszuarbeiten. Statt des formelleren und für eine Vertragsurkunde passenderen Titels »Huangdi« verwendeten sie für Franz Joseph »Huangshang«, was zwar auch »Kaiser« bedeutet, aber eine um Nuancen weniger feierliche Bezeichnung darstellt. Der chinesische Kaiser hingegen wurde »Huangdi« tituliert[36b].

Dieser chinesische Prestigeerfolg blieb Petz verborgen, und so konnte er mit ungetrübter Genugtuung über die näheren Umstände des Vertragsabschlusses berichten:

> Am 2. September begab ich mich zur bezeichneten Stunde in Begleitung der Herren: Ministerialrath Dr. v. Scherzer, Legationsrath Baron Herbert und Legationssecretär Baron Trauttenberg in das Yamen, woselbst ich und Minister Tung den Vertrag unterzeichneten. Es wurde mir mitgetheilt, daß der zweite chinesische Bevollmächtigte Chung-How seine Unterschrift in Tientsin beisetzen werde, demungeachtet aber der heutige Tag als Datum des Vertrages zu gelten habe.
> Der Empfang beim Prinzen Kung wurde für den nächsten Tag anberaumt . . .
> Prinz Kung empfing mich nebst den Herren der k. und k. Mission um 1 Uhr Nachmittags im Tsung li Yamen.
> Der Prinz war von den Ministern Tau, Wenshiang, Tung und Chung, sämmtlich Mitglieder des Conseils der auswärtigen Angelegenheiten, umgeben.
> Se. kaiserl. Hoheit ließ mir einen sehr zuvorkommenden Empfang zu Theil werden und sprach seine Befriedigung über das Zustandekommen des Vertrages aus.
> Tags darauf, am 4. September, um 12 Uhr erschien der Prinz, begleitet von den Ministern Tung und Chung, in der britischen Legation, um mir seinen Gegenbesuch abzustatten. Er sprach für das

werthvolle und interessante Büchergeschenk der hohen k. und k. Regierung seinen Dank und zugleich sein Bedauern aus, daß die Zeit meines ferneren Verweilens in Peking zu kurz sei, um ihm die Erwiederung des Geschenks möglich zu machen, welche er sich auf später vorbehalten wolle. Ich benützte diesen Anlaß, den Generalconsul Herrn Calice auf das wärmste zu empfehlen, und erhielt von dem Prinzen die besten Zusagen bezüglich der Aufnahme, welche dem künftigen Vertreter der k. und k. Regierung zu Theil werden wird. Wir schieden mit den Versicherungen freundschaftlicher Gesinnungen[37].

Die vom Prinzen Kung für die österreichischen Büchergeschenke gefundene Formulierung »wertvoll und interessant« mag indessen eher als Ausdruck chinesischer Höflichkeit gewertet werden, denn es war schon ein merkwürdiges Sammelsurium von Schriften, das den Chinesen, wohl eher nach dem Gesichtspunkt, was gratis zu erhalten war, verehrt worden ist. Über die Buntheit des Gemischs mag sich der Leser anhand der von Scherzer verfaßten Zusammenstellung selbst ein Urteil bilden[38].

Verzeichniss der Geschenke an Potentaten, Würdenträger etc. in Siam, China und Japan.

B. in Peking.

Da in China nur tributpflichtige Stämme an die Regierung Geschenke zu überbringen pflegen, so beschränkte sich die k. und k. Mission darauf, dem Regenten und Stellvertreter des chinesischen Kaisers, Prinzen Kung, eine Anzahl von wissenschaftlichen Publikationen der k. k. Staatsdruckerei für das in Peking gegründete Collegium für Vereinigte Literatur (Tung-wen-kuan) zur Verfügung zu stellen, was ein höchst werthvolles Gegengeschenk der chinesischen Regierung von 116 Bänden seltener chinesischer Werke aus der kaiserlichen Druckerei in Peking zur Folge hatte. Die zurückgelassenen Publikationen sind:

Scheda's Karte der Österreichisch-ungarischen Monarchie.

Karte des Königreichs Ungarn.

Karte des Königreichs Böhmen.

Karten von Mähren, Schlesien, Steiermark, Tyrol und Vorarlberg, Illyrien und Dalmatien.

Seekarte des adriatischen Meeres.

Karte von Europa.

Die Schriften des Sinologen Dr. A. Pfitzmaier über chinesische und japanische Sprache und Literatur. 8 Bände.

Geschichte Wassafs. Persisch und deutsch von Hammer-Purgstall.

Die wissenschaftlichen Ergebnisse der Erdumsegelungs-Expedition der k. k. Fregatte Novara in den Jahren 1857–1859. 13 Bände 4^{0}.

Physiotypia Plantarum Austriacarum, von C. v. Ettingshausen und A. Pockorny. 5 Bände Folio und 1 Band 4^{0}.

Die österreichischen Waldpflanzen. 2 Bände 4^{0}.
Die Maispflanze und ihre Verwendung. 1 Band 8^{0}.
Wissenschaftlich-populäre Naturgeschichte der Säugethiere und Vögel. 8 Bände 8^{0} und 4 Bände Illustrationen 4^{0}.
Die österreichischen Rindvieh-Rassen. 1 Band 4^{0} mit Tafeln.
Das Gesetz des Wachsthums und der Bau des Menschen von Dr. F. Liharczik. 1 Band Folio.
Monumente des k. u. k. Münz- und Antiken-Kabinets von Arneth. 3 Bände Folio.
Archäologische Analekten von Arneth. 2 Bände Folio.
Historische Handzeichnungen von J. N. Geiger, Prof. an der k. k. Akademie der bildenden Künste in Wien. 90 lithographirte Tafeln mit erklärendem Text. gr. 4^{0}.
Die Adelsberger Grotte von Dr. A. Schmidt. 2 Bände.
Atlas der Hautkrankheiten von Febra und Elfinger. 2 Bände Folio.
Zusammen 29 Werke in 64 Bänden. Ausserdem wurde das von der k. k. Staatsdruckerei veröffentlichte Prachtwerk: *Das Vater Unser in 200 Sprachen* der Bibliothek der Königlich Britischen Gesandtschaft in Peking gespendet.

Die Büchersendung an den Prinzen Kung war von folgendem Schreiben begleitet:

Sire! Überzeugt von dem wichtigen und wohlthätigen Einflusse, welchen die unter den Auspizien Eurer Kaiserl. Hoheit in Peking gegründete Schule für fremde Wissenschaften auf den öffentlichen Unterricht im Allgemeinen, sowie auf den Verkehr mit den Fremden insbesondere ausüben wird, erlaube ich mir, Eurer Kaiserl. Hoheit eine Sammlung von wissenschaftlichen Publikationen zur Verfügung zu stellen, welche aus der k. k. Hof- und Staatsdruckerei in Wien hervorgegangen sind. Mehrere dieser Werke behandeln die chinesische Sprache und mögen Eurer Kaiserl. Hoheit den Beweis liefern, dass die Gelehrten unseres Reiches lange bevor die gegenwärtige Mission hieher gesendet wurde, sich bereits mit dem Studium der Literatur und der Geschichte der so merkwürdigen Völker Ostasiens eingehend beschäftigt haben. Unter den überschickten Werken ist auch eine Anzahl von Karten der österreichisch-ungarischen Monarchie, sowie ihrer einzelnen Königreiche und Länder, indem es Eure Kaiserl. Hoheit interessiren dürfte, die Ausdehnung und physische Beschaffenheit eines Reiches näher kennen zu lernen, mit welchem Ihre Regierung soeben einen Vertrag geschlossen hat, bestimmt, die Interessen beider Nationen zu fördern. Eine weitere Serie von Bänden umfasst die wissenschaftlichen Resultate einer in den Jahren 1857–1859 an Bord der k. k. Fregatte Novara unter den Befehlen des Commodore B. v. Wüllerstorf unternommenen Erdumsegelung. Ausserdem befinden sich unter den dargebotenen Publikationen botanische, zoologische, anatomische, medizinische, numismatische und archäologische Werke und die Regierung Sr. Maj. des Kaisers und Königs würde sich glücklich schätzen, wenn sie mit dieser literarischen Gabe den Impuls zur Gründung einer, allen wissenschaftlichen Männern zugänglichen internationalen Bibliothek in Peking geben möchte, welche nicht nur der chinesischen Regierung zur grossen Ehre gereichen, sondern auch eine höchst werthvolle Zufluchtsstätte für alle Jene bilden würde, welche sich in der Hauptstadt des chinesischen Reiches mit wissenschaftlichen Studien und Forschungen beschäftigen. Peking, den 2. September 1869. Petz m. p., Contre-Admiral[39].

Hier ist die große Chance versäumt worden, Österreich, über das man in China damals kaum etwas wußte, zumindest am chinesischen Kaiserhof etwas bekannter zu machen. Hätte man doch wenigstens, wie am japanischen Hof, Photoalben und Photoplatten mit Ansichten der Monarchie verschenkt[40]! Das hätte man doch wohl nicht als Tributgeschenk deuten können. Doch wie es bei staatlichen Ausgaben öfter vorkommt, hatte man am falschen Ort gespart.

Die Zeit bis zum endgültigen Inkrafttreten des Vertrages

Apropos sparen – sehr bald sollten die gerade begonnenen diplomatischen Aktivitäten in China in noch viel drastischerer Art und Weise von Sparmaßnahmen betroffen werden. Nur kurz konnte man sich sorglos der eben glücklich zu Ende geführten Verhandlungen erfreuen. Die Unterzeichnung des Vertrages durch Chong Hou, den chinesischen Bevollmächtigten in Tianjin, spielte sich in dem prachtvollen Saal der lokalen Gilde der Pfandleiher ab[41], was laut dem Bericht des Expeditionsleiters Petz »dem allgemeinem Ausspruche nach mit ungewöhnlicher Feierlichkeit vor sich ging[42]«. Am 11. September reiste Gesandtschaftsattaché von Bernath ab, um den Vertrag über Shanghai, Japan und Nordamerika nach Wien zu bringen[43].

In der Hauptstadt der Doppelmonarchie wurde aber bereits an der Abberufung der frischgebackenen diplomatischen Vertreter in China gearbeitet. Der Außenminister sah die Notwendigkeit, zu seinem Bedauern dem Expeditionsleiter Freiherrn von Petz, dem Generalkonsul Calice und dem Generalkonsul in Hongkong, von Overbeck, zu eröffnen, daß die Kosten für das Konsulatspersonal noch nicht bewilligt seien. Daher hieß es in dem im Außenamt vorbereiteten Schreiben: »Hiernach sehe ich mich genötigt, den für China als leitendes Konsular-Organ und nötigenfalls als Ministerresident bestimmten Generalkonsul H. Calice, sodann die beiden Generalkonsulatskanzler von Hengelmüller und Schlick sofort abzuberufen . . .« Als »schickliche Form« für die Begründung der Abreise Calices sei am besten der Antritt eines Urlaubs zu wählen, wel-

Nos
Franciscus Josephus Primus
divina favente clementia
Austriae Imperator; Bohemiae etc. Rex, et
Apostolicus Rex Hungariae.

Summo, Potentissimo et Gloriosissimo Principi, Majestati Suae Imperatoriae et Regiae, Imperatori Chinensi, Fratri Nostro optimo et Cognato salutem.

Summe et Potentissime Princeps!

Intentione ducti regularem et ordinariam protectionem et tuitionem negotiorum Imperii Nostri atque Subditorum Nostrorum in aula Majestatis Vestrae Imperatoriae et Regiae non esse retardandam – Consulem Nostrum Generalem in Imperio Chinense, fidelem Nobis et dilectum, Ordinis Nostri coronae ferreae Equitem, Henricum Calice, virum probatae fidei et eximiae in rebus gerendis dexteritatis, Ministrum – Nostrum Residentem ad interim in aula Majestatis Vestrae nominavimus. – Non dubitantes, hanc electionem

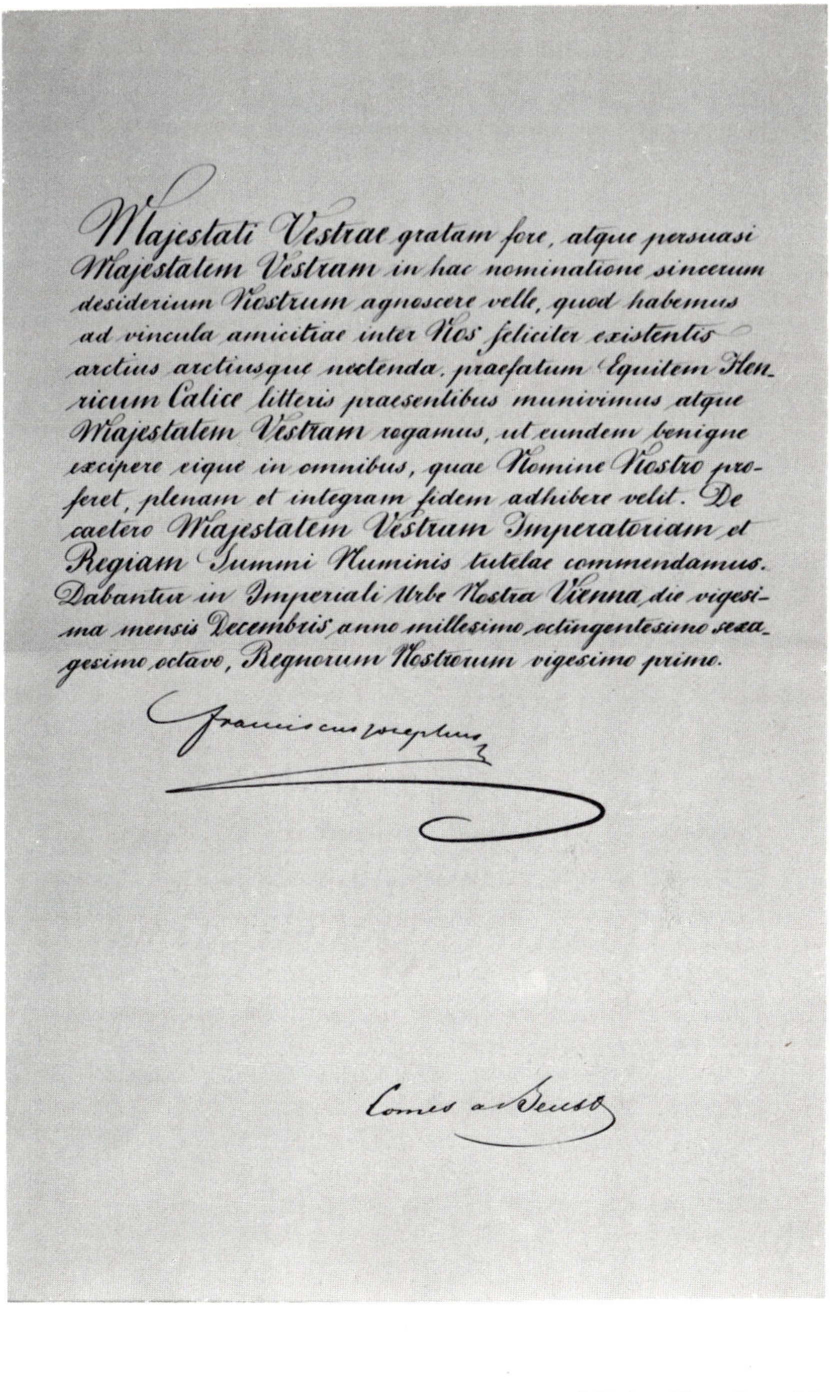
Majestati Vestrae gratam fore, atque persuasi
Majestatem Vestram in hac nominatione sincerum
desiderium Nostrum agnoscere velle, quod habemus
ad vincula amicitiae inter Nos feliciter existentis
arctius arctiusque nectenda, praefatum Equitem Hen-
ricum Calice litteris praesentibus munivimus atque
Majestatem Vestram rogamus, ut eundem benigne
excipere eique in omnibus, quae Nomine Nostro pro-
feret, plenam et integram fidem adhibere velit. De
caetero Majestatem Vestram Imperatoriam et
Regiam Summi Numinis tutelae commendamus.
Dabantur in Imperiali Urbe Nostra Vienna die vigesi-
ma mensis Decembris anno millesimo octingentesimo sexa-
gesimo octavo, Regnorum Nostrorum vigesimo primo.

Franciscus Josephus

Comes a Beust

Bestallungsurkunde Kaiser Franz Josephs für den 1. österreichischen Generalkonsul in Shanghai, Heinrich Calice (Haus-Hof- und Staatsarchiv) cher der chinesischen Seite nach der Ratifikation des Vertrages anzuzeigen sei. Danach sei für eine provisorische Vertretung durch den Konsul in Shanghai, Tokio oder Yokohama zu sorgen, oder es könnten die Geschäfte an den Generalkonsul in Hongkong, Overbeck, übergeben werden. Besonders am Herzen lag dem Außenamt in diesem Zusammenhang die »Vorsicht bei der Ausführung der eher heiklen Angelegenheiten«, die besondere Sorgfalt, mit der »Posten, die bezahlt werden«, besetzt werden mögen, und die »Wahrung schicklicher Formen[44]«. Als Trost wurde die Versicherung hinzugefügt, daß die Abberufung nicht etwa durch während der Expedition erbrachte mangelhafte Leistungen veranlaßt sei, sondern durch die politischen und ökonomischen Verhältnisse[45].

Calice, der eingespart werden sollte, wußte nichts davon, doch dachte er in schöner Einmütigkeit mit seinen Vorgesetzten ebenfalls ans Sparen. Eben erst hatte ihn die *Erzherzog Friedrich* nach Shanghai gebracht und am 6. Dezember 1869 die Flaggenhissung vor seinem Amtssitz mit 21 Salutschüssen begrüßt, bevor das Schiff nach Hongkong abging, um vorderhand in ostasiatischen Gewässern zu kreuzen. Da bekam er prompt Gelegenheit, seinen Willen, dem allerhöchsten Ärar Kosten zu ersparen, unter Beweis zu stellen. Der 24jährige arbeitslose österreichische Handelsmatrose Luigi Milovich aus Triest, der eines »auf Gewinnsucht gerichteten schweren Verbrechens« verdächtig war, saß im Arrest des norddeutschen Konsulats, das vorher die österreichisch-ungarischen Geschäfte in Shanghai mitbesorgt hatte. In einem Brief an den Kapitän der *Erzherzog Friedrich* schrieb Calice, er lege den größten Wert darauf, »das in Rede stehende ausweis- und erwerbslose und aus vielen Gründen bedenkliche Individuum von Shanghai zu entfernen und dieses Amt bzw. das hohe Ärar von weiteren Kosten, die dessen Verbleiben allhier unfehlbar verursachen würden, zu entheben[46] . . .« Und auf welch billigerem Weg hätte man das »bedenkliche Individuum« aus Shanghai entfernen können als durch seine Assentierung und Einberufung zum Dienst auf dem Kriegsschiff *Erzherzog Friedrich?* Dem Kapitän Pitner, dessen Mannschaft ohnehin dezimiert war, kam die Verstärkung durch den jungen Matrosen gerade recht, und so wurde dieser im Wege der Assentierung »ehrlich gemacht« und den verderblichen Einflüssen Shanghais entzogen[47].

Doch heimwärts ging es vorderhand nicht. Petz war noch in Wien ermächtigt worden, wenn er es für zweckmäßig erachte, eines der beiden Kriegsschiffe in ostasiatischen Gewässern in Station zu belassen[48], und so kreuzte die *Erzherzog Friedrich* zwischen Hongkong, Manila und Yokohama, bis sie aus Rücksicht auf die budgetäre Lage heimberufen wurde. Die Berichte Pitners an die Marinesektion klangen ohnehin nicht sehr ermutigend. Österreichische Schiffe wurden kaum gesichtet, und die Nachrichten aus Nordchina erzählten von der Absicht der ausländischen Gesandtschaften, Peking wegen der ungenügenden Sicherheitsverhältnisse zu verlassen[49]. Die *Friedrich* langte nach einer Fahrt durch den ge-

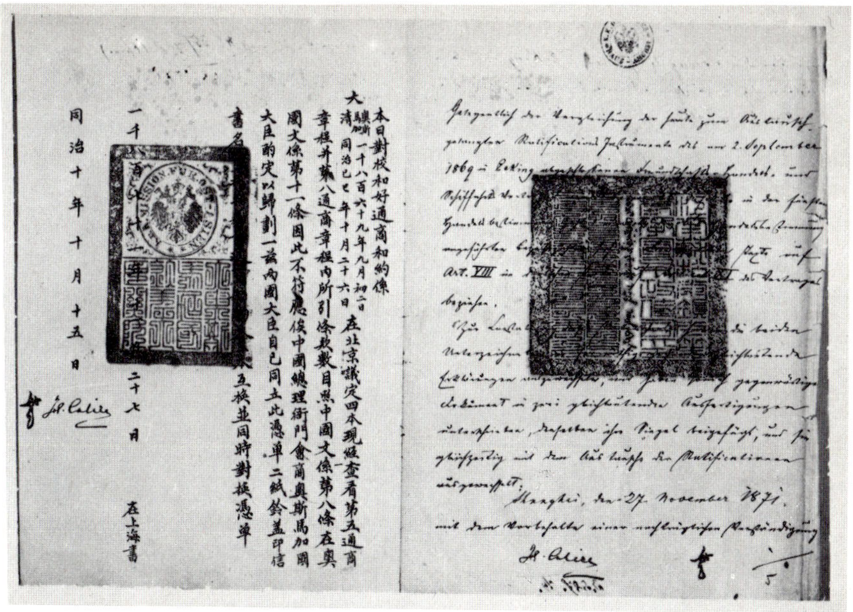

Protokoll über den Austausch der Ratifikationsurkunden des Vertrages zwischen Österreich–Ungarn und China (Haus-Hof- und Staatsarchiv)

rade eröffneten Suezkanal am 27. Jänner 1871 in Pola ein. Die *Donau,* die noch Südamerika besucht hatte, kam am 1. März 1871 zurück[50].

Kaiser Franz Joseph unterzeichnete am 8. Mai 1871 die Ratifikationsurkunde und vertraute ihren Transport der Korvette *Fasana* an. Eigentlich hätten die Ratifikationsurkunden bereits innerhalb eines Jahres nach Vertragsabschluß ausgetauscht werden müssen – also spätestens bis September 1870. Nach den Intentionen seiner Behörde hätte Calice danach nach Hause zurückkehren müssen. Doch der Termin konnte nicht eingehalten werden. Erst am 27. November 1871 trafen Calice und der von chinesischer Seite bevollmächtigte Oberste Finanzberater der Provinz Jiangxi namens Enxi in Shanghai zusammen, verglichen die Vertragsinstrumente und nahmen den Austausch der Ratifikationsurkunden vor[51]. Nicht nur den Jangtse, sondern auch die Donau war in der Zwischenzeit viel Wasser heruntergelaufen, Calice war immerhin schon mehr als zwei Jahre im Amt, und das Beharrungsvermögen des Faktischen hatte für ihn und für die Weiterexistenz des Postens eines in Shanghai stationierten k. k. Ministerresidenten für China und Japan mittlerweilen zu Buche geschlagen. Sie wurden doch nicht eingespart.

ANMERKUNGEN

1 *Protokoll der am 13. Mai laufenden Jahres beim k.k. Ministerium des Äußeren abgehaltenen Sitzung,* Marinearchiv C.K./M.S. 782 ex 1868, S. 1 f.

2 Ebd., S. 2, 9.

3 Ebd., S. 8 f.

4 Ebd., S. 9 f.

5 Karl von Scherzer, *Die k.u.k. österreichisch-ungarische Expedition nach Indien, China, Siam und Japan 1868–1871,* 2. Aufl., Stuttgart 1873, S. V.

6 *Protokoll der am 13. Mai laufenden Jahres beim k. k. Ministerium des Äußeren abgehaltenen Sitzung,* S. 10 f.

7 Karl von Scherzer, *Die k.u.k. österreichisch-ungarische Expedition nach Indien, China, Siam und Japan 1868–1871,* Anhang S. 350.

8 *Protokoll der am 13. Mai laufenden Jahres beim k.k. Ministerium des Äußeren abgehaltenen Sitzung,* S. 12.

9 Ebd., S. 12.

10 Ebd., S. 14.

11 Brief Wüllerstorfs an das hohe Kaiserlich-Königliche Reichskriegsministerium, Marinesektion vom 13. Juli 1868, Marinearchiv PK I – 7/9 1868.

12 Marinearchiv, PK I – 7/9 1868.

13 Marinearchiv, PK I – 7/9 1868.

14 Peter Pantzer, *Japan und Österreich-Ungarn,* Wien 1973, S. 15.

15 *Instruction für den Contre-Admiral Freiherr von Petz als seiner kaiserlichen und königlichen apostolischen Majestät bevollmächtigter Minister und Gesandter in außerordentlicher Mission an die Höfe von China, Japan und Siam,* Marinearchiv, I – 7/12 1868, S. 262–296.

16 *Begründung des außerordentlichen Mehrerfordernisses im Antrage von 250.000 Gulden für die Centralleitung des Handelsministeriums im Jahre 1868 aus Anlaß einer handelspolitischen Expedition nach Ostasien und Südamerika,* Marinearchiv PK I – 7/9 1868, S. 85–98.

17 Ebd., Blatt 93.

18 *Mémoire sur les affaires de China, présenté par le Baron Herbert et redigé d'après les données qui lui ont été fournies par M. Bellonet,* Vienne, Octobre 1868, Marinearchiv, PK I – 7/1 1869, S. 39.

19 H.B. Morse, *The International Relations of the Chinese Empire,* Nachdruck Taibei 1963, Bd. 2, S. 199; C. Y. Chao, *Foreign Advisers and the Diplomacy of the Manchu Empire,* Taibei 1954, S. 9.

20 *Memoire sur les affaires de China . . .,* S. 38 f.

21 Ebd., S. 38.

21a Daneben gab es noch das Französische Büro (Frankreich, Holland, Spanien, Brasilien, Religion und Emigration), das Russische (Rußland, Japan), das Amerikanische (USA, Deutschland, Peru, Italien, Schweden, Norwegen, Dänemark, Belgien, Portugal, Vertragshäfen, Arbeitsschutz und internationale Konferenzen) und das Büro der maritimen Verteidigung (Küstenbefestigungen, Häfen, Ankauf von Waffen und technischen Neuerungen). – L. Tung, *China and some Phases of International Law,* London-New York 1940, S. 106.

22 Gesandtschaftliches Tagebuch über den Aufenthalt der k. und k. Mission in Hongkong, D. i. vom 2. bis 13. Juni 1869, Marinearchiv, PK I – 7/12 1869.

23 Ebd.

24 Ebd.

25 *Gesandtschaftliches Tagebuch über die Reise von Hongkong nach Shanghai, den Aufenthalt der k. und k. Mission daselbst und die Reise von dort bis auf die Rhede von Taku, d. i. vom 13. Juni bis 3. Juli 1869,* Marinearchiv, PK I – 7/14 1869.

26 Karl von Scherzer, *Die k. u. k. österreichisch-ungarische Expedition nach Indien, China, Siam und Japan 1868–1871,* S. VIII.

27 Siehe Anm. 25.

28 *Fortsetzung des gesandtschaftlichen Tagebuches vom 16. bis 30. Juli 1869. Während des Aufenthaltes in Peking,* abgedruckt in der *Wiener Zeitung* Nr. 228 vom 3. Oktober 1869; sowie *Treaties, Conventions etc. between China and Foreign States,* published by Order of the Inspector General of Customs, Shanghai 1917, Nachdruck von AMS, New York 1973, S. 457.

29 Tagebuch des Kommandanten der *Erzherzog Friedrich,* Max Ritter von Pitner, im Privatbesitz der Familie.
30 Marinearchiv, PK I – 7/22 1869.
31 Schreiben von Petz an das Reichskriegsministerium, Marinesektion vom 13. August 1869, Marinearchiv PK I7/18 1869.
32 Sammlung der Materialien der neueren chinesischen Geschichte von Shen Yunlong, Bd. 62, S. 1972–77.
33 *Auszug aus dem gesandtschaftlichen Tagebuch vom 14. bis 27. August 1869 während des Aufenthaltes in Peking,* abgedruckt in der *Wiener Zeitung* Nr. 269 vom 23. November 1869, S. 653 ff.
34 R. Hart to E. B. Drew, Sept. 3rd 1869: ». . . they (die Chinesen, Anm. d. Aut.) have changed their tone very much during the last eighth months; and talk and act as if the thought that the West had begun to fear China were paramount . . . (Here, for instance, the Chinese held out ten days, after finishing other negotiations, in their refusal to allow the Emperor of Austria to be styled Ta-hwang-ti; they only gave way yesterday when assured that such an insult would be noticed by the powers and could not let drop by the Austrian government . . .)« – Zitiert nach Hosea Ballou Morse, *The International Relations of the Chinese Empire,* Bd. 2, S. 203.
35 Karl von Scherzer, *Die k.u.k. österreichisch-ungarische Expedition nach Indien, China, Siam und Japan 1868–1871,* S. X.
36 Gesandtschaftliches Tagebuch vom 30. August bis zum 14. September 1869, Marinearchiv PK I – 7/18 1869, S. 443.
36a Siehe Anm. 35.
36b Siehe *Treaties, Conventions, etc. Between China and Foreign States,* Bd. 2, 2. Aufl., Shanghai 1917, Neudruck AMS New York 1973, S. 457. Daß die Chinesen ihre weniger formelle Titulierung des österreichischen Kaisers in der eigenen Sprache auch mit Drittwirkung durchsetzen, beweist *Mesny's Chinese Miscellany,* 29. April 1899, Bd. 3, Nr. 6, S. 104, in welchem der chinesische Titel für den österreichischen Kaiser ebenfalls mit »Huangshang« angegeben wird.
37 Siehe Anmerkung 36.
38 Karl von Scherzer, *Die k.u.k. österreichisch-ungarische Expedition nach Indien, China, Siam, und Japan 1868–1871,* Anhang, S. 350 f.
39 Ebd., S. 350.
40 Ebd., S. 351 f.
41 Ebd., S. XI.
42 Petz von Chefoo am 11. September 1869 an das k. k. Reichskriegsministerium, Marinesektion, in Wien, Marinearchiv, PK I – 7/18 1869.
43 Ebd.
44 Marinearchiv, PK I – 7/16 1869, Blatt 379–382.
45 Ebd., Blatt 381.
46 Brief Calices an Pitner vom 12. Dezember 1869, Marinearchiv I – 7/9 1870.
47 Tagebuch von Maximilian Ritter von Pitner.
48 Marinearchiv, PK I – 7/12 1868.
49 »Gerüchteweise verlautet, der Vizekönig der Provinzen, welche der Schauplatz der jüngst verübten Greueltaten waren, sei von der chinesischen Bevölkerung ermordet worden, und es wird dies mit seinen Bestrebungen, Ordnung und Sicherheit wieder herzustellen, in Verbindung gebracht. Es heißt ziemlich bestimmt, daß die sämtlichen europäischen und die amerikanische Gesandtschaft Peking bald verlassen werden, da den Winter über gar keine Kommunikation von der Seeseite her möglich ist, dieselben ganz schutzlos wären und die Haltung der chinesischen Regierung durchaus nicht die wünschenswerten Garantien bietet.« – Brief aus Yokohama vom 12. September 1870, Kriegsministerium, Marinesektion, Pitner, Tagebuch.
50 Kyu Ha Lee, *China und Österreich-Ungarn* (Diss.), Wien 1971, S. 26.
51 *Chouban yiwu shimo (Tongzhi-chao),* 67.–68. Heft, S. 7748–7752.

Neuntes Kapitel

China auf der Wiener Weltausstellung

Auf das große Ereignis bereitete man sich sowohl in Wien als auch in China sehr langfristig vor. Im Wiener Prater wurde umgebaut, »modernisirt und devastirt«, wie es ein Zeitgenosse kommentiert[1]. Fast anderthalb Jahre vor Eröffnung der Ausstellung erschien bereits die *Allgemeine Illustrirte Weltausstellungszeitung* und berichtete in ihrer ersten Nummer vom 24. Jänner 1872, daß die Ausstellungskommission in einem Entschluß vom 2. September 1871 festgelegt habe, der orientalischen Abteilung eine besondere Aufmerksamkeit zu schenken[2].

In der Folgezeit verteilt die Zeitung abwechselnd entweder Vorschußlorbeeren oder Rügen bezüglich des chinesischen Interesses und der Vorbereitungsarbeiten in China. Bericht vom 17. Juli 1872 (nach *China Mail,* Hongkong, deren Herausgeber, N. B. Dennys, sich dann auch selbst mit einigen Produkten an der Ausstellung beteiligt): In China wirkten Männer der verschiedensten Gesellschaftsklassen für das Gelingen dieser Ausstellung, welche die erste sei, an der »die chinesische Industrie in einem Gesamtbilde zur Anschauung gelangt«. Eine Firma wolle die Seidenherstellung vom Kokon bis zum Fertigprodukt darstellen, eine andere sammle alle in Häfen vorkommenden Produkte. Die Behörden von Kanton »sollen das Unternehmen mittragen wollen[3]«.

Einen Monat später, am 22. August: großes Bedauern, daß China – ganz im Gegensatz zu Japan – sich nur wenig für das Unternehmen der Weltausstellung interessiere und weder seitens der Regierung noch anderer Korporationen eine besondere Tätigkeit gemeldet werden könne[4].

Wiederum einen Monat darauf: Man erwartet sich von China nicht nur eine lebhafte Beteiligung, sondern auch sehr interessante Beiträge. Die *Fasana,* die, von Japan kommend, sich auf der Rückreise nach Triest befindet und die Objekte portofrei befördern soll, habe nicht Raum genug, die jetzt schon bereitgestellten Exponate alle aufzunehmen. Auch der oberste Finanz- und Douanenbeamte Kantons (der »Hoppo« von Kanton) habe eine Kollektion angemeldet[5], und die chinesische Regierung habe 2500 Dollar zur Vervollständigung der Porzellanausstellung Kantons angewiesen[6]. Die Beschickung sei so reichlich, daß sich die vorangegangenen Ausstellungen in London und Paris (1862 und 1867) in dieser Hinsicht armselig ausnähmen. Schon damals allerdings hatte man Transkriptionsprobleme, welche nach Meinung des k. k. Wirklichen Regierungsrates Ritter von Schroff auf die verschiedenen

Das „Wiener Extrablatt" erscheint täglich, auch Montags, und kostet die Nummer im Einzelnverkaufe 4 kr. ö. W.

Pränumerationsbedingnisse:
Für Wien:
monatlich . . . . ö.W.fl.1.—
mit Zustellg. ins Haus. „ „ 1.20
Für die Provinz mit freier Postzusendung:
monatlich ö.W.fl.1.40
vierteljährig . . . „ „ „ 4.20
halbjährig . . . „ „ „ 8.40

Unfrankirte Briefe werden nicht angenommen.

Illustrirtes Wiener Extrablatt.

Eigenthümer und Herausgeber: O. F. Berg und F. J. Singer.

Redaktion und Druckerei: wohin alle Zuschriften zu richten sind. IX., Berggasse 31.

Administration, Expedition und Inseraten-Aufnahme: I., Schulerstraße 16.

Inserate vom Auslande übernehmen für unser Blatt auch die Herren Haasenstein & Vogler, Rudolf Mosse, A. Oppelik und alle Annoncen-Agenturen in den Hauptstädten Europas.

Manuskripte werden nicht zurückgestellt.

№ 119. Wien, Donnerstag, 1. Mai 1873. 2. Jahrgang.

Kalender für Alle.
Namenstag: kath. Phil. u. Jak. prot. Phil. u. Jak. griech. Paphnutius.

Heute: Ziehung der 1854er Staats-Lose. (Nummernziehung.) Graf Keglevich-Lose. — Sehenswürdigkeiten: Stefanskirche, Besteigung des Thurmes am besten um 8 Uhr Nachmittags. — Naturalienkabinet von 9-1 Uhr. — Bibliothek und Kupferstichsammlung des Erzherzogs Albrecht, Augustinerbastei. Von 9-1 Uhr. — Augustiner Hofpfarrkirche mit den Grabmälern der Erzherzogin Christine und des F.M. Daun. — Krafft's Schlachtgemälde im Invalidenhause, Landstraße, Hauptstraße.

Ansichten vom Weltausstellungsplatze.

Die heutige Nummer mit Inbegriff der Beilage ist 12 Seiten stark.

Tableau mit verschiedenen Ansichten des Weltausstellungsgeländes. Titelblatt des Illustrierten Wiener Extrablattes 1873 (Bildarchiv der Österreichischen Nationalbibliothek)

Kulturstufen der Schreiber in China zurückzuführen waren: Der Mandarin verwende andere Zeichen als der gemeine Mann[7].

Zwei Wochen vor Eröffnung der Ausstellung bringt die Zeitung dann einen »chinesischen Thee-Pavillon«, projektiert im »chinesischen Insel-Styl nach der Skizze des Architekten Montani auf Kosten Dr. Hardt's aufgeführt, welch Letzterer ihn als einen integrirenden Bestandtheil seines Cercle oriental betrachtet wissen will«. Von dieser Attraktion, dem Hexenhäuschen der Babajaga weit ähnlicher als irgendeinem chinesischen Bauwerk, erwartet man sich einiges:

> In dem reizenden, malerisch windschief dastehenden Häuschen wird uns eine Seite behaglichen chinesischen Stillebens vorgeführt werden. Der Besucher wird hier echten chinesischen Original-Thee schlürfen können mit dem ruhigen Bewusstsein, dass keine »Pantscherei« seinen wissensdurstigen Gaumen täuschen wird. Und es steht zu erwarten, dass die hier gebotene dampfende Tasse Thee nicht ohne Einfluss bleiben wird auf unsere Handelsbeziehungen zu China, nachdem wir uns hier die Ueberzeugung holen werden, dass es weit vortheilhafter sei, guten billigen Thee zu trinken, als theueren und schlechten ... Die eigenthümliche Construction des Häuschens, sowie seine grelle Bemalung werden nicht verfehlen, die allgemeinste Aufmerksamkeit unter den Ausstellungsbesuchern zu erregen[8].

Der »chinesische« Teepavillon

Weniger aufgrund der gezeigten Produkte als wegen der Art der Vertretung stahlen dann aber die Japaner den Chinesen die Show. Jene hatten nicht nur eine offizielle Regierungskommission entsandt, sondern auch japanische Gärtner, Handwerker und anderes Personal zur Verfügung gestellt, während China nur durch nichtchinesische Kommissäre vertreten war, welche ihr Büro in der Währinger Straße Nr. 12 aufgeschlagen hatten[9]. Diese Sachlage hinderte die Zeitungen nicht, zu berichten, daß »sogar die Chinesen . . . bereits ihre bezopften Häupter« über die Nebengebühren der Ausstellung schüttelten[10], und auch anläßlich des Rundganges des Kaisers am ersten Ausstellungstag, welcher »wohl nur der Fremdartigkeit wegen« die türkische, tunesische, chinesische, japanische und siamesische Abteilung am meisten beachtete, wurde festgehalten: »Ganz absonderlich nahmen sich die Chinesen und Japanesen in ihrer Galalandestracht aus, sie trugen nicht wenig zur ›Verherrlichung‹ des Festes bei[11].«

Die Tatsache, daß nur Japaner und keine Chinesen nach Wien gekommen waren, gelangte nach einigen Monaten dann wohl zur Kenntnis der Journalisten (»Die Japaner, die hierher zur Weltausstellung gekommen sind, sind unsere Lieblinge geworden, die kleinen putzigen Kerlchen mit ihren schlauen, geschlitzten Augen fühlen sich auch offenbar sehr behaglich an den Ufern der Donau[12]«), sprach sich aber im übrigen nicht allseits herum. Der eingangs zitierte Zeitgenosse schreibt – im letzten Monat der Weltausstellung – über den Ausstellungsbesuch einiger Wiener Strizzis, deren Parole »Mir sein da!« eine möglichst genaue Übersetzung des klassischen »Veni, vidi, vici!« in das Deutsch des achten und neunten Bezirkes (!) sei:

> No, g'schaut hab'ns, wie mir kumma sein! Bikennte bluatweni. Meistentheils ganz Fremde, windverdrahte G'sichter. Aber so ein' Japanesen hab' i mir urndlich z'leichen gnumma! Kummt d'r nit Aner daher, gelbzipfert, mit ein' Lemonikopf, einer Nasen, die nit aufgangen is, verhatschte Augenbraun, auskegelte Ellbög'n, zwa linke Füß' und die Knie auf Vorposten, den hob' i D'r aber a Bisl für ein Narr'n g'halten! Red't der Schnipfer mit mir chinesisch! Fahrst a, unzeitiger Plutzerkern, krauper's Fisoleng'wachst, kralawatschete Kelchstauden! Jetzt geht's aus an andern Ton – mir sein da! – Der is d'r taucht! Reden muaß ma mit die Leut' könna! A Maßl no, Herr Wirth[13]!

Es muß recht schwer gewesen sein, diese für Europa wiederentdeckten fernen Länder auseinanderzuhalten. Auch das vage Wissen über die Reisen eines Marco Polo konnte da nicht helfen. Was blieb von dessen großartigen Beschreibungen chinesischen Lebens, chinesischer Kultur? Das zeigt eine Bemerkung im *Neuen Wiener Abendblatt,* wonach Europa bereits mit Marco Polo den Boden – Japans betreten hätte[14]!

Nahmen es die Journalisten – natürlich, vor hundert Jahren! – auch selbst nicht sehr genau, so gingen sie doch um so schärfer mit den Unzulänglichkeiten anderer ins Gericht. Unter der Überschrift *Der vernewerte Generalkatalog* bemängelte man, daß der Katalog zu spät gekommen sei – dafür sei er auch schlecht . . . »Nicht weniger rühmlich und epochemachend ist die Entdeckung, daß der chinesische Tusch eigentlich – Papier sei. In ›China‹ ist er in der II. Gruppe, ›Papierindustrie‹, verzeichnet[15].«

Die chinesische Ausstellung gliederte sich in drei Abteilungen, deren erste die Ausstellung der kaiserlichen chinesischen Regierung war, vermittelt durch den kaiserlichen Seezolldienst und übertitelt mit *Da Qing Guo,* der offiziellen Bezeichnung für die Mandschu-Dynastie. Dieser Sammlung lag hauptsächlich der Gedanke zugrunde, durch Vorlage von Warenmustern und statistischen Nachweisen die Stellung zu bezeichnen, welche China im Welthandel einnahm[16].

Weltausstellung 1873 in Wien, China: Industrie
(Bildarchiv der Österreichischen Nationalbibliothek)

Deshalb wurden hier den Bereichen Berg- und Hüttenwesen, Land- und Forstwirtschaft (unter »Obst« waren hier erstaunlicherweise nur Melonen zu sehen), chemische Industrie (darunter sehr viele Medikamente, wobei besonders die Exponate »aus dem Thierreich« den österreichischen Besuchern kalte Schauer über den Rücken gejagt haben dürften:

Vom k.u.k. Generalkonsul in Hongkong, Ritter v. Overbeck, zusammengestellter Teil der China-Ausstellung (Bildarchiv der Österreichischen Nationalbibliothek)

getrocknete Kröten, Tausendfüßler, Spinnen, kleine grüne Schlangen, menschliche Exkremente ...), Nahrungs- und Genußmittel (darunter chinesischer Wein, Bier – aus Hirse gebraut, verschiedene Teesorten unter dem Sammelbegriff »Chocoladen-Thee«) und Textilindustrie die ersten Plätze eingeräumt: es folgten siebzehn weitere Abteilungen. Natürlich war Porzellan zu sehen, unter anderem – jedem China-Besucher vertraut – die damals auch in unseren Breiten durchaus üblichen Spucknäpfe, weiters Antiquitäten und »bildende Künste der Gegenwart«, Musikinstrumente, Schiffsmodelle, Modelle eines städtischen und eines ländlichen Wohnhauses, unter »Kurzwaaren« unvermeidlich auch Geräte zum Opiumrauchen, aber auch Motoren, »Kraftübertragungs-Maschinen«, Arbeitsmaschinen, landwirtschaftliche Maschinen und Straßenfuhrwerke. Auch der Segelschubkarren, der noch heute österreichische Besucher in China fasziniert, wurde damals in Wien ausgestellt.

Die zweite Abteilung der China-Ausstellung war im wesentlichen ein Beitrag der katholischen Mission, und hier waren, deren Provinzeinteilung folgend, die jeweiligen Landesfrüchte bzw. deren Samen zusammengetragen worden, weiters Seifen, eine vollständige Sammlung der in China gebräuchlichen Wachs- und Talgkerzen wie auch einige chinesische Trachten. Der k. k. österreichisch-ungarische Konsul in Shanghai, Rudolf Schlick, sowie der später so tragisch ums Leben gekommene Josef Haas, damals Dolmetsch des k. k. österreichisch-ungarischen Konsulates in China, steuerten ebenfalls Ausstellungsgegenstände bei.

Die dritte, sehr umfangreiche Abteilung wurde zusammengestellt und eingebracht von Gustav Ritter von Overbeck, dem k. k. österreichisch-ungarischen Generalkonsul in Hongkong. Overbeck hatte viele in China ansässige ausländische wie auch chinesische Firmen zur Mitwirkung angeregt; neben den hauptsächlich aus dem Raum Kanton stammenden Beiträgen waren aber auch Exponate aus Manila, Formosa und Japan zu sehen, ein Umstand, der bei aufmerksamen Besuchern sicherlich zu einiger Verwirrung geführt haben dürfte. Diese Objekte sind aber nur im Overbeckschen Spezialkatalog[17] verzeichnet und scheinen im Generalkatalog nicht auf. In dieser Gruppe waren so interessante Exponate wie eine Bewässerungsmaschine, eine Wassermühle, Reisputz- und Dreschmaschinen und eine Ölpresse ausgestellt. Die Firma Deacon & Co. aus Kanton machte die Besucher mit den einzelnen Vorgängen der Teeproduktion vertraut, andere zeigten Bambus- und Lackwaren, Elfenbein, Möbel, gemalte Tapeten; ferner waren Ackerbaugeräte zu sehen, eine Windmaschine, eine Mausefalle, ein Feuerspritzenmodell, ein Strafgesetzbuch, Gläser mit Fliegenschützern, Haifischflossen, Muster von Bohnenkuchen, verschiedene Erzeugnisse aus der Faser des Coir-Baumes . . . und Seide, Seide, Seide.

In den Spezialkatalogen finden sich genaue Beschreibungen verschiedener Exponate und ihrer Anwendungsmöglichkeiten. So konnte sich der interessierte Besucher schon damals über die Zubereitung von Soja-Sauce oder von »Mehlkuchen aus kleinen grünen Erbsen«, über Lakritzengewinnung und Bohnenölerzeugung informieren, er konnte erfahren, was die geschickten Chinesen alles aus dem Bast des Coir-Baumes (Hanfpalme) herstellen: Matten, Seile, Hüte, Regenmäntel, Sandalen. Unter den Produkten aus Peking wird besonders eine große, aus einem Stück geschnitzte Elfenbeinkugel, enthaltend 25 kleinere, erwähnt – eine

Kunstfertigkeit der Chinesen, die wir noch heute bewundern. Mit der beigefügten Erklärung »Budha« werden »Götzenfiguren« aus verschiedenem Material ausgestellt.

Besonderen Raum widmet der Spezialkatalog achtzehn großen Bildern aus Peking. Die zum Teil auf Seide gemalten Bilder stellen Gartenszenen und Szenen aus der chinesischen Geschichte, Literatur und Religion dar; drei davon sind »xylographische Copien einer Sammlung von 40 Bildern, welche die katholischen Missionäre in der Mitte des vorigen Jahrhunderts in Frankreich machen liessen und dem Kaiser Kanghi zum Geschenke machten. Diese Bilder stellen die unter diesem Kaiser stattgefundenen Kämpfe auf Formosa dar[17a]«. Der Inhalt dieser achtzehn Gemälde und der zum Bild gehörende Text wird im Spezialkatalog durch den Ersten Dolmetscher Josef Haas ausführlich erläutert und kommentiert.

In der späteren Auswertung der chinesischen Ausstellungsexponate findet die Abteilung für bildende Kunst naturgemäß besondere Beachtung. Allerdings wird von vielen Kritikern bedauert, daß im gegenwärtigen Kunstschaffen Chinas (und zum Teil auch Japans) ein Abfall gegenüber den Werken vergangener Jahrhunderte zu bemerken sei. Der nachmalige Direktor des Österreichischen Museums für Kunst und Industrie (dem heutigen Österreichischen Museum für angewandte Kunst), Jacob Falke, damals noch Kustos des Museums[18], der auch für die oben erwähnte *Illustrirte Weltausstellungszeitung* mitverantwortlich war, urteilt in einem 1873 erschienenen Werk über die Kunstindustrie auf der Wiener Weltausstellung folgendermaßen über den chinesischen Beitrag:

> Wie das Alter in seiner Gebrechlichkeit wohl Launen und Eigensinn sich angewöhnt, so pflegt es auch einer Culturperiode zu ergehen, die in allzu langer Existenz sich überlebt und abgelebt hat. Auf diesem Standpunkt befinden sich China und Japan mit ihrer Kunst und ihrer Cultur. Ihr Kunststil, ihre Kunstübung ist von sehr altem Datum, mehr noch bekanntlich bei China als bei Japan, daher auch des letzteren Kunst immer noch ein frischeres Gepräge trägt. Diejenige Chinas zeigt klar und deutlich den Charakter des Greisenalters und die Japans rückt ihm nahe. Der Kunstfreund weiss es nur zu wohl, wie dasjenige, was beide Länder heute produciren, im Gegensatz zu ihren alten Arbeiten, an Interesse für ihn verloren hat. Es gibt Zweige der Technik, die bereits gestorben, und andere, die verdorben sind. Das Bizarre, das jetzt jeder Arbeit dieser Länder anhängt, d. h. das Launenhafte, Absonderliche, von Ordnung, Regel und Mass Abspringende, war in den ältesten Zeiten nicht so und ist von Jahrhundert zu Jahrhundert stärker hervorgetreten[19].

Einiges an dieser Aussage mag durchaus seine Richtigkeit haben. Aber wenn Falke, an anderer Stelle noch prononcierter, die Asymmetrie als dem chinesischen Eigensinn entspringend und »abartig[20]« kritisiert, so wird man sich diesem Urteil heute wohl nicht mehr anschließen können.

Nichtsdestotrotz erkennt Falke in den chinesischen kunsthandwerklichen Produkten der Weltausstellung noch immer viel Gutes und Bewunderungswürdiges, noch mehr aber in der japanischen Ausstellung: Japan ist »bei uns in Wien plötzlich Mode geworden[21] . . .«.

An der chinesischen Kollektion, die, wie er konzediert, ja nicht für den Kunstfreund zusammengestellt worden sei, sondern zu dem Zwecke, dem europäischen Besucher von der gegenwärtigen Industrie Chinas ein wahrheitsgetreues Bild zu geben, interessieren Falke vor allem die Cloisonné-Waren (»Zellenschmelzgefäße«) sowie die Seidenstoffe und -stickereien in ihren satten Farben. »Immerhin wünschen wir unseren Damen diesen Farbengeschmack[22].« Bei den – für den europäischen Gebrauch hergerichteten – Möbeln empfindet Falke die »Vermischung und Verquickung europäischer Rococoformen mit zopfigen chinesischen Details . . . widerwärtiger noch als die chinesische Bizarrerie für sich allein[23]«.

Auch andere, mehr oder weniger ernstzunehmende Weltausstellungsbesucher und -kritiker haben sich, mehr oder weniger prononciert, über die abfallende Tendenz des chinesischen Kunstgewerbes geäußert.

In einem recht umfangreichen Traktat, den ein Herr Pecht in Stuttgart herausbrachte, brauchte er nur ganze drei Seiten für China (Japan wurde noch eine Seite weniger eingeräumt), um seinen »Eindruck der Gemeinheit, den dieses ganze chinesische Wesen in seiner eigenthümlichen Mischung von Hanswursterei und Pfiffigkeit, von burleskem, groteskem und eigensinnig grausamem Gebahren macht[24]«, einer Umwelt zu vermitteln, die selbstverständlich über wesentlich weniger Urteilsvermögen – möglicherweise auch Reisegeld – als er selbst verfügte.

Zum Glück – auch für den chinesischen Export – dominierten, bei aller offenkundigen Unsicherheit auch in Expertenurteilen, doch die positiven Bewertungen. In einer in Berlin erschienenen Arbeit zu diesem Thema werden Vergleiche zu den Persern und Arabern angestellt: Im Gegensatz zu jenen erreichten die Chinesen Harmonie durch gewaltsame, phantastische Verzerrung. Allerdings wird gleich darauf eingeräumt: »Dabei gehen die chinesisch-japanischen Arbeiten von der feinsten und zierlichsten Naturbeobachtung aus, und mitten in dem wunderlichsten Schnörkelwerk stehen die graziösesten, fein empfundenen Nachbildungen anmuthiger Pflanzen und Thiere[25]. . .« Der Verfasser empfiehlt den Europäern – obwohl die chinesische Ornamentation »unserem ganzen Gefühle, unserer ganzen Formenbildung sehr fern« stehe –, sich dieses eigentümlich Chinesische zur Auffrischung ihres Ornamentenschatzes zum Vorbild zu nehmen[26]. Auch er beklagt den Niedergang der chinesischen Kunstfertigkeiten, die ja besonders bei Porzellan, wo man schon durch sehr frühe Importe beste Vergleichsmöglichkeiten hatte, sehr augenfällig war. Aber er sucht die Schuld dafür unter anderem auch bei den europäischen Geschäftsleuten, die Dutzendware mit kuriosen, grellbunten Figuren bestellten, statt edle Handwerkskunst zu fördern. Bei entsprechender Nachfrage, so meint er, vermöchte die chinesische

Produktion auch in der Gegenwart noch Gutes zu leisten[27]. Summarisch bezeichnet er »die Erkentnis von den Vorzügen der asiatischen und halbbarbarischen Arbeiten« als eine der »wesentlichsten Errungenschaften der Weltausstellung überhaupt[28]«.

Die Ausstellungsexponate verblieben nach Beendigung der Weltausstellung großteils in Österreich. Entweder gingen sie damals direkt in den Besitz des (1871 eröffneten) Museums am Stubenring über oder aber indirekt nach der Auflösung des Handelsmuseums, aus dessen Beständen andererseits auch das Völkerkundemuseum in Wien Gegenstände erwarb. Schon vorher allerdings hatte Arthur von Scala durch einen großen Ankauf im Jahre 1907 dem Museum am Stubenring einen guten Teil der chinesischen Kunstgegenstände der Wiener Weltausstellung gesichert[29].

ANMERKUNGEN

1 *Friedrich Schlögl's Gesammelte Schriften,* 2. Bd., *Wiener Luft.* Wien, Pest, Leipzig, o. J., S. 343.
2 *Allgemeine Illustrirte Weltausstellungszeitung,* Bd. I, Nr. 1, 24. 1. 1872, S. 5.
3 Ebd., Nr. 13, S. 153. Der Bericht der *China mail,* Hongkong, ist vom 4. Mai 1872.
4 Ebd., Nr. 15, 22. 8. 1872, S. 176.
5 Ebd., Nr. 17, 30. 9. 1872, S. 201. »Hoppo« ist eine Verballhornung von »hubu«, Finanzministerium.
6 Ebd., Nr. 7, 20. 2. 1872, S. 84.
7 Ebd., Nr. 20, 30. 10. 1872, S. 1, *Zur Beschickung der Wiener Weltausstellung von China und Japan.*
8 Ebd., Bd. II, Nr. 15, 17. 4. 1873, S. 176.
9 Nach der *Liste der in Wien anwesenden Mitglieder und Funktionäre der ausländischen Regierungs-Commissionen, Weltausstellung 1873 in Wien,* S. 5, war China durch die Herren E. B. Drew, Gustav Detring, E. C. Bowra und William Cartwright vertreten. Detring erfreute sich besonderer Wertschätzung des Vizekönigs Li Hongzhang. Er war Rheinländer von Geburt und wurde wegen seiner großen Fach- und Sprachkenntnisse von der chinesischen Regierung als Kommissär Chinas für die Weltausstellung berufen. Vgl. Karl Schuemacher, *Europäische Zollbeamte in China,* Karlsruhe 1901, S. 72 f.
10 *Neues Wiener Abendlbatt,* Nr. 137, 6. Jg., 19. 5. 1873, S. 2.
11 *Neues Wiener Tagblatt,* Nr. 202, 24. 7. 1873, S. 3.
12 Ebd., Nr. 212, 3. 8. 1873, S. 4.
13 Friedrich Schlögl, a. a. O., S. 343.
14 Nr. 172, 24. 6. 1873, S. 1.
15 *Neues Wiener Tagblatt,* Nr. 202, 24. 7. 1873, S. 3.
16 *Offizieller General-Catalog, Weltausstellung 1873 in Wien.* Wien 1873, S. 6.
17 *Special-Catalog der chinesischen Ausstellung, III. Abtheilung: Boden-, Industrie & Kunstprodukte, eingebracht und zusammengestellt durch Gustav Ritter v. Overbeck. Wiener Weltausstellung 1873.*
17a Ebd., S. 47
18 Direktor 1885–1895.
19 Jacob Falke, *Die Kunstindustrie auf der Wiener Weltausstellung,* Wien 1873, S. 198 f.
20 Ebd., S. 199.
21 Ebd., S. 199 f.
22 Ebd., S. 202.
23 Ebd.

24 Friedrich Pecht, *Kunst und Kunstindustrie auf der Wiener Weltausstellung,* Stuttgart 1873, S. 202.

25 Julius Lessing, *Das Kunstgewerbe auf der Wiener Weltausstellung,* Berlin 1874, S. 21.

26 Ebd., S. 22.

27 Ebd., S. 202 f.

28 Ebd., S. 23.

29 Vgl. Herbert Fux, *Ostasien und das Österreichische Museum für angewandte Kunst. Ein Beitrag zur Dokumentation von 1864–1910,* im Katalog: *Weltkulturen und moderne Kunst,* München 1972. Allerdings wurden die fraglichen Gegenstände lt. Auskunft von Dr. Fux in keinem der genannten Museen katalogisiert.

Zehntes Kapitel

Wieder Kurs auf Ostasien

Es wurde bereits früher erwähnt, daß die Korvette *Fasana* den Auftrag erhielt, die Ratifikationsurkunden der mit Siam, China und Japan abgeschlossenen Verträge nach Asien zu bringen. Danach sollte sie ebenso wie vor ihr die *Erzherzog Friedrich,* die aus budgetären Gründen verfrüht abberufen worden war, als Stationsschiff in ostasiatischen Gewässern bleiben, um die Interessen der österreichisch-ungarischen Staatsangehörigen, vor allem im Bereiche des Handels, zu schützen. Der Kommandant der *Fasana* erhielt die Instruktion, »dem k. und k. Ministerresidenten, so oft im Interesse des Dienstes die Mitwirkung der unter seinem Commando stehenden Corvette in irgend einer Angelegenheit erscheint, bereitwilligst und zuvorkommend an die Hand zu gehen, sowie über das wünschenswerthe Erscheinen der Corvette bald in diesen, bald in jenen Gewässern mit demselben jeweilig das Einvernehmen zu pflegen«. Daß der Handel damals im Rahmen der österreichischen Interessen in Südostasien im Vordergrund stand, wird auch dadurch deutlich, daß die *Fasana* gratis Muster von Erzeugnissen der österreichisch-ungarischen Monarchie nach Hongkong, Shanghai und Yokohama zu transportieren hatte[1].

Ein ähnlicher Auftrag erging im Jahre 1874 an die Korvette *Erzherzog Friedrich.* Sie sollte »zum Schutze der nationalen und Handelsinteressen der österreichisch-ungarischen Staatsangehörigen« in den ostasiatischen Gewässern Station nehmen[2]. Besonderes Gewicht legte die Marinesektion auf das baldige Erscheinen der Korvette in Shanghai, »weil dieser Ort der Sitz des k. und k. General-Consuls und Minister-Residenten bei den Höfen von Siam, China und Japan ist und demgemäß auch als der wichtigste Stationsort der in den ostasiatischen Gewässern befindlichen Kriegsschiffe angesehen werden muß[3]«. Außerdem sollte die *Erzherzog Friedrich* auch jene Häfen besuchen, in denen ein österreichisch-ungarischer Konsularagent residierte. Tatsächlich war Shanghai zur damaligen Zeit bereits zu einer imposanten Größe gediehen, wie der Kommandant des Schiffes über die Ankunft vermerkte:

> Es war ein schöner Septembertag, und die Sonne beleuchtete die stattliche Reihe von Palästen, welche die Front der Stadt, den sogenannten »Bund«, umsäumen. Mast an Mast, Schiff an Schiff liegt dichtgedrängt neben einander; der Bund ist voll thätiger Menschen

... Die Ufer sind voll chinesischer Kulis, die gewaltige Ballen oder Kisten zum Ladetakel eines Schiffes am Quai schleppen ...

Dieses Zitat ist übrigens keinem Marinebericht, sondern einem Buch entnommen[4].

Sowohl der Kapitän, Tobias Ritter von Österreicher, wie auch sein zugeteilter Offizier, Linienschiffsleutnant Josef Lehnert, haben Werke über die damalige Reise veröffentlicht, Lehnert sogar zwei dicke Bände. Doch sie bringen nicht mehr, sondern zum Teil weniger Information als die Reiseberichte der zivilen Forscher und Globetrotter. Das ist auch nicht weiter verwunderlich. Während die Schiffsbesatzungen nur in den Hafenstädten und auch da bloß für kürzere Zeit mit China in Berührung kamen, war es den Touristen möglich, von China mehr und für längere Zeit zu sehen. Da auch unter diesen besseren Bedingungen zumeist wenig befriedigende Publikationen entstanden sind, sollte man es den Mitgliedern unserer Kriegsmarine nicht zum Vorwurf machen, daß sie bei ihren Berichten gelegentlich wenig Einsicht in die tatsächlichen Verhältnisse verrieten.

Die europäische Präsenz in China wurde von beiden natürlich positiv betrachtet[5]. Denn auch sie sahen die Chinesen bloß im Klischee ihrer Zeit: als unbeugsam gegen alles Neue eingestellt[6], als Volk des Stillstandes, das durch die Berührung mit Europa aus seinem Bann befreit werden müsse[7]. Wozu also in Dimensionen des internationalen Rechts denken? Die »kleinen Debatten« der »Pufendorffs und Vattels«[8] galten dem Kapitän Österreicher nur als »geistige Gymnastik«. Moderne technische Konzepte konnten nach Meinung von Leutnant Lehnert den Köpfen der Chinesen nicht entspringen[9], die Literatur der Chinesen sah er ohne inneren Wert – es ermangle ihr wegen der »großen Sinnlichkeit der Chinesen« nicht an hochgradig unsittlichen Stücken[10] –, Zustände der chinesischen Justiz, die er vom Hörensagen kannte, veranlaßten ihn zu der Frage, wie man es in jenem Lande voll Grausamkeiten wage, »den humanen Fremden in China einen Barbaren zu nennen[11]«. Also sahen beide die Notwendigkeit der europäischen Anwesenheit voll bestätigt – und forderten deren Ausweitung vor allem im Wege der Missionierung. Die Kontakte zur Jesuitenmission in der Nähe Shanghais hatten sie sehr beeindruckt. Österreicher hoffte, das Christentum möge »hier Fuß fassen und die Massen für die Moral der stillen Hoffnung und Ergebung gewinnen[12]«, und Lehnert versprach sich viel davon, »die Machtsphäre (der Missionare) weit in das Innere Chinas auszudehnen[13]«.

Dort, wo die beiden Offiziere ihre Ansichten nicht auf Literatur oder Kolonialtratsch stützten, sondern eigene Beobachtungen heranzogen, kamen sie allerdings zu deutlich besseren Einschätzungen von Charakter und Fähigkeiten der Bevölkerung Chinas. Beide loben den Fleiß und die Genügsamkeit der Chinesen sowie ihre frohe Natur und Lebenseinstellung. Folgende Sätze der Bewunderung scheinen Österreicher aus dem Herzen zu kommen:

In dem dicht bevölkerten China ist das Leben und der Lebenserwerb für das kleine Volk recht hart, und allerorten sieht man die rastlose Arbeit beim mühevollen Broterwerb thätig. Aber eine eigenthümliche Lebensphilosophie bewahrt die Chinesen vor dumpfem Brüten und melancholischer Griesgrämigkeit. Jedes Gesicht hat einen solchen Ausdruck, als ob niemals was fehlen könnte; allerwelt guckt so fröhlich in die Straße hinaus, als ob sie Kummer und Nahrungssorgen gar nicht kennen würden[14] ...

In anderen Fällen ist der direkte Eindruck zu flüchtig, um richtige Schlüsse zuzulassen. So hält Österreicher, der sonst nur Shanghai und Amoy kennt, Kanton für die reinste Stadt Chinas[15], und Lehnert, der am Wege zur Jesuitenmission am Rande Shanghais Baumwollpflückerinnen mit nacktem Oberkörper sah, fand Erzählungen bestätigt, nach denen es – ausgerechnet! – den chinesischen Mädchen freistünde, der Liebe nach Belieben zu huldigen, wodurch der Mädchenhandel in China unglaubliche Dimensionen angenommen habe[16].

Doch nicht nur die österreichischen Marineure brachten einiges durcheinander, sondern auch die Chinesen in Hongkong, die in schon beinahe altgewohnter Weise die österreichische Flagge nicht erkannten, sondern sie mit der spanischen verwechselten[17]. Österreich war eben in China zu wenig bekannt. Daran konnten auch die späteren Fahrten österreichischer Schiffe nichts ändern.

Als das nächste k. u. k. Kriegsschiff, das Kanonenboot *Albatros,* im Jahre 1884 in ostasiatische Gewässer kam, wurde die Anwesenheit der österreichischen Kriegsmarine in Ostasien immer noch als so große Rarität angesehen, daß die Zeitungen von Hongkong, Saigon und Singapur diesem »seltenen Ereignis« spezielle Berichte widmeten[18]. Der Zweck der Reise der *Albatros* war in erster Linie ein maritim-instruktiver und daneben ein handelspolitischer. Außerdem war man noch um die Erzielung naturwissenschaftlicher Ergebnisse bemüht. Eine besondere Aufgabe wurde dem Kommandanten Josef Wostry noch dadurch übertragen, daß er den österreichischen Gesandten für Siam, Japan und China, Zalusky, der seinen Sitz nunmehr in Tokio hatte, zwecks Überreichung seines Beglaubigungsschreibens von Shanghai nach Tianjin (Tientsin) bringen sollte ... Das diente nicht nur der Bequemlichkeit des österreichischen diplomatischen Vertreters, sondern ermöglichte es ihm auch, durch die Aufnahme zweier Marineoffiziere in seine Begleitung diese stattlicher zu gestalten.

Auf der Fahrt nach Yokohama, wo Zalusky abgesetzt werden sollte, erfuhren die Schiffsbesatzung und ihr Gast bei der Ankerung in Nagasaki vom Kommandanten der deutschen Korvette *Prinz Adalbert,* daß er wegen eines in Shanghai gegen die Fremden drohenden Aufstandes eilig nach Wusong beordert worden sei. Hierauf verzichtete der Gesandte Zalusky auf die Fortsetzung der Reise mit der Albatros und ordnete an, sie möge nach der Ergänzung ihrer Vorräte sofort Shanghai anlaufen[19]. Dort herrschte wegen der kriegerischen Auseinandersetzungen mit Frankreich unter der einheimischen Bevölkerung tatsächlich eine große Unruhe. Seitens der neutralen Mächte wurden gemeinsame Schutzmaßnahmen getroffen, um Leben und Eigentum der Europäer in den Vertragshäfen nach Möglichkeit zu sichern. In dem Plan für eine eventuelle gemeinsame Aktion wurde dem österreichischen Kanonenboot die Verteidigung der die beiden Settlements verbindenden Brücken längs der Sunjiang-Straße anvertraut[20]. Nach zwei Monaten war die Gefährdung abgeflaut, und die *Albatros* konnte sich auf den Heimweg machen.

In Shanghai hatte der Kommandant keine einzige österreichische Handelsniederlassung angetroffen[21]. Um die kommerziellen Beziehungen mit jenen Regionen anzukurbeln, erörterte Kapitän Wostry alle merkantilen Fragen, welche die indochinesische Schiffahrtslinie des österreichisch-ungarischen Lloyd, die eventuelle Ausdehnung dieser Linie und den Abschluß von Kartellverträgen mit anderen Schiffahrtsgesellschaften betrafen, mit den lokalen maßgeblichen Personen[22]. Außerdem war er bemüht, festzustellen, welche Waren Österreich-Ungarns im Fernen Osten auf Anklang stoßen würden. Gewisse österreichische Artikel, wie Zündhölzchen, waren im Wege über Dritthändler in China bereits gut eingeführt. Diese wurden von den sparsamen Chinesen geschätzt, weil sie sich an jeder beliebigen Reibfläche entzünden ließen. Auch meinte Wostry, jenen eine gute Zukunft prophezeien zu können, die sich im Export von Metallknöpfen nach China (womöglich mit einem in der Mitte aufgepreßten Drachen) versuchen wollten[23]. Die größten Zukunftschancen schienen ihm aber Waffenexporte zu haben. Seinen Angaben nach befanden sich zur damaligen Zeit bereits 10.000 Mausergewehre aus den Steyr-Werken in China[24].

Die militärisch-maritime Ausbildung endete mit guten Resultaten. Im Bereich naturwissenschaftlicher Forschungen waren laut Bericht »bemerkenswertere Leistungen nicht möglich«. Beim zweiten Versuch des Fischens mit dem Schleppnetz im chinesischen Meer war nämlich das Netz verlorengegangen[25].

1885 wurde das Schwesterschiff der *Albatros,* die *Nautilus,* auf eine ganz ähnliche Mission entsendet. Wieder waren es neben der Übung der Mannschaft vor allem die Handelsfragen, deren Erkundung schon bei der Fahrt der *Albatros* im Vordergrund gestanden waren[26]. In Shanghai ergab sich durch die Vermittlung des k. u. k. Konsuls Haas für Kapitän Spetzler die Gelegenheit, mit hohen chinesischen Beamten in Kontakt zu treten und auch sonst eine Reihe wertvoller Bekanntschaften zu schließen. Kapitän Spetzler bemerkte später darüber:

> Der freundliche, ja herzliche Empfang, welcher uns in Shanghai allerseits zutheil wurde, beweist, daß die k. u. k. Flagge daselbst einen sehr guten Ruf genießt, und daher immer gern gesehen ist. *Hiezu trägt wohl am meisten der Umstand bei,* daß unser staatlicher Vertreter, Herr Consul Haas, eine so allgemein beliebte und hochgeach-

tete Persönlichkeit ist, daß jedermann schon ihm zu Ehren sich bestrebt, die durch ihn Empfohlenen mit großer Auszeichnung zu behandeln. Durch seine beispiellose Güte, Dienstfertigkeit und Popularität, durch seine staunenswerte Kenntnis der hiesigen Verhältnisse war es uns daher leicht möglich, nicht nur mit den hier ansässigen hervorragendsten europäischen Persönlichkeiten sehr bald bekannt zu werden, sondern auch durch direkten Kontakt mit Chinesen der verschiedensten Lebensstellungen einen höchst belehrenden Einblick in die Anschauungen, Sitten und Gebräuche dieses Landes zu gewinnen[27] . . .

Hier war offensichtlich der rechte Mann am rechten Platz, und Spetzler hatte Gelegenheit, sich zu überzeugen, wieviel ein einzelner Beamter mit Einfühlungsvermögen für das Ansehen der österreichischen Flagge in China zu tun vermochte. Dies um so mehr, als der Vergleich mit Kanton, wo Österreich durch den englischen Konsul vertreten war, die Meriten von Haas so recht deutlich machte. In Shanghai waren die österreichischen Offiziere in den Amtssitz des Gouverneurs eingeladen worden, und jener hatte drei Tage später sogar ihr Schiff besucht und bei dieser Gelegenheit seine besonderen Sympathien für die Österreichisch-Ungarische Monarchie zum Ausdruck gebracht. Die Intervention des englischen Konsuls in Kanton zwecks Arrangierung eines Besuches von Spetzler beim dortigen Vizekönig erbrachte hingegen bloß folgende kühle Ablehnung:

Das österreichische Konsulat in Shanghai
(Archiv des Marineverbandes)

... The *Nautilus* having come from a distance to Canton, the Viceroy would naturally receive the visit, but he happens to be extremly busy at the present time.
He is averse to the idea of wishing the *Nautilus* to remain at Canton, to give an opportunity for the desired interview, but he hopes to have the pleasure of seeing Captain Spetzler at another time[28].

Die *Nautilus* wurde auf ihrer Station in Ostasien von der Korvette *Aurora* abgelöst, die laut Instruktion im Frühjahr 1887 von Manila nach Hué und Yokohama fahren sollte. Als Zwischenstationen sollten dabei die Häfen Macao, Amoy (Xiamen), Foochow (Fuzhou) und Keelung berührt werden sowie vor der Heimkehr Shanghai und andere chinesische Vertragshäfen, die das Schiff vorher nicht angelaufen hatte. Die Instruktionen blieben die gleichen und wurden nur durch einen Wunsch des k. k. Oberhofmeisteramtes ergänzt, die Reise der *Aurora* möge dazu benützt werden, die naturhistorischen Sammlungen der k. k. Museen mit interessanten Gegenständen zu bereichern[29].

Während seiner Fahrt nach Yokohama berührte das Schiff dann im Mai Swatow, Amoy, Tamsui und Yokohama[30]. Nach einem längeren Aufenthalt in japanischen Gewässern kehrte die *Aurora* dann über Chefoo, Shanghai, Chinkiang (Jinjiang), Ningpo und Foochow (Fuzhou) nach Hongkong zurück[31]. In diesem Zusammenhang ist zu erwähnen, daß in Shanghai ein Zusammentreffen mit dem neuen für Berlin und Wien ernannten chinesischen Gesandten Hung Kün zustande kam. Die Offiziere der *Aurora,* die vom Gesandten empfangen wurden, konnten nicht nur ihn auf ihrem Schiffe begrüßen, sondern auch die hohen Beamten Cheng Shao Tsu und Li Ping Shui. Diese waren ebenfalls äußerst daran interessiert, mit den Österreichern bekannt zu werden, denn sie waren im Begriff, eine zweijährige Studienreise nach Europa anzutreten, die sie auch auf längere Zeit in die Österreichisch-Ungarische Monarchie führen sollte. Nun wollten sie die Gelegenheit nützen, um so viel Informationen wie möglich zu sammeln[32].

Wiederum erhielt der österreichische Konsul in Shanghai, Haas, von einem österreichischen Schiffskommandanten, diesmal von Linienschiffskapitän Müller, höchstes Lob. Und wiederum merkt man aus den wenigen Zeilen, welch großes Einfühlungsvermögen Haas zum Wohle beider Länder eingesetzt hat. Kapitän Müller berichtet bei dieser Gelegenheit nämlich auch, daß er entgegen den österreichischen Salutvorschriften auf »die bezüglichen Vorstellungen des k. u. k. Consuls« bei den offiziellen Visiten der chinesischen Würdenträger von Shanghai jeweils drei Kanonenschüsse zum Salut abgegeben habe, und beruft sich darauf, daß bereits Kapitän Spetzler diesen Wunsch von Konsul Haas erfüllt habe[33]. Der Konsul wußte nur zu gut, wie sehr seine chinesischen Partner derlei Höflichkeiten zu schätzen wußten, und der kleine Verstoß gegen die militärischen Vorschriften wurde durch den positiven Effekt sicherlich mehr als aufgewogen.

Nach der Zwischenstation Hongkong ging es im Dezember weiter nach Whampoa (Huangpu) bei Kanton. Dort blieb man über Weihnachten. Hier wäre vielleicht einzuflechten, daß die langen Aufenthalte in Fernost für die österreichischen Marineangehörigen keineswegs immer leicht gewesen sein dürften. Immer wieder gab es Todesfälle durch Krankheiten oder Unfälle, etwa bei der Überfahrt mit den kleinen chinesischen Sampans zum Schiff. Viele konnten das Essen und das Klima nicht vertragen. So zum Beispiel war Kapitän Müller während der Reise der *Aurora* so krank, daß er die Kontakte zu den hohen chinesischen Würdenträgern durch seinen Gesamtdetailoffizier, Wilhelm von Sattler, abwickeln lassen mußte. Und dazu kam sicherlich eine Portion Heimweh zu Weihnachten, wenn man in der immergrünen Flußlandschaft bei Huangpu vor Anker lag und auf ein fremdes reges Treiben blickte, während fremde Laute ans Ohr drangen. Am Tag des Heiligen Abends, den die *Aurora* in Huangpu verbrachte, saß ein Mitglied ihrer Besatzung sinnend an Deck und ließ die Umgebung auf sich wirken. Was er sah, hielt er zeichnerisch fest. Das Original ist im Besitz der ÖGCF, und so kann unser Leser anhand der beigegebenen Abbildungen nachempfinden, wie ein Angehöriger der österreichischen Kriegsmarine den Tag des 24. Dezember fern von seiner Heimat erlebte.

Die nächste Fahrt eines k. u. k. Kriegsschiffes, nämlich der *Fasana,* die zwischen 1887 und 1889 unterwegs war, zeitigte wieder einmal ein dickes Buch. Auf dem prächtig im historistischen Stil ausgestatteten Deckel des 1891 in Wien und Olmütz verlegten Werkes ist zu lesen: »An

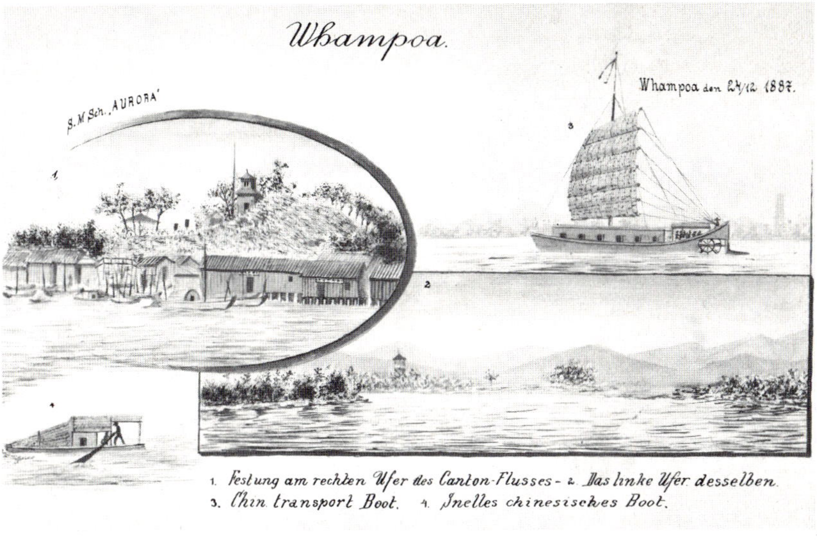

Skizze eines Besatzungsmitgliedes der »Aurora«
(Archiv der ÖGCF)

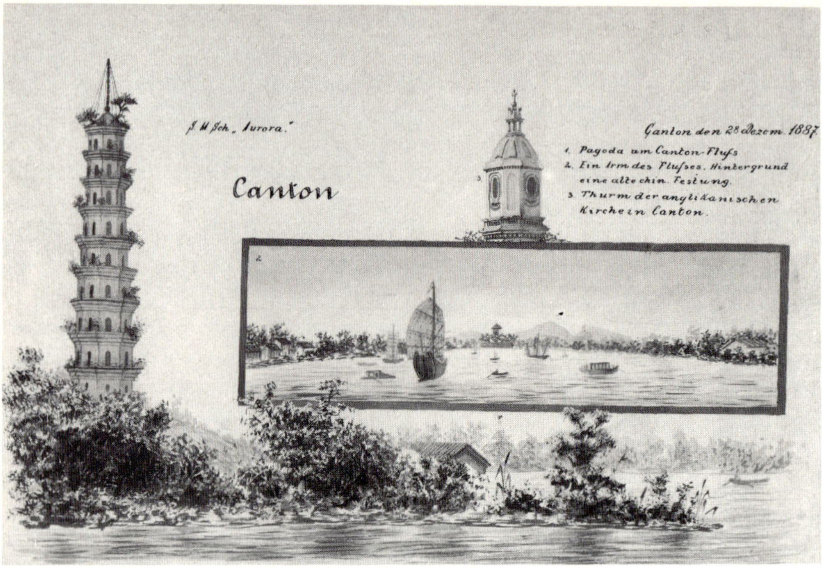

Skizze eines Besatzungsmitgliedes der »Aurora«
(Archiv der ÖGCF)

Asiens Küsten und Fürstenhöfen, von Leopold von Jedina, k. u. k. Linienschiffslieutenant«. Übrigens konnte die Korvette nicht nur mit einem Schriftsteller wie Jedina renommieren, sondern auch mit einem Mitglied des Kaiserhauses, nämlich dem Erzherzog Leopold Ferdinand,

Kreuzer »Kaiserin Elisabeth« und Korvette »Fasana« 1893
(Bildarchiv der Österreichischen Nationalbibliothek)

Ausschiffung des Gesandten Czikann
(Archiv der ÖGCF)

den Jedina als »erleuchteten Prinzen« bezeichnet, der seinen Dienstpflichten so wie jeder andere nachgekommen sei[34].

Auf ihrer Fahrt kam die *Fasana* nach Hongkong, Kanton, Shanghai, Tschinghai (Qinghai), Ningpo, Amoy (Xiamen) und Macao. Dank der Teilnahme des jungen Erzherzogs ergab sich diesmal für die Offiziere die Gelegenheit, auch ein Stück ins Landesinnere zu fahren, um Nanking zu besichtigen. Sie stiegen in der Jesuitenmission ab, wo sie auch den Besuch des Vertreters des chinesischen Vizekönigs empfingen. Die Verbindung von Mission und ausländischen Marineangehörigen wurde damit wohl einmal mehr in den Augen der chinesischen Behörden unterstrichen, zumal sich seine k. u. k. Hoheit das Gedeihen der katholischen Gemeinde in Nanking angelegen sein ließ und dies zum Hauptthema seines Gespräches mit dem chinesischen Beamten machte[35]. Wiederum erhält Konsul Haas verdientes Lob, indem er in Jedinas Werk »als aufopfernd liebenswürdiger Hausherr und bewährter Sinologe, der dank seines 23jährigen Aufenthaltes Sprache und Sitten des Landes wie kein zweiter kennt«, vermerkt wird[36].

Da die Reise durch das fast 750 Seiten zählende Werk Jedinas weit über die Marinekreise hinaus bekannt wurde, sollte man erwähnen, daß auch hier wieder der direkte Kontakt zur chinesischen Bevölkerung Anlaß bot, Klischeevorstellungen in der damaligen Chinaliteratur zu korrigieren:

Man bringt in Europa im allgemeinen den Chinesen wenig Sympatie entgegen und wendet dieselbe unter den ostasiatischen Völkern ausschließlich den Japanern zu. Wohl dürfte der Ruf der Unduldsamkeit gegen Fremde und jener eines abstoßenden Egoismus, sowie manche uns widerlich erscheinenden Gebräuche und Sitten der Chinesen die Ursache davon sein. Doch wenn man mit diesem Volk in Berührung kommt, kann man nicht umhin, zu gewahren, daß dasselbe durch seinen Fleiß, seine Genügsamkeit und den Sinn für das Familienleben manche gute Seiten hat, in denen es selbst westliche Kulturvölker übertrifft. Aber auch die Intoleranz gegen Fremde ist keine allgemeine, ja nicht selten begegnet der Europäer, natürlich, wenn er nicht schroff auftritt, seitens der Chinesen einer höflichen Zuvorkommenheit und Gastfreundschaft. Wir machten wenigstens wiederholt diese Erfahrung nicht bloß auf englischem Territorium, sondern auch in rein chinesischen Städten[37] . . .

Auch sonst zeigt der österreichische Marineleutnant ein wohltuend objektives Urteilsvermögen. Wie viele andere europäische Chinareisende war auch er von der damaligen chinesischen Rechtspflege nicht angetan, doch zum Unterschied von vielen anderen Berichterstattern war ihm bewußt, »daß es vor hundert Jahren noch im Herzen Europas nicht viel anderes zuging, gar nicht zu reden von den Inquisitionszeiten[38]«.

Überraschend kritisch sieht er auch das Wirken der Europäer in Übersee:

Die meisten Residenten in solchen Ländern sind Kaufleute oder Personen, welche dorthin gehen, um Geld zu erwerben oder ihren Lebensunterhalt zu finden. Für viele derselben . . . gibt es außerhalb Europas und Amerikas nur »Natives«, Eingeborene, d. h. Menschen zweiter Kategorie, deren Hauptbestimmung es ist, dem Europäer als Ausbeutungsobjekt zu dienen, schlechte europäische Waren möglichst teuer zu kaufen und ihre Landesproducte thunlichst billig zu veräußern. Sonst rechnet man sie kaum unter die Menschen, und selbstverständlich gilt für sie nicht das gleiche Recht wie für Europäer. Wird ein Native todtgeschlagen, was liegt daran? Einer weniger oder mehr thut nichts zur Sache; wenn aber ein Europäer oft wegen unqualificierbarer Herausforderungen getödtet wird, da gibt es eine Staatsaffaire, da muß mit dem Blute so vieler anderer, vielleicht Unschuldiger Genugthuung geleistet werden.

Wie die Individuen, so ganze Völker. Es war eine unerträgliche Schmach, ein himmelschreiendes Unrecht, daß China und Japan sich gegen die übrige Welt abschlossen und die Ansiedelung der Europäer nicht dulden wollten . . . Mit den überzeugenden Argumenten von Kugeln und Granaten werden diese Staaten über ihr Unrecht belehrt. Den Fremden wird hierauf das Land wenigstens zum Theile eröffnet und deren Ansiedelung innerhalb gewisser Grenzen gestattet. Als Ge-

genleistung wird den Angehörigen dieser Länder großmüthig das Gleiche zugestanden. Ja da man eben in Amerika und in einigen englischen Colonien, besonders in Australien, Arbeitskräfte brauchte, wurde eine chinesische Emigration organisiert. Nun aber wiederholt sich die Sache vom Zauberlehrling. Die Chinesen sind nicht so albern, als man sie annahm. Durch ihre staunenswerte Thätigkeit, zähe Sparsamkeit, durch eine besondere kaufmännische Begabung erobern sie bald auf ganz friedlichem Wege in commercieller Hinsicht ihre Ansiedelungsorte. Jetzt werden sie unbequem, jetzt will man von ihnen nichts mehr wissen. Die Einwanderung wird nicht bloß bezüglich gänzlich Unbemittelter beschränkt, wogegen nichts einzuwenden gewesen wäre, sondern direct aufgehoben, und mit dem Revolver in der Hand verhindert man die Landung zugereister Chinesen. Ja in den Vereinigten Staaten geht man sogar mit der Absicht um, die bereits angesiedelten Chinesen des Landes zu verweisen. Vom politischen Standpunkte, der naturgemäß ein eigennütziger ist, kann man wohl nichts dagegen einwenden; doch was für einen Schrei der Entrüstung gäbe es, wenn die »China Natives« Repressalien ergreifen würden und das Gleiche bezüglich der europäischen Ansiedler thäten[39]!

Schließlich sollte man noch festhalten, daß Jedina, zum Unterschied von vielen seiner Zeitgenossen, keine Standesvorurteile nach China mitnahm und das Positive, das er sah, keineswegs auf die Reichen einschränkte. Im Gegenteil, er schrieb über die chinesischen Bauern in der Nähe von Shanghai:

> Nichtsdestoweniger fanden wir unter diesen Leuten zumeist Frohsinn und Heiterkeit und ein offenes Auftreten, das uns weit sympathischer berührte als die berechnende oder arrogante Höflichkeit, welche Chinesen der höhen Stände gemeinhin dem Europäer entgegenbringen[40].

Die Reise der *Fasana* war übrigens schon Teil einer Übung, die sich während der vorhergehenden Jahre bei der k. u. k. Kriegsmarine herausgebildet hatte. Aus einem anfänglichen Vortasten war eine Institution geworden. Bei den rund einjährigen Reisen wurden vornehmlich jene Seekadetten eingesetzt, die gerade das vierjährige Studium an der Marineakademie absolviert hatten[41]. Das galt auch für die Korvette *Zrinyi,* die 1890–91 eine Reise in den Fernen Osten unternahm. Dem Kommandanten, Fregattenkapitän Wladimir Khittel, wurden in der Instruktion neben der Ausbildung wiederum die handelspolitischen Interessen der Monarchie besonders ans Herz gelegt, wobei er besonders den Chancen österreichischer Produkte und denen des Lloyd besonderes Augenmerk schenken sollte. Auch die k. u. k. Hofmuseen wollten wenn möglich berücksichtigt werden[42]. Das alles hätte die Reise von früheren nicht sehr unterschieden. Neu war aber, daß Khittel den Auftrag bekam, nebst dem Besuch der üblichen Häfen den Jangtse bis nach Hankou aufwärts zu fahren und somit »in das Innere Chinas so weit vorzudringen, als dies für ein tiefgehendes Seeschiff überhaupt thunlich ist[43]«.

Österreichische Matrosen beim chinesischen Fotografen (Archiv der ÖGCF)

In Shanghai kam durch die Vermittlung des wackeren Konsul Haas wiederum ein Besuch beim lokalen chinesischen Gouverneur zustande. Schon zwei Tage später kündigte der Mandarin beim Konsul Haas seine Absicht an, den Besuch an Bord des Schiffes zu erwidern:

Tao-Tai Nieh
hat die Ehre, hiemit zu eröffnen:
Ich hatte das überaus große Vergnügen, in meinem Amte den Besuch des hohen Mandarinen und Befehlshabers Seiner Exzellenz, Ki *(= Khittel, Anm. d. Verf.)*, zu empfangen, bei welcher Gelegenheit derselbe durch seine instructive und überaus wohlwollende Conversation mein Herz tief erfreute, wofür ich nur innigst dankbar sein kann.
Ich beabsichtige am 17. Tage dieses Monats – 2. August – um 2 Uhr

Der chinesische Lebensmittellieferant auf der »Elisabeth« um die Jahrhundertwende

nachmittags an Bord des Kriegsschiffes Ihrer geschätzten Monarchie vorzusprechen, um für die mir erwiesene Ehre persönlich meinen Dank auszusprechen.
Ich ersuche Euer Hochwohlgeboren, Seiner Exzellenz Ki hievon Mittheilung zu machen und mir bekannt geben zu wollen, ob der angegebene Zeitpunkt genehm sei. Bei dieser Gelegenheit hoffe ich auch, mit dem Stabe des Schiffes bekannt zu werden, dessen würdige Repräsentation ich bei mir zu sehen die Ehre hatte.
Der kalendermäßige Geschäftsabschluß ist die Ursache des Verzuges.
Ich wünsche allseits die Segnungen des Himmels

6. Monat 15. Tag (31. Juli)[44]

Einem so freundlichen Mandarin mußte doch ein besonders freundlicher Empfang bereitet werden! Das Zeremoniell wurde eingehend mit dem Routinier Haas beredet, und als das Galaboot seiner Exzellenz anlegte, wurden nicht nur drei Salutschüsse gelöst, sondern auch auf dem Vortopp die chinesische Flagge gehißt, ein Detachement der Schiffsmannschaft paradierte unter Waffen, und der Generalmarsch erklang. Der hohe chinesische Gast zeigte sich hierüber ebenso erfreut wie über den eisgekühlten Maraschino und die österreichischen Schokoladenbonbons. Erst nach längerer Zeit verließ er, wiederum vom gleichen Zeremoniell begleitet, das gastfreundliche österreichische Schiff[45].

Die Umsicht von Haas verschaffte dem Kapitän Khittel die Gelegenheit, sich mit mehreren erfahrenen Jangtse-Schiffern über den günstigsten Zeitpunkt des Fahrtantrittes zu unterhalten, und da sie sich trotz der zu erwartenden Hitze wegen des günstigen Wasserstandes für einen Termin im August aussprachen, verzichtete man vorerst noch auf den Besuch anderer Häfen und fuhr den Jangtse aufwärts[46]. In Qingjiang (Ching-kiang) wurde die Ankunft eines so großen europäischen Kriegsschiffes von den ansässigen Europäern mit großer Freude begrüßt, doch wider Erwarten gelang es Kapitän Khittel, sich auch bei den Chinesen »großes Gesicht« zu erwerben. Bei einem Spaziergang beteiligte er sich an den Schießübungen exerzierender chinesischer Soldaten. Das Ziel bestand aus einem metallenen Gong, der auf einem Dreifuß aufgehängt war. Bereits der erste Schuß des österreichischen Gastes traf so, daß Gong und Dreifuß zu Boden fielen. Darauf machte in der Stadt das Gerücht die Runde, daß der Kommandant des großen österreichischen Kriegsschiffes die Gabe des »starken Schießens« hätte, denn vorher sei wohl der Gong hie und da getroffen worden, nie aber zugleich auch der Dreifuß umgefallen[47].

Auf dem Wege nach Wuhu wurde die Besatzung von der Hitze sowie von unzähligen Moskitos und Heuschrecken sehr geplagt. Während des kurzen Aufenthaltes in Wuhu wurde der dortigen Jesuitenmission ein Besuch abgestattet, und der gerade auf Visitation aus Shanghai gekommene Bischof Granier kam auch an Bord des Schiffes. Fregattenkapitän Khittel benützte die Gelegenheit, um das Prestige dieses katholischen

Würdenträgers in einer bei den Chinesen sehr wirksamen Weise zu erhöhen, indem er, nachdem der Bischof das Schiff verlassen hatte, einen Salut von dreizehn Schuß abgeben ließ[48].

In Hankou hielt sich die Korvette vier Tage lang auf, und es wurde dort auch Kaisers Geburtstag mit einem feierlichen Hochamt an Bord des Schiffes und unter Teilnahme einer Reihe ansässiger Europäer begangen[49]. Österreich-Ungarn wurde dort wie auch in vielen anderen Häfen, wo es keine österreichischen Konsuln gab, durch den englischen Konsul mitvertreten. Dies brachte allerdings für Kapitän Khittel eine Komplikation mit sich. Da der chinesische Gouverneur und Konsul Gardener einander seit einiger Zeit wegen protokollarischer Fragen in den Haaren lagen, schien es nicht tunlich, die Hilfe des englischen Konsuls zur Vermittlung eines Besuches in Anspruch zu nehmen. So fiel diese Aufgabe dem aus Shanghai mitgekommenen Haas zu, der sie auch anstandslos erledigen konnte[50].

Auf der Talfahrt wurde der *Zrinyi* vor der Stadt Kichau ein feierlicher Empfang zuteil.

> Man sah die Wälle des Ortes mit unzähligen Flaggen bedeckt, Truppenabtheilungen standen, in Linie aufgestellt, unter Waffen und gaben Salven ab; Kanonenschüsse ertönten vom Lande her, und ebenso von den durch Schilf dem Auge entrückten Kriegsdschunken. Man war an Bord der *Zrinyi* geneigt, all diesen festlichen Pomp einem der nicht allzu seltenen chinesischen Feste zuzuschreiben; doch als man ein vom Lande abstoßendes Boot bemerkte, in welchem der führende Officier zwei der bekannten großen rothen chinesischen Visitkarten in der Hand schwenkte und sich ersichtlicherweise alle Mühe gab, die vorüberdampfende Corvette zu erreichen, ließ Fregattenkapitän Khittel wenden und steuerte dem Boote entgegen[51].

Die Visitenkarten wurden übernommen und erwiesen sich als die des Admirals, dem die Lager und Geschwader des östlichen linken Uferbezirks unterstellt waren, und die des Distriktsvorstehers von Kichau. Wahrscheinlich war diese ungewöhnliche Ehrung vom Gouverneur in Hankou inspiriert worden, der von seinen österreichischen Gästen sehr angetan gewesen war und seine Sympathie für die Österreichisch-Ungarische Monarchie sehr deutlich zum Ausdruck gebracht hatte. Fregattenkapitän Khittel versäumte natürlich nicht, die Höflichkeit zu erwidern, ließ stromaufwärts unter die Wälle der Stadt steuern und einen Salut von fünfzehn Schuß abgeben. Sowohl er als auch Haas sandten außerdem ihre Visitenkarten und baten, ihren Dank für die dargebrachten Ehrenbezeugungen außerdem mündlich zu übermitteln[52].

Sehr freundliche Aufnahme fand die *Zrinyi* auch in Nanking. Der von dem bettlägerigen Vizekönig bestimmte Vertreter lud zu einem prächtigen Bankett ein und erschien am nächsten Tag an Bord. Er betonte, »wie sehr der Vizekönig sich freue, vor Nanking das Kriegsschiff einer Macht zu wissen, welche mit China in den freundschaftlichsten, nie getrübten Verhältnissen stehe«. Diese positive Einschätzung wurde allerdings etwas relativiert durch den Zusatz, man hege für Österreich die gleichen freundschaftlichen Gefühle wie für Deutschland und England[53].

Von Nanking fuhr dann das Schiff nach Wusong, und Kapitän Khittel schrieb mit Genugtuung am Schluß seines der Jangtse-Fahrt gewidmeten Berichtes:

> Ich glaube mit wahrer Freude und patriotischem Stolze sagen zu können, daß das Erscheinen der k. u. k. Flagge auf diesen bis tief in das Innere des großen chinesischen Kaiserreiches reichenden Gewässern, deren Wichtigkeit für den Welthandel von Jahrzehnt zu Jahrzehnt in geradezu sich potenzierender Weise zunimmt, von allen hier lebenden Europäern, ohne Unterschied der Nationalität, mit Freude und Jubel begrüßt wurde, und daß die kaiserlich chinesischen Autoritäten nicht minder an Freundschaftsversicherungen, Aufmerksamkeiten und Ehrenbezeugungen wetteiferten, und daß, sowie ich von jedem Orte die besten Eindrücke über die vielen spontanen Aufmerksamkeiten mitnahm, auch in gleicher Weise alle Fremden, welche mit S. M. Schiff *Zrinyi* in Berührung kamen, die besten und freundlichsten Erinnerungen an das Schiff und seine Equipage bewahren werden ... Gegenüber den Chinesen, diesem von ceremoniösester Feierlichkeit erfüllten Volke, welches, im Gegensatze zu den Japanern, wahrscheinlich niemals von seinen altererbten Sitten und Gebräuchen weichen wird, war es von nicht zu unterschätzendem Vortheile, daß ich für die Dauer des Aufenthaltes in Ostasien die Ermächtigung erhalten hatte, in ausgedehnterer Weise, als das Dienstreglement es vorschreibt, über Geschützsalut frei zu verfügen. Ich kam dadurch in die Lage, die chinesische Flagge öfters zu begrüßen, und für mehrere, in der ausgesprochenen Absicht, die Anwesenheit eines k. u. k. Kriegsschiffes zu ehren, dargebrachte Salute in der gleichen Weise danken zu können[54].

Über Chefoo gelangte die Korvette dann nach Port Arthur. Dort gab es wiederum den üblichen Besuch bei den höchsten lokalen Zivilmandarinen sowie einen Gegenbesuch an Bord. Die Zivilbeamten interessierten sich sehr für die neuen Uchatius-Geschütze und die Mannlicher-Gewehre. Für Österreich zeigten sie freundschaftliche Gefühle, konnten es aber geographisch nicht einordnen. Kapitän Khittel berichtet darüber:

> Der hohe Beamte frug z.B.: ob unsere Monarchie ein größeres Reich sei? Ob sie auch an Deutschland grenze? Ob wir Eisenbahnen besitzen? Und nachdem er in letzterer Beziehung die beruhigende bejahende Versicherung erhalten hatte, wurde die Frage dahin erweitert, ob diese Eisenbahnen auch nach Deutschland führen[55]?

Die drei in Port Arthur stationierten chinesischen Generäle interessierten sich zum Unterschied von ihren zivilen Kollegen sehr wenig für die militärische Einrichtung der *Zrinyi,* dafür nahm das im Salon aufgestellte Klavier ihr ganzes Interesse gefangen. Alles, insbesondere das Funktionieren der Tasten, mußte ihnen aufs genaueste demonstriert werden. Einmal mehr war es die Musik, mit der Österreich Aufmerksamkeit erregte[56].

Nach einem Besuch in Korea lief die *Zrinyi* wieder Shanghai an. Hier stattete Kapitän Khittel dem freundlichen Mandarin Nie nochmals seinen Dank für dessen zuvorkommende Haltung ab. Der chinesische Beamte bedauerte seinerseits, daß die *Zrinyi* die chinesischen Gewässer so bald wieder verlasse, und wünschte, »Fregattenkapitän von Khittel und sein Stab mögen bei ihrem Scheiden von China die besten Eindrücke und Urtheile über China und die Chinesen ›dieses in Europa so wenig erkannte Land und Volk‹, mit sich nehmen[57]«. Während man dies ausländischen Marineoffizieren sonst kaum gestattete, gab der Gouverneur im Falle der Österreicher, zu denen er Zutrauen gewonnen hatte, die Erlaubnis, das Arsenal von Shanghai zu besuchen[58].

Das Vertrauen dieses hohen chinesischen Beamten war gerechtfertigt. Hinter der Anwesenheit österreichischer Schiffe steckten – damals – keine Absichten österreichischerseits, auf Kosten der Chinesen Vorteile zu erlangen. Die österreichischen Marineoffiziere respektierten die Leistungsfähigkeit und Intelligenz der chinesischen Bevölkerung und glaubten nicht daran, daß man China in Zukunft als primitiven, willigen Empfänger europäischer technischer Produkte werde behandeln können. Das bezeugt die Stellungnahme Kapitän Khittels zur Frage des Eisenbahnbaus in China:

> Das Material für die in China zu erbauenden Eisenbahnen dürfte aber – entgegen den Hoffnungen mancher europäischer Speculanten – durchaus im eigenen Land erzeugt werden. China besitzt genügende Eisen- und Kohlengruben, und ein Land, in welchem die Fabrication von Geschützen, Handwaffen und Schiffsmaschinen auf so hoher Stufe steht, wie dies in den kaiserlichen Arsenalen zu Tientsin, Nanking, Kiangssan bei Shanghai beobachtet werden kann, hat es wahrhaftig nicht nothwendig, Eisenbahnschienen, Constructionstheile oder rollendes Eisenbahnmaterial aus Europa zu importiren[59].

Von den weiteren Fahrten österreichischer Kriegsschiffe wäre die des Kreuzers *Elisabeth* zu erwähnen. Dabei wurde China zwar nur recht flüchtig berührt, trotzdem war die Publizität bedeutender als bei längeren Chinaaufenthalten anderer Schiffe, weil die *Elisabeth* den österreichischen Thronfolger Franz Ferdinand an Bord hatte. Sein umfangreiches Tagebuch wurde 1895 vom k. u. k. Hof- und Universitätsbuchhändler Alfred Hölder in zwei Bänden – ohne den Namen des Autors, sondern nur mit einem gekrönten Monogramm versehen – in aufwendiger Form herausgebracht. Wenn auch die Beschreibungen, welche China gelten, nur einen kleinen Teil des Tagebuchs ausmachen, so waren Meinung und Eindrücke des österreichischen Thronfolgers doch für viele Österreicher, die sich über jenes ferne Land informieren wollten, von großem Gewicht.

Die Beschreibung, die Franz Ferdinand von den Chinesen gibt, schwankt zwischen Freundlichkeit und Ablehnung. Das erste Zusammentreffen erfolgt auf der Insel Besar bei Malakka, und die Eindrücke des Thronfolgers sind durchaus positiv. Beim Erforschen der Insel kommt die Gruppe über einen kleinen Fußsteig plötzlich in eine chinesische Siedlung, deren Bewohner sie gastfreundlich aufnehmen. Stühle, Tee und Zwieback werden eilends für die Gäste herbeigebracht. »Als wir endlich zum Aufbruche rüsteten«, schreibt der Erzherzog in sein Tagebuch, »und unsere Erkenntlichkeit durch Verabreichung einiger Geldstücke bezeigen wollten, lehnten die Chinesen jeglichen Dank ab und waren trotz allen Drängens nicht zur Annahme einer Bezahlung zu bewegen. Schließlich half Clam aus der Verlegenheit, indem er mit zierlichen Verbeugungen der freundlichen Alten Blumen darbot, welche jene unter einer Lachsalve ins Haar steckte. Sanchez reichte der Inselwirtin seinen färbigen Gürtel dar, worauf wir mit herzlichem Händedruck von unseren Gastfreunden schieden[60].«

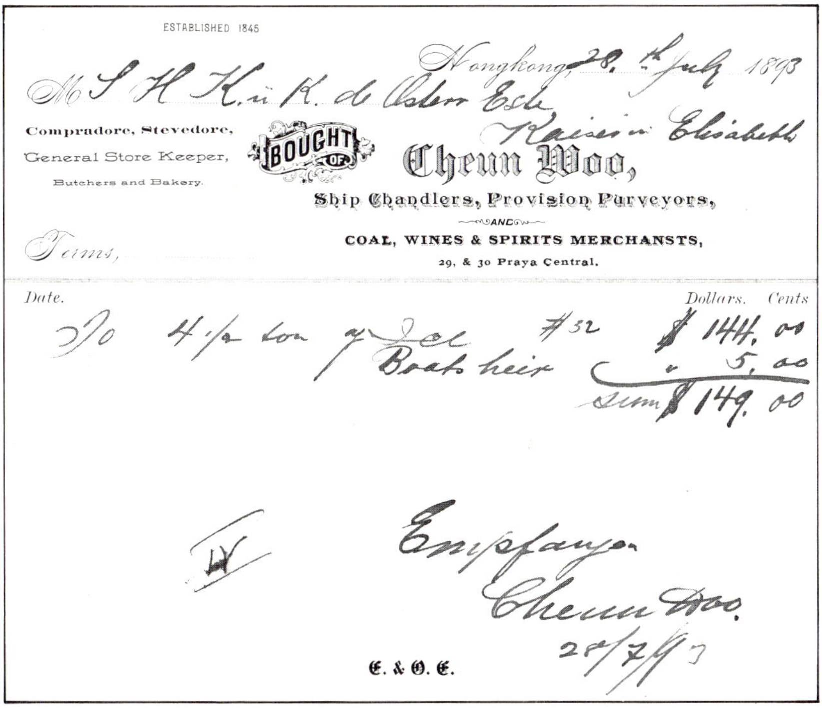
ESTABLISHED 1845

Hongkong, 28. th July 1893

M S H K. u. K. d. Ostern Esle Kaiserin Elisabeth

Compradore, Stevedore,
General Store Keeper,
Butchers and Bakery.

BOUGHT OF

Cheun Woo,

Ship Chandlers, Provision Purveyors,
AND
COAL, WINES & SPIRITS MERCHANSTS,
29, & 30 Praya Central.

Terms,

Date.		Dollars.	Cents
7/0	4 1/2 ton of Ice #52	$ 144.	00
	Boat hire	5.	00
	sum	$ 149.	00

Empfangen
Cheun Woo.
28/7/93

E. & O. E.

Original-Menükarte und -Rechnung vom Chinabesuch des österreichischen Thronfolgers Franz Ferdinand

In Hongkong steht dann Franz Ferdinand sichtlich unter dem Eindruck des Bildes, das die ansässigen Europäer sich im allgemeinen von den Chinesen machten und nur zu gerne an unbefangene Besucher weitergaben. Auch er spricht nun über die Chinesen in den wohlbekannten Klischees von ewigem Stillstand, dünkelhafter Verblendung usw. Zu seinem ihm für später bestimmten Beruf, nämlich dem des Kaisers, paßt es wenig, daß er über die Bevölkerung eines Staates, mit dem die Monarchie freundschaftliche Beziehungen unterhielt, schlicht äußert, sie sei ihm »recht unsympathisch[61]«. Als Einzeltypen läßt er den einen oder anderen Chinesen gelten. So zum Beispiel den flotten Lebemann – vornehmen Standes natürlich –, der auf einem der Blumenboote Kantons[62] den österreichischen Thronfolger dadurch begeistert, daß er das Krähen des Hahnes und das Gackern der Hennen virtuos nachzuahmen versteht. Franz Ferdinand bezeichnet ihn liebevoll als »alten Drahrer« und findet ihn »in seiner Komik unbezahlbar[63]«. Er verläßt sogar eine ihm am nächsten Abend von einem chinesischen Beamten gegebene Gesellschaft, um nach seinem gackernden Freund zu suchen. Zu seiner Enttäuschung findet er ihn nicht mehr[64].

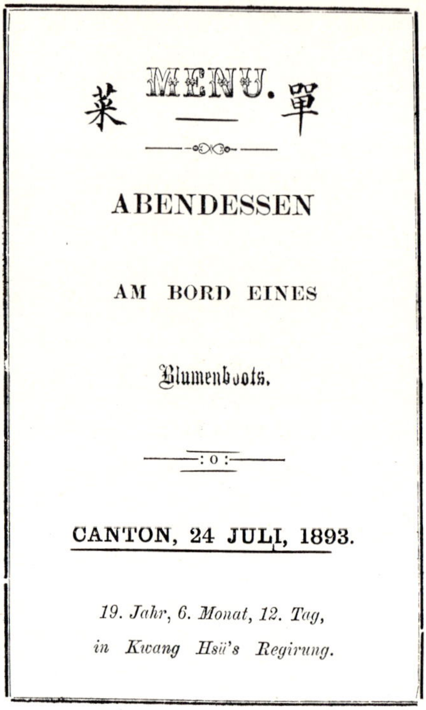
菜 MENU. 單

ABENDESSEN

AM BORD EINES

Blumenboots.

: o :

CANTON, 24 JULI, 1893.

19. Jahr, 6. Monat, 12. Tag,

in Kwang Hsü's Regirung.

Vielleicht ist er auch darüber vergrämt, daß die ihm zur Bedienung zugewiesene »Pfirsichblüte« sich als teilnahmslos erweist: »Auch zwölf Schalen des starken chinesischen Weines, die ich von der Blüte leeren ließ, und eine von mir eigenhändig vorgenommene Fütterung mit Lotosblumenkernen brachten auf die Gemüthsstimmung der Schönen keine Wirkung hervor[65] . . .« Die schnoddrige Art, mit welcher der hohe Herr seine Eindrücke beschreibt, mag hier angehen, an einer anderen Stelle schneidet sie ins Herz. Dort nämlich, wo ihm von buddhistischen Nonnen die Kinder armer Leute zum Kaufe angeboten werden und ihm kein anderer Kommentar dazu einfällt als: ». . . doch lehnte ich diese Bereicherung meiner ethnographischen Sammlung dankend ab[66] . . .«

Dennoch muß man dem österreichischen Thronfolger konzedieren, daß er in einzelnen anderen Fällen durchaus imstande war, sich in die Lage der chinesischen Bevölkerung hineinzuversetzen. Als er nach

菜單	MENU.
生菓	1. *Frische Früchte.*
京菓	2. *Getrocknete Früchte.*
花菓	2. *Früchte mit Blumen.*
蜜菓	4. *Eingemachte Fruchte.*
冰花蛋糕	5. *Candirte Eier.*
冰花雪梨糕	6. *Candirte Birnen.*
清湯官燕	7. *Mandarin Vogelnester Suppe.*
清湯雪耳	8. *Feinste oder Schnee Morchel Suppe.*
清湯鴿蛋	9. *Tauben Eier Suppe.*
紅燒魚翅	10. *Gebratene Haifisch Flossen.*
乾燒野雞	11. *Gebratene Fasanen.*
清湯廣肚	11. *Fisch Magen Suppe.*
紅燒野鴨	13. *Gebratene Wilde Enten.*
紅燒冬筍	14. *Gebratene Junge Bamboos.*

Kanton kam, fiel ihm gleich der dominierende Bau der katholischen Kathedrale auf, und er kommentierte trocken:

> Die Baukosten wurden zum Theil aus der Kriegsentschädigung, die China auf Grund des Pekinger Friedensvertrages vom 24. October 1860 gezahlt hat, zum Theil aus den Mitteln der französischen Mission gedeckt. Es liegt nahe, dass dieser stolze Bau den Chinesen ein Dorn im Auge ist, und es bleibt fraglich, ob es nicht politisch klüger gewesen wäre, sich mit einem minder auffallenden Bauwerke zu begnügen . . .

Selbstverständlich erregte der »fremde Prinz« die Neugierde der Chinesen, und sie versuchten immer wieder herauszukriegen, wie viele Frauen er besäße. Die Auskunft, daß er noch gar nicht verheiratet sei, dürfte nicht dazu beigetragen haben, das Ansehen Österreichs in chinesischen Augen zu erhöhen, denn die Frager gingen laut der Schilderung Franz Ferdinands kopfschüttelnd von dannen. Als er in Kanton das Orakel befragte, standen übrigens auch familiäre Aspekte im Vordergrund. Im Tempel der fünf Genien wußte man zwar nichts von Sarajewo, doch erfuhr er, daß ihm nicht weniger als 83 Söhne beschert sein würden[68].

Als das Jahrhundert sich zu Ende neigte, gewannen die Fahrten von Einheiten der österreichischen Kriegsmarine nach Ostasien einen ungewohnten neuen Aspekt. Bis dahin hatte Österreich-Ungarn niemals Interessensphären in China angestrebt. Noch 1894 hatte Hofrat Fuchs vom

Außenamt unter Verweis auf die Ähnlichkeit der Lage in China und im Osmanischen Reich in einer Denkschrift dringend davon abgeraten, sich durch ein Engagement in der internationalen Chinapolitik ähnliche Schwierigkeiten wie in der orientalischen Frage einzuhandeln[69].

Dieses auf einer langen und kontinuierlichen Tradition österreichischer Außenpolitik fußende Konzept geriet jedoch ins Wanken, als Graf Agenor Goluchowski die Funktion des österreichischen Außenministers übernahm. Graf Goluchowski war der Meinung, daß im Fernen Osten große kommerzielle Möglichkeiten brachlägen, und er erwog daher sogar Gebietserwerbungen[70]. Auch dem Gesandten in Petersburg, Aehrental, schien es nützlich, »um Rußlands willen ›ein Eisen ins chinesische Feuer zu legen‹[71]«. So kam es am 16. März 1899 im Außenministerium zu einer Besprechung über die »Eventualität« einer Erwerbung chinesischen Gebietes durch die k. u. k. Regierung[72]. Das führte eine Zeitlang für die österreichischen Kriegsschiffe im chinesischen Meer eine Änderung ihrer Aufgabenstellung herbei. Die *Frundsberg* hatte 1898 für ihre Ostasienfahrt noch ein vornehmlich wissenschaftliches Programm mitbekommen: hydrographische und erdmagnetische Untersuchungen sowie Bestimmungen der relativen Schwere. Überdies war noch für die prähistorische Sammlung des Naturhistorischen Museums die »Aufsammlung von Haarproben, Schädeln und Skeletten der nordchinesischen und japanesischen Bevölkerung« durchzuführen[73].

Das herzliche Verhältnis zur chinesischen Bevölkerung wurde dabei unter anderem dadurch unterstrichen, daß die *Frundsberg* auf der Heimreise zwei chinesische Schiffbrüchige aus dem Wrack ihrer Dschunke bergen konnte. Eine spontane Sammlung der Besatzung des österreichischen Schiffes sicherte das unmittelbare Fortkommen der chinesischen Schiffer[74].

Weniger geeignet, den Beifall der chinesischen Bevölkerung zu erregen, waren die Aktivitäten, welche die österreichischen Kriegsschiffe *Saida* und *Kaiserin Elisabeth* im Jahre 1899 in chinesischen Gewässern entfalten sollten. Bei der Besprechung im Außenministerium hatte Linienschiffskapitän von Jedina als Vertreter der Marinesektion die Häfen Samsa und Namquan als für die etwaige Errichtung einer österreichischen Station besonders geeignet vorgeschlagen. Am 25. März 1899 wurde dem Kommandanten der *Elisabeth,* Linienschiffskapitän Julius Beck Edler von Wellstaedt, in Erläuterung des ihm am 22. März telegraphisch zugekommenen Befehls, »die Häfen von Samsa, Namquan in erster Linie, sodann auch Chinchu und Hunghwa maritim geographisch zu erforschen«, mitgeteilt, »daß der Zweck dieser Untersuchungen der sein soll, festzustellen, inwiefern sich die einzelnen der bezeichneten Häfen für eine *(Besitzergreifung – dieses Wort wurde im Konzept von Goluchowski gestrichen)* von Seite einer europäischen Macht behufs Errichtung einer Ressourcen-*(›Ressourcen‹ wurden vom Außenminister dem Wort ›Station‹ hinzugefügt)*Station eignen würden, wie z. B. es in Kiaotschau seitens Deutschlands geschah[75]«.

Aus weiteren mit dieser besonderen Expedition verbundenen Dokumenten geht hervor, daß es den österreichischen Stellen sehr um Geheimhaltung zu tun war. Die Untersuchung der betreffenden Häfen sollte »möglichst unauffällig *(im Text unterstrichen, Anm. d. Aut.)* (gelegentlich von Jagdausflügen, Bootsübungen usw.), die Berichterstattung strikt reserviert erfolgen[76]«. Da die Berichte natürlich chiffriert sein mußten, das geographische Wörterbuch des Signalbuches jedoch nur fünf ostasiatische Häfen anführte, wurden in das Verzeichnis aufgenommene leere Nummern chinesischen Ortsnamen zugeordnet[77].

Als der Kommandant der *Elisabeth* am 9. April 1899 den österreichischen Gesandten in Peking, Baron Czikann, aufsuchte, stellte er fest, daß Czikann (nicht ohne Zutun Rosthorns[77a]) dem Projekt ziemlich ablehnend gegenüberstand. Der Gesandte verwies darauf, daß Italien kurz vorher mit einem ähnlichen Unternehmen am chinesischen Widerstand gescheitert war und überdies Japan höchstwahrscheinlich seine Interessensphäre gefährdet sehen würde[78]. Czikann sollte Recht behalten. Das Einlaufen der österreichischen Schiffe in die erwähnten Häfen verursachte unter der chinesischen Bevölkerung beträchtliche Aufregung. Außerdem brachte Japan mit der Beschattung der Österreicher durch japanische Marineeinheiten zum Ausdruck, daß es einer Festsetzung Österreichs in der Provinz Fujian (Fukien) Widerstand entgegensetzen würde[79].

In einem ausführlichen Bericht hatte Czikann überdies die Seriosität der kommerziellen Planung des Unternehmens in Frage gestellt:

> Bei der Prüfung dieser Frage nach der Rentabilität eines so kostspieligen Unternehmens für unsere commerciellen Interessen, und bei einem Vergleiche mit den Verhältnissen, unter welchen andere Länder ähnliche Unternehmungen in Ostasien begonnen haben, muß ich nun leider zu dem Schlusse gelangen, daß, wenigstens vorläufig, nachgerade alle Vorbedingungen für einen den voraussichtlichen Kosten auch nur einigermaßen entsprechenden Nutzen für unsere Heimat fehlen dürften[79a].

Diese Zeilen verraten den Argumentationsstil Rosthorns, der sich mit dem Hinweis auf den Staatssäckel das richtige Argument ausgesucht haben dürfte, um das bei der Gesandtschaft in Peking unbeliebte Projekt zum Scheitern zu bringen.

Tatsächlich schien sehr bald das österreichische Außenministerium kein rechtes Vergnügen mehr an der Sache zu empfinden. Am 14. Juli erschien Gesandter Tavera in der Operationskanzlei der Marinesektion, um mit Linienschiffskapitän von Jedina über das chinesische Projekt Rücksprache zu halten. Dabei brachte er unter Hinweis auf die Berichte Czikanns zum Ausdruck: »Nach Ansicht Sr. Exzellenz des H. Minister des Äußeren würde der Erwerb eines chinesischen Küstengebietes bei den gegenwärtig so geringfügigen handelspolitischen Beziehungen der Monarchie zu China nur Opfer, nicht aber nennenswerte Vorteile im

Die Mission der »Kaiserin Elisabeth« zur Erkundung von chinesischen Häfen im Jahre 1899 ist nicht nur durch die Akten, sondern auch durch die Aufnahmen des eigens dazu abkommandierten Linienschiffsleutnants 1. Klasse Maximilian Daublebsky dokumentiert. Von den un-

Gefolge haben[80] . . .« Deshalb solle derzeit keine solche Aktion unternommen werden[81].

Die einzigen, welche die österreichischen Pläne ohne Vorbehalt begrüßten, scheinen die Missionare gewesen zu sein. Zuerst erklärten die spanischen Dominikaner Kapitän Beck, »daß sie mit aufrichtiger Freude die Festsetzung einer katholischen Großmacht begrüßten und alle ihre Kräfte für die Unterstützung und Förderung eines solchen Unternehmens aufbieten würden[82]«. Wenig später konnte Beck nach Wien berichten, daß die ehrwürdigen Väter bereits dabei waren, Material über das nördliche Fujian zu sammeln[83]. Dann machte der Provikar von Süd-Shandong, Pater Freinademetz, in einem mit 20. Oktober 1899 datierten Privatschreiben an den österreichischen Generalkonsul in Shanghai einen neuen Vorschlag:

> Ich würde es für einen ausgezeichneten Schachzug im Interesse unseres Vaterlandes erachten, wenn Österreich durch einen rechtlichen Vertrag mit der chinesischen Reichsregierung sich in den Besitz des

zähligen Fotografien sind hier zwei wiedergegeben, wobei das Gewehr des Matrosen auf dem einen Foto beweist, daß sich die Österreicher als Jagdausflügler tarnten.
(Archiv der ÖGCF)

Seehafens Tsingkou (gesprochen: Tsching-Khou), an der nördlichen Grenze der Provinz Kangsu gelegen, setzen würde! Ich weiß nicht, was die Deutschen in Tsintau zu dieser Nachbarschaft sagen würden, das wissen Herr General-Consul weit besser; infolge eingezogener Erkundigungen aber steht fest, daß Tsingkou ein Handels-Emporium bildet, so an Export und Import alle nördlichen Häfen von Kangsu und Shantung, Tsintau nicht ausgeschlossen, weit überbietet ...
... Wer zuerst kommt, mahlt zuerst. Könnten nicht unsere Österreicher mit den übrigen tonangebenden Nationen, wenn auch nicht um den Löwen-Antheil, so doch um eine würdige Beteiligung am Riesenhandel, der sich nun erschließt, mit wetteifern! Je eher Österreich zugreift, desto bedeutender wird sein Erbtheil. Ich würde Herrn General-Consul rathen, sich in dieser Angelegenheit an unseren Bischof Monsignore Ritter von Anzer zu wenden: ich bin überzeugt, er würde durch Rath und That gut mithelfen können. So können z. B. Kaufleute im Inneren keinen Landkauf erwerben etc., was wohl der Mission gestattet ist durch die Verträge. Der Bischof könnte ja

Wusung am 19. April 1899

Becomplimentierender Officier des chinesischen Kreuzer Hai Yung

Fotos von Linienschiffsleutnant 2. Klasse Alexander Linzer von S.M.S. »Kaiser Franz Joseph« (Archiv der ÖGCF)

Bauten aufführen und an die Handelsfirmen vermieten. Wie dies in allen Häfen geschieht. Was denken Herr General-Consul dazu[84]?

Schon früher ist in diesem Kapitel auf die häufigen Beziehungen hingewiesen worden, die sich zwischen in chinesischen Gewässern befindlichen österreichischen Marineeinheiten und den Missionsstationen ergeben hatten. Die Offerten der spanischen Dominikaner und des Pater Freinademetz stellten in den Kontakten Marine–Missionare allerdings ein Novum dar. Es überrascht, mit welcher Selbstverständlichkeit die Hirten bereit waren, der ihnen anvertrauten Herde das Land zu nehmen bzw. die ihnen zu religiösen Zwecken verliehenen Privilegien zum Schaden Chinas kommerziell auszunützen. Es ist schwer, diese Haltung nach Ablauf von achtzig Jahren fair zu werten. Angemerkt sei dennoch, wie ein Historiker und aktiver Christ aus Ostasien Freinadametz beurteilt: ». . . offensichtlich nicht weniger patriotisch, wie die Priester anderer Kolonialmächte, die nicht immer nur Missionare ihrer Religion, sondern daneben auch eifrige Wegbereiter der Handelsbestrebungen und

Wusung am 19. April 1899 N.° 41

Boot mit becomplimentierenden Officiers und Kreuzer Hai Yung.

Kolonialtätigkeit ihrer Mutterländer waren[85].« Daß asiatische Nichtkatholiken sich bisweilen zu noch herberen Urteilen hinreißen lassen, scheint unter diesen Umständen nicht ganz unverständlich.

Erfreulicherweise zeitigten aber weder die Vorschläge der interessierten Geistlichkeit noch die des in Shanghai residierenden österreichischen Generalkonsuls Pisko konkrete Ergebnisse. Am 27. August 1899 kamen der Gesandte, der Generalkonsul und der Kommandant der *Elisabeth* nochmals vor Dagu zusammen. Der Gesandte blieb bei seiner ablehnenden Haltung und versuchte, eine weitere Untersuchung chinesischer Häfen hinauszuschieben, was aber von beiden Gesprächspartnern abgelehnt wurde. Nach weiteren Erkundungen, an denen Emil Demarteau, der österreichische Direktor des *Syndicat d'Etudes Industrielles et des Travaux Publiques en Chine* und Schwager des ehemaligen Militärattachés in Paris, Tscheng-ki-tong[86], maßgeblich beteiligt war, wurde von Konsul Pisko und Kapitän Beck Namquan als der beste Platz für die Errichtung einer österreichischen Station vorgeschlagen. Beck riet in einer Denkschrift sogar, durch eine Teilnahme an der internationalen Chinapolitik »die Blicke der Landeskinder von den vielfach kleinlichen inneren Fragen nach der Stätte der Weltpolitik zu lenken«. Sie vermochten jedoch den österreichischen Außenminister in seinem schon im Sommer gefaßten Entschluß, auf ein chinesisches Kolonialunternehmen zu verzichten, nicht wankend zu machen[87].

So ist es dem Ratschluß des österreichischen Außenministeriums zu verdanken, daß in der Bilanz der österreichischen Marineexpeditionen nach China im 19. Jahrhundert nebst den wissenschaftlichen Ergebnissen zwar Kommerzielles, Kurioses (Fahrt der *Carolina*), Kriminelles (das »bedenkliche Individuum« Luigi Milovich), aber nichts Koloniales enthalten ist.

ANMERKUNGEN

1 Alexander Dorn, *Kriegsmarine und Volkswirtschaft in Österreich-Ungarn,* Wien 1885, S. 82.
2 Ebd., S. 82.
3 Ebd.
4 Tobias Ritter von Österreicher. *Aus dem fernen Osten und Westen,* Wien-Pest-Leipzig 1879, S. 46.
5 So schreibt Österreicher über Shanghai: »Alles athmet Lebenslust und Thätigkeit; so wollen wir ihn auch mitgenießen, den frohen Augenblick der Gegenwart, und an's Land uns begeben, wo eine kosmopolitische, halbsouveräne Gemeinde von Europäern aller Länder unter dem gemeinsamen Schutze des Consularcorps sich selbst regiert und eine zahlreiche chinesische Bevölkerung als Schutzbefohlene auf ihrem eigenen Grunde angenommen hat.« (S. 47.)
6 Josef Lehnert, *Um die Erde – Reiseskizzen von der Erdumseglung mit S. M. Corvette »Erzherzog Friedrich« in den Jahren 1874, 1875 und 1876,* Wien 1878, S. 226, Bd. 1.
7 Tobias Ritter von Österreicher, *Aus dem fernen Osten und Westen,* S. 52.
8 Ebd., S. 49 (Klassiker der europäischen Völkerrechtslehre).
9 Josef Lehnert, *Um die Erde,* Bd. 1, S. 359.
10 Ebd., S. 300.
11 Ebd., S. 301.
12 Tobias Ritter von Österreicher, *Aus dem fernen Osten und Westen,* S. 53.
13 Josef Lehnert, *Um die Erde,* Bd. 1, S. 341.
14 Tobias Ritter von Österreicher, *Aus dem fernen Osten und Westen,* S. 125.
15 Ebd., S. 116.
16 Josef Lehnert, *Um die Erde,* S. 332.
17 Ebd., S. 223.
18 *Die Reise S. M. Kanonenboot »Albatros« im Rothen Meere, in den Ostindischen und Chinesischen Gewässern in den Jahren 1884–1885,* Beilage zu Heft VIII der *Mittheilungen aus dem Gebiete des Seewesens,* Pola 1885, S. 24.
19 Ebd., S. 24.
20 Ebd., S. 25.
21 Ebd., S. 54.
22 Ebd., S. 4.
23 Ebd., S. 58 f.
24 Ebd., S. 62.
25 Ebd., S. 25.
26 Jerolim Freiherr von Benko, *Die Schiffsstation der k. k. Kriegsmarine in Ostasien,* Wien 1892, S. 5.
27 Ebd., S. 48.

28 Ebd., S. 96.
29 Ebd., S. 210.
30 Ebd., S. 240 ff.
31 Ebd., S. 252 ff.
32 Ebd., S. 255.
33 Benko, a. a. O., S. 255.
34 S. 6. Vgl. auch den Bericht von Konsul Haas vom 29. Oktober 1887, HHStA, Adm. Reg. 7/36.
35 Ebd., S. 584 f.
36 Ebd., S. 563.
37 Ebd., S. 393.
38 Ebd., S. 409 f.
39 Ebd., S. 55–56.
40 Ebd., S. 578.
41 Jerolim Freiherr von Benko, *Die Reise S. M. Schiffes »Zrinyi« nach Ostasien 1890–1891,* S. 2 f.
42 Ebd., S. 7.
43 Ebd., S. 3.
44 Ebd., S. 141 f.
45 Ebd., S. 142.
46 Ebd., S. 142 f.
47 Ebd., S. 193.
48 Ebd., S. 207 f.
49 Ebd., S. 257.
50 Ebd., S. 258.
51 Ebd., S. 259.
52 Ebd., S. 259 f.
53 Ebd., S. 276.
54 Ebd., S. 282.
55 Ebd., S. 320.
56 Ebd.
57 Ebd., S. 357.
58 Ebd., S. 357 f.
59 Ebd., S. 256.
60 Erzherzog Franz Ferdinand, *Tagebuch meiner Reise um die Erde 1892–93,* Wien 1895, Bd. 1, S. 417.
61 Ebd., Bd. 2, S. 240.
62 Schwimmende »Nachtlokale«.
63 Erzherzog Franz Ferdinand, *Tagebuch meiner Reise um die Erde 1892–93,* Bd. 2, S. 239.
64 Ebd., S. 258.
65 Ebd., S. 257.
66 Ebd., S. 247.
67 Ebd., S. 231.
68 Ebd., S. 245.
69 Johann Wagner, *Österreichische Kolonialversuche in der zweiten Hälfte des neunzehnten Jahrhunderts* (Diss.), Wien 1955, S. 227.
70 Ebd., S. 227 f.
71 Alexander Randa, *Österreich in Übersee,* Wien-München 1966, S. 131, ausführlicher Wagner, a. a. O., S. 235.
72 Johann Wagner, a. a. O., S. 229.
73 *Wissenschaftliches Programm für S. M. Schiff »Frundsberg«,* Marinearchiv 508/PK, 1898, *Instruction für S. M. Schiff »Frundsberg« 1898 – Anthropologische Sammlungen,* Marinearchiv 1011/PK, 1898.
74 Bericht von Fregattenkapitän Lucian von Ziegler, Marinearchiv 1898.
75 Marinearchiv OK/MS Nr. 688, Verschluß, 1899.
76 Instruktion vom 20. April 1899 (Marinearchiv o. Z.)

77 Ebd.

77a Vgl. die folgenden, insbesondere das 14. Kapitel.

78 Wagner, a. a. O., S. 236.

79 Ebd., S. 237, 239.

79a Czikann an Goluchowski am 27. April 1899, HHStA, Pol. Arch. XXIX/6.

80 Meldung der Operationskanzlei vom 14. Juli 1899, Marinearchiv, Anlage zu 115/PK, Verschluß, 1899.

81 Ebd.

82 Wagner, a. a. O., S. 239 f. Vgl. dazu noch eine Passage aus dem Bericht des Kommandanten der *Elisabeth:* »Die Loyalität der ehrwürdigen Väter, welche seit dem Herrschaftswechsel auf den Philippinen ihres Rückhaltes beraubt sind, kann mit großer Sicherheit angenommen werden, wofür folgendes als Beweis dienen möge. Die Dominikaner Amoy's erklärten mir spontanerweise, ihre Thätigkeit voll und ganz in die Dienste Österreich-Ungarns zu stellen, falls seine Majestät der Kaiser und König auf dieselbe zu zählen geruhe oder die Monarchie ihr Augenmerk auf die chinesische Küste richte; ich habe mich selbstverständlich darauf beschränkt, diese Kundgebung ohne weitere Bemerkung dankend zur Kenntnis zu nehmen.« – Bericht Becks vom 13. Juni 1899, HHStA, Pol. Arch. XXIX/6.

83 Wagner, a. a. O., S. 240.

84 Österreichisch-Ungarisches Generalkonsulat Shanghai, *Auszug aus einem Privat-Schreiben des österreichischen Missionars und Provicars von Süd-Shantung, Pater Freinademetz,* HHStA, Pol. Arch. XXIX/6, Varia Peking.

85 Kyu Ha Lee, China und Österreich-Ungarn (Diss.), Wien 1971, S. 72.

86 Autor des bekannten Buches *China und die Chinesen.*

87 Wagner, a. a. O., S. 245.

Elftes Kapitel

Reiseziel China

Viele von denen, die vor nunmehr über hundert Jahren durch ihre Reisen und deren schriftstellerischen Niederschlag mehr oder minder große Berühmtheit erlangt hatten, sind längst in Vergessenheit geraten. In einer Zeit, da die Welt voller Globetrotter ist, interessieren allenfalls noch Gipfelstürmer im Himalaja. Und eben einen solchen Seltenheits- und Berühmtheitsgrad hatten zur Mitte des vorigen Jahrhunderts Personen, die sich in den Mittleren oder gar in den Fernen Orient wagten. Dabei reiste man damals zu Land und zu Wasser ja schon um vieles bequemer als die wirklichen Pioniere auf diesem Gebiet – Marco Polo, zu seiner Zeit verkannt und verlacht, war längst vergessen –, aber den Neuentdeckern gebührte der Lorbeer, und sie pflückten ihn eifrig. Zuerst die Engländer, weniger Franzosen, auch manche Deutsche und dann zögernd, aber doch, auch einige Österreicher. Nachdem es der erste gewagt hatte, wurden es mehr, und nach zwanzig, dreißig Jahren wurde es Mode, nach Fernost – oder um die Welt – zu reisen. Natürlich Mode in einem andern Ausmaß als heute; war es zu jener Zeit doch nur ein begrenzter Personenkreis, der sich eine solche Reise aus eigenen Mitteln oder aus Mitteln von »Gönnern« leisten konnte – und nicht immer deckte sich dieser Kreis und das, was er zu berichten wußte, mit dem, was man sich angesichts des damaligen Informationsmangels an Berichten gewünscht hätte.

Bei fast allen diesen »Reisenden« war noch immer der tiefste Eindruck im fernen Lande – der eigene Landsmann, der dort wohnte. Man reiste mit Empfehlungen aus Europa wiederum auf eine europäische Insel: Kanton, höchstens noch Shanghai, wenige, sehr wenige bis Peking oder weiter, und beschrieb des langen und breiten – die europäische Gastlichkeit und Gemütlichkeit. Nichts ging über ein »Tiffin« in einem europäischen Hause, nichts über europäische, nein: nordische Bildung und eine züchtige deutsche Hausfrau (Österreicher gab es kaum, und in der Ferne verwischten sich die Unterschiede).

Von diesen Inseln wagt man dann ab und zu kühne Vorstöße, nicht, ohne deren Gefahren kräftig auszumalen – obwohl nie jemandem wirklich etwas passiert war, aber: vor fünfzehn Jahren hatte es einen Piratenüberfall gegeben (jeder schrieb davon, genauso wie vom unvermeidlichen Taifun). Auch die Witze und Anekdoten, die man sich über die »Eingeborenen« – in diesem Falle also über das alte Kulturvolk der Chinesen – erzählte, wiederholten sich teilweise wörtlich.

Dennoch, und glücklicherweise, gab es Nuancen, mehr oder weniger spürbare Unterschiede in der Darstellung des Gesehenen, dessen, was man sich hatte berichten lassen, auch: von wem, und dort, wo ein wacher Geist und ein gewisses Maß von Menschlichkeit vorhanden war – wo man nämlich, selten genug, bereit war, die »Eingeborenen« überhaupt in die Kategorie »Mensch« aufzunehmen –, ist ein Bemühen festzustellen, hinter die Fassade zu schauen, welche die großen halbkolonialen Städte auf den ersten Blick boten: Schmutz, Armut, Aberglauben, Beamtenbestechlichkeit. Erst Jahrzehnte später begann man zögernd, etwas vom hohen Roß herunterzusteigen und neue Bewertungen zu finden, auch für das eigene, oft so schändliche Verhalten der sogenannten westlichen Kulturnationen. Bis heute ist dieser Prozeß noch nicht abgeschlossen.

Das Wichtigste, was man vom ersten österreichischen »Reisenden« vermelden kann, ist die Tatsache, daß er – eine Frau war. Und eine ungewöhnliche, mutige Frau, zweifellos: Ida *Pfeiffer,* geborene Reyer.

1797 in eine angesehene Wiener Kaufmannsfamilie geboren, verlebte sie eine durchaus nicht leichte Jugend. Der Vater hatte sie sehr spartanisch erzogen und mit den sechs Brüdern in Knabenkleidern herumtollen lassen, »wodurch die kleine Ida vollends den Puppen und dem Küchengeschirr gram wurde«, wie der *Wurzbach* tadelnd bemerkt. Der Vater versprach »im Scherz dem Mädchen, er würde es in einer Militär-Erziehungsanstalt zum Officier heranbilden lassen, und forderte unmittelbar dadurch das Kind auf, Muth, Entschlossenheit und Verachtung des Schmerzes zu zeigen[1]«. Der Vater starb, als sie zehn Jahre alt war, mit der Mutter verstand sie sich nicht; 22jährig ging sie eine Zweckehe mit dem wesentlich älteren Lemberger Rechtsanwalt Dr. Mark Anton Pfeiffer ein. Es stellten sich zwei Söhne ein, berufliche Schwierigkeiten des Mannes, große finanzielle Probleme, dann aber eine Schenkung der Mutter, auch das mütterliche Erbteil und damit finanzielle Sicherheit und schließlich die räumliche Trennung von ihrem Mann. Als die Söhne versorgt waren und in einem Alter, in dem damals eine Frau sich zur Ruhe setzte, war Ida Pfeiffer in der Lage, sich ihren Jugendtraum vom Reisen zu erfüllen.

Und das Reisen erfaßte sie wie ein Fieber. Zunächst fuhr sie – 1842 – nach Syrien, Palästina und Ägypten. Zur damaligen Zeit, und eine Frau! Es war eine Sensation, und die Beschreibung dieser Reise[2] brachte Ida Pfeiffer so viel Geld ein, daß sie, bei bescheidenen Ansprüchen, damit die nächste Reise (1846, nach Skandinavien und Island) und vor allem die übernächste finanzieren konnte. Bei dieser Reise um die Welt – übrigens in Begleitung und mit Pistolen[3] – berührte sie auch China.

1851 folgte dann bereits wieder eine Weltreise, wohl ihre kühnste, die sie vor allem zu den Sunda-Inseln, dann über Panama, Peru und Nordamerika (ihre Absicht, nach Überschreitung der Kordilleren den Amazonas von der Quelle bis zur Mündung zu verfolgen, mußte sie aufgeben) über die Azoren wieder nach Wien führte[4]. Ida Pfeiffers letztes Reiseziel war Madagaskar. Durch Umsturzpläne ihres (französischen) Begleiters verlor sie die Freundschaft der Königin und entging nur knapp dem Tode. Aber die Strapazen der Rückreise hatten ihre Gesundheit derartig untergraben, so daß sie, 61jährig, schon bald nach der Heimkehr in Wien verstarb.

Ida Pfeiffer, Bildnis im Reisekostüm; Lithographie von Adolf Dauthage
(Bildarchiv der Österreichischen Nationalbibliothek)

Ihre Reisen hatten Ida Pfeiffer große Berühmtheit, vielerlei Anerkennung und auch wissenschaftliche Ehrungen eingebracht, wiewohl sie selbst keinerlei wissenschaftliche Ausbildung besaß und die Reisen auch keine eigentlichen wissenschaftlichen Resultate erbrachten. In der *Allgemeinen Deutschen Biographie,* Leipzig 1887, lesen wir in einem Nachtrag zum 25. Band, daß wohl niemand Ida Pfeiffers schlichte Erzählungen ihrer Erlebnisse in selten betretenen Ländern ohne Interesse lesen werde, »wie auch die bedeutende Verbreitung und die wiederholten Auflagen ihrer Werke beweisen. Besonders als Jugendliteratur waren sie einst nicht unbeliebt. I. P. war von unansehnlicher Gestalt, bescheiden und anspruchslos in ihrem Auftreten, wenn auch später nicht ohne Selbstgefühl, das durch die ehrende Anerkennung Humboldt's und Richter's, sowie der geographischen Gesellschaften in Berlin und Paris, welche sie zum Ehrenmitgliede ernannten, wesentlich gehoben wurde«.

Auch in späteren biographischen Werken und anderen Arbeiten hat Ida Pfeiffer, als ihre männlichen Kollegen, teils zu Recht, aber teilweise doch auch zu Unrecht, längst in Vergessenheit geraten waren, noch immer recht viel Beachtung gefunden. Noch im vergangenen Jahr schrieb ein österreichisches Blättchen, Ida Pfeiffer habe das riesige chinesische Küstengebiet, nur mit einem Rucksack und mit einem derben Knotenstock »bewaffnet«, durchwandert und so nach mühevollen Strapazen und vielerlei Gefahren Kalkutta erreicht[5], wovon keine Rede sein kann, denn sie ist – außer einem Tagesausflug nach Macao und einigen Tagen Hongkong – wohlbehütet nur einige Wochen im Fremdenreservat von Kanton gewesen und hat von dort, in Begleitung, einzelne Ausflüge in die Stadt und deren Umgebung unternommen. Dennoch ist dieses Kapitel ihres Buches irreführenderweise mit »China« überschrieben.

Ida Pfeiffer bekam also nur einen Zipfel des Landes zu sehen, und zwar einen, wo man die Fremden tatsächlich nicht gerade liebte. Hier waren sie ungebeten ins Land gekommen, von hier aus begannen sie, das schreckliche Gift nach China einzupumpen, das den Krieg auslöste, nachdem der mutige Kommissionär Lin Zexu ganze Schiffsladungen Opium ins Meer hatte schütten lassen. Ida Pfeiffer stellt zwar ihren knapp sechzig China-Seiten zwei Seiten nach, welche offenbar Sachinformation sein sollen, wobei sie auch auf diesen Krieg eingeht, dessen Ergebnis die Öffnung des Landes gewesen und somit die Zeit nicht mehr fern sei, »in welcher es der siegenden Kultur des Abendlandes gelingen wird, sich der Strecken dieses ungeheueren Reiches nach und nach zu bemeistern« (S. 60), aber sie hat kein Wort für die mehr als schäbige, schändliche Rolle, welche eben dieses Abendland hier gespielt hat, kein Wort für das Leid und Elend, das »Christen« in ihrem Tanz um das Goldene Kalb über diese »Heiden« gebracht haben.

Soll man ihr zugute halten, daß sie einfach nichts davon gewußt hat? Sie war eine Europäerin, die nur mit Europäern verkehrte, und mit Verachtung, ja Ekel auf die Armen Chinas herabblickte, so wie es ihre – ihr gegenüber so liebenswürdigen – Gastgeber taten. Den reicheren Chinesen gegenüber empfand man Neugier und schaute, oft wohl unangemeldet, auf der Suche nach Kuriosem einfach in ihre Häuser hinein.

Ida Pfeiffer schrieb, sie habe beobachtet und »getreulich« niedergeschrieben, was sie bemerkt hatte. Sie beobachtete nicht gut. Sie beobachtete, ungeniert und ungerührt, einen reichen Chinesen bei der Totenfeier für seine verstorbene Frau. Die Kotaus, die er dabei verrichtete und wobei jeweils lediglich mit der Stirn der Boden berührt wird, hielt sie für – Küsse (S. 34). Ida Pfeiffer beobachtete schlecht, genauer wohl: da sie ohne jede Vorkenntnis in dieses Land gekommen war, verstand sie vieles nicht. Und sie war entweder schon mit Vorurteilen gekommen oder hatte diese von ihren europäischen Gastgebern, denen das Inselleben nicht bekam, übernommen.

Sie stellte fest – und zwar als allererstes, auf Seite 1: Der Chinese ist häßlich. »Die Gesichtsbildung ist breitgedrückt und häßlich; die Augen sind schmal, etwas tief geschlitzt und stehen weit auseinander, die Nase ist breit und der Mund groß« (S. 24). (Übrigens kamen andere noch schlechter weg: in Chile fand sie das »gemeine Volk von ausnehmender Häßlichkeit«, mit einem »widerlichen Ausdruck« im Gesicht – S. 135.)

Ida Pfeiffer stellt fest: »Die Chinesen sind im höchsten Grade feige ... Mir ist noch kein feigeres, falscheres und dabei grausameres Volk vorgekommen als das chinesische« (S. 32).

Sie erklärt: Die Chinesen sind Betrüger, auch haben sie dabei gar kein Ehrgefühl (S. 28), und »nicht nur das gemeine Volk ist so schlecht und betrügerisch – diese schönen Eigenschaften erstrecken sich bis auf die höchsten Beamten« (ebd.). Und da sie getreulich berichtet, kann sie diese Behauptungen auch meist durch ein (von jemandem gehörtes) Beispiel belegen. Sie behauptet: Die Chinesen sind grenzenlos unsauber und essen neben Hunden und Katzen: Mäuse, Ratten, das Eingeweide des Geflügels, das Blut jedes Tieres, ja sogar, »wie man mir sagte«, Seidenraupen, Regenwürmer und gefallenes Vieh. Wenn ja, warum? Sie fragt nicht danach.

Und weiter: »Man« beschuldigt die Chinesen, daß sie viele der neugeborenen oder schwächlichen Kinder töten. »Sie sollen selbe entweder gleich nach der Geburt ersticken und in den Fluß werfen oder in den Straßen aussetzen . . .« (S. 21).

Sehr viel schreibt sie von der Gefahr, gesteinigt zu werden, obwohl ihr die Chinesen nicht unfreundlich begegnen und dort, wo sie zufällig mit Chinesen in Kontakt kommt, wie bei der Überfahrt von Hongkong nach Kanton, ausgesprochen freundlich zu ihr sind (S. 8), was sie mit schnoddriger Selbstverständlichkeit berichtet. Was von ihren Schilderungen bleibt, sind jene angeblichen Gefahren – die sie nur vom Hörensagen kannte, die aber so lebendig sind, daß sogar noch 1978 das erwähnte Blättchen schreibt, chinesische Räuber hätten sie steinigen wollen. Und das, obwohl sie an einer Stelle selbst zugeben muß: ». . . aber nie erfuhr ich die geringste Beleidigung oder Beschimpfung von Chinesen; selbst ihre Neugierde war hier nicht belästigend« (S. 6).

Mit Positivem füllt sie nur wenige Zeilen. Ihre Bemerkung, daß vielleicht kein Volk auf Erden »an Fleiß und Industrie« den Chinesen gleiche, leitet sie ausschließlich von den Fäkaliensammlern ab (S. 45).

Wenn unsere »Reisende« von Bräuchen berichtet, dann an erster Stelle von den Strafen, die sie – bis zum Hautabziehen – eingehend schildert (S. 22). Es darf natürlich nicht die Beschreibung eines Opiumrauchers fehlen (S. 36) oder die der gebundenen Füße, welche sie, in nacktem Zustand, durch Vermittlung einer Missionarsfrau einer peinlich ausführlichen Besichtigung unterzieht (S. 25 – was in unseren Breiten zur damaligen Zeit etwa einer Besichtigung der Intimteile gleichzustellen gewesen wäre).

Wenn sie von den Zwergbäumchen schreibt (einer chinesischen gärtnerischen Kunstfertigkeit, welche auch uns heute – via Japan – erreicht hat), muß Ida Pfeiffer natürlich hinzusetzen, daß man diese zweifellos nicht geschmackvoll nennen könne (S. 509). Weil ihr die Litschis (besonders im frischen Zustand etwas ausgesprochen Schmackhaftes) nicht munden, ist es natürlich eine chinesische Überheblichkeit, diese als die beste Frucht auf Erden zu preisen (S. 17).

Sie »hört«, daß es 4000 chinesische Schriftzeichen »geben soll« (S. 7) – auch im damaligen Europa hätte man bei etwas gründlicherer Vorbereitung auf die Reise leicht feststellen können, daß es mehr als zehnmal so viele sind, wie auch, daß in China die Frauen nicht verschleiert gehen (diese Erwartung äußert sie auf S. 44). Wenn sie Gelegenheit hat, den Bau des ersten chinesischen Dampfschiffes zu beobachten, konstruiert von einem Mann, der dreizehn Jahre lang in Nordamerika entsprechende Studien betrieben hatte, dann muß sie natürlich dazu bemerken, daß *sie* nicht den Mut gehabt hätte, eine Probefahrt mitzumachen (S. 51).

Selbst Hongkong, das zur damaligen Zeit von allen Seeleuten ob der Schönheit seiner Lage gepriesen wurde und der dalmatinischen Besatzung österreichischer Schiffe Seufzer entlockte, weil es sie an ihre schöne Heimat erinnerte, hält dem scharf beobachtenden Auge Ida Pfeiffers nicht stand (S. 5). Und so muß man ihr wohl auch Glauben schenken, wenn sie berichtet, der Handel gehe dort nicht halb so gut, wie man anfangs vermutet habe, und manch ein Kaufmann würde gerne den Grund samt den Fundamenten zurückgeben, ohne den geringsten Ersatz dafür zu begehren (S. 4). Auch in Kanton gehe es den ausländischen Kaufleuten im Grunde wirtschaftlich schlecht – man lebe dort teurer als in London (S. 14). Der Lebensstandard der armen Ausländer war so bedauernswert niedrig, daß man für eine vierköpfige Familie immerhin in der Regel zwölf Diener hatte. Vor den Augen eben dieser Diener schnürt dann Ida Pfeiffer wieder ihr Bündel, »um sie darauf aufmerksam zu machen, daß die Mühe der Piraten schlecht belohnt würde, wenn sie sich meinetwegen die geringsten Ungelegenheiten machten« (S. 58). Man beachte das vertrauensvolle Nahverhätnis, in dem Ida Pfeiffer (wie wohl auch ihre Gastgeber) zu den einzigen Angehörigen dieses Volkes stand, mit denen sie in irgendeinen Kontakt gekommen war und über welches sie so frisch berichtete.

Der »hingeschiedenen Freundin« Ida Pfeiffer gewidmet ist ein Gedicht, das folgende Zeilen enthält:

Sie preisen Dich, Dein kühnes Wesen,
Das weit in alle Welt gestrebt;
Was wir mit Grau'n in Büchern lesen,
Du hast's, ein schwaches Weib, erlebt[6].

Sie sei keine Touristin, hatte Ida Pfeiffer im Vorwort zu ihrer *Frauenfahrt* gesagt, dieser Name gebühre ihr nicht. »Einerseits besitze ich zu wenig Witz und Laune, um unterhaltend zu schreiben, und andererseits zu wenig Kenntnisse, um über das Erlebte gediegene Urteile fällen zu können.«

Möglicherweise waren ihre Reisen zu Stämmen, die sich noch im Urzustande befanden, für die damalige Zeit – sogar wissenschaftlich – interessant. Über die alte Kulturnation der Chinesen konnte sie tatsächlich keine »gediegenen« Urteile fällen. Und doch urteilte – und verurteilte – sie.

Ida Pfeiffer, eine ungewöhnliche Frau. Über China hatte sie nichts Ungewöhnliches, hatte sie gar nichts zu sagen.

Ein China-Besucher ganz anderen Formats war Josef Alexander Graf von *Hübner*[7], nicht nur dank seiner Vorbildung und seiner eingehen-

Alexander Freiherr von Huebner; Lithographie von Josef Kriehuber 1859
(Bildarchiv der Österreichischen Nationalbibliothek)

deren Kenntnis der Geschichte und der politischen Gegenwart vieler Länder, sondern auch dank der Auswahl seiner Informanten in den besuchten Ländern und nicht zuletzt dank dem Stil seiner Beschreibungen. Es lohnt sich auch heute noch, seine Reisetagebücher zu lesen, trotz der Veränderungen von An- und Einsichten, die die dazwischenliegenden hundert Jahre mit sich gebracht haben. Zu Unrecht wird Hübner unter den österreichischen Reisepionieren fast gar nicht mehr erwähnt[8].

Hübner wurde am 26. November 1811 in Wien geboren[9]. Nach seinen Studienjahren trat er in den Staatsdienst ein und erweckte die Aufmerksamkeit Metternichs, der ihn teils in seiner Kanzlei, teils in verschiedenen Missionsämtern verwendete. So war Hübner – zumeist in brisanten Phasen der Beziehungen jener Länder zu Österreich – in Lissabon, Leipzig, Paris und Rom und genoß sowohl in Paris, wo er neun Jahre als österreichischer Botschafter wirkte, als auch beim Vatikan höchstes Ansehen. In Österreich teilten diese Bewunderung allerdings nur die eher konservativen Kreise, und nicht immer wurde in den Zeitungen Schmeichelhaftes über Hübner geschrieben. Besonders im Zusammenhang mit einem – nur einige Monate währenden – Intermezzo als Polizeiminister und – angeblichen und wahrscheinlichen – Ambitionen, Außenminister zu werden, handelte sich Hübner bissige Bemerkungen seitens der Presse ein[10].

Hübner führte von seinem fünfzehnten Lebensjahr bis zu seinem Tode am 30. Juli 1892 Tagebuch[11] und veröffentlichte auf dieser Grundlage mehrere Werke, welche, den interessantesten Zeitabschnitten seines Lebens entnommen, in verschiedene Sprachen übersetzt und auch nach seinem Tode wieder aufgelegt wurden[12].

Im Zusammenhang mit China interessiert uns ein Werk, das wohl Hübners bekanntestes war und zu den meistgelesenen Reisebeschreibungen der damaligen Zeit gehörte: *Ein Spaziergang um die Welt,* zuerst auf französisch in Paris veröffentlicht[13]. Die deutsche Ausgabe erschien ein Jahr nach der französischen und erlebte eine Reihe von Neuauflagen.

Die Beschreibungen Hübners bleiben nicht wie die der meisten anderen Reisenden jener Zeit an der – oft noch dazu falsch verstandenen – Oberfläche haften. Hübner bemüht sich, auf der Grundlage einer gediegenen Vorbildung tiefer in Geschichte und Gegenwart des besuchten Landes einzudringen. Er betont nicht, keine Urteile fällen zu können – er versucht, zu einem eigenen Urteil zu gelangen, das er aber immer vorsichtig abwägt und formuliert. Eben das macht sein Buch auch heute noch lesenswert und erfreulich.

Hübner traf nach einer längeren Eisenbahnreise durch die Vereinigten Staaten und einem ausgedehnten Japan-Besuch am 3. Oktober 1871 in Shanghai ein. Schon in Amerika, in San Francisco, war er mit Chinesen in Berührung gekommen. Obwohl er diese »Söhne des himmlischen Reiches« nicht ausnehmend sympathisch fand, bemühte er sich um eine gerechte Beurteilung. Insbesondere kritisierte er scharf die Rechtlosigkeit der chinesischen Bevölkerungsgruppe in Kalifornien[14], die gleichgültige, ja feindselige Haltung der Amerikaner, die nur in den Weißen Menschen erblickten[15]. Den Ursprung dieses Hasses gegen die Chinesen sieht Hübner in der Frage von »Dollars und Cents« – einerseits braucht man diese billigen Arbeitskräfte, auf sie gründen sich zu einem nicht unerheblichen Teil der technische Fortschritt und der wachsende Reichtum Amerikas, andererseits möchte man sie »wie Ungeziefer ausrotten« (S. 126). Er nimmt die Chinesen in Schutz: Die meisten Verbrechen des für seine Gewalttaten berüchtigten Chinesenviertels in San Francisco gingen auf das Konto von Weißen (S. 124).

Hübner warnt die in China ansässigen Europäer, sich keiner Täuschung darüber hinzugeben, daß diejenigen chinesischen Auswanderer, die dann mit etwas Geld im Koffer – Frucht langer und angestrengter Arbeit – wieder die Heimreise antreten, in ihrem Geiste auch »die äußerste Verachtung unserer Civilisation, in ihrem Herzen den Haß gegen das Christentum« tragen (S. 127).

Obwohl ihm die Chinesen, wie gesagt, rein äußerlich nicht sonderlich sympathisch sind, hebt er doch an vielen Stellen Nettes und Interessantes hervor: die Sauberkeit und Akkuratesse der chinesischen Kellner auf dem Schiff (S. 157), die feine, geistreiche Physiognomie eines bettelarmen, äußerst geschickten Taschenspielers in Shanghai (S. 382 f.); und wenn ihm die weiblichen Zöglinge der Jesuitenstation als unhübsch erscheinen, so führt er das auf seine möglicherweise noch ungenügende Gewöhnung an die Menschen und Dinge in China zurück, wodurch er noch nicht in der Lage sei, »die weibliche Schönheit nach landesüblichen Begriffen« beurteilen zu können (S. 384). Zum Abschluß seiner Reise bereitet es ihm dann ein rechtes Vergnügen, als er Gelegenheit hat, in Kanton zwei junge Schöne auf einer Veranda heimlich zu beobachten (S. 507).

Auch stellt Hübner im Charakter der Chinesen immer wieder Dinge heraus, die positiv sind[16], und zieht dabei auch Vergleiche zu den Japanern, die durchaus zugunsten der Chinesen ausfallen, und das, obwohl ihm die Japaner im Grunde besser gefallen und er zu ihnen auch in viel direkteren Kontakt treten kann als zu den Chinesen. Er lobt den Fleiß, die geregelte und systematische Tätigkeit der Chinesen und ihre Eigenständigkeit, die er bei den Japanern vermißt: »Dagegen bleibt der Chinese überall Chinese; er beobachtet und ahmt weniger nach; aber was er thut, ist wohlgethan, besonders wenn man ihm gestattet, nach seinem eigenen Urtheile zu handeln. ... Der Chinese ... ist stolz, rachsüchtig und sehr empfindlich *(er spricht hier von der Dienerschaft, Anm. d. A.),* dabei aber äußerst artig. Bei der geringsten Bemerkung kündigt er den Dienst auf, gewöhnlich unter dem Vorwande, seine Mutter sei erkrankt, oder indem er in den ehrerbietigsten Ausdrücken und mit einem gewissen unheimlichen Lächeln erklärt, die beiderseitigen Charaktere stimmten nicht zusammen. Jedenfalls geht er; nichts vermag seinen Entschluß zu ändern« (S. 189 f.).

Mit einem gewissen Zug von Selbstironie steht Hübner auch nicht an, zuzugeben, daß – zu Recht oder Unrecht – vorhandene Abneigungen durchaus gegenseitiger Art sein dürften: Peking: »Die Gassen sind enge und überfüllt; das Pflaster glatt. Unaufhörlich erschallt Herrn Starzoff's Warnungsruf vor den vielen Kamelen, die in langen Reihen an uns vorüberziehen. In der That, diese Thiere sehen uns mit scheelen Blicken an. ›Fremde Teufel‹ sind nun eben nicht populär in China. Kamele und Maulthiere schnappen nach uns, Hunde bellen bei unserem Anblick[17], mongolische Ponies schlagen aus und bäumen sich, wenn wir sie besteigen wollen« (S. 404).

Von Shanghai (wo er bei Generalkonsul Calice wohnt), das ihm teils imponiert und anzieht – über den Bund: »Ich kenne wenige so imposante Stadtansichten« (S. 380) – und zum anderen abstößt, aber: »Zur Ehre der Shanghaier und zum Steuer der Wahrheit, soll aber doch gesagt sein, daß die meisten Reisenden, wie mich dünkt, das Bild, was sie von dieser Stadt entwerfen, mit absichtlich übertriebenen Scheußlichkeiten ausschmücken« (S. 382) –, berichtet er vor allem Geschäftliches. Er bewundert den britischen Unternehmensgeist, indirekt auch die Überlegenheit der weißen Rasse (S. 378 f.), übt dabei eine – recht müde – Kritik am Opiumhandel (S. 390) – ein wenig möchte man ihm in Erinnerung rufen, worüber er sich noch bei der Überfahrt von England nach Amerika mokiert hatte:

> Mir gegenüber sitzt ein junger Mann. Eine elegante Erscheinung. Die Toilette gewählt. Dazu das Benehmen der großen Welt. Es ist einer der Kaufherrn der englischen Faktorei in Schanghai. Mit merkwürdiger Klarheit, kurz und bündig, entwirft er mir ein Bild des britischen Handels und der britischen Interessen in China. Er denkt wie die meisten seiner Standesgenossen im äußersten Orient. Das Reich der Mitte sei mit Kanonenschüssen der Civilisation zu eröffnen; viele, sehr viele Chinesen, darunter sämmtliche Mandarine und Literaten, vom Leben zum Tode zu befördern; dann von der chinesischen Regierung eine tüchtige Entschädigung zu erzwingen (S. 5).

Auch in seinen Beschreibungen des Shanghaier Geschäftslebens unterscheidet sich Hübner angenehm von anderen Berichterstattern seiner Epoche. So schließt er sich nicht dem Klischee vom betrügerischen Kaufmann an, sondern anerkennt dessen Tüchtigkeit und die Tatsache, daß er sich auch mit einem geringeren Gewinn zufriedengeben mag, und findet dabei Analogien zu den Deutschen[18].

Peking besucht Hübner – nach einem Zwischenaufenthalt in Tianjin (Tientsin) – im Oktober für etwa zehn Tage. Auf dem Wege begegnet ihm viel Armut, und er meint: »Armuth und Elend treten überall in demselben Gewande auf« (S. 401). Mit dem Einzug in Peking verwirklicht sich Hübner einen Jugendtraum. Fasziniert betrachtet er schon aus der Ferne die Silhouette der Stadt:

> Wir galoppiren, aus einem Hohlwege kommend, um die Ecke eines Gemäuers. Da entfährt uns allen ein Ausruf der Ueberraschung. Die Pferde werden kurz angehalten. Wir haben die bereits tief stehende Sonne im Gesicht. Unter ihr entrollt sich, einem ausgezackten Bande von blaßschwarzem Flor ähnlich, eine ungeheure, gezinnte Mauer. Auf drei Punkten ragen die Doppeldächer der Thore empor. Die Abstufung der Farbe läßt auf die Entfernungen schließen und zugleich auf die großen Dimensionen der Wälle. Ueber ihnen schweben in der blauen Luft, wie ein Spiegelbild der Wüste, die Hügel des Sommerpalastes und in weiter Ferne, wolkenähnlich, die Mongolische Bergkette (S. 405).

In der Beschreibung der Stadt, ihrer Bauwerke, ihrer Geschichte und Gegenwart zeigt Hübner – trotz einiger kleiner Irrtümer – wieder sein fundiertes Wissen. Er bedauert den Verfall der Stadt unter den Mandschus:

> Wie das allgemeine Bild der Verkommenheit, das uns auf jedem Schritte entgegentritt? Welch sonderbarer Gegensatz mit den moralischen Eigenschaften, mit der geistigen Begabung des chinesischen Volkes, dieser kräftigen, thätigen, aufgeweckten Nation, welche ... überall, allerdings nur bis zu einer gewissen Grenze und auf dem materiellen Gebiete, den Wettkampf mit den entwickeltsten Völkern Europa's siegreich besteht[19]!

Er schlendert gern durch die Stadt, wenn auch ein Spaziergang durch Peking damals nicht »zu den bequemen Dingen« zählte[20]. Durch eine List erreicht Hübner auch Einlaß in den Himmelstempel, der den Fremden verschlossen ist, seit einige amerikanische Reisende mit Frauen und Kindern auf dem Altar des Jahresopfers ein Picknick veranstaltet hatten. Der Tempel fasziniert ihn und stößt ihn zugleich ab – um ihn dann insgesamt wieder anzuziehen: »Ein seltsamer Bau: zugleich elegant und fratzenhaft, künstlich und roh, das Auge verletzend durch die bizzaren Kreuzungen der Linien, und es wieder beruhigend durch den sanften Einklang der Farben[21] . . .« – eine Bewertung, der man allerdings nur schwerlich folgen kann und die so recht verdeutlicht, wie sehr Urteile dem Zeitgeschmack unterworfen sein können: heutige China-Besucher zollen gerade der vollendeten Harmonie des Himmelstempels höchste Bewunderung.

Was spricht unseren Reisenden noch an im Reich der Mitte, und was nicht? Vieles wäre noch zu berichten. Nicht fasziniert ist er von der Umgebung Pekings (Ende Oktober!): »Ich reibe mir die Augen! Schlafe, wache ich? Bin ich in China, oder in Mähren, oder auf einer ungarischen Puszta? Die Aehnlichkeit ist schlagend, und ich frage mich, ob es der Mühe lohnte, auf der anderen Seite der Erdkugel diese wohlgekannte alltägliche und langweilige Gegend aufzusuchen« (S. 430). Gerührt ist er vom Vortrag einer Haydn-Symphonie durch Jesuitenzöglinge: ». . . die jungen Virtuosen heften ihre kleinen, geschlitzten Augen auf die Noten und exekutiren, im Schweiße ihres Angesichts, aber gar nicht übel, eine der herrlichsten Schöpfungen des großen Meisters. Haydn in China, von Chinesen vorgetragen!« (S. 384.) Aber auch Musik auf nationalen Instrumenten, deren Reiz sich kaum ein anderer China-Besucher der damaligen Zeit erschließen konnte, findet durchaus seinen Beifall (S. 428).

Die chinesische Küche findet ebenfalls seine Anerkennung[22], aber auch ihm gefallen die Zwergbäume nicht. Beeindruckt ist er von den Gräbern der Ming-Kaiser – »ein unvergeßlicher Tag!« – und von der Großen Mauer. Auf dem Rückweg – Sommerpalast: »Der Genius einer barbarischen Nation *(er meint die Mandschuren, Anm. d. A.)* schuf dieses Monument, die Armeen zweier civilisirter Nationen verwandelten es in einen Trümmerhaufen« (S. 435) – lernt er, wie man mit Chinesen verkehren muß: »Man muß höflich mit ihnen sein, ruhig und vor allem logisch« (S. 436).

Hübner betont die religiöse Toleranz der Chinesen – »Der Chinese ist abergläubisch, aber nicht fanatisch« (S. 419 f.) –, und zwar auch dem Christentum gegenüber, und wenn es doch Intoleranz gebe, dann aus politischen und nicht aus religiösen Gründen[23].

Hübner hat eine – oberflächlich bleibende – Unterredung mit dem Prinzen Gong, dem eigentlichen starken Mann in Peking (bei dieser Gelegenheit erliegt er, wie so viele andere nach ihm, dem Irrtum, der junge Kaiser sei ein Sohn der Ci Xi)[24]. Der Würdenträger bleibt, trotz dem geringen Tiefgang des Gesprächs, nicht ohne Eindruck auf Hübner (S. 443 ff.).

Zum Abschluß seines China-Besuches hat er auch noch ein längeres Gespräch mit dem Vizekönig von Kanton, das ihm verdeutlicht, welche Mächte für China von Relevanz sind: »›Wo liegt Österreich?‹ fragte mich der Vizekönig von Kanton, ein hochgebildeter Literat und einer der hervorragendsten Staatsmänner Chinas, ›nördlich von Rußland oder südlich? England liegt westlich von Rußland‹« (S. 546).

Und Hübner zieht daraus die Lehre, die er an die österreichischen

Staatsmänner weitergibt, daß es besser und im eigenen Interesse sei, sich aus dem Wettrennen um Rechte und Einflußsphären in China herauszuhalten:

> Oesterreich hat bis jetzt keine Veranlassung, Kriegsschiffe nach dem äußersten Orient zu entsenden. Kein politisches, kein ernsthaftes Handelsinteresse ruft es nach jenen fernen Landen. Seine so blühende Industrie befriedigt die Bedürfnisse der Monarchie und konkurrirt, in gewissen Zweigen, mit fremder Gewerbsthätigkeit auf europäischen und levantinischen Plätzen. Sie ist dermalen weder im Stande noch genöthigt, ihre Erzeugnisse bei den Antipoden auszubieten. Indem die österreichische Regierung, wie die anderen Großmächte, einen Vertrag mit China schloß, hat sie sich das Recht gesichert, in asiatischen Angelegenheiten, wenn je hierzu veranlaßt, mitzusprechen; sie hat in dem vornehmsten Hafen des chinesischen Reiches ein Konsulat errichtet und dem Konsul zum Behufe der Auswechselung der Ratifikationen des Vertrages diplomatischen Rang verliehen. Diese vorübergehende Mission wird, hoffentlich, eingezogen werden. Außer den durch nichts gerechtfertigten Kosten, sprechen politische Beweggründe dafür. Fragen, mit welchen die Monarchie nichts gemein hat, können in jenen fernen Gegenden zu Verwickelungen führen. Den anderen mit ihr befreundeten christlichen Mächten, in Anwesenheit ihres Vertreters, jede Mitwirkung verweigern, dürfte kaum angemessen scheinen; in großem Maßstabe mitwirken zur Vertheidigung von ihr gänzlich fremden Interessen, widerspräche den Anforderungen einer gesunden Politik; sich darauf beschränken, wie es die kleineren Vertragsmächte thun würden, ihre Flagge neben der belgischen, niederländischen und portugiesischen, im Gefolge der anglofranzösischen Flotten zu zeigen, wäre Oesterreichs, als europäischer Großmacht, unwürdig. Die diplomatische Abwesenheit scheint daher geboten (S. 544 f.).

Hübner hatte mit dieser seiner Ansicht wohl nicht so unrecht; aus den Verwicklungen, zu denen es dann dreißig Jahre später tatsächlich kam, hätte Österreich sich jedenfalls heraushalten können, wenn es diesem Rat gefolgt wäre.

Ganze 28 Jahre jung, hatte Josef Freiherr von *Doblhoff-Dier* (1844–1928) genug von Staatsgeschäften und Diplomatie und wandte sich seinen beiden Leidenschaften zu: dem Reisen und der Dichtkunst. Aus einem alten österreichischen Adelsgeschlechte stammend, kannte er durch seinen Onkel und Vormund, den in den Revolutionsjahren bekanntgewordenen Anton Freiherr von Doblhoff-Dier, zu diesem Zeitpunkte schon einige europäische Länder und Fürstenhäuser.

Die Anregung zu seiner weitesten Reise (1873/74) empfing er durch die Wiener Weltausstellung. Stundenlang stand er hier vor Chinas

Josef Freiherr v. Doblhoff mit seiner Gattin Antonia
(Bildarchiv der Österreichischen Nationalbibliothek)

Schätzen und machte sich eifrig Notizen. Wie ein Traum kam es ihm vor, als er – nur vier Monate später – in die chinesischen Gewässer einfuhr und das Land betrat, dessen Schätze er so sehr bewundert hatte[25]. Als Reisegefährten hatte er den nachmalig berühmten Pferdemaler Julius von Blaas mitgenommen.

Sorgfältig gebildet, hatte sich Doblhoff auf diese Reise außerdem durch Lektüre der für ihn greifbaren Asienliteratur vorbereitet. Durch teilweise kritikloses Zitieren mag manche darin enthaltene falsche Ansicht über China beim europäischen Leser einmal mehr verfestigt worden sein. In manchen Punkten verdanken wir Doblhoff allerdings auch einige Richtigstellungen. Im Verlaufe der Reise, beeinflußt durch europäische Gesprächspartner in Asien, übt er dann zunehmend Kritik an vorher bewunderten Vorgängern auf seinen Reisepfaden (wie an

Hübner, dessen Bemerkungen über die Ausländer in China nicht immer deren Beifall gefunden haben mögen[26]).

Doblhoffs Beschreibungen sind jugendlich-unausgegoren und zudem belastet mit dem Dilemma der China-Reisenden jener Zeit (und auch späterer Zeiten): unfähig, sich auf eine Stufe mit den Menschen des besuchten Landes zu stellen (die Chinesen, die man notfalls, und zwar auch schon bei bloßer Geruchsbelästigung, mit dem Stock behandelt und deren Zopf als »Klingelschnur« Verwendung findet, sind eben nur »Eingeborene«), unfähig, sich sprachlich verständlich zu machen, unfähig, Geschichte und Gegenwart des Landes in richtige Relationen zu bringen,

Nach der Natur gemalt von Jul. v. Blaas. Gezeichnet von J. J. Kirchner.

Hongkong.

Blick auf das chinesische Festland und die Rhede.

verläßt man sich auf die Wertungen ebenso entstandener früherer Beschreibungen sowie der in China lebenden Europäer, die aber zugegebenermaßen ein völliges Inseldasein führen und das Land ebenfalls nicht verstehen. Nur selten trifft der China-Reisende auf Personen wie den »deutschen Consulatssecretär, welcher Peking, Nanking, die Hafenorte und Canton selbst trefflich kennt, Chinesisch gelernt hat und die Eingeborenen eifrig in Schutz nimmt[27]«.

Und wenn Doblhoff auch bestrebt ist, Neues in sich aufzunehmen und zu verarbeiten, so viel (oder wenig) in knappen vier Wochen möglich sein mag, so ist eben doch sein größtes Erlebnis in Asien immer wieder – Europa, und zwar »edel aufgebautes deutsches Familienleben« und »feine nordische Bildung[28]« (die Angelsachsen mag er weniger).

Doblhoff macht von Shamian, dem Fremdenviertel, Ausflüge nach

Kanton, sieht die üblichen Touristenattraktionen und versucht verdienstvollerweise, seine europäischen Leser zumindest von dem Irrtum zu befreien, Pagoden seien Götzenbilder[29].

Er sieht den Fleiß der Chinesen, ihre Geduld, ihre Armut, ihren Kampf ums Dasein. Zwischen »eckelhaftesten, häßlichsten Physiognomien« bemerkt er nur einmal und wie ein Wunder ein *»selbst nach europäischen Begriffen schön«* zu nennendes Wesen[30]. Er findet bei den Chinesen »6–7 Typen, die sich auf ihren Gesichtern, bei Hoch und Niedrig, Arm und Reich stets in fast lächerlicher Präcision wiederholen[31]«. Die Straßenhändler preisen ihm »spöttisch heulend« ihre Waren an[32]. Und mit der jovialen Herablassung des 28jährigen »Weißen«, der die Neujahrsfeierlichkeiten der »Eingeborenen« am Rande miterlebt, wird notiert: »Es kann nichts Drolligeres geben als heitere Gesichter bei Chinesen[33].«

Den Südchinesen, wenn sie einem auch auf die feinen Geruchsnerven gehen, bescheinigt man »relativ südliche Liebenswürdigkeit« gegenüber den »ruhigeren, aber auch heimtückischeren und verstockteren Nordchinesen[34]« – die einen hat man nur wenig, die anderen gar nicht kennengelernt.

Alles Chinesische ist sonderbar, »wenn auch häufig mit großem Scharfsinn erdacht[35]«, aber auch unheimlich[36], und in jedem Falle ist alles umgekehrt als in Europa: ». . . die einfachsten, uns alltäglich scheinenden Sachen macht der Chinese laut Tradition in entgegengesetzter Weise und findet gerade die Logik und Praxis des Europäers lächerlich[37]«.

Das Pidgin-English wird teilweise für Chinesisch gehalten: das an sich Lächerliche wird dadurch noch um vieles lächerlicher. Doblhoff bringt auch eine Pidgin-English-Unterhaltung, wie sie damals in so manchem China-Buch zu finden war:

(Scene in einem chinesischen Laden). Ein Europäer tritt ein:
Chinese: Tschin! Tschin!
Europäer: Good morning! How are you?
Chinese: Thank you, too muchie.
Europäer: Happy to see you, supposie, you hab got dat handsome Jos pigeon (heilige Dinge), I wontée see.
Chinese: No occasion showie bad one – my hab got.
Europäer: Me wantie buy numbel one good (zeigen Sie keine schlechte, ich will gute kaufen).
Chinese: 8 Dollars!
Europäer: 8 Dollars!? Supposie you squeezie (Mandarinenerpressung und jede Ueberforderung) too muchie, me no wantie buy. (Man geht zur Thür.)
Chinese: Gib seven Dollars hab (und $^1/_2$), no squeezie (dann sind Sie nicht geschnürt).
Europäer: Fibe Dollars!

Chinese: Fibe dollars! Haiyah! how can? (ah! wie kann ich?)

Der Europäer macht wieder einen Gang zur Thür; nun will er nicht, man bietet »fibe« Dollars and a half! und er schlägt ein.

Chinese: Macqui! (meinetwegen) Well supposie, can macki packie? (einpacken) – can? (kann ich.)

Er packt ein (in China geschieht das sehr gut), und man gibt die Anweisung; hierauf, bei dem Anblicke der Zahlen und nachdem er mit seinem Rechenbrette die Summe gemacht hatte (wie etwa auf der Zählmaschine der Billards), gibt er Papier und Tuschpinsel und nimmt die Anweisung. »Catchie dollars« (Dollar nehmen), das ist der »Sesam thu' dich auf« von Canton.

Chinese: Tschin-tschin! (Gruß); Verehrung, Höflichkeit und Liebe, alles wird »getschint-tschint« (Jos, Eltern, Gräber, Mandarine, Kinder und Leichen).

Das Leben des chinesischen Kaufmanns concentrirt sich um »tschau-tschau« *(soll »essen« bedeuten, Anm. d. A.)*, »tschin-tschin« und Betrügen (squeezie)[38].

Warum man sich die Mühe mit dem Pidgin-English machte, wird um so unverständlicher, da Chinesisch, wenn man der Erklärung Doblhoffs glauben darf, ja gar nicht so schwer ist: mit den 214 Wurzelwörtern (Zeichen) ist das Studium ja nicht hoffnungslos; »das Lesen und Schreiben ist bei dem Volke allgemein[39]« (!).

Doblhoff erliegt noch einigen weiteren Irrtümern. So ist die Chinesische Mauer bei ihm ganze 300 Meilen lang[40], die »Vielweiberei« macht er vom Klima abhängig[41], die berühmten, oft uralten Zwergbäume sind bei ihm zehn bis fünfzehn Jahre alt[42].

Doblhoff erzählt noch den von jedem China-Reisenden gebrachten Witz, wonach ein chinesischer Schneider nach dem Muster einer mitgebrachten Hose eine neue schneidern soll, die er dann, einschließlich der geflickten Stelle, getreulich kopiert; dann dampft er, nach siebentägigem Shanghai-Aufenthalt, wo ihn nebem dem europäischen Klubleben nur noch das chinesische Theater interessiert hat, weiter nach Japan.

In der räumlichen und zeitlichen Entfernung beurteilt Doblhoff China dann in verschiedener Hinsicht und im Vergleich zu Japan – entgegen der damals in Europa vorherrschenden Meinung – recht positiv. Die Hülle sei zwar »abstoßend bei dem Chinesen, anziehend das Betragen des Japaners, der Kern aber« stehe »im umgekehrten Verhältnis zu beiden Nationaltypen[43]«. Auch habe China viel mehr Eigenes, Originäres zu bieten, und so werde es auch in der Zukunft sein, während die Japaner nur immer von anderen übernähmen – in der Vergangenheit die Kultur der kreativen Chinesen, in der Gegenwart die Technik des Westens – und dabei jeweils nur bei Äußerlichkeiten blieben[44].

Darauf führt er eine Liste von Dingen an, in denen die Chinesen den Europäern um einiges voraus seien und diese von den ersteren durchaus lernen könnten:

1. China hat keine Staatsschulden; gibt es etwa in Europa einen Staat, welcher keine hat?

2. Ein einziges, officielles Zeitungsblatt vertritt das journalistische Streben im Staate, ausgenommen natürlich die von Europäern redigirten Journale in den Ansiedlungen; dieses einzige Blatt ist der »Staatsanzeiger von Peking«, von welchem ich Exemplare besitze.

3. In China existirt kein Erbadel; eine Aristokratie der Bildung, basirt auf die Eintheilung der Mandarinengrade, ist die einzige persönliche Bevorzugung.

4. Es gibt keine eigentliche Staatsreligion, da die Religion Privatsache des Einzelnen ist; daher gibt es keinen Cultuszwang.

5. China hat zwar Feste, wie das »Neujahrs-«, das »Drachen-« oder »Glücksfest«, jedoch keinen, dem Fusel so günstigen englischen Sonntag.

6. Eine Priesterhierarchie besteht nicht, wie in andern Religionen; die Bonzen leben ruhig als Spielbankleger, Götzen- und Schweinefütterer oder Goldfischzüchter in den Tempeln, ohne jeglicher, social bevorzugter Stellung.

7. Kein Schulzwang existirt in China und trotzdem ist in fast jedem Orte eine Schule zu finden und die Meisten lesen und schreiben, soweit sie es als Handwerker, Bauern etc. brauchen; freilich studirt ein solcher etwa 100 Schriftzeichen, während mancher Mandarin deren 10.000 kennt und dann schon ein grosser Gelehrter ist.

8. Armenschulen sind eine erwünschte Einrichtung; der Unterricht ist confessionslos.

9. Der Bauernstand ist hoch geehrt; der Kaiser pflügt jährlich einmal, um dieser Idee in festlicher Weise Ausdruck zu geben. Wer hat nicht Kaiser Josef's Pflug in der Ausstellung des Ackerbauministeriums im Jahre 1873 bemerkt? Wer ahnte dabei eine chinesische Sitte, die der Förderer unseres politisch-religiösen Auflebens in Oesterreich nachahmte, als er zum Pfluge symbolisch griff?

10. Die Schifffahrt auf Canälen, Flüssen und dem Meere ist frei; die Fischerei hat keine gesetzliche Beschränkung[45].

Doblhoff kommt zu dem nach so mancherlei Oberflächlichkeit etwas überraschenden Schluß:

Das wären so zehn der auffallendsten Punkte unter den zahlreichen übrigen, welche sich der erstaunte Europäer in dem viel verschrieenen China zu Herzen nehmen mag; ist es darum noch wunderbar, wenn dieses intelligente, arbeitsthätige Volk »ein Grosses« genannt wird[46].

Doblhoff widerspricht Behauptungen, daß sich das chinesische Reich im Zustande der »Altersschwäche« befinde[47]. Er sieht China in Entwicklung begriffen, und dies besonders hinsichtlich der Öffnung zum Westen.

Dieser Wechsel aber müsse »tiefer greifend, als in Japan« sein[48]. Die Chinesen stünden auf hoher Stufe und seien in der Lage, »das aufzunehmen, was Europa ihnen bieten soll. Die rücksichtslose Ausbeutung ihrer Schätze durch Europäer, das war es, was sie lange Zeit zurückhaltend machte; den Import der Cultur der Angelsachsen fürchten sie nicht[49] . . .«.

Von seiner Reise um die Welt hat Doblhoff nur diese Reiseaufzeichnungen mitgebracht. In dem weiteren, recht umfangreichen literarischen Schaffen des Schriftstellers hat China sonst keinen Niederschlag gefunden.

Ein in mehrerlei Hinsicht interessantes Unternehmen war die große Expedition des Grafen Béla *Széchenyi* (1877–1880). Es war »seine« Expedition, obwohl sich in seiner Begleitung Wissenschaftler befanden – der Geograph und k. k. Oberleutnant Gustav Kreitner, der ungarische Geologe Ludwig Lóczy und dessen Landsmann Gustav Bálint, ein Philologe, der aber wegen einer schweren Erkrankung die Reise schon in Shanghai abbrechen mußte. Dennoch war es Széchenyis Reise, denn die Begleiter mußten ihm zusagen, Auswertungen der Reise in Form von Vorlesungen oder Publikationen nur mit seiner Einwilligung und unter seinem Namen durchzuführen. Das mag als gebieterisches Gehaben

Aus: **Gustav Kreitner, »Im Fernen Osten . . .«**

eines an Achtung und Unterwerfung gewohnten ungarischen Magnaten gedeutet und vielleicht auch kritisiert werden. Andererseits entsprach es auch dem Charakter des stolzen Ungarn, daß er sich mit der mündlichen Versicherung seiner Gefährten begnügte.

Es war aber auch deshalb »seine« Expedition, weil er damit einem von ihm sehr geliebten Menschen ein persönliches und besonderes Denkmal setzen wollte. Darüber schreibt er selbst in der Zueignung seines mehr als tausend Seiten zählenden, großformatigen Werkes, aus der nachstehend Auszüge wiedergegeben werden:

> Dem Andenken meiner unvergeßlichen, engelgleichen Gattin, geb. Gräfin Hanna Erdödy, widme ich dieses bescheidene Werk über meine Reiseerlebnisse.

Graf Béla Széchenyi mit Gattin Johanna Gobertina
(Bildarchiv der Österreichischen Nationalbibliothek)

Als ich Dich noch die Meine nennen konnte, war ich der glücklichste Mann in der Welt; da ich Dich verlor, gehöre ich zu den Unglücklichsten der Sterblichen.
Jahrelang lebte ich in Zurückgezogenheit, in geistiger und körperlicher Stagnation. Ich suchte Trost in der Religion, ich verirrte mich in meiner Melancholie unter die Anhänger des Spiritismus; Alles vergeblich – Beruhigung vermochte ich weder hier noch dort zu finden.
Dann rief ich die Wissenschaft zu Hilfe; allein diese hätte mir schier ganz und gar auch noch jenen geringen Glauben, jene Hoffnung auf eine andere Zukunft geraubt, welche meinem Herzen Alles ist und von welcher sich meine Seele nicht trennen mag.
Endlich richtete ich meinen Blick auf die wundergleichen Gestaltungen der grossen Natur, des Universums, und fortan suchte ich in deren nur bis zu einer gewissen Grenze erklärbaren Geheimnissen Linderung, Hoffnung . . .
Der brennende Sand der Wüste von Kopi, welche kein Leben in ihrem Bereiche duldet, die himmelan strebenden Alpen der Gebiete von Tibet, die dort herrschende Einsamkeit und Todesstille – sie sind das rechte Vaterland Derer, die ihr Glück verloren haben. Es ist, als ob sie eigens für dieselben geschaffen worden wären . . .

Arcachon (Gironde), im Feber 1881,
im neunten Jahre meiner Witwerschaft.

Béla Széchenyi[50]

Es waren also Széchenyis fast schwärmerische Trauer um seine dahingeschiedene Gattin, persönliche, in seiner Psyche liegende Motive und nicht ein herangereiftes Interesse an China, welche ihn in jenes Land führten. Der Gedanke, zu verreisen, ging der Suche nach dem Reiseziel voran:

Ich entschloß mich also, da ich im Besitze der nötigen Erfordernisse war, leicht zu einer längeren Reise. Die Frage war nur: Wohin? – und welche Kräfte ich zur Mitwirkung im Interesse der Wissenschaft zu gewinnen im Stande sein werde[51]?

Daß er Asien zum Gegenstand seiner wissenschaftlichen Forschungen ausersah, geschah ebenfalls mehr aus einem romantisch-schwärmerischen als aus einem auf konstante Beziehungen aufbauenden Beschluß. Als ältester Sohn des als »großer Ungar« in die Geschichte eingegangenen Stephan Széchenyi lag ihm der ungarische Nationalgedanke sehr am Herzen, und so gewann er an der China-Expedition Interesse, da er sich nach seinen Worten »der Hoffnung hingeben durfte, an Stellen zu gelangen, wo ich Spuren unserer Vorahnen oder Völker und Stämme finden würde, die uns Ungarn sprach- und stammesverwandt sind[52]«.

Mag sein, daß der Gedanke der Expedition mehr der Schwärmerei ihres Financiers als einem lange erwogenen wissenschaftlichen Anliegen entsprungen ist. Doch man muß Széchenyi bestätigen, daß er sich als fähiger Organisator und nicht nur bei der Bewilligung von Vorlesungen und schriftlichen Berichten seiner Begleiter[53], sondern auch bei der Unterstützung der Auswertung der Expeditionsergebnisse als großzügig erwies. Allein die je sechzehn geographischen und geologischen Karten, die er zur Veranschaulichung der in seinem Werke enthaltenen Beiträge Kreitners und Lóczys im Wiener Militärgeographischen Institut anfertigen ließ, kosteten fast 20.000 Gulden[54].

Vielleicht mögen Széchenyis eigene wissenschaftliche Beiträge im Rahmen des großen Expeditionsberichtes weniger ins Gewicht fallen. Als Zuständiger für Ethnographie hat er sich unter anderem auf Körperanhängsel von zweierlei Art konzentriert: auf Frauenbrüste, die er als »flach, spitzig und birnenförmig« oder mit dem Ausdruck »dralle, feiste Geschöpfe« umschrieb[55], und in noch viel größerem Ausmaß auf Kröpfe, bei denen ihn ein wahrer Sammlereifer befiel. »Von Hupee an kommen nur sehr selten Menschen mit Kröpfen vor[56]«, schreibt er an einer Stelle, und man hört geradezu die Enttäuschung durchklingen. Doch bald darauf konstatiert er »zahlreiche Blähhälse, Einäugige, Wasserköpfe und Mißgeburten[57]«, und über »Schin-Me« kann er sogar triumphierend berichten: »Ich sah Männer und Frauen, die zwei bis drei Kröpfe hatten, manche der letzteren erreichten die Grösse von Kinderköpfen. Die Eingeborenen hier übertreffen in dieser Hinsicht das Volk der Steiermark[58].«

Auch das von ihm betreute Spezialgebiet, die Zoologie, behandelte er eher von der Warte eines passionierten aristokratischen Jägers denn im Wege der eingehenderen Forschungen eines Wissenschaftlers[59]. Als Weidmann und heißblütiger Ungar scheint er besonders von der Stärke und unbezähmbaren Natur der tibetischen Hunde angetan gewesen zu sein, denn er widmet ihnen in der Inhaltsübersicht des ersten Bandes nicht weniger als drei Titel: *Tibetische Hunde, Der tibetische Hund Dianga* und *Der tibetische Hund Diandu beißt gefährlich eine birmanische Frau*[60]. Széchenyi scheint sich über das wilde Wesen dieser Tiere gefreut zu haben und schreibt fast mit Genugtuung:

> Der dritte Hund »Dianga« (den ich später erschießen mußte) brauchte einen vollen Monat, ehe er sich an uns gewöhnte. Einmal biß er mir die Hand durch, ein anderesmal einige Finger, von denen er die Nägel losriß. Dieser Hund war ein prächtiges, feuriges, unbändig wildes Tier. Gleich am ersten Tage, nachdem ich ihn angekauft, biß er ein einjähriges Schwein zu Tode. Seine Passion, Schweine und Hühner zu töten, kostete mich immer wieder Geld. Was er immer erblickte, er warf sich auf Alles. Das unangenehmste war, daß er meine Pferde und Maulthiere, sowie sie ihm nahe kamen, sofort in die Beine biß. Als er in Bürma die erste Büffelherde erblickte, sprang er einem dieser Thiere auf den Rücken und sprengte den ganzen Rudel in die Flucht. Mir trat eine Thräne ins Auge, als

ich diesen mächtigen Hund niederschießen mußte, nachdem er von seinem Genossen Diandu eine unheilbare Bißwunde erhalten hatte[61].

Nach dieser Schilderung kündigt Széchenyi an, er werde im weiteren Verlaufe seines Werkes noch auf die tibetischen Hunde zurückkommen, und das tut er auch ausgiebig und stets mit Stolz. Die Hunde des Pa-Yü-Stammes (jenes Stammes, bei dessen Frauen der Graf flache Brüste festgestellt hatte) werden von ihm folgendermaßen abgetan: »Ihre Hunde gehören einer racelosen Bastardengruppe an. Sie entfernten sich mit eingekniffenem Schweif, wenn sie meine mächtigen Tibetaner Hunde erblickten[62].« Sogar die Schilderung *Der tibetische Hund Diandu beißt gefährlich eine birmanische Frau* ist trotz der Schwere der zugefügten Verletzung von einer deutlichen Sympathie für das bissige Tier gekennzeichnet[63]. Ähnlich mag man damals auch auf den großen Jagden in Ungarn nach Jagdunfällen, welche die einfachen Leute betrafen, zur Tagesordnung übergegangen sein – mit einem Ausdruck des Bedauerns, gewiß, doch ohne große innerliche Erschütterung. Der Hund wurde nicht etwa erschossen, sondern von da ab mit seinem Kumpan in einem Holzkorb transportiert. Wen allen er dann in der Umgebung von Széchenyis Schloß Zinkendorf am Neusiedlersee noch gebissen hat, ist nicht weiter vermerkt.

Széchenyis Expeditionsleitung war also von den Neigungen eines ungarischen Edelmannes gekennzeichnet, der mit einer gewissen Unbekümmertheit die eigenen Wünsche und Interessen in den Vordergrund stellte. Das mag dem Unternehmen nicht immer zum Vorteil gereicht haben. Dennoch täte man Széchenyi zweifellos Unrecht, würde man darauf verzichten, seine positiven Seiten hervorzuheben. Während der Expedition zeigte er Mut, Unerschrockenheit und Ausdauer, und würde man sagen, daß hier die Vorzüge der Erziehung nach dem Ehrenkodex eines ungarischen Magnaten für seine Reisebegleiter zu Buche schlugen, so wäre das keineswegs genug.

Széchenyi hat in China Qualitäten bewiesen, die weit über den oben beschriebenen, von Stand und Erziehung determinierten Rahmen hinausgehen. Schon seine Toleranz und sein Verständnis bei der Beurteilung des chinesischen Widerstandes gegen die Missionierung könnten überraschen, wüßte man nicht, daß er schon als Deputierter vor dem ungarischen Landtag gegen Vorurteile und Antipathie als mit der christlichen Religion unvereinbare Gesinnungen aufgetreten war und unter diesem Titel etwa auch die Judenemanzipation in Ungarn gefordert hatte[64]. Daher hat er für religiöse Eiferer genauso wenig übrig wie die Chinesen. Über einen jungen belgischen Missionar namens A. Gueluy schreibt er: »Am liebsten würde er, das Schwert in der Hand, die Heiden zum Christenthum bekehrt haben; allein gerade die schönsten Eigenschaften unserer Religion: die Duldsamkeit, die Demüthigkeit, die Selbstverleugnung gingen ihm ab. ›Il a trop de zèle‹, und wird dadurch mehr Schaden als Nutzen anrichten.« Den Missionaren macht er den in seiner

Pauschalität nicht ganz gerechtfertigten Vorwurf: »Alles, was sie taten, war die Bekehrung einiger tausend, zumeist aus dem Schosse des Mob zum Christenthum Bekehrter, die sie unter ihre schirmenden Fittiche nahmen, auch dann, wenn dieselben gegen die Gesetze des Staates sich vergangen hatten[65].« Über Gueluy schreibt er noch an anderer Stelle:

> Bei dem Missionär A. Gueluy lernte ich einen jungen Chinesen kennen, der vor drei Jahren zum Christenthum übergetreten war. Früher war er einer der Sekretäre Tzo Tzung Tan's gewesen. Der Pater bezeichnete ihn als einen sehr gewandten, verwendbaren Burschen, durch den er Alles erfahre und auskundschafte. »Der Zweck heiligt die Mittel.« Ich muß gestehen: man macht einen sauberen Christen aus dem Jungen, indem man ihn zu niedriger Spioniererei gebraucht. Der junge belgische Missionär fand es äußerst komisch, daß, um Regen zu erwirken, in den Miaus Tag und Nacht die Glocken geläutet und die Trommeln geschlagen, Ungeheuer und Teufel mit schweren Ketten beladen wurden und die Mandarine Fasttage anordneten. Als ob bei uns nicht ganz dasselbe geschehe, nur in anderer Form[66].

Széchenyis Urteil über China ist von Sachlichkeit und nobler Einsicht getragen. Er weigerte sich, in den damals in Europa durchaus üblichen Chor derer einzustimmen, welche »immer und in allem die Hinterlist, die Falschheit der chinesischen Regierung, deren Haß gegen Fremde[67]« erblickten. Seinem Scharfblick war es nicht entgangen, daß der Fremdenhaß in China vornehmlich dort blühte, wo es viele Fremde gab, und zog daraus den Schluß:

> Das spricht nicht eben günstig für die europäische Umgangsweise, den europäischen Charakter, die europäische Civilisation, und ist durchaus nicht schmeichelhaft für die hochgepriesene europäische Cultur[68]...

Der Besuch des alten Sommerpalastes, der von den Jesuiten im Stil eines chinesischen Rokoko errichtet und von den Truppen Lord Elgins 1860 zerstört worden war, erschütterte Széchenyi sehr:

> ... Man steht förmlich betroffen vor solchem Vandalismus, und es ist schier unbegreiflich, wie im 19. Jahrhundert sich Leute finden konnten, einen solchen herostratischen Ruhm anzustreben. Angesichts dieser Verwüstung stieg mir die Schamröthe ins Gesicht. Ich schämte mich ordentlich meines Europäerthums vor diesen Chinesen, denen wir von Civilisation zu sprechen wagen[69].

In der Klarheit des Urteilsvermögens übertraf der »Amateur« Széchenyi so manchen der berühmten »Old China Hands« des 19. Jahrhun-

Empfang beim Vizekönige in Wuchang
(aus: Gustav Kreitner, Im Fernen Osten . . .)

derts, so zum Beispiel den deutschen Gesandten Brand, welcher der chinesischen Regierung im wesentlichen nur üble Absichten zutraute[70]. Im Gegensatz zu den meisten anderen China-Reisenden aus Österreich-Ungarn – selbst der wohlmeinende Scherzer war überzeugt, die europäische Präsenz gerate China zum Wohle – war Széchenyi der Meinung, »daß China in einem isolierten Zustande weit glücklicher wäre . . .«. ». . . Denn dieses große, arbeitsame, geschäftige Reich kann ja auch in vollständig isolierter Abgeschlossenheit leben, da es in keinerlei Hinsicht auf andere Länder angewiesen ist[71].« An die Überlegung, daß der Kontakt mit dem Ausland allein China keineswegs die eigene Modernisierung bringen werde, knüpfte Széchenyi die mittlerweile historisch bestätigte Prognose:

> Ich bin der Überzeugung, daß jene enttäuscht werden, die da wähnen, daß China, das Gebiet der Reformen betretend, sich auf das Niveau der europäischen Culturstaaten erheben werde. Nach meiner Ansicht könnte dies nur durch Revolutionen erreicht werden, auf dem Wege eines natürlichen Processes und der spontanen Entwicklung aber nimmermehr[72].

Hier hat der Amateur viel tiefere Einsicht bewiesen als viele professionelle Chinaexperten seiner Zeit!

Theatervorstellung in Liangzhou
(aus: Gustav Kreitner, Im Fernen Osten . . .)

Aufgrund seines hohen Standes und der damit verknüpften Verbindungen hatte Széchenyi Gelegenheit, mit einer Reihe prominenter Persönlichkeiten des Reichs der Mitte zusammenzutreffen. Dabei dürfte den Chinesen das Bild der Österreichisch-Ungarischen Monarchie noch unklarer geworden sein, denn Széchenyis patriotische Gefühle veranlaßten ihn natürlich, seiner ungarischen Heimat bei den Chinesen Profil zu geben. 1869 war vom englischen Gesandten in Peking beim Abschluß des Vertrages zwischen China und der Doppelmonarchie den chinesischen Unterhändlern gegenüber Österreich als Hauptglied und Ungarn als Anhängsel dargestellt worden (siehe 7. Kap.). Nun aber kam jemand, der den Chinesen dieses »Anhängsel« in den glühendsten Farben schilderte. Bei einem Zusammentreffen mit Li Hongzhang in Tianjin (Tientsin) erregte Széchenyi mit dem Hinweis, Ungarn habe 1867 um 30 Millionen Gulden Schweine exportiert, die Bewunderung des berühmten Vizekönigs, der daraufhin meinte: »Wie schade, daß Ungarn nicht an China grenzt, wo das Schweinefleisch so beliebt ist.« Li Hongzhangs besonderes Interesse galt den Beziehungen Österreich-Ungarns zu den Türken und den Russen. »Er fragte, warum wir die Türken in dem damals im Zuge befindlichen Kriege nicht unterstützen? Weshalb China nicht ein Bündnis mit Ungarn und Österreich sollte schließen können, um den Expansionsgelüsten Rußlands Schranken zu setzen[73]?«

In Peking wurde dem ungarischen Gast am 9. Oktober 1878 sogar

Empfang bei dem Tore in Si-ngan-fu (Xi'an)
(aus: Gustav Kreitner, Im Fernen Osten . . .)

eine Audienz im Zongli Yamen unter Vorsitz des Regenten gewährt. Széchenyi gibt über seine damaligen Gesprächspartner folgenden Überblick:

1. Prinz Kung, als Präsident, seiner Herkunft nach ein Mandschu.
2. Finanzminister Tung Sün, Dichter, Schriftsteller und ein wackerer Trinker, Chinese[74].
3. Kriegsminister Schen Kuen Fen, Chinese.
4. Minister Tsching Lien, der ehemalige Adlatus Tzo Tzung Tan's, ein Mandschu.
5. Minister Hschia Tschia Hao, der Gelehrte des Yamen, Chinese.
6. Minister Tschou Tschia Me, der aussieht wie ein feister Klosterbruder, Chinese.
7. Minister Tscheng Lin, des Prinzen Kung Günstling, aus Korea gebürtiger Mandschu[75].

Da der Posten des österreichischen Gesandten in China damals unbesetzt war, hatte Széchenyi auch die Hilfe der deutschen Gesandtschaft in Anspruch genommen, und so war bei der Audienz nicht nur der österreichische Konsul von Shanghai, Ritter von Boleslawsky, zugegen, sondern auch der Geschäftsträger, Baron Schenk, und der Dolmetsch Arendt von der deutschen Mission.

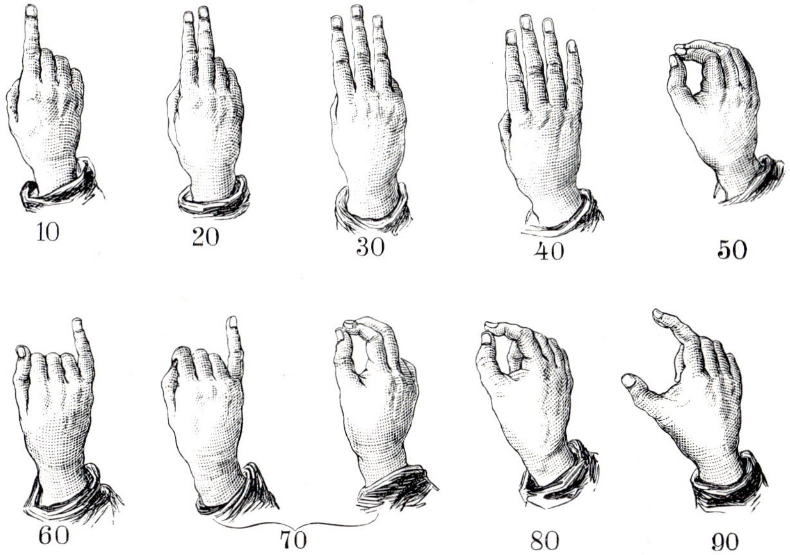

Das Zählen mit der Hand
(aus: Gustav Kreitner, Im Fernen Osten . . .)

Bei der Abfassung seines Gesuches, in die südliche Mongolei und ins nördliche Tibet reisen zu dürfen, bewies Széchenyi viel Umsicht und Einfühlungsvermögen. Er bezeichnete sein Volk als »Zweig des turanischen Stammes, dem auch die mächtige Nation der Mongolen angehört« (eine Verbeugung in Richtung der regierenden Mandschus, die sich ebenfalls den Mongolen verwandt fühlten). Der Reisezweck habe weder mit der Politik, noch mit dem Missionswesen, noch mit dem Handel irgend etwas gemein. Er sei einzig und allein wissenschaftlicher, historischer Natur und eine Sache der Pietät:

> Wonach meine Seele sich sehnt, das ist: jene Gebiete aufzusuchen, in denen ich das ursprüngliche Heimatsland der skythischen Magyaren vermuthe; jene Gegenden zu schauen, wo unsere Ahnen gewohnt; wenn möglich ihre Grabstätten aufzufinden, und indem ich ihnen dort den Tribut meiner Pietät zolle, auf jenen Gräbern für die Wohlfahrt und das Gedeihen meines neuen Vaterlandes, Ungarns zu beten, welches sie im 9. Jahrhundert im Herzen Europas gegründet haben[76].

Das war eine gekonnte Verneigung vor den konfuzianischen Prinzipien, die historische Wissenschaft, vor allem anderen aber das Andenken der eigenen Ahnen zu ehren, und sie verfehlte ihre Wirkung nicht:

Prinz Kung las mein Gesuch und gab es weiter; so ging es dann von Hand zu Hand, und jeder Minister las dasselbe durch. Während dieser ganzen Zeit herrschte Grabesstille.

Aber nunmehr war die Situation, wie auf einen Zauberschlag, verändert. Auf den Regen folgte Sonnenschein. Die kalten, strengen Gesichter nahmen freundlichen Ausdruck an; die bisherige Zurückhaltung wich vertraulicher Ungezwungenheit.

Prinz Kung ertheilte mir die Antwort: die chinesische Regierung werde Alles aufbieten, meinen Wunsch zu erfüllen. Sie werde mir einen Paß ausstellen und überdies ein Empfehlungsschreiben an Tzo Tzung Tan, den Generalgouverneur der Provinzen Schensi und Kansu, richten; eine Abschrift dieses Briefes solle mir zugestellt werden[77].

In Shanghai, von wo die Reise losgehen sollte, brachte die Zeitung *Sin Pao (Xin Bao)* am 13. November 1878 einen Artikel über die ausländischen Gäste und ihr Reisevorhaben:

Wir beherbergen gegenwärtig einen Gast in Shanghai, der soeben aus Peking eintraf. Derselbe soll von Ungarn entsandt sein. Es ist dies der dem erblichen Grafenstand angehörige Herr Sche-tschün (Széchenyi) in Begleitung seiner zwei Reisegefährten Kai (Kreitner) und Lo (Lóczy) . . . Es wurde auch den betreffenden Vicekönigen, Gouverneuren und allen Localbehörden der Route anempfohlen, daß der Expedition die größte Aufmerksamkeit zu Theil und ihr nichts in den Weg gelegt werde. Den Aufbruch der Expedition von Shanghai werden wir rechtzeitig bekannt geben[78].

Vor dem Aufbruch mußte sich die Reisegesellschaft aber ortsübliche Visitenkarten anfertigen lassen. Kreitner, der auch über Kenntnisse in Astronomie verfügte, konnte mit einer besonders malerischen aufwarten:

BEAMTER MIT DEM BLAUEN KNOPFE UND DER PFAUENFEDER – HIMMELSAUFSEHER ZWEITER CLASSE – STERNKUNDIGER PROPHET – KAI-LAI-LÄ[79]

Lóczy, der sich nur schlicht Karten mit seinem Namen drucken ließ, sollte später diese Bescheidenheit bereuen, denn der mächtige Vizekönig von Gansu und Shaanxi, Zuo Zongtang, ließ ihn bei der Széchenyi und Kreitner gewährten Audienz nicht zu, weil er keine große Karte führe und daher kein Beamter sei[80].

Der – neben Li Hongzhang – zweite bedeutende Vizekönig Chinas hatte übrigens von Österreich-Ungarn noch unklarere Vorstellungen als Li, der in der Hafenstadt Tianjin (Tientsin) doch zuweilen Informationen über Europa bekam. Zuo vermutete Österreich nicht weit vom

Lop Nor – jener Gegend, die heute durch die chinesische Atomforschung bekanntgeworden ist[81]. Bei einem späteren Zusammentreffen erkundigte sich Zuo nach der Stärke der österreichischen Marine und ob es wahr sei, daß Österreich gleich Rußland einen Doppeladler im Wappen führe[82]. Von der Weiterreise nach Tibet wollte Zuo nichts wissen und wies auf die Unsicherheit der Routen und die Feindseligkeit der dortigen Bevölkerung hin. Umsonst, daß Széchenyi eine ungarisch-chinesische Interessengemeinschaft beschwor: in der Einschränkung der russischen Expansionsgelüste erblicke er die dauernde Garantie ihrer Freundschaft[83]. Allein, es half nichts. Die Tibeter zeigten eine immer stärkere Abneigung gegen Fremde, und die chinesischen Beamten wollten die Garantie für die Sicherheit ihrer Gäste nicht übernehmen. Wohl schaffte es die Expedition noch, nach Xining an den Kuku-nor und durch Sichuan nach Batang zu kommen, doch das Tor nach Tibet blieb verschlossen. Von der Feindseligkeit der Lamas gegen Ausländer konnten sie sich bei dem vergeblichen Versuch, Lamaklöster – von Kreitner Lamaserien genannt – zu besuchen, selbst überzeugen[84].

So mußte man sich fügen und den Heimweg über Birma nehmen. Dabei hatte die Expedition, die schon zuvor von allerlei Witterungsunbilden und Krankheitsfällen geplagt worden war, noch ein gefährliches Abenteuer zu bestehen. Als man in die Nähe des chinesisch-birmanischen Grenzgebietes kam, verdrückte sich von der in der letzten Stadt der Expedition beigegebenen chinesischen Eskorte ein Mann nach dem anderen, und als die drei Europäer durch das Temperament des Grafen in Lebensgefahr kamen, waren sie ohne Bedeckung. Die Situation ergab sich dadurch, daß der erzürnte Graf dem lokalen Katschin-Fürsten, welcher neugierig im Reisegepäck wühlte, wie Kreitner es ausdrückte, »über die Schwelle half«[85]. Der beleidigte Fürst unternahm hierauf den erfolglosen Versuch, den chinesischen Dolmetsch des Grafen zum Mord anzu-

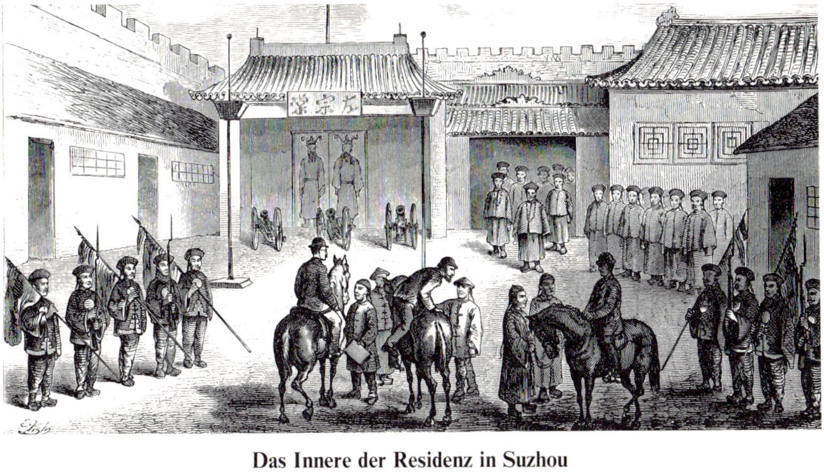

Das Innere der Residenz in Suzhou
(aus: Gustav Kreitner, Im Fernen Osten . . .)

stiften, und als dies nichts fruchtete, einen Erpressungsversuch, der erfolgreich war. Das sichere Geleit an die Grenze mußte mit viel Silber und anderen Geschenken erkauft werden[86]. Die Lage war so bedrohlich, daß der christliche Dolmetsch gelobte, er werde, falls sie Bamo erreichten, drei Messen lesen lassen[87].

In Bamo trennten sich dann die Wege, da Széchenyi zurückbleiben und noch einige Leoparden schießen wollte[88]. Obwohl es nicht gelungen war, nach Tibet vorzustoßen, war die Expedition dennoch erfolgreich. Széchenyi hatte mit seinen Gefährten zweimal China durchquert und dabei Gebiete erforscht, die in den Studien des berühmten Richthofen nicht behandelt waren, so daß die Reiseresultate wertvolle Ergänzungen boten. Dies war nicht nur die Meinung Lóczys[89], sondern auch die von Außenstehenden. Hugo Hassinger meint zu den Expeditionsergebnissen: »Sie waren grundlegend für die Erkenntnis der Struktur Ostasiens und ergänzten Richthofens Forschungen[90].« Außerdem lieferten die mitgebrachten Sammlungen und Aufzeichnungen neben wertvollen geographischen und geologischen Aufschlüssen auch interessante Informationen über mineralogische, biologische, meteorologische, archäologische, anthropologische und linguistische Details.

Die Ehrenmitgliedschaft der Ungarischen Akademie der Wissenschaften und die Auszeichnungen anderer gelehrter Gesellschaften hat sich Graf Béla Széchenyi redlich verdient, denn die von diesem »Ama-

In Gefangenschaft
(aus: Gustav Kreitner, Im Fernen Osten ...)

teur« spontan organisierte Forschungsreise hat in vieler Hinsicht mehr erbracht als die akademischen Anstrengungen zeitgenössischer Stubengelehrter.

Über den nächsten Reisenden, Dr. Carl *Deisenhammer,* wissen wir nur das zu sagen, was er uns in der Vorrede seines (offenbar einzigen) Buches selbst erzählt: In einer der schönsten Gegenden Oberösterreichs geboren, mit sechzehn Jahren auf sich selbst gestellt, Hilfe von Gönnern, Studien in Mathematik, Technik, Fremdsprachen und Musik, 1846 Engagement als Instructor bei einer vornehmen Familie in Rußland – »Dort eröffnete sich mir eine neue Welt. Der beständige Verkehr in feiner Gesellschaft glättete meine Manieren und veranlasste mich, an meiner Ausbildung ohne Unterlass weiterzuarbeiten« –, 1851 Eintritt in das Geschäftsleben, wobei ein günstiger Erfolg seine Unternehmungen begleitete, so daß er sich schon 1875 in der angenehmen Lage sah, sich zurückzuziehen und seinen »schon lang gehegten Lieblingswunsch, eine Reise um die Welt zu machen, in Ausführung zu bringen« (was er dann etwa 1877 tat) und einen Beitrag zur Erweckung der Reiselust und der kommerziellen Bestrebungen seiner Landsleute zu leisten[91]. Am besten lassen wir ihn mit einigen Stellen seines Opus selbst zu Wort kommen:

> Hong-Kong macht durch seinen blühenden Handel, durch seine kolossalen maritimen Etablissements und seine Bildungs- und Wohlthätigkeits-Anstalten auf einen Fremden einen gewaltigen Eindruck und belehrt ihn, wie es seine Mission als äusserster, nach dem asiatischen Osten vorgeschobener europäischer Wachposten und Träger der Humanität und Civilisation aufgefasst und durchgeführt hat. Wir sehen in der Erfüllung dieser grossen schönen Aufgabe die liberale oft bewährte britische Staatsweisheit über asiatischen Despotismus den Sieg davontragen und gleich einem Leuchtthurme die Nacht der Knechtschaft erhellen, wir sehen sie das in allen Menschen schlummernde Gefühl für Recht und Tugend entzünden, das Volk auf den Weg der nützlichen Thätigkeit, der Mässigkeit, der Sparsamkeit und des Fortschrittes lenken und jedermann ohne Ausnahme die Reichthumsquellen des Landes zur freien Benützung preisgeben (S. 470).
> Der englisch-chinesische Krieg wurde durch die endlosen Neckereien und Beleidigungen hervorgerufen, mit welchen die Ausländer von den Chinesen überhäuft wurden (S. 475).
> Es gehört zum Programme der Festivitäten, mit welchen die liebenswürdigen Hong-Kong-Kaufleute die ihnen empfohlenen Fremden regaliren, dass sie selbe auch zu einer Fahrt nach der Bambus-Wasserleitung einladen. Man fühlt sich in eine überaus angenehme Stimmung versetzt, wenn man in einer eleganten, mit zwei feurigen australischen Rennern bespannten Equipage auf der herrlichen Kunststrasse dahinrollt und im Angesichte des belebten Hafens und der Rhede die reine erfrischende Seeluft einathmet (S. 466).

Der Bambus kommt in verschiedenen Ländern in zahlreichen Varietäten vor und findet nicht nur bei den Chinesen, sondern auch bei anderen Völkern der tropischen und subtropischen Regionen die ausgedehnteste Verwendung ... Selbst die chinesische Polizei weiss vom Bambusrohre beim Strafverfahren einen erfolgreichen väterlichen Gebrauch zu machen (S. 468).

Canton ist in der That eine Stadt, die von jedem gebildeten Reisenden, den das Schicksal in jene Regionen führt, besucht zu werden verdient, zumal es in topographischer und ethnographischer Beziehung viel werthvolles Material für Notizensammler darbietet, und desto mehr, als es sich rühmt, seine nationalen Eigenthümlichkeiten bewahrt zu haben und die intelligentesten, schlauesten und geriebensten Einwohner des gesammten himmlischen Reiches in seinen Mauern zu beherbergen (S. 472).

Die Bevölkerung ist so stark, dass man sich schier wundern muss, wie sich die Leute nicht gegenseitig hindernd im Wege stehen (S. 475).

Auf dem Landungsplatze wurden wir von unseren Freunden empfangen, in eine bereitstehende Senfte geschoben und nach ihrer Wohnung gebracht. Der Empfang war ein überaus herzlicher, und die erste Frage war, ob wir auch unsere Wiener Zither mitbrachten, über welche man ihnen von Hong-Kong schrieb, und nachdem wir dies bestätigten, war Alles recht (S. 476).

Wenn sich ein Europäer in der Absicht, etwas zu kaufen, in eine Bude begibt, so wird er wohl artig empfangen, darf aber gewiss sein, dass ganz unverschämte Preise von ihm verlangt werden, denn die Chinesen machen sich kein Gewissen daraus, wenn sie den verhassten *Fanki,* d. h. fremder Teufel, recht nach Herzenslust prellen können ... *Fanki* ist das allgemeine Schimpfwort, mit welchem die Europäer tractirt werden. Dieses Wort kommt eigentlich von *Franki* her, weil aber die Chinesen das r nicht aussprechen können, so ist daraus das *Fanki* entstanden (S. 479).

Diese Verballhornung des Schimpfwortes »Yang-gui« (»fremder Teufel«) ist wohl das Erheiterndste, was sich unsere Reisenden auf sinologisch-philologischem Gebiet geleistet haben. Und weiter:

Die chinesische feine Sitte will es, dass solche derlei Einladung im musterhaften Style und in humilistischen Ausdrücken abgefasst sei. Desshalb ist der Einladende bemüht, sich so demüthig und unbedeutend als möglich darzustellen und sucht zu zeigen, wie er sich durch die seinem Hause zu Theil werdende Ehre, von einem Freunde besucht zu werden, ganz ausserordentlich geschmeichelt fühlt. Es ist wirklich ekelhaft, die bombastischen Ausdrücke zu lesen, mit welchen der Freund gelobhudelt, becomplimentirt und bis zum Himmel erhoben wird (S. 483).

Die chinesischen Herren sassen in ihren schönen seidenen, reich mit

Gold und Silber gestickten Gewändern behaglich auf ihren Plätzen und trugen ein recht respectables Aussehen zur Schau, während wir Europäer in unseren enganliegenden Kleidern ein jämmerliches Bild von Geschmacklosigkeit darstellten und um unsere Zwangscostüme keineswegs beneidet wurden (S. 484).
Sonderbar, wenn der Magen befriedigt ist, zeigen sich auch die geistigen Kräfte viel bereitwilliger zur Arbeit, die Augen sehen klarer und die ganze Umgebung gewinnt für uns ein höheres Interesse (S. 473).
Man darf zwar im allgemeinen den Berichten der Chinesen wenig Glauben beimessen, doch wenn man von den Andeutungen, welche die in Bezug auf die Schilderung ihrer nationalen Zustände nichts weniger als mittheilsamen Kaufleute hin und wieder fallen lassen, nur die Hälfte als bare Münze annimmt, so müssen auf manchen Plätzen im Innern des Reiches wirklich fabelhafte Schätze und Reichthümer aufgestapelt sein. Es ist auch kaum anders denkbar, als dass dieses überaus active und mässige Volk von circa 460 Millionen Einwohnern, welches von Jugend auf zu Fleiss und Sparsamkeit angehalten ist, im Laufe von Jahrhunderten verhältnissmässig wenig von Nationalunfällen heimgesucht und in seiner maschinenartigen Beschäftigung gestört worden ist, nicht auch viel erspart haben soll (S. 487).
Die Chinesen haben eine ausgeprägte Vorliebe, ihre Wohnsitze auf Schiffen aufzuschlagen, und es gibt daher Tausende von Familien, die nie ein anderes Heim als ein Schiff gehabt haben . . . Die schönsten unter ihnen sind unstreitig die sogenannten Blumenschiffe, wahrhaftige Tempel der Flora, nur Schade, dass in denselben nicht nur allein der lieblichen unschuldigen Göttin gehuldigt, sondern auch der Venus Opfer dargebracht werden (S. 491 f.).
In den Restaurationen findet man wohlbesetzte Buffets mit allen beliebten in- und ausländischen Erfrischungen und Delicatessen zu raisonnablen Preisen, auch stehen dort Cabinete zur Aufnahme kleiner geschlossener Gesellschaften in Bereitschaft. Jedermann bewegt sich frei und ungenirt. Der Europäer sitzt an der Seite des Chinesen und geniesst seine Hammel-Cotelette und Rothwein ebenso unbekümmert wie der andere seine Trepang- oder Vogelnestsuppe und den *Kin-tsi.* Das ist das Bild von Canton, wie es lebt, isst, trinkt und sich unterhält, an das wir uns stets gerne erinnern (S. 493).

Und weiter geht die Reise . . .

Man denke sich ein Venedig ohne Marcusplatz und Dogenpalast, drei oder vier Mal so gross, als das eigentliche, und mit zehnfacher Einwohnerzahl, einen breiten Strom als Canal Grande, die Canäle weniger zahlreich, das Gewirr der schmalen Gassen, in welchen gleich denen der Lagunenstadt kein Wagenverkehr möglich ist, ins

Unglaubliche gesteigert, niedrige hölzerne Pagoden und Wohnungen von Mandarinen mit geschweiften Dächern statt der Kirchen und Paläste, chinesische Thürme statt der Campaniles, in den Gassen unablässig einen Strom bezopfter Menschen, so stark wie in Paris, so viele Tragsessel als Wagen in Wien, so viele und so glänzende Kaufläden wie in London, und man wird sich eine annähernde Vorstellung von Canton bilden können[92].

Es waren vornehmlich italienische Assoziationen, die Karl Graf *Lanckoronski-Brzezie* bei seinem nur knapp zweiwöchigen Aufenthalt in Kanton (auch in Hongkong und Macao) kamen.

Der Sohn aus einem altösterreichisch-polnischen Adelsgeschlecht (1848–1933), der in Wien geboren wurde und auch hier verstarb, hat sich als Kunsthistoriker und Kunstmäzen besondere Verdienste um die Denkmalspflege seiner Stadt und darüber hinaus erworben[93]. In den Jahren 1888–89 unternahm er gemeinsam mit dem Landschaftsmaler Ludwig Fischer eine Reise um die Welt, von der er uns, China betreffend, nette, freundliche Tagebuchaufzeichnungen hinterlassen hat: viel Beschreibung der katholischen Kathedrale in Kanton, etwas über die konfuzianische Prüfungshalle und, wie üblich, über Gericht, Gefängnis und Richtplatz. Seiner Beschreibung eines chinesischen Tempels entnehmen wir, daß Doblhoffs verdienstvolle Erläuterungen bezüglich des Charakters chinesischer Pagoden bei seinen Landsleuten offenbar noch nicht auf fruchtbaren Boden gefallen waren[94].

Wie Hübner besucht auch Lanckoronski auf der Heimreise in San Francisco die Chinesenstadt und empört sich über die Rechtlosigkeit ihrer Bewohner – eine »lächerliche Ungeheuerlichkeit[95]«. Trotz dieser freundlichen Aufgeschlossenheit gibt es doch für einen Menschen wie Lanckoronski keinen Zweifel daran, daß die Welt den Weißen gehöre. Der Diener aus vornehmer ceylonesischer Familie[96] ist eine ebensolche Selbstverständlichkeit wie das fraglose Recht des weißen Herrn, ungebetenen Zutritt zu den Privaträumen des Mikado zu erhalten[97]. Wäre es einem österreichischem Grafen jemals eingefallen, sich, noch dazu aus purer Schaulust, den Zugang zu den Privaträumen eines europäischen Souveräns zu erzwingen?

Der nächste im Reigen unserer China-Reisenden darf hier nur kurz ins Rampenlicht treten, wiewohl die Zeit, die er in China zugebracht hat, vergleichsweise länger war und er zu seiner Zeit – und noch etwa zwei Jahrzehnte danach – *der* Reiseschriftsteller war: Ernst von *Hesse-Wartegg.*

Er reiste monatelang, auch in bis dahin von Ausländern noch wenig besuchten Gegenden Chinas, und mit einem großen Team: so war in seiner Gefolgschaft nicht nur ein Photograph, sondern auch noch ein Assistent für diesen . . . Hesse-Wartegg berichtete für unzählige Zeitungen und hinterließ über China auch Arbeiten in Buchform (*China und*

Japan, Leipzig 1897, *Schantung und Deutsch-China im Jahre 1898*, Leipzig 1898). Dabei gehen auch diverse weitverbreitete und zählebige Fehler auf sein Konto. Der China-Teil enthält japanische Frauendarstellungen, nicht als solche deklariert – ist das einer der Gründe dafür, daß man noch heute so vielen China-Reisenden erklären muß, daß man in China keine Kimonos kaufen kann? –, und ein Photo, das angeblich chinesische Landleute darstellt, die ganz eindeutig japanische Bauern sind, wird schon wenig später in einem umfangreichen Missionsbuch ebenso falsch nachgedruckt[98]. Oder, um die Verwirrung in europäischen Köpfen über die Verhältnisse am chinesischen Kaiserhofe vollständig zu machen, behauptet Hesse-Wartegg dreimal, einmal sogar mit einem Zitat belegt[99], der damalige Kaiser Guangxu habe Yehonala zur Frau genommen. Er war sich natürlich nicht klar darüber, daß er damit die Behauptung aufgestellt hatte, der Kaiser hätte seine eigene Stiefmutter geheiratet! Ebenso unklar war sich der Verfasser so vielgelesener China-Bücher über die Herkunft des Drachenbootfestes, das in China alljährlich zu Ehren des ersten großen Dichters und Patrioten, Qu Yuan, begangen wird: er bezeichnet es als eine Art »Wasserkarneval«[100]. Die Tracht der Chinesinnen, für ihn die unschönste der Welt, sei »von der Mandschurei bis Tonkin, von Tibet bis ans Gelbe Meer« völlig dieselbe[101], das Essen sei – außer dem Tee – völlig ungenießbar[102]. Er empfand den Chinesen gegenüber eine »eigentümliche Abneigung«[103], stellt aber erfreut fest, daß sie billiger sind als die Tiere: »Sie *(die Rikschas)* erleichtern den Verkehr ungemein, denn in den heißen Sommermonaten ist das Gehen, überhaupt jede Körperbewegung mit großer Anstrengung und Schweißgeruch verbunden[104].«

Hesse-Wartegg wurde 1854 in Wien geboren und verstarb 1918 in Tribschen bei Luzern[105]. Er reiste und schrieb sehr viel von Jugend an. Hesse-Wartegg war mit einer preußischen Kammersängerin verheiratet, reiste mit deutschem Paß und war durch und durch deutscher »Patriot«. Beredtes Zeugnis davon legt er ganz besonders in seinem Buch über »Deutsch-Schantung« ab, dieser schönen deutschen »Neuerwerbung«, deren gegenwärtigen und künftigen Wert er damals ausführlich analysierte und in den buntesten Farben schilderte.

Überlassen wir unseren strammteutschen ehemaligen Landsmann eventuellen künftigen Untersuchungen von deutscher Seite und wenden wir uns rein österreichischen, zumindest ebenso erfreulichen Zeitgenossen zu.

Schon vor hundert Jahren tat man – so wie heute – oft etwas nur aus dem Grunde, daß es gerade »in« war. »In« begannen zu jener Zeit Weltreisen zu werden; allerdings war der Kreis, der sich eine solche Reise leisten konnte, vergleichsweise viel kleiner als heute, und diese Auslese (und deren literarische Ausbeute) war nicht immer eine positive.

Reisevorbereitungen solcher Globetrotter – welche allerdings in den seltensten Fällen ihre eigenen Beine benutzten, sondern sich, wenn nichts anderes vorhanden, sehr gern auch von Menschen ziehen oder tragen ließen – Reisevorbereitungen, die sie natürlich auch brav und pedantisch an ihre Nachwelt weitergaben, bestanden nicht in einer Beschäftigung mit den zu bereisenden Ländern, sondern im Studium der Hinweise, die bezüglich der Reiseausrüstung in früheren Beschreibungen zu finden waren, als da sind: »Tenniskleider, ein Raquet, Jagdkleider, Kleider im allgemeinen, Beschuhung: zwei Paar Kalbsleder-, zwei Paar Lackleder- und ein Paar Naturleder-Stiefletten, ein Paar Kalbsleder- und ein Paar Lackleder-Morgenschuhe . . . Gewehre, Patronen . . . ein Befeuchtungsapparat für vorgeschriebene, rückseitig gummierte Adressen, mehrere Düten Kalodont, Closetpapier . . . Hammer, Zange, Stemmeisen . . . 1000 Stück Zigarren, 100 Stück Papierspitzen mit Rohrmundstück[106]. . .« Über diese Dinge wurde peinlich genau Buch geführt, wie dann auch über die Ausgaben, auf Schilling bzw. Krone genau. Zum anderen aber war man froh, wenn man nichts von der gewohnten Bequemlichkeit entbehren mußte, und das Nonplusultra war ein »Tiffin« bei lieben Landsleuten, deren Familie und Leben man dann möglichst eingehend beschrieb.

So sehr exakt bezüglich der (materiellen) Vorbereitung und Abrechnung der Reise war – natürlich – ein Militär, der k. k. Feldmarschall-Lieutenant von und zu *Eisenstein,* der mit dieser Reise dem allerhöchsten Vorbilde folgte und dabei einen besonderen Vorteil genoß: »Offiziere haben nur die Hälfte zu zahlen[107].« Außerdem bekam er, ganz wie es einer Person von Rang zustand, für diesen Preis dann natürlich die Kabine allein und teilweise noch die Nachbarkabine dazu, wenn auch in den anderen Kabinen das in Asien mitreisende Volk sich unappetitlich drängte.

Das Schönste an der Reise, mit wohlig-grusligem Schauer verbunden, war die Abfahrt:

> Es ist doch ein ganz eigenthümliches Gefühl, welches die Seele erfasst, wenn der Moment herannaht, das Land, die Heimat, zu verlassen, und von allen seinen Lieben auf geraume Zeit zu scheiden[108].

Und natürlich, nach fünf Monaten, die Ankunft zu Hause (wo man ebensogut hätte bleiben können):

> Als ich dann am 19. Juni *(1898, Anm. d. A.)* in mein geliebtes Vaterland gelangte und wieder unsere schönen bewaldeten Berge, die grünen Fluren, die heimlichen Wohnräume sowie die lieben, guten Landsleute gewahrte, dann erweiterte sich das Herz in Freude, und meine tiefen Gefühle gaben deutlich Zeugniss davon, dass die Vaterlandsliebe in des Menschen Brust tief begründet ist[109].

Was tut und bemerkt der Feldmarschall-Lieutenant in der Fremde? In Singapur verweilt er offenbar nur, um an einer Feier anläßlich einer

Ordensübergabe an einen österreichischen Hotelier teilzunehmen; ansonsten bemerkt er, außer »halbwilden Chinesen«[110], praktisch nichts.

In Hongkong wird für den Leser die wichtige Mitteilung notiert, daß unserem Reisenden der Boden unter den Füßen schwankt, außerdem will er »nur noch mitteilen, dass die Männer, wenn es heiss wird, ihre Kleider ausziehen und nur in kurzen, schwimmhosenartigen Beinkleidern verbleiben, so dass man dann dort so viel Menschenhaut sieht und auch solchen Duft riecht, wie vermuthlich im Leben noch nie vorher[111]«.

Eisenstein gibt, nachdem er sich vorher negativ über die Amerikaner ausgelassen hat, seinen Landsleuten nun noch eine Beschreibung weiterer Exoten: »Die englischen Herren sind meist groß, schlank ... viele haben lichtblaue Augen. Sie tragen entweder gar keinen Bart oder nur einen Schnurrbart, diesen aber nach abwärts[112]...« Über die Japaner weiß er zu berichten, daß sie von kleiner Statur seien, außerdem hätten sie »grosse Köpfe und magere Beine, und tragen keinen Zopf[113]...«.

Die Zeit, die zwischen dem auf jeder zweiten Seite erwähnten »Tiffin« und dem Ordnen des Gepäcks, das er jedesmal, wie auch sein Hotelzimmer, genau beschreibt, verbleibt, benutzt Eisenstein zu (allerdings auch wenig tiefgehenden) Erhebungen über den Stand der jeweiligen Armeen. Dabei sieht er die Hauptunterschiede zwischen den Stämmen in deren – »Nähr- und Kraftzustand«[114]. Krönung der Reise des österreichischen Militärs: Besuch des chinesischen Theaters und dort das Erlebnis, daß der Bühnengeneral jeweils die Hauptrolle spielt. Nach der Vorstellung beschenkt der Feldmarschall-Lieutenant jeden Schauspieler, der einen General dargestellt hat, mit 20 Cents. Notiz für die Buchführung: »20 Cents = 24 Kr.[115].«

Den folgenden Reisenden kümmert die Buchführung weniger. Er ist von der hehren Absicht beseelt, seinen Beitrag zur Bildung der österreichischen Bevölkerung zu leisten und »manche Irrthümer, die man aus verschiedenen Reisewerken eingesogen hat, zu beseitigen[116]«.

Herr stud. theol. Josef *Müller,* dessen 1898 im Selbstverlag erschienenes dünnes Bändchen eine Mischung von Präpotenz und Ignoranz bildet, kann sich diese übrigens über die Studentenjahre hinaus bewahren. Im Jahre 1903 gibt er, inzwischen Studienpräfekt an der k. k. Theresianischen Akademie, im Selbstverlag das von ihm bearbeitete Tagebuch eines deutschen China-Kriegers heraus, bei dem die Wiederholung der bereits früher getroffenen Feststellungen und Fehler unschwer den wahren Verfasser und dessen unverändert naives Gemüt erkennen lassen[117].

Die große Reise des kleinen Studenten (mit einem nicht näher bezeichneten Freunde) begann am 20. Dezember 1897 in Triest. Todesmutig begaben sich die beiden hoffnungsvollen Sprosse abendländischer Kultur und Zivilisation ihrem »unsicheren Schicksale entgegen. Wie pochte bang unser Herz, wie wehmütig verabschiedeten wir uns von allen uns lieb gewordenen Plätzchen! Zum letztenmale schrieben wir unseren untröstlich weinenden Eltern und Geschwistern, unseren Freunden und Wohlthätern. Die Karten waren bis nach Shanghai gelöst, ein Rückzug unmöglich . . . Lebe wohl, o Vaterland! Lebet wohl, all' ihr Lieben, die ihr um diese Stunde zuhause, auf eueren Knieen liegend, heiße Gebete zum Throne des Allerhöchsten für uns ausschicket! Thränen standen uns in den Augen[118]. . .«

Da war nun mal einer, der zumindest vorgab, Chinesisch zu können. Er belehrt seine staunenden Landsleute:

> Was die chinesische Sprache selbst anbetrifft, so sind manche der falschen Ansicht, dass sie Europäer nicht erlernen können. Dies ist jedoch unrichtig. Sie kann ebenso erlernt werden wie eine jede andere Sprache, nur muss man ihr den gehörigen Fleiss widmen. So habe ich den Mandarinen-Dialect, der von allen Gebildeten in China gesprochen wird, nach drei Jahren, freilich bei sehr grossem Fleisse, ohne Lehrer gut erlernt (S. 71 f.).

So gut, daß die wenigen chinesischen Brocken, die er einstreut, unschwer als in Kanton aufgeschnappte Dialektausdrücke identifizierbar sind. Auch seine Erklärung der vier Töne des Hochchinesischen lassen den Mangel eines Sprachlehrers schmerzlich empfinden (S. 72). Und das einzige Zeichen dieser »praktischen Schrift, die jeder Chinese versteht«, das im Buch zu finden ist und »Affe« heißen soll, existiert unter all den -zigtausend chinesischen Charakteren nicht (S. 72).

Aber unser Studiosus hatte nicht nur seine Chinesisch-Lektionen nicht gut gelernt, bei ihm war es auch nicht notwendig, »Irrthümer verschiedener Reisewerke« zu beseitigen – er dürfte kaum welche gelesen haben. Oder sollte es etwa ein Zeichen besonderer Gelehrsamkeit sein, daß er statt von Hongkong ständig von »Honghong« spricht, weiters von »Ritschos«, von »Dschongen« und »Alamiten«? Nicht genug damit: Pagoden sind bei ihm Tempel, »dunkel und düster . . . In der Mitte befindet sich eine Art Altar, der mit allerlei Weihgeschenken behängt ist. Rechts und links vom Altare stehen die Götzen[119]. . .«. Und die Krönung der Erkenntnis – man höre und staune: Der Gründer des dritten Religionssystems der Chinesen ist ein gewisser Herr Tao, ein Zeitgenosse des Konfuzius[120]! Somit wäre doch zumindest die umstrittene Frage geklärt, wer eigentlich für den Taoismus verantwortlich zeichnet.

Soll man weiterberichten? Nun, immerhin hatte der gescheite junge Mann neben dem üblichen Kanton auch noch Shanghai einen Besuch abgestattet und war über »Hankau« (was offensichtlich Hangzhou sein soll) bis Nanking gekommen, hatte also doch etwas mehr gesehen als so mancher Reisende vor ihm.

Auch ihm fällt der Fleiß der Chinesen auf (S. 67), was ihn dann aber nicht hindert, der üblichen Klischeevorstellung entsprechend zu behaupten, China sei »ein einziger großer Marktplatz«, und der Chinese erblicke im Geschäft (und natürlich im Betrügen) das Hauptziel seines Seins, seines Lebens (S. 59).

Im Gegensatz zu den meisten anderen China-Berichterstattern seiner Zeit gefallen Müller die Bewohner des Reiches der Mitte gut: »Der Chinese ist fürs Gewöhnliche gut und hoch gewachsen, auch die Gesichtszüge sind schön, ja bisweilen sogar edel. An die schiefen Augen gewöhnt man sich sehr leicht ...« (S. 49). Allerdings scheinen ihm dann die Japaner häßlich (S. 97). Auch läßt Müller keine Zweifel an der Tapferkeit der Chinesen aufkommen: der Chinese sei »sogar ein sehr tüchtiger und tapferer Militärist ..., wenn er nur eine gute Führung hat« (S. 69). Aber zu diesem Behufe hatten die Chinesen ja gottlob einige Ausländer engagiert. Müller traf in der Festung Wusong bei Shanghai auch einen österreichischen Grafen Neuhausen, der in der Charge eines Obersten in chinesischen Diensten stand. Zu Ehren der beiden würdigen Vertreter Österreichs ließ dieser die österreichische Kaiserhymne und »andere deutsche Lieder und Märsche« spielen (S. 69). Die Niederlage im chinesisch-japanischen Krieg mußten die Chinesen nicht nur in Ermangelung solcher Führer einstecken, sondern vor allem wegen des Unwillens der chinesischen Soldaten, für die Mandschu-Kaiser ihr Blut zu vergießen – gegen den Kaiser von Japan, »der doch einer aus unserem Volke ist«. »Das japanische Kaiserhaus entstammt nämlich der Ming-Dynastie, welche von den Mandschu gestürzt und aus China vertrieben wurde« (S. 70 f.). Ein bemerkenswerter Beitrag zur Geschichtsforschung!

Weiters bietet uns der jugendliche Autor neben den vielfältigsten Informationen – über die chinesische Küche beispielsweise, allen Freunden der Peking-Ente sei's gesagt, weiß er zu berichten, daß die Chinesen außerstande seien, Enten schmackhaft zuzubereiten (S. 55, 58) – auch tiefe Einblicke in das chinesische Gerichtswesen. Und zwar macht er angeblich selbst Bekanntschaft damit. Angeblich, denn die zündende Rede, die er dort auf chinesisch gehalten haben will und die den Chinesen die Sprache verschlug, hätte er auch nach zehn Jahren Chinesisch-Selbststudium nicht zustande gebracht. In diesem Zusammenhang vollbringt er auch noch eine wahrhaft edle Tat, die den Chinesen völlig unfaßbar ist und ihn selbst in einen Zustand tiefster Rührung versetzt: er erwirkt die Freilassung der beiden chinesischen Missetäter, die ihm an den Kragen gewollt hatten, nicht ohne sich vorher angeschaut – und uns eingehend darüber berichtet – zu haben, welchen Torturen sie unterzogen wurden (S. 87): Thema Nr. 1 aller China-Reisenden.

Nach der – ebenfalls obligaten – Beschreibung des Opiumrauchens geht Müller dann immerhin so weit, an der ansonsten unbestrittenen europäischen Kulturmission in China doch einige Schönheitsfehler zu entdecken:

> Es wird ja bekannt sein, dass England im Vereine mit Frankreich die chinesische Regierung, die die Opiumeinfuhr und das Opiumrauchen im Reiche der Mitte unter Todesstrafe verboten hatte, zwangen, diesem freilich sehr gewinnbringenden Handelsartikel freien Zutritt nach China ... zu gewähren ... O schändlich und erbärmlich die

> Handlungsweise von Nationen, die sich als die Vorkämpfer der europäischen Civilisation betrachten, die die allgemeinen Menschenrechte zu haben sich rühmen! Es gab wohl noch niemals einen ungerechteren Krieg als den sogenannten »Opiumkrieg«, den England und Frankreich gegen China führten, und der leider zuungunsten der chinesischen Regierung ausfiel (S. 48).

Auch an anderer Stelle übt Müller am Verhalten der Fremden in China Kritik, die ihm aber dadurch sichtlich leichter fällt, daß es sich bei den Gerügten um Vertreter der von ihm wenig geschätzten Nationen der Engländer und der Franzosen handelte: Bericht von einer europäischen Kriegerparade in Shanghai (»besonders stramm exercierte die deutsche Truppe«):

> Hier hatten wir auch Gelegenheit, wieder einmal zu sehen, auf welche Weise die Eingeborenen von den Europäern behandelt werden. Vor uns stand ein Engländer, der den Übungen zusah. Ein alter, ehrwürdiger Chinese berührte ihn nur zufällig, weil gestoßen, mit dem Arme. Wie von einer Viper gestochen, wandte sich der junge Mann um und versetzte dem Greise einen solchen Fußtritt, dass dieser laut vor Schmerz aufschrie. Über diese Roheit empört, stellten wir den »Gentleman« zur Rede, doch billigten alle anderen dabeistehenden Europäer die Handlungsweise des Mannes. Man müsse, hieß es, die Canaillen von Chinesen so tractiren, sonst würden sie frech. Wundert man sich dann, dass die Zopfträger solch einen Hass in ihrem Herzen gegen alle Europäer hegen, und dass sie es ihnen, wo es nur geht und wo sie Herren sind, zurückzahlen? Es ist ja wirklich empörend, was sich die Engländer gegenüber den Chinesen in deren eigenem Lande alles herausnehmen. Die Feder sträubt sich, alles das zu beschreiben, wie diese Weltbeherrscher ihre färbigen Unterthanen in den Colonien behandeln (S. 96).

Soll man ihm für diese Sätze vergessen, wie oft er – wenn's wahr ist – den Chinesen gegenüber vom Stocke Gebrauch machte? Beispielsweise dann, wenn man ihm nicht überallhin Zutritt gewähren wollte ...

Am 27. April 1898 begibt man sich wieder aufs Schiff, um auch kurz in Japan nach dem Rechten zu sehen. Nicht, ohne vorher noch einem hohen chinesischen Beamten einige Ratschläge erteilt zu haben:

> Unter anderen fragte uns der Mandarin: »Erhabene Herren, ich wage es zu fragen, warum die Europäer es so auf China abgesehen haben? Das Reich der Mitte reizt ja keine Macht zu Feindseligkeiten, und man nimmt uns weg, was einem jeden gefällt. So zeigte sich uns der grosse Kaiser der Deutschen stets als warmer Freund und Beschützer, und jetzt hat er uns auch ein Stück Landes entrissen. Nur euer wertes Vaterland meint es gut mit uns, das lässt uns in Ruhe und hat keine schlechten Absichten mit uns.«

Wir sagten dem guten Präfecten, dass China sich doch wehren solle gegen die fremden Angriffe, doch müsste es seine jetzigen Systeme fallen lassen und sich ganz wie Japan der europäischen Cultur in die Hände werfen, dann werde es gewiss einem jeden Sturme gewachsen sein. »Da haben wir es, hören Sie, meine Herren Collegen, da haben wir es, solange wir unser altes System beibehalten, ist unser schönes Vaterland immer in Gefahr!« . . . (S. 75 f.)

Und vor dem geistigen Auge seines Lesers gestaltet Müller folgende Zukunftsvision:

Die Tage der Mandschu-Dynastie sind gezählt. Die Chinesen werden in Kürze das fremde Joch abzuwerfen versuchen. Die Mandschu werden nun in Russland ihren einzigen Retter suchen, und der chinesische Kaiser wird sich gleich dem Könige von Korea unter den Schutz Russlands stellen. Dieses wird nun eine Armee, angeblich zum Schutze des Kaiserhauses, in China einmarschieren lassen, ohne dass eine andere Macht etwas dagegen einwenden könnte, da Russland nur im Einvernehmen mit der chinesischen Regierung so handeln wird. Und so ist Russland Herr in China. Dass dies so kommen wird, werden die künftigen Ereignisse schon lehren (S. 91 f.).
. . . es wird ein neues China erstehen, belebt und erwärmt von der Civilisation und Cultur des Westens und unter fremdem Regiment. Dann wirst Du, o Fremdling, der Du etwa mit Benützung der sibirischen Bahn nach Peking und den übrigen großen Städten des gewaltigen Reiches kommen wirst, nicht mehr den Ehrentitel Yang-kui-ts vernehmen, sondern Du wirst als Europäer mit einem gewissen Selbstbewusstsein dich unter den wimmelnden Scharen der bezopften Söhne bewegen können (S. 96).

Der letzte in unserem Reigen der China-Reisenden besuchte bzw. streifte das Land zweimal – einmal noch im alten Jahrhundert, das zweite Mal, nach dem verlorenen Krieg, in den zwanziger Jahren: der Botanikprofessor Hans *Molisch,* der auch heute noch Aufnahme in Nachschlagewerke über bedeutende Österreicher findet[121] und der bereits in ganz jungen Jahren durch zwei von ihm entdeckte Zuckerreaktionen, die seinen Namen tragen, in Wissenschaftlerkreisen Aufsehen erregte[122].

Molisch, am 6. Dezember 1856 in Brünn als Sohn eines über die Grenzen seiner Vaterstadt hinaus bekannten Gärtners geboren, wirkte außer an den Universitäten Graz, Prag und Sendai (Japan) vor allem an der Wiener Universität, wo er nach zwei Rektorsjahren 1928 in den Ruhestand trat.

Daß Professor Molisch, von seinen wissenschaftlichen Leistungen abgesehen, auch ein bemerkenswerter Mensch gewesen sein muß, zeigt sich – neben der Vielzahl von fachlichen Publikationen – in dem wenigen Persönlichen, das von ihm an die Öffentlichkeit gelangt ist und das sich im wesentlichen auf seine – ebenfalls fachbezogenen – Reisen beschränkt: *Reiseerinnerungen aus China und Japan* (1901)[123], *Im Lande der aufgehenden Sonne* (1927) sowie seine *Erinnerungen und Welteindrücke eines Naturforschers,* im hohen Alter verfaßt und 1934, drei Jahre vor seinem Tode, erschienen.

Hans Molisch hat die Erde zweieinhalbmal umrundet, und wenn er auch überall seinen fachlichen Interessen die meiste Zeit widmete, so registrierte er doch – und oft genauer als so mancher Berufsreisende – Situationen, Vorgänge, Einzel- und Volkscharaktere, und vor allem: er registrierte ohne Arroganz und Überheblichkeit, sondern mit Anteilnahme und einer ganz allgemeinen menschlichen Sympathie, und wo er kritisierte, geschah dies ebenfalls von gleich zu gleich.

Seine erste Reise um die Erde mit einem längeren Forschungsaufenthalt auf Java trat er im September 1897 mit dem neuesten und größten Dampfer des Österreichischen Lloyd, der *Trieste,* an. Dabei kommt er, wie praktisch alle anderen Reisenden vor ihm, das erste Mal schon auf dem Schiff mit Chinesen in Berührung, die aus Südostasien die Heimreise antreten. Es fehlen schon hier die fast üblichen abfälligen Bemerkungen. Molisch beobachtet, wie die Chinesen ihre Heimreise gut organisiert haben: sie haben sogar einen eigenen Koch dabei, und alles geht geordnet vonstatten. Und er sieht mit Bedauern, wie viele dem Opium und wie viele mehr noch dem Kartenspiel verfallen sind[124]. Molisch ist offenbar der Indoktrinierung durch asienmüde Europäer entgangen und hat so, ohne solche Vorbelastung, das Leben der Chinesen in Kanton auf sich wirken lassen. Das bunte Treiben stößt ihn nicht ab, sondern nimmt ihn ganz gefangen: die Szenen im Hafen, die eleganten Läden in den größeren und die vielen engen Geschäftsstraßen, und er wundert sich, daß es trotz der unzähligen Menschen in den engen Gassen und der vielen Lastenträger nie zu Zusammenstößen kommt[125]. Er lobt den chinesischen Arbeiter als überaus anstellig, fleißig und anspruchslos und bescheinigt dem chinesischen Kaufmann, daß er den Vertrieb seiner Ware ausgezeichnet versteht und an Intelligenz nichts zu wünschen übrigläßt[126]. Fern von dem damals vorherrschenden Klischee des betrügerischen, hinterhältigen Chinesen machten die Kaufleute, mit denen er in Kanton zu tun hatte, einen günstigen Eindruck auf ihn. Die geforderten Preise schienen ihm mäßig und waren in der Regel fix[127]. Allerdings gefällt ihm das chinesische Kunsthandwerk weit weniger als das japanische – Japan habe den Lehrer überflügelt[128], und schon gar nicht gefallen ihm die Mädchen auf den sogenannten Blumenbooten[129]. Auch meint er, die Chinesen hätten ein graduell vom europäischen verschiedenes Empfindungsvermögen, der Lärm »genirt die Chinesen nicht, sie haben ja keine Nerven[130]«, eine Meinung, der auch mancher heutige China-Reisende sich anschließen mag.

Molisch findet die Stellung der Frauen in China höchst beklagenswert und führt die Geringschätzung der Frau auf deren Nichtbeteiligtsein an der Ahnenverehrung zurück. In einem Gespräch mit einem reichen

Chinesen verschließt er sich andererseits nicht dessen Argumentation, daß es gut sei, wenn die Eltern über die Heirat zweier junger Leute bestimmten – dies sei schließlich eine ernste Sache, und es gehöre viel Weisheit und Überlegung dazu, herauszufinden, ob zwei fürs Leben zusammenpaßten[131].

Die jungen Leute zeigen ihm wenig Interesse an sportlicher Betätigung; allerdings meint er zu bemerken, daß sich in dieser Hinsicht gerade ein Wandel zu vollziehen beginne. Erstaunt und belustigt sieht er zu, wie die Chinesen den Federball nicht mit dem Schläger, sondern mit dem Fuße werfen und dabei großes Geschick an den Tag legen[132].

Auf seiner zweiten Reise, die ihn im September 1922 auch nach Shanghai führt, beschreibt Molisch seine Haupteindrücke von der Stadt folgendermaßen:

> Der Gegensatz zwischen arm und reich fällt hier in China besonders auf. Auf der einen Seite der mit allem Komfort eingerichtete Europäer und auf der anderen Seite der in ärmlichsten Verhältnissen lebende chinesische Kuli, der bei schwerster Arbeit und geringstem Taglohn ein elendes Dasein führt[133].

Seine Zukunftsvisionen – er fragt sich, ob eines Tages die Fremden ins Meer getrieben oder ein neues Mongolenreich errichtet werden könnte – schließt er mit der Frage und Hoffnung zugleich:

> Oder werden die Nationen auf einer höheren Stufe der Cultur sich freundlich die Hände reichen und sich in friedlicher Symbiose gegenseitig fördern und nützen[134]?

ANMERKUNGEN

1 Konstantin v. Wurzbach, *Biographisches Lexikon des Kaiserthums Österreich,* 22. Teil, Wien 1870, S. 175.
Vgl. dazu auch das Vorwort zum letzten Buch Ida Pfeiffers, *Reise nach Madagaskar,* Wien 1861.

2 Ida Pfeiffer, *Reise einer Wienerin in das heilige Land,* Wien 1843.

3 Ida Pfeiffer, *Eine Frauenfahrt um die Welt – Reise von Wien nach Brasilien, Chili, Otahaiti, China, Ostindien, Persien und Kleinasien,* Wien 1850.
Bei ihrer Abreise erwähnt sie einen Reisegefährten auf S. 67,1. Bd., als Graf Berchtold benannt, der aber bei ihrem Kanton-Besuch dann nicht mehr erwähnt wird. Zu ihrer Bewaffnung s. S. 8.

4 *Meine zweite Weltreise,* Wien 1856.

5 *Romanzeitung,* Nr. 33/1978, S. 5, ein mit P. L. gezeichneter Artikel *Im Alleingang um die Welt.*

6 Ludwig August Franke, loses Blatt in der Wiener Stadtbibliothek, o. O. u. J.

7 Manchmal auch Alexander Josef oder nur Alexander. Zur Zeit seines China-Besuches war Hübner noch Baron. Vgl. dazu *Wurzbach,* 9. Teil, Wien 1863, S. 391 ff.

8 Der bekannte Geograph Hugo Hassinger erwähnt Hübner in seinem 1949 erschie-

nenen Werk *Österreichs Anteil an der Erforschung der Erde* nur mit einer Zeile, während er Ida Pfeiffer immerhin zweimal anführt und ihr im übrigen auch noch eine besondere Arbeit widmet. Dies mag noch verständlich sein, da Hübner tatsächlich alles andere als ein Geograph war. Aber in dem wenig später erschienenen Werkchen von Otto Marschalek, *Österreichische Forscher*, Mödling o. J., wo in Form einer Aufzählung eigentlich alles erwähnt wird, was im vergangenen Jahrhundert je eine Überseereise unternommen hat, wird Hübner gar nicht angeführt. Dafür finden wir Hübner aber, in bezug auf Japan, mit einer sehr positiven Bewertung bei Peter Pantzer, *Japan und Österreich-Ungarn*, Wien 1973, S. 72 und 79, der man sich nur voll und ganz anschließen kann.

9 Er entstammte angeblich einer Glaserfamilie. 1854 wurde er geadelt. Vgl. *Österreichisches Biographisches Lexion 1815–1950*, III. Band, Wien 1965, S. 2. Im *Wurzbach* wird nichts über seine Herkunft gesagt.

10 Vgl. dazu den sehr spritzigen und lesenswerten Essay von Daniel Spitzer, *Baron Hübner*, in: *Wiener Spaziergänge* (6 Bde. 1869–86) in Bd.5, 1880, der sich gegen diese Ambitionen richtet. Das schriftstellerische Werk Hübners wird aber darin nicht in Frage gestellt.

11 Nach dem *Österreichischen Biographischen Lexikon*, a. a. O, liegen 40 unveröffentlichte Bände dieses Tagebuches an der Universität Padua.

12 Neben diesen autobiographischen und Reiseberichten gibt es auch noch andere Werke, die, wie *Sixtus V.*, Ergebnisse von Forschungsarbeiten Hübners sind.

13 *Promenade autour du monde* 1871, Paris 1873.

Der damals noch junge Dichter Doblhoff, der kurz nach Hübner eine ähnliche Reise unternahm und dazu den »Spaziergang« zuvor eingehend studiert hatte, hat neben anderen Kritiken, die seine Gesprächspartner in Übersee an diesem Buch übten, auch die eines Franzosen anzuführen, der sich gerade über die Sprache mokiert:

»... Nach der Erzählung meines französischen Tischnachbarn sei es zwar häufig gelesen, ›aber leider‹, sagt er, ›läßt das Französische, wenn auch, weil aus der Feder eines Ausländers geflossen, für trefflich zu halten, so Manches zu wünschen übrig ...«, in: J. D., *Tagebuchblätter von einer Reise nach Ostasien 1873–1874*, S. 193.

14 *Ein Spaziergang um die Welt*, wohlfeile Ausgabe in einem Bande, Leipzig 1882, S. 125.

15 Ebd. S. 105. Besonders entsetzte Hübner die Unmenschlichkeit, welche im Zug mitreisende Amerikaner beim Tode eines jungen Chinesen zeigten: »Es war ja doch ein Mensch«, sagte ich. – »Nein, es war ein Chinese.« Ein anderer meinte: »Ein Chinese weniger im Lande! das ist alles. Warum davon so viel Aufhebens machen? bleiben ihrer ja doch genug übrig.«

16 Vgl. etwa S. 98, 151.

17 Wohl eher beim Geruch: schon immer haben die Europäer in ihrem Hochmut übersehen, daß, vielleicht aufgrund ihrer stärkeren Behaarung, ihre eigenen Ausdünstungen viel unangenehmer sind als die der Chinesen. Vgl. dazu auch das amüsante Kapitel IX in Carl Crows köstlichem Buch *400 Millionen Kunden*, Zsolnay Verlag 1937.

18 S. 396, auch 386.

19 S. 413. Vgl. auch S. 406.

20 S. 408, 406.

21 S. 411. Und weiter: »Wie schön verschmelzen da das Weiß der Marmorbalustraden, das Schwarzbraun der durchbrochenen Holzwände, das Dunkelblau des Glasemails und der Ziegel! Aus einer gewissen Entfernung betrachtet, erzeugen die fliehenden Kurven der Balustraden in ihrem Zusammenstoße mit den sich ihnen scheinbar nähernden Kurven der drei Sonnenschirme eine eigenthümliche, unbeschreibliche Wirkung. Man ist geneigt, die Erfindungsgabe, die Phantasie des Architekten zu bewundern. Aber nicht ihm gebührt das Verdienst dieser seltsamen Effekte. Die großen Dimensionen des Gebäudes und die Gesetze der Optik haben sie hervorgebracht. Die chinesische Einbildungskraft hat nichts dazu gethan.« (!)

22 S. 402, 435.

23 Vgl. S. 420. Hier beschreibt Hübner das Begräbnis des letzten apostolischen Vikars von

Peking: »Alle Wagen, ... darunter die Staatskarosse eines Prinzen von Geblüt, wichen ... aus und überließen den Christen gutwillig den Hauptweg. Das Volk sah mit Neugierde zu, verrieth aber keine feindselige Stimmung.«

24 S. 441 und 542.

25 Josef von Doblhoff, *Von den Pyramiden bis zum Niagara – Eine Reise um die Erde. Tagebuchnotizen und Schilderungen aus Aegypten, Indien, China, Chochinchina, Japan und Nordamerika.* Wien 1881. S. 243.

26 Doblhoff, a. a. O., S. 200, und J. D., *Tagebuchblätter von einer Reise nach Ostasien 1873–1874,* Wien 1874, S. 194: »... was ich an dem Buche rügen würde, ist nicht der Styl, die Darstellung, sondern jene Hast des Reisenden, welche sich überall ausspricht, Dinge zu erleben, Thatsachen anzuhäufen und Noten zu machen, um sie in Druck legen zu lassen ...« Bei bestem Willen kann man nicht behaupten, daß das literarische Ergebnis der Reise Doblhoffs jenes von Hübner übertreffen würde.

27 J. D., a. a. O., S. 128.

28 Doblhoff, *Von den Pyramiden ...,* a. a. O., S. 264.

29 J. D., a. a. O., S. 89.

30 Ebd., S. 60. Über den »häßlichen Chinesen« s. auch S. 78 oder S. 169: »Der arbeitende Chinese ist unbeschreiblich eckelhaft ...«

31 *Von den Pyramiden ...,* a. a. O., S. 263.

32 Ebd., S. 272.

33 J. D., a. a. O., S. 177.

34 Ebd., S. 136 bzw. *Von den Pyramiden ...,* a. a. O., S. 279.

35 *Von den Pyramiden ...,* S. 243.

36 Ebd., S. 253.

37 Ebd., S. 282.

38 Ebd., S. 260, Doblhoff zitiert hier nach Görtz.

39 Ebd., S. 264.

40 Ebd., S. 325.

41 Ebd., S. 270.

42 J. D., a. a. O., S. 148.

43 *Von den Pyramiden ...,* a. a. O., S. 325.

44 Ebd., S. 323.

45 J. D., a. a. O., S. 208 f.

46 Ebd., S. 209.

47 Ebd., S. 121.

48 Ebd., S. 212 f.

49 *Von den Pyramiden ...,* S. 327 f.

50 *Wissenschaftliche Ergebnisse der Reise des Grafen Béla Széchenyi in Ostasien 1877–1880.* Bd. 1, S. III–IV.

51 Ebd., S. V.

52 Ebd., S. VI.

53 Gustav Kreitner, *Im Fernen Osten – Reisen des Grafen Béla Széchenyi in Indien, Japan, China, Tibet und Birma in den Jahren 1877–1880,* Wien 1881; Ludwig Lóczy, *Über die Expedition des Grafen Béla Széchenyi in China und an die chinesisch-tibetanische Grenze,* Sammlung der volkstümlichen naturwissenschaftlichen Vorträge, Band 3, Budapest 1880, sowie *Beschreibung der physikalischen Verhältnisse und der Länder des chinesischen Reiches* (ungarisch), Budapest 1886.

54 *Wissenschaftliche Ergebnisse der Reise des Grafen Béla Széchenyi ...,* S. XI.

55 Ebd., S. CCVI, CCIX, CXCIX.

56 Ebd., S. LIII.

57 Ebd., S. CXXVII.

58 Ebd., S. CXCI.

59 Zu der von ihm betreuten Zoologie schreibt er selbst: »... letztere insoferne, als ich ein leidenschaftlicher Jäger bin und auch seltene Wildarten zu erlegen hoffte.« – Ebd., S. VIII.

60 Ebd., S. LXXIII, CXC, CCXLI.

61 Ebd., S. LXXIV.
62 Ebd., S. CCVII.
63 ». . . Eine alte Frau – sie war offenbar kurzsichtig oder zerstreut – kam meinem Hunde Diandu, welcher an eine eiserne Säule kurz gekettet war, zu nahe . . . Nun mag die Frau ihm aus Unvorsichtigkeit auf ein Bein getreten sein, oder ihn unabsichtlich auf irgendeine andere Art geneckt haben, möglich auch, daß die schreckliche Hitze das Thier irritirte, kurz und gut, Diandu biß dies alte Weib in die nackte magere Wade. Es erhob sich ein großer Lärm und als ich hinzutrat, erblickte ich folgendes Bild: Unweit des noch immer stark erregten Hundes saß auf der Bretterwand des Schiffes die arme alte Frau, mit lächelndem Antlitz auf ihre Wunde zeigend, als ob ihr nichts Ernstes widerfahren wäre; vielleicht auch empfand sie damals noch keinen Schmerz. Der Biß war ein furchtbarer . . . Was weiter geschah, ob die Alte genas oder der Wunde erlag, ich weiß es nicht. Der Dampfer fuhr noch am selben Tag ab und Alles, was ich thun konnte, war, daß ich der Alten einen Geldbetrag schenkte als Entschädigung für den erlittenen Schreck, vorwiegend aber, weil sie für eine Weile gewiß arbeitsunfähig wurde und sich ärztlich behandeln lassen mußte. Gebe Gott, daß dieser Biß ihren Tod nicht verursacht habe.« – Ebd., S. CCXLI–CCXLII.
64 *Wurzbach,* 41. Teil, Wien 1880, S. 224.
65 *Wissenschaftliche Ergebnisse der Reise des Grafen Béla Széchenyi . . .,* S. LXIV.
66 Ebd., S. LXXXVII.
67 Ebd., S. XXII.
68 Ebd., S. XXII.
69 Ebd., S. XXXVII.
70 Vgl. den Brief Brands an Széchenyi aus Peking vom 21. Mai 1880 – ebd. S. CCXLIV–CCXLVI.
71 Ebd., S. CCXLVII.
72 Ebd., S. CCXLVII.
73 Ebd., S. XXXII.
74 Dong Xun war einer der beiden chinesischen Bevollmächtigten bei der Verhandlung des österreichisch-chinesischen Vertrages aus 1869.
75 *Wissenschaftliche Ergebnisse der Reise des Grafen Béla Széchenyi . . .,* S. XXXIV.
76 Ebd., S. XXXV.
77 Ebd.
78 Gustav Kreitner, *Im Fernen Osten – Reisen des Grafen Béla Széchenyi in Indien, Japan, China, Tibet und Birma in den Jahren 1877–1880,* Wien 1881, S. 362.
79 Ebd., S. 365.
80 *Wissenschaftliche Ergebnisse der Reise des Grafen Béla Széchenyi . . .,* S. LXI.
81 Gustav Kreitner, *Im Fernen Osten,* S. 619.
82 Ebd., S. 684.
83 *Wissenschaftliche Ergebnisse der Reise des Grafen Béla Széchenyi . . .,* S. LXVII.
84 Gustav Kreitner, *Im Fernen Osten,* S. 883.
85 Ebd., S. 974; *Wissenschaftliche Ergebnisse der Reise des Grafen Béla Széchenyi . . .,* S. CCXII.
86 Ebd., S. 975 bzw. CCXIII.
87 Kreitner, *Im Fernen Osten,* S. 978.
88 Ebd., S. 989.
89 *Wissenschaftliche Ergebnisse der Reise des Grafen Béla Széchenyi . . .,* S. 309.
90 Hugo Hassinger, *Österreichs Anteil an der Erforschung der Erde,* Wien 1949, S. 161.
91 Dr. Carl Deisenhammer, *Meine Reise um die Welt,* Wien 1882, S. V ff.
92 Karl Graf Lanckoronski, *Rund um die Erde, 1888–1889, Geschautes und Gedachtes,* Stuttgart 1891, S. 264.
93 *Österreichisches Biographisches Lexikon,* Wien-Köln-Graz 1969, IV. Bd., S. 423.
94 *Rund um die Erde,* a. a. O., S. 239.
95 Ebd., S. 425.
96 Ebd., S. 223.
97 Ebd., S. 357.

98 Hesse-Wartegg, *China und Japan,* S. 128 f. und S. 143. Falscher Nachdruck bei R. Pieper, *Unkraut, Knospen und Blüten aus dem »Blumigen Reich der Mitte«,* Steyl 1900.
99 *China und Japan,* S. 207.
100 Ebd., S. 26 f.
101 Ebd., S. 117.
102 Ebd., S. 78.
103 Ernst von Hesse-Wartegg, *Kanada und Neu-Fundland,* Freiburg i. B. 1888, S. 193. Hier spricht er über die Chinesen im Ausland.
104 *China und Japan,* S. 7.
105 Nach dem *Österreichischen Biographischen Lexikon,* Graz-Köln 1957. Hier wird Hesse-Wartegg als »Geheimer Hofrat« geführt, ein Titel, der gar nicht existierte. Auch Nachforschungen in der dort angegebenen Literatur erbrachten keinen Aufschluß darüber, woher dieser Titel stammt, ebensowenig wie sein Titel als Generalkonsul.
106 Richard Freiherr von und zu Eisenstein, *Reise über Indien und China nach Japan,* Wien 1899, S. 5–7.
107 Ebd., S. 4.
108 Ebd., S. 9.
109 Ebd., S. 171.
110 Ebd., S. 58–60.
111 Ebd., S. 131.
112 Ebd., S. 139.
113 Ebd., S. 75.
114 Ebd., S. 52.
115 Ebd., S. 71.
116 Josef Müller, stud. theol., *Eine Reise nach China und Japan,* Wien 1898, Vorwort.
117 *Die Erlebnisse eines deutschen China-Kriegers,* bearbeitet von P. Josef Müller, Studienpräfekt an der k. k. Theresianischen Akademie in Wien, Wien 1903.
118 Josef Müller, *Eine Reise nach China und Japan,* S. 8 f.
119 Ebd., S. 62. In Japan war für ihn dann beinahe jedes zehnte Haus eine Pagode, vgl. S. 98.
120 Ebd., S. 63. Diese seine Erkenntnis muß Müller so überwältigt haben, daß er sie auch noch in seinem späteren Elaborat dem »deutschen China-Krieger« in den Mund legt und weiter ausbaut. Vgl. dort S. 68.
121 *Große Österreicher,* Wien 1951.
122 *Festschrift zum 80. Geburtstag von Hofrat Prof. Dr. Hans Molisch,* Wien 1936, S. III.
123 *Reiseerinnerungen aus China und Japan.* Separat-Abdruck aus dem *Prager Tagblatt,* Jg. 1901, Nr. 30–34 und 36.
124 *Erinnerungen und Welteindrücke eines Naturforschers,* Wien-Leipzig 1934, S. 52.
125 Ebd., S. 77 ff.
126 *Reiseerinnerungen aus China und Japan,* S. 4.
127 Ebd., S. 9.
128 Ebd., S. 23.
129 Ebd., S. 7.
130 Ebd., S. 11.
131 *Erinnerungen und Welteindrücke eines Naturforschers,* S. 83.
132 Ebd., S. 85.
133 Prof. Dr. Hans Molisch, *Im Lande der aufgehenden Sonne,* Wien 1927, S. 18.
134 *Reiseerinnerungen aus China und Japan,* S. 35.

Zwölftes Kapitel

Die zweite Generation österreichischer Sinologen

Die Sinologen-Generation, die den »Pionieren« Pfizmaier, Endlicher und Csoma folgte, ging zum guten Teil aus der China-Praxis hervor. Ihre Hauptvertreter waren zunächst als Angestellte des chinesischen Seezolldienstes tätig gewesen. Diese faktisch britisch verwaltete chinesische Behörde suchte sich aus dem in Europa vorhandenen Reservoir junger Leute mit chinesischen Sprachkenntnissen geeignete Personen aus, die nach bestandener Eignungsprüfung in China zunächst ihr Chinesisch weiter vervollkommneten und dann einige Jahre – manche Jahrzehnte – in China verbrachten.

Der Prominenteste aus dieser Gruppe ist der nachmalige österreichisch-ungarische Gesandte Dr. Arthur von Rosthorn, der im Zuge der Pekinger Ereignisse des Jahres 1900 in Österreich schon eine gewisse Berühmtheit erlangt hatte und nach dem Sturz der Monarchie und seiner Pensionierung als Botschafter Honorarprofessor an der Wiener Universität wurde. Er hatte einen über Österreich hinaus sehr bekannten Namen, sowohl durch seine sinologischen Schriften als auch wegen seiner Bemühungen um den Kulturaustausch zwischen den beiden Ländern und seines steten Eintretens für eine gerechte Behandlung Chinas. Darüber hinaus war er in den kritischen Jahren vor dem »Anschluß« Präsident der Suttnerschen Friedensgesellschaft. Ihn dürfen wir an dieser Stelle ausklammern, denn als einer Zentralfigur in den Beziehungen zwischen Österreich und China wird Rosthorn nicht nur ein besonderes Kapitel gewidmet sein, sondern wir werden ihm im Laufe der weiteren Ausführungen noch oft begegnen.

Als Sinologe am bekanntesten wurde Erwin Ritter von Zach, der neben zahllosen lexikographischen Beiträgen – zu einem von ihm geplanten eigenen großangelegten Wörterbuch reichten damals leider die Mittel nicht – vor allem durch die Übersetzung der großen chinesischen Dichter Li Bai, Du Fu, Han Yu, Tao Yuanming u. v. a. in der internationalen Fachwelt noch heute mit Recht einen großen Namen besitzt. Während Zach, nach seinen Seezolljahren, zu Beginn des neuen Jahrhunderts als Dolmetsch und später als Vizekonsul in China wirkte, war ein anderer angehender Sinologe, Dr. Leopold Woitsch, zur gleichen Zeit als Kanzler an der Gesandtschaft tätig.

Verdienste um dieses Fach erwarb sich ferner der langjährige österreichische Konsul Joseph Haas, und zwar nicht nur um die Verbesserung der Handelsbeziehungen zwischen den beiden Ländern, sondern auch, indem er Museen und Bibliotheken der österreichischen Hauptstadt um wertvolle Objekte bereicherte und die Wiener Sinologen mit dem dringend benötigten Arbeitsmaterial versorgte. Mit der Herausgabe eines deutsch-chinesischen Konversationsbuches leistete er dann auch einen direkten Beitrag auf sinologischem Gebiet. Nur kurz können in diesem Zusammenhang noch die beiden Brüder Fries Erwähnung finden.

Außer den Schriften dieser »österreichischen Chinesen« sollen aber auch die Arbeiten von Franz Kühnert, der sich neben dem sinologisch nicht bedeutenden Carl Kainz als Lehrer Erwin Zachs verdient gemacht hat, des Prager Professors Rudolf Dvorak sowie Ernst Viktor Zenkers, der sich dem Journalismus und der Politik, aber auch dem hier behandelten Fach verschrieben hatte, aus dem Dunkel der Vergessenheit ein wenig ans Licht der Gegenwart gebracht werden.

»Bei den Übersetzungen europäischer Gelehrter aus dem Sanskrit beschleicht mich der Verdacht, daß unsere Sanskritgelehrten ihre Texte nicht sehr viel besser verstehen mögen, als etwa der Sekundaner unserer Schule die griechischen, daß sie jedoch, weil sie nicht Knaben, sondern Männer von Kenntnissen und Verstand sind, aus dem, was sie eigentlich verstehen, den Sinn im ganzen ungefähr zusammensetzen, wobei dann freilich manches ex ingenio mit unterlaufen mag. Noch sehr viel schlechter steht es mit dem Chinesischen der europäischen Sinologen, als welche oft ganz im Dunkeln tappen; wovon man die Überzeugung erhält, wenn man sieht, wie selbst die gründlichsten unter ihnen sich gegenseitig bezichtigen und einander kolossale Irrtümer nachweisen« (Schopenhauer)[1].

Erwin von Zach (Archiv der Österreichischen Akademie der Wissenschaften)

Erwin Ritter von Zach (1872–1942) lebte zu der Zeit, als dies niedergeschrieben wurde, noch nicht. Vielleicht hätte Zach die Zweifel Schopenhauers verstärkt, vielleicht aber auch ihn davon überzeugt, daß es doch einen Vertreter dieses Standes gibt, auf dessen Urteil man sich verlassen kann.

Zachs große Bedeutung liegt in der Übertragung des Gesamtwerkes der größten chinesischen Dichter; hierin überragt er alle, die sich je mit chinesischer Lyrik befaßt haben. Kaum weniger umfangreich aber sind seine lexikographischen Arbeiten. Selbst mit einem offenbar lexikalischen Gedächtnis ausgestattet, nahm er Korrekturen nicht nur an den bedeutendsten europäisch-chinesischen Wörterbüchern, sondern auch an den von chinesischen Autoritäten herausgebrachten Ciyuan und Peiwen Yunfu vor, die zusammen in die Tausende gehen. Allein zu Herbert Giles' großem Wörterbuch legte Zach tausend Ergänzungen und Verbesserungen vor, die Giles dann auch für die zweite Ausgabe (1912) zum großen Teil verwendete. Giles dankte dafür in der Einleitung der Neuauflage und bezeichnete Zachs Beitrag zur Verbesserung seines Werkes als von »incalculable value towards securing a higher degree of accuracy in the present work than was attained in the first edition[2]«.

Aber die Art, in der Zach seine Kritiken vorbrachte, wurde mit der Zeit immer ungeduldiger, und nicht jeder der Kritisierten reagierte so dankbar wie Giles, so sachlich wie Forke oder gar so edel wie Rosthorn. Zach zog das blanke Schwert und kannte keine Rücksichten. Nicht nur, daß er in endlosen Punktreihen Kritik an Kritik fädelte – wobei Forke bemängelt, daß er seine Ansichten zumeist nicht beweise, Behauptung gegen Behauptung stelle und dabei durchaus nicht immer im Recht sei –, er begleitete das Ganze in zunehmendem Maße mit Ausfällen, die eigentlich Ehrenbeleidigungen waren und auch als solche aufgefaßt wurden. Er war der Meinung, daß die deutsche Sinologie sich auf einem Tiefstand befände, und bezeichnete die Sinologen, kaum verbrämt, allesamt als Esel (wobei man der Wahrheit zu Ehren sagen muß, daß Zach selbst Kritik durchaus nicht fürchtete, sondern sie direkt herausforderte):

> Selbstverständlich gibt es auch für mich Stellen, die sich trotz aller Mühe meinerseits widerspenstig erwiesen haben. Hier muß eben die zukünftige Kritik einsetzen, die nicht in bibliographischen, chronologischen und phonetischen Tüfteleien bestehen darf, sondern in der Berichtigung ganzer Sätze. Diese von mir selbst in den Spalten der *Deutschen Wacht* (Batavia 1926–33) geübte Kritik war der Schrecken jener professionellen Sinologen und Asinologen, die von der Wissenschaft und nicht für die Wissenschaft leben, und von denen die Worte Nietzsches gelten: »Allzugut kenne ich diese Gottähnlichen: sie wollen, daß an sie geglaubt werde und Zweifel Sünde sei.« Nun ist der Moment gekommen, wo sie Rache nehmen und ihre Überlegenheit erweisen können[3].

Die als »Asinologen« Apostrophierten, denen Zach durch seinen sarkastischen Witz weit überlegen war, rächten sich auf ihre Weise: Sie erschwerten oder verunmöglichten ihm den Zugang zu den bekannten sinologischen Zeitschriften. Seine umfangreichen Arbeiten, die Übertragungen der großen chinesischen Dichter Li Bai, Du Fu, Han Yu, Bai Juyi, Yu Xin, Tao Yuanming, von denen er entweder große Teile oder das Gesamtwerk ins Deutsche übersetzte, sowie das Wenxuan, die große Chrestomathie des 6. Jahrhunderts, oder die sinologischen und lexikographischen Beiträge waren zu seinen Lebzeiten nie zusammenhängend erschienen. In Erkenntnis der Bedeutung dieser Arbeiten Zachs veröffentlichte die Harvard-Universität nach seinem Tode eine große Zahl davon in mehreren dicken Bänden[3a]. Mit Recht bezeichnet es Alfred Hoffmann, der ebenfalls auf dem Gebiet der chinesischen Lyrik arbeitet und mit Zach in dessen letzten Lebensjahren in brieflichem Kontakt gestanden ist, als Kuriosum, daß der weitaus größte Teil der Zachschen Texte und somit die bedeutendsten sinologischen Übersetzungsleistungen auf dem Gebiet der chinesischen Poesie in der Welt »in der obskuren Verlorenheit der jeweils letzten Seiten einer Publikation der deutschen Gemeinde in Niederländisch-Indien, nämlich der *Deutschen Wacht* in Batavia«, erschienen ist[4].

Wer war nun dieser unerschrockene Kämpfer im fernen Batavia? Seine Angriffslust war möglicherweise ein Erbteil von Zachs Ahnen väterlicherseits.

> Sein Urahn, Anton Freiherr von Zach, später k. und k. Feldzeugmeister, wurde im Jahre 1800 von Napoleon in der Schlacht von Marengo geschlagen. Als Generalstabschef von Melas hatte er die Vorbereitungen zu der Schlacht getroffen, und der unglückliche Ausgang war nicht seine Schuld. Die Schlacht war zuerst sehr günstig für die Österreicher, und sie hielten sich schon für die Sieger, als mit dem Erscheinen des französischen Generals Desaix sich das Kriegsglück wandte. Desaix fiel im Kampf, aber seine Truppen nahmen v. Zach gefangen mit seinem Korps. Diese Niederlage eines v. Zach war dem Urenkel, wie es schien, unangenehm. Als ein Ritter vom Geist pflegte er selbst seinen Gegnern Schläge zu versetzen, daß ihnen Hören und Sehen verging, und er war nicht gewohnt, besiegt zu werden[5].

Zachs Vater, der österreichisch-ungarische Feldmarschall-Lieutenant Paul Ritter von Zach, begleitete als junger Offizier Kaiser Maximilian nach Mexiko und war bis zu dessen Erschießung bei ihm. Seiner eigenen Verurteilung entzog er sich durch die Flucht. Zachs Mutter war eine geborene Stadler von Gestirner, aus jenem Geschlecht der Gestirner, deren erster Ahnherr Hofastrolog des Kaisers Rudolf II. gewesen war.

In diese Familie wurde Erwin Ritter von Zach als zweiter Sohn am 18. April 1872 in Wien geboren. Sein älterer Bruder fiel als Oberst im Ersten Weltkrieg.

Zach mußte wegen der häufigen Versetzungen des Vaters sehr oft die Schule wechseln und wurde unter anderem in Prag, Lemberg, Krakau

Autobiographische Skizze.

Ich, Erwin Zach, bin am 18. April 1872 in Wien als der zweite Sohn des oesterr.-ungarischen Feldmarschall-Lieutenants, Paul Ritter von Zach und seiner Ehefrau Emilie, geb. Stadler von Gestirner, geboren. Meine Gymnasialstudien habe ich in Krakau (am polnischen Armengymnasium) begonnen, in Lemberg fortgesetzt und in Wien (Schottengymnasium) beendet. Bei meiner Matura wurde ich vom Regierungsvertreter, dem berühmten Gräcisten Wilh. von Hartel in Griechisch geprüft und als „philologisch besonders begabt" bezeichnet. Freude an den Naturwissenschaften veranlasste mich das Studium der Medizin zu ergreifen. Kurz vor dem II. Rigorosum erkrankte ich an Appendicitis, wurde auf der Klinik Gussenbauers operiert und begab mich zur Erholung erst nach Tyrol, später nach Holland. In Leiden lernte ich hervorragende Orientalisten (Kern, Schlegel, de Groot, Tiele) kennen, liess mich bewegen, Sinologie zu studieren und inskribierte als ausserordentlicher Hörer. Schon nach zwei Semestern veröffentlichte ich zusammen mit Prof. Schlegel eine Arbeit in der Zeitschrift T'oung pao (1897). Auf Grund einer zweiten, in der WZKM veröffentlichten Studie „Über

und Wien unterrichtet. Bei der Matura im Wiener Schottengymnasium bescheinigte ihm der als Regierungsvertreter prüfende berühmte Gräzist Wilhelm von Hartel ein ausgesprochenes philologisches Talent. Dennoch kam Zach erst über einen mathematisch-naturwissenschaftlich-medizinischen Umweg zu den Sprachen. Auch hat er sich bis ins Alter das durch seinen Vater geweckte mathematische Interesse bewahrt und stand in brieflichem Kontakt mit Einstein-Schülern[6].

Während seiner Gymnasialzeit beschäftigt sich Zach aber auch bereits intensiv mit den orientalischen Sprachen. Sein erster Lehrer im klassischen Chinesisch war Privatdozent Dr. Franz Kühnert (über den an anderer Stelle noch ausführlich zu berichten sein wird), in der Umgangssprache Carl Kainz[7], ursprünglich Armeniologe. Kainz war mit

Zach befreundet, und diesem Umstand verdankte er es wohl, daß er, im Gegensatz zu Zachs anderen Lehrern (neben Kühnert dann später die Professoren Schlegel und De Groot), von Angriffen verschont blieb. Andererseits war Kainz auch viel zu wenig auf sinologischem Gebiet tätig, um später noch Zachs Aufmerksamkeit erwecken zu können. Außer einem mit C. Oesterreicher 1890 in Wien herausgegebenem Behelf zum Bestimmen neuerer chinesischer Münzen existiert von ihm im behandelten Fachgebiet nur die *Praktische Grammatik der chinesischen Sprache für den Selbstunterricht*[8], die nun freilich genügend Stoff für Zachsche Attacken geboten hätte. Das Büchlein versucht im Text ohne Zeichen auszukommen, wogegen bei entsprechender Klarheit und Übersichtlichkeit nichts einzuwenden gewesen wäre. Aber in der verwirrenden Fülle merkwürdig transkribierter einsilbiger Wörter und Konversationen, die keine sind, hätte sich nicht einmal ein Chinese oder ein Sprachgenie wie Zach – im Selbstunterricht, wofür das Werkchen ja gedacht war – zurechtfinden können. Im Zuge der damals sehr beliebten Sprachvergleichungen meinte Kainz die Entdeckung gemacht zu haben, daß die chinesische Sprache mit der ungarischen verwandt sei. Der Kainzsche »Beweis« dafür soll dem Leser nicht vorenthalten werden:

> Der lautliche Charakter dieser Sprache ist einsilbig, jedes Stammwort besteht aus einem anlautenden Consonanten, einem Vocale mit oder ohne nasalen Auslaut (n, ng).
> Was die Verwandtschaft derselben mit dem Ungarischen betrifft, so möge als Beispiel das Wort haò (gut) genügen, welches im Dialecte von Kuang tung hò gesprochen wird, im Ungarischen jó (japanisch yoi) (S. 1).

Übrigens war Kainz Präsident der von ihm begründeten Internationalen Correspondenz-Assoziation und brachte die Liste der Mitglieder, geziert mit seinem Bilde, 1899 im Selbstverlag heraus. Auf S. 98 kann man lesen: »Carl Kainz: Magistratsbeamter (Militär-Conscriptionswesen), Zeitungseigenthümer, I., Rathaus, Postfach«.

Aber Zach hatte ja im Laufe der Zeit noch andere Lehrer. Zwar war es ursprünglich seine Absicht gewesen, nach abgeschlossenem Medizinstudium sofort als Arzt nach China zu gehen, aber eine Appendicitis mit anschließendem Genesungsurlaub in Leyden und wohl auch die Erkenntnis, nicht zum Arzt geboren zu sein, ließen ihn das Studium vor den letzten Prüfungen aufgeben. In Leyden traf er mit den schon genannten berühmten Orientalisten zusammen. »Ich ließ mich bewegen, Sinologie zu studieren, und inskribierte als außerordentlicher Hörer[9]«, schreibt Zach über diesen seinen Entschluß. Schon 1897, also nach zwei Semestern, veröffentlicht er gemeinsam mit seinem Professor Gustav Schlegel in der Sinologen-Zeitschrift *T'oung pao* eine chinesisch-mandschurische Arbeit[10], wobei Schlegel die chinesische, Zach die mandschurische Übersetzung übernommen hatte, eine Zusammenarbeit, die

Schlegel dann schlecht bekam. Ein Jahr darauf kritisierte Zach Schlegel öffentlich, und der Professor blieb über Jahre hinweg Objekt der Zachschen Angriffslust, deren erste Zielscheibe er gewesen war. Hier wieder eine Kostprobe für den Leser, wobei sich dieser Stil jeweils auf Einleitungen und Randbemerkungen beschränkt und die sachliche Kritik an sich knapp – teilweise zu knapp – und nüchtern vorgebracht wird:

Die

Kunst der Polyglottie.

Eine auf Erfahrung begründete Anleitung

jede Sprache

in kürzester Zeit und in Bezug auf

Verständniß, Conversation und Schriftsprache

durch Selbstunterricht sich anzueignen.

Neunundzwanzigster Theil.

Die chinesische Sprache.

Von

C. Kainz.

Wien. Pest. Leipzig.

A. Hartleben's Verlag.

Diese Zeilen wollen nichts anderes sein als eine Fortsetzung meiner an verschiedenen Orten veröffentlichten Angriffe auf Prof. Schlegel. Der Gedanke, der hier mich leitet, ist jedoch nicht, ihm den Glauben an seine Unfehlbarkeit zu nehmen: diese seine Wahnidee ist ein chronischer Irrthum, der einer besseren Einsicht unzugänglich ist.

Wenn ich mich der undankbaren Mühe unterziehe, nochmals seine Arbeiten kritisch durchzugehen, so geschieht dies nur, um die wissenschaftliche Welt über einen Verrath an der Wahrheit des geistigen Schaffens aufzuklären und um einem Missgriffe, ähnlich dem der Wiener Academie, die ihn vor kurzem zum Mitglied ernannt, in Zukunft vorzubeugen. An der Hand der folgenden Beispiele hoffe ich die Oberflächlichkeit, Verworrenheit, Sinnlosigkeit seiner Übersetzungen, die an Unreife streifende Dreistigkeit und Frivolität seiner Kritik, die ganze Verwerflichkeit seines Dilettantismus, aber auch die Schmach aufzudecken, die sich in der Anerkennung und Ehrung dieses wissenschaftlichen Gauklers verbirgt[11].

Karl von Scherzer, der dem Leser bereits bekannt ist und ein Freund der Familie Zach war, bewog schließlich den jungen Mann, in den chinesischen Seezolldienst einzutreten. Nach in London abgelegter Prüfung traf Zach im Herbst 1897 in Peking ein, wurde dann für ein Jahr in Südchina eingesetzt und, wiederum auf Fürsprache Scherzers, der sich beim österreichischen Außenminister für seinen Schützling verwendete, in den Konsulardienst übernommen: 1901 als Dolmetsch an der Gesandtschaft

Erwin von Zach (links) während seines Aufenthaltes in China
(Archiv der Österreichischen Akademie der Wissenschaften)

in Peking, 1902 als Konsularattaché. Scherzer dürfte dabei seine Protektion etwas übertrieben haben: jedenfalls war Zach nicht, wie Scherzer es darstellt, der einzige damals in China lebende Österreicher, der den »Pekinger Dialekt« einigermaßen beherrschte[12] – es sei denn, er hätte damit gemeint, daß Arthur von Rosthorn sich gerade auf Heimaturlaub befand.

1902 wäre es fast zum freiwilligen Ausscheiden Zachs aus dem Dienst gekommen, weil das Ministerium entgegen früherer Absprachen die Anrechnung seiner Vordienstzeiten bei der Seezollbehörde ablehnte. Arthur von Rosthorn, damals Legationsrat und Vorgesetzter Zachs – der nicht wissen konnte, daß er Jahre später selbst ähnliche Erfreulichkeiten bei seiner Pensionierung erleben würde –, setzte sich für Zach ein: In seinem Bericht an das Ministerium des Äußern führte er aus, er halte es für seine Pflicht, einen so fähigen Beamten dem Staat zu erhalten. Zach habe im Gegensatz zu jungen, unfertigen Attachés fünf Jahre praktischer Erfahrung in China hinter sich und beherrsche die chinesische Sprache in Wort und Schrift vollkommen. Rosthorn erreichte schließlich Zachs Ernennung zum Vizekonsul[13]. Einige Jahre später bestätigte übrigens auch der nachmalige Gesandte Kuczynski den guten Ruf, den Zach als Sinologe in Peking besaß[14]. Als Vizekonsul war Zach in Hongkong und Yokohama, schließlich als Konsul in Singapur tätig. In diesen Jahren erschienen, neben einigen Arbeiten über das Mongolische und das Mandschurische (da Zach, neben einer Reihe anderer Sprachen, auch des Russischen mächtig war, ergänzte er unter anderem auch Sacharows großen *Mandzursko-Russki Slowarj),* seine ersten größeren Untersuchungen zur chinesischen Lexikographie. Mit den ersten beiden Teilen der *Lexicographischen Beiträge* dissertierte Zach dann während eines Heimaturlaubes 1909 in Wien – in Ermanglung eines Sinologen bei dem Sanskritisten Schröder und dem Arabisten Bittner.

Zu Beginn des Ersten Weltkriegs wurde Zach von den Engländern aus Singapur ausgewiesen, seine Bibliothek und sein Vermögen wurden beschlagnahmt. Nach einer abenteuerlichen Wanderung durch Sumatra erreichte er Batavia, wo er 1915 als österreichischer Konsul bestätigt wurde: 1919, bei Auflösung des österreichisch-ungarischen Konsulardienstes, wurde er dann von der österreichischen Regierung in Pension geschickt. Vorübergehend trat Zach in den niederländisch-indischen Finanzdienst ein, bis er sich 1924 ganz aus dem Berufsleben zurückzog, um nur mehr seiner Wissenschaft zu leben. Zuvor hatte er die Engländer durch Vermittlung des holländischen Generalkonsuls noch zur Herausgabe seiner Bibliothek veranlassen können. Bezüglich des Geldes gelang ihm das nicht, und auf diese Weise kam die Wiener Akademie der Wissenschaften zu einer in den Nachkriegsjahren besonders geschätzten beträchtlichen Zuwendung: »Da er die Rückgabe seines Vermögens nicht durchsetzen konnte, so schenkte er es als Stiftung an die Akademie der Wissenschaften in Wien. Diese vornehme Geste scheint den Engländern imponiert zu haben. Um selber als Förderer der Kultur zu gelten, gingen sie auf Zachs Vorschlag ein[15]. . .«

Zach wurde dann, in Anbetracht dieses Umstandes, aber auch seiner wissenschaftlichen Publikationen wegen, zum Ehrenmitglied der Akademie der Wissenschaften gewählt[16]. Er blieb, bis auf eine Reise nach Südamerika, ständig in Batavia; fallweise Rufe in wissenschaftlicher Hinsicht oder auch Anerbieten der österreichischen Regierung, wieder in ihre Dienste zu treten, lehnte er ab. Er wollte nicht mehr in die »Kälte« zurück. Forke gibt im weiteren folgende Schilderung seiner Lebensumstände und Verhaltensweisen:

> Er war nicht verheiratet und bewohnte ein Häuschen nahe der Siedlung der Eingeborenen ohne jeden Komfort, wo er fast wie ein Eingeborener hauste. Von Singapore hatte er sich seinen Diener, einen Tamil, mitgebracht, und eine Javanerin besorgte den Haushalt. Wenn er nur seine Wissenschaft hatte, vermißte er die Annehmlichkeiten des Lebens, deren die Europäer in Ostasien so viele haben, nur wenig. Er war wie ein chinesischer Gelehrter, der auf Amt und Würden verzichtet und sich in die Einsamkeit zurückgezogen hat, wo er sich ganz seinen Studien widmet, und glich dem Dichter Tu Fu, welcher immer von seinem Strohdachhause schwärmt. Auch insofern hatte er Ähnlichkeit mit chinesischen Gelehrten, als er für den Druck seiner Werke selber sorgen mußte . . .
>
> Von Zach war groß gewachsen und hielt sich sehr gerade. Er hatte einen starken Kopf, auf den nur die größten Hüte paßten, eine hohe Stirn, und sein Gesicht hatte einen klugen Ausdruck. Wenn die Sonne es gestattete, ging er ohne Hut. In seiner Jugend trug er einen kleinen Schnurr- und Kinnbart, in späterem Alter war sein Gesicht glatt rasiert. Seine Hände waren so klein und fein wie die einer Dame. Dem entsprach in gewisser Hinsicht auch sein Charakter, der etwas Feminines hatte. Er war außerordentlich sensitiv und sehr leicht beleidigt. Aus einem geringfügigen Anlaß konnte er einen jahrelangen freundschaftlichen Verkehr abbrechen. Demgegenüber war sein eigenes Benehmen oft sehr schroff und rücksichtslos, was zu vielen Zerwürfnissen führte. Er sprach sehr österreichisch und fühlte sich ganz als Altösterreicher, wollte aber nicht als ultramontan oder Anhänger der Habsburger gelten. Von der österreichischen Liebenswürdigkeit besaß er wenig . . .
>
> Um sich nicht von seinen Büchern zu trennen, lehnte er fast jede Einladung ab, nur wenn man ihn abholte und gleich mitnahm, ging er mit. In großem Kreise war er etwas unbeholfen und einsilbig, in kleinem Kreise einiger guter Freunde dagegen ein vorzüglicher Gesellschafter und sehr geschätzt. Er besaß ein umfassendes Wissen und war auf allen Gebieten zu Hause. Das machte die Unterhaltung mit ihm so anregend. Dazu besaß er sehr viel Witz und war außerordentlich schlagfertig. Darin ging er leicht etwas zu weit. Die Zielscheiben seines beißenden Spottes waren zu bedauern. Obwohl er in nicht ungünstigen Verhältnissen lebte und große Fähigkeiten besaß, deren er

sich nur allzu sehr bewußt war, fühlte er sich nicht glücklich. Das mag zum Teil seine leicht gereizte Stimmung und seine beständige Angriffslust erklären[17].

Allerdings gibt es auch Schilderungen, die Zach als besonders gütig, charmant, liebenswürdig, großzügig und edel darstellen, wie die der Frau Dr. med. Hilde Mengert, welche Zach in Batavia gekannt hat. Wir wollen ihr darum auch, trotz ihrer etwas pathetischen Art, das Wort zu Zachs letzten Stunden geben. Tatsächlich war das Ende dieses Mannes sehr tragisch. Zusammen mit einigen Hundert deutschen Zivilinternierten, die von den Holländern nach Britisch-Indien transportiert werden sollten, fiel er einem japanischen Torpedo-Angriff zum Opfer. Dazu Frau Dr. Mengert:

> Ich hörte drei Jahre später einen Augenzeugenbericht von drei der Geretteten über die letzten Stunden Ritters von Zach. Es war ein erschütternder Bericht, aus dem die Gestalt dieses Mannes in fast übermenschlicher Größe hervorragte. Er war der einzige Mensch, der unter allen von Panik, wilder Verzweiflung und Todes-Entsetzen Gejagten in einer schon überirdisch zu nennenden Ruhe mit langsamen Schritten bis zum Vorderteil des Schiffes ging, sich auf dem äußersten Schiffsrand niederließ und mit gebannten Augen unbewegt in die purpurleuchtende untergehende Sonne schaute, bis das Schiff mit ihm in den Wellen versunken war[18].

Zach war von der chinesischen Regierung mit einem hohen Orden dekoriert worden[19] und war darauf ebenso stolz wie auf seine Mitgliedschaft bei verschiedenen wissenschaftlichen Vereinigungen und – der Wiener Freiwilligen Rettungsgesellschaft. All diese Titel stellte er manchen seiner Publikationen voran. Forke, den Zach in seiner Kritiklust ebenfalls nicht verschont und der mit seiner Annahme sicher nicht unrecht hatte, Zach hätte sich nur deshalb einmal auf das Gebiet der chinesischen Philosophie begeben, um ihn, Forke, kritisieren zu können, konnte es sich nicht verkneifen, sich in seinem Nachruf neben anderem auch über diesen Punkt etwas lustig zu machen:

> Unter den Ehrungen und Auszeichnungen auf dem Titelblatt der Beiträge II steht als letzte: »Ehrenmitglied (emeritiertes aktives Mitglied) der Wiener Freiwilligen Rettungsgesellschaft«. Von Zach hat fünf Jahre lang aktiven Dienst getan; leider konnte er sich selbst nicht retten[20].

Auch engt Forke die Leistungen Zachs, die er sonst durchaus anerkennt, durch folgende Bemerkung ein:

> Allerdings konzentrierte sich auch sein ganzes Interesse auf das Übersetzen. Neue Gedanken hat er nicht gehabt und keine Darstellung von irgendeiner Seite des chinesischen Kulturlebens gegeben oder an

der Lösung irgendwelcher Probleme mitgearbeitet, von rein linguistischen Fragen abgesehen[21].

Sicherlich hat Forke, vor allem in Anbetracht seiner eigenen Leistung, mit dieser Bemerkung nicht ganz unrecht, dennoch muß betont werden, daß Zach sich gerade dadurch von früheren Vertretern seines Zweiges unterschied, daß er nicht einfach mechanisch übersetzte. Seine profunden Erklärungen schwieriger Stellen, die sonst dem Verständnis verschlossen geblieben wären, machen Zachs Arbeiten auch noch für die heutige Zeit interessant und bedeutungsvoll.

Arthur von Rosthorn, der eine Zeitlang sein Vorgesetzter gewesen und dem rechthaberischen Zach gewiß nicht besonders gewogen war[22], ging mit vornehmer Zurückhaltung über diese Querelen hinweg, als er den von ihm verfaßten Nekrolog mit folgenden Worten schloß:

> Man staunt nicht weniger über die Selbstsicherheit wie über die Gelehrsamkeit des Wiener Sinologen. Die strenge Kritik, welche er an seinen Fachgenossen übte, trug ihm manche peinliche Kontroverse mit ersten Autoritäten ein, es muß aber anerkannt werden, daß er sachlich meistens Recht behielt und daß selten ein Gelehrter mit solcher Hingebung und Ausdauer seiner Wissenschaft oblag wie Erwin v. Zach[23].

Dennoch hat auch Forke die hervorragende Leistung Zachs, die er mit Recht in der erstmaligen Übersetzung des Gesamtwerkes der drei größten chinesischen Dichter sieht, voll gewürdigt, indem er betont: »Nur ein Meister der chinesischen Sprache wie von Zach konnte sie vollbringen.«

Zach legte dabei weniger Wert auf Poesie als auf eine getreue Übersetzung, wenngleich er diese, im Gegensatz zu dem von ihm früher kritisierten Pfizmaier, allerdings in einem lesbaren Deutsch darbot. Daß Zach bei entsprechendem Wollen sich aber durchaus auch in dichterische Höhen hätte aufschwingen können, beweist er mit der reifen Übertragung einer von Sima Xiangru verfaßten Beschreibung des kaiserlichen Jagdparkes, zu der sich Zach, der vor keinen Schwierigkeiten zurückschreckte, durch eine Bemerkung des bekannten englischen Sinologen Waley herausgefordert fühlte, der diesen »sich überstürzenden, glänzend perlenden Wortstrom[24]« als unübersetzbar angesehen hatte:

> Wie in heftigem Zorn entfacht,
> Heben rauschend sich die Wellen,
> Hochgeschwollen wandern sie in Hast dahin,
> Eine drängt und drückt die andere –
> Quer sich lagernd, wirbelnd drehend,
> Eilen sie, sich überschlagend,
> Dumpf ertönend, langsam steigend,
> Hoch empor und dann hinunter (in der Kurve eines Wolkengonges).

Stürzen rollend, brechend,
Überströmend, brausend,
Tosend in den Abgrund,
Stoßend, treibend,
Tobend, rasend,
An die Klippen schlagend, in den Tiefen rastend,
Wo sie leis verklingend scheinbar sterben –
Um vom neuen aus den Schlünden
Stöhnend sich emporzurichten,
Sprudelnd, spritzend,
Kochend, zischend,
In der Jagd nach andern Schaum aufwerfen,
Pustend, atemlos
Die Weite suchen,
Endlich ruhig, tonlos
Sich in's ewige Meer ergießen[25].

Ein ähnlich tragisches Ende wie Zach nahm etwa ein halbes Jahrhundert früher der damals noch nicht fünfzigjährige Generalkonsul Joseph Haas (1847–1896). Wenn er neben mancherlei Erwähnung an anderen Stellen dieses Buches noch in diesem Kapitel Aufnahme findet, so wegen seines großen Beitrages zur Förderung der China-Wissenschaft überhaupt und der Verbreitung von China-Kenntnissen in Österreich; das sind Verdienste, die weit über die Belange und den Tätigkeitsradius eines Konsuls hinausgehen.

Haas war 1866 neunzehnjährig auf mehr oder weniger private Einladung Overbecks zum österreichischen Konsulat in Hongkong gekommen. Overbeck kam für seinen Lebensunterhalt auf, Haas' Vater, Konsul in Rustschuk, unterstützte den Sohn zusätzlich etwas, und erst nach mehr als einem Jahr wagte es dieser, beim Außenministerium um eine kleine jährliche Subvention anzusuchen[26]. Nach drei Jahren begleitete Haas als Dolmetsch-Eleve die Vertragsdelegation unter Contre-Admiral Petz nach Peking. Haas verdankt es Petz, daß er nach dieser Mission in Shanghai verbleiben und, neben der Fortsetzung seiner Sprachstudien, eine Tätigkeit im dortigen Konsulat aufnehmen konnte[27].

Und Shanghai blieb mit kurzen Unterbrechungen (so etwa, wenn er später in Amtsgeschäften nach Korea oder auf Heimaturlaub fuhr) Domizil und Wirkungsstätte dieses »alten Chinesen«, wie er sich selbst oft nannte. Mit 27 China-Jahren war er dort der dienstälteste »offizielle« Österreicher. Aufgrund seiner guten Sprach- und Landeskenntnisse sowie seiner ausgezeichneten Beziehungen zu den chinesischen Ämtern war Haas sowohl auf seinem eigentlichen Gebiet, dem Handel zwischen den beiden Ländern, wie auch als Kenner und eifriger Sammler chinesischer Kunst und Literatur äußerst aktiv und erfolgreich. Große Teile seiner so erworbenen Güter überließ er in Schenkungen österreichischen Museen und Bibliotheken; die österreichischen Sinologen erhielten auf diese Weise eine Vielzahl ihnen vorher unzugänglicher grundlegender chinesischer Werke, und insbesondere der alte Pfizmaier verdankte ihm eine Ausgabe des Dichters Bai Juyi, deren Bearbeitung dann die letzten Lebensjahre des unermüdlichen Mannes ausfüllte.

Diese Seite seiner Tätigkeit brachte Joseph Haas, der 1892 zum Generalkonsul ernannt worden war, neben Ordensverleihungen auch die ersehnte Erhebung in den Adelsstand[28]. Ein anderer großer Wunsch ging Haas freilich nicht in Erfüllung: Nachdem Peking wieder Sitz einer eigenen österreichisch-ungarischen Gesandtschaft geworden war, wäre er gern der Vertreter Österreichs in der chinesischen Hauptstadt geworden und war wohl mit Recht zutiefst enttäuscht, als statt seiner der damalige Generalkonsul in Tanger, Boleslawsky, zum Gesandten ernannt wurde[29].

Wenn Haas unter den Sinologen geführt wird, so nicht nur wegen seiner indirekten Förderung der China-Wissenschaft, sondern auch wegen eigener einschlägiger Betätigung: Er war Mitglied der British Royal Asiatic Society in Shanghai, der anzugehören eine gewisse Ehre bedeutete, und wirkte als deren langjähriger Sekretär. Im Journal der Nordchina-Abteilung dieser Gesellschaft publizierte Haas einige kleinere sinologische Arbeiten. Daneben liegen gedruckte Vorträge – speziell zu Themen des Handels – vor, welche Haas während seiner Urlaube in Österreich gehalten hat. Vor allem aber verfaßte er ein recht brauchbares deutsch-chinesisches Konversationsbuch, das 1870 erschien und mehrere Auflagen erlebte[30].

Haas, eine allseits geachtete und beliebte Persönlichkeit (anläßlich seiner Abreise nach Korea füllten lange Spalten darüber die Shanghaier Zeitungen), wurde wegen seiner Umgangsformen, seiner ausgezeichneten Beziehungen und seiner chinesischen Sprachkenntnisse aktenkundlich von allen Kapitänen österreichischer Schiffe aufs höchste gelobt. So schrieb auch der damals für China mitzuständige österreichisch-ungarische Geschäftsträger in Tokio, Heinrich Graf Coudenhove-Kalergi, am 20. Oktober 1894 in einem Brief an Sektionschef Pasetti-Friedensburg im Außenamt:

> In Folge der kriegerischen Ereignisse *(gemeint ist der chinesisch-japanische Krieg, Anm. d. A.)* hatte sich zwischen Generalconsul Haas und mir eine lebhafte Correspondenz entsponnen. Ich bin zur Überzeugung gelangt, dass er ein höchst thätiger, unermüdlicher, in allen Verhältnissen China's vortrefflich bewanderter Beamter ist. Der russische Militärattaché Oberst Wogack hat mir vor einigen Wochen gesagt, Herr Haas arbeite von früh bis abends und in ganz Shanghai gebe es Niemanden, der über China so gut unterrichtet ist, wie er[30a]...

Haas war auch Beisitzer des sogenannten »mixed court« in Shanghai und bei den chinesischen Kollegen sehr beliebt. Umgekehrt hatte auch Haas selbst eine hohe Meinung von den Chinesen. Er schätzte nicht nur deren praktischen Verstand und die Treue, mit der sie die zumeist mündlich geschlossenen Verträge bis aufs I-Tüpfelchen erfüllten, sondern auch ihre friedliebende Art und die Großmut, mit der sie wirtschaftlich Unterlegene behandelten. Er war gern in dem Land, »wo der Charakter des Volkes Einem so sympathisch ist[31]«.

Besonders herzlich war seine Beziehung zu Richter Cheng (Tseng). Sowohl Leopold von Jedina, damals noch Linienschiffs-Lieutenant[32], als auch der Teilnehmer der Széchenyi-Expedition und Haas' nachmaliger Kollege in Yokohama, Gustav Kreitner[33], hatten Gelegenheit, an Gerichtssitzungen mit Haas und Cheng teilzunehmen, die sie ausführlich beschreiben, wie auch die sich anschließende Einladung durch den chinesischen Richter.

Generalkonsul Haas und der mit ihm befreundete chinesische Richter (Archiv des Österreichischen Marineverbandes)

Haas starb auf unerwartete und tragische Weise. Er war mit einigen Kollegen anderer Länder während eines Schiffsausfluges zu weit ins offene Meer hinausgeschwommen, wo ihn dann offenbar plötzlich die Kräfte verließen und jede Hilfe zu spät kam. Er war damals erst 49 Jahre alt, hinterließ wenig Vermögen und eine völlig gebrochene junge Frau (die er nach einem langen Leidensweg mit seiner sehr kranken ersten Frau nach deren Tod erst wenige Jahre vorher geheiratet hatte), für welche seine Freunde aller Nationalitäten, die Haas auch ein Denkmal errichteten, eine Sammlung veranstalteten, um ihr eine möglichst bequeme Heimreise zu ermöglichen. Viele Nachrufe und die Tatsache, daß man sich in Shanghai noch Jahre nach dem Tode jeweils am 26. Juli am Grabe von Haas zu dessen Gedenken versammelte, bezeugen, wie geachtet und beliebt der Generalkonsul überall gewesen ist.

Daß die fremde Umgebung und das ungewohnte Klima nicht jedem Österreicher so gut bekamen wie dem geschätzten Generalkonsul Haas, zeigen einige Querelen, mit denen dieser während seiner Amtszeit konfrontiert war. In einem Falle ging es dem Ärmsten fast an den Kragen, als Sigmund Ritter von Fries, möglicherweise in einem Anfall von Tropenkoller, Satisfaktion forderte. Zum Glück für Haas wurde Fries zur fraglichen Zeit gerade von Shanghai nach Taiwan versetzt, wodurch eine beruhigende Entfernung zwischen Konsul und Koller lag.

Josef von Doblhoff, über den wir im vorigen Kapitel berichtet haben, hatte den Streitbaren noch unbeweibt, Chinesisch lernend und bei einem chinesischen Zollhaus angestellt im Jahre 1874 angetroffen, einen »Wiener von ächtem Schrot und Korn«, welcher statt »sehr« und »viel« stets das Attribut »massenhaft« verwendete[34], manchmal plötzlich in sich gekehrt, aber doch ziemlich normal gewesen zu sein schien. Eine Zeitlang war auch Sigmunds Bruder Ludwig als »Functionär bei der kaiserlich chinesischen Verwaltungsbehörde der Vertraghäfen und Seezölle« in China beschäftigt, und beide gaben zusammen eine »übersichtliche«, recht informative »Darstellung der Thee-Cultur« heraus, in der sie diesem Getränk, vor allem im Vergleich zum Kaffee, höchstes Lob spendeten. Ja, sie meinten sogar, das Teeblatt werde nebst Maulbeerzweig einst das Feldzeichen der Chinesen sein, wenn diese – in Umkehrung des damaligen Trends – nun ihrerseits westwärts zögen, um in Europa Niederlassungen zu gründen[35]. Jedenfalls beruhe die Verstandesklarheit der Chinesen auf dem häufigen Genuß dieses und der Meidung berauschenden Getränks[36].

Sei es nun, daß Sigmund Fries selbst zu wenig davon genossen hatte oder daß ihm der Ehestand auf die Dauer nicht bekam – jedenfalls weigerte er sich hartnäckig, bei einem Spitalsaufenthalt seiner Frau die Kosten für die erste Klasse zu zahlen. Er erreichte gegen den Widerstand der Ärzte und der Patientin, die gegen ihren Ehemann mit Datum vom 22. August 1886, Eingabe Nr. 315, Beschwerde wegen grober Behandlung führte, ihre Verlegung in die zweite Klasse, und der gutmütige Konsul, der die Sache nicht noch peinlicher werden lassen wollte und den Differenzbetrag für die bisherigen vier Tage aus eigenem beglich, wurde dafür von dem streitbaren Ritter Fries zum Duell gefordert[37]!

Ludwig Ritter von Fries mit Familie während seines China-Aufenthaltes
(Im Besitz von Prof. Udo Fries)

Einwohnermeldestelle ATZENBRUGG

Grund Nr. 05514241

50 kr.

1893 VIII K.K. CENTRAL-STEMPELAMT WIEN

Moi soussigné Missionnaire Apostolique de la Congrégation des Lazaristes assistant de S.G. Monseigneur Delaplace Evêque, Vicaire Apostolique de Péking

Je certifie avoir baptisé solennellement un enfant du sexe masculin né du légitime mariage de

Monsieur Ludwig Ritter von Fries

et de Madame la Comtesse Irène Orssich

Et avoir imposé au dit enfant le nom de **Wolfgang**.

En foi de quoi j'ai délivré le présent Acte, que tous les Assistants ont bien voulut contresigner

Fait à Péking le vingt Mars de l'année MICCCLXXX

Augusta Daae. Alph. Favier

[illegible]

E. Ohemer.

R. Hart.

Vte de Lavaur

J. Porter. Irene von Fries J. M. Daae

geb. Gräfin Orssich

L. v. Fries.

Le Ministre de la République française en Chine, soussigné, certifie que la signature apposée ci-dessus est bien véritablement celle de M. l'abbé Favier, missionnaire apostolique de la congrégation des Lazaristes.

à Pékin, le douze Mars mil huit cent quatre vingt un.

[illegible]

LÉGATION DE FRANCE EN CHINE * RÉPUBLIQUE FRANÇAISE

Auszug aus der Matrikel des k. und k. oesterreichisch-ungarischen General Consulates in Shang[hai]

No.	Name	Geburtsjahr, Monat und Tag	Geburtsort	Zuständigkeit	Aufenthaltsort	Glaubensbekenntniss	Stand	Beruf	Nachweis der Staatsangehörigkeit	Datum Act der Eintragung
130	Fries, Ritter von Wolfgang	1880 Jänner 5.	Peking China	Wien Oesterreich Graz Steiermark	Kiukiang	katholisch	ledig	Sohn des [illegible] N° 59 [illegible] Ludwig Ritter von Fries [illegible] Irma von Fries, geb. Gräfin Orsić von Slavetić	Taufschein Peking 20. März 1880	188[illegible] N° 10[illegible]

Für die Richtigkeit obigen Auszuges
Shanghai, am 14. September 1882

No 299

Taufschein (S. 277) und Matrikelauszug für den in Peking geborenen Sohn Wolfgang des österreichischen Seezollbeamten und Mitverfassers der »Darstellung der Thee-Cultur«, Ludwig Ritter von Fries (Im Besitz von Prof. Udo Fries)

Ludwig Ritter von Fries war auch zeichnerisch begabt
(Im Besitz von Prof. Udo Fries)

Hätte Fries in ruhigeren Stunden nicht doch noch etwas anderes außer Drohbriefen geschrieben, wäre auch dieser Bericht über Ängste und Leiden eines österreichisch-ungarischen Generalkonsuls nie gedruckt worden. So aber hatte Fries, sich zum Nutzen und anderen zum Frommen, während seiner Studienzeit eifrig Exzerpte aus chinesischen Geschichtsbüchern gemacht, die er in imponierender Zahl, bunter Mischung und schönen chinesischen Druckzeichen darbot, den beeindruckten Leser, dem er all das zur Lektüre anempfahl (außer einem Werk von Xu Jiyu[38], vor dessen »gräulichen Fehlern« er warnte – und das, nebenbei gesagt, gar nicht China zum Gegenstande hatte!), mit der Frage zurücklassend, ob es denn nach so vielen Studien nicht möglich gewesen wäre, übersichtlicher zu arbeiten. Zumal Fries einen chinesischen Lehrer zur Seite hatte und außerdem zu jener Zeit mit seiner lieben Frau noch im Frieden lebte, wie ein Dank an sie in der Einführung der Friesschen *Geschichte Chinas* zeigt[39]. Trotzdem hatte das Werk damals seinen Wert und wurde in der Fachliteratur zitiert[39a].

Bevor wir zu einem weiteren, zumindest zeitweise streitbaren Vertreter dieser an sich so friedlichen Wissenschaft übergehen, wollen wir den Leser Atem schöpfen lassen und eines Mannes gedenken, von dem Kollegen mit Wertschätzung gesprochen haben und der anscheinend von ausgeglichener, friedfertiger Natur gewesen ist.

Dr. Rudolf Dvorak (1860–1920)[40] war Professor für orientalische Philologie an der k. k. böhmischen Universität in Prag. Vielleicht bewirkte die fast ausschließliche Beschäftigung mit chinesischer Philosophie diese freundliche Geisteshaltung, möglicherweise aber hatte dafür auch schon seine Studienzeit bei Gabelentz im gemütlichen sächsischen Leipzig die Grundlagen gelegt.

Von Dvorak liegen neben einigen türkisch-persischen Arbeiten (veröffentlicht in den Sitzungsberichten der Akademie der Wissenschaften in Wien, deren Mitglied er aber nicht war, sowie in der Zeitschrift der Deutschen Morgenländischen Gesellschaft) Werke über Konfuzius und Laozi (Lao-tse) in tschechischer und deutscher Sprache nicht völlig gleichen Inhaltes vor, publiziert in Prag und Münster zwischen den Jahren 1887 und 1903, sowie eine Beschreibung Chinas in tschechischer Sprache, Prag 1900[41].

Dvorak hat sich bemüht, die von ihm in Auszügen übersetzten und kommentierten Werke aus chinesischer Sicht zu interpretieren. Angesichts ihres chinesischen Ursprungs fand er es unstatthaft, fremde oder gar moderne europäische Anschauungen darin zu suchen bzw. in sie hineinzutragen[42]. In seiner Kontroverse mit Kühnert hat sich Rosthorn[43] recht lobend über Dvoraks Beitrag zu diesem Thema geäußert und dessen *Confucius* als eine verdienstvolle Arbeit bezeichnet.

Wenn an anderer Stelle erklärt wurde, Zach sei der Streitbarste unter den Sinologen gewesen, so ist das sicherlich richtig, und die Art, wie er seine Kämpfe ausfocht, legt Zeugnis ab von einem zwar bissigen, aber doch klaren, scharfen Verstand. Seine Kritiken an anderen hatte ihre Begründung in seinem eigenen umfassenden Wissen. Dadurch fiel es beispielsweise einem Rosthorn nicht so schwer, würdigende Worte für Zach zu finden, auch wenn dieser nicht immer recht gehabt hatte und gewiß an der Form des Vorgebrachten Anstoß zu nehmen war. Als Rosthorn den Nekrolog für Zach verfaßte, sprach aus ihm außerdem schon die Weisheit des Alters. Doch hatte er sich auch früher schon vornehm vom Sinologen-Gezänk ferngehalten und gelten lassen, was es an Leistungen gab, selbst wenn ihm die Person oder die von ihr vertretenen politischen Ansichten nicht sympathisch waren. Zweifellos aber ist Rosthorn Besserwisserei auf die Nerven gegangen, die, wenn nicht mit Ignoranz, so doch mit mangelnden Kenntnissen verbunden war. Unter diesem Blickwinkel ist auch die Kontroverse zwischen dem noch jungen Rosthorn und Franz Kühnert zu sehen.

Im folgenden kurz Kühnerts Lebensdaten (nach dem *Österreichischen Biographischen Lexikon*):

> Kühnert, Franz, Astronom und Sinologe. Geboren in Wien am 19. 7. 1852, gestorben daselbst am 25. 9. 1918. Studierte 1871–75 an der Universität Wien Mathematik und Physik; war seit 1871 Mitarbeiter bei der österreichischen Gradmessungskommision unter Th. R. v. Oppolzer und etwa 1877–86 Assistent an dessen Privatsternwarte in Wien-Josefstadt. Wohl wegen wirtschaftlicher Schwierigkeiten konnte er erst 1885 sein Studium mit der Promotion zum Dr. phil. abschließen. Neben einigen astronomischen Beobachtungen veröffentlichte er vorwiegend theoretische Arbeiten über Bahnbestimmung von Planeten und Kometen. Durch eine Arbeit über die Shu-king-Finsternis (1879) wurde er zum Studium der chinesischen Sprache angeregt, die er brieflich bei W. Schott (Berlin) erlernte. 1882 übersetzte er bereits kleinere, Himmelserscheinungen betreffende Abschnitte aus dem klassischen Chinesisch. 1886 studierte er auch Sanskrit bei Bühler in Wien. 1891 Privatdozent für chinesische Sprache an der Universität Wien, 1897 Professor an der Konsularakademie[44]. Kühnert beschäftigte sich mit Astronomie, Mathematik und Kalenderberechnung, Philosophie und Weltbild der Chinesen, mit chinesischer Musik und deren Tonsystem sowie mit Problemen der Astronomie. Seine Arbeiten zeichnen sich durch besondere Genauigkeit, logischen Aufbau und gründliche Sachkenntnis aus. Regierungsrat, Mitglied der Morgenländischen Gesellschaft und Offizier des rumänischen Kronenordens[45].

Daß das Lexikon nicht immer recht haben muß und der gelernte Mathematiker Kühnert, der zeitweise auch versuchte, dem Chinesischen mathematisch beizukommen, auf dem Gebiet der Sprache nicht so genau war wie offenbar im naturwissenschaftlichen Bereich und wie es der Biograph vermerkt, wird noch festzustellen sein. Mehr zu bedauern ist, daß der Biograph Kühnerts China-Aufenthalt in den Jahren 1892/93 nicht erwähnt, obwohl diesem doch die umfangreichsten linguistischen Werke des Wissenschaftlers entsprangen[46]. Kühnert gibt in einem an den Mitherausgeber der *Wiener Zeitschrift für die Kunde des Morgenlandes,* den schon früher erwähnten Anthropologen und Sprachwissenschaftler Friedrich Müller, Schilderungen von verschiedenen Mühsalen, die ihm bei diesem Aufenthalt in Nanking widerfuhren, schließt aber den Brief mit den Worten:

> Abgesehen von diesen Unannehmlichkeiten ist das Land wunderschön, und man begreift es vollkommen, daß der Chinese sich stets nach seiner Heimat sehnt[47].

War Kühnert vor seinem Aufenthalt in Nanking vornehmlich mit astronomischen Problemen beschäftigt gewesen, so verlagerte sich nun sein Interesse deutlich auf den linguistischen Bereich. Dabei wagte er sich auch in philosophische Sphären, indem er den Versuch unternahm, die Lehre des Konfuzius neu zu beleuchten und verbreitete Auffassungen zu widerlegen, die er insbesondere in den zu den Standardwerken zählenden Übersetzungen von James Legge fand. Kühnerts durchaus nicht nobel zu nennende Art ärgerte Rosthorn. Er hatte bei Legge in Oxford studiert und war von den Vorlesungen des alten Mannes durchaus nicht begeistert gewesen; dennoch fiel es ihm nie ein, Legges einstige große Leistungen zu leugnen. In seiner Schrift *Confucius, Legge, Kühnert* nimmt Rosthorn seinen Lehrer in Schutz, indem er Kühnert nicht nur Präpotenz, sondern auch Ignoranz vorwirft:

> Wenn Herr Dr. Kühnert es für befremdend erklärt, dass »man« über eine Lehre oder Theorie aburtheilt, obwohl »man« eingestehen muß, sie nicht zu verstehen, so muss für den nicht Eingeweihten hinzugefügt werden, dass hier eine Entstellung der Thatsachen vorliegt. Legge urtheilt über die in Frage stehende Lehre nicht ab, sondern er bemüht sich sie zu erklären, und wenn er gelegentlich sagt, dass ihm dieses oder jenes nicht völlig klar geworden ist, so ist dies eben eine bescheidene Wendung, welche den Nestor der Sinologie, der seinem Fache seit mehr denn einem halben Jahrhundert lernend und lehrend obliegt, vortrefflich kleidet. Echtes Wissen ist stets mit Bescheidenheit gepaart, und wo Eigendünkel die Feder führt, kann man sicher rechnen auch auf Unwissenheit zu stossen[48].

Rosthorn selbst gibt sich ebenfalls bescheiden, wenn er an Stellen, wo er – bzw. Legge – eindeutig im Recht ist, sagt, er wolle nicht als Richter auftreten, sondern die Chinesen zu Wort kommen lassen, »denen man immerhin so viel Vertrautheit mit ihrer Sprache zutrauen darf, wie unserem selbstbewußten Verfasser[49]«, und ihnen die Beweisführung dafür überläßt, wie sehr Kühnert im Unrecht ist.

Kühnert war auch auf rein linguistischem Gebiet recht glücklos. Selbstverständlich finden sich in seinem umfangreichen Werk Passagen, die heute noch interessant und lesenswert sind – über die astronomischen Arbeiten kann und soll hier überhaupt nicht geurteilt werden –, aber neben dem von ihm entwickelten, recht eigenartigen phonetischen System der chinesischen Sprache findet sich eine Reihe wirklich grober grammatikalischer Fehler, die es schwer machen, Kühnerts rein sprachlichen Publikationen mehr als flüchtige Aufmerksamkeit zu schenken. Er war mit recht geringen Kenntnissen – nicht nur in sprachlicher Hinsicht – nach China gekommen, obwohl er sich doch bereits einige Jahre mit dem Land befaßt und über einzelne Themen publiziert hatte. Auch aus Nanking schickt er alsbald Artikel zu Publikationszwecken. Bei der Beschreibung des Grabes des Gründers der Ming-Dynastie weiß er mit den Wächterfiguren nichts Rechtes anzufangen. Dennoch hofft er, etwas davon für die Wissenschaft »acquiriren« zu können:

> Sollte es möglich sein, ohne fürchten zu müssen gelyncht zu werden, etwas für die Wissenschaft acquiriren zu können, so werde ich nicht ermangeln, eine Partie für die Heimat zu erwerben[50].

Ähnlich sah es auch mit anderen Bereichen aus, über die Kühnert sehr bald Publikationen vorlegte, in denen er – in sehr rechthaberischer Weise – immerhin so bekannte Leute wie Wade und Edkins angreift. Er vertritt die unglückliche These und verficht sie vehement, daß die Sprache von Nanking (genauer gesagt: die Beamtensprache von Nanking) die eigentliche chinesische Hochsprache sei und speziell Wade mit der Sprache von Peking eigentlich nur eine »tuyu«, was ein nicht besonders schmeichelhaftes Wort für »Dialekt« ist, untersucht habe[51]. Mit diesen Angriffen hatte sich Kühnert auf ein für ihn zu glattes Parkett begeben. Auf nur einer Seite bringt der Angegriffene, Thomas Wade (der sich sicherlich hinter den Initialen T.W. verbirgt), Kühnert im *Journal of the Royal Asiatic Society* treffsicher zur Strecke. Wade sagt: Kühnert hat in Peking und Nanking gelebt. Der chinesische Sekretär der belgischen Gesandtschaft in Peking hat ihm gesagt, daß er Chinesisch wie ein Chinese spreche. »The Secretary has probably made a similar statement to every foreigner who has tried to speak Chinese to him[52]!« – Tatsächlich bewies Kühnert, indem er sich nicht genierte, das Kompliment des chinesischen Sekretärs zu veröffentlichen, nicht nur einen großen Mangel an Bescheidenheit, sondern auch an Kenntnis der chinesischen Wesensart. Der Rezensent, der weiter von einer seltsamen (»peculiar«) Art der phonetischen Transkription bei Kühnert spricht, brauchte nur noch einen grundlegenden grammatikalischen Fehler in Kühnerts Publikation anzuführen, um alles weitere in Zweifel zu ziehen. Und es gab nicht nur diesen einen Fehler[53].

In recht unfairer Weise verfährt Kühnert mit einem anderen Wissenschaftler, der kein Sinologe ist und der sich mit einem chinesischen Kulturdenkmal befaßt hat[54]. Kühnert läßt es nicht dabei bewenden, einige tatsächlich vorhandene Fehler zu korrigieren, sondern versucht, zum Teil mit Verdrehungen, den Betreffenden zum Scharlatan zu stempeln.

Ganz sicher war es diese unsachliche Art Kühnerts, die Rosthorn dazu gebracht hat, auf eine äußerst gelehrt wirkende, weitschweifige Erklärung einer Teekannen-Aufschrift von ganzen zweiundzwanzig Zeichen mit knappen Worten zu parieren, indem er nur die notwendigsten Erklärungen abgab und der Kühnertschen Version seine eigene Übersetzung folgen ließ:

> *Kühnert* übersetzt:
> »(Marquis) Ting-yuen hatte die Feder bei Seite gelegt; aber erst am Hindukusch, Mittsommer 92 (p. Chr.) trat das gewünschte Verhältniss der menschlichen Schreibkunst zu einem glänzenden Haus ein.«
>
> Die Übersetzung sollte lauten:
> *»Ting-yuan wirft den Schreibstift von sich.«* (Das ist das Motiv der Zeichnung. Was folgt, bezeiht sich auf die Kanne.) *»Im Jahre jen-ch'en, im fünften Monat, gemalt nach dem Vorbild des T'ienchu shan-jen im Iya-shih von Yü Tzu-ming*[55].«

Der bekannte deutsche Sinologe und Kunstkenner Dr. Friedrich Hirth, von Friedrich Müller, dem Mitherausgeber der Zeitschrift, die den »Teekannenstreit« publizierte, zu einer Stellungnahme aufgefordert (womit Müller seinem vormaligen Briefpartner einen Bärendienst erwiesen hatte), gab – ohne den Names des Kritikers zu kennen – Rosthorn völlig recht[56] und stellte ganz en passant – gewiß nicht zur Freude des Besitzers – auch noch fest, daß das Objekt an sich nichts wert war und den Aufwand nicht lohnte.

Angesichts dieses Streites fällt einem der eingangs erwähnte Ausspruch Schopenhauers wieder ein, und man wäre versucht, die Dinge als Haarspalterei abzutun, wenn nicht Leute vom Schlage Kühnerts, die als große Kenner des Reiches der Mitte auftraten, ihren Anteil an diversen Mißverständnissen und Fehleinschätzungen der Öffentlichkeit in bezug auf China gehabt hätten. Dazu sei erstens noch die in höchsten Tönen lobende Rezension erwähnt, welche der China-Fachmann Kühnert einem Druckwerk wie *Chinesisches in Unkraut, Knospen und Blüthen*[57] zuteil werden ließ, das bestenfalls geeignet war, höhere Töchter zu rühren. Zum andern aber, und das wiegt schwerer, hat er mit dazu beigetragen, daß einem der größten Dichter Chinas und der Weltliteratur, Du Fu, eine falsche Bewertung zuteil wurde. In der nun schon sattsam bekannten Art bringt Kühnert nach einer Reihe anderer sprachlicher Lächerlichkeiten folgenden Satz zu Papier:

> In Wahrheit hat er (Du Fu) sich in nichts zu schämen in Bezug auf seinen geschichtsschreibenden Pinsel, und kann nicht zu sehr in der Dichtung gelobt werden[58].

Erwin von Zach, seinem ehemaligen Lehrer gegenüber – zumal angesichts solcher Abstrusitäten – von erstaunlicher Langmut, gibt nur eine nüchterne Korrektur der Kühnertschen Konfusion und übersetzt diese letzten Sätze in folgender richtiger Weise:

> Wahrlich, er hat alles Anrecht auf den Titel »politischer Dichter« und kann nicht bloß Dichter genannt werden[59].

Kühnert nannte eine seiner Arbeiten: »Über einige Klippen bei Übersetzungen aus dem Chinesischen«. Über manche dieser Klippen ist Kühnert selbst gestolpert, hängengeblieben und dort vergessen worden.

Bevor wir uns dem letzten bekannteren Vertreter der sinologischen Wissenschaft in diesem Kapitel zuwenden, noch einige Sätze zu Dr. Leopold Woitsch (20. 10.1868 – ?). 1907 wird er in der Pekinger Liste des diplomatischen Corps[60] als Kanzler der Gesandtschaft geführt. Ein Jahr darauf erscheinen seine ersten Veröffentlichungen, neben Übertragungen von Gedichten Bai Juyis Untersuchungen der Pekinger Umgangssprache. Beiden, dem »Dichter und Trinker« Bai Juyi wie der Umgangssprache, blieb er treu[61], und Woitsch war sowohl hinsichtlich der Lehrmethoden und des Lehrgegenstandes wie auch in Charakter und Auftreten das ganze Gegenteil des vornehmen Professor Rosthorn. Seine Schüler verdanken ihm so manche Vokabel, die Rosthorn wohl nie über die Lippen gekommen wäre[61a]. Zu denen, die Woitschs Vorlesungen hörten, zählte auch Anna von Rottauscher, die nach Abschluß des Kurses in der Konsularakademie von Woitsch ein sehr gutes Zeugnis ausgestellt bekam, wenn der Stil ihrer späteren Arbeiten allerdings auch eher den Einfluß ihres anderen Lehrers, Arthur von Rosthorn, verrät.

Ernst Viktor Zenker
(Archiv der ÖGCF)

Obschon die Bestimmung des politischen Standortes des Politikers Ernst Viktor Zenker – zumindest in seiner aktiven Zeit – schwer fällt, so kann man ihn nach Lektüre seiner China-Schriften jedenfalls getrost unter die Konfuzianer einreihen. Eine solche Begeisterung für die ethischen Prinzipien des alten Weisen hat man nach Abflauen des Enthusiasmus, den die fast pathetischen Berichte der ersten Jesuiten über die auf dessen Lehren fußenden staatlichen Tugenden des chinesischen Reiches hervorgerufen hatten, später wohl nur noch bei Zenker vernommen.

In seiner ersten publizistischen Auseinandersetzung mit diesem Thema bemerkt Zenker: »Der Charakter des Menschen, das Werk seiner sozialen Umgebung, das Werk seiner Väter – das ist kein funkelnder Gedankenblitz, sondern ein entscheidender Grundsatz der chinesischen Moral . . .« *(Soziale Moral in China und Japan)*[62].

Der Mensch als Produkt seiner Umwelt – und der so oft fruchtlosen Auseinandersetzung mit seiner Umwelt –, auf wen hätte dieser Satz Zenkers wohl mehr zugetroffen als auf ihn selbst?

Nach fünf Schwestern als sechstes Kind verarmter Eltern (der Vater war das letzte von zwanzig Kindern gewesen, und so war von dem kleinen Gutsbesitz für das einzelne Kind nicht viel übriggeblieben) in Postelberg/Böhmen[63] am 10. März 1865 geboren, ermöglichen ihm nicht zuletzt die fleißigen Schwestern den Schulbesuch bei den Zisterziensern. Nach dem freiwillig (in Linz) geleisteten Militärdienst inskribiert er an der Wiener Universität. Bevor er endlich ein karges Stipendium erhält, bestreitet er seinen Lebensunterhalt mit Stundengeben, immer am Rande des Existenzminimums balancierend. Neben seiner großen Leidenschaft, der Philosophie, der schon der begabte Schüler so manche Stunde seiner Freizeit gewidmet hatte, gilt sein Interesse der Germanistik. *Die Nibelungen* und *Parsifal* setzen ihn in Begeisterung als »vollendetster Ausdruck deutschen Wesens und deutscher Innerlichkeit[64]«. Daneben studiert er, von dem Gebotenen fast durchwegs unbefriedigt, Sanskrit, Gotisch, Angelsächsisch, Althochdeutsch, außerdem Geschichte und Kunstgeschichte. Eine schon recht weit gediehene Disseration über *Wilhelm Meisters Lehrjahre* freut ihn nicht mehr, dazu kommen die drängenden wirtschaftlichen Sorgen, kurzum, er beschließt, freier Schriftsteller und Reporter zu werden, letzteres, wie er sagt, trotz größter Selbstüberwindung erfolglos. Dennoch betreibt er dieses »abscheuliche Handwerk[64a]« eigentlich Zeit seines Lebens. Diese Tätigkeit wird nur unterbrochen durch die Periode, für die er sich, als Unabhängiger, in den Reichsrat wählen ließ. Dort, aber vor allem auf vielen Versammlungen, hält er von den Zuhörern akklamierte, aber nicht bei allen gleichermaßen beliebte Reden[64b].

Die faktische Auflösung des Parlaments bringt Zenker zunächst wieder in wirtschaftliche Schwierigkeiten, und das Ende der Habsburger-Monarchie, welche er immer als ein Verhängnis für Österreich angesehen hatte, beendet auch seinen Aufenthalt in Wien: Er geht wieder nach Böhmen und wirkt, soweit wir das verfolgen können, als Publizist und Verleger im deutschen Kulturkreis.

Daneben war Asien eine große Liebe dieses Mannes, der sich sonst, wie man meinen könnte, seine Beschäftigungen nicht nach Lust und Laune aussuchte, sondern mit viel Pech – und in diesem Pech doch wiederum auch mit einem gewissen Glück – das tat, was sich ihm gerade bot und ihm angeboten wurde. Nach kurzzeitigen Anstellungen bei der *Österreichischen Volkszeitung* und der *Neuen Freien Presse* gab er, mit Baron Leitenberger als Sponsor, eine periodische Schrift gegen den Antisemitismus heraus *(Freies Blatt),* dann, zeitweise als Eigentümer, *Die Wage,* die später kommunistisch wurde, dazwischen 1907 – darüber schweigt er in seiner Autobiographie – den *Kämpfer. Radikales Wochenblatt* (und genaues Gegenteil des *Freien Blattes)* und schließlich nach dem Krieg, in Gablonz, die *Freie Welt,* die nach achtzehn Jahrgängen 1938 eingestellt wurde. Aber gewiß nicht deshalb, weil ihm die neuen Machthaber nicht gewogen gewesen wären. Hatte er sich doch 1935 mit dem Buch *Religion und Kult der Urarier* bestens empfohlen, und in seiner im selben Jahr erschienenen Lebensbeschreibung waren Hitlers Anfänge, wenn nicht ausführlich, so doch sehr lobend erwähnt. Was der Leser nun vermutet, findet seine Bestätigung beim Studium der Akten der Österreichischen Akademie der Wissenschaften[65] : Der Mann, der sich nie festgelegt hatte und unglaublicherweise als Unabhängiger in den Reichsrat gewählt worden war, hat zum erstenmal Farbe bekannt – und zwar braune.

Das ist der wahre Freiheitsmann,
Man sieht's ihm an den Haaren an.
Wer solchen Wald sein Eigen nennt,
Fühlt sich seit je independent.
Wer sich in den Kulturkampf stürzt,
Trägt gern die Haare unverkürzt.
Es protestiert schon die Frisur
Sinnbildlich gegen die Tonsur.
Auch hat solch Kopfschmuck sicherlich
Ins Künstlerische einen Stich,
Und außerdem markiert Herr Zenker
Auf solche Art bequem den Denker.
Ja, schließlich wird's ihn auch nicht kränken,
Sollt' irgendwer an Simson denken.

Man male sich das Bild nur aus:
Herr Zenker steht im Hohen Haus,
Geblendet – solches gilt natürlich
In jedem Sinne nur figürlich –
Es höhnen ihn die Klerikalen
Und weiden sich an seinen Qualen,
Es heben drohend auf die Hand
Die Herr'n vom Nationalverband.
Da wird's in seinem Busen helle,
Er betet zu der Schöpferzelle
Und reißt des Hauses Säulen um:
Agrarier- und Muckertum.

Doch weil sie gar so feste stehen,
Muß erst ein Wunder noch geschehen . . .

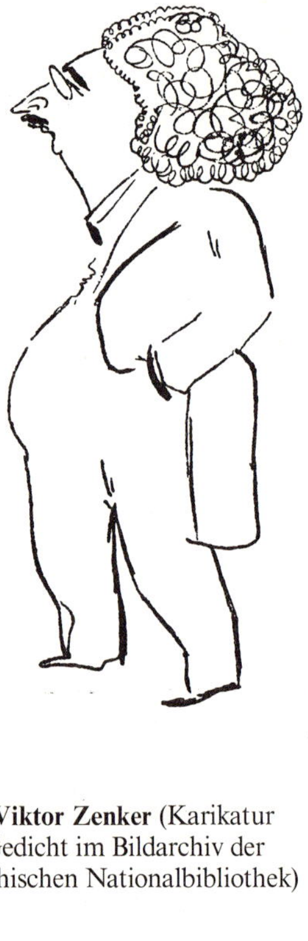

Ernst Viktor Zenker (Karikatur und Gedicht im Bildarchiv der Österreichischen Nationalbibliothek)

Und so geschah auch das Wunder, daß zwei sinologische Schriften des nicht einmal promovierten Mannes[66] in die Sitzungsberichte der Akademie der Wissenschaften Aufnahme fanden! Allerdings hatte sich Zenker im sinologischen Bereich mit den 1926/27 erschienen zwei Bänden der *Geschichte der chinesischen Philosophie, zum ersten Male aus den Quellen dargestellt,* bereits ausgewiesen und einen Namen gemacht.

Wie sah es mit Zenkers Qualifikationen für ein solches Unterfangen aus? Die philosophische Befähigung hatte er aufgrund seiner Ausbildung und langjährigen Beschäftigung zweifellos. Was China und die chinesische Sprache betrifft, so hatte er mit Studien begonnen, als der russisch-japanische Krieg das europäische Interesse wieder einmal auf Asien lenkte, aber er machte »nur langsam und ruckweise Fortschritte«, weil ihm die nötigen Studienbehelfe noch nicht zur Verfügung standen. »Immerhin habe ich seit jener Zeit von diesem Studium nicht mehr abgelassen und meine Kenntnisse nicht nur der Sprache, sondern auch der Literatur und Philosophie jener Völker (Chinas und Japans) in Jahrzehnten immer mehr zu vertiefen mich gemüht[67].«

Diese Studien erweckten in ihm den Wunsch, selber den Osten zu besuchen. Er faßte 1910 sogar den Plan – da sein Eheverhältnis um diese Zeit »auch die denkbar trübseligste Gestaltung genommen hatte« –, sich im Dienst irgendeines großen deutschen Handlungshauses nach Ostasien senden zu lassen, dort in Mußestunden seine Sprachstudien zu vollenden, um dann hier oder dort sich eine neue Lebensstellung zu schaffen[68]. Seine Wahl in den Reichsrat ließ ihn dann diese Pläne wieder aufgeben. Obwohl er nun ganz in seiner politischen und parlamentarischen Tätigkeit aufging, hat er seine Asien-Interessen doch nie völlig fallen gelassen. 1914 erscheint bei Duncker und Humblot die *Soziale Moral in China und Japan,* nach einem Vortrag, den der Autor im selben Jahr vor dem Sozialwissenschaftlichen Akademischen Verein in Czernowitz gehalten hatte. Auf den 42 Seiten beschäftigt sich Zenker allerdings fast ausschließlich mit China,

> weil die soziale Moral Chinas unbestritten die gesamte Kultur des fernen Ostens beherrscht, und weil auch das Geistesleben Japans ganz von den philosophischen Lehren und praktischen Idealen Chinas beherrscht ist. Allerdings ist der japanische Volkscharakter von dem der Chinesen grundverschieden – hier ein ausgesprochenes Eroberervolk, dort ein friedliches Kolonistenvolk –, und dementsprechend hat sich auch das japanische Staatsleben in ganz anderen Formen entwickelt als das chinesische. Aber die ethische Unterlage ist doch in beiden Verhältnissen dieselbe, und sie ist es, die den Bestand dieser Kulturen gesichert hat durch die Jahrtausende, die den Japanern zu den Siegen auf den Schlachtfeldern der Mandschurei verholfen und den angeblich längst überlebten Chinesen die Kraft der Erneuerung gegeben hat[69].

Zenker übt weiter scharfe Kritik an den europäischen Militärstaaten, die nach seiner Überzeugung in China Pyrrhussiege errungen hatten, und teilte durchaus nicht deren Auffassung, wonach sie der geringgeschätzten »gelben Rasse« die »heiligsten Güter der Menschheit gebracht« hätten[70]. Er macht sich lustig über diese Ignoranten, die Träger einer uralten Kultur wie Fidji-Insulaner behandelten.

Die Chinesen haben nach Zenker als friedliche Kolonisten ihr großes Reich durch intensive Kulturarbeit aufgebaut und zusammengehalten. Grundlage dafür ist nach seiner Ansicht die patriarchalische Familie und analog dazu der auf Liebe und Pietät gegründete patriarchalische Staat. Zweifellos hat Zenker sowohl die historischen Zustände idealisiert als auch, trotz gewisser Einschränkungen, die Möglichkeiten einer Erneuerung Chinas auf eben diesen Grundlagen überschätzt.

Was er hier im kleinen anreißt, führt Zenker 1926/27 in seiner *Geschichte der chinesischen Philosophie* (die auch in französischer Übersetzung 1932 in Paris erschien) in großem Stil weiter. Seine Intention war es, dem gebildeten Durchschnittseuropäer, dessen »Kenntnis von der Geistigkeit des ältesten Kulturvolkes der Erde, . . . sehr milde ausgedrückt, bettelhaft ist[71]«, mehr Verständnis und Urteilsvermögen zu verschaffen, denn:

> Selbst die Urteile berufsmäßiger Politiker, Staatsmänner und Zeitungsleute über China und die Chinesen sind meist so oberflächlich und schief, daß die chinesische Politik der europäischen Kabinette nicht anders als verhängnisvoll falsch sein kann. Was Europa über China weiß, geht auch heute noch in der Hauptsache auf die Berichte von Missionaren, politischen oder Handelsagenten und Weltbummlern zurück, die entweder, durch religiöse und kulturelle Vorurteile beeinflußt, kein verläßliches Urteil zu fällen in der Lage sind, oder obendrein infolge vollständiger Unkenntnis der chinesischen Schrift und Sprache überhaupt keinen Anspruch haben, ein ernstes Wort über das chinesische Volk mitzusprechen[72].

Er meinte, daß die Ereignisse im Fernen Osten, deren Verlauf und Ausgang die Neugestaltung der Welt, auch unserer Welt, wesentlich mitbestimmen würden[73].

Es war sein Hauptanliegen, das schiefe Bild zurechtzurücken, das im Europa des 19. Jahrhunderts von China entstanden war. Dazu hat Zenker eine Fülle von Material zusammengetragen und verwertet[74]. Dieses recht lesbare Buch war einer der ersten Versuche in Europa, die chinesische Geistesgeschichte systematisch darzustellen und blieb dies auch auf längere Sicht. Die Chinesen selbst hatten nichts Vergleichbares anzubieten. Es ist Zenker zweifellos als Verdienst anzurechnen, daß er den gewiß nicht leichten Stoff den Lesern in anschaulicher Weise nahegebracht hat. Wie groß die Zahl der Leser war, ist freilich schwer feststellbar; sicher ist, daß es »sinologische« Leser gegeben hat: Zenker bedauert in der Vorrede zum zweiten Band, daß von dieser Seite keineswegs eine fundierte Kritik gekommen sei, dergestalt, daß ihm mitgeteilt worden wäre, ob seine Darstellung der chinesischen Philosophie im allgemeinen oder in einzelnen wichtigen Partien richtig sei oder nicht, und worin denn seine Fehler bestünden.

> Gerade dieser Aufgabe hat sich aber die Fachkritik entschlagen, zufrieden damit, meine Kenntnisse im Chinesischen zu bezweifeln. Auch darauf war ich natürlich gefaßt, denn ich weiß aus der sinologischen Literatur, daß immer der eine Sinologe dem anderen die Kenntnis des Chinesischen abspricht[75] ...

Zenker erwähnt dann, daß lediglich Professor Forke in einem einzigen konkreten Fall eine andere Ansicht vertreten habe, und setzt sich mit Forkes Übersetzung auseinander, wobei er durchaus imstande ist, seine Version zu begründen[76].

In einer Rezension von H. Haas (nicht mit dem Konsul Joseph Haas zu verwechseln) in der *Zeitschrift der Deutschen Morgenländischen Gesellschaft*[77] wird dem Autor jedenfalls bescheinigt, daß der bis dahin erschienene erste Band den weiten Kreis von »Gebildeten ... wirklich gute Dienste zu leisten wohl geeignet ist«. Allerdings rügt Haas, daß Zenker mit dem Lob Chinas etwas zu dick aufgetragen habe, und zitiert dazu eine Passage aus dem Werk[78]. In diesem Punkt hat der Kritiker sicherlich recht. Auch kann man, trotz durchaus logischer Argumentationsweise des Autors, Zenker dort nicht folgen, wo er den Bogen von Konfuzius zu Qin Shi-Huangdi schlägt, diesen sozusagen von Konfuzius herleitet und ihn als den Kaiser darstellt, den Konfuzius selbst sich gewünscht haben würde[79]. Es fehlte nicht viel, und er hätte Konfuzius als Revolutionär dargestellt! Auch Einrichtungen wie das Staatsprüfungssystem und die damit verbundenen Aufstiegsmöglichkeiten, die zur Zeit des europäischen Absolutismus attraktiv erschienen sein mögen, waren in China schon seit langem durch das starre Auswendiglernen kanonischer Schriften zu einem Hemmschuh der Entwicklung geworden. Diese Momente finden bei Zenker keinerlei Berücksichtigung.

Die folgenden und letzten beiden sinologischen Schriften Zenkers, die dann erst viel später in den Sitzungsberichten der Akademie herauskamen, beschäftigen sich ebenfalls mit philosophischen Fragen, wobei Zenker die Weisheit der alten Chinesen in höchsten Tönen lobt. Dagegen ist ein längerer Artikel Zenkers, der 1936 in seiner *Freien Welt* erschien, ausnahmsweise gegenwartsbezogen: *Chinas innere Kämpfe und Japan* zeigen deutlich Zenkers Sympathien für Tschiang Kaischek und seine Abneigung gegen die »kommunistischen Nester«. Ganz richtig aber hat er erkannt, daß Tschiang Kaischek im Grunde nicht gewillt war, gegen die Japaner zu kämpfen, sondern daß er, auch um den Preis großer Zugeständnisse, bereit war, zwecks Erreichung seiner innenpolitischen Ziele mit ihnen zusammenzugehen.

Zenkers beide letzten Schriften, *Kuan-tse. Das Leben und Wirken eines altchinesischen Staatsmannes* und *Der Taoismus der Frühzeit,* sind, wie erwähnt, 1941 und 1943 von der Akademie der Wissenschaften publiziert worden. Zenker hatte, da er nicht Akademiemitglied war, der Vermittlung eines solchen bedurft, um die Schriften überhaupt vorlegen zu können, und dieser Vermittler war – Arthur von Rosthorn! Zenker hatte sich brieflich an Rosthorn gewandt, und dieser hatte, allerdings schon 1932, Zenkers Ansuchen mit folgenden Worten unterstützt:

> Zenker ist ein Gelehrter, welcher in sinologischen Kreisen durch seine zweibändige *Geschichte der chinesischen Philosophie* bestens bekannt ist. Seine Arbeiten beruhen auf unmittelbarer Quellenforschung und sind durchaus gediegen[80].

Aus wirtschaftlichen Gründen, so die Antwort der Akademie, war dann der Druck nicht möglich, 1933 gab es noch einmal einen Anlauf seitens der Akademie, Rosthorn mußte noch einmal kurz gutachten, wobei er die *Geschichte der chinesischen Philosophie* als die erste und beste Darstellung des umfangreichen und schwierigen Gegenstandes bezeichnete, die in sinologischen Kreisen viel Wertschätzung gefunden habe[81]. Dennoch vergingen aus ungeklärten Gründen noch viele Jahre, bevor das dünne Bändchen endlich in Druck gehen konnte. 1940 wird das Projekt wieder aufgegriffen, aber die Zeiten hatten sich geändert. Ausgerechnet bei Rosthorn, der sich geweigert hatte, den Ariernachweis zu erbringen, fragte man wegen Zenkers Abstammung und politischer Gesinnung an! Rosthorn überhört diese Punkte und antwortet mit Gemeinplätzen. Auch Erkundigungen in Linz, wo Zenker seine Freiwilligenzeit absolviert hatte, führten zu nichts, und so war man gezwungen, die Gretchenfrage an Zenker selbst zu richten. Die Verantwortlichen der Akademie sind mehr als erleichtert, als dieser am 3. April 1941 antwortet:

> Was meinen Ariernachweis anlagt, so teile ich nur mit, daß ich Mitglied der NSDAP und der Reichs-Schrifttumskammer bin, daß ich erst jüngst von Gauleiter Reichsstatthalter Henlein ein Forschungsstipendium erhalten habe, meine arische Abstammung also als feststehend angesehen werden kann. Im übrigen gebe ich hiemit auch die eidesstattliche Erklärung ab, daß alle meine Ahnen väterlicher und mütterlicherseits bis über alle Urgroßeltern hinaus rein arisch waren, was auch mein Ahnenpaß ausweist.
>
> Heil Hitler!
> Zenker[82]

Noch einmal bemüht Zenker Rosthorn wegen der notwendigen Vermittlung bezüglich der zweitgenannten Schrift. Diesmal ist die Akademie ohne jede Verzögerung bereit, den Wunsch Zenkers zu erfüllen, obwohl Rosthorn das Manuskript nur mit folgenden kryptischen Begleitsätzen weiterleitet:

> Der Inhalt der Arbeit ist neu und beachtenswert. Selbst wenn ich mit den Anschauungen des Verfassers nicht völlig einverstanden sein könnte, bin ich der Ansicht, daß Herr Zenker sich durch seine bisherigen Arbeiten als ein so gründlicher Kenner der chinesischen Philosophie erwiesen hat, daß mir eine Ablehnung dieses neuen Beitrages aus seiner Feder nicht gerechtfertigt erscheinen würde.
>
> A. Rosthorn[83]

Über das Ende Zenkers wissen auch Spezialhandbücher nichts zu melden. Zenker verliert sich im Pulverrauch der letzten Kriegstage. Rosthorn starb kurz nach Kriegsende an Entkräftung, nachdem er die Genugtuung gehabt hatte, das Dritte Reich zu überleben. Mit dem Hinscheiden dieser beiden so gegensätzlichen Persönlichkeiten, denen 1942, ebenfalls durch Kriegseinwirkung, Zach vorangegangen war, war auch die ältere österreichische Sinologengeneration dahin.

ANMERKUNGEN

1 Schopenhauer, *Parerga* § 187, zitiert nach Alfred Forke, *Erwin Ritter von Zach in memoriam, Zeitschrift der Deutschen Morgenländischen Gesellschaft,* Sonderabdruck aus Band 91, Heft 1, 1943, S. 13.

2 Zach war auf dieses Lob sehr stolz und zitiert es auch ausführlich in seinem für die Akademie der Wissenschaften, Wien, verfaßten undatierten Lebenslauf aus den zwanziger Jahren. S. Zach-Nachlaß der Österreichischen Akademie der Wissenschaften.

3 Zach, *Sinologische Beiträge* II, Batavia 1935, Vorwort.

3a Siehe *Han Yü's poetische Werke,* Harvard-Yenching Institute Studies VII, Cambridge (Mass.) 1952; *Tu Fu's Gedichte,* 2 Bände, Harvard-Yenching Institute Studies VIII, Cambridge (Mass.) 1952; *Die chinesische Anthologie – Übersetzungen aus dem Wen hsüan,* 2 Bände, Harvard-Yenching Institute Studies, XVIII, Cambridge (Mass.) 1958.

4 *Dr. Erwin Ritter von Zach (1872–1942) in memoriam – Verzeichnis seiner Veröffentlichungen,* hrsg. von Alfred Hoffmann, in: *Oriens extremus,* Jg. 10, Heft 1, April 1963. Daneben folgen die biographischen Schilderungen dem Nachruf Alfred Forkes mit dem gleichen Titel, in: *Zeitschrift der Deutschen Morgenländischen Gesellschaft,* Bd. 97, Leipzig 1943, dem Nekrolog im Almanach der Akademie der Wissenschaften in Wien für das Jahr 1943, S. 195 ff., den Arthur von Rosthorn, mit Zach aus der Pekinger Zeit näher bekannt, verfaßt hat, sowie von Zachs Hand verfaßten autobiographischen Skizzen, die sich im Zach-Nachlaß bei der Akademie der Wissenschaften, Wien, befinden.

5 Forke, a. a. O., S. 1.

6 Seine Sympathie für diese Wissenschaft bewies er auch dadurch, daß er seine Pension als Generalkonsul dem Mathematischen Institut der Universität Wien schenkte, dem sie regelmäßig ausgezahlt wurde. Forke, a. a. O., S. 4.

7 Nach der bei Hoffmann, a. a. O., publizierten autobiographischen Skizze von Zachs Hand.

8 Wien, Pest, Leipzig, o. J.

9 Aus Zachs autobiographischer Skizze, S. 1.

10 *Zwei Mandschu-Chinesische Kaiserliche Diplome,* T'oung pao, Leiden 1897.

11 *Weitere Beiträge zur richtigen Würdigung Prof. Schlegel's,* Peking 1902. Zach hatte auch schon in *The China Review* 1898/99 Schlegels Übersetzung korrigiert.

12 Aus einem Brief des HHSTA an A. Hoffmann zitiert, a. a. O., S. 5.

13 Ebd.

14 Brief Kuczynskis an das Ministerium des Äußern, 28. 2. 1907, HHSTA, Ad. Reg. F6/68: »Was nun die Wahl der Person des zu ernennenden Sécretaire Interprète anbelangt, so bin ich der unmassgeblichen Meinung, dass für diesen Posten der weitaus geeignetste Mann Vice-Consul von Zach wäre, welcher sich hier allgemein des besten Rufes als Sinologe erfreut und die Studien der Eleven am nutzbringendsten leiten könnte.«

15 Forke, a. a. O., S. 3. Forke spricht davon, daß das gesamte Vermögen ausgezahlt worden sei. Dazu differierende Angaben befinden sich im Almanach der Akademie der Wissenschaften in Wien für das Jahr 1929 sowie in Rosthorns Nekrolog. Jedenfalls ist die Summe beträchtlich gewesen und existiert als Erwin-Zach-Widmung noch heute.

16 Der Antrag auf Ehrung, Akademie der Wissenschaften, 19. Mai 1928, spricht tatsächlich in erster Stelle von Zachs großem Verdienst für die Wissenschaft in finanzieller Hinsicht, fügt aber dessen Lebensdaten auch eine Werkliste hinzu.

17 Forke, a. a. O., S. 4 f.

18 Briefliche Mitteilungen von Frau Dr. Mengert an A. Hoffmann, a. a. O., S. 6.

19 Dies wird auch durch Ritter von Storck an das Ministerium des Äußern berichtet, Brief v. 20. 8. 1908 aus Peking, HHSTA, Ad. Reg. F 46/261.

20 Forke, a. a. O., S. 14.

21 Ebd., S. 12.

22 Dahingehend äußerte sich auch Rosthorns Schüler, der nachmalige Direktor der Bayrischen Staatsbibliothek, Dr. Franz Josef Meier, in einem Gespräch mit den Autoren.

23 Akademie der Wissenschaften in Wien, Almanach für das Jahr 1943, S. 198.

24 Forke, a. a. O., S. 15.

25 Veröffentlicht in der *Deutschen Wacht* 13. 1927, Nr. 3, S. 33. Zitiert nach Hoffmann, a. a. O., S. 3.

26 Schreiben von J. Haas an das Ministerium des Äußeren vom 12. 12. 1867, HHSTA, Ad. Reg. F 4/120.

27 Brief von Petz an Beust, Peking 13. 8. 1869, Anlagen vom 4. 8. 1869. HHSTA, a. a. O.

28 Vgl. Nachruf in der Wiener Zeitung N. 174 v. 29. Juli 1896, S. 3 f.

29 Er starb aber plötzlich und konnte sein Amt nicht mehr antreten. Auch Haas selbst fand kurz darauf den Tod, in: *Lebenserinnerungen Arthur von Rosthorns,* unveröffentlichte Memoiren im Besitz der ÖGCF, S. 29.

30 Eine überarbeitete Übersetzung von Joseph Edkin's *Progressive Lessons in the Chinese Spoken Language.* Sie erschien 1870 in deutscher Sprache in Shanghai.

30a HHSTA, Personalia (Haas) 4/120.

31 *Ueber den Handel Chinas,* Vortrag, gehalten von Herrn Joseph Ritter von Haas in der am 11. December 1895 abgehaltenen Plenarversammlung des Oesterr.-Ungar. Export-Vereines, S. 5 f.

32 Leopold von Jedina, *An Asiens Küsten und Fürstenhöfen,* Wien und Olmütz 1891, S. 593 ff.

33 Gustav Kreitner, *Im fernen Osten,* Wien 1881, S. 148 ff.

34 J. D. *Tagebuchblätter von einer Reise nach Ostasien 1873–74,* II. Bd., Wien 1874, S. 202. Die Anregung zur Chinareise der beiden Brüder Fries war von ihrer Mutter ausgegangen, die in der Zeitung eine entsprechende Anzeige gelesen hatte. Mitteilung von Prof. Udo Fries am 23. März 1980.

35 Ludwig und Sigmund Ritter von Fries, *Übersichtliche Darstellung der Thee-Cultur,* Wien 1878, S. 5 f.

36 Ebd., S. 19. Nach seiner Rückkehr in die Heimatstadt eröffnete Ludwig Fries 1888 in seiner Wohnung in der Skodagasse sogar einen Teehandel. Mitteilung seines Enkels Udo Fries am 23. März 1980.

37 HHSTA, Ad. Reg. F 4/120, Schreiben von Haas an das Ministerium des Äußeren vom 23. 5. 1887.

38 Vgl. dazu Kapitel 15 dieses Buches.

39 Sigmund Ritter von Fries, *Abriß der Geschichte China's seit seiner Entstehung,* Hongkong-Wien-Shanghai 1884.

39a Es sei immerhin erwähnt, daß der historische Abschnitt des Stichwortes »China« in Meyers Großem Konversationslexikon (6. Aufl., 4. Bd., 1903, S. 56) sich auf diese Arbeit von Fries stützt.

40 Daten nach *Soupis Československé literatury za leta 1901–1925,* Prag 1929, S. 191.

41 *Čína. Popis říše, národa, jeho mravu a obyčeju.*

42 Dr. Rudolf Dvorák, *Chinas Religionen,* 2. Teil, *Lao-tse und seine Lehre.* Münster i. W. 1903, Einleitung, S. VII.

43 Arthur von Rosthorn, *Confucius, Legge, Kühnert,* Wien 1896, S. 2.

44 Bei J. C. Poggendorff, *Biographisch-literarisches Handwörterbuch der Geschichte der exakten Wissenschaften,* Leipzig 1863–1926, Bd. 4, S. 813 ist 1898 als Jahr des Eintrittes in die Konsularakademie angegeben.

45 *Österreichisches Biographisches Lexikon 1815–1950,* Graz-Köln 1966, S. 324.

46 In Kühnerts schmalem Personalakt im Archiv der Universität Wien ist vermerkt, daß die wissenschaftliche Reise 1892/93 nach China zum Studium des Nanking-Dialektes mit Unterstützung des k. k. Ministeriums für Cultur und Unterricht durchgeführt worden war.

Am 10. 4. 1891 hatte sich Kühnert an der Wiener Universität für den Bereich der chinesischen Sprache habilitiert.

Im Personalakt befindet sich auch ein handgeschriebener Lebenslauf Kühnerts, in dem er von der Gabelentz als einen weiteren Lehrer (mittels Korrespondenz) bezeichnet. Außerdem berichtet er, daß es ihm 1887 gelungen sei, sich »das Zutrauen 3er anwesender Chinesen« zu gewinnen, um auf diese Weise »mit der Umgangssprache in nähere Bekanntschaft« zu kommen. Da das Ergebnis dieser Bekanntschaft seine Untersuchungen über den Shanghai-Dialekt sind, dürfte dieser Verkehr für das Studium der Hochsprache weniger geeignet gewesen sein.

47 Hier noch einige weitere Auszüge aus dem Brief, der in der genannten Zeitschrift, VII. Band, Wien 1893, auf den Seiten 106–08 veröffentlicht worden war:

»Nanking, 12. December 1892. – In der Anlage erlaube ich mir Ihnen eine kleine Arbeit zur eventuellen Publication zu übersenden. Ich bitte die ziemlich schlechte Schrift derselben gütigst zu entschuldigen; es fällt mir eben bei der Kälte, die wir hier haben, im ungeheizten Zimmer ausserordentlich schwer,mit meinen steifen Händen halbwegs leserlich zu schreiben. Ueberdies war ich Mangels einer zur Verfügung stehenden Tinte gezwungen, theilweise mit dem Stylographen zu schreiben.

Hier in Nanking ist nämlich gar nichts von europäischem Schreibmaterial aufzutreiben; man muss sich Alles von Shanghai verschreiben, was ziemlich umständlich ist und Zeit erfordert.

Mit den Nahrungsmitteln steht es nicht viel besser. Einzig und allein condensirte Milch ist hier zu haben; Brod muss der Koch in der Küche bereiten, Butter (natürlich nur Conserven-Butter) muss man sich von Shanghai verschreiben, wie so manche andere im Haushalt nötige Artikel. Wasser ist nicht zu trinken, Wein (ausser theurem und nicht besonders zuträglichem chinesischen Wein) oder Bier ist nicht vorhanden und so trinkt man denn Thee nach chinesischer Weise, nämlich ohne Zucker, Milch, Cognac u. dgl. – einen blossen Aufguss von heissem Wasser über die Theepflanzen in der Schale. Es ist dies ein ausserordentlich köstliches Getränk, das wir in Europa gar nicht kennen, weil der Thee, der zu uns importiert wird, schon mit allen möglichen Dingen versetzt ist. Hat man auf der Strasse Hunger, so kauft man sich ein paar Ping (Kuchen) und für den Durst Orangen, oder man tritt in ein Haus, das convenirt, ein und lässt sich Thee geben, wofür man als Erkenntlichkeit bis zu 100 Cash zurücklässt. Viel zu kaufen während eines Marsches ist nicht möglich, weil das Gewicht des erforderlichen Geldes viel zu gross ist. 15 Kreuzer öst. W. sind circa 100 Cash, was etwa dem Gewichte eines 1/4 Kilo gleichkommen dürfte, und auf einen Dollar kann man sich nicht herausgeben lassen, weil man sonst einen eigenen Esel zum Tragen des Geldes aufnehmen müsste. Trotzdem ist aber für uns Europäer das Leben enorm theuer, infolge des Dienertrosses,

den man braucht, und bei dem Umstande, dass man in den seltensten Fällen und nach Regenwetter absolut gar nicht zu Fuss gehen kann. Eine Sänfte mit zwei Trägern, jetzt im Winter gerade nicht das angenehmste, bei den besseren Classen der Chinesen aber sehr bevorzugte Beförderungsmittel, kostet 3/4 Stunden einen Dollar, also fl. 1.50 Gold. Billiger ist es auf einem Esel zu reiten, was jedoch bei dem Zustande der Wege, den harten Sätteln und der Kleinheit der Thiere wegen auch kein besonderes Vergnügen ist. Und wenn man so zwei Stunden mit den Knieen an der Brust zugebracht und unter dem Bärentrab Meister Langohrs einmal nahe am Bambusgebüsch, so dass die Zweige alle Augenblicke ins Gesicht schlagen, dann wieder auf derart holprigen Wegen, dass man Acht haben muss, dass der Esel nicht stürzt, vorwärts befördert worden ist, ist man endlich herzlich froh, von dem Marterstuhle, der hier Sattel genannt wird, herunterzusteigen. Und das kommt in Nanking vor – der zweiten Hauptstadt des Reiches!
Abgesehen von diesen Unannehmlichkeiten ist das Land wunderschön, und man begreift es vollkommen, dass der Chinese sich stets nach seiner Heimat sehnt.«

48 *Confucius, Legge, Kühnert,* Wien 1896, S. 1 f.

49 Ebd., S. 16.

50 *Die Gräber der Ming,* in: *Wiener Zeitschrift für die Kunde des Morgenlandes,* a. a. O., S. 109.

51 Dr. Fr. Kühnert, *Die chinesische Sprache zu Nanking.* Sitzungsberichte der Kais. Akademie der Wissenschaften in Wien, phil.-hist. Classe, Bd. CXXXI., Wien 1894.

52 T. W., in *The Journal of the Royal Asatic Society,* 1896, S. 237 f.

53 So bringt Kühnert z. B. auch innerhalb eines Satzes sowohl den Fragepartikel »ma« wie das Interrogativ-Pronomen »shenmo« unter. Seine besondere Spezialität ist weiters die Aussprache »li« statt »ni« für »Du«.

54 Streit mit Joh. Ev. Heller S. J. über das »Nestorianische Denkmal zu Singan fu«, ausgetragen in der *Wiener Zeitschrift für die Kunde des Morgenlandes,* 9. Bd. , Wien 1895.

55 Arthur von Rosthorn, *Die Theekanne des Freiherrn von Gautsch,* in: *Wiener Zeitschrift für die Kunde des Morgenlandes,* 10. Bd., 1896, S. 299 f. Im selben Band befinden sich auch die diesbezüglichen Artikel von Kühnert und Hirth.

56 Dr. Friedrich Hirth, *Die Theekanne des Freiherrn von Gautsch,* in: *Wiener Zeitschrift für die Kunde des Morgenlandes,* 10. Bd., 1896, S. 301 f.

57 P. Pieper, *Chinesisches in Unkraut, Knospen und Blüthen.* Steyl 1900. Dazu die Rezension von Kühnert, in: *Mitteilungen der Anthropologischen Gesellschaft in Wien,* Bd. 30, 1900, S. 99.

58 Kühnert, *Über den Rhythmus im Chinesischen,* Wien 1896, S. 34.

59 Erwin von Zach, *Lexicographische Beiträge* II, Peking 1903, S. 111.

60 HHSTA, Gesandtschaftsarchiv Peking, Liste des diplomatischen Corps August 1907.

61 Weitere Publikationen lt. Kürschner's Gelehrtenkalender, 1931, Spalte 3318 *Einige Hsieh-hou-yü,* 1908; *Contributions à la connaissance du langage de Péking,* 1909; *Po Chü-i, Lieder eines chinesischen Dichters und Trinkers,* 1924, sowie Zeitschriftenartikel.

61a Nach einer Äußerung von Prof. Alexander Slawik, Interview im Frühjahr 1979.

62 *Soziale Moral in China und Japan,* von Ernst Viktor Zenker, Reichsratsabgeordneter, München und Leipzig 1914, S. 21.

63 Die biographischen Angaben folgen der Lebensbeschreibung Zenkers mit dem Titel: *Ein Mann im sterbenden Österreich,* Reichenberg 1935, die uns allerdings nur bis zum Jahre 1920 Aufschlüsse über Zenkers Leben gibt. Ein angekündigter zweiter Teil ist wohl nie geschrieben, jedenfalls nicht veröffentlicht worden.

64 *Ein Mann im sterbenden Österreich,* a. a. O., S. 36.

64a Ebd., S. 85.

64b Zenker wurde 1911 – nach einem vergeblichen Anlauf im Jahre 1907 – in den Reichsrat gewählt und gehörte ihm bis zu dessen Auflösung an. Nach seinen eigenen Angaben hätte er aufgrund seiner Popularität in den letzten turbulenten Tagen der Monarchie fast ein Volksführer werden können, a. a. O., S. 257 f.

65 Für die Einsichtnahme in die noch unter Verschluß liegenden Akten danken die Autoren dem Präsidium der Akademie der Wissenschaften. In einem sei den Mitarbeitern

der Akademie-Bibliothek, insbesondere Herrn Dr. Wundsam, an dieser Stelle für ihre stets freundliche Hilfsbereitschaft und Unterstützung besonders herzlich gedankt.

66 Ein Ehrendoktorat, das ihm eine deutsche Universität nach dem Erscheinen seines *Anarchismus* (Jena 1895) angeboten hatte, hat Zenker nach seinen Angaben abgelehnt. Von Zenker gibt es weiter damals recht erfolgreiche Untersuchungen über die Geschichte des Wiener Journalismus, den Parlamentarismus, Kirche und Staat, und weniger erfolgreiche wie die *Soziale Ethik*. Neben den im Text erwähnten China-Arbeiten gibt es auch einige über Japan. Aber Zenker hat immer China als die Wiege der asiatischen Kultur und das Land seines eigentlichen Interesses betrachtet.

67 *Ein Mann im sterbenden Österreich*, a. a. O., S. 124.

68 Ebd., S. 129 ff.

69 *Soziale Moral in China und Japan*, a. a. O., S. 6 f.

70 Ebd., S. 5.

71 *Geschichte der chinesischen Philosophie*, Bd. 1, Vorrede, S. VII.

72 Ebd., S. VII f.Uv

73 Ebd., S. VII. Die Vorrede ist recht interessant, auch wegen der Nennung zweier chinesischer Freunde, »Dr. Shen-Yi und Ing. C. C. Chen in Nan-King«, denen Zenker hier ausdrücklich für ihre Hilfe dankt.

74 Wieviel davon Originalquellen sind und wieviel er lesen konnte, ist schwer zu sagen. Manchmal bemerkt man Schwierigkeiten mit der Phonetik, aber diese waren auch bei den »echten Sinologen« festzustellen, die dennoch alsobald mit ihrer Kritik ansetzten.

75 Ebd., Bd. 2, S. VII.

76 Bei dieser Meinungsverschiedenheit hat Joseph Needham Forke dann allerdings recht gegeben. *Science and Civilization in China*, 5. Aufl., Bd. 2, Cambridge 1975, S. 472.

77 Band 81, neue Folge, Bd. 6, S. 174 f.

78 Ebd., S. 175. Haas zitiert folgende Passage:
»Wer sich nach den landläufigen Darstellungen des chinesischen Geisteslebens daran gewöhnt hat, in den Chinesen durchaus nichts als einen einseitig für den kleinen Erfolg des Alltags ausgebildeten Verstandesmenschen und in dem für den Alltagsbedarf verdünnten und entgeistigten Spätkonfuzeanismus die höchste Leistung des chinesischen Geistes zu erblicken, der wird erstaunt und geblendet sein, wenn er bei eingehenderem und liebevollerem Studium der chinesischen Philosophie den blühenden Reichtum der Ideen schaut, in denen sich der chinesische Geist seine Aufgaben stellte, und die Mannigfaltigkeit der Wege und Formen, die er wählte, um dieser Aufgabe gerecht zu werden. Das war ein geistiges Leben aus reichster Schöpferkraft, ein Schaffen in heiligster Freiheit, ein Wettbewerb der Geister, wie dergleichen die Welt nur selten wieder erlebt hat, etwa zur selben Zeit im fernen Hellas und mehr als zweitausend Jahre später in Deutschland ... Wir haben da ein Volk von Dichtern und Denkern, von Weisen und Heiligen vor uns, das all seine ungewöhnlichen Geistesgaben und Seelenkräfte dransetzt, ein neues Menschheitsideal, das Vorbild eines edlen, wahren und vollendeten Menschen zu schaffen, das mitten unter den blutigsten Kämpfen um die Macht eine moralische Atmosphäre von solcher Ausdehnung und Eindringlichkeit um sich verbreitet, daß auch die hemmungslosesten Gewaltmenschen auf den Thronen sich ihr nicht ganz entziehen können ...«

79 *Geschichte der chinesischen Philosophie*, a. a. O., Bd. 1, S. 338. Vgl. auch *Soziale Moral in China und Japan*, a. a. O., S. 32.

80 Aus den Akten der Akademie der Wissenschaften, Zl. 323/1932. Brief Rosthorns vom 23. Mai 1932.

81 Ebd., Brief Rosthorns vom 23. November 1933.

82 Ebd., Brief Zenkers, 3. 4. 1941.

83 Ebd., Zl. 316/1941, Brief Rosthorns vom 6. Dezember 1941.

Dreizehntes Kapitel

Die Gesandtschaften in Peking und Wien

Die Bestellung von diplomatischen Vertretern brachte vorerst die Beziehungen Österreich-Ungarns zu China nicht sonderlich in Schwung. Nachdem ab 1869 vier österreichische Ministerresidenten mit Amtssitz in Shanghai die Beziehungen zum Reich der Mitte, aber auch zu Japan wahrgenommen hatten[1], wurde 1883 Japan, das sich in Österreich stärker profilieren konnte als China, der Vorzug gegeben. Die österreichische diplomatische Vertretung im Fernen Osten wurde in den Rang einer Gesandtschaft erhoben und nach Yedo, dem heutigen Tokio, verlegt[2]. China machte sich erst gar nicht die Mühe, eine diplomatische Mission in Österreich zu errichten. 1877 wurde Liu Xihong von London versetzt, um sein Land in Berlin, Wien und Den Haag zu vertreten[3]. Liu kommt in der chinesischen Geschichte eine gewisse Bedeutung zu – nicht etwa wegen seiner als Gesandter für Österreich erbrachten Leistungen, sondern wegen seiner Rolle als stellvertretender Leiter der chinesischen Sühnegesandtschaft, die sich 1877 wegen des in Südchina umgekommenen englischen Konsulatsbeamten Margary an den Hof der Königin Victoria begeben hatte und dann als erste permanente chinesische Mission in London geblieben war. Er war ein stockkonservativer Konfuzianer, der aber immerhin seine Augen offengehalten und ebenso wie sein Vorgesetzter Guo Songtao durch Hinweise auf Vorzüge des britischen Systems Ansätze für spätere chinesische Reformen geliefert hat[4].

Im Mai 1879 wurde Liu durch Li Fengpao abgelöst, der bereits einen neuen Typus von chinesischen Gesandten verkörperte. Er hatte seine Laufbahn als Dolmetsch in Shanghai begonnen und war also mit dem Verkehr mit Ausländern einigermaßen vertraut. Nachdem er sechs Jahre in Berlin, Wien und Rom akkreditiert gewesen war, machten allerdings alte chinesische Widernisse seiner so modern begonnenen Karriere ein Ende. Man warf ihm Unterschleife vor, und er wurde aus dem Staatsdienst entlassen, worauf er in Shanghai eine Buchhandlung eröffnete. Erst nach seinem Tode im Jahre 1887 wurde er rehabilitiert[5].

Von den anderen in Wien mitakkreditiert gewesenen chinesischen Gesandten ist vor allem Xu Jingcheng hervorzuheben, der zwischen 1884 und 1887 sein Land außer in Österreich auch in Deutschland, Frankreich, Italien und Holland vertrat. Xu hat zur Zeit des Boxeraufstands gemeinsam mit Yuan Chang in wiederholten Memoranden an den Hof gegen die Belagerung der ausländischen Gesandtschaften in Peking protestiert. Die beiden im Ministerrang stehenden Beamten wiesen in ihren Schreiben darauf hin, daß im Falle der Tötung der ausländischen Diplomaten mit einer nicht abzusehenden Reaktion ihrer Sendestaaten und einer irreparablen Schädigung Chinas zu rechnen sei. Nicht nur die von Konfuzius verfaßten Annalen der Frühlings- und Herbstperiode, sondern auch das Völkerrecht untersagten das Vorgehen gegen Diplomaten[6]. Xu und Yuan wurden festgenommen, und als im Justizministerium nach rotem Tuch geschickt wurde, war klar, daß beide Beamte bei der erzürnten Kaiserin-Witwe ihr Leben verwirkt hatten. Gemäß einem alten chinesischen Brauch waren nämlich die Gesichter hoher Beamter vor dem Köpfen rot zu verhüllen. Xu ging mit stoischer Ruhe in den Tod[7]. Rosthorn vertrat später die Meinung, es wäre viel besser gewesen, jenen mutigen Beamten ein Denkmal zu errichten, als mit dem Ketteler-Mahnmal die Chinesen auf Dauer zu irritieren[8].

Vom damaligen Wirken österreichischer Diplomaten in China ist erwähnenswert, daß es einem österreichischen Vertreter, nämlich dem Gesandten Biegeleben, gelang, zum erstenmal mit der Usance zu brechen, daß neu angekommene Gesandte bis zur Neujahrsaudienz warten mußten, um ihr Beglaubigungsschreiben zu übergeben. In gewisser Hinsicht war es allerdings ein Pyrrhussieg, denn Biegeleben, der unter dem Zeitdruck der Abreise nach Tokio stand, konnte es nicht verhindern, daß die Audienz in einer äußerst unansehnlichen Halle stattfand[10].

Nach dem chinesisch-japanischen Krieg schien es dann dem Ballhausplatz nicht mehr opportun, in China durch den österreichischen Gesandten in Tokio mitvertreten zu sein, und man erwog die Errichtung einer eigenen Gesandtschaft in Peking. Arthur von Rosthorn, der damals gerade in Wien weilte, berichtet später darüber in seinen Memoiren:

> Der chinesisch-japanische Krieg hatte die Unmöglichkeit erwiesen, sich bei den zwei feindlichen Staaten durch einen Diplomaten vertreten zu lassen. Jeder der Herren richtete an mich die gleiche Frage: Der Minister wünsche die Handelsbeziehungen mit China auszugestalten. Wie könne dies bewerkstelligt werden? Ich beantwortete diese Frage in stereotyper Weise dahin, daß die Konjunkturen sich fortwährend ändern und nur eine ständige Vertretung die Regierung hierüber auf dem Laufenden erhalten könne. Graf Goluchowski teilte mir endlich mit, er hätte beschlossen, eine Gesandtschaft in Peking zu errichten, und fragte, ob ich als Dolmetsch bei derselben eintreten wolle. Mir war die Zwitterstellung des Dragomanats hinlänglich bekannt, um das abzulehnen; aber die Stellung eines Legationssekretärs würde ich übernehmen. Der Minister sagte zu und bemerkte, ich müßte noch einige Monate warten, bis das Parlament das Budget genehmigt hätte[11].

Rosthorn übernahm also vorerst wieder seine Stelle beim chinesischen Zolldienst, assistierte allerdings dem Gesandten in Tokio, Graf

Wydenbruck, bei der Überreichung seines Beglaubigungsschreibens im Frühjahr 1896 als Dolmetsch. Bald aber gehörte Rosthorn selbst dem österreichischen diplomatischen Dienst an. Am 5. August 1896 unterschrieb Kaiser Franz Joseph in Ischl das Ernennungsdekret, und durch verschiedene Fügungen des Schicksals wurde Rosthorn nicht nur Pionier beim Aufbau der ersten österreichischen Gesandtschaft in Peking, sondern sogar deren interimistischer Leiter. Der ausersehene Gesandte, Karl Ritter von Boleslawsky, verstarb noch vor seiner Abreise in Karlsbad, und der bewährte Generalkonsul in Shanghai, Haas, der sich selbst auf die Position Hoffnung gemacht hatte, fand bei einem Badeunfall den Tod[12].

So ruhte die gesamte Verantwortung vorerst auf dem vierunddreißigjährigen Legationssekretär Rosthorn. Am 20. November 1896 kam er als Geschäftsträger ad interim in Peking an[13], und bald darauf trafen seine ersten, in Aussage und Form klaren und übersichtlichen Berichte am Ballhausplatz ein.

Schon vor seiner Ernennung hatte sich Rosthorn in Peking um einen geeigneten Baugrund umgesehen und ihn an einer Ecke der Dong-Chang'an-jie- und der Daichixiang-Straße ausfindig gemacht. Es handelte sich dabei um den unbebauten Komplex des großen Palais eines verarmten Prinzen namens Jung. Der Eigentümer forderte 35.000 Taels, was nach Rosthorns Erwartungen einen Endpreis zwischen 20.000 bis 25.000 Taels erwarten ließ[14]. Und tatsächlich konnte sich Rosthorn schließlich auf einen Kaufpreis von 22.000 Taels (ein Tael entsprach damals rund zwei Gulden) einigen[15]. Er bewies auch sonst Umsicht und ökonomisches Denken, da er – wie er später in seinen Memoiren schrieb – damals noch an Sparsamkeit im Staatshaushalt glaubte[16]. Während eine Shanghaier Firma die Baulichkeiten aufführte, bewohnte Rosthorn mit seiner Frau unter Verzicht auf eine Hotelunterkunft ein kleines, notdürftig eingerichtetes chinesisches Haus. Als der Gesandte Baron Czikann am 22. April 1897 in Peking eintraf, arbeitete man gerade an der Fertigstellung des Hauptgebäudes der Gesandtschaft. Zuvorkommenderweise stellte der britische Gesandte das leerstehende Haus des Ersten Sekretärs der britischen Vertretung zur Verfügung, was Czikann dankend annahm, ohne davon sofort Gebrauch zu machen, da er vorerst im leerstehenden spanischen Gesandtschaftspalais Wohnung nahm[17].

In Berücksichtigung der chinesischen Empfänglichkeit für Pomp und Protokoll war der neue österreichisch-ungarische Gesandte nicht nur in Begleitung zweier Attachés (Silvestri und Natiesta) gekommen, sondern hatte in seine Suite auch den Kommandanten des Kreuzers *Franz Joseph,* Fregattenkapitän von Jedina, vier Offiziere, den Chefarzt und zehn Matrosen mitgenommen[18], die von Rosthorn teils im Hotel, teils privat untergebracht wurden. Als Vizekönig Li Hongzhang den österreichischen Gesandten am 24. April empfing, zeigten sich allerdings jener und die drei anwesenden chinesischen Minister weniger von der militärischen Begleitung des Diplomaten beeindruckt als von der Mitteilung, daß

Kaiser Franz Joseph im darauffolgenden Jahr sein fünfzigjähriges Regierungsjubiläum begehen werde[19]. Dies hinderte die chinesische Beamtenschaft allerdings nicht daran, auch mit dem neuen österreichischen Gesandten zumindest formal ein Tauziehen zu beginnen, zu dem sie sich aufgrund des nach wie vor vertretenen Suprematsanspruchs des chinesischen Kaisers[20] verpflichtet fühlten. Das heißt, sie unternahmen den Versuch, die Stellung des neuen österreichisch-ungarischen Gesandten protokollarisch zu reduzieren. So waren in Abweichung von der bereits etablierten Gewohnheit beim Empfang der Österreicher durch Li Hongzhang keine Prinzen zugegen. Dies wurde von dem chinaerfahrenen Legationssekretär Rosthorn ebenso aufmerksam registriert wie die Tatsache, daß bei der Ankündigung des Gegenbesuchs wiederum die Visitenkarten der Mitglieder des Kaiserhauses fehlten. Auch bezüglich des von Czikann wegen der auf ihrem Schiff zurückerwarteten Marineoffiziere ausgedrückten Wunsches nach einem baldigen Audienztermin beim chinesischen Kaiser zeigten sich die chinesischen Beamten vorerst wenig entgegenkommend. Sie bedeuteten Czikann, daß sich der Kaiser wegen verschiedener zeremonieller Opferverpflichtungen nicht in der Lage sehe, eine österreichische Abordnung bald zu empfangen. Da nahmen die Österreicher nun ihrerseits Imponierhaltung ein. Czikann ließ das Zongli Yamen (Vorgängerinstitution des chinesischen Außenamtes) wissen, daß er solange auf einen Gegenbesuch verzichte, bis sich auch kaiserliche Prinzen in der Lage sähen, daran teilzunehmen. Eine Einladung vom Präsidenten des Zongli Yamen, Prinz Qing, der österreichisch-ungarische Gesandte möge sich am 29. April nochmals in sein Yamen begeben, lehnte Czikann rundweg ab[21]. Nun lenkten die Chinesen ein, und der Antrittsbesuch Czikanns beim chinesischen Kaiser wurde für den 11. Mai festgesetzt. Bei den Vorbereitungen dafür unterlief Rosthorn der protokollarische Schnitzer, die vorgesehene Begleitung durch eine österreichische militärsche Ehrenwache den chinesischen Behörden nicht schriftlich mitzuteilen. Die in formalen Dingen überaus akkuraten Chinesen ließen dies nicht ungerügt, wie sich Rosthorn später erinnerte:

> Wir zogen, ein großes Cortège unter militärischer Bedeckung, in die Kaiserstadt ein. Beim zweiten Tor wollte uns die Wache nicht einlassen. Da ich gewissermaßen der Impresario dieses feierlichen Besuches war, hatte ich die ganze Verantwortung zu tragen. Ich konnte ohne eine diminutio dignitatis nicht zulassen, daß die Ehrenwache umkehre. Darum erklärte ich, daß, wenn man sie nicht einlasse, der Gesandte nicht zur Audienz gehen könne. Diese Drohung wirkte, und wir gelangten in corpore zu der Wartehalle. Die Minister waren erst sehr bestürzt, als sie die Wache sahen, und sagten, Bewaffnete dürften die Palastgründe nicht betreten. Als ich ihnen erklärte, daß die militärische Begleitung als eine Ehrung für den Kaiser Chinas gedacht war, beruhigten sie sich und baten nur, die Mannschaft in einem Zelt unterbringen und mit Tee bewirten zu dürfen, was ich

freudig zugestand. Der Gesandte und sein Stab verstanden nichts von diesen Verhandlungen, und ich war froh über den getroffenen Ausgleich[22].

So ganz unbemerkt war allerdings der Streitfall auch bei Czikann nicht geblieben, zumal diesbezüglich noch ein Notenwechsel mit dem Zongli Yamen stattfand[23]. Daß das Ganze mehr ein Scheingefecht war, in dem die Österreicher sich immerhin taktische Vorteile verschaffen konnten, scheint durch die Tatsache angedeutet zu sein, daß bald darauf der Präsident des Zongli Yamen, Prinz Gong (Kung), in Begleitung Li Hongzhangs und einer ganzen Reihe von Ministern zu einem sehr freundschaftlichen Besuch in der österreichischen Botschaft erschien.

Czikann stützte sich bei seiner Tätigkeit sehr stark auf die Erfahrungen und den Rat des ihm zugeteilten Rosthorn. Eine ganze Reihe der von Czikann unterfertigten Berichte sind in der gestochenen Handschrift seines jüngeren Kollegen abgefaßt. Die Vermutung, daß Rosthorn in diesen Fällen der eigentliche Autor war, wird durch seine Memoiren bestätigt:

> Mein Verhältnis zu Baron Czikann war ein ausgezeichnetes. In geschäftlichen Dingen ließ er mir vollkommen freie Hand und war im Verkehr ungemein liebenswürdig. Nachdem er in das Gesandtschaftspalais eingezogen war, gab er viele Diners und zog meine Frau oft zu Rate. Was ich an ihm auszusetzen hatte, waren nicht eigene Fehler, sondern Fehler des Systems. Er war früher Generalkonsul in Bukarest und hatte den Posten in Peking nur angenommen, weil er ein Avancement war. Er betrachtete ihn aber nur als »Durchgangsposten« und interessierte sich für China so wenig, daß er nach fünf Jahren noch nicht die Provinzen oder die Vertragshäfen kannte. Ein zweiter Mangel war, wie sich noch herausstellen wird, seine Scheu vor Verantwortung. Auch dies ist ein Systemfehler[24]...

Czikann mag vorsichtig, vielleicht sogar übervorsichtig oder ein Zauderer gewesen sein – der *Times*-Korrespondent und spätere chinesische Präsidentenberater G. E. Morrison, für dessen Geschmack Czikann den Chinesen gegenüber offensichtlich nicht geharnischt genug auftrat, spricht in seiner Korrespondenz vom »Schwächling« Czikann[25] –, doch er war ein Herr und verfügte über diplomatisches Feingefühl. Wo es seine Prinzipien verlangten, scheint er Rückgrat besessen zu haben. Auch er war wie Rosthorn[26] der Auffassung, daß den illegitimen Herrschaftsansprüchen der Kaiserin-Witwe Ci Xi (Tzu Hsi) von diplomatisch-protokollarischer Seite nicht entgegenzukommen sei. Seine spätere Stellung als Doyen des diplomatischen Korps in Peking ermöglichte es ihm, dieser Haltung bei gegebenem Anlaß Nachdruck zu verleihen. So etwa plädierte die englische Gesandtschaft zu Beginn des Jahres 1902 aus opportunistischen Gründen dafür, den chinesischen Vorschlag zu akzep-

Besuch des österreichischen Gesandten Baron Czikann mit Offizieren des Marinedetachements in der Verbotenen Stadt – Appartements der Kaiserin von China
(Foto: Eberhard v. Jettmar; Archiv der ÖGCF)

tieren, daß die Kaiserin-Witwe bei ihrer Rückkehr nach Peking[27] vom diplomatischen Korps feierlich empfangen werden möge. Czikann aber sprach sich dagegen aus, der Kaiserin-Witwe ein »entrée triomphale« zu bereiten, und setzte sich mit dieser Ansicht bei den anderen Missionschefs durch[28]. Als an ihn von chinesischer Seite das Ansinnen gerichtet wurde, bei der Neujahrsaudienz als Doyen seine Ansprache an Ci Xi zu richten, bewies er auch hier eine feste Haltung und lehnte dies sofort »als ganz ungehörig« ab[29]. Dem darauffolgenden Kompromißvorschlag, er möge zumindest auf der Thronestrade der Kaiserin-Witwe mit den anderen Gesandten Cercle machen, stimmte er nur unter der Bedingung zu, daß solches vorher auch auf der Thronestrade des chinesischen Kaisers stattfinde[30]. Und so geschah es auch. Der Kaiser machte auf ihn trotz seiner dreißig Jahre den »Eindruck eines beklagenswerten, schwer leidenden und hinfälligen Knaben . . . die Kaiserin-Witwe hingegen, mit ihren unschönen, harten Tartarenzügen und dem kalten bösen Blick der Augen, ganz den . . . eines herrischen, ja grausam rücksichtslosen Charakters, so sehr sie bei ihrer Ansprache an die Gesandten augenscheinlich der größten Liebenswürdigkeit beflissen war[31]«.

In seiner Ablehnung der Übergriffe Ci Xis bewies Czikann also durchaus Konsequenz und Festigkeit. Dort, wo er zögerte, gab ihm die spätere Entwicklung der Dinge in vielen Fällen recht. So etwa in seiner passiven Resistenz gegen die Inbesitznahme eines chinesischen Hafens durch Österreich-Ungarn. Seine vornehme Zurückhaltung und seine Abneigung gegen imperialistische Gewaltakte stellten sein Wirken in Peking unter das Vorzeichen der Mäßigung und des Ausgleichs, was die Vertreter von Großmachtsonderinteressen, wie G. E. Morrison, nicht freuen mochte, von seiten Chinas aber Beachtung und Anerkennung fand. Sogar die von Czikann nicht geschätzte Kaiserin-Witwe dankte ihm offiziell für seine »hiesige Amtstätigkeit und das dabei der chinesischen Regierung wiederholt in schweren Zeiten« durch sein »vermittelndes Eingreifen bewiesene Wohlwollen« und schenkte ihm als sichtbares Zeichen ihrer persönlichen Anerkennung mit sehr schmeichelhaften Worten ihre Photographie[32].

Bis 1906 wechselten Baron Czikann und Rosthorn, der nach dem Boxeraufstand zum Legationsrat befördert worden war, einander in der Leitung der Botschaft ab[33]. Von den Kenntnissen, dem Verständnis und dem Wohlwollen, das er China entgegenbrachte, her gesehen, war Rosthorn eine Idealbesetzung. Auf Details kann hier verzichtet werden, da seiner Person und seinem Wirken ein spezielles Kapitel gewidmet ist. Czikann wurde 1906 nach Belgrad versetzt und die Entsendung Ritter von Kuczynskis nach China angekündigt. Rosthorn hielt die Ernennung Kuczynskis für einen Mißgriff und bat um Versetzung. In seinen Memoiren ist vermerkt, daß er sich nach allem, was er später über Kuczynski hörte, mit ihm »keine acht Tage vertragen hätte[34]«.

Es scheint, daß Kuczynski von China ebensowenig verstanden hat wie sein Vorgänger Czikann, doch war er ein weit betriebsamerer Typ. Die aus seiner Amtszeit stammenden Akten im Haus-, Hof- und Staatsarchiv sind durch eine Fülle offizieller, aber auch privater Schreiben gekennzeichnet, welche sich vor allem auf zusätzliche Investitionen und

Arthur von Rosthorn (sitzend, zweiter von links) mit den Stab der Gesandtschaft
(Archiv der ÖGCF)

Installationen im Gesandtschaftsareal beziehen. Dabei »gibt sich« Kuczynski jeweils »der Hoffnung hin«, daß ihm für diesen Schuppen, jenen Teppich oder Tisch vor seiner Weiterversetzung vom Amte doch noch die Kosten ersetzt würden. Rosthorns und auch Czikanns Sympathien für China scheint Kuczynski nicht in gleichem Maß geteilt zu haben. Seine Urteile über chinesische Beamte sind gelegentlich nicht nur von Kritik, sondern auch von Sarkasmus und einer gewissen Geringschätzung gekennzeichnet[35]. In seine häufigen Berichte streute er gerne Hinweise auf lokale Bräuche und Gewohnheiten ein, die ihn jedoch des öfteren nicht als Chinakenner, sondern im Gegenteil als recht bescheiden informiert erkennen lassen. So z. B. enthält sein Bericht über das Begräbnis des chinesischen Kaisers folgenden Passus:

> Das Schleudern von Papiergeld ist eine althergebrachte Sitte, welche bei allen größeren Begräbnissen beobachtet wird und die Aufgabe aller irdischen Lebensgüter nach dem Tod symbolisiert, ebenso wie dies bei dem Verbrennen der obenerwähnten Schatzburg *(aus Papier, Anm. d. Aut.)* der Fall ist ... Der ehemalige Brauch, welcher angeblich noch vor hundert Jahren bestanden haben soll, daß mit dem kaiserlichen Sarge auch hundert und mehr seiner Lieblingsdienerinnen in die kaiserliche Gruft eingesperrt und dortselbst auf magere Kost bis zu ihrem Lebensende gehalten wurden und die Gruft nicht mehr verlassen durften, hat aufgehört[36] ...

In dem einen Fall hat der österreichische Gesandte hier gerade das Gegenteil dessen behauptet, was mit der Verbrennung des Papiergeldes beabsichtigt war – nämlich nicht Vergänglichkeit anzudeuten, sondern den Toten für die andere Welt wohl zu versehen; und im anderen Fall hat er historisch nicht fundierten Tratsch weitergegeben. Rosthorn, der mit Kuczynskis Amtstätigkeit hart ins Gericht geht, beschuldigt ihn in seinen Memoiren auch, für den Fehlschlag des Projekts einer österreichischen Bankgründung in China verantwortlich zu sein[37]. In diesem Zusammenhang ist es allerdings angebracht, Rosthorns kritischen Ausführungen einige Details hinzuzufügen, welche auf Kuczynskis Tätigkeit ein positiveres Licht werfen, indem sie ihm Geschick, Bemühungen um die Verstärkung der Kontakte zwischen beiden Staaten und um ein gutes Verhältnis zu den Beamten des chinesischen Außenministeriums bescheinigen. Den chinesischen Delegationen, die nach Österreich kamen, gab er vorher präzise und zielführende Ratschläge hinsichtlich wirtschaftlicher und militärischer Programmpunkte[38] und verteidigte seine Mitwirkung beim Zustandekommen solcher Besuchsreisen gegenüber den eher restriktiven Vorstellungen seines Amtes in engagierter Weise[39]. Die Akten bezeugen, daß er bezüglich des Ausbaues der Kontakte zwischen Österreich und China – insbesondere im wirtschaftlichen Bereich – immer wieder tätig war. Bei den Anträgen auf hohe Orden für hohe Beamte des chinesischen Außenministeriums führte er nicht nur den möglicherweise positiven Einfluß auf das österreichisch-chinesische Bankprojekt und die Vergabe chinesischer Flottenbestellungen an, sondern betonte hauptsächlich und an erster Stelle das »ausdauernde Entgegenkommen«, welches er innerhalb der zwei Jahre seiner Amtszeit »bei allen in Betracht kommenden Functionären des kaiserlich chinesischen auswärtigen Amtes gefunden habe[40]«.

Bis zu seiner Abberufung im Jahre 1911 wurde Kuczynski zu Zeiten seiner Abwesenheit von Legationsrat Storck vertreten. Dieser war gleichfalls ein eifriger Berichterstatter, wobei er sich ebenso wie sein Chef des öfteren heiterer Formulierungen bediente. Sein Humor war allerdings weniger ätzend, sondern eher ein freundliches Augenzwinkern. Den Chinesen scheint er Sympathie und auch Verständnis entgegengebracht zu haben. Davon zeugt ein von Storck verfaßter Bericht über das Verhalten des japanischen Gesandten in Peking:

> Da gegen diese Waffe *(den Boykott japanischer Waren – Anm. d. Aut.)* selbst die Faustschläge nichts nützen, die der japanische Vertreter, Baron Hayashi, zur Unterstützung seiner Argumente den Tischen des Wai-wu-pu *(Außenministeriums – Anm. d. Aut.)* gewohnheitsmäßig zu versetzen pflegte, so scheint man in Tokio zur Erkenntnis gekommen zu sein, daß ein baldiger Wechsel dienlich . . .
> Er war ein classisches Beispiel dafür, wie ein Diplomat in China *nicht*

Die Maria-Theresia-Straße vor der österreichisch-ungarischen Gesandtschaft
(Foto: Paula von Rosthorn; Familie Pinschof; Archiv der ÖGCF)

sein darf. Mit Grobheit ist – falls sich diese nicht bis zu Kriegsdrohungen steigern kann – im Lande der Höflichkeit nichts zu erreichen. Dies beweist die Serie von Fragen, die der Baron seinem Nachfolger unerledigt zurückläßt[41] . . .

Die Aufständischen gegen die Mandschu-Regierung hat Storck nicht, wie viele andere ausländische diplomatische Vertreter, als unerwünschte Rebellen gegen die schwache und für viele Staaten daher sehr bequeme Herrschaft der Qing-Dynastie gesehen. Über den Krieg im Süden gegen die kaiserliche Regierung schrieb er z. B. in betont sachlicher Weise:

> . . . möchte nur das eine symptomatische Detail beifügen, daß die Aufständischen sich bisher weder den Fremden noch der einheimischen Bevölkerung gegenüber Übergriffe zu Schulden kommen ließen, sondern nur die Regierungstruppen angreifen und befehden.

Charakteristisch dafür sei der Aufruf des Führers der Rebellen, Huang, der sich als Oberkommandierender der Nationalarmee Chinas in Yünnan bezeichne und der laute wie folgt: »Die Ziele unseres Heeres (das jetzt bis in diese Gegend vorgerückt ist) sind streng und klar. Wir sind aus der Kuo-ming-Gesellschaft hervorgegangen, verfolgen die Ungerechten und schützen das Volk[42].«

Österreichisch-ungarische Gesandtschaft
(Foto: Paula von Rosthorn; Familie Pinschof; Archiv der ÖGCF)

Den Chinesen traute Storck viel zu: »Die Periode des Stillstandes ist jedenfalls vorüber, und China könnte bei zielbewußterer Leitung die Welt vielleicht einmal in noch größeres Erstaunen setzen als Japan[43].«

Ab 1911 war es dann wiederum Rosthorn, welcher die Leitung der Mission, diesmal als Gesandter, übernahm und bis zur Kriegserklärung Chinas an Österreich-Ungarn im Jahre 1917 innehatte.

Und welche Besonderheiten brachte die Stationierung in Peking für die österreichischen Diplomaten mit sich? Da ist einmal die Größe des Areals zu nennen, für das der österreichische Gesandte Verantwortung trug. Nach dem Boxeraufstand hatten die Vertreter der ausländischen Mächte beschlossen, in Peking ein exklusives, mit Glacis zu umgebendes »Quartier diplomatique« zu errichten, in dem auch die Gesandtschaftswachen untergebracht werden sollten. Chinesen, die in diesem Bereich Land besaßen, wurden gegen eine von der chinesischen Regierung zu entrichtende Entschädigung enteignet. An die österreichische Botschaft wurden das während der Belagerung stark in Mitleidenschaft gezogene

Portal der österreichisch-ungarischen Gesandtschaft
(Archiv der ÖCFG)

angrenzende Grundstück des Prinzen Jung, ein großer, verwahrloster Ahnentempel aus der Ming-Zeit, ein kleiner Lama-Tempel, der den Boxern zum Quartier gedient hatte, sowie die umliegenden, zu Ruinen geschossenen Privathäuser angegliedert. Das Gebiet, das von einer Mauer und einem ca. fünf Meter breiten Graben umschlossen wurde, war nicht weniger als 51.000 Quadratmeter groß. Drei Siebentel davon dienten der »Bequartierung« der Gesandtschaftswache[44]. Auf dem großen Gelände

Österreichisch-ungarische Gesandtschaft, Eingangshalle
(Foto: Paula von Rosthorn; Familie Pinschof; Archiv der ÖGCF)

standen nicht nur das Ministerpalais, sondern auch Sekretärs- und Attaché-Häuser, ein Offizierspavillion, vier Mannschaftsbaracken, Lebensmittel- und Munitionsmagazine[45], ein Wasserturm und anderes mehr. Das Pekinger Klima sorgte dafür, daß von diesen vielen Objekten immer irgendeines schadhaft war, was ständige Instandsetzungsarbeiten und eine lange diesbezügliche Korrespondenz mit Wien erforderlich machte. Manchmal nahm aber die Pekinger Witterung auf die bürokratischen

Arbeiter beim Bau der Gesandtschaft
(Foto: Paula von Rosthorn; Familie Pinschof; Archiv der ÖGCF)

Usancen keine Rücksicht, wovon z. B. folgendes, am 16. Juli 1909 aufgegebenes Telegramm Zeugnis ablegt: »Dachstuhl Marinebaracke droht einzustürzen. Reparatur 600 Dollar. Erbitte Ermächtigung[46].«

Eine ganze Reihe weiterer Widrigkeiten hatten die Bewohner der österreichischen Gesandtschaft in Peking allerdings nicht den Wetterverhältnissen, sondern den Baukünsten eines österreichischen Architekten namens Ferdinand Stepowron Kowarski zu verdanken. Dieser Herr wurde in Peking tätig, weil Czikann sich »in Anbetracht des hier herrschenden Mangels an verläßlichen Architekten ... verpflichtet fühlte ..., um die Hinaussendung eines geeigneten Architekten aus der Heimat zu bitten[47]«. Und wie er tätig wurde! Das von ihm entworfene Ministerpalais bekam eine verschwenderische Beleuchtung, aber kleine, völlig unzureichende Empfangsräume, Stuckplafonds und teure Seidentapeten, aber einen ganz ordinären Holzanstrich, aufwendige Klosett- und Badeanlagen, aber keine Wasserleitung[48]. Das Haus, welches im Herbst 1904 fertiggestellt wurde, produzierte daher für seine Bewohner laufend Ärgernisse, später auch in Form von dickleibigen Eingaben, die ein von Kowarski beschäftigter und von ihm offensichtlich betrogener österreichischer Architekt namens Gottwald an Gesandtschaft und Außenamt richtete und welche einen Löwenanteil der das Gesandtschaftsgebäude betreffenden Akten ausmachen. In reiferem Alter scheint übri-

Mit ihrer Kamera erregte Paula von Rosthorn nicht geringes Aufsehen

gens das Haus seine Bosheit abgelegt zu haben, denn es wird heute von der chinesischen Regierung mit Erfolg als Gästehaus verwendet.

Die ständigen Reparaturen gestalteten die Abrechnungen mit Wien sehr schwierig, zumal dort für eine Reihe chinesischer Besonderheiten das Verständnis fehlte. So gab sich W. Ritter von Storck redlich Mühe, seiner vorgesetzten Behörde zu erklären, daß ein *Kang* – das beheizbare Ziegelbett Nordchinas –, welcher in einem der Zimmer des chinesischen Personals stand, kein Bett im europäischen Sinne sei und er daher mit Recht darauf verzichtet habe, es in der Inventarliste anzuführen[49].

Apropos chinesisches Personal – auch das war natürlich für die österreichischen Diplomaten und insbesondere für deren fern vom Schuß in Wien befindliche Vorgesetzten eine ganz neue Erfahrung. Die Chinesen hatten ihre eigenen Wege und Auffassungen und waren nicht bereit, der Doppelmonarchie zuliebe davon Abstriche zu machen. Jeder Diener war gewohnt, für Sommer und Winter von seinem Dienstherrn neue Kleider zu bekommen, Geschenke zu Neujahr und anderes mehr. Der großzügige Czikann hatte viel davon aus eigener Tasche bezahlt, eine Gewohnheit, zu deren Fortsetzung Kuczynski sich nicht verstehen wollte, weshalb die Diener auf die weit weniger großzügige ärarische Versorgung angewiesen waren. Wie großartig sich chinesische Bräuche und ihr Beharrungsvermögen dabei gegen nüchterne österreichische Sparsamkeitserwägungen durchsetzten, beweist folgende, von Storck einer Abrechung beigegebene Rechtfertigung:

> Nun ist es im ganzen chinesischen Reiche Sitte, daß vom Tage des chinesischen Sommerbeginnes an (im Verlaufe des Monats April) alle Chinesen, auch die ärmsten, Strohhüte und Sommerkleider anlegen. Der als Vorreiter fungierende Mafu *(Pferdeknecht – Anm. d. Aut.)* ritt nun zu einem offiziellen Besuche beim Prinzen Tao *ohne* Rock und *ohne* Hut, da er sich weigerte, mit dem Winterhute, respektive mit den Winterkleidern auszurücken. Die Folge dessen, daß der Mafu die üblichen Sommerkleider erhielt, war, daß solche auch dem Thorwart zugebilligt werden mußten[50].

Was den höchstrangigen chinesischen Angestellten, nämlich den chinesischen Gesandtschaftssekretär, betrifft, so scheint man mit der Auswahl eines armen chinesischen Gelehrten namens Wang Chun-po Glück gehabt zu haben. Er hielt der Gesandtschaft bis zur chinesischen Kriegserklärung im Jahre 1917 und sogar darüber hinaus die Treue. Seiner Zu-

Begrüßung der beiden Schreiber von Silvestri und Natiesta
(Foto: Paula von Rosthorn)

verlässigkeit wegen hatte man seinen Lohn schließlich auf 50 chinesische Dollar pro Monat erhöht, um ihm zu ersparen, sich noch mit anderen Schreibarbeiten sein Fortkommen sichern zu müssen. Der Anfang seines Dankschreibens übertrifft sogar barocke Formen österreichischer Höflichkeit: »Ich, Wang-Chun-po, bin dumm und von beschränkten Kenntnissen, und doch ist mir seitens des hohen k. u. k. Ministeriums des Äußeren und Euer Hochwohlgeboren ganz besondere Gnade zuteil geworden[51] . . .«

Noch Exotischeres bargen natürlich die Vorgänge außerhalb der Gesandtschaft. Da waren einmal die Empfänge bei Hof, die sich durch fremdartigen Pomp und andere Besonderheiten des chinesischen Hofzeremoniells auszeichneten. Im Zuge der nach dem Boxeraufstand unternommenen Versöhnungsversuche der Kaiserin-Witwe kam Czikann einmal in die Lage, als Doyen mit zwölf Damen und sechs Kindern aus den verschiedenen Gesandtschaften bei Ci Xi erscheinen und die Vorstellung vornehmen zu müssen. Bei der Einnahme des anschließenden Imbisses in den Gemächern der Kaiserin-Witwe wurde er allerdings hinausgeschickt, weil dort nur Eunuchen zugelassen waren[52]. Ein besonderes Kuriosum war auch das Verhältnis der Positionen von Kaiser und Kaiserin-Witwe bei den Diplomatenaudienzen. So berichtete Czikann mit einiger Verwunderung über den Neujahrsempfang am 31. Januar 1900:

> Ich glaube erwähnen zu sollen, daß die Kaiserin-Witwe der Audienz hinter einer mit Gaze und gelbem Seidenstoff bekleideten Seitenthüre der Audienzhalle versteckt beigewohnt hat, zu welcher ein kleiner Vorhang ausgeschnitten war, den sie fallen ließ, sobald sie sich bemerkt glaubte[53].

1902 trat Ci Xi schon viel weniger diskret auf. Czikann berichtet, die Kaiserin-Witwe habe sich nach dem getrennten Damen-Gabelfrühstück zu ihm begeben, »wo sie längere Zeit mit mir sprach, dann den augenscheinlich gut gelaunten, aber dabei noch immer unsagbar schüchternen Kaiser vorschob, damit auch er mit mir eine Conversation beginne. Diese beschränkte sich allerdings so ziemlich darauf, daß er mir wiederholt die Hand reichte, auf meinen Glückwunsch über sein gutes Aussehen und Wohlbefinden einige Dankesworte stammelte und mir wiederholt freundlich zunickte[54]«.

Der letzte Bericht über eine derartige Audienz stammt von Storck, welcher dabei die grüngelbe Gesichtsfarbe des Kaisers, seinen abgemagerten Körper, die erloschenen Augen und den Umstand hervorhob, daß Guang Xu dabei bloß beobachtet habe, ob man auch ihm die vorgeschriebene Anzahl von Reverenzen machte oder nur der Kaiserin-Witwe. Den Gesamteindruck beschrieb Storck folgendermaßen: »Seine Willensstärke . . . scheint nunmehr völlig gebrochen und damit auch das angestrebte Ziel erreicht zu sein[55].«

Tatsächlich verstarb bald darauf der Kaiser[55a], aber auch die Kaiserin-Witwe. Dies war ein Anlaß, die ausländischen Vertreter mit einer weiteren Besonderheit ihrer Amtstätigkeit in China vertraut zu machen. Die große Beachtung, welche Trauerzeremonien auch im Rahmen der Beziehungen zu anderen Staaten geschenkt wurde, geht in China sehr weit zurück. Man kann sogar sagen, daß es sich dabei um eine wichtige Wurzel des traditionellen diplomatischen Verkehrs handelt, da die ersten chinesischen Gesandten Trauergesandte waren, die an anderen Höfen zu kondolieren hatten. Dementsprechend intensiv wurden die ausländischen Gesandten in die Trauerfeierlichkeiten für die beiden verstorbenen

Mitglieder des Kaiserhauses einbezogen. Am liebsten hätte das chinesische Außenministerium wohl die Entsendung eines österreichischen Erzherzogs zu den Trauerfeierlichkeiten gesehen. Doch erbrachte eine Umfrage des österreichischen Außenamtes bei anderen Regierungen – vor allem bei der deutschen –, daß an die Delegierung von Mitgliedern der regierenden Häuser nicht gedacht sei; außerdem opponierte Kuczynski, dem es um die Mehrung der Würde der Spezialbevollmächtigten ging, von Peking aus mit Erfolg gegen einen solchen Schritt von österreichisch-ungarischer Seite[56]. So war es dann Kuczynski, der gemeinsam mit den anderen Spezialbevollmächtigten eingeladen wurde, am 29. März 1909 im Kaiserpalast vor den Särgen der Majestäten »die üblichen Kotaus zu machen[57]«. Am 1. Mai begleiteten alle Spezialbevollmächtigten, mit ihren ersten zugeteilten Beamten vor dem Sarge einherschreitend, die sterblichen Überreste des Kaisers vom Kohlehügel bis zum Nordtor der Stadt. Ihnen allen wurden hohe chinesische Orden verliehen[58].

Die einige Monate später erfolgte Beerdigung der Kaiserin-Witwe brachte Kuczynski als Doyen in echte Verlegenheit. Man hatte offensichtlich nach chinesischem geomantischen Brauch die günstigste Zeit errechnet und war dabei ausgerechnet auf fünf Uhr früh gekommen. Die Einladung der chinesischen Regierung an die Gesandten, sich zu dieser Zeit am Trauerkondukt zu beteiligen, führte zu heftigen Protesten verschiedener, dem frühen Aufstehen abholder Missionschefs. An den österreichischen Gesandten wurde die vehemente Forderung gerichtet, er möge die chinesische Regierung von dieser Terminvorstellung schleunigst abbringen. »Ich als Doyen hatte hiebei einen recht schweren Stand«, berichtet Kuczynski, »da ich von der Meinung ausging, daß es nicht unsere Aufgabe sein könne, die Verschiebung der Stunde zu erzwingen, worauf manche meiner Kollegen es abgezielt hatten. Daß es schließlich doch gelang, unsere Beteiligung an dem Zuge auf halb acht Uhr morgens hinauszuschieben, war der einsichtsvollen neuerlichen Intervention des Herrn Ministers des Äußeren zu verdanken, welcher den Prinz-Regenten bewog, selber ein größeres Wegestück bis zu unserem Pavillon zurückzulegen, als anfänglich bestimmt war[59].«

Nicht nur die Todestage, auch die Geburtstage der Mitglieder der regierenden Häuser wurden mit besonderer Solemnität begangen. Ein Glückwunschschreiben Kaiser Franz Josephs anläßlich des 70. Geburtstages der Kaiserin-Witwe Ci Xi löste folgende komplizierte Vorgänge aus, von denen Baron Czikann an das Außenamt berichtete:

> Begleitet von dem Personale der k. u. k. Gesandtschaft und dem Commandanten und den Offizieren der k. u. k. Gesandtschafts-Wache wurde ich, in Gemäßheit der im Schlußprotokolle vom 7. September 1901 festgestellten Ceremoniells, in einer von einem chinesischen Offizier und 10 Soldaten, sowie von 7 berittenen Matrosen des k. u. k. Détachements escortierten kaiserlichen Sänfte in das

einen Theil der »Verbotenen Stadt« bildende, zu dem heutigen Anlasse besonders prächtig und festlich geschmückte Palais der Kaiserin-Witwe gebracht und in dem Vorhofe der Thronhalle vorerst vom Prinzen Ch'ing, den Ministern des Wai-wu-pu und zahlreichen Mandarinen empfangen.
Nachdem Prinz Ch'ing den Majestäten meine Ankunft gemeldet hatte, wurden ich und meine Begleitung von den Ministern Chü Hung-chi und Na Tung in die Thronhalle geführt, in welcher die Kaiserin-Witwe auf der Thron-Estrade und zu ihrer Linken, etwas tiefer, der Kaiser saßen.
Ich hielt nun die in Abschrift anruhende Ansprache an Ihre Majestät[60], nach deren Verdolmetschung durch Herrn Vice-Consul Herrn von Zach ich die hohe Thron-Estrade auf der Mitteltreppe emporstieg, um das Allerhöchste Handschreiben Seiner K. u. K. Apostolischen Majestät in die Hände der Kaiserin-Witwe zu legen.
Nachdem ich über die linke Seitentreppe auf meinen früheren Platz zurückgekehrt und Prinz Ch'ing mir dahin nachgefolgt war, verlas er die ihm von der Kaiserin-Witwe übergebene Antwort, von welcher ich im Anschluße eine Übersetzung zu unterbreiten die Ehre habe[61].
Hierauf wurde ich neuerdings eingeladen, mich auf die Thron-Estrade zu begeben, wo die Kaiserin-Witwe mir nochmals eine längere, durch den Staatssecretär des Wai-wu-pu, Lien Fang, ins Französische übersetzte Ansprache verlas.
Sie wiederholte darin, in besonders herzlichen Worten, wie sehr Sie gerührt und erfreut über die Sie hochbeglückende Aufmerksamkeit Seiner K. u. K. Apostolischen Majestät, Ihres Geburtsfestes gedacht zu haben, und ersuchte mich, in meinem Berichte nach Wien diesen Ihren Gefühlen und zugleich Ihrer Bitte Ausdruck zu geben, daß Seine Kaiserl. und Königliche Apostolische Majestät Ihre Photographie als ein Zeichen Ihrer tiefempfundenen Dankbarkeit für das Allerhöchst eigenhändige Beglückwünschungsschreiben und Ihrer Freude über die zwischen Österreich-Ungarn und China herrschenden freundschaftlichen und intimen Beziehungen anzunehmen geruhen möge . . .
Zum Schlusse ersuchte mich die Kaiserin-Witwe neuerdings, in meinem Berichte nach Wien Ihrem herzlichsten Wunsche für ein langes Leben und die ungetrübte Gesundheit Seiner Kaiserlich und Königlichen Apostolischen Majestät, für das Glück und Gedeihen der österreichisch-ungarischen Monarchie und für die Aufrechterhaltung des Friedens sowie ihrer Hoffnung Ausdruck zu geben, daß die Beziehungen zwischen Österreich-Ungarn und China sich von Tag zu Tag herzlicher gestalten mögen . . .
Schon um die Mittagstunde erschienen in der k. u. k. Gesandtschaft der Minister Na Tung und Staatssekretär Lien Fang des Auswärtigen Amtes in feierlichem Aufzuge mit zahlreicher Militär-Escorte und von zwei reich mit gelber Seide und Blumen geschmückten Sänften

gefolgt, in welchen sie die obenerwähnten Photographien der Kaiserin-Witwe überbrachten.

Die Seiner Kaiserl. und Königl. Apostolischen Majestät zugedachte kolorierte Photographie in der ungefähren Größe von 1:0,75 Meter, welche die Aufschrift trägt: »Tz'u Hsi, Kaiserin-Witwe der großen reinen Dynastie«, ist in mehrere gelbe Seidendecken gehüllt, in einer Kiste von Eisenholz untergebracht, welche wieder in einem Überzug von gelber Seide steckt, über welche eine gelbe Atlas-Decke mit reich gesticktem chinesischen Drachen, chinesischen Ornamenten und Fransen gebreitet ist.

Ich werde nicht verfehlen, die sorgfältige Verpackung des Bildes, damit es durch die Schiffsbeengung und die Einflüsse des Klimas während des langen Seetransportes nicht Schaden leide, zu veranlassen, und es mit nächster Schiffs-Gelegenheit an das hohe Ministerium einzusenden[62]...

Damit war die Angelegenheit aber noch nicht erledigt, denn am 10. Januar 1905 berichtete Czikann nach Wien, daß der chinesische Außenminister ihm eine Note übersandt habe, »derzufolge die Kaiserin-Witwe von China ein Dankschreiben an Seine Kaiserlich und Königliche Apostolische Majestät für Allerhöchstdessen Glückwunschschreiben zu ihrem 70tem Geburtstag nach Wien gesandt und den dortigen chinesischen Gesandten mit dessen feierlicher Überreichung betraut hat[63]«. Der Brief, der vom chinesischen Kaiser gezeichnet ist und viel über sein untergeordnetes Verhältnis gegenüber Ci Xi verrät, hat folgenden Wortlaut:

Der Kaiser Chinas erkundigt sich nach dem Befinden seiner Kaiserlichen Majestät von Österreich. Auf Befehl der Kaiserin-Mutter Ci Xi schreibe ich Ihnen diesen Brief.

Um zum siebzigsten Geburtstag der Kaiserin-Mutter Glückwünsche auszudrücken, haben Sie ein spezielles Schreiben von der Ferne hergesandt. Dieses hat Ihr Gesandter in unserer Hauptstadt uns überreicht. Der Brief ist voller Begrüßungs- und Glückwunschwendungen. Darüber haben wir uns sehr gefreut und danken Ihnen herzlich für Ihre gute Absicht. Die Beziehungen zwischen unseren beiden Ländern waren seit jeher immer in gutem Einvernehmen und sind sogar im Lauf der Zeit immer besser geworden. Von nun an werden unsere Beziehungen noch aufrichtiger und ehrlicher und immer stabil sein.

Ich wünsche seiner Kaiserlichen Majestät ewiges Glück. Mögen sein Land und seine Völker immer Glück und Frieden genießen.

Nach der Anweisung der Kaiserin-Mutter schreibe ich Ihnen mit der besonderen Absicht, Ihnen zu danken. Mögen Sie diesen Brief Ihrer kritischen Prüfung unterwerfen.

Kaiser Guang Xu im 31. Regierungsjahr
11. Monat, 22. Tag (28. Dezember 1904)

Doch nicht immer gaben die Chinesen sich so formell. Es kam durchaus vor, daß der exotische Eindruck im Gegenteil dadurch hervorgerufen wurde, daß man sich chinesischerseits – in den Augen der ausländischen Residenten von Peking – besonders formlos gab. Eine Kostprobe dafür mögen die Lebenserinnerungen Arthurs und Paulas von Rosthorn liefern. Bei dem schon erwähnten Damenempfang der Kaiserin-Witwe hatte Frau von Rosthorn mit dem von ihrem Koch erlernten Chinesisch die Aufmerksamkeit der Kaiserin-Witwe erregt: »Sie setzte sich neben mich und legte mir selbst von Speisen vor. Dabei zog sie ihre eigenen Eß-Stäbchen durch die Lippen, um mir zu zeigen, daß sie rein seien, und steckte mir damit höchstpersönlich einige Bissen in den Mund[65].« Wenig später bot sich der österreichische Diplomatengattin neuerlich Gelegenheit zum Staunen: »Nachdem wir uns gemeinsam eine Weile unterhalten hatten, rief die eine der Prinzessinnen einen Diener herbei und gab ihm einen Befehl. Zu meinem nicht geringen Erstaunen warf sich der Diener vor ihr auf die Knie, griff unter ihren Rock und zog ihr die rotseidenen wattierten Hosen aus! Ganz ungeniert, in Gegenwart des Kaisers, des ›Alten Buddha[66]‹ und der fremden Damen, entledigte sich die Prinzessin dieses Kleidungsstückes, weil ihr zu warm geworden war! Und niemand außer mir schien sich darüber zu wundern[67].« Beim gleichen Anlaß wurde der jungen Österreicherin allerdings auch das Protokoll in Erinnerung gebracht: »Als ich einmal nicht recht wußte, was ich mit meiner Tasse anfangen sollte, gab ich sie einem jungen, neben mir stehenden Mann in die Hand, den ich für einen Diener hielt. Der nahm sie und blickte erschrocken und hilfesuchend um sich. Da stürzten mehrere Eunuchen auf ihn zu, nahmen ihm die Tasse ab, warfen sich vor ihm auf den Boden und machten Kotau. Da sah ich zu meinem größten Schrecken, daß ich dem Kaiser von China meine Tasse zum Wegstellen gegeben hatte[68] . . .«

Die Memoiren Arthur von Rosthorns enthalten ebenfalls so manches über fremdartig-zwanglose chinesische Verhaltensweisen. Ein Champion darin scheint Li Hongzhang gewesen zu sein, der nach den Angaben Rosthorns die Frau des englischen Gesandten fragte, warum sie so wenig bekleidet sei, und zum deutschen Gesandten sagte, daß er seiner Meinung nach betrunken sei. Einmal war Rosthorn selbst die Zielscheibe von Lis direkten Fragen: »Ich hatte damals keine Diplomatenuniform und erschien bei der Audienz wie der amerikanische Gesandte im Frack. Li Hongzhang, den ich als einen sehr geriebenen Staatsmann kannte, der aber die Schmeicheleien der fremden Vertreter mit Grobheiten zu beantworten pflegte, fragte mich, warum ich bei diesem Anlasse nicht in Uniform erschienen sei. Ich war über diese Taktlosigkeit so verblüfft und außer mir, daß ich an ihn die Gegenfrage richtete, warum er nicht die gelbe Jacke trage. Die gelbe Jacke ist nämlich eine der höchsten Auszeichnungen. Die war ihm seinerzeit verliehen, aber nach dem unglücklichen Krieg mit Japan wieder entzogen worden. Er tat, was Mencius von einem Herzog sagte: ›Er blickte nach rechts und nach links und sprach von etwas anderem.« Rosthorn war übrigens auf diese aus der Verblüffung geborene Schlagfertigkeit nicht stolz, sondern führt dies in seinen Erinnerungen zum Beweis dafür an, daß er damals noch kein geschulter Diplomat war[69].

Auch die nach Wien entsandten chinesischen Diplomaten gaben vorerst ein exotisches Bild ab.

Die Korruption und Cliquenwirtschaft der niedergehenden Mandschu-Dynastie begünstigte des öfteren auch im chinesischen auswärtigen Dienst Entwicklungen, die parallel zum allgemeinen Zustand der chinesischen Beamtenschaft liefen. Dies scheint insbesondere auf den ersten chinesischen Gesandten zuzutreffen, welcher ausschließlich in Österreich akkreditiert war. Mit Note vom 21. Mai 1902 war dem österreichischen Gesandten Czikann seitens des chinesischen Außenministeriums mitgeteilt worden, daß nunmehr eine eigene chinesische Mission für Österreich errichtet und der bisherige hohe Beamte der Provinz Jiangsu, Wu Dezhang, mit deren Leitung betraut werde[70]. Damit kam der chinesische Außenminister, Prinz Qing, Bemühungen Czikanns entgegen, welche dieser schon kurz nach der Unterzeichnung des Schlußprotokolls des Vertrages von Peking (im September 1901) unternommen hatte[71]. In der Freude über den damit zweifellos erreichten Fortschritt in den Beziehungen zwischen Österreich und China bedachte Czikann den präsumtiven chinesischen Gesandten mit Vorschußlorbeeren. Er spreche gut Französisch, mache »den Eindruck eines ernsten und gebildeten Chinesen« und sei vermutlich Katholik. Besonders hob Czikann in seinem Bericht ein Empfehlungsschreiben des Weihbischofs der Lazaristen, Charlin, hervor und legte dem Wiener Hof nahe, die Ernennung Wus anzunehmen[72]. Genauere Recherchen Rosthorns ließen allerdings eher das Bild entstehen, das man von Beamten verfallender orientalischer Monarchien haben mochte:

> Der Gesandte spricht ziemlich geläufig Französisch, macht aber sonst einen eher beschränkten Eindruck. Er ist gänzlich vermögenslos und dürfte der Bestechung nicht unzugänglich sein. Er soll hier vor seiner Abreise 30.000 Dollar zur Bestreitung seiner Vorauslagen aufgenommen haben. Er führt einen großen Stab von Secretären und Attachés mit sich, und man vermuthet, daß er sich von diesen für ihre Zutheilung bezahlen läßt. (Die Legationsräthe, Secretäre und Dolmetsche werden überhaupt nie vom Kaiser ernannt, sondern ihre Wahl und Verwendung den Gesandten überlassen.) Die Frau und Familie des Gesandten Wu bleiben in seiner Heimatprovinz Fukien zurück; dagegen hat er eine französische Maitresse, von welcher verlautet, daß sie ihn nach Wien begleiten und dort als seine Gemahlin auftreten wolle[73] . . .

In diesem Zusammenhang ist allerdings festzuhalten, daß Wus Erscheinung keineswegs für alle in Österreich akkreditierten chinesischen

Gesandten typisch war. Von Wus in Petersburg verstorbenem Vorgänger Yang Ju hatte Rosthorn geschrieben, dieser genieße »einen tadellosen Ruf und einen der ihm zugedachten Stellung durchaus adaequaten Rang[74]«. Es war auch nicht immer so, daß die bei der Bestellung hoher Beamter so wichtigen Verwandtschaftsverhältnisse notwendigerweise zur Ernennung von Gesandten führten, die dann in Wien einen schlechten Eindruck machten. Über den im Jahre 1905 für Österreich-Ungarn bestellten Gesandten Li Qingmai (Ching-mai) z. B. läßt sich aus dem Bericht des österreichischen Konsuls Hirsch aus Shanghai ein recht feudaler Hintergrund entnehmen:

Der chinesische Gesandte in Wien (1906–1907) Li Qingmai (Archiv der ÖGCF)

> Seine Excellenz Li Ching-mai ist der einzige überlebende leibliche Sohn des verstorbenen Vizekönigs Li Hung Chang und von dessen Concubine Mo, welche noch am Leben ist und ihren Sohn nach Wien begleitet. Nach chinesischer Anschauung wäre es jedoch verfehlt, daraus einen Schluß auf Illegitimität der Geburt zu ziehen. Er ist 30–31 Jahre alt, hat vorher noch nie eine officielle Stellung bekleidet und besitzt in Peking den Rang zwischen der dritten und vierten Rangstufe, steht daher nahezu im selben Rang wie ein Vice-Präsident eines der sechs Ministerien. Der Gesandte besitzt den roten Knopf erster Classe sowie die Pfauenfeder und verdankt seine Ernennung hauptsächlich dem Prinzen Ching. Er hat kein literarisches Examen bestanden und hat daher auch keinen »Grad« . . .
>
> Seine Excellenz Li Ching-mai wird nach Wien außer von seiner Mutter auch von seiner Gemahlin begleitet. Sein Gefolge setzt sich aus drei Attachés, den Herren Wang K'o-ching, Kiang Shou-chi und Li T'ien-chang zusammen, welch' letzterer der chinesischen Gesandtschaft in Wien bereits zugetheilt war. Ferner hat sich ihm ein Neffe namens Li Kuo-tung angeschlossen[75] . . .

Die Gesandtschaftsposten waren also in vielen Fällen eine Art Pfründe, und die Missionschefs kehrten nach ihre Abberufung nicht notwendigerweise in den auswärtigen Dienst zurück. Li Ching-mai zum Bei-

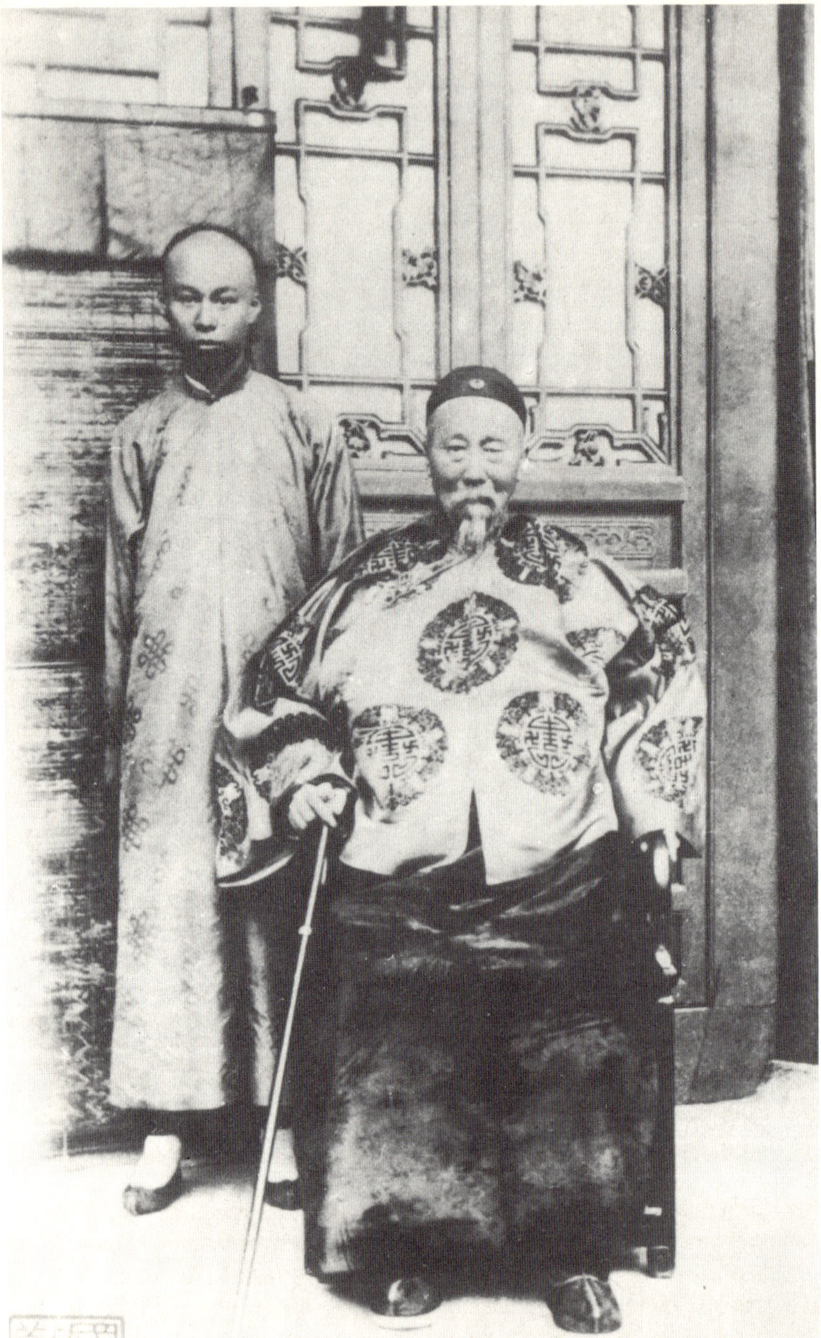

Li Qingmai an der Seite seines Vaters Li Hongzhang 1900
(Archiv der ÖGCF)

Dem 1. Sekretär der chinesischen Botschaft in Wien, Herrn Cheng Fuqing, widmete das Wiener Salonblatt einen speziellen Artikel (22. September 1906)

spiel zeichnete sein Dankschreiben für den ihm nach Ende seiner Amtstätigkeit in Wien vom österreichischen Kaiser verliehenen Orden der Eisernen Krone I. Klasse als Ober-Provinzial-Richter der Provinz Anhui[76]. Doch allem feudalem Beiwerk zum Trotz scheint die Entsendung Lis für beide Länder ein Gewinn gewesen zu sein. Rosthorn berichtete noch vor der Abreise des chinesischen Gesandten, er »habe von ihm den besten Eindruck erhalten[77]«. Auch die chinesische Seite dürfte mit ihm zufrieden gewesen sein, denn er wurde 1910 auserkoren, sich als Mentor und erster Begleiter des Prinzen Tsai Tao zu einer Studienreise nach Europa, darunter auch in die Österreichisch-Ungarische Monarchie zu begeben. Damals bekleidete er übrigens in China gerade das Amt eines Divisionsgenerals[78]. Von österreichischer Seite versäumte man nicht, ihm auch bei dieser Gelegenheit wieder Sympathie zu beweisen, was neben anderen Ehrungen durch die Überreichung einer »Allerhöchstgefertigten Photographie in Rahmen und Etui« konkreten Ausdruck fand[79].

Das ungewöhnliche Bild, das die chinesischen Gesandten schon rein äußerlich boten, und ihre oft ungewöhnliche Laufbahn gaben also für sich allein keine genügende Grundlage ab, um Schlüsse auf ihre Amtstätigkeit zuzulassen. Übrigens waren ja Österreich und seine Einwohner für die chinesischen Diplomaten mindestens so exotisch wie China für die Österreicher. Gerade die Übernahme der Mission in Wien durch Li Qingmai gibt Gelegenheit zu einer solchen Beweisführung. Es war den Autoren dieses Buches möglich, eine Person ausfindig zu machen und zu befragen, welche die Reise des Gesandten nach Wien und den Beginn seiner Amtstätigkeit in Wien miterlebt hat.

Li Jiaxiang (bzw. Chang Kin Wa) ist der Sohn von Li Qingmais Neffen zweiten Grades, welcher den Gesandten als Legationssekretär nach Wien begleitete. In unverkennbarem Wienerisch erzählte uns der betagte Herr, der heute in Hongkong lebt, über die Reisevorbereitungen, die Reise selbst und die Jahre in Wien. In Anhui, wo jener Zweig der Li-

Familie daheim war, hatte man von Österreich keine Ahnung. Da man bekanntlich in China viel aufs Essen hält, versuchte der Vater Li Jiaxiangs vorerst einmal, sich mit den österreichischen Eßgewohnheiten vertraut zu machen. Die Leute, die er befragte, bezeichneten ihm als das österreichische Hauptnahrungsmittel Schaf- oder Ziegenfleisch. Wieder einmal die notorische Verwechslung Österreichs mit Australien! Tapfer schaffte man sich im Hause Li mehrere Ziegen an, welche in den darauffolgenden Wochen die Speisekarte dominierten. Dann ging es mit dem Schiff nach Genua und von dort mit der Bahn über die Schweiz nach Wien. In Anhui hatte es nur Sänften gegeben, daher waren für die Europa-Neulinge die Autos eine große Überraschung. Eine weitere, allerdings für die mitgekommenen Damen mit ihren gebundenen Füßen unangenehme Überraschung bildete der Schnee, der auf Straßen und Gehsteigen lag. Li, der damals acht Jahre zählte, erinnerte sich noch genau daran, daß seine Mutter, als kein Einspänner zu bekommen war, auf dem Weg nach Hause gerade vor der Karlskirche zu Fall kam und ihn mitriß. So krochen sie auf allen vieren quer über den vereisten Platz, bis sich mitleidige Passanten fanden, die ihnen aufhalfen. Nikolaus, Krampus, der Lichterbaum des Weihnachtsfestes, aber auch die »europäischen Hasen, die Eier legen«, beeindruckten die nach Europa verschlagene chinesische Familie sehr und brachten sie zu der Ansicht, daß die Europäer es eigentlich sehr gut hätten.

Trotz Nikolaus, Krampus, Weihnachtsbaum und Osterhasen fühlte sich aber der Gesandte schon nach einem knappen Jahr im Ausland nicht mehr wohl, und es drängte ihn, in seine Heimat zurückzukehren. Neffe Li wurde zum Geschäftsträger bestellt und ging gleichfalls nach China zurück, um sich den Gesandtenposten zu sichern. Da er sich unter dem Einfluß der fortschrittlichen Wiener Atmosphäre den Zopf hatte abschneiden lassen, war er in der Heimat darauf angewiesen, einen Hut mit daran fixiertem künstlichen Zopf zu tragen. Obwohl er sich eifrig bemühte und hinsichtlich der Haartracht vorschriftsmäßig adjustiert war, gelang es ihm aber nicht, den begehrten Posten zu ergattern, und er mußte sich mit der Stelle eines Erziehungsdirektors der Provinz Jiangsu begnügen.

Der Drang der chinesischen Gesandten, in die Heimat zurückzukehren, hatte den Ballhausplatz zu Wien schon mehrmals beschäftigt. Ein Blick auf die Amtszeit der vor Li mit der Leitung der Wiener Mission betraut gewesenen Gesandten zeigt, daß auch jene es in der Donaumonarchie nur recht kurz ausgehalten hatten[80]. Im Auftrag seiner vorgesetzten Behörde hatte Arthur von Rosthorn daher bereits wiederholt wegen des häufigen Wechsels in der Person des chinesischen Vertreters Vorstellungen erhoben. Doch mußte er nichtsdestoweniger vor Lis Abreise aus Peking nach Wien melden: »Schon bei unserer ersten Begegnung sagte mir Herr Li, daß er sich nur schwer dazu entschlossen habe, einen Posten im Auslande anzunehmen, und daß er den Gesandtenposten in Rom abgelehnt habe. Beim Abschied theilte er mir mit, daß er höchstens anderthalb Jahre in Europa bleiben werde[81].« Rosthorn unterhandelte hierauf mit Lian Fang und Wu Dingfang vom chinesischen Außenministerium, konnte aber von ihnen keine Zusicherungen erlangen und trug die Angelegenheit schließlich dem Präsidenten des chinesischen Außenministeriums, Prinz Qing, vor:

> Anläßlich eines Reconnaissance-Besuches, welchen ich gestern dem Prinzen Ch'ing abstattete, erwähnte ich, daß Herr v. Kuczynski demnächst hier eintreffen würde und ich sodann von China, welches meine zweite Heimat geworden sei, Abschied nehmen müßte. Ich dankte dem Prinzen für das mir stets bewiesene Entgegenkommen und bemerkte, daß während meiner zehnjährigen Erfahrung bei dieser Gesandtschaft sich ein einziger Fall präsentiert hätte, welcher nicht zur beiderseitigen Zufriedenheit erledigt worden wäre.
> Prinz Ch'ing erkundigte sich lebhaft nach dieser Angelegenheit, welche ich ihm auseinandersetzte, und unterbrach mich, als ich geendet hatte, mit der Bemerkung: Die Versetzung des Gesandten Yang war ein Fall von force majeure (NB. Ich weiß, daß Yang nach Berlin wollte, und vermuthe, daß die deutsche Regierung ihn verlangt hat.) – aber ich kann Sie versichern, daß die chinesische Regierung bestrebt sein wird, den Wünschen der österreichisch-ungarischen Regierung entgegenzukommen. Unsere Gesandten werden für drei Jahre ernannt, und der Gesandte Li wird, wenn er nicht etwa aus Rücksichten privater Natur demissioniert, von uns nicht früher abberufen werden[82].

Genau das geschah aber nach noch kürzerer Frist, als dem Geschäftsträger Rosthorn von Li Qingmai angedeutet worden war. Bereits am 20. Oktober 1906 ließ das chinesische Außenamt den österreichischen Gesandten Kuczynski wissen, daß der Gesandte Li, einziger Sohn einer kränklichen, alten Mutter, um die Erlaubnis, nach China zurückzukehren, gebeten habe, was man ihm aus Pietätsgründen natürlich unmöglich verweigern konnte[83]. Zwecks Vermeidung einer österreichischen Verstimmung wurde die Abberufung Li Qingmais in die Form eines Urlaubes gekleidet[84].

Nach einem mehr als dreijährigen Intermezzo des von Kuczynski perhorreszierten Lei Pou T'ong folgte dann die sehr lange Amtszeit des hinsichtlich seiner hiesigen Amtstätigkeit von österreichischer Seite günstig beurteilten Gesandten Shen – eine Charakterisierung, die sich selbstverständlich nur auf seine Agenden in Österreich und nicht etwa auf seine spätere Tätigkeit als Vize-Außenminister des japanischen Marionettenstaates Mandschukuo bezieht.

Der österreichische Geschäftsträger in Peking, Ritter von Storck, erstattete über seine Eindrücke folgendermaßen Bericht:

Der neue chinesische Gesandte, Exzellenz Shen Soen-ling, dessen Ernennung merkwürdigerweise zuerst mir und erst nachträglich Seiner Exzellenz Lei pu tung nach Wien bekannt gegeben worden war, ist tatsächlich ein netter, gebildeter und sympathischer jüngerer Mann. Er stattete mir heute einen $1^1/_2$stündigen Besuch ab, bei dem er mit mir in ganz leidlichem und zum Dienstgebrauche jedenfalls vollauf genügendem Französisch einen ganzen Complex von Fragen durchsprach, und sich mit Eifer und Verständnis über alle den Wiener Posten betreffenden Verhältnisse zu informieren trachtete. Er war als Tourist bereits früher einmal in Wien und Budapest und erklärt, unserem Vaterland warme Sympathien entgegenzubringen. Er entbehrt nicht einer gewissen Kenntnis unserer heimatlichen Geschichte, zeigt Interesse für seine künftige Aufgabe und wird auch eine Ausgestaltung der wirtschaftlichen Beziehungen gewiß zu fördern trachten[85].

Da Shen später von der republikanischen Regierung Chinas zuerst provisorisch und dann mit vollen Befugnissen als Vertreter Chinas in Österreich-Ungarn weiterbestellt wurde, brachte er es unter den Leitern der chinesischen Mission in Wien während der Zeit der österreichischen Monarchie auf die längste Amtszeit. Dennoch hatte er es genauso wie seine Vorgänger schwer, sein Land in das Bewußtsein der österreichischen Bevölkerung und Behörden zu bringen. Hatten doch die Angehörigen der chinesischen Gesandtschaft schwer um ihre Identität zu kämpfen. Wenn man sie nicht mit Japanern verwechselte – Li Jiaxiang weiß zu berichten, daß hinter ihnen ständig Kinder mit dem Ausruf »Japaner« herliefen –, dann mit unternehmungslustigen chinesischen Angehörigen der österreichischen Armee, gegen die Klagen vorlagen. Auch darauf legte man in der chinesischen Mission wenig Wert[86]. Und war ein Chinese tatsächlich Mitglied der Gesandtschaft, so kam es nicht selten vor, daß dieser Status infolge der bis heute nicht beseitigten Konfusion, die chinesische Namen hier bei Behörden anrichten, in Frage gestellt wurde. Ein Schreiben des k. k. Ministers des Inneren an das löbliche k. u. k. Ministerium des kaiserlichen und königlichen Hauses und des Äußeren mag davon einen Eindruck verschaffen:

Tscheng Bao-Hua,
Matrikulierung des
Geburtsfalles vom
24. August 1911 — Wien, am 10. März 1913

Nach Inhalt des dem löblichen k. u. k. Ministerium mit der h. o. Note vom 10. August 1911, Zl: 26.054, mitgeteilten instrumentierten Berichtes der Statthalterei in Wien vom 1. August 1911, Zl: XVII-3668, ist dem angeblichen Mitglied der chinesischen Gesandtschaft in Wien D. Fu Tscheng am 16. Juni 1911 in Wien ein Sohn geboren worden, um dessen Matrikulierung es sich handelt. Mit der geschätzten Note vom 24. August 1911, Zl: 53.416/7, teilte das löb-

liche k. u. k. Ministerium anher mit, daß der genannte Kindesvater der chinesischen Vertretungsbehörde nicht zugeteilt sei und daher das Privileg der Exterritorialität nicht genieße.
Nachdem mittlerweilen erhoben wurde, daß der Kindesvater nicht D. Fu Tscheng, sondern richtig »Tscheng Y Fu« heißt und laut Mitteilung des Sekretärs der chinesischen Gesandtschaft in Wien tatsächlich Attaché dieser Vertretungsbehörde ist, beehrt sich das k. k. Ministerium des Innern das löbliche k. u. k. Ministerium zu ersuchen, gefälligst festzustellen und anher bei Aktenrückschluß mitteilen zu wollen, ob Tschen Y Fu tatsächlich der mehrgenannten Mission zugeteilt ist und ob ihm die Exterritorialität zukommt. Bejahendenfalls wäre das Ministerium des Innern auch für eine Mitteilung darüber dankbar, zu welcher Religion sich die Kindeseltern bekennen und welcher Religion das Kind nach den heimatlichen Gesetzen der Eltern anzugehören hat[87].

Nicht nur das Leben, sondern auch das Geborenwerden barg also für Chinesen in der Doppelmonarchie gewisse Fußangeln . . .

Lassen wir es bei diesem letzten Mosaiksteinchen bewenden, das sich in ein Bild einfügt, welches dem Leser weniger über die Entwicklungen der politischen Beziehungen zwischen beiden Staaten, sondern eher über die chinesischen und österreichischen Diplomaten, ihr Leben und ihre gegenseitige Einschätzung Eindrücke verschaffen soll. Der Fortgang der staatlichen Beziehungen wird in anderen Kapiteln behandelt. Es scheint, daß die österreichischen Diplomaten – ausgenommen vielleicht zur Zeit des Boxeraufstandes – sich in China wohler gefühlt haben als ihre chinesischen Kollegen in Österreich, mögen jene sich auch redlich Mühe gegeben haben, das chinesische Sprichwort Lügen zu strafen, das da sagt: »Daheim ist es immer angenehm; fern vom Heim ist es immer unangenehm[88].«

ANMERKUNGEN

1 Peter Pantzer, *Japan und Österreich-Ungarn,* Wien 1973, S. 200:
1871–1874 Heinrich Freiherr von Calice
1874–1877 Iganz Freiherr von Schaeffer
1877–1879 Karl Ritter von Boleslawsky (Geschäftsträger)
1879–1883 Maximilian Ritter Hoffer von Hoffenfels.

2 Gesandte in Japan unter gleichzeitiger Mitakkreditierung in China:
1883–88 Karl Graf Zaluski von Zaluskie
1888–1893 Rüdiger Freiherr von Biegeleben
1893–1895 Heinrich Graf Coudenhove-Kalergi (Geschäftsträger)
1895–1899 Christoph Graf Wydenbruck.
S. ebd.

3 Hosea Ballou Morse, *The International Relations of the Chinese Empire,* Bd. II, Nachdruck Taipei, S. 314.

4 J. D. Frodsham, *The First Chinese Embassy to the West – The Journals of Kuo Sung*

T'ao, Liu Hsi-hung and Chang Te-yi, Oxford 1974. Mesny veröffentlichte in seinem *Chinese Miscellany* vom 17. Juni 1899, Nr. 13, S. 242, folgende Erinnerungen an Liu Xihong:

»Chinese Diplomats.

Liu Hsi Hung from P'an-yü Hsien.

In looking over an old pocket book of mine, I discovered the official card of the above named diplomat where it had lain since it was given to me by His Excellency personally in 1878. This card is red and bears the three characters Liu Hsi-hung in large characters, at the foot of which is the following printed in French, *viz.,* Liu-ta-jên, Envoyé Extraordinaire et Ministre Plenipotentiaire de S. M. l'Empereur de Chine, Grand Chambellan, etc., etc.

His late Excellency Liu first went to England as Vice-Minister with His Excellency Kuo Sung-tao, in 1876. Some time after Minister Liu was appointed Minister to Berlin, but behaved so badly or undiplomatically that he was recalled in 1878, at which time I happened to be in Europe. I was thence asked to reconduct Minister Liu to China and did so travelling by rail to Marseilles where I embarked with him on the Messageries Maritimes steamer *Irraouaddy* to Hongkong, and went up to Canton with him staying there a short time as a special friend, the Minister's brother Liu Hsi-k'un being an expectant prefect of Kuei-chou and an old acquaintance of mine. Minister Liu was very indiscreet as well as very much prejudiced against all foreign innovations, believing that China and the Chinese were far in advance of all other nations in the matter of civilization.

Minister Liu was subsequently degraded and died at Peking in disgrace about the year 1881.«

5 Leopold von Jedina, *An Asiens Küsten und Fürstenhöfen,* Wien-Olmütz 1891, S. 597.

6 Ssu-yu Teng – John K. Fairbank, *China's Response to the West,* Harvard (Mass.) 1970, S. 190–193.

7 E. Backhouse – J. O. P. Bland, *Annals & Memoirs of the Court of Peking,* London 1913, S. 455 ff.

8 Siehe Kapitel 16.

9 Entfällt.

10 Henri Cordier, *Histoire des Relations de la Chine avec les Puissances Occidentales,* Bd. 3, Paris 1902, S. 187.

11 Arthur von Rosthorn, *Lebenserinnerungen,* S. 27.

12 Ebd., S. 29.

13 HHStA, Adm. Reg. 4/291.

14 Schreiben Rosthorns an Wydenbruck vom 17. April 1896, HHStA, Adm. Reg. 6/68.

15 Schreiben Rosthorns an Goluchowski vom 23. März 1897, HHStA, Adm. Reg. 6/68.

16 Rosthorn, *Lebenserinnerungen,* S. 30.

17 Ebd., S. 51, HHStA, Pol. Arch. XXIX, China/5.

18 Czikann an Goluchowski am 28. April 1897, HHStA, Pol. Arch. XXIX, China/5.

19 Czikann an Goluchowski am 6. Mai 1897, ebd.

20 Vgl. Gerd Kaminski, *Chinesische Positionen zum Völkerrecht,* Berlin 1973, S. 102 ff.

21 Czikann an Goluchowski am 6. Mai 1897.

22 Rosthorn, *Lebenserinnerungen,* S. 32; vgl. auch den langen Bericht des *Fremdenblattes* vom 11. Juli 1897, S. 5.

23 Czikann an Goluchowski am 19. Mai 1897, HHStA, Pol. Arch. XXIX, China/5.

24 Im Text heißt es weiter: »Auch dies ist ein Systemfehler, denn die übergroße Zentralisierung in den Ministerien führt notwendig zu einer derartigen Überlastung derselben, daß die Sektionschefs nicht Zeit haben, zu lesen, was sie unterschreiben, und der Minister nicht weiß, was in seinem Namen hinausgeht. Die strenge Trennung zwischen Ministerialbeamten und Diplomaten führt überdies dazu, daß die ersteren die Verhältnisse im Ausland nicht kennen, während die letzteren über die jeweiligen Richtungen der auswärtigen Politik ungenügend informiert sind . . . Es wäre jedenfalls besser, die diplomatischen Vertreter länger auf ihren Posten zu belassen, denn es braucht Zeit, um sich mit den Verhältnissen eines Landes vertraut zu machen und vor allem, um das Vertrauen der maßgebenden Persönlichkeiten zu gewinnen. Die übliche Formel über ›die

Pflege guter Beziehungen‹ ist zu einer nichtssagenden Floskel geworden.« Rosthorn, *Lebenserinnerungen,* S. 33.

25 G. E. Morrison an J. O. Bland am 6. November 1903, in: Lo Hui-min (Hrsg.), *The Correspondence of G. E. Morrison*, Bd. 1, Cambridge 1976, S. 237; vgl. auch S. 280.

26 Nach den von Ci Xi blutig unterdrückten Reformversuchen des Kaisers hatte Rosthorn vergeblich versucht, die anderen Diplomaten davon abzubringen, eine Audienz bei der Kaiserin-Witwe anstatt beim Kaiser, bei dem sie akkreditiert waren, anzunehmen. – Erwin Reifler, *Mr. Dekien Toung, former Chinese Chargé d'affaires in Vienna, and Baron Arthur v. Rosthorn, former Austrian Minister to China,* Vortrag vor dem sino-österreichischen Kulturkomitee vom 29. März 1936, HHStA, Neues Pol. Arch. 606, S. 458 ff; Rosthorn, *Lebenserinnerungen,* S. 37.

27 Während der Boxerunruhen war sie aus Peking geflüchtet.

28 Czikann an Goluchowski am 7. Januar 1902, HHStA, Pol. Arch. XXIX/7, China, Berichte.

29 Czikann an Goluchowski am 28. Januar 1902, HHStA, ebd.

30 Ebd.

31 Ebd.

32 Czikann an Goluchowski am 12. November 1904, HHStA, Adm. Reg. F 2/44.

33 Rosthorn, *Lebenserinnerungen,* S. 55.

34 Ebd. S. 62.

35 Vgl. z. B. sein Schreiben an den Außenminister Graf Alois von Aehrenthal vom 4. Juni 1910, HHStA, Adm. Reg. 7/36:

»Hochgeborener Graf,

Wie ich erfahre, ist der neuernannte stellvertretende Präsident des Wai-wu-pu *(Außenministeriums – Anm. d. Aut.)* Tsou-chia-lai, dessen wenig glückverheißende Beförderung an leitende Stelle ich kürzlich zu melden hatte, ein alter Busenfreund Le-pu-tungs, des dermaligen chinesischen Gesandten in Wien.

Tsou-chia-lai soll nun entgegen den erst vor zwei Jahren herausgegebenen Regeln seinen Freund Le-pu-tung auch nach Ablauf des dreijährigen Turnus, innerhalb welches die chinesischen Gesandten gewechselt respektive in die Heimat rückberufen zu werden pflegen, nicht abberufen, sondern auf weitere drei Jahre in Wien zu belassen beabsichtigen, eine Permanenz, die bei einem geeigneteren Vertreter Chinas am Wiener Hofe gewiß nur höchst wünschenswert erschiene, die ich aber im vorliegenden Falle bedauern müßte, da mir Le-pu-tung durchaus nicht als der Mann bekannt ist, um unsere kommerziellen Beziehungen zum Reiche der Mitte zu fördern, geschweige denn sich auch nur halbwegs in diesem Streben mit mir zu begegnen.

Nachdem der chinesischen Regierung heute schon eine ganze Reihe sprachkundiger und moderner Diplomaten zur Verfügung steht, würde ihr bei Ablauf der dreijährigen Wiener Dienstleistung Le-pu-tungs die Wahl eines geeigneteren Vertreters kaum Schwierigkeiten bereiten und wohl auch unsererseits durchzusetzen sein, falls Euer Excellenz, etwa gelegentlich der Anwesenheit des Prinzen Tsai Tao in Wien, ein Wort in dieser Richtung fallen zu lassen für gut befänden. Die Unkenntnis irgendeiner europäischen Sprache, die den derzeitigen chinesischen Gesandten auszeichnet, würde für sich allein einen genügenden Grund bieten, um einen solchen Vorgang rechtfertigen zu können.

Sollten Euer Excellenz meine Anschauung zu teilen vermögen, so erbäte ich eine hochgeneigte diesbezügliche Mitteilung, um dann auch meinerseits hier auf das Interesse hinweisen zu können, welches China an einer geeigneteren Besetzung des Wiener Postens haben müßte. Genehmigen Euere Excellenz den Ausdruck meiner tiefen Ehrfurcht.
Kuczynski.«

36 Promemoria zum Leichenbegängnis des verstorbenen Kaisers von China am 1. Mai 1909, Beilage zu Bericht No. 21-A ddo. Peking, 7. Mai 1909, HHStA, Adm. Reg. 2/42.

37 Rosthorn, *Lebenserinnerungen,* S. 62.

38 Kuczynski an Aehrenthal am 20. März 1910, HHStA, Adm. Reg. 2/42.

39 Siehe z. B. Kuczynski an den Sektionschef Freiherrn von Macchis am 30. Juli 1916, HHStA, ebd.:

»Der Empfang der mir durch Euer Excellenz gütige Vermittlung unter dem 24. v. Mts. gewordenen hohen Weisung seiner Excellenz des Herrn Ministers in Betreff der in jüngerer Zeit leider so häufigen Besuche chinesischer Missionen habe ich die Ehre hiermit ganz zu bestätigen. Bezugnehmend darauf bitte ich Hochdieselben Seiner Excellenz dem Herrn Minister Grafen Aehrenthal in meinem Namen versichern zu wollen, daß ich entsprechend der mir auch mit einem hohen Erlasse mitgeteilten identischen Instruktion strengstens nachzukommen nicht verfehlen werde.
Was die Mission der Prinzen Hsün und Tsai-Tao anbetrifft, so erlaube ich mir erklärend zu berichten, daß diese beiden kaiserlichen Prinzen und Brüder des infolge des Kinderalters des dermaligen Kaisers auf viele Jahre hinaus zur Regentschaft berufenen Prinz-Regenten Chun, außer diesem Letzteren selbst, die ersten Mitglieder des chinesischen Kaiserhauses sind, die seit Bestehen des Reiches der Mitte jemals europäische Höfe besucht haben respektive nach Europa gekommen sind.
Da wir hier im fernen Osten leider recht wenig, oft so wenig bekannt sind, daß die Begriffe ›Austria und Australia‹ nicht immer bloß von Chinesen verwechselt werden, erschien mir allein die Gelegenheit nicht unpassend, den Prinzen und dessen Gefolge, das später auch zu Einfluß und Würden kommen und sich dann des Gesehenen erinnern wird, praktischen Unterricht in der Geographie erteilen und sie mit dem Begriffe Österreich-Ungarns durch Anschauungsunterricht vertrauter machen zu können. Auch ging ich von der vielleicht falschen Aussicht aus, daß es sonderbar hätte erscheinen müssen, wenn Prinz Tsai-Hsün alle Staaten besucht und nur die Monarchie ausgelassen hätte.«

40 Kuczynski an Aehrenthal am 24. Februar 1909, HHStA, Adm. Reg. 46/261.

41 Storck an Aehrenthal am 6. Mai 1908, HHStA, Pol. Arch. 9/XXIX.

42 Storck an Aehrenthal am 11. Juni 1908, HHStA, ebd.

43 Storck an Aehrenthal am 6. Mai 1908, HHStA, ebd.

44 Czikann an Goluchowski am 22. Oktober 1901, HHStA, Adm. Reg. 6/68.

45 Ebd.

46 HHStA, Adm. Reg. 6/90.

47 Czikann an Goluchowski am 22. Oktober 1901, HHStA, Adm. Reg. 6/68.

48 Auf Wunsch des Außenamtes erstelltes Memorandum Rosthorns, welches am 27. Juni 1906 übergeben worden ist. HHStA, Adm. Reg. 6/90.

49 Abrechnung des 1. und 2. Quartals 1908, HHStA, Adm. Reg. 6/89.

50 Ebd.

51 Dankbrief Wang Chun-pos an Storck vom 24. April 1911 in deutscher Übersetzung, HHStA, Adm. Reg. 6/68.

52 Czikann an Goluchowski am 2. Februar 1902, HHStA, Pol. Arch. 7/XXIX.

53 Czikann an Goluchowski am 19. Februar 1900, HHStA, Pol. Arch. 6/XXIX.

54 Czikann an Goluchowski am 5. März 1902 über den am 8. Februar 1902 stattgefundenen Empfang zum chinesischen Neujahr, HHStA, Pol. Arch. 7/XXIX.

55 Storck an Aehrenthal am 19. Mai 1908 über die am 14. Mai im Sommerpalast stattgefundene Audienz, HHStA, Pol. Arch. 9/XXIX.

55 a Der Note des chinesischen Außenamtes vom 15. November 1908, »daß Seine Majestät der Kaiser . . . auf Ihrem Drachenwagen zum Himmel aufgestiegen sind«, hat eine prosaische österreichische Hand die Anmerkung beigefügt : »gestorben ist«.

56 Siehe den umfangreichen Briefwechsel in HHStA, Adm. Reg. 2/42.

57 Kuczynski an Aehrenthal am 7. Mai 1909, Adm. Reg. 2/42. Der Gesandte meint damit Verbeugungen und nicht den Kotau im klassischen Sinne.

58 Ebd.

59 Kuczynski an Aehrenthal am 23. November 1909, HHStA, Adm. Reg. 2/42.

60 »Ansprache des k. u. k. Gesandten Freiherrn von Czikann an die Kaiserin-Witwe von China am 12. November 1904 :
Seine Kaiserliche und Königliche Apostolische Majestät, mein Allergnädigster Kaiser und König, hat mich mit der höchst ehrenvollen Mission zu betrauen geruht, Euerer Kaiserlichen Majestät anläßlich Allerhöchst Ihren siebenzigjährigen Geburtsfestes ein Allerhöchst eigenhändig unterzeichnetes Beglückwünschungsschreiben zu überreichen.
Indem ich mich glücklich schätze, diesem Allerhöchsten Auftrage hiemit nachzu-

kommen, bitte ich Eure Kaiserliche Majestät zugleich huldvollst gestatten zu wollen, daß auch ich meine aufrichtigsten und ehrerbietigsten Glückwünsche zu Allerhöchst Ihrem Geburtstage darbringe.
Mögen Euerer Kaiserlichen Majestät noch viele Jahre in ungetrübter Gesundheit beschieden sein, zur Freude des kaiserlichen Hauses und der zahlreichen Völker des chinesischen Reiches.« – Czikann an Goluchowski am 12. November 1904, HHStA, Adm. Reg. 2/44.

61 »Antwort Ihrer Majestät der Kaiserin-Witwe von China auf die Ansprache des k. u. k. Gesandten Freiherrn von Czikann:
Euere Excellenz haben im Auftrage Seiner Majestät Ihres Kaisers Uns ein von Seiner Majestät eigenhändig unterzeichnetes Glückwunschschreiben überreicht. Wir erblicken darin einen herzlichen Beweis freundschaftlicher Gesinnung.
Euere Excellenz haben daran Ihre eigenen Glückwünsche geknüpft, worüber wir große Freude empfinden.
Wir hoffen, daß sich die intimen Beziehungen zwischen Unseren beiden Reichen immer enger gestalten und wünschen nur, daß Seine Majestät Ihr Kaiser ein langes Leben genieße und daß alle seine Völker der Segnungen des Friedens theilhaftig werden.« – Ebd.

62 Ebd.

63 Czikann an Goluchowski am 10. Januar 1905, HHStA, Adm. Reg. 2/44.

64 HHStA, Adm. Reg. 2/42.

65 P. v. Rosthorn, *Lebenserinnerungen,* S. 72.

66 Ehrenbezeichnung der Kaiserin-Witwe.

67 P. v. Rosthorn, *Lebenserinnerungen,* S. 73.

68 Ebd.

69 Rosthorn, *Lebenserinnerungen,* S. 32.

70 Czikann an Goluchowski am 26. Mai 1902, HHStA, Pol. Arch. 7/XXIX.

71 Czikann an Goluchowski am 1. März 1902, HHStA, Adm. Reg., 7/36.:
»Hochgeborener Graf!
In Gemäßheit der hohen telegraphischen Weisung vom 20. v. M. habe ich nicht verfehlt, dem Präsidenten des Wai-wu-pu, Prinzen Ch'ing, das Beileid der hohen k. u. k. Regierung anläßlich des Ablebens des auch für Österreich-Ungarn accreditierten kaiserl. chinesischen Gesandten Yang-ju auszudrücken.
Ich beehre mich nun, Euer Excellenz in der Anlage die Übersetzung des mir hierüber von dem Prinzen Ch'ing zugekommenen Dankschreibens gehorsamst vorzulegen und daran die Anzeige zu knüpfen, daß nach einer gleichzeitig vom Wai-wu-pu erhaltenen Mittheilung durch ein kaiserliches Edict vom 20. Februar l. J. der bisherige Legations-Rath bei der chinesischen Gesandtschaft in St. Petersburg Hu-wei-tê mit der zeitweiligen Leitung der Geschäfte der chinesischen Gesandtschaft auch für Österreich-Ungarn betraut worden ist.
Die Nachricht von dem Ableben des Gesandten Yang-ju hat mir neuerdings Anlaß geboten, mit dem Prinzen Ch'ing die Errichtung einer eigenen chinesischen Gesandtschaft in Wien zu erörtern, nachdem ich diese Frage schon kurz nach der Unterzeichnung des Schluß-Protocolles angeregt hatte, damals aber von dem Prinzen Ch'ing gebeten worden war, vorerst die Rückkunft des kaiserlichen Hofes nach Peking und die erste, nothwendigste Ordnung des durch die Wirren des Jahres 1900 aus dem Geleise gekommenen Regierungs-Apparates abzuwarten.
Bei meiner jüngsten Besprechung hat nun Prinz Ch'ing unter sofortiger Anerkennung der Verpflichtung Chinas zur Errichtung einer eigenen Gesandtschaft für die österr.-ungar. Monarchie abermals den Wunsch ausgedrückt, mit der Creirung dieser Gesandtschaft noch einige Zeit zuwarten zu können, da die chinesischen Staatsfinanzen in Folge der Boxer-Wirren nicht nur durch die den Vertragsmächten zu zahlende Indemnität von 450 Millionen, sondern auch durch die vielen anderweitigen daraus resultierenden Auslagen in eine ziemlich bedrängte Lage gerathen sind und daher dermalen die größtmöglichste Sparsamkeit und Vermeidung neuer Ausgaben erheische. Schließlich versprach er dennoch, sofort die der chinesischen Regierung für die auswärtige Vertretung zur Verfügung stehenden Mittel überprüfen zu lassen, und dem Throne sodann hier-

über zu berichten, so daß ich hoffe, Euer Excellenz schon in nächster Zeit über diese Angelegenheit bestimmteres berichten zu können.

Genehmigen Eure Excellenz den Ausdruck meiner tiefsten Ehrfurcht und Ergebenheit.

M. Czikann.«

72 S. Anm. 70.

73 Rosthorn an Goluchowski am 16. Juli 1902, HHStA, Adm. Reg. 7/36.

74 Rosthorn an Goluchowski am 12. Dezember 1896, HHStA, Pol. Arch. XXIX China/5.

75 Hirsch an Goluchowski am 23. Februar 1906, HHStA, Adm. Reg. 7/36.

76 Schreiben des Ober-Provinzial-Richters von Anhui, Li Ching-mai, an S. E. den österreichisch-ungarischen Geschäftsträger vom 11. November 1908:

Ich beehre mich E. E. mitzuteilen, daß mir gestern, als ich nach Peking zurückkehrte, um vom Kaiser in Audienz empfangen zu werden, vom Wai-Wupu E. E. Schreiben vom 27. April d. J. übergeben wurde, dem ich entnahm, daß der große Kaiser Ihres geehrten Reiches mir allergnädigst den Orden der Eisernen Krone I. Klasse zu verleihen geruht habe, und habe ich den Orden und das bezügliche Dekret bereits in Empfang genommen. Ich habe auch bereits Se. Majestät meinen Kaiser gebeten, diesen Orden annehmen und tragen zu dürfen, und die Erlaubnis dazu erhalten. Ich glaube, daß ich zur Zeit, da ich Gesandter in Ihrem geehrten Lande war, meinen Pflichten nur deshalb nachkommen konnte, weil Se. Majestät Ihr Kaiser mich stets huldreich mit seiner Gnade ausgezeichnet hat. Die gegenseitigen Beziehungen unserer beiden Reiche sind die denkbar besten. Jetzt, obwohl ich beinahe zwei Jahre wieder in meine Heimat zurückgekehrt bin, habe ich in der Ferne die hohe Auszeichnung Sr. Majestät Ihres Kaisers erhalten, und finde ich keine Worte, um meine tiefste Dankbarkeit auszudrücken. Ich bitte Sie, Herr Geschäftsträger, meinen tiefsten Dank an die Stufen des Allerhöchsten Thrones gelangen zu lassen. – Beilage zu Bericht No. CXXV ddo. 12. November 1908, HHStA, Adm. Reg. 7/36.

77 Rosthorn an Goluchowski am 3. Dezember 1905, HHStA, Adm. Reg. 7/36.

78 Kuczynski an Aehrenthal am 2. März 1910, HHStA, Adm. Reg. 2/42.

79 Vgl. die Empfangsbestätigung des Überbringers, HHStA, ebd.

80 Wu Dezhang 1902–1904, Yang Cheng 1904–1906 – also jeweils nicht einmal zwei Jahre.

81 Rosthorn an Goluchowski am 3. Dezember 1905, HHStA, Adm. Reg. 7/36.

82 Rosthorn an Goluchowski am 8. März 1906, HHStA, ebd.

83 Kuczynski an Goluchowski am 20. Oktober 1906, HHStA, ebd.

84 Kuczynski an Aehrenthal am 15. April 1907, HHStA, ebd.

85 Storck an Aehrenthal am 2. September 1911, HHStA, ebd.

86 Vgl. die Anfrage des k. k. Bezirksgerichts Josefstadt vom 16. Juni 1911 an das hohe k. u. k. Ministerium des kaiserl. u. königl. Hauses u. des Äußern: »Ich ersuche um Mitteilung, ob der kais. chines. Leutnant Herr Kal Tschan Yan, gegen welchem hg. Klage wegen 70 K s. N. G. eingebracht wird, als der Gesandtschaft zugeteilt die Exterritorialität genießt.« – HHStA, Adm. Reg. 7/36.

87 HHStA, ebd.

88 M. von Wyss-Vögtlin (Hrsg.), *700 chinesische Sprichwörter*, Zürich 1960, S. 35.

Vierzehntes Kapitel

Arthur von Rosthorn – Diplomat, Wissenschaftler und Mittler zwischen Österreich und China

Zur Biographie

Arthur von Rosthorn wurde am 16. April 1862 in Wien geboren. Seine Familie war englischer Herkunft[1] und lebte seit Maria Theresia in Österreich, wo der Urgroßvater aufgrund seiner Verdienste um die Maschinenindustrie von Joseph II. in den Adelsstand erhoben wurde. Rosthorns Mutter war Österreicherin (Josephine Freiin von Mandorff), aber sein Vater, Josef von Rosthorn, war so sehr Engländer geblieben, daß er mit den Kindern nie ein deutsches Wort sprach. Es waren sechs Geschwister, von denen Alfons, der Älteste, ein bekannter Gynäkologe und nacheinander Professor in Prag, Graz, Heidelberg und Wien war. Zwei Brüder starben in jungen Jahren. Von den beiden Schwestern heiratete die eine den amerikanischen Professor Charles S. Bacon in Chicago. Der anderen, Helene Lechner-Rosthorn, die sich im Sozialwesen sehr verdient gemacht hat, setzte Arthur von Rosthorn ein liebenswürdiges Denkmal in der *Neuen Österreichischen Biographie*[2].

Arthur von Rosthorn, Bleistiftzeichnung von Robert Fuchs, 1934 (Bildarchiv der Österreichischen Nationalbibliothek)

Im Jahre 1880 inskribierte Rosthorn an der Wiener Universität zunächst die germanistischen Fächer, kam dann durch einen Freund zum Sanskrit und zur vergleichenden Sprachwissenschaft.

Es schien ihm, daß man, um der Lösung der Probleme, welche die vergleichende Sprachwissenschaft stellte, näherzukommen, bei den einsilbigen Sprachen beginnen müsse. So verfiel er auf das Chinesische, und die soeben erschienene große Grammatik von Gabelentz erschien ihm »wie eine Offenbarung«.

Rosthorn berichtet in seinen Lebenserinnerungen:

> So standen die Dinge, als mein Vater mir erklärte, ich möge mich endlich um einen praktischen Beruf umsehen. In Österreich sei dafür keine Aussicht. Er habe deshalb beschlossen, mich für ein Jahr nach England zu schicken. Von dort aus stehe mir die Welt offen. Ich sollte an die Universität Oxford gehen. Ich war sehr einverstanden. Lebte doch in Oxford der berühmte Sanskritist Max Müller und der Nestor der Sinologie James Legge. So zog ich im Herbst 1882 in der altertümlichen Universitätsstadt ein, die mich entzückte: die Colleges, die downs, der Fluß. Doch vom Gesichtspunkte des Studiums her war Oxford eine Enttäuschung. Max Müller hielt keine Vorlesungen, und der alte Legge las mir seine Übersetzung des Mencius vor, ich hätte diese ebenso gut zu Hause lesen können! Dagegen wurde ich von Kollegen auf andere Gebiete abgelenkt. Ich besuchte fleißig die Debating Society, wo politische und wirtschaftliche Themata diskutiert wurden, las die englischen Philosophen Locke, Hume, Mill und Herbert Spencer, die fortan das Gerüst meiner Weltanschauung bildeten[3].

Ganz besonders interessierten ihn damals volkswirtschaftliche Themen. *The Wealth of Nations* von Adam Smith und Mill's *Political Economy* waren für ihn »eine spannendere Lektüre als jedweder Roman«.

Gerade als Rosthorn wieder nach Österreich zurückkehren wollte, eröffnete sich ihm die Möglichkeit, an einer Konkurrenz für den Eintritt in den chinesischen Seezolldienst teilzunehmen. Er bestand – und war zwei Tage darauf im Besitz seines Ernennungsdekretes und von 200 Pfund für Reise und Adjustierung. Ausgerüstet mit Richthofens *China,* Darwin, Sax' Pflanzenphysiologie und der rasch erlernten Technik des Präparierens begab er sich im Juni 1883[4] in Venedig aufs Schiff; erst zehn Jahre später kehrte er das erste Mal wieder zurück.

Nach zwei Monaten Zahlenaddierens in Kanton erhielt er – hocherfreut – die Gelegenheit, in Peking zwei Jahre lang sein Chinesisch in Umgangssprache und Kanzleistil zu vervollkommnen. Ab Frühjahr 1884 arbeitete er in der südchinesischen Hafenstadt Shantou (Swatow), wo ihn die Besatzung des österreichischen Schiffes *Nautilus* bei ihrer Ostasienfahrt antraf[5]. Zwei Stunden täglich verbrachte er bei Sprachstudien mit einem aus Peking mitgenommenen Lehrer. Dann folgte ein Jahr Shanghai, danach Hankou (Hankau), Yichang (Ichang) und Chongqing (Chungking).

Arthur und Paula von Rosthorn vor ihrem chinesischen Haus
(Aus den Fotoalbum Paula von Rosthorns)

Vor Rosthorns Rückreise nach Österreich im Jahre 1893 hatte ihm Generalkonsul Haas während eines Zwischenaufenthaltes in Shanghai wegen seiner guten Sprach- und Landeskenntnisse einen weiteren Verbleib in China vorgeschlagen – er wollte sich für Rosthorns Verwendung im Konsulardienst einsetzen, womit Rosthorn sich einverstanden erklärte.

Nach ausgiebigen Ferien, einem Winter in Oxford, der ihn noch mehr enttäuschte als der frühere Aufenthalt (der alte Legge war nun fast völlig taub geworden), der Ausarbeitung seiner Dissertation und seiner Promotion wurde Rosthorn vom Auswärtigen Amt für einen Posten in China vorgeschlagen. Zuvor waren all seine Versuche, nach China als Konsul zurückzukehren, fehlgeschlagen: man war nur an Juristen interessiert. Ebenso war seinem Bemühen, an der Universität Wien oder an der Orientalischen Akademie eine Dozentur antreten zu können, kein Erfolg beschieden gewesen. Nun war durch einen Ministerwechsel im Außenamt, vor allem aber durch den Ausbruch des chinesisch-japanischen Krieges eine neue Situation eingetreten. Infolge des Krieges war es nicht mehr möglich, beide Länder durch *einen* Diplomaten vertreten zu lassen, und der neue Minister beschloß die Errichtung einer eigenen Gesandtschaft für China. Rosthorn war zunächst als Dolmetsch vorgesehen, das lehnte er aber ab, und so ging der »für den Posten eines Vize-

Act. Pers. Rosthorn Arth. v. 1/2-2
34326/2

Allergnädigster Herr!

36289 pr. 6te VIII. 1896

2

Laut der mit Allerhöchster Entschließung vom 23. Juni l. J. Allergnädigst sanctionirten Delegationsbeschlüsse wurde die Errichtung einer Gesandtschaft in Peking Allergnädigst genehmigt.

2 Obwohl auf Grund der erwähnten Allerhöchst sanctionirten Delegationsbeschlüsse die Gesandtschaft

11 ./.

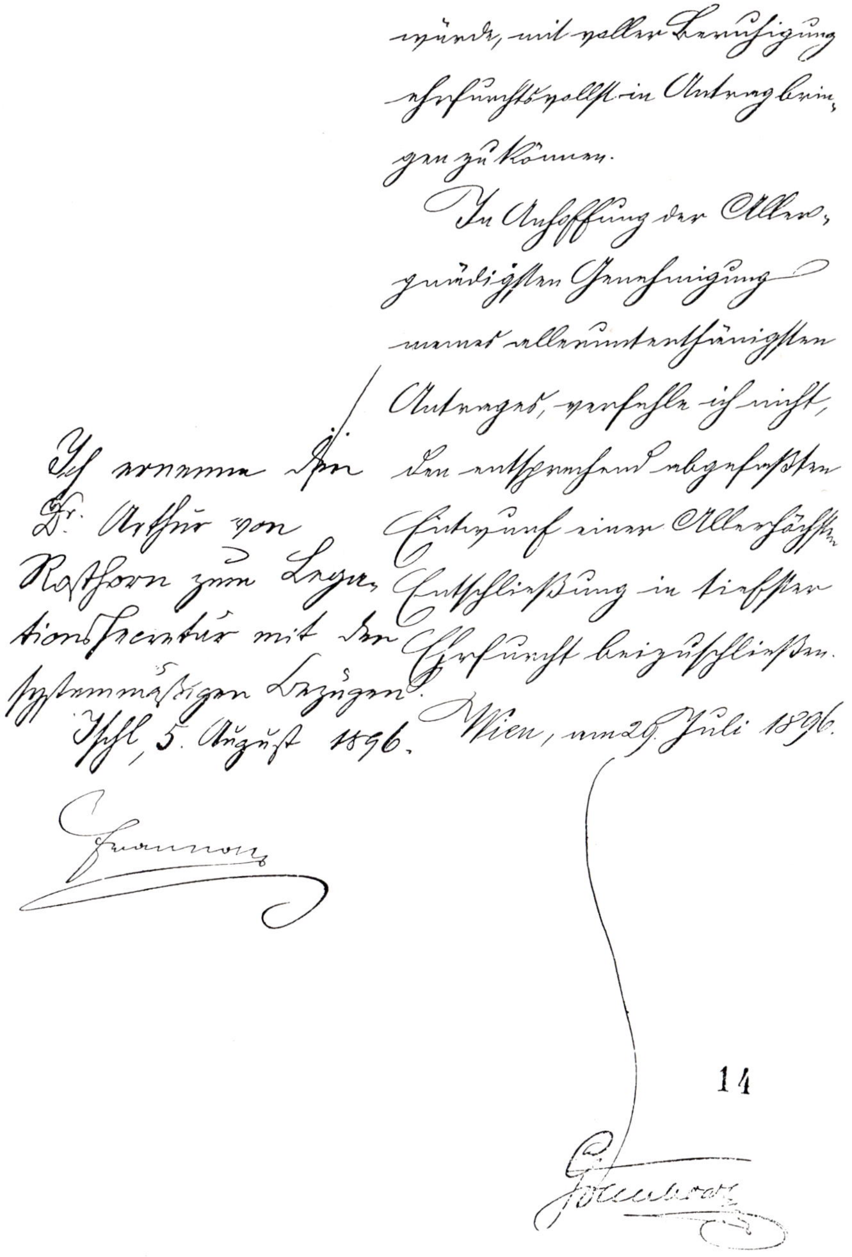

geruhte, mit voller Berücksichtigung ehrfurchtsvollst in Antrag bringen zu können.

In Erhoffung der Allergnädigsten Genehmigung meines alleruntertänigsten Antrages, verfehle ich nicht, den entsprechend abgefaßten Entwurf einer Allerhöchsten Entschließung in tiefster Ehrfurcht beizuschließen.

Wien, am 29. Juli 1896.

14

Goluchowski

Ich ernenne den Dr. Arthur von Rosthorn zum Legationssecretär mit den systemmäßigen Bezügen.

Ischl, 5. August 1896.

Franz Joseph

Erledigung des Aktes der Ernennung Arthur von Rosthorns zum Legationssekretär durch Kaiser Franz Joseph (Haus-Hof- und Staatsarchiv)

Die Schwester Paula von Rosthorns vor der »Rosenvilla«
(Foto: Paula von Rosthorn; Familie Pinschof; Archiv der ÖGCF)

konsuls nicht Qualifizierte« schließlich 1895 als Legationssekretär nach China zurück. Vorher hatte er noch seine, wie sich später herausstellte, sehr couragierte Cousine Paula geheiratet.

Vorläufig war noch der in Tokio amtierende Gesandte Graf Wydenbruck auch für China zuständig. Rosthorn, der nach seiner Rückkehr zunächst noch einmal in Shanghai stationiert gewesen war, begleitete Wydenbruck zu einer Antrittsaudienz (ein »seelenloser Spuk!«) nach Peking.

Die nächsten Monate waren mit der Suche eines als Botschaftsgebäude und Residenz geeigneten Objekts ausgefüllt. Nach längerem Abwägen entschloß man sich, ein Grundstück zu kaufen und neue Gebäude zu errichten. Gesandter war nicht, wie erwartet, Generalkonsul Haas geworden, sondern der Generalkonsul in Tanger, von Boleslawsky. »Der arme Haas ertrank auf einem Ausflug nach der Insel Pootu, und Boleslawsky starb kurz vor seiner Abreise in Karlsbad. So erhielt ich mit einem Mal mit meiner Ernennung zum Legationssekretär den Auftrag, als Geschäftsträger nach Peking zu gehen. Welcher Wandel des Geschicks und welche Rolle des Zufalls im menschlichen Leben[6]!«

Die Rosthorns wohnten zuerst im Hotel, »doch nicht für lange. Innerhalb einer Woche hatten wir ein kleines chinesisches Haus gemietet – ich glaubte damals noch an Sparsamkeit im Staatshaushalte – und richteten es notdürftig ein. Betten hatten wir mitgebracht, Tische und Stühle ließen wir von einem chinesischen Tischler anfertigen. In den ersten Tagen saßen wir auf Teppichballen und bedienten uns einer Kiste als Speisetisch. Ein solches Debut war einem Diplomaten gewiß nicht oft beschieden. Aber mit der Zeit wurde es ganz wohnlich in dem kleinen Gebäude. Es bestand aus drei kleinen Häusern, die einen steingepflasterten Hof einschlossen und durch einen gedeckten Gang verbunden waren. Der Hof wurde von Paula reichlich mit Blumen und Topfpflanzen ausgestattet, die das Grau des Hauses belebten und ihm später den Namen ›Rosenvilla‹ eintrugen[7].« Ihr gärtnerisches Geschick wurde später von Daniele Varé in seinem *Lachenden Diplomaten* beschrieben.

Im Frühjahr 1897 traf dann Baron Czikann, der neue Gesandte, ein. Gerade zur Zeit des Boxeraufstandes war Rosthorn Geschäftsträger, weil Czikann sich auf einem längeren Heimaturlaub befand. Rosthorn ist wohl einer der wenigen, wenn nicht überhaupt der einzige unter den damals in Peking lebenden Ausländern, der über die Ereignisse mit Verständnis und als ein Freund Chinas berichtet hat (vgl. 16. Kapitel). Nach jenen schweren Wochen ging er auf Urlaub nach Österreich, wo man ihn bereits totgesagt und einen Nachruf auf ihn veröffentlicht hatte. Aus diesem erfährt man ganz nebenbei, daß Rosthorn mit einigen philologischen Arbeiten an einem Orientalistenkongreß in Genf[8] teilgenommen und schon früher einige novellistische Arbeiten publiziert hatte, die sich durch einen »reinen und gebildeten Stil auszeichneten[9]«.

Glücklicherweise erfreute sich Rosthorn aber noch sehr lange seines Lebens. Zwischen 1900 und 1906 wechselte er, inzwischen zum Legationsrat avanciert, mit Baron Czikann in der Leitung der Gesandtschaft ab. 1906 wurde er zum Gesandten in Teheran ernannt. Nach fünfjähriger Amtszeit ging er dann 1911 wieder, und zwar als Gesandter, nach Peking und blieb dort bis zur chinesischen Kriegserklärung an Österreich im Sommer 1917.

Nach dem Krieg soll ihm einmal das Angebot gemacht worden sein, den Posten des Außenministers in der österreichischen Regierung zu übernehmen, was er aber abgelehnt habe[10]. Er nahm nach dem Krieg regen Anteil am Geschehen um die Friedensverhandlungen, vor allem hinsichtlich der Behandlung Chinas, verfaßte Denkschriften dazu und ließ eine davon der amerikanischen Verhandlungsdelegation überreichen. Er vertrat gemeinsam mit Coudenhove-Kalergi Paneuropa-Ideen und gründete eine *Union der demokratischen Kontrolle,* zog sich dann aber mehr in die Wissenschaft zurück und verfaßte unter anderen sein umfangreichstes Werk, die *Geschichte Chinas.* Außerdem unterrichtete er als Honorarprofessor an der Wiener Universität Chinesisch. Zu dieser Zeit gründete Rosthorn den *Verein der Freunde asiatischer Kunst und Kultur,* dessen Präsident er während der zehn Jahre seines Bestehens war.

Zur Zeit der Weltwirtschaftskrise versuchte er, mit Vorschlägen, speziell zur Lösung des Arbeitslosenproblems, etwas zur Besserung der Zustände beizutragen. Er übernahm den Vorsitz der Österreichischen Friedensgesellschaft und wurde nach dem Einmarsch Hitlers in Österreich deswegen zur Gestapo vorgeladen und einvernommen. Er war ein strikter Gegner des Naziregimes und nahm sich, zum Schrecken seiner Angehörigen, in dieser Hinsicht auch nie ein Blatt vor den Mund.

Seine letzten Jahre verbrachte er, immer noch lehrend (allerdings nur privat: der Unterricht als Universitätsprofessor war ihm infolge der Maßnahmen des nationalsozialistischen Regimes nicht mehr möglich) und forschend, aber doch in größerer Zurückgezogenheit. Er starb am 17. Dezember 1945 auf dem Sitz seiner Väter in der Öd, ohne ausreichende Nahrung und medizinische Versorgung[11].

Charakterbild

»Wer das Glück hatte, Arthur von Rosthorn als Mensch nähertreten zu dürfen, der konnte sich der Macht dieser eigenartigen festen Persönlichkeit nicht entziehen[12].« Und dieser Eindruck wurde auch – mehr als dreißig Jahre nach seinem Tode – in Gesprächen mit Personen lebendig, die Rosthorn noch persönlich gekannt hatten.

Sogar diejenigen, denen er unbequem war – und das war er wegen seiner engagierten, unbürokratischen Vorgangsweise vor allem verschiedenen Herren des Außenamtes, mit denen er sich des öftern im Kriegszustand befand –, konnten ihm ihre Hochachtung oder zumindest Anerkennung nicht versagen. Als höchstes Lob, das er während seiner Dienstzeit erhielt, sah Rosthorn die Äußerung eines Sektionschefs des Auswärtigen Amtes einem ihm (Rosthorn) zugeteilten Beamten gegenüber an: »Ihr Chef ist ein unangenehmer Herr, man kann ihm aber nicht beikommen, denn er hat meistens recht[13].«

Rosthorn war sicherlich kein bequemer Beamter. Er nahm seinen Auftrag ernst, hat sich voll engagiert und verantwortlich gefühlt. Er hielt es für einen Fehler des Systems, Diplomaten auf der politischen Landkarte hin und her zu schieben, welche Botschafterposten oftmals nur aus Gründen des politischen Avancements annahmen und als »Durchgangsposten« betrachteten, so daß, in seinem Falle, Botschafter Czikann nach fünf Jahren Amtszeit in China noch nicht einmal die Provinzen und die Vertragshäfen kannte. Als zweiten Mangel dieses Systems sah er die Scheu vor Verantwortung an, die sich bei Czikann während Rosthorns erster Gesandtschaftsperiode in China zeigte[14]. Allerdings war gerade darum die Zusammenarbeit der beiden eine recht harmonische: Czikann verließ sich zumeist auf Rosthorn, wenn es Entscheidungen zu fällen galt.

Rosthorn selbst hat sich weder als Legationssekretär noch als Gesandter gescheut, Verantwortung zu übernehmen. Das zeigte sich – wie später geschildert werden wird – ganz besonders in bezug auf China, dem sein Herz gehörte; aber auch in Persien stand er mitten im Geschehen und ergriff Partei – obwohl er sich bewußt war, daß er damit oft den Aufgabenbereich eines Diplomaten überschritt, weshalb er auch von seinen Vorgesetzten gerügt wurde. Dafür fand er einige Male das uneingeschränkte Lob des Kaisers, das ihm, dem »liberalen Monarchisten«, besonders wertvoll war. Er hat sich manchmal als einen der letzten Liberalen bezeichnet, und er war Monarchist, wohl weil das, was er von der Republik zu sehen bekam, sowohl in Österreich – er hat wohl später auch das nationalsozialistische Regime in diese schlechten Erfahrungen mit der Republik einbezogen – und mehr noch in China nicht dazu angetan war, ihm den Gedanken der Republik näherzubringen.

Aber seine geradlinige Denkungsweise und sein ausgeprägter Gerechtigkeitssinn führten ihn immer zu progressiven Elementen der gesellschaftlichen Bewegung. So forderte Rosthorn in Persien während der Zeit, die der Absetzung bzw. der Flucht des Schahs Mohamet Ali vorausging und als es im ganzen Volk gärte, eine bessere Situation für das unzufriedene Volk und setzte sich erfolgreich für die Freilassung von Verhafteten ein.

Der neue Außenminister, Baron Aehrenthal, empfing ihn daraufhin in Wien sehr ungnädig und sagte, er, Rosthorn, betreibe in Persien seine private Politik.

Rosthorn behielt aber recht. »Einige Monate darauf erfuhren wir, daß der Schah Mohamet Ali aus Persien hatte fliehen müssen ... Der jugendliche Riza Khan hätte den Thron bestiegen, und einer der führenden Männer der Fortschrittspartei hätte die Regentschaft übernommen[15].«

Sympathien schenkte Rosthorn auch der jungtürkischen Bewegung. In Teheran hatte er an der türkischen Botschaft einen führenden Vertreter dieser Bewegung kennengelernt und war von diesem später, bei Rosthorns Durchreise durch Konstantinopel, in Einzelheiten der Bewegung eingeweiht worden. Als Rosthorn einige Details über dieses Gespräch in der österreichischen Botschaft berichtete, meinte man dort, er sei einem großsprecherischen Schwadroneur aufgesessen – bis die Botschaft zwei Tage darauf durch Kanonendonner eines besseren belehrt wurde[16].

Auch in Österreich hat sich Rosthorn, obwohl er sich nun mehr der Wissenschaft widmete, engagiert, indem er politisch-soziologische Artikel verfaßte, Mitte der dreißiger Jahre Vorschläge ausarbeitete, bei deren Verwirklichung seiner Meinung nach die Entwicklung Österreichs in eine andere Richtung gelaufen wäre, und indem er in einer Zeit, als alles zum Kriege drängte, den Vorsitz in der Friedensgesellschaft übernahm.

Rosthorn engagierte sich aber auch in Fragen, die weniger fundamentaler Natur waren. Sein ausgeprägter Gerechtigkeitssinn ließ ihn sich auch dort für Menschen und Projekte einsetzen, wo ihm selbst daraus im Grunde nur Schwierigkeiten erwuchsen. Es sei hier nur auf die später behandelten Fälle des Schiffsleutnants Accurti, auf die Verhinderung des

Kasernenbaues in Tianjin (Tientsin) und auf seinen Einsatz für das Projekt einer österreichisch-chinesischen Bank verwiesen.

Alle, die mit dem Diplomaten Rosthorn in Berührung kamen, lobten neben vielen hervorragenden Eigenschaften vor allem auch seine stete Hilfsbereitschaft. So hatte es Dr. Erich Zugmayer im Jahre 1906 der Fürsprache Rosthorns zu verdanken, daß er mit einem Schutzbrief der chinesischen Regierung auch in schwer zugänglichen Teilen des Landes ungehindert reisen konnte[17], und später lobte der dankbare Dr. Heinrich Handel-Mazzetti: »Unser Gesandter in Peking, Dr. A. Rosthorn, ließ mir nicht nur diplomatische Hilfe angedeihen, sondern streckte auch Geld vor und hat mir unermüdlich die Aufzeichnungen meines Sammlers übersetzt und bei der Umschreibung der chinesischen Namen geholfen.[18].«

Allerdings erstreckte sich Rosthorns Güte nicht auf jene Landsleute oder Angehörigen anderer Staaten, die über einen weniger positiven Charakter verfügten und von denen im Laufe der Zeit doch einige in Chinas warmem Klima prächtig gediehen. Rosthorn scheute sich nicht, in solchen Fällen sehr deutlich seine Meinung zum Ausdruck zu bringen, auch wenn das manchmal einige Unerfreulichkeiten mit sich brachte[19].

Rosthorn war in seiner Jugend sehr impulsiv und lieferte später nicht wenige Proben seines – nicht blinden und unüberlegten – Mutes[20]. Nach Frau Prof. Dr. Erna Patzelt[21] war er zu allen Zeiten ein sehr kämpferischer Mensch. Im Alter sei er weise geworden. Aber er war im Alter durchaus nicht weniger mutig. So sei er der einzige unter den Wiener Universitätsprofessoren gewesen, der sich weigerte, den Ariernachweis zu erbringen, weil, wie er erklärte, für die Eignung zur akademischen Lehrtätigkeit ausschließlich die wissenschaftliche Qualifikation entscheidend sei[22]. In der Straßenbahn sagte er einmal zu einem Träger des goldenen Parteiabzeichens: »Sie, das wird nicht mehr lange modern sein[23].« Und des öftern äußerte er, so auch anläßlich seines achtzigsten Geburtstages vor nationalsozialistischen Vertretern der Akademie des Wissenschaften, er hoffe das »tausendjährige Reich« noch um etliche Jahre zu überleben[24].

In der Beurteilung von politischen Ereignissen war Rosthorn seiner Zeit oft weit voraus. Das war, außer seiner Klugheit, wohl vor allem dem Umstand zuzuschreiben, daß er zwar durchaus ein wohlverstandenes österreichisches Interesse beachtete, sich aber in seinem politischen Denken nie von jenem engstirnigen, egoistischen Nationalismus leiten ließ, den er besonders in der Behandlung Chinas durch die europäischen Mächte oder auch in der Balkanpolitik Österreichs sah. Er hielt diese Politik für verhängnisvoll; in der Ermordung des Thronfolgers Franz Ferdinand sah er die Frucht der von Aehrenthal und Berchtold betriebenen Balkanpolitik und fragte:

War der Krieg wirklich unvermeidlich[25]? Kein Krieg ist es. Jeder Tölpel kann den Krieg entfachen. Sache des Staatsmannes ist es, ihn zu vermeiden[26].

Seinen Weitblick bewies Rosthorn natürlich insbesondere hinsichtlich Chinas. Er lehnte den Vergleich zwischen westlichem, russischem und chinesischem Kommunismus strikt ab und meinte, man müsse dabei die Mentalität der Chinesen berücksichtigen. Er sah den Kommunismus in China nicht als ideologisches Problem, sondern als eine wirtschaftliche Angelegenheit. Seine Aussage, daß »zwischen der Sowjetunion und China kein guter Faden gesponnen werden« könne[27], ist fast prophetisch zu nennen.

Rosthorn vereinigte in sich also scheinbar widersprüchliche Charakterzüge – eine unverbrüchliche Verpflichtung zur Tradition mit unkonventionellem Engagement und tiefen Einblicken in neue Entwicklungen. Dieses nicht alltägliche Charakterbild war Voraussetzung für seine ebenfalls den Rahmen sprengenden Vorzüge und Leistungen als Diplomat, Wissenschaftler und engagierter Staatsbürger.

Rosthorn als chinesischer Beamter 1883–1893

Wie bereits erwähnt, interessierte sich Rosthorn zunächst aus sprachvergleichenden Gründen für China bzw. für die chinesische Sprache. Sein Eintritt in den chinesischen Seezolldienst erfolgte fast zufällig. Er war damals einundzwanzig Jahre alt. Rosthorn kam nach China im Jahre 1883, in einer materiell orientierten Zeit, in der es darum ging, Absatzmärkte zu erschließen, wenn nötig mit Gewalt und, wenn profitabel, auch für Gift – Opium. Die Menschen, denen man diese »Segnungen« brachte, galten nicht mehr als Träger einer alten Kultur, für die sich die französischen Aufklärer begeistert und denen Leibniz und Goethe Bewunderung gezollt hatten, sondern als Menschen zweiter Kategorie, als ungebildet, hinterhältig und verschlagen.

Seine ersten China-Jahre verbrachte Rosthorn arbeitend, die Sprache lernend und sich in der Art der Jugend sportlich und gesellschaftlich unterhaltend. Er liebte außer Reiten vor allem den Wassersport und wäre ihm einmal fast zum Opfer gefallen. Er schwamm im Fluß und bemerkte zu spät, daß er ins offene Meer hinausgetrieben worden war. Glücklicherweise stieß er in der Dunkelheit an eine kleine Felsenklippe und saß dort, frierend, aber selig, bis ihn um Mitternacht eines der ausgeschickten Suchboote fand. »Ich wurde viel geneckt, und die Zeitung nannte mich den Columbus von Rock-Island, wo nur Mosquitos leben[28].«

Ein andermal schlug er einen »netten« Kollegen nieder, der über eine mit Rosthorn befreundete Dame, mit der dieser sich gerade unterhielt, in einer Gesellschaft eine skandalöse Bemerkung machte. Dies hatte Rosthorns Versetzung nach Shanghai zur Folge.

Das eine Shanghaier Jahr vergeht, neben der Arbeit, mit intensiven Sprachstudien. Rosthorn spricht und schreibt Chinesisch bald so gut, daß er für ein neues Amt im Landesinneren ausgewählt wird. Er ist stolz darauf, in Hankou für den Prinzen Henri de Bourbon, den Grafen Bardi und dessen Gemahlin Cicerone sein zu dürfen und zu einem Bankett mit dem russischen Thronfolger zugezogen zu werden.

Bei seiner Reise ins Landesinnere wird er in einem Dorf fast umgebracht. Es liegt ihm aber fern, zu generalisieren, und er stellt in wohltuender Abgrenzung zu den geläufigen Klischeevorstellungen fest: ». . . habe ich die Erfahrung gemacht, daß, wo immer das Volk sich feindselig zeigte, irgendein Konflikt mit Ausländern vorausgegangen war. Wo kein Europäer gewesen war, waren die Leute zwar neugierig, aber nicht feindlich gesinnt[29].« Auf die manchmal etwas lästige Neugierde der Bevölkerung Fremden gegenüber reagiert er nicht ohne Verständnis und mit Humor:

> In Orten, wo noch kein Europäer war, ist es begreiflich, daß die Bevölkerung zusammenläuft, wenn ein Fremder erscheint. Die Missionare tragen chinesische Kleidung, was eher Mißtrauen erregt, um so größer ist die Neugierde, wenn jemand unverkleidet erscheint. Wenn ich also in einem Gasthof abstieg und die Menge sich im Hof sammelte und selbst in das Zimmer eindrang, war es das erste, eine Wanne heißen Wassers zu bestellen und sich zu entkleiden. Da ergriffen die Frauen mit den Kindern die Flucht. Die Männer sahen eine Weile zu, dann hörte ich sie sagen: »Es ist nichts zu sehen, er ist ja ganz so wie wir.« Damit zogen sie nacheinander ab. War aber ein weißbärtiger Mann darunter, so lud ich ihn ein, Platz zu nehmen, und bot ihm meine Pfeife und Tee an. Damit war das Herz der Leute gewonnen[30].

Er schreibt seine ersten Berichte (Salzverwaltung, Teeanbau und -handel in Sichuan)[31], die später auch veröffentlicht werden, und beschäftigt sich mit der Geographie und Geschichte des Landes. Über seine dreimonatige Reise in die Grenzgebiete zu Tibet hält er dann später vor der Geographischen Gesellschaft in Wien einen Vortrag, der ebenfalls gedruckt vorliegt[32].

Zusammen mit zwei Chinesen sammelt und konserviert er Pflanzen (die Sammlung erhält später die Universität Oslo). Eine Sammlung chinesischer Arzneimittel überläßt er dem Museum der Shanghai Customs.

Nach Europa zurückgekehrt, legt Rosthorn der Philosophischen Fakultät der Universität Leipzig seine Dissertation vor über *Die Ausbreitung der chinesischen Macht in südwestlicher Richtung bis zum vierten Jahrhundert n. Chr.* und wird nach einem Gutachten Richthofens, dessen

Werk über China er als monumental bezeichnet, an einer Stelle aber auch kritisiert[33], zum Doktor der Philosophie promoviert. In seinen Memoiren bemerkt er, daß er die in dieser Schrift niedergelegten Ansichten heute nicht mehr aufrechterhalten würde[34].

Nach diesen zehn Jahren in China wendet sich das ursprünglich rein sprachliche Interesse Rosthorns nunmehr den sehr weiten Bereichen der Geographie, Geschichte, Kunstgeschichte und des gesellschaftlichen und politischen Lebens Chinas zu. Seine Unvoreingenommenheit und Aufgeschlossenheit ergeben zusammen mit seinen Sprachkenntnissen gute Voraussetzungen für sein Engagement und sein Wirken im Sinne der Verständigung mit China.

Legationssekretär-Legationsrat (Geschäftsträger) der österreichisch-ungarischen Gesandtschaft 1895–1906

Wie Rosthorn zugleich mit seiner Ernennung zum Legationssekretär den Auftrag erhielt, als Geschäftsträger nach Peking zu gehen, ist eingangs erwähnt worden. Seine Unkenntnis diplomatischer Usancen bereitete ihm auf diesem verantwortungsvollen Posten anfangs Verlegenheiten. Von der recht schlagfertigen Antwort, die er dem anderen gegenüber nicht eben zimperlichen, aber doch unüberlegten Li Hongzhang erteilte, wurde schon an anderer Stelle berichtet. Über ein weiteres derartiges Erlebnis schreibt Rosthorn:

> So ist es z. B. üblich, daß ein neu ankommender Gesandter oder Geschäftsträger alle Missionen von der Übernahme der Geschäfte schriftlich verständigt. Ich unterließ diese Formalität. Als mich nun der Doyen zu der ersten diplomatischen Konferenz eingeladen hatte und zu Beginn derselben einige herzliche Begrüßungsworte an mich richtete, machte der belgische Gesandte die Bemerkung, er hätte von der Bestellung eines österreichisch-ungarischen Vertreters keine Kenntnis. Ich erwiderte in meiner Verlegenheit, ich sei bei der chinesischen Regierung und nicht bei der belgischen Gesandtschaft akkreditiert. Wir wurden später ganz gute Freunde, und überhaupt schlug ich mich in meiner neuen Funktion leidlich durch[35].

1897 wurde Rosthorn durch die Ankunft des diplomatisch versierteren Czikann dieser Anfangsprobleme enthoben. Er bezeichnet den Gesandten als ungemein liebenswürdig und sein Verhältnis zu ihm als ausgezeichnet – Czikann ließ ihm in den Amtsgeschäften völlig freie Hand. Was Rosthorn an ihm auszusetzen hatte, waren, wie oben geschildert, nach seiner Ansicht nicht eigene Fehler Czikanns, sondern Fehler des Systems.

Besorgt beobachtete Rosthorn die fortschreitende »Vivisektion Chinas«, die mit dem japanisch-chinesischen Krieg (1894/95) eingeleitet worden war:

> Seit dieser Zeit war nur mehr von der Aufteilung Chinas die Rede. Lord Beresford schrieb ein Buch über *The Partition of China*[36], und die Presse der ganzen Welt stieß in dasselbe Horn. Es kam die Zeit, da die fremden Mächte von China nicht nur unter dem Namen »Pachtgebiete« die Abtretung von Flottenstützpunkten an der Küste erpreßten, sondern auch sich ganze Provinzen als »Einflußsphäre« vertraglich sicherten.

Und bedauernd fügt er hinzu:

> Es muß hier erwähnt werden, daß auch Österreich-Ungarn darauf bedacht war, bei der Teilung Chinas nicht leer auszugehen. Das Kriegsschiff *Kaiserin Elisabeth* wurde hinausgeschickt, um die Küste abzufahren und einen geeigneten Stützpunkt ausfindig zu machen. Die Gesandtschaft erhielt die Mitteilung, daß die Regierung beabsichtige, eine Handelsniederlassung in China zu erwerben[37]...

Rosthorn äußerte Bedenken und hielt diese in einem Memorandum fest, das er Baron Czikann übergab. Er legte darin dar, daß schon in der Bezeichnung »Handelsniederlassung« eine Hypokrisie liege. Es existierten ja zwanzig Vertragshäfen, wo unter günstigen Bedingungen Handel getrieben werden könne[38].

> Der Bericht, welchen der Gesandte hierauf erstattete, war entsprechend unsicher und die Redewendung »einerseits–andererseits« wiederholte sich öfters. Die Okkupation unterblieb, aber nicht wegen unserer Berichterstattung, sondern weil die Italiener einen ähnlichen Versuch machten, der aber am Widerstand der Chinesen kläglich scheiterte. Ich war froh, daß aus der Sache nichts wurde, weil ich künftige Konflikte voraussah und mir die Chinesen leid taten[39].

Die Niederschlagung der Reformbewegung bedauerte er, er sprach von der Stellung der Mandschus gegenüber den Chinesen als von einer Abnormität und bezeichnet die Kaiserin-Witwe Ci Xi (Tzu Hsi) als beschränkt und herrschsüchtig[40]. Natürlich waren die Erwartungen, die Rosthorn in den jungen, eher schwächlichen Kaiser Guang Xu setzte, auch nicht so hochgeschraubt, doch war er der rechtmäßige Kaiser und vertrat die Reformbewegung, Ci Xi dagegen die Reaktion.

Rosthorn verurteilte es scharf, daß die Chefs der ausländischen Missionen, die doch bei dem – nach dem Scheitern der Reformbewegung gefangenen – Kaiser akkreditiert waren, kurz nach diesen Ereignissen bei einer Audienz der Kaiserin-Witwe ihre Reverenz machten[41].

Um Ansprüche an China zu stellen, wurde damals des öfteren die Verfolgung von Missionaren des betreffenden Landes zum Vorwand genommen. Auch Österreich hätte fast durch Aufbauschung einen solchen Streitfall mit China gehabt. Am 18. April 1900 wurde in der Missionsstation Xiaojiao, Provinz Zhejiang, der österreichische Missionar Joseph Wilfinger, ein Lazarist, überfallen, verletzt und ausgeraubt. In recht konfuser Weise schildert er diesen Vorfall dem österreichischen Generalkonsulat in Shanghai[42], worauf der amtierende Vizekonsul Silvestri eifrig an die Gesandtschaft in Peking berichtet und dabei im wesentlichen die Darstellungen Wilfingers übernimmt.

Rosthorns Reaktion ist sehr nüchtern und überlegt. Er betont die Spärlichkeit der vorliegenden Informationen, ordnet eine eingehende Untersuchung im Einvernehmen mit der chinesischen Seite und dem französischen Generalkonsulat, dem die Mission zugeordnet ist, an und berichtet im übrigen erst nach geraumer Zeit darüber nach Wien.

Rosthorn, ein Mensch von tiefer religiöser Überzeugung, sah dennoch mit dem nüchternen Blick des erfahrenen China-Kenners im Wirken der Missionare einen Faktor, der die ursprünglich nicht vorhandene Fremdenfeindlichkeit der Chinesen sehr gefördert hat:

> Die religiöse Propaganda – China durch den Frieden von Nanking im Jahre 1842 aufgezwungen – war dem Volke und der Regierung schon lange ein Dorn im Auge. Nicht als ob die Chinesen in religiöser Hinsicht fanatisch oder auch nur intolerant wären; allein die christlichen Kirchen verboten den Ahnenkult, der die Grundlage der Familienordnung ist, und die Konvertiten lösten sich naturgemäß aus der Familiengemeinschaft los, was zu allerlei Streitigkeiten und Störungen des sozialen Gleichgewichtes führte. Dazu kam, daß die katholische Geistlichkeit ihre Proselyten vielfach durch persönliche Intervention bei den Behörden begünstigte, was bisweilen Rechtsbeugungen zur Folge hatte und böses Blut machte[43].

Rosthorn trifft sich in solchen Darstellungen mit der neueren chinesischen Geschichtsschreibung, welche die Bewegung gegen die Missionare als einen Teil des Kampfes Chinas[44] gegen die ausländische Einmischung darstellt und die Missionare beschuldigt, Vorwände für Aggression und ungleiche Verträge geliefert zu haben[45].

Es entspricht also nicht den Tatsachen, wenn der apostolische Vikar von Peking, Favier, der sich über die Missionsfeindlichkeit »gewisser hochgestellter Persönlichkeiten« in Europa beklagt, die meinten, daß die »Missionen mehr Scherereien verursachten, als sie Nutzen gebracht«, äußert, es sei in Peking selbst wohl nicht ein Gesandter, der diese Ansicht teile[46].

Dagegen findet Rosthorn für das Wirken der früheren Jesuitenmissionare sehr anerkennende Worte. Er lobt ihre kluge Toleranz, ihre hohe Bildung und ihr taktvolles Auftreten, wodurch sie sich die hohe Gunst des Hofes erwarben, was aber nur allzu bald den Neid der anderen katholischen Orden erweckte[47].

Während des Boxeraufstandes im Jahre 1900 fungierte Rosthorn, wie erwähnt, gerade wieder als Geschäftsträger. Es existiert über diese Zeit neben Rosthorns Schilderungen in seinen Memoiren ein umfangreiches Manuskript seiner Frau Paula, zu dem Rosthorn eine Einleitung, *Wer waren die Boxer?,* über die Hintergründe der Boxerbewegung und die Ursachen des Aufstandes verfaßt hat.

Während dieses absoluten Tiefs der Beziehungen Chinas zum Ausland und im Brennpunkt der internationalen Entwicklungen bewiesen sich einmal mehr Rosthorns hervorragende menschlichen Eigenschaften. Ein späteres Kapitel, das der Schilderung dieser dramatischen Ereignisse gewidmet ist, zeigt ihn, der nie sein Verständnis und Mitgefühl für China verloren hatte – obwohl er in den Kämpfen um die eigene und anderer Menschen nackte Existenz an vorderster Stelle stand –, als einen der ganz wenigen Ausländer jener Pekinger Tage, der den Chinesen seine große Sympathie bewahrte.

Rosthorn bezeichnet das *Protocole Final,* das sogenannte *Boxerprotokoll,* als einen Diktatfrieden und bemerkt:

> War ich schon wegen der sensationellen Vorbereitungen für den Rachefeldzug und durch die bombastische Rede des deutschen Kaisers aufgebracht, so schien mir das Protocole ein comble von Ineptie[48].

Die Schaffung des *Quartier Diplomatique* mit seinen militärischen Anlagen bezeichnet er als bloße Spielerei, die im Ernstfalle ihren Zweck nie erfüllen könnte, aber eine ständige Herausforderung bleibe. Das Ketteler-Denkmal sei ein Tribut an die Eitelkeit, und er meint, daß ein Denkmal für die fünf chinesischen Minister, die zur Mäßigung geraten hatten und für ihre vernünftigen Ratschläge enthauptet worden waren, auf die Bevölkerung einen viel tieferen Eindruck gemacht hätte[49]. Er betont, eine Verewigung des Hasses könne nicht der Zweck eines Friedensschlusses sein[50].

Nach längerem Heimaturlaub und der Auszeichnung durch Kaiser Franz Joseph ist Rosthorn, nunmehr als Legationsrat, bis zum Jahre 1906 wieder in China tätig. Er hatte wohl erwartet, nach dem Abgang Czikanns selbst den Gesandtenposten übernehmen zu können. In seinen Memoiren geht er über seine damalige Enttäuschung hinweg, aber der Briefwechsel mit dem Ministerium des Äußern zeigt doch deutlich seine Verstimmung: Er führt seinen 22jährigen Aufenthalt in China und ein Rheumatismusleiden an und betont dann, daß er seit seinem Eintritt in den auswärtigen Dienst insgesamt zweieinhalb Jahre die Leitung der Pekinger Gesandtschaft als Geschäftsträger innegehabt habe. »Es scheint mir ein berechtigter Wunsch und entspricht durchaus den hiesigen Usancen, daß mein Rücktritt in eine untergeordnete Stellung mit einer Versetzung verbunden werde.« Er bittet deshalb um Versetzung, entweder auf einen anderen Auslandsposten, ins Ministerium oder in Disponibilität[51].

Als ihm statt dessen der Außenminister den Gesandtenposten in Teheran oder Rio anbietet, ist Rosthorn wieder versöhnt und natürlich erfreut, hofft aber, daß der Minister sich zur geeigneten Zeit daran erinnern werde, daß seine »ganze Vorbildung und Erfahrung eine Vorschule für einen Posten in Ostasien war«, wo er »dem Staate wahrscheinlich die besten Dienste leisten könnte[52]«. Bei seinen Abschiedsbesuchen betonte er, wie sehr ihm China zur zweiten Heimat geworden war[53].

Zwei Fälle, die Rosthorns uneigennützigen, verantwortungsvollen Einsatz im Rahmen seines Amtsbereiches und über diesen hinaus erhellen, seien hier noch erwähnt.

So sollte auf dem Gelände der österreichischen Niederlassung in Tianjin (Tientsin) eine Kaserne errichtet werden, obzwar nach Rosthorns Meinung für das kleine österreichische Marinedetachement die vorhandenen Bauten völlig ausreichten. Der Baumeister aber, der auch schon das Gebäude der neuen österreichischen Gesandtschaft entworfen hatte, hatte sich der Unterstützung aus Wien versichert. Der projektierte Bau glich eher einer Festung, und Rosthorn war strikt dagegen. Da der Gesandte sich aber für unzuständig erklärte, benutzte Rosthorn einen Zeitpunkt, zu dem jener sich auf Sommerfrische befand, um dem Minister in einem Schreiben zu empfehlen, bezüglich des Baues Gutachten einzuholen. Das geschah, und der Bau unterblieb. Der weiter oben schon erwähnte Sektionschef rügte Rosthorn, sein Brief sei taktlos gewesen, worauf dieser erwiderte: »Besser taktlos als gewissenlos[54]!«

Im Jahre 1905 setzte sich Rosthorn sehr nachdrücklich für die Gründung einer Bank in China ein, an der sowohl Österreicher als auch Chinesen beteiligt sein sollten. Das Projekt ging von einem Wiener namens Benedickter aus, der in China lebte und das Bankwesen genau kannte. Trotz Schwierigkeiten – der genannte Sektionschef äußerte die Vermutung, daß Rosthorn wohl die Leitung der Bank selbst übernehmen wolle, weil er sich so vehement dafür einsetzte (Rosthorn: »Nein, denn es gehört viel mehr dazu, eine Bank zu leiten als die österreichisch-ungarische Gesandtschaft!«) – gedieh das Projekt, auch von chinesischer Seite, wurde aber später, während der Amtsperiode Kuczynskis, zum Scheitern gebracht. Da aber hatte Rosthorn, der ganz richtig vermutete, daß er mit dem neuen Botschafter nicht acht Tage würde zusammenarbeiten können, bereits um seine Versetzung angesucht und war statt dessen als Gesandter nach Teheran geschickt worden.

Österreichisch-ungarischer Gesandter in China 1911–1917

Immer wieder hat Arthur von Rosthorn seine große Verbundenheit mit China bewiesen und zum Ausdruck gebracht. Mit seiner Rückkehr nach Peking in der Funktion eines österreichisch-ungarischen Gesandten ging ihm ein besonderer Wunsch in Erfüllung, denn China war für ihn ein Wirkungskreis, in dem er sich zu Hause fühlte. Das betont er auch in seinen Aufzeichnungen. Dennoch enthüllen die Akten ein etwas gestörtes Bild. Für alle – besonders für Rosthorn selbst – unbegreiflicherweise hatte nämlich das Waiwubu, das chinesische Außenamt, Einspruch gegen seine Ernennung erhoben, und zwar ohne Angabe von Gründen und in sehr vehementer Art. Das ergab ein langes Rätselraten zwischen Peking, Wien und Teheran (dem damaligen Amtsbereich Rosthorns), ob dies vielleicht eine generell neue Haltung der Chinesen sei, denen man bis dahin die neuen Gesandten einfach vor die Nase gesetzt hatte und die nun auf der international üblichen Einholung eines Agréments mit besonderem Nachdruck bestanden. Sondierungen ergaben, daß die Ursachen doch im Persönlichen zu suchen sein mußten. Rosthorn schrieb dazu an Außenminister Aehrenthal:

> Der Inhalt des hohen Telegrammes hat mich nicht wenig überrascht, denn ich weiß von keinen Differenzen, welche dem Antritte des Pekinger Postens im Wege stehen könnten. Politisch war meine Thätigkeit in China rein informativ, commerzielle Fragen haben zu meiner Zeit keinen Anlaß zu Meinungsverschiedenheiten gegeben: bleibt also die Möglichkeit persönlicher Differenzen, wie sie wohl auf keinem Posten ganz zu vermeiden sein dürften. Es ist mir aber auch in dieser Richtung nur ein Fall erinnerlich, der eine gewisse Verstimmung, nicht etwa bei der Regierung als solcher, sondern bei einem Mitgliede des Waiwu-pu, hinterlassen haben könnte. Ich hatte nämlich Veranlassung, Herrn Lien Fang nachzuweisen, daß er sich im Widerspruche mit einer meinem Vorgänger abgegebenen Erklärung befand, mit anderen Worten nicht die Wahrheit sprach . . . Die Sache scheint mir viel zu trivial, um die Ablehnung eines fremden Vertreters zu motiviren . . . Im übrigen sind meine Gesinnungen wirklich so chinafreundlich, daß ich die dortige Regierung sehr bald überzeugen würde, daß es ein Irrtum war, von meiner Mission irgend welche Schwierigkeiten zu erwarten[55].

Allerdings entbehrten Rosthorns Bedenken gegen den Pekinger Posten, die auch in seinen Briefen anklingen, nicht eines tatsächlichen Hintergrundes. Ihm sagten die neuen Zustände nicht zu, und er sah die Wirren voraus, die das Land erfassen sollten. Trotz aller Kritik an ihr war doch die Monarchie in den Augen Rosthorns die Kraft gewesen, die das Riesenreich mit seinen quasi autonomen Provinzen zusammengehalten hatte. Zu Sun Yatsen, dem Führer der Revolution von 1911, äußerte er sich kaum, nahm jedoch das persönliche Opfer sehr anerkennend zur Kenntnis, das jener im Interesse der Einheit des Landes durch seinen Rücktritt zugunsten Yuan Shikais brachte. Er war, wie schon erwähnt, Anhänger der Monarchie und hätte gewünscht, daß Yuan – im Interesse Chinas, für das er sich davon eine Stärkung versprach – zum Kaiser proklamiert worden wäre[56].

Schon bald hätte Rosthorns konsequent menschliches Verhalten ihn übrigens fast den Pekinger Posten gekostet. Anlaß war sein persönlicher Einsatz für den Sekretär der österreichischen Niederlassung in Tianjin, Schiffsleutnant Accurti, gegen den der dortige frischgebackene Vizekonsul ungerechtfertigterweise vorging und dem deshalb sogar Gefängnis drohte. Rosthorns Vorgesetzte hielten ihn an, sich nicht in Angelegenheiten der Rechtsprechung einzumischen. Er aber ließ die Angelegenheit nicht auf sich beruhen, schickte eine lange Depesche an die Kabinettskanzlei des Kaisers und informierte auch den Marinereferenten der Militärkanzlei. Das Militärgericht sprach Accurti frei.

Aber Rosthorn hatte soviel Ärger mit seiner vorgesetzten Behörde, daß diese ihn nach Chile versetzen wollte. Er lehnte dies ab und schrieb dem Minister, wenn er überhaupt für den Dienst geeignet sei, dann sei China das Land, wo er das beweisen könne[57]. Nach einem Heimaturlaub war dann von einer Versetzung nicht mehr die Rede.

Nach längerem Bemühen, gegen die Kruppsche Konkurrenz, war es den Skoda-Werken gelungen, von China einen Auftrag für Kanonen zu erlangen. Rosthorn sagte anläßlich eines Probeschießens, er würde sich freuen, wenn diese vortrefflichen Geschütze dazu beitragen würden, China gegen äußere Feinde zu schützen, aber er hoffe, sie nie gegen Chinesen gerichtet zu sehen[58].

Dann brach der Erste Weltkrieg aus. Am Tauziehen der Mächte, die China jeweils auf ihrer Seite in den Krieg ziehen wollten, beteiligte Rosthorn sich nicht, sondern sprach bei jeder Gelegenheit die Überzeugung aus, daß es für China das beste wäre, neutral zu bleiben.

Rosthorn hatte versucht, die Kontakte zu den anderen Botschaften, besonders mit einzelnen Mitgliedern der englischen und der französischen Kolonie, während des Krieges nicht abbrechen zu lassen. Auch zu seinem russischen und seinem italienischen Kollegen hatte er ein gutes Verhältnis, und mit dem amerikanischen erwog er schon damals den Plan einer Konferenz nach Friedensschluß, die verschiedene Fragen (Integrität, Jurisdiktion, Settlements, Zolltarif usw.) hinsichtlich der Interessen Chinas behandeln sollte. Aber die Beziehungen kühlten sich ab, als der Amerikaner im Auftrage seiner Regierung einen übergroßen Eifer zeigte, China in den Krieg hineinzuziehen[59].

Die Bewunderung für Rosthorn aber ging quer durch alle politischen und nationalen Lager. Kurz nach dem Kriege erinnert sich der Amerikaner Gilbert Reid an den Diplomaten Rosthorn, dessen Dienstzeit in der Botschaft länger war als die Amtsperioden all der sieben Botschafter der »gegnerischen Gruppe« zusammengenommen, und er bezeichnet ihn als großen Sinologen und Vorkämpfer für die Rechte Chinas[60].

Während des Krieges gab es in Nordostchina einen Putsch für die Wiedererrichtung der Monarchie. Mit dem Außenminister des Putschkabinetts, Gu Hongming, einem traditionellen chinesischen Gelehrten, war Rosthorn durch gemeinsame literarische und andere kulturelle Interessen gut bekannt. Obwohl Anhänger der Monarchie, beschwor er Gu vor dem Putsch, auf den verantwortlichen General dahingehend einzuwirken, daß während des Krieges nichts unternommen würde. Vergeblich. Nach dem Scheitern des Putsches gewährte er dem in Lebensgefahr schwebenden Gu für mehrere Wochen Asyl und erreichte danach beim chinesischen Außenminister für ihn Straffreiheit, indem er für Gus weiteres Verhalten bürgte. Später fragte sich Rosthorn, was wohl sein Ministerium zu dieser »Einmischung in innere Angelegenheiten« gesagt hätte[61]!

Aus dem gleichen Grunde suchte auch eine recht umfangreiche Prinzenfamilie Asyl in der österreichisch-ungarischen Gesandtschaft.

Dieses Engagement sowie Rosthorns große Beliebtheit wird durch die persönlichen Erinnerungen des Ersten Artillerie- und Waffenmeisters der *Kaiserin Elisabeth,* Alexander Franke, bestätigt, der damals zum Wachdetachement der österreichisch-ungarischen Gesandtschaft gehörte[62].

Unter dem Druck Japans kam es dann am 14. August 1917 zur Kriegserklärung Chinas an Österreich-Ungarn, worüber an anderer Stelle berichtet wird. Der Abbruch der diplomatischen Beziehungen zwischen China und Österreich beendete auch die diplomatische Karriere Arthur von Rosthorns, der China verlassen mußte und nach einem Jahr mangels eines geeigneten Postens in den Ruhestand versetzt wurde. 1919 mußte er dann nicht nur um die ihm zugesagte Anerkennung seiner dreizehn Seezolljahre kämpfen, sondern erhielt monatelang überhaupt keine Bezüge[63]. Ähnliche Erfahrungen machten nicht wenige andere »österreichische Chinesen«.

Arthur von Rosthorn als Wissenschaftler

Wie eingangs erwähnt, standen Rosthorns sprachliche Ambitionen am Beginn seiner Beschäftigung mit jenem Land, das den Wissenschaftler dann ein Leben lang faszinierte. Die ersten Arbeiten Rosthorns sind aber keine linguistischen Untersuchungen, sondern stehen in unmittelbarem Zusammenhang mit seiner Tätigkeit als Beamter im chinesischen Seezolldienst, beruhen auf eigener Anschauung und sind eher wirtschaftlicher Natur. Aber bereits seine Dissertation über *Die Ausbreitung der chinesischen Macht in südwestlicher Richtung bis zum 4. Jh. n. Chr.* zeigt sein historisch-geographisches Interesse. Rosthorns späterer Schüler, Dr. Stefan Wurm, der mit der Zusammenstellung von Material für den Rosthorn-Nekrolog der Wiener Akademie betraut war, schreibt dazu: »Diese Arbeit erregte wohlbegründetes Aufsehen und ließ schon damals seinen späteren großen Werdegang vorausahnen[64].«

Folgt Rosthorn in seiner Dissertation im wesentlichen noch den chinesischen Quellen, so zeigen die *Anfänge der chinesischen Geschichtsschreibung* bereits eine wesentlich kritischere Auseinandersetzung mit dem ihm vorliegenden schriftlichen Material. Außerdem läßt er im zweiten Teil einen im Zusammenhang mit der Reformbewegung 1898 bekanntgewordenen chinesischen Autor zu Wort kommen, der die chinesische Geschichtsschreibung als nicht den Anforderungen der Gegenwart genügend kritisiert[65].

Die Ergebnisse von Rosthorns Forschungen sind – abgesehen von einer umfangreichen, als unveröffentlichter Lehrbehelf verwendeten Grammatik des klassischen Chinesisch, die zugleich eine Anthologie chinesischer Weisheit ist – im wesentlichen in Aufsätzen und Artikeln niedergelegt.

Eine Ausnahme bildet der 226 Seiten starke Band *Geschichte Chinas* (von den Anfängen bis zur Revolution von 1911), der als 10. Band einer vom L. M. Hartmann herausgegebenen Weltgeschichte erschien und wohl das beste kürzere Geschichtswerk über China darstellt. Der große deutsche Sinologe Alfred Forke zollt diesem Werk wie auch den anderen Arbeiten Rosthorns 1924 in einer längeren Besprechung große Anerkennung:

> Rosthorns Schriften aus dem Gebiete der chinesischen Geschichte und Kultur zeichnen sich durch Klarheit, Zuverlässigkeit und Gediegenheit aus. Er weiß allen Fragen die interessantesten Seiten abzugewinnen, eine Gabe, welche nicht alle Sinologen besitzen. Diese Vorzüge zeigt auch seine Geschichte Chinas . . .
> Rosthorn hat die vorhandene Literatur sorgfältig benutzt und versucht, das riesige Material auf etwa zweihundert Seiten zu bewältigen . . .
> Keins der vorhandenen Geschichtswerke behandelt Chinas innere und äußere Politik so gründlich wie Rosthorn, und in keinem erhält man so zuverlässige Auskunft über Chinas Beziehungen zu seinen Nachbarländern und die zahllosen, in Europa kaum dem Namen nach bekannten Völkerschaften, welche auf die Geschichte Chinas einen Einfluß ausgeübt haben. Auch die kulturellen und sozialen Verhältnisse werden nicht vernachlässigt[66].

Nach einigen pessimistischen Betrachtungen über die chinesische Geschichte an sich sieht der Philosoph Forke in Rosthorns Werk eine Reihe von neuen, bemerkenswerten Gedanken, »von denen viele jedenfalls allgemeine Anerkennung finden werden«. Nur in seiner Auffassung bezüglich der Ursprünge der chinesischen Religionen und ihrer Verbreitungsgebiete sowie der von Rosthorn angenommenen nomadischen Herkunft der Chinesen kann ihm Forke nicht folgen.

Rosthorn schenkt in seinem Geschichtswerk den Darstellungen der neueren Geschichte die gleiche Aufmerksamkeit wie den älteren Abschnitten, und es gelingt ihm, sich dabei von der verbreiteten Form der einfachen Übertragung chinesischer Quellen freizumachen, eigene Schwerpunkte zu setzen und Wertungen abzugeben. Dies beschränkt sich nicht nur auf die neuere Zeit, die Rosthorn zum Teil aus eigener Anschauung kannte, sondern erstreckt sich auch auf Ereignisse vergangener Epochen. So stimmt Rosthorn durchaus nicht in den Chor der Verdammer Qin Shi-huangs und seiner Bücherverbrennung ein, sondern erkennt, bei allem Bedauern, daß der große Kaiser bei der Schaffung der Grundlagen für die Einigung des Reiches Maßnahmen gegen den Widerstand der Konfuzianer setzen mußte, »welche das Altertum als das goldene Zeitalter geschildert und die Rückkehr zu dessen Zuständen und Einrichtungen gepredigt hatten[67]«. Dem Werk wurde eine Reihe von Rosthorns früheren Schriften, wie die diversen Arbeiten über die Herkunft und das soziale Leben der Chinesen, das *Chunqiu* (Tsch'un-tsch'iu) und seine Verfasser und auch die unveröffentlichte Arbeit über die »Boxer«, zugrunde gelegt.

In seinen späteren Jahren widmete sich Rosthorn vornehmlich philologischen Studien. Die darüber – vor allem in den Sitzungsberichten der Akademie der Wissenschaften in Wien – erschienenen Schriften zeichnen sich durch gründliche Kenntnis der Materie, der älteren und neueren Arbeiten über Probleme der chinesischen und der vergleichenden Sprachwissenschaft und durch wissenschaftliche Akribie aus. Dennoch wurde bisweilen gerügt, daß Rosthorn – aus Skepsis – zu wenig die neuesten Erkenntnisse berücksichtigt habe[68]. Tatsächlich hat der »Nestor der Sinologen[69]« von seinen zeitgenössischen Kollegen nicht sehr viel gehalten[70]. Näher bekannt war er nur mit Forke.

Rosthorn hat hohe Maßstäbe angelegt. Er hat Oberflächliches verurteilt – es sei auf seinen im 12. Kapitel geschilderten Streit mit Kühnert verwiesen, der sich an dessen Kritik des größten englischen Sinologen, James Legge, entzündet hatte (Rosthorn war Legges einziger Schüler gewesen). Andererseits aber zollte Rosthorn einer gründlichen Arbeit auch dann Anerkennung, wenn sie von völlig anderen Denkansätzen als seinen eigenen ausging. Hervorzuheben ist in diesem Zusammenhang Rosthorns Besprechung von K. A. Wittfogels *Wirtschaft und Gesellschaft Chinas,* 1. Band; trotz vorangestellter Distanzierung von Wittfogels marxistischer Methode bezeichnet er das Buch als eine Fundgrube und als umfassendstes Werk in diesem Bereich, wozu der Autor in anerkennenswerter Weise eine umfangreiche, zum Teil sehr schwer zugängliche Literatur volkswirtschaftlicher und sinologischer Natur verarbeitet habe[71]. Erwähnt werden soll auch seine Haltung gegenüber Zenker, obwohl dessen politische Sympathien Rosthorn unendlich fremd waren.

In Rosthorns Schriften über die Gesellschaft Chinas zeigt sich seine Durchdringung der Materie in der souveränen Art der Abhandlung, die gerade darum so konzis und einfach wirkt, weil sie sich in vielen Fällen auf eigene Beobachtungen gründet. Allerdings sieht er die gesellschaftliche Organisation – die er in Gegensatz zu den Wirren in Europa in der Zeit nach dem Ersten Weltkrieg setzt – wohl zu ideal. So vertritt er die Auffassung, daß im chinesischen Familienclan Genügsamkeit und Hilfsbereitschaft regierten und daß hier »die sittlichen Voraussetzungen für ein sozialistisches Regime gegeben« wären, »welches nur deshalb nicht angestrebt wird, weil es im wesentlichen schon verwirklicht ist[72]«.

Rosthorn wurde 1919 Korrespondierendes Mitglied der Akademie der Wissenschaften[73] und 1922 Honorarprofessor an der Universität Wien, wo er über chinesische Sprache und Philosophie unterrichtete. Dabei stieß er anfangs auf die größten Schwierigkeiten, weil er um Räume (er erhielt dann zwei in der Hofburg), um jeden Sessel und auch um seine Schüler kämpfen mußte, die Kollegen ihm abspenstig zu machen versuchten. Rosthorn notiert:

> Der Unterricht machte mir Freude, obgleich ich bald die Erfahrung machte, daß auch in Professorenkreisen Eifersucht und Intrige nicht unbekannt sind. So warnte ein Professor meine Schüler vor dem Studium des Chinesischen, weil sie in diesem Fache keine Prüfungen ablegen könnten, und veranlaßte einen derselben, zu seinem Fache überzugehen. Ich richtete hierauf eine Anfrage an das Dekanat, von dem mir versichert wurde, daß mein Status der gleiche sei wie der eines Ordinarius. Dann machte man mir Schwierigkeiten wegen eines Lokales im orientalischen Institut, und ich mußte bei einem Kollegen hospitieren. Um eine Tafel und die nötige Anzahl Stühle zu bekommen, mußte ich mit der Einstellung der Vorlesungen drohen. Ich hätte natürlich mein Ehrenamt längst zurückgelegt, wenn ich nicht auf meine Schüler hätte Rücksicht nehmen wollen, denen ich ansah, daß sie das Studium packte und festhielt[74].

Dennoch konnte Rosthorn eine Reihe von Studenten ausbilden, die später anerkannte Wissenschaftler wurden oder auf anderen Gebieten als sprachliche Mittler zwischen China und Österreich tätig waren oder noch sind. Im Nekrolog für Rosthorn wird auf das besondere Naheverhältnis Rosthorns zu seinen Schülern hingewiesen:

> Der Umstand, daß die Zahl der Hörer des Chinesischen naturgemäß beschränkt war und Nichtqualifizierte rasch abfielen, erzeugte ein besonders enges Verhältnis zwischen Lehrer und Hörern, dem Rosthorn die besondere Note seiner Persönlichkeit und seiner intimen Kenntnisse von Land und Volk verlieh. Mit Liebe und Verehrung hingen seine Schüler an dem begeisterten Lehrer[75].

Dies wurde den Autoren besonders von einem der letzten Schüler Rosthorns bestätigt, von Dr. F. J. Meier, Direktor i. R. der Bayrischen Staatsbibliothek, der 1940 im Zuge der Kriegsereignisse von München

Der Herbstwind.

Ein Stimmungsbild.

Von Ouyang Hsiu.

Es wurde Nacht und ich war in ein Buch vertieft. Da hörte ich von Südwesten ein Geräusch sich nähern. Betrübt vernahm ich es und sprach: Sonderbar! Erst leise wie fallender Schnee, schwoll es an zu einem heftigen Wind und plötzlich in rasendem Tempo und grossem Getöse wie Sturm und Wogen die Nacht erbeben zu machen. Wind und Regen kamen mit Macht heran und wo sie auf Widerstand stiessen, klang es wie Trommelschlag und Paukenlärm, wie die Stimme von Erz und Eisen. Es war wie wenn Bewaffnete gegen den Feind anstürmten und mit Zügel und Peitsche zum Galopp antrieben. Man hörte kein Kommando, sondern nur den Tritt und Hufschlag von Mannen und Pferden.

Ich sagte zu meinem Famulus: Was bedeutet dieser Lärm? Geh hinaus und schau was los ist.

Der Junge kam zurück und meldete: Mond und Sterne sind rein und wie Silber; die Milchstrasse steht am Himmel. Nirgends ein menschlicher Laut; der Lärm kommt von den Bäumen.

Ich sprach: Ach, wie schade! Dies ist der Herbstwind. Weshalb muss er schon kommen? Es ist die Eigenart des Herbstes, dass seine Färbung bleich und melancholisch ist, die Nebel fallen und die Wolken sich ballen; seine Formen sind rein und klar; der Himmel ist hoch und die Sonne hell; die Atmosphäre, zitternd und kalt, dringt durch Mark und Bein. Er drückt Einsamkeit und Schwere aus. Auf Berg und Tal liegt tiefe Stille. Deshalb ist auch seine Stimme kalt und einschneidend, sein Geheul laut und eindringlich. Die üppigen Pflanzen in ihrer Buntheit wetteiferten eben noch um den Preis der Schönheit; die herrlichen Bäume mit ihrem dichten Grün erfreuten unser Auge. Doch wenn der Herbst die Pflanzen streift, so ändern sich ihre Farben, und wenn er die Bäume beraubt, so fallen die Blätter. Die Ursache des Verwelkens und des Blätterfalles ist die zu strenge Kälte der Luft.

Der Herbst versieht das Richteramt der Natur. Unter den Jahreszeiten gehört er zu den dunklen. Er ist ein Sinnbild des Krieges. Unter den Grundelementen repräsentiert er das Metall. Deshalb sagt man, es liege in der Absicht der Natur alles Lebende zu töten. Der Himmel lässt alle Wesen im Frühling entstehen und im Herbst reifen. Unter den Tönen ist es der Shang Ton, welcher dem Westen entspricht. Die Vergänglichkeit kommt daher, dass der Shang Ton im siebenten Monat Schaden erleidet. Die Lebewesen, wenn [illegible] alt geworden, kränkeln und gehen zu Grunde. Es ist ihre Bestimmung nach ihrer Blüte zu sterben.

Bäume und Sträucher sind gefühllos und vergehen, wenn ihre Zeit gekommen ist. Aber der Mensch ist ein Geschöpf, welches unter allen Wesen das geistigste ist. Hunderterlei Sorgen bewegen sein Gemüt, tausenderlei Geschäfte strengen seinen Körper an. Wenn er innerlich bewegt wird, so wird seine Lebenskraft erschüttert. Wenn er überdies bedenkt, für wie vieles seine Kraft nicht ausreicht, und sich kränkt, weil sein Verstand so vieles nicht erfassen kann, so ist es nur natürlich, dass die Röte seiner Wangen vergeht wie ein dürrer Baum und dass das Schwarz seiner Haare erbleicht. Wie könnte es anders sein, wofern einer, ohne die Festigkeit von Erz oder Stein zu besitzen, mit der Pracht der Vegetation wetteifern wollte? Wenn man erwägt wer es ist, der uns verstümmelt und tötet, wie kann man noch den Herbststürmen grollen?

Der Famulus erwiderte nichts. Sein Haupt war gesunken und er war eingeschlafen. Ich hörte nur in meinen vier Wänden die Grillen, deren Zirpen in meine trübseligen Gedanken einzustimmen schienen.

Die letzte sinologische Arbeit Arthur von Rosthorns
(Im Besitz von Dr. F. J. Meier)

zur Telegrammprüfstelle für Chinesisch und Japanisch nach Wien versetzt worden war. F. J. Meier hatte schon einige sinologische Studien absolviert, und Rosthorn war ihm natürlich – vor allem mit seiner allgemein anerkannten *Geschichte Chinas,* aber auch durch seine Arbeit über das *Chunqiu,* die die besondere Bewunderung Meiers fand – ein Begriff. Er versuchte sofort, mit Rosthorn zwecks weiterer Studien in Kontakt zu kommen. Damals durfte Rosthorn nicht mehr an der Universität unterrichten und war darüber laut Meier sehr verbittert. Er war aber einverstanden, sich mit ihm in der Hofburg zu gemeinsamen Textstudien zu treffen, und paßte dabei die Treffzeiten rührend Meiers Dienst bei der Telegrammprüfstelle an.

Zu Rosthorns achtzigstem Geburtstag, den er wegen einer Staroperation in der Klinik verbringen mußte, brachte Meier seinem Lehrer ein von ihm übertragenes Gedicht des Ouyang Xiu. Rosthorn ließ es keine Ruhe, er verlangte nach dem Original und übersetzte das Gedicht noch einmal: seine letzte sinologische Arbeit[76]. Die tiefe Verbundenheit, Achtung, ja Liebe des Schülers zum Lehrer zeigt ein Brief, den Meier noch kurz vor Kriegsende an Rosthorn geschrieben hat, der aber wegen der Kriegswirren nicht mehr abgesandt werden konnte.

Weitere Schüler Arthur von Rosthorns waren Dr. Ruth Weiß und Prof. Zeißberger, die noch heute in Peking leben, beide mit philologischen Arbeiten befaßt. Den jungen Zeißberger hatte Rosthorn in ganz unkonventioneller Weise als Studenten aufgenommen, als dieser noch die Mittelschule besuchte. Auch Dr. Erwin Reifler, dessen Chinesisch Rosthorn besonders gelobt hatte, lebte lange in China und unterrichtete an der Jiaotong-Universität in Shanghai und später in Hongkong. 1947 nahm Reifler eine Berufung als Professor der chinesischen Sprache an die University of Washington in Seattle an, wo er sich als internationale Autorität auf dem Gebiet der vergleichenden Sprachwissenschaften profilierte. Auf dem Gebiet der Computer-Übersetzung vollbrachte er Pionierleistungen. Leider verstarb Reifler, erst einundsechzigjährig, im Jahre 1965 in Seattle, der Stätte seines langjährigen Wirkens[76a].

Dr. Haymo Kremsmayer, der laut Meier als typischer Wiener Orientalist »alles gemacht, also auch ins Chinesische reingeschmeckt« habe, studierte nach eigenen Angaben sechs Semester bei Rosthorn, brachte kurz nach dem Kriege Übertragungen des Konfuzius und Laotse heraus[77], reiste 1959 auch einmal nach China, hatte aber in seiner Tätigkeit als Leiter der Tabakmuseum-Bibliothek wohl nur mehr wenig mit seinem früheren Interessengebiet zu tun.

Dr. Stefan Wurm, der uns bereits bekannt ist, stellt seinem Professor ein begeistertes Zeugnis über dessen pädagogische und menschliche Qualitäten aus:

> Neben seinen großen wissenschaftlichen Leistungen war Prof. v. Rosthorn aber auch als Lehrer auf das Höchste angesehen, und es hat sich bereits eine ganze Zahl seiner Schüler einen Namen ge-

macht. Nichts ist für seine Persönlichkeit so charakteristisch wie seine Beziehung zu ihnen. Er verlangte von ihnen nicht wenig, und wer es bei ihm zu etwas bringen wollte, durfte nicht nachlässig sein, denn es lag ihm nicht, Fehler durchgehen zu lassen und auf oberflächliche Weise zu unterrichten. Nie wurde er aber ungehalten über eine Frage, nie müde, eine Antwort zu geben. Ein Band warmen Mitgefühls und inniger Hilfsbereitschaft umschloß ihn mit denen, die gekommen waren, um seine in selbstlosester Weise gehaltenen Vorlesungen zu hören, und da man sich nicht zu scheuen brauchte, ihn um etwaige Aufklärungen zu bitten, lernte man mit doppeltem Eifer und doppelter Freude[78].

Stefan Wurm ist heute Professor an der australischen National-Universität, auf philologischem, nicht aber auf sinologischem Gebiet.

Auch der Japanologe Alexander Slawik ist durch Rosthorns Schule gegangen. Er wollte zunächst bei Rosthorn über ein Thema der frühesten Kontakte zwischen Japan, China und Korea dissertieren, was aber, wie er den Autoren mitteilte, bei dem Status Rosthorns als Honorar-Professor nicht möglich gewesen sei. Obwohl von distanzierter, vornehmer Wesensart, sei Rosthorn ein überaus gütiger Lehrer gewesen. Von Slawik selbst liegen zum Thema China einige Beiträge zu größeren Sammelbänden vor[79].

Von den Schülern Rosthorns war zweifellos Anna von Rottauscher sinologisch am produktivsten. Neben ihren japanischen Arbeiten hat sie eine Reihe reizvoller Übertragungen aus dem Chinesischen veröffentlicht. Sie wurde 1892 in Wien geboren und widmete sich, früh verwitwet, dann ganz ihren schon in der Jugend dominierenden sprachlichen Neigungen. Das Interesse für China hatte schon bei der kleinen Anna ein zur See fahrender Onkel geweckt, der ihr chinesische Puppen brachte und ihre Phantasie damit in die für ihr Leben bestimmenden Bahnen lenkte[80]. Sie absolvierte mit sehr gutem Erfolg den Chinesisch-Kurs bei Professor Woitsch an der Konsularakademie und studierte dann, nach eigenen Angaben[81], jahrelang bei Arthur von Rosthorn am Orientalischen Institut der Universität und auch privat, sowie später bei einigen chinesischen Lehrern.

Anna von Rottauscher verfügte über ausgezeichnete Verlagsbeziehungen, ihre Bücher waren aber auch gefragt und erlebten immer mehrere Auflagen. Sie hat eine Reihe von chinesischen Romanen, Liebesgeschichten und Novellen übertragen (*Rotjade und Blütentraum, Untergang, Der Pantoffel der kleinen Yen-Dschi* – Übertragung eines Auszuges aus dem *Liaozhai Zhiyi* u. v. a.); auf noch größeres Interesse bei den Käufern stießen aber ihre Sammlungen altchinesischer Spruchweisheit (»Zündet man Kerzen an, so erhält man Licht«; »Wenn ein Blatt sich bewegt, kann auch der Ast erzittern«; »Nur wer den Gipfel des Berges erstiegen, vermag in die weiteste Ferne zu sehen«). Etwa drei Jahrzehnte lang kamen ihre Publikationen auf den Markt, 1959 noch in Stuttgart der zusammen mit Dr. Heinrich Wallnoefer verfaßte *Goldene Schatz der chinesischen Medizin.* Rottauschers »Studienkollege« Dr. F. J. Meier bemängelte nicht zu Unrecht die wenig wissenschaftliche Vorgangsweise der Übersetzerin – sie läßt den interessierten Leser jeweils im unklaren über die von ihr verwendeten Originaltexte. Man muß Anna von Rottauscher dabei jedoch ihre Bescheidenheit hoch anrechnen: die meisten ihrer Kollegen schrieben ihren Namen immer so groß auf das von ihnen übersetzte Werk, daß der eigentliche Autor zumeist dahinter verschwand; Anna von Rottauscher hingegen stand kleingedruckt in der Nähe des Impressums.

Die oben gemachte Einschränkung kann und soll daher nicht das Verdienst dieser aktiven Rosthorn-Schülerin bei der Verbreitung eines gewiß nicht kleinen Ausschnittes aus der chinesischen Literatur bei einem ebenfalls nicht kleinen Interessentenkreis schmälern, wozu die erfolgreiche Autorin noch durch Vorträge in Wiener Kultur- und Volksbildungseinrichtungen ein weiteres tat.

Ihre letzten Jahre verbrachte Anna von Rottauscher herzkrank und an den Rollstuhl gefesselt in Heimen. Ihr Arbeitsfeld hatte sie immer mehr auf das Gebiet der Astrologie verlagert, die ihre zweite große Leidenschaft war[82]. Anna von Rottauscher starb am 12. Juni 1970[83]. Außer ihrer Übersetzer-Tätigkeit hat sich Anna von Rottauscher noch Verdienste beim Ordnen und Katalogisieren der umfangreichen chinesischen Rosthorn-Bibliothek erworben, wozu sie von 1952 bis 1955 von der Österreichischen Nationalbibliothek als freie Mitarbeiterin aufgenommen worden war.

Rosthorn hatte schon zu seinen Lebzeiten seine mehr als zehntausend Bände zumeist recht rarer Sinica in den Räumen der Hofburg aufgestellt und sie allen Interessierten zugänglich gemacht. Rosthorn war ein Lehrer im alten chinesischen Sinne: es kam ihm dabei nicht auf Titel und Mittel an. Er wollte durch seine wissenschaftliche und Lehrtätigkeit dazu beitragen, das Verständnis für China in Österreich zu vertiefen, und hat dies als eine Aufgabe betrachtete, der er sein ganzes späteres Leben gewidmet hat.

Arthur von Rosthorn als Mittler zu China

Aber Arthur von Rosthorn hat nicht nur durch seine wissenschaftliche Tätigkeit vermittelnd gewirkt, er hat auch versucht, in einer für China lebenswichtigen Situation ganz direkt in das Geschehen einzugreifen und seiner »zweiten Heimat« beizuspringen. Er hat in zahlreichen Artikeln und Schriften auf die ungerechte Behandlung Chinas in der Vergangenheit hingewiesen und der Hoffnung Ausdruck verliehen, daß auf der Friedenskonferenz von Versailles bzw. einer noch später abzuhaltenden Konferenz über die ostasiatischen Fragen dieses Unrecht wiedergutgemacht werden möge.

In seinen letzten schriftlichen Äußerungen, kurz vor seinem Tode geschrieben, gibt Rosthorn zu bedenken, daß »nur Arbeit, geistige und körperliche Arbeit« ein Volk »groß machen könne, aber nicht das ›Herrschen‹[84]«. In seinen *Gedanken über Bildung* äußert er seine tiefe Einsicht, daß Kolonialbesitz ein Quell für ständige Reibungen sei[85].

Unter den Akten des Außenministeriums findet sich bereits im Jahre 1914 ein Brief Rosthorns an Außenminister Berchtold, in dem er für die Rückgabe von Diaozhou (Kiautschau) an China eintritt und schreibt:

> Die chinesische Regierung setzt ihre ganze Hoffnung auf die Postbellum-Konferenz und wird alles aufbieten, um bei dieser Konferenz ihre Rechte geltend zu machen. Die japanische Presse polemisiert lebhaft gegen den Anspruch Chinas, an einer solchen Konferenz teilzunehmen; ich meine aber, daß, wenn Japan zugelassen wird, auch China gehört werden müßte, und daß es ein solidarisches Interesse Europas ist, die gerechten Ansprüche Chinas zu unterstützen[86].

Weit deutlicher konnte er diese Gedanken zu einer Zeit aussprechen, als er nicht mehr durch gewisse Rücksichten gebunden war, die ihm vorher seine Stellung als Diplomat auferlegt hatte, als ihm aber auch eine Stellungnahme im Interesse Chinas besonders dringlich schien. Er verfaßte im Jahre 1919 eine Denkschrift unter dem Titel *Unser Verhältnis zu China vor und nach dem Kriege,* wovon er eine englische Übersetzung der amerikanischen Friedensdelegation, in die er damals die meisten Hoffnungen setzte, in Paris überreichen ließ[87]. Er führt aus:

> Die Geschichte der Beziehungen der europäischen Länder zum chinesischen Reiche ist eine ungeheure Anklage gegen die brutale Überhebung und Rücksichtslosigkeit der ersteren. Nirgends hat das arg mißbrauchte Wort von einer »Kulturmission« der zivilisierten Staaten kläglicher Fiasko gemacht, nirgends spiegelt sich deutlicher die hypokritisch verkleidete Herrschsucht und Raubgier des europäischen Menschen ... Hierfür tragen nicht einzelne Menschen ... die Schuld, ... sondern das System: ein System, welches der Anbetung von Macht und Reichtum entspringt und in dem nationalen Egoismus gipfelt, der in starken Ländern nur Rivalen und in schwachen Ausbeutungsobjekte sieht[88].

Er schreibt weiter, daß das Selbstbestimmungsrecht der Völker, welches von Präsident Wilson proklamiert und von den Entente-Ländern mit Beifall aufgenommen wurde, nachgerade zu einem Artikel unseres Glaubensbekenntnisses geworden sei. Dagegen sei es ein »Hohn auf die Selbständigkeit eines Landes, wenn man seine Bahnen durch fremde Truppen besetzt hält und ihm zumutet, auch noch fremde Polizei in seinen Städten zu dulden[89]«. Die Niederlassungen fremder Mächte in chinesischen Städten bezeichnet er als ein Unding[90] und setzt sich für das

Aufgeben des Prinzips der Exterritorialität ein, weil »keine große Nation die ihr gewaltsam aufgezwungene und erniedrigende Beschränkung auf die Dauer ertragen kann[91]«.

Er meint, daß man vor dem Kriege China nur als Absatzgebiet Interesse geschenkt habe, es gelte aber, China wirklich kennenzulernen und sich mit seinen kulturellen und geistigen Schätzen vertraut zu machen[92].

Da man nicht erwarten könne, daß in absehbarer Zeit ein internationales Forum geschaffen werde, welches über Interessenkonflikte der Staaten nach Recht und Billigkeit zu entscheiden hätte und dem man das Schicksal Chinas anvertrauen könnte, regt er an – da die oben genannten Fragenkomplexe Zeit und Sachkenntnis der Friedenskonferenz überschreiten dürften –, die gesamten ostasiatischen Fragen zum Gegenstand einer besonderen Konferenz zu machen[93].

Vom Ausgang der Versailler Konferenz ist Rosthorn natürlich mehr als enttäuscht und betont von da an in jeder einschlägigen Schrift, welches Unrecht man China neuerlich angetan habe, das als eine der Siegermächte des Weltkrieges sogar Gebietsabtretungen hinnehmen mußte. Eine gewisse Befriedigung bereitet es ihm, daß China den »Frieden« von Versailles nicht unterzeichnet hat[94], und er warnt: »Man täusche sich nicht. China ist nicht Korea und nicht Indien. Es wird sein Schicksal nicht passiv hinnehmen[95].«

Rosthorn hat auch in Österreich stets einen guten persönlichen Kontakt zu den hier lebenden oder durchreisenden Chinesen gehabt und an Veranstaltungen der chinesischen Kolonie in Wien teilgenommen. Er ist auch neben Dollfuß und Metternich der einzige Österreicher, der in dem 1935 in China veröffentlichten *Großen Wörterbuch der Außenpolitik* genannt wird (S. 655).

Wie schon erwähnt, gründete Rosthorn den Verein der Freunde ostasiatischer Kunst und Kultur, dem etwa 500 Mitglieder angehörten, stand ihm mehr als zehn Jahre als Präsident vor und hielt bis 1938 häufig Vorträge über chinesische Kunst und über die Vorgänge in Ostasien, so noch im Februar 1938 in der Wiener Urania mit dem Thema *Der Konflikt in Fernost*[96]. Auch in der 1937 gegründeten Chinesisch-Österreichischen Kulturvereinigung wirkte er als Förderer und Vortragender mit[97]. Einen Akt der Anerkennung dieser vielseitigen Leistungen setzte der Wiener Gemeinderat im Jahre 1961, indem auf seinen Beschluß eine Gasse im 23. Wiener Gemeindebezirk nach Rosthorn benannt wurde[98].

Weit spannt sich der Bogen in Arthur von Rosthorns Leben, Taten und Schriften. Er umfaßt die alte Doppelmonarchie und das Kaiserreich der Mandschu-Dynastie ebenso wie die Umbrüche und neuen Entwicklungen in Europa und Asien. Seine umfassende Bildung, seine verantwortungsvollen Positionen und sein nimmermüdes persönliches Engagement ermöglichten es ihm, sich mit allen diesen Phänomenen aktiv auseinanderzusetzen. Dies war eine Grundvoraussetzung für sein hier beschriebenes Wirken, dessen Erfolge mit seinem Tod nicht untergegangen sind, sondern auch noch heute Türen zwischen Europa und Asien offenhalten – Türen, die im Sinne Rosthorns möglichst oft durchschritten werden mögen.

ANMERKUNGEN

1 Die biographischen Daten folgen Rosthorns 1941 geschriebenen, unveröffentlichten Memoiren (mit einem Nachtrag vom April 1945), insgesamt 134 Manuskriptseiten, für deren Überlassung die Autoren der Familie Pinschof besonders herzlich danken, wie auch für viele weitere wertvolle Informationen mündlicher oder schriftlicher Natur.

2 I. Abteilung, VII. Bd., Wien 1931, S. 174 ff.

3 Rosthorn, Memoiren, S. 4.

4 Im Manuskript steht irrtümlich 1885.

5 In Jerolim Frhr. v. Benko, *Die Schiffs-Stationen der k. u. k. Kriegsmarine in Ostasien, Reisen S. M. Schiffe »Nautilus« und »Aurora«,* Wien 1892, S. 45.

6 Memoiren, S. 29.

7 Ebd., S. 31.

8 Wir haben Kenntnis von: *Eine chinesische Darstellung der grammatischen Kategorien, Actes du Xe Congrès des Orientalistes,* Genève 1894.

9 Dies ist dem »seriösen Teil« eines längeren Artikels im *Neuen Wiener Journal,* 7. 7. 1900, S. 1 f., zu entnehmen, dessen Einleitung dem später so respekteinflößenden Rosthorn einen eher jugendlich-komischen Anstrich verleiht:
»Hervorragende Oesterreicher in Peking.
Arthur v. Rosthorn.
Ist der Gesandtenmord eine Thatsache, dann wird, nachdem der österreichische Vertreter in Peking gerade glücklicherweise auf Urlaub war, wohl auch Herr Arthur v. Rosthorn sein Leben bei den Gräueln in der Hauptstadt des Reiches der Mitte gelassen haben. Der arme Rosthorn! Sein Erinnern wird nun erst den vielen Freunden, die der höchst liebenswürdige und ernste junge Mann in Wien besessen, recht lebendig werden. Er entstammte einer patriotischen, hochangesehenen Familie Niederösterreichs. Denselben Rosthorns gehörte er zu, die Kupferwerke, metallurgische Betriebe im Piestinger Thal innehaben. An der philosophischen Facultät hatte er studirt, ein feines Bürschchen, sehr schlank, knabenhaft fast, mit gelocktem Haar und einem Gesichtsausdruck, der gar nicht zu begreifen schien, daß man ihm, Arthur v. Rosthorn, nicht gut sein oder nicht Achtung vor ihm haben könne. Er trank dazumal gar nichts, auf den Germanistenkneipen, auf denen sich in der Regel ein mächtiges Zechen erhob, hatte er sein Fläschchen Wein vor sich, und die Lyrik seines Inneren, die man ihm beim ersten Anblick glaubte, strömte er in sehr schwungvollen und ganz vortrefflich gereimten Versen auf jenen Mann aus, den die Germanisten damals wie heute zuhöchst verehrten, auf Richard Heizel. Einigermaßen schädigte er ihre Wirkung dadurch, daß er sie selber vortrug mit einer hohen, zirpenden Knabenstimme, die unfähig war, auch nur einen Vers hindurch auszuhalten. Er promovirte und mit einiger Verwunderung vernahm man, daß dieser schüchterne Benjamin des Seminars, dem damals eine ganze Reihe von Männern angehört habe, die sich seither als Gelehrte oder sonstwie einen Namen gemacht haben, den Sprung ins Ungewisseste unternahm und nach China ging. Familienbeziehungen hatten ihm da eine ansehnliche Stellung im Zolldienst ausgemittelt, denn seine Sprachenkenntnisse und sein Gedächtnis waren erstaunlich. Er machte seinen Weg, kam zum Consulat, alsdann zur Gesandtschaft. Vor drei Jahren etwa verbrachte er seinen Urlaub wieder in Wien. Er schloß sich dem alten Kreise an, freute sich der nahen Aussicht, mit einer ansehnlichen Pension bald in die Heimat wiederkehren und jene Studien aufnehmen zu können, die Jedem theuer bleiben, der sie einmal ernstlich

betrieben hat. Und nun soll es mit ihm, kaum daß er ein Mann geworden war, für immer zu Ende sein. Das möchte Alle betrüben, die Arthur v. Rosthorn gekannt und sich des eigenartigen, bei aller Fähigkeit der Theilnahme verschlossenen Menschen gefreut.«

Diese Notiz hat allerdings nichts mit dem von Rosthorn auf S. 53 seiner Memoiren erwähnten Nachruf zu tun, den ihm Karl von Scherzer gewidmet hatte und der leider nicht mehr aufzufinden war:

»Unter dem Posteinlauf der nächsten Tage befand sich auch ein schmeichelhafter Nachruf nach dem Legationssekretär und Geschäftsträger Arthur von Rosthorn aus der Feder des Generalkonsuls in Genua Dr. Carl Ritter v. Scherzer. Ich habe das schwarzgeränderte Blatt, das vor 42 Jahren in Druck erschienen ist, noch heute und ist mir eine liebe Erinnerung an unseren väterlichen Freund.«

10 Gespräch mit Rechtsanwalt Dr. Wilfried Lefford am 6. 4. 1977. Rosthorn war der Taufpate Leffords und hat diesen wie einen Sohn geliebt.

11 Vgl. dazu auch die Zeitungsmeldungen, Anmerkung 22 und 24.

12 Nachruf auf Exzellenz Arthur von Rosthorn, gehalten in der Sitzung der österreichisch-chinesischen Kulturvereinigung vom 29. November 1946 vom damaligen Präsidenten der Vereinigung, Univ.-Prof. Dr. A. Pillat.

13 Memoiren, S. 61

14 Ebd., S. 33: »Auch dies ist ein Systemfehler, denn die übergroße Zentralisierung in den Ministerien führt notwendig zu einer derartigen Überlastung derselben, daß die Sektionschefs nicht Zeit haben, zu lesen, was sie unterschreiben, und der Minister nicht weiß, was in seinem Namen hinausgeht.«

15 Memoiren, S. 72.

16 Ebd., S. 75 f.

17 Zugmayer gibt den chinesischen Namen Rosthorns mit einer abenteuerlichen Phonetik an: »Wrha«: *Eine Reise durch Zentralasien,* Berlin 1908, S. 31. Der chinesische Name Rosthorns ist im HHStA mit Ne Si-en überliefert. Und im Chinesischen Wörterbuch der Diplomatie ist er phonetisch *Luosituolun* transkribiert.

18 Dr. Heinrich Handel-Mazzettei, *Naturbilder aus Südwest-China,* Wien und Leipzig 1927, S. XIII.

19 In den Akten des Haus-, Hof- und Staatsarchives, Ad. Reg. F 4/291, Personalia Rosthorn, finden wir z. B. eine Beschwerde des Gustav Ritter von Kreitner (nicht so wohlgeratener Sohn seines schon häufig erwähnten und geachteten Vaters gleichen Namens) gegen Gesandten von Rosthorn wegen Erteilung einer ungünstigen Auskunft, wodurch die Aufnahme des Beschwerdeführers in den Konsular-Konzeptionsdienst nicht zustandekam. Daß allerdings Rosthorn mit seinem damaligen Urteil durchaus nicht unrecht hatte, wird der aufmerksame Leser in Kapitel 21 weiterverfolgen können.

20 In Rosthorns Memoiren wird eine Reihe von Ereignissen geschildert, bei denen er seinen Mut unter Beweis stellte. Hier sei nur auf die Ereignisse um den Boxeraufstand verwiesen.

21 Gespräch vom 1. 4. 1977.

22 Nach mehreren Gesprächen mit Familie Pinschof 1976/77. Frau Susanne Pinschof, Nichte der Rosthorns, war seit 1934 in der Familie und pflegte Herrn und Frau Rosthorn bis zu deren Tode. Vgl. auch *Neues Österreich,* 29. 12. 1945: *Gesandter von Rosthorn gestorben,* und den oben zitierten Nachruf von Univ.-Prof. Dr. Pillat.

23 Gespräch mit Dr. Lefford, 6. 4. 1977.

24 Gespräch mit der Fam. Pinschof. Vgl. auch *Arbeiter-Zeitung* vom 30. 12. 1945: *Dr. Rosthorn gestorben*

25 Vgl. dazu Stephan Verosta, *Theorie und Realität von Bündnissen,* Wien 1971, S. 473 ff.

26 Memoiren, S. 82.

27 Gespräch mit Prof. Dr. Erna Patzelt.

28 Memoiren, S. 10.

29 Ebd., S. 13.

30 Ebd., S. 14 f.

31 *The Salt Administration of Ssuch'uan,* in: *Journal of the China Branch of the Royal*

Asiatic Society, Vol. XXVII, London 1892/93. *On the Tea Cultivation in Western Ssuch'uan and the Tea Trade with Tibet via Tachienlu,* London 1895.

32 *Eine Reise im westlichen China.* Vortrag vor der k. u. k. Geograph. Gesellschaft am 23. 10. 1894, Wien 1895.

33 S. 12 der Diss.: Auf einer Karte Richthofens sei ein Gebirgszug nicht an der richtigen Stelle eingetragen.

34 Memoiren, S. 25.

35 Ebd., S. 31.

36 Der Titel des Buches lautet richtig: *The Break-up of China.*

37 Memoiren, S. 34 f.

38 Ebd.

39 Ebd., S. 36 f.

40 Ebd., S. 36 f.

41 Ebd., S. 37 f. Rosthorn schreibt: »Und waren wir nicht beim Kaiser von China akkreditiert, der jetzt in Gefangenschaft saß? Konnten wir nicht das auswärtige Amt um Aufklärung ersuchen oder für die hingeschlachteten Patrioten intervenieren? Nichts von all dem geschah. Im Gegenteil, als dem Doyen bald darauf angedeutet wurde, daß die Kaiserin geneigt wäre, die Missionschefs zu empfangen, beeilten sich diese, sich für die Audienz vorzubereiten, die in den Augen der Chinesen eine Huldigung war. Es wurden nur die Chefs de missions und ihre Familienangehörigen empfangen. Der Stab war ausgeschlossen, und einige Sekretäre wendeten sich an mich, um kollektiv gegen diese Zurücksetzung Stellung zu nehmen. Ich lehnte die Beteiligung mit der Begründung ab, ich wäre froh, daß mir die Demütigung erspart bliebe, der alten Kaiserin nach dem Vorgefallenen die Reverenz zu machen. Die Chinesen müßten denken, daß wir mit dem Geschehenen durchaus einverstanden wären. Die Frau des amerikanischen Gesandten aber schrieb in einer Revue einen Artikel, in dem sie die Audienz schilderte und die Kaiserin mit den größten Herrscherinnen der Geschichte, mit Katharina II. und Queen Elisabeth, verglich.«

42 Aus den Akten des Kriegsarchivs, OK I $^{1}/_{1}$ 1900, S. 22 f., 28 f., 37 ff. Im ersten Schreiben vom 24. 4. 1900 spricht Wilflinger von zehn »Raubmördern, oder besser gesagt Christen- und Europäerfeinden« und meint, daß diese Räuber »Catechumnen, oder doch wenigstens die innigsten Freunde der Protestanten« seien. In einem Brief vom Mai 1900 (genaues Datum unleserlich) spricht er von mindestens »sechzig an der Zahl«, die ihn selbst für tot hielten und deshalb nicht weiter gegen seine Person wüteten – während er im vorigen Brief schreibt, daß er ruhig dem Zerstörungswerke zusah. Zum andern bemerkt er, daß er sich »im Innern« freute, »damals für Gott und Vaterland ein bißchen bluten zu dürfen«.
Dennoch fordert er vehement, eine Entschädigung von der chinesischen Seite zu erzwingen. Er beschuldigt die Mandarine der Untätigkeit und befreit zwei nach seiner Meinung in diesem Zusammenhang unschuldig Eingekerkerte aus dem Gefängnis: »Im Bewußtsein unseres Rechts ließ ich ohne weiteres die beiden Unschuldigen vor mich führen, erklärte dem Mandarin, sie auf der Stelle zugleich mit mir wieder in die Mission zurückzubringen, und befreite sie wirklich.« Vgl. dazu auch 16. Kap.: *Der Boxeraufstand.*

43 Arthur von Rosthorn: *Wer waren die Boxer?* (Boxer-Vorwort). Unveröffentlichtes Manuskript im Archiv der ÖGCF, S. 3 f.

44 Fan Wön-lan, *Neue Geschichte Chinas,* Berlin 1959, S. 455.

45 *Yihotuan Yundong,* Autorengruppe, Shanghai 1972, S. 10.

46 In: Josef P. Müller (Bearbeiter), *Die Erlebnisse eines deutschen China-Kriegers,* Wien 1903, S. 97.

47 Vgl. Arthur Rosthorn, *Geschichte Chinas,* Stuttgart-Gotha 1923, S. 181.

48 Memoiren S. 53.

49 Ebd., S. 53 f.

50 Daß dies aber tatsächlich der Fall war, zeigen Berichte über Prozesse gegen Missionare vor chinesischen Volksgerichtshöfen in den fünfziger Jahren, als die Zeit des Boxeraufstandes noch immer lebendig war und den Betreffenden zum Vorwurf gemacht wurde.

51 HHStA, Ad. Reg. F 4/291, Personalia Rosthorn, Brief Rosthorns aus Peking vom 14. 8. 1905.

52 Ebd., Schreiben Rosthorns vom 1. 10. 1905.

53 HHStA, Ad. Reg. F 7/36, Brief Rosthorns aus Peking vom 3. 12. 1905 über seinen Abschiedsbesuch bei Prinz Qing.

54 Memoiren, S. 60 f.

55 HHStA, Ad. Reg. F 4/291, Brief Rosthorns aus Teheran v. 25. 1. 1911.

56 Memoiren, S. 79.

57 Ebd., S. 80.

58 Ebd., S. 81.

59 Ebd., S. 89.

60 Gilbert Reid, *The Struggle for China's Freedom,* deutsche Übersetzung Leipzig 1923: *Der Kampf um Chinas Freiheit,* S. 99.

61 Ebd., S. 90.

62 Alexander Franke, *Erinnerungen und Tagebücher,* Manuskript, Leihgabe der Familie Reischl-Franke. Vgl. dazu weiter die Ausführungen im 19. Kapitel dieses Buches.

63 In einem Brief, 19. 10. 1896, hatte Rosthorn den damaligen Außenminister Goluchowski an die mündliche Zusage erinnert, die ihm dieser hinsichtlich der Anerkennung von Rosthorns Vordienstzeiten beim Übertritt in den auswärtigen Dienst gemacht hatte. An diesen Umstand erinnert Rosthorn in zwei Schreiben, 6. 2. und 10. 9. 1919, nachdem ihm seine volle Pension streitig gemacht worden war und das neue Ministerium ihm zunächst gar nichts ausgezahlt hatte.

64 S. 1 einer fünfseitigen Ausarbeitung Dr. St. Wurms in den Personalakten Rosthorn der Österreichischen Akademie der Wissenschaften.

65 Erschienen 1920 in Wien. In der Rezension von A. Waley im *Journal of the Royal Asiatic Society,* London 1921, S. 662, wird im Grunde nur der Anhang, die Bemerkungen Liang Chichaos, besprochen.

66 In: *Zeitschrift der Deutschen Morgenländischen Gesellschaft,* Leipzig 1924, S. 67 ff.

67 *Geschichte Chinas,* Stuttgart-Gotha 1923, S. 44.

68 S. Paul Nagel, Göttingen, in einer Besprechung der *Studie zur chinesischen Lautgeschichte,* in: *Orientalistische Literaturzeitung,* Nr. 11/12, 1943, S. 482 ff.

69 So Alfred Forke in der *Ostasiatischen Rundschau,* 23. Jg. Nr. 4, April 1942, S. 92, *Zum 80. Geburtstag von Exzellenz Arthur von Rosthorn.*

70 Nach einer Äußerung des Rosthorn-Schülers Dr. F. J. Meier, München, in einem Gespräch am 10. 12. 1976.

71 Die Quelle dieser Rezension konnte bislang nicht ermittelt werden und bleibt, wie eine umfassende Bibliographie der Werke Rosthorns, einer späteren umfangreichen Publikation über Rosthorn vorbehalten. Einstweilen sei verwiesen auf den von Else Unterrieder verfaßten Aufsatz über Arthur von Rosthorn in *Zeitgeschichte,* Jg. 5, März 1978, Heft 6, S. 245 f.

72 Rosthorn, *Die chinesische Kultur,* wovon uns ebenfalls nur ein aus einer Zeitschrift herausgetrenntes Exemplar ohne Quellenangabe vorliegt.

73 Der Wahlvorschlag wurde bereits am 17. 4. 1918 unterzeichnet. Vgl. Personalakten Rosthorn in der Österr. Akademie der Wissenschaften.

74 Memoiren, S. 108.

75 Akademie der Wissenschaften in Wien, Almanach für das Jahr 1946, 96. Jg., Wien 1948, S. 119.

76 Das Gedicht in der Handschrift Rosthorns wurde neben vielen Informationen den Autoren dankenswerterweise von Herrn Dr. F. J. Meier zur Verfügung gestellt.

76a Die Angaben sind einem hektographierten Nachruf der University of Washington entnommen. Von den Publikationen Erwin Reiflers seien hier folgende erwähnt: *Ever Think of Your Ancestor! – A Pious Interpretative Fraud of Early Confucianism and Its Consequences for the Formal and Semantic Interpretation of the Wen Wang Ode,* in: *Monumenta Serica,* Reprint from Vol. XIV 1949–1955; *Linguistic Analysis and Comparative Semantics (presented at the First Conference on General Semantics),* University of Chicago, June 22–23, 1951. An expanded version of this paper appeared in *Lingua,*

International Review of General Linguistics (Haarlem, the Netherlands), August 1953; *Etude sur l'Etymologie des Caractères Chinois,* in: *Bulletin de l'Université l'Aurore,* Shanghai 1944, Série III, Tome 5, No. 1.

Eines der Anliegen Reiflers war es, nachzuweisen, daß im Chinesischen und in anderen Sprachen bei Homophonen trotz verschiedener Bedeutung semantische Zusammenhänge bestehen; z. B. »Gegend«, welches ursprünglich von »gegen« kommt, ähnlich im Chinesischen »xiang« und im Englischen und Französischen »contrée«, »contre«, »country« (das Land gegenüber). Die Mitteilungen über die Tätigkeit Reiflers an der University of Washington verdanken wir der Freundlichkeit von Herrn Dr. Karl Uher.

77 Laotse, *Tao Te King,* Salzburg 1947; Kung-fu-tse, *Worte der Weisheit (Lunyu),* Wien o. J.

78 Aus der etwa fünfseitigen Vorbereitungsarbeit von Dr. Stefan Wurm für den Rosthorn-Nekrolog. Rosthorn-Akt in der Österr. Akademie der Wissenschaften.

79 Alexander Slawik, *Die Chinesen,* in: *Die große Völkerkunde,* Bd. II, Asien, S. 89–124, Leipzig 1939; ders., *Chinesische Literatur,* in: *Die Weltliteratur,* Bd. 1, Wien 1951.

80 Diese Details hatte die sonst recht introvertierte Anna von Rottauscher gesprächsweise öfter erwähnt; die Autoren verdanken sie Frau Auguste Kopf, die Steuerberaterin und Nachlaßverwalterin der Sinologin war und voller Bewunderung noch heute von ihrer Klientin spricht. (Gespräch vom 18. 10. 1979.) Sie teilte weiters mit, daß Frau Rottauscher, eine geborene Susanka, mütterlicherseits vom heute noch in Wien bekannten Huthaus Habig abstammte. Lt. Auskunft von Frau Kopf war A. v. R. von ihrem Manne geschieden, dieser war aber schon bald nach der Scheidung verstorben.

81 Nach einem 1951 bei der Österreichischen Nationalbibliothek abgegebenen Lebenslauf Anna von Rottauschers in deren dort vorhandenem schmalen Akt.

82 Lt. Auskunft ihrer Wahlnichte, Frau Christel Lieben, war A. v. R. auf diesem Gebiet ebenso erfolgreich wie auf dem sinologischen. Ihre astrologischen Arbeiten sollen vor allem in Italien publiziert worden sein.

83 Ein sehr ehrender kurzer Nachruf für Anna von Rottauscher ist, verfaßt von Dir. Dr. Franz Steininger, in *biblos,* Jg. 20/1971, Heft 1, S. 65, veröffentlicht worden.

84 Nachwort zu den Memoiren, geschrieben am 24. April 1945 in der Öd, S. 4.

85 *Gedanken zur Bildung,* unveröffentlichtes Manuskript, S. 13.

86 Brief Rosthorns aus Peking, 30. 11. 1914, HHStA, P. A. XXIX/13.

87 Dies ist einem Beitrag Rosthorns in der *Ostasiatischen Rundschau,* Jg. II. Nr. 9, 1. 5. 1921, S. 3 f. mit dem Titel *Das neue China* zu entnehmen.

88 Arthur von Rosthorn, *Unser Verhältnis zu China vor und nach dem Kriege,* Leipzig 1919, S. 3 f.

89 Ebd., S. 16 f.

90 Ebd., S. 17.

91 Ebd., S. 19.

92 Ebd., S. 23.

93 Ebd., S. 16.

94 A. v. Rosthorn, *China und Versailles,* Sonderabdruck, in: *Der Friede* 11. 7. 1919, ohne Seitenangaben.

95 Ebd.

96 In den Verlautbarungen des Volksbildungshauses Wiener Urania, 29. Jg.

97 Dr. Victor R. v. Bauer, *Sinn und Aufgaben der Chinesisch-Österreichischen Kulturvereinigung.* Im Selbstverlag des Autors, Wien 1937.

98 Vorbereitender Akt des Wr. Gemeinderates vom 5. Juli 1961 (Präsidialzahl 161/617), nach Günter Schusta, *Österreich-Ungarn und der Boxeraufstand,* phil. Diss., Univ. Wien 1967.

Fünfzehntes Kapitel

Kannte man einander im 19. Jahrhundert besser?

Im 19. Jahrhundert rückten China und Österreich zwar einander näher, doch bewirkte dies keine proportionale Verbesserung der jeweiligen Kenntnis über das andere Land. Trotz häufigerer Schiffsexpeditionen, Abschluß eines Vertrages, Errichtung diplomatischer Missionen und gelegentlicher Privatreisen blieb China für die Österreicher doch fremd und mysteriös.

Als Graf Béla Széchenyi versucht, durch eine lange, gefahrvolle Reise über den Tod seiner geliebten Frau hinwegzukommen und die besonders fernen und unbekannten Teile des Globus vor sich Revue passieren läßt, da fällt seine Wahl auf China. Als Pater Josef Freinademetz China zum Ort seiner Missionsarbeit erwählt, hat er vom Land selbst kaum Vorstellungen. Wie sollte er auch? Missionare anderer Länder hatten China beharrlich als entlegenes Reservat des Teufels geschildert, der sich dort öffentlich preisen lasse[1].

Und das ist die Vorstellung, mit der Freinademetz 1879 nach China kommt. Er empfindet es daher als seine Aufgabe, »Krieg gegen den Teufel zu führen, die Seelen dem Teufel zu entreißen, die Bilder des Teufels zu vernichten und auch seine Tempel«. Am Land und seiner Bevölkerung nimmt er vorerst um ihrer selbst willen nicht Anteil. Den chinesischen Charakter bewertet er am Anfang seines Aufenthaltes in China so: »Er hat für uns Europäer wenig Anziehendes. Wenn die Missionare nicht andere Motive hätten, würden sie alle mit dem nächsten Dampfer nach Europa abfahren[2].«

Die von Freinademetz damals gegebene Schilderung der Chinesen enthält alle Klischeebilder, welche seine in der protestantischen und katholischen Mission tätig gewesenen Mitbrüder während des 19. Jahrhunderts aufgebaut hatten: »Landessitte der Kinderaussetzung und Kindervertauschung«, Unfähigkeit zu »höheren Gedanken«, »Verstellungssucht«[3]. Erst ein mehrjähriger Aufenthalt wandelt seine Einstellung, und er beginnt unter der überheblichen Haltung, welche Europäer den Chinesen gegenüber zeigen, zu leiden[4]. Im Frühjahr 1886 schreibt er seinen Eltern und Verwandten: »Ich sage Euch ehrlich und offen: ich liebe China und die Chinesen und ich bin bereit, tausendmal für sie zu sterben . . . Jetzt, wo ich mit der Sprache nicht mehr so große Schwierigkeiten habe und wo ich das Volk und seine Lebensweise kenne, ist mir China zur Heimat geworden[5] . . .«

Das Beispiel von Freinademetz zeigt, daß ein objektives Urteil über China eine längere persönliche Erfahrung voraussetzte. Um der Allgemeinheit ein klares, ungefärbtes Bild von jenem Lande geben zu können, benötigte man also häufige und emotionsfreie Berichte aus erster Hand. In Österreich waren dafür keine guten Voraussetzungen vorhanden. Vor allem in der ersten Hälfte des 19. Jahrhunderts mußte man sich im wesentlichen auf Chinainformationen stützen, die aus anderen Teilen Europas kamen, deren Beziehung zu China von jener Österreichs sehr verschieden war. Aus Ländern wie England, die in China verstärkten Einfluß erreichen wollten, fuhren Gesandtschaften nach China, deren Erlebnisberichte dann auch in Österreich gelesen wurden. Bei einer 1793/94 unternommenen Reise hatte Earl Macartney den Chinesen eine reichhaltige Forderungsliste vorgelegt, deren Erfüllung von der chinesischen Seite kühl zurückgewiesen worden war. Die herablassende Behandlung und die Enttäuschung über die chinesische Zurückhaltung, deretwegen großartige Geschäfte nicht zustande kamen, brachten das kühle britische Blut in Wallung, und der Privatsekretär Macartneys, John Barrow, schwor sich, »das Rauschgold und den Glanzfirnis« abzustreifen, mit denen die Jesuitenmissionare früher China bedeckt hätten.

Andere Europäer, die in China ebenfalls nicht das erreicht hatten, was sie haben wollten, stimmten nur zu gerne ein. Besonders die Kaufleute wetteiferten darin, negative Erfahrungen mit Einwohnern chinesischer Hafenstädte zum besten zu geben, und vergaßen ganz, daß viel davon auf ihr eigenes Auftreten zurückzuführen war. Rohes und treuloses Verhalten zeitigt überall auf der Welt Gegenaktionen. Man erinnere sich nur an den betrügerischen englischen Kaufmann und österreichischen Konsul Watts, der die Chinafahrt der *Carolina* inspiriert hatte. Der österreichische Handelskommissär Ignaz Wickerhauser mußte dann in Kanton feststellen, daß dieser saubere Handelsmann einem chinesischen Kaufmann Unsummen geschuldet und diesen in die Insolvenz getrieben hatte. »Gegen die Person eines europäischen Schuldners kann nach chinesischen Gesetzen nichts geschehen, was für Watts und Goddard ein glücklicher Umstand ist[6]«, vermerkte Wickerhauser in seinem Bericht und zeigte sich darüber, daß die österreichische Nation ausgerechnet durch solche Personen repräsentiert wurde, äußerst betroffen[7]. Die ausländischen Kaufleute hatten also in vielen Fällen vor der eigenen Tür zu kehren. Das hinderte aber eine Reihe von ihnen nicht, ihr Gastland, das ihnen Gelegenheiten zu reichen Profiten bot, zu verunglimpfen. Ein übriges taten noch die Missionare, die mit mehr Selbstgerechtigkeit und weniger Bildung und Einfühlungsvermögen auftraten als ihre Vorgänger im 17. und 18. Jahrhundert. Einer der ersten nach Europa entsandten chinesischen Diplomaten, General Tscheng Ki-Tong, zitiert in seinem Werk *China und die Chinesen* die kritischen Ausführungen de la Vernèdes, mit denen er sich identifiziert:

> Die mächtige und kluge Gesellschaft Jesu hatte den Vorteil, welchen man aus diesem Lande ziehen konnte, wohl begriffen, und so sandte sie die ausgezeichnetsten Männer nach China, welche in der Folge bald einsahen, daß es zunächst darauf ankam, sich die Sympathien der Chinesen zu erwerben, sich ihren Ideen anzubequemen und sich des europäischen Charakters vollständig zu entäußern, ehe sie diesem großen Volke von Dogma und Mysterien redeten, von denen es doch nicht das geringste verstanden hätte . . .
> Sie achteten Confucius und hüteten sich wohl, an den alt hergebrachten Überzeugungen zu rütteln, auf denen das politische Gebäude des Reiches beruht . . . Die Lazaristen, welche an ihre Stelle traten, führten eine neue Methode ein. Sie verletzten die moralischen Gewohnheiten der Nation, ihre Vorurtheile und ihre Glaubensgebräuche. Die Jesuiten wären ausgezeichnete Hülfsarbeiter für die Politik und den Handel Europas gewesen; sie nahmen in ganz China eine hervorragende Stellung ein und bereiteten das große Volk nach und nach darauf vor, seine Reichthümer mit den Völkern des Abendlandes auszutauschen. Die Lazaristen verdarben alles[8].

Der falsche Zopf, den sich die Missionare im 19. Jahrhundert anhängten, konnte notwendige Vorgänge im Inneren ihrer Köpfe nicht ersetzen. Die Chinesen galten ihnen als aus den Klauen des Satans zu befreiende, arme Heidenkinder, punktum. An den Zeugnissen der chinesischen Kultur gingen sie blind vorüber, oder sie betrachteten sie als Werk des Teufels »im unglücklichen China«, in dem »der höllische Drache Herr des Landes« ist[9]. Ein deutscher Lazarist meinte sogar auf einem der Prachtbauten in Peking den Namen »Lucifer« herausbuchstabieren zu können[10]. So galten vielen Missionaren chinesische religiöse Feste als Feste des Teufels, die früher von den Jesuiten tolerierte Ahnenverehrung als Teufelswerk und die chinesischen Gelehrten als Vertreter eines teuflischen Stolzes, der seit Jahrhunderten Gott verworfen und Christus verachtet habe[11].

Die Bestrebungen zur Durchsetzung europäischer politischer, kommerzieller und religiöser Präsenz in China, welche von einer Überlegenheit des »Abendlandes« ausgingen und vorerst an den China ebenfalls eigenen Überlegenheitsgefühlen scheiterten, führten zu einer Revision des freundlichen Chinabildes der Barockzeit in der europäischen Literatur des 19. Jahrhunderts. In Österreich-Ungarn ist dieser Trend allerdings nie ganz zum Durchbruch gekommen. Es rang nicht um politischen Einfluß in China, österreichische Kaufleute waren in China kaum vorhanden, und als Konteradmiral Anton Freiherr von Petz 1869 in Peking über den Abschluß eines österreichisch-chinesischen Vertrages verhandelte, konnte er auf die spezielle Aufnahme einer Religionsklausel um so leichter verzichten, als er, wie er selbst schrieb, von keinem in China missionierenden Österreicher Kenntnis hatte. Angesichts des Fehlens dieser Bedingungen war es in Österreich schwerer, Emotionen gegen

Chinesische National-Trachten (Dr. Friedrich Ludwig Lindner, Neueste Länder- und Völkerkunde, 12. Band, Asien, Prag 1812)

China freizusetzen, als in anderen Staaten. Gewiß, es brachte auch die Österreicher in Rage, wenn sie hörten, daß sich die Chinesen über die Europäer erhaben dünkten, und sie mögen den »anmaßenden Chinesen« einiges von den Schlechtigkeiten zugetraut haben, von denen Bürger anderer Staaten zu erzählen wußten. Doch im großen und ganzen erfuhr das freundliche Chinabild des österreichischen Barock im 19. Jahrhundert keine allzu krasse Abwertung. Dazu dürfte auch beigetragen haben, daß publikumswirksame Bücher wie jene des Grafen Hübner oder Scherzers vielgelesener Bericht über die Weltumsegelung der *Novara,* welche über China eigenständige sachliche Wertungen enthielten, den europäischen chinafeindlichen Trend etwas zu steuern vermochten.

Die meisten der im 19. Jahrhundert in Österreich erschienenen Chinaberichte waren »durchwachsen«. Das ferne Land wurde darin mit Lob wie auch mit Tadel bedacht. Um mit den Nachschlagewerken zu beginnen: Ludwig Lindner meinte in dem 1812 zu Prag erschienenen umfangreichen China-Teil seiner *Neuesten Kunde von Asien:* »Es ist in der Tat merkwürdig, wie sehr die Urtheile der Gelehrten über die Chinesen einander widersprechen«, neigte aber dann doch dazu, die neueren Berichte, besonders die englischen, denen der Jesuiten vorzuziehen[11a]. 1821 erschien in Wien in der *Bibliothek der Humanitätswissenschaften zur Selbstbildung für Jünglinge von reiferem Alter* eine *Propädeutik der Geschichte oder historische Vorbereitungs- und Hülfswissenschaften.* Das

Problem widersprüchlicher Informationen, mit dem die Verfasser solcher Werke zu kämpfen hatten und das des öfteren ungelöst an den Leser weitergegeben wurde, kommt auch hier deutlich zum Ausdruck. An einer Stelle heißt es über die Einwohner Chinas:

> Uralt scheint die Cultur der Dschinesen oder Chinesen, und die Entstehung geschlossener wissenschaftlicher Systeme unter ihnen zu seyn. Ihre Geschichte ist, der vielen Mythen und Fabeln wegen, nicht wohl zu gebrauchen. Das weitere Fortschreiten dieser Nation hemmte ihre eigene Selbstgenügsamkeit, Priesterherrschaft und Regenten-Despotismus. Ihr Idiom scheint eine Ursprache zu seyn; ihre an Zahl nicht unbedeutenden Dichtungen sind bilderreich und oft lieblich. Frühzeitig trieben sie Astronomie, und ihre Beobachtungen der Sonnenfinsternisse kommen den chaldäischen an Alter gleich. Ihr ältester und berühmtester Gelehrter ist Con-fu-cu oder Cong-fut see, Confucius aus Lu, noch 550 vor Christi Geburt, der die praktische Weisheit dieser Nation ordnete und verarbeitete. Ein brauchbares Werk über die chinesische Cultur sind die *Mémoires concernant l'histoire, les sciences, les arts, les moeurs des Chinois, par les missionnaires de Peking,* Paris 1776–1791, 15 vol. 4[12].

Hier ist der Einfluß der Überlieferung der Jesuitenmissionare deutlich spürbar, und ihre Werke werden ja auch als Quelle angegeben. An anderer Stelle stellt dasselbe Werk den Chinesen aber ein weit negativeres Zeugnis aus:

> Die Nachrichten über die Literatur der Dschinesen sind mangelhaft, übertrieben und bey der Isolierung der Nation ohne großes Interesse . . . Die Geschichte dieser Nation ist mythisch, ihre Philosophie besteht in moralisierenden Sentenzen, die Medizin in Empirie und Aberglauben[13]. . .

Hier war also die Hand der »Neubewerter Chinas« im Spiel gewesen. Ein weiteres Zitat mag dies noch deutlicher machen:

> Sina oder China, das lange Zeit den europäischen Völkern ganz unzugänglich gewesen war, gelangte, als man einige nähere Nachrichten erhalten konnte, in den Ruf einer hohen Cultur. Bald aber zeigte sich, daß die Sinesen sehr unter der Mittelmäßigkeit stehen geblieben sind, auch sind wirklich einer höheren Bildung wesentliche Hindernisse im Wege, denn außer dem Despotismus und der in das Kleinlichste gehenden Polizey herrscht auch eine abergläubische Achtung für alles, was die Vorfahren gethan haben, so zwar, daß man nicht leicht etwas anders zu machen wagt, als diese es gemacht haben. Überdieß muß der Sinese beym Mangel einer Buchstabenschrift oft sein ganzes Leben mit Erlernung der Schriftsprache hinbringen.

China modernisiert sich
(Stich aus der Wiener Theaterzeitung, Vormärz)

Die vorzüglichsten Reformatoren waren Lao-Kinn und Fo. Die Secte des letzteren ist am ausgebreitetsten; seine Anhänger, die Bonzen, unterscheiden ein äußeres und inneres Gesetz.
Man hat auch des Confucius als eines Reformators erwähnt. Es gab wirklich einen Weisen dieses Namens, und sein Geschlecht genießt bey den Sinesen außerordentliche Vorzüge. Er hat jedoch in der Volksreligion nichts geändert, sondern die Traditionen des Lao-Kinn und Fo gesammelt; selbst die Sinesen erkennen ihn nicht als Urheber ihrer positiven Religion[14].

Konfuzius hat also daoistische und buddhistische (Fo = Buddha) Traditionen gesammelt!

Dazu passen andere Behauptungen, wie:

> Die Chinesen weichen in der Kochkunst von den Europäern ganz ab, sie wissen nichts vom Braten und Backen . . . Das gemeine Volk ist nicht ekel, es verzehrt Hunde, Katzen und faule Fische[15] . . .

Oder:

> Der Chinese nähert sich sehr der Ungeselligkeit und führt ein Leben, das alle Munterkeit töten muß . . . Hat der Chinese sein tägliches Geschäft beendet, so begibt er sich in sein einsames Gemach[16].

Oder:

> . . . wenn ein Chinese zu viele Kinder zu haben glaubt, oder sie nicht ernähren kann, wirft er einige ins Wasser[17] . . .

Diese Darstellungen führen vor Augen, daß häufigere Kontakte nicht notwendigerweise zu verbesserter Information führen müssen. Flüchtige, fehlerhafte und tendenziöse Berichte von Reisenden und Missionaren waren, wenn sie auch im Vergleich zu früheren Jahrhunderten häufiger vorlagen, nicht dazu geeignet, ein klareres Chinabild zu zeichnen. Daß bei der Beurteilung Chinas stark mitspielte, wie man es sehen *wollte,* beweist der Umstand, daß sich Japan zur damaligen Zeit ähnliche Kritik gefallen lassen mußte:

> Die Japanesen stehen mit den Chinesen fast auf einer gleichen Stufe der Bildung. Geschichte ist ihr Hauptstudium, und soll bey ihnen viele Verlässigkeit haben. In der Astronomie sind sie hinter den Chinesen zurück. – Kenntniß einiger Arzneykräuter ist ihre medicinische Wissenschaft, was sie in der Physik und Chemie wissen, haben sie von den Europäern . . . Die Japanesen haben fast alle schöne Künste, doch würden unsere Kunstrichter sehr unzufrieden mit ihrem Geschmacke seyn[18] . . .

Nachdem aber das fernöstliche Inselvolk gezeigt hatte, daß es gewillt war, Europa als Lehrmeister anzunehmen, stieg es in der Gunst der europäischen Autoren kometenhaft empor. Die Japaner seien aufgeweckten Geistes, wißbegierig »und verachten keineswegs Alles, was nicht aus dem eigenen Land kommt, wie die Chinesen«, meint Dionys Grün, Professor am k. k. akademischen Gymnasium in seiner 1870 zu Wien erschienenen *Geographie, Länder- und Völkerkunde*[19], und seine Meinung steht für viele[20].

Um so einen Bonus in der europäischen öffentlichen Meinung hatten sich die Chinesen gebracht, indem sie die Europäer weder als Vorbild akzeptierten noch mit ihnen mehr als nötig zu tun haben wollten. Die europäischen Schreiber rächten sich, indem sie sich aus den Schilderungen von Augenzeugen nur zu gerne die Negativa heraussuchten und ihrem Leserkreise zum besten gaben. Solche Negativa enthielten die oberflächlichen und überdies schon in der Grundhaltung tendenziösen Berichte der Reisenden in offizieller und privater Mission, Kaufleute und Priester in reichem Maße. Durch die Aufnahme in europäische belehrende und unterhaltende Literatur wurden subjektive Eindrücke zu allgemeingültigen Aussagen erhoben. Da sich aber nicht alle Werke auf die gleichen Quellen stützten, kam es zu höchst widersprüchlichen Darstellungen.

So bekrittelt der eine Autor, daß die Chinesen ein Leben führten, »das alle Munterkeit tödten muß[21]«, während der andere die in China herrschende Heiterkeit und Fröhlichkeit besonders hervorhebt[22]. Ein nicht zu kleiner Teil schmäht die chinesische Architektur[23], andere meinen, man solle hier nicht mit europäischen Maßstäben messen[24], und wieder andere geben, wie Grün in seiner *Geographie, Länder- und Völkerkunde,* ein positives Urteil ab, wobei man bei diesem allerdings wegen seiner Hinweise auf die anstelle von Wänden in Gebrauch stehenden »reich bemalten Setzschirme« den Verdacht einer Verwechslung Chinas mit Japan nicht los wird[25]. Auch hinsichtlich der Körperhygiene der Chinesen sind die Berichte sehr widersprüchlich. So behauptet etwa Friedrich Müller mit Zustimmung einer Reihe anderer Autoren über »den Chinesen«: »Bäder sind ihm vollkommen unbekannt; gleich vielen anderen Völkern der mongolischen Rasse hält er das Baden für der Gesundheit nicht zuträglich und den Göttern nicht angenehm[25a].« Dagegen zeigt sich der Chinareisende August Haußmann von der großen Menge von Besuchern der öffentlichen Bäder Shanghais besonders beeindruckt[25b]. In vielen Fällen scheinen also Urteile über die Chinesen eine Frage von Sympathien und Antipathien und nicht so sehr eine Frage der Sachkenntnis gewesen zu sein.

Zweifelhaft war das Ergebnis auch dort, wo ohne bestimmte Absicht die widersprüchlichen Erzählungen so verarbeitet wurden, daß den alten positiven Eindrücken der Jesuiten einfach negative Stimmen neuerer Zeit zur Seite gestellt wurden. Das sah dann etwa so aus:

> ... Aus alle dem ergibt sich, daß die Chinesen ein Volk sind, das, obgleich es einen ganz anderen Weg eingeschlagen hat, als die Europäer, diesen doch in der Cultur am nächsten kommt, ja sie noch in einigen Fertigkeiten übertrifft, weit aber über allen asiatischen Völkern steht. Kunstfertigkeit, Thätigkeit, Gewerbfleiß, Frömmigkeit, Gehorsam sind den Chinesen nicht abzusprechen, gehen aber, wie ihre Fehler: Mißtrauen, Feigheit, Schlauheit, Schamlosigkeit im Betrügen, Liebe zum Prunk und Lärm, aus ihren eigenen Staatseinrichtungen und der Schwierigkeit ihrer Sprache hervor. (*Neuestes Conversations-Lexicon oder allgemeine deutsche Real-Encyclopädie für gebildete Stände,* Wien 1826.)

Eine chinesische Familie hält in einer Hängematte Siesta, Gemälde von Moritz von Schwind
(Bildarchiv der Österreichischen Nationalbibliothek)

Als Quellen werden hier einerseits die Berichte der Jesuitenmissionare und anderseits die Gesandtschaftsreisen Lord Macartneys und Lord Amhersts (1816) angegeben[27].

Mit dem Verblassen der wohlwollenden Schilderungen aus der Barockzeit und dem Anwachsen der neueren Reiseberichte scheint sich das Mischungsverhältnis von positiv und negativ bei der Schilderung des chinesischen Nationalcharakters noch etwas zuungunsten der Chinesen verschoben zu haben[28]. Berichte österreichischer Reisender wie Scherzer oder Hübner mögen wiederum einiges zurechtgerückt haben, doch hielten sich die abträglichen ausländischen Angaben zum Teil recht hartnäckig und spukten in den verschiedensten in Österreich über China erschienenen Büchern herum.

Auch die der unterhaltsamen Belehrung dienenden Periodika bezogen ihre Chinabeiträge aus dem Ausland. In einem bunten Gemisch berichteten sie über die *Reise des großen Lama nach Peking*[29], über den Tee[30], das Porzellan[31], die chinesische Gartenkunst[32], den Tempel des Konfuzius[33] oder die kaiserlichen Grabstätten[34]. Manchmal boten sie auch Schilderungen über chinesische Feste oder die Beschreibung eines chinesischen Banketts[35]. An die Berichte heutiger illustrierter Blätter über ausländische gekrönte Häupter erinnert – vor allem was die Ausführlichkeit und Genauigkeit betrifft – der Einblick, den *Der österreichische Volksfreund* seinen Lesern in das Alltagsleben des chinesischen Kaisers gewährt hat[36]:

> Tagesordnung des Kaisers von China.
> Um vier Uhr Morgens läßt sich der Kaiser von einem Wächter des Pallastes wecken, trinkt beim Scheine der Laterne desselben seinen Thee, und begibt sich sodann in sein Kabinett, wo ihm die Rapporte der Großämter, der Mandarinen im Dienste der Autoritäten von Peking, und der Vice-Könige in den Provinzen, wie der Feldherren des Heeres, vorgelegt werden. Er hat Alle zu durchlesen, und fertigt die ihm unbedeutend vorkommenden mit einem Nagelstriche oder Paroli ab. Man will wissen, daß die meisten der Berichte, mit diesem Ohr- oder Nagelzeichen versehen, in die Hände der Räthe kommen, die damit kurzen Prozeß machen. – Nach dieser Arbeit läßt der Selbstherrscher seine Minister eintreten, und beschäftiget sich mit ihnen bis zum hellen Morgen, der ihn in den Audienz-Saal ruft; Beamte nach den Provinzen geschickt, beurlauben sich; Andere zurückberufen, melden sich; wieder andere suchen um Gnadenbezeigungen nach. Die Herren haben sich, nahe an der Thür, dem Throne des Kaisers gegenüber, zu Boden zu werfen, dreimal mit der Stirn die Erde zu berühren und sodann vernehmlich und gemessen einen kurzen Abriß ihres Lebens und ihrer Wünsche vorzulesen. Der Fürst unterhält sich mit ihnen durch die Vermittlung des Zeremonien-Meisters, und sieht zu, wie die Mandarinen, welche sich Beförderungen wünschen, fünf Pfeile nach einer Scheibe schießen, um vielleicht ihre

kriegerische Geschicklichkeit zu zeigen, oder zu beurkunden, daß sie verstehen, in jeder Angelegenheit den rechten Fleck zu treffen. – Obwohl nun das Herkommen jenes Dolmetscher-System zwischen Herren und Diener eingeführt hat, so zeigt sich doch der Kaiser liberaler gegen Leute von bedeutendem Körperumfange, und gegen solche, die an ihrem kleinen Finger das längste Nagel-Futteral aufzuweisen haben. Diese dürfen näher treten, ohne Dolmetscher mit dem Fürsten unterhandeln, und ihrer oben angeführten Eigenschaften halber eines günstigen Bescheides im voraus versichert seyn. – Endlich wird die Audienz geschlossen. Im Weggehen macht der Kaiser noch minder wichtige Geschäfte ab; diktirt Einem eine Tracht von 200 Bambus-Schlägen, erläßt einem Anderen die verwirkten Prügel gegen ein mäßiges Gratiale, weil Alles in China ver- und abkäuflich ist. Er läßt diesem Mandarin eine ehrenvolle Erwähnung in dem Moniteur von Pecking angedeihen; erlaubt jenem Gelehrten, weil er 15–20.000 von den 80.000 Schriftzeichen der Landessprache auswendig weiß, und einen respcktabeln Schnurbart besitzt, ein Buch zu schreiben, und sich einen Philosophen zu nennen. Hierauf zieht sich der Monarch in seine Zimmer zurück, um zu Mittag zu speisen; an der einfachsten Tafel von der Welt, weil er seines gleichen, der mit ihm essen könnte, nicht hat; an der armseligsten Tafel, weil deren Gerichte – die einfachsten – ihm vom Gesetze vorgeschrieben, und von den Dienst-Mandarinen, denen die Überreste anheimfallen, zwar mit dreimaliger Kniebeugung angenommen, aber auf der Stelle an ihre Sklaven abgegeben werden. Die Malzeit hindert den Kaiser in der Regel nicht, eine lange und ruhige Siesta zu halten. Gähnend erhebt er sich endlich, und nimmt die Geschäfte wieder vor, lieset, denkt nach, befiehlt, verstummt dann wieder, und die Dienst-Mandarinen in seinem Vorzimmer thun getreulich dasselbe. Endlich kommt der Abend: die Stunde feierlichen Spazierganges in den langweiligen Gärten des Pallastes; die Vereinigung des Herrn mit seiner Familie, bestehend aus drei Gemalinnen, den Kindern und einer großen Anzahl von Sclavinnen. Die Gravität der höchsten Würde darf auch hier den glücklichen Tan-Huang nicht verlassen. Kein Lächeln auf seinen Mienen, kein schnellerer Gang! – Die Abendtafel ist jener zu Mittag gleich. Während dessen geht die Sonne unter, und der Kaiser muß sich zur Ruhe begeben, um am nächsten Morgen den langweiligen, Geist und Leben tödtenden Kreislauf wieder zu beginnen.

Weniger fabulierfreudig gaben sich die österreichischen Schullehrbücher, wie es auch ihrer Natur entsprach. Kurz, aber meistens freundlich erzählten die Geographiefibeln[36a] ihren jungen Lesern von dem fernen Land – vom blühenden Ackerbau, von den Teepflanzungen, der Seidenraupenzucht, den geschickten Handwerkern und den reichen Bodenschätzen. Ein wenig streiften sie auch die chinesische Geschichte und den chinesischen Menschen, was im allgemeinen auch recht wohlwollend geschah[37]. Aus der Reihe fällt die von Prof. Dr. V. F. Klun verfaßte *Allgemeine und Handelsgeographie, ein Lehrbuch für kommerzielle und technische Lehranstalten,* 1860 in Wien erschienen. Hier haben die Berichte der neuen Chinareisenden ganze Arbeit geleistet:

> ... Der Charakter der Chinesen wird von allen Reisenden mit äußerst ungünstigen Farben geschildert; sie werden als feige, entsittlicht und verweichlicht, unmenschlich gefühllos, schmutzig eigennützig bezeichnet[38].

Und das zu einer Zeit, da sich der Ministerialrat im Handelsministerium Karl Ritter von Scherzer bemühte, gegen die von ausländischen Chinakoryphäen wie Gützlaff stammenden Vorurteile anzukämpfen!

Eine Aussage hatten immerhin, trotz aller widersprüchlichen Chinaberichterstattung, fast alle im Zeitraum des 19. Jahrhunderts über China in Österreich erarbeiteten Werke gemeinsam. Nicht zufällig und nicht zu Unrecht betraf dies die Abgeschlossenheit und Selbstbezogenheit des chinesischen Reiches und seines Herrschers. Dieses Gefühl wurde so sehr Gemeingut des österreichischen Bewußtseins, daß es sogar in Werken österreichischer Dichter seinen Niederschlag fand. So schrieb Franz Grillparzer anläßlich der Schleifung der Stadtmauer von Wien am 25. Dezember 1857:

Wiens Wälle fallen in den Sand
Wer wird in engen Mauern leben!
Auch ist ja schon das ganze Land
Von einer chinesischen umgeben[39].

Und Hugo von Hofmannsthal hat in einem Gedicht versucht, die Gefühle des Kaisers von China nachzuempfinden. Abgesehen von der unrichtigen Vorstellung einer unter dem Palast gelegenen Kaisergruft wird der universalistische chinesische Reichsgedanke sehr treffend deutlich gemacht[40].

Der Kaiser von China spricht:

In der Mitte aller Dinge
Wohne Ich, der Sohn des Himmels.
Meine Frauen, meine Bäume,
Meine Tiere, meine Teiche
Schließt die erste Mauer ein.
Drunten liegen meine Ahnen:
Aufgebahrt mit ihren Waffen,
Ihre Kronen auf den Häuptern,
Wie es einem jeden ziemt,

Wohnen sie in den Gewölben.
Bis ins Herz der Welt hinunter
Dröhnt das Schreiten meiner Hoheit.
Stumm von meinen Rasenbänken,
Grünen Schemeln meiner Füße,
Gehen gleichgeteilte Ströme
Osten-, west- und süd- und nordwärts,
Meinen Garten zu bewässern,
Der die weite Erde ist.
Spiegeln hier die dunklen Augen,
Bunten Schwingen meiner Tiere,
Spiegeln draußen bunte Städte,
Dunkle Mauern, dichte Wälder
Und Gesichter vieler Völker.
Meine Edlen, wie die Sterne,
Wohnen rings um mich, sie haben
Namen, die ich ihnen gab,
Namen nach der einen Stunde,
Da mir einer näher kam,
Frauen, die ich ihnen schenkte,
Und den Scharen ihrer Kinder,
Allen Edlen dieser Erde
Schuf ich Augen, Wuchs und Lippen,
Wie der Gärtner an den Blumen.
Aber zwischen äußern Mauern
Wohnen Völker meine Krieger,
Völker meine Ackerbauer.
Neue Mauern und dann wieder
Jene unterworfnen Völker,
Völker immer dumpfern Blutes,
Bis ans Meer, die letzte Mauer,
Die mein Reich und mich umgibt.

Angemerkt muß werden, daß dieses in Stimmung und Beschreibung sehr geglückte Gedicht Hofmannsthals aus eben diesem Grunde für die literarische Chinoiserie, welche um die Jahrhundertwende in Österreich existierte, nicht typisch ist. Gewiß, es gab eine ganze Reihe von österreichischen Dichtern, die sich für den Fernen Osten interessierten. Außer Hofmannsthal sind Gustav Meyrink, Peter Altenberg und Stefan Zweig zu nennen[40a]. Trakls Gedichte verraten nicht nur bisweilen eine fernöstliche Atmosphäre, sondern er unterhielt sogar mit einem Chinesen, Chen Lin aus Amoy, einen Briefwechsel in der Kunstsprache Volapük[40b]. Trotzdem waren die Dichter mehr dem »Japonismus« verpflichtet, wie es Hermann Bahr 1900 in einer Bemerkung über Peter Altenberg nennt. China stand neben Japan im Hintergrund. Vor allem aber muß man der Meinung beipflichten, daß die fernöstlichen Verfremdungen Stilelemente waren und im allgemeinen häufiger falsche Ansichten über Japan und China verbreiteten, als das Bild jener Länder künstlerisch, aber korrekt zu ergänzen[40c].

Doch zurück zum Durchschnittsösterreicher und seinem Eindruck von China. Insgesamt wurde ihm zwar während des 19. Jahrhunderts mehr Chinainformation angeboten, doch reichte auch das nicht, um daraus ein einigermaßen korrektes Ganzes zu formen. Dazu waren die Berichte immer noch zu spärlich und – was noch schwerer wog – zu unverläßlich. Gewiß, zu bestimmten Anlässen, wie etwa zur Wiener Weltausstellung, gab es in der österreichischen Presse mehr über China zu lesen. Auch wenn es in China wieder einmal Krieg gab, blieben die Reportagen nicht aus[41]. Das war aber ebenso ungenügend wie die spezialisierten Publikationen der Fachleute. Die geschichtlichen Abhandlungen, welche damals von Österreichern über China verfaßt wurden[42], waren den klassischen chinesischen Geschichtswerken nachgebildet und nach Art, Aufbau und Übersetzung nicht geeignet, einem weiteren Kreis Kenntnisse über China zu vermitteln. Erst Rosthorn sollte im 20. Jahrhundert eine »lesbare« Geschichte Chinas schreiben. Die Sinologen blieben, stritten und veröffentlichten in ihrem engen Kreise. Einige wenige militärwissenschaftliche Publikationen richteten sich ebenfalls nur an ein Fachpublikum[43].

Diese Publikationen waren nicht nur spärlich und von fragwürdiger Ausrichtung, sondern zumeist auch inhaltlich nicht korrekt. Schon die Fachpublikationen taugten in dieser Hinsicht wenig. Da gab es Sprachwissenschaftler wie Kainz, die dem Leser des langen und breiten Erklärungen über das Chinesische gaben, obwohl sie die Sprache kaum beherrschten. Es ist nicht bekannt, ob jemand nach dem von Kainz verfaßten Leitfaden in Österreich Chinesisch gelernt hat. Wenn ja, dann hat es ihn um die frustrierende Erfahrung bereichert, daß der gelehrte Autor, ohne es zu wissen, bei der Angabe der Aussprache öfters nicht nach der Hochsprache, sondern nach dem in China sonst nicht verstandenen Kantondialekt vorgegangen ist[44]. Es gibt auch keinen Anlaß, dem k. k. ordentlichen Professor für Pädagogik und Philosophie an der Universität Prag, Gustav A. Lindner, dafür Beifall zu zollen, was er in seinem *Enzyklopädischen Handbuch der Erziehungskunde* über den chinesischen Charakter ausgeführt hat. Er glaubt ihn als »eigenthümliches Gemisch« von »träger Genußsucht und ausdauernder Arbeitsamkeit« begreifen zu können und meint, die orientalischen Völker repräsentierten ganz allgemein »die Kindheit, die unbewußte Hingabe an die Natur und willige Unterwerfung unter die Autorität, d. h. unter die Herrschaft des Stärkeren, zugleich auch die Periode der Sinnlichkeit[44a]«. Ebensowenig geeignet, dem Leser wirklichkeitsnahe Eindrücke zu vermitteln, waren die Angaben, welche der Professor für Sanskrit und Sprachvergleichung, Friedrich Müller, an der Universität Wien über ein Volk anbot, das er nie gesehen und dessen Sprache er nie gehört hatte. Seine *Allgemeine Ethnographie,* Wien 1873, wurde zwar von Zeitgenossen als »großartiges

Kaiser Guang Xu (Illustration im Wiener Boten, 1900)

Denkmal der Ethnologie und Sprachkunde« angesehen[45], doch muß man heute feststellen, daß Müller über China und die Chinesen von der Kanzel theoretisch erworbenen Wissens herab sehr selbstsicher, aber darum nicht weniger irreführend berichtet. Über die chinesische Physiognomie verrät er folgendes:

> Im Ganzen macht der mongolische Typus den Eindruck des Kindlichen, Offenen, Sorglosen und Geselligen. Alle diese Züge werden bedeutend erhöht durch den mangelnden oder schwachen Bartwuchs, was dem Manne einen weibischen Typus verleiht . . .
>
> Der Mongolentypus bietet auch, gleich dem Kindergesichte, geringen Spielraum für die Entwicklung besonderer Individualitäten. Gar manchem Reisenden ist die große Ähnlichkeit aufgefallen, welche zwischen den einzelnen Individuen herrscht, so daß man behaupten konnte, man habe, wenn man ein Exemplar zu Gesicht bekommen, so ziemlich alle gesehen[46].

Solches hat mit wissenschaftlicher Beschreibung kaum mehr zu tun als das, was er, man könnte meinen mit mundwäßrigem Augenzwinkern, zu Behaarung und körperlicher Beschaffenheit anmerkt:

> Während ein Mongole mir versicherte, daß die Behaarung der Schamgegend bei ihm und seinen Leuten in der Regel sehr spärlich sei, finde ich auf chinesischen und japanischen Darstellungen des Coitus, namentlich den letzteren, eine üppige Behaarung dieser Theile ausgedrückt . . .
> Eine Eigenthümlichkeit der Weiber dieser Rasse sollen die auffallend engen Geschlechtstheile sein, ein Punkt, auf den schon Blumenbach (*De generis humani varietati nativa,* ed. III, Gottingae 1795, pag. 241) aufmerksam gemacht hat. Von den Japanerinnen berichtet dies ausdrücklich O. Mohnike (*Die Japaner,* Münster 1872, 8°, S. 31). In Japan soll selbst öffentlichen Mädchen der geschlechtliche Umgang mit kräftig gebauten Nord-Europäern physisch unmöglich sein[47].

Angesichts solcher von Gelehrten erbrachten Leistungen verwundert es nicht, daß die populärwissenschaftlichen Publikationen über China gelegentlich noch Abstruseres vermerkten. So unterrichtet *Der österrei-*

chische Volksfreund des Jahres 1830 seine Leser davon, es sei in China üblich gewesen, »daß Gastwirthe, wenn sich Gelegenheit dazu darboth, einen fetten Gast tödteten, und aus dem Fleische Pasteten zur Bewirthung derjenigen Gäste machten, die nicht so glücklich waren, früher solcher guter Pflege genossen zu haben[48]«! Überhaupt war das chinesische Essen in der österreichischen Chinaliteratur eine unerschöpfliche Quelle von Erörterungen. Angesichts der Tatsache, daß Müller mit der Autorität des Wissenschaftlers zu den Nahrungsmitteln der Chinesen Regenwürmer und Ratten zählte[49], muß man einer Zeitschrift wie dem *Volksfreund* die Versicherung zugestehen, dieses Volk würze seine Speisen mit »Kellerasselessenz«[50]. In dem von Johann Gottfried Sommer verfaßten *Neuesten Gemälde von Asien* erfährt der Leser, daß das heitere, stille Leben der chinesischen Frauen ihre Fruchtbarkeit fördere[51], während das *Zeitungs-Taschen-Lexicon* zu erzählen weiß, wie die Chinesen dieser großen Fruchtbarkeit Herr zu werden pflegten. Sie hätten vor dem jungen Leben keine Achtung, sondern schleuderten die Kinder »oft nur mir nichts dir nichts nachts über die Stockwerke auf die Gasse hinaus, bis ein vorüberfahrender Karren in der Früh die Leichen dann aufliest[52]«. Nach Schütz' *Allgemeiner Erdkunde* wäre allerdings in Tibet die Sache gerade umgekehrt: »Nur junge Leute stehen in Tibet in Achtung, während man, zur Schande der Tibeter sei es gesagt, das Alter geringschätzig behandelt[53].«

Kaiserin-Witwe Ci Xi (Illustration im Wiener Boten, 1900)

Die Legenden, mit denen man die Völker Ostasiens umwob, dauerten bis zum Ende des 19. Jahrhunderts an und reichten oft sogar noch darüber hinaus. Noch 1911 meinte ein österreichischer Autor, die Mongolenfalte verschaffe ein überaus scharfes Sehvermögen, das es ermögliche, ohne weiteres von Wien bis Passau zu sehen[54]. So waren die Chinesen für die Österreicher im 19. Jahrhundert trotz des Ansteigens einschlägiger Meldungen noch vielfach mit dem Merkmal merkwürdiger und nebuloser Exotik behaftet. Man betrachtete sie als seltsame Überbleibsel einer zur Stagnation gekommenen, ganz anderen, sonderbaren Welt. »Das Zopfthum ist überhaupt in diesem Reiche zu Hause, und ›er ist ein rechter Chineser‹ ist bei uns zum Sprichwort geworden«, vermerkt das *Zeitungs-Taschen-Lexicon*[55].

Der Stephansdom in chinesischer Verkleidung
(Faschingsbuch der Genossenschaft der bildenden Künstler Wiens)

Also »kostümierte« man sich, wenn man im 19. Jahrhundert zu jenen merkwürdigen Menschen fuhr, um der Kuriosität der Reise auch äußerlich den rechten Anstrich zu geben. Die merkwürdige Reisemontur, die Chinareisende sich zulegten, dokumentierte, welch fernes und fremdes Land sie zu bereisen gedachten. Jan Myrdal, der große Asienkenner, hat in einem in Wien gehaltenen Vortrag sehr zu Recht auf diesen Unterschied zwischen den Reisenden der vorhergehenden Jahrhunderte und den mit Tropenausrüstung ausstaffierten Vertretern des 19. Jahrhunderts hingewiesen[56]. Ein Blick auf das in diesem Buch wiedergegebene Bild von Ida Pfeiffer im Reisekostüm genügt, um einen Eindruck von der von Myrdal bezeichneten Geisteshaltung und ihren Resultaten zu gewinnen.

In einem Fall war es sogar die ganze Wienerstadt, welche kostümiert und nach Fernost verlegt wurde. Zum Fasching 1892 wurde am 29. Februar vom Verlag der bildenden Künstler Wiens ein Büchlein mit dem Titel *Groß-Peking und seine Umgebung* herausgegeben, womit Wien und seine Einrichtungen »auf chinesisch« persifliert wurden. China war also noch immer mit einem solchen Maße des Fernen, Merkwürdigen und Exotischen umgeben, daß es den Künstlern als tauglichstes Instrument zur Verfremdung erschien. Die heute noch gebräuchlichen Witze mit der chinesischen Fassung von Bezirksnamen (Grin-zing, Döb-ling,

Das Wiener Rathaus »auf chinesisch«
(Faschingsbuch 1892)

Pen-zing), wozu noch das Tramway-Signal »Umstei-ging« kam, sind in dieser Schrift enthalten[57] und gehen also mindestens bis auf jene Zeit zurück. Der chinesische Charakter des Bändchens wird überdies durch recht originelle chinesische Kostümierung bekannter Wiener Bauwerke, wie Stephansdom, Burgtheater, Parlament, äußerlich unterstrichen. Der Inhalt selbst besteht zum Teil aus einer Vermischung von Österreichischem mit einem Quentchen echt chinesischen Kolorits, wie im folgenden Fall der Unwilligkeit des Konfuzius, über Metaphysisches genauere Angaben zu machen:

> Die Religion der Groß-Pekinger besteht hauptsächlich in dem Glauben an sich selbst und ihre eigene Unfehlbarkeit und stützt sich auf den epochemachenden Lehrsatz des Confucius: Nichts Gewisses weiß man nicht. Die einzelnen Secten unterschieden sich blos durch größere und geringere Formlosigkeit[58].

Anderes, wie der *Chinesische Erlkönig,* ist reiner Ulk unter Verwendung aller grotesken Details, die man sich damals über China erzählte, wobei man, wie so oft, Chinesisches und Japanisches nicht auseinanderhalten konnte. So wie die Texte, zeigen auch die im Buch enthaltenen Skizzen in mehreren Fällen rein japanische Elemente[59].

Harikiri.
(Dem Erlkönig chinesisch nachempfunden)

Wer sitzt noch so spät beim Licht des Lampion?
Es ist der Bonze, er malt seinen Sohn.
Es flötet der Kin-Lin so sanft in dem Busch,
Der Bonze malt emsig mit Gold und mit Tusch.
»Mein Sohn, was ziehst Du so ängstlich den Zopf?«
»O Vater, O Vater, es schmerzt mich der Kopf.
Ich sitz Dir Modell seit der Früh' schon als Bonze,
Ja glaubst Du denn wirklich, ich sei nur aus Bronze?«
»O liebes Kind, o halte mir,
Viel schöne Dinge schenke ich Dir,
Viel Regenwürmer und Salanganen
Und Mandarinen und Bananen!«
»Mein Vater, mein Vater, o lass' mich, ich geh',
Ich möchte gern trinken den kühlenden Thee!«
»Sei ruhig, bleib ruhig, mein Sohn hier und kusch!«
Und weiter malt der Bonze mit Tusch.
»Mein Vater, lass' fort mich, wie wird mir so bang,
Ich möchte gern baden im Yantsekiang;
Du kannst mich ja nimmermehr gut conterfei'n –
Auch schlafen schon beide Füße mir ein.«
»Ich brauche zum Malen die schöne Gestalt –
Ich sag dir zum letzten Mal – ruhig und halt!«
Da packet ein Messer die ruchlose Brut –
Man hört keinen Schrei – doch sieht man das Blut! –
Dem Vater grauset, er malet geschwind,
Doch immer ärger ächzet das Kind.
Und als er fertig mit seinem Gschmiri,
War todt der Sohn am – Harikiri[60].

Noch öfter wurde eine rein österreichische Aussage chinesisch verkleidet, wie im folgenden Abschnitt über die Situation der Kunst in Österreich:

Girardi im pseudo-chinesischen Kostüm (Faschingsbuch 1892)

Die Groß-Pekinger, welche überhaupt Chineser sind, sind es natürlich, wie in Allem, in der Kunst auch. Charakteristisch für sie ist es, daß sie nie recht klar darüber sind, ob sie darauf stolz sein oder sich dagegen verwahren sollen. Ihren Zopf tragen sie daher auch einerseits als nationales Ehrenzeichen und andererseits behaupten sie, sich längst von demselben freigemacht zu haben. Wenn man sie als das, was sie sind, anspricht, weiß man nie, ob man sie beleidigt oder auszeichnet. Sie lassen sich gerne kunstsinnig nennen, wollen aber weiter damit nicht genirt werden. Wenn man von ihnen verlangt, daß sie für die Kunst etwas Ernstes thun sollen, antworten sie: die Kunst müsse ein Genuß sein, keine Arbeit. Wenn man ihnen sagt, sie möchten sich doch dem leichten Genuß der schönen, heiteren Kunst hingeben, so meinen sie: bis sie sich in diese schwierige Sache mit all ihrem Studium hineingefunden hätten, das wäre ja eine ganze, schwierige Arbeit und Plage, dazu hätten sie keine Zeit. Sie wollen

eben nichts Anderes werden, als was sie sind, und sie sind eben, was sie sind: echte Chineser.
In einem heiligen Hain nahe der Stadt, Pra-ter genannt, steht schon seit langen Jahren der Tempel ihres Kunstgötzen in einer Pagode. Es ist die riesenhafte Figur eines Chinesers, der mit den Händen in einemfort nach oben, in die Regionen des Idealen, aufdeutet und zeigt, aber kein Mensch beachtet seine Bewegung und folgt seinen aufzuckenden Fingerzeigen. Der Riese ist nämlich nur ein Popanz und hat einen mächtigen Zopf, der von seiner idealen Höhe auf die Erde herabhängt. Um ihn stehen eine Menge von alten Kunstschimmeln im Kreise herum, welche sämmtlich ihre Wagen stets im alten Geleise nach demselben Werkl herumdrehen. Wer auf diesen alten chinesischen Kunstschimmeln ewig im Kreise herumreitet, dem wird zuletzt schlecht.
Das haben die Groß-Pekinger auch eingesehen und darum sich in demselben heiligen Haine neuen Göttern zugewendet, entgegen dem alten Kunstgötzen Calafatius-Academicus aus der Väter Zeiten. Im selben Haine sind daher jüngst neumodische Tempel mit neumodischen Götzen ebenfalls etablirt worden, in denen man Morithaten, Riesenweibeln, Siamesische Zwillinge, Mißgeburten, künstliche Seekrankheiten, Boa constrictor, anatomische Präparate, Präuscher's Museum, Wachsfigurencabinete u. dergl. verehren und genießen kann. Mit diesem neuen Kunstgötter-Cultus gedachten sie ihren alten zopfigen, kopfwackelnden Calafatius-Kunstgötzen loszuwerden, um den sich einst Alles drehte und dabei schlecht wurde. Aber sie haben es nicht besser gemacht dadurch. Die neumodischen, realistischen Riesenhaspel wirken ebenso ungünstig und seekrankheitsmäßig auf den gesunden Kunstmagen wie der alte conservative, akademische Ringelspiel-Chineser aus den Dreißigerjahren des Jahrhunderts, wennschon auf andere Weise. Die guten Groß-Pekinger aber wallfahrten nach wie vor in den alten Kunstgötter-Hain und lassen sich bald bei dem Riesen-Chineser mit dem langen Zopf herumdrehen, bald übergeben sie sich bei den modernen künstlichen Seekrankheitstempeln der Aesthetik daselbst; wenn's nur a Hetz gibt! Einem Fremden dürfte das schwer verständlich sein, aber er muß daraus eben ersehen, wie weit er noch dazu hat, ein echter Groß-Pekinger Kunst-Chineser zu werden![61]

Damit ist zum Schluß eine Figur zu ihrem unbestreitbaren Recht gelangt, welche für viele Österreicher lange Zeit den einzigen Konnex zum Reich der Mitte hergestellt hat[61a]: der Calafati. Auch er bezeugt, daß man sich im Österreich des 19. Jahrhunderts mit China mehr im Sinne kurioser Äußerlichkeiten als durch tiefergehende Einblicke in das Wesen jenes Landes beschäftigte. Als ins Auge fallende exotische Wahrzeichen des Ringelspiels »Zum großen Chinesen« und später des ganzen Praters überhaupt war die vom Besitzer Basilius Calafati im Jahre 1854 aufge-

Der Calafati um 1873
(Bildarchiv der Österreichischen Nationalbibliothek)

stellte große Figur eines bezopften Chinesen jedenfalls ein großer Erfolg[62]. Bürger und Adelige waren gleichermaßen entzückt. »Beim ersten Blumenkorso 1886 besuchte Pauline Metternich mit einer großen Gesellschaft den ›Chinesen‹ und hier, auf dem Dampfwagen des Ringelspiels, wurde die Blumenschlacht fortgesetzt[63].« Die von der Figur unter dem Namen ihres Besitzers für China betriebene Sympathiewerbung

Aufnahme aus den dreißiger Jahren
(Bildarchiv der Österreichischen Nationalbibliothek)

mag oberflächlich gewesen sein; wirksam war sie auf jeden Fall. Aus den Erinnerungen vieler Generationen von Österreichern ragte der bunte Calafati als liebenswürdiges Symbol vergangener Zeiten heraus. Der erste Praterausflug mit den Eltern, vielleicht die Firmung, vielleicht das heimliche erste Rendezvous an einem Ort, wo das lärmende Rundherum von der eigenen Aufregung und Befangenheit etwas ablenkte – bei alldem stand der majestätische Chinese geduldig Pate und wurde so zum nostalgisch-freundlichen Wegweiser für viele, die schöner Jugendtage gedachten.

Der Erste Weltkrieg und die darauffolgenden Krisenzeiten gingen auch am ersten chinesischen Gastarbeiter in Österreich – in den zwanziger Jahren sollten ihm einige Landsleute folgen – nicht spurlos vorbei. Als seine Kleidung bereits bedenklich ausgebleicht und zerrissen war, spendierte ihm 1932 der neue Besitzer, Albert Kobelkoff, ein neues, prächtiges Gewand. Den Zweiten Weltkrieg, der den Wiener Prater in Schutt und Asche legte, überstand der mittlerweilen unter Denkmalschutz gestellte Calafati nicht[64]. Doch nachdem der Prater wiedererstanden war, wurde dort eine Kopie des alten Calafati aufgestellt. Der »Calafati-Schilling« öffnet den Kindern im Prater den Zugang zu Ringelspiel, Geisterbahn, Kasperltheater und allem anderen, was ihr Herz begehrt, und so ist der gravitätische Chinese auch heute wieder bei vielen Kindern sehr beliebt.

Neue Statue des Calafati im 1. Rondeau, Aufnahme 1966
(Bildarchiv der Österreichischen Nationalbibliothek)

Mag sein, daß dies nicht viel zur Kenntnis Chinas beigetragen hat. Andere Länder hatten während des 19. Jahrhunderts zu China mehr Kontakt. Sie hatten daher mehr Informationen, meistens aber auch mehr Streitigkeiten mit China und mehr Vorurteile, welche aus dem Chinesen ein negatives Zerrbild machten. Da war er beim Durchschnittsösterreicher als merkwürdiger, aber freundlicher Exote schon besser dran. Österreicher und Chinesen fanden sich bei den seltenen persönlichen Zusammenkünften trotz des beiderseitigen Mangels an Wissen immer wieder durch viele Gemeinsamkeiten verbunden. Schon beim ersten offiziellen Kontakt im 19. Jahrhundert *(Carolina)* hatte man in der beide Völker auszeichnenden Kompromißbereitschaft zusammengefunden.

So schließt die Bilanz auf der österreichischen Seite trotz des negativen Trends der ausländischen Chinabewertung, trotz gelegentlicher befremdlicher Behauptungen gelehrter und nicht gelehrter österreichischer Autoren und trotz des kursorischen Charakters der Information verhältnismäßig positiv ab. Ein großes Plus an Kenntnissen über China hat das 19. Jahrhundert dem Durchschnittsösterreicher nicht gebracht, doch war dies gleichzeitig die Voraussetzung dafür, daß sich das komische, aber doch liebenswürdige Bild des Chinesen aus der Barockzeit hier länger erhalten konnte als in andern europäischen Ländern, die beim Kampf um Einflußsphären mit China in Konflikt geraten waren.

Mit anderen Worten: im allgemeinen waren Österreicher und Chinesen einander sympathisch, auch wenn sie einander nicht kannten. Schluß, Punktum, oder wie es im Faschingsbüchlein über Groß-Peking heißt: Tschinn Dulliä!

Exotisch, aber durchaus freundlich war übrigens auch das Bild, das dem chinesischen Leser durch den Bericht einer beliebten Shanghaier illustrierten Zeitschrift von Österreich vermittelt wurde. Im *Dian Shi Zhai* (Studierzimmer) wurde im Februar 1888 der Bericht eines aus Österreich zurückgekehrten chinesischen Kaufmannes wiedergegeben. Dieser befaßte sich nicht etwa mit der glanzvollen Metropole Wien oder mit den typischen Erzeugnissen österreichischen Gewerbefleißes, sondern ... aber lesen Sie selbst:

> Es kam ein Kaufmann nach Österreich. Nach seiner Rückkehr erzählte er verschiedene seiner Erlebnisse, die für uns ganz seltsam waren. Er sagte, an einem bestimmten Tag sei er von den europäischen Freunden zu einem Bankett eingeladen worden. Während des Essens wurde eine Maschine gezeigt, die ungefähr 20 Fuß hoch ist. Darauf befanden sich sehr viele Räder und Seile, und sie war mit vielen Blumen geschmückt. Unten rund um diese Maschine waren Gläser aufgestellt, und nach einer kurzen Weile kamen einige Sängerinnen und gingen zu der Maschine. Einige haben die Räder gedreht, einige an den Seilen gezogen, und es klang wie eine Acht-Noten-Qing *(Saiteninstrument – Anm. d. Aut.),* und die Sängerinnen haben zu

Die wundersame Weinmaschine, die ein chinesischer Kaufmann (Bildmitte mit Kopfbedeckung) in Wien gesehen haben wollte (British Museum, London)

ihrem Gesang Musik gemacht. Besonders seltsam war: als sich die Räder und Seile bewegten, kam in die Luft ein kleiner Regen, der, bis die Musik beendet war, alle Gläser anfüllte.

Österreich erscheint hier als ein Land tiefdekolletierter und hohe Töne trällernder Mädchen, die merkwürdige Unterhaltungsmaschinen bedienen – für die Chinesen sicherlich wundersame Vorgänge in einem wundersamen Reich. Und das in einem Jahrhundert, das den Chinesen bereits in seiner ersten Hälfte eine deutliche Steigerung der Informationen über Österreich gebracht hatte. Auch hier hatte das verstärkte Informationsangebot kein viel schärferes Bild des anderen Staates zeichnen können.

Der durch seinen Widerstand gegen die englische Opiumeinfuhr berühmt gewordene Gouverneur Lin Zexu hat ziemlich viel Mühe darauf verwendet, aus den verschiedensten Quellen über die Europäer Material zu sammeln. Diese Aufzeichnungen wurden dann nach Ende des Opiumkrieges von seinem Mitarbeiter Wei Yuan aus Shaoyang unter dem Titel *Haiguo Tuzhi* (etwa: Beschreibung überseeischer Länder) herausgegegeben. In der Rolle 30 wird der Behandlung Österreichs zuerst eine Klärung des Namens vorangestellt. Österreich *(Ou-sai-te-li)* werde auf den Landkarten der englischen Barbaren als Austria *(Ao-dili-ya)* bezeichnet. Bei den Kantonesen sei es als Doppeladler bekannt. Es sei ursprünglich ein germanischer Volksstamm gewesen. Nach dem Zerfall Germaniens habe dieser Volksstamm ein Reich gegründet und einen König eingesetzt. Da der König die Tochter des Königs von Ungarn geheiratet habe, sei er auch dort König, und Österreich sei in der Folge ein großes europäisches Reich geworden. Für Finanzen und Rechtsstreitigkeiten gebe es dort keine spezielle Behörden:

> Wenn eine Klage in der Hauptstadt erhoben wird, kann jeder Beamte über die Klage entscheiden. Wird sie in einem kleinen Volksstamm erhoben, kann das Bezirksoberhaupt oder der Dorfschullehrer darüber befinden.

Österreich bestehe aus neun großen und 285 kleinen Volksstämmen, wozu auch noch Ungarn als abhängiges Land zu zählen sei. Als Beispiel für die Beschreibung der einzelnen Landesteile sei eine Bemerkung über Tirol wiedergegeben:

> ... Es liegt an der äußersten Westgrenze von Deutschland, verfügt über viele hohe Gebirge, und Eis und Schnee tauen dort nicht auf. Die Sitten dort sind ziemlich aufrecht und ehrlich. Die Leute glauben an die katholische *(jia-te-li)* Religion ... Es gibt 27 kleine Volksstämme. Das Land produziert Salz, Holz und Tabak.

Soweit über die Geographie Österreichs. Aber das *Haiguo Tuzhi* enthält auch noch einen historischen Abriß:

> Das Land des Doppeladlers *(Shuang-ying-guo)* wird im *Hai-Lu* (Aufzeichnungen über das Ausland, ca. 1820 – Anm. d. Aut.) noch als Italien *(Yi-da-nian)* bezeichnet ... und ist mit dem Einadlerland (Preußen – Anm. d. Aut.) verschwistert. Beide helfen einander in der Not. Die Bevölkerung ist auch katholisch (hier: *tianzhu).* Die Sitten und Gebräuche sind ähnlich wie die des Westens. Wenn Schiffe, die nach Kanton kommen, auf einer weißen Fahne einen Vogel mit zwei Köpfen führen, dann handelt es sich um dieses Land. (Chinesischer Verfasser: Die Fahne des Doppeladlers ist von Österreich – *Ou-sai-te-li-guo* – und die Fahne mit einem Adler ist von Preußen – *Pu-lu-she.* Früher hat es an die Türkei gegrenzt. Die Kantonesen benützen zur Bezeichnung das Emblem auf der Flagge. Es handelt sich dabei eigentlich nicht um den wirklichen Namen Österreichs.)
> In der allgemeinen Geschichte des Handels *(mao-yi-tong-zhi)* (ca. 1840) wird *Ou-sai-te-li* als *Ao-di-li* bezeichnet. Die Kantonesen nennen es das Land des Doppeladlers. Das Land ist ziemlich ausge-

dehnt. Es produziert Quecksilber, Zinnober, Bronze, Eisen, Alaun, Seide, Atlas, Getreide, Wein, Wachs, Tabak und Pelze. Trotz dieser Fülle an Produkten betreibt die Bevölkerung keinen Handel. Im Süden befindet sich der Hafen Triest *(De-er-shi).*

Aus dem *Wan-guo-di-li-quan-tu-ji* (kompletter Weltatlas, ca. 1844, Autor wie bei dem vorher genannten Werk wahrscheinlich Gützlaff) werden dann ebenfalls einige Passagen über Österreich entnommen. Der kluge Herrscher des ehemals kleinen Landes sei von den Fürsten zum Khan (das Werk vermeidet hier den ehrenvolleren Königstitel, Anm. d. Aut.) gewählt worden. Später hätten alle Länder nur an die protestantische Religion *(bo-luo-shi-te)* geglaubt. Nur der König von *Dong-guo* (Ost-Reich) habe eigensinnig auf der anderen Richtung bestanden.: »Er verbreitete energisch die katholische *(jia-te-li)* Religion. Wenn ein Bürger nicht davon überzeugt war, wurde er dazu gezwungen, mußte das Land verlassen, oder wenn er der Religion den Rücken kehrte oder sich widersetzte, wurde er zum Tode verurteilt. ... Da er die Religion verbreiten wollte, hat er dreißig Jahre lang Krieg geführt. Aber die Länder, die an die richtige Lehre glaubten, haben tapfer gekämpft und Österreich geschlagen ... Frankreich fürchtete sich vor seiner Größe und Stärke und hat es oft herausgefordert. Zwischen den beiden herrschte ununterbrochen Krieg. Die Kampfkunst der Generäle Frankreichs war ausgezeichnet, und Österreich *(Ao-di-li-ya)* wurde immer besiegt. Aber bei den Friedensverhandlungen hat Österreich *(Dong-guo)* seine Macht vergrößert und sich wieder erholt. Nun ist unter den europäischen Ländern das stärkste England *(Yin),* das zweite Rußland *(E),* das dritte Frankreich *(Fo)* und das vierte Österreich *(Ao).* Dieses Land handelt in Kanton. Die Schiffe führen eine Flagge, auf der ein Doppeladler gemalt ist. Darum bezeichnen es die alten Chinesen als »Land des Doppeladlers[64a]«.

Prüft man nach, wer vor allem den Chinesen die häufiger, aber nicht immer korrekter werdenden Nachrichten über Europa lieferte, so kann man feststellen, daß es zum guten Teil dieselben Personen waren, welche andererseits Europa mit China-Berichten versorgten: protestantische Missionare. Unter jenen tat sich besonders der Deutsche Friedrich August Gützlaff hervor, der als Missionar und Beamter des englischen Kolonialdienstes tätig war. So wie er die Berichte, die er über China nach Europa schickte, mit einer Tendenz versah, tat er dies auch mit den Schilderungen europäischer Länder, welche er den Chinesen gab. In die von ihm verfaßten oder beeinflußten chinesischen geographischen Werke waren Loblieder auf Preußen und seine Herrscher[65] und negative Bemerkungen über Österreich hinsichtlich der Unterdrückung des protestantischen Glaubens und der Machtlosigkeit seiner Monarchen hineinverwoben[66]. Dem katholischen Portugiesen José Martinho Marques, welcher in seiner in chinesischem Auftrag verfaßten geographischen Abhandlung ohne kritische Seitenhiebe auf Österreich berichtete, machte Gützlaff in einer Rezension in der Zeitschrift der Deutschen Morgenländischen Gesellschaft den Vorwurf, daß er lange Namenslisten offeriert habe, ohne viel Auskunft zu geben[67].

Da waren die Berichte der protestantischen Missionare schon farbiger. Gelegentlich ließ Gützlaff seinem Lokalpatriotismus bereits beim Übersetzen europäischer Ortsnamen die Zügel schießen. So bekam z. B. Stralsund den ehrenden Namen *Shuai-ta-gang* (»Übertrifft andere Häfen«)[68]. Dem katholischen Süden eins auszuwischen, wo er es konnte, versagte sich Gützlaff nur selten. So heißt es im *Wanguo dili quantu-zhi* (Wan kuo ti-li ch'üan t'u chi):

> Weil die Bevölkerung des Landes verschiedenen Fürsten untertan ist, sind ihre Sitten unterschiedlich. Die Bewohner des Nordens haben einen klaren Kopf und einen kräftigen Körperbau und lieben die Wissenschaft sehr. Die Bewohner des Südens und Ostens lieben reichliches Essen und Trinken. Die Bewohner des Südwestens schlagen sich mit harter Arbeit durchs Leben[69].

Mit Vergnügen verarbeitete Gützlaff auch in Murrays *Encyclopaedia of Geography* erhobene Vorwürfe wie: den österreichischen Frauen fehle es an Keuschheit[70], oder die Verehrer des Gnadenbildes von Mariazell stifteten durch die von ihnen dargebrachten goldenen und silbernen Gegenstände bloß eine Verlockung für die Priester[71].

Wenig später entschloß sich der Gouverneur von Fujian (Fukien), Xu Jiyu, selbst ein geographisches Werk zusammenzustellen. Es wurde 1848 veröffentlicht. In den Vorbemerkungen stellte Xu den alten, von den Jesuiten verfaßten geographischen Arbeiten ein gutes Zeugnis aus und meinte, sie seien stilistisch klar und einwandfrei. Die »jetzigen Leute aus dem Westen« seien nicht tief in die chinesische Literatur eingedrungen, und man könne sich auf ihre Berichte nicht verlassen. Dazu komme, daß sie die ausländischen Ortsnamen jeweils nach der eigenen Muttersprache übersetzten: »Wenn zehn Leute sie übersetzen, sind sie alle zehn verschieden[72].« Xu gab nicht nur einen Überblick über die ersten Kontakte Chinas mit Österreich, das man in Kanton nach dem auf der Flagge der Handelsschiffe geführten Doppeladler benannte, sondern bot auch einige Informationen über die neuere Geschichte. Er streifte die Erzeugnisse des Landes und hob die Produktion von Quecksilber, Zinnober und Eisen sowie die große Zahl von Kühen, Pferden und Schafen hervor. Er lobte die Qualität österreichischer Tuch- und Glaswaren und wußte nicht nur vom schönen Palast zu Wien und den großen Bibliotheken zu berichten, sondern auch vom Kaiser, der ganz unprotokollarisch unter das Volk ging (offenbar Joseph II.). An Macht und Einfluß setzte er Österreich unter den europäischen Nationen nach Großbritannien, Frankreich und Rußland an die vierte und unter den deutschsprachigen Ländern an die erste Stelle[73]. Obwohl er sich um getreue Berichterstattung bemühte, unterliefen Xu nicht nur Fehler, wie der, daß in Österreich und Rußland dieselbe Sprache gesprochen werde[74], sondern er übernahm auch, ohne es zu wollen, Einschätzungen, die auf Gützlaffs Preußenpropaganda zurückgingen[75]:

> Alle Europäer bezeichnen Preußen als einen perfekten Staat. Obwohl es Österreich an Macht und Umfang nicht gleichkommt, übertrifft es Österreich im Bereich seiner Regierungspolitik weit, indem es ein freundlicher Nachbar ist, der nicht raubt und angreift. Friedrich Wilhelm III. litt unter den Händen seiner starken Nachbarn, doch verwandelte er Niederlage in Erfolg. Seine Gewohnheit war es, das Studium zu fördern und über das Land Reichtum auszubreiten. Bei der Organisation der Armee verwendete er den Gedanken des alten (China), aus Bauern Soldaten zu machen. Wie können (wir) sie als wilde Barbaren betrachten und ihnen keine Beachtung schenken?

An anderer Stelle kommen die von Gützlaff verbreiteten, sehr subjektiven Urteile noch deutlicher zum Durchbruch[76]:

> Jene, welche in den nördlichen (deutschen Staaten) leben, sind alle stark und gesund; sie sind aufrichtig und gut von Natur und lieben das Studium der Wissenschaften und Künste. Die Bräuche der Südländer sind verschwenderisch, sie verbringen ihre Tage in Trunkenheit und Völlerei, und sie haben keine Pläne für die Zukunft ... Deutschland nimmt das Zentrum Europas ein, und sein Vorrang (in Europa) ist wie der Chinas (in Asien). Die Bevölkerung ist intelligent, mit aufgeschlossenem und scharfem (Verstand) ... Obwohl Österreich täglich sein Territorium ausdehnte, konnte es nicht den Namen des Herrschers über die deutschen Staaten behalten ... Auch die Gründer der Staaten Frankreich und England waren alle Deutsche. Wenn eine (Herrscherfamilie) eines der verschiedenen Staaten Europas ausstirbt, ruft dieser Staat sofort nach einem deutschen Aristokraten oder dem ältesten Sohn eines Fürsten, um König zu sein. Große Staaten wie Großbritannien und kleine wie Belgien und Griechenland haben dies alle getan. In (Deutschland) wird der königliche Geist des Westens bewahrt.

Doch wenn hier auch unter dem Einfluß preußenfreundlicher protestantischer Missionare Österreich zugunsten Preußens in den Hintergrund geschoben wurde, war es letztlich bloß eine Vorwegnahme historischer Ereignisse, welche, was die Machtkonstellation betrifft, später tatsächlich eintraten. Schon bald darauf konnte der englische Missionar William Muirhead in seiner Geographie über den Wechsel im Vorrang unter den deutschen Staaten berichten:

> Im 5. Jahr der Ära T'ung-chih (1866) errang Preußen im Kampf gegen Österreich den Sieg, und sein Landgewinn war sehr bedeutend. All die kleinen Länder waren von Preußen und Österreich abhängig,

六 奧大利后伊利沙伯

Elizabeth

伊利沙伯生于一千八百三十七年。爲奧大利今王之妻。一千八百九十八年后遊于瑞士之日內瓦城。無政府黨盧勤尼 Lucchesi 出七首刺殺之。盧氏後定終身監禁罪。

七 意大利王安伯

Humbert

意大利王安伯生于一千八百四十四年。于一千八百七十八年繼其父爲王。同年十一月十七日。安伯巡遊于拿波利 Napoli 一庖夫名白子昂 Passanante 者。持刀刺之。王略受微傷。一千八百九十七年四月二十二日。安伯復于羅馬爲無政府安西度 Acciarito 所槍擊。僅以身免。惟一千九百年安伯卒爲無政府黨濮魯西 Bresci 殺于蒙沙 Monza。濮氏後定終身監禁罪。

八 美總統麥堅尼

William McKinley

麥堅尼生于一千八百四十三年。爲美國第二十五代大統領。千九百一年九月六日。麥氏演說于勃佛魯 Buffalo 之賽會場。被無政府黨杳古斯 Leon Czolgosz 槍擊。麥氏腹部中二彈。至十四日以傷重而死。

九 塞爾維亞王亞歷山大 及 其后杜麗佳

Alexander and Draga

塞爾維亞王亞歷山大生于一千八百七十六年。于一千八百八十九年即位。一千九百三年四月九日。亞歷山大廢除憲法。解散議院。因此遂大失民心。六月十日夜。塞爾維亞陸軍若干人。密闖王宮。並闖入王之臥室。乘亞歷山大及其后熟睡時殺之。並投二人之屍身于窗外。

十 葡王古倫 及太子菲律布

Carlos and Louis Philippe

葡王古倫生于一千八百六十三年。于千八百八十九年繼其父爲王。去歲古倫欲實行專制。故命佛郎 Franco 爲首相。並廢止憲法。解散議院。因是民心大爲不靖。本年二月一日下午約五下鐘時。古倫與其妻及其二子乘車由別莊還宮。途過大藏省。忽人叢中有一人躍登車後。出手槍擊葡王。王中二彈。頃刻倒斃車中。御者見有變。即揚鞭

Kaiserin Elisabeth auf der »Abschußliste« der chinesischen Anarchistenzeitschrift Xin Shiji
(Archiv der ÖGCF)

die aber beide (zugleich) nicht die Herrschaft ausüben konnten. Gegenwärtig hat Preußen Mittel gefunden, seinen König zum Kaiser und ganz Deutschland zu einem Staat zu machen[77].

Ähnlich informierte der englische Missionar Timothy Richard in seinem Ende der achtziger Jahre herausgegebenen geographischen Werk[78]. Solche Berichte minderten für die chinesischen Beamten den Anreiz, sich näher mit Österreich zu beschäftigen. 1877 kam Österreich in der vom Leiter einer chinesischen Gesandtschaft nach England in seinem Tagebuch festgehaltenen Aufzählung mächtiger Staaten gar nicht mehr vor, wohl aber Deutschland[79]. Der Vorrang, den man in China Deutschland als der bedeutenderen Macht einräumte, und auch die im Vergleich zu Österreich weit stärkere Präsenz deutscher Kaufleute rückten Österreich-Ungarn wiederum weitgehend in den Bereich des Obskuren und führten dazu, daß chinesische Beamte bis zum Ende des 19. Jahrhunderts Österreich hartnäckig mit Holland verwechselten[80].

Eine Ausnahme von der allgemeinen Unkenntnis über Österreich bildeten bloß chinesische Gruppen, welche sich mit europäischen Ländern – allerdings nicht um ihrer selbst willen, sondern aus besonderen Gründen – beschäftigten. So verfolgten die chinesischen Anarchisten mit großem Interesse, welche Mitglieder ausländischer Regierungen und Herrscherhäuser Attentaten zum Opfer fielen, und auf einer von ihnen angelegten und veröffentlichten »Abschlußliste« ist daher auch die Ermordung der Kaiserin Elisabeth säuberlich vermerkt[81]. Doch dies soll bloß als Kuriosum am Rande notiert werden. Ansonsten ist darauf zu verweisen, daß sämtliche Österreicher, welche im 19. Jahrhundert mit chinesischen Beamten zusammentrafen, berichten, diese hätten sich freundlich, aber verwundert nach jenem fernen Land erkundigt. Der Vizekönig von Gansu und Shaanxi, Gastgeber Graf Széchenyis, vermutete Österreich sogar gleich hinter dem See Lop-nor. Und doch war die Doppelmonarchie schon vor der Ankunft der Expedition Széchenyis bei Zuo Zongtang repräsentiert gewesen: in seinem Weinlager. Der dort vorrätige original etikettierte Tokajer diente dem gegenseitigen Kennenlernen als nützliche Unterstützung. Im Rückblick war es für Österreich-Ungarn besser, in China gelegentlich durch Etiketten auf sich aufmerksam zu machen, als durch Epauletten. Insofern braucht man über die Österreich-Schilderung des chinesischen Kaufmannes mit seinem Erlebnis der wundersamen Wein-Weib-Regen-Maschine am Ende des Jahrhunderts gar nicht unglücklich zu sein. Tschinn Tschinn dulliä!

ANMERKUNGEN

1 Eduard Reiffert, *Das Interessanteste und Neueste aus China,* Wien 1863, S. 83.

2 Fritz Bornemann, *Der selige Pater P. J. Freinademetz 1852–1908 – Ein Steyler China-Missionar,* Bozen 1977, S. 61.

3 Ebd., S. 61 f.

4 Ebd., S. 62; Johannes Fleckner, *Der selige Pater Freinademetz und die Chinesen,* in: *Steyler Missionschronik* 1978, Sankt Augustin, S. 37.

5 Johannes Fleckner, a. a. O., S. 33.

6 Alexander Dorn, *Kriegsmarine und Volkswirtschaft in Österreich-Ungarn,* Wien 1885, S. 51.

7 Ebd., S. 55.

8 Tscheng Ki-Tong, *China und die Chinesen,* Dresden und Leipzig 1896, 2. Aufl., S. 90 ff.

9 Ausdruck von Freinademetz, siehe Johannes Fleckner, a. a. O., S. 33.

10 Eduard Reiffert, *Das Interessanteste und Neueste aus China,* Wien 1863, S. 83. Vgl. auch S. 187.

11 Johannes Fleckner, a. a. O., S. 33 f.

11a S. 195 f.; S. 142 f.

12 Bd. 3, Dritter Teil, S. 25. Vgl. dazu auch die ganz überwiegend wohlwollende Beschreibung in: Joseph Freiherr von Liechtenstern, *Handbuch der allgemeinen Welt- und Staatenkunde,* Brünn 1820: S. 604 f. »... Eine Bevölkerung, welche der von China gleicht, bedarf vielfacher und ergiebiger Nahrungsquellen zu ihrem Unterhalte. Diese

sind aber auch im reichlichen Maße, theils durch die Natur vorbereitet, theils durch Menschenfleiß und Erfindsamkeit erschaffen. Auf den Ackerbau nimmt selbst die Religion der Chinesen wohlthätig befördernden Einfluß; und eben so werden alle anderen Zweige ursprünglicher Produktion mit Eifer und Erfolg betrieben, diese liefert dann zu einer Menge Fabrik- und Manufakturarbeiten, worin sich die Chinesen auszuzeichnen wissen, den nöthigen Stoff. Besonders sind es Seidenwaaren, Kattune, Nesseltücher, Lakirarbeiten, Porzellan u. m. dgl., die hier in großer Menge verfertigt werden, und als Handelsgegenstände stark ausgeführt, aber in dieser Hinsicht noch durch andere Artikel vermehrt werden als: Baumwolle, Thee, Zucker, Ingwer, Indigo, Borax, Alaun, Gold, Kupfer, japanisches Zinn, Eisen, Stahl, Blei, Edelsteine, Marmor, Blumen von Papier und seidene Zeugen und Schildpattarbeiten u. m. dgl.

... Auch gelehrte Kenntnisse sind den Chinesen nicht fremd, obschon ihre Ausbildung darin, seit Jahrhunderten nicht mehr vorgerückt, und daher mit europäischer Gelehrsamkeit unseres Zeitalters nicht zu vergleichen ist.«

13 Ebd., S. 123.

14 Bd. 6, S. 14 f.

15 Bd. 2, 2. Teil, S. 244.

16 Ebd., S. 180.

17 Ebd., S. 181.

18 Ebd., S. 292.

19 S. 54.

20 Vgl. z. B. Franz Heiderich (Professor am *Francisco-Josephinum* in Mödling bei Wien), *Länderkunde der außereuropäischen Erdteile,* Leipzig 1879, S. 58:
»... Obwohl einst den Chinesen an Kultur nachstehend, haben sie durch willige Aufnahme europäischer Kultur dieselben weit überflügelt.«
Gustav Herr (Professor am Mariahilfer Kommunal-Real- und Obergymnasium und am städtischen Lehrerpädagogium in Wien), *Länder und Völkerkunde,* Wien 1875, S. 202:
»... Die ersten Kulturanfänge kamen ihm von China, das es aber bald überholte. Vor zwanzig Jahren endlich wurde auch Japan gezwungen, sich dem Welthandel zu eröffnen, und die Energie, mit der es nun daran ging, sich der Kulturfortschritte der europäischen Völker zu bemächtigen, ist beispiellos in der Geschichte. Es hat bereits Eisenbahnen, Telegraphen, Dampferflotten, Schulen, in welchen europäische Sprachen und Wissenschaften von europäischen Lehrern gelehrt werden.
Der Charakter des Japanesen zeichnet sich vor dem des Chinesen in vielen Beziehungen aus. Der Japanese ist fleißig, begabt, von jovialer Anlage, hat Stolz und Ehrgefühl und gehört zu den unerschrockensten Seefahrern. Seine außerordentliche Findigkeit und Handfertigkeit macht ihn zu einem unübertrefflichen Handwerker, dessen Arbeiten eben so solid, als geschmackvoll und praktisch sind ...«

21 *Bibliothek der Humanitätswissenschaften zur Selbstbildung für Jünglinge im reiferen Alter, Historische Wissenschaften,* 2. Bd., S. 180; in diesem Sinne auch Johann Gottfried Sommer, *Neuestes Gemälde von Asien und den dazu gehörigen Inseln,* Teil 2, Wien 1829, S. 101.

22 Dionys Grün, *Geographie, Länder- und Völkerkunde,* Wien 1870, S. 39.

23 *Bibliothek der Humanitätswissenschaften ...,* Bd. 2, Teil 2, S. 291; Sommer, a. a. O., S. 89 (»Im Allgemeinen sind die Bauwerke der Chinesen unansehnlich, von geringer Fertigkeit, ohne Geschmack und Bequemlichkeit in der Anlage und ohne ein bestimmtes Verhältnis, ärmlich in Hinsicht der Form und plump in der Ausführung ...«); Franz Johann Josef von Reilly, *Allgemeine Erdbeschreibung,* Wien 1793, S. 193.

24 Adrian Balbi, *Allgemeine Erdbeschreibung,* Wien-Pest-Leipzig, 1873, S. 161.

25 Grün, a. a. O., S. 38. Positiv über die chinesische Architektur urteilt auch das *Neueste Conversationslexicon,* Wien 1826, S. 288.

25 a Friedrich Müller, *Allgemeine Ethnographie,* Wien 1873, S. 389.

25 b *Die Jetztzeit – Immerwährendes Conversationslexicon der Gegenwart,* Nr. 50, 15. Dezember 1855, S. 788 f.

26 S. 290.

27 290 f. Vgl. auch z. B. die von Reilly gegebene Charakterisierung: »Der Sineser ist höflich, sanft und phlegmatisch, schamhaftig, arbeitsam, eingezogen und vorsichtig, sparsam, im Essen und Trinken mäßig, dabey aber auch weichlich, im Handel und Wandel eigennützig und betrügerisch, unerträglich stolz auf die wahren und eingebildeten Vorzüge seiner Nation, zur Verstellung und heimlichen Rache geneigt.« – S. 191.

28 Vgl. etwa Johann Chr. Nossek, *Geographisch-statistisch-historisches Zeitungs-Taschen-Lexicon des gesamten Erdballs*, Bd. 1, Graz 1850, S. 117:
»Emsigkeit, Schlauheit und Verschmitztheit, sowie ein scharfer, praktischer Verstand und eine alles beherrschende Richtung und Berechnung auf das unmittelbar Nützliche gehören zum Wesen des Chinesen ... Uebrigens beherrscht den Chinesen die schroffste Selbstsucht und der härteste Egoismus, die beide zur unglaublichsten Härte und schreiendsten Unmenschlichkeit getrieben werden. Der Chinese lebt nur für sich und wirkt nur für sich – nie erhebt er eine Hand, um dem leidenden Mitmenschen helfend zur Seite zu stehen – mit der größten Gleichgiltigkeit kann er Tausende am Hungertod sterben sehen: nicht Gold vermag ihn auch nur Einen vom Untergange zu retten. Man hat wohl Gesellschaften, die die Beerdigung der Verhungerten besorgen; doch es findet sich Keiner, der dem Verschmachtenden einen letzten Labetrunk oder einen Bissen Brot darreichen würde ...«
Als Quellen werden hier nicht mehr die Jesuiten genannt, sondern »Gesandte, Kaufleute und Missionäre«, darunter Macartney und der protestantische Missionar Gützlaff, dessen tendenziöse Berichte die Kritik Scherzers hervorgerufen haben.
Sommer, der sich vor allem auf Timkowski, Macartney und Barrow stützt und nach Beschreibung der Würmer bemerkt: »Wenden wir uns nunmehr zu den wichtigsten Bewohnern des Landes, zu den Menschen« (S. 72), stellt die Chinesen folgendermaßen vor:
»Der allgemeine Charakter des chinesischen Volkes ist ein seltsames Gemisch von Stolz und Bettelhaftigkeit, von angenommenen Ernste und wahrer Kleinlichkeit, von verfeinerter Artigkeit und niedriger Gemeinheit. Mit einem Anschein von großer Einfachheit und Offenheit in der Unterhaltung paaren sie einen Grad von Kunst und List, auf den der Europäer selten vorbereitet zu sein pflegt. Die Eitelkeit einer angemaßten Nationalüberlegenheit und der hohe Begriff, den sie sich von ihren Vorzügen machen, verlassen sie keinen Augenblick ...« (S. 111).

29 *Der Sammler* vom 20., 22., 25., 27. Januar 1820.

30 *Der österreichische Volksfreund*, Bd. 2, Wien 1830, S. 152; Bd. 3, Wien 1831, S. 73 f.

31 *Der österreichische Volksfreund*, Bd. 3, Wien 1831, S. 163.

32 *Der österreichische Volksfreund*, Bd. 1, Wien 1830, S. 151.

33 *Der österreichische Volksfreund*, Bd. 3, Wien 1831, S. 318.

34 Ebd., S. 167.

35 *Der österreichische Volksfreund*, Bd. 4, Wien 1831, S. 151, 299, 301, 452.

36 *Der österreichische Volksfreund*, Bd. 2, S. 59–61.

36a In den Schullehrbüchern für Geschichte wurde China damals kaum behandelt. So kommt es in den sechs zwischen 1882 und 1892 erschienenen Lehrbüchern der *Allgemeinen Geschichte* für die k. k. Militär-Realschulen und k. k. Kadetten-Schulen bloß zweimal kurz vor. Am Anfang heißt es lakonisch: »Unter den drei Hauptracen der Menschen: der mittelländischen oder kaukasischen, der Neger- und der mongolischen Race, gewann nur die erste eine hervorragende Bedeutung. Während die beiden letzten (die mongolischen Bewohner von China und Japan ausgenommen) auf der Stufe der Jagd- und Hirtenvölker stehen blieben, gelangte die vornehmlich Ackerbau treibende mittelländische (kaukasische) Race in Religion, Ausbildung des Staatswesens, Wissenschaft, Kunst, Handel und Gewerben zu einer ganz besonderen Höhe.« (Erster Theil, *Geschichte des Alterthums*, 2. Aufl. Wien 1889, S. 9.) Danach bringt erst wieder der kurze, den Mongolen gewidmete Abschnitt eine Erwähnung der Chinesen: »Zur Zeit Rudolfs von Habsburg war (seit Kublai) in China der Herrschersitz der Großkhane, welche dort eine eigene, die mongolische Dynastie bildeten, bis es einem gemeinen Chinesen gelang, diese Dynastie zu vertreiben.« (Zweiter Theil, *Geschichte des Mittelalters*, Wien 1882, S. 110.)

37 Franz Heiderich, *Österreichische Schulgeographie,* 1. Teil, Wien 1901, S. 136–139; Karl Schubert, *Das Wichtigste aus der Geografie und Geschichte – Für die Oberklassen der Volks- und die Mittelklassen der Bürgerschulen,* 7. Auflage, Wien 1873, S. 57; Gustav Herr, *Grundzüge für den ersten Unterricht in der Erdbeschreibung,* 5. Auflage, Wien 1877, S. 69 f.

38 V. F. Klun, *Allgemeine und Handelsgeographie,* 2. Auflage, Wien 1860, S. 399.

39 Fred Hennings, *Die Ringstraße,* Wien 1977, S. 16.

40 *Die Gedichte und kleinen Dramen von Hugo von Hofmannsthal,* Leipzig 1911, S. 26.

40a Herbert Fussy, *Die neuere deutsche Lyrik und Ostasien,* Diss., Graz 1974, S. 7, 11.

40b Es scheinen zumindest einige Briefe gewechselt worden zu sein, doch haben die uns erhalten gebliebenen Briefe keinen ausgeprägten Charakter, sondern zeigen eher den allgemeinen und unverbindlichen Typus von Zufallskorrespondenzen dieser Art:

»Herrn Georg Trakl
Mozartplatz No. 2.
Salzburg
Austria

Amoy
14. V. 1900

Lieber Herr
Mit Grüßen und Dänken als ferner Freund

Diener Dein ergebener
Chen Lin«

»Herrn Georg Trakl
Salzburg
Austria

Amoy
1901, März 6ten

Liebster Herr!
Ich habe erhalten immer Bildkarten Deine, aber nicht ich zurücksenden, einige von mir, weil ich nicht habe Karten für mich, um sie zu senden Dir, entschuldige bitte bei mir, daß Karten meine zu Ende gingen im vorigen Monat.
Leider sehr, daß nicht ich wünsche Briefmarken österreichische, weil nicht gebrauchen bei mir.
Ich danke Dir sehr

Diener Dein ergebener
Chen Lin«

Zitiert nach Georg Trakl, *Dichtungen und Briefe,* Historisch-Kritische Ausgabe, herausgegeben von Walther Killy und Hans Szklenar, Salzburg 1969, S. 757 f.

40c Fussy, a. a. O., S. 11, 15.

41 Vgl. z. B. den Bericht über den französisch-chinesischen Krieg, in: *Der Wiener Bote,* 16. Jg., Wien 1885, S. 72–75.

42 Siegmund Ritter von Fries, *Abriß der Geschichte Chinas seit seiner Entstehung,* Hongkong-Wien-Shanghai 1884.

43 Hauptmann Anton Lipoščak des k. und k. Generalstabs-Corps, *Der Chinesisch-Japanische Krieg und die Machtstellung der Europäischen Groß-Staaten – Vortrag, gehalten am 15. März 1895 im Wiener Militär-Wissenschaftlichen und Casino-Vereine,* Wien 1895. Daraus ein kennzeichnendes Zitat (S. 415):

»So sehen wir in diesem Krieg zwei der ältesten Völker des Erdballes mit furchtbarer Erbitterung wieder aufeinander prallen. Das eine, Träger einer 1000 Jahre älteren Kultur als das Christenthum, aber passiv, morsch, in sich zusammengeschrumpft, das andere klein, aber energisch, jedem Fortschritt zugänglich, daher expansionsbedürftig im eigenen und im Interesse der großen Kultur. Gleich einem elementaren Ereignis drängen die Japaner als Träger dieser Kultur gegen die Pforten des himmlischen Reiches, um dessen Herrscher und seinem Volke das letztemal mit der Waffe in der Hand zuzurufen: ›Aufraffen oder zusammenbrechen!‹«

Siehe auch *Chinas Wehrmacht* von D. W. Putjata, aus dem Russischen übersetzt von St. Ritter von Ursyn-Pruszynski, Wien-Leipzig 1895.

44 Carl Kainz, *Praktische Grammatik der chinesischen Sprache für den Selbstunterricht,* Wien-Pest-Leipzig, o. J.

44a Gustav A. Lindner, *Encyklopädisches Handbuch der Erziehungskunde,* Wien-Leipzig 1884, S. 147, 332.

45 Almanach der Kaiserlichen Akademie der Wissenschaften, Jg. 49, Wien 1899, S. 308. Aufgrund dieses Ansehens übernahmen populärwissenschaftliche Werke bedenken- und kritiklos Müllers Ausführungen. So z. B. gehen Platz' Gemeinplätze an falschen und klischeehaften Vorstellungen über China sehr wesentlich auf Müller zurück, auf den er sich auch in seinem Vorwort als einen »Großmeister« der Anthropologie ausdrücklich beruft. – Bonifazius Platz, *Die Völker der Erde,* Würzburg–Wien 1889. Vgl. auch Amand Schweiger-Lerchenfeld, der sich in seinem Werk *Das Frauenleben der Erde,* Wien-Pest-Leipzig 1881, bei der Behauptung hinsichtlich des Mangels der Chinesen an schöpferischer Phantasie ebenfalls auf Müller beruft (S. 238).

46 Friedrich Müller, *Allgemeine Ethnographie,* Wien 1873, S. 364.

47 Ebd., S. 363 f.

48 *Der österreichische Volksfreund,* Bd. 2, Wien 1830, S. 69. Der Übertitel des Berichtes, der das Zitat enthält, heißt: *Verschiedenheit des Geschmackes.*

49 Friedrich Müller, *Allgemeine Ethnographie,* S. 389.

50 *Der österreichische Volksfreund,* Bd. 4, Wien 1831, S. 303.

51 Johann Gottfried Sommer, a. a. O., S. 76.

52 *Geographisch-statistisch-historisches Zeitungs-Taschen-Lexicon des gesammten Erdballs,* Graz 1850, S. 116.

53 *Schütz's Allgemeine Erdkunde oder Beschreibung aller Länder der fünf Welttheile,* Zweiter Supplement-Band zur ersten Auflage, Wien 1833, S. 323.

54 Alexander von Peez, *Die gelbe Gefahr in der Geschichte Europas,* 2. Aufl., Wien 1911, S. 11.

55 *Geographisch-statistisch-historisches Zeitungs-Taschen-Lexicon des gesammten Erdballs,* S. 115.

56 Jan Myrdal, *China im Wandel,* in: *China-Report* Nr. 47, 1979, S. 7 f.:
»... Der europäische Reisende von vor etwa hundert Jahren bereiste seltsame und exotische Länder, die von schlaffen oder gewalttätigen oder infantilen, minderwertigen Rassen bewohnt waren. Heute, nicht anders als im 16. Jahrhundert, besucht der Reisende fremde Länder. Aber China und Indien haben aufgehört, ›exotisch‹ zu sein, und westliche Touristen tun wieder, was sie auch im 16. Jahrhundert taten: sie wandern in ihrer gewohnten Kleidung durch die Gegend und kostümieren sich nicht mit Tropenhelmen und anderer sogenannter Tropenausrüstung.«

57 S. 86.

58 S. 84.

59 S. 53, 70, 54.

60 S. 74 f.

61 S. 48–50.

61a »... Was wußten wir Wiener schließlich schon von den Völkern des ›Fernen Ostens‹? Bei den meisten beschränkte sich diese Bekanntschaft auf den ›Großen Chinesen‹ im Prater, die gewaltige Mittelfigur eines Ringelspiels, das sich um diesen, etwa 7 Meter hohen Mandarin drehte ...« – Johann M. Weltegast, *In Maske durch den Fernen Osten,* Leipzig, S. 43. Vgl. auch Siegfried Geyer in *Die Stunde* vom 24. Januar 1931:
»Dann kenn ich den Calafatti im Prater, jenen von Motten zerfressenen Riesenchinesen, der lang der berühmteste, ja der einzig berühmte Chinese in Wien war. Mit stereotypen Bewegungen dirigierte er den Lauf eines Ringelspiels.«

62 H. Pemmer – N. Lackner, *Der Wiener Prater,* Leipzig-Wien 1935, S. 176 f.

63 Ebd., S. 177.

64 Ebd.

64a Die Übersetzung folgt einer Kopie der in Taiwan neu aufgelegten Version des *Haiguo Tuzhi,* welche bloß in »Rolle« (Bd.) 30 Angaben über Österreich enthält. Wolfgang

Frankes Werk über *China und das Abendland* (Göttingen 1962) bringt auf S. 82 unter dem Hinweis auf Kapitel 44 und 45 des Werkes eine weitere Beschreibung Österreichs, welche in den den Autoren vorliegenden Blättern nicht enthalten ist:
»*Österreich:* Es gibt dort Gebirge, die vielfach Quecksilber und Zinnober hervorbringen. Die Weidegelände sind sehr ausgedehnt. Es gibt 57.000 Pferde, 275.000 Rinder, 345.000 Schafe. Durchs Land fließt der große Donau-Fluß. Die Hauptstadt heißt Wien; sie hat 300.000 Einwohner, die geschickt in der Herstellung von Baumwoll- und Seidenstoffen sind. Der Palast des Königs ist besonders stattlich; [der König] für seine Person ist aber sparsam. Mit dem Volke verkehrt er wie der Vater mit seinen Kindern und andere Leute behandelt er freundlich. Das Volk hält beharrlich an der katholischen Religion fest. Die Lehren von bösen Geistern und von der Geomantik *(feng-shui)* sind ihm besonders verhaßt. [Die Leute] lieben Trinken, Essen und Musik. Die Frauen sind lustig und hübsch, aber wahren keine Keuschheit. Die Vorstadt [von Wien] hat 36.000 Einwohner. In der dortigen Bibliothek gibt es 70.000 Bände. In einer benachbarten Stadt ist ein Heiligtum, wo das Volk Weihrauch abbrennt und Götterbilder verehrt. Von den Priestern betört, stiftet es dafür goldenes und silbernes Gerät. – Ein [Landesteil] heißt Tirol. Es liegt in den Bergen. Seine Bewohner sind aufrecht und lieben die Jagd. Als die Franzosen in dieses Land eindrangen, hat die Bevölkerung im Kampf den Feind zurückgeschlagen. Weil das Bergland steinig und unfruchtbar ist, ziehen [die Bewohner] oft hinaus in andere Gegenden. – Ein [Landesteil] heißt Illyrien, dessen südlicher Teil an das Adriatische Meer grenzt. Es gibt dort viele Berge, Höhlen und Täler. Die Hauptstadt heißt Laibach; sie hat über 40.000 Einwohner. Sie verfertigen Porzellan und stellen Satin her. Der Hafen [des Landes] heißt Triest; er wird jährlich von 8000 Schiffen angelaufen ...«

65 Hartmut Walravens, *Die Deutschland-Kenntnisse der Chinesen (bis 1870)*, Diss., Köln 1972, S. 41.

66 In der für den durch sein energisches Vorgehen gegen den englischen Opiumhandel berühmten kaiserlichen Kommissar für den fremden Handel in Kanton, Lin Zexu, zusammengestellten *Monographie der vier Kontinente* (1847), Walravens, a. a. O., S. 49.

67 Walravens, a. a. O., S. 80.

68 Ebd., S. 101.

69 Ebd., S. 110.

70 Ebd., S. 102.

71 Ebd., S. 103.

72 Ebd., S. 148. Tatsächlich wurde der Name Österreichs in den damaligen chinesischen geographischen Werken, je nachdem, ob er der englischen, portugiesischen oder lateinischen Aussprache nachgeformt war, immer anders übersetzt. Gützlaff verwendete in Übertragung des Sinngehaltes für Österreich den Namen *Dongbu* (Ostteil).

73 Fred. W. Drake, *China Charts the World – Hsu Chi-Yü and his Geography of 1848*, London 1975, S. 143 f.

74 Ebd., S. 117.

75 Ebd., S. 145 f.

76 Ebd., S. 146 f.

77 Walravens, a. a. O., S. 180.

78 Ebd., S. 192.

79 J. D. Frodsham, *»The First Chinese Embassy to the West« – The Journals of Kuo Sung-t'ao, Liu Hsi-hung and Chang Te-yi*, Oxford 1974, S. 72.

80 Ebd., S. XXI.

81 *Xin Shiji* (kann mit »neue Ära«, vielleicht auch mit »neues Jahrhundert« übersetzt werden), Nr. 40, 8. Jahr, 3. Monat, 18. Tag, S. 3. Es ist anzunehmen, daß mit dem 8. Jahr 1908 gemeint ist.

Sechzehntes Kapitel

Der Boxeraufstand

Gegen Ende des 19. Jahrhunderts schwillt in China die gegen fremde Einmischung gerichtete Bewegung stark an. Fremdenfeindliche Aktionen häufen sich vor allem in den Nordprovinzen. Besondere Bedeutung gewinnt ein Geheimbund mit dem Namen *Yihequan* oder *Yihetuan,* wegen der regelmäßig abgehaltenen Leibesübungen später im Ausland unter dem Namen »die Boxer« bekannt. Im Frühsommer des Jahres 1900 werden starke Boxerverbände in Peking zusammengezogen.

Die im Hafen von Tianjin (Tientsin) vor Anker liegenden ausländischen Schiffe entsenden nach längerem Tauziehen mit chinesischen Regierungsstellen (Zongli- oder Tsungli-Yamen) kleinere Schutztruppen für die Gesandtschaften. Österreichischerseits werden vom Kreuzer *Zenta,* der seit Ende 1899 als k. u. k. Stationsschiff in ostasiatischen Gewässern kreuzt, dreißig Mann und zwei Seekadetten unter Linienschiffslieutenant Kollar am 3. Juni zum Schutz der österreichisch-ungarischen Gesandtschaft nach Peking beordert. Auf telegraphische Bitte des österreichischen Geschäftsträgers Rosthorn begibt sich der Kommandant der *Zenta,* Fregattenkapitän Eduard Thomann Edler von Montalmar, in Begleitung des Linienschiffs-Lieutenants Theodor Ritter von Winterhalder ebenfalls zu Besprechungen mit dem Geschäftsträger nach Peking. Anderentags ist die Bahnverbindung nach Tianjin bereits unterbrochen und die geplante Rückreise unmöglich geworden. Die ausländischen Gesandten fordern von der chinesischen Regierung die Wiederherstellung der Bahnlinie bis spätestens 9. Juni. Auf telegraphischem Wege befiehlt Kapitän Thomann die Bereitstellung von weiteren siebzig Mann unter Linienschiffs-Lieutenant Indrak. Die *Zenta*-Matrosen sollen sich zum Entsatz für Peking bereithalten und sich dem Befehl des ranghöchsten ausländischen Befehlshabers unterstellen.

Am 10. Juni bricht die alliierte Truppe (ca. 2000 Mann) unter dem britischen Vizeadmiral Seymour in Richtung Peking auf, wird aber in heftige Kämpfe mit Boxern verwickelt und muß sich auf halbem Wege nach Tianjin zurückziehen. Heftige Kämpfe in Tianjin. Die chinesische Seite trifft nun Vorkehrungen, um die Landung weiterer ausländischer Truppen zu verhindern. Chinesisches Militär wird zusammengezogen, um die Dagu-Forts (Taku) zu verstärken, die eine Schlüsselstellung bilden. Teile der alliierten Truppen besetzen daraufhin den Bahnhof von Tanggu (Tongku), um die Abfahrt der für chinesische Truppentransporte bestimmten Züge zu verhindern. Am 16. Juni beschließt die Konferenz der kommandierenden Offiziere ein Ultimatum, das dem Vizekönig in Tianjin und dem Kommandanten der Forts übergeben wird: »Die Befehlshaber der Vereinigten Streitkräfte ... haben ... be-

Die Seymour-Expedition wird bei Langfang zurückgeschlagen.
(Darstellung auf einem heutigen chinesischen Plakat, Shanghai 1974)

schlossen, die Forts von Taku vorübergehend – im Guten oder mit Gewalt – zu besetzen. Der letzte Termin bis zu ihrer Übergabe an die Alliierten ist bis 2 Uhr Morgens des 17. (Juni)[1].«

Die chinesische Seite wartet den von den Ausländern gewählten Zeitpunkt nicht ab und eröffnet etwa eine Stunde vor Ablauf des Ultimatums das Feuer. Die Forts werden von den Alliierten gestürmt. Daraufhin fordert die chinesische Regierung am 19. Juni die Gesandten auf, binnen 24 Stunden unter Eskorte die Stadt zu verlassen[2]. Ein Vermittlungsvorschlag des österreichisch-ungarischen Geschäftsträgers kann wegen der Uneinigkeit der Gesandten[3] nicht realisiert werden, statt dessen wird der Abzug unter der Bedingung eines Zeitaufschubs akzeptiert und vom Yamen die Bereitstellung von Transportmitteln verlangt. Da die Antwort auf dieses Schreiben auf sich warten läßt, beschließt der deutsche Gesandte, Ketteler, am nächsten Tag einen Alleingang zum Yamen und wird auf dem Wege dorthin erschossen. Am 21. Juni erfolgt die Kriegserklärung Chinas an die elf Mächte[4].

Damit beginnt eine etwa achtwöchige Belagerung des Gesandtschaftsviertels mit nur selten unterbrochenen Kampfhandlungen und starken Verlusten auf beiden Seiten. Fünf hohe chinesische Beamte, die vermitteln wollten, werden auf Befehl der Regentin hingerichtet.

Am 14. August marschiert ein aus neu gelandeten Truppen zusammengestelltes Entsatzheer von ca. 18.000 Mann[5] in Peking ein. Der chinesische Kaiserhof flieht am 15. August nach Xi'an. Am 16. August ist der Kampf in ganz Peking zugunsten der ausländischen Truppen ent-

Das brennende Qian Men, eines der Pekinger Stadttore
(Aus dem Fotoalbum Paula von Rosthorns)

schieden, die bis Anfang 1901 »Strafexpeditionen« in die weitere Umgebung Pekings unternehmen. Im September 1901 wird in Peking das *Protocole final,* das sogenannte »Boxerprotokoll«, unterzeichnet . . .

Kaum ein anderes Ereignis der neueren Geschichte Chinas und seiner Beziehungen zum Ausland hat die Gemüter so in Aufruhr gebracht wie der sogenannte Boxeraufstand des Jahres 1900. China machte Schlagzeilen wie nie zuvor und nie wieder danach: Monatelang waren die Zeitungen voll, zwei, drei Seiten lang, und brachten Berichte und Gerüchte, wilder, als es die Wirklichkeit ohnehin war. Noch Jahrzehnte darauf boten jene Pekinger Tage reichen Stoff für die Trivialliteratur, und in der Fachpresse reißt die Kette der Publikationen zu diesem Thema bis heute nicht ab, weder im Ausland noch in China selbst.

Über kaum ein anderes Ereignis der chinesischen Geschichte gingen die Meinungen so auseinander wie über diese Bewegung, deren Gipfelpunkt eine achtwöchige Belagerung der Gesandtschaften, der erklärte Krieg Chinas gegen die bedeutendsten fremden Mächte war. In China selbst herrschte unter Historikern und Politikern bei allen Meinungsverschiedenheiten absolute Einhelligkeit in diesem einen Punkt: Der Yihetuan-Aufstand war ein Versuch, das Land von fremder Bevormundung und nationaler Schmach zu befreien.

Heute, vor dem Hintergrund einer starken Front der Länder der dritten Welt, die sich vom Kolonialjoch befreit haben, da auch die ehemaligen Kolonialmächte durch die internationalen Entwicklungen gezwungen worden sind, jegliche koloniale und Einmischungspolitik zu verurteilen, und die ehemaligen Kolonien in der zumindest in Ansätzen existierenden Gemeinschaft der Völker nicht nur gleichberechtigte Mitglieder geworden sind, sondern auch die Mehrheit dieser Gemeinschaft bilden, werden auch die damals involvierten Mächte die Vorgänge im China des Jahres 1900 unter einem anderen Blickwinkel und emotionsloser sehen können, als es den damals Eingeschlossenen begreiflicherweise möglich war.

Gipfelpunkt damaliger Emotionsäußerungen war die berühmt-berüchtigte »Hunnenrede« des deutschen Kaisers Wilhelm, die unter dem Motto stand: »Pardon wird nicht gegeben!« Der Schrei nach Rache war verquickt mit der Verbreitung eines Schlagwortes, das sich bei aller Änderung der Situation zäh bis heute erhalten hat: das Wort von der »gelben Gefahr«. Noch immer sind die Emotionen nicht ganz abgeklungen, zumal sie immer wieder Nahrung erhielten, noch immer fällt eine Antwort auf die Frage schwer, ob die Zuspitzung der seit Jahrzehnten zwischen China und der industrialisierten Welt bestehenden Widersprüche zwangsläufig zu dieser Art der Austragung führen mußte oder ob das erschütternde menschliche Leid hüben und drüben durch kühlere Köpfe auf beiden Seiten doch zumindest eingegrenzt hätte werden können.

Die generelle Schuldfrage aber ist heute entschieden: Die »zivilisierte« Welt hatte sich durch die gewaltsame, oft grausame Inbesitznahme und Ausbeutung großer Teile der übrigen Welt so sehr ins Unrecht gesetzt, daß jeder Widerstand der unterdrückten Länder verständlich ist, in welcher konkreten Form er sich auch immer geäußert haben mag. Es war nicht zu erwarten, daß beim Ausbruch der Empörung auch noch die Frage eventueller Schuld oder Unschuld einzelner gestellt werden konnte.

Genausowenig waren die damals in Peking Eingeschlossenen, die bei mehr oder weniger subjektiver Unschuld für die große Schuld ihrer Staaten und eines Systems zu büßen hatten, in der Lage und willens, diese Probleme mit kühlem Kopf zu überdenken. Unter den wenigen Ausnahmen, die nicht nur über ein klares Urteil verfügten, sondern sich darüber hinaus für das gequälte Land und seine Menschen ein warmes Herz bewahrt hatten, finden wir Arthur von Rosthorn. Während des heißen Pekinger Sommers von 1900 war er der Vertreter Österreich-Ungarns in China und blieb es auch, mit Unterbrechungen, noch für eine beträchtliche Zeit. Den Aufzeichnungen seiner Frau, die ein Jahr nach den Ereignissen entstanden sind und in denen die junge Paula in ihrer unbekümmerten Art die Details der überstandenen schrecklichen Erlebnisse schildert, stellt Arthur von Rosthorn eine Einleitung voran, in der er die Hintergründe der sich überstürzenden Vorgänge beleuchtet.

Arthur von Rosthorn hatte lange Jahre in China gelebt und mochte die Chinesen sehr. In seinen Memoiren schildert er des öftern, wie freundlich die Chinesen waren, die er im Innern des Landes getroffen hatte. Auch Paula beschreibt sehr lebendig ihre Eindrücke von der chinesischen Landbevölkerung, mit der sie während ihrer Sommeraufenthalte außerhalb der Stadt wiederholt in Berührung kam:

> Die Chinesen, die noch nicht von Europäern verdorben sind, sind ein außerordentlich braves Volk. Besonders die Landbevölkerung ist rührend. Wir gingen sehr viel spazieren, und jedesmal, wenn wir an einer Bauernhütte vorbeikamen, baten uns die Leute, doch bei ihnen einzutreten und ihre Mahlzeit zu teilen. Sie brachten immer Obst und Brot herbei und waren nicht zu bewegen, etwas dafür anzunehmen[6].

Es ist also nicht richtig, von einer eingewurzelten Fremdenfeindlichkeit der Chinesen zu sprechen. An dem entstandenen Haß trägt das Ausland die Schuld. Dazu Arthur von Rosthorn:

> In den sechzig Jahren seines Verkehrs mit dem Auslande hatte China von den europäischen Mächten nie etwas anderes als Schaden und Demütigung erfahren. Der Opiumkrieg im Jahre 1842, der englisch-französische Feldzug im Jahre 1859, in welchem der Sommerpalast bei Peking zerstört und geplündert wurde, der T'aip'ing-Aufstand, welcher von chinesischen Christen ausging und beinahe die Dynastie zu Fall gebracht hätte, die Annexion Burmas durch England, Tonkings durch Frankreich, Turkestans durch Rußland und Koreas durch Japan waren nur einige der empfindlichsten Schläge, welche China innerhalb der relativ kurzen Periode seiner internationalen Beziehungen erlitt. Die Übergriffe der Fremden erhielten einen neuen Impuls durch den chinesisch-japanischen Krieg im Jahre 1894, welcher die militärische Schwäche Chinas erwies und zu der Annahme führte, daß die Aufteilung des Reiches unter die fremden Mächte nur eine Frage der Zeit sei. Diese Ansicht wurde in Büchern und Zeitungen offen verkündet, und die fremden Regierungen machten sie sich zu eigen. Nachdem Japan Korea, die Insel Formosa und das mandschurische Küstengebiet eingesteckt und das letztgenannte Gebiet unter dem Druck Rußlands, Frankreichs und Deutschlands wieder herausgegeben hatte, erfolgte innerhalb von 4 Jahren die Besetzung Kiaotschous durch Deutschland, Port Arthurs durch Rußland, Talien Wans und Kouluns durch England und Kuang-tschouwans durch Frankreich. Selbst Österreich-Ungarn und Italien trugen sich mit dem Gedanken, Küstenpunkte zu besetzen. Nicht genug, diese Häfen als Flottenstützpunkte erworben zu haben, steckten die fremden Mächte auch das Hinterland derselben als ihre Einflußsphären ab, was in der Weise zum Ausdruck kam, daß die chinesische Regierung sich verpflichten mußte, die betreffenden Gebiete nicht an andere Mächte zu zedieren. Auf diese Weise legte Rußland die Hand auf die Mandschurei, Deutschland auf Schantung, England auf das ganze Stromgebiet Yangtse, Japan auf Fukien und Frankreich

auf Kuangsi und Yünnan. Man bedenke, wie es aufgenommen worden wäre, wenn man beispielsweise an England oder Frankreich das Ansinnen gestellt hätte, Cornwall an keine andere Macht außer Frankreich oder die Bretagne nur an England abzutreten.
Wir Europäer trauen den Asiaten nicht die patriotischen Gefühle zu, die uns selbst bewegen. Dies ist ein großer Irrtum[7].

Vor diesem Hintergrund ist die erstarkende Yihetuan-Bewegung zu sehen. Entstanden als eine Art Selbstschutzorganisation, wie es sie allerorten im Lande gegen das Räuberunwesen gab, hatte sie zunächst auch einen antidynastischen Anstrich, da der Anführer in der Ursprungsprovinz, Shandong, sich als Nachkomme der Ming-Dynastie fühlte, der letzten chinesischen vor der Fremddynastie der Mandschu. Außerdem hatte die Bewegung eine stark mystische Komponente. Zum Beispiel glaubten die Boxer fest an ihre Unverwundbarkeit – ein Irrtum, der dann vielen das Leben kostete. Durch die Verschmelzung des Yihetuan mit der *Gesellschaft der großen Schwerter* und anderen halbgeheimen Bünden trat dann das fremdenfeindliche, nach heutiger Diktion antiimperialistische Element stärker hervor.

Mao Zedong bewertet den Yihetuan als eine antiimperialistische Bewegung, deren Hauptkraft Bauern waren. »Sie war das Ergebnis des tieferen Eindringens des Imperialismus und der Verschärfung der nationalen Katastrophe[8].« Mißernten, Hungersnöte, Naturkatastrophen größten Ausmaßes (so hatte der Huanghe durch Vernachlässigung der Dammbauten in der Mitte des vorigen Jahrhunders seinen Lauf geändert und war seitdem nicht mehr zu bändigen), staatliche Mißwirtschaft und Korruption, zunehmende Auslandsverschuldung durch Zahlungen an Japan nach dem verlorenen Krieg von 1894 sowie für diverse »Entschädigungsansprüche« reicher europäischer Nationen lasteten auf jedem einzelnen und ließen die Gärung in dem sonst so friedlichen Volk anwachsen. Die oft kritisierte[9] unkluge Vorgangsweise der Missionare, welche sich nicht mehr wie die ersten Jesuiten auf die chinesischen Verhältnisse einstellten und – bei sicherlich besten Absichten des einzelnen – durch Eingriffe in das chinesische Gemeinwesen und die chinesischen Familientraditionen Unruhe stifteten, taten ein übriges. Daß dabei nicht selten auch sehr reale wirtschaftliche Interessen, wenn nicht für die eigene Person (wie das bei den amerikanischen Missionaren immer wieder besonders ungut vermerkt worden war), so doch zum Nutzen des Heimatstaates des Betreffenden eine Rolle spielten, zeigen handgreifliche Ratschläge unter dem Motto »Wer zuerst kommt, mahlt zuerst«, über die an anderer Stelle bereits berichtet wurde. Und letztlich hatten die Chinesen auch von den vielgepriesenen Segnungen der Technik nichts, diese stand im Dienste der Fremden. Die Eisenbahnen machten Tausende Kulis arbeitslos und vor den Ahnengräbern nicht halt.

So war es für die Mandschu-Dynastie, die mit Recht um ihren Bestand fürchtete und die Ausländer auch nicht gerade liebte, nicht übermäßig schwer, den zunächst gegen ihre Herrschaft gerichteten Stoß ganz gegen die Fremden zu lenken. Dabei waren die Boxer bei Hofe zumindest ebenso gefürchtet wie beliebt, und bei jeder Änderung der Situation schwenkte die gerissene Regentin Ci Xi von Unterdrückungsmaßnahmen über eine abwartende Haltung bis zur betonten Favorisierung der Boxer; den Fremden gegenüber, wenn nicht von Vernichtungs-, so doch Vertreibungsabsichten zu einem Einlenken bis schließlich, nach Rückkehr des geflohenen Hofes, zu einer recht intensiven Anbiederung. Am 20. Juli 1900, also mitten im Kampfgeschehen, sandte Ci Xi den Belagerten gar Wassermelonen und Kürbisse, welche von den Deutschen und Österreichern nach Genuß des Fruchtfleisches, mit Augen und Mund versehen und mit einer Kerze illuminiert, auf der Barrikade aufgestellt wurden, was ihnen seitens der Briten einmal mehr die Bezeichnung »frivolous people« eintrug[9a].

In einem chinesischen Geschichtsbuch wird die Haltung des Hofes folgendermaßen beurteilt:

> Die Tjing-Herrscherklasse, die damals bereits in den letzten Zügen lag, fühlte sich den Anforderungen neuer innerer Konflikte in keiner Weise gewachsen. Dazu kam noch, daß diesmal die Volksbewegung ihren Ursprungsort in der nächsten Nähe der Hauptstadt hatte. Es war daher kein Wunder, daß sie angesichts der wachsenden Macht der Yi-Ho-Tuan-Bewegung von panischem Schrecken ergriffen wurde. Die Tjing-Herrscher entschlossen sich, nunmehr die Opposition der Yi-Ho-Tuan gegen die ausländischen Missionare für ihre eigenen Zwecke auszunützen und die Führung dieser Volksbewegung an sich zu reißen. Die Yi-Ho-Tuan wurde als legale Organisation anerkannt; überdies erhielten Kreaturen der hohen Beamtenschaft, ja sogar kaiserliche Beamte höchst persönlich den Auftrag, der Yi-Ho-Tuan-Organisation beizutreten, um von innen her eine Kontrolle über ihre Leitung zu gewinnen. Der Erfolg dieser Machenschaften war, daß die Losung der Yi-Ho-Tuan in »Schutz der Tjing-Dynastie und Vernichtung der Fremden« verwandelt wurde und daß gleichzeitig auch ihre Leitung einen gemischten Charakter annahm. Andererseits aber erhielten die Yi-Ho-Tuan auf diese Weise rechtlichen Charakter und konnten sich deshalb mit größter Geschwindigkeit von Schantung aus über die benachbarten Provinzen ausbreiten und in Großstädten wie Peking und Tientsin Eingang finden. Im Jahre 1900 besaßen sie bereits die Kontrolle über ganz Peking und gingen nun zum offenen Angriff auf die imperialistischen Gesandtschaften und ausländischen Missionen über, die seit vierzig Jahren gleichsam als Herren und Meister in der Hauptstadt Chinas residierten[10].

Aus der schwankenden Haltung des Hofes erklären sich manche Ungereimtheiten der Belagerungszeit und die Tatsache, daß trotz zahlenmäßig immenser Überlegenheit letztlich von der chinesischen Seite nie ein ernstlicher Versuch unternommen wurde, die Gesandtschaften zu stürmen. Dazu Arthur von Rosthorn:

> Trotz eifrigster Beschießung mit Gewehren und Kanonen kam es zu keinem ernsten Versuch, unsere Stellungen zu stürmen. Zudem gehörten die Geschütze, welche gegen uns verwendet wurden, fast durchwegs veralteten Systemen an, was um so seltsamer war, als wir nachträglich in einem einzigen Depot ganze Batterien modernster Konstruktion vorfanden. Diese Umstände geben der Vermutung Raum, daß der Kampf auf chinesischer Seite doch nur mit halbem Herzen und zaghaft geführt wurde, und daß sich geheime Widerstände gegen eine totale Vernichtung der Eingeschlossenen fühlbar machten. Während der mohamedanische Truppenführer Tung Fu Hsiang zweifellos ein fanatischer Draufgänger war, scheint der Oberkommandierende und Vertrauensmann der Kaiserin, Yung Lu, ein moderierendes und zuwartendes Spiel getrieben zu haben. Auch die sonderbaren Verhandlungen, welche von anonymen Persönlichkeiten aus dem feindlichen Lager angeknüpft wurden, weisen darauf hin, daß man am Hofe über den Ausgang nicht sicher war. Und der frühere Stadtkommandant, Tsch'ung Li, sagte mir nach unserer Befreiung, als ich die Kaiserin der mauvaise foi beschuldigte, sie sei von schlechten Ratgebern getäuscht worden[11].

Das Verhalten des Auslandes zu diesen Ereignissen in China war dagegen recht einmütig. Neben der berechtigten Sorge um Angehörige und Landsleute, die in Gefahr waren, herrschte einhellige Empörung über den von chinesischer Seite begangenen Bruch des Völkerrechtes. Theodor von Winterhalder schreibt in dem pathetischen Vorwort seines 1902 erschienenen Buches *Kämpfe in China* von »in der Geschichte einzig dastehenden, den Grundbegriffen der Gesittung hohnsprechenden Zuständen, welche die übel berathenen Machthaber des Reiches der Mitte im Sommer 1900 freventlich heraufbeschworen« hätten, weshalb auch die Großmacht Österreich-Ungarn »trotz allen Fernhaltens von einer Eroberungspolitik . . . für das schwer verletzte Völkerrecht eingeschritten« sei. Zeitungen und Kalender übernehmen solche Diktionen fast wörtlich[12].

Wie stand es nun um das verletzte Völkerrecht? Die Chinesen hatten die Normen dieses Rechtes kaum von Europa übernommen[13], als sie den Eindruck bekamen, daß viel davon bloß auf dem Papier stand und in Wirklichkeit die Waffen entschieden.

In ihrem Memorandum an die fremden Mächte vom 21. Juni 1900 erklärte Ci Xi, daß jene, »während sie sich zivilisierte Staaten nennen, ohne jede Rücksicht auf das Recht gehandelt und allein auf ihre bewaffnete Macht vertraut[14]« hätten.

Vor dem Ultimatum der Admiralität vom 16. Juni hatte es nur mit den Boxern Kampfhandlungen gegeben. Mit dem Ultimatum machten die gelandeten Truppen den ersten Schritt zu einer offenen Auseinandersetzung mit dem chinesischen Staat. Das chinesische Militär, das bis dahin eine abwartende Haltung eingenommen hatte, war nun zum Kämpfen gezwungen. So schildert auch Arthur von Rosthorn im Jahr nach den Kämpfen die Situation:

> Wir wissen nicht, welchen Ausgang die Beratungen am Hofe genommen hätten, wenn die Entscheidung nicht durch die fremden Mächte selbst herbeigeführt worden wäre. Die Korrespondenz zwischen dem diplomatischen Corps und dem Tsungli-Yamen, dem chinesischen auswärtigen Amt, ist wiederholt veröffentlicht worden. Daraus ist ersichtlich, wie die fremden Vertreter in ihrer Forderung nach Unterdrückung der unruhigen Elemente immer dringlicher und energischer wurden und, als die chinesische Regierung sie zwar ihres Schutzes versicherte, aber doch keine wirksamen Maßregeln ergriff, sich endlich entschlossen, Verstärkungen ihrer Schutzwachen nach Peking kommen zu lassen. Die fremden Regierungen waren in hohem Grade alarmiert; Kriegsschiffe wurden im Golf von Petschili konzentriert, und als der Bahnverkehr und die telegraphische Verbindung mit der Küste abgeschnitten war, wurden die Kommandanten der Geschwader mit der Aufgabe betraut, den Gesandschaften zu Hilfe zu kommen. Inzwischen waren die ersten Boxerangriffe, bei welchen chinesisches Militär nicht eingriff, von den Gesandschaften mühelos abgeschlagen worden. Die Schiffskapitäne, unter dem Vorsitz des englischen Admirals Seymour, beschlossen nun, eine Hilfsexpedition nach Peking zu entsenden, und um die nötigen Truppen landen zu können, richteten sie an den Kommandanten der Taku-Forts ein Ultimatum, die Festung zu übergeben. Als die Räumung nicht erfolgte, wurden die Forts gewaltsam genommen. Damit hatten die Fremden einen kriegerischen Akt vollzogen, der die Regierung zu einer Entscheidung nötigte und der Kriegspartei zum Siege verhalf[15].

Während Rosthorn mit der Klarheit seiner Einschätzungen und Einsichten damals ziemlich allein dastand, muß man heute zugeben, daß die Handlungsweise der »Admirale«, welche die dann folgenden Schritte der chinesischen Krone direkt verursachte, nicht dem Völkerrecht entsprach[16].

Daß die Chinesen nicht als erste das Völkerrecht verletzt haben, ist ebenso klar wie die Tatsache, daß sie nach internationalem Recht nicht legitimiert waren, gegen die Gesandtschaften militärisch vorzugehen.

Sehr wenig hatte allerdings auch der dem Sieg der verbündeten Truppen folgende Rachefeldzug mit dem Völkerrecht zu tun.

> Dieser groß aufgezäumte Rachekrieg war aber eigentlich ein Schlag ins Wasser – eine große Armee kam nach China und fand keinen Feind vor. Da aber doch irgendetwas geschehen mußte, so wurden

Strafexpeditionen nach armen Dörfern gemacht, die als Boxernester denunziert worden waren. Sie wurden verbrannt, und viele arme Chinesen wurden umgebracht, die oft gar nicht wußten, warum sie getötet wurden.

So schrieb Paula von Rosthorn in ihren viel später verfaßten Memoiren[17]. Ihre unmittelbar nach den Ereignissen entstandenen Aufzeichnungen bringen ihre Empörung noch deutlicher zum Ausdruck:

> Die zahlreichen gemischten Truppen, es haben sich außer den österreichischen und italienischen Detachements noch 600 Russen und 600 Sikhs angeschlossen, fanden also so gut wie keinen Widerstand und verbreiteten sich über das ganze Stadtviertel, das angeblich ausschließlich von Boxern bewohnt sein sollte. Nun begann ein entsetzliches Morden, Brennen und Rauben. Erbarmungslos wurde alles niedergemacht, Männer, Frauen und Kinder, alles Wertvolle geraubt und dann die Häuser in Brand gesteckt. Solche Episoden ereigneten sich leider in Tientsin, Tung-chow und Peking noch öfters und gereichen den Europäern nicht zur Ehre. Der Krieg scheint jedoch eine so verrohende Wirkung zu haben, daß die Begriffe von Mein und Dein, von Recht und Unrecht völlig verwischt werden. Alles war empört über die Roheit und Barbarei der Chinesen, die unsere Friedhöfe zerstört und die Leichen verstümmelt hatten, und trotzdem wurde von englischer Seite allen Ernstes der Vorschlag gemacht, die kaiserlichen Gräber zu zerstören, um damit eine Pression auf den Hof auszuüben[18].

Besonders unappetitlich war, was sich nun wieder mutig gewordene »brave« Europäer in Peking erlaubten, wovon sich auch den Chinesen gegenüber nicht gerade von Skrupeln geplagte Militärs distanzierten:

> Das Traurige, worüber wir Fremde Einer für Alle und Alle für Einen erröthen müssen, bestand aber darin, daß sich gewisse Leute nicht an diese klar umschriebenen Bedingungen hielten, sondern friedliche Bürger gewaltsam oder mit Drohungen zur Herausgabe von Dingen veranlassten, die sie für sich behielten, ganz zu schweigen von der rohen, sinnlosen Verwüstung, die an untransportablen Gegenständen geübt wurde! Wie oft diente nicht Suche nach Quartier oder nach Waffen als Vorwand zu Erpressungen, die schliesslich noch durch die Unverfrorenheit gekrönt wurden, auf das leer geplünderte Haus eine Flagge zu stecken und an das Thor eine Aufschrift zu kleben: »Dieses Haus steht unter . . . Schutze.«
> Noch beschämender vielleicht ist aber die Thatsache, dass officiell Moral geheuchelt wurde, im kleinen Kreise aber so Mancher schmunzelnd von seinen »glücklichen Funden« erzählte, auch geheimnissvolle Andeutungen über ihm bekannte weitere Fundgruben

hinzufügte und Widerspruch hiegegen höchstens auf mitleidiges Lächeln oder die Aufzählung dessen stiess, was der Betreffende während der Wirren eingebüsst hatte – es war ja so leicht, sich schadlos zu halten[19]!

Um vieles plastischer sind wiederum die Schilderungen Paula von Rosthorns:

Und nicht nur das Militär plünderte nach Kräften, sondern auch Zivilisten, Leute der besten Gesellschaft, die einen armen Teufel verurteilen würden, der aus Hunger ein Stück Brot gestohlen, verlegten sich auf den Raub im großen Stil. Sie zogen morgens mit mehreren Wagen aus und brachten sie abends beutebeladen wieder heim. M. Pichon *(der französische Gesandte, Anm. d. A.)* kam eines Abends dazu, wie ein italienischer Volontär aus einer hocharistokratischen Familie von seinem Beutezug zurückkam. Drei Wagen waren hochbeladen mit Seidenstoffen, kostbaren Pelzen und Körben voll Silberschuhen. Der Herr hatte, um bei den Posten ungehindert passieren zu können, französische Farben aufgesteckt. Als Pichon dies sah, trat er hinzu, riß die Flaggen herab und rief ihm zornig zu: »Wenn Sie schon rauben und stehlen wollen, so unterstehen Sie sich nicht wieder, dies unter dem Schutze der französischen Farben zu tun; ich verbiete Ihnen auf das entschiedenste, eine französische Flagge zu führen!«
So ehrlich wie Pichon dachten aber sonst wenige Menschen, und auch Arthur hatte täglich die heftigsten Diskussionen über dieses Kapitel, da er seine Ansichten über solche Handlungen sehr offen aussprach. Eines Tages rief er einem belgischen Volontär unserer Tafelrunde, der auch täglich ganze Wagenladungen voll kostbarer Curiosa, Pelze u. dgl. nach Hause brachte, zu: »Nun, was haben Sie denn heute wieder geplündert?«
Dieser wurde ganz blaß vor Zorn, sprang auf und rief: »Wie können Sie behaupten, daß ich plündere? Die Chinesen haben mir doch mein ganzes Hab und Gut genommen, alles, was ich besaß, zerstört; ist es da nicht ganz recht und billig, wenn ich mir einige Kleinigkeiten nehme, um sie als Andenken an diese schreckliche Zeit aufzubewahren!« Arthur war nicht ganz dieser Ansicht, und es kam zu einem heftigen Streit, der mit Mühe von Darcy und unseren Offizieren geschlichtet wurde ...
Gewöhnlich waren jene Leute, die während der Belagerung sich am ängstlichsten versteckt hatten, dann diejenigen, welche beim Plündern am eifrigsten waren. So z. B. ein junger Mensch im Zoll, der also noch dazu von den Chinesen Gehalt bezieht. Dieser ging, als die fremden Truppen in der Stadt waren, täglich von Haus zu Haus und zwang die Besitzer mit dem Revolver in der Hand, alles, was sie an barem Gelde besaßen, abzuliefern. Auf diese Weise soll er in acht

Tagen 100.000 Barels gesammelt haben. Er verpackte seinen Raub in Kisten, ließ sie nach Lagan schaffen und lebt in Shanghai als ein geachteter und wohlhabender Mann, obwohl es in ganz China wohlbekannt ist, woher seine Reichtümer stammen. Charakteristisch ist auch, daß sein Vorgesetzter, als jemand ihn darüber befragte, erwiderte: »Yes, maybe he has done a little too much!«
Am ausgiebigsten fast plünderten die verschiedenen Missionäre. Der katholische Bischof sandte Hunderte von seinen Christen dazu aus, und diese trugen ihm unermeßliche Schätze zu. Als dies später durch die Zeitungen bekannt wurde und der hochwürdige Herr sich deshalb zu verantworten hatte, suchte er es damit zu erklären, daß er nur Lebensmittel und Kleider für seine gänzlich verarmten Christen habe requirieren lassen, aber jeder, der wie wir den Peitang nach der Belagerung besucht hat, weiß, daß dem nicht so war, denn da waren viele Zimmer ganz angefüllt mit Kostbarkeiten, die entweder aus der Kaiserstadt oder aus den Palais der kaiserlichen Prinzen stammten. Jedenfalls sind die Vertreter der christlichen Bekenntnisse den Chinesen auch hierin mit erbaulichem Beispiel vorangegangen[20].

Den Worten Paula von Rosthorns ist kaum noch etwas hinzuzufügen. So stand es um die Achtung des Rechtes, die den Chinesen gegenüber so oft betont worden und von der die Zeitungen Europas während des Boxeraufstandes voll waren. Ein geradliniger, mit gutem, normalem Hausverstand begabter Mensch wie Paula von Rosthorn erkannte in greifbaren, überschaubaren Bereichen, wo den Chinesen Unrecht getan wurde, und empörte sich darüber. Der nicht nur empfindsamere, sondern auch weit klügere Arthur von Rosthorn erkannte das Unrecht im großen. Er verurteilte die Teilungspolitik der Großmächte gegenüber China. Die Bedingungen des Friedensschlusses bezeichnete er als schlimm und hörte seitdem nicht mehr auf, seine Stimme für eine gerechte Behandlung Chinas zu erheben (vgl. dazu auch seine Stellungnahme zur Konferenz von Versailles im 14. Kap.):

Ein Friedensschluß, der diesen Namen verdient, soll nicht so beschaffen sein, daß die Erbitterung des Gegners noch größer wird als zuvor. Dem vereinten Europa und Amerika gegenüber war China ohnmächtig. Das Friedensdiktat[21], welches im *Protocole final* vom 7. September 1901 niedergelegt ist, war ein klägliches Ergebnis eines unnötig großen Kraftaufwandes . . .
Es war nichts dagegen einzuwenden, daß das Deutsche Reich einem ermordeten Gesandten, Freiherrn von Ketteler, in seiner Heimat ein Denkmal setze. – Aber die Errichtung eines pompösen Steintores mit einer demütigenden Legende in der belebtesten Straße der Hauptstadt war eine unnötige Verewigung eines bedauerlichen Zwischenfalles. Es wäre weit wirksamer gewesen, wenn man den fünf chinesischen Ministern, welche in loyaler Weise vor den Folgen eines Angriffes auf

die Gesandtschaften gewarnt und ihren Mut mit dem Tode bezahlt hatten, ein Ehrenmal errichtet hätte[22].

Wie verhielt sich, bei so viel Einsicht seines diplomatischen Vertreters, der österreichisch-ungarische Staat in dieser Krise der internationalen Beziehungen? Über kurzfristig vorhandene Absichten, sich dem großen Run auf asiatische Gebiete anzuschließen, wurde bereits (im 10. Kap.) berichtet. Diese waren aber sehr bald wieder fallengelassen worden. Bald hätte sich dann für Österreich die Möglichkeit ergeben, seinen »Kiautschau-Fall« auszunützen und zumindest ein kleines Stück Land zu verlangen, als nämlich der aus Oberwart stammende Missionar Wilfinger überfallen und verletzt worden war. Wilfinger selbst war offenbar der Meinung, daß er eine Entschädigung erhalten müßte, und entfaltete dazu eine große Aktivität. Er berichtete nach allen Seiten von seinem Mißgeschick und vertrat dabei in einem Brief an den Wiener Domprälaten Dr. Zschokke die lächerliche Meinung, daß hinter dem Überfall Protestanten (!) gesteckt seien[23]. Mehrmals schrieb er an das österreichische Konsulat in Shanghai und beschwerte sich über die »beleidigende Nachlässigkeit« der Justizbehörde. In dieser umfangreichen Korrespondenz führt er u. a. aus:

Die Verwegenheit unserer Widersacher wächst ja von Monat zu Monat. Vorerst stach man einem gewöhnlichen, aber angesehenen Katholiken die Augen aus und durchschnitt die oberen Sehnen beider Füße. Dann ermordete man in einer Pagode einen unserer Katechisten, und nun wagte man sich an das Leben eines Priesters und zwar noch eines europäischen . . . Diese Räuber sind keineswegs gewöhnliche Räuber, sondern Ingwäteaner *(so bezeichnet er ein am Überfall beteiligtes Brüderpaar, weil der eine davon Ying Weide hieß – Anm. d. A.),* die nicht so sehr meine Piaster, sondern mein Leben haben wollten . . . Ich kann wegen meiner Stellung als Missionär und als Europäer unmöglich von einer Entschädigung durch die chinesischen Behörden abstehen! Wäre es nicht möglich, daß das französische Protektorat der Missionen in meinem Falle auch seitens unseres lieben Vaterlandes zu energischem Einschreiten noch ermuntert würde?
Ich lebe wie durch ein Wunder . . .

J. Wilfinger
(Lazarist)[24]

Zum Schluß drang Wilfinger dann noch im Yamen des Mandarins ein, weil man nach seiner Meinung zwei an dem Fall ganz Unschuldige eingekerkert hatte, und befreite sie:

Im Bewußtsein unseres Rechtes ließ ich ohne weiteres die beiden Unschuldigen vor mich führen, erklärte dem Mandarin, sie auf der Stelle

Illustrirte Zeitung

Alle Rechte für sämmtliche Artikel und Illustrationen vorbehalten.

Nr. 2978. 115. Bd. Leipzig und Berlin 26. Juli 1900.

Sir Claude Macdonald, britischer Gesandter.

Michael v. Giers, russischer Gesandter.

Marchese Salvago-Raggi, italienischer Gesandter.

S. Pichon, französischer Gesandter.

Dr. Arthur v. Rosthorn, Legationssecretär der österreichischen Gesandtschaft.

Edwin H. Conger, amerikanischer Gesandter.

Don Bernardo de Cologan, spanischer Gesandter.

F. M. Knobel, niederländischer Ministerresident.

Maurice Joostens, belgischer Gesandter.

Das diplomatische Corps in Peking.

Arthur v. Rosthorn und weitere Vertreter des diplomatischen Corps in Peking 1900 zugleich mit mir wieder in die Mission zurückzubringen, und befreite sie wirklich[25].

Vielleicht waren die beiden Verdächtigten tatsächlich unschuldig, das kann nicht mehr untersucht werden, aber daß Leute in der Art und mit der Handlungsweise Wilfingers, der in einem fremden Land mit völliger Selbstverständlichkeit »amtshandelte«, nicht unschuldig daran waren, wenn sich auch der Zorn der Beamten gegen sie kehrte, steht außer Frage.

Österreichischerseits wurden für Wilfinger keine Entschädigungsforderungen gestellt. Rosthorn hatte zwar das Shanghaier Konsulat angewiesen, den Fall zu untersuchen, und das geschah auch mit so großem Eifer, daß der mit der Führung des Konsulats betraute Silvestri sogar die Wilfingersche Version der »durch protestantische Rädelsführer aufgehetzten Chinesen« übernahm[26]. Rosthorn hielt sich zurück, ging auf die merkwürdige Protestantenvermutung gar nicht ein und beeilte sich nicht mit dem Bericht nach Wien. Die Entschädigung für Wilfinger, einige tausend Silbertaels, wurde, da Frankreich als Schutzmacht der Missionen fungierte, durch den französischen Generalkonsul eingefordert[27].

Österreich hatte zunächst auch nicht daran gedacht, im Zusammenhang mit dem Boxeraufstand Schiffe nach China zu entsenden. Noch am 9. Juli 1900 erging ein Schreiben dieses Inhalts von der Militärkanzlei des Kaisers an das k. u. k. Kriegsministerium, Marine-Section[28].

Ab Mitte Juli veröffentlichen die Zeitungen dann Meldungen über das angebliche Ausmaß der Greueltaten in Peking. *Neues Wiener Journal,* 16. Juli 1900: »Das Gräßliche ist Ereigniß geworden. Alle Gesandten und Fremden überhaupt in Peking sind grausam hingeschlachtet.« Von offizieller österreichischer Seite ist man zwar vorsichtig, dennoch schenkt man diesen Meldungen mehr oder weniger Glauben und beschließt nun doch, ein österreichisches Kontingent nach China zu entsenden. Geheiminformation für den Kommandanten der Escadre in Ostasien (19. Juli 1900)[29]: »Die Nachricht von der Ermordung sämtlicher fremden Vertreter in Peking ist zwar noch nicht offiziell bestäthigt, man kann aber leider kaum mehr daran zweifeln; der Commandant der k. u. k. Escadre wird daher kaum mehr in die Lage kommen, das Einvernehmen mit dem k. u. k. diplomatischen Vertreter in Peking zu pflegen, und wird ganz unabhängig vorgehen müssen.«

Die Escadre besteht aus der bereits in China befindlichen *Zenta,* der *Maria Theresia* unter Viktor Ritter Bless von Sambuchi, die am 13. August in China eintrifft, sowie den beiden Kreuzern *Elisabeth* und *Aspern,* die ihr Ziel erst am 7. September erreichen. Zum Escadre-Kommandanten wurde Contre-Admiral Rudolf Graf Montecuccoli ernannt.

In der bereits erwähnten Geheiminformation für den Kommandanten wird betont, daß man in China keine Sonderinteressen vertrete und vor allem kein Land zu erwerben wünsche. Folgende Punkte werden als Aufgabenstellung für die Escadre angegeben:

Die k. u. k. Escadre in Ostasien, 1900
(Bildarchiv der Österreichischen Nationalbibliothek)

1.) Vor allem Rettung der fremden Vertreter und Staatsangehörigen in Peking (hiezu dürfte es leider zu spät sein)
2.) Aufrechterhaltung des jetzigen territorialen Status quo in China (womit wir, da wir dort keinen Landbesitz zu acquirieren wünschen, einverstanden sein können, solange die näher betheiligten Mächte auf diesem Standpunkt beharren)
3.) Schaffung der nöthigen Garantien für die Zukunft, um die Wiederholung ähnlicher Ereignisse, wie wir sie jetzt erleben, zu verhindern und die persönliche Sicherheit der fremden Vertreter und Staatsangehörigen sowie die vertragsmäßig gewährleisteten Rechte zu bewahren (diesfalls läßt sich heute wohl kein detailirtes Programm aufstellen)
Zu diesen drei, so ziemlich allgemein, wenn auch mit gewissen Nuancen acceptierten Programmpuncten wird sich jetzt wohl unzweifelhaft als 4. Punct gesellen: Entsprechende Satisfaction für die Ermordung der fremden Vertreter und Staatsangehörigen, Ersatz der materiellen Schäden an fremdem Staats- und Privateigenthum.

Außerdem wird in der Information die Auffassung vertreten, daß kein formaler Kriegszustand mit China bestehe und die Truppen angeblich nur gegen die Aufrührer und Ruhestörer kämpften, wodurch es, solange diese Fiktion aufrechterhalten werden könne, möglich sei, mit den

Die zerstörte österreichisch-ungarische Gesandtschaft August 1900
(Aus dem Fotoalbum Paula von Rosthorns)

Lokalautoritäten, insbesondere mit den Vizekönigen der Südprovinzen, leidlich normale Beziehungen zu bewahren.

Zum Entsatz Pekings kamen die Schiffe zu spät. Auch die Landungskontingente hielten sich, im Vergleich zu den anderen Mächten, in einem so kleinen Rahmen, daß es verständlich ist, wenn chinesische Geschichtswerke – man darf sagen: erfreulicherweise – von der Anwesenheit der Österreicher im Zusammenhang mit dem Boxeraufstand keine Notiz nehmen[30].

Allerdings kam Österreich durch diese Ereignisse doch noch zu einem »Territorialbesitz im Ausland« – so stolzgeschwellte Berichte über die 2500 Quadratmeter Land am Beihe in Tianjin (Tientsin)[31]. Auf die Meldung, daß nur noch wenige geeignete Terrains zu haben seien und Italien bereits ein Gebiet okkupiert habe, hatte man in Wien offensichtlich in einer Art von Torschlußpanik reagiert und die telegraphische Ermächtigung zum Erwerb gegeben[31a]. Besonderes Prunkstück der Konzession war der österreichisch-chinesische Schlepptender *Shun Yuen,* der auf dem Beihe verkehrte und in jeder einschlägigen Publikation Erwähnung fand. In die Anlage selbst wollte niemand Geld hineinstecken, Industrie und Handel blieben fern, und so kostete das Unternehmen dem österreichischen Staat weit mehr, als es je einbringen konnte. Allfällige österreichische Besucher wie Friedrich Klein, Jaromir Holy und der damals schon alte Hübner jun. waren keineswegs beeindruckt[32].

Eberhard von Jettmar, Angehöriger des österreichischen Entsatzkontingentes

K. u. k. »Marinepferdestall in Peking«

Das in der Nähe Pekings gelegene Dörfchen (aktenkundig als »Shaho-sheng«) bedankt sich für den vom österreichischen Marinedetachement gewährten Schutz vor Räubern mit Ehrenschirmen und Früchten (Alle drei Fotos aus dem Nachlaß Eberhard von Jettmars)

Auch Karl Kraus teilte den Stolz auf die österreichische Niederlassung nicht. Am 24. Februar 1904 kann man in der *Fackel* den *Brief eines in Peking lebenden Österreichers* lesen, worin vorgeschlagen wird, man solle sich doch so schnell wie möglich des lästigen Besitzes entledigen und damit gleichzeitig der chinesischen Regierung ein Zeichen guten Willens geben:

> Allenthalben war großes Erstaunen, als bekannt wurde, Österreich hätte, dem Beispiel der anderen Mächte folgend, sich einer Land-Konzession auf chinesischem Boden bemächtigt. Gründe? Weil es die anderen ebenso gemacht. Aber wir sind mit einer unscheinbaren Macht hier erschienen, um so unscheinbarer, als an Ort und Stelle nur die Landungstruppen gesehen wurden. Dies versetzte die Chinesen in den Glauben, daß wir als Alliierte Deutschlands und nur unter seinem Schutze uns dazu ermächtigten ... Aber die Notwendigkeit des Ganzen? Fromme Wünsche sind es, daß man mit der Zeit österreichische Kaufleute heranziehen wird, die sich hier niederlassen werden, um der Regierung gefällig zu sein; drei Kilometer vom internationalen Geschäftszentrum entfernt, in einem armen Chinesenstadttheile, in den sich hineinzuwagen immer einen Entschluß ko-

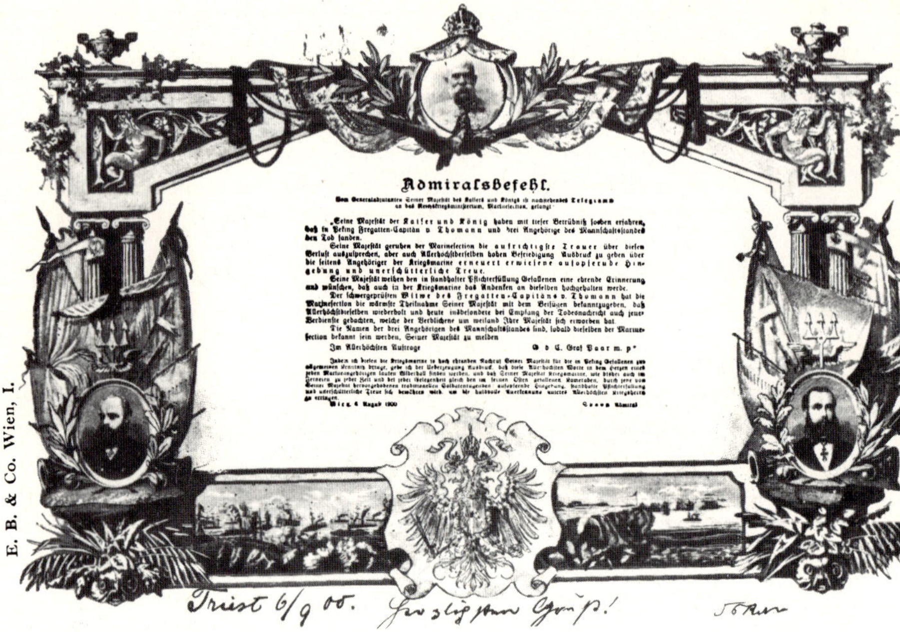

Zeitgenössische österreichische Postkarte (Archiv der ÖGCF)

stet! . . . Was bis jetzt in kommerzieller Beziehung geleistet wurde, ist die Ertheilung einer Lotto-Kollektur – ein Export, der uns wenig Ehren eingebracht hat und von den Rivalen auch entsprechend ausgenützt wurde. Selbst die chinesische Verwaltung hat sich aus moralischen Gründen bemüßigt gesehen, ihre Unterthanen davor zu warnen. Und die Pointe, daß es nicht einmal ein Österreicher ist, der von diesem Privilegium einen Nutzen zieht, sondern einige deutsche Geschäftsleute . . . Es ist zweifelhaft, ob es wirksame Mittel gibt, den Unternehmungsgeist zu beleben und anzuspornen: um es tun zu können, müßte einer vorhanden sein . . .
Die Ära der Bahnen und der folgenden Erschließungen beginnt. Nach den außerordentlichen Resultaten der Belgier, Amerikaner etc. »reißen sich« alle Nationen um derartige Konzessionen . . . Ein günstiger Moment, um großmütig China ein paar Quadratkilometer, die uns nur Scherereien machen und kaum je etwas eintragen werden, zu überlassen und dafür praktischere Vortheile zu erlangen, – Privilegien für ausschließliche Regierungslieferungen, Bahnen- und Minenkonzessionen. Durch diese Lieferungen würden unsere Firmen mit dem Lande in Fühlung kommen und dank dem chinesischen Konservatismus diese Fühlung nicht verlieren . . .

Leider stießen diese Worte damals bei den offiziellen Stellen auf kein

Postkarte mit der »Zenta« und ihrem in Peking gefallenen Kommandanten Eduard Thomann Edler von Montalmar (Archiv der ÖGCF)

offenes Ohr, die vorgeschlagene Geste erfolgte nicht. Im Ersten Weltkrieg ging das Land dann wieder in chinesischen Besitz über.

Trotz Österreichs geringer Beteiligung an diesen Boxer-Unternehmungen der führenden Mächte – bei den Kämpfen in Peking war Österreich nur mit dreißig Marinesoldaten vertreten, im Raume Tianjin mit etwa siebzig – waren die Verluste der Österreicher doch ziemlich groß[33]. In Peking fielen in den ersten Tagen der Belagerung drei Matrosen, und am 8. Juli kam Fregattenkapitän Thomann durch einen Granatsplitter ums Leben.

Da Thomann ranghöchster Offizier war, führte er in den ersten Tagen den Oberbefehl. Der britische Gesandte, Sir Claude MacDonald, der früher Majorsrang bekleidet hatte und gern den Ruhm für sich beansprucht hätte, der Verteidiger der Gesandtschaften gewesen zu sein, benutzte aber die erste Gelegenheit, sich selbst von den Gesandten als Oberbefehlshaber bestätigen zu lassen. In dieser Funktion wurde er jedoch von den Österreichern, den Deutschen und auch vom französischen Kommandanten Darcy nicht anerkannt. Die Eingeschlossenen zerfielen damit in zwei Lager: neben dem Kampf nach außen wurde im Innern auch ein ständiger Kleinkrieg mit all seinen Lächerlichkeiten geführt.

Die exponierteren Gesandtschaften mußten bald nach Beginn der Belagerung aufgegeben werden, die neuerrichtete österreichisch-ungarische

Gesandtschaft war schon am 21. Juni der Zerstörung zum Opfer gefallen. Die Österreicher hatten sich auf das Gebiet der ebenfalls an der äußersten Frontlinie gelegenen französischen Gesandtschaft zurückgezogen und verteidigten sie gemeinsam mit den Franzosen. Da die britische Gesandtschaft sich in einer günstigeren Position befand, hatten sich die Gesandten sowie die Frauen und Kinder dorthin zurückgezogen. Die Verluste der Österreicher und Franzosen waren daher auch viel höher als die der Engländer (achtzehn Gefallene bei den Franzosen, sechs bei den Engländern, bei etwa gleicher Mannschaftsstärke). Dennoch behaupteten die Engländer, in der französischen Gesandtschaft trinke man nur Champagner und vergnüge sich[34].

Einzelheiten über diese Rivalitäten füllen im Tagebuch Paula von Rosthorns ganze Seiten, und eine Erwähnung dieser Kleinlichkeiten wäre völlig unerheblich, wenn nicht selbst in neueren Publikationen dem armen Thomann über das Grab hinaus Unrecht getan würde. Hartnäckig wird behauptet, Thomann sei eigentlich nur als »sightseer« nach Peking gekommen, außerdem sei er als Marineoffizier für den Landkrieg nicht befähigt gewesen, und darum sei es auch geschehen, daß die österreichisch-ungarische Gesandtschaft so überstürzt aufgegeben werden mußte und die Gesandten Sir Claude gebeten hätten, doch das Oberkommando zu übernehmen. Eine sehr ausführliche Gegendarstellung der Ereignisse ist bei Winterhalder nachzulesen[35].

Züchter dieser sehr zähen, langlebigen Enten war vor allem der *Times*-Korrespondent (und spätere Berater Yuan Shikais) G. E. Morrison, der daraufhin natürlich bei den Österreichern wenig beliebt war. Morrison benutzt den Besuch des k. u. k. Gesandten Graf Lützow in Peking, um zehn Jahre nach den Vorfällen um gutes Wetter zu bitten, angeblich ohne sich vorstellen zu können, warum die Österreicher seine Gesellschaft wenig schätzten. Er wiederholt seine frühere Behauptung, Thomann habe die Gesandtschaft aufgrund einer falschen Entscheidung aufgegeben, und singt dann eine wahre Lobeshymne auf die Österreicher:

> From my childhood I have been brought up to believe that the word Austrian stood for all that was brave, chivalrous and noble. There was no man in Peking whom I more admired and respected than Dr. von Rosthorn. He and his wife were among the hereos of the defence. I could never understand why they joined in the boycott of me[36].

Nun, die Bewunderung war keine gegenseitige, und Rosthorn schätzte weder falsche Berichterstattung noch charakterliche Falschheit.

Die Rosthorns selbst waren überall geschätzt und sicherten sich einen Platz im Herzen sehr vieler der Eingeschlossenen. Die aktive, fröhliche Paula hielt es nicht lange aus in der englischen Gesandtschaft, wohin sie sich, so wie die anderen Frauen, in den ersten Tagen zurückgezogen hatte. Das ständige Jammern ging ihr auf die Nerven, und sie setzte es

Arthur und Paula von Rosthorn (1. Reihe ganz links) während der Belagerung der französischen Botschaft 1900 (Aus dem Fotoalbum Paula von Rosthorns)

durch, daß sie zu den anderen Österreichern in die französische Gesandtschaft überwechseln durfte. Sie war die einzige Frau, die eine aktive Rolle bei der Verteidigung spielte.

Einmal wäre sie dabei fast lebendigen Leibes verbrannt. Die Boxer versuchten unter dem Schutz einer rasch errichteten Barrikade eine der Außenmauern der französischen Gesandtschaft zu unterminieren. Arthur von Rosthorn stieg auf eine Leiter, und seine Frau reichte ihm mit Petroleum getränkte Strohballen, mit welchen er die Barrikade in Brand stecken wollte. Da fiel ein brennender Strohhalm in Paula von Rosthorns Petroleumbüchse. Was dann folgte, blieb ihr gut in Erinnerung:

> Ihr Inhalt entzündete sich, die Kanne zersprang, und das brennende Öl spritzte mir ins Gesicht und auf die Kleider. Ich stand zwischen der Mauerecke und der Leiter, einen Meter vor mir war das Petroleumgefäß, – ich machte einen Sprung um herauszukommen, jemand rief mir zu: »Werfen Sie sich hin!«, und im selben Moment bekam ich von rückwärts einen Stoß und fiel nieder. Zum Glück waren eine Menge Leute um mich herum, die das Feuer auslöschten. Einer unserer braven Matrosen trampelte in seinem Eifer so auf mir herum, daß er mir fast das Rückgrat gebrochen hätte . . .

Bald kümmerte sich die unerschrockene Frau aber wieder um ihre

Obliegenheiten, kochte »Faschiertes Horse-Steak«, »Cheval à la mode« und »Maultierschnitzel«, pflegte Dysenteriekranke und verband Verwundete[37].

Pierre Loti hat Paula von Rosthorn in seinem Buch *Die letzten Tage von Peking* ein Denkmal gesetzt:

> Eine Frau war unter den Verteidigern, eine Österreicherin, reizend und jung, der man eines unserer schönsten französischen Kreuze verleihen sollte. Ganz allein unter diesen Männern, in höchster Not, bewahrte sie ihre unverwüstliche, ungetrübte Heiterkeit; sie pflegte Verwundete, bereitete mit eigenen Händen die Mahlzeiten für die kranken Matrosen, und dann wiederum karrte sie Ziegel und Sand für die Barrikaden oder stieg auf die Dächer, um auszulugen[38] . . .

Tatsächlich wurden beide Rosthorns Ritter der Ehrenlegion. Besonders stolz aber war vor allem Paula über die Auszeichnungen, die sie aus den Händen des alten Kaisers empfing[39].

Wenn Paula von Rosthorn später an die Pekinger Tage zurückdachte, stellte sie diesen Erinnerungen zwei Eindrücke voraus, die tief in ihr eingegraben waren: die Tafel am Eingang zum »Public Garden«, auf der zu lesen stand: »Dogs and Chinese not admitted!« und als zweites:

> Obwohl wir damals erbittert gegen die Chinesen kämpften, bleibt in meiner Erinnerung ein freundliches Bild von ihnen zurück – das Bild von einem braven, tüchtigen und liebenswerten Volk[40].

Ein österreichischer Marineoffizier schrieb im Jahre 1900 in einem Brief aus Peking:

> Über Land und Leute und Sitten in China ist man in Europa oft schlecht unterrichtet. Ich kann nur das Beste darüber sagen . . . Europa wird sich eines Tages über die Art seines Vorgehens noch schämen müssen[41].

Einige wenige bewahrten sich trotz des eigenen Erlebens der schrecklichen Tage des Sommers 1900 in Peking ihre große Liebe zu China. Einer der wenigen war Arthur von Rosthorn. Sein Verständnis für dieses Land gipfelte in dem im Jahre 1901 niedergeschriebenen Satz: »Wenn ich ein Chinese wäre, wäre ich ein Boxer[42].«

1 Theodor Ritter von Winterhalder, *Kämpfe in China,* Wien und Budapest 1902, S. 66. Der gesamte Wortlaut des Ultimatums befindet sich dort in einer Fußnote. Winterhalder, der die Belagerung von Peking mitgemacht, eigene und fremde Tagebuchnotizen sowie das umfangreiche Aktenmaterial des Kriegsarchivs zu seinem Buch verarbeitet hat, ist bis auf einige Irrtürmer (s. z. B. Anm. 2) ein genauer Chronist. Manchmal allerdings stören sein soldatisches Pathos und vor allem die Verständnislosigkeit gegenüber der Situation Chinas, wenn er sich in seinem Buch auch, im Gegensatz zu manch anderem Druckwerk jener Zeit, um Sachlichkeit bemüht.

2 Über das Datum der Kriegserklärung gehen in der Literatur die Meinungen auseinander. Am 19. Juni erfolgte die Aufforderung an die Gesandtschaften, Peking zu verlassen. Bei Winterhalder wird diese Aufforderung mit der Kriegserklärung vom 21. Juni zusammengezogen. Er schreibt, die Gesandten hätten am 19. Juni, 4 Uhr, folgende identische Noten erhalten:

»Die Admirale haben durch den Doyen des Consular-Corps in Tientsin am 18. Juni vom Vizekönig die Übergabe der Taku-Forts verlangt und mit Gewaltanwendung gedroht; die chinesische Regierung erblickt hierin einen casus belli*, und demgemäß werden die Gesandten aufgefordert, Peking binnen 24 Stunden unter chinesischer Escorte zu verlassen.

* Nach anderer Übersetzung: Die Kriegserklärung. Das Datum der Überreichung der Forderung haben die Chinesen jedenfalls absichtlich um zwei Tage später angesetzt, als sie thatsächlich erfolgte.« (S. 218.)

Auch in anderen Darstellungen, so bei Arthur von Rosthorn, *Memoiren,* oder Jean Mabire, *Blutiger Sommer in Peking,* deutsche Ausgabe, Wien-Berlin 1978, S. 102, findet sich der 19. Juni als Datum der Kriegserklärung.

Der Irrtum wird offensichtlich, wenn man den Gesamttext der Note liest, welche den ausländischen Gesandten am 19. Juni überreicht worden war (bei A. H. Smith, *China in Convulsion,* Vol. 1, Shannon o. J., erste Auflage Edinburgh and London 1901, S. 247):

»The Princes and Ministers have the honour to inform the Minister of the United States that the Viceroy of Chihli has memorialized the Throne that he has received a communication from M. Chaylard, the French Consul-General at Tientsin, on the 17th inst., stating that the Admirals of the foreign fleets had demanded the surrender of all the Taku forts by to-morrow a. m. at two o'clock or else they would attack them and take them by force. The Princes and Ministers have the honour to say that this news has caused them great astonishment. China has been so long at peace with the Powers that if now the foreign Admirals intend to seize the forts this would show an intention on the part of the Powers to break off friendly relations, and they would be the first to offend. At the present time the Boxer banditti have risen in Peking and cause public excitement. The Minister of the United States with his family and staff being here, his Legation is now in danger, and China will find it a difficult matter to give complete protection.

The Princes and Ministers therefore beg that within twenty-four hours the Minister of the United States, with his family and staff, and taking his guards, keeping them under control, will leave for Tientsin in order to avoid danger. An escort of troops has been despatched to give protection on route, and the local officials have also been notified to allow the Ministerial party to pass.«

Auch H. B. Morse gibt in *The International Relations of the Chinese Empire,* Vol. III, Nachdruck, Taipeh 1964, s. 236, den 21. Juni als Datum der Kriegserklärung an, ebenso der bekannte chinesische Historiker Fan Wenlan (Fan Wön-lan), *Neue Geschichte Chinas,* deutsche Ausgabe, Berlin 1959, S. 503 und 504.

3 In den *Lebenserinnerungen* Arthur von Rosthorns, S. 40 f., wird die damalige Situation folgendermaßen dargestellt: »Ich durchflog die kurze Note, erkannte sofort den Ernst der Situation und eilte zum englischen Gesandten, dem ich vorschlug, eine Antwort zu entwerfen, in der wir erklärten, von dem Vorfall nichts zu wissen, aber bereit seien, die

Sache rückgängig zu machen, falls die Regierung es uns ermöglichte, mit unseren Regierungen oder den Kriegsschiffen in Verbindung zu treten. MacDonald war einverstanden und bat mich, die Einwilligung der Russen und Amerikaner einzuholen, während er die übrigen Missionen verständigen würde. Der Amerikaner machte keine Schwierigkeiten, aber der russische Gesandte, Herr v. Giers, sagte, ein solcher Schritt wäre untunlich, denn es hieße, die Chinesen irreführen. Auf diese moralischen Bedenken hatte ich nichts zu erwidern.«

4 Die elf Staaten sind: England, Deutschland, Frankreich, Rußland, die USA, Japan, Italien, Österreich, Spanien, Holland und Belgien.
In chinesischen Veröffentlichungen über den Boxeraufstand sind meist nur die ersten acht, manchmal auch nur die ersten sieben Staaten aufgezählt. So in *Yihetuan yundong,* Shanghai 1972, S. 37.
Fan Wenlan, a. a. O., S. 533: »In der verbündeten Armee spielten die genannten fünf Staaten (d. i. Österreich, Italien, Spanien, Holland und Belgien) keine Rolle.«

5 Die bei Fan Wenlan, a. a. O., S. 510, angegebene Zahl von 40.000 Mann trifft für dieses Entsatzheer nicht zu und könnte nur dadurch erklärt werden, daß er Teile der später einrückenden Truppen hinzugezählt hat.

6 Paula von Rosthorn, *Lebenserinnerungen.* Unveröffentlichtes, undatiertes Manuskript, 125 MSS, dazu kommen etwa 50 engbeschriebene Seiten über die Boxerereignisse, die aus dem Jahre 1901 stammen. Für die freundliche Überlassung danken wir einmal mehr der Familie Pinschof.

7 Arthur von Rosthorn, *Wer waren die Boxer?* Unveröffentlichtes Manuskript, 6 MSS, aus dem Jahre 1901, Vorwort zu den *Erinnerungen* seiner Frau Paula an das Jahr 1900, S. 1 f.

8 *Yihetuan yundong,* a. a. O., S. 1.

9 Fan Wenlan, a. a. O., S. 460, zitiert dazu Waldersee, den nachmaligen Oberkommandierenden der Vereinigten Streitkräfte in China: »Was die verschiedenen englischen und amerikanischen Missionsunternehmungen anlangt, so bin ich nicht in der Lage, ein Urteil im einzelnen abzugeben, aber auch nicht im Zweifel, daß sie oft durch Unduldsamkeit untereinander sich gegenseitig und auch der Sache Schaden tun, weil von den Chinesen nicht verlangt werden kann, zu unterscheiden, wer ihnen nun die wahre Lehre predige. Sodann begeht man in Amerika . . . den großen Fehler, Leute zu Missionaren zu machen, die dafür moralisch ungeeignet und gänzlich unvorbereitet sind. Es handelt sich dabei öfters um Personen, die das Amt rein als Broterwerb ansehen und alle möglichen Unternehmungen, bei denen sie Geld verdienen wollen, nebenher betreiben . . . Ich selbst habe solche Missionare gesehen, die in unsere Lazarette und Kasernen als Verkäufer kommen, kenne auch andere Fälle (z. B. Terrainspekulationen), welche zu dem Beruf nicht passen.« (Nach: Alfred Graf von Waldersee, *Denkwürdigkeiten,* Stuttgart-Berlin 1923, Bd. 3, S. 76.)
Über die Ansichten Arthur von Rosthorns dazu vgl. das Zitat aus seinem Boxer-Vorwort, S. 3 f., in Kap. 14.

9a P. v. Rosthorn, *Lebenserinnerungen,* S. 34.

10 *Kurzer Abriß der chinesischen Geschichte,* Autorenkollektiv, Peking 1958, S. 159 f.
Auch Sun Yatsen betrachtete die Boxer als von den Mandschu inspiriert: vgl. die Sun-Yatsen-Ausgabe von Karl August Wittfogel, Wien-Berlin o. J. (1927), S. 174.
Arthur von Rosthorn beschreibt seine Beobachtungen folgendermaßen (Boxer-Vorwort, S. 1):
»Eine zweite Frage, die sich aufwirft, ist die: Wie kamen die Boxer dazu, sich gerade gegen die Fremden zu richten? Wer je eine Schar Boxer gesehen hatte, konnte nicht im Zweifel sein, daß diese robusten Bauernburschen keine persönliche Rancune gegen die Europäer haben konnten, ja wahrscheinlich einen Europäer nie gesehen hatten. Sie betrachteten diese fremdartigen Menschen mit naivem Staunen. Und was uns noch an ihnen auffiel, war, daß sie alle gleichartig und gut gekleidet waren und dieselben Abzeichen trugen. Hieraus allein schon konnte der Schluß gezogen werden, daß die Erhebung gegen die Fremden keine spontane Bewegung, sondern von höherer Stelle geleitet und subventioniert war.«

11 Rosthorn, a. a. O., S. 5.

12 Besonders, als man dann »eine stattliche Zahl von Millionen Taels« an Entschädigung in Empfang nahm, fühlte man sich bemüßigt, dabei wieder auf das von den Chinesen verletzte Völkerrecht hinzuweisen. Diese Diktion übernahmen auch nette Kalenderblättchen wie der *Wiener Bote, Illustrirter Kalender auf das Jahr 1902,* S. 91.

13 W. A. P. Martin, früherer Direktor der chinesischen Diplomatenakademie und später Präsident der Kaiserlichen Universität, hatte 1864 das erste Völkerrechtsbuch (Wheaton) ins Chinesische übersetzt. Diejenigen, die nun das Völkerrecht anriefen, hatten dies als eine überaus gefährliche Tat angesehen. Martin beschreibt in seinem *Cycle of Cathay* (Edinburgh 1900, S. 234), wie wütend z. B. der französische Geschäftsträger reagierte, der ausrief: »Wo ist der Mann, der den Chinesen Einblick in unser europäisches Völkerrecht geben will? Bringt ihn um – stopft ihm den Mund, er wird uns endlose Schwierigkeiten bereiten.«

14 Nach H. B. Morse, *The International Relations of the Chinese Empire,* a. a. O., S. 236.

15 Rosthorn, a. a. O., S. 4.

16 In nicht so eindeutiger Form gab aber auch A. H. Smith, der damals als Missionar in China lebte, zu, daß eine Völkerrechtsverletzung vorlag. In: *China in Convulsion,* Edinburgh-London 1901, Nachdruck Shannon, Ireland 1972, Bd. 2, S. 436:
»The questions in what is termed ›International Law‹ thus brought to the front, have served for much debate, and many vigorous editorials ever since. But at the time, and under the circumstances, it is difficult to see what else the Admirals could have done with any self-respect, or with any regard to the interests of their respective Powers. It is quite true that it was this ultimatum which directly led to the corresponding order to the Legations to leave Peking within four and twenty hours, and it is likewise a fact that the effect of the attack upon the Taku Forts by the Allied Forces was to fire the Chinese national feeling, as nothing else had ever before done. In some respects it is comparable in its consequences to the effect of the assault upon Fort Sumter upon the people of the North, at the opening of the American Civil War.«

17 *Memoiren,* S. 62.

18 *Boxer-Tagebuch,* S. 40. Über die Vorgangsweise der fremden Truppen liegen zahllose Schilderungen vor, sehr drastische im Tagebuch des jungen Giles, *The Siege of the Peking Legations,* hrsg. von L. R. Marchant, Nedlands, Australien 1970, etwas »launigere« aus deutscher Feder: »Am vierten Tage unserer Expedition trafen wir schon auf bewohnte Ortschaften. Von weitem kamen uns etwa zehn Chinesen entgegen, die Fähnlein aller Nationen in den Händen trugen. Auf der Brust hatten sie Täfelchen mit Aufschriften in allen möglichen Sprachen und baten uns um Pardon. Sie hatten eine fürchterliche Angst, wir möchten ihnen ihre Habe wegnehmen; denn die Bedauernswerten hatten schon sehr traurige Erfahrungen gemacht.
Es wurden geradezu haarsträubende Greueltaten an ihnen verübt, die man nicht wiedererzählen kann.
Ja, ja, der Krieg ist etwas Fürchterliches, auch wenn er von zivilisierten Nationen geführt wird.« (P. Josef Müller, *Die Erlebnisse eines deutschen China-Kriegers,* Wien 1903, S. 30.)
»Doch trugen sich während dieser Expedition auch ernstere Szenen zu. So schoß aus einem Dorfe ein Mann nach uns, ohne glücklicherweise jemanden zu treffen. Er wurde jedoch erwischt und auf der Stelle niedergeschossen. Das ganze Dorf wurde hierauf gestürmt und die Häuser angezündet.
Diese Exekution fiel gerade meiner Kompagnie zu. Wir steckten die Seitengewehre an und drangen zu dreien oder zu vieren in die Häuser ein, wo wir mitnahmen, was uns gut schien; hierauf wurde die Bude angezündet. In einigen Minuten brannte das ganze Dorf lichterloh. Man darf jedoch nicht glauben, daß wir immer so verfuhren; nur dort griffen wir zu dieser strengen Maßregel, wo, wie im vorliegenden Falle, die Bewohner uns tückisch anfielen oder wo wir Boxer und Boxerfreunde vermuteten.« (!) (Ebd., S. 34 f.)
»Die Russen hatten nämlich chinesische Kulis zusammen gefangen und trieben sie rudelweise auf den unterminierten Dämmen vor. Dadurch mußten diese die Flatterminen

zur Entzündung bringen und selbst in die Luft fliegen, ehe ein russischer Soldat das gefährliche Terrain betrat. Das erscheint uns Europäern freilich auf den ersten Blick hin sehr grausam. Aber die russischen Pioniere vertraten eben asiatische Anschauungen und meinten, es sei besser, es flögen einige Hundert von den chinesischen Kulis in die Luft als ihre eigenen Kameraden.«

Dies wurde, hübsch illustriert, »dem deutschen Volke erzählt von Carl Canera, Hauptmann a. D.«, München 1902, S. 188 unter dem Titel: *Deutschlands Kämpfe in Ostasien.*

19 Theodor von Winterhalder, *Kämpfe in China,* Wien-Budapest 1902, S. 421 f.

20 Paula von Rosthorn, *Boxer-Tagebuch,* S. 40 f.

Als im April 1905 in den ausländischen Zeitungen in China Nachrufe für den Bischof erschienen, war diese Seite seiner Tätigkeit natürlich längst vergessen: *Mesny's Chinese Miscellany,* S. 305:

»Bishop Favier.

DEATH – At Peking on the 3rd inst., FAVIER, Monseigneur A. M. Rt. Rev. Bishop, *Vicaire Apostolique* of the Roman Catholic *(Lazaristes,)* congregations in Chih-li by whom he will be deeply regretted.

The venerable Bishop Favier, whose death is announced this morning, will be mourned by everybody in Peking as well as by his co-religionists all over the East. His long residence in the capital, his great abilities, and his unfailing courtesy and kindness, his intimate knowledge of, und sympathy with, the Chinese and their arts, had made him a power there with foreigners and natives alike. It will be remembered that he did everything he could to warn the Legations of the trouble that was coming from the Boxers, and his defence of the Peitang Mission was one of the most brilliant episodes of the siege in 1900. His death means a very great loss to the Church, and a personal sorrow to the Peking community.« – *N.-C. Daily News,* 5th April, 1905.

21 Das »Boxerprotokoll« vom 7. September 1901 erlegte China Zahlungen von 450 Millionen Silbertaels auf, die in 39 Jahren zu erbringen waren, wobei diese Summe mit den auflaufenden Zinsen dann insgesamt 980 Millionen betrug.

Die Hauptschuldigen wurden hingerichtet bzw. lebenslänglich verbannt, die Dagu-Forts geschliffen, und die beteiligten elf Staaten erhielten das Recht der Stationierung von Besatzungstruppen im Gebiet von Peking–Tianjin–Shanhaiguan. Ferner mußten Sühnegesandtschaften nach Deutschland und Japan (wegen des noch vor Ketteler umgebrachten Botschaftskanzlers Sugiyama) geschickt, ein Denkmal für Ketteler sowie Sühne-Monumente auf den internationalen Friedhöfen errichtet werden. Für die Dauer von fünf Jahren durften in den Städten, in denen Übergriffe gegen die Fremden vorgekommen waren, keine Staatsprüfungen abgehalten werden. Bei Todesstrafe war für alle Zeit die Mitgliedschaft in einer fremdenfeindlichen Gesellschaft verboten.

22 Rosthorn, *Wer waren die Boxer?* A. a. O., S. 5 f.

23 Kriegsarchiv, OK I $^{1}/_{1}$ 1900, S. 22. In einem Brief an das Konsulat in Shanghai, Kriegsarchiv, a. a. O., S. 27, schreibt er ebenfalls: »Diese Räuber sind Catechumenen oder doch wenigstens die innigsten Freunde der Protestanten.«

24 Brief Wilfingers vom 24. 4. 1900 in den Akten des Kriegsarchivs, a. a. O., S. 4.

25 Ebd., S. 37.

26 Ebd., S. 27.

27 Ebd., S. 40. Ob es zu der ebenfalls geforderten Enthauptung des Anstifters gekommen ist, verschweigen die Akten.

28 Kriegsarchiv, OK V $^{22}/_{9}$ 1900, S. 60. Das von Arthur Frhr. von Bolfras unterzeichnete Schreiben hat folgenden Wortlaut: »In Erwiderung auf die heute unter Berufung auf das Telegramm S. . . . Schiff *Zenta* OK 1415 vom 9. Juli l. J. gestellte Anfrage wegen Entsendung von Truppen nach China, beehre ich mich die Marine Section in Kenntnis zu setzen, daß unsererseits nach China keine Truppen gesendet werden.«

29 Ebd., PK $^{4}/_{1}$ 1900, S. 13 a. Es sei an den in Kap. 14 erwähnten Nachruf für Arthur von Rosthorn erinnert, dessen »Auferstehung« – wesentlich bescheidener als der Nachruf – erst am 10. 8. 1900 im *Neuen Wiener Journal* erfolgte.

30 Vgl. Anm. 4.

31 Lengnick und Klimburg, *Unsere Wehrmacht zur See,* Wien 1904, S. 168.

31a HHStA, Pol. Archiv XXIX/2.
32 Vgl. dazu die Ausführungen im folgenden Kapitel.
33 Winterhalder, a. a. O., S. 581:
»Verzeichniss
der während der kriegerischen Ereignisse in China 1900–1901 im Kampfe Gefallenen und den Beschwerden Erlegenen:
A. Im Kampfe gefallen:
Fregatten-Capitän Eduard Thomann Edler von Montalmar in Peking, 8. Juli 1900.
Seecadet 2. Cl. Ludwig Pap bei Peitang, 20. September 1900.
Matrose 2. Cl. Damian Klanzig bei Peitang, 20. September 1900.
Matrose 2. Cl. M. K. Alfred Tavagna in Peking, 29. Juni 1900.
Matrose 3. Cl. M. K. Josef Dettan in Peking, 25. Juni 1900.
Matrose 3. Cl. Marcus Badurina-Perić in Peking, 26. Juni 1900.
Matrose 3. Cl. Josef Deste bei Hsiku, 22. Juni 1900.
B. Den Beschwerden erlegen:
Seecadet 2. Cl. Thomas Mayer in Tientsin, 22. September 1900.
Matrose 1. Cl. Josef Barcovich in Peking, 16. Jänner 1901.
Matrose 2. Cl. M. K. Alois Vrech in Peking, 7. October 1900.
Matrose 3. Cl. M. K. Franz Demarchi in Tientsin, 24. September 1900.
Heizer 2. Cl. Johann Perusco in Tschifu, 8. September 1900.
Sanitäts-Matrose 3. Cl. Julius Pitton in Peking, 18. Dezember 1900.«
Dazu kam noch ein relativ hoher Anteil an Verwundeten. Ein weiteres Opfer war der Seekadett Richard Freiherr von Boyneburg-Lengsfeld, der nach einem Kopfschuß wieder genesen zu sein schien und dann doch zwei Jahre später an den Folgen der Verwundung starb. Ein junger, fröhlicher Bursche und besonderer Liebling Paula von Rosthorns.
34 Ein Beispiel für diese Art der »Berichterstattung«:
»Vom ersten Augenblick der Belagerung war ein deutlicher Kontrast der Vertreter der Angelsachsen und der Kontinentalen zu bemerken, welche zum größten Teil gemütlich auf ihren schattigen Verandas saßen, plauderten, Zigaretten rauchten und Wein schlürften, offensichtlich ihre Rettung dem Schicksal anvertrauend; während ihre energischeren Kameraden ihre Mäntel abwarfen, sich in den Wirbel der Arbeit und die Mühen stürzten, mit der Freude an der Schlacht, ererbt von ihren Vorvätern, welche vor eineinhalb tausend Jahren lebten.« (Smith, a. a. O., Bd. 1, S. 279.)
35 Dieser Bericht Winterhalders sei hier auszugsweise wiedergegeben (a. a. O., S. 235 f.):
»In dieser Situation – es mochte 8 $^{3}/_{4}$ Uhr geworden sein – kam der deutsche Detachement-Commandant mit der Meldung zu Thomann, daß die Amerikaner nach durch einen Soldaten überbrachter Mittheilung hart bedrängt seien und ihre Stellung räumen müßten; eben wurden auch einige Verwundete von der italienischen Barricade zurückgeschafft, deren Besatzung sich obendrein gegen in den Häusern zu ihrer Rechten verborgene Boxer zu wehren hatte. Thomann sandte die mit den Verwundeten gekommenen Italiener allsogleich zurück und ließ erstere durch Franzosen und unsere Leute in die Ambulanz des Dr. Matignon bringen. Wenn die Amerikaner thatsächlich ihren Posten räumten, so war damit die Trennung der West- und Ostgruppe besiegelt, denn dann war jeden Augenblick zu gewärtigen, daß die Chinesen längs der Stadtmauer und auf dieser vorrückend, die südliche und die mittlere Brücke über den Canal besetzten und so die Verbindung abschnitten. Ehe von Thomann noch Zeit hatte, selbst an die Stelle zu eilen, von der eine so bedenkliche Meldung eingelaufen war, erschien Graf Soden wieder jenseits der Straße und rief herüber, die Amerikaner hätten bereits geräumt, und er könne unter diesen Umständen auch nicht mehr seine Gesandtschaft halten . . .
Inzwischen hatte sich Sir Claude Macdonald von den in seiner Gesandtschaft anwesenden Ministern das Obercommando übertragen lassen, die, wie M. Pichon in seinem Tagebuch schon unter dem 20. Juni erwähnt, dort ein höheres Comité für die Vertheidigung unter Leitung des englischen Gesandten zu formiren beschlossen hatten.
Fregatten-Capitän von Thomann fand den Augenblick nicht passend, um, gestützt auf

die seinerseits gänzlich unbeeinflußte Wahl durch die Officiere, Recriminationen hiegegen zu erheben und die durch naheliegende innere Gründe zu erklärende, seltsame Action der die englische Gastfreundschaft genießenden Minister anzufechten, sondern nahm die Erklärung Sir Claude's einfach zur Kenntnis.*

* Dies der wahre Sachverhalt, den der englische Gesandte und seine Gefolgschaft so drehen, um für die Übernahme des Obercommandos durch Sir Claude einen anderen als den thatsächlichen Grund, wie oben geschildert, vorzuschieben. Deshalb verschweigen alle von ihm inspirirten Quellen geflissentlich, daß der Gedanke, England die Oberleitung zukommen zu lassen, schon am 20. Juni in der englischen Legation geboren wurde. Die Thatsache, daß die Lage bei den Amerikanern übertrieben gefährlich geschildert wurde, was allein den Rückzug veranlaßte, wollen die anglophilen Berichterstatter durch die Angabe entkräften, daß die Meldung von einem ›unverantwortlichen‹ Amerikaner und zwar Thomann directe gemacht wurde, während es in Wirklichkeit eine Ordonnanz, ein amerikanischer Soldat gewesen ist, der Graf Soden die höchst alarmirenden Meldungen überbrachte, was Graf Soden dem Schreiber dieser Zeilen späterhin noch mehrmals wiederholte. – Es ist auch absolut unrichtig, daß die Betrauung Sir Claude's mit dem Obercommando die Zustimmung aller diplomatischen Vertreter fand, denn weder der deutsche noch der österreichisch-ungarische Geschäftsträger haben jemals eine solche ertheilt, es sei denn, daß Sir Claude aus dem Umstande, daß diese beiden Herren die hierarchische Stufe des ›Ministers‹ allerdings noch nicht erreicht haben, nur auf dem Wortlaute beharren wolle, daß alle fremden ›Minister‹ in Peking ihn in seiner Function bestätigt haben. – Welcher Art die Führung des ›Obercommandos‹ vom 22. Juni an gewesen ist, wird der Leser selbst noch des Öfteren zu beurtheilen Gelegenheit haben und auch erkennen, daß die Commandanten der einzelnen Detachements vollauf für sich das Recht beanspruchen können, den Erfolg nur ihrem sich aus dem gewöhnlichen bon sens ergebenden Zusammenwirken, nicht aber der ›Leitung‹ zuzuschreiben. – Eine alle Punkte der englischen Darstellung umfassende Widerlegung kann hier, so leicht und verlockend die Sache auch wäre, aus Gründen der Delicatesse nicht gegeben werden, aber nur um zu zeigen, wie nothwendig sie gegenüber einer gewissen, selbst vor der Construction von Scandalen nicht zurückschreckenden Reclame-Richtung erscheint, sei Folgendes erwähnt: Im Spätherbst 1901 wurde in Earl's Court zu London eine große Spectakel-Pantomime ›Die Belagerung der Gesandtschaften in Peking‹ aufgeführt, in der Sir Claude als heldenhafter Retter in einer durch Thomann geschaffenen Panik auftritt . . .«

Vgl. auch dazu den Bericht des französischen Gesandten Pichon: ». . . Er (Thomann – Anm. d. Aut.) war ein Officier von bewunderungswürdiger Tapferkeit und ein Mann von formvollendeter Bildung. Sein Tod hat unsere ganze kleine Garnison in Bestürzung versetzt . . . Im selben Augenblicke, in welchem wir sein Grab mit Blumen schmücken, in jener stillen Ecke unseres Gartens, wo schon so viele Soldaten seiner Escorte neben den unseren ruhen (zuweilen in gemeinsamem Grabe, vereint und geeint im Tode, wie in den letzten Tagen ihres Lebens), knattert die Mittrailleuse auf unseren Mauern und Kugeln durchschwirren die Luft . . .« – *Mitteilungen auf dem Gebiet des Seewesens*, 1901, S. 443. Dennoch wird in der englischen Literatur mit großer Hartnäckigkeit eine abwertende Meinung über Thomann vertreten. Zuletzt in der 1979 in London erschienenen Broschüre von Lynn E. Bodin und Chris Warner, *The Boxer Rebellion*, S. 8: »On the 21st, Captain von Thomann of the Austro-Hungarian cruiser Zenta announced that he, as the senior officer among the Legation guards, was assuming overall military command. Less than a day later, von Thomann panicked during a heavy Chinese fusillade and ordered an immediate withdrawal from the outer perimeter to the British Legation compound – the final defence line. The ministers met in an emergency session and promptly relieved von Thomann of his command . . .«

36 HHStA, P. A. XXIX/12, Brief Morrison's an Lützow vom 31. März 1911.

37 *Boxer-Tagebuch*, a. a. O., S. 18.

38 Nach einem Bericht in der *Neuen Freien Presse* vom 10. 4. 1908 (Morgenblatt), S. 3.

39 Wie stolz Paula v. Rosthorn auf diese Auszeichnungen war, zeigen ihre *Lebenserinnerungen:*

»In Wien regnete es dann Auszeichnungen und Ehrungen aller Art ... vor allem eine lange Privataudienz beim alten Kaiser. Er zeigte sich genau informiert über alle Ereignisse und bekundete ein sehr freundliches Interesse für unsere persönlichen Erlebnisse. Als wir uns für die Auszeichnungen bedankten, sagte er zu mir: ›Ich habe Ihnen die Kriegsmedaille* verliehen, weil ich Ihnen eine besondere Freude damit machen wollte. Es war meine eigene Idee, nur für die Orden wurde der Antrag durch das Ministerium gestellt!‹ Das war bei der bekannten Reserviertheit des Kaisers wirklich etwas ganz Besonderes!

* Die Kriegsmedaille wurde aus Anlaß des fünfundzwanzigsten Regierungsjubiläums des Kaisers am 2. 12. 1873 (an meinem Geburtstag) gestiftet. Ich wurde bei festlicher Beleuchtung der Stadt Wien als Sonntagskind geboren und war die einzige Frau, welche die Kriegsmedaille, die nur für Soldaten bestimmt war, bekommen hat. Nach dem Tode des Kaisers wurde sie nicht mehr verliehen.« (*Memoiren,* S. 59 f.)

40 Paula von Rosthorn, *Lebenserinnerungen,* a. a. O., S. 1 f., die den Boxerereignissen vorangestellten Seiten.

41 Nach einem Brief, den die Witwe des Vizeadmirals, Adele Sobieczky, zur Veröffentlichung weitergegeben hatte. In: *Neue Freie Presse,* 15. 12. 1936, S. 11, mit dem Titel: *Ein österreichischer Marineoffizier in China.*

42 Boxer-Vorwort, a. a. O., S. 3.

Siebzehntes Kapitel

Projekte, Pläne, Pannen – Die Beziehungen bis zum Ersten Weltkrieg

A. Die politischen Berichte der Gesandtschaft in Peking – Detachement – Doyen – Dalai-Lama – Demokratie

Nach Beendigung des Boxeraufstandes verringerte Österreich-Ungarn wiederum seine im Vergleich zu anderen Mächten geringe militärische Präsenz in China. Von der Gesandtschaft in Peking verlautete telegraphisch am 4. April 1901:

> Wir können uns an der Besetzung eines der Militärposten zwischen Peking und dem Meere und auch der Garnison in Tientsin wegen zu geringer Betheiligung nicht anschließen. Eine Schutzwache für die k. u. k. Mission wird unterhalten[1].

Diese Stationierung österreichischer Truppen belief sich einige Jahre hindurch auf fünf Seeoffiziere, zwei Marineärzte, einen Marinekommissariatsadjunkten und zwischen 210 und 220 Mann[2]. Ein Teil davon versah in der österreichisch-ungarischen Niederlassung in Tianjin (Tientsin) Polizeidienst. 1910 wurde auf die weitere Stationierung von österreichischen Schutztruppen in Tianjin verzichtet und die Wache in Peking auf zwei Seeoffiziere und vierzig Mann reduziert[3], eine Maßnahme, für welche die chinesische Regierung ihre Dankbarkeit ausdrückte[4].

In den Augen der anderen europäischen Mächte dürfte allerdings die geringe militärische Präsenz Österreich-Ungarns und der Verzicht auf die Errichtung von Interessenssphären als Zeichen der Abstinenz von einer Teilnahme an der China-Politik gewertet worden sein. Für das Recht zum Mitreden diente im allgemeinen die Aggressivität der in China unternommenen Aktionen als Gradmesser. Ein typisches Beispiel dafür war die Reaktion Großbritanniens auf die Ermordung der Missionare Bruce und Lowis in der Provinz Hunan[5]. Londons Forderungskatalog sah nicht nur umfangreiche Entschädigungen, sondern auch Todesurteile, Verbannungen und lebenslangen Kerker für an diesem Vorfall schuldlose Provinzbeamte vor. Angesichts der Empörung, welche dieses

Ansinnen bei der Bevölkerung erregte, machte sich eine britische Flotille bereit, den Jangtse hinaufzufahren, was die chinesischen Behörden schließlich auch in diesem Punkt zum Nachgeben bewog. Zu solchem Vorgehen hatte Österreich-Ungarn weder Mittel noch Absichten. Degoutiert berichtete Arthur von Rosthorn über die britische Aktion und die dahinterstehenden Prinzipien nach Wien:

> Man ist heute in China wieder auf den Standpunkt der »Gunboat Policy« zurückgekehrt, welche hier bis in die sechziger Jahre gang und gäbe war und welche man schon längst überwunden glaubte. Jede Forderung, welche mit genügendem Nachdruck gemacht und durch einige Kanonenboote unterstützt wird, dringt bei der schwachen und unmoralischen Regierung durch, und die einzige Rettung für diese liegt in dem Gleichgewicht der Mächte[6].

Rosthorn fügte hinzu, die deutsche Forderung nach Anerkennung der Gleichberechtigung im Jangtse-Gebiet, das China aufgrund eines Abkommens mit England an keine andere Macht veräußern durfte, »stört aber doch sehr die Kreise der imperialistischen Politiker, welche aus dieser Verpflichtung das Recht ableiten, das Yangtse-Gebiet, welches fast zwei Drittheile des chinesischen Reiches einnimmt, als die ausschließliche Interessensphäre Großbritanniens zu betrachten[7]«.

Als in Ostasien machtpolitisch nicht engagiertes Land wurde Österreich-Ungarn von den anderen europäischen Großmächten, aber auch von China selbst nicht ganz voll genommen. Als Indiz dafür mag gewertet werden, daß dem ersten ausschließlich in Österreich akkreditierten Gesandten ein etwas niedriger Beamtenrang verliehen wurde als den chinesischen Missionschefs in St. Petersburg, Washington und Paris. Das Schicksal Wiens teilten in dieser Hinsicht auch Rom und Brüssel[8].

Von einer selbständigen China-Politik Österreich-Ungarns war zweifellos kaum etwas zu merken. Auftauchende Fragen – sei es die Entsendung von Spezialbevollmächtigten zu Trauerfeierlichkeiten am chinesischen Hof oder nur die Bewilligung einer Extragratifikation für Badeurlaube von Botschaftsbediensteten – wurden durch Rundfrage in anderen europäischen Staaten erledigt, wobei der Haltung des deutschen Bundesgenossen in der Regel die größte Bedeutung zukam. Aufforderungen zu eigenständigem, politisch relevantem Handeln sind in den Weisungen vom Ballhausplatz an die österreichische Gesandtschaft in Peking nur selten zu finden. 1903 erging die Instruktion, »die russischen Interessen in Ost-Asien möglichst zu unterstützen[9]«. Vielleicht, um dem russischen Bären, mit dem man über europäische Fragen uneins war, zumindest in Ostasien nicht auf die Zehen zu treten. Die Situation änderte sich aber nach der Eindämmung Rußlands durch den russisch-japanischen Krieg. Nach Kriegsausbruch hatte Czikann als erster der in China akkreditierten Gesandten die spezielle Weisung bekommen, er möge die chinesische Regierung im Sinne der Beibehaltung ihrer Neutralität beeinflussen.

Czikann stellte sofort diesbezüglichen Kontakt mit den Gesandten Deutschlands, Italiens, Frankreichs und Großbritanniens her und bekräftigte mit ihrer Unterstützung diese Haltung gegenüber der chinesischen Regierung nochmals in seiner Funktion als Doyen, nachdem sein Amtskollege Baron Mumm aus Berlin am 2. Mai eine analoge spezielle Weisung erhalten hatte[10].

Doch es war seine Stellung als Doyen und nicht als Vertreter seines Sendestaates, was Czikann in diesem Falle Beachtung verschaffte. Ansonsten wurde Österreich bei konzertierten Aktionen der Großmächte in China fast regelmäßig übergangen, so daß sich das Verlangen regte, in Angelegenheiten dieses Landes zumindest gehört zu werden, vielleicht sogar – unter Hinweis auf die politisch unverdächtige Rolle Österreichs in Ostasien – bessere Handelschancen oder hie und da die Rolle des Vermittlers zu erlangen. Dabei sollte aber das Verhältnis zu Japan in keinem Fall gestört werden. Außenminister Aehrenthal hat 1909 diesbezüglich an Kuczynski eine lange Weisung komponiert:

> Den Inhalt des d. a. Berichtes vom 25. Juli, Nr. 33 A, habe ich mit Interesse zur Kenntnis genommen und mit Befriedigung konstatiert, daß Ew. mit dem Herrn chinesischen Minister des Äußern intime Beziehungen pflegen, wie dies aus der Anführung des Umstandes erhellt, daß Herr Ljang-tun-yen Ihnen öfters private Besuche abstattet.
> Um so willkommener war es mir, von diesem Kontakt zu hören, als es meines Erachtens der Stellung, welche Österreich-Ungarn unter den Mächten seit der glücklichen Beendigung der diplomatischen Campagne in Angelegenheiten Bosniens und der Herzegowina wieder einnimmt, durchaus entspricht, wenn die Stimme seiner Vertreter auch in Ostasien vernommen und hierdurch dargetan wird, daß wir auch für die uns räumlich freilich entrückten Vorgänge Interesse bekunden.
> Dieses Interesse scheint mir nach dreifacher Richtung hin fundiert: Erstens sprechen Anzeichen dafür, daß die politische und wirtschaftliche Entwicklung der beiden großen ostasiatischen Mächte gelber Rasse eine relativ rasche und unaufhaltsame sein werde, u. zw. auf Kosten der insbesondere durch Rußland, Deutschland *(letzteres mit der Hand durchgestrichen),* England und die Vereinigten Staaten repräsentierten weißen Expansion.
> Von der erstgenannten Macht ist aus naheliegenden Gründen in des Wortes doppelter Bedeutung kaum zu gewärtigen, daß ihr Auftreten in Ostasien in absehbarer Zeit ein impetuoses und besonders erfolgreiches sein werde, wie es dies bis zum russisch-japanischen Krieg unzweifelhaft gewesen ist.
> Englands Stellung in Ostasien fußt zum nicht geringen Teil auf dem Bündnis mit Japan. Daß dieses Bündnis in keinem der beiden Inselreiche, die es umschließt, tiefe Wurzeln geschlagen hat, unterliegt keinem Zweifel. Das dem Asiaten konstitutive, seit der anglo-russi-

schen Annäherung gewiß nicht geminderte Mißtrauen auf der einen Seite und kommerzieller Neid auf der Seite des Lehrmeisters dem ihm über den Kopf wachsenden Schüler gegenüber werden ein Bündnis, das sich zufolge der japanischen Expansion in China und anderwärts automatisch immer mehr zum wirtschaftlichen Nachteile Großbritanniens verschieben dürfte, kaum je zu einem innigen erblühen lassen; von einem Kenner Ostasiens wurde einmal nicht unzutreffend bemerkt, sein Hauptwert bestehe in der Garantie des Friedens zwischen beiden Kompaziszenten.

Überdies sind der Eventualitäten auf dem asiatischen und amerikanischen Kontinent genügend vorhanden, bei welchen das japanisch-englische Bündnis der Probe auf das Exempel kaum standzuhalten vermöchte.

Daß es zu dem so oft prophezeiten Konflikt zwischen den Vereinigten Staaten von Nordamerika und Japan und damit zu einer Festsetzung der ersteren Macht in Ostasien in absehbarer Zeit kommen werde, erscheint mir (*handschriftliche Beifügung:* »trotz der manifestirten Absicht der Union, daselbst eine politische und wirtschaftliche Rolle zu spielen«) nicht wahrscheinlich; einmal angesichts der beiderseitigen richtigen Einschätzung ihrer Wehrkräfte, zweitens in Anbetracht des Umstandes, daß sich die Interessen der Union, wie u. a. aus den wiederholten großen Reisen ihres letzten Staatssekretärs hervorgeht, immer mehr nach dem Süden des eigenen Kontinentes richten, und weil drittens schon das Philippinenabenteuer eine überzeugte Opposition in der Union hervorgerufen hat.

(*Der folgende Passus ist handschriftlich gestrichen:* »Es erübrigt sich demnach, von den oben angeführten Mächten bloß Deutschland, von dem aber kaum zu erwarten steht, daß es in absehbarer Zeit« [»in absehbarer Zeit« *separat handschriftlich gestrichen*] »in Ostasien eine präponderierende Rolle spielen, beziehungsweise Chinas oder Japans Entwicklung hemmen werde, wie es dies der ersteren Macht gegenüber im Frieden von Shimonoseki getan« *[letzter Halbsatz separat handschriftlich gestrichen]*.)

Aus den vorstehenden Ausführungen ergibt sich die Wahrscheinlichkeit für die Richtigkeit der oben ausgesprochenen Annahme, daß die Entwicklung der beiden ostasiatischen Mächte eine relativ rasche und unaufhaltsame sein dürfte.

Hieraus aber resultiert klar, warum wir auch den ostasiatischen Vorgängen unser Interesse erschließen und bestrebt sein sollen, die bestmöglichen Beziehungen zwischen ihnen und der k. u. k. Monarchie herzustellen.

Zweitens ist dieses Interesse meines Erachtens dadurch begründet, weil uns eben unser absolutes politisches Désintéressement eine Voraussetzung dafür erbringt, von ihnen bei Meinungsverschiedenheiten angerufen zu werden, die sich zwischen ihnen selbst oder anderen ergeben mögen.

Und drittens endlich erblicke ich die Fundierung für mein Interesse an den ostasiatischen Vorgängen darin, daß wir die einzige in Betracht kommende Großmacht darstellen, welche (*handschriftliche Einfügung:* »sofern Kaufmann und Banquier in Ö. U. sich entschließen sollten, als unsere Pioniere in Ostasien häufiger aufzutreten«) ihrer wirtschaftlichen Expansion auf den in Rede stehenden unendlichen Gebieten ruhig nachzugehen vermöchte, ohne je in den Verdacht zu kommen, politische Nebenzwecke zu verfolgen.

Ich bin daher – um zu den Ausführungen des Berichtes Ew. zurückzukehren – mit der Ihrerseits dem Herrn Minister gegenüber geführten Sprache einverstanden und finde es auch plausibel, daß Sie – in Anbetracht der dargestellten Isoliertheit Chinas, ferner der Verdienste der Union um das Reich der Mitte sowie der durch Präsident Taft bekundeten Absichten – auf die Vereinigten Staaten als Vermittler hinwiesen.

Dereinst mag es aber nicht ausgeschlossen sein, daß auch wir uns der Zumutung, eine derartige Rolle zu übernehmen, nicht abgeneigt zeigen.

Jedenfalls aber müßte diesfalls mit der allergrößten Behutsamkeit vorgegangen werden, da wir selbstverständlich nicht daran denken können, uns irgendwie zu engagieren und ich es unter keinen wie immer gearteten Umständen zulassen will, daß unsere exzellenten Beziehungen zu Japan auch nur die geringste Trübung erfahren.

Empfangen etc.[11].

Diese veränderten theoretischen Grundlagen für eine verstärkte Aktivität Österreich-Ungarns in China haben allerdings in der Praxis wenig bewirkt. Als die Doppelmonarchie 1912 an der »Sechs-Mächte-Anleihe« für China beteiligt werden wollte, wurde ihr Wunsch von keiner anderen Macht – mit Ausnahme Deutschlands – zur Kenntnis genommen[12]. Die China-Politik wurde nicht von Österreich-Ungarn gemacht, und seine Vertreter in Peking mußten sich in den meisten Fällen auf Beobachten und Berichten beschränken. Das macht aber die Berichte, die aus der chinesischen Kaiserstadt kamen, deshalb nicht weniger interessant.

Ein besonderes Rarum der Pekinger Korrespondenz stellt die Schilderung des Besuches des Dalai-Lama dar. Am 27. Juni 1908 berichtete Ritter von Storck nach Wien, der Vertreter der Vereinigten Staaten in China, Rockhill, habe sich als Anwalt der Interessen Pekings zu dem (den Buddhisten heiligen) Berg Wutaishan begeben, um »den Dalai-Lama den chinesischen Centralisations- und Reformbestrebungen zugänglich zu machen«. »Das theokratische Regierungssystem«, fügte Storck hinzu, habe sich »ja überall überholt, und so wird auch der Dalai-Lama sich nach und nach mit der rein spirituellen Herrschaft begnügen müssen[13].« Nachdem der Dalai-Lama – Storck vermutete, aufgrund russischen und japanischen Einwirkens – sich mit der Reise nach Peking Zeit gelassen hatte, langte er schließlich sogar mit der Eisenbahn in der

Hauptstadt ein und war sofort Mittelpunkt des Tratsches von Chinesen und Europäern, mit dem Storck seinen Bericht prompt »bereicherte«:

> Der lebende Buddha muß ein recht schwer zu behandelnder Herr sein, nachdem ihm, wie ich im Waiwupu *(Außenamt, Anm. d. Aut.)* höre, chinesischerseits das für hiesige Begriffe unerhörte Recht des Sitzens in Gegenwart des Kaisers ohnehin a priori zugestanden worden ist und man bei seinem Empfange alles nur Mögliche aufgeboten hatte, um ihn und seine saloppe, übelriechende und nach Landessitte niemals im Leben gewaschene Suite gebührend zu empfangen. Trotzdem beklagt er sich über den nicht genügend feierlichen Empfang, der ihm in Peking zutheil geworden wäre...
> Der Dalai-Lama ist, wie mir Mr. Bapst erzählte, ein noch junger Mann mit schwarzem Bart und Haar... Er ist als Ober-Lama zum unverehelichten Stande verpflichtet, führt indes einen ganzen Harem von ciren 100 Weibern mit sich und soll nach orientalischer Sitte auch Lustknaben in seinem Gefolge haben[14]...

Den »Lebenden Buddha« selbst treffen zu können, rechnete Storck als Geschäftsträger sich keine Chancen aus: »Ich nehme indes an, daß er nach und nach die meisten Minister (niedrigere diplomatische Functionäre werden nicht in seine Gegenwart zugelassen) zur Audienz befehlen dürfte, sehr zum Verdrusse der Chinesen, denen die Anknüpfung internationaler Beziehungen seitens des Lamas nicht sonderlich zuzusagen scheint[15].«

Schließlich bekam aber Storck den Dalai-Lama und der Dalai-Lama Storck zu Gesicht. Dies geschah am 12. Oktober 1908. Entgegen seinen bis dahin gezeigten Gepflogenheiten erlaubte der tibetische Gottkönig sogar den übrigen Beamten der österreichischen Gesandtschaft, ihren Missionschef bei seinem Besuch zu begleiten:

> Nach längerem Complimentieren und einigem Parlamentieren mit dem mongolischen Majordomus Sr. Heiligkeit brachte uns Exzellenz Chang[16] in die große innere Tempelhalle vor das Antlitz des lebenden Buddha.
> Schon vorher und auch noch auf dem Wege dahin hatte ich nicht verfehlt, mich über die eventuellen Vorschriften des Ceremoniells zu erkundigen, das bei diesem Anlasse etwa zu beobachten wäre. Man sagte mir indes, daß besondere Formalitäten nicht oder doch noch nicht bestünden, so daß man die Sache ganz einfach (sic!) machen könne. Überhaupt sprachen unsere chinesischen Führer von Sr. Heiligkeit nicht übermäßig, und man machte das Bestreben, ihn – wenigstens in Anwesenheit Fremder – en bagatelle zu behandeln. Charakteristisch ist in dieser Hinsicht eine Äußerung des Vicekönigs von Chili, dem ich über meine Audienz beim Dalai-Lama erzählte, und der mir daraufhin folgende Antwort gab: »Für uns Chinesen ist der

Lama nichts, da sich aber die Fremden etwas aus ihm machen, so müssen wir nothgedrungen dasselbe thun.«

Im letzten Momente, das heißt vor dem Betreten des Audienzsaales, fragte mich Excellenz Chang, ob wir ein seidenes Tuch als Geschenk für Se. Heiligkeit mithätten. Da dies nicht der Fall war, wurde mir rasch ein solches gereicht, welches ich dann dem mit untergeschlagenen Beinen auf einem eineinhalb Meter hohen gelben Sockel sitzenden und von einem gleichfarbigen Baldachin überschatteten Oberhirten aller buddhistischen Glaubensbekenner feierlich überreichte. – Durch die Berührung des reincarnierten Buddha geheiligt, wurde mir das Tuch daraufhin vom Lama zurückgegeben und als Geschenk überlassen. Ich habe mich Tags darauf durch eine Rolle weißer Seide revanchiert und ein sehr verbindliches Dankschreiben erhalten.

Nach den einleitenden Phrasen und Verbeugungen wurden mir und den anderen Herren der Gesandtschaft Fauteuils zum Sitzen angewiesen und eine Jause bestehend aus Datteln, Birnen und Thee (dieser mit ranziger Butter vermischt) serviert. Mit dem letzterwähnten abscheulichen Getränk habe ich auch das Wohl Sr. Heiligkeit ausgebracht. Nach dem Abtragen der Erfrischungen, welche uns später auch noch in das Automobil nachgebracht wurden, begann mit Hilfe eines chinesischen und eines tibetischen Dolmetschers die durchaus nichtssagende Conversation. – Ich dankte in meinem Namen und im Namen der mich begleitenden Herren für die hohe Ehre, von Sr. Heiligkeit empfangen worden zu sein, erkundigte mich nach höchstseinem Befinden, sprach über die zurückgelegte und bevorstehende lange Reise und befragte den Lama über seinen Pekinger Aufenthalt und die voraussichtliche Dauer desselben. Er antwortete und erwiderte mit ähnlichen Fragen, wobei er allerdings ziemlich bös bemerkte, daß er nur ganz kurz hier zu bleiben gedenke. Wie ich höre, soll er sich über die nicht ranggemäße Behandlung beschwert und dieselbe als eventuell für einen Vasallenfürsten, nicht aber für einen Souverän passend bezeichnet haben.

Von Österreich-Ungarn macht sich Se. Heiligkeit anscheinend gar keine Vorstellung. Ich betonte daher in meinem Gespräche die ungarische Staatsangehörigkeit meiner Begleiter und bemerkte, daß die Ungarn als Stammverwandte der Mongolen großes Interesse an Tibet nähmen. Schließlich fügte ich bei, daß ich dem mächtigen Kaiser von Österreich und Könige von Ungarn, meinem Allergnädigsten Herrn, über die uns durch den Empfang zu Theil gewordene Ehre alleruntertänigsten Bericht erstatten würde, eine Bemerkung, die der Dalai-Lama mit sehr verbindlichem Lächeln quittierte. Er war überhaupt während der ganzen Audienz (bei der unausgesetzt ein Brummchor auf tibetischen Kuhhörnern gespielt wurde) uns gegenüber sehr huldreich und gnädig. Beim Verlassen des Saales fingen die Hörner lauter zu tuten an, und der als Ehrenwache aufgestellte und phantastisch uniformierte tibetische Doppelposten machte sich durch Hantieren mit den Gewehren bemerkbar. Dies sollte offenbar eine Art Ehrenbezeigung darstellen[17]...

Die Audienz beim Dalai-Lama brachte der österreichischen Gesandtschaft am 27. Oktober 1908 einen Besuch, wie sie ihn bis dahin noch nie gesehen hatte. Als Abgesandte des Dalai-Lama traten zwei mongolische Äbte auf. Sie brachten ein vom Dalai-Lama für Kaiser Franz Joseph geweihtes Stück weißer Seide sowie ein ähnliches von grauer Farbe für Storck selbst, nebst einem in buntes Zeug vernähten Buddha und Räucherkerzen. Storck bewirtete seine Gäste mit Tee und Champagner und bemühte sich, als Gegengeschenke ein Fernglas und einen Globus aufzutreiben, »um Sr. Heiligkeit einen approximativen Begriff von der Lage der k. u. k. Monarchie beibringen zu können«. Bei den Abgesandten des lebenden Buddha dürfte er aber mit seinen Erklärungen eher Verwirrung gestiftet haben:

> Ich habe ihnen nur erklärlich machen können, daß, wenn man immer nach Westen zu führe, man zuerst nach Rußland und gleich darauf nach Österreich und nach Ungarn käme, und daß es bei uns viele und schöne Pferde gäbe, welche dort gerade so geschätzt und beliebt wären, wie bei den Mongolen. Die Stammesverwandtschaft zwischen Mongolen und Magyaren, die ich darzulegen versuchte, schienen sie nicht richtig zu verstehen, denn beim Abschiede erklärten sie mir, eine besondere Freude darüber gehabt zu haben, mit dem Vertreter eines Landes in Verkehr getreten zu sein, »in dem es so viele Buddhisten gäbe«. Der Irrtum war nicht wieder aufzuklären[18].

Als die Gäste gingen, wurde einmal mehr der Beweis dafür geliefert, wie sehr die chinesischen Beamten – mochten es weltliche oder religiöse Würdenträger sein, mochten sie aus Peking oder aus entlegenen Gebieten der Mongolei kommen – von der Korruption erfaßt waren. Dazu der Bericht Storcks:

> Beim Abschiede von hohen chinesischen Würdenträgern, die als Besucher oder Gäste kommen, ist es hierlands althergebrachter Brauch, der berittenen Dienerschaft (deren Anführer meist den blauen Knopf besitzen, somit nach unseren Begriffen im Range eines Stabsofficiers stehen) mehr minder hohe Geldgeschenke zu verabreichen. Die Gesandten der Großmächte sollen bei diesem Anlasse 25–30 Dollar gegeben haben. Ich beauftragte daher Vicekonsul Ludwig, gleichfalls 25 Dollar zu vertheilen. Zu meinem Schrecken meldete mir Ludwig nachträglich, daß der chinesische Major nur 5 Dollar bekommen hätte, da die beiden tibetischen Gesandten der Vertheilung des Mammons so interessiert zugesehen hätten, daß er je 10 Dollar jedem der beiden Gesandten in die Hand gedrückt und dafür keine Grobheit, sondern im Gegentheil nur besonders freundlichen Dank und Ab-

schied bekommen hätte. Ich bemerke, daß die beiden Botschafter Sr. Heiligkeit den rothen, somit höchsten Knopf auf ihren Lackhüten trugen, den chinesische Würdenträger bekommen können[19] . . .

Der Verfall der Qing-Administration war schon seit langem von der österreichischen Vertretung in Peking ebenso registriert worden wie das Auftreten revolutionärer Kräfte. In einem seiner letzten Berichte als Geschäftsträger meldete Arthur von Rosthorn am 10. März 1906 nach Wien, der Ausbruch einer Revolution in China sei nur mehr eine Frage der Zeit[20]. Am 29. März 1907 berichtete der Gesandte Kuczynski, daß in Japan 13.500 junge Chinesen studierten, von denen dann nach ihrer Rückkehr revolutionäre Bestrebungen ausgingen. Auch Dr. Sun Yat-sen war, trotz mancher Unzulänglichkeiten in den Angaben, dem österreichischen Gesandten ein Begriff:

Die jungen Leute, die im Lande der aufgehenden Sonne sich besten Falles nur eine halbe Bildung ancignen, dagegen allerlei subversive Tendenzen in sich aufnehmen, haben sich großentheils um den in Tokio lebenden bekannten chinesischen Revolutionär Dr. Sun-Yatsen u. a. Journalisten derselben Färbung geschart. So groß ist die Furcht vor ihren Umtrieben, daß der chinesische Gesandte in Tokio von seiner Regierung angewiesen wurde, den Studenten die Rückkehr nach China während der Neujahrszeit zu untersagen[21].

Dazu paßt ein Bericht Kuczynskis vom 15. Juli des gleichen Jahres:

Am 6. Juli wurde En-ming, Gouverneur von Anhui, von einem seiner Untergebenen, dem Subdirektor der dortigen Polizeischule, Taot'ai Hsü Hsi-lin, ermordet. Der Thäter ließ sich ruhig ergreifen, gestand, daß er Mitglied der revolutionären Partei des Dr. Sun Yatsen sei und daß er im Auftrag der Partei gehandelt habe[22].

Am 31. Dezember 1907 berichtete die österreichische Gesandtschaft aus Peking, daß ein »neues Ukas gegen die Studentenbewegung« ergangen sei[23], und am 8. April 1908, »daß der aus früherer h. a. Berichterstattung bekannte revolutionäre Führer Sun-Yat-sen Waffen und Munition mit anderen Gütern einzuschmuggeln versuchen wird«. Gleichzeitig wurde darauf hingewiesen, daß während der letzten Zeit in Peking nicht weniger als siebzehn – zum größten Teil wahrscheinlich gelegte – Brände aufgetreten seien[24]. Am 1. August 1908 bemerkte Storck in einem Bericht an Aerenthal, daß die »Sung-Chinesen[25]« schon seit langem namens der chinesischen Bevölkerung eine Beteiligung an der Regierung forderten, und schloß daran einen Bericht über Pläne einer chinesischen Verfassungsreform[26]. Wie bereits in dem Kapitel über die Gesandtschaften erwähnt, meldete Storck auch – und zwar durchaus in positivem Sinne – die Aktivitäten der Aufständischen in Yünnan[27].

Etwas mehr auf seiten der noch mit der Legitimität ausgestatteten chinesischen Amtskollegen scheint Kuczynski gewesen zu sein. Typisch dafür ist ein Bericht von ihm an Außenminister Aehrenthal, datiert 18. Oktober 1909:

> Die in dem Berichte vom 4. Oktober l. J., No 45-B, zuletzt erwähnte famose Gesellschaft zur Vorbereitung der Selbstverwaltung in Canton, von deren programmäßigen Beschäftigung sehr wenig, dafür um so mehr von ihrer aufwiegelnden, gemeinschädlichen politischen Tätigkeit zu hören ist, griff in einer ihrer letzten Sitzungen und in Zirkulartelegrammen ihren eigenen Landsmann, den gegenwärtigen Minister des Äußern, mit geradezu unqualifizierbarer Schärfe an.
> Ljang-tun-yen wird von ihr, wie aus dem anruhenden Auszuge aus einem chinesischen Zeitungsausschnitte ersichtlich, für den Abschluß der japanischen Verträge vom 11. September allein verantwortlich gemacht, als Landesverräter gebrandmarkt und deshalb aus der Gemeinschaft der Cantonesen ausgestoßen. Weiters verlangt sie dessen Entlassung und Bestrafung in stürmischen Telegrammen an den Staatsrat und leitet überdies eine regelrechte Agitation zur Werbung von Gesinnungs- und Bundesgenossen für diese ihre Verlangen in den anderen Provinzen ein.
> Als ich gestern Herrn Ljang-tun-yen besuchte, fand ich ihn in der größten Bestürzung und Aufregung über den Überfall seiner Landsleute.
> Er klagte bitterlich darüber, daß, während sein Name im ganzen Reiche in den Kot gezerrt werde, die übrigen Minister des Wai-wu-pu, Prinz Ching und Natung, die für den Vertrag mindestens ebenso verantwortlich seien wie er, da er ihn ohne ihre Zustimmung niemals hätte abschließen können, sich feige zur Seite drücken und, nachdem sie die Verträge schlauerweise nicht mitunterzeichnet haben, keine Miene machen, um sich mit ihm solidarisch zu bekennen.
> Die Verträge seien übrigens dasjenige, was in der kritischen Lage, in der China sich befindet, überhaupt zu erreichen war, und er glaube nicht die Beschimpfungen zu verdienen, die man jetzt auf ihn häuft.
> Der Minister ist in Beziehung auf die Haltung seiner mitschuldigen Vorgesetzten vollkommen im Rechte; unvorsichtig war es nur von ihm, dieselben nicht zur Mitfertigung gezwungen zu haben.
> In dieser Weise pflegen die herrschenden Mandschus stets ihren chinesischen Kollegen mitzuspielen, ihnen die Rolle des Sündenbocks überlassend.
> Der Angriff der eingangs zitierten cantonesischen Genossenschaft aber beweist, wieweit die Unverfrorenheit der Notablen in den südlichen Provinzen Chinas bereits gediehen ist.
> Kein Wunder übrigens, wenn man hört, daß der eben nach Europa gereiste Prinz Tsai-hsün während seiner letzten Inspektionstour im Süden, die ostensibel zum Studium von Marinefragen, in Wirklich-

keit aber nur zur Harangierung für die freiwillige Beistellung der fehlenden Mittel unternommen wurde, es nicht verschmäht hat, einem von der gedachten Gesellschaft ihm zu Ehren veranstalteten lärmenden Feste beizuwohnen.
Die der cantonesischen Gildenvereinigung gegenüber an den Tag gelegte Schwäche der Regierung ist um so unbegreiflicher, als ihr aus der ununterbrochenen Hetze und Boykottagitation – jetzt wieder gegen die Engländer – eine schwere Verlegenheit nach der anderen erwächst[28].

Doch auch Kuczynski sah das Menetekel für die herrschende Dynastie. In einem Bericht vom gleichen Jahr meint er zwar, die Regierung habe »durch das Wacherhalten konstitutioneller Versprechungen der ohnedies durch Geldmangel und massenhafte Confiscation geschmuggelter Waffen geschwächten Agitation Sun-Yat-sens und seines Anhanges vorläufig den Boden entzogen«, wies aber gleichzeitig auf das anhaltende Übel der »rücksichtslosen Bevorzugung der Mandschus, dieser notorischen Drohnenexistenzen im Reiche der Mitte . . .«, hin[29].

So bedeutete der Sturz der Qing-Dynastie Ende 1911 für den Ballhausplatz keine sonderliche Überraschung. Am 8. Januar 1912 berichtete der Gesandte Rosthorn über die Wahl Sun Yat-sens zum provisorischen Staatsoberhaupt der eben ausgerufenen Republik:

Die Wahl Sun Yat-sens zum Präsidenten soll auch im Süden Verstimmung hervorgerufen haben, weil sie die Hoffnungen ehrgeiziger Emporkömmlinge enttäuscht hat. Die Revolutionspartei wird überhaupt, wenn ich nicht irre, sehr bald in verschiedene Lager gespalten und durch innere Fehden geschwächt sein. Selbst ihre Haltung den Fremden gegenüber ist eine sehr verschiedenartige, denn während die Führer, die fast ausschließlich Cantonesen sind, die Gastlichkeit der fremden Settlements in Shanghai in Anspruch nehmen, herrscht in Canton selbst eine direkt fremdenfeindliche Stimmung. Und wenn Sun Yat-sen die fremden Regierungen heute durch Reformversprechungen aller Art zu captivieren versucht, so werden ihm, sofern er selbst es damit ernst meint, seine eigenen Parteigenossen morgen in den Arm fallen und jedes Zugeständnis an die fremden Mächte verhindern. Denn die erste Frucht der Revolution wird ein extremer Nationalismus sein, dem eine gewisse Berechtigung nicht abgesprochen werden kann, der sich aber für die fremden Interessen kaum förderlich erweisen dürfte[30].

Am 16. Februar 1912 folgte ein Telegramm Rosthorns, daß Marschall Yuan Shi-kai vom Nationalkonvent in Nanking zum Präsidenten der provisorischen Regierung gewählt worden sei[31]. In dem genaueren Bericht vom 23. Februar 1912 hob Rosthorn die von Sun Yat-sen bewiesene selbstlose Haltung hervor:

Unter diesen Umständen muß es als eine patriotische Tat des provisorischen Präsidenten Dr. Sun bezeichnet werden, daß er sogleich nach der Abdankung *(des Kaisers – Anm. d. Aut.)* die Präsidentschaft niedergelegt und dem Nationalkonvent in Nanking die Wahl Yuan Shi-kais empfohlen hat. Es ist gar keine Frage, daß es ihm möglich gewesen wäre, sich mit Hilfe der unzufriedenen Elemente in seiner Stellung zu behaupten und die Vereinigung des Nordens mit dem Süden noch lange hinauszuschieben. Es ist wohl hauptsächlich seinem persönlichen Einfluß zuzuschreiben, daß Yuan am 15. des Mts. vom Nationalkonvent einstimmig zum Präsidenten der zu bildenden provisorischen Regierung der Republik gewählt wurde. Nach den üblichen Beteuerungen seiner Unwürdigkeit hat Yuan die Wahl angenommen[32]. . .

Kritische Äußerungen des in kommerziellen Dingen erfahrenen und nüchtern denkenden Rosthorn rief Sun Yat-sen allerdings mit jenen wirtschaftlichen Projekten hervor, die mehr von Enthusiasmus als von kaufmännischen Kalkulationen getragen waren. Das große Eisenbahnprojekt Suns, welches er in Peking vorstellte und für das eine Milliardenanleihe aufgenommen werden sollte, bezeichnete der österreichische Gesandte als »gänzlich laienhaft concipiert[33]«.

Die exotische Pracht kaiserlicher Audienzen, über die nicht lange zuvor noch Storck berichtet hatte[34], war nun mit der Errichtung der chinesischen Republik aus dem Erlebnisbereich der österreichischen Vertreter in Peking gewichen. Der erste Jahrestag der Abdankung des Kaiserhauses wurde am 12. Februar 1913 laut Rosthorns Schilderungen in ostentativer Weise gefeiert, »indem vor dem Haupteingang des Kaiserpalastes ein Triumphbogen errichtet und unter demselben das Abdankungsedikt öffentlich ausgestellt worden war. Die geweihten Stätten des Himmels- und des Ackerbautempels waren dem Publikum geöffnet, und auf den Altären wurden Erfrischungen und Zigaretten feilgeboten[35]«. Nach Rosthorns Eindruck wollte man »der Hauptstadt und dem Reiche demonstrieren, daß nicht bloß die Dynastie abgewirtschaftet hat, sondern auch alle Traditionen tot sind, aus welchen der monarchistische Gedanke von jeher seine Sanktion und seine Autorität geschöpft hatte[36]«.

Zweifellos war das kaiserliche Gepränge den auswärtigen Beziehungen Chinas als gewohntes Stilelement verlorengegangen. Dies kann an den Noten demonstriert werden, mit denen das kaiserliche und das republikanische Regime die Ernennung ein und derselben Person zum chinesischen Gesandten in Wien ankündigten. 1910 wählte man folgende Formulierungen:

Der oberste Praesident des Wai-wu-pu etc. und Prinz ersten Ranges Ch'ing in Sachen einer offiziellen Note:
Am 24. Tage des 7. Monates des 2. Jahres Hsüan Tung (28. August 1910) langte das folgende kaiserl. Edikt herab: »Shen jui lin *(auch*

Shen soen ling) . . . wird zum Gesandten in Oesterreich-Ungarn ernannt. Gehorchet!«
Wir denken das Edikt in Ehrfurcht abschreiben und dem Herrn stellvertretenden Gesandten mitteilen zu sollen, damit Sie davon Kenntnis nehmen und das Ministerium des Aeussern Ihres werten Landes informieren.
Eine notwendige offizielle Note.
Mitgeteilt wie oben.
An den Herrn k. u. k. oesterr. ungar. stellvertretenden Gesandten Ritter von Storck.
Hsüan Tung 2. Jahr, 7. Monat, 25. Tag (29. August 1910)[37].

1913 begnügte man sich mit folgender, weit prosaischeren Version:

Der Minister des Aeußern Sun an den Oesterr.-ungar. Geschäftsträger Grafen Des Fours. Peking, 10. December 1913.
In einer Depeschenangelegenheit. Am 9. Tage des 12. Monates des 2. Jahres der Republik erhielten wir die Verordnung des Präsidenten, wonach Shen Sui Lin zum bevollmächtigten Minister nach Oesterreich-Ungarn ernannt wird. Der erwähnte Minister ist lange in Ihrem Lande gewesen, er genießt allgemeines Vertrauen und dürfte sein Verbleiben im Amte nutzbringend sein und das freundschaftliche Verhältnis fördern.
Es ist angemessen, dies Ihnen in dieser Note mitzuteilen, damit Sie dieselbe an Ihre Regierung weiterleiten.

Doch blieben Chinesen Chinesen, und wer geglaubt hatte, daß sich mit der Monarchie auch das chinesische Gefühl für Protokoll und Förmlichkeiten überlebt hatte, sah sich gründlich getäuscht. Als der österreichische Kreuzer *Elisabeth* aus Anlaß der Inaugurationsfeier der chinesischen Republik Salut feuerte, zeitigte dies ein in altbewährten Formen vollendeter chinesischer Höflichkeit gehaltenes Dankschreiben des chinesischen Marineministeriums:

Aus Anlaß der Präsidentenwahl fand am 10. d. M. die Inaugurationsfeier statt. Gestern ist ein Schreiben des kommandierenden Admirals eingelangt, daß ein in Chefoo vor Anker liegendes Kriegsschiff Ihres geehrten Landes am Vortage Salut feuerte.
Als wir dies hörten, waren wir von tiefer Dankbarkeit erfüllt und bitten, daß die freundlichen und aufrichtigen Beziehungen Ihres werten Landes zu unserem Lande sich befestigen und immer freundlicher gestalten mögen. Dies ist unser außerordentlich eifriges Flehen.
Wir senden dieses spezielle Schreiben, um unseren Dank auszusprechen und zu ersuchen, daß Sie, geehrter Herr Gesandter, Ihre werte Regierung, den Marineminister und jedes Kriegsschiff von unseren Dankgefühlen in Kenntnis setzen mögen.

Schlußformel
Marineministerium

27. 10. 1913
An Seine Excellenz
den Herrn k. u. k. Gesandten Herrn von Rosthorn

Die chinesische Republik war übrigens recht kurz vor diesen ihr zu Ehren abgefeuerten Salutschüssen von Österreich-Ungarn anerkannt worden. Die Genehmigung dazu wurde der österreichischen Gesandtschaft zwar schon im Juli 1913 erteilt, doch folgte man einer japanischen Anregung, nach der die ausländischen Gesandtschaften in Peking diesen Schritt untereinander abstimmen sollten. Die an der Frage der Anerkennung des neuen Regimes überaus interessierte japanische Regierung war nicht nur über ihren Pekinger Vertreter beim Gesandten Rosthorn vorstellig geworden, sondern hatte wie in anderen Hauptstädten auch in Wien überdies durch ihren Gesandten ein Aide-mémoire übergeben lassen, was einen mit 12. März 1912 datierten Erlaß an Rosthorn herbeiführte, welcher ihn ermächtigte, »im Sinne des japanischen Vorschlages mit Ihren Kollegen, von welchem der deutsche Gesandte bereits eine analoge Instruktion besitzt, über die einschlägigen Fragen das Einvernehmen herzustellen[41]«. So dauerte es bis zum 6. Oktober 1913, ehe dem chinesischen Außenminister Sun Baoqi die Anerkennung durch Österreich-Ungarn bekanntgegeben wurde[42].

B. Schußwaffen – Salonzünder – Seife – Schiffe – Die Entwicklung der Handelsbeziehungen bis zum Ersten Weltkrieg

Österreichs Hauptinteresse an China galt auch nach dem Sturz der Mandschu-Dynastie dem Handel. Trotz verschiedenster Bemühungen hatten die österreichischen Kaufleute im Fernen Osten nie so recht Fuß gefaßt. Um so freudiger überrascht war Fregattenkapitän Khittel von der auf Ostasienexpedition befindlichen Korvette *Zrinyi*, als er im Juli 1890 im Hafen von Shanghai den Handelsdampfer eines in China angesiedelten Österreichers entdeckte. Das Schiff hieß *Aushin-Maru* und gehörte dem in Wuhu etablierten Herrn Krips, wie Khittel von dem an Bord gekommenen englischen Kapitän erfuhr. Das Schiff hatte eine Wasserverdrängung von ca. 700 Tonnen, zwei englische Kapitäne und eine chinesische Mannschaft. Stolz notierte Khittel die Erfolge und Absichten Krips', dieses Pioniers österreichischer Reedertätigkeit in China:

Der Eigentümer hatte, wie man gerne vernahm, mit diesem Schiff sehr gute geschäftliche Erfolge gehabt und trug sich, dem Vernehmen nach, mit der Absicht, noch zwei weitere solcher Dampfer anzuschaffen, die ebenfalls unter heimischer Flagge in den ostasiatischen Gewässern in Thätigkeit treten sollten[43].

Doch ach, es sollte nicht so kommen. Der wackere Konsul Haas, der mit der *Zrinyi* noch die Reise zu den nördlichen Häfen und nach Korea mitmachen wollte, wurde, als er mit der Korvette von einer Jangtse-Fahrt zurückgekehrt war, aus einem Grunde zum Verbleiben in Shanghai veranlaßt, der, laut Formulierung Kapitän Khittels, »das patriotische Gefühl der Angehörigen der *Zrinyi* tief verletzen mußte«. Über die näheren Umstände dieser Attacke auf seine patriotischen Gefühle und die seiner Besatzung gibt er folgenden Aufschluß:

> . . . Diese Ursache war nämlich der betrügerische Bankrott der Firma Krips, infolge dessen das schleunige amtliche Eingreifen von Seite des k. u. k. Generalkonsulates nothwendig geworden war. Der Inhaber dieser Firma war mit Hinterlassung sehr bedeutender Schulden flüchtig geworden, und es sollten sich seine in betrügerischer Weise eingegangenen, uneingelösten Verpflichtungen auf 180.000 Taels belaufen. Der unter unserer heimischen Flagge fahrende Dampfer *Aushin Maru*, sowie die der Firma gehörenden Anlege-, Depot- und Warenhulks zu Wuhu mußten sequestriert und die Invigilierung nach dem, wie es hieß, nach Korea geflüchteten Bankrottier eingeleitet werden. Man kann leicht ermessen, mit welchen Gefühlen ein so schmählicher Zusammenbruch eines vielversprechenden, unter unserer nationalen Flagge inaugurierten Unternehmens an Bord der *Zrinyi* aufgenommen wurde[44].

Krips wählte Korea, das »Land der Morgenstille«, um über seine kommerziellen Taten den Mantel des Schweigens zu breiten. Als Chinese verkleidet, kam er stilecht an Bord einer Dschunke in das Nachbarland Chinas, und es bedurfte »aller Energie und Umsicht seitens des k. u. k. Consuls Haas und der thätigsten und geschicktesten Beihilfe des k. deutschen Consuls Krien«, um die Verhaftung von Krips und seine Auslieferung an das k. u. k. Konsulargericht in Shanghai durchzusetzen[45].

Auch von den anderen österreichisch-ungarischen Kaufleuten reüssierten wenige in großem Rahmen. Einer, der ab 1890/91 im Auftrag des Österreichisch-Ungarischen Exportvereins in Shanghai sein Glück versuchte, war Gustav Kremsir. Nach vier Jahren wechselvollen Geschicks sandte er dem Verein einen ausführlichen, mit 10. Dezember 1894 datierten Bericht, der auf alle Schwierigkeiten und Besonderheiten der Aufgabe, der er sich unterzogen hatte, einging. Daß seine Mission nicht leicht war, lag, wie er betonte, keineswegs am Charakter des chinesischen Handelstreibenden:

> Es ist seine beste Eigenschaft, daß er ein honetter Kaufmann ist, ein Mann von Wort. Wie immer ein Contract ausfällt, er respectirt das Siegel, welches er einem perfect gewordenen Geschäftscontracte beisetzt, und er hat vom gegebenen Worte eine so hohe Meinung, daß er

seinerseits gar keine schriftliche Bestätigung des Abschlusses verlangt. »Puti book[46]«, sagt er, das heißt, der Europäer möge den Abschluß in seinem eigenen Buche eintragen, das genügt[47].

Doch um so mehr hatte Kremsir über seine eigenen Landsleute zu klagen. Er warf den österreichischen Industriellen vor, sie würden »im stolzen Bewußtsein ihres Wertes erwarten . . ., daß man ihnen selbst entgegenkommt[48]«. Dies war eine um so verfehltere Haltung, als Österreich-Ungarn nach Kremsirs Angaben in China ohnehin wenig bekannt war und z. B. Gulden oder Kronen in China im Gegensatz zu Pfund, Francs oder Reichsmark gar nicht notierten[49]. Die Halbherzigkeit der österreichischen Fabrikanten war nicht dazu angetan, Österreich in China mehr kommerzielles Profil zu verschaffen. Als kennzeichnendes Beispiel führte Kremsir an, daß er sich mit der Bitte um Offerten für »Affectionsgeschenke« von chinesischen Würdenträgern zum sechzigsten Geburtstag der Kaiserin-Witwe Ci Xi in erster Linie an österreichische Firmen, vorsichtshalber aber auch an Geschäftshäuser in Paris und Berlin gewandt habe. Aus Frankreich und Deutschland seien ihm binnen kürzester Zeit von kolorierten Skizzen und Zeichnungen begleitete präzise Angebote zugekommen. Von den angesprochenen österreichischen Unternehmen habe kein einziges geantwortet[50]. Und kam es einmal dazu, daß österreichische Firmen sich engagierten, so geschah dies oft in Verkennung des chinesischen Marktes:

> Es hätte sonst nicht vorkommen können, daß ich von Fabrikanten, bei welchen ich persönlich entzückend schöne figuralische Gegenstände aussuchte und mitnahm, gelegentlich der bestellten Nachsendung einfache Caricaturen und Mißgeburten zu lächerlichen Preisen nachgeschickt bekommen habe. Gegenstände, welche hier wie anderwärts unverkäuflich sind und selbst bei Auction ohne Limit keinen Käufer gefunden haben[51].

Ohne Kataloge, ohne die regelmäßige Entsendung von Vertretern, meinte Kremsir, könne die österreichische Industrie nicht rechnen, in China zu Erfolg zu kommen[52]. Er selbst habe trotz seiner Nationalität und seines besonderen Auftrages aus Gründen der Selbsterhaltung Österreich beim Einkauf neuer Waren beiseite lassen müssen[53]. Damit waren eigentlich die wesentlichen Gründe umrissen, die auch später noch für die mangelhafte kommerzielle Präsenz Österreich-Ungarns in China verantwortlich waren.

Der österreichische Generalkonsul in Shanghai, Josef Ritter von Haas, argumentierte in seinem am 11. Dezember 1895 vor der Plenarversammlung des Österreichisch-Ungarischen Exportvereins in Wien gehaltenen Vortrag sehr ähnlich und betonte, daß dem österreichischen Handel in China eben die dort ansässigen Österreicher fehlten:

Von dem größeren Theile, der nach China gelangt ist, um »soi disant« sein Glück zu versuchen, war es besser und gescheidter, daß er recht bald dieses Versuchsfeld wieder verlassen hat. Die dort ausgeharrt haben, sind liebe brave Landsleute, höchst ehrenwerte Charaktere; von einigen würde ich in ihrem Interesse höchstens nur wünschen, daß sie mehr philosophisch seien, sich den augenblicklichen Umständen bequem fügen, dabei aber mit ihrem Fleiße und ihrer geschäftlichen Gewandtheit beharrlich das Ziel ihrer Lebenszukunft in China vor Augen halten[54] ...

Den Idealtyp eines österreichischen China-Kaufmannes beschrieb Haas als »physisch und moralisch solid, nüchternen Charakters, nicht zu sanguinisch, nicht zu pessimistisch ...«. Gleichzeitig warnte er vor der Ermutigung von »Früchterln und sonstigen catilinarischen Existenzen[55]«.

Doch trotz dieses amtlichen Zuredens ging es mit dem Zuzug von Österreichern nach China nicht so recht aufwärts. In allen chinesischen Vertragshäfen gab es im Jahre 1890 insgesamt 88 Österreicher und Ungarn sowie drei von solchen betriebene Firmen. 48 Personen davon lebten in Shanghai[56]. Der Stipendiat des Wiener kaufmännischen Vereines, Emil Fischer, zählte in Shanghai in den Jahren vor der Jahrhundertwende bloß zwanzig »wirkliche Österreicher«, aber rund tausend Deutsche[57]. Im 20. Jahrhundert war dann bis zum Kriegsausbruch ein leichtes Anwachsen der österreichischen Residenten und Firmen in China zu verzeichnen. Von den 27.227 Fremden im China des Jahres 1904 waren 205 Österreicher[58]. 1914 hielten sich in Shanghai 150, in Südchina dreißig, in Tianjin fünfzig, in Peking zwanzig, in Charbin 400[59] und im Innern zwanzig Österreicher auf. Dem standen 77 Chinesen in Österreich-Ungarn gegenüber[60].

Mit der Präsenz österreichischer Schiffe in chinesischen Häfen verhielt es sich ähnlich. Laut Berichten der österreichischen Kriegsmarine ist während des Jahres 1889 kein einziges Schiff unter österreichisch-ungarischer Flagge in den Hafen von Shanghai eingelaufen[61]. 1890 waren es dann zehn Dampfer und 1891 31 (England: 1404 bzw. 1525, Deutschland 214 bzw. 243)[62], was in erster Linie darauf zurückzuführen sein dürfte, daß der Österreichische Lloyd damals gerade seine Ostasienlinie auf Shanghai ausgedehnt hatte. Trotz dieser Steigerung betrug der Anteil Österreich-Ungarns 1904 an der Gesamttonnage der in chinesischen Häfen eingelaufenen Schiffe bloß 0,25% (Großbritannien 51,5%, Deutschland 12%, Frankreich 2%)[63].

Wie bereits früher hervorgehoben wurde, war es ein Teil der Aufgaben der auf Ostasienexpedition befindlichen Schiffe der k. u. k. Kriegsmarine, zu erkunden, ob eine Ausdehnung des Liniendienstes des Lloyd auf Shanghai tunlich sei. Schon im Herbst 1879 hatte man die Linie Triest–Bombay bis Colombo und Anfang 1880 bis Singapur erweitert. Noch im selben Jahr erfolgte die Verlängerung des Liniendienstes bis Hongkong, wobei neun Reisen in Abständen von je sechs Wochen über

Bombay nach Hongkong durchgeführt wurden[64]. Über die Opportunität einer Ausdehnung der Routen des Lloyd auf Shanghai bestand keine Einigkeit. Das Hongkong-Geschäft hatte sich gut angelassen. »Der Österreichisch-Ungarische Lloyd hat für seine periodischen Fahrten zwischen Triest und Hongkong nicht nur immer vollauf Fracht«, meldete Fregattenkapitän von Spetzler im Juli 1885, »sondern wird solche auch bei Vermehrung seiner Fahrten mit ziemlicher Sicherheit gewärtigen können[65].« In dem aus Macao gebürtigen chinesischen Kaufmann Xie (Tse Yat) hatte der Lloyd übrigens gleich bei der Entsendung seines ersten Dampfers nach Hongkong einen sehr bemühten chinesischen Partner gefunden. Nach dem Berichte des Konsuls Post aus Hongkong zeichnete er sich, »obwohl er nie in der Monarchie war, durch eine bewunderungswürdige Anhänglichkeit und Begeisterung für unser Erlauchtes Allerhöchstes Kaiserhaus und Österreich-Ungarn aus, ein Patriotismus, welcher jedem Einwohner der Monarchie nur zur Ehre gereichen könnte[66]. . .«. Tse Yats treue Dienste wurden nach mehr als dreißig Jahren mit der Verleihung des Goldenen Verdienstkreuzes mit der Krone durch Kaiser Franz Joseph gewürdigt, wofür dieser mit gerührten Worten dankte (»Ehrfurchtsvoll nahe ich den Thronesstufen, schlage mein Haupt zu Boden und wage meinen tiefgefühlten Dank für die unermeßliche Gnade Seiner Majestät, des Kaisers von Österreich und Königs von Ungarn, zu stammeln« etc. etc.[67]). In seinem Ansuchen vom 4. Juni 1906 bezüglich der Ordensverleihung für Tse Yat hatte der österreichische Konsul betont, hätte man die Ratschläge dieses verdienten Vertreters österreichischer Interessen verfolgt, »so würde der Österreichische Lloyd längst nicht mehr jene bescheidene Rolle im ostasiatischen Schiffsverkehre spielen, welche ihm heute zukommt, sondern würde er an Bedeutung und Geschäftsumfang dem Norddeutschen Lloyd oder der Hamburg-Amerika-Linie nicht nachstehen[68]«. So aber brachte die nur zögernd Anfang der neunziger Jahre begonnene Berücksichtigung Ostasiens keine sonderliche Profilierung des Österreichisch-Ungarischen Lloyd als Ostasienlinie. Etwa einmal im Monat lief ein Fracht- und Passagierdampfer Shanghai an[69]. Doch während das Echo bei den Passagieren im allgemeinen recht gut gewesen ist, war der Österreichisch-Ungarische Lloyd wegen seiner Unpünktlichkeit sogar bei österreichischen Kaufleuten geradezu gefürchtet[70].

Ebensowenig wie der Österreichische Lloyd ist eine weitere Institution, in die man kommerzielle Hoffnungen gesetzt hatte, dem österreichischen China-Handel zugute gekommen: die österreichische Konzession in Tianjin. »Dort, wo die schlechten Straßen anfingen, begann unser Settlement«, sagten uns die beiden befragten ehemaligen Angehörigen der k. u. k. Kriegsmarine übereinstimmend[72]. Abgesehen von den amtlichen Gebäuden waren alles niedrige chinesische Häuser, und unter den 30.000 bis 40.000 Einwohnern traf man nicht mehr als zehn geborene Österreicher[73]. Da die Steuern aber in der österreichschen Konzession niedriger waren als in der Chinesenstadt, hatte dies einen Zustrom

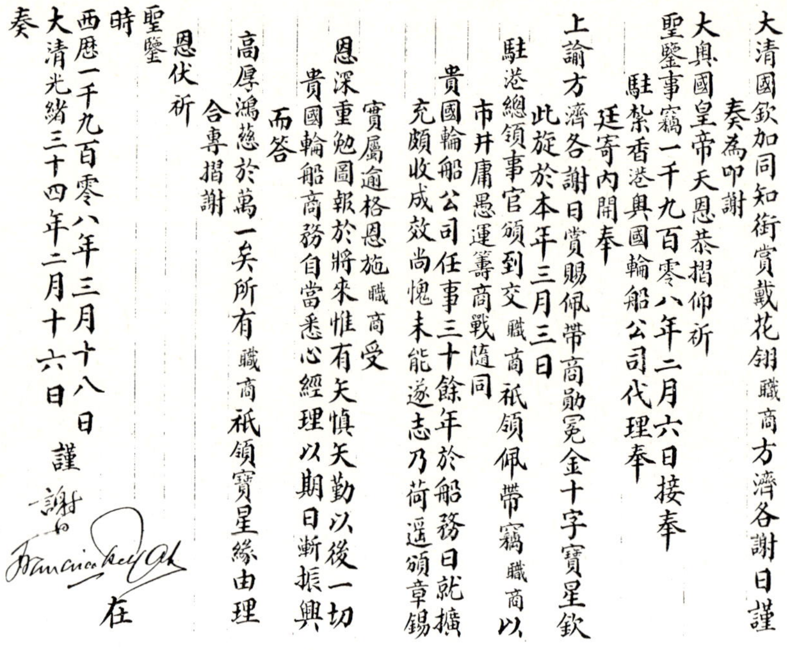

大清國欽加同知銜賞戴花翎職商方濟各謝日謹
奏為叩謝
大興國皇帝天恩恭摺仰祈
聖鑒事竊一千九百零八年二月六日接奉
駐紮香港輿國輪船公司代理奉
廷寄內開奉
上諭方濟各謝日賞賜佩帶商勛冕金十字寶星欽
此旋於本年三月三日
駐港總領事官領到交職商祇領佩帶竊職商以
市井庸愚運籌商戰隨同
貴國輪船公司任事三十餘年於船務日就擴
充頗收成效尚愧未能遂志乃荷遥頒章錫
實屬逾格恩施職商受
恩深重勉圖報於將來惟有矢慎矢勤以後一切
貴國輪船商務自當悉心經理以期日漸振興
而答
高厚鴻慈於萬一矣所有職商祇領寶星緣由理
合專摺謝
恩伏祈
聖鑒
時
西歷一千九百零八年三月十八日
大清光緒三十四年二月十六日謹
謝
在
奏

Für die Übersetzung dieses Dankschreibens zeichnet Erwin von Zach verantwortlich
(Haus-Hof- und Staatsarchiv)

Dankadresse des Herrn *Francisco Tse-yat,* kaiserlichen chinesischen Titular-Sub-präfecten und Besitzers der Pfauenfeder.

Ehrfurchtsvoll nahe ich den Thronstufen, schlage mein Haupt zu Boden und wage meinen tiefgefühlten Dank für die unermessliche Gnade Seiner Majestät des Kaisers von Österreich und Königs von Ungarn zu stammeln. Nachdem ich am 6. Tage des 2. Monates 1908 durch den in Hongkong stationierten Agenten der Dampfschiffahrtsgesellschaft des österr. Lloyds von der Allerhöchsten kaiserlichen Entschließung, mir das Goldene Verdienstkreuz mit der Krone Allergnädigst verleihen zu wollen, benachrichtigt worden bin, wurde mir am 3. Tage des 3. Monats die hohe Auszeichnung samt Decret durch den in Hongkong residierenden österreichisch-ungarischen Consul feierlichst überreicht. Obwohl ich ein Mann ohne Fähigkeiten bin, habe ich während mehr als 30 Jahre im Interesse der Dampfschiffahrtsgesellschaft des Lloyds zu wirken gesucht und war mein Streben, wie ich glaube, auch theilweise von Erfolg begleitet. Angesichts der hohen Auszeichnung, die mir nun zu Theil geworden, schäme ich mich nur, nicht mehr geleistet zu haben. Mein ganzes Trachten wird daher darauf gerichtet sein, mich der außerordentlichen Gnade würdig zu erweisen und auch in aller Zukunft nach besten Kräften die Handelsinteressen der Monarchie zu fördern und zu unterstützen.

Möge Seine kaiserliche und königlich Apostolische Majestät geruhen in diese Dankadresse Einsicht zu nehmen.

Hongkong, 18. März 1908 =
16. Tag des 2. Monats des 34. Jahres Kwang-hsü.
Folgt Unterschrift: Francisco Tse-yat m. p.

Angehörige des österreichischen Marinedetachements und chinesische Hilfspolizisten in Tianjin (Archiv der ÖGCF)

von Geschäftsleuten zur Folge. 1905 bargen sich daher in Tianjin unter den Schwingen des Doppeladlers: sechzehn Wirts- und Gasthäuser, fünf Brennereien, drei Theater und Singhallen, vier Tee- und Badehäuser, 27 Opiumläden, 560 Rikschas, 3000 Radkarren, 110 Wagen und 70 Boote[74].

Klein will bei seiner Besichtigung festgestellt haben, daß die Chinesen mit der österreichischen Verwaltung sehr zufrieden gewesen seien. Solche Aussagen von europäischer Seite sind immer mit Vorsicht zu genießen, aber im konkreten Falle mag Kleins Behauptung sogar teilweise zutreffen. Trotz Doppeladler und Schwarz-Gelb war die Konzession nämlich kommerziell fest in chinesischer Hand geblieben. Österreichische Firma hatte Klein keine einzige angetroffen. Dafür war ein Mann namens Chen Hoh-chen nicht nur chinesischer Sekretär der Niederlassung[75], sondern zugleich auch Aufsichtsrat der Hotung-Baugesellschaft sowie Teilhaber an verschiedenen innerhalb und außerhalb der Konzes-

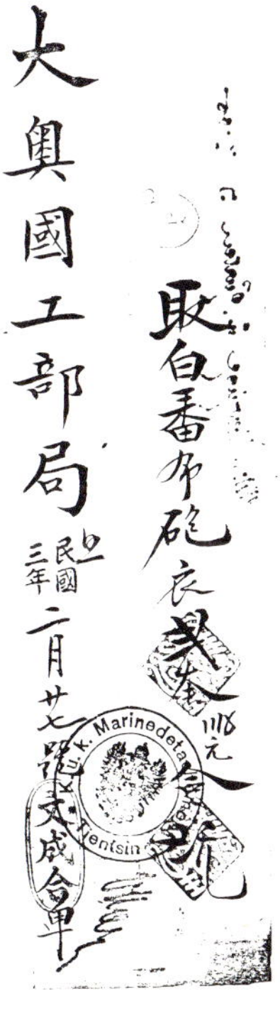
大奥國工部局
取白番布砲衣
k.u.k. Marinedeta
Tientsin

Wäscherechnung für das k.u.k. Marinedetachement in Tianjin (Archiv der ÖGCF)

Der Beihe im österreichisch-ungarischen Settlement in Tianjin
(Klein, Nordamerika und Ostasien, Bd. II).

sion gelegenen Geschäftsunternehmungen, wobei er zur Verfolgung seiner Geschäftsinteressen eifrig von seiner offiziellen Stellung Gebrauch machte[76]. In das von Bevölkerung und Charakter her rein chinesische Gebiet investierte Österreich-Ungarn zwar keine Riesensummen, mußte

Settlement, Tianjin (Archiv der ÖGCF)

Die Hauptstraße Xinlong-jie im österreichisch-ungararischen Settlement in Tianjin

aber doch für die Gehälter der Beamtenschaft, der Wachen, der chinesischen Hilfspolizisten usw. aufkommen.

Das Polizeistrafrecht und die niedere Gerichtsbarkeit wurde vom Settlementsverwalter, einem österreichischen Marineoffizier, ausgeübt, die hohe Gerichtsbarkeit über Chinesen blieb dem chinesischen Statthalter vorbehalten. In der k. u. k. Marine erzählte man sich, daß die dem österreichischen Offizier von den Chinesen unterbreiteten Rechtsfälle ständig zunahmen. Hatten die Österreicher das Querulantenviertel von Tianjin erwischt? Die Lösung lag bei der am Ende der Mandschu-Dynastie notorischen Bestechlichkeit der chinesischen Richter. Beim österreichisch-ungarischen Detachement-Kommandanten war die Angelegenheit hingegen gratis, der Spruch erfolgte rasch und ohne bürokratisches Beiwerk. Das hatten die ökonomisch denkenden Chinesen bald herausgefunden, und so kamen immer mehr Einwohner der an das österreichische Settlement angrenzenden Bezirke auf die Sparidee, ihre Streitfälle dem österreichischen Marineoffizier zu unterbreiten[77]. Si non e vero . . .

Tatsache ist jedenfalls, daß die österreichischen Marineangehörigen sich mit Erfolg um Ruhe und Sicherheit im österreichischen Settlement bemühten. Die chinesischen Verordnungen, welche die Einschränkung des Opiumrauchens und des Glücksspiels betrafen, wurden von ihnen mit Erfolg durchgesetzt. Die Opiumläden, welche Dr. Klein noch 1905 verzeichnet hatte, dürften schon wenig später nicht mehr floriert haben. Der Bericht des österreichischen Konsuls in Tianjin, Bernauer, wies nämlich nach dem Ausscheiden des k. u. k. Linienschiffsleutnants und Detachement-Kommandanten Albert P. Homayr im Sommer 1908 darauf hin, die Unterdrückung des Opiumrauchens in der Niederlassung sei eine harte Arbeit gewesen, »der sich jedoch Herr Homayr mit Geschick und vielem Fleiße und großem Erfolge unterzog[78]«. Der Linienschiffsleutnant Hugo Accurti fungierte nach Beendigung seiner Amtszeit als Sekretär der Niederlassung und erwarb sich solche Beliebtheit, daß der eifersüchtige junge Vizekonsul Kobr das Außenamt ersuchte, von Accurti über die Marinesektion betriebene Auszeichnungswünsche für chinesische Honoratioren des Settlements nicht zu unterstützen, um nicht dadurch »seine Popularität bei gewissen Kreisen der hiesigen chinesischen Bevölkerung zu festigen[79]«.

Später löste das Spannungsverhältnis zwischen Kobr und Accurti ein peinliches Schauspiel aus, da Kobr den Niederlassungssekretär der Unterschlagung beschuldigte und ins Konsulatsgefängnis sperren ließ. Erst das mutige Eingreifen Arthur von Rosthorns schützte den verdienten Offizier vor weiterer Verfolgung[80]. Das zeigt, daß die österreichische Administration des Settlements letztlich doch nicht die Gewähr für jene positive Entwicklung gab, wie man sie sich anhand einiger der oben geschilderten Fakten hätte erwarten können. Wer weiß, was die im Zeichen des Doppeladlers verwalteten Chinesen nach der Erfahrung einiger weiterer Jahre über die Donaumonarchie zu sagen gewußt hätten ... Doch die Gelegenheit dazu wurde durch die chinesische Kriegserklärung und die Übernahme der Konzession im Jahre 1917 unterbunden.

Damit scheint die Bilanz der österreichischen Präsenz in Tianjin zu ergeben, daß die Donaumonarchie bei der ganzen Angelegenheit mehr Ausgaben als Einnahmen gehabt hat. Dies war gewiß nicht die Absicht der Personen in Wien, welche – fast alles war schon vergeben, man mußte doch zugreifen! – die Entscheidung zur Okkupation des Settlements gefällt hatten. Es kann daher auch von Österreich nicht als Verdienst beansprucht werden, wohl aber als Entschärfung des Charakters seiner ohnehin nur rudimentären kolonialen Vergangenheit in China.

Mag auch die Erfolglosigkeit des Tianjiner Unternehmens in der historischen Bilanz der österreichisch-chinesischen Beziehungen positiv zu Buche schlagen, in den Bilanzen der damals in China ansässigen österreichischen Firmen war dies nicht der Fall. Großhandelskaufleute internationalen Stils wurden damals in China von Österreich kaum gestellt. 1907 zählte der österreichische Konsul in Hongkong, Nikolaus Post, als in Shanghai befindliche Großhandelsgeschäfte nur die folgenden auf: H. Brandeis & Co., H. Kober & Co., H. Schwer & Co., L. Soyka & Co. (letztere Firma auch mit einer Filiale in Hankou[81]). Es scheint, daß der Österreicher im Fernen Osten mit mehr Erfolg als Detailhändler aufgetreten ist. Da gab es 1895 in Shanghai ein expandierendes Schnitt- und Kurzwarengeschäft sowie einen konservativen, feinen Schuhsalon, der vor allem Wiener Damenschuhe anbot[82]. Auch ein österreichischer Apotheker hatte sich in Shanghai erfolgreich etabliert[83]. In Shanhai-guan (Shanhaikwan) kochte ein aus Dalmatien stammender Gastwirt[84], und faßt man den Begriff von Gastronomie- und Beherbergungsbetrieben weit, so wäre noch jene Untertanin Kaiser Franz Josephs aus Krakau zu nennen, die in der Nähe der Jesuitenmission Zikawei eine Mischung von Tanzlokal, Restauration und Nobelbordell betrieb[85].

Die österreichischen Kaufleute in China brachten sich bescheiden und fast immer redlich fort. Sie waren kleine Fische im europäischen Gerangel um die Profite im Fernen Osten. Doch nein, es war ein Hai unter ihnen: Hermann J. Mandl, ein Mann, dessen Wirken in China unter dem Zeichen großer Gönner, großer Geschäfte und großer Skandale stand. Beim chinesischen Zolldienst erwarb sich Mandl die ersten Detailkenntnisse des Landes, in dem er zu reüssieren beabsichtigte. Danach begann er sich um die nötigen Verbindungen umzusehen, welche die Grundlage für seine späteren enormen geschäftlichen Erfolge bilden sollten. Ein Teilnehmer an der Expedition Széchenyis, Ritter von Kreitner, berichtete darüber:

> Zo-zung-tang *(Vizekönig, Anm. d. Aut.)* hat seinen Hofstaat um einen Würdenträger vermehrt, um mit den Mitgliedern der Expedition einen ununterbrochenen Verkehr unterhalten zu können. Diese Stelle eines Sekretärs bekleidet Herr Hermann Mandl, ein junger, strebsamer Wiener, der innerhalb kurzer Zeit die chinesische Sprache in Wort und Schrift erlernte und dann seinen Posten als Zollbeamter in Shanghai mit dem eines Günstlings des bedeutendsten Mannes in China vertauschte[86].

In der Folge baute der strebsame junge Wiener seine Kontakte zur hohen chinesischen Beamtenschaft derartig aus, daß er von Helmuth Stoecker in dem vom »inter-imperialistischen Kampf« handelnden Kapitel seines Buches *Deutschland und China im 19. Jahrhundert* einen besonderen Platz eingeräumt bekam[87]. Stoeckers nicht ohne Tendenz gegebener Bericht stellt Mandl folgendermaßen vor:

> In der vordersten Front dieses wirtschaftlichen und diplomatischen Dschungelkrieges standen neben den Diplomaten einige wenige mit allen Wassern gewaschene Agenten wie der Engländer Alexander Michie, der sich im Nebenberuf als Journalist und Schriftsteller betätigte und mitten im Kampf von Jardine Matheson zu den Deutschen überlief, und Hermann J. Mandl, geborener Österreicher, eine primitivere und brutalere Natur als Michie, der ebenfalls Jardine Matheson im Stich ließ und es bis zum Alleinvertreter Krupps in ganz China brachte[88].

In seiner Art muß Mandl jedenfalls ein Verkaufsgenie gewesen sein, denn bevor er ins Lager Krupps überging, brachte er das unwahrscheinliche Kunststück fertig, die in China schärfstens miteinander konkurrierenden Waffenfabriken Jardine Matheson, Armstrong, Creuzot und Krupp gleichzeitig zu vertreten und so von allen Seiten Profite einzuheimsen[89]. Zur Durchsetzung seiner großangelegten Projekte nahm Mandl allerdings durchweg deutsche diplomatische Unterstützung in Anspruch. Dies mag zum einen an den Machtverhältnissen, zum anderen aber auch an der Haltung Arthur von Rosthorns gelegen sein, der den Waffenhandel nicht als ein positives Element der österreichisch-chinesischen Beziehungen betrachtete. Als die österreichischen Skoda-Werke später einen größeren Auftrag aus China erhielten, soll Rosthorn es dem Vertreter der chinesischen Regierung nicht verhehlt haben, daß er privat den Einkauf österreichischer Waffen bedaure, »da dies später zu unwillkommenen Komplikationen führen und die guten Beziehungen beider Länder stören könnte. Wenn es China schon nicht zu vermeiden vermöge, im Ausland Waffen zu kaufen, dann solle es sie anderswo beziehen und nicht in Österreich[90]«. Als die Skodageschütze dann eingetroffen waren und die chinesische Seite aus diesem Anlaß ein Bankett gab, hat Rosthorn nach Angaben seines Schülers Reifler zur Verblüffung des Generals, der die Waffen übernommen hatte, in der Erwiderung auf dessen Toast seine geringe Begeisterung über diesen Handel zum Ausdruck gebracht und gleichzeitig die Hoffnung ausgesprochen, daß diese österreichischen Waffen von der Mandschu-Regierung nie gegen ihre chinesischen Untertanen gerichtet werden mögen[91].

Seitens der deutschen diplomatischen Vertreter Brandt und Ketteler erhielt Mandl hingegen in jeder Hinsicht die energischste Unterstützung. Sie verteidigten ihn in seiner Monopolstellung für Krupp sogar gegen deutsche Konkurrenten, denn er brachte das große Geschäft. In einem Bericht an das deutsche Außenamt vom 18. November 1889 wies der deutsche Gesandte, von Brandt, darauf hin, »Mandl sei es gelungen, während der beiden vergangenen Jahre Lieferungsverträge von annähernd zwölf Millionen Mark abzuschließen, und die deutsche Industrie habe daher kein Interesse daran, in die Klagen überflügelter Konkurrenten einzustimmen[92]«. Deshalb verteidigte die deutsche Gesandtschaft auch Mandl wie eine Löwin ihr Junges, als durch die Intrigen französischer Konkurrenten der Zensor Chi-jui Ende 1889 beim chinesischen Kaiser Anklage gegen Mandl wegen verschiedener behaupteter persönlicher und kommerzieller dunkler Punkte erhob[93]. Sie tat es mit Erfolg, gegen Mandl gerichtete Edikte mußten widerrufen werden, und Mandl dankte es seinen Protektoren, indem er weitere enorme chinesische Rüstungsaufträge für die deutsche Industrie ergatterte.

Österreichische Landsleute scheint Mandl gelegentlich gönnerhaft beraten oder auch unterstützt zu haben. Als Gustav Kremsir im Auftrag des Österreichisch-Ungarischen Exportvereins nach Shanghai kam, half er ihm, sich dort zu etablieren[94]. Die österreichischen diplomatischen und konsularischen Vertreter versorgte Mandl hie und da mit Informationen[95]. Seine brillanten Privatkontakte, die andere österreichische Kaufleute nicht besaßen, konnten für diese auch nicht durch offizielle und offiziöse Förderungsmaßnahmen wettgemacht werden, deren es gar nicht so wenige gab. 1901 wurde Dr. Erich Pistor als Fachberichterstatter des k. k. Handelsministeriums in Marsch gesetzt, um über die Marktsituation in Sibirien und Australien zu berichten. Dabei fiel auch für China einiges an Beobachtungen ab. Bezeichnend für die Einschätzung der Eigeninitiative österreichischer Industrieller ist folgender Passus in Pistors Bericht über seinen Aufenthalt in Hongkong:

> Hier hatte ich auch das unerhörte Erlebnis, tatsächlich und in persona einen österreichischen Fabrikanten zu treffen, der sich auf einer geschäftlichen Studienreise um die Welt befand[96].

Einige Jahre später war China sogar einer der Schwerpunkte einer weiteren, in offiziellem Auftrag unternommenen kommerziellen Erkundungsfahrt. Am 29. Januar 1905 brachte das Morgenblatt der *Neuen Freien Presse* eine kurze Notiz, wonach »der Handelsminister in einer Sitzung des Industrierates« eine baldige und seinen Fähigkeiten entsprechende Wiederverwendung des vor kurzem aus dem aktiven Staatsdienste geschiedenen k. k. Sektionsrates Dr. Friedrich Karminski in Aussicht stellte; dieser werde von der Regierung nach Amerika und Ostasien entsandt werden, um die dortigen Handels- und Verkehrsverhältnisse zu studieren[97]. Karminski wurde auf seiner Reise von dem k. k. Statthaltereikonzipisten Friedrich Klein begleitet, der seine Reiseeindrücke in zwei umfangreichen Bänden veröffentlichte[98]. Zur Tatsache, daß Österreich-Ungarn in der chinesischen Handelsstatistik so ziemlich an letzter Stelle stand, vermerkte Klein jene Kritik, die schon aus ähnlichen, aus dem 19. Jahrhundert stammenden Berichten bekannt war:

> Mangelnder Unternehmungsgeist, der Mangel an Leuten, die hinausziehen, um draußen den Bedarf zu studieren und unter heimatlicher Flagge Unternehmungen zu gründen, trägt die Schuld, daß unsere gewiß in hohem Maße leistungsfähige Industrie im Fernen Osten noch immer beinahe an letzter Stelle geht.
> Hieran trägt nicht mangelhafte diplomatische oder kommerzielle Vertretung die Schuld. Im Gegenteil, gerade unsere Diplomaten und Konsuln in China zählen zu den tüchtigsten ihres Standes, und es wäre nur zu wünschen, daß allenthalben Männer wie Rosthorn, Hirsch[99] und Post[100] wirkten. Schuld allein trägt hier der österreichische Kaufmann und Industrielle selbst, der sich endlich angewöhnen müßte, dem Beispiele seiner Konkurrenten zu folgen[101] ...

Doch die österreichischen Unternehmer konkurrierten zum Teil mehr untereinander als mit dem Ausland. Ein Beispiel dafür ist das lang betriebene und schließlich doch wieder verworfene Projekt einer österreichischen Bank in China, welche die österreichischen Lieferungen nach China sicherlich sehr erleichtert hätte. Der Zuckerindustrielle Dr. Victor Ritter von Bauer setzte sich 1905 nach der Heimkehr von seiner ersten Studienreise in den Fernen Osten gemeinsam mit den beiden österreichischen Direktoren der Russisch-Chinesischen Bank, Karl Benedickter und Wilhelm Droesemeier, für die Gründung einer österreichisch-chinesischen Bank ein[102]. Das Projekt wurde von dem damaligen österreichischen Geschäftsträger a. i. in China, Arthur von Rosthorn, um so wärmer unterstützt, als Benedickter »von dem gesunden Prinzip« ausging, »daß man, um das Unternehmen rentabel zu machen, die finanzielle Beteiligung der Chinesen zulassen müsse«. Rosthorn erntete damit nicht den Beifall seiner vorgesetzten Behörde[103], doch gelang es ihm trotzdem, am Ballhausplatz eine Konferenz der interessierten Bankdirektoren zustande zu bringen. Die Creditanstalt zeigte allerdings sofort gewisse Vorbehalte und verlangte vom anwesenden Sektionschef des Außenamtes die Garantie, daß Österreich nicht in einen Krieg verwikkelt werden würde[104]. Nach Ansicht Bauers war es dann auch die Creditanstalt, welche aus Furcht um ihr Geschäft und die ihrem Konzern angehörigen Exportfirmen den Justizminister Klein bestimmte, als Anwalt der Regierung die Verantwortung für die Unterstützung der Bank durch ein Silberdepot im Wert von zehn Millionen Kronen abzulehnen. Dies geschah 1906, zu einem Zeitpunkt, als an den schon in Shanghai anwesenden Direktor Droesemeier die telegraphische Anweisung ergangen war, den Betrieb aufzunehmen. Das Scheitern des Projektes war um so bedauerlicher, als in seinem Rahmen auch die Schaffung eines »Chinesisch-Österreichischen Klubs« vorgesehen war, welcher sich der Pflege der kulturellen Beziehungen beider Länder hätte widmen sollen[105]. Versuche, diesen Plan auf andere Weise doch noch zu verwirklichen, blieben ohne Erfolg. Ein von Mandl unterstütztes Projekt, dessen Startkapital allerdings fast zur Gänze von Wiener Banken aufgebracht werden sollte, scheiterte an deren Desinteresse[106]. Einem Vorstoß der Länderbank mangelte Beharrlichkeit und Risikobereitschaft. Der österreichische Gesandte Kuczynski vermerkte ärgerlich, daß in der Gesandtschaft betreffs Bankgründung allein zwischen 1908 und 1909 an die 200 Erledigungen angefallen seien, 120 zum größten Teil chiffrierte Telegramme, und es sei daher »doppelt bedauerlich, daß all die Mühe und all der Zeitaufwand zu keinem greifbaren Resultat geführt hat[107]«.

Auch eine andere Chance – diesmal von offiziöser chinesischer Seite geboten – blieb seitens der österreichischen Industrie weitgehend ungenutzt: die Nankinger Ausstellung im Jahre 1910. Zwei der zahlreichen Pavillons waren ausländischen Ausstellern reserviert worden. Den einen teilten sich England und Japan und den anderen Deutschland, die USA und Österreich-Ungarn. Der ursprüngliche Ausstellungsplan umfaßte Lampen der Firma R. Ditmar, verschiedene Produkte von Böhler, Sämaschinen der Firma Melichar & Brandeis, Pflugmodelle der Firma Rudolph Bäcker und in Shanghai hergestellte Seifen der Firma L. Soyka. Das Arrangement oblag dem Ingenieur Ludwig Fischer, der etwa ein Jahr davor als Vertreter mehrerer österreichischer Unternehmungen, vor allem aus dem Bereich der Maschinenindustrie, nach China gekommen war[108]. Doch eine Verschlechterung der Marktlage und Berichte über Unruhen veranlaßten Fischer, seine Zelte abzubrechen, und die meisten österreichischen Firmen, von ihrer Beteiligung ebenfalls abzusehen. Bloß Böhler blieb und wies das chinesische Ausstellungspublikum durch die

Ausstellung von Mannlichergewehren und Granaten vor allem auf seine militärischen Erzeugnisse hin[109].

Es war dann auch der militärische Bereich, in dem es mit staatlicher Unterstützung gelang, österreichischen Firmen zu größeren Exportaufträgen zu verhelfen. Österreichische Waffen hatten sich schon im 19. Jahrhundert in China eines guten Rufes erfreut, und während des Boxeraufstandes waren die ausländischen Entsatztruppen meist aus österreichischen Mannlichergewehren beschossen worden. Im 20. Jahrhundert versprach die Ausrüstung der chinesischen Armee und die der Flotte mit Kriegsschiffen besonders lukrativ zu werden. Also wurden chinesische Verantwortliche mit einem Seitenblick auf ihren Einfluß bei der Vergabe solcher Aufträge mit hohen österreichischen Orden bedacht[110].

Doch letztlich war es der greise Kaiser Franz Joseph selbst, der durch seine Bereitschaft, den Prinzen Tsai (Zai) zu empfangen, einen wichtigen Anstoß für die Bestellung von Geschützen und Schiffen in Österreich gab. Ob der österreichische Monarch den Prinzen empfangen würde, war schon im Zuge der Vorbereitungen für die chinesische Militärdelegation im Jahre 1910 Gegenstand starken chinesischen Interesses gewesen. Doch das österreichische Außenamt hatte auf diesbezügliche chinesische Anfragen vorerst nur ausweichend geantwortet[111]. In Berlin wurde Prinz Tsai »infolge des mittlerweile eingetretenen leichten Unwohlseins S. M. Kaiser Wilhelms in Höchstdessen Vertretung vom Kronprinzen empfangen[112]«. Wer das auch noch heute sehr ausgeprägte Protokollbewußtsein der Chinesen kennt, der kann sich leicht vorstellen, daß es Prinz Tsai als für sein Prestige und für den Erfolg seiner Reise sehr bedeutsam empfand, vom ältesten europäischen Monarchen empfangen zu werden. Und tatsächlich gab am 21. Juni 1910 das Oberstkämmereramt bekannt:

> Seine kaiserliche und königliche Apostolische Majestät werden die von Seiner kaiserlichen Hoheit dem Prinzen Tsai Tao geführte Militärstudienkommission, welcher sich auch der chinesische Kriegsminister Yin-Chang anschließen wird, am Sonntag, dem 26. Juni laufenden Jahres um elf (11) Uhr vormittags in der Hofburg zu empfangen geruhen und gestatten Allergnädigst, daß dieser Audienz auch der hiesige chinesische Gesandte Lei-Pou-Tong und der erste Sekretär seiner Gesandtschaft Tcheou-Tchouen-King, letzterer als Dolmetsch, anwohnen dürfen[113].

Nachdem man überdies den chinesischen Prinzen am Ankunftsbahnhof in Wien durch eine Ehrenkompanie *en parade* mit Musik und von einem Erzherzog begrüßen ließ und ihm für die Dauer seines Aufenthaltes einen Generalmajor, einen Oberst und einen Major als Ehrendienst zur Verfügung stellte[114], konnte Prinz Tsai mit Genugtuung vermerken, daß ihm Österreich-Ungarn »viel Gesicht« gegeben hatte. In der

Prinz Tsai Tao, Li Qingmai und König Victor Emmanuel III. von Italien
(Archiv der ÖGCF)

dem chinesischen Außenamt nahestehenden englischsprachigen Zeitung war denn auch nach der Vorbemerkung, die Periode in Österreich sei eine der erfolgreichsten der gesamten Reise der chinesischen Delegation gewesen, alles säuberlich aufgezählt: der Empfang bei Kaiser Franz Joseph, dessen hohes Alter, die in Wien erhaltenen Ordensauszeichnungen, die Zuteilung hochrangiger Offiziere zum Ehrendienst und

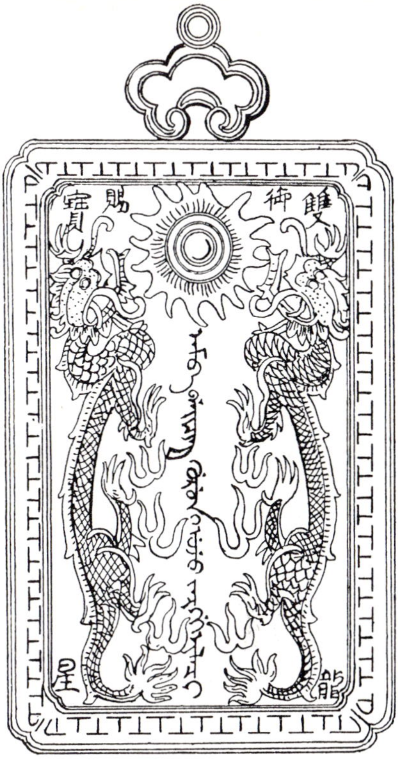

Für diesen chinesischen Drachenorden stellte der Hofjuwelier Rothe in Wien Stanzen her (Gritzner, Handbuch der Ritter- und Verdienstorden, Leipzig 1893

schließlich auch der Empfang am Bahnhof mit Ehrenkompanie und Erzherzog[115].

Als die chinesische Delegation am 29. Juni Budapest in Richtung Italien verließ, sah sie offenbar auf ihren Österreich-Aufenthalt mit Wohlgefallen zurück; vor diesem Hintergrund hoben sich dann auch die Kontakte mit Betrieben der österreichischen Schwerindustrie gefällig ab. Schon in Wien hatte Herr Skoda für die ganze chinesische Delegation im Sachergarten des Praters ein Essen gegeben und seine Gastgeberrolle später dann in Pilsen erfolgreich fortgesetzt. Außerdem waren Besichtigungen der Betriebe Steyr, Böhler und Hirtenberg sowie der ungarischen Waffenfabrik Manfred Weisz auf dem Programm[116]. Das Besichtigungsprogramm enthielt übrigens auch einen kulturellen Höhepunkt, nämlich den Besuch der Spanischen Reitschule.

Dieser chinesische Besuch machte nicht nur Österreich, sondern auch die österreichische Schwerindustrie in China bekannter, und da er zur chinesischen Zufriedenheit verlaufen war, förderte er die Bereitschaft zu größeren Bestellungen, was vor allem den Skoda-Werken[117] und österreichischen Werften zugute kam. Die Bestellung von Kriegsschiffen in Österreich war der größte Auftrag, der von China je an die Monarchie vergeben wurde[118]. Kriegsminister Yin Chang, der mit der chinesischen Militärmission nach Wien gekommen war, hatte schon im Sommer 1908 das chinesische Interesse erkennen lassen, Kriegsschiffe von Österreich als einer »neutralen Macht« zu beziehen, weil es mit England, Japan oder Deutschland einmal zum Kriege kommen könnte und jene Staaten dann im Besitze der Konstruktionspläne chinesischer Kriegsschiffe wären[119]. Bei den beauftragten Werften handelte es sich um *Cantiere Navale Triestino Monfalcone* und *Stabilimento Tecnico Trieste.* Die zuletzt genannte Firma hatte übrigens bereits 1906 zwei Fährschiffe *(Mandschuria* und *Mongolia)* an die chinesische Ost-Eisenbahngesellschaft geliefert[120]. In Monfalcone wurden 1913 drei leichte und ein schwerer Kreuzer auf Kiel gelegt, die jedoch wegen der exponierten Lage der Werft – nur wenige Kilometer von der italienischen Grenze entfernt – während des Krieges zu Schaden kamen und nicht mehr ausgeliefert werden konnten. Bis zum Beginn des Krieges mit Italien hatte die chinesische Regierung regelmäßig für den Bau der Kreuzer gezahlt, dann aber die Zahlungen eingestellt[121]. *Stabilimento Tecnico Trieste* erhielt gar einen Großauftrag von zwölf Zerstörern, von denen 1914 zwei, 1915 fünf und 1916 ebenfalls fünf ausgeliefert werden sollten[122]. In diesem Zusammenhang wurde vom chinesischen Staat bei einem durch Arnhold, Karberg & Co vertretenen österreichischen Bankenkonsortium ein Kredit von zwei Millionen Pfund aufgenommen[123]. Dasselbe Konsortium gewährte in einem zweiten Kontrakt zur Anschaffung von sechs weiteren Zerstörern einen Kredit von 1,2 Millionen Pfund. Diese Schiffe sollten von der Vulkan-Werft in Stettin gebaut, aber mit Skoda-Geschützen armiert werden[124]. Der erste Zerstörer der Triester Serie lief 1913 in San Marco vom Stapel und erhielt den Namen *Lung Tuan.* Noch während der Probefahrten brach der Krieg aus. *Lung Tuan* wurde für die österreichische Kriegsmarine beschlagnahmt und auf den weniger chinesisch klingenden Namen *Warasdiner* umgetauft[125].

Mit staatlicher Hilfe und im Rahmen der Rüstungsindustrie war also Österreich-Ungarn kurz vor dem Ersten Weltkrieg doch noch größer mit China ins Geschäft gekommen. Der Handel mit anderen Gütern blieb in bescheidenen Dimensionen und wurde zumeist nicht direkt, sondern über Firmen anderer europäischer Länder abgewickelt. Im 19. Jahrhundert hatten anfänglich Wiener Zündhölzer den chinesischen Markt dominiert, bis sie dann durch billigere Imitationsware zurückgedrängt wurden[126]. Ende 1904 erließ China aufgrund des Abkommens von 1902 Markenschutzbestimmungen, doch da waren die österreichischen Zünder schon aus ihrer Marktposition geworfen[127]. Später bezog China aus Österreich unter anderem Textilien, Lampen (Auerstrümpfe), Glas- und Eisenwaren sowie Seife[128]. Schon im 19. Jahrhundert machten sich auch die Möbel der bekannten österreichischen Firma Thonet in China einen Namen, und im Laufe der Zeit gelangten sie bis in die fernsten Winkel des Landes. Dem österreichischen Forschungsreisenden Dr. Zugmayer wurde 1906 sogar im chinesischen Turkestan im Haus des Gouverneurs auf einem Thonetstuhl Platz angeboten[129]. Andere Artikel waren für den Chinamarkt weniger geeignet. »Unser Sliwowitz soll keinen rechten Anklang gefunden haben . . .«, klagte etwa Linienschiffskapitän Müller[130]. Im Papierexport hingegen konnte sich Österreich

1906 sogar vor Deutschland an die Spitze setzen[131]. China exportierte nach Österreich vor allem Sesamsaaten, Häute und Felle, schwarzen Tee und Seidenprodukte[132].

In der Handelsstatistik blieb Österreich-Ungarn weit hinter anderen Mächten zurück. Sein prozentueller Anteil am gesamten Chinahandel betrug im Jahre 1913 0,58 Prozent und im Jahre 1914 0,39 Prozent. Das bedeutete den 17. Platz unter den am Chinahandel beteiligten Ländern[133]. Trotzdem sei noch von österreichischen Exporten etwas erwähnt, das zahlenmäßig nicht ins Gewicht fiel, aber dennoch von Interesse ist. Bei der Firma Rothe am Kohlmarkt in Wien befinden sich noch heute die Werkzeuge zur Herstellung des chinesischen Drachenordens. Geschäftsträger Storck hatte Beamten des chinesischen Außenamtes, die sich »nicht ganz zu Unrecht über das kotillonmäßige Aussehen ihrer chinesischen Dekorationen äußerten«, darauf hingewiesen, »daß dem leicht abzuhelfen wäre, in Wien eine Menge fremder Orden hergestellt würden, dazu eine Presse mit Stanzen verwendet werde, die man dort bestellen respektive kaufen könne[134]...«. Sein Ratschlag fiel auf fruchtbaren Boden, und er konnte nach der Ernennung des neuen chinesischen Gesandten für Österreich nach Wien berichten:

> Nunmehr hat das Wai-wu-pu durch Excellenz Shen diese Idee in einem in jeder Hinsicht erweiterten Maße aufnehmen lassen; es sollen neue chinesische Orden creiert werden, und der Gesandte nimmt selbst drei chinesische Silberschmiede nach Wien mit, die dort das Handwerk respektive die Bedienung der Stanzen und Maschinen ordentlich erlernen sollen. Die Zeichnungen für die neuen Orden hat der Gesandte scheinbar selbst entworfen. Ich glaubte Excellenz Shen, der mich um meinen Rat fragte, im Interesse des guten Wiener Geschmackes nahelegen zu dürfen – falls die Orden tatsächlich in der alten Kaiserstadt ihrer Neugestaltung entgegengehen und nicht zu chinesisch ausfallen sollen –, sich des fachmännischen Rates der Hofjuweliere und Ordensfabrikanten Mayer (Graben) und Rothe (Kohlmarkt) vielleicht durch Vermittlung unseres Kunstgewerbemuseums am Stubenring zu bedienen und habe ihm auch ein Empfehlungsschreiben an die Direktion dieser Anstalt in Aussicht gestellt.
>
> *Storck setzte noch mit partiotischem Stolz hinzu:*
>
> Daß man sich dieser Frage aus dem fernen China gerade nach Wien wendet, ist gewiß nicht bloß auf meine eingangs erwähnte ganz gelegentliche Anregung, sondern wohl in erster Linie auf die unvergleichliche Schönheit der österreichischen und ungarischen Ordensbijoux zurückzuführen, die den chinesischen Herren in letzter Zeit überdies in so munifizenter und reichlicher Weise Allergnädigst verliehen worden sind[135].

Der Export einer anderen Sorte von österreichischem Know-how konnte nicht durch Anleitung in Wien erfolgen, sondern mußte der

Natur der Sache wegen an Ort und Stelle in China vermittelt werden. Es handelt sich dabei um den Weinbau. 1904 traf Graf Alexander Hübner in Chefoo den österreichischen Baron Babo an, der sich dort schon seit einigen Jahren um die Anlegung von Weinkulturen bemühte[136]. So wurden die österreichischen Exporte nach China um die quantitativ geringe, aber qualitativ interessante Komponente zweier typischer Austriaca ergänzt.

C. Austausch von Wissen durch Studienaufenthalte und -reisen

Die vorher genannte Vermittlung von Kenntnissen im Bereiche der Ordensbijouterie und des Weinbaus schlägt die Brücke zu österreichisch-chinesischen Kontakten, welche der Förderung des Fachwissens in verschiedenen anderen Bereichen dienen sollten. An vorderster Stelle stand für China dabei die Aneignung militärischer Kenntnisse. Die Zuteilung chinesischer Offiziere zu österreichisch-ungarischen Regimentern begann schon im 19. Jahrhundert. 1897 findet sich die Notiz, daß der Lieutenant Hsü Ting Tchung aus dem k. u. k. Dienst entlassen worden sei[137]. Da die Fortsetzung dieser Übung in den Absichtserklärungen chinesischer Gesandter vor ihrer Reise nach Österreich an prominenter Stelle erwähnt wurde, scheint sie sich in chinesischen Augen bewährt zu haben[138]. Manche dieser Offiziere rückten später zu hohen Posten auf, wie Yin Chang, der Ende des 19. Jahrhunderts zwei Jahre lang beim 84. Infanterieregiment in Wien gedient hatte. Nach dem Bericht eines deutschen Besuchers scheint ihm jene Zeit recht gut gefallen zu haben:

> ... Wenn er aber von Wien erzählt, so haben seine Worte einen besonders herzlichen Klang. »O die liebe Stadt!« sagt er. Da sitzen wir nun im Yamen des Mandschu-Pädagogiums und tauschen gemeinsame Wiener Erinnerungen aus, ... reden wir vom Fasching und vom Kahlenberg und von der Regimentskapelle der Vierundachtziger, welche unter Komzaks Leitung Wiener Walzer spielte, wie man sie nie wieder in der Welt hören wird. »Das war eine schöne Zeit«, seufzt Yintchang[139]...

Yin Chang war damals Chef der Militärschule in Tianjin. Wie schon vor ihm der General und Vizekönig Zuo Zongtang[140] hatte er sich bei der Wahl der Uniform seiner Zöglinge österreichische Uniformen zum Vorbild genommen. Seine Kriegsakademiker trugen die granatroten Krägen der Vierundachtziger und eine dunkelblaue Bluse nach österreichischem Schnitt[141]. Yin Chang wurde später Gesandter in Berlin und kam schließlich in seiner Funktion als Kriegsminister mit der Delegation des Prinzen Tsai nach Wien[142]. Es fehlte aber auch nicht an sonstigen Hin-

Der »altösterreichische« Chinese Li Jiaxiang. Mit seiner Wiener Gastfamilie Breitenecker (Li hintere Reihe, zweiter von rechts; Archiv der ÖGCF)

weisen dafür, daß die Chinesen von der Armee Österreich-Ungarns beeindruckt waren. 1910 verliehen sie dem Verfasser des österreichischen Militärschematismus eine hohe Auszeichnung[143], und 1911 wurde ein k. u. k. Pionieroffizier als Instrukteur zur chinesischen Armee berufen[144]. Trotz dieser Sympathiebeweise gaben die Chinesen bei der militärischen Ausbildung allerdings Deutschland den Vorzug, und die Präsenz chinesischer Offiziere bei österreichischen Regimentern dürfte nicht allzu groß gewesen sein. Am Besichtigungsprogramm der chinesischen Militärmission unter Prinz Tsai Tao (Zai) nahmen bloß zwei »in Österreich-Ungarn kommandierte chinesische Leutnants« teil. Davon kam einer vom Dragonerregiment Nr. 15 und der andere von der Reitenden Artilleriedivision Nr. 2[145]. So hatten die österreichischen »Pfeifendeckel« (Ordonnanzen) nicht allzuoft Gelegenheit, die ehrerbietige Anrede zu gebrauchen, die in ihrem Kreise für die fremdländischen Offiziere erfunden worden war: »Pan Leitnant Chines«[146].

Aber auch über zivile Angelegenheiten der Donaumonarchie wollte man chinesischerseits Informationen sammeln. Das Eintreffen einer großen, nach Europa entsandten chinesischen Studienkommission wurde am 17. Mai 1906 gemeldet. Der Aufenthalt in Wien und Budapest trug dazu bei, Vorschläge für eine Reform des chinesischen Staatswesens zu fördern, was bald nach Rückkehr der Delegation ein kaiserliches Reformedikt zeitigte, zu dem auch Österreich-Ungarn beigetragen hatte:

> . . . Wenn man nicht in umfassender Weise für die Erweiterung der Kenntnisse und praktischen Erfahrungen im Reiche sorgt und eine Reform in Gesetz und Recht herbeiführt, so können Wir nach oben hin den wohlmeinenden Grundprinzipien Unserer Kaiserlichen Ahnen nicht gerecht werden, während Wir nach unten hin die auf die

dauernde Erhaltung der friedlichen Zustände gerichteten Hoffnungen und Wünsche von hoch und niedrig im Lande nicht erfüllen würden. Aus diesem Grunde entsandten Wir seinerzeit eine Anzahl hoher Würdenträger in das Ausland, welche die Regierungs- und Verwaltungseinrichtungen der verschiedenen Länder studieren sollten. Jetzt sind sie, Herzog Tsê an der Spitze, in die Heimat zurückgekehrt und haben ihre Berichte dem Thron unterbreitet . . .
Unter den gegenwärtigen Zeitverhältnissen müssen nun auch Wir uns beeilen, das Vorhandene sorgfältig zu prüfen, um nach dem Muster anderer Staaten eine Verfassung einzuführen[147]. . .

Am Tag des Kaiserjubiläumsfestzuges
(Archiv der ÖGCF)

Mit der Zeit kamen auch chinesische Missionen mit genauer spezifizierten Studienzielen nach Österreich. Während der Amtszeit von Außenminister Goluchowski studierte z. B. eine größere chinesische Mission das österreichische Sparkassenwesen. Der Ballhausplatz und die österreichische Gesandtschaft in Peking hatten an diesen Delegationen auszusetzen, daß sie oft mangelhaft vorbereitet »und meist nur aus Protektionsrücksichten, keineswegs nach dem intellectuellen und fachlichen Werte ihrer Mitglieder« zusammengestellt waren[148]. Von der Sparkassendelegation etwa meldete Gesandter Kuczynski, daß sie »ihrer Zusammensetzung nach auch den bescheidensten Ansprüchen nicht genüge«[149]. Ein anderes Handikap als das von Kuczynski genannte mag aber auch gewesen sein, daß den Delegationen nur wenig Zeit zur Verfügung stand. Hatten sie dagegen ausreichend Zeit, versetzten die lernwilligen Chinesen die Österreicher durch ihre Auffassungsgabe und ihr Anpassungsvermögen in Erstaunen. Paradebeispiel dafür ist Herr Li Jiaxiang, der, wie schon früher erwähnt, mit seinem der Gesandtschaft zugeteilten Vater nach Wien kam[150]. Im September 1906 wurde er in die Volksschule in der Argentinierstraße geschickt und schloß mit Fritzl Breitenecker, dem Sohn eines Wiener Baumeisters, Freundschaft. Einige Tage später kam Vater Breitenecker zu Vater Li und machte sich erbötig, ihm in Schulangelegenheiten behilflich zu sein. Als dann der junge Diplomat nach China zurückging, vertraute er seinen Sohn der Familie Breitenecker an, und diese nahm den chinesischen Buben wie ein Familienmitglied auf. Sogar den Kaiserjubiläums-Festzug machte der kleine Chinese mit – in einer gelben Jacke und mit einem Federhut auf dem Kopf war er Element des Bildes »Zigeunerwagentypen[151]«. Bei der Redoute, die auf den Festzug folgte, war Li als Akrobat angezogen und wurde sogar von dem präsidierenden Erzherzog freundlich begrüßt. Seine Mitschüler in der Argentinierstraße und später auch die von der Walter-Realschule nahmen ihren exotischen Kameraden gut auf. Sie wanderten mit ihm, nahmen ihn zum Heurigen mit und trieben mit ihm gemeinsam Sport. Der Wienerwald und das Klettern in den österreichischen Alpen behagten ihm sehr. Er wurde auch ein guter Fechter und kam in seinem Maturajahr 1916 in die Endrunde der österreichischen Säbel-Juniorenmeisterschaften. Im selben Jahr fuhr er heim nach Anhui, wo er den Schnee und das Schilaufen sehr vermißte. 1964 kam er von Hongkong, wo er sich nach dem Zweiten Weltkrieg etabliert hatte, wieder nach Wien. Den Garten der Familie Breitenecker in Inzersdorf fand er nicht mehr – dort stehen heute Gemeindebauten –, wohl aber die Wohnung auf der Wieden neben dem Hotel Triest. Seine gleichgebliebenen Vorlieben, welche er den Autoren bereitwillig bekanntgab, zeichnen ihn als den Chinesen aus, dessen Aufenthalt in Österreich-Ungarn von dem tiefstgreifenden und anhaltendsten Austrifizierungserfolg begleitet war: Lieblingsspeise – Schweinsbraten, Kraut und Knödel, Apfelstrudel; Lieblingskomponist – Johann Strauß; bedeutendster Staatsmann – Kaiser Franz Joseph.

Doch war es nicht nur so, daß wißbegierige Chinesen in die Donaumonarchie kamen. Öfter verhielt es sich umgekehrt. Da war einmal die chinesische Sprache, für deren Erlernung in Wort und Schrift Österreich damals kaum die nötigen Gelegenheiten bot. Laut einem Bericht von 1911 mußten die Konsulareleven trotz des an der k. u. k. Orientalischen Akademie in Wien während der letzten beiden Jahrgänge gebotenen Chinesischunterrichts »wieder jahrelang neben dem Konsulardienst in China die verschiedenen Chinesisch-Sprachkurse besuchen, um die Übersetzungs- und Dolmetscherdienste halbwegs zu leisten, da sie darin nicht genug gebildet waren«[152]. Die beiden bedeutendsten österreichischen Sinologen, Rosthorn und Zach, konnten beide ihre Chinesischkenntnisse beim Seezoll und später beim auswärtigen Dienst praktisch erproben und ausbauen.

Anderen österreichischen Chinafahrern ging es nicht um die Sprache, sondern um botanische, zoologische oder ethnographische Forschungen. Der von der k. u. k. Musterungskommission für untauglich erklärte junge Zoologe Dr. Erich Zugmayer bewies seine körperliche Leistungsfähigkeit, indem er unter großen Strapazen das chinesische Turkestan, Westtibet und Ladakh bereiste. Über sein eigenes Fach hinaus widmete sich Zugmayer außerdem auch geologischen, botanischen, ethnographischen, karthographischen, thermometrischen und meteorologischen Arbeiten[153]. Über Vermittlung von Geschäftsträger Rosthorn war

Li Jiaxiang mit seinen Mitschülern beim Heurigen
(Archiv der ÖGCF)

dem von der Österreichischen Geographischen Gesellschaft und der Bayrischen Akademie der Wissenschaften geförderten Gelehrten ein Schutzbrief ausgestellt worden, der ihn sicher durch die entlegenen Gebiete des chinesischen Reiches geleitete[154]. In Wien erregte seine Reise wegen des geheimnisvollen, abgeschlossenen Tibet Aufsehen, und das *Illustrierte Wiener Extrablatt* brachte unter dem Haupttitel *Aus dem Reiche des Dalai-Lama* »Bilder von der Forschungsreise des Dr. Zugmayer[155]«.

Noch umfangreichere wissenschaftliche Resultate als Zugmayers Fahrt zeitigte die Expedition des damaligen jungen Assistenten am Botanischen Institut der Universität Wien, Dr. Heinrich Freiherr von Handel-Mazzetti (ein Cousin der bekannten Schriftstellerin); sie brachte ihm internationalen Ruf als »Erforscher der Pflanzenwelt Chinas« ein[156].

Handel-Mazzetti verbrachte die Jahre 1914–1918 in Südwestchina (hauptsächlich in den Provinzen Yünnan, Sichuan, Guizhou und Hunan)[156a]. Nach seiner Rückkehr im Jahre 1919 widmete er sich vollständig China. In dem ihm von der Deutschen Botanischen Gesellschaft im Jahre 1940 gewidmeten Nekrolog wurde ihm bestätigt, »der anerkannt beste Kenner« der Flora jenes Landes gewesen zu sein[157]. Diese Wertung wird um so einleuchtender, wenn man das monumentale Werk betrachtet, das Handel-Mazzetti hinterlassen hat. Die Bearbeitung des von ihm in China gesammelten Pflanzenmaterials hat er als *Symbolae*

Bei der Feier seines 80. Geburtstages in Hongkong
(Archiv der ÖGCF)

Sinicae (1929–1937) veröffentlicht. Während die Tallophyten und Moose von herangezogenen Spezialisten bearbeitet wurden, sind der sechste Teil (Farnpflanzen) und der siebente, umfangreichste Teil (Blütenpflanzen, 1450 Seiten stark) von ihm selbst verfaßt[158]. Seine eigene Sammlung umfaßte 13.000 Stücke, und das Arbeitsgebiet wurde darüber hinaus noch stark erweitert, da ihm als bestem Kenner der Flora Chinas andere Forscher ihre Sammelausbeuten zur Bearbeitung übermittelten. Handel-Mazzetti hat nicht nur eine für die Wissenschaft neue Einteilung Chinas in Florengebiete und Vegetationsstufen vorgenommen, sondern 1932 sogar eine neue Familie festgestellt und beschrieben: die *Rhoipteleaceae Handel-Mazzetti* mit der einzigen Art *Rhoiptelea chiliantha Diels Handel-Mazzetti* (Heimat Tongking und Südwestchina).

Handel-Mazzetti verwahrte seine China-Erfahrungen nicht in einem wissenschaftlichen Elfenbeinturm. Für ein allgemeines Publikum hielt er Vorträge in der Wiener Urania[159] und veröffentlichte 1927 ein populär geschriebenes Buch unter dem Titel *Naturbilder aus Südwestchina.* Einzelne im Inhaltsverzeichnis angeführte Stichwörter wie »Dampfbootfahrt mit Zwischenfällen – Ausbruch des Bürgerkriegs – Der Kapitän erschlagen – Räubersoldaten« zeigen, daß seine Expedition keinesfalls ungefährlich gewesen ist, doch mit der Gelassenheit des engagierten Wissenschaftlers vermerkte er: »In meiner botanischen Sammlertätigkeit

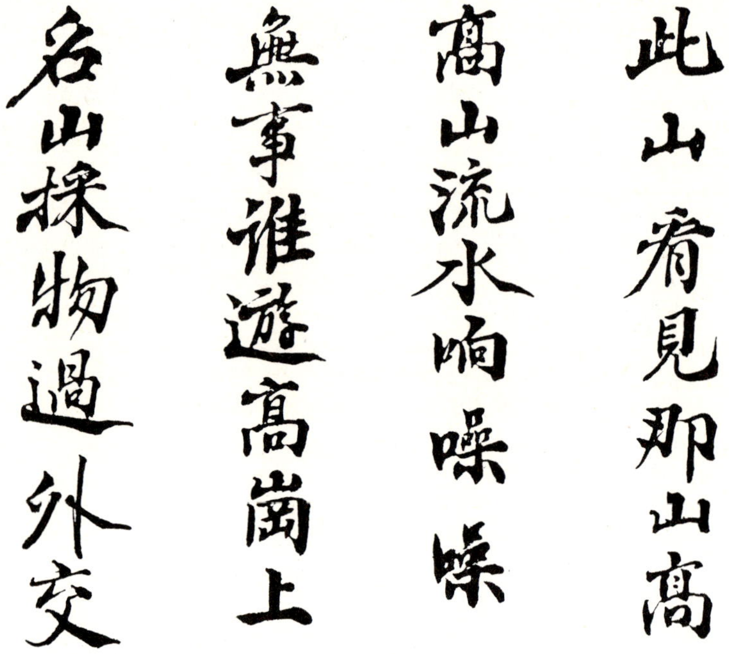

Das Handel-Mazzetti von seinem chinesischen Mitarbeiter gewidmete Gedicht
(Heinrich Handel-Mazzetti, Naturbilder aus Südwest-China, Wien–Leipzig 1927)

hinderte mich diese (die Kriegsstimmung) keineswegs[160].« Erst die Ende 1918 verfügte Zwangsrepatriierung vermochte seinen Forschungen ein Ende zu setzen. Der von ihm ausgebildete chinesische Sammler Wang-te-hui setzte noch einige Zeit die Tätigkeit in den Provinzen Jiangsu und Fujian fort und schickte die Pflanzen nach Wien. Leider kam er 1921 auf dem Berg Xunfeng bei Nanfeng vermutlich durch einen Tiger um. Seiner letzten Pflanzensammlung hatte er obiges Gedicht beigelegt, das Handel-Mazzetti nebst einem Photo Wangs in seinem Buche wiedergibt[161]:

Von dem höchsten Berg weithin
Bächlein murmelnd talwärts zieh'n.
Auf dem Kamm, für fernes Land,
Samml' ich, was Natur läßt blüh'n.

Handel-Mazzetti überlebte seinen treuen Gehilfen um fast zwanzig Jahre, die er hauptsächlich der Beschäftigung mit der chinesischen Pflanzenwelt widmete. In den letzten Jahren vor seinem Tod arbeitete er intensiv an einer großangelegten Flora von China. Doch als er am 30. Januar 1940 nach anstrengendem Tagwerk aus dem Botanischen Institut in das nächtliche Dunkel trat, wurde er von einem Auto niedergestoßen und erlag am 1. Februar 1940 einer Embolie. Das großangelegte Werk blieb unvollendet[162].

Gleichzeitig mit Handel-Mazzetti befand sich auch der österreichische Lehrer und Forschungsreisende Anton K. Gebauer in Asien und traf auch mit ihm im Sommer 1914 in Südwestchina zusammen[163]. Der obere Lauf des Jinsha-Flusses und die untere Strecke seines Seitentales waren vor Handel-Mazzetti schon von Gebauer aufgenommen worden, der auch dem ins Mekong-Gebiet führenden Lenago-Paß seinen Namen gegeben hatte[164]. Gebauer war unter dem Protektorat der Akademie der Wissenschaften in Wien im Herbst 1913 aufgebrochen und den Mekong hinauf bis an die tibetische Grenze gekommen, wo ihn aber die chinesischen Behörden an der Weiterreise hinderten. Über das Jangtse-Tal zog Gebauer nach Birma weiter, wo er dann von den Engländern fünfeinhalb Jahre festgehalten wurde. Auch er berichtete später in Österreich über seine Erlebnisse. Der Vortrag, den er am 29. August 1920 im Großen Saal der Urania zum Thema *Das unerforschte Gebiet Hinterindiens und China* hielt, wurde dreimal wiederholt[165].

Die Amateurforscher – überwiegend Industrielle und Aristokraten –, die nach der Jahrhundertwende ebenfalls von Österreich-Ungarn nach China kamen, hielten es mehr mit der Jagd. Immerhin bedachten sie die Wiener Museen gelegentlich auch mit zoologischen und ethnographischen Sammelobjekten[166]. China stand diesem europäischen Jagdeifer etwas verständnislos gegenüber. Als in Wien im Jahre 1910 die Erste Internationale Jagdausstellung stattfand, wurde sie von dem passionierten Jäger Kaiser Franz Joseph nicht weniger als siebenmal besucht[167]. China aber zögerte vorerst, die Ausstellung überhaupt zu beschicken, und wies darauf hin, daß dort die Jagd nur von der ärmeren Bevölkerung ausgeübt werde. Schließlich besannen sich die Behörden doch und sandten Kopien alter Rollbilder mit mehr oder weniger einschlägigen Darstellungen sowie einige Exemplare chinesischer Jagdwaffen[168].

D. Die Mittlerrolle der Literatur

Die Errichtung von Gesandtschaften, die häufigeren Kontakte und das Auftreten des früher publizistisch gehätschelten Japan als machtpolitischer Konkurrent europäischer Mächte begünstigten die Veröffentlichung von mehr und im allgemeinen freundlicheren Publikationen über das Reich der Mitte.

Sichtlich um das Verständnis für die Probleme Chinas bemüht war der ungarische Graf und Monsignore Vay Vayai es Luskadi. Über seine Eindrücke vom chinesischen Volk berichtete er:

> Mag das Vorurteil betreffs des chinesischen Volkes wie immer allgemein sein, so kann ich doch nicht unerwähnt lassen, daß es, selbst

ganz vernachlässigt, unerzogen und im Elend dennoch Beweise seiner Tatkraft und exzeptionellen Arbeitsfähigkeit gibt[169].

Hinsichtlich der chinesischen Leistungen im Bereich der Kunst hebt sich Vays Urteil wohltuend von der im 19. Jahrhundert vorherrschenden snobistischen Geringschätzung ab und besticht durch seine Ausgewogenheit:

> ... Zeichnung und Kolorit entsprechen nicht unserem Geschmack; die künstlerische Auffassung jedoch, von der diese Meisterwerke zeugen, und die Kraft der Ausführung müssen unbedingt jeden mit sich fortreißen, den Kunst überhaupt interessiert[170].

Daß die Chinesen damals Europäern nicht immer die herzlichsten Gefühle entgegenbrachten, war Vay durchaus verständlich[171]:

> ... Wenn ... das gelbe Kaiserreich in uns Feinde sieht, ist das nur zu begreiflich. Seitdem unsre ersten Handelsschiffe an den Küsten Chinas gelandet sind und als diesen bald darauf die Panzerschiffe folgten, erlitten die Chinesen jedesmal Verluste, sowohl in wirtschaftlicher als auch in politischer Hinsicht. Und es kam eine Großmacht nach der andern, eine jede okkupierte je eine Provinz, von denen viele größer sind, als ihr eigenes europäisches Gebiet. Wenn ein chinesisches Schulkind, die Karte seines Landes betrachtend, nachzählt, um wie vieles sein Vaterland im Laufe des letzten Jahrhunderts kleiner geworden, ist es unmöglich, daß es nicht tief betrübt werde. Seitdem die Engländer in Hongkong erschienen sind, haben sie beinahe jedes Jahr ein Stück vom Leibe des Reiches abgeschnitten. Sie haben Birma okkupiert, das Kanaan ganz Asiens; die englische Flagge weht an den Küsten von Singapore und Wai-hai-wai. Außerdem haben sie Besitzungen an allen wichtigeren Punkten der Meeresküste und längs des Yangtse bis nach Setshuan in das Herz des Landes; ja die siegreichen englischen Heereskolonnen sind bis zum heiligen Lhassa, der Hauptstadt Tibets, vorgedrungen. Rußland gehört der ganze nordöstliche Teil, und Graf Murawieff hat mit einem kurzen Federstrich das riesige Amurgebiet oder – wie man es heute nennt – Ostsibirien, dessen Flächeninhalt beinahe größer ist, als derjenige ganz Europas, von China losgerissen und seinem Vaterlande einverleibt. Den einstigen Vasallen, Korea, regiert tatsächlich Japan, während Tongking und Anam zu französischen Kolonien geworden sind.
>
> Außer diesen Verlusten an Gebiet war China in jedem Kriege fabelhafte Summen als Lösegeld zu zahlen gezwungen worden. Um diese Gelder zu beschaffen, wurden dem Volke immer neue Steuern auferlegt. Es gab keinen Sohn des Landes, der – abgesehen von der beleidigten nationalen Eitelkeit – das Gewicht des Verlustes nicht unmit-

telbar mitgetragen hätte. So war die allgemeine Stimmung zur Zeit der Aufstände im Jahre 1900 beschaffen. Und das ist zweifellos auch heute das innere Gefühl der Nation unter der Oberfläche der scheinbaren Ruhe, der Unterwerfung.

In einem späteren Artikel wandte sich der aristokratische Kleriker mit scharfen Worten gegen die Ausbeutung Chinas[172] und machte überdies deutlich, daß das unverhohlen aggressive Auftreten der Japaner im Fernen Osten einstige europäische Vorlieben und Urteile – hinsichtlich der japanischen Betriebsamkeit und der chinesischen Passivität – verändert hatte:

Asien gehört in der Tat den Asiaten. Es bleibt nur zu wünschen, daß jene von den Asiaten die Übermacht erringen, die die sicherste Bürgschaft für dauernden Frieden und das allgemeine Wohl der Völker des östlichen Weltteils bieten[173].

Wen er dabei favorisierte, darüber ließ Vay seine Leser nicht im Zweifel. In seinen *Erinnerungen an die ostasiatischen Kaiserreiche und Kaiser* beschreibt er den Unterschied zwischen Japanern und Chinesen folgendermaßen:

Der erstere ist vor allem ein Mann der Tat. Er lebt inmitten beständiger Aktion, er bewegt sich, geht, arbeitet von früh bis Abend. Seine bewundernswerte Lebenskraft kommt in mannigfachen, unerschöpflichen Formen zum Audruck. Er handelt rasch, oftmals rascher, als daß er Zeit hätte, seine Taten zu überlegen. Der Chinese dagegen ist reflektiv. Bevor er eine Handlung in Angriff nimmt, überlegt er sie in allen Details[174].

Vay entsprach mit seiner Einschätzung einem Trend, der sich allmählich auch in den lexigraphischen Werken jener Zeit immer deutlicher durchsetzte. Zum Vergleich dazu mögen die Ausgaben von 1903 und 1908 des in Leipzig und Wien erschienenen *Großen Konversationslexikons* von Meyer dienen:

Die geistige Befähigung der Chinesen ist nicht gering, der Durchschnitt der Volksbildung sehr bedeutend; sie haben ganz selbständig eine Reihe überraschender Erfindungen gemacht, eine umfassende, besonders enzyklopädische Literatur hervorgerufen sowie in staatlichen Einrichtungen Größeres geschaffen als alle andern Asiaten und Bleibenderes als alle andern Völker überhaupt. In der Kulturentwicklung überwiegen neben religiösen Motiven stets praktische Gesichtspunkte. Kunstsinn ist vorhanden und bedeutend ausgebildet, aber, wie überhaupt die Gesamtheit der Kulturanschauung, von dem europäischen weltenweit verschieden. Im besondern fehlt der Trieb nach

wissenschaftlicher Vertiefung um ihrer selbst willen. Den Charakter der Chinesen kennzeichnet Fleiß, an Fatalismus grenzende Geduld, Anstelligkeit, Genügsamkeit, Verschlagenheit, vor allem praktischer Sinn. Als Kaufleute stehen sie in allererstem Rang. Feine und gefällige Umgangsformen findet man durchgehends in den östlichen Provinzen und im mittleren China; Zudringlichkeit und Unfreundlichkeit bei den Bewohnern des Südens; geistigen Tiefstand und Roheit bei denen des Südwestens. Diese Verschiedenheit spricht sich auch im Benehmen gegen die Europäer aus, die stets auf Treubruch und Übervorteilung rechnen müssen; in kaufmännischem Verkehr ist der Chinese jedoch unbedingt zuverlässig (1903)[175].
Die Kultur der Chinesen steht auf hoher Stufe. Geistig überragen sie sämtliche Asiaten. Davon zeugen Entwicklung und Bestand ihrer staatlichen Einrichtungen, ihre umfangreiche Literatur, ihr Kunstsinn, bedeutende Erfindungen etc. Hauptsächlich aber ist der Chinese praktisch veranlagt, ein kluger und reeller Kaufmann, dabei fleißig, geduldig, anstellig und genügsam. Wissenschaftliche Forschung um ihrer selbst willen ist unbekannt (1908)[176].

Noch drastischer als Vay rückt der Schiffsarzt beim Österreichischen Lloyd und Autor Richard Elisa Spitz das parteiisch gepinselte europäische Bild hinsichtlich der Unterdrückung der Boxerunruhen zurecht:

Zuerst war die Sache ungehauer komisch, bevor sie ungeheuerlich und traurig wurde. Zuerst Säbelgeschepper, viele Reden, eine gepanzerte Faust und ein großer Stiefel. Momentphotographien, Bier und Begeisterung ... Ja, Einigkeit macht stark. Und wie gründlich sie gesiegt haben! Donnerwetter! Sie haben Greise abgeschlachtet, Säuglinge zerquetscht, Frauen und Mädchen geschändet. Und haben nebenbei auch ein bißchen gestohlen. Die Kultur hat der seidenen Barbarei die Fetzen vom Leibe gestohlen und daheim mit Agio verkauft. Wäre ich ein Chinese, mit einem Weißen wollt' ich niemals meine Füße unter einen Tisch setzen[177]...

In diesem Sinne äußert sich auch Otto Kerry. Er beschreibt sein Studium der vom europäischen Vordringen gekennzeichneten chinesischen Geschichte des 19. Jahrhunderts, welches er an Bord des Passagierdampfers unternahm, der ihn nach dem Fernen Osten gebracht hat, und meint:

Ich hätte nie geglaubt, daß mich das Studium der Geschichte Chinas so fesseln, ja geradezu in Erregung bringen könnte. Wenn man von alledem so viel wie nichts in den Schulen lehrt, ist mir nur allzu begreiflich ... Aber die Geschichte Chinas im letzten Jahrhundert, die »Erschließung« dieses ungeheuren Reiches für die weiße Rasse, welche mit dem Opiumkriege (1840–42) begann, klingt wie die gemeinste Verleumdung der britischen Nation, wie die übrigen Nationen später mittaten, mindestens das Vorgehen Englands guthießen und recht gerne die aus diesen Schandtaten erfließenden Vorteile mitgenossen[178].

Selbst der k. u. k. Hauptmann Jaromir Holy, der den Chinesen gegenüber seine Vorbehalte hatte, weil ihm das »arisch funkelnde Auge des Inders« besser gefiel[179], fand, »daß der Europäer, dieser ›Volksbeglücker‹, den Chinesen nie zum besonderen Segen geworden ist[180]«.

Er war auch mit den Chinesen hinsichtlich der Phänomene der Aufteilung ihres Landes einig, bloß daß er als Österreicher nicht wie sie den Vergleich der Zerteilung einer Melone, sondern den der Tranchierung einer gebratenen Gans gebrauchte[182].

Die wohlwollende Behandlung Chinas in der Literatur erstreckte sich auch auf die Schulbücher. Während die älteren, auf Karl Zehaten zurückgehenden *Leitfäden für Geographie* noch ein etwas ambivalentes Urteil über den chinesischen Volkscharakter enthalten, geben die von Müllner, Stoiser und Busch herausgegebenen Bücher eine uneingeschränkt positive Beschreibung[183]. Die Veränderung in der Bewertung von China und Japan war bereits bis ins Schulbuch vorgedrungen:

> China und sein Volk bilden eine Welt für sich, die sich bis in die allerneueste Zeit abschloß und die Berührung mit den Fremden mied. Die Chinesen haben in der Tat aus sich eine selbständige und sehr beachtenswerte Kultur geschaffen und sind auch die Lehrmeister der Koreaner und Japaner geworden. Langsam beginnen sie sich nun auch zu modernisieren, gehen dabei aber viel behutsamer vor als die Japaner[184].

In den Schulfibeln für Geschichte kam China allerdings noch immer nicht vor[185]. Bei Mayer-Kraitschek wurde das Reich der Mitte sogar ausdrücklich aus der Weltgeschichte ausgeschlossen:

> ... Sie stellt meist nicht die Geschichte aller Völker der Erde dar, sondern beschränkt sich auf jenen Teil derselben, der zum Aufbau unserer europäischen Kultur wesentlich beigetragen hat. Der große und eigenartige ostasiatische Kulturkreis bleibt dabei fast völlig ausgeschlossen, da zwischen ihm und den Völkern des Westens niemals bis in die neueste Zeit lebhafte Beziehungen bestanden[186].

Das war um so bedauerlicher, als die volkstümliche Presse, aus welcher große Teile der Bevölkerung ihre Informationen über China bezogen, in der Berichterstattung ernste Mängel zeigte. So fühlte sich der von der österreichisch-ungarischen Zeitschrift *Blatt der Hausfrau* 1911 nach Ostasien entsandte Berichterstatter Conrad Alberti-Sittenfeld seinen Angaben zufolge in Peking wie zur Saison in Monte Carlo, und er legte besonderes Gewicht auf die Feststellung, daß man seit 1900 den

(Wiener Extrablatt vom 25. Dezember 1906)

Chinesen nicht weiter traue, als die Augen der Europäer reichten: »Das Gesandtschaftsviertel ist festungsartig abgeschlossen, Kasernen europäischer Truppen befinden sich darin, und man vergißt keinen Augenblick, daß man hier, fern von der europäischen Ordnung und Sicherheit, wie auf einem Vulkan sitzt[187].« Das *Illustrierte Wiener Extrablatt* wiederum brachte mit Vorliebe Berichte über chinesische Räuberhauptleute, Foltern und Hinrichtungen[188]. Andere Blätter ließen China bei Katastrophenmeldungen[189] oder bei Themen wie »Woher die ›falschen Haare‹ kommen« zur Geltung gelangen[190].

Auch im künstlerisch-publizistischen Bereich war die Beschäftigung mit China eher realitätsfern. China war Mittel, nicht Zweck der Aussage. Der Essay von Karl Kraus *Die chinesische Mauer*, geschrieben im Juli 1909 aus Anlaß der Meldung über die Ermordung der New Yorkerin Elsie Siegel durch den chinesischen Kellner Leon Ling, stellte nicht China in den Mittelpunkt, sondern die verlogene europäische Sexualmoral[191]. Oskar Kokoschka, der den Essay illustrierte, ließ denn auch in seiner Darstellung jede chinesische Charakterisierung vermissen.

Chinesische Anklänge dienten Gustav Mahler für seine 1907 und 1908 entstandene Symphonie *Das Lied von der Erde*[192] und auch Josef Marx für eine Liedkomposition als Stilmittel[193].

Auf eigene Weise fern von der chinesischen Wirklichkeit waren des öfteren die Informationen, die aus dem Bereich der anschwellenden Missionsliteratur kamen. So wurde z. B. in einem 1910 zu Klagenfurt von der St.-Josef-Bruderschaft herausgegebenen Bändchen das Christentum als Mittel des Charakterwandels für die »häufig mit Recht« mit »Widerwillen und Verachtung« behandelten Chinesen herausgestellt:

> Der heilige Glaube bildet den Chinesen wunderbar um. Kurze Zeit nach seiner Bekehrung ist es bereits schwer, den früheren Heiden

Illustrirtes Wiener

Extrablatt.

Redaction und Druckerei:

IX., Berggasse 31.

Administration, Expedition und Inseraten-Aufnahme:

Wien, Sonntag, 21. October 1906. 35. Jahrgang.

... eines chinesischen Räuberhauptmannes in einer Opiumhöhle.

> wiederzuerkennen, und man entdeckt eine neue Seite seines Charakters, welche bis dahin gleichsam zu schlummern schien. Von Natur arbeitssam und sparsam, wird er von jetzt an überdies aufrichtig, fröhlich und herzlich fromm[194].

Gleichen Geist atmen die Ausführungen, welche Gräfin Eugenie Ostrowska-Haugwitz nach einer Chinareise der dortigen Bevölkerung widmete. Nachdem sie vorher schon darauf hingewiesen hatte, daß man Elternliebe und Kinderliebe in heidnischen Familien nicht finde und inniges Familienleben der Heidenwelt ebenso fremd bleibe »als dem Blindgeborenen das Tageslicht[195]«, stellte sie zur Situation des chinesischen Volkes ganz allgemein fest:

> Wenn wir den Chinesen recht ins Auge fassen, müssen wir uns wundern, daß eine Bildung, welche so viele Jahrhunderte in Anspruch genommen, doch der europäischen nachsteht, weit nachsteht, obwohl der Chinese eifrig bestrebt ist, sich selbe gründlich anzueignen, und da wird uns klar, daß das Christentum allein Herz und Geist zu bilden vermag, allein imstande ist, ihnen den Aufschwung zu verleihen[196]...

Derlei Wertungen blieben zwar in Österreich-Ungarn keineswegs unbestritten[197], haben aber doch bei einem Teil der Bevölkerung das Chinabild mitgeprägt. Auch die Berichte des seligen Pater Josef Freinademetz waren anfänglich von ähnlicher Intoleranz gekennzeichnet.

E. Josef Freinademetz, der »Bohnenkäspater«

Josef Freinademetz[198] wurde am 15. April 1852 in Abtei, einem Dorf in den Dolomiten, als Sohn armer Bergbauern geboren. Am 25. Juli 1875 wurde er in Brixen zum Priester geweiht. Schon in seiner Jugendzeit hatte er den Wunsch gehabt, in der Mission zu wirken, und so trat er nach zweijähriger Tätigkeit als Kooperator und Volksschullehrer in das soeben von Arnold Janssen gegründete Missionsseminar in Steyl ein. Wie schon geschildert, ging er 1879 nach Hongkong und weiter nach Süd-Shandong, wo er 26 Jahre lang arbeitete, ohne zwischendurch nach Österreich zurückzukehren.

Da er dem Leser bereits als Befürworter der Besetzung eines chinesischen Hafens und der Nutzung klerikaler Privilegien für den österreichischen Handel bekannt ist[199], erscheint es fair, an dieser Stelle etwas mehr über sein Leben zu berichten, um dem Leser Grundlagen für ein ausgewogenes Urteil zu bieten.

Zweifellos war Freinademetz von großem religiösem Eifer bewegt, der ihn – vor allem anfänglich – manchmal zu weit geführt haben mag. Doch das Unverständnis für die chinesische Mentalität und Lebensart wich mit der Zeit einem großen Einfühlungsvermögen, wie auch sein herbes Urteil über die Chinesen einer liebevollen Zuneigung Platz machte. Freinademetz war ein schlicht denkender, glaubensstarker Mann, doch war er nicht so naiv, hinsichtlich der chinesischen Heiden und Christen in ein Schwarzweißdenken zu verfallen. Ein Vorfall in Yishui (Shandong) hatte ihm ziemlich am Anfang seiner Tätigkeit gezeigt, daß die Lämmer seiner Herde nicht notwendigerweise weiß waren. In einer Prozeßangelegenheit hatte er sich für das christliche »Ochsendorf« stark gemacht, dessen Einwohner behaupteten, fälschlich des Holzdiebstahls angeklagt worden zu sein. Später kam heraus, daß seine Katechumenen tatsächlich stahlen wie die Raben, und so vermerkte er demütig: »Für die Zukunft, glaube ich, bin ich um ein Bedeutendes gescheiter geworden. Übrigens ist der liebe Gott so gut, auch aus unseren Fehlern Gutes abzuleiten, was ich auch hier schon genug erfahren[199a].«

Seine Bescheidenheit unterschied Freinademetz von so manchen anderen Missionaren und sicherte ihm den Respekt der Chinesen. Chinesische Christen erinnerten sich: »Seine Kleider waren ganz gewöhnlich, so wie die Kleider der Leute auf dem Land. Er trug Baumwollschuhe, die mehrfach geflickt waren[200].« Auch seine Eßgewohnheiten waren ganz nach Art der chinesischen Bauern. Im Gegensatz zu den meisten seiner Mitbrüder aß er gerne den chinesischen Bohnenkäse (Doufu) und wurde daher von seinen Gläubigen Doufu-Shenfu (Doufu-Priester) genannt[201]. Der chinesische Katechist Yen Yü-feng meinte: »Er war anders als die übrigen Missionare. Er ging auf die Straße und predigte[202].« Seine engen Kontakte zur armen Bevölkerung trugen ihm oft Läuse ein, die ihn aber weiter nicht störten. Nach Angaben seines Mitbruders Peter Röser habe er gemeint: »Ein Missionar, der keine Läuse gehabt hat, ist kein echter Missionar! Soll heißen, wer keine Läuse gehabt, hält sich von den Leuten fern[203].«

Devotionalienbild von P. Freinademetz, wie es heute in Österreich verkauft wird

Gegen Chinesen, die ihn mißhandelt hatten, hegte Freinademetz keinen Groll. Nachdem man ihn am 23. April 1889 in der Nähe der Stadt Tsaohsien fast umgebracht hatte, lachte er[204]. So wie für sich hielt er es für den Orden insgesamt. Nach einigem längeren

Tauziehen und französischen Einwänden war für die international zusammengesetzte SVD (Hauptsitz Steyl bei Neiße)[205] das französische Missionsprotektorat 1890 durch das deutsche ersetzt worden[206]. Provikar Freinademetz wußte die deutsche Unterstützung zu schätzen. Einmal sprach er in einem Bericht sogar stolz von »unserer *(der deutschen – Anm. d. Aut.)* Kriegsflotte[207]«. Doch als die deutsche Regierung wegen der Ermordung zweier seiner Mitbrüder hohe Geldforderungen geltend machen wollte, stellte sich Freinademetz dagegen. Der österreichisch-ungarische Gesandte Baron Czikann berichtete darüber nach Wien:

> Die kaiserlich-deutsche Gesandtschaft hatte allerdings ursprünglich die Absicht, nebst dem vollen Ersatz des den deutschen Missionären bei dem Überfall verursachten Schadens noch für jeden der beiden ermordeten Priester ein Sühnegeld von 200.000 Taels zu beanspruchen. Über inständige Bitte des Provicars der deutschen Mission, des österreichischen Staatsangehörigen P. Josef Freinademetz aus Tirol, welcher während der Abwesenheit des Bischofs Anzer die Mission in Südshantung leitet und vor cirka zehn Tagen zur mündlichen Berichterstattung nach Peking gekommen ist, hat jedoch die deutsche Gesandtschaft von der Forderung der oben erwähnten Sühnegelder Abstand genommen, weil Pater Freinademetz die Mission nicht dem Vorwurfe ausgesetzt sehen möchte, daß sie ein Blutgeld für ermordete Brüder angenommen habe. In Folge dessen wurden, im Sinne der von Bischof Anzer in Berlin mündlich vorgebrachten Wünsche, die Sühne-Forderungen dahin modificiert, daß die chinesische Regierung nebst dem Ersatze des von Pater Freinademetz in außerordentlich bescheidenem Maße taxierten wirklichen Schadens und nebst den Baukosten für die schon begonnenen Kathedralen noch die Kosten für zwei weitere katholische Kirchen, darunter eine als Sühne-Kirche am Ort der Ermordung selbst, und endlich für sieben feste, einbruchsichere Steinhäuser in jenen Orten zu tragen habe, wo die Missionare am meisten gefährdet seien und keine Nacht ohne Furcht vor Überfällen von Räubern oder religiösen Fanatikern verbringen können[208].

Bei diesen und auch bei späteren Verhandlungen mit hohen chinesischen Würdenträgern trat Freinademetz ruhig und ohne Anmaßung auf. Das verfehlte nicht, Eindruck zu machen. Noch drei Jahre nach dem Tode Freinademetz' kam vom Pekinger Auswärtigen Amt ein Schreiben, in dem er genannt wurde: »In Shantung, in der Stadt Yenchowfu, lebt ein Priester mit Namen Freinademetz. Der verhandelt sehr ruhig[209].«

In Dingen, die den Glauben selbst betrafen, war Freinademetz allerdings weniger zurückhaltend. Seine Forderungen nach Entfernung christenfeindlicher Beamter wie des Gouverneurs von Jinan (Tsinan) sowie verschiedener Kreisvorsteher mögen ihm bei der nichtchristlichen Bevölkerung keinen Beifall eingetragen haben[209]. Und auch seine Christen lernten ihn dort, wo es um den Glauben ging, als streng kennen. Sein Mitbruder Karl Weig erinnerte sich:

> Er kam einmal zu mir: »Was machen Sie denn mit diesem Christen, der eine Heidin geheiratete hat?« Ich: »Da kann man vorläufig nichts machen!« Er schien für Einsperren oder Schläge zu sein. Ich: »Ich habe ihn ermahnt!« Es war ihm wohl nicht recht, daß ich den Sünder nicht auslieferte. Wenn es ein schlimmer Mensch war, dann ließ er ihm wohl Schläge verabreichen; im allgemeinen war er für Milde[210].

Seinem Mitbruder Johann Blick hatte sich Freinademetz' Warnung ins Gedächtnis geprägt, Chinesen nie verächtlich oder ungerecht zu behandeln: »Wer die Chinesen mit chinesischen oder europäischen Schimpfwörtern belegt, beschimpft sich selbst.« – »Wir strafen oft, bloß weil wir persönlich gereizt oder beleidigt sind[211].«

Im Jahre 1900 wurde Freinademetz zum Provinzial seines Ordens in China ernannt und übte daneben mehrmals die Funktionen eines Provikars und Administrators aus. Die Krankheit, die seinem weiteren Wirken ein Ende setzte, hatte er sich wahrscheinlich durch das Spenden der Sterbesakramente an Typhuskranke geholt[212]. Als er selbst am Typhus darniederlag, erhielt er eine gemischt europäisch-chinesische Therapie, weil sein langjähriger Diener mit der Behandlung des amerikanischen Arztes nicht einverstanden war. Da in der Folge eine Heilkundige Hautritzen und Schwitzen, der Amerikaner aber gleichzeitig kalte Vollbäder verordnete, mag dies den Tod von Freinademetz eher beschleunigt haben. Er aber sagte: »Man muß gehorchen«, und erinnerte seine Brüder, als schon die Sterbegebete gesprochen wurden, daran, für die Behandlung Dank zu sagen[213].

Freinademetz starb am 28. Januar 1908. Schon zu seinen Lebzeiten hatte er viele beeindruckt. 1936–1938 wurden im Apostolischen Vikariat Yanzhou sowie in seiner Heimatdiözese Brixen die vorbereitenden Prozesse zur Seligsprechung geführt. Am 22. Juli 1950 berief Papst Pius XII. eine Kommission zur Einleitung des Verfahrens bei der Ritenkongregation ein. Schließlich wurde Freinademetz am 19. Oktober 1975, dem Weltmissionssonntag, in Rom in Anwesenheit österreichischer Pilgergruppen von Papst Paul VI. seliggesprochen. Seither hat seine Verehrung zugenommen. Nicht nur Bilder wurden von ihm hergestellt, sondern auch holzgeschnitzte Statuen. Seine Stellung in der katholischen Kirche ist fixiert. Die Bestimmung seiner Position in der Geschichte wird vornehmlich von weltlichen Instanzen getroffen werden, nicht zuletzt vom chinesischen Volk, das heute über Missionsangelegenheiten unbefangener urteilen kann als noch vor einigen Jahren.

F. Zapfenstreich chinesischer diplomatischer Aktivität in Wien

Trotz der Verdüsterung des Horizontes der österreichisch-chinesischen Beziehungen wegen der deutlichen Versuche der Kriegsgegner Österreichs, China auf die alliierte Seite zu ziehen, bemühte sich der vormals kaiserliche und nunmehr republikanische chinesische Gesandte Shen um ein gutes Verhältnis. Noch am 20. März 1917, als Chinas diplomatische Beziehungen zu Deutschland bereits abgebrochen waren, versuchte er, eine Audienz beim Kaiser zwecks Überreichung seines neuen Beglaubigungsschreibens zu erhalten[214]. Das österreichische Außenamt zögerte und ließ die Audienz mit Rücksicht auf den deutschen Bundesgenossen vorderhand unterbleiben. Doch dann schlug Czernin dem Kaiser vor, Shen doch zu empfangen:

> Der chinesische Gesandte Shen Socu Ling hat vor einigen Monaten gebeten, behufs Überreichung seines neuen Beglaubigungsschreibens der hohen Ehre einer Audienz bei Euer Majestät teilhaftig zu werden. Mit Rücksicht auf den Abbruch der Beziehungen Chinas zu Deutschland ist jedoch bis jetzt die Allerhöchste Audienz unterblieben.
> Wie ich nun einer mir aus Berlin zukommenden Mitteilung entnehme, ist das Verhältnis zwischen Deutschland und China nicht so geartet, daß es im politischen Interesse der Zentralmächte läge, die Spannung in den Beziehungen zu China zu betonen; es wäre im Gegenteil, wie es scheint, der deutschen Regierung erwünscht, wenn die Neubeglaubigung des chinesischen Gesandten in Wien auf keine Schwierigkeiten stieße.
> Unter diesen Umständen dürfte meines unvorgreiflichen Erachtens gegen die Allergnädigste Gewährung der vom chinesischen Gesandten erbetenen Allerhöchsten Audienz aus dem Gesichtspunkt politischer Rücksichtnahme auf das verbündete Deutsche Reich keine Bedenken mehr bestehen, und gestatte ich mir daher, um die Allergnädigste Bekanntgabe der Allerhöchsten Befehle zu bitten[215]. . .

So kam es, daß Shen von Kaiser Karl doch noch am Mittwoch, dem 4. Juli 1917, um 10 Uhr in Baden empfangen wurde[216]. Doch schon wenig später mußte Shen auf Grund der Kriegserklärung Chinas an Österreich um die Pässe bitten[217]:

> A Son Excellence le Comte Czernin,
> Ministre de la Maison Impériale et Royale et des Affaires Etrangères,
> Vienne.
>
> Monsieur le Comte,
> J'ai l'honneur d'accuser à Votre Excellence la réception de la lettre en date du 22 Août 1917 par laquelle Elle a bien voulu me remettre le

passeport pour mon retour en Chine avec les membres de ma Légation.

Votre Excellence peut être assurée que de mon côté je regrette aussi vivement de voir prendre fin les relations que j'ai eu l'honneur d'entretenir avec Elle.

Je saisis cette occasion, Monsieur le Comte, pour renouveler à Votre Excellence les assurances de ma plus haute considération.

Nachdem die freie Durchreise durch Deutschland für Shen und seine Begleitung sichergestellt worden war, fuhr er mit Familie, Gesandtschaftspersonal und Dienerschaft am 27. September 1917 von Wien ab. »Die Abreise erfolgte ohne Zwischenfälle«, heißt es in dem darüber angelegten Aktenvermerk[218]. Zwei Jahre vorher war es allerdings durch die Gschaftelhuberei eines Wieners zu einem harmlosen Zwischenfall gekommen, der aber immerhin einen größeren Papierkrieg der Polizeibehörde ausgelöst hat[219]:

Chinesischer Gesandtschaftsattaché, Anhaltung.

An das k. u. k. Ministeriums des Äußern und des kais. u. kgl. Hauses in *Wien*.

Am 18. März 1915 um $^3/_4$7 Uhr abends wurde in der Kärntnerstraße ein dort postierter Sicherheitswachmann von einem unbekannten Passanten aufmerksam gemacht, daß sich unter dem promenierenden Publikum zwei Japaner befänden. Der Sicherheitswachmann trat über wiederholte Aufforderung des erwähnten Passanten auf die ihm bezeichneten Personen zu und ersuchte sie um Ausweisleistung. Einer der beiden Herren legitimierte sich mit einer amtlichen Legitimationskarte als Attaché der chinesischen Gesandtschaft, worauf sich der Sicherheitswachmann an Ort und Stelle entschuldigte und dem Attaché seine Ringkragennummer zur Notierung mitteilte.

Einen gleichlautenden Bericht habe ich unter Einem an das k. k. Ministerrats-Präsidium, das Präsidium des k. k. Ministeriums des Innern und das k. k. n. ö. Statthalterei-Präsidium erstattet.

Solche Vorfälle mögen die Inspiration für folgende Szene in *Die letzten Tage der Menschheit* von Karl Kraus gegeben haben[220]:

(Ein Fiaker hält vor einem Hause.)

DER FAHRGAST: Was bekommen Sie?

DER FIAKER: Euer Gnaden wissen eh.

DER FAHRGAST: Ich weiß es nicht. Was bekommen Sie?

DER FIAKER: No was halt die Tax is.

DER FAHRGAST: Was ist die Tax?

DER FIAKER: No was S' halt den andern gebn.

DER FAHRGAST: Können Sie wechseln? *(Reicht ihm ein Zehnkronenstück in Gold.)*

DER FIAKER: Wechseln, wos? Dös nimm i net als a ganzer, dös könnt franzeisches Göld sein!
EIN HAUSMEISTER *(nähert sich)*: Wos? A Franzos? Ahdaschaurija. Am End gar ein Spion, dem wer mrs zagn! Von woher kummt er denn?
DER FIAKER: Von der Ostbahn!
DER HAUSMEISTER: Aha, aus Petersburg!
DIE MENGE *(die sich um den Wagen gesammelt hat)*: A Spion! A Spion! *(Der Fahrgast ist im Durchhaus verschwunden.)*
DER FIAKER *(nachrufend)*: A so a notiger Beitel vardächtiga!
DIE MENGE: Loßts'n gehn! Mochts kane Repressalien, dös ghört sie net! Mir san net aso!
EIN AMERIKANER VOM ROTEN KREUZ *(zu einem andern)*: Look at the people how enthusiastic they are!
DIE MENGE: Zwa Engländer! Reden S' deutsch! Gott strafe England! Hauts es! Mir san in Wean! *(Die Amerikaner flüchten in ein Durchhaus.)* Loßts es gehn! Mir san net aso!
EIN TÜRKE *(zu einem andern)*: Regardez l'enthousiasme de tout le monde!
DIE MENGE: Zwa Franzosen! Reden S' deutsch! Hauts es! Mir san in Wean! *(Die Türken flüchten in das Durchhaus.)* Loßts es gehn! Mir san net aso! Dös war ja türkisch! Sechts denn net, die ham ja an Fez! Dös san Bundesgenossen! Holts es ein und singts den Prinz Eugen!
(Zwei Chinesen treten schweigend auf.)
DIE MENGE: Japaner san do! Japaner san a no in Wean! Aufhängen sollt ma die Bagasch bei ihnare Zöpf!
EINER: Loßts es gehn! Dös san ja Kineser!
ZWEITER: Bist selber a Kineser!
DER ERSTE: 'leicht du!
DRITTER: Alle Kineser san Japaner!

ANMERKUNGEN

1 HHStA, Pol. Arch. XXIX/2.
2 Siehe Jahresberichte der k. u. k. Kriegsmarine, jeweils den Abschnitt VIII, *Tätigkeit des k. u. k. Wachdetachements in der chinesischen Provinz Tschili.*
3 Jahresbericht der k. u. k. Kriegsmarine 1910, S. 62.
4 HHStA, Pol. Arch. XXIX/4, Schreiben vom 22. April 1910.
5 Dort war eine Choleraepidemie ausgebrochen, und die irregeleitete Bevölkerung hatte die Missionare als Vergifter der Brunnen verdächtigt.
6 Rosthorn an Außenminister Goluchowski am 1. Dezember 1902, HHStA, Pol. Arch. XXIX/7.
7 Ebd.
8 Rosthorn an Goluchowski am 16. Juli 1902, HHStA, Adm. Reg. F7/36.
9 Weisung vom 3. Juni 1903, HHStA, Pol. Arch. XXIX/2.
10 Czikann an Goluchowski am 6. Mai 1904, HHStA, Pol. Arch. XXIX/7; vgl. dort auch ein im selben Sinne gehaltenes Schreiben Czikanns an Goluchowski vom 15. Mai 1904.

11 Aehrenthal an Kuczynski am 7. September 1909, HHStA, Pol. Arch. XXIX/10.

12 Vgl. dazu das Memorandum des österreichischen Außenministeriums vom Juni 1912, *Die Beteiligung Österreich-Ungarns an dem »Sechs-Mächte-Anleihen« und unsere Stellung in Ostasien:* ». . . Es kann daher – wenn uns auch Deutschland nach wie vor günstig gestimmt ist und auch die letzten Nachrichten aus Amerika weniger abweisend lauten – kaum behauptet werden, daß wir in den weiteren Phasen dieser Angelegenheit besondere Aussicht hätten, unsere Beteiligung durchzusetzen. Immerhin mag, wie schon oben angedeutet, zu unseren Gunsten als Aktivum der von uns eingeleiteten Aktion gebucht werden, daß wir unser Interesse an chinesischen Dingen deutlich manifestiert haben und daß es sonach in Hinkunft, wenn wir uns rechtzeitig melden, nicht mehr möglich sein wird, uns wie bisher gänzlich zu ignorieren.« – HHStA, Pol. Arch. XXIX/11. Vgl. auch den Kommentar des *China Yearbook* 1913, S. 356: ». . . While this Conference was in session Austria-Hungary formally applied to be included in the Group. The application was refused, but an undertaking was given that facilities would be offered for Austrian investors to subscribe to any loan that might be floated . . .«

13 Storck an Aehrenthal am 27. Juni 1908, HHStA, Pol. Arch. XXIX/5.

14 Storck an Aehrenthal am 7. Oktober 1908, HHStA, Pol. Arch. XXIX/10.

15 Ebd. Wegen des historischen Interesses wird hier der gesamte Wortlaut von Storcks Bericht nochmals wiedergegeben:
»Vorige Woche hat der hier seit langem erwartete Dalai-Lama (über dessen Besuch ich zuletzt sub No 16 B: 08 und auch schon früher berichtete) sich endlich entschlossen, Wutaischan zu verlassen und – noch dazu per Bahn – nach Peking zu kommen, wo, von wegen seines langen Zögerns, bereits eine Aufregung geherrscht hatte, und in aller Eile Bote um Bote an ihn gesendet worden war. Denn der incarnierte Buddha hatte anscheinend ganz die Lust verloren, dem Sohn des Himmels und seinem Suzerän (?) *(das Fragezeichen stammt von Storck)* die schuldige Ehrfurcht zu bezeigen. Wer diesen Stimmungswechsel hervorgerufen haben mag, dürfte in der russischen Gesandtschaft zu erfragen sein. Auch die Japaner, deren Augen entschieden größer sind als ihr Magen, und die nunmehr ostentativ ihren Buddhismus betonen, geben jetzt vor, sich als Lämmer des Oberhirten von Lhassa zu fühlen, und werden an der plötzlichen Widerhaarigkeit des Dalai-Lama gewiß nicht ganz unbetheiligt gewesen sein.
Russen und Japaner, welche mit ihren Rathschlägen das Rückgrat des Dalai-Lama der chinesischen Regierung gegenüber gefestigt haben, werden damit kaum das Tibet, sondern augenscheinlich die Mongolei visiert haben, da die mongolischen Fürsten und Bevölkerung als orthodoxe Buddhisten den Befehlen des Ober-Lama noch immer ziemlich blind gehorchen sollen, und die Aufnahme und Stellung der Fremden in der Mongolei sich angeblich nach wie vor nach den Instructionen aus Lhassa richtet. Würde nun – so calculiert man offenbar – der Lama den chinesischen Reform- und Centralisierungswünschen ein geneigtes Ohr schenken und damit in Peking ins Garn gehen, so wäre es um seine immerhin halb und halb souveräne Stellung im Tibet und damit auch um seinen Einfluß in der Mongolei geschehen. Dies schienen Russen und Japaner befürchtet und ihn deshalb von dem Besuche der Hauptstadt abzuhalten versucht zu haben.
Ich hatte Gelegenheit, die für Asien weltgeschichtliche Ankunft des Dalai-Lama in Peking mitanzusehen. Er hatte angeblich den Wunsch ausgesprochen, durch den Anblick von Europäern und anderer Heiden nicht beleidigt zu werden. Jedenfalls wurde er schon vom Waggon aus in eine tief verhängte gelbe Sänfte verpackt und unter Aufbietung von zahlreicher Cavallerie und geleitet von dem vielköpfigen Banderium seiner mongolischen Suite und berittenen Musik direct von der Bahn in den gelben Tempel gebracht, wo er auch jetzt noch weilt und mit den ihm täglich zugesandten Mandarinen über das Ceremoniell anläßlich seines Empfanges beim Kaiser zänkert.
Der lebende Buddha muß ein recht schwer zu behandelnder Herr sein, nachdem ihm, wie ich im Waiwupu höre, chinesischerseits das für hiesige Begriffe unerhörte Recht des Sitzens in Gegenwart des Kaisers ohnehin a priori zugestanden worden ist, und man bei seinem Empfange alles nur Mögliche aufgeboten hatte, um ihn und seine sa-

loppe, übelriechende und nach Landessitte niemals im Leben gewaschene Suite gebührend zu empfangen. Trotzdem beklagt er sich über den nicht genügend feierlichen Empfang, der ihm in Peking zutheil geworden wäre.
Soviel mir bekannt ist, hat der Dalai-Lama außer dem amerikanischen Gesandten, den er von dessen Tibetreise her kennt, und dem französischen Minister, den er nach Wutaischan befahl (eine Vergünstigung, von der Mr. Bapst erst hier Gebrauch machte) bis jetzt keine anderen fremden Vertreter gesehen. Ich nehme indes an, daß er nach und nach die meisten Minister (niedrigere diplomatische Functionäre werden nicht in seiner Gegenwart zugelassen) zur Audienz befehlen dürfte, sehr zum Verdrusse der Chinesen, denen die Anknüpfung internationaler Beziehungen seitens des Lamas nicht sonderlich zuzusagen scheint.
Der Dalai-Lama ist, wie mir Mr. Bapst erzählte, ein noch junger Mann mit schwarzem Bart und Haar. Die Conversation mit Seiner Heiligkeit ist sehr erschwert, da sie durch zwei Dolmetscher – einen chinesischen und einen tibetischen – geführt werden muß. Über die Eisenbahn, die er zum ersten Mal in seinem Leben benützte, äußerte er sich dahin, daß sie ihm eine ›ganz practische‹ Erfindung zu sein scheine. Er ist als Ober-Lama zum unverehelichten Stande verpflichtet, führt indes einen ganzen Harem von circ 100 Weibern mit sich und soll, nach orientalischer Sitte, auch Lustknaben in seinem Gefolge haben.
Die Audienz beim Kaiser hat noch nicht stattgefunden, wird aber, wie bereits feststeht, in den nächsten Tagen im Sommerpalast erfolgen.
Das *Tagblatt für Nordchina* bringt über die erhöhte Geschäftigkeit der chinesischen Regierungskreise aus Anlaß der Anwesenheit des Lamas folgende Nachrichten: ›Seitdem der Dalai-Lama in Peking weilt, wird täglich in der Audienz vom Staatsrath Vortrag über Tibet gehalten, welche Maßnahmen zu ergreifen sind, um die Umwandlung in eine Provinz durchzuführen, ob dem Hindernisse entgegenstehen‹ usw.
In seinem Vortrag soll ein Prinz Tibet mit der Mongolei verglichen haben; beide bedürfen dringend des staatlichen Eingriffs und wären gleich gefährdet. Die Verhältnisse wären aber in beiden verschieden. In der Mongolei müßte schnell etwas geschehen, im Tibet könne man noch warten. Denn die Durchführung von Reformen sei leicht in der Mongolei und schwer in Tibet. Diese Ausführungen fanden den Beifall der Majestäten. Wenn der Dalai-Lama heute Audienz hat, soll über Tibet gesprochen werden. Weitere Berathungen sollen dann folgen.
Verhandlungen, ebenfalls über die Reformen in Tibet, fanden auch im Staatsrath unter Zuziehung Chang-cy-tungs statt. Es wurden vor allem militärische Einrichtungen, Finanzwesen, Wegebau und äußere Politik besprochen.
Über diese Pläne und Absichten, welche alle einen nähern Anschluß der äußeren Nebenländer Chinas an das Reich bezwecken, hatte ich auch schon früher zu berichten Gelegenheit.«

16 Der im Range eines außerordentlichen Gesandten und bevollmächtigten Ministers stehende Chinese Chang Yin-tang, welcher dem Dalai-Lama für die Dauer seines Peking-Aufenthaltes attachiert worden war.

17 Anschließend heißt es dann noch weiter:
»Ich muß gestehen, daß ich von der Persönlichkeit Sr. Heiligkeit mehr als enttäuscht war. Er besitzt auch nicht die Spur jener im Orient oft den simpelsten Individuen eigenen Grandezza, sondern ist eine ganz würdelose braune, schmutzige Erscheinung mit halb verschmitztem, halb linkischem Lächeln und bäuerischen Manieren.
Die Millionen auf hoher und höchster Culturstufe stehenden Buddhisten Indiens können diese Incarnation Buddhas augenscheinlich nur deshalb verehren, weil sie den Lama niemals von Angesicht gesehen haben und er ihnen stets nur mit der Aureole der Tradition und in ihrer eigenen lebhaften Phantasie vorgestellt wird. Das sagenhafte Hochland Tibet bedeutet für sie die Wolken, auf denen – nahe dem Himmel – der Buddha von Lhassa thront. In Indien ist der Dalai-Lama augenscheinlich zum abstracten Begriff geworden, der mit der reellen Wirklichkeit nichts mehr zu thun hat. Welche Enttäuschung für die Gläubigen, wenn sie diesen jungen Bonzen in seiner schmutzigen Leibhaftigkeit vor Augen sähen!

Die Mongolen in ihrer Indolenz, Gutmüthigkeit, ihrem Aberglauben und ihrem eigenen Schmutz finden an ihrem Landsmann allerdings nichts auszusetzen und dürften das Vorhandensein eines Wesens aus Fleisch und Blut, dem sie ihre Anbetung und Ehrfurcht bezeigen können, sogar als angenehme Enthebung von lästiger Dankbarkeit und abstracter Begriffsbildung empfinden. Die Dalai-Lamas pflegen jung zu sterben. Nach Tradition und Vorstellung der Gläubigen erfolgte die Fleischwerdung Buddhas in jugendlichem Alter. Dementsprechend soll, wie man sagt, die Umgebung des Lamas auch stets zeitgerecht einzugreifen pflegen, wenn der Lama etwa Dispositionen zeigen sollte, über das mittlere Alter hinaus leben zu wollen.
Während seinen Lebzeiten darf sich dafür der buddhistische Papst nach allen seinen Kräften ausleben, nichts ist ihm verboten, alles ist ihm erlaubt, und keine Frucht hängt ihm zu hoch. Der dermalige Lama soll bereits 32 Jahre alt sein, zeigt indes noch weniger Jahre. Er hat den auffallend kleinen, typischen Mongolenschädel, ist (insoweit sich dies bei seiner Ungewaschenheit beurteilen läßt) von brauner Gesichtsfarbe, hat Schlitzaugen und schlichtes schwarzes Haar und Bart.
Über die politische Bedeutung des Besuches in Peking und die Stellung der Regierung gegenüber diesem wichtigen Factor im chinesischen Staatswesen darf ich auf meine einschlägigen Vorberichte verweisen. – In dieser Hinsicht möchte ich nur die eine Bemerkung beifügen, daß sich jetzt – aus Anlaß des Eintreffens und feierlichen Empfanges des neuen japanischen Gesandten Ijuin – herausgestellt hat, daß einer der Bonzen aus der unmittelbaren Umgebung des Lamas Japaner ist, ein Umstand, der die Chinesen begreiflicherweise alarmiert.« – Storck an Aehrenthal am 12. Oktober 1908, HHStA, Pol. Arch. XXIX/10.

18 Storck an Aehrenthal am 28. Oktober 1908, HHStA, Pol. Arch. XXIX/10.

19 Ebd.

20 Rosthorn an Goluchowski am 10. März 1906, HHStA, Pol. Arch. XXIX/8.

21 HHStA, Pol. Arch. XXIX/8.

22 Ebd. – Kuczynski fügte hinzu, daß Hsü, der erst vor einiger Zeit seinen Studienaufenthalt in Japan beendet habe, sofort hingerichtet worden sei.

23 HHStA, Pol. Arch. XXIX/3.

24 HHStA, Pol. Arch. XXIX/9. Die Meldung gibt auch Auskunft, daß sich die Matrosen des österreichischen Detachements beim Löschen des Brandes am chinesischen Handels- und Industriemuseum mit Erfolg beteiligt hätten und dafür vom Innenminister Prinz Su belobigt worden seien.

25 Schreibfehler im handschriftlichen Original.

26 Storck an Aehrenthal am 1. August 1908, HHStA, Pol. Arch. XXIX/9.

27 ». . . so möchte ich . . . meinerseits nur das eine symptomatische Detail beifügen, daß die Aufständischen sich bisher weder den Fremden noch der einheimischen Bevölkerung gegenüber Übergriffe zu Schulden kommen haben lassen, sondern nur die Regierungstruppen und Behörden angreifen und befehden.
Charakteristisch dafür ist der Aufruf, den der Führer der Rebellen, Huang, der sich als Oberkommandierender der Nationalarmee Chinas in Yünnan bezeichnet, an die Bevölkerung erlassen hat und der lautet wie folgt: ›Die Ziele unseres Heeres (das jetzt bis in diese Gegend vorgerückt ist) sind streng und klar. Wir sind aus der Kuo-ming-Gesellschaft hervorgegangen, verfolgen die Ungerechten und schützen das Volk. Wir wollen unser China wieder erwerben, die Mandschus vertreiben und mit der bisherigen schlechten Verwaltung aufräumen. Das Land soll vom Schmutze gereinigt werden. Gewerbetreibende und Volk brauchen keine Furcht zu hegen, wenn wir anrücken. In Städten und Marktflecken kann jeder ungestört seinem Gewerbe nachgehen. Bauern, Arbeiter, Kaufleute und Gelehrte mögen ruhig ihren Berufspflichten obliegen. Unsere Soldaten nehmen keinen Käsch ungerechten Gutes an sich; sie kaufen oder verkaufen nach Recht und Billigkeit. Auf Notzucht und Mord sind schreckliche Strafen gesetzt – mit Verrätern werden wir ein furchtbar ernstes Wort reden. Strenge Gerechtigkeit bestimmt unser Handeln. Das merke sich jeder.‹« – Storck an Aehrenthal am 11. Juni 1908, HHStA, Pol. Arch. XXIX/9.

28 Kuczynski an Aehrenthal am 18. Oktober 1909, HHStA, Pol. Arch. XXIX/10.

29 Bericht zur inneren Lage vom 24. August 1909, HHStA, Pol. Arch. XXIX/10.
30 HHStA, Pol. Arch. XXIX/12.
31 Ebd.
32 Ebd.
33 Ebd.
34 Storck an Aehrenthal am 19. April 1911:
»Gestern hat die dermalige Kaiserin-Witwe in Anwesenheit des kleinen Kaisers die Damen des diplomatischen Korps zum erstenmal in Audienz empfangen. Die noch jugendliche Witwe des Kaisers Kuang Hsü saß, wie auch die verstorbene Kaiserin-Witwe, auf erhöhtem Throne; etwas niedriger und links seitwärts hatte der kleine Kaiser in chinesischem Hofkleide mit Hut, Knopf und Feder sowie Halskette auf einem Armstuhle Platz genommen. Er hat, wie die meisten chinesischen Kinder, ein frisches, munteres Aussehen und schöne große Augen, mit denen er der ganzen Ceremonie aufmerksam folgte.
Da der kleine Kaiser, wie es im Ceremoniell hieß, sich vor Fremden noch fürchtet, machte er nur eine kleine Verbeugung, gab aber nicht die Hand; die Kaiserin-Witwe reichte hingegen Allen die ihre und erwiderte auch die kurze Ansprache der Doyenne, worauf die Prinzessinnen des Hofes den fremden Damen die Honneurs des Palais machten und sie zu einem Déjeuner dinatoire baten, dem zum Beschlusse eine Besichtigung der Privatgemächer der Kaiserin-Witwe sowie ein Rundgang per Sänfte durch den Park folgte.
Der Audienz wohnte, im Gegensatze zu den von der verstorbenen Kaiserin-Witwe abgehaltenen Damenaudienzen, bei denen der Doyen des diplomatischen Korps die Damen vorstellte, außer dem alten Minister des kaiserlichen Hauses kein Mann bei. Die gesamte zahlreiche Dienerschaft war weiblich oder verschnitten ...« – HHStA, Adm. Reg. 2/42.
35 Rosthorn an den Außenminister Graf Leopold Berchtold am 8. März 1913, HHStA, Adm. Reg. 2/42.
36 Ebd.
37 HHStA, Adm. Reg. 7/36.
38 Ebd.
39 Ebd.
40 Beilage zu Bericht No 27-C ddo Peking, 8. XI 1913, HHStA, Pol. Arch. XXIX/13.
41 Siehe Rosthorn an Berchtold am 10. April 1913, HHStA, Pol. Arch. XXIX/29 Liasse VI sowie Abschrift eines Erlasses an Herrn von Rosthorn in Peking, de dato Wien, 12. März 1912, No 1088. Beigeschlossen ist dort auch der Text des japanischen Aide-Mémoire, ebd.
42 HHStA, ebd.
43 Jerolim Freiherr von Benko, *Die Reise S. M. Schiffes »Zrinyi« nach Ostasien,* Wien 1894, S. 100.
44 Ebd., S. 283.
45 Ebd., S. 345.
Ansonsten sind nur die Namen zweier anderer österreichischer Dampfer bekannt geworden, die sich an der ostasiatischen Küstenschiffahrt beteiligten. Über einen davon berichtete Haas vor der Plenarversammlung des Österreichisch-Ungarischen Exportvereines am 11. Dezember 1895:
»In dem letzten Jahrzehnt weiß ich nur von einem österreichisch-ungarischen Dampfer *Elena Consulich,* der eine Zeit lang die Strecken Wladiwostok–Kobe–Shanghai–Canton–Newchwang befahren hatte, und zwar unter einer sehr vortheilhaften Monatscharter.« – Josef Ritter von Haas, *Über den Handel Chinas,* Verlag des Österreichisch-Ungarischen Exportvereines, Wien o. D., S. 3. Die in Lussin Piccolo beheimatete *Elena Consulich* hatte eine Wasserverdrängung von 761 t. – Jerolim Freiherr von Benko, *Die Reise seiner M. J. Schiff »Zrinyi« nach Ostasien,* S. 118.
»Das zweite Schiff war der Flußdampfer *Changon* (1019 t), der einer in Shanghai ansässigen österreichischen Firma gehörte. Auf der Bergfahrt am Yangtse führte er zumeist Textilwaren, Metalle, Zündhölzer, Nadeln, Fensterglas, Farben, Petroleum,

Hölzer, japanische und nord- und südchinesische Produkte, auf der Thalfahrt Erzeugnisse aus Mittel- und Westchina: Medizin, Seide, Tee, Rhabarber, Moschus, Gallnüsse.« – Ebd.

46 Pidgin-English.

47 Gustav Kremsir, *Bericht über seine Thätigkeit und Darstellung der Geschäftsverhältnisse in Shanghai mit Rücksicht auf die österreichische Industrie,* im Verlag des Österreichisch-Ungarischen Exportvereins, Wien 1895, S. 14 f.

48 Ebd., S. 52.

49 Ebd., S. 9.

50 Ebd., S. 20.

51 Ebd., S. 19.

52 Ebd., S. 18 f., 56.

53 Ebd., S. 63.

54 Josef Ritter von Haas, *Über den Handel Chinas,* S. 4.

55 Ebd., S. 4 f.

56 Jerolim Freiherr von Benko, *Die Reise S. M. Schiffes »Zrinyi« nach Ostasien,* S. 108 f.

57 *Aus meinem zehnjährigen Aufenthalte in überseeischen Ländern – Vortrag gehalten von Emil S. Fischer, Beamter der Deutsch-asiatischen Bank in Shanghai, am 16. Jänner 1899 im Festsaal des Wiener kaufmännischen Vereines,* Wien 1899, S. 18. Fischer blieb noch lange in China und trat auch später noch mit Publikationen hervor. Vgl. z. B. *Beobachtungen und Vergleiche auf Reisen in Ostasien, Mitteilungen der Geographischen Gesellschaft in Wien,* Bd. 70, 1927, S. 246–256; *From Shanghai to Changsha in an Automobile,* Reprinted from *The Shanghai Sunday Times,* Dec.–Jan.–Feb. 1935; *My Third Journey to the Capital of Jehol in 1938,* Tientsin 1938; *Jehol,* Shanghai 1941.

58 Nikolaus Post (k. u. k. Konsul in Hongkong), *Handels- und Geschäftsverhältnisse in China,* Wien 1907, S. 8.
Für das Jahr 1898 gibt Post die Zahl der Österreicher mit 91 und die Gesamtzahl der Fremden im Jahre 1900 mit 16.881 an. Über die weitere Entwicklung und das Verhältnis zur Zahl anderer Ausländer in China geben folgende Listen Auskunft:

Ausländische Firmen:	1900	1904
Japan	212	650
Großbritannien	424	436
Deutschland	120	173
USA	81	106
Frankreich	82	67
Portugal	16	36
Spanien	8	32
Italien	9	22
Rußland	21	21
Österreich-Ungarn	7	15
Niederlande	9	15

Nikolaus Post, a. a. O., S. 26 f.

Personen und Firmen:	1900	1906	1907
Japaner	9.139/ 650	15.548/ 739	45.610/1416
Briten	5.981/ 436	9.526/ 492	9.205/ 490
Portugiesen	3.387/ 36	3.184/ 51	3.188/ 57
Amerikaner	3.220/ 106	3.447/ 112	2.862/ 115
Deutsche	1.871/ 173	1.939/ 119	3.553/ 239
Franzosen	1.374/ 67	2.189/ 94	2.201/ 99
Österreich-Ungarn	205/ 15	236/ 19	259/ 17
Andere Nationen	2.050/ 119	2.528/ 131	2.974/ 162
Zusammen	27.277/1602	38.597/1837	69.852/2595

Die letzte Liste ist zitiert nach Friedrich Klein, *Nordamerika und Ostasien,* 2. Teil, Leipzig 1910, S. 17.

59 Infolge der Transsibirischen Eisenbahn hatte Harbin starke europäische Zusiedlung zu verzeichnen und bot infolge des steigenden Bedarfes an europäischen Gütern und Dienstleistungen Arbeits- und Geschäftsmöglichkeiten.

60 Nach Mitteilung des österreichischen Vizekonsuls Pindór, HHStA, Adm. Reg. 36/609/49/16.

61 Jerolim Freiherr von Benko, *Die Reise S. M. Schiffes »Zrinyi« nach Ostasien,* S. 115. 1872 waren es sechs österreichisch-ungarische Schiffe gewesen, 1873/74 keines, 1875 elf Schiffe, 1876 zwei Schiffe, 1877/78 keines, 1879/80 keines. – Siehe Joseph Haas, *Staatliche und wirtschaftliche Verhältnisse von China im Jahre 1880 mit besonderer Rücksicht auf Shanghai,* Wien 1882, S. 43–45.

62 Jerolim Freiherr von Benko, *Die Reise S. M. Schiffes »Zrinyi« nach Ostasien,* S. 116.

63 Friedrich Klein, *Nordamerika und Ostasien,* 2. Teil, S. 90.

64 *Fünfundsiebzig Jahre Österreichischer Lloyd 1836–1911,* herausgegeben vom Publizistischen Bureau des Österreichischen Lloyd, Triest 1911, S. 79.

65 Jerolim Freiherr von Benko, *Die Schiffs-Station der k. u. k. Kriegsmarine in Ostasien,* Wien 1892, S. 515.

66 Konsul Post an das hohe k. u. k. Ministerium des kaiserlichen und königlichen Hauses und des Äußern am 4. Juni 1906, HHStA, Adm. Reg. 46/261.

67 *Dankadresse des Herrn Francisco Tse-yat, kaiserl. chinesischen Titular-Sub-praefecten und Besitzers der Pfauenfeder,* HHStA, Adm. Reg. F46/261.

68 Ebd.

69 Friedrich Klein, *Nordamerika und Ostasien,* S. 91.

70 Arthur von Rosthorn, *Die österreichische Industrie und der chinesische Markt, Vortrag, gehalten am 21. März 1902 im Verbande der Industriellen in den politischen Bezirken Baden, Mödling, Neunkirchen, Wr. Neustadt und Umgebung,* Wien 1902, S. 6: »Ich denke ferner an die Spoliationen und die unregelmäßige Fahrzeit und wundere mich nicht, wenn Aufträge an österreichische Fabrikanten die bindende Vorschrift enthalten: Nicht mit Österreichischem Lloyd!«
Die Schuld dafür gab Rosthorn übrigens nicht der Führung und Besatzung der Schiffe, sondern dem Bürokratismus und der extremen Zentralisation der Verwaltung in Triest. – Arthur von Rosthorn, *Lebenserinnerungen,* S. 58.
Rosthorns Eindrücke wurden von einer Reihe noch kritischerer Berichte österreichischer Industrieller bestätigt. – Lee Kyu Ha, *China und Österreich-Ungarn,* Diss., Wien 1971, S. 262–265. (Anm. 71 entfällt.)

72 Vgl. auch dazu die Tagebucheintragung des Grafen Alexander Karl Josef Hübner vom April 1904: »Die österreichisch-ungarische Konzession und jene Italiens befindet sich in der Chinesenstadt . . . unsere läßt besonders viel zu wünschen übrig. Obschon Verwaltung, Gesundheitspflege und die Polizei wesentlich verbessert wurden, befinden sich die Straßen und Gassen hier in einem erbärmlichen Zustande. Schiffsleutnant Colledani beschäftigt sich wohl, dem zu steuern, doch woher soll er die hiezu nötigen Mittel nehmen? Unsere Regierung scheint keine Lust zu haben, Geld hierzu zu bewilligen, und die chinesische Regierung wird sich wohl hüten, für die Auslagen der Eindringlinge aufzukommen . . .« – A. K. J. Hübner, *Tagebücher über eine Weltreise im Jahre 1904,* Wien 1911, S. 106.
1910 war das Bild, welches die österreichische Konzession bot, noch unverändert: »Die Lage unseres Settlements am Peiho unmittelbar gegenüber der Chinesenstadt scheint für unsere Entwicklung nicht ungünstige Bedingungen zu bieten, leider aber gebricht es an der so nötigen Unternehmungslust unserer Geschäftswelt, die allein es ermöglichen könnte, dem kleinen ›Österreich in China‹ auf die noch recht mageren Beinchen zu helfen. Gegenwärtig erheben sich neben dem Konsulatsgebäude an der Peiho-Front nur noch ein paar nette, europäisch gebaute Gebäude, während die reinliche Hauptstraße zu einer Ansiedlung zahlreicher ›österreichfreundlicher‹ Chinesen geworden ist. Gott helfe weiter.« – Jaromir Holy, *Rund um die Erde – Weltreise zweier österreichischer Offiziere,* Wien–Leipzig 1912, S. 229.

73 Friedrich Klein, *Nordamerika und Ostasien,* Teil 2, S. 44.

74 Ebd., S. 46 f.

75 »Die Verwaltung des Settlements wurde durch ein Regulativ vom 26. Sept. 1908 dahingehend geregelt, daß sie von einem aus acht bis zehn Mitgliedern bestehenden Gemeinderat ausgeübt wurde, vom dem vier österreichisch-ungarische Untertanen und vier chinesische sein mußten und der unter dem Vorsitz des österreichischen Konsuls stand. Zu den Kompetenzen des Gemeinderates gehörten: Beratung und Beschlußfassung 1. über das Budget, 2. über neu einzuführende Gebühren und Abgaben, 3. über Aufnahme von Anleihen und andere Finanzoperationen, 4. über Maßnahmen zur Aufrechterhaltung der allgemeinen Ordnung, Feuer- und Wasserpolizei, 5. über den Bau von Schulen und Spitälern und anderen öffentlichen Gebäuden.« – Ebd., S. 46.

76 Vizekonsul Kobr in Tientsin an den Gesandten in Peking Kuczynski am 14. Juni 1910, HHStA, Adm. Reg. F 46/261.

77 *Rot-weiß-rote Marineanekdoten,* gesammelt von Kapitän H. Bayer von Bayersburg, veröffentlicht im Abziehverfahren mit Hilfe des österreichischen Marine-Verbandes, ca. 1966.

78 Bernauer an das k. u. k. Ministerium des kaiserl. und königl. Hauses und des Äußeren am 21. Juni 1908, HHStA, Adm. Reg. F 46/261.

79 Kobr an Kuczynski am 14. Juni 1910, HHStA, Adm. Reg. F 46/261.

80 Arthur von Rosthorn, *Lebenserinnerungen,* S. 79 f.

81 Nikolaus Post, *Handels- und Geschäftsverhältnisse in China,* S. 30.

82 Gustav Kremsir, *Bericht . . .,* S. 21.

83 Nikolaus Post, *Handels- und Geschäftsverhältnisse in China,* S. 36.

84 Werner Rabl, *Lebenserinnerungen,* Manuskript in Maschinschrift, während der sechziger Jahre verfaßt, S. 94. Die Beobachtung stammt aus dem Jahre 1910.

85 Gustav Kreitner, *Im fernen Osten,* Wien 1881, S. 156.

86 Ebd., S. 751.

87 Helmut Stoecker, *Deutschland und China im 19. Jahrhundert,* Berlin 1958, S. 184, 205, 212–218, 223, 262, 282, 285–288.

88 Ebd., S. 184.

89 Ebd., S. 214.

90 Erwin Reifler, *Mr. Dekien Toung, former Chinese Chargé d'Affaires in Vienna, and Baron Arthur von Rosthorn, former Austrian Minister in China,* Vortrag vor der Sino-österreichischen Kulturvereinigung am 29. 3. 1936, HHStA, Neues Pol. Arch. 606.

91 Ebd. Die Schilderung Reiflers findet in den *Lebenserinnerungen* Arthur von Rosthorns nur hinsichtlich der Bemerkung über die künftige Verwendung der Geschütze Bestätigung. (S. 81: »Ich sagte, daß ich mich freuen würde, wenn diese vortrefflichen Geschütze dazu beitragen würden, China gegen äußere Feinde zu schützen, daß ich aber hoffe, sie nie gegen Chinesen gerichtet zu sehen.«) Doch mag die mündliche Überlieferung von Reifler, der langjähriger Schüler Rosthorns war, durchaus ein Mehr an Information geben, das Rosthorn wohl in kleinem Kreise erwähnt, nicht aber in seine Memoiren aufgenommen hat.

92 Stoecker, a. a. O., S. 216.

93 Ebd., Anhang, S. 287: »Aus einem Schreiben des Gesandten v. Brandt an das Tsungli Jamen vom 15. Dezember 1889.

Herr Mandl ist der Chef der Firma Mandl & Co, und als solcher der Vertreter der Firma Fried. Krupp in Essen, welche sich seit vielen Jahren des größten Rufs und mit Recht des größten Vertrauens bei allen chinesischen Behörden erfreut. Die langjährigen Beziehungen des verstorbenen Generalgouverneurs Tso Tsung-tang, durch den Herr Mandl für Kais. Auszeichnungen vorgeschlagen worden ist, sowie Seiner Exzellenz des Herrn Generalgouverneur Li Hung-tschang zu Herrn Mandl wie zu der Firma Mandl & Co dürften einen weiteren Beweis für die Unbegründetheit der von dem Chih-jui vorgebrachten Beschuldigungen liefern . . .

Ich kann nur meinem Bedauern Ausdruck geben, daß die bestehenden freundlichen Beziehungen nicht den Erlaß einer Verordnung verhindert haben, die geeignet erscheint, die Interessen der deutschen Industrie auf das Ernsteste zu schädigen und ich glaube daher mit Bestimmtheit annehmen zu dürfen, daß E. H. und E. E. nicht verfehlen werden, die gewünschte Untersuchung in dieser Angelegenheit eintreten zu lassen und durch eine entsprechende Anweisung an die Provinzialbehörden der Firma Mandl & Co, wie dem Herrn Mandl selbst, die denselben gebührende Genugtuung zu verschaffen und unverdienten Schaden von denselben abzuwenden.«

94 Gustav Kremsir, *Bericht . . .*, S. 4.

95 So schrieb der k. u. k. Generalkonsul von Shanghai am 23. Februar 1906, daß er die dem Außenamt übermittelten Daten über den neuen chinesischen Botschafter in Österreich Li Qingmai, »Herrn Mandl verdanke, der sich seinerseits der besonderen Gunst Li Hung Changs erfreute«. Die besondere Stellung, welche Mandl in China einnahm, wird durch einen weiteren Passus des Konsulatsberichtes noch besonders beleuchtet:

»Vor zwei Tagen fand in Gegenwart des Herrn Gesandten Li die feierliche Enthüllung eines Bronzestandbildes seines Vaters, des verstorbenen Marquis Li Hung Chang, statt, welches von dem hiesigen Agenten der Kruppschen Werke in Essen, deren Firma-Chef, Herr Hermann Mandl, ein Österreicher ist, der Familie Li zum Geschenk gemacht wurde. Es ist dies der erste Fall, daß das Andenken eines chinesischen Staatsmannes durch die Errichtung einer Statue in China geehrt wurde. Dieselbe, das Werk eines Münchner Bildhauers, steht nun im Hofe der Li Hung Chang geweihten Denkhalle in der Nähe der Jesuiten-Niederlassung Zi-ka-wei.« – K. u. k. Generalkonsulat Shanghai an Außenminister Goluchowski am 23. Februar 1906, HHStA, Adm. Reg. 7.

96 Erich Pistor, *Durch Sibirien. Wirtschaftliche und unwirtschaftliche Reisestudien aus den Jahren 1901–1902,* Wien–Leipzig 1905, S. 199.

97 Friedrich Klein, *Nordamerika und Ostasien – Reiseerinnerungen mit besonderer Berücksichtigung der österreichischen Interessen,* Leipzig 1907, Bd. 1, S. 11.

98 Bd. 1, Leipzig 1907, 285 Seiten; Bd. 2 (China), Leipzig 1910, 219 Seiten.

99 Konsul in Shanghai.

100 Konsul in Hongkong.

101 Friedrich Klein, a. a. O., Bd. 2, S. 185.

102 Dr. Victor R. von Bauer, *Sinn und Aufgaben der Chinesisch-Österreichischen Kulturvereinigung,* Baden bei Wien, 1937, S. 7. Das Konzept zu diesem Projekt dürfte allerdings schon länger bestanden haben, denn am 27. Mai 1904 berichtet der österreichische Konsul in Hongkong, Post: »Es gereicht mir zum Vergnügen, Euer Excellenz zu berichten, daß auch Yang Sin die Errichtung einer österr.-chin. Bank als den wichtigsten ersten Schritt zu einer erfolgreichen wirtschaftlichen Annäherung Chinas & der Monarchie betrachtet & diesbezgl. seine eifrigste & wärmste Mitwirkung zugesagt hat.« – Post an Ministerium des Äußeren am 27. Mai 1904, Adm. Reg. F 7/36.

Vgl. auch den schon am 6. November 1903 eingegangenen Bericht über die Gründung einer österreichisch-chinesischen Bank. – HHStA, Pol. Arch. XXIX/2.

103 »Als ich die Sache mit dem erwähnten Sektionschef besprach, fragte er mich: ›Weshalb setzen Sie sich so für die Bank ein? Wollen Sie die Leitung derselben übernehmen?‹ Meine Antwort war: ›Nein, denn es gehört viel mehr dazu, eine Bank zu leiten, als die österr.-ungarische Gesandtschaft!‹ So wenig glaubte man in diesen Kreisen an uneigennützige Mühewaltung!« – Arthur von Rosthorn, *Lebenserinnerungen,* S. 61.

104 Ebd.

105 Bauer, a. a. O., S. 7 f.

106 Lee, *China und Österreich-Ungarn,* S. 290.

107 Ebd., S. 294.

108 Ebd., S. 271 f.

109 Ebd., S. 273.

110 Storck an Aehrenthal am 20. Aug. 1908:

»Angesichts dieses Umstands *(daß die Chinesen auch österreichische Beamte mit Orden bedacht hatten – Anm. d. Aut.)* sowie der Consideration, daß unsere Bemühungen auf wirtschaftlichem Gebiete durch Ordensverleihungen unsererseits gewiß sehr gefördert würden und wir gar keine anderen Mittel besitzen, auf die Chinesen einzuwirken, erlaube ich mir den in Abschrift vorliegenden Ordensantrag meines Chefs für die Eventualität zu unterbreiten, daß dieser Bericht nicht schon persönlich durch Herrn von

Kuczynski übergeben worden wäre. Ich erlaube mir zu bemerken, daß ich eine baldige Decorierung der im Berichte genannten chinesischen Würdenträger unserer Interessen gerade jetzt als besonders förderlich erachten würde.
Zu dieser Liste möchte ich den Kriegsminister Excellenz Tieh Liang und den ersten Vicepräsidenten dieses Ministeriums, General Yin Chang, hinzufügen; ersteren mit dem Großkreuz des Leopoldsordens, letzteren mit der I. Classe der Eisernen Krone – bei beiden vorausgesetzt, daß wir die Marinelieferung tatsächlich bekommen sollten.
Es stehen für uns enorme wirtschaftliche Interessen – Marine – Bank – und Anleihe – mein ergebenster Bericht vom 22ten 1. Mts No 56/WP – auf dem Spiele . . .«
HHStA, Adm. Reg. 46/261.

111 Bericht von Kuczynski am 20. März 1910, HHStA, Adm. Reg. 2/42.
112 Bericht der österreichischen Botschaft in Berlin an das k. u. k. Ministerium des Äußern am 8. Juni 1910, HHStA, Adm. Reg. 2/42.
113 Oberstkämmereramt an Ministerium des Äußern am 21. Juni 1910, HHStA, Adm. Reg. F2/42.
114 Reichskriegsministerium an Ministerium des Äußern am 21. Juni 1910, HHStA, Adm. Reg. F2/42.
115 Beilage zu Bericht No 35 ddo Peking, 13 August 1910, HHStA, Adm. Reg. 2/42. Sehr positiv über das Echo auf chinesischer Seite äußerte sich auch Kuczynski in seinem Bericht an Aehrenthal am 13. August 1910, HHStA, Adm. Reg. 2/42.
116 *Programm für den Besuch der kaiserlich-chinesischen Militärmission unter Leitung seiner kaiserlichen Hoheit des Prinzen Tsai Tao von China in Österreich-Ungarn.* – HHStA, Adm. Reg. 2/42. Der Besuch enthielt auch einen kulturellen Programmpunkt, nämlich den Besuch der Spanischen Reitschule.
117 Skoda lieferte 1910 für die Provinz Heilongjiang: 18 75-mm-Schnellfeuergeschütze, 27 Munitionswagen, 3600 Granaten, 3600 Schrapnells, 900 Kartuschen. – Lee, *China und Österreich-Ungarn,* S. 255.
118 Als Zulieferer der Geschütze war Skoda übrigens auch hier beteiligt.
119 Storck an Ministerium des Äußern am 20. August 1908, HHStA, Adm. Reg. 46/261.
120 Mitteilung des österreichischen Marinefachmannes Dr. Lothar Baumgartner vom 7. November 1976.
121 Wladimir Graf Aichelburg, *Unbekannte Kriegsschiffe – Ein 4900 t Kreuzer für China 1913, Marine Rundschau,* Heft 7, 1973, S. 408–413.
122 *The China Yearbook* 1914, S. 404 (Kraus Reprint, Liechtenstein 1974).
123 Ebd., S. 406.
124 Ebd., S. 405, 407.
125 Mitteilung des österreichischen Marinefachmanns Dr. Lothar Baumgartner vom 7. November 1976.
126 Der englische Konsularbericht für das Jahr 1891 erwähnte, »daß große Mengen chinesischer und japanischer Zündwaren geringer Sorten unter gefälschten österreichischen Marken in Chefoo zur Einfuhr und zum Weiterverkaufe gelangen«. – Benko, *Die Reise S. M. Schiffes »Zrinyi« nach Ostasien,* S. 298, 871.
127 HHStA, Polit. Archiv, XXIX/2.
128 Nikolaus Post, *Handels- und Geschäftsverhältnisse in China,* S. 71.
129 Erich Zugmayer, *Eine Reise durch Zentralasien,* Berlin 1908, S. 59.
130 Jerolim Freiherr von Benko, *Die Schiffs-Station der k. k. Kriegsmarine in Ostasien,* Wien 1892, S. 410.
131 Lee, a. a. O., S. 251.
132 Ebd., S. 246.
133 Ebd., S. 241 f.
134 Storck an Aehrenthal am 2. September 1910, HHStA, Adm. Reg. 7/36.
135 Ebd. – Es scheint allerdings so gewesen zu sein, daß die Chinesen sich in Wien Stanzen herstellen ließen, welche die Produktion der Orden vereinfachten, hinsichtlich der Form aber bei den alten Mustern blieben. Die Abgüsse, welche die Schwestern Rothe freundlicherweise mit den alten Stanzen herstellen ließen, entsprechen nämlich bei der dritten Stufe der ersten Klasse genau und bei der zweiten Klasse so ziemlich jenen Dar-

stellungen, wie sie das bereits 1893 von Maximilian Gritzner zu Leipzig veröffentlichte *Handbuch der Ritter- und Verdienstorden aller Kulturstaaten der Welt* aufweist (S. 61 ff.).

136 Alexander K. J. Hübner, *Tagebücher über eine Weltreise im Jahre 1904,* Wien 1911, S. 74.

137 HHStA, Polit. Arch. XXIX, Peking 1896–99.

138 Vgl. etwa den Bericht Posts an Goluchowski vom 27. Mai 1904 über sein Gespräch mit dem designierten chinesischen Botschafter: »... Daneben *(neben der Förderung der wirtschaftlichen Beziehungen)* wünscht er in Erkenntnis der Vortrefflichkeit der k. u. k. Armee, eine größere Anzahl seiner Landsleute die Heranbildung in unseren Militärschulen angedeihen zu lassen sowie auch ev. k. u. k. Officiere als Instructeure in der Kais. chin. Armee zu verwenden.« – HHStA, Adm. Reg. 7/36.

139 Paul Goldmann, *Ein Sommer in China,* Bd. 1, Fankfurt 1899, S. 153.

140 »The coat and trousers, like the cap, were made of dark blue navy cloth, like the Austrian military dress uniform, nicely braided in front, back and sleeves. This was called the Hsing Chuang I Mao, that is, travelling clothing and hat, uniform dress, travelling costume. It looked very neat and was very convenient.« – *Mesny's Chinese Miscellany,* 21. Januar 1905, S. 76 (Mesny war Generalleutnant in chinesischen Diensten).

141 Goldmann, *Ein Sommer in China,* S. 156.

142 Storck an Aehrenthal am 20. August 1908, HHStA, Adm. Reg. 46/261. Kurz vor seinem Besuch in Wien hatte man ihn, als er den Gesandtenposten in Berlin bekleidete, zum Kriegsminister ernannt. Der Hinweis darauf findet sich in dem für die Delegation erstellten Besichtigungsprogramm F2/42.
Rosthorn, der nach den Boxerunruhen in Chefoo von Yin Chang aufgesucht wurde, fällte über diesen allerdings ein recht hartes Urteil:
»In diesen Tagen besuchte mich Herr Yin Ch'ang, ein höherer Offizier, der seine militärische Ausbildung in Österreich erhalten hatte und dann Militärattaché in Berlin gewesen war. Er sprach mit Deutschen Berlinerisch und mit uns Wienerisch. Als ich ihn fragte, wo er die letzten zwei Monate zugebracht hätte, erzählte er mir seine Leidensgeschichte. Er war zur Zeit des Ausbruches der Feindseligkeiten Direktor der Militärakademie in Tientsin, die nächst der fremden Niederlassung gelegen war. Während der Kämpfe um Tientsin suchte er eine Annäherung an die fremden Truppen, wurde aber von diesen beschossen und mußte in die Akademie zurückkehren. Da er aber auch von seinen Landsleuten verdächtigt wurde, sah er sich schließlich genötigt, sich in Verkleidung eines Bettlers durch die feindlichen Reihen durchzuschlagen. Hatte ich ihn früher wegen seiner Arroganz geringgeschätzt, so verachtete ich ihn jetzt wegen seiner Feigheit.« – Arthur von Rosthorn, *Lebenserinnerungen,* S. 51.

143 Storck an Aehrenthal am 20. August 1908.

144 HHStA, Pol. Arch. XXIX/4.

145 Programm, S. 3, HHStA, Adm. Reg. 2/42.

146 *Der Tag* vom 18. Januar 1931.

147 Beilage zu dem Bericht Kuczynskis an Goluchowski am 11. Oktober 1906, HHStA, Pol. Arch. XXIX/8.

148 Kuczynski an Sektionschef Freiherrn von Macchis am 30. Juli 1910, Adm. Reg. 2/42.

149 Ebd.

150 Die Schilderung stützt sich auf Interviews der Autoren mit Herrn Li.

151 Dieses war Teil der vom Maler Oswald Roux arrangierten Gruppe *Straßenleben und Fuhrwerk 1830–1840,* die in der von Rudolf Junk und Emil Schiller herausgegebenen Begleitbroschüre folgendermaßen beschrieben wird: »Fahrende Leute ziehen vorüber: Musikanten und Komödianten aller Art. Da sieht man einen großen Komödiantenwagen mit all dem sonderbaren Krimskrams, der die schaulustigen Wiener in die Komödiantenbude locken soll. Mürrisch zieht ein altes Pferd den Kasten. Längst verblichene Romantik wird wieder lebendig.« – Unter den Mitwirkenden ist Li nicht gesondert angeführt, wohl aber sein väterlicher Gönner, Dr. E. Breitenecker.

152 Lee, a. a. O., S. 259. Die Anregung zur Errichtung eines Lehrstuhls für Chinesisch und Japanisch wurde von Geschäftsträger Heinrich Coudenhove-Calergi am 20. Oktober

1894 in einem Schreiben ans Außenministerium gegeben. Personalakt Haas HHStA 4/120.

153 Erich Zugmayer, *Eine Reise durch Zentralasien im Jahre 1906,* Berlin 1908, S.-V.

154 »Schutzbrief. Das auswärtige Ministerium hat aus folgenden Gründen diesen Schutzbrief ausgestellt: Der in unserer Hauptstadt residierende Beamte der Großmacht Österreich namens Wrha *(damit wurde mehr schlecht als recht Arthur von Rosthorn bezeichnet)* hat uns gebeten, daß unsere Regierung an die Behörden der in Betracht kommenden Gegenden den Rundbefehl erläßt, daß der Gelehrte dieses Landes, der vieles wissende Herr Gu-meur *(damit war Zugmayer gemeint),* aus Rußland kommt und nach Kaschgar, Jarkent und anderen Orten der Provinz reist. Er hat hiefür um diesen Schutzbrief gebeten. Demzufolge wird das auswärtige Ministerium diesen Schutzbrief ausstellen, welcher dem genannten Gelehrten zuzustellen ist. Gleichzeitig wurde die Kanzlei des Wrha verständigt, daß sie ihn dem Inhaber zustelle, damit er ihn den Behörden der von ihm bereisten Orte zeige und mit aller Rücksicht behandelt werde, die seiner hohen Stellung und seinem Wissen zukommt. Wir fordern die Behörden auf, den Gelehrten Gu-meur auf Vorzeigung dieses nach Betreten des Reiches in allen genannten Gegenden Hilfe zu leisten und Beistand nach den internationalen Verträgen, wie sie den Reisenden aller Großmächte zukommen, die unser Lande besuchen, wohin sie sich auch wenden mögen. Daher müssen die Behörden ihn gut aufnehmen und allen seinen Wünschen, soweit sie nicht das Gesetz verbietet, Folge leisten, überall, wo er reist. Urkund dessen dieser Brief. Dieses Schreiben wird der österreichischen Kanzlei gesendet werden, damit es Herrn Gu-meur zugeschickt werde.
Gegeben im 31. Jahr der Reiche unseres Kaisers, 11. Monat, 3. Tag.
(Kaiserliches Siegel, Siegel des Ministeriums, Siegel des Paßamtes).« – Ebd., S. 32.

155 *Illustriertes Wiener Extrablatt,* 30. Dezember 1906, S. 15. Vgl. dazu auch *Neues Wiener Journal* vom 20. November 1906, S. 3, und *Fremdenblatt* vom 20. November 1906, S. 9.

156 Erwin Janchen, *Heinrich Freiherr von Handel-Mazzetti,* Sonderabdruck aus den Berichten der Deutschen Botanischen Gesellschaft, Jg. 1939, Bd. LVII, 2. Generalversammlungsheft, S. 179.

156a Als die Dendrologische Gesellschaft für Österreich-Ungarn Ende 1913 ihren Generalsekretär Camillo Schneider nach Yünnan schickte, ermöglichte die Akademie der Wissenschaften in Wien es Handel-Mazzetti, sich daran zu beteiligen und später seine Tätigkeit durch weitere viereinhalb Jahre allein fortzusetzen. – Heinrich Handel-Mazzetti, *Naturbilder aus Südwest-China,* Wien–Leipzig 1927, S. XI.

157 Erwin Janchen, a. a. O., S. 186.

158 Ebd., S. 189.

159 So z. B. am 16. April 1921 unter dem Titel *Forschungsreise in China,* in: *Mitteilungen der Wiener Urania,* Heft 15.

160 Handel-Mazzetti, a. a. O., S. 331.

161 S. 358.

162 Janchen, a. a. O., S. 185; vgl. dazu auch den Almanach der Akademie der Wissenschaften in Wien, 90. Jg., Wien 1941, S. 209–213; *Dokumentation zur österreichischen Akademie der Wissenschaften 1847–1972,* Bd. 2. Die Schriften der Mathematisch-Naturwissenschaftlichen Klasse 1926–1970, Wien 1975, S. 130 (Werkverzeichnis).

163 Handel-Mazzetti, a. a. O., S. 71.

164 Ebd., S. 217, 219.

165 *Mitteilungen der Wiener Urania,* Heft 17 aus 1920.

166 Expedition des Großindustriellen Philipp Oberländer aus Hronov in Böhmen in das russisch-chinesische Grenzgebiet 1910; des Grafen E. Hoyos ins Altai und Tianshan 1910; des Ingenieurs Josef Kurz vom Niederösterreichischen Jagdschutzverein gemeinsam mit dem Ministerialrat im k. u. k. Ministerium für Kultus und Unterricht Dr. von Breitenberg zu Zenoburg ins Altai-Gebirge 1910; des Erbprinzen Ferdinand Josef von Lobkowitz und von Dr. Reinhold Graf Boos zu Waldeck, die 1911 nach Ägypten, Indien, Japan, China und Rußland fahren und »wo sich ihnen Gelegenheit

bietet, auch die Jagd ausüben wollten«; des Ministerialsekretärs des Innenministeriums Dr. Georg Graf Wodzicki von Granow 1912, dessen Ziel eine zoologische Sammel- und Jagdreise nach dem chinesischen Turkestan war. – Lee, a. a. O., S. 277–279.

167 Siehe Bildarchiv der Nationalbibliothek.

168 Lee, a. a. O., S. 275 f.; vgl. auch den Prunkband *Die erste internationale Jagdausstellung Wien 1910,* Wien 1912, China wird in dem von Josef Szombaty verfaßten Kapitel *Die prähistorische Jagd der heutigen Naturvölker* (sic!) behandelt.

169 Vay von Vaya und Luskad, *Japan und China an der Schwelle des zwanzigsten Jahrhunderts,* in: *Deutsche Rundschau,* Bd. CXXIV, 1905, S. 60.

170 Ebd., S. 360.

171 Ebd., S. 364 f.

172 »Jedesmal, wenn eine ehrgeizige fremde Macht danach trachtete, aus einer Teilung Chinas sich zu bereichern, waren ernste Schwierigkeiten die Folge. Schließlich sah man ein, daß eine Besetzung des Landes außerordentlich kostspielig und immer unsicher, daß es dagegen viel vorteilhafter sei, unter der nationalen Flagge seine unerschöpflichen Reichtümer auszubeuten!« – Graf Vay von Vaya und zu Luskad, *Ostasiens Stellung zum Weltkrieg,* in: *Deutsche Rundschau,* Bd. CLXIV, 1915, S. 116.

173 Ebd., S. 121.

174 Mgr. Graf Vay de Vaya, *Erinnerungen an die ostasiatischen Kaiserreiche und Kaiser,* Berlin 1906, S. 280.

175 Bd. 4, S. 38.

176 Bd. 2, S. 93 f.

177 Richard Elisa Spitz, *Das Teehaus zu den hundert Stufen – Aus dem Tagebuch eines Schiffsarztes,* Wien 1910, 2. Aufl., S. 105.

178 Otto Kerry, *Sonnige Tage – Eine Fahrt nach dem Fernen Osten,* Czernowitz 1913, S. 82 f.

179 Jaromir Holy, *Rund um die Erde,* Wien-Leipzig, 2. Aufl., 1912, S. 137.

180 Ebd., S. 176. (Anm. 181 entfällt.)

182 »Der geographisch scheinbar so festgefügte Koloß muß es erleben, daß er kleinweise zugestutzt wird, wie eine gebratene Gans unter dem Tranchiermesser.« – Holy, *Rund um die Erde,* S. 176.

183 Johann Müllner, *Erdkunde für Mittelschulen,* 2. Teil für die 2. Klasse, 2. Aufl., Wien 1919, S. 50–52. Hier ist nicht mehr von chinesischer Hinterlist, sondern – wie in einer Unzahl späterer Geographiebücher – vor allem vom Löß die Rede. Gustav Buschs *Leitfaden für den Unterricht in der Geographie für österreichische Bürgerschulen,* 3. Teil, 13. Auflage, Wien 1912, enthält als pädagogischen Wink mit dem Zaunpfahl die »ganz besonders hervorragende Eigenschaft« der Chinesen des »unbedingten Gehorsams gegen die Eltern« (S. 33).

184 Josef Stoiser, *Wirtschafts- und Verkehrsgeographie für kaufmännische Schulen und Fachkurse,* 3. Band, 2. Aufl., Wien-Leipzig 1921, S. 24.
Da es sich bei den hier zitierten Büchern um spätere Auflagen handelt und man außerdem die Vorbereitungszeit zur Herausgabe einrechnen muß, scheint es legitim, auch die kurz nach dem Krieg erschienenen Werke miteinzubeziehen.

185 In keinem der zahlreichen Bücher Rebhanns, ausgenommen in dem 1912 zu Wien für die unteren Klassen der Mittelschulen herausgegebenen *Lehrbuch der Geschichte,* wo auf die Erfindung des Schießpulvers durch die Chinesen kurz verwiesen wird (S. 109).

186 Mayer-Kraitschek, *Lehrbuch der Geschichte für die oberen Klassen der Realschulen,* Teil 1, 8. Aufl., Wien 1919, S. 6 f.

187 *Ein Spaziergang durch Peking, Das Blatt der Hausfrau,* 26. Februar 1911, S. 7.

188 Siehe z. B. *Illustriertes Wiener Extrablatt,* vom 21. Oktober 1906. Aufmacher und Bild der Titelseite sowie ein Kommentar im Blattinnern sind der »Festnahme eines chinesischen Räuberhauptmannes in einer Opiumhöhle« und der möglichen Art seiner Exekution gewidmet. Kurz vor Weihnachten erfreute das Blatt dann seine Leser mit einem illustrierten Bericht über die Hinrichtung chinesischer Banditen, Ausgabe vom 19. Dezember 1906, S. 5.

189 Vgl. die Meldungen über Taifunschäden, *Wiener Deutsches Tagblatt* vom 21. September 1906, S. 5.

190 *Neuigkeits-Weltblatt* vom 20. September 1906, S. 27.

191 Karl Kraus, *Die chinesische Mauer,* 3. Aufl., Leipzig 1917, S. 435–460.

192 Mahler verwendete einige Gedichte aus Hans Bethges Sammlung chinesischer Lyrik, *Die chinesische Flöte.* – Herbert Fussy, *Die neueste deutsche Lyrik und Ostasien* (Diss.), Graz 1974, S. 97.

193 *Ein junger Dichter denkt an die Geliebte,* ebenfalls aus Bethges Sammlung. Fussy, a. a. O., S. 97.

194 Robert Klimsch, *Vom ewigen Eis bis zum ewigen Sommer – hauptsächlich nach den Berichten katholischer Missionäre,* Klagenfurt 1910, S. 127.

195 Eugenie Gräfin Ostrowska-Haugwitz, *Fern und Nah,* Wörishofen 1911, S. 48.

196 Ebd., S. 83.

197 So wetterte z. B. General a. D. v. Staski gegen die »Landplage der Missionäre« und bat den Leser, sich einmal in die Lage der Chinesen zu versetzen, in deren tolerantes Land, das die Greuel der Religionskriege nie gekannt, »Fremde von höchst zweifelhafter Distinktion kamen, um ihnen eine neue Religion beizubringen«, die durch die hinter den Missionären stehende weltliche Macht jeden getauften Chinesen der Gerechtigkeit entziehen konnte. – General a. D. von Staski, *Die »gelbe Gefahr«,* in: *Die Waage,* Nr. 8, 20. Februar 1904, S. 155.

Schiffsarzt Spitz meinte (S. 102 f.): »Vielleicht war die starke Konkurrenz, die sich mit der Zeit entwickelte und den geistlichen Markt verdarb, auch nicht darnach den Wert der angebotenen Güter bei den Chinesen sonderlich zu steigern. ›Du wirst vom Vater Eusebius bearbeitet? Nein, mein Sohn, du bist nicht auf dem rechten Wege. Die einzig wahre Seligkeit kann dir bloß der Pastor Krumm verschaffen; der hat den sicheren Nachschlüssel zur Himmelstür und macht's einfacher.‹ ›Armer Heide, du bist *badly mistaken.* Nur der Reverend Fox ist der wahre Portier. Durch den kommst du ohne Schleichwege geradenwegs in den Himmel. – Die englischen Kanonen werden gegebenenfalls schon ein bißchen nachhelfen.‹ Ja, die Kanonen; die dämlichen Chinesen wollten nicht so recht auf die Stimme der Väter hören. Dagegen gelangen die Hörproben, die im Laufe der Zeit mit Hilfe von Kanonen veranstaltet wurden, ganz ausgezeichnet. Da muß einer auch schon sehr taub sein, wenn er die nicht hört. Und freilich gibt es kein wirksameres Mittel, als den Leuten die Ideale des Westens mit den Waffen einzuschärfen und einzubleien. Natürlich denkt da beileibe niemand ans Geschäft. Aber weil im Geschäftsraum doch nun einmal Altar und Geldschrank zusammenpassende Möbelstücke sind, so fängt's mit Religion und Credo an, und mit Credit und Dividenden hört's auf. Zuerst wird belehrt, massakriert und abgeschlachtet, und dann wird geteilt, sequestriert und ausgeschlachtet. Und wenn sich schon ohne viel Kriegsgeschrei die Gelegenheit zu einem Profitchen ergibt – mein Gott, ein paar Konzessionen, die Öffnung von Häfen, erpresserische Handelsverträge, dergleichen kann man schon mitnehmen. Das andere folgt dann schon. Klopfet, so wird euch aufgetan. Man nennt das, ein Land der Kultur erschließen; eben, weil es dabei nicht um Religion und Barchenthandel, sondern um die Verbreitung der Kultur geht.«

Weniger scharf, aber in ähnlicher Weise hatte auch Arthur von Rosthorn die Missionstätigkeit kritisiert: »Nicht als ob die Chinesen in religiöser Hinsicht fanatisch oder auch nur intolerant wären; allein die christlichen Kirchen verboten den Ahnenkult, der die Grundlage der Familienordnung ist, und die Konvertiten lösten sich naturgemäß aus der Familiengemeinschaft los, was zu allerlei Streitigkeiten und Störungen des sozialen Gleichgewichtes führte. Dazu kam, daß die katholische Geistlichkeit ihre Proselyten vielfach durch persönliche Intervention bei den Behörden begünstigte, was bisweilen Rechtsbeugungen zur Folge hatte und böses Blut machte.« – Arthur von Rosthorn, *Wer waren die Boxer?* (undatiertes Vorwort zu den im Sommer 1901 von seiner Gattin, Paula von Rosthorn, niedergeschriebenen Erinnerungen an den Boxeraufstand, Manuskript in Maschinschrift, Nachlaß Prof. A. Pillat, Archiv der ÖGCF in Wien).

198 Die Schilderung der Lebensdaten von Freinademetz folgt dem umfassenden, 1219

Seiten zählenden Werk von Fritz Bornemann, *Der selige Pater Josef Freinademetz 1852–1908 – Ein Steyler China-Missionar,* Bozen 1977, sowie ders. (Hrsg.), *Josef Freinademetz – Berichte aus der China-Mission,* Rom 1974; ders. *Erinnerungen an P. Josef Freinademetz,* Mödling 1974.

199 Österreichisch-Ungarisches Generalkonsulat Shanghai, *Auszug aus einem Privatschreiben des österreichischen Missionärs und Provicars von Süd-Shantung, Pater Freinademetz,* HHStA, Pol. Arch. XXIX/6.

199a Fritz Bornemann, *Der selige Pater Josef Freinademetz 1852–1908 – Ein Steyler China-Missionar,* S. 83 f.

200 Fritz Bornemann, *Erinnerungen an Pater Josef Freinademetz,* S. 57, Aussagen von Wang Yung-chih, geb. 1884, Bauer; Yin Mao-sung, geb. 1873, Katechist.

201 Ebd., S. 57 f.

202 Ebd., S. 44.

203 Ebd., S. 56.

204 Fritz Bornemann, *Josef Freinademetz – Berichte aus der China-Mission,* S. 101.

205 Heinrich Drenkelford, *Arnold Janssen SVD, St. Augustin,* 2. Aufl., 1977, S. 122 ff.

206 Stoecker, *Deutschland und China im 19. Jahrhundert,* S. 243 f., 248 ff.

207 Fritz Bornemann, *Josef Freinademetz – Berichte aus der China-Mission,* S. 138.

208 Czikann an Goluchowski am 9. Dezember 1897, HHStA, Pol. Arch. XXIX/5. Vgl. dazu auch Pater Bornemanns Schilderung: »Für alle diese finanziellen Leistungen der chinesischen Regierung – den Bau der Kirchen eingeschlossen – bezeichnete er eine Gesamtsumme von 50.000–60.000 Tael. Anders der *(deutsche – Anm. d. Aut.)* Gesandte in der Schlußsitzung; er setzte für jede der drei großen Kirchen 60.000 Tael ein . . ., für die sieben Missionarsresidenzen zusammen 24.000 Tael. Freinademetz war das zuviel. Er wollte gerne eine der drei großen Kirchen streichen. Sie entsprachen doch weniger dem täglichen Bedürfnis der Mission als vielmehr der glänzenden Repräsentation.« – Fritz Bornemann, *Der selige P. J. Freinademetz 1852–1908 – Ein Steyler China-Missionar,* S. 264.

209 Überliefert von Romualdus Hia Wen-lin (1861–1939), Angehöriger des Cistercienser-Ordens, in: Fritz Bornemann, *Erinnerungen an Pater Josef Freinademetz,* S. 140.

209a Fritz Bornemann, *Der selige P. J. Freinademetz . . .,* S. 264 f.

210 Ders., *Erinnerungen an P. J. Freinademetz,* S. 67.

211 Ebd., S. 67.

212 Fritz Bornemann, *Der selige P. J. Freinademetz . . .,* S. 499 ff.

213 Ebd., S. 505 f.

214 Shen an Czernin am 20. März 1917, HHStA, Adm. Reg. F7/36.

215 Schreiben vom 25. Juni 1917, ebd.

216 Oberstkämmereramt an k. k. Ministerium des kaiserlichen und königlichen Hauses und des Äußern am 3. Juli 1917, ebd.

217 Shen an Czernin am 25. August 1917, ebd.

218 Ebd.

219 Ebd.

220 Karl Kraus, *Die letzten Tage der Menschheit,* Teil 1, München 1964, S. 44 f.

Achtzehntes Kapitel

Kämpfen oder nicht kämpfen?

Die k. u. k. Flottenstation in Ostasien nach der Jahrhundertwende und ihr Ende mit dem Untergang der »Kaiserin Elisabeth« 1914

Nach Beendigung des größeren Einsatzes österreichischer Schiffe in Ostasien im Zusammenhang mit dem Boxeraufstand wurde die ständige Präsenz von ein oder zwei k. u. k. Stationsschiffen im Fernen Osten beibehalten. 1902 waren es die *Kaiserin und Königin Maria Theresia* und die *Aspern,* welche in jenen Gewässern kreuzten. Zum Jahresende wurde die *Maria Theresia* von der *Kaiser Karl VI.* abgelöst[1]. Im Frühjahr 1904 begab sich dann die *Aspern* wieder ins Chinesische Meer. Da brach der russisch-japanische Krieg aus, und man hielt es für angezeigt, der Station Verstärkung beizugeben. So erhielt die *Kaiserin Elisabeth,* die am 2. Januar 1904 zu einer Fahrt nach Australien und Neuseeland ausgelaufen war, den telegraphischen Befehl, den Kurs zu ändern und zur Übernahme des Kommandos über die k. u. k. ostasiatische Station nach Chefoo abzugehen. Gemeinsam mit der *Aspern* kreuzte die *Kaiserin Elisabeth* nach den Weisungen der k. u. k. Gesandtschaften von Peking und Tokio in chinesischen und japanischen Gewässern und führte auch Schießübungen durch[2]. Im Mai 1905 unternahm die *Kaiserin Elisabeth* von Shanghai aus eine Flußfahrt den Yangtse aufwärts und berührte dabei Jinjiang (Chinkiang), Nanking, Jiujiang (Kiukiang) und Hankou. In Nanking erhielt das Schiff den Besuch des Vizekönigs von Liankiang, Chou Fu[3]. Am 19. Oktober 1905 wurde die *Kaiserin Elisabeth* in Singapur von ihrem Schwesterschiff *Kaiser Franz Joseph I.* abgelöst[4]. Als die *Kaiser Franz Joseph I.* gerade vor Nagasaki lag, erreichten sie dringende Depeschen von den österreichischen Vertretungen in Peking und Shanghai mit der Order, zum Schutz des österreichischen Generalkonsulats nach Shanghai auszulaufen. Dort waren fremdenfeindliche Unruhen ausgebrochen. Die *Kaiser Franz Joseph I.* sollte ein Matrosendetachement landen[5].

Wie reagierten die Besatzungsmitglieder des österreichischen Kreuzers auf derlei Befehle? Die erste Reaktion war positiv – Abwechslung, Abenteuer, vielleicht Heldentum – da war damals den jungen Matrosen wohl jeder Feind recht. Einen Stimmungsbericht gibt das Tagebuch des Maschinenbetriebsleiters Hans Bachgarten:

Chinesischer Marineoffizier zu Besuch auf der »Kaiserin Elisabeth«, 1904
(Archiv der ÖGCF)

In See, den 19. Dezember.
Wir haben Nagasaki verlassen und befinden uns nun auf dem Wege nach Shanghai. Gestern abends kam der telegraphische Befehl, daß wir zum Schutze der Landsleute sofort nach Shanghai abzugehen haben. Vier Stunden später gingen wir mit Volldampf in See. Die Chinesen sollen in hellem Aufruhr sein und die Stadt bedrohen. Unsere Mannschaft befindet sich in der gehobensten Stimmung. Alles hofft, nun endlich einmal Gelegenheit zu finden, sich auszuzeichnen. Patriotische Lieder erklingen, die originellsten Witze werden gemacht und mit homerischem Gelächter gewürdigt. Nur dort, wo man die Agnoszierungstäfelchen bindet, drücken sie sich scheu vorbei. So weit sollte es nicht kommen, sagen sie.
Über den ganzen Tag bis spät in die Nacht hinein wird mit den Landungsgeschützen manövriert. Alle Exerzitien werden so lange geübt, bis sie wie am Schnürchen gehen[6].

Chinesische Würdenträger an Bord der »Kaiserin Elisabeth«, 1904
(Archiv der ÖGCF)

Am Christtag erreichte das Schiff die Mündung des Jangtse bei Shanghai, und die neueren Nachrichten brachten eine Ernüchterung. Der Maschinenbetriebsleiter erzählt:

Woosung, den 25. Dezember.
Wir waren so sicher, daß sich unsere Landsleute in der Klemme befänden und nur zwischen dem Messer der Aufrührer und den schmutzigen Fluten des Whangpoo zu wählen hätten, daß wir uns vor Verdruß in die Finger bissen, als wir in der Yangtsekiang-Mündung nicht sofort einen Lotsen bekamen, der uns über die erste Barre hineinpilotiert hätte. Als wir endlich einen erwischten, fielen die Chancen, sich hervorzutun, sofort um achtzig Prozent. Der Pilot wußte nämlich nichts von Fremdenmassakers, wohl aber, daß ungezählte Chinesen von den fremden Truppen erschossen wurden und demnach in Shanghai die Chinesen mehr in Gefahr waren als die Eu-

ropäer. Da sich jedoch die Situation noch nicht ganz geklärt hat, ging gleich nach dem Einlaufen in Woosung eine Ableitung von fünfundzwanzig Mann zum Schutze des Konsulates ab. Dasselbe wurde bis zu dieser Stunde von den Italienern verteidigt. Wegen der großen Tauchung des Schiffes können wir erst morgen, wo Hochflut ist, über die zweite Barre nach Shanghai hinein[7].

Die österreichischen Seeleute waren objektiv genug, anzuerkennen, daß die chinesische Erregung, welche die Tumulte ausgelöst hatte, reale Gründe hatte. Bachgarten vermerkt am 27. Dezember, er habe davon gehört, »daß sich die Chinesen nicht ohne Grund schon zu wiederholtenmalen vom englischen Beisitzer des gemischten Gerichtshofes an ihren Rechten gekürzt und vergewaltigt fühlen[8]«.

Mitte Januar 1906 wurde das Matrosendetachement wieder zurückgezogen. Die *Kaiser Franz Joseph I.* blieb aber noch bis zum 24. Februar auf der Reede von Shanghai[9]. Der Grund dafür war, daß der neuernannte k. u. k. Gesandte und bevollmächtigte Minister am chinesischen Hof, Eugen Ritter von Kuczynski, erwartet wurde. Der Kreuzer folgte dem chinesischen Küstendampfer, auf dem Kuczynski Quartier genommen hatte, bis Qingwan-dao, und von dort begab sich der Schiffskommandant mit einem Teil seiner Leute nach Peking, um als Suite des neuernannten Gesandten an der feierlichen Überreichung des Beglaubigungsschreibens teilzunehmen. Solches gehörte für die Besatzungen der k. u. k. Stationsschiffe in Ostasien zu den besonderen Attraktionen, erlaubte es doch, zusätzliche unvergeßliche Eindrücke von der Eigenart Chinas und seinen kulturellen Sehenswürdigkeiten mit nach Hause zu nehmen.

Die glücklichen Auserwählten, zu denen auch unser schriftstellernder Freund aus dem Maschinenraum gehörte, fuhren am 2. April per Bahn nach Peking. Am nächsten Tag war Audienz. Schon frühmorgens wurde die österreichische Abordnung vor dem österreichischen Gesandtschaftsgebäude von einer chinesischen Ehrenkompanie, Palastoffizieren, berittener Polizei und von zirka hundert Sänftenträgern und Aufsehern erwartet:

> Etwas nach neun Uhr setzte sich der lange Zug in Bewegung nach der Verbotenen Stadt. Voraus ritten die chinesischen Vorreiter, hinter ihnen die Gesandtschaftswache, dann kam die Sänfte des Ministerresidenten, zu welcher die chinesische Ehrenkompagnie Spalier ging. Anschließend folgten noch sechzehn Sänften, in denen die Herren des Wachdetachements und wir untergebracht waren. Den Abschluß des Zuges bildeten Polizisten und Ordner. Im Eilschritt ging es die Rue Maria Theresia hinunter der Kaiserstraße zu[10].

Dabei kam unser Tagebuchverfasser in Schwierigkeiten, die er den Besonderheiten seiner Uniform als Maschinenbetriebsleiter zu verdanken hatte. »Bei dieser Gelegenheit«, schreibt er, »hätten mich meine hellroten Ärmelaufschläge beinahe in Verlegenheit gebracht. Die Sänftenträger strebten mit mir, trotz meines verzweifelten Protestierens, konstant der Spitze des Zuges zu. Bei jeder Straßenbiegung oder sonstigen Stauung sprangen sie aus der Ordnung und versuchten eine oder zwei Sänften zu überholen. Sie konnten nicht begreifen, daß ein Mandarin mit so schönen hellroten Aufschlägen im Range unter einem stehen soll, der gar keine hat[11].«

Hinter dem Tor der Himmlischen Reinheit wartete der chinesische Außenminister Prinz Ching, der auf unseren Augenzeugen von der Marine »den Eindruck eines angehenden Sechzigers« machte, »der in seinem Leben sehr viel gelesen und das Beste davon behalten hat[12]«. Nach einer kurzen Wartezeit ging es zum Kaiser:

> Erwartungsvoll und nicht ohne Erregung schritten wir zwischen der Menge Hofschranzen die Marmortreppe zur Audienzhalle empor. Sollten wir doch in einigen Sekunden dem Herrscher im himmlischen Reiche, dem geheiligten Oberhaupte von vierhundert Millionen Menschen gegenüberstehen.
> Von Würdenträgern umgeben, saß der Kaiser hinter einem mit roter Seide überzogenen pultartigen Throne, zu dem mehrere Stufen emporführten. Mit drei in kurzen Intervallen ausgeführten tiefen Verbeugungen näherten wir uns auf zehn Schritte dem Throne. Wir konnten nur den Kopf und die Brust des jungen Monarchen sehen. Er sah aus wie ein von schwerer Krankheit aufgestandener Jüngling. Über dem schmalen blassen Gesichte, aus dem ein Paar wasserblaue Augen[13] uns gutmütig anblickten, lag ein Schimmer weicher Frauenhaftigkeit ausgebreitet, und kaum vermochten wir es zu glauben, daß wir dem mächtigsten Despoten der Welt gegenüberstanden. Der Etikette gemäß verharrte der Kaiser in steifer Haltung während der ganzen Dauer der Zeremonie. Erst als der Gesandte sein Beglaubigungsschreiben verlesen und die Stufen zum Throne emporstieg, um dasselbe zu überreichen, kam etwas Leben in die Erscheinung dieses unglücklichen Souveräns. Es zeigte sich eine innere Bewegung in seinen Zügen, er öffnete die Lippen, als dränge es ihn, einige freundliche Worte zu sagen, und entgegenkommend nahm er dem Gesandten die Papiere ab.
> Darauf näherte sich dem Throne auf den Knien rutschend der Präsident des Weiwubus, um die Antwort des Kaisers zu erbitten. Als dieselbe verlesen und vom Interpreten verdolmetscht war, entzogen wir uns, rückwärtsschreitend und wieder drei Verbeugungen machend, den Augen des Herrschers[14].

Bei der Verabschiedung teilte der Prinz dem österreichischen Gesandten mit, daß der Kaiser ihm und seinen Begleitern als besonderen Sympathiebeweis erlaubt habe, den Sommerpalast zu besichtigen. Diese

Erlaubnis bescherte den Seeleuten von der *Kaiser Franz Joseph I.* einige Tage später unvergeßliche Stunden. Nachdem sie durch den berühmten, kunstvoll verzierten Wandelgang geführt worden waren, servierte man ihnen im Obergeschoß des berühmten Marmorschiffes Sekt und Früchte. Bachgarten empfand den Sommerpalast als »halb Wald und halb Garten und wieder keins von beiden, bald ein Palast voller Freuden, bald eine stille Klause[15]«.

Besonders eindrucksvoll gestaltete sich auch der Besuch des Himmelstempels. Bei seinem Anblick geriet unser Gewährsmann in Schwärmerei:

> Nie findet man sich den Chinesen als Mensch so nahe wie in der stillen Abgeschiedenheit dieser ungeheuren Gärten oder auf den Marmorterrassen des Himmelstempels, wenn es Abend wird und der Göttervater in der blauen Kristallglocke des Universums die Sterne anzündet. Erschauernd horcht man dem geheimnisvollen Flüstern der Tempelbäume, über deren ehrwürdigen Kronen ein halbes Jahrtausend dahingerauscht, und überwältigt von der Majestät der Schöpfung sinkt man anbetend in den Staub[16].

Trotz dieses Drangs zu steileren Gedankenflügen entgingen dem scharfen Auge des Seemannes nicht die Realitäten des chinesischen Alltags: »Was uns jedoch am meisten auffiel, wir trafen niemanden in diesem riesigen Zentrum veralteter Bräuche und Sitten, der müßig gestanden wäre[17].« Bei diesem arbeitsamen Bild, das die Bevölkerung bot, wurde die dekadente Zerbrechlichkeit hoher chinesischer Beamter als um so stärkerer Kontrast empfunden:

> Der nächste Ort, den wir anliefen, war Nanking. Dort kam der Gouverneur der Provinz an Bord, ein altes, schwaches Männlein in eitel Gold und Seide. Seine federngeschmückte Suite hätte in den reichen Mandarinen-Gewändern auf der Bühne eines Ausstattungsstückes großes Aufsehen gemacht. Was sie für winzige Hände haben, diese aristokratischen Chinesen; wie Kinder, so kleine. Da konnte man deutlich sehen, wie Organe, die viele hundert Jahre keine Arbeit getan, langsam verkümmern[18] ...

Der Mann von der *Kaiser Franz Joseph I.* bewies aber nicht nur für das Drohnendasein von Chinesen, sondern auch für das von Ausländern einen klaren Blick. Zu den Versorgungseinrichtungen von Hongkong meinte er:

> Viele hundert Millionen haben diese Anlagen gekostet. Sie wären unerschwinglich gewesen, wenn sie nicht Chinesenhände gebaut hätten. Menschen, die den Kreuzer in zehn Teile teilen und von denen man erzählt, man zahle ihnen, so man ihnen zehn Cents Taglohn gibt,

»Marinekavallerist«
(Archiv der ÖGCF)

hundert Kash. Die Leute, Männer und Frauen zu gleichen Teilen, haben die ungeheuren Lasten an Sand, Kalk und Zement und jeden Ziegelstein, der notwendig war zum Bau, Korb für Korb auf ihren Rücken, in kurzem schweren Schritte, keuchend zu Berge geschleppt. Bedenkt man, daß diese zu Lasttieren erniedrigten Geschöpfe die eigentlichen Herren des Landes sind, graut einen ordentlich vor dem Unterliegen, vor dem Lose des Schwächeren, der keine Existenzberechtigung hat[19] . . .

In einer Zeit, da englische Kaufleute in den Hafenstädten Chinas alte Chinesen, die ihnen nicht zu Gesicht standen, einfach niedertraten und manch anderer österreichischer Reisender für das Elend der Bevölkerung überhaupt keinen Blick hatte (vgl. den Reisebericht der Gräfin Ostrowska), sind die Feststellungen Bachgartens als um so bemerkenswerter anzusehen. Ein Grund dafür mag sein, daß Bachgarten über China mehr las als andere seiner Kameraden. Sein Interesse an der Literatur über China hatte ihn in Shanghai sogar mit Gu Hongming zusammengebracht[20]. Seine Kameraden waren zum guten Teil schon durch mangelnde Sprachkenntnisse und Schulbildung daran gehindert, an China ein größeres Interesse zu nehmen. Die aus dem dalmatinischen Hinterland kommenden Besatzungsmitglieder lernten meist erst bei der österreichischen Marine ordentlich lesen und schreiben. Die aus dem heutigen Österreich oder aus Istrien stammenden Matrosen beherrschten zwar die eigene Schriftsprache, sahen sich aber im Verkehr mit den Chinesen ebenfalls großen Verständigungsschwierigkeiten gegenüber. Wenn überhaupt, sprachen sie nur gebrochen Englisch, und die Chinesen, mit denen sie zu tun hatten, bestenfalls die Pidgin-Version, was längeren Unterhaltungen die rechte Basis raubte. Dazu kommt, daß man heute die damaligen Möglichkeiten der Matrosen, sich an Lande umzutun, überschätzt. Auch bei längeren Hafenaufenthalten bekam die Besatzung in

der Regel bloß Samstag und Sonntag zwischen 14 und 21 Uhr Ausgang. Ansonsten war sie mit Exerzieren, Schiffsreinigen und Unterricht beschäftigt. Nur die Offiziere und Unteroffiziere durften öfter ausgehen[21]. Wenn auch in den Berichten der Schiffsärzte nach dem Besuch Shanghais die Fälle von Geschlechtskrankheiten regelmäßig anstiegen[21a], waren die Vergnügungen an Land im allgemeinen harmloser Natur und bewegten sich, abgesehen von Einkäufen, Besichtigungen und gelegentlichen Besuchen des chinesischen Theaters, innerhalb des europäischen Kreises. Sehr oft – und sogar noch längere Zeit nach Kriegsausbruch – wurden gegen die Mannschaften von deutschen, englischen, französischen oder italienischen Kriegsschiffen Fußballmatches ausgetragen. Manchmal fanden auch Regatten statt[22]. Der Kontakt zur chinesischen Bevölkerung ergab sich also trotz eines oft zweijährigen Aufenthaltes der

Die Besatzung der »Elisabeth« während der Freizeit

Ausflüge des österreichischen Marinedetachements in die Umgebung Pekings
(Alle drei : Archiv der ÖGCF)

Schiffe im Fernen Osten nicht in dem Maße, wie man es sich heute in Unkenntnis der Schiffsordnung vorstellen würde.

Dennoch wußten Veteranen eines k. u. k. Stationsschiffes, die von den Autoren über ihr Verhältnis zur chinesischen Bevölkerung befragt wurden, einiges zu erzählen. Bachgartens Einschätzungen fanden dadurch ihre Bestätigung und können so als durchaus repräsentativ angesehen werden. Gut konnte man sich an den freundlichen und verläßlichen chinesischen Wäscher erinnern, der regelmäßig an Bord kam. Nebst Zeugnissen von früheren österreichischen Schiffsbesuchen hatte er meistens auch schon einige Brocken Deutsch aufzuweisen[23]. Mit ihm war man ebenso zufrieden wie mit den fleißigen chinesischen Handwerkern, die am Schiff Reparaturen durchzuführen hatten. Insbesondere die Maschinisten waren von den Leistungen der Chinesen bei der Instandsetzung und Reinigung der Kesselanlage begeistert. Mit großer Sachkenntnis und überaus geschickten Händen, welche links und rechts die Werkzeuge gleich gut führen konnten, arbeiteten die Chinesen ohne die Notwendigkeit einer Aufsicht emsig und mit größter Präzision[24].

Die große Armut, welche in China herrschte, ist diesen alten Marineangehörigen auch noch nach sechzig Jahren in deutlicher Erinnerung. Sie wissen noch, von welcher nach Hunderten zählenden Menge kleiner Boote die österreichischen Schiffe nach ihrer Ankerung in Shanghai sofort umgeben waren. Auf solchen Booten lebten je zehn bis zwölf Personen. Die Abfälle der Schiffe wurden von ihnen begierig aufgesammelt und dienten ihnen zur Nahrung.

So scheint es, daß den meisten der Besatzungen österreichischer Schiffe mehr von den chinesischen Eigenschaften und Lebensumständen bewußt wurde als etwa jener Gräfin Ostrowska, welche aus China den Eindruck mitnahm, dort eile ein phäakisches Volk unablässig von Bankett zu Bankett.

Doch zurück zu unserem Maschinenbetriebsleiter Bachgarten und seiner *Kaiser Franz Joseph I.* Das Schiff fuhr noch den Jangtse bis Hankou aufwärts und hatte damit, von der Flußmündung gerechnet, eine Strecke von 1133 Kilometer zurückgelegt. Nach Besuchen in Korea und Japan wurde dann in Hongkong Winterquartier bezogen[25]. Am 31. März traf sich die *Franz Joseph I.* mit der *Szigetvar* in Singapur, wo ein Austausch der Kommandanten und Mannschaften erfolgte. Nachdem noch eine Sendung von Affen, Nasenbären und anderen exotischen Tieren für Schönbrunn an Bord genommen worden war, trat die *Szigetvar* am 5. April die Rückreise an und traf am 5. Mai vor der dalmatinischen Küste mit der österreichisch-ungarischen Eskader zusammen[26]. Nachdem Salut geschossen worden war, enterte die Mannschaft die Rahen, es wurde »Kappen ab!« kommandiert und:

> Ein brausendes Hurra erscholl, ein dröhnender Ruf voll Glück und Freude, der jede Fiber des Herzens zur Vibration brachte. Das freudige Gefühl, alle Gefahren glücklich überstanden zu haben, Sehnsucht nach der Heimat und aufsteigende Wehmut, weil es schon morgen wieder hinausziehen heißt in die Fremde, über das große Wasser, dem Zufall entgegen. All dies klang aus den Rufen, und darum erschütterte es so, das Hurra der Matrosen[27].

Sie scheinen besonders romantisch veranlagt gewesen zu sein, die Männer, denen an Bord bzw. vielmehr unter Bord der k. u. k. Kriegsschiffe die Technik anvertraut war. Vielleicht als Kontrast zu ihrem Beruf, der sie wenig an Deck kommen ließ und nur zu oft im stählernen Schiffsleib festhielt. Einen Bericht über die letzte Fahrt des Schwesterschiffes der *Franz Joseph I.*, des Kreuzers *Kaiserin Elisabeth,* lieferte ebenfalls ein technischer Unteroffizier, nämlich der Erste Büchsenmacher Alexander Franke. Zwischen 1907 und 1913 waren natürlich noch einige andere österreichisch-ungarische Schiffe in Fernost auf Station gewesen[28], doch kann ihre Fahrt nicht wie die der *Elisabeth* mit Tagebuchaufzeichnungen veranschaulicht werden. Außerdem kommt der Mission der *Elisabeth* 1913/14 besondere Bedeutung zu, da mit diesem Kreuzer zum letzten Mal ein österreichisches Kriegsschiff im Chinesischen Meer Station bezog. Durch die bis heute unveröffentlicht gebliebenen Schilderungen Alexander Frankes sind wir direkt mit dabei. Die Beschreibung des Abschieds von Pola gerät Franke so schwärmerisch, daß man sich an seinen Kollegen vom Schwesterschiff *Kaiser Franz Joseph I.* erinnert fühlt:

> Der in Bangen und Sehnsucht erwartete Tag unserer Abfahrt, der 19. August 1913, war da. Abends versammelte sich die freie Mannschaft auf Deck, um von Pola, in welchem wir zu Soldaten-Matrosen ausgebildet worden, den Abschied zu nehmen. Wohl in den meisten Herzen wurde es bang: Wird man auch seine Lieben und die Heimat gesund und unversehrt wiedersehen? und manch anderer Gedanke mehr. Jedoch alle nur von kurzer Dauer, denn der stolze Trieb, fremde Länder und Nationen zu sehen, deren Sitten und Gebräuche kennenzulernen, überwand alles.
> Um zehn Uhr wurde die Vertäuung losgemacht, und *Elisabeth* setzte sich mit langsamer Fahrt in Bewegung, alle Schiffe, die sie passierte, wünschten ihr durch ununterbrochene Signale »angenehme Reise und glückliche Heimkehr«. Noch ein letzter Seemannsgruß der Heimat, und wir rollten dahin, immer mehr entschwanden die Lichterstreifen Polas. Es war eine wunderbare Nacht, der Mond schien voll und rein und übergoß die alte Seemannsstadt mit seinem fahlen, milden Lichte; immer kleiner und ineinanderfließender wurden die Lichter der Stadt und des Hafens – nochmals der allerletzte Gruß, dann änderten wir unseren Kurs südöstlich und fuhren in die offene See[29].

Am 7. Oktober 1913 war Chefoo erreicht. Um 11 Uhr lief die *Elisabeth* oder »Lisl«, wie sie von der Besatzung liebevoll genannt wurde, in den Hafen ein. Nach dem Bericht Frankes wurden sie von »tausendfachen, jubelnden Hurrarufen der Bemannung S. M. S. *Kaiser Franz Joseph*« empfangen, als deren Ablösung sie kamen. Leuchtraketen wurden abgefeuert, und die Seeleute des Schwesterschiffes kamen in mit bunten Lampions geschmückten Booten herangerudert[30].

Am 15. Oktober kehrte die *Franz Joseph I.* in die Heimat zurück. Schon damals stand fest, daß es zwischen den beiden Schiffen ein Abschied für immer war, denn die *Franz Joseph I.* sollte nach ihrer Heimkehr nach Pola außer Dienst gestellt werden, was am 17. Dezember 1913 geschah. »Gar mancher von uns mußte weinen«, schrieb Franke, »und sah sehr traurig diesem Abschied zu, ein jeder dachte sich wohl, wann kommt für uns die Zeit[31].«

Zwei Gewährsleute von der »Elisabeth«: Stefan Hules und Alexander Franke
(Archiv der ÖGCF)

Wenn auch Franke die *Elisabeth* vorher mit einem die aufbrausenden Wellen durchschneidenden Schwan verglichen hatte, so konnte dies eben doch nicht darüber hinwegtäuschen, daß die »Lisl« für ein Kriegsschiff eine sehr betagte Dame war. 1890 hatte man sie vom Stapel gelassen. Ihre einstige Höchstgeschwindigkeit von bloß 19 Seemeilen war nun durch das Alter des Schiffes und die schadhaften Kessel noch wesentlich herabgesetzt[32]. Doch nicht nur das Schiff, auch die Besatzung hatte so manche Schwachstelle aufzuweisen. Kommandant war der k. u. k. Fregattenkapitän Richard Makoviz, – ein Istrianer! –, wie die beiden Besatzungsmitglieder der *Elisabeth,* die den Autoren Auskunft gaben, vielsagend erklärten[33]. Die Istrianer waren bei den deutschsprachigen Mitgliedern der österreichischen Kriegsmarine nicht sehr beliebt. Der ehemalige Steuergast der *Elisabeth,* Emil Schrott, schildert sie als aufsässig und unverträglich. Besonders in Shanghai, als man mit anderen Nationen sportliche Wettkämpfe austrug, hätten die Istrianer die Bemühungen des Teams der *Elisabeth* sabotiert und Anlaß zu Prügeleien gegeben. Der Kapitän habe sie aber in Schutz genommen. Ein ehemaliger Steuermann des Kreuzers, Stefan Hules, meint, der Kapitän sei ganz in Ordnung gewesen, doch habe er sich gegen den Gesamtdetailoffizier nicht durchsetzen können. Und für die Stimmung am Schiff muß es sehr wichtig gewesen sein, wie der Posten des Gesamtdetailoffiziers besetzt war. Nach der Formulierung Bachgartens war der Kopf des Schiffes der Kommandant, »die Seele jedoch der Gesamtdetailoffizier[34]«. Der Gesamtdetailoffizier der *Elisabeth* hieß Pauspertl Wladyk von Drachental, und während in seinem Namen weiche und dräuende Elemente eine Symbiose eingegangen waren, dürfte in seinem Verhalten das Grimmige überwogen haben. Nach den Angaben der beiden befragten Veteranen von der *Elisabeth* soll er die Leute miserabel behandelt haben. In besonderer Erinnerung ist bei Steuermann Stefan Hules noch immer die Angst, von ihm oder einem anderen Offizier – »im Offizierskorps gab es nur vier, die Menschen waren« – wegen einer Lappalie degradiert zu werden. Auf keinem anderen Schiff seien so viele Degradierungen vorgekommen, wie auf der *Elisabeth.* Auch die mittelalterlich anmutende Strafe der »Eisen[35]« wurde auf dem Kreuzer häufig angewandt – sogar zu einer Zeit, als das Schiff bereits von den Japanern beschossen und bombardiert wurde. Der ehemalige Steuermann meint, die Stimmung auf dem Schiff sei so schlecht gewesen, daß ohne den Krieg möglicherweise eine Meuterei ausgebrochen wäre. Um so mehr ist zu würdigen, daß die Besatzung später bei größten Belastungsproben zusammenhielt, was es Pauspertl Wladyk von Drachental ermöglichte, nach dem Krieg unbehelligt nach Kärnten in ein Kloster zu gehen.

Stefan Hules heute

Aber zurück zu den Schilderungen Frankes, die sich jedoch nun bei der Beschreibung des Weihnachts- und Neujahrfestes ebenfalls verdüstern und zu dem munteren Zusammensein von Offizieren und Mannschaften auf der *Franz Joseph I.,* von dem Bachgarten schreibt, in deutlichem Gegensatz stehen:

> Diese hier auf fremder Erde verbrachten Weihnachten werden wohl allen Mann von *Elisabeth* in Erinnerung bleiben. Nachmittags war eine allgemeine Tombola eingesetzt, jedermann sollte einen Preis bekommen, welche als Spenden des österr.-ungar. Flottenvereines und Ausland-Österreichern gesammelt waren. Doch wie enttäuscht wurde die Bemannung, von den über 350 Geschenken waren höchstens

fünfzig annehmbare darunter (Zigarren, Zigaretten, Pfeifen, Messer, Socken, Taschentücher etc.), jedoch alle anderen waren aller Welt spottend: Gänse-, Hühner-, Entenfüße, Krallen, Schnäbel, Köpfe etc., mit Seewasser gefüllte Wein- und Champagnerflaschen, in große Pakete eingemachtes Stroh, Holz, Papier, usw., dies alles sollten die Geschenke und Gaben vorstellen. Ich selbst hatte das Glück, ein Federmesser zu ziehen. Anfangs nahm die Bemannung dies alles als Witz und Spaß auf, als sie jedoch die Anzahl dieser Mengen von Spottsachen bemerkte, wurde sie wild und rebellisch. Alle diese Gegenstände flogen vor den Augen des Kommandanten, welcher, nebenbei bemerkt, selbst mit sehr scheelen Blicken dies alles beobachtet hatte, in das Meer. Nicht einmal für einen Christbaum hatte man gesorgt; erst in letzter Minute wurde solcher nachträglich vom Lande geholt, geschmückt und im Beisein des Kommandanten und des Stabes unter Abspielen des Weihnachtsliedes und unserer Volkshymne angezündet. Keine Extrakost, keine doppelte Weinration oder sonstige Aufmerksamkeit wurde der Mannschaft bewilligt; auf eigene Kosten mußte man sich bis zwölf Uhr nachts im Kreise seiner Kameraden unterhalten. Dies waren wohl die traurigsten Weihnachten, welche je einer unter k. u. k. Flagge mitgemacht hat.
Sylvester 1913 wurde ebenfalls nicht besonders gefeiert, nur einige Leute begrüßten mit ohrenzerreißendem Lärm (Zusammenschlagen mit Kochgeschirren etc.) das neue Jahr 1914.
So wie dieses bedeutungsvolle Jahr, welches in der Weltgeschichte noch nach Jahrhunderten in der Erinnerung verbleiben wird, das solch schrecklichen Krieg heraufbeschworen hatte, brachte auch uns gleich am ersten Tage nichts Gutes. Der Kommandantendiener Zeemann erschoß sich nachmittags in der Wohnung des Kommandanten aus unbekannten Gründen – jedenfalls soll Liebeskummer die Ursache gewesen sein, da er oft von seinem untreuen Mädl von zu Hause sprach, da es sich mit einem anderen verheiratet hatte.
Zwei Tage später wurde er in Shanghai auf dem internationalen Friedhof begraben.
Einen Tag darauf wurde der Torpedovormann Kucera vom Landgange vermißt; anfangs dachte man, es sei ihm ein Unfall zugestoßen. Später jedoch wurde er aus dem Yangtsekiang gefischt. Es stellte sich heraus, daß er sich flüchten wollte, dabei aber unglücklicherweise in chinesische Räuberhände fiel, welche ihn nach der Ausraubung in den Fluß warfen, wo er ertrank. Friede sei mit ihnen!
Am 20. Jänner 1914 verließen wir wieder Shanghai, wo wir solch schlechte und traurige Erinnerungen hinterlassen mußten, und nach 29stündiger, guter Fahrt und bei wenig bewegter See erreichten wir am 22. I. den Kanal von Futschau[36].

In Fuzhou kam ein hochbetagter Chinese an Bord, dem ein vergilbtes Stück Papier bestätigte, früher österreichischen Seeoffizieren in diesem

Hafen wichtige Dienste geleistet zu haben. Kommandant Makoviz bewirtete ihn aufs beste und ließ ihn spät abends, mit reichen Geschenken bedacht, in der Gig an Land rudern[37].

Bei der internationalen Ruderregatta in Shanghai waren die sieggewohnten Österreicher diesmal nicht an erster Stelle. Grund dafür waren die Ärgernisse, an die sich der Steuermann der *Elisabeth* und sein Steuergast auch noch nach mehr als sechzig Jahren erinnerten, und deren detaillierte Schilderung bei Franke zu finden ist:

> Am 28. Mai war hier die internationale Ruderregatta, bei welcher leider das erstemal unsere Marine an zweite Stelle zu stehen kam. Warum leider?
> Die Bootsbemannungen waren hauptsächlich aus stämmigen Istrianern und Dalmatinern zusammengesetzt, welche seit Kindheit am Meere mit dem Ruder aufgewachsen sind.
> Die ewige Feindschaft mit den Reichsitalienern spitzte sich auch hier immer mehr und mehr zu. Einige Tage vor der Regatta stießen unsere Leute mit den Italienern in einem Gasthause an Land zusammen, wobei es auf beiden Seiten viele blutige Köpfe gab – von den Italienern mußte sogar später einer der Mitkämpfenden sein Leben lassen. Unsere Istrianer waren fanatische Irridentisten und hatten sich von einigen Italienern bestechen lassen. Die Ruderregatta begann – obwohl Österreich die schwersten Boote und Riemen aller Nationen hatte, war ihnen der Sieg durch die verschiedenen Proben in der gemessenen Zeit gesichert. Doch am Tage der Entscheidung ließen unsere Bootsbemannungen an Energie merkbar zu wünschen übrig.
> Bis kurz vor Ziel waren sie die ersten, die Italiener an zweiter Stelle – die letzten Minuten ließen klar erkennen, daß hier ein abgekartetes Spiel vor Augen lag, denn unser Boot verlangsamte zusehends sein Tempo, und knapp vor dem Ziel überholte der Italiener das Boot und holte sich damit den Sieg.
> Selbstverständlich konnte unseren Bootsleuten offiziell keine Strafe oder dergl. zudiktiert werden – wir Deutsche ahnten damals schon insgeheim, daß im Falle eines Krieges mit diesen Leuten nicht voll und ganz zu rechnen sei. Die Dalmatiner haben sich vor und unter dem Kriege als brave Österreicher gezeigt und unserer Flagge keinen Schandfleck gemacht[38].

Daß der Geist, der eine Mannschaft beseelt, sehr von der Qualität ihrer Führung abhängig ist, bewies später die Truppe des Wachdetachements der österreichischen Marine in Peking, welche dank der klugen und verständnisvollen Haltung des Gesandten Rosthorn so sehr eines Sinnes war, daß die Italienischsprechenden unter ihnen nach Verlautbarung der Kriegserklärung Italiens an Österreich-Ungarn nur mit Mühe daran gehindert werden konnten, die italienische Gesandtschaft zu stürmen[39]. Immerhin bewirkten aber die bald darauf eintretenden weltpolitischen Ereignisse auch bei der Besatzung des Kreuzers *Kaiserin Elisabeth* ein engeres Zusammenrücken. Die Nachricht von der Ermordung des Thronfolgers Franz Ferdinand schlug überall auf der Welt wie eine Bombe ein – auch in China. Emi Hsiao erinnert sich, daß Mao Zedong seinen Freunden sofort davon erzählte[40]. Noch größere Aufregung verursachte die Meldung natürlich bei den Österreichern. Die *Kaiserin Elisabeth* erhielt die Depesche in Chefoo. Vorsorglich beorderte der Kommandant die Artilleristen, welche das Schiff zum Dienst bei den Marinedetachements in Peking und Tianjin verlassen hatten, soweit sie an Land entbehrlich waren, wieder an Bord. Am 21. Juli 1914 traf von der Marinesektion der telegraphische Befehl ein: »Unauffällig mit ökonomischer Geschwindigkeit nach Tsingtau abgehen, dort weitere Befehle erwarten[41].«

Gesandter Rosthorn behielt in Peking bloß 28 Mann, die zur Verteidigung der österreichischen Mission unbedingt nötig waren. Unter denen, welche auf die *Elisabeth* zurückkehrten, befand sich auch unser Tagebuchschreiber Alexander Franke, der bei der Gesandtschaftswache Waffenmeisterei, Depots und Munitionskammern übernommen hatte. Wie viele andere hatte er schon vorher darauf gedrängt, wieder aufs Schiff zu kommen:

> Am 29. Juli 1914 bekamen wir die Nachricht der Kriegserklärung Österreichs an Serbien – also war unsere Befürchtung noch eher eingetroffen, als wir geahnt hatten.
> Zwei Tage darauf hörten wir die Mobilmachung Tsingtaus, mit ihm *Elisabeth* – also auch hier sollte es losgehen. Alles meldete sich freiwillig nach Tsingtau – leider jedoch beruhigte man uns und legte uns die schwere Pflicht klar, die wir, bei Feindseligkeiten mit den Chinesen, woselbst es seit dem Boxeraufstand seit 1900 noch immer nicht recht zur Ruhe gekommen war, noch mehr als wenige Leute am Platze sein zu müssen als irgendwo anders – also aushalten, blieb unsere Parole und Feldruf!
> Am 1. August kam das Telegramm, daß Deutschland auch an Rußland den Krieg erklärt habe. Spannende Tage folgten nun – alles voller Erwartung des noch Kommenden. Die feindlichen Zeitungen brachten die schauderhaftesten Nachrichten über Österreich und Deutschland.
> Auch wir hatten erhöhte Bereitschaft, standen wir doch seit 1900 immer noch in kriegsbereitem Zustande und mußten demgemäß verschärften Dienst nach außen und innen versehen. Mit Feuereifer ging jeder Mann auf seinen Posten, um ja nicht den Kameraden in der Heimat nachzustehen!
> Am 2. August früh hieß es, alle Mann ins deutsche Lager – Munition und Artillerie verpacken, woselbst bereits unsere deutschen Brüder emsig beim Verpacken und Aufladen von allen möglichen Kalibern

von Munition waren. Hier hieß es feste zugreifen. Fast die ganze Munition und erübrigtes Artilleriematerial mußte in Kisten verpackt, verladen, auf den Bahnhof transportiert (dies letztere geschah unauffällig in der Nacht!) und zwei zu zwei Mann per Waggon in Zivil verkleidet per Bahn über Tientsin-Tsinanfu nach Tsingtau zu versenden. Alles ging in höchst unauffälliger Weise vor sich, die Kisten wurden als Möbel und dergleichen deklariert, und viele hunderte Dollars wanderten in die Taschen der chinesischen Bahn- und Zollbeamten, daß auch wirklich alles klappte.
Der 3. August brachte uns die Botschaft der Kriegserklärung Deutschlands an Frankreich – nun sagten wir uns, daß der vierte auch nicht mehr lange auf sich warten lassen werde, der ja doch direkt der Hauptfeind war – England!
Die Einpackungs- und Versendungsarbeiten gingen flott vor sich, die deutsche Kaserne lag wie ausgeplündert da, fast alle Mann wurden nach Tsingtau eingezogen – mit dem letzten Transport zweier schwerer Haubitzen, welche am 9. August um 2 Uhr nachts mit 22 Mann, in Zivil verkleidet, abgingen, um sobald als möglich wieder nach Peking zurückzukehren den Befehl hatten, da sie die unentbehrlichsten Artilleristen waren[42].

Frankes Schilderung von der Stimmung bei den Angehörigen der österreichischen Marine stimmt mit den Gesprächen, welche die Autoren mit den ehemaligen Besatzungsmitgliedern der *Elisabeth,* Hules und Schrott, geführt haben, vollkommen überein. Besonders in der Marine scheint sich ein Geist erhalten zu haben, welcher die alten Ideale von Ritterlichkeit und Treue hochhielt, und es war für die meisten der Offiziere und Mannschaften selbstverständlich, daß man zu dem durch die Japaner in Tsingtau gefährdeten deutschen Bundesgenossen hielt[43]. Doch noch hatte Wien nicht das letzte Wort gesprochen. Das heißt, genau genommen sprach es vorderhand überhaupt nicht. Über die schwierige Lage, in der sich der Kommandant des österreichischen Kreuzers befand, vermerkte der ehemalige Kommandant der Nachrichtenabteilung der Festung Tsingtau, Konteradmiral Vollerthun:

Einzigartig war die Lage, der sich der Kommandant des Schiffes, Lsch. Kpt. Makowiz, bei Kriegsausbruch gegenübersah. Die Fäden mit seiner Heimat waren gleich so gründlich zerrissen, daß er nur von dem Krieg Österreich-Ungarns mit Serbien erfuhr. Ob Frankreich, Rußland und vor allem England auch Gegner seien, darüber vermochte er wenig Authentisches festzustellen. Vor welche entsetzlichen Gewissenskonflikte wurde der Kommandant tage-, ja wochenlang gestellt, Konflikte, die sich fast bis zur Unerträglichkeit steigerten, als der Krieg mit Japan ausbrach! Wie vergessen von den Seinen muß er sich mit seinem Schiff gefühlt haben! . . . Es ist vom allgemein menschlichen Standpunkt notwendig, sich auch in die

> Seelen dieser Braven hineinzuversetzen, die ohne direkten Befehl ihrer Regierung vor die Frage gestellt wurden, ihre Haut zu Markte zu tragen für Interessen, die gar nicht in unmittelbarem Zusammenhang mit ihrem Vaterlande standen[44].

Aber gerade die mangelnde Beziehung Österreichs zum deutsch-japanischen Interessenkonflikt war es ja, was das lange Schweigen der Wiener Stellen verursachte. Von einem pragmatischen Standpunkt aus betrachtet, war es fast absurd, daß Österreich, das sich am Kampf um die Kontrolle Chinas nie beteiligt hatte, nun zur Verteidigung deutscher Machtpositionen in China gegen Japan auftreten sollte, zu dem es freundschaftliche Beziehungen unterhielt. Das war vor allem auch der deutschen Diplomatie klar, welche in der Kontinuität der Beziehungen Österreich-Ungarns zu Japan auch einen Vorteil für die deutsche Sache erblickte. Nach dem Ultimatum Japans an Deutschland, Tsingtau zu übergeben, drängte daher das deutsche Auswärtige Amt darauf, Österreich-Ungarn möge Japan gegenüber neutral bleiben[45]. Auch Japan scheint daran interessiert gewesen zu sein. Von japanischen Zeitungen wurde damals wiederholt darauf hingewiesen, »wie bedauerlich es wäre, wenn zufolge der zufälligen Anwesenheit eines k. u. k. Kriegsschiffes in Tsingtau es zwischen Österreich-Ungarn und Japan zu Schwierigkeiten oder gar zum Abbruch der diplomatischen Beziehungen käme, wo doch zwischen beiden nur Freundschaft und keinerlei Grund zur Feindschaft bestehe«.

In der Beurteilung der Situation gab es zwischen den diplomatischen und den militärischen Stellen krasse Unterschiede und dadurch auch Spannungen. Der österreichische Militärattaché in Tokio, Oberstleutnant Putz, verlangte von seinem Missionschef, er möge den Kommandanten der *Kaiserin Elisabeth* dahingehend beeinflussen, daß dieser sich »dezidiert auf die deutsche Seite stellen sollte«, was der Gesandte Baron Müller-Szentgyörgy seinem Militärattaché ebenso verweigerte wie die Genehmigung zu dessen sofortigem Einrücken[46]. Doch nicht nur die Offiziere, auch die niedrigeren Dienstgrade haderten mit der Vorsicht der Zivilbeamten. Wie die Wartezeit auf der *Elisabeth* empfunden wurde, schildert ein Bericht Frankes:

> Alle Mann waren empört – hier die Hände im Schoß verbleiben zu sollen –, doch man tröstete uns, wie so viele sich ebenfalls getäuscht hatten, daß es nicht lange währen wird, daß Serbien bald am Boden liegen wird und nicht auch die anderen in den Krieg eintreten werden.
> Die Zeit der angenommenen sechs Monate sollte für uns hier sechs Jahre werden! Es galt nun: Jeder Soldat, seinem Eide getreu an seiner Station und seiner Pflicht festzuhalten und getreu und wacker dem Schicksal entgegengesehen! Am gleichen Tage erreichte uns, vor Tsingtau liegend, der Befehl, daselbst zu bleiben. Unsere »Liesel«

Demobilisierung der »Elisabeth«
(Aus dem Fotoalbum von Stefan Hules)

wurde in Klarschiffzustand versetzt und alles überflüssige Material ausgeschifft.
Am 1. August wurde von der Marinesektion die Reduzierung des Schiffsstabes angeordnet und die Heimsendung einiger Stabspersonen anbefohlen, welche auf langen Irrfahrten verkleidet via Amerika in die Heimat gelangten.
Als die Gesandtschaft in Peking telegraphierte, daß die Beziehungen zu Rußland abgebrochen seien, öffnete unser Kommandant die geheime Order, in welcher nur folgendes stand: »Im Interesse des Dreibundes handeln!«
Unser Schiff stellte sich unter die Befehlsgewalt des Gouverneurs von Kiautschau, Kapt. z. See Meyer-Waldeck[47].

Das am 16. August von Japan an Deutschland gestellte Ultimatum, das Schutzgebiet zu räumen, zwang den Kommandanten der *Elisabeth* zur Entscheidung. Er selbst berichtet darüber:

Die Lage war für die *Kaiserin Elisabeth* prekär geworden. Im Falle eines Angriffes auf Tsingtau wurde Japan zum Hauptfeinde, befand sich aber mit Österreich-Ungarn nicht im Kriegszustande. Die Neutralisierung war angesichts so vieler Feindmächte kaum möglich.

Daher wurde der Entschluß gefaßt, wenn keine Weisungen aus der Heimat eintreffen sollten, mit Deutschland vereint gegen Japan zu kämpfen[48].

Doch es kamen andere Weisungen aus der Heimat. Am 23. August in der Nacht kamen von der Bismarck-Signalstation am Lande Lichtsignale. Steuermann Stefan Hules hatte gerade Dienst. »*Elisabeth* abrüsten. Mannschaft nach Tientsin«, entschlüsselte er ungläubig. Sie als Bundesgenossen der Deutschen sollten abrüsten? Wo sie doch zum Schutz von Tsingtau eingelaufen waren! Er ließ sich das Signal noch ein zweites Mal geben, doch die Nachricht blieb unverändert. Da ging er den Kommandanten wecken, der es zuerst auch nicht glauben wollte. Doch der Befehl war unmißverständlich. So fuhr die Besatzung der *Kaiserin Elisabeth* bis auf siebzehn Mann, die auf dem Schiff verblieben, unter dem Befehl des Gesamtdetailoffiziers mit der Bahn nach Tianjin. Vorher waren Munition, Sprengmittelvorräte und das Sanitätsmaterial ausgeschifft worden[49].

In Tianjin wurden die Leute in Schulen oder ähnlichen Unterkünften provisorisch untergebracht. Die *Elisabeth* sollte mit Erlaubnis der japanischen und britischen Regierung nach Shanghai gehen und dort verbleiben. Eine ökonomische, vernünftige Lösung schien sich abzuzeichnen, kam aber dann doch nicht zum Tragen.

Obwohl den Idealen von Bündnistreue, Tapferkeit usw. hier die Achtung nicht versagt werden soll, kann man doch nicht umhin, an den nun folgenden Entwicklungen schildbürgerhafte Züge festzustellen. Ein zufälliger Besuch des österreichischen Marineattachés im deutschen Hauptquartier machte alle Bemühungen der deutschen und österreichischen Diplomaten, Österreich aus dem Krieg mit Japan herauszuhalten, mit einem Schlag zunichte. Denn der deutsche Kaiser äußerte bei dieser Gelegenheit markig seine Überzeugung, »*K. Elisabeth* werde in Tsingtau tapfer mitkämpfen«. Der österreichische Offizier beeilte sich, diese mit seiner eigenen offensichtlich übereinstimmende Auffassung nach Wien zu telegraphieren. Die Worte des deutschen Kaisers verschafften den »Falken« Ober- und in der späteren Folge der *Kaiserin Elisabeth* Unterwasser.

Der österreichische Gesandte in Tokio wurde von seiner Regierung desavouiert. Unser Berichterstatter vom Boxeraufstand, der mittlerweilen zum Konteradmiral aufgerückte Theodor Ritter von Winterhalder, betrachtete die Situation vom Standpunkt des militärischen Ehrbegriffs, allerdings nicht ohne die Schwierigkeiten der österreichischen Diplomatie zu verkennen[50]:

> In Wien wurden schleunigst alle Maßnahmen zur Gutmachung des bedauerlichen Mißgriffes der deutschen Stelle durchgeführt, wozu in erster Linie gehörte, daß Österreich-Ungarn, ohne herausgefordert zu sein, nunmehr gegen Japan auftreten mußte, von dem es kaum drei Tage vorher noch einen Dienst erbeten hatte. Mit knapper Not ge-

lang es, durch deutsche Funkenstationen Befehl und Gegenbefehl an den österr.-ungar. Schiffskommandanten zu geben, der durch letzteren aus einer schier unmöglich peinlichen Lage erlöst wurde. Neben vielem anderen Peinlichen ergab sich auch für die österr.-ungar. diplomatischen Vertretungen in Peking und Tokio eine geradezu beschämende Lage, um so beschämender, als Deutschland, dank dem Eingreifen des Großadmirals von Tirpitz, mit berechtigtem Stolze die japanische Herausforderung überhaupt unbeantwortet ließ.

Nun stand man vor der Aufgabe, die Besatzung der *Elisabeth* wiederum nach Tsingtau zurückzuverlegen. Der Linienschiffsleutnant a. D. Sokol meint dazu: »Es war klar, daß die chinesische Regierung aus dem Rücktransport einen Neutralitätsbruch konstruieren und die Rückfahrt der k. u. k. Seeleute vereiteln könne[51].« Doch dazu bedurfte es keiner besonderen »Konstruktionen«. China war aufgrund des Neutralitätsrechtes verpflichtet, Aktionen, die seine Neutralität verletzten, zu verhindern. Kein Wunder, daß der österreichisch-ungarische Gesandte in Peking, Arthur von Rosthorn, bezüglich des Rücktransports Bedenken hatte. Dennoch kam er den Wünschen der militärischen Stellen insoweit entgegen, als er versprach, die Fahrt in kleinen Gruppen, so weit es ging, zu ermöglichen[52]. Also galt es für die österreichischen Marineangehörigen, Zivilkleider zu besorgen. Steuergast Schrott erinnerte sich noch 1978 daran, wie prächtig die gepaßt hatten. Trotzdem war es nicht einfach, nach Tsingtau zurückzukommen. Hier der Bericht des Linienschiffsarztes Dr. Ernst Dub:

> Gleich am zweiten Tage der Anwesenheit erfuhren wir durch das deutsche Konsulat, daß wir nach Tsingtau zurückzukehren haben. Diesbezügliche Telegramme unseres Kommandanten kamen nie an und wurden vermutlich durch japanische Spione unterschlagen. Erst ein Brief des Kommandanten nach ungefähr acht Tagen Anwesenheit brachte für uns den ersten militärischen Befehl, alles daranzusetzen, nach Tsingtau zurückzukehren. Gleich nach Bekanntwerden des Befehls wurden die ersten Gruppen von Leuten, in Zivil verkleidet, nach Tsingtau zurückgesandt.
>
> Da aber unser Settlement von japanischen Spionen durchsetzt war und dieselben auch von der kleinsten Bewegung im Mannschaftsstande Kenntnis hatten, gelang es der chinesischen Polizei mehr als einmal, die Absendung von Leuten zu verhindern. Sämtliche Bahnhöfe wurden besetzt, eine scharfe Paßkontrolle ausgeübt. Die chinesischen Behörden waren stets wohlwollend neutral, doch fürchtete man Repressalien von seiten der Japaner, vor allem die sofortige Besetzung der Schantungbahn, um so mehr als in französischen und englischen Lokalblättern auf fortgesetzten Neutralitätsbruch von seiten der Bemannung S. M. S. *Kaiserin Elisabeth* hingewiesen wurde. Ungefähr 100 Leuten gelang es doch, unmittelbar von Tientsin nach Tsingtau abzureisen. Die Kontrolle wurde immer

schärfer. Ich versuchte die Abreise zweimal von verschiedenen Bahnhöfen, wurde beide Male von der chinesischen Polizei festgenommen und zu unserem Konsulate gebracht. Es schien bereits unmöglich, unmittelbar von Tientsin abzugehen; da bot sich ein ortskundiger Österreicher, Schinko, gewesener Beamter der Settlementpolizei, an, uns in kleineren Gruppen verkleidet durchzubringen. Ich glaube, er führte dreimal kleinere Abteilungen. Ich marschierte mit Korvettenkapitän Pauspertl, Fregattenleutnant Kuhn und sieben Mann am 5. September, abends, unter Führung durch den Genannten zum Kaiserkanal. Nachts fuhren wir den Kaiserkanal abwärts und marschierten morgens zu einer Station der Bahnstrecke. Abends langten wir in Tsinanfu ein. Die Reise von da nach Tsingtau war sehr beschwerlich, weil sämtliche Brücken bereits gesprengt und die Felder durch Hochwasser überschwemmt waren. Eine in einem Eisenbahnwagen verbrachte Nacht hatte zahlreiche schwere Malariaerkrankungen zufolge. Als wir in Kiautschou ankamen, waren die Japaner schon im Anmarsche und 50 km vom Orte entfernt. Das war am 8. September. Von Kiautschou hatten wir noch einen halben Tag zu marschieren und fuhren dann, bei der Bucht von Tsingtau angelangt, mit Dschunken nach Tsingtau, wo wir abends eintrafen.
Da nur kleinere Gruppen, und diese nur jeden dritten Tag, abgesendet werden konnten, weil jeweils auf die Rückkehr des Führers gewartet werden mußte, wäre eine weitere Entsendung einer größeren Anzahl von Mannschaften unmöglich gewesen, wenn es nicht im letzten Augenblicke dem Konsulate gelungen wäre, nach Verhandlungen mit den chinesischen Behörden, ungefähr 100 Mann als deutsche Reservisten nach Tsingtau abgehen zu lassen. Diese trafen 24 Stunden später als wir ein und waren die letzten Mannschaften, welche noch durch Kiautschou durchkamen. Eine Gruppe, welche einen Tag später abging, mußte nach Tsingtau zurück, weil die Bahnstrecke bereits von den Japanern besetzt war.
Wegen zernierter Bahnverbindung konnten ungefähr 80 Mannschaftspersonen, ferner vom Stabe Marinekommissär Skušek, nicht mehr nach Tsingtau zurückkehren. Linienschiffsleutnant Gayer war in Tientsin krank gemeldet[53].

Von den österreichischen und deutschen Blättern wurde die Nachricht des Eingreifens der *Kaiserin Elisabeth* in die Verteidigung von Tsingtau mit vaterländischer Genugtuung aufgenommen. Viele brachten die Nachricht des Wolffschen Büros:

Berlin, 24. August. Der k. u. k. österreichisch-ungarische Botschafter hat heute dem Auswärtigen Amt folgende Mitteilung gemacht: Im Allerhöchsten Auftrage ergeht an das Kommando S. M. Schiff *Kaiserin Elisabeth* in Tsingtau sowie an den k. u. k. Botschafter in Tokio der telegraphische Befehl, daß die *Kaiserin Elisabeth* in Tsingtau mitzukämpfen habe.

Die *Familien- und Modezeitung für Österreich-Ungarn* brachte sogar ein Bild des Kreuzers mit dem Begleittext: »Österreichische Bundestreue in den ostasiatischen Gewässern: Der österreichisch-ungarische Kreuzer *Kaiserin Elisabeth* in Tsingtau erhielt den Auftrag, die deutschen Kriegsschiffe im Kampf gegen Japan zu unterstützen[54].«

Doch wie sollte man sicherstellen, daß die Besatzung der *Elisabeth* trotz des Befehlswirrwarrs, von dem natürlich in den Zeitungen nichts zu lesen war, sich den guten Mut erhielt, den sie bei Kriegsausbruch bewiesen hatte? Allem Anschein nach hat man sich aus der Affäre gezogen, indem man den Männern weismachte, der Befehl zum Abrüsten sei eine perfide englische Fälschung gewesen. Dieser Versuch war von Erfolg gekrönt. Die Leute wurden dadurch bei Laune gehalten und glaubten noch 1978 daran, daß es nicht österreichische – sagen wir einmal – Koordinationsprobleme, sondern die Engländer waren, welche ihnen diesen Streich gespielt hatten[55]. Man hat sie, wie man auf gut wienerisch sagt, »blöd sterben« lassen, wobei diese Redensart in der Folge grausame Realität erlangen sollte.

Während die *Elisabeth* mit einem Minimum an Besatzung vor Tsingtau kreuzte und die japanischen Stellungen unter Beschuß nahm, beteiligten sich 122 Mann am Abwehrkampf zu Lande. Ein Teil der Geschütze wurde ausgeschifft und, soweit die Zahl reichte, mit österreichischen Marineangehörigen besetzt[56]. Unter den Mannschaften dieser Batterien hielt der Tod zum ersten Mal bei den Österreichern Ernte. Am 31. Oktober traf eine Granate die in der Nähe der Krähenpaßstraße postierte österreichische 15-cm-Batterie, die unter dem Kommando des Fregattenleutnants Baierle stand. Fünf Mann waren sofort tot, Leutnant Baierle und drei Mann wurden verwundet[57].

Das Schiff wurde indessen trotz häufigen heftigen Beschusses und der Bombardierung durch Flugzeuge nie getroffen und leistete bei der Verteidigung wertvolle Dienste, bis es alle Munition verschossen hatte. Nun mußte man daran denken, die *Elisabeth* nicht in die Hände des Feindes fallen zu lassen, der das nur zu gerne gesehen hätte, wie ein mit 30. Oktober 1914 datiertes japanisches Flugblatt beweist:

> Aviso. Hauptquartier, den 30. Oktober 1914.
> An verehrten Herren Offizieren und Mannschaften in Festung!
> Es dürfte dem Gottes-Wille wie der Menschlichkeit entgegenwirkend sein, wenn man die noch nicht ausgenützten Waffen, Kriegsschiffe und sonstige Baulichkeiten, ohne taktischen Anspruch zu haben, zu Grund richten würde, und zwar bloß aus der eifersüchtigen Absicht darauf, daß sie in die Hände des Gegners fallen werden.
> Obwohl wir bei Herren die Rittertumsehre schätzen, den Offizieren und Mannschaften es gewiß glauben können, so eine Gedankenlosigkeit keineswegs zu verwirklichen, erlauben wir uns jedoch die oben Erwähnten als unsere Meinung zum Ausdruck zu bringen.
> Belagerungs-Armeekommando[58].

Am 1. November stand fest, daß das Schiff in der Nacht versenkt werden mußte. Im Schutze der Dunkelheit wurde es zur tiefsten Stelle des Hafens (57 Meter) manövriert. Über die letzten Augenblicke des Schiffes berichtet Maschinenmaat Casapiccola:

> ... wohl das Schwerste, was man einem Seemann zumuten kann. Das Schiff war Österreich – das Schiff war ein Stück Vaterland – das Schiff war ein Stück Heimat – das nun verlassen werden sollte. Im Dunkel der Nacht wurde die Besatzung ausgeschifft, und manche Träne rollte über die Backen der alten Seebären.
> Nur wenige waren noch an Bord, die wie Gespenster herumschlichen und die Lunten zu den Torpedospitzen in den Munitionskammern legten. Alle Kessel standen außerdem noch unter Dampf, und die Zeiger der Manometer hatten die rote Marke schon überschritten. Die Lunten waren in Brand gesetzt, und eiligst verließen die letzten sieben Mann mit dem Kommandanten das Schiff und fuhren mit der Dampfbarkc vom Fallrcp ab.
> ... Während jeder in Schweigen versunken war und die Dampfbarkasse sich schon ziemlich weit vom Mutterschiff entfernt hatte – geschah das Schauerliche!
> Eine gewaltige Detonation, der einige leichtere folgten, machte die wenigen Mann in der Dampfbarke wieder nüchtern, riß sie heraus aus ihrer Niedergeschlagenheit.
> Die Kessel sind gegangen – meinte der ehemalige Kesselwärter mit gebrochener Stimme, und weiter war kein Laut zu hören! Alle Augenpaare waren dorthin gerichtet, wo die Luft mit tausend feurigen Kügelchen geschwängert war. Ein Feuerwerk in der Ferne – konnte der Unwissende meinen.
> Der Kommandant durchbrach die unheimliche Ruhe nicht mit den kurzen, harten Worten des Soldaten (auch seine Stimme hatte sich geändert) – sondern mit einer wehmütigen Sprache, die leise befahl, langsam umzukehren. Er wollte noch einmal sein Schiff sehen! – Doch auch dieser letzte Wunsch blieb unerfüllt. – Langsam näherte sich die Dampfbarke, wo noch vor ganz kurzer Zeit S. M. S. *Kaiserin Elisabeth* vor Anker lag und noch lange die Schatten des Kreuzers beim Verharren zu sehen waren.
> Die Dampfbarkasse hielt Distanz, um nicht vom Sog des Schiffes erfaßt zu werden ...
> S. M. S. *Kaiserin Elisabeth* gurgelte in die Tiefe, sprach damit den Abschied. Der Kommandant entblößte sein Haupt und antwortete mit feuchten Augen: »Addio Lisa, addio Lisa, addio Lisa[59]!«

Das war zugleich auch das Ende der österreichisch-ungarischen Flottenstation in Ostasien. Doch noch hatte die Mannschaft der *Elisabeth* – nunmehr am Lande wieder vereint – gegen die anstürmenden Japaner letzten Widerstand zu leisten, was wiederum mit Blutzoll verbunden war. In der Nacht auf den 7. November trat die japanische Infanterie zum Sturmangriff an. Von den österreichisch-ungarischen Seeleuten fielen dabei der aus Floridsdorf stammende Steuergast Dücke und der Matrose Kopecny. Verwundet wurden der Maschinenquartiermeister Schätzinger (Istrianer), die Matrosen Gottlieber (Deutschböhme) und Filipich (Dalmatiner) sowie der Reserveinfanterist Fellinghauser (Deutschböhme)[60]. Die anderen gerieten in japanische Kriegsgefangenschaft.

In einem an die *Reichspost* gerichteten Brief vom 17. November 1914 (aus dem Gefangenenlager Kumamoto, Kyushu) meinte Linienschiffsleutnant Klobucar: »Ein Gedanke ist uns Trost in der Gefangenschaft und erfüllt unsere Herzen mit freudigem Stolze, daß es uns gelungen ist, auch im fernen Osten der österreichischen Tapferkeit Anerkennung zu erringen!«

Diese Anerkennung blieb der Besatzung der *Elisabeth* nicht versagt. Der deutsche Kaiser sprach in einem Telegramm von den »Tapferen der *Kaiserin Elisabeth*[61]«, und ein deutscher Augenzeuge der Kämpfe hatte vom Einsatz der Österreicher folgenden Eindruck:

> ... Die Tapferkeit der Österreicher erregte die allgemeine Bewunderung der deutschen Offiziere und Kameraden. Ein Beweis ihres Heldentums ist auch der hohe Prozentsatz von Verwundeten von zirka 81 von 400 Mann. Das ist in kurzen Zügen die Geschichte der letzten Tage des österreichischen Kreuzers *Kaiserin Elisabeth.* Es ist die Geschichte eines uneigennützigen, heldenhaften Eintretens Österreichs für deutsche Interessen, ein Denkmal der Treue und Einigkeit, das weiterleben wird im Herzen jedes Deutschen, solange das Andenken Tsingtaus nicht ausgelöscht ist aus deutschem Herzen[62].

Damit ist das Kapitel der Anwesenheit von k. u. k. Kriegsschiffen in China abgeschlossen, nicht aber das der Anwesenheit österreichisch-ungarischer Marinesoldaten. Vor der Übergabe wurde den im Stand des Wachdetachements in Peking befindlichen Artilleristen vom Kommandanten befohlen, sich dorthin durchzuschlagen. Über die abenteuerliche Reise geben die Aufzeichnungen Alexander Frankes Aufschluß:

> *Flucht aus Tsingtau vor der Übergabe an die Japaner.*
>
> Zwei Tage vor der Übergabe ließ mich unser Kommandant rufen, daß ich trachten soll, mit den Vormeistern, welche wir doch Pekingstand waren und Peking derzeit ohne Artilleristen war, auf irgendwelchen Wegen durchzukommen und nach Peking zu schlagen. Da war guter Rat teuer; ringsherum von Feinden umgeben, die uns schon sicher in Händen hatten, fast kein Ausweg, zu Wasser und Land waren wir von den Japanern eingeschlossen, was tun – ich beriet mich mit einigen bekannten deutschen Unteroffizieren, die schon lange Jahre in China weilten, bei welcher Gelegenheit mir Stabsfeldwebel Siegel,

welcher heute noch in Peking verweilt, den besten Rat gab, mich mit meinen Leuten als Chinesen verkleidet aus eigener Kraft mit chinesischen Dschunken durch das endlose, meilenweite Schilfgebiet, welches sich fast bis Weiheiwei entlangzieht, durchzuschlupfen. Gesagt – getan, ich meldete dies meinem Kommandanten, welcher sich mit diesem Weg einverstanden erklärte und sämtliche Besorgungen hiezu traf, so daß wir den gleichen Abend reisebereit mit Verpflegung bis zu vierzehn Tage in sechs chinesischen Dschunken, ohne daß wer etwas gewußt hätte, uns aufmachten – noch ein kurzer Abschied vom Kommandanten, und wir stießen mit den uns fast unbekannten Booten ab, es hieß diese Nacht womöglich über die erste und schärfste Absperrungslinie der Japaner durchzukommen, um dann über Tag gut versteckt verschlafen zu können. In welchem Zustande wir aussahen, läßt sich mit Worten nicht gut schildern, wie die Räuber aus Ali und die tausend Räuber?? Unterhalb unsere Tuchhosen der Marine, oberhalb den langen weiten Ischang – Rock von oben bis unten – die chinesische Weste – ein altes Mandarinenkappel und einen Schafpelz, auf letzterem wir schliefen. Proviant und Gelder in Überfluß, nur mit Trinkwasser war es etwas knapp, und die Kost bestand ausschließlich aus Konserven, da warme Kost wegen Verrat des Feuers nicht geheuer war. Außer einer Roth-Pistole, welche ich mitgenommen, waren wir unbewaffnet; nicht zu vergessen waren die vielen Flaschen Whisky, welche wir vertäut in unseren Booten hatten.
Um ca. zehn Uhr nachts stießen wir ab und gelangten gegen drei Uhr früh bei fast stockfinsterer Nacht auf ein Drittel Weg zu Laijang, welches, unser Ziel als neutrales chinesisches Gebiet, wir zu erreichen suchten. Orientierung waren die Sterne und eine gute Karte des ganzen Schilfgebietes. Ohne Vorfall gelang es uns auch in der zweiten und dritten Nacht ein ziemliches Stück weiterzugondeln. In der vierten Nacht hörten wir so gegen elf Uhr den Kanonendonner, welcher uns bisher begleitet hatte, verstummen, und schon glaubten wir, nun muß es ja schnell vorwärts gehen – doch war uns der Wettergott nicht hold, es fing am nächsten Tag zu regnen an und hielt ganze fünf Tage und Nächte ununterbrochen an. Bei Tag der fünften Fahrt sahen wir dichte Rauchwolken westlich nahe zu uns herüberkommen, nun konnte es gefährlich werden, denn die kleinen Torpedoboote sind bei solchen Kreuzern auch nicht weit – zum wahren Glück, daß wir uns fast knapp an der Küste hindurcharbeiteten, der Wasserstand hier kaum eineinhalb Meter war. Wir verhielten uns so ruhig als es ging, doch die Strömung mußten wir auch tagsüber entgegenarbeiten, und Bootsanker zu werfen trauten wir uns doch nicht, da man jederzeit mit allem gefaßt sein mußte, um über Bord an Land zu schwimmen. Doch nichts geschah diesen Abend, was uns dann auch nicht abhielt, diese letzte Nacht, so wir hofften, nach Laijang zu kommen, unser Letztes herauszuholen. Durch und durch naß und

verfroren arbeiteten die Leute abwechselnd an den Rudern – dieses letzte Stück gab uns harte Nüsse zu knacken, ein Ruder nach dem anderen bog bzw. brach durch, schon wollten wir drei Boote zurücklassen, um an Land zu gehen und Ruder zu holen; dies schien mir persönlich zu gefährlich – also hieß es ins seichteste Wasser knapp an den Strand zu halten, sich ausziehen und selbst schleppen – die Nacht war uns insoferne wieder günstig, daß es einesteils stockfinster und andernteils ziemlicher Wind die Geräusche, welche wir durch das Schleppen im Schilfe verursachten, uns früh in die kleine Bucht von Laijang brachte, wo wir nichts mehr zu befürchten glaubten.
Es war so um fünf Uhr herum, noch ziemlich dunkel, als wir den Ausgang des Schilfgebietes an dieser Stelle erreichten. Nun hieß es der Landgefahr ins Auge blicken, wußten wir doch, daß die Japsen noch tagelang alles absuchen würden, was sich vielleicht versteckt hielt, denn wie man ja später in Erfahrung bringen konnte, glaubten die Japaner ja niemals, daß sich nur eine solch kleine Macht gegen sie so lange hatte aushalten können.
Ich ging mit drei Mann an Land und hielt Umschau – die ersten Verkäufertöne ließen uns die Richtung des Ortes weisen, nicht unweit unseres Landungsplatzes konnten wir die Gebettrommel eines Tempels lauschen – diesen letzteren hatten wir uns als Ziel genommen. Die größte Sorge war, wie uns mit den Leuten verständigen, wie herauszubekommen, ob noch Japaner hier oder in der Umgebung sein werden, denn die Japaner scherten sich wenig um die Neutralitätsgrenze oder die Oberhoheitsrechte der Chinesen; doch wußte ich, mit Geld allein kommt man am besten durch. Wir gelangten in die Nähe des Tempels, wo einige Priester mit ihrer Morgenandacht beschäftigt waren. Dies abgewartet, machten wir uns den Priestern, auf chinesisch Ho-Schan, bemerkbar, welche uns nicht wenig entgeistert anguckten, mußten sie uns in unserem Zustand als Banditen mit Recht halten, doch das Wort: Wai-gui-jen und die Aussprache, nämlich die falsche, ließen den Ho-Schan erkennen, daß sie scheinbar Europäer vor sich hätten – mißtrauisch näherten sie sich – ich gab auf pidgin-englisch und etwas chinesisch zu verstehen, daß wir von Wei-hei-wei, dem englischen Pachtgebiet, kommen, da uns verirrt und nun für einige Tage Obdach bitten wollten, und zeigte gleich auch gute, harte Dollars. Ob sie uns Glauben schenkten oder nicht, konnten wir nie feststellen, nur das eine, daß wir niemals Engländer seien, dies glaubten sie uns nicht, und als Deutsche konnten wir uns auf keinen Fall ausgeben. Nach einer Weile kam ein vierter Priester hinzu, einer verschwand ins Innere des Tempels, kam allerdings bald darauf mit einem sehr alten Priester, scheinbar der Ta-Ho-Schan (Oberpriester), zurück, besah uns und willigte schließlich ein, daß wir uns für einen Tag aufhalten könnten, doch auf keinen Fall die Nacht hindurch – wahrscheinlich wäre durch uns weiße Teufel der Tempel entweiht worden. Nun war schon etwas gewonnen, wir drei bekamen

einen kleinen Raum zugewiesen, wo sofort von außen geheizt wurde, und eine große Kanne mit heißem Tee. Nachdem wir nun schon fast eine ganze Woche nichts Warmes in den Magen bekommen hatten, war uns dieser Tee die reinste Wohltat. Das nächste Hindernis war, den Chinesen bzw. den Priestern klarzumachen, daß noch weitere neun Mann von uns nicht unweit von hier warteten, auch untergebracht zu werden, wie es mal in China ist, alles schön langsam der Reihe, nur mit Geduld kommt man in China weiter. Unsere scheinbare Bewachung in Gestalt eines jungen Priesters nahm ich so gut es ging ins Gespräch, ließ etliche Dollar blinken und rückte endlich mit der Farbe heraus, daß noch einige Kameraden draußen in Booten warteten – und wenn man dem Tempel etwas verdienen lassen wollte, würde ich gerne 20 Dollar mex. demselben zum Geschenk machen, ja nicht persönlich, obwohl es ja tatsächlich nur den Priestern zugute kommt, da die chinesischen Priester, seien es Buddhisten, Konfuziuisten oder Taoisten, alle ärmer als die Bettler waren. Unser Priester streckte die Hand aus – und ich gab ihm vorerst zehn Dollar als Anzahlung der Bewilligung, sandte einen Mann mit der Order, die Boote zu verstecken und nach hier zu kommen, aus; nicht eine halbe Stunde verging, es war bald schon heller Tag, waren wir alle in dem kleinen Raum, der kaum für fünf Personen Platz faßte, versammelt und sprachen dem Tee zu. Einer mußte Wache halten, und die anderen konnten endlich die wohlverdiente Ruhe, wenn auch auf ebener Erde, denn der Kang, das chinesische Bett, war mit allem möglichen Gerümpel angehäuft, halten.
Zwei zu zwei Stunden wurde gegenseitige Ablösung gehalten – nichts ereignete sich; doch vor dem Abendgebet, das ist um sechs Uhr, kamen wieder etliche Priester und gaben uns zu verstehen, daß wir gemäß Vereinbarung wieder wegziehen sollten – ich versuchte mit allen möglichen Mitteln dies hintanzuhalten, denn zwei der Leute litten durch die Nässe etwas an Fieber – nichts half, selbst der gute Dollar wurde verachtet, so blieb uns denn nichts anderes übrig, als einzupacken und auf gut Glück weiterzumarschieren gegen den Ort selbst, obwohl wir nicht wußten, ob sich dort vielleicht noch Japaner aufhielten oder nicht, und fragen konnten wir wegen Verrat noch weniger. Es wurde somit unter vielen Kotau-Verbeugungen, denn selbst beim Hinausschmeißen bleibt der Chinese der höflichste Mensch der Erde, Abschied genommen.
Abfallend zwei zu zwei näherten wir uns dem Orte, fanden jedoch zu unserer größten Überraschung denselben schon geschlossen – nicht zu verwundern einesteils, denn die Japaner gingen mit ihrer eigenen Rasse nicht gerade glimpflich um –, nun blieb uns nichts anderes übrig als den Weg, und zwar sicherheitshalber Nebenweg, ins nächstgelegene Dorf . . . welches wir vielleicht mit nächstem Morgen erreichen konnten, einzuschlagen, die beiden, welche marod waren, mußten abwechselnd getragen oder geschleppt werden. Bei Tages-

grauen machten wir vor den Mauern des Dorfes ... halt und warteten geduldig, was nun kommen wird. Vorsichtshalber verbargen wir uns in einer verfallenen Fang-sa, einem kleinen steinernen Gebäude, um keiner Überraschung ausgesetzt zu sein. Die Tore wurden hier erst um gegen sechs Uhr geöffnet, einige Wasserträger mit ihren Bambuskübeln sahen wir herauskommen.
Selbst allein machte ich mich dann auf den Weg zum Tor ins Dorf, um auszukundschaften, welche Luft für uns hier weht, inzwischen hatten wir unsere chinesischen Sachen abgestreift und waren mehr Zivilleute denn Militäristen. Der Torwächter, ein chinesischer republikanischer Soldat, sah mich mit großen Augen zum Tor kommen, schrie etwas, und im nächsten Augenblick stand die ganze Wache da. Hinzugekommen frug ich ihn um die Wegrichtung nach Wei, dem Eisenbahnknotenpunkt, ca. 100 km von Weiheiwei entfernt, um irgend etwas zu sagen. Scheinbar hatten sie mein Kauderwelsch nicht verstanden, und einer der Leute lief in das Innere des Dorfes. Beim Nähertreten frugen die anderen, woher ich komme, doch obwohl ich halbwegs verstanden, gab ich zu erkennen, daß ich nicht verstanden hätte, also ließ man mich in Ruhe. Nicht lange dauerte es, da kam ein älterer, ziemlich gutgekleideter Chinese in Begleitung des Soldaten zum Tore und frug mich in reinem Englisch, was ich wünsche und wohin ich wolle – ich sagte ihm, daß ich aus Weiheiwei mit meinen Kollegen komme, uns die Pferde durch eine Seuche draufgegangen seien (denn wie kann ein Europäer ohne Pferd überhaupt herumreisen, mußten sich im ersten Augenblick die Leute fragen!), und nun um Pferde für zwölf Mann Umschau halten wollten, weiters frug ich, ob wir nicht Quartier haben könnten für einige Tage, da zwei Leute krank geworden seien – auch die verneinten dies sofort, denn man gab mir zu verstehen, daß fast alle zwei Tage noch Japaner kämen, welche nach jedem Europäer Ausschau hielten und in jedem einen Deutschen erblickten – mehr brauchte ich wirklich nicht zu wissen, momentan waren wir sicher – nun die Pferde, und es konnte dahingehen. Man versicherte mir, daß man sich bemühen werde, Pferde in einigen Stunden zum Tore zu bringen. Ich ging zurück, doch folgte mir einer der Wache, und konnte deshalb nicht gut unser Versteck für uns behalten – meine Leute waren schon über die Dauer meines Wegbleibens in Sorge geraten und berieten gerade, was sie unternehmen sollten, um mich eventuell zu befreien – natürlich waren sie froh, als ich heil und unversehrt, noch dazu mit solch guter Botschaft, zurückkam. Gegen Mittag sahen wir eine Menge Pferde vom Tore heraustreiben – einige Ungarn machten sich auf, prüften jedes Roß gut und gründlich, sodann wurde gehandelt, 50 bis 70 Dollar verlangten die guten Leute per Pferd, wir wußten zu gut, daß mindestens die Hälfte des Preises aufgeschlagen sei, hartnäckig ließen sie sich herunterhandeln, es war bereits gegen abend als wir handelsein mit dem Durchschnittspreis von 30 Mex. Dollar wurden. Nahrungs-

mittel konnten wir uns außer Tee und Eier keine beschaffen, denn zu den chinesischen Speisen, die uns angeboten wurden, hatten wir kein Vertrauen. Wieder ohne zu schlafen ging es weiter, nun aber zu Pferd viel flotter, wenn auch bei weitem nicht so, als wir hofften, denn die beiden Maroden, welche sich allerdings schon etwas erholt hatten, waren nie auf einem Pferd gesessen; wenn es auch auf den kleinen chinesischen Ponys keine Kunst ist, so machte es uns allen ohne Satelzeug ziemliche Mühe, sich an die Biester zu gewöhnen. Wir gelangten diese beiden kommenden Tage an verschiedene Dörfer, doch hielten wir es für ratsamer, uns gar nicht blicken zu lassen, und schliefen bzw. rasteten im Freien, wenn auch die Kälte von Nacht zu Nacht immer mehr und mehr zunahm und die Winde immer heftiger bliesen; endlich kamen wir doch nach Wei, wo wir uns endlich sicher fühlen konnten, erstens war es rein chinesisches Gebiet und sogar eine Wache aus Engländern bzw. Indern am Bahnhof, von diesen letzteren brauchten wir uns nicht zu bangen, da sie viel zu indolent waren, nachzuforschen, wer wir seien, hauptsächlichst war ihre Aufgabe ihre Herren Engländer zu beschützen. Wir steuerten auch gleich mutig ins Dorf; nahmen ein chinesisches Gasthaus in Beschlag, säuberten uns die Zimmer, verlangten Wasser und wuschen uns nach vierzehn Tagen gründlich – hierauf einen guten Schlaf gehalten, wieder Wache halten, am nächsten Tag kam der Stadtkommissär, frug uns englisch, wer wir seien – keine Antwort – wir verstanden einfach kein Englisch – ich sagte nur, wo men ho-lan-jen, d. h. wir sind Holländer, hierauf entfernte sich der gute Mann, aber auch wir, denn wir mußten doch gefaßt sein, daß die vielleicht die Engländer für uns interessieren werden, und mit denen wollten wir auch nichts zu tun haben, wenngleich sie uns laut den internationalen Verträgen hier auf neutralem Gebiete nichts anhaben konnten, so wußten wir doch zu gut, daß der Chinese sich um die Katz scheren würde, wenn uns der Engländer oder Japse einfach gefangengenommen und interniert hätte.
Die Pferde ließen wir dort, um Glauben zu erwecken, daß wir wieder zurückkommen werden, tatsächlich wußten wir auch nichts damit anzufangen, denn hier, wo die Bahn verkehrt, waren uns diese guten Tiere nur im Wege – nur wollten wir anfangs selbe verkaufen, um so etwas Geld wieder hereinzubekommen. Die Abfahrt des nächsten Personenzuges (zwei Personen- und ein Schnellzug per Woche verkehrten hier!) fand mit den nächsten Stunden am späten Nachmittag statt, Karten nach Tientsin erhielten wir ohne Anstand. Nach einem kleinen Imbiß, umstanden und umgafft vom ganzen Ort, kam der Zug eingelaufen, welcher hier fast zwei Stunden Aufenthalt hatte. Order war, sich zu verteilen und sich so unauffällig wie möglich halten, keinerlei Antwort erteilen, sich mit niemandem abgeben, ansonsten aber freundlich sein. Kaum war der Zug zu Halt gebracht, sahen wir schon einige englische Soldaten beim Fenster heraus-

gucken, na ja, masky – sagt der Engländer, die werden uns nicht wehe tun, hauptsächlich, daß wir mal drinnen und wegfahren konnten. Noch in letzter Minute schien unsere bisher so glückliche Flucht ins Wasser zu fallen. Der schlitzäugige Kommissär kam mit zwei englischen Sergeanten in den Zug gestiegen – gut war meine Order, verteilt in den Waggons eingestiegen zu sein –, ich selbst war mit einem der unseren inmitten Chinesen 2. Klasse (denn ich hatte einen Bock geschossen, ich wußte damals noch nicht, daß man als Europäer nur 1. Klasse fährt!) eingestiegen und sah mit Bangen den kommenden Dingen ins Auge – wie ich später von den anderen in Tientsin, denn bis dahin blieben wir getrennt, erfuhr, verlangten die Engländer Ausweispapiere bzw. Pässe, doch alle, obwohl sie ohnehin kein Englisch verstanden, stellten sich auf »kanitverstan«, und bevor man mich fand, war die Abfahrtszeit des Zuges bereits da und mußte uns fahren lassen. Gottlob waren nicht mehr viele Stationen, und scheinbar – zu unserem Glücke – kümmerten sich die Herren Engländer nicht mehr um uns. Nach Tsinanfu stiegen sogar einige Japaner ein, aber auch diese hatten bereits keinerlei Interesse mehr für uns, obwohl sie uns verschwiegen immer beobachteten. Nach zwölfstündiger Fahrt gelangten wir in Tientsin an, wir selbst stiegen nicht wie alle Ausländer am internationalen Bahnhof, sondern am chinesischen Bahnhof aus, um auch hier uns nicht auffällig zu zeigen, denn trauen taten wir schon nichts mehr. Vom chinesischen Bahnhof nahmen wir uns Rickschahs und fuhren in unsere österreichische Niederlassung der Kaserne – wie groß das Staunen war, kann man sich ja vorstellen – verlaust und schmutzig, halb verhungert und krank meldeten wir uns dem Kommandanten des Detachements, nach zweitägiger Ruhe ging es mit neun Vormeistern nach Peking, drei mußten in Tientsin bleiben, weiter, und endlich gelangten wir freudigen Herzens in unserer alten Heimatstadt wieder an, wo wir schon am Bahnhof erwartet wurden. Eine Woche Erholung – dann hieß es wieder seine alte Tätigkeit des Dienstes fürs Vaterland aufnehmen[63].

ANMERKUNGEN

1 Jahresbericht der k. u. k. Kriegsmarine 1902, S. 39 f.; 1903, S. 40 f.
2 Ebd., 1904, S. 39 ff.
3 Ebd., 1905, S. 41.
4 Ebd., S. 42.
5 Ebd.
6 Hans Bachgarten, *Aus einem Schiffstagebuch – zwei Jahre in Japan und China*, Pola 1911, S. 42. Bei dem vom Verfasser angegebenen Namen handelt es sich um ein Pseudonym. Da er für seine Uniform rote Ärmelaufschläge angibt, muß es sich um einen der Maschinenbetriebsleiter des Kreuzers handeln. – Mitteilung des österreichischen Marinefachmannes Dr. Lothar Baumgartner.
7 Ebd., S. 56 f.
8 Ebd., S. 58.

9 Jahresbericht der k. u. k. Kriegsmarine 1906, S. 44.
10 Bachgarten, a. a. O., S. 96.
11 Ebd., S. 96 f.
12 Ebd., S. 97.
13 Da Bachgarten auch sonst in seinen zum Großteil recht präzisen Aufzeichnungen die Chinesen mit blauen Augen ausstattet, mag eine Erklärung dafür sein, daß er farbenblind war.
14 Bachgarten, a. a. O., S. 98 f.
15 Ebd., S. 100.
16 Ebd., S. 105.
17 Ebd., S. 106.
18 Ebd., S. 119 f.
19 Ebd., S. 281. Vgl. dazu auch, was Bachgarten über die Arbeitsbedingungen der chinesischen Souvenirmaler in Hongkong schreibt (ebd., S. 287): »In der Nähe dieses Geschäftes werden jene herzigen Reispapierbildchen gemalt, die schon vielfach ihren Weg in europäische Salons gefunden haben. Sie werden in Serien zu zwölf oder achtzehn Stück erzeugt und stellen meistens Kinder dar, in den farbenprächtigen chinesischen Trachten, mit den verschiedenen Musikinstrumenten hantierend, oder im Waffenschmucke. Die Maler dieser Bilder arbeiten in engen, stinkenden Räumen und mit fast nervöser Hast. Sie verdienen sich gerade den trockenen Reis. Wenn sie die Farben wechseln, was in der Minute vielleicht zehnmal geschieht, schlecken sie die ätzenden Anilinfarben vom Pinsel, nur um die Zeit des Waschens zu sparen. Die meisten dieser Leute sahen aus wie Gestorbene, so abgemagert waren sie und so starr blickten ihre glanzlosen Augen.«
20 Gemäß Bachgartens Bericht, der hoffentlich kein Seemannsgarn ist, habe sein Interesse für die von Gu Hongming verfaßten *Papers from a Viceroy's Yamen* ihn mit Gu in einem Shanghaier Hotel, in dem beide verkehrten, zusammengebracht (ebd., S. 75 f.). Später habe es noch eine Einladung in Gu Hongmings Wohnung gegeben. Dabei gab der engagierte Konfuzianer nach den Angaben Bachgartens eine Reihe interessanter Prognosen: Japan mit seinem »unverdauten Fortschritt« sei für China ein viel gefährlicherer Nachbar als Rußland. Auf die Frage, was er von den Europäern halte, sagte er:
»Europa weiß noch nicht, was es will. Es ist erst mündig geworden. Seine Völker haben noch nicht einmal gelernt, sich einander unterzuordnen, und möchten schon die Welt regieren. Es wird eine Zeit kommen, wo der Soldat sein Gewehr aus der Hand legt und zur Pflugschar greifen wird, wie wir es gehalten haben seit dem großen Konfuzius.« (Ebd., S. 77.)
21 Interview mit dem Steuermann des Kreuzers *Kaiserin Elisabeth,* Stefan Hules.
21a Vgl.: »Einige venerische Erkrankungen traten nach dem Verlassen von Shanghai auf; ein Seecadet mußte von Woosong aus in ärztliche Behandlung nach Shanghai gesendet werden.« – Jerolim Freiherr von Benko, *Die Reise S. M. Schiffes »Zrinyi« nach Ostasien 1890–1891,* S. 283.
22 Interview mit Stefan Hules.
23 Interview mit Stefan Hules.
24 Interview mit dem Steuergast des Kreuzers *Kaiserin Elisabeth,* Emil Schrott.
25 Jahresbericht der k. u. k. Kriegsmarine 1906, S. 45 f.
26 Jahresbericht der k. u. k. Kriegsmarine 1907, S. 56 f.
27 Bachgarten, a. a. O., S. 323.
28 Dazu einige interessante Details aus Jahresbericht der k. u. k. Kriegsmarine 1908, S. 50: »Am 9. März trat der Kreuzer (*Leopard* – Anm. d. Aut.) eine Bereisung des Yangtseflusses an. Auf dieser interessanten Fahrt nahm das Schiff in Chingkiang, Nanking, Siakwan, Wuhu, Kiukiang, und Hankow mehrtägige Aufenthalte und erreichte mit letzterer Stadt einen Punkt, der 1133 km von der Yangtsemündung entfernt liegt. In Nanking empfing der Vizekönig der Provinzen Kiangsu und Ngankwui, Tuan-fang, ein Kenner der österreichisch-ungarischen Monarchie, den Schiffskommandanten und mehrere Offiziere in der liebenswürdigsten Weise in Audienz und lud sie an seine Tafel.«

1909, S. 49: »S. M. Schiff *Kaiserin Elisabeth,* seit 21. Oktober 1908 Stationsschiff in Ostasien, befand sich zu Beginn des Berichtsjahres in Shanghai und unternahm im Laufe des Monats Jänner eine Fahrt im Yangtseflusse bis Wade-Island, wobei auch Nanking angelaufen wurde. In Nanking empfing der Vizekönig den Schiffskommandanten und einige Schiffsoffiziere mit besonderer Liebenswürdigkeit, lud sie zum Dejeuner ein, bei dem er auf das Wohlergehen der österreichisch-ungarischen Monarchie trank. Beim Abschied überreichte der Vizekönig jedem Teilnehmer an der Audienz seine Photographie mit eigenhändiger Widmung.«

1911, S. 57: »S. M. Schiff *Kaiser Franz Joseph I.,* seit 8. Oktober 1910 Stationsschiff in Ostasien, befand sich zu Beginn des Berichtsjahres in Hongkong. Die immer mehr um sich greifende Pest machte es notwendig, den zweiten Schiffsarzt nach Peking zu entsenden, um die entsprechenden Vorsichtsmaßregeln zu treffen. Dieser Arzt wurde in weiterer Folge als Delegierter Österreich-Ungarns zu der internationalen Pestkonferenz nach Mukden entsendet und rückte nach Beendigung der Mission wieder an Bord S. M. S. *Kaiser Franz Joseph I.* ein.«

29 Alexander Franke, *Seefahrt auf S. M. Schiff »Kaiserin Elisabeth«, des nach ruhmreichen Taten in Tsingtau gesunkenen österr.-ung. Kreuzers (19. August 1913 – 3. November 1914),* I. Teil, S. 4. – Hinfort als »Franke I« zitiert.

30 Ebd., S. 14.

31 Ebd., S. 15.

32 Nikolaus von Martiny, *Bilddokumentation aus österreichisch-ungarischem Seekrieg 1914–1918,* Graz 1939, Bd. 1, S. 62.

33 Steuermann Stefan Hules und Steuergast Emil Schrott.

34 Bachgarten, a. a. O., S. 114.

35 Eine anschauliche Schilderung gibt Franke in seinen Aufzeichnungen; Franke I, S. 26: »*Eisen* ist die Bezeichnung für spezielle Strafen im Arrest – man wird es vielleicht kaum glauben wollen, aber *Elisabeth* besaß solche mittelalterische Instrumente, nicht gerade zum Entzücken der Matrosen. Vor den Arrestlokalen war über dem Weindepot ein ziemlich breiter und manneslanger freier Holzplatz, an dessen Ende drei Paar ca. 3–4 mm starke Eisenschnallen, welche fest auf dem Boden angenietet waren und in dem sich der Mann seine beiden Füße, je in eine Schnalle separat, hineingeben mußte – je eine scharnierartige Schnalle wurde sodann übergeschlagen, und man war regelrecht (mittels eines Schlosses beide Schnallen versperrt, welche Schlüssel der Arrestantenprofoß bei sich hatte!) an beiden Füßen gefesselt – mußte schön am Rücken liegen bleiben und durfte sich auch nicht zuviel nach links oder rechts bewegen, da diese sogenannten Fesseln nicht gerade zu weit waren, um genügend Bewegungsfreiheit zu gewährleisten, war diese Strafe keine angenehme!«

36 Franke I, S. 19 f.

37 Ebd., S. 21.

38 Ebd., S. 25 f. Mit »Reichsitaliener« bezeichnete Franke im Gegensatz zu den italienischsprechenden Angehörigen der Doppelmonarchie die italienischen Staatsbürger.

39 Arthur von Rosthorn, *Lebenserinnerungen,* Manuskript in Maschinschrift, S. 87.

40 Emi Hsiao, *Kindheit und Jugend Mao Tse-tungs* Berlin (Ost) 1953, S. 77.

41 Hans Hugo Sokol, *Österreich-Ungarns Seekrieg 1914–18,* Zürich-Leipzig-Wien, S. 753 (Nachwort Herbst 1932, sonst ohne Datum).

42 Franke I, S. 28 f. Die etwas verstümmelte Satzstellung entspricht dem Original.

43 Vgl. auch Peter von Handel-Mazzetti, *Die österreichische Kriegsmarine vor und im Weltkrieg,* Klagenfurt 1925, S. 109.

44 Nikolaus von Martiny, a. a. O., S. 62.

45 Theodor Winterhalder, *Die österreichisch-ungarische Kriegsmarine im Weltkrieg,* München 1921, S. 12.; Hans Hugo Sokol, a. a. O.

46 Peter Pantzer, *Japan und Österreich-Ungarn,* Wien 1973, S. 153 ff., 157.

47 Alexander Franke, a. a. O.

48 Hans Hugo Sokol, a. a. O., S. 755.

49 Ebd., S. 756.

50 Theodor Winterhalder, a. a. O., S. 12 f.

51 Hans Hugo Sokol, a. a. O., S. 756.

52 Ebd., S. 757.

53 Ebd., S. 757 f. Vgl. auch den Bericht von Maschinenmaat C. Casapiccola: »Aus der ursprünglichen Begeisterung der Besatzung wurde tiefe Niedergeschlagenheit. – S. M. S. *Kaiserin Elisabeth* wurde laut Befehl vollkommen abgerüstet, und die Besatzung wurde mit einem Sonderzug nach Tientsin abtransportiert. In Tientsin, mitten in der Nacht angekommen, teilte man uns mit, daß inzwischen zwischen Österreich und Japan die Kriegserklärung gefallen war. Wir wollten gleich wieder umkehren, doch die chinesischen Behörden hatten uns an unserem Vorhaben gehindert. In ›Uniform‹, hieß es, darf niemand durch. Wir verließen daher Tientsin täglich im Dunkel der Nacht in kleinen Gruppen als Zivilisten unter Führung von Ortskundigen. Schampans wurden zum Großteil benutzt, da weite Strecken der Eisenbahn nicht befahrbar waren, weil die Regengüsse der letzten Tage das ganze Gebiet überflutet hatten. Manches haben wir auf dieser abenteuerlichen Reise und bloßfüßigen Wanderung erlebt, und oft schien es – wir kommen nicht durch. Versumpftes Gebiet, bis zu den Knien eingesunken, mußte mit größter Anstrengung überwunden werden. Schon von feindlichen Kugeln verfolgt, erreichten wir vollkommen erschöpft die Bucht von Tsingtau, wo wir vom Tender ›Habicht‹ aufgenommen und nach Tsingtau gebracht wurden. Nicht als dreckige Zivilisten, sondern als verdreckte Zivilisten kamen wir an Bord und wurden von unserem Kommandanten L. S. Kpt. Richard Makoviz herzlichst begrüßt (der Kommandant war am Schiff zurückgeblieben) und auf den Ernst der Lage aufmerksam gemacht. Der Kreuzer *Kaiserin Elisabeth* wurde wieder flott ausgerüstet und gefechtsklar gemacht. Außerdem wurden 3 Landungskompanien gestellt. Diesmal aber war es kein Manöver, diesmal war es bitterer Ernst. Zwei Kompanien unter dem Kommando der Freg. Ltn. von Kuhn und Fröhlich und die 3. Komp. unter dem deutschen Hauptm. von Schlick. Der Großteil unserer Besatzung trug deutsche Marine-Uniformen und die des III. Seebajons, weil wir keine Monturen mehr an Bord hatten und wir in Zivil angerückt gekommen sind . . .« – C. Casapiccola, *Das letzte österr.-ung. Kriegsschiff in Ostasien,* Linz 1954, handgeschriebenes Manuskript, S. 8–10.

54 Heft 53, S. 728.

55 Übereinstimmend Hules und Schrott, Franke I, S. 28; ebenso der anhand von Augenzeugenberichten zusammengestellte handgeschriebene Bericht Karl Rists, *Die letzte Fahrt der S. M. S. »Kaiserin Elisabeth«* (Ulm, undatiert), S. 8.

56 Hans Hugo Sokol, a. a. O., S. 758, 760.

57 Dazu Sokol, a. a. O., S. 764: »Tot waren: Geschützführer A. J. Kanz (Wiener), Matrosen Acz (Ungar), Übelbacher (Wiener), Pokorny (Wiener), Kriegsfreiwilliger Harding-Klimanek (Deutschösterreicher); schwer verwundet waren: Fregattenleutnant Baierle (Deutschböhme), Geschützführer A. J. Weiß (Wiener), Matrose Tauchmann (Deutschböhme); leicht verwundet: Matrose Domokos (Ungar). Tauchmann starb am 2. November 1914. Die Heimatzuständigkeit wird angeführt, um zu beweisen, wie sehr alle Nationalitäten der Donaumonarchie an den Blutopfern ihrer Söhne beteiligt waren.«

58 Franke, *Tsingtau,* (maschingeschriebenes Manuskript), S. 15, Sokol, a. a. O., S. 771.

59 C. Casapiccola, a. a. O., S. 13–17.

60 Sokol, a. a. O., S. 768. Vgl. dazu auch Arthur Ritter von Khuepach *Die Personalverluste der k. u. k. Kriegsmarine,* Manuskript in Maschinschrift, Volders/Tirol, 1934, S. 1: »7. November, *Kaiserin Elisabeth* in Tsingtau selbst versenkt. Am Lande fallen 10 Mann: Qumst. A. I. Kantz Wilhelm, St. Gst. Ducke Johann, St. Matr. Pokorny Franz Josef, Kopetschny Ladislaus, Übelbacher Robert, Tauchmann Franz, Matr. Eglsäer Rudolf, Perkonig Valentin, Acs Josef, Inft. Fellinghauer Anton, Harding-Klimanek Paul, Konsular-Kanzleisekretär, als Freiwilliger ausgerückt.«

61 Franke, *Tsingtau,* S. 1 f.

62 *Reichspost* vom 1. April 1915.

63 Franke, *Flucht aus Tsingtau vor der Übergabe an die Japaner,* maschingeschriebenes Manuskript.

Neunzehntes Kapitel

»Übrigens, ich habe noch einen Brief für Sie ...«

Kriegsjahre in Peking und die chinesische Kriegserklärung vom 14. August 1917

Über den Ausbruch des Ersten Weltkriegs schreibt Arthur von Rosthorn in seinen Lebenserinnerungen: »War der Krieg wirklich unvermeidbar? Kein Krieg ist es. Jeder Tölpel kann den Krieg entfachen. Sache des Staatsmannes ist es, ihn zu vermeiden. Aber im Jahre 1914 gab es keinen Staatsmann in Europa[1].« – »Ein Bismarck«, meint Rosthorn, »hätte uns entweder zurückgehalten, oder er hätte uns preisgegeben und sein Gewicht erst beim Friedensschluß in die Waagschale geworfen[2].«

Der rege Verkehr in der österreichischen Gesandtschaft wurde durch den Kriegszustand zu anderen Nationen eingeschränkt. »Wir waren erstaunt und unangenehm berührt«, erinnert sich Paula von Rosthorn, »daß gute Bekannte, Engländer oder Franzosen, die gestern abends noch bei uns zum Dinner gewesen waren, uns am nächsten Morgen nicht mehr zu kennen schienen und bei einer Begegnung auf der Straße absichtlich wegschauten[3].« Mit einigen Mitgliedern der französischen und der englischen Kolonie trafen sich die Rosthorns noch, bis auch jenen die Kontakte untersagt wurden[4].

Bei den Angehörigen der Gesandtschaftswache artete die gegenseitige Abneigung oft in Handgreiflichkeiten aus, so daß es zwischen den Gesandten der verschiedenen Nationen zu einer Vereinbarung kam, daß die Soldaten der Mittelmächte nur an geraden und die der Alliierten nur an ungeraden Tagen ausgehen durften. An eine Internierung der Truppenangehörigen von Kriegsparteien konnte China wegen der Exterritorialität des Gesandtschaftsviertels und des Interesses an guten Beziehungen zu den europäischen Mächten nicht denken.

Trotz der Vorsichtsmaßnahmen gab es immer wieder Schwierigkeiten. »Die Franzosen und Deutschen, so auch unsere und die Katzelmacher, lagen sich fortwährend in den Haaren, obzwar mit letzteren noch kein Kriegszustand war«, vermerkte Alexander Franke. »Mit den Engländern hielten wir stets gute Freundschaft, unsere Fußballmannschaft spielte mit ihnen fast noch zwei Jahre, bis sie nach England transportiert wurden[5].«

Zu einer Auseinandersetzung größeren Ausmaßes kam es am 21. August 1915 – wohl nicht zufällig zu einer der heißesten Zeiten Pekings. Frankes Aufzeichnungen enthalten eine detaillierte Schilderung[6]:

In Peking gibt es nämlich ein englisch-chinesisches Kino-Theater, das aber bisher seinen internationalen Charakter bewahrt hatte.

(Archiv der ÖGCF)

Wenn auch hie und da Kriegsbilder der Entente, natürlich mit »brillant victory« gezeigt wurden, so nahm man das nicht weiter übel, wirkten doch diese Kriegsfilme auf die Chinesen viel komischer als der gelungenste Keystone.
Nun Samstag den 21. August wurden solche drei »War-topics« angekündigt, dann die Versenkung der *Lusitania* und anderes noch. Da also das Programm ganz interessant zu werden versprach, kamen ca. 20 Mann abends dortselbst zusammen, um die Hetz mit anzusehen. – Es kam aber anders, als im Programm angegeben war:
Der erste Kriegsfilm zeigte eine Hand, die Landkarte von Europa zeichnend, dann wurden in den Raum von Österreich und Deutschland die beiden verbündeten Kaiser karikiert, in der weiteren Entwicklung schlich sich von Rußland ein riesiger Bär gegen unseren Monarchen an, während von England ein Löwe auf den deutschen Kaiser sprang und ein Franzose mit Gewehr-Bajonett-auf den Löwen unterstützte.
Wir schauten anfangs etwas befremdet zu – doch als aus dem Wirrwarr zu unserer Verblüffung die altbekannten Züge der verbündeten Kaiser deutlicher hervortraten, wurden wir ob dieser Schamlosigkeit nicht wenig aufgebracht! Einige recht anzügliche Bemerkungen anwesender englischer, französischer und russischer Zivilisten wirkten

In der Tischlerwerkstatt des österreichischen Marinedetachement
(Archiv der ÖGCF)

dazu wie Öl ins Feuer – und als sich der russische Bär auf unseren alten Kaiser stürzte, um ihn zu zerreißen – da gab's kein Halten mehr von uns! Wie aus einem Munde schallte ein Hurrah!!!, und bevor der Bär und Löwe zuschnappen konnten – war schon die Leinwand heruntergerissen. Einige unserer Leute, so auch ich, drangen in den Projektionsraum, um den schändlichen Film zu holen, da der Streifen noch im Apparat war, riß ich ihn einfach herunter, wobei sowohl der Film als auch der Apparat beschädigt wurden. Bei dem Tumulte verkrochen sich die Herren der Entente unter die Stühle, drei italienische Matrosen flüchteten sich durch einen kühnen Sprung durchs Fenster ins Freie – einige baten mit aufgehobenen Händen um Verschonung – nur die Chinesen blieben in ihrer bewunderungswürdigen Ruhe auf ihren Plätzen, da sie wohl wußten, daß niemandem ein Leid zugefügt werde, sondern wir es nur auf den Film abgesehen hatten.
Leider sind dabei auch ein großer Spiegel und einige elektrische Fächer zertrümmert worden.
Wir rückten dann sofort in Reih und Glied in unsere Gesandtschaft, meldeten es unserem Kommandanten und übergaben ihm als Beweisstück den Film.
Am nächsten Tag kamen mehrere deutsche und österreichische Zivi-

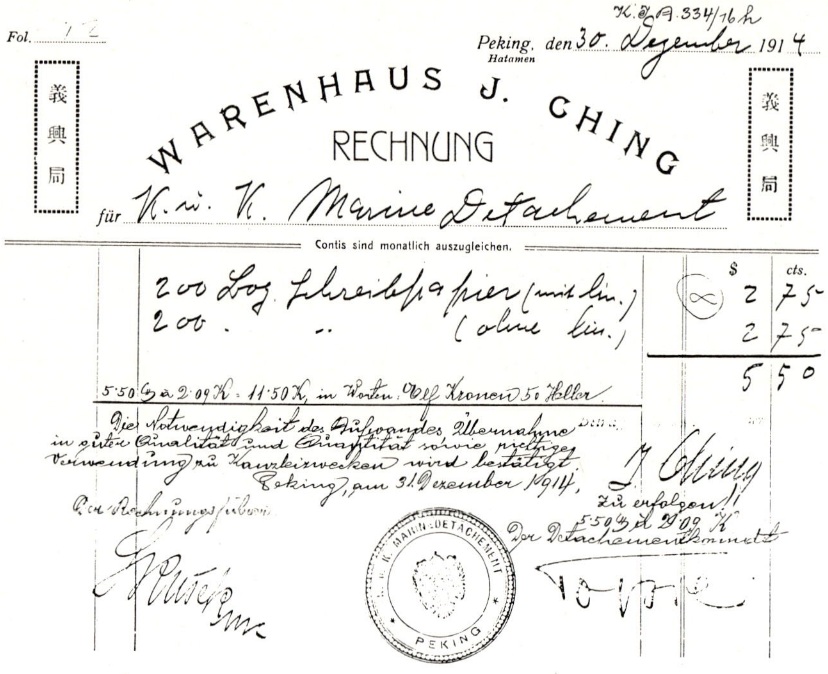

Fol. 72

K.u.K.A. 334/16 h

Peking, den 30. Dezember 1914
Hatamen

義興局

WARENHAUS J. CHING

RECHNUNG

für K. u. K. Marine Detachement

Contis sind monatlich auszugleichen.

	$	cts.
200 Bog. Schreibpapier (mit Lin.)	2	75
200 " " (ohne Lin.)	2	75
	5	50

5·50 $ à 2·09 K = 11·50 K, in Worten: Elf Kronen 50 Heller

Die Notwendigkeit des Aufwandes, Übernahme in guter Qualität und Quantität sowie richtige Verwendung zu Kanzleizwecken wird bestätigt. Peking, am 31. Dezember 1914.

J. Ching

Zu erfolgen! 5·50 $ à 2·09 K

Der Rechnungsführer

Der Detachementkommandant

K. u. K. Marine-Detachement Peking

(Archiv der ÖGCF)

listen zu unserem Kommandanten, um ihm ihre Glückwünsche zu dem patriotischen Verhalten seiner Mannschaft auszusprechen. Auch kamen einige chinesische Polizeioffiziere, welche den Film verlangten, jedoch wurden sie ohneweiters hinausgewiesen.

Um zehn Uhr vormittags kamen wir alle zum Rapport, bei welchem wir einen Verweis wegen mutwilligen Vergreifens an fremdem Eigentum bekamen; trotzdem konnte der Kommandant es nicht unterlassen, eine kleine Belobung für unser patriotisches Verhalten für unseren Kaiser und Vaterland auszusprechen. Der deutsche Bankdirektor spendete uns ein Faß Bier.

Die feindlichen Zeitungen, welche doch sonst jedes Verfehlen unsererseits in die Zeitung druckten, brachten kein Sterbenswörtchen darüber, nur die chinesische *Pau*-Zeitung erwähnte unsere Tat, aber im internationalen neutralen Sinn.

Am 25. September 1915 kam es in der Bristol-Bar, welche den Kasernen gegenüber gelegen war, zu einer neuerlichen Auseinandersetzung mit den Italienern. Eine zwanzig Mann starke italienische Patrouille griff unter Einsatz der Schußwaffen ein, was bei den unbewaffneten Österreichern Verwundete forderte. Das österreichische Lager wurde informiert, die Soldaten kletterten mit Waffen und Munition über die Mauer und unternahmen Streifzüge nach den Italienern, was angeblich auch zu einer vorübergehenden »Belagerung« der italienischen Botschaft führte. Nach ein paar Tagen wurde die Sache zu Protokoll genommen, und der österreichische sowie der italienische Gesandte mußten gemeinsame Überlegungen anstellen, wie sie ihre Wachen in Zukunft noch besser voneinander trennen könnten[7].

Doch auch das Verhältnis zu Vertretern verbündeter Nationen gestaltete sich nicht immer angenehm. Mit dem deutschen Gesandten, Hintze, einem besonderen Günstling des deutschen Kaisers, harmonierte Rosthorn nicht. Seine Erinnerungen geben darüber Aufschluß:

> Als Nachfolger des braven Haxthausen kam Hintze als deutscher Gesandter. Er war einer von den Diplomaten, die Deutschland in Mißkredit brachten ... Einer seiner Untergebenen sagte von ihm: Ich hätte es nicht für möglich gehalten, daß jemand in einer Viertelstunde so viele Unwahrheiten anbringen kann. Bei seinem ersten Besuch sagte er zu mir, er hätte gehört, daß ich am Ausgang des Krieges zweifle; das sei ein schweres Unrecht. Ein anderes Mal kam er zu mir und fragte, ob er nicht einige unserer kleinen Geschütze haben könnte, die Kanonen seiner Gesandtschaft wären alle nach Tsingtau geschickt worden. Ich sagte: Wozu brauchen Sie die Geschütze? Natürlich gegen die Japaner! Die können uns jeden Augenblick überfallen. Ich mußte lachen, sagte aber: Sie können alle haben. Als er im Frühjahr 1917 die Heimreise antrat, weigerte er sich, das Personal der deutschen Konsulate und die Frauen der zurückgebliebenen Deutschen mitzunehmen, und diese schlossen sich sechs Monate später mir an[8].

Auch das Verhältnis zu den von Tsingtau nach Peking geflüchteten Familien deutscher Offiziere war nicht ohne Probleme, da ihr forsch zur Schau getragener Patriotismus den Rosthorns als Fanatismus erschien:

> Auch wir nahmen zwei Familien bei uns auf, zu denen wir aber kein näheres Verhältnis fanden. Die Damen gehörten zu jenen Überpatrioten, die schworen, sie möchten zehn Söhne haben, um sie dem Vaterland zu opfern. Paula sagte mit Recht, diese Gefühlsäußerung sei entweder geheuchelt oder sie zeuge für eine Unmenschlichkeit sondergleichen[9].

Rosthorns überlegte, emotionslose Denkungsweise in dieser Art von Fragen wird auch durch sein Verhalten bei dem Gespräch unterstrichen, das der italienische Gesandte Sforza mit ihm führte, um ihm die Gründe der Kriegserklärung Italiens auseinanderzusetzen: »Übereinstimmend sprachen wir unser Bedauern aus, daß die öffentliche Meinung nicht gestatte, über Gebietsabtretungen zu verhandeln, ehe nicht Hunderttausende Menschenleben geopfert sind[10].«

Zum Ausgleich für die reduzierten gesellschaftlichen Kontakte unternahmen die Angehörigen der österreichisch-ungarischen Gesandtschaft und auch die Mitglieder des Detachements mehr Exkursionen zu den kulturellen Sehenswürdigkeiten in und außerhalb Pekings. Alexander Frankes Interesse für die chinesische Kultur war für einen Waffenmeister ziemlich groß und reichte fast an das Rosthorns heran. Da Franke aber nicht wie der Gesandte über Fachkenntnisse verfügte, schloß er in einem Teehaus mit einem deutschsprechenden chinesischen Postbeamten Freundschaft, den er öfter besuchte, um sich über Philosophie und Religion der Chinesen Auskunft geben zu lassen[11].

Wenngleich man die Alliierten selten zu Gesicht bekam, waren doch ihre Bemühungen, China auf ihrer Seite in den Krieg zu ziehen, um so spürbarer. Mit dem amerikanischen Gesandten, Reinsch, hatte Rosthorn lange Zeit hindurch einen regen Meinungsaustausch unterhalten, weil sich dieser für China lebhaft interessierte und angab, China helfen zu wollen. Rosthorn schlug ihm vor, nach Beendigung des Krieges bei ihren Regierungen eine Konferenz zu beantragen, die sich ausschließlich mit China (Integrität, Jurisdiktion, Zolltarif, Settlements, Finanzen) befassen sollte. Reinsch war damit einverstanden, doch kühlten sich die Beziehungen der beiden Männer ab, als der Amerikaner nach Rosthorns Worten »im Auftrage seiner Regierung einen übergroßen Eifer zeigte, China in den Krieg hineinzuziehen[12]«. Rosthorn unternahm selbst keine solchen Versuche, sondern sprach bei jeder Gelegenheit die Überzeugung aus, daß es für China das beste sei, neutral zu bleiben[13].

Das Fortdauern des Krieges und die Anwesenheit einer großen Zahl von österreichischen Kriegsgefangenen in sibirischen Lagern war in der vergleichsweise nahe gelegenen österreichischen Mission in Peking Anlaß zu verschiedenen zusätzlichen Aktivitäten. In Tianjin wurde eine Zentrale für Hilfeleistungen eingerichtet, die von der österreichischen und der deutschen Regierung finanzielle Unterstützung erhielt. Täglich kamen Hunderte Karten mit Wünschen einzelner Gefangener: »Manche brauchten gewisse Medikamente, Ersatz für zerbrochene Brillen, ein Bruchband, Bücher zum Studium fremder Sprachen, Musikinstrumente und Noten; meistens natürlich warme Kleider und Unterwäsche, Rauchwaren und noch tausend andere Dinge[14].« Paula von Rosthorn bekam viele Dankschreiben und konnte daraus ersehen, daß sie und ihre Helferinnen sich nicht vergeblich bemühten. Viele Monate hindurch arbeitete sie mit zwei Österreicherinnen und zwei Chinesinnen in ihrem Heim von neun Uhr früh bis abends um sieben und verfertigte außer vielen Dutzenden Hemden und Hosen auch tausend Paar wattierte Handschuhe, welche, wie sie später erfuhr, besonders geschätzt wurden[15].

So mancher österreichische Kriegsgefangene entfloh aus den sibirischen Lagern und versuchte, sich nach Peking durchzuschlagen. Nicht jeder von ihnen konnte sich aufgrund besonderer Umstände und Sprachkenntnisse als »Triestiner Irredentist« ausgeben, wie der österreichische

Offizier Johann M. Weltegast, der als »diplomatischer Kurier« der italienischen Militärmission bei Admiral Koltschak mit einem vom tschechoslowakischen Verteidigungsministerium, Abteilung Jekaterinenburg, ausgestellten Paß quer durch Rußland reiste, sich in Peking beim italienischen Geschäftsträger Daniel Varé einen italienischen Sichtvermerk holte und mit der größten Selbstverständlichkeit im Carlton zu Shanghai logierte, obwohl an dessen Eingangstür ein großes Plakat prangte: »Germans and Austrians are not permitted[16].« Für andere führte nach Peking ein dornigerer Weg. »Viele Flüchtlinge«, schreibt Rosthorn, »wurden von der russischen Grenzwache erschossen, einige kamen mit erfrorenen Gliedmaßen, und alle rühmten das wohlwollende Verhalten der Chinesen, die ihnen unterwegs Obdach und Nahrung gaben[17].«

Die ersten Flüchtlinge meldeten sich im November 1915[18]. Den Offizieren gab Rosthorn die Mittel zur Weiterreise nach Amerika, solange dies noch möglich war. Die Mannschaft wurde in das Marinedetachement aufgenommen[19]. Da man keine entsprechenden Uniformen hatte, wurden die ehemaligen Kaiserjäger, Husaren usw. ihrer Charge entsprechend in Marinemonturen eingekleidet. Die »echten« Seeleute waren allerdings über diesen Zuzug nicht durchweg begeistert: »Nach einiger Zeit, da es ihnen zu gut ging und sie dadurch des öfteren über die Schnur hauten, wurden auch sie zum Dienst herangezogen, was anfangs mit schwerer Mühe durchgesetzt werden konnte – leider hatten wir alle durch deren Benehmen immer schlechtere Zustände zu vermerken[20].«

Auch der österreichische Gesandte hatte mit diesen Flüchtlingen des öfteren seine liebe Not. So mancher äußerte abenteuerliche Pläne, wie er – unter Bruch der chinesischen Neutralität – wieder gegen die Russen vorgehen könnte. Zwei Österreicher schlossen sich dem Unternehmen des deutschen Militärattachés Pappenheim an, der in Sibirien Brücken sprengen oder andere Verkehrsstörungen verursachen wollte. Diese Expedition ging, wie der russische Gesandte Krupensky[21] Arthur von Rosthorn wissen ließ, bereits in der Mongolei zugrunde[22]. Kein Wunder, daß Rosthorn sich dem phantastischen Plan eines der Sibirienflüchtlinge verschloß, ihm eine große Summe Geldes zur Verfügung zu stellen, mit der er nach Sibirien zurückkehren und mit den Kameraden seines Lagers den Tunnel am Baikalsee sprengen wollte:

> Das Unternehmen erschien mir so wahnwitzig, daß ich ihm die Unterstützung verweigerte. Er scheint sich deshalb beschwert zu haben, denn es ging mir später vom Armeekommando die Aufforderung zu, mich zu rechtfertigen[23].

Wieder einmal trat also der Gegensatz in der Denkweise von Militär und Diplomatie auf, wie er sich schon anläßlich der Frage der Beteiligung des Kreuzers *Kaiserin Elisabeth* an der Verteidigung Tsingtaus manifestiert hatte. Auch in anderen Fragen stieß der Gesandte auf Mangel an Verständnis. Rosthorn, seit 1880 Mitglied des Akademischen Gesangsvereines in Wien, ging von dem Gedanken aus, »daß in den langen Tagen der Kriegsgefangenschaft nichts tröstlicher sei als der Gesang«. So ließ er von dem Dirigenten einer deutschen Kapelle in Shanghai ein vierstimmiges Liederbuch zusammenstellen und in 2000 Exemplaren drucken. Am liebsten hätte er einige ungarische und slawische Lieder darin aufgenommen, doch wurde ihm bedeutet, daß dies unstatthaft sei[24]. Den Zensoren mag auch die Widmung nicht gefallen habe, welche Rosthorn ad hoc verfaßte und an den Anfang des Liederbuches stellte[25]:

Widmung

Im Reich der Töne sollt ihr euch erhalten
Des Lebens Mut, der Hoffnung Morgenrot,
Hier kann sich eure Eigenart entfalten
Und sich erheben über jede Not.

Dieselben Melodien kann man hören
In Schützengräben wie im Saatenfeld.
Sie sammeln sich zu hunderttausend Chören,
Und ihre Harmonie umspannt die Welt.

Getragen von den Schwingen eurer Lieder
Kehrt in die teure Heimat ihr zurück,
Vergesset Leid und Haß und findet wieder
Der Eintracht Segen und der Liebe Glück.

Kein Wunder, daß dieser musisch veranlagte Diplomat für die künstlerischen Bemühungen des Detachements viel übrig hatte. Wenn sich an Kaisers Geburtstag nach der offiziellen Feier Gruppen bildeten, die ihre nationalen Lieder sangen, ging er von einer Gruppe zur anderen und sang mit. Gelegentlich stimmte er dann das nach der Melodie des »Prinz Eugen« zu singende Flottenlied an, in das alle einfielen[26]. Natürlich versagte Rosthorn auch den Aufführungen der Laienbühne des Detachements nicht seinen Beifall. Weihnachten 1914 war noch in Anbetracht des Kriegsausbruches still begangen worden[27], doch 1915 stieß der Vorschlag des Waffenmeisters Franke und der Geschützmeister auf Anklang, im Rahmen einer kleinen Weihnachtsfeier der Truppe Theateraufführungen zu bieten. Alexander Franke erinnert sich[28]:

> Es wurden zwei Theaterstücke: *Befehlen Herr Feldwebel!* und *Eine Nacht auf der Polizeiwache* einstudiert; mir wurde die Rolle eines achtzehnjährigen Mädels »Erika« aufgebürdet. Unseren Festsaal schmückten wir mit Tannengirlanden und Flaggen, eine alte Theaterbühne wurde vom Tischler zusammengeflickt – kurzum alle Hände hatten wir in der Freizeit vollauf zu tun.

Theateraufführung Weihnachten 1915. In der Mitte Alexander Franke in Frauenkleidern (Archiv der ÖGCF).

Weihnachten 1915.

Der Julabend war angerückt gekommen – unser Kommandant mit dem ganzen Gesandtschaftsstab waren anwesend. Laut folgendem Programm wurde eins nach dem anderen durchgeführt, und alles klappte tadellos. Anschließend war allgemeine Tombola, bei der jeder einzelne gut und nützlich bedacht war – ich selbst zog No. 134 – einen Apfel mit einem Dollar. Nach der Tombola verabschiedeten sich die Herren aus der Gesandtschaft, wir blieben bis gegen Morgengrauen und unterhielten uns recht gemütlich.

Programm:
Einleitungsmarsch k. u. k. Musik
Vortrag
Lieder in deutscher Sprache
Theaterstück *Befehlen Herr Feldwebel*
Musik
Lieder in ungarischer Sprache
Theaterstück *Eine Nacht auf der Polizeiwache*
Lieder in kroatischer Sprache
Musik
Schnadahüpfln Quartett
Musik

Am nächsten Tage kam unser Gesandter, Herr Minister Arthur von Rosthorn, zu unserem Kommandanten und bat die gestrige Aufführung am 2. Jänner 1916 zugunsten der sibirischen und japanischen Kriegsgefangenen noch einmal durchzunehmen.
Zu dieser Aufführung hieß es natürlich noch mancherlei auszubessern, da ja die ganze österreichische und deutsche Zivilwelt dazu eingeladen werden sollte.
Am 2. Jänner waren zu dieser Veranstaltung die ganzen Österreicher und Deutschen anwesend. – Herr Minister *(Anrede für einen Gesandten – Anm. d. Aut.)* hatte fünf Preise für die Theaterspieler gespendet, die nach allgemeinem Urteil der Gäste verteilt werden sollten. Wir nahmen uns selbstredend so gut als möglich zusammen und ernteten allerseits trotz der kurzen Probezeit und den Hindernissen und Schwierigkeiten, die so eine Aufführung für uns Laien mit sich brachte, das vollste Lob. Da ich als einziges Mädel die schwerste Rolle zufriedenstellend gespielt hatte, bekam ich von der Frau Minister den ersten Preis in Gestalt einer silbernen Zigarettendose . . .
So waren nun die fünften Weihnachten bei der Marine vorüber – ich konnte meinerseits nur so viel sagen – es waren im Leben bisher die schönsten, lustigsten und freiesten unter den viereinhalb Jahren Militärzeit.

Am 20. Juni 1916 starb plötzlich der chinesische Präsident Yuan Shikai. »Wie es nun einmal in China Mode ist, wenn ein Präsident stirbt, kann man auch auf Unruhen gefaßt sein, demzufolge alle Gesandtschaften in Kriegsbereitschaft versetzt wurden«, kommentierte Franke dieses Ereignis. »Wir selbst bequartierten zwanzig Holländer, welche die Aufgabe hatten, die Nordostecke der italienischen Gesandtschaft, welche an uns angrenzte, zu bewachen, um ein Zusammentreffen mit den Katzelmachern zu vermeiden. Nach zehn Tagen war wieder alles in Ordnung – nachdem die Leiche Juan-Schi-kais in seine Heimatprovinz überführt worden und inzwischen ein neuer Präsident, Sr. Exz. Präsident Li Juan Hung, gewählt worden war[29]« . . .

So war es den Angehörigen der österreichisch-ungarischen Gesandtschaftswache wiederum möglich, Ausflüge in die Umgebung Pekings zu unternehmen. Zwischen dem 27. Juni und den 1. Juli 1916 war das Ziel für Alexander Franke und einige andere die Große Mauer. Ein Stück fuhren sie mit der Bahn, dann marschierten sie bis Nankou, wo sie in einem mitgeführten Zelt übernachteten – »stolz unsere k. u. k. Kriegsflagge hissend, in voller Zuversicht, Zufriedenheit und ungestört[30]«. Am nächsten Tag erreichten sie das gewaltige Bauwerk, und dabei dürfte wohl auch das seltene Photo der über der Großen Mauer wehenden österreichischen Marineflagge (siehe Bild)[31] entstanden sein, das übrigens beim näheren Hinsehen seinen ganz und gar unmartialischen Charakter enthüllt. Der Matrose, der auf dem Bild zu sehen ist, zeigt sich nämlich in völlig unvorschriftsmäßiger Adjustierung[32]. Überdies war das Mit-

Österreichisch-chinesicher Ausflug auf die Große Mauer, Sommer 1916
(Archiv der ÖGCF)

führen der Fahne bei solchen Gelegenheiten nicht erlaubt und hätte den Befragten bei Ruchbarwerden ein großes Donnerwetter eingebracht.

Im August waren für das Detachement wieder einmal Schießübungen angesetzt, die mit einem Treffer-Prozentsatz von 76 recht zufriedenstellend verliefen. Mit einem Weihnachtsfest wie im Jahre 1915 wurde es nichts, denn am 16. November traf die Nachricht vom Tode des Kaisers Franz Joseph ein. Im Festsaal des Detachements wurde ein feierlicher Trauergottesdienst abgehalten, an dem die Vertreter der anderen Mächte – außer den Alliierten – teilnahmen. Einige Tage später erneuerten die Angehörigen der Gesandtschaftswache ihren Militäreid auf die große Kriegsflagge. Wegen der sechswöchigen Trauerzeit entfielen zu Weihnachten alle Festlichkeiten, und der Mannschaft blieb als einzige Zerstreuung das Schlittschuhlaufen[33].

Das Jahr 1917 brachte am 14. März den Abbruch der diplomatischen Beziehungen zwischen China und Deutschland. Diesem Schritt war ein heftiges Tauziehen vorangegangen. Eigentlich hatten die Chinesen nichts gegen die Mittelmächte und brachten ihnen sogar häufig freundschaftliche Gefühle entgegen[34]. In patriotischem Interesse hatte Präsident Yuan Shikai allerdings schon in einem frühen Stadium des Krieges den Eintritt auf seiten der Alliierten erwogen. Der Grund dafür lag in dem chinesischen Streben, die Pachtgebiete in Shandong zurückzugewinnen. Noch vor dem japanischen Ultimatum an Deutschland hatte der deutsche Gesandte in Peking mit dem chinesischen Außenamt informelle Gespräche über eine eventuelle Rückgabe geführt. Da schaltete sich Japan ein und ließ China wissen, es werde einen solchen Schritt nicht zulassen. Um Japan nicht die Möglichkeit einzuräumen, in Ausnützung der Krise in Europa seine Hegemonie über China zu verstärken, dachte Yuan Shikai daran, gemeinsam mit den japanischen und britischen Streitkräften Tsingtau anzugreifen. Doch der japanische Gesandte teilte dem chinesischen Außenamt am 20. August 1914 mit, daß die Frage von Jiaozhou (Kiautschau) keine Angelegenheit der chinesischen Regierung sei (!), von der absolut passives Verhalten erwartet werde[35]. Auch der englische Gesandte in Peking hatte den Chinesen von einer Teilnahme an der Belagerung Tsingtaus abgeraten[36].

Trotz des japanischen Widerstandes bemühten sich England, Frankreich und in der Folge auch die USA, China zur Teilnahme am Krieg zu veranlassen. Dabei spielten die ausländischen Konzessionen in China und ausländische Kredite als Lockmittel eine wesentliche Rolle. G. E. Morrison, dem Leser als unfairer und parteiischer Berichterstatter der Londoner *Times* über den Boxeraufstand noch in Erinnerung und seit 1912 zum Berater des chinesischen Präsidenten aufgerückt, zählte in einem Memorandum vom 1. November 1915 alle diesbezüglichen Vorteile für China auf: China würde in der künftigen Friedenskonferenz einen Sitz erhalten und dort seine Stimme erheben können, China würde durch Kriegskredite von seinen finanziellen Schwierigkeiten erlöst werden, China würde wiederum die Kontrolle über die deutschen und österreichischen Konzessionen in Tianjin (Tientsin) sowie über die deutsche in Hankou übernehmen[37].

Die österreichische Konzession in Tientsin, so arm sie auch war[38], spielte bei den Kombinationen um den Kriegseintritt Chinas keine unwesentliche Rolle. Für den Fall einer Parteinahme für die Alliierten wollte Yuan Shikai folgenden chinesischen Forderungskatalog präsentieren: 1. Übernahme der deutschen Konzessionen in Tianjin und Hankou sowie der österreichischen in Tianjin, 2. Erledigung der Auslieferungsfrage bezüglich Shanghais, 3. Garantie der Alliierten gegen künftige Repressalien von deutscher Seite, 4. Vertretung auf einer künftigen Friedenskonferenz. Gegen den letzteren Punkt äußerten die Japaner lange Zeit hindurch Bedenken. Doch Morrison – leistete er hier seinen chinesischen Brotgebern unbewußt einen Bärendienst? – wies den japanischen Exaußenminister und einflußreichen Politiker Kato Takaaki in einem privaten Gespräch darauf hin, daß eine solche Konferenz keine Fragen zwischen China und Japan behandeln würde, welche schon vor der Konferenz geregelt worden wären[39].

Genau dafür sorgte Japan im ersten Halbjahr 1917. In Geheimabmachungen vom 16. Februar 1917 und 3. März 1917 ließ es sich von Großbritannien und Frankreich die deutschen Pachtgebiete in Shandong und die deutschen Inseln nördlich des Äquators versprechen. Rußland hatte den Japanern in einer Note Unterstützung und Italien die Zusage gegeben, Japan freie Hand zu lassen[39a]. Bis Ende März hatten die Japaner ihre Schäflein ins trockene gebracht, und nun begannen sie plötzlich auf China Druck auszuüben, damit es in den Krieg eintrete. Zu diesem Zeitpunkt konnte Japan durch einen solchen Schritt nur noch gewinnen. Es bot sich in diesem Zusammenhang Gelegenheit, den Einfluß der USA zurückzudrängen, die unter dem Hinweis auf den uneingeschränkten U-Boot-Krieg Deutschlands dem chinesischen Außenamt ihren Entschluß, die diplomatischen Beziehungen zu Deutschland abzubrechen, bekanntgegeben und seither China zum Kriegseintritt gedrängt hatte[40]. Japan konnte sich aber auch blendende Geschäfte erwarten, indem es für eine Kriegführung, von der China sich die Rückgewinnung Shandongs erhoffte, riesige Kredite gewährte, in dem Bewußtsein, sich aufgrund der geheimen Zusage als künftiger Besitzer eben dieses Gebietes fühlen zu können. Diese Kredite brachten überdies nicht nur enorme Profite, sondern verstärkten auch den politischen Einfluß Japans, da China die geborgten Summen mit der Vergabe von Pfandrechten auf Steuern, Wälder, Gruben, Eisenbahnen und des Telegraphennetzes abdecken mußte[41]. Also wurde der englische Gesandte in Japan, Greene, ersucht, im Wege über seine Regierung auf Morrison einzuwirken, damit dieser in Peking eine rasche Entscheidung zugunsten der Alliierten herbeiführe[42].

Doch der chinesische Präsident, Li Yuanhong, blieb vorsichtig. Die Aktionseinheit des Nordens und des von Sun Yat-sen geführten Südens von China war nicht sehr stabil, und Sun Yat-sens ablehnende Haltung gegenüber einer chinesischen Kriegsbeteiligung war bekannt. Im März hatte Sun in einem Telegramm an den britischen Premier, Lloyd George, gegen Versuche der alliierten diplomatischen Vertreter in Peking protestiert, China zum Kriegseintritt zu zwingen[43]. Außer Sun gab es noch andere einflußreiche chinesische Politiker, die gegen den Krieg waren[44], und außerdem – gab es nicht Nachrichten, die von Auflösungserscheinungen in Rußland sprachen? Würden die Alliierten wirklich siegen?

Die Militärgouverneure der Provinzen waren weniger vorsichtig als der Präsident. Sie waren von den finanziellen Möglichkeiten, welche ein Kriegseintritt bot, hingerissen und gehörten neben den von Japan beeinflußten oder gekauften Regierungsmitgliedern zu den eifrigsten Verfechtern der Sache der Alliierten[45]. Premier Duan Jirui (Tuan Ch'i-jui) stand auf der japanischen Seite und erklärte, China würde beim nächsten deutschen Angriff auf ein neutrales Schiff die diplomatischen Beziehungen zu Deutschland abbrechen. Dem widersprach Präsident Li am 4. März in einer Kabinettssitzung und wies darauf hin, daß der Abbruch der diplomatischen Beziehungen vom Parlament bestätigt werden müsse[46]. Wegen der Opposition des Präsidenten legte Duan sein Amt nieder, um Li auf diese Weise unter Druck zu setzen. Tatsächlich wurde er in Ansehung seiner starken Anhängerschaft von Li am 6. März gebeten, das Amt des Premierministers wieder zu übernehmen, und er konnte vorerst einmal seine Forderungen durchdrücken. Nach der am 10. März 1917 vom Parlament verabschiedeten Genehmigung erklärte der Präsident am 14. März den Abbruch der diplomatischen Beziehungen zu Deutschland[47].

Doch es war nur der deutsche Gesandte, der seine Pässe erhielt. Und so fragten die alliierten Missionschefs den chinesischen Außenminister Wu Ding-fang in einem Aide-mémoire, wie es sich denn mit den diplomatischen Beziehungen zu Österreich, den österreichischen Schiffen in chinesischen Häfen, den Österreichern in chinesischem Dienst und den in China befindlichen österreichischen wehrfähigen Männern verhalte. Wu gab darauf die ausweichende Antwort, der Abbruch der diplomatischen Beziehungen erstrecke sich einstweilen nur auf Deutschland[48]. Würde es den Österreichern ähnlich ergehen? Im Detachement hoffte man auf die »sehr guten Beziehungen« unseres Ministers »mit den höchsten Würdenträgern Chinas, durch seine hervorragenden Kenntnisse in der chinesischen Literatur und Geschichte sowie in allen Staatsgeschäften[49]«. Immerhin lud der chinesische Präsident noch am 7. Mai 1917 Arthur von Rosthorn mit Begleitung zu einem Gartenfest ein. Wir fanden dazu ein Tagebuchblatt Alexander Frankes[50]:

> Am 7. Mai 1917 fand noch bei Sr. Ex. dem Präsidenten von China, Li-Yuan-Hung, zu Ehren unseres Gesandten und seiner Gemahlin, begleitet von dem Gesandtschaftsstabe, im Lotusteiche, hier in der Verbotenen Stadt ein Gartenfest statt. Von den Deutschen hatten

trotz der kritischen Zeit einige höhere Zivilisten Einladungen zu dem Gartenfest erhalten – ein Beweis, daß die Chinesen zum Krieg gezwungen waren, jedoch niemals feindlich gegen uns Deutsche gesinnt waren. Um drei Uhr nachmittag wurden die Gäste am Hsien Hua Men, dem Südtor der Verbotenen Stadt, empfangen.
Von dort ging die Fahrt über den Nanhoo in Gondeln, zur Besichtigung des inmitten auf einer kleinen Insel idyllisch gelegenen Yintai-Palastes, wo der unglückliche Kaiser Huang-Ho fast zehn Jahre seines Lebens als Gefangener seiner strengen Tante, der Kaiserin-Witwe Tse Hoi, hat zubringen müssen.
Es folgte ein Spaziergang, durch den in schönem Blütenschmuck stehenden Park am Nan-hai und Tschung-hai und ein Besuch der Ahnenhalle der Kaiser der Ching-Dynastie.
Sodann wurden die Gäste nach der nördlich gelegenen Chü-Yen-Halle geführt, wo der Präsident, umgeben von seinem Stabe, unseren Minister nebst Begleiter empfing. Dortselbst waren auch die fünfte Frau und deren Tochter des Präsidenten anwesend, die sich in liebenswürdiger Weise mit unseren Damen chinesisch unterhielten.
Nachdem sich diese durch Erfrischungen gestärkt hatten, verabschiedeten sie sich wieder vom Präsidenten und seinen Damen; hierauf wurden sie durch den Tschung-hai geleitet und erreichten am Fu hua men in der Nähe der prächtigen Mamorbrücke den Ausgang, wo die Autos ihrer harrten. Leider beeinträchtigte das wohlvorbereitete Fest, das eigenartig genug war in dieser kritischen Zeit, ein heftiger Sandsturm. Der Orkan war auch eine Vorbedeutung einer baldigen Feindschaft gegeneinander, wie sie die Zeit in einigen Monaten tatsächlich brachte.
Wie sich in den letzten Wochen schon bemerkbar gemacht hatte und auch unser Minister und Kommandant vorhergesagt, daß Unruhen dieses Jahr in China ausbrechen werden – so trat es auch ein . . .

Von den Unruhen waren die Österreicher in mehrfacher Hinsicht direkt betroffen. Einmal dadurch, daß das auslösende Moment die Frage der Kriegserklärung an Deutschland und Österreich-Ungarn war. Während der Session des Parlaments im Mai ließ eine Mehrheit der Abgeordneten erkennen, daß sie ein solches Vorgehen gegen die Mittelmächte nicht billigten. Das veranlaßte den Premier Duan, zu illegalen Mitteln Zuflucht zu nehmen. Als am 10. Mai über diese Frage abgestimmt werden sollte, sorgte er dafür, daß sich vor dem Parlamentsgebäude eine Menge von »Vertretern der Bevölkerung« versammelte, welche schrie, keiner der Abgeordneten dürfe das Haus verlassen, bevor er für die Kriegserklärung gestimmt habe. Einige Parlamentarier wurden verprügelt und dabei verletzt[51]. Das Parlament stellte sich hierauf gegen den Premier, und Präsident Li beauftragte den Außenminister, Wu Dingfang, vorübergehend das Amt des Premiers zu übernehmen. Die Militärgouverneure der Provinzen, die sich in Tianjin (Tientsin) versammelten,

Putsch in Peking 1917. Österreichische Matrosen halten Wache
(Beide Fotos: Archiv der ÖGCF)

nahmen dies sehr ungnädig auf, kritisierten den Präsidenten wegen der Entlassung Duans und verlangten die Auflösung des Parlaments. Für den Fall, daß ihre Forderung nicht erfüllt werden sollte, drohten sie mit einem Angriff auf Peking. Präsident Li mußte sich der Gewalt fügen. Da der geschäftsführende Premier sich weigerte, seine Unterschrift unter das Auflösungsdekret zu setzen, wurde er durch den von weniger Skrupeln geplagten Chef der Pekinger Gendamerie ersetzt.

Die illegale Auflösung des Parlaments hatte den Abfall des Südens zur Folge und zog in Peking die Errichtung einer Militäroligarchie nach sich. Auf die Bitte Präsident Lis kam der mächtigste der Militärmachthaber, General Zhang Xun (Chang Hsün), aus Anhui nach Peking, um zwischen den Zentralstellen und den Gouverneuren zu vermitteln. Er kam nicht allein, sondern in der Begleitung von 5000 Mann. Er kam auch nicht, um zu vermitteln, sondern um in China wieder die Monarchie auszurufen[52]. Am 1. Juli setzte er den Knaben Pu Yi als Kaiser auf den Thron und verlangte den Rücktritt des Präsidenten. Li dankte zugunsten des Vizepräsidenten Feng Guozhang (Kuo-chang) ab und flüchtete in die japanische Gesandtschaft.

Diese Entwicklungen waren für den österreichischen Gesandten keine Überraschung. Er hatte den Plan vom ehemaligen Sekretär des Vizekönigs Zhang Zhidong (Chang Chihtung), dem Gelehrten und Konfuziusverehrer Gu Hongming, erfahren. Rosthorn erkannte sofort die Schwächen des Projektes und beschwor Gu, »auf Chang Hsün einzuwirken, daß er während des Krieges nichts unternehme, sondern in seiner strategisch wichtigen Stellung in Hsüchou verharre[53]«. Doch die Patrioten konnten es, wie es Rosthorn in seinen Aufzeichnungen vermerkte, nicht erwarten:

Chang Hsün erschien eines Tages in Peking und besetzte den Kaiserpalast. Ku Hungming kam freudestrahlend zu mir und rief: Wir haben wieder einen Kaiser, und ich werde Minister des Äußeren[54]!

Doch Rosthorns Skepsis erwies sich als berechtigt. Der ehemalige Premier Duan, von dem Zhang Xun glaubte, er werde seine Aktion unterstützen, marschierte mit einem großen Truppenaufgebot nach Peking und setzte eine Summe von 100.000 Dollar auf Zhangs Kopf[55]. Es kam zum Bürgerkrieg, der auch das österreichische Detachement und vor allem unseren Tagebuchschreiber Franke vor Probleme stellte[56]:

Am 11. Juli 1917, abends um 7 Uhr, kam der Befehl vom Minister – »Alle Mann ab sofort gefechtsklar zu machen und auf den Gefechtsstationen verbleiben«. Unser Hornist blies mächtig das »alle Mann« ins Horn hinein, worauf sämtliche Mann, die nicht auf Urlaub waren, auf ihre Gefechtsstationen gingen und gefechtsklar machten. Acht Mann gingen sofort hinaus und brachten binnen einer Stunde die Urlauber herein. Alles schleppte Sandsäcke als Barrikade in die Thomanstraße, die die Legation mit dem chinesischen Viertel verband, wir Artilleristen brachten alle Geschütze, Mitrailleusen und Maschinengewehre sowie deren Munition an Platz. Um zwölf Uhr

nachts konnten wir uns erst an den Gefechtsstationen niederlegen; natürlich wurde vier zu vier Stunden Dienst gemacht – ich selbst war mit meiner Vorbereitung erst um ein Uhr fertig, und konnte mich, nachdem ich dem Kommandanten »alles klar« gemeldet hatte, im Artilleriedepot niederlegen. Es war uns aber keine allzulange Ruhe vergönnt – um 4 Uhr 20 Minuten früh am 20. Juli wurden wir durch den ersten Kanonenschuß der Republikaner, die vom Süden der Stadt in die Verbotene Stadt schossen, geweckt. Im Nu war alles auf, schnell wurde noch alles Unnötige weggeschafft, und binnen fünf Minuten standen Offiziere und Mannschaften gefechtsklar auf ihren Posten. Nun folgte Schuß auf Schuß, Kanonen-, Maschinengewehr- und Gewehrfeuer; wir selbst hatten vorläufig weiters keine Aufgabe als zu beobachten, wie die Schrapnelle und Kugeln über unser Lager in die Verbotene Stadt einflogen und explodierten. Ein imposanter Anblick bot sich auf den vor unseren Mauern gelegenen Straßen – alles, was Beine hatte, lief gebückt in die Häuser, um sich dortselbst einzusperren; alle Rikschas, ja selbst die vielen Hunderte von Hunden, deren es in Peking Abertausende gibt, liefen in ihre Verstecke, und binnen einer halben Stunde waren sämtliche Straßen leer, bis auf ein paar Patrouillen der neutralen chinesischen Gendarmerie und vereinzelte Europäer, die noch daherkamen, um im Gesandtschaftsviertel Schutz zu suchen.
Um 5 Uhr 30 mußte ich mit einem Rittmeister und einem Fähnrich eine österreichische Familie und eine Deutsche von ihren nördlich der Verbotenen Stadt gelegenen Wohnungen zu Pferd und in Begleitung eines Autos abholen und hereinbringen.
Außerhalb des Gesandtschaftsviertels, kaum 100 m zurückgelegt, versperrte uns die chinesische neutrale Gendarmerie den Weg, und wir mußten haltmachen. Zum Glück war gerade der General-Gendarmerie-Inspektor, ein Schwede, General Munthe, anwesend; dieser teilte uns mit, daß wir nicht passieren können, da bereits das Osttor der Verbotenen Stadt von den Republikanern, die in den anliegenden Straßenkanälen verbarrikadiert waren, beschossen wurde. Doch erklärten wir, daß wir durch müssen, koste es, was es wolle, daraufhin ließ er uns: auf eigenes Risiko! durch – wir gaben unseren Pferden Galopp – und erreichten binnen einer halben Stunde die Straße der Wohnung; dortselbst sausten auf einmal so viele Kugeln an uns vorüber, daß wir in gestrecktem Galopp, längs der Straßenseite an die Häuser gedrückt, durchritten und unversehrt ankamen. Das Auto stand schon bereit, abzufahren, und nun ging es in rasender Eile, solange wir Schritt halten konnten, durch die besetzten Straßen unserer Legation entgegen, und wir langten auch, von mancher verirrten Kugel verschont geblieben, in unserer Gesandtschaft an.
Kaum, daß ich gefrühstückt hatte, wurde ich zu unserem Minister gerufen, daß ich mit dem ersten Boy – Diener – unverzüglich in die Mandschustadt fahren solle, um von dort unauffällig eine chinesische

Prinzenfamilie mit dem kleinen Kaiser, der sich dorthin geflüchtet hatte, hereinzubringen. Ich fuhr sogleich ab, doch kaum aus dem Legationsviertel heraus, wurden wir von einer starken republikanischen Patrouille angehalten: der Offizier wollte natürlich wissen: woher? wohin? ich zeigte ihm sofort meinen Passierschein vom Minister, und grüßend ließen sie uns durch – nun ging es in rasender Eile bis zur Wohnung der oben Genannten; diese warteten schon sehnsüchtig auf unsere Ankunft und waren der Meinung, daß man uns nicht durchließ, da doch alle diese kaiserlichen Anhänger von republikanischen Spionen umgeben waren. – Da nun die Luft dicker wurde, mußte ich mich auswärts des Autos hinstellen, um so im vorhinein jedweder Störung vorzubeugen; denn eine Entdeckung hätte die dümmsten diplomatischen Folgen gehabt. Wir gelangten gut zum Osttor des Gesandtschaftsviertels, welches von den Japanern bewacht wurde; daselbst zeigte ich wieder den Passierschein vor, welcher ihnen aber nicht genügen wollte, während sie in einem fort auf die Insassen des Wagens zeigten; ich machte kurzen Prozeß – ganze Kraft vorwärts, und die Japaner wichen aus; sich wohlweislich die Nummer des Wagens notierend. So gelangten wir ohne weitere Schwierigkeiten in unsere Gesandtschaft, woselbst ich die kaiserlichen Prinzen und den kleinen Kaiser wohlbehalten dem Herrn Minister übergeben konnte.

Hierauf mußte ich noch fünfmal hinaus – dreimal, um Proviant, und zweimal, um zwei weitere kaiserliche Prinzen mit Anhang hereinzubringen.

Dann hatte ich endlich etwas Ruhe und konnte die ununterbrochene Schießerei beobachten – ein Schrapnell nach dem anderen explodierte über der Verbotenen Stadt, und dazwischen donnerten ab und zu die 15-cm-Geschütze Chang Hsüns.

Wir konnten von unserer Mauer alles recht gut beobachten, da wir ja nur ca. einen Kilometer davon entfernt lagen; und mußten feststellen, daß die Republikaner viel zu hoch schossen, also die Schrapnellstücke zu hoch krepierten, daher auch keine Wirkung mehr haben konnten. Nicht lange währte es, da fielen eine Menge Gewehrgeschosse in unsere Legation ein; die Köpfe eingezogen, begnügten wir uns, durch die Schießscharten den weiteren Beobachter zu spielen; jedoch die Sache wurde schließlich doch zu bunt, es wollte gar nicht mehr aufhören – schließlich und endlich kamen wir diesen frechen Burschen denn doch auf die Spur – es hatte sich eine Maschinengewehrabteilung in ein vierstöckiges Haus hinter dem Telegraphenamt auf dem Dachboden einquartiert und konnte von dort sehr gut die Verbotene Stadt unter Feuer halten – jedoch niemals in gerade entgegengesetzter Richtung – diese Bande erlaubte sich den Spaß, uns in stetem Schrecken zu erhalten; weiters konnten wir auch beobachten, daß diese Kerle ab und zu Schüsse auf die Hauptstraßen abgaben, um so die Bevölkerung von irgendeiner Revolte abzuhalten.

Um elf Uhr mußte ich nochmals hinaus, um mittels eines chinesischen Karrens die Sachen von einem Prinzen hereinzubringen vom Deutschen-Hotel, »Nord-Hotel«, Ha-Ta-Men-Street. Dort mußte ich sehr lange auf offener Straße warten, bis die Herren sich bequemten, das Zeug herauszuschicken; als mir die Sachen endlich übergeben wurden, kam der Maffu (Pferdediener) zu mir gelaufen und rief mit weinerlicher Stimme: Capo, Capo, Tschule-mule, gambe kaputula! Ich lief sofort hinaus; der Anblick war sehr lächerlich, eine Gellerkugel hatte dem Multier den Knöchel des linken Beines getroffen; zwei Schritte davon lag noch die Kugel auf der Erde, und das Maultier zappelte mit dem Bein, als wollte es die Kugel noch hinausschütteln. Ich nahm sofort meine Taschentücher und band den Knöchel, so gut es ging, oberhalb ab und schickte sofort das Tier ins Lager, um einen Ersatz zu bringen – dies war das ganze Kriegsopfer dieses

Frau des Prinzen Yun in der österreichisch-ungarischen Gesandtschaft
(Fotoalbum Paula von Rosthorns)

Tages. Nachdem ein anderes Maultier gekommen war, fuhren wir mit unseren Sachen ins Lager und gaben dieselben dem Minister. – Sofort ersuchte ich um Rast, denn schweißtriefend gelangten wir nach der letzten Aufgabe ins Lager zurück. Dann nach einer halben Stunde im Bade und Wechseln der Wäsche konnte ich zum Essen gehen ...

Bis auf den »kleinen Kaiser«, der einem Irrtum Frankes entspringen dürfte, deckt sich die Schilderung von der unverhofften Einquartierung, welche die österreichische Legation bekam, mit den Erinnerungen Arthurs und Paulas von Rosthorn. Darin wird die aufgenommene Familie als die des dem Kaiser sehr nahe verwandten Prinzen Yun bezeichnet, der mit seiner Frau, vier kleinen Kindern, seiner Mutter und seiner

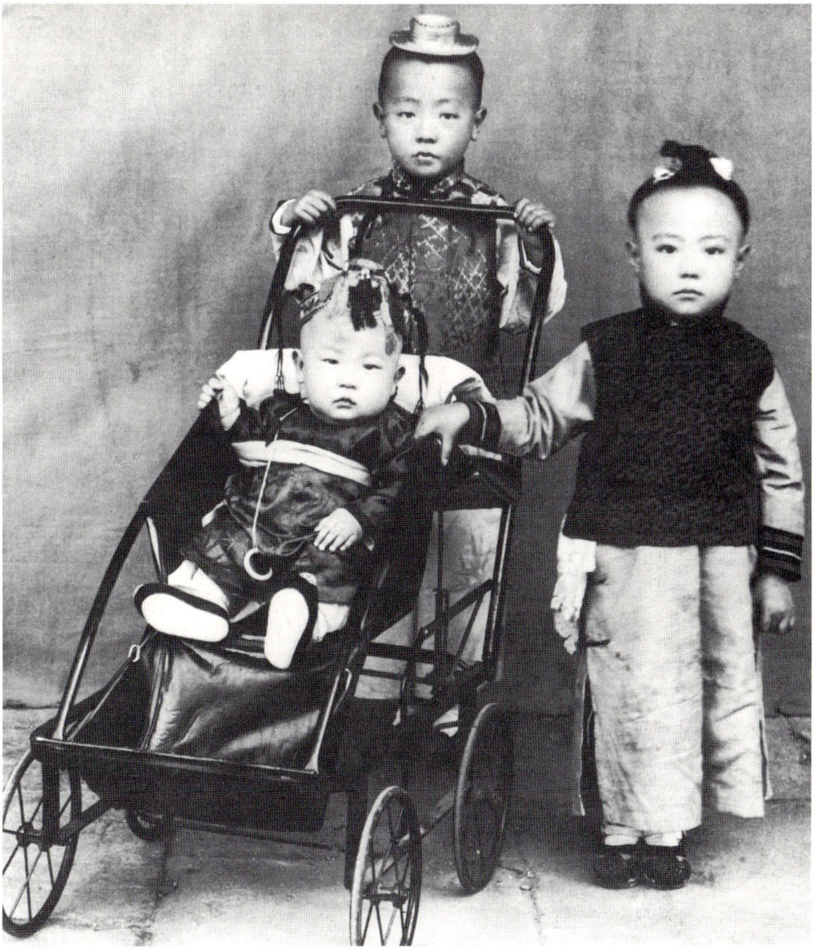

Mit dem Prinzen Yun fanden auch seine Kinder in der österreichisch-ungarischen Gesandtschaft Zuflucht (Fotoalbum Paula von Rosthorns)

Schwiegermutter, vier Kinderfrauen und zwei Eunuchen bei den Österreichern Zuflucht suchte. Dazu Rosthorns Kommentar:

> Sie bewohnten vier Wochen lang einen Teil des oberen Stockwerkes, und wir hatten Gelegenheit, die Lebensgewohnheiten einer vornehmen Familie aus der Nähe zu beobachten. Das tadellose Verhalten der Kinder, die Ehrerbietung, welche den alten Damen bezeigt wurde, und die große Höflichkeit der Familienmitglieder untereinander war bewundernswert. Wir hatten einen eigenen Koch für sie aufgenommen, so daß sie ganz ungeniert sein konnten, und wir luden uns nur manchmal gegenseitig zum Speisen ein. Selbst nach unserer definitiven Heimkehr hielt unser brieflicher Verkehr noch eine Weile an[57].

Aber auch der »verhinderte Außenminister« Gu Hongming stellte sich eines Tages bei Rosthorns reumütig ein[58]:

> Bevor noch eine Woche verstrichen war, hatte Tuan Ch'ijui die Truppen Changs aus Peking hinausgeworfen, und Ku kam zu mir, ein Asyl zu erbitten, da er in Lebensgefahr schwebe. Ich überließ ihm ein Zimmer, und wegen Verpflegung traf er mit unseren Dienern ein Abkommen. Er blieb mehrere Wochen, und ich benützte diese Zeit, um mit ihm das Tao-te-ching zu lesen. Endlich, als die Aufregung wegen des Putsches sich gelegt hatte, ersuchte ich den Außenminister, ihn straflos in sein Haus zurückkehren zu lassen, und verbürgte mich für sein ferneres Verhalten. Der Minister gestand dies ohne weiters zu, und Ku lebte unbehelligt bei seiner Familie. Was hätte unser Ministerium zu dieser »Einmischung in innere Angelegenheiten« gesagt?

Sicherlich war, an völkerrechtlichen Maßstäben gemessen, Rosthorns Verhalten eine Einmischung, doch lag ihr ein selbstloses humanes Anliegen zugrunde. Seine Fürbitte entsprach überdies damaligen chinesischen Gepflogenheiten. Der österreichische Gesandte hatte sich dabei zwar nicht im Rahmen des europäischen, wohl aber des chinesischen Kodex gehalten.

Mittlerweile verschärfte sich das Vorgehen der Alliierten gegen die österreichische Präsenz auf chinesischem Boden. Nach den Aufzeichnungen Frankes ereignete sich am 29. Juli 1917 in Tianjin (Tientsin) folgender Vorfall[59]:

> Auf dem Wege von der österreichisch-ungarischen zur deutschen Niederlassung wurde der Postmatrose Edm. Richter in der englischen Konzession von vier Zivilisten, davon einer ein in Tientsin ansässiger Ungar, die andern waren sibirische Flüchtlinge, die schon mancherlei auf dem Kerbholz hatten und von unserem Lager in Peking geflüchtet waren, ergriffen und angehalten; sie forderten den Mann auf, mit ihm in ihre Wohnung zu kommen, im Falle einer Weigerung die Waffe sprechen würde; der Matrose, der die Leute kannte, fuhr ruhig mit einem Rikscha mit, durch die Taku-Road, in der englischen Niederlassung, bis zur Cousins Road; dort sprang er plötzlich aus dem fahrenden Wagen heraus und lief, so schnell er konnte, im Zickzack zur Mummstraße, wo er im deutschen Polizeigebäude Schutz suchte, welches seit dem Abbruch der diplomatischen Beziehungen von Chinesen besetzt war. Die Verbrecher folgten ihm aber und schossen ihm feste nach, ohne ihn aber zu treffen; an der Ecke der Taku Road zur Mummstraße, wo sie die letzten Schüsse abfeuerten, trafen sie einen des Weges daherkommenden chinesischen Polizeiangestellten der deutschen Niederlassung, der auch sofort tot zusammensank. Der Matrose hatte sich noch rechtzeitig gerettet. Die Verbrecher wurden

sodann auf Veranlassung der englischen Polizei festgenommen und in Haft geführt. Die Verhafteten wurden jedoch an demselben Tage wieder von den Engländern freigelassen mit der Angabe:
1. Die Verbrecher, auch ein ehemaliger Korporal aus Sibirien, welcher den Chinesen erschoß, seien politische Verbrecher,
2. habe der englische Generalkonsul den Hinterbliebenen des erschossenen Chinesen 500 Dollar als Entschädigung gegeben,
3. Die Tientsiner Presse, die sonst jedwede Gelegenheit wahrnimmt, die Deutschen und Österreicher, einschließlich Sibirienflüchtlinge, zu kritisieren – hatte den ganzen Fall verschweigen müssen.
Diese drei Punkte waren höchst verdächtig; denn der einfachste Weg wäre gewesen, die Verbrecher an unsere oder die chinesische Behörde zu übergeben, da ja nur ein rein krimineller Fall vorlag. Die angestellten weiteren Nachforschungen hatten folgendes entdeckt:
Die drei Flüchtlinge, die als Frontdeserteure zu betrachten waren, gehörten einem vom englischen Konsulate finanzierten und geleiteten Komplott an, das sich aus 30–40 Mann zusammensetzte und bei günstiger Gelegenheit Unruhe stiften sollte, zum Nachteil der Österreicher und Deutschen; ferner war ein wohldurchdachter Plan zu einem Überfall auf die österreichisch-ungarische Niederlassung und Ermordung unseres dortigen Kommandanten ausgearbeitet, so auch das österreichische Konsulat mit Insassen in die Luft zu sprengen. Am 31. Juli ging eine starke Abteilung von Peking nach Tientsin ab, um gegen diesen Anschlag durch Wachsamkeit unsere Niederlassung zu beschützen. Zu weiteren Tätlichkeiten kam es nicht mehr, sondern es gelang mit Hilfe chinesischer Detektive, den Rädelsführer dieser Bande festzunehmen und auf unseren Boden zu bringen, um ihn sofort per Bahn nach Peking zu befördern; dieser, ein ehemaliger Ungar, wie sich später herausstellte, ein naturalisierter Engländer, als er im Detachement ankam, wurde von seinen eigenen Landsleuten herzlichst empfangen – wenn die Wache nicht eingeschritten wäre, hätte seine letzte Stunde geschlagen. Seine Anhänger gelang es nicht mehr zu erfassen, denn in einigen Tagen darauf kam schon die Kriegserklärung Chinas an Deutschland und Österreich-Ungarn. Der Zweck dieser Bande war folgender: Nach Niedermetzelung sämtlicher Leute (ca. 40) hätten die Engländer die Konzession besetzt und die reichen Einnahmen bis zum Kriegsende eingesteckt, mit der wohlbegründeten Behauptung, daß wir nicht imstande seien, unsere Niederlassung selbst zu beschützen – dies gelang diesen Leuten aber nicht; trotzdem unserer militärischen Macht ein Ende bereitet war mit dem 14. August. Nach viertägiger Haft mußte der gemeine Verbrecher durch die Holländer nach Schanghai gebracht werden, wo ihn aber das internationale gemischte Gericht, bestehend aus: drei Englishmen, drei Franzosen, zwei Russen, zwei Italienern und einem Holländer, selbstredend freisprach. Und schon nach etlichen Wochen darauf erschien er wieder in Tientsin und Peking als Gentleman!

Solche Vorfälle wurden dadurch erleichtert, daß die Alliierten nun eher auf die Sympathien der chinesischen Regierung zählen konnten als vorher. Nun waren die nördlichen Militaristen unter Duan (Tuan Ch'i-jui) endgültig an der Macht[60] und gingen auch daran, die Frage der Kriegserklärung wieder zu behandeln, was bald ein konkretes Resultat zeitigte. Lassen wir diesmal Paula von Rosthorn zuerst berichten[61]:

> Am 10. August 1917[62] – wir saßen gerade beim Frühstück – wurde ein Herr aus dem Außenministerium gemeldet. Arthur ließ den Besuch, der zu so ungewöhnlicher Stunde kam – es war acht Uhr früh – in sein Arbeitszimmer bitten und unterhielt sich eine Stunde lang mit ihm über chinesische Kunst und Philosophie in der freundschaftlichsten Weise. Dann erhob sich der Gast, und Arthur begleitete ihn zu seinem Wagen. Ehe er einstieg, sagte er mit einem verlegenen Gesicht: »Ach ja, daß ich nicht vergesse, ich habe ja den Auftrag, diesen Brief meines Chefs zu übergeben!« Arthur erklärte ihm: »Schon gut, ich kann mir schon denken, was drin steht.«

Gesandter von Rosthorn selbst gibt folgende Schilderung des folgenschweren Ereignisses[63]:

> ... An einem milden Sommerabend kam der holländische Gesandte von Beelaerts zu Besuch und blieb zum Abendessen. Er erzählte, er wäre nachmittags beim Ministerpräsidenten Tuan Ch'ijui gewesen und hätte u. a. gefragt, wie sich China zu Deutschland und Österreich-Ungarn stelle. Er hätte geantwortet, der Präsident Feng Kuochang wolle ohne Genehmigung des Parlamentes keinen Krieg erklären, weil die Verfassung die Befragung der Volksvertreter verlange. Das Parlament aber tauge nicht, und was Österreich-Ungarn betrifft, fügte er hinzu, wisse er überhaupt nicht einen Anlaß für eine Kriegserklärung. Ich war durch diese Mitteilung sehr beruhigt. Am folgenden Morgen um acht Uhr – einer sehr ungewöhnlichen Stunde – wurde mir der Besuch eines Herrn vom Außenamt gemeldet, den ich sehr gut kannte. Wir saßen bei Tee und Zigaretten lange beisammen und konversierten über chinesische Geschichte und Philosophie. Als er sich endlich verabschiedete, sagte ich noch, er möge bald wiederkommen, es sei so angenehm, mit ihm zu plaudern. Ich begleitete ihn bis zum Ausgang, und dort zog er ein verschlossenes Schreiben aus der Tasche und überreichte es mir. Der Minister Wang, sprach er, lasse mir sagen, wie schwer es ihm gefallen sei, mir diesen Brief zu schreiben. Ich wüßte nicht, welcher Druck auf die Regierung ausgeübt worden sei. Der Brief enthielt die Kriegserklärung.
> (Nachträglich erfuhr ich, daß der japanische Gesandte tags vorher dem Präsidenten der Republik Feng Guozhang ein Ultimatum präsentiert hatte, in welchem die Kriegserklärung binnen 24 Stunden gefordert wurde.)

Für eine Kriegserklärung war das Dokument fast verbindlich abgefaßt[64]. Österreich kam darin kaum vor. Bloß dort, wo der Kriegsgrund des uneingeschränkten U-Bootkrieges auch auf die Doppelmonarchie ausgedehnt wurde, fand sich ein ganzer Satz: »Nicht nur Deutschland allein, sondern auch Österreich-Ungarn hat diese Politik ohne Milderung angenommen und verfolgt.«

Trotzdem war Rosthorn nicht der Mann, der diesen Schritt der chinesischen Regierung so einfach zur Kenntnis genommen hätte. Noch am selben Tag sandte er dem Außenministerium in Peking eine Note, in welcher er ausführte:

> Ew. Exzellenz! Ich habe die Ehre, den Empfang Ihrer Note vom heutigen Datum mit dem folgenden Inhalt zu bestätigen: *(es folgt der Text der chinesischen Note)*...
> In Antwort hieraus habe ich die Ehre, Ew. Exzellenz zu benachrichtigen, daß ich von Ihrer Note Kenntnis genommen habe, fühle mich jedoch verpflichtet, zu sagen, daß ich diese Erklärung als verfassungswidrig und ungesetzlich betrachten muß, da nach dem höchst sachverständigen Urteil des früheren Präsidenten Li Yuan-hung eine solche Erklärung die Genehmigung beider Kammern des Parlaments erfordert[64a] ...

Gleichzeitig mit der Kriegserklärung wurde für die österreichische Konzession in Tianjin eine chinesische Verwaltung bestimmt sowie die Zuständigkeit der Konsulargerichte für Österreicher aufgehoben und durch die Kompetenz der chinesischen Gerichtsbehörden ersetzt[65]. Einige österreichische Schiffe wurden in chinesischen Gewässern beschlagnahmt und die Zahlung der Boxerentschädigung eingestellt[66].

Ansonsten wurden die Österreicher von chinesischer Seite sehr kulant behandelt. Dem Gesandten Rosthorn wurde reichlich Zeit gelassen, seine Angelegenheiten in Peking zu ordnen. Er erhielt während der restlichen Zeit seiner Anwesenheit in China nicht nur den folgenden Sympathiebeweis[67]:

> Wir blieben nach der Kriegserklärung noch über einen Monat in Peking. Es mußte alles verpackt werden – gegen vierzig Kisten –, wenngleich wir nur mit wenig Gepäck abreisten. Die Pässe und Visa mußten besorgt und allerlei Anordnungen getroffen werden. Ich übergab die Geschäfte der Gesandtschaft dem Gesandten der Niederlande, Herrn Beelaerts, der die Vertretung in loyalster Weise durchführte, und ließ den Kanzleibeamten Kristinus als Archivar zurück. Unser Marinedetachement wurde interniert, und ich konnte mich überzeugen, daß es gut untergebracht und verpflegt wurde.
> Zu dieser Zeit schrieb mir der frühere Außenminister Sun Paochen einen Brief, in welchem er seinem Bedauern und seiner Entrüstung über die Kriegserklärung Ausdruck gab. Eines Tages kam gegen Mit-

ternacht ein Offizier zu mir, der sich als Adjutant des früheren Präsidenten Li Yuan hung vorstellte.
Der Präsident, sagte er, bedaure lebhaft den Abbruch der Beziehungen und wolle wissen, auf welche Weise er dieses Unrecht mildern könnte. Ich ließ ihm für seine freundliche Gesinnung danken und bat ihn, darauf hinzuwirken, daß 1. keine chinesischen Truppen nach Europa geschickt werden, 2. die zurückbleibenden Österreicher und Ungarn gut behandelt werden, und 3. die Gesandten Chinas in Berlin und Wien angewiesen werden, sich in ein neutrales Land zu begeben, um gleich nach Kriegsende die Beziehungen wieder aufnehmen zu können. (Ich habe mir eben den Friedensschluß ganz anders vorgestellt.) Die Chinesen haben Punkt 1 und 2 loyal erfüllt, ob Li Yuan hung etwas damit zu tun hatte, weiß ich nicht. Ich bin keinem einzigen Österreicher begegnet, der sich über schlechte Behandlung zu beklagen hatte, und als die Alliierten nach dem Kriege die Repatriierung der deutschen und österreichischen Untertanen erzwangen, haben die Chinesen mehr als einem meiner Landsleute das Verbleiben ermöglicht.
Diese erzwungene Ausweisung bleibt ein Schandfleck für die Westmächte und spricht für ihre Kurzsichtigkeit, denn es ist nun einmal so im Orient, daß, wer einen anderen Weißen schlecht macht, sich damit selbst beschmutzt. Ich verließ China in dem Bewußtsein, meine Mission bestens erfüllt zu haben. Diese Mission konnte nur darin bestehen – die denkbar besten Beziehungen herzustellen und das Vertrauen der maßgebenden Persönlichkeiten zu gewinnen. Dies ist Voraussetzung für jede ersprießliche Tätigkeit eines Diplomaten. Nicht aus Egoismus das Recht zu beugen, nicht als heimlicher oder potentieller Feind, sondern als ein Freund des Landes angesehen zu werden, ist sein ABC. Daß ich in diesem Sinne mein Mandat gut ausgeführt habe, beweisen nicht nur die eben erwähnten Kundgebunden; ich hatte noch andere Beweise dafür. Auf der Bahnfahrt nach Shanghai kamen Gruppen von Chinesen zu mir, die erklärten, sie stünden nicht hinter der Regierung, ich möge doch das Ende des Krieges in einer der südlichen Provinzen abwarten; wie naiv und wie rührend!

Ergänzend seien noch die Erinnerungen Frau Rosthorns hinzugefügt, welche ebenfalls die starke Verbundenheit mit China und seiner Bevölkerung beweisen[68]:

Der Präsident Liyuanhung schickte uns noch allerlei Abschiedsgeschenke – ein paar Vasen, Bücher für Arthur und Seidenrollen für mich – mit einem herzlichen Schreiben, und als wir abreisten, stand ein Salonwagen für uns bereit. Die Stadtmusik spielte. Der Bahnhof war voll von Menschen, alle Neutralen waren vertreten, unsere zurückbleibenden Landsleute, auch viele Chinesen, darunter Prinz Yun und Frau, die so lange bei uns gewohnt hatten, und selbstverständlich die ganze Schar unserer Diener, die uns auch nur sehr ungern scheiden sahen. Unsere Leute bewiesen uns auch später noch ihre Anhänglichkeit. Sieben Jahre später kehrte Legationsrat Weinzetl, der inzwischen czechischer Gesandter in Peking geworden war, nach Wien zurück. Diese Gelegenheit benützten unsere früheren Diener und schickten uns Briefe und Tee, und unser Koch, der sich inzwischen ein Hotel gekauft hatte, lud uns ein, seine Gäste zu sein, falls wir nach Peking zurückkehren sollten.

Die chinesische Kriegserklärung wurde von den österreichischen Zeitungen recht emotionslos aufgenommen. Die *Reichspost* wie auch die *Arbeiter-Zeitung* brachten am 17. August 1917 ohne Kommentar die Pekinger Reuter-Meldung, welche recht ausführlich auf die Kulanz der chinesischen Regierung gegenüber den österreichischen und ungarischen Zivilpersonen hinweist, denen gestattet sei, ihre Geschäfte unter der Aufsicht der chinesischen Behörden fortzusetzen.

Der *Glücksrad Kalender für Zeit und Ewigkeit für das Katholische Österreich,* Wien 1918, brachte folgende Notiz:

> In der Berichterstattungsperiode entstanden uns in den Rumänen, den Vereinigten Staaten und den Chinesen drei neue Widersacher ... In China geht es wie in Rußland drunter und drüber.

Das konnte aber gewiß nicht für die Behandlung unserer verbliebenen Marineangehörigen gelten, wovon das Tagebuch Alexander Frankes im folgenden Kapitel Zeugnis gibt.

ANMERKUNGEN

1 Arthur von Rosthorn, *Lebenserinnerungen,* Manuskript in Maschinschrift, S. 82.
2 Ebd., S. 85.
3 Paula von Rosthorn, *Lebenserinnerungen,* Manuskript in Maschinschrift, S. 82.
4 Arthur von Rosthorn, *Lebenserinnerungen,* S. 88.
5 Alexander von Franke, I, S. 31.
6 Ebd., S. 43 f. Vgl. auch Rosthorns knappen Kommentar, *Lebenserinnerungen,* S. 87: »... als eine englische Kinogesellschaft eine Karikatur unseres Kaisers brachte, stürzten unsere Matrosen auf die Bühne, rissen den Film aus dem Apparat und brachten ihn triumphierend nach Hause. Ich hatte deswegen einen Schriftwechsel mit dem englischen Gesandten ...«
7 Franke I, S. 44 f.: »Als abends die Leute auf Urlaub gingen, um sich die paar Stunden in den Restaurants etc. zu unterhalten, kamen unter anderen ins Bar Bristol eine Menge halbbetrunkener Italiener herein und fingen gegen unsere Leute zu hetzen und zu schimpfen an; anfangs reagierten diese jedoch nicht und ließen alles *unbeachtet,* da sie mit Betrunkenen nichts zu tun haben wollten – jedoch auf einmal standen einige Italiener auf und gingen zu unserer Leute Tisch, warfen sämtliche Getränke vom Tisch und schimpften auf unseren Kaiser – dies war nun aber den gutmütigen Österreichern

doch zu bunt – im Nu waren sie auf, hatten sie beim Kragen und setzten sie vor die Türe in die frische Luft – nach getaner Arbeit nahmen sie wieder ruhig in der Bar Platz und tranken weiter.
Die Katzelmacher hatten sich inzwischen aus dem Staub gemacht und brachten Verstärkung aus der Kaserne, nebenbei die zwanzig Mann starke Patrouille. Als letztere mit geladenen Gewehren und Pistolen in das Bristol gestürmt kamen und eine wilde Schießerei anfingen, konnten unsere Leute nur Reißaus nehmen, denn gegen Waffen waren sie machtlos, nicht einmal Seitenwaffen durften Österreicher im Auslande tragen, obwohl alle anderen Nationen wenigstens diese hatten. Eine Menge Leute, die aus den benachbarten Bars und Restaurants diese Schießerei hörten, kamen herbeigestürmt, und es entspann sich ein heißer Kampf zwischen den beiden Nationen, bei dem schließlich unsere unterlagen und flüchten mußten. Ein Mann bekam dabei einen Gewehrschuß durchs Knie, ein anderer durchs Ohrspitzel. Einer von unseren Leuten lief schnurstracks in die gegenüber gelegene Kaserne von uns – alarmierte das ganze Lager, und im Nu waren sämtliche Mann außer der Wache, mit Waffen und Munition bewaffnet, über die Mauer am Platze; leider fanden sie nur unsere Leute vor, die langsam aus ihren Verstecken hervorgekrochen waren – die Katzelmacher hatten Lunte gerochen und waren schlauerweise verschwunden. Dies hinderte unsere Leute jedoch nicht, alle Hotels, Bars, Restaurants und die anderen Lokalitäten aufs gründlichste zu untersuchen; alles blieb aber vergebens – bis gegen Morgen dauerten unsere Streifzüge. Die italienische Gesandtschaft besetzten wir regelrecht von außen, und wehe dem, der sich hätte blicken lassen – er würde von uns glatt über den Haufen geschossen worden sein. Nachdem alles erfolglos geblieben war, rückten wir wieder in unser Lager ein. In einigen Tagen darauf wurde die ganze Sache zu Protokoll genommen; nachher kam Befehl: an ungeraden Daten können nur wir hinaus und die Katzelmacher an geraden – so wurde der Streit zwischen den beiden Ministern geschlichtet. Die beiden Verwundeten genasen nach einigen Tagen wieder – aber nie wieder ließ sich ein Italiener an unseren Tagen sehen!!!«

8 Arthur von Rosthorn, *Lebenserinnerungen*, S. 84. Paula von Rosthorn gibt von Hintze ein ähnliches Bild: »Er machte sich aber bald nach seinem Eintreffen bei allen, Freunden und Neutralen, gleich unbeliebt durch seine ungewöhnliche Taktlosigkeit und seine Brutalität Untergebenen gegenüber. Der mexikanische Gesandte, mit dem wir befreundet waren, erzählte uns manches darüber, was er sich in Mexiko geleistet hatte, und sagte zu Arthur: ›Sehen Sie, dieser Mann ist ein typisches Beispiel derjenigen Sorte deutscher Diplomaten, die Deutschland in der ganzen Welt so furchtbaren Schaden gemacht haben!‹« – Paula von Rosthorn, *Lebenserinnerungen*, S. 82 f.

9 Arthur von Rosthorn, *Lebenserinnerungen*, S. 84. Vgl. dazu auch den Kommentar seiner Gattin, Paula von Rosthorn, *Lebenserinnerungen*, S. 83: ». . . Wir nahmen auch zwei Offiziersfrauen mit drei kleinen Kindern bei uns auf. Obwohl sie viele Monate bei uns im Hause blieben, konnten wir doch nie recht warm mit ihnen werden, da sie der fanatischen Sorte angehörten und bei jeder Gelegenheit versicherten, daß jede deutsche Mutter glücklich sei, alle ihre Söhne dem Vaterlande opfern zu können – eine Auffassung, die ich weder glauben noch billigen konnte.«

10 Arthur von Rosthorn, *Lebenserinnerungen*, S. 88.

11 Franke I, S. 32.

12 Arthur von Rosthorn, *Lebenserinnerungen*, S. 89.

13 Ebd., S. 84.

14 Paula von Rosthorn, *Lebenserinnerungen*, S. 84. Vgl. dazu auch Elsa von Hanneken, *Die Tientsiner Hilfsaktion*, in: Hans Weiland – Leopold Kern (Hrsg.), *In Feindeshand – Die Gefangenschaft im Weltkrieg in Einzeldarstellungen*, Bd. 2, Wien o. J., S. 266–268, sowie im selben Band *Erinnerungen an Tientsin* von Olga Fischer-Togo, welche in Tientsin zugunsten der Kriegsgefangenen den »Fischer-Togo-Fonds« gegründet hatte, S. 268 f.

15 Paula von Rosthorn, *Lebenserinnerungen*, S. 84.

16 Johann M. Weltegast, *In Maske durch den Fernen Osten*, Leipzig 1934, S. XXI, 190 f., 216, 219.

17 Arthur von Rosthorn, *Lebenserinnerungen,* S. 86. Vgl. auch die Eindrücke seiner Frau, Paula von Rosthorn, *Lebenserinnerungen,* S. 85: »Die wenigen, denen es geglückt war, durchzukommen, konnten nicht genug rühmen, wie hilfsbereit die selbst so arme russische und chinesische Bevölkerung gegen sie gewesen war.« In diesem Sinne äußert sich auch der aus Sibirien nach China geflüchtete österreichische Offizier Robert Bertold, *Von Front zu Front,* Graz-Wien-Leipzig, 1933.

18 Franke I, S. 45.

19 Ebd., Arthur von Rosthorn, *Lebenserinnerungen,* S. 85 f.

20 Franke I, S. 45.

21 Dieser Gesandte hatte Arthur von Rosthorn bei Ausbruch des Krieges in einem sehr herzlichen Schreiben sein Bedauern über den Abbruch der Beziehungen ausgedrückt. – Arthur von Rosthorn, *Lebenserinnerungen,* S. 86.

22 Ebd. Laut dem von Hermann Neukamp verfaßten Rundbrief *Das deutsche Eck,* Nr. 4, Dezember 1979, S. 2, ist der Militärattaché Hauptmann Rabe von Pappenheim auf Befehl der Obersten Heeresleitung in Berlin am 29. Dezember 1914 mit einigen anderen von Peking aufgebrochen, um Sprengungen an der Transsibirischen Eisenbahn vorzunehmen. Kurz vor dem Ziel seien sie von Burjäten getötet worden. Im Garten der deutschen Botschaft in Peking habe es einen Gedenkstein gegeben, auf dem folgende Namen verzeichnet gewesen seien: Werner Rabe von Pappenheim, Hauptmann; Hermann Berger, Leutnant d. R.; Wilhelm Müller, Vizewachtmeister d. L.; Prof. Dr. Fritz Pferdekämpfer, Unteroffizier d. R.; Friedrich Quappe, Bahnmeister der Schantung-Bahn; Hans Werrlein, k. u. k. Oberleutnant; Zagoricnik, k. u. k. Oberleutnant; Ludwig Ruf, Steiger und Gefreiter d. R.

23 Ebd., S. 86. Vgl. die Weisung des Außenamtes an die Gesandtschaft in Peking vom 26. September 1915: »Armeeobercommando hat über das Verhältnis der Gesandtschaft gegenüber den aus der Gefangenschaft entflohenen Heeresangehörigen Beschwerde geführt; dieselben sind ohne übertriebene Ängstlichkeit zu unterstützen.« – HHStA, Pol. Arch. XXIX/5.

24 Ebd.

25 Ebd., S. 87.

26 Ebd., S. 87.

27 Franke I, S. 31.

28 Ebd., S. 45 f.

29 Ebd., S. 46 f.

30 Ebd., S. 47.

31 Das Bild zeigt den später als Photograph berühmt gewordenen Heinz v. Perckhammer, welcher später einen Photoband über Peking herausgab (Berlin 1928, Vorwort von Arthur Holitscher), Graf Zeppelin auf seinen Reisen begleitete und in seinem Fach sehr gefragt war.

32 Lt. Mitteilung des österreichischen Marine-Fachmannes Dr. Lothar Baumgartner.

33 Franke I, S. 50.

34 Robert T. Pollard, *China's Foreign Relations 1917–1931,* Neudruck New York 1970, S. 8.

35 Ebd., S. 8.

36 G. E. Morrison to L. G. Fraser, Peking, 12. Oct. 1916, in: Lo Hui-Min (Hrsg.), *The Correspondence of G. E. Morrison,* Bd. 2, Cambridge 1978, S. 559.

37 Morrison to Ts'ai Ting-kan, *The Correspondence of G. E. Morrison,* S. 466 f. Morrisons Memorandum schließt folgendermaßen: »Can the effect of such policy be other than good for the patriotic people of China? Will they not rejoice to see China revenge herself for the wrongs she has suffered in the past at the hands of Germany, for the humiliation her seizure of Kiaochiao has exposed her to? Will not attention be diverted from home affairs to the mighty triumph of the Government in allying itself with the great and friendly Powers of the World? Will not Chinas Financiers rejoice to think the days of the Quintuple Bank alliance are ended and that China is within reasonable distance of recovering her fiscal freedom?«

38 »Österreich hat nix reingesteckt, war gescheit«, meinte rückblickend der Steuermann der

Kaiserin Elisabeth, Stefan Hules, zu den Autoren. »Die Engländer und Franzosen haben in ihren Konzessionen palastartige Gebäude errichtet. In unserer Konzession hat man höchstens an der Gerichtsbarkeit gemerkt, daß sie österreichisch war.«

39 Morrison an den britischen Botschafter in Japan, William Conyngham Greene, Chuzenji, 21. August 1916, in: *The Correspondence of G. E. Morrison,* S. 544.

39a Gerd Kaminski, *China-Taiwan,* Frankfurt 1971, S. 48; Thaddéo Yong Ann-Yuen, *Aux Origines du Conflit Mandchou-China-Japon-Paix de Versailles,* Paris 1934, S. 265–270.

40 Pollard, a. a. O., S. 9 f.

41 Kaminski, *China-Taiwan,* S. 48 f.

42 Madeleine Chi, *China Diplomacy 1914-18,* Cambridge (Mass.) 1970, S. 120.

43 Pollard, a. a. O., S. 30.

44 Ebd.

45 Ebd., S. 31.

46 Chi, a. a. O., S. 121.

47 Ebd., 121 f.

48 Pollard, a. a. O., S. 27 f.

49 Franke, S. 51.

50 Ebd., S. 51 f. Die ungewöhnlichen Namensschreibungen entsprechen dem Manuskript.

51 Chi, a. a. O., S. 123.

52 Pollard, a. a. O., S. 32 ff; Chi, a. a. O., S. 123 ff.

53 Arthur von Rosthorn, *Lebenserinnerungen,* S. 89.

54 Ebd.

55 Franke, S. 53.

56 Ebd., S. 55 f.

57 Arthur von Rosthorn, *Lebenserinnerungen,* S. 90. Vgl. dazu auch Paula von Rosthorn, *Lebenserinnerungen,* 100–102: »Wir waren befreundet mit der Familie eines der kaiserlichen Prinzen, eines direkten Vetters des jüngst verstorbenen Kaisers Kuangshü. Da nun dieser Prinz Verfolgungen befürchtete, kam er zu Arthur und bat ihn um Asyl, was ihm bereitwillig gewährt wurde. Arthur holte die Familie in zwei Autos ab, denn sie war sehr zahlreich. Sie bestand aus zwei älteren Damen, den Müttern des Prinzen und der Prinzessin, dem Prinzen, seiner Frau und vier kleinen Kindern im Alter von ein bis sechs Jahren; jedes der Kinder hatte seine eigene Kinderfrau, und zur Bedienung kamen noch zwei Eunuchen dazu.

Wir machten alle Gastzimmer im oberen Stockwerk bereit, und da zogen sie also bei uns ein. Wir hatten einen Koch für sie aufgenommen, und so konnten sie ihren eigenen Haushalt führen, was für beide Teile das angenehmste war. Wir machten uns nur förmliche Besuche und luden uns gegenseitig zum Essen ein, waren im übrigen aber ganz ungestört.

Die Kinder waren überhaupt besonders herzig, sehr höflich und auch sehr zutraulich.

Die ganze Familie lebte noch ganz nach dem alten chinesischen Stil, nur der Prinz sprach ein paar Worte Englisch, und in ihrer Tracht und ihren Sitten war noch keinerlei Europäisierung zu bemerken. Wir bewunderten die Ehrerbietung, welche den alten Damen erwiesen wurde; ohne eine ausdrückliche Aufforderung dazu hätte weder der Sohn noch die Tochter es gewagt, in ihrer Gegenwart Platz zu nehmen. Der ganze Verkehr dieser Menschen untereinander war von ausgesuchter Höflichkeit. Die Mutter des Prinzen war die Tonangebende, alle anderen Familienmitglieder ordneten sich ihr unter.

Sie blieben durch mehrere Wochen unsere Gäste, dann kehrten sie in ihr eigenes Haus zurück, nachdem jede Gefahr für sie vorüber war. Wir blieben auch weiterhin in freundschaftlichem Verkehr mit ihnen.«

58 Arthur von Rosthorn, *Lebenserinnerungen,* S. 89 f.

59 Franke, S. 58 f.

60 Pollard, a. a. O., S. 34.

61 Paula von Rosthorn, *Lebenserinnerungen,* S. 103 f.

62 Hier dürfte es sich um einen Schreib- oder Erinnerungsfehler handeln. Die Kriegserklärung erfolgte nach allen anderen Quellen am 14. August.

63 Arthur von Rosthorn, *Lebenserinnerungen,* S. 90 f.

64 John V. A. MacMurray, *Treaties and Agreements with and concerning China 1894–1919,* Bd. II,, Oxford 1921, S. 1361 f.:

»Presidential Proclamation making declaration of war against Germany and Austria-Hungary. – August 14, 1917.

On the 9th day of the 2nd month of this year we addressed protest to the German Government against the policy of submarine warfare inaugurated by Germany, which was considered by this Government as contrary to international law, and imperilling neutral lives and property, and declared therein in case the protest be ineffectual we would be constrained, much to our regret, to sever diplomatic relations with Germany.

Contrary to our expectations, however, no modification was made in her submarine policy after lodging of our protest. On the contrary, the number of neutral vessels and belligerent merchantmen destroyed in an indiscriminate manner were daily increasing and the Chinese lives lost were numerous. Under such circumstances, although we might yet remain indifferent and endure suffering, with the meagre hope of preserving a temporary peace, yet in so doing, we would never be able to satisfy our people who are attached to righteousness and sensible to disgrace, nor could we justify ourselves before our sister States which had acted without hesitation in obedience to the dictates of the sense of duty. Both here as well as in the friendly Powers the cause of indignation was the same, and among the people of this country there could be found no difference of opinion. This Government, thereupon, being compelled to consider the protest as being ineffectual, notified, on the 16th day of the 3rd month, the German Government of the severance of the diplomatic relations and at the same time the events taking place from the beginning up to that time were announced for the general information of the public.

What we have desired is peace; what we have respected is international law; what we have to protect are the lives and property of our own people. As we originally had no other grave causes of enmity against Germany, the German Gouvernment, if she had manifested repentance for the deplorable consequences resulting from its policy of warfare, she might still be expected to modify that policy in view of the common indignation of the whole world. That was what we eagerly desired, and it was the reason why we felt reluctant to treat Germany as a common enemy. Nevertheless, during the five months following the severance of the diplomatic relations the submarine attacks continued in operation as vigorously as before. It is not Germany alone, but Austria-Hungary as well, which adopted and pursued this policy without abatement. Not only has international law been thereby violated, but also our people are suffering injury and loss. The most sincere hope on our part to bring about a better state of affairs is now shattered.

Therefore, it is hereby declared, against Germany as well as Austria-Hungary, that a state of war exists commencing from 10 o'clock of this, the 14th day of the 8th month of the 6th year of the Republic of China.

In consequence thereof all treaties, agreements, conventions, concluded between China and Germany, and between China and Austria-Hungary, as well as such parts of the international protocols and international agreements as concern the relations between China and Germany and between China and Austria-Hungary are, in conformity with the law of nations and international practice, all abrogated. This Government, however, will respect the Hague Conventions and her international agreements respecting the humane conduct of war.

The chief object in our declaration of war is to put an end to the calamities of war and to hasten the restoration of peace which it is hoped our people will fully appreciate. Seeing, however, that our people have not yet at the present time recovered from sufferings on account of the recent political disturbances and that calamity again befalls us in the breaking out of the present war, I, the President of this Republic, cannot help having profound sympathy for our people when I take into consideration their further suffering. I would never resort to this step of striving for the existence of our nation, unless and until I, considering it no longer avoidable, were finally forced to his momentous decision.

I cannot bear to think that through us the dignity of International Law should be impaired, or the position in the family of nations should be undermined or the restoration of the world peace and happiness should be retarded. It is, therefore, hoped that all of your people will exert their utmost in these hours of hardship, with a view to maintaining and strengthening the existence of the Chinese Republic, so that we may establish ourselves amidst the family of nations and share with them the happiness and benefits derived therefrom.«

64a Gilbert Reid, *Der Kampf um Chinas Freiheit,* Leipzig 1923, S. 99.

65 Mac Murray, *China Treaties and Agreements,* S. 1372:

»Regulations for Bureaux of Municipal Administration of German and Austro-Hungarian Concessions, August 14, 1917.

After this country severed diplomatic relations with Germany it became necessary to take over the administration of the German Concessions which had been established at Tientsin and Hankow and to organize Provisional Bureaux for the Administration of the Special Areas. This Ministry also petitioned and received permission to appoint the Chiefs of the Police Departments at Tientsin and Hankow to act, in addition to their other duties, as Chiefs of the Provisional Bureaux.

Now that a Mandate has been received, announcing that the country had entered into a state of war with Germany and Austria, the name of the Bureaux should be changed by the omission of the expression ›Provisional‹. Furthermore, since the activities of the Bureaux fall within the scope of municipal government, they should be changed from ›Bureaux for the Provisional Administration of the Special Areas‹ to ›Bureaux for the Municipal Administration of the Special Areas‹.«

In regard to the Austrian Concession at Tientsin, the Ministry will write to the Governor of Chihli at once to instruct the Chief of the Bureau there likewise to take over the administration of the same.

The Regulations which have been proposed are submitted herewith for inspection. If they are accepted, permission is requested to appoint Yang I-te, the Chief of the Police Department at Tientsin, Chihli, to act, in addition to his other duties, as Chief of the Bureau for the Administration of the Special Areas at Tientsin, and Chou Chi-yün, Chief of the Police Department at Hankow, Hupeh, to act, in addition to his other duties, as Chief of the Bureau for the Administration of the Special Area at Hankow.

This petition was respectfully submitted, and on August 14, 1917, a Mandate was received putting it into force.

Regulations Governing the Bureaux for the Municipal Administration of the Special Areas.

Article 1.–Each Bureau will have a Chief, who will have the direction of the following matters, under the supervision of the Governor of the Province:

1. All administrative matters arising in the Bureau.

2. Policing, policing arrangements, and all administrative arrangements. But matters connected with foreign relations will be dealt with in conjunction with the Special Commissioner of Foreign Affairs for the province.

Article 2.–The Bureaux will have the following staff: the number of which will be fixed by the Chief of the Bureau and reported to the Governor, for the information of the Ministry, of the Interior:

1. Higher Bureau Officials.
2. Bureau Officials.
3. Advisers.
4. Writers.
5. Clerks.

Article 3.–In case, within the municipality, it should be necessary to continue public works, the Bureau will draw up plans and submit them, through the Governor, to the Ministry of the Interior for approval.

Article 4.–Regulations promulgated by the Chief of the Bureau must be submitted by the Governor to the Ministry of the Interior for approval.

Article 5.–In the case all matters which have not yet been decided, the Chief of the Bureau will draw up plans and submit them, through the Governor, to the Ministry of the Interior or other Ministry concerned for approval.

Article 6.–These Regulations will be in force from the date of promulgation.

Announcements of the Ministry of Communications concerning the censorship of letters and of telegrams, under date of August 14, 1917, were promulgated in the *Government Gazette* of August 16. A translation of the proclamation concerning censorship of mail matter is printed in *Official Documents*, p. 92.

Provisional regulations governing the trial of civil and criminal cases of enemy subjects were promulgated in the *Government Gazette* of August 14, 1917, and communicated to the Legations of the several foreign Powers in Peking, on August 22, 1917, by notes of purport identical with that addressed to the American Legation, translated as follows:

Circular Note of Chinese Government regarding Trial of Civil and Criminal Cases of Enemy Subjects, August 14, 1917.

Now that China has declared that a state of war exists with Germany and Austria-Hungary, as regards all civil and criminal cases involving Germans and Austrians in China, a set of provisional regulations governing the trial of civil and criminal cases of enemy subjects has been drawn up, which were promulgated and put into force on the 14th instant.«

66 G. W. Keeton, *The Development of Extraterritoriality in China,* Bd. I, London-New York-Toronto, 1928, S. 382 f.; Robert T. Pollard, *China's Foreign Relations 1917–1931,* S. 37 ff.

67 Arthur von Rosthorn, *Lebenserinnerungen,* S. 91–95. Mit Brief vom 8. September 1917 meldete Rosthorn dem österreichischen Außenamt, daß der Kanzleisekretär Karl Kristinus als Hilfskraft der niederländischen Gesandtschaft zugeteilt worden sei. Er habe auch gemeinsam mit dem »unbedingt verläßlichen« österreichischen Ingenieur Emil de Marteau für die Instandhaltung des Gesandtschaftsgebäudes und des Inventars zu sorgen. Die beiden harmonierten in der Folge nicht sehr. Kristinus stellte nicht nur entgegen der Weisungen Rosthorns die fünfzigprozentige Weiterzahlung des Gehaltes an den braven chinesischen *lettré* ein, sondern beklagte sich in privaten Briefen über Schrullen De Marteaus: »Dieser alte Herr ist mir schon ziemlich auf die Nerven gegangen. De Marteaus Tod am 19. August 1919 machte dann weiteren Streitigkeiten ein Ende.« – Die Unterlagen dazu finden sich in HHStA., Adm. Reg. 6/68 (Missionssitze).

68 Paula von Rosthorn, *Lebenserinnerungen,* S. 106.

Zwanzigstes Kapitel

»Was ist ein Stockerl?«

Die Internierung der österreichischen Matrosen in China

Waffenmeister Franke hat getreulich aufgezeichnet, wie er die Internierung in China erlebt hat. Da die Unmittelbarkeit eines solchen Berichts durch nichts zu ersetzen ist, werden seine Aufzeichnungen in der Folge als Hauptstücke des Kapitels leicht gekürzt wiedergegeben. Ohne seine Tagebuchblätter wäre es fast unmöglich, Stimmung und Empfindungen der internierten Angehörigen des österreichischen Marinedetachements heute nachzuvollziehen.

Internierung – Peking – Siyüan – Wanschousze 14. VIII. bis 15. IX. 1917. – 10. IV. 1918 bis 23. II. 1920.

Kriegserklärung Chinas an Österreich-Ungarn. 14. VIII. 1917

Der 14. August brachte uns die erwartete, jedoch all zu schnelle Kunde der Kriegserklärung Chinas an Österreich-Ungarn und Deutschland.

Früh morgens wurden noch die gewöhnlichen militärischen Übungen vorgenommen; als um neun Uhr a. m. drei holländische Soldaten mit Gewehr, Bajonett auf, drei holländische Flaggen unterm Arm haltend, beim Tor hereinkamen, dasselbe hinter ihrem Rücken schlossen. Ganz verwundert sah diesem Spiele der Torposten zu und verstand nicht, was dies zu bedeuten habe. – Zu gleicher Zeit kam der Konsul von der Gesandtschaft und auch schon der Kommandant vom Offiziershaus; ersterer übergab die Befehle des Gesandten, daß China um zehn Uhr die diplomatischen Beziehungen mit Austria abbrechen und nachmittag sogleich die Kriegserklärung zusenden werde. – Ferner sollen alle Vorbereitungen getroffen werden, da die Chinesen durch die Hetzereien der Alliierten unser Lager in Beschlag nehmen wollten oder den Alliierten zumindest übergeben sollten.

Um 9 Uhr 30 blies unser zweiter Hornist, denn unser erster hatte sich in den letzten Wochen zu den Italienern geflüchtet, sein letztes »Alle Mann!!! Mit Waffen!«

Ungestüm liefen alle Mann in ihre Zugszimmer, rissen ihre Waffen herunter, in der zuversichtlichsten Meinung: jetzt geht's los! und erschienen im Nu auf ihrem Antreteplatz; dortselbst teilte der I. Offizier mit: »daß soeben die Kriegserklärung Chinas an uns und Deutschland übersandt worden sei und wir nun laut internationalen Gesetzen entwaffnet werden müssen und von den Chinesen in einen neutralen Ort geschafft oder mit der Gesandtschaft in die Heimat transportiert werden müssen«. Die Aufnahme dieser Mitteilung bei den Leuten war eine gemischte, einesteils froh, von den immer mehr aufreibenden Elementen befreit zu sein – anderteils gedrückt, in ein Unbestimmtes verbannt zu werden, und letztens wollte der Mehrzahl nicht einleuchten, daß wir so ohne weiters die Waffen abgeben sollten; diesselben übernahm der Holländer, da dieser als neutrale Macht die Einzige war – von denen hörten wir auch sogleich, daß wir wahrscheinlich in China interniert oder gefangen genommen werden. Mit einem dreifachen Hurrah auf unseren Kaiser und Vaterland wurde unsere k. u. k. Flagge gestrichen und an deren Stelle die holländische gehißt: rot-weiß-lichtblau; dies war der schwerste Augenblick für jeden, sich unter fremder Flagge zu wissen – niemand konnte es fassen – mit enttäuschten und wehmutsvollen Gesichtern sah man einen nach dem andern wegschleichen vom Antreteplatz – sogar zu Mittag waren die Speisesäle halb leer geblieben.

Die Holländer lösten sodann auch, als dreißig Mann Verstärkung gekommen war, unsere Posten ab. Mit schmerzringendem Innern trennten sich die Leute von ihren Waffen, denn das Gefühl in jedem – die Waffe weggenommen zu werden, hilflos dazustehen und noch dahier – umringt von Feinden – die größte Schande für den Soldaten; ferner auf ewig den Verhältnissen verzichten zu müssen – kann man nicht beschreiben.

Ich übernahm alle Militär- und Zivilwaffen und ließ sie ins Waffendepot tragen – nach dieser meiner letzten militärischen Arbeit mußte ich das Depot schließen, welches von einem holländischen Major versiegelt wurde, der auch die Schlüssel übernahm, desgleichen auch von den anderen Artillerie- und Munitionsdepots das gleiche vorgenommen wurde. Nachmittag desselben Tages teilte uns der Kommandant mit, daß wir jetzt vorläufig von den Holländern hier in unserer Kaserne interniert sind und unter deren Schutz und Kommando stehen.

Am 16. August kam unser Detachement, bestehend aus fünfzig Mann, von Tientsin an, auch ohne Waffen, dieselben sie mit ihrer Munition vor Übergabe der österreichisch-ungarischen Niederlassung an die Chinesen in den Pei Ho – Nordfluß versenkt hatten.

Nun hieß es zusammen Vorbereitungen für die Internierung machen – Beschäftigung war außer einer Stunde morgens Freiübungen keine mehr. Den Geburtstag unserer Majestät Kaiser Karl feierten wir in stillster Weise – unsere Marinemusik spielte »piano« einige erfreuende Stücke, weiters war eine kurze ermunternde Ansprache von unserem Minister gehalten worden – welche mit einem dreifachen Hurra abschloß.

Einige Tage später mußten alle Waffen und Geschützhauptbestandteile bei Nacht und Nebel in die holländische Gesandtschaft geschafft

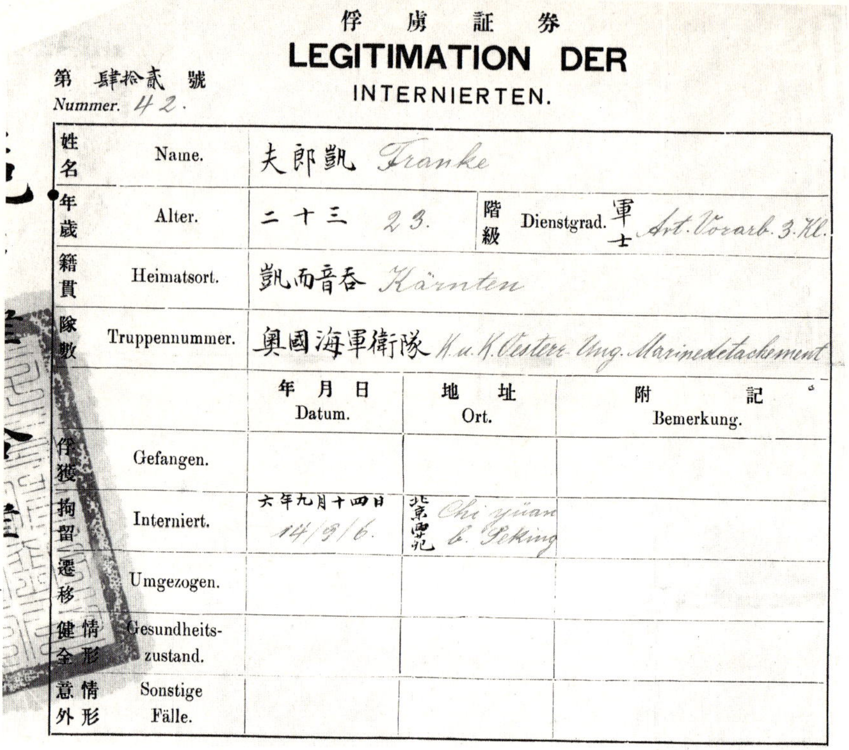

俘虜証券
LEGITIMATION DER INTERNIERTEN.

第 肆拾貳 號
Nummer. 42.

姓名 Name.	夫郎凱 Franke			
年歳 Alter.	二十三 23.	階級 Dienstgrad. 軍士 Art. Vorarb. 3. Kl.		
籍貫 Heimatsort.	凱而音呑 Kärnten			
隊數 Truppennummer.	奧國海軍衛隊 K.u.K. Oesterr.-Ung. Marinedetachement			
	年月日 Datum.	地址 Ort.	附記 Bemerkung.	
俘獲 Gefangen.				
拘留 Interniert.	六年九月十四日 14/9/6.	北京西苑 Chi yüan b. Peking		
遷移 Umgezogen.				
健全情形 Gesundheitszustand.				
意外情形 Sonstige Fälle.				

(Archiv der ÖGCF)

werden; es ging ein Gerücht, daß die Alliierten beschlossen hatten, dem Japaner die österreichisch-ungarische Gesandtschaft und das Lager bis zum Kriegsschluß zu übergeben; dies traf nun doch nicht ein, und der Holländer hatte die größten Schwierigkeiten zu überwinden gehabt.

Der 13. September 1917 erlöste uns endlich von dem unbestimmten Warten, Harren und Hoffen; es wurde ernst – es meldete sich ein chinesischer Oberst beim Kommandanten dieses Tages und überbrachte ihm die Instruktionen bezüglich der Übersiedlung nach dem Militärlager Si-yüan. Nun hieß es einpacken und reisefertig zu machen; diesen letzten Abend besuchten uns noch alle deutschen und österreichischen Zivilisten und nahmen Abschied von uns. Die ganze Nacht wurden sämtliche Effekten auf 75 chinesische Karren geladen, die bei Morgendämmerung unter chinesischer Obhut abfuhren.

I. Internierungslager 14. IX. 17. bis 10. IV. 18. Hsi Yuan.

Am nächsten Tage, dem 14. September 1917, war schon um vier Uhr Weckruf für alle Mann und um 5 Uhr war alles verpackt reisefertig im Kasernhofe zum letzten Male angetreten, woselbst unser Kommandant mit dem I. Offizier und dem holländischen Kommandanten warteten. Unser Kommandant bedankte sich für das treue Verhalten der gesamten Mannschaft, erinnerte uns zugleich, ein weiteres braves Verhalten unter dem neuen Kommando auch im Internierungslager zu bewahren (denn ein Offizier, ein Kommissär und zwei höhere Unteroffiziere verblieben als Zivilisten zur weiteren Verwaltung in Peking zurück, um auch den Holländern in der Administration behilflich zu sein); weiters tröstete er uns, daß es in Europa nicht allzulange währen und recht bald zu unserem Gunsten ausfallen wird – daß wir aber zwei und einhalb Jahre fast interniert verbleiben sollten – dies dachte sich kein Mensch – selbst der Chinese nicht!! Dann nahm er Abschied von allen. Hierauf marschierten wir in der Erwartung auf ein baldiges Wiedersehen hierselbst in Begleitung von dreißig Holländern, welche bewaffnet waren und zu unserem Schutze sowie für die regelrechte Übergabe an die Chinesen verantwortlich waren, wie Gefangene durch das ganze Gesandtschaftsviertel zum Zentralbahnhof, wo wir in einem Extrazug unter Bewachung von einem Bataillon chinesischer Polizeitruppen einwaggoniert wurden.

Um 6 Uhr 20 a. m. verließen wir, unter Absingen des Liedes: »Muß i denn, muß i denn von Peking hinaus, usw.«, welches weit in das innere der Stadt hineinklang, unser so liebgewonnenes zweites Heimatstadtl Peking.

Nach einer dreiviertelstündigen Fahrt erreichten wir die Station Tsing-Hua-Yuan – wo wir außer von den bereits mitgefahrenen Polizeisoldaten von zwei Eskadronen erwartet wurden. Die Offiziere wurden würdevoll von den chinesischen Offizieren, die alle in Zivilkleidung staken, empfangen und fuhren dann mittels Auto in unser Internierungslager voraus.

Nach genauester Abzählung aller Mann marschierten wir, umringt von den dreißig Holländern, ein Bataillon Soldaten und zwei Eskadronen, 165 Mann Österreicher und Ungarn in die für uns bestimmte Kaserne Hsi Yüan Sao Yun Su. Unterwegs kamen wir beim deutschen Internierungslager Hai Tien vorüber – die Deutschen, welche auf der Mauer ihres Lagers standen, schwenkten ihre Hüte und begrüßten uns mit lauten Hurrahrufen, nebst Abspielen der beiden Volkhymnen durch ihre Hauskapelle – bei letzteren machten wir ohne Befehl halt und ließen ein dreifaches Hurrah unseren Bundesbrüder hinüberschallen; die Chinesen waren sehr erstaunt über unser eigenmächtiges Stehenbleiben, mucksten aber mit keinem Blicke und ließen uns mit echter chinesischer Ruhe gewähren. Nach ungefähr zweistündigem Marsche kamen wir in Hsi Yuan an; dort hieß es antreten; eine Menge chinesischer Offiziere und Beamte waren anwesend; einer derselben rief langsam buchstabierend Namen für Namen – jeden einzelnen scharf musternd und ihm eine Nummer gebend, welche für die ganze Internierungszeit gültig war; – so war meine »42«. Nachdem dies über zwei Stunden gedauert hatte, wurden unsere Effekten aufs genaueste untersucht, ob ja nicht etwa irgendwelche Mordinstrumente versteckt wären. Nach diesem Akte hielt der momentane Lagerkommandant, Oberst Chang, in guter deutscher Sprache eine Rede, worin er betonte: »daß wir keine Feinde, sondern

Internierungslager (Archiv der ÖGCF)

Freunde« waren. Überhaupt wäre es gar nicht soweit gekommen, wenn der schreckliche Krieg nicht schon so lange dauern würde; ferner hoffte er, uns mit allem zufrieden zu stellen und gute Kameradschaft zu halten, wie er es in Wien in seiner Studienzeit gelernt hätte, wenn auch wir etwas entgegenkommend einwirken wollen! So gut diese Ansprache gemeint war von seiten der Chinesen, nicht nur in Worten und Taten, so schlecht wurde es von der Mannschaft entgolten, dementsprechend dann von chinesischer Seite schärfere Maßregeln mit der Zeit getroffen werden mußten, die nur immer und immer wieder zuungunsten der Internierten ausfielen. Nach zweieinhalbstündigem Stehen entließ man uns in die Räumlichkeiten, die einen vollen Monat bisher in Stand gesetzt worden waren, trotz alledem aber echt chinesisch zusammengeputzt waren. Sie hatten wohl das Beste bezwecken wollen, wie man allgemein sehen konnte, aber ein »außen hui! innen pfui!«, kurzum, eine echt chinesische Squeeze-Wirtschaft!

Unser Internierungslager liegt zwischen einer Menge Kasernanlagen, die alle unter dem verstorbenen Präsidenten Yuan Shi Kai erbaut worden sind – in welchem zur Zeit drei Regimenter einquartiert sind. Der ganze Kasernkomplex besteht aus 95 einstöckigen Baracken. Also waren wir inmitten all dieser Anlagen vollkommen eingeschlossen. In jeder Etage dieser Kasernbaracken waren vier Zugszimmer mit Einrichtung, ferner ein Speisesaal und sechs Kabinen für höhere Unteroffiziere; unterhalb im Parterre die Wasch- und Badezimmer untergebracht.

Die erste Zeit verging mit Einteilung und Einrichtung der verschiedenen Räumlichkeiten, unter Leitung unseres Kommandanten, wobei die Chinesen nicht den geringsten Einspruch erhoben und uns schalten und walten ließen, wie wir es für uns bequem erachteten. Überhaupt im großen und ganzen legten die Chinesen alle eine furchtsame Beklemmung an den Tag, die wieder uns gegenüber in ein freundliches schmeichelhaftes Entgegenkommen ausartete; nebenbei wurden wir auf Schritt und Tritt auf unauffälligste Weise bewacht und beobachtet.

Unsere Tagesordnung bestand: sechs Uhr a. m. Wecken, acht Uhr Morgenappell, bei dem unser jeweilig im Dienste stehender Inspektionsunteroffizier den Chinesen die Meldung brachte: Alles hier!; – acht bis neun Uhr Freiübungen, zehn bis elf Schule, elf bis drei Uhr frei, außer Wache ablösen, um zwölf Dienst übernehmen; wir bestritten einen Hof und Arrestantenposten, der Hofposten war zur Sicherheit wegen Feuer und Licht, und der Arrestantenposten für den jeweiligen Häftling, welcher von unserem Kommandanten, der das Strafrecht in gleicher Weise aufrecht erhielt, bestraft werden mußte – die Herren Offiziere bewahrten die gleiche Disziplin und Ordnung laut dem Dienstreglement, wie unter Flagge, um so den Chinesen keine Gelegenheit zu bieten, mit den Leuten in unmittelbare Berührung zu kommen.

Eine kleine Anekdote ereignete sich am 20. September, und zwar zwischen dem Oberst Chang und dem Verwalter Djin; beide saßen im Vorhause des Beamtengebäudes vor ihren Büchern. Der Oberst, welcher in Wien studiert hatte, und der Verwalter, der in Deutschland eine Ingenieurschule absolviert hatte, waren sich ständig in den Haaren; so auch diktierte unter anderem der Oberst dem Verwalter ein Verzeichnis über die Einrichtungen, unter anderem auch »46 Stockerln«. Wie? frug der Verwalter, ersterer wiederholte »46 Stockerln!«. Was ist denn das, frug hierauf der Verwalter; na, wissen Sie denn nicht, auf was Sie sitzen, wie das heißt? Der Verwalter schaute halb beleidigt den Oberst an und erwiderte: »Stuhl oder Sessel«, nein dies heißt Stockerl, stritt der Oberst; und so ging es weiter, bis sie zu dem Entschlusse kamen, einen Mann von uns holen zu lassen und darüber entscheiden, wer recht und unrecht habe – gesagt getan – erst überzeugten sie sich in den verschiedenen deutschen Grammatiken, aber fanden nirgends den Ausdruck Stockerl, worauf der Verwalter schon heimlich das Spiel für gewonnen hielt; der Oberst, in seiner Würde und Kenntnissen gekränkt, ließ durch einen chinesischen Offizier zwei Unteroffiziere von uns holen, die auf die Frage, wie das heiße, sofort »Stockerl« erwiderten; nun wurde aber der Verwalter ganz blöde, er frug, wie sonstige Sitzgelegenheiten hießen: nun erklärten die beiden Leute jedes einzelne aufs genaueste – hierauf wandte er sich ab und schrieb mit mürrischen Gesicht: »46 Stockerln« ins Inventar; der Oberst entließ mit vielen Dankesbezeugungen die zwei Unteroffiziere und schmunzelte in sich hinein, daß er doch recht behalten habe.

Am 7. Oktober waren wir mit den Reinigungsarbeiten fertig geworden. Da wir eigene Kantine und Küche hatten und führten, konnten wir uns oft recht gut unterhalten; diese Abende nun verbrachten einige Matrosen einen ziemlich schweren Stoff hinter ihre Kehle und um 10 Uhr nachts, wo es hieß alle Lampen löschen, wackelten sie zu ihren Betten hinauf. Einer unter ihnen war aber schon derart voll, daß er in seinem Zustande auf die Kasernenmauer stieg und auf die in fünf Schritten Abstand aufgestellten Soldaten seine genossenen Sachen auf jene Bewachung übergab; zum guten Glücke kam noch ein Unteroffizier hinzu, welcher den Mann in sein Zimmer führte. Am nächsten Morgen war jedoch eine Anzeige an das Lagerkommando gemacht worden, der wieder unserem Kommandanten weitermeldete, welcher den Mann mit drei Tagen Einzelarrest bestrafte und es dem chinesischen Lagerkommando meldete, daß dieser Mann etwas mondscheinsüchtig sei – ob die Chinesen dies glaubten?

Weitere Tage waren verstrichen – der Herbst war eingezogen auf den Höhen der hinten ragenden umgrenzenden kahlen Gebirge: noch nicht das Stürmische, das sich hier in China so hervortut, nur das die Winterstarre vorbereitende Element, das Blättermassen von den Bäumen jagt und auch jene feierliche, von sanfter Melancholie getragene Feststimmung des Nachsommers. Leider dauert der Herbst hier in China nie lange – im Nu ist der Winter auf der Bildfläche. Nun schon der vierte Herbst unseres Aufenthaltes in China und einer in Japan! – eine lange Spanne Zeit des Abschiedes von den Angehörigen, von jeder Erdscholle, die unser Heimatsbegriff umschloß! Kaum denkbar, und doch verging die Zeit wie Schnee in Sonne – !!!

Am 18. Oktober erhielten wir endlich nach langen, schwierigen Verhandlungen seitens unseres und des chinesischen Lagerkommandos mit dem chinesischen Kriegsministerium die Erlaubnis, Post an unsere Verwandten, je einen Brief per Woche in die Heimat, schreiben zu dürfen – mit der Bemerkung zwar: daß sie keine Garantie einer Weiterbeförderung geben können!

Typhusepedemie

Am Mittwoch, dem 20. Oktober 1917, wurden auf einmal drei Mann schwer krank und mußten mittels Auto nach Peking ins deutsche Lazarett geschafft werden, denn wir selbst hatten außer einer kleinen Apotheke mit zwei Sanitätsgehilfen – der chinesische Arzt kam ja gar nicht in Frage für uns, obzwar er extra für uns angestellt worden ist – keine Hilfsmittel und vor allem keinen Arzt. Der Sanitätsrat des deutschen Lazaretts in Peking kam alle Woche einmal in unser Lager und hielt ärztliche Visite ab; ferner war in Peking in der Südweststadt ein von den Chinesen errichtetes Hospital, welches ebenfalls von diesem Sanitätsrat inspiziert wurde. Den folgenden Tag, kam die erschreckende Nachricht: *Typhus.* Nun wurde nachgeforscht, wie er entstanden – die Chinesen bekamen es von Tag zu Tag mehr mit der Angst zu tun, denn die zornerfüllten Blicke unserer Leute waren gerade nicht danach angetan, die gute Harmonie wiederherzustellen, welche sich wenigstens oberflächlich gestaltet hatte. Das Resultat kam auf das Brunnenwasser und die Millionen Fliegen, die sich trotz Vertilgung in allen Räumlichkeiten so auch in der Küche von den umliegenden offenen Kanälen ausgebreitet hatten. Nun ging es aber rapid – tagtäglich mußten einige Leute nach Peking transportiert werden, innerhalb von sechs Tagen waren es schon zwölf Mann.

Kriegsgefangenschaft (Archiv der ÖGCF)

Am 27. Oktober machte der Sanitätsrat mit dem holländischen Gesandten dem Lagerkommando eine ordentliche Visitierung, wobei es sich unter dem gegenseitigen Gespräche mit den Chinesen herausstellte, daß vor ca. fünfundzwanzig bis dreißig Jahren hierselbst ein Friedhof bestanden hatte, in dem die der damaligen großen Typhusepedemie erlegenen Leute begraben wurden!! Nun hatten die Chinesen für uns extra noch vier Brunnen gebaut, aus welchem wir unser Trinkwasser schöpften – es war noch ein Glück, daß kein Wasser ohne abgekocht zu sein verausgabt worden war.

Der holländische Gesandte machte nun den Antrag an alle alliierten Gesandten in Peking, daß eine internationale Kommission die gesundheitliche Lage unseres Internierungslagers feststellen soll und dann das Urteil abgeben, ob hier überhaupt Menschen leben können unter solchen Verhältnissen??!!

Die chemische Untersuchung des Wassers im Beisein mehrerer Ärzte stellte tatsächlich die Typhusbazillen im Wasser fest; an das Kriegsministerium wurde eine Beschwerdeschrift verfaßt, in der die Verhältnisse geschildert wurden, und ein sofortiger Wechsel des Lagers beantragt wurde[1]; wir selbst mußten nun unsere ganzen Räume, die wir gerade vor einem Monat gründlich gereinigt hatten, in der großen Regenzeit frisch weißen; ferner wurde in Zukunft, unter Aufsicht eines Matrosen mittels unseres eigenem Wasserwagens von Peking, das Wasser von der in der Nähe gelegenen Edelsteinpagode geschöpft – alles dies kam leider etwas spät. Ich selbst mußte am 24. Oktober ins Internierungsspital, da ich verdächtig war – ich hatte riesige Kopf-, Magen- und Rückenschmerzen, konnte aber nach drei Tagen wieder entlassen werden – meine Natur hatte widerstanden.

Nach langem Bemühen der Holländer gelang es uns auch Ausflüge in Begleitung chinesischer Bewachung in die Umgebung machen zu

Begräbnis des dem Typhus zum Opfer gefallenen Matrosen Eichinger
(Archiv der ÖGCF)

können; jeden Tag außer Sonntag konnten gegen fünfzig Mann einen kleinen vierstündigen Ausflug unternehmen – zu jedem Manne kam natürlich ein Infanterist mit Gewehr, Bajonett auf.

Der erste dieser Ausflüge war nach der Edelsteinpagode am 8. November.

Am 17. November bekamen wir von Peking die traurige Nachricht, daß der Matrose Eichinger an Typhus gestorben sei und noch elf Mann mit dem Leben dortselbst kämpften. Es wurde von seiten der Chinesen trotz allem ein Leichkondukt bewilligt, und sogar der Lagerkommandant mit seinen Beamten nahmen am Begräbnis teil; ferner außer unseren 25 Mann sechs Deutsche, eine Kompanie Holländer, welche den Ehrensalut am Grabe abgaben, und eine Anzahl deutscher Zivilisten. Ein französischer Pfarrer vollführte die üblichen Zeremonien, und mit dreimaligem Salut wurde der Sarg ins Grab hinabgeleitet. Wie schwer es dabei einem jedem ums Herze wurde – diesem so unbestimmten Schicksal heute oder morgen folgen zu müssen und desgleichen sein junges Leben hier auf fremder Erde zu lassen – läßt sich denken. Mit diesem schwermütigen Gefühle stiegen wir in die außerhalb des Legationsviertels wartenden Autos ein; unter spottendem Gelächter der dort angesammelten Franzosen, Italiener und Amerikaner fuhren wir in Begleitung unserer Gendameristen endlich los, dem verpesteten Lager entgegen, um dort weiter über unsere Zukunft brüten zu können.

Das Kriegsministerium entschloß sich endlich auf Drohung des holländischen Gesandten, ein neues Internierungslager zu suchen und für uns herrichten zu lassen.

Nun die Typhuskranken langsam wieder genesen im Internierungslager ankamen, hatten wir wieder eine neue Epedemie zu verzeichnen: am 6. Dezember gingen auf einem Tage sechs Mann mit Darmkarrtah ins Lazarett. Mit Magenleiden haben ungefähr 70 Prozent der Mannschaft zu tun – nun kam der Sanitätsrat heraus und impfte erst alle Mann gegen Typhus und in drei Tagen darauf kam wieder eine Einspritzung.

Das Kriegsministerium wollte uns in den kaiserlichen Wildpark abschieben, um so auch weiter von Peking entfernt zu sein – aber die kaiserliche Familie protestierte dagegen, nun wird ein Tempel gesucht, wahrscheinlich Wanschouzse, der für uns hergerichtet werden soll. Wegen der Typhusepedemie wurde unser alter Lagerkommandant abgesetzt – als wenn der Mensch etwas dafür hätte können!! – Wir bekamen einen General namens Hsiau – »Klein«, welcher in Wien beim diplomatischen Korps längere Zeit gewesen war und auch sehr gut Deutsch sprach.

Am 10. Dezember kam der chinesische Gesandte aus Wien über Sibirien, woselbst sie ihn gänzlich ausgeplündert hatten, hier in Peking an – und sollte sich sehr über die Österreicher-Ungarn lobend beim Ministerium ausgesprochen haben; jedoch hatte er in diesen Zeiten, wo alles unter dem alliierten Drucke stand, kein einziges williges Ohr vorgefunden.

Ein Kollege dichtete und komponierte einen Internierungskantus:

Saßen einst als lustige Gesellen
Hinter Pekings hohen Mauerwällen
dort zechten wir
bei gutem Bier
Und schönen Mägdelein, gar zart und fein!

Eines Morgens kamen die Chinesen
schon vor vielen Wochen ists gewesen
und haben uns, ganz ungeniert
Nach Sü Yuan geführt und interniert.

Gefangen sitzen wir in der Kaserne
Und blicken traurig in die weite Ferne
Es freuen sich gar königlich
Der Brit und der Franzos um unser Los!

Leider können wir hier jetzt nichts machen
Sondern nur zu allem herzlich lachen
Und gehen still, wie man es will
Zur Schule jeden Tag, oh welche Plag!

In unserm Lager ists sonst ganz schön
Nur die Kantine ist a bissel kleen
Auch kann man schwer, oh welch Malheur
Dort schreiben einen Chit, oh Mißgeschick.

Jeden Tag von neune bis um zehne
Strecken wir die Arme und die Beene
Arme zum Stoß und fest drauf los
Wird Liegestütz gemacht, daß alles kracht.

In ein paar Wochen solln wir wieder wandern
Von diesem Ort zu einem andern
Und hört einmal aus dem größten Saal
Wird die Kantin gemacht, oh welch ne Pracht!

Dort soll es auch kein' Arrest mehr geben,
Herrgott wird das ein köstlich Leben,
Da halten wir mit viel Plaisier
Den langen Wintschlaf wie ein Graf!

Am 19. Dezember übernahm General Hsiau offiziell das Lagerkommando – dieser ein Gegenbild des früheren Oberst – jener ängstlich und zurückhaltend, dieser energisch, aber doch gut gesinnt!

Schon am nächsten Tage ordnete er Erlaubnis für elf Mann, in chinesischer Begleitung, zum Zahnarzt nach Peking gehen zu dürfen, an – unter diesen elf Mann befanden sich auch Leute der sibirischen Flüchtlinge, welche die Absicht hegten, wiederum zu flüchten; was auch einem von ihnen wirklich gelang. Am Bahnhof in Peking wurden sie ergriffen – der eine ließ als Andenken seinen Rock in Händen eines Gendarmeristen – jedoch die anderen, weil sie sich auch widersetzt hatten, wurden gefesselt mittels Auto in Internierungslager geschafft. Einer bekam sogar die Zwangsjacke, da er jede Gelegenheit ausnützte, die Begleitmannschaft zu schlagen. Im Lager wurden sie sofort in Arrest gesteckt und die weiteren Verhandlungen aufgenommen. Der rabiate Mann, ein Zugsführer, brach einen Tag darauf vom Arrest aus und machte sich in der Kantine einen guten Abend; alles gute Zureden war nutzlos – bis es eben dem Chinesen gemeldet werden mußte, die sofort zwei Kompanien Verstärkung heranzogen und Innen- und Außenposten aufstellten; erst unseren Leuten von der Marine gelang es, des Manns habhaft zu werden und ihn dem Arrest zu übergeben; dort wurde er mit einer Wache von sechs chinesischen Soldaten mit geladenem Gewehr und Bajonett auf bewacht, um am nächsten Tage in ein chinesisches Militärgefängnis gebracht zu werden. Obzwar die Chinesen in ihrer Güte diesmal noch beide Augen zudrückten, kam am folgenden Tage ein neuer Befehl:

1. Kein Mann außer den Dienstorganen darf das chinesische Verwaltungsgebäude betreten.
2. Spaziergänge, Eislaufen und sonstige Spiele im Freien oder nur im Hofe werden vom Lagerkommando, falls der geringste Vorfall vorkommt, entweder zeitweise oder gänzlich eingestellt werden.
3. Unser Kommando wird beauftragt, eine Kantinenregelung im schärfsten Sinne herzustellen – andernfalls kein Alkohol mehr ins Lager gelassen wird.

General Hsiau, m.p.

Fünfte Weihnachten 1917

Am 23. Dezember bekamen wir vom chinesischen Kriegsministerium eine Geldspende für Weihnachten von 600 Dollar chinesischer Währung, ungefähr 13.000 Kronen Friedenswährung, die als Weihnachtsgeschenk per Kopf mit 4 Dollar ausbezahlt wurden.

Die Weihnachten verbrachten wir meistenteils mit Eisschuhlaufen, da wir einen eigenangelegten Platz im Hof des Lagers hatten – so desgleichen zu Neujahr 1918 . . .

Am 22. Jänner 1918 veranstalteten wir ein kleines Eismaskenfest, welches im Beisein unserer Bundesbrüder, österreichischer und deutscher Zivilisten recht gut verlief; obzwar der chinesische Buddha mit seinem mongolischen Sandsturm es uns bestimmt nicht gut gemeint hatte.

Am 27. Jänner 1918 wurden wir zur Geburtstagsfeier S. M. Kaiser Wilhelms II. nach dem deutschen Internierungslager Haitien eingeladen. Dort wurden wir aufs erste mit Musik empfangen und bewirtet; – mit einem reich abwechselnden Programm, wie Turnen, Theaterspielen, komische Szenen usw. hatten wir eine recht gute Unterhaltung. Außer uns waren fast sämtliche deutsche und österreichische Zivilisten anwesend, und erst spät in der Nacht nahmen wir Abschied, in der Hoffnung auf ein baldiges frohes Wiedersehen als freie Soldaten in Peking. Dies letzte trat aber nach den politischen Verhältnissen nicht ein, denn noch immer

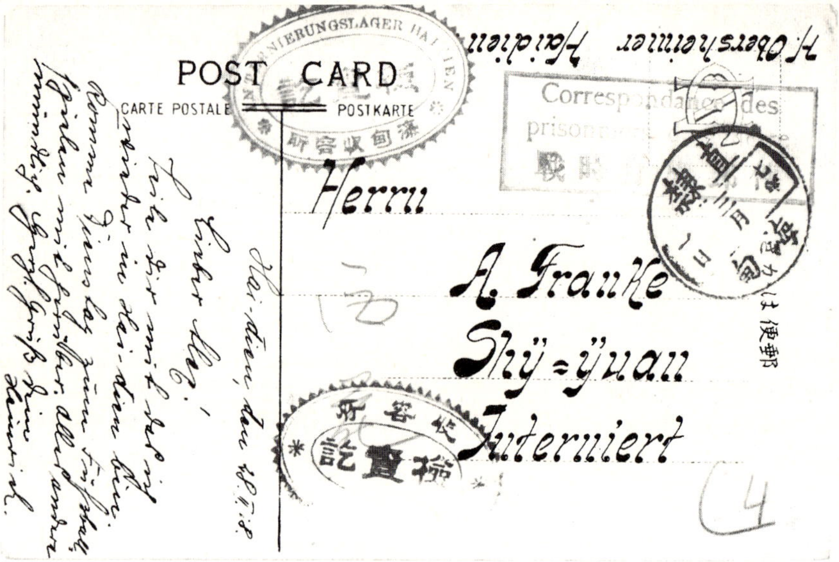

Korrespondenz der Internierten
(Archiv der ÖGCF)

hatte sich der gewaltige Weltbrandschleier nicht gelüftet, und so hieß es weiter ausharren, umringt von Feinden, Krankheiten jeglicher Art, abgeschlossen von der Heimat und deren Verbindung, eingesperrt von einem in sich selbst auf allen Ecken und Enden revolutionären Volk – kurz und gut – nicht gerade die besten Aussichten! !

Da die Deutschen den Geburtstag ihres Kaisers so schön gefeiert hatten, machte ich bei uns auch den Vorschlag, für Ostern eine kleine Unterhaltung zu projektieren, denn was die 43, müssen auch wir 160 Mann zuwege bringen! Jedoch mein Vorschlag wollte nicht durchdringen – trotzdem ließ ich nicht nach, und mit Hilfe einiger Kollegen bewirkte ich es doch. Ich selbst stellte ein Programm zurecht: Barrenturnen, Pyramidenvorführungen mit einem guten Vorturner, der Sängerchor mußte sich auf einige Lieder vorbereiten, ein Theaterstück wurde von den Deutschen geborgt, ferner einige komische Szenen und auch unsere Marine-Musik in Aktion gesetzt.

In dieser Zeit trafen fortwährend Friedensnachrichten ein, die heute geschlossen und morgen wieder gebrochen wurden, so berichteten die englischen Zeitungen. Die deutsche Zeitung war schon lange auf Befehl der chinesischen Behörden unter Aufhetzung der Alliierten gesperrt worden, und wir waren deshalb nur auf alliierte Berichte angewiesen.

Am 17. Feber war ein Fußballwettspiel mit der ersten Mannschaft und den Holländern, welches aber schon nach der ersten Halbzeit abgebrochen werden mußte wegen eines einsetzenden Sandsturmes, der ein Spielen umöglich machte. Jedoch am 27. kamen sie wieder – diesmal war es schöner, daher besuchten auch die Zivilpersonen aus Peking und unsere Kameraden von Haitien das Spiel. Vor demselben wurden unter den Zivilisten mehrere Wetten abgeschlossen, daß die Holländer als Sieger hervorgehen werden, da sie bisher alle Nationen in Peking geschlagen haben – erste Halbzeit 0:0, in der zweiten jedoch gingen unsere Leute der ersten Mannschaft drauflos; – ein Goal nach dem andern flog bei den Holländern hinein, somit endete das Spiel 0:6 zu unseren Gunsten; mit enttäuschten Gesichtern zogen unsere Neutralen nach Peking ab.

Am 7. März kamen die Deutschen zum Wettspiel und zogen mit vierzehn Toren nach Hause.

Am 11. März kam die Nachricht, daß auch Rumänien Frieden geschlossen haben sollte; ferner große Vorbereitungen an der französischen und italienischen Front zu einer Offensive gemacht werden sollten. Auch hier in China hatten die Unruhen einen immer größeren Umfang genommen – man wollte wieder einmal ein Kaiserreich machen.

Viele Mühe und Arbeit hatte es uns gekostet. Endlich waren wir so weit mit der Herrichtung, den Proben und Vorbereitungen bis 30. März fertig geworden, die uns freigestellte Baracke wurde aus einem Misthaufen in einen Festsaal verwandelt. Am nächsten Tag war die Generalprobe, die unter Beisein des chinesischen Lagerkommandos sehr miserabel ausfiel, und mit etwas bangen Gefühlen sahen wir dem kommenden Tag der Vorstellung entgegen.

Ostern in der Internierung 1918 in Siyuan bei Peking

1. April – zur Vorstellung erschienen alles in allem über 200 Personen, die wir kaum und kaum in unserem festlich-geschmückten Saal unterbrachten.

Um 3 Uhr p.m. I. Marsch, von der Marine-Musik
II. Prolog von Steuerquartiermeister:

An unsere Feinde!

Warum zetert und schreit ihr so sehr?
Nennt uns Barbaren und dergleichen mehr?
Gib Antwort, stolzer Brit und Franzos!
Was haben wir verbrochen – was ist denn los?
Sind wir denn gar so niederträchtig und schlecht?
Treten wir wirklich mit Füßen das Völkerrecht?
Schlachten wir Kinder – sind Seeräuber wir?
Wo sind die Beweise – was bürgt euch dafür?
Ists darum, weil wir eure Schiffe versenket?
Weil Gott uns zum Kampfe den Sieg geschenket?
Ists darum, weil uns jeder Waffengang glückt?
Weil eure Macht wir brachen und zum Teufel geschickt?

Habt ihr keine Antwort? Ihr bleibt stumm?
Geschäft ist Geschäft, heißt euer warum!
Für euren Geldsack, zu schnödem Gewinnst
Habt ihr verbreitet das Lügengespinst!
Aushungern wollt ihr uns, ausbrennen, aussengen,
Eure Kriegerscharen ins Land uns schwemmen,
Wie Ungeziefer uns gänzlich vernichten,
Mit Feuer und Schwert in Lande richten.
Wir sagten nichts, ruhig blieben wir und still,
Kommt an, ihr Feinde! seis wie Gott es will!
Fürs Vaterland, für Kaiser und für Recht
Zogen wackren Mutes wir ins heiße Gefecht.
Blutjunge Burschen eilten zu des Kaisers Fahnen
Ergraute Männer sahn des Kampfes blutge Bahnen,
Der letzte Sohn zog von der Mutter aus,
Zu kämpfen für die Heimat in Kampf und Schlachtgebraus.
Wir kämpften hart, wir darbten schwer, wir litten,
Vielfache Übermacht wars, gegen die wir stritten.
Ein jeder bracht sein Letztes, Bestes dar
Eiserne Fronten traf stets eure Kämpferschar!
Gott war mit uns, gibt uns den Sieg;
Bald ists soweit, wie allen es uns lieb.
Das Recht wird bleiben, Friede wird auf Erden,
Gesetz und Ordnung wieder herrschen werden.
Bald wieder im Felde der Bauer schafft
Im Handwerk erprobt des Mannes Kraft
Der Frau, dem Kinde der Bürger lebt ganz
Künstler wieder flechten der Musen Schönheitskranz.
Die Osterglocken läuten heut!
Klar feierlich ein ernst Geläut,
Dröhnende Glocken zärtlich mischen sie
Mit kleinen Glöckchen sanfter Harmonie.
All unser Sehnen, all unser Drang
Klingt wider aus dem Glockenklang,
Laut tönend, feierlich, klar und rein
Läuten sie uns den siegreichen Frieden ein!

Brausenden Applaus erntete dieser schöne ernste Prolog – leider nur daß es so ganz anders ausging – als es erwartet wurde!

III. Barrenturnen vom Vorturner Richter mit acht Mann. Alles gelang sehr gut, und wir ernteten verdienten Lobspruch, denn die kurze Zeit, ferner der Umstand, daß wir im Durchschnitt alles Laien, und vor allem die uneinigen Verhältnissen, welche schon lange Zeit in allem und jedem im Lager herrschten, erschwerten immer mehr und mehr ein Zusammenarbeiten mit den Leuten, und so mußte man sich wundern, daß solch gute Leistungen herausgebracht wurden . . .

IV. Sängerchor, bestehend aus achtzehn Mann, *Liedesfreiheit.*

V. Musik

VI. Theaterstück *Die Manöverliebe;* dieses Stück hatte lebhaften Erfolg, denn die Zuschauer kamen die ganze Zeit aus dem Lachen nicht heraus.

VII. Sängerchor: *Kärntner Gmüat* und *Herzload.* Beide Lieder fanden, speziell bei den deutschen Brüdern, lebhaften Beifall wegen des komischen Dialektes.

VIII. Pyramidenturnen, zwölf Mann – vier Gruppen, was auch alles tadellos gelang.

IX. Komische Vorträge von Musikmeister Reich.

X. Abschiedsmarsch *Abschied der Gladiatoren.*

Nach der Vorstellung bedankten sich die Offiziere und sprachen im Namen der Gäste über das unerwartet großartige Gelingen des Festes die vollste Anerkennung aus.

Sämtliche Besucher wurden bis sieben Uhr aufs beste bewirtet und dann verabschiedet. Mit den Besuchern zugleich gingen zwei Matrosen, einer derselben als Dame, der andere als älterer Herr mit einer Brille verkleidet, ganz ungeniert vor allen Leuten an den chinesischen Posten vorüber, letztere grüßten noch höflichst – natürlich ohne die geringste Ahnung zu haben – durch das Internierungshaupttor unangehalten durch und hatten so ihren Fluchtplan aufs beste zum Gelingen gebracht. Leider kamen sie nach drei Wochen wieder selbst zurück, da es ausgeschlossen war, über Sibirien, woselbst die fürchterlichsten Verhältnisse herrschten, in die Heimat zu gelangen und die Seereise überhaupt nicht in Betracht gezogen werden durfte, da nur alliierte Schiffe fuhren.

Am nächsten Tag, dem 2. April, war großer Ausflug zum Tempel Ta-tschou-tze; bei diesem Ausflug machten sich sechs Mann auf einmal davon, ohne von der chinesischen Bewachung bemerkt worden zu sein. Erst beim Abmarsch wurde der chinesische Offizier das Fehlen der Leute gewahr. Dieser, vor lauter Angst, sandte einen Soldaten mit einem gemieteten Esel ins sechs Stunden ferngelegene Lager voraus, um Meldung zu erstatten und die weitere Verfolgung aufzunehmen – also ein Vorsprung von mindestens zwölf Stunden. Der Soldat kam aber nur eine Stunde früher als die Ausflügler im Lager an. Als der General die Flucht von sechs Mann erfuhr, war er anfangs sehr verblüfft und wollte es nicht glauben; jedoch bald entwickelte sich Zorn – und er gab Befehl, sofort 100 Kavalleristen und 100 Infanteristen auf die Suche zu senden und die Flüchtlinge sofort einzubringen; ferner wurden im Lager innen und außen doppelte Verstärkungen gesetzt, so daß wir dann von zwei Bataillons bewacht wurden. Erst am 4. April meldeten unsere Offiziere den Abgang der am Ostersonntag entflohenen zwei Matrosen. Nun waren aber der General und die ganzen Chinesen außer Verstand gebracht; sie konnten nicht begreifen, daß nun bei doppelter Bewachung überhaupt noch Leute entfliehen konnten, natürlich ahnten sie nicht, daß diese zwei Leute schon seit vier Tagen abwesend waren; er ließ alle Wachoffiziere einsperren und beide Bataillons ablösen, denn er vermutete, daß wir die Wachen bestochen hatten – um Geld bekommt man von einem chinesischen Soldaten ein Gewehr! Weiters kam Befehl »Stadtgang, Ausflüge, Spaziergänge und Fußballspielen im Freien bis auf weiteres untersagt!!«. Am 3. April konnte noch als letzter Mann ein Unteroffizier zum Zahnarzt nach Peking fahren, der aber auch nicht mehr ins Lager zurückkam. Seine Begleitung kam erst am nächsten Tage ins Lager und meldete folgendes: daß der Unteroffizier in Peking bei der Rückfahrt ins Lager vor der italienischen Legation von einigen Italienern vom Rikscha mit Gewalt gefangen und ins italienische Lager hineingeschleppt worden sei, ohne irgendwelchen Grund angeben zu können wieso und warum? Auch trotz dem Protestieren des Soldaten, der einfach von den Italienern weggejagt worden war, nicht mehr herausgegeben wurde. Am gleichen Abend um elf Uhr nachts kamen die ersten zwei Flüchtlinge vom Ausflug zurück; ihrer Aussage nach hatten sie die anderen sechs Leute im Stich gelassen, und da sie alles entbehrten, sich freiwillig wieder entschlossen, zurückzukehren. Beim Tor des Lagers wollten sie die Posten anfangs gar nicht hereinlassen. Trotz der vielen Patrouillen kamen sie unbehelligt ins Lager zurück, und da sie sich freiwillig wieder gemeldet hatten, ließ sie der General Hsiau vorläufig frei.

Am 5. IV. erst erfuhren wir Näheres über das Verbleiben des Unteroffiziers im italienischen Lager; Irredentisten, jetzige Italiener, hatten den Mann auf offener Straße angefallen, halb ohnmächtig geschlagen und in den italienischen Arrest eingesperrt. Nachdem das Lagerkommando, so auch die holländische Gesandtschaft strengstens Protest erhoben hatte, erwiderten die Italiener: daß drei Irredentisten in Nordchina von den Chinesen dortselbst festgehalten werden und sie daher diesen Mann als Geisel bis zur Freilassung der genannten drei nicht herausgeben würden. Der Chinese wollte davon nichts wissen und unternahm im Vereine mit dem holländischen Gesandten diplomatische Schritte bei den Heimatregierungen, die allerdings auch dementsprechend lange dauerten; erst nach drei Wochen mußte, laut Telegramm aus Rom, der Mann, welcher unter dieser Zeit die allerdenklichst schlechteste Behandlung durchzumachen gehabt hatte, freigelassen werden.

Inzwischen kamen »einzeln abfallen« die Ausflugsflüchtlinge selbständig, ohne von irgend einer Seite aufgegriffen worden zu sein, ins Lager zurück. Nur die am Ostersonntag Entsprungenen waren und blieben verschollen. Einer derselben soll durchgekommen sein, jedoch der andere wurde in Sibirien erschossen! Man hörte nie wieder etwas Bestimmtes darüber. *(Widerspruch zu oben im Manuskript, Anm. d. A.)*

Am 8. April machten sich gleich zwölf Mann zusammen, um die Gelegenheit sich nicht entgehen zu lassen, da wir in zwei Tagen darauf in das neue Internierungslager geschafft werden sollten, in einer der vielen leerstehenden Baracken sich einstweilen häuslich zu verstecken und dann je nach Gelegenheit nach unserem Abmarsch die Flucht zu ergreifen – es war das reinste Fluchtfieber über die Leute gekommen. Leider mißlang dieser Plan vollkommen, wie es ja auch vorauszusehen war. Voll ausgerüstet erkletterten sie den Dachboden einer dieser leerstehenden Baracken; der bei der Baracke stehende Posten wurde jedoch nachts von dem vielen Sprechen aufmerksam und ging hinein, um sich zu überzeugen, wer sich darin befinde; einer von den Leuten gewahrte dies und versuchte, durch Bestechung mit drei Dollar den Mann zum Schweigen zu bringen. Der Posten nahm ruhig das Geld, entfernte sich; keine drei Minuten waren vergangen, als die Nachtrunde vorüberging, und zum größten Unglück mußte in demselben Momente die schwachgebaute Decke des Dachbodens samt den Leuten in den ersten Stock durchbrechen, was solchen Krawall verursachte, daß natürlich die Runde aufmerksam wurde und auch gleich nachsehen ging. Zum guten Glücke hatten sich die zwölf Mann in höchster Eile auf die Beine gemacht. Der bestochene Soldat lief nun auch vor lauter Angst in das Verwaltungsgebäude und meldete es dem wachhabenden Beamten, der sich nun auch überzeugte, was vorgefallen war – jedoch fanden die Chinesen nur ein leeres Lager vor, wo die Überreste von Speisen und vergessenen Sachen den Aufenthalt an der Stätte bestätigten. Sofort wurde nun jeden dritten Schritt innen und außen ein Posten mit scharfgeladenem Gewehr aufgestellt, welche den strengen Befehl hatten, auf Flüchtlinge zu schießen. So endete die berühmte »Dachbodenexpidition« unserer Helden, die sich unterdessen in ihr Bett gelegt hatten. Die Chinesen visitierten natürlich alles und fanden zu ihrem Bedauern alle Mann in tiefstem Schlaf vor.

Am 10. April 1918 um acht Uhr früh marschierten wir mit Sack und Pack in Begleitung von 100 Infanteristen und 50 Kavalleristen aus dem verpesteten Siyuan aus und gelangten nach eineinviertelstündigem Marsche in unser zweites Internierungslager, den Tempel Wanschousze.

Wanschousze – 10. April 1918 bis 24. Jänner 1920
Tempel der 10.000 Zeitalter oder der 10.000 Buddhas

Dieser Tempel war einer der ältesten von ganz China. Hier sind in einem Hauptgebäude 10.000 kleine bronzene Buddhagötzen aufgestapelt. Seinerzeit hatte die Kaiserin-Witwe bei ihrem jährlichen Ausflug von der Kaiserstadt zum Sommerpalast hier ihre Raststation gehalten. Der Tempel zeichnet sich durch eine schöne Lage und die noch ziemlich gut erhaltenen Tempelgebäude besonders aus.

Nachdem wir uns hier so halbwegs eingerichtet hatten, und zwar in den drei großen Tempeln und den umliegenden Gebethäusern, wurden die Leute sehr gut untergebracht; die Offiziere bewohnten ein Palais, das ehemals die Kaiserin-Witwe innegehabt hatte. Also alles in allem herrlich, und ich glaube, daß wohl jeder einzelne sich noch in späteren Jahren sehr gerne in die schöne Zeit zurückversetzen wird und Erinnerungen, die bleibend fürs ganze Leben waren, von Neuem auffrischen und sich schließlich sagen wird: Wie gut und wie schön hatten wir es gehabt!! Die vorderen mittleren Gebäude dienten als Wohnräume der chinesischen Bewachung, links anschließend erstreckten sich die der chinesischen Offiziere und Beamten, weiter oben hatte der General Hsiau seinen Tempel für sich mit den angrenzenden Tempeln, die als Kanzleien dienten. Ganz rückwärts lag der Haupttempel mit seinem eigenen Hof und seinen Gebäuden, in die sich der Ta-ho-schan (Oberpriester) mit seinen Priestern zurückgezogen hatte und wo er seine Gebete und Opfer abhielt; ab und zu kamen auch Wanderpriester hierher, ihre Gelübde abzulegen. Leider ist das Besuchen dieses Haupttempels nur zwei Stunden in der Woche bewilligt gewesen. Anschließend rückwärts befindet sich ein ca. 600 Quadratmeter großes Feld mit Wiesen und einem Park; ersteres mit Baumwolle, Kukuruz, chinesischen Erdäpfeln, Kraut, Rettichen, Weizen, Hirse und Paprika bebaut. Die Wiesen waren für Fußball und Tennisplätze hergerichtet worden. In der Mitte der Tempelgebäude gen Osten war noch ein kleiner Obstgarten. Alles in allem sehr schön angelegt – die Hauptsache, eine gesunde Luft! Nachdem dieses neue Lager so halbwegs hergerichtet war, kam am 14. April der Lagerkommandant General Hsiau und hielt folgende Rede:

»Meine Herren! Meine Freunde! Ich freue mich, daß mir wieder Gelegenheit geboten wurde, Ihnen einiges mitzuteilen. Gott sei Dank, daß es mir gelungen ist, Ihnen einen angenehmeren Platz über die heiße Sommerzeit zu verschaffen. Ich hoffe und wünsche, daß es Ihnen hier recht gut gefällt und Sie vor allem besonders mit der Luft zufrieden sein werden. Nachdem hier nun Platz genügend für Ihre körperliche und geistige Bewegung und Stärkung vorhanden ist, können wir nun auch auf weitere Ausflüge in die Berge verzichten; ferner mußte ich den Stadturlaub, der mißlichen Verhältnisse halber, die sich in Peking befinden, untersagen, da ich eventuelle Fälle meiner Regierung nicht weiter verantworten kann. Weiters will ich die Herren noch aufmerksam machen, daß es wirklich keinen Zweck hat, wenn einer oder der andere in die Heimat entfliehen will – erstens dauert der Krieg bei Ihnen zu Hause nicht mehr lange und wird sich vorraussichtlich in ein paar Monaten zu Ihren Gunsten entscheiden, dies hoffen wir ja alle! Zweitens, die vielen Strapazen, Entbehrungen und hauptsächlich Krankheiten, die sich derjenige aussetzt, sind lange nicht des ganzen wert. Drittens, die russischen und sibirischen Zustände sind auch nicht dementsprechend angebracht, um ein Durchkommen die vielen Tausenden Kilometer zu erleichtern. Seien Sie, meine Herren, vernünftig und folgen Sie meinem gutmeinenden Rat – bald kommt die Zeit der Erlösung von hier, und dann werden wir Sie mit chinesischer Militärmusik nach Hause begleiten! Nicht als Feind – nicht als Vorgesetzter – nicht als Arbeitgeber usw. spreche ich zu Ihnen – nein – sondern als wahrer Freund! Sollten Sie aber trotzdem meine Warnungen vergessen, der eine oder andere, so wird derjenige sich selbst und seine Kameraden in große, mißliche Unannehmlichkeiten stürzen!«

Hierauf wurde eine Lagervisite abgehalten und die schnelle und gute Zubereitung und Bequemlichkeiten seitens unserer Leute sehr gelobt. Einige Tage später kam der holländische Gesandte und inspizierte unser neues Lager – auch dieser verabschiedete sich in vollster Zufriedenheit.

Am 30. Mai kam endlich nach sechzehn Monaten die erste Heimatpost in unsere Hände; mit übergroßer Freude wurde sie empfangen, wie befriedigt und erleichtert das Gemüt nach dieser langen Zeit war, kann man nicht beschreiben. Eines hält einen aufrecht, daß so vielen Abertausenden das gleiche Geschick bestimmt und wahrlich noch viel schlechter als unseres war, denn was geht uns außer Freiheit eigentlich ab, so mußte man sich endlich fragen? Nichts! Doch das Klima – zwei Drittel der Bemannung waren schon von den verschiedensten Krankheiten wie Typhus, Scharlach, Malaria, Dysenterie, Ruhr, Cholera, Lungenkrankheiten und vielen anderen kleineren Beschwerden befallen – 80 Prozent hatten schon Geschlechtskrankheiten zu überstehen gehabt. Zähne Augen, Ohren, Haarausfall, teils mehr oder weniger beschädigt und ruiniert – was wollte da noch Kerngesundes übrig bleiben? Wahrlich, nicht viele Leute waren wir, die außer einigen Kleinigkeiten von all den vielen Ansteckungskrankheiten verschont geblieben waren.

Am 10. Juni war eine große Verhandlung in Peking im Ministerium betreffs Deportierung aller feindlichen Subjekte aus China nach Australien. Das Resultat war, daß die Chinesen diesmal sehr vorsichtig gehandelt hatten und den Entscheid des Ausganges der letzten Offensiven abwarteten und sich eine dreimonatige Bedenkzeit von den Alliierten erbaten.

Unsere Tagesordnung war folgend:

Sieben Uhr Wecken – halb acht Uhr Frühstück – schwarzer Kaffee mit Weiß- oder Schwarzbrot. Acht Uhr Morgenappell, bei welchem der jeweilige Inspektionsunteroffizier den chinesischen Beamten jedweden Vorfall meldet. Von neun Uhr früh bis fünf Uhr abends war nichts mehr – jeder beschäftigte sich nach seiner Art. Nur um elf Uhr wurde noch Rapport abgehalten von unserem ersten Offizier. Dreiviertel zwölf Uhr Wache ablösen, da wir selbst Innenposten bezogen gegen Feuergefahr. Zwölf Uhr allgemeines Essen; unser Speisenzettel verdient wirklich angeführt zu werden:

Montag: Rübensuppe, Rindfleisch mit Kartoffeln, Tee und Brot;

abends: Kalbskotelette mit Kartoffelsalat, Tee und Brot.

Dienstag: Rindsuppe, Fleisch, Kaiserschmarrn, Tee und Brot;

abends: Rindfleisch in Essig und Öl mit Kartoffelsalat, Tee und Brot. (Zum Kaiserschmarrn sei bemerkt, daß 112 Stück Eier verwendet wurden.)

Mittwoch: Einbrennsuppe, Schweinefleisch, Knödeln und Kraut, Tee, Brot;

abends: Rostbraten mit Salat, Tee und Brot.

Donnerstag: Rindsuppe, Fleisch, Fisolen gekocht, Omeletten, Tee und Brot;

abends: ein halbes Huhn gebraten mit Kartoffeln oder Reis, Tee, Brot.

Freitag: Suppe, Fleisch, sechs gebratene Mehlkartoffelknödel, Tee, Brot;

abends: Eierspeise (fünf Eier) oder Beefsteak mit Kartoffeln, Tee und Brot.

Samstag: Suppe, Fleisch, gelbe Rüben, Tee, Brot;

abends: Kartoffel- oder Reisgulasch, Tee und Brot.

Sonntag: Suppe, Schweinefleisch, Knödel und Kraut, Tee und Brot;

abends: Wienerschnitzel mit Kartoffelsalat, Tee und Brot.

Was wollte man noch mehr? Niemand wird zu jener Zeit, ob Krieger oder in Hinterlande, im Jahre 1918 und 1919 eine solch reichliche Beköstigung bekommen haben in Europa!

Von der Heimat hörte man in den englischen Zeitungen die denkbar schlechtesten Nachrichten – ständiger Rückzug der Deutschen auf der ganzen Front.

Am 1. Oktober hörten wir Berichte von der bedingungslosen Übergabe der Bulgaren und einer Zerteilung Österreich-Ungarns – was daran Wahres sein sollte, konnten wir nicht beurteilen und wollten es darum auch keinesfalls glauben. Weiters bekamen wir Nachrichten aus Japan, daß alle Nicht-Altösterreicher, also Nichtdeutsche, die sich ihren Hinterländernationen angeschlossen haben, von der Gefangenschaft befreit sind und von Vertretern der Alliierten nach Wladiwostok geschafft werden, um dortselbst den Heimtransport abzuwarten. Dies war nun natürlich für unsere Nichtdeutschen ein Fressen, und sofort ging ein Schreiben nach dem andern zu den Franzosen und Italienern um Befreiung vom österreichischen Joch; was aber erst nach langen Monaten in Erfüllung gebracht werden konnte – wir Deutsche und Ungarn waren sehr froh, endlich von diesen zweifelhaften Leuten befreit zu sein – obzwar niemand dazu gezwungen wurde – nun konnten wir auch mehr in Ruhe nebeneinander leben. Am 13. Oktober erfuhren wir aus den Zeitungsberichten, daß Österreich-Ungarn zerstückelt sei und um Frieden gebeten habe, so auch, daß die Türkei einen Waffenstillstand eingegangen sei – wie diese Nachrichten von uns aufgenommen wurden, läßt sich nicht beschreiben – entweder man glaubte es nicht – oder sprachlos, ohne ein Wort zu verlieren, schlich sich jeder von dannen in einen Winkel, wo man sich unbeobachtet befand – es war einfach unfaßbar!

Gegen Ende Oktober brach im Lager eine Fieberepedemie aus, woran 75 Prozent erkrankten und erst nach fünf Wochen allmählich geheilt vom Hospital entlassen werden konnten.

3. November 1918. Schwere Tage brachten uns die Zeiten, Sachen, die man vor anderthalb Monaten nie geglaubt hätte, daß feindliche Zeitungen jemals so über uns Zentralmächte hätten schreiben können: kontinuierlicher Rückzug der Deutschen an der Westfront – Abdankung des deutschen Kaisers zum zweiten Male – Mangel an allem in den Zentralstaaten – Zerstückelung Österreich-Ungarns – Großserbentum mit allen

Südslawenländern mit halb Kärnten und einem Drittel der Steiermark etc. Übergehen der italienischen Länder an Italien – also somit der Weg zur See für Österreich gesperrt – k. u. k. Marine den Jugoslawen und Italienern übergeben, Entlassung aller anderen Nationen von den Fronten – Selbstständigkeit Ungarns – Rumänen von Ungarn an Rumänien übergehend, Polen zu Polen und so weiter all die Schauerberichte.

Wir Deutsche wollten es nicht glauben – nur die anderen Nationen waren zufrieden und spotteten über uns. Da wir nicht ein Atom von Wahrheit wußten, blieben wir ruhig in uns verschlossen und ließen unseren Schmerz nicht merken. Es verstand sich von selbst, daß nach diesen Nachrichten die Spaltung unter den Leuten sich von selbst gestaltete; alles lebte unter sich auf gespanntem Fuße, jede Kameradschaft, die doch durch so lange Jahre gepflogen worden war, war entzweigerissen – immer feindseliger wurden die Bewegungen der feindlichen Nationen. Mit den Ungarn verbanden wir uns eines Tages und beratschlagten mit ihnen ruhiges Verhalten und eventuelle Verteidigung unserer Interessengemeinschaft – mit *Lauschst du dem Lied der alten Fischer* löste sich unser Parlament auf. Die Herren Offiziere fanden es weiter auch nicht für notwendig, die Mannschaft nachher aufzuklären und zu beruhigen, und so rannte alles mit revolutionären Köpfen herum und wußte nicht, soll man dreinhauen oder zu allem lachen. Nur der einzige Chinese – welcher nie und nimmer aus seiner berühmten Ruhe herauszubringen war – kümmerte sich überhaupt nicht, was vorging in uns, und ließ alles seinen Gang weiter geschehen.

Am 6. November bekamen wir die offizielle Nachricht von der Waffenstillstanderklärung Österreich-Ungarns mit den Alliierten – nun wußten wir, daß es zu Ende war; aber noch hofften wir insgeheim auf einen guten Abschluß, da Deutschland weiterkämpfen sollte. Leider wurden wir auch hierin enttäuscht, denn in ein paar Tagen erhielten wir die Nachricht von der Revolution in Deutschland. Nun kam endlich auch die Frage an uns heran – zurück in die Heimat. Das Wie? Wann? war noch eine Fata Morgana; daß wir nicht die ersten sein werden, leuchtete uns zwar ein – aber daß wir noch vierzehn weitere Monate hiergehalten werden könnten, hätten wir uns aber nicht träumen lassen!

21. Dezember 1918. Nun endlich der erste Schnee – natürlich nicht in dem Maße wie in der Heimat, man mußte sich mit den fünf Zentimetern auch begnügen, wenn auch dieser nur 48 Stunden längstens liegen blieb. Wir machten unser vier einen kleinen Ausflug, um im Schneegestöber die schneebedeckte Landschaft zu bewundern und dabei heimatliche Gefühle aufzufrischen und auszutauschen, wo sich ein jeder auf Heimaterde zu sein wünschte. Unterwegs suchten wir einen kleinen Tannenbaum, den wir ohne weiters köpften und mit ins Lager nahmen; dem chinesischen Unterleutnant gaben wir noch ein paar Zigaretten, und die Soldaten mußten schweigen; beim Fünfturmpagodentempel angelangt, entnahm einer von uns eine kleine Flasche Liha aus seiner Tasche und gab jedem drei Stamperln, die wir zu Ehren des ersten Schnees

und des chinesischen Buddha genehmigten. Am Rückweg passierten wir einen kleinen Tempel, in welchem mehrere buddhistische Götzen und Götter standen – einer unter denen hatte eine Mandoline unter dem Arm; dieser letztere weckte einen von unseren Kameraden, da er selbst leidenschaftlich Mandoline zupfte, solch großes Interesse, daß wir eine zweite Raststation daselbst machten und dabei den Grund der Lihaflasche untersuchten; nachher ging es im schönsten Schneefall ins Lager zurück, und mit Sing und Sang marschierten wir in Wanschousze ein. Den gleichen Abend verweilten wir noch im engsten Freundeskreise bis spät nachts in meiner Kabine und ließen unseren Gedanken recht freien Heimatslauf.

Alexander Franke

Sechste Weihnachten 1918

Diese wurden ebenfalls im engsten Kameradschaftskreise gefeiert – sie waren wohl sehr schmal gehalten, obwohl das Kriegsministerium wiederum pro Mann vier Dollar spendiert hatte – bis elf Uhr nachts konnten wir Lichter brennen lassen – um halb zwölf war die Sitzung zu Ende, unter gegenseitigen Weihnachtswünschen, in der Hoffnung, daß die nächsten Weihnachten im Kreise der Angehörigen und Lieben in der Heimat verbracht werden, ging es dann zu Bette.

Am ersten Weihnachtsfeiertag eröffnete ich den Eislaufplatz, und so hatten wir eine kleine Zerstreuung und Ablenkung der Gedanken. Ganze Tage wurden am Eislaufplatz verbracht.

Neujahr 1919 wurde in stiller Abgeschlossenheit von den anderen Nationen gefeiert, da die inneren Zustände im Lager sich von Tag zu Tag zuspitzten (seit dem Waffenstillstand).

Am 21. Jänner veranstaltete ich als Eismeister ein kleines Eisfest mit Sportunterhaltung, welches recht gut verlief.

Einige Tage später erfuhren wir die Nachricht, daß alle österreichisch-ungarischen und deutschen Zivilisten, welche sich in China befinden, bis 1. Juni d. J. Chinas Boden verlassen mußten – dies wieder ein Druck der Alliierten, um so den Handel in Ostasien gänzlich für die deutsche Sache zu vernichten[2]. Nachfolgende Bestimmungen schlossen sich daran: 1. mitzunehmen sind erlaubt nur 120 Kätti (d. s. ca. 60 kg) Gepäck, 2. Juwelen oder sonstige Schmuckgegenstände sollen deponiert zurückgelassen werden, 3. Geldbetrag nur bis zu 200 Dollar in chinesischer Währung, 4. Alle sonstigen Privatgegenstände müssen bei der chinesischen Regierung deponiert werden und können nach Friedenschluß auf eigene Kosten nachgesandt werden. Also ziemlich scharfe Bedingungen waren da aufgestellt – was mußten sie erst dann uns Militäristen auferlegen – die paar Wäschestücke und Schuhe, welche man sich mit knapper Mühe zusammengerackert hatten, würden sie einem doch hoffentlich lassen.

Die Herrlichkeit des Eises war dieses Jahr schon nach drei Wochen wieder vorüber, und die mongolischen Sandstürme setzten gehörig ein. Mitte Feber ersuchten wir einige Mann beim Lagerkommando an, um einen Ausflug in die Umgebung machen zu dürfen, was uns wunderlicher Weise bewilligt wurde. Nach dem Mittagessen gingen wir neun Mann in Begleitung von neun Begleitsoldaten, einem Unterleutnant und zwei Kavalleristen dem deutschen Internierungslager zu; unterwegs begegneten wir vielen Chinesen in sonntäglicher Kleidung, was uns sehr auffiel; nicht lange, so hatten wir den Grund, hier mußte in der Nähe ein Tempelfest sein – soviel hatten wir als alte Tempeltiger bald heraus. Wir änderten unseren Kurs und zogen der Strömung nach. Nach anderthalbstündigem Marsche gelangten wir endlich zum großen Glockenturmtempel, woselbst abertausende Menschen versammelt waren. Der Tempel liegt innerhalb einer großen Umfassungsmauer; während des größten Teiles des Jahres sind diese heiligen Haine einsam und verlassen, nur zur Zeit des Frühlingsanfanges und Ende Sommer halten die hohen Priester ihre Bettage ab; sodann kommen vom höchsten Mandarin bis zum niedrigsten Kuli alle herbei und bringen ihre Opfer dar – die sie in Gestalt von Kupfercents vom Glockenturmvestibül stehend durch die Öse des Glockenschaftes durchwerfen – trifft jemand durch diese Öse, so hat er für dieses Jahr in allem, was er unternimmt, Glück – natürlich kommt es sehr selten vor.

Wir besichtigten alle Tempelhallen, die gleich einem Bienenkorb von Menschen wimmelten; als wir den Tempel verlassen wollten, da uns zuviel Leute waren und diese uns immerwährend begafften (mit unserer Begleitung), kamen zwei Hoschan (Priester) auf uns zugeeilt und begrüßten uns recht freundlich mit ihrem Kotau (Verbeugung), das wir als alte Chinesen selbstredend sofort erwiderten, denn in ihnen erkannten wir den Ober- und Bambuspriester von Tjetaitze, welche wir sehr oft besuchten hatten und mit denen wir gut ausgekommen sind; nachdem die gebräuchlichsten Redens- und Begrüßungsformeln gewechselt waren, wie hau pu hau – wie geht es?, etc. mehr, nahmen sie uns unter dem größten Staunen der Begleitmannschaft und der unterdessen angesammelten Menschenmenge unterm Arm und führten uns in ihre Tempelwohnung, woselbst sie uns mit Tsa-Tee bewirteten. Da der Ta-ho-schan

Alle Mann in der Gefangenschaft in China
(Beide Fotos: Archiv der ÖGCF)

einige Worte Deutsch kannte und wir einige Brocken Chinesisch, konnten wir uns ganz gut verständigen – am meisten waren sie über ihre Regierung aufgebracht, die uns interniert hatte. Unter anderem frugen sie auch über die Deutschen, wie der Krieg in Europa stehe, ob wir bestimmt gewinnen werden usw. Leider mußten wir ihnen bekennen, daß wir, wie viele Hunde des Hasen Tod sind, auch daran haben glauben müssen, daß gegen 26 Staaten der Sieg nicht zu holen war. Die Begleitmannschaft ließ uns ungeniert allein unter den Priestern und getraute sich nicht einmal in den Tempel hinein. Nachdem wir eine halbe Stunde dortselbst verweilt hatten, bedankten und verabschiedeten wir uns von ihnen mit vielen Kotaus und traten den Heimweg an – natürlich umgafft von Hunderten Chinesen, denen es nicht eingehen wollte, wie wir mit den Priestern so gut Freund sein konnten – es sah so aus, als wenn auch wir Bekenner des Buddha geworden seien.

Am Heimwege wurden wir noch von einem Trupp Chinesen begleitet – wir selbst hatten uns dabei köstlich amüsiert, und so schloß uns dieser Tag sehr gut ab, mit mehr Abwechslung und Zerstreuung, als wir geahnt hatten.

Nun ist es doch soweit gekommen, daß alle österreichischen und deutschen Zivilisten mit Ausnahme weniger im März vom Konzentrationslager Shanghai nach der Heimat transportiert werden – von uns Militär war bisher noch nicht die Rede gekommen.

Unser Gesangschor schmolz immer mehr zusammen, wir waren schließlich noch 20 Mann – alle Deutschösterreicher, unser Motto:

Vom großen Wall bis an den Strand,
Tönt unser Lied im Chinaland!

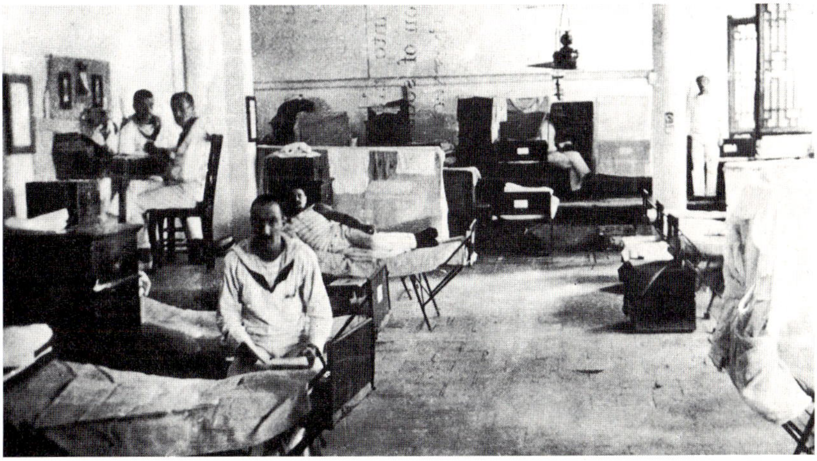

tönte allabendlich in die Nacht hinaus.

Nebenbei hatten wir einige Kollegen noch einen Tsa-Klub gegründet, da in Ermangelung des Alkoholes wir unentwegt Tsa tranken – unser Gründer gab als Motto:

Kein Alkohol in Wanschousze,
So trinken wir nur Lipton-Tee!

Jeden Abend kamen wir in meiner Kabine zusammen, um bei Zither- und Mandolinenklang die trostlosen Gedanken zu vertreiben.

Von Peking hörte man unterdessen, daß die Annamiten – französische Legionäre von China-Indien – das deutsche Lazarett stürmen und plündern wollten, jedoch rechtzeitig vom holländischen Kommandanten Gegenmaßregeln getroffen waren, so daß sie davon abließen. Es war eben der Wahlspruch bei den Alliierten: Alles, was deutsch ist, muß dem Boden gleich gemacht werden.

Einige Tage darauf kam ein zurückgebliebener Zivilist, dessen Frau in gesegneten Umständen war, und erzählte uns eine nette Episode, welche sich kurz vor der Abfahrt am Bahnhof in Peking zugetragen hatte: Ein Fräulein wurde in allerletzter Minute von einem Holländer, welcher eine sehr gute Stellung beim chinesisch-englischen Kraftwerk innehatte, ohne früher sich näher gekannt zu haben, mit einem Heiratsantrag überfallen – ganz perplex darüber, wußte sie überhaupt nicht, ob dies ein Spaß sei oder Ernst? Nach einigen Aussprachen wurde es ihr doch klar, daß er es ernst meinte und sie und ihr Kind wirklich nehmen möchte, und schließlich nach seinen vielen Liebeserklärungen gab sie endlich zu; – sofort zum Bahnvorstand und dem englischen Revissionsbeamten, den beiden es gemeldet – mit Auto zum holländischen Gesandten – sich trauen lassen – zurück zum Bahnhof war ein Zeitraum von einer halben Stunde. Mit dem Trauschein in der Hand konnte er das Fräulein, welches nunmehr seine Frau geworden, vom Heimtransportkommandanten herausnehmen, und so fuhren sie zum Staunen und Wundern der Abreisenden in seine Wohnung, woselbst sie ein Jahr glücklich lebten. Sie gebar ihm ein Kind und ließ sich darauf wieder scheiden.

Am 25. April, zu meinem Geburtstage, zogen die 18 Czecho-Slowaken beim Tempel hinaus, um unter französischen Schutz in die Heimat geschafft zu werden – was ihnen leider sehr übel kam, denn sie mußten erst nach Wladiwostok, woselbst sie eingekleidet wurden und noch lange Monate, statt nach Hause zu fahren, militärischen Dienst versehen mußten.

Durch das Abgehen unserer Czechen wurde unsere Hauskapelle um drei Mann geschwächt. Nicht lange überlegend – wir machten uns drei Neulinge daran – ich selbst lernte Baßgeige, und schon nach einigen Wochen war die Lücke wieder ausgefüllt.

Ende Mai hatten wir endlich wieder einmal einen abwechslungsreichen Tag. Nach langem Drängen unsererseits bei dem Lagerkommando bewilligten sie uns endlich wieder einen ganztägigen Ausflug, welchen wir zum holländischen Sommerquartier bestimmten. Um sechs Uhr früh brachen wir auf; linker Hand den Sommerpalast passierend, gings an den Sturmforten vorbei über einen kleinen Paß hinüber ins andere Tal, und wir erreichten nach dreistündigem Marsche das Dorf Hailungtian. Unweit auf einer kleinen Anhöhe liegt der buddhistische Tempel, der aber leider schon, außer einigen kleineren Wohnräumen, zum größten Teile verfallen ist. Dortselbst angelangt, machten wir uns an dem mitten im Tempel gelegenen kleinen Wasserbassin, das von vielen Schlingpflanzen umwachsen, unser Frühstück zurecht. Nach Besichtigung der Tempelanlagen badeten wir in dem Tümpel, der, da immerwährender Zu- und Abfluß, recht angenehm ist, sonnten uns noch eine halbe Stunde, worauf wir unsere mitgenommenen Schnitzel verzehrten und die umliegenden Anhöhen mit der Umgebung besichtigten. Von hier aus sahen wir mit freiem Auge die große Mauer beim Nan-kai-Paß sich hinziehen. Vor uns breitete sich die weite Ebene Pekings mit ihren Unmengen von Dörfern aus, im Süden liefen die letzten Ausläufer der Westberge dahin. Gen Westen erstreckten sich die vielen Züge und Ketten des Westgebirges in einer Höhe von ungefähr 1200 bis 1600 Meter entlang, welche trotz der Kahlheit ihre interessanten Naturreize hatten; in kleinen Abständen sah man bald hoch oben, bald an den felsigen Abhängen der Berge die immer gleichwirkenden Tempelanlagen. Nicht unweit vor uns lag Ta-Tschou-Tzse, das einzig allein auf einem riesigen Felsblock aufgebaut ist und majestätisch emporragt. Im Norden erstreckten sich die kleinen Hügel, welche die Grenze der Mandschurei bildeten; unten lagen die Dörfer Tang-sohan, berühmt wegen der Schwefelquellen, welches ehemals unser altes Sommerquartier war, und noch andere kleine Ortschaften, durch die sich die Eisenbahnstrecke dahinschlängelt, um in Kalgan ihr Ende zu finden. Unterwegs fand ich die ersten chinesischen Edelweiß, von welchen ich einige mitnahm und preßte. An unserem Rastplatze wieder angekommen, badeten wir uns noch einmal, unterdessen einer der Kollegen einige Gruppenaufnahmen machte. Wir ließen hier im Tempel folgende Inschrift:

Wanderer! der Du kommst nach Hei-lung-tian,
Hör Dir unsere Wahrnung an,
Und tauch Dein klapperndes Gebein
Nicht in diesen Tümpel ein
Sonst spürst du mindestens acht Wochen
Das Zipperlein in allen Deinen Knochen.

Um drei Uhr nachmittag brachen wir wieder auf und traten den Rückweg an – die Sonne brannte sehr empfindlich herab – es mußte so 46–48 Grad Celsius im Schatten gehabt haben – halb nackt marschierten wir unserem Lager zu, welches wir um sechs Uhr abends erreichten – so hatten wir wieder einen inhaltsreichen Tag hinter uns und konnten gehörig schlafen.

Die nächste Zeit verging in ihrem gewöhnlichen Lauf weiter; wir selbst untereinander verfielen auch in letzter Zeit fast gänzlich; die geringsten Meinungsverschiedenheiten brachten oft vollständigen Bruch, so daß man mehr und mehr gezwungen war, jedwede Freundschaft aufzugeben und sich zurückzuziehen.

Am 26. Juni wollte die Zeitung wissen, daß der Friede mit Deutschland in den nächsten Tagen unterzeichnet wird; das alte Kabinett sei zurückgetreten, und andere Männer, die den schmachvollen Frieden heraufbeschworen, seien gewillt, zu unterzeichnen!

Zur Unterzeichnung des Friedens soll eine volle Woche offiziell in China die Siegesfeier anberaumt werden.

Am 10. Oktober – zur Republikfeier in China – soll der Friede mit Österreich unterzeichnet worden sein – nun konnte es ja nicht mehr lange dauern, daß auch wir endlich von hier erlöst werden – jedoch trotz der vielen Telegramme, welche der holländische Gesandte an die Regierung gesandt haben soll, wurde nicht entschieden, was mit uns werden soll – die Zeit verging noch langsamer denn je, da man einer Änderung entgegensieht, die aber leider nicht so bald kam.

Am 3. November sind die Italienangehörigen von uns weggeschafft worden – vorläufig aber auch nur nach Wladiwostock, um dort den

Heimtransport abzuwarten. Desgleichen sind auch fünfzehn Deutschböhmen, die es nicht unbedingt notwendig hatten, mit unserem Kommandanten nach dorthin abgesegelt unter tschechischer Oberhoheit, als Bürger. Nach Abgehen der beiden Offiziere nahmen die drei rangältesten Unteroffiziere die innere Führung in die Hände.

Ende November 1919 bekamen wir von Japan die Nachricht, daß bereits vier Dampfer für die Kriegsgefangenen in Japan und Internierten Chinas gechartert worden seien, so daß jeden Monat ein Dampfer abgehen kann – hurra! – nun endlich wußten wir Näheres – also Anfang 1920 war somit auch für uns die Abfahrt bestimmt!

Siebente Weihnachten – Internierung

Sie vergingen, ohne daß man überhaupt daran dachte, denn alles war nur von dem Gedanken – bald von hier fort – der Heimat entgegen – gefesselt, nur den letzten Silvester und das Neue Jahr 1920 beim Militär feierten wir wieder im vertraulichsten Kreise einiger Kameraden und wünschten uns gesunde Heimkehr und gute Zukunft – unter Anstimmung des Heimatsmarsches trennten wir uns – es war dies auch die letzte Zusammenkunft und Gemeinschaft, die unsere Banden durch all die Jahre gepflogen hatten.

Endlich war der Tag gekommen – am 22. I. 1920 erhielten wir vom Lagerkommando die Order, zusammenzupacken! ! ! – da es den nächsten Tag losgehen sollte – mehr oder weniger war alles soweit schon vorbereitet.

Entlassung aus der Internierung

Am 23. Januar 1920 traten alle Mann um zehn Uhr an mit Sack und Pack, nachdem die großen Sachen bereits mittels Karren nach Peking transportiert worden waren. Die Jugoslawen wurden eine Stunde früher vom französischen Sekretär der Gesandtschaft abgeholt und hatten somit auch um eine Stunde früher die langersehnte goldene Freiheit erlangt – sie fuhren gleichen Tages nach Tientsin und von da Mitte Feber in die Heimat. Der Lagerkommandant verabschiedete sich von der Mannschaft und wünschte uns allen glückliche Reise! Mit Sang und Klang ging es beim Tor hinaus – diesmal aber ohne Begleitung! ! Ich selbst mit noch einem Unteroffizier verblieb noch einen Tag länger im Lager, da wir das ganze Inventar den Chinesen ordnungsgemäß übergeben mußten. Abends waren wir bei den Beamten eingeladen, woselbst wir uns noch bis spät in die Nacht recht gut unterhielten. Am 24. I. mittag wurde uns ein Kraftwagen zur Verfügung gestellt, der uns in unser Lager brachte, welches aber noch immer unter holländischem Schutz und Wache stand – so auch wir unter deren Kommando. Hierselbst mußten wir nun warten, bis der Heimtransportdampfer für uns nach Shanghai kam, um auch uns mitzunehmen. Anfang Feber fuhr der erste Transport von Peking ab, Deutsche und Invaliden – Ende Feber der zweite . . .

(Ende des Zitats.)

Dem Bericht Frankes sind noch einige Details über das Schicksal anderer Militär- und Zivilpersonen in China hinzuzufügen. Das Internierungslager in Kirin, das vor allem aus sibirischer Gefangenschaft Geflüchtete aufnahm, scheint schlechtere Bedingungen geboten zu haben als das von Peking. Laut einem holländischen Bericht von 18. Juli 1918 waren die Unterkünfte zwar ausreichend, aber feucht und »entschieden armselig«. Weitere Mängel wurden bei der ärztlichen Betreuung durch den chinesischen Lagerarzt festgestellt. Das chinesische Personal wurde als »den Internierten gut gesinnt« bezeichnet[3].

Die österreichischen Zivilisten wurden zwar auf freiem Fuß belassen, doch verloren die meisten von ihnen ihre Posten und gerieten in finanzielle Bedrängnis. Die meisten sammelten sich in Shanghai und Tianjin. Zur Linderung ihrer Not wurde in Shanghai ein österreichisch-ungarischer Hilfsfonds geschaffen, während sich in Tianjin der Hilfsverein für Kriegsgefangene und Zivilinternierte ihrer annahm[4].

Schließlich soll auch das Schicksal der chinesischen Staatsbürger in Österreich nicht unerwähnt bleiben. Soweit sie nicht gemeinsam mit dem chinesischen Gesandten in die Heimat zurückkehren konnten, mußten sie den unbequemeren Weg eines über die Schweiz und Frankreich geführten Transportes einschlagen. Auf dem Weg scheint man sie in Ermangelung anderer Unterbringungsmöglichkeiten in Gefangenenhäusern einquartiert zu haben, denn mit Brief vom 21. Dezember 1917 wurde das k. k. Bezirksgericht Feldkirch bei der k. k. Bezirkshauptmannschaft wegen des Ersatzes der »im hg. Gefangenenhaus untergebracht gewesenen 43 Chinesen« vorstellig[5]. Bereits am 20. Januar 1918 – es ist erstaunlich, wie rasch in manchen Fällen der Amtsschimmel galoppiert! – wandte sich das Kriegsministerium an das Ministerium für Äußeres mit der Bitte, die Refundierung dieser Auslagen durch die Schutzmacht Chinas, Dänemark, veranlassen zu wollen[6].

Wenig später waren die österreichischen Behörden nochmals mit internierten Chinesen befaßt. Die Ministerialkommission im k. u. k. Kriegsministerium stellte mit Erstaunen fest: »Laut Auskunft des h. o. Vertreters des k. u. k. Ministerium des Innern befinden sich im Barakkenlager Ungarisch-Hradisch tatsächlich elf Chinesen.« Diesen Bürgern des Reiches der Mitte lag allerdings nichts an ihrem dortigen Aufenthalt, und so hatten sie folgende dem Akt beiliegende Petition eingebracht:

> Wir, zusammen elf Personen, zuständig nach Tai-Tchou, fuhren mit Erlaubnis von Oi-Dehe *(Odessa – Anm. d. Aut.)* nach Oroszvar, um Handel zu treiben. Beim Passieren der österreichischen Grenze wurden wir über zehn Tage lang zurückgehalten. Dann wurden wir in eine Ortschaft geschickt, wo wir fünf Tage verbrachten. Die Behörde hat uns irrtümlicherweise in ein Quartier für arme Leute gebracht, wo wir uns ein paar Tage lang aufhielten und uns mit großen Schwierigkeiten Nahrungsmittel verschaffen mußten. Jetzt dürfen wir weder Handel treiben noch die Rückreise antreten. Wir bitten daher

das hohe Amt um Intervention, damit wir nach Oi-Dehe zurückfahren können.

Und das Amt intervenierte und beauftragte die k. u. k. Vertretung Österreich-Ungarns für die Ukraine, »festzustellen, ob gegen ihre Rückreise in die Ukraine seitens der ukrainischen Regierung ein Einwand erhoben wird[6]«. Dem dortigen Missionschef scheint die Aussicht nicht willkommen gewesen zu sein, in dieser Angelegenheit in vielleicht langwierige Verhandlungen treten zu müssen. Er dachte nach, wie er dies vermeiden könnte, und der rettende Einfall blieb nicht aus. Am 29. Juni 1918 richtete er an das k. u. k. Ministerium des kaiserlichen und königlichen Hauses und des Äußern folgendes Schreiben[7]:

> Eine Anfrage bei der ukrainischen Regierung betreffend die Rückkehr der in Rede stehenden elf Chinesen erscheint nicht erforderlich, da nach Punkt 3 der Anlage 19 zum Wirtschaftsabkommen mit der Ukraina dieser nicht das Recht zusteht, Einreisen aus den Zentralmächten von einer vorherigen Bewilligung abhängig zu machen.
> Es würde sich h. a. Ansicht nach empfehlen, die fraglichen Chinesen einfach über unsere Grenze in die Ukraina abzuschieben und hiebei der ukrainischen Regierung mitzuteilen, daß diesen Individuen, die unsere Grenze ohne Erlaubnis überschritten haben, der Aufenthalt in der Monarchie nicht gestattet werden kann[8].

Das Ende des Krieges enthob dann beide Seiten der Befassung mit Problemen dieser Art[9]. Bloß in Peking zeitigte die zu Ende gegangene Periode einer österreichischen Gesandtschaftswache sowie die Räumung der alten österreichischen Gesandtschaft gewisse Nachwehen. Doch nachdem die aus dem österreichischen Marineoffizier Gayer und dem Marinekommissär Skuschek bestehende Liquidations-Kommission 1920 über die Auktionsfirma Painter & Co. die letzten Gegenstände hatte versteigern lassen und der niederländischen Gesandtschaft in Peking eine würdige Unterbringung von Kaiserstatue und -bildern ans Herz gelegt worden war, ging es mit der Doppelmonarchie auch in Peking endgültig zu Ende[10].

ANMERKUNGEN

1 Vgl. dazu das Schreiben des chinesischen Außenministers an den niederländischen Gesandten vom 2. November 1917, HHStA, Adm Reg. 36/432:
Der Minister des Äußern Wang
an Seine Exzellenz Jonkheer Beelaerts von Blokland.
Am 24. Oktober l. J. waren Euer Exzellenz so gut, persönlich zu meiner Kenntnis zu bringen, daß die Behandlung der österreichischen Militärpersonen in dem Internierungslager zu wünschen übrig läßt, so daß in dem Lager eine ansteckende Krankheit ausgebrochen ist. Am 26. Oktober habe ich wieder eine Note Euer Exzellenz über den-

selben Gegenstand empfangen, worin Sie mir mitteilen, daß die Zustände in dem Internierungslager ganz und gar nicht den hygienischen Anforderungen entsprechen und daß in demselben eine epidemische Krankheit ausgebrochen sei. Ich habe mich beeilt, diese mündlichen und schriftlichen Mitteilungen zur Kenntnis des Kriegsministers zu bringen, von welcher Stelle ich nun folgende Antwort empfangen habe:
»Das Internierungslager in Hsi-Yüan ist die besteingerichtete von allen chinesischen Kasernen; sofern sie vielleicht in einigen Dingen ein wenig verschieden sind von den abendländischen Gewohnheiten, sind bereits Aufträge an den Lagerkommandanten gegeben, damit die nötigen Verbesserungen vorgenommen werden. Die internierten Offiziere und Mannschaften werden fortan zweimal wöchentlich auf durch den Lagerkommandanten näher festzustellenden Leiten und Plätzen außerhalb des Lagers spazieren gehen dürfen. Sie dürfen sich aber nicht außerhalb der bestimmten Grenze bewegen. Der Empfang von Besuchen wird durch den Lagerkommandanten den Offizieren zugestanden werden, den Mannschaften dagegen nicht, um den Unterschied in der Stellung beider hervorzuheben und die Häufung von Besuchen zu vermeiden.
Was die Sorge für die Gesundheit betrifft, sind dem Lagerkommandanten bereits Instruktionen gegeben worden, seine ganze Aufmerksamkeit der Verbesserung der Übelstände zuzuwenden.
Ich habe die Ehre, Euer Exzellenz zu ersuchen, hievon Kenntnis zu nehmen und das Nötige zu veranlassen, um die interessierten Stellen hievon zu verständigen.
Siegel des Wai Chiao Pu.«
Vgl. auch ebendort die etwas ausführlichere Verordnung des chinesischen Kriegsministeriums.

2 Vgl. dazu die im HHStA aufbewahrte Korrespondenz (Adm. Reg. 36/609):

No. 516/28 DBC Peking, 19. Februar 1918.
Ich habe die Ehre, Euer Exzellenz zur Kenntnis zu bringen, daß auf die chinesische Regierung fortdauernd ein sehr starker Druck durch die Vertreter der alliierten Mächte, namentlich durch den britischen Gesandten und den französischen Geschäftsträger, ausgeübt wird, um alle Untertanen der feindlichen Mächte, einschließlich Frauen und Kinder, unter den Schutz der Engländer zu stellen und sie sodann nach Australien zu deportieren. Der unmöglich mißzuverstehende Zweck dieser Maßregel wird noch deutlicher durch das, was mir zu Ohren kam, betreffs des Augenmerkes der britischen Regierung nach zustande gekommenem Frieden die Deutschen noch geraume Zeit unter Berufung auf Mangel an Schiffsraum in Australien zurückzuhalten und sie dann schließlich anstatt nach China nach Deutschland zu senden, damit China solange als möglich von deutschen Kaufleuten gesäubert sei.
Es war mir bekannt, daß die Sache wiederholt im Ministerrat zur Sprache gebracht wurde, doch daß bezüglich einer Entscheidung noch keine Übereinstimmung zu erzielen war. Nach meiner Besprechung mit dem Premierminister Wang am 11. Januar war ich nicht ohne Hoffnung, daß die Gefahr abgewendet werden kann. Im Laufe der vorigen Woche wurde ich von zwei verschiedenen Seiten gleichlautend informiert, daß der Ministerrat unter dem starken Druck des Ministers des Äußern Lu Cheng-hsiang auf dem Standpunkt war, dem Wunsch der Alliierten zu entsprechen. Der Premierminister und einige andere Minister stimmten gegen diese Maßregel, aber Minister Lu drohte mit Demission, soferne diese nicht durchgeführt werde. An und für sich kann man die Demission des Ministers Lu durchaus nicht als Verlust betrachten, aber unter den gegenwärtigen Umständen wünscht man vor allem eine Ministerkrise zu vermeiden. Ich habe, sobald ich bezüglich des Zustandes Sicherheit erhalten hatte, sofort um eine Unterredung mit Herrn Lu gebeten und diesem dabei die direkte Frage gestellt, welche Haltung er dem Deportationsvorschlage gegenüber einnehme. Der Minister konnte mir nichts anderes mitteilen, als daß die Sache noch in Schwebe sei und daß nicht er, sondern die Regierung darüber zu entscheiden habe. Auch auf meine Frage, ob denn die Deutschen oder Österreicher Anlaß gegeben hätten, neue Maßregeln gegen sie zu unternehmen, bekam ich keine andere Antwort, als daß die Frage noch untersucht werde. Eine Versicherung, daß keinesfalls zu einer Deportation nach Australien ge-

schritten werde, konnte mir der Minister nicht geben. Ich habe darauf dem Herrn Lu in sehr deutlichen Worten meine Meinung gesagt über den Eindruck, welchen eine solche unerhörte Maßregel auf jeden rechtlichen Denkenden machen müßte, und habe der sicheren Hoffnung Ausdruck gegeben, daß Seine Exzellenz durch ein zeitgerechtes Demissionsgesuch dem zuvorkommen werde, daß eine so unerhörte Tat bis in ferne Geschlechter mit seinem Namen verbunden bleibe. Beiliegend habe ich die Ehre, Euer Exzellenz eine Abschrift der Note zu unterbreiten, welche ich am 18. in Ergänzung meiner Unterredung vom 16. dem Herrn Lu habe zukommen lassen. Den chinesischen Text dieser Note habe ich durch eine verläßliche Mittelsperson zur Kenntnis des Premiers gebracht und einiger anderer Minister, denen, wenn sie auch das Völkerrecht nicht studiert haben, diese Maßregel als unrecht und für China erniedrigend widerstrebt. Auch in anderer Beziehung ist mein ernstliches Bestreben darauf gerichtet, den Widerstand gegen die Deportation in den Regierungskreisen zu unterstützen, damit, wenn keine Verwerfung dieser Maßregel möglich sein sollte, doch die Ausführung derselben möglichst hinausgezogen werde. Die passive Resistenz vermag viel in China. Aber so wie die Sache jetzt steht, ist zu befürchten, daß ich es schon als einen Sieg betrachten muß, wenn ich erreichen kann, daß anstelle der Deportation die Internierung beschlossen wird.

Der Gesandte:
Beelaerts van Blockland m. p.

No. 507 Peking, den 18. Februar 1918.

Herr Minister,

Bei der Besprechung, die ich am 16. d. M. mit Euer Exzellenz hatte, teilten Sie mir mit, daß das durch einige auswärtige Gesandte geäußerte Verlangen, daß die sich in China befindenden Untertanen feindlicher Staaten nach einer britischen Kolonie deportiert werden sollen, bei der chinesischen Regierung noch in Erwägung stehe. Euer Exzellenz fügten hinzu, mir nicht die Versicherung geben zu können, daß eine solche Deportation nicht stattfinden werde.

Ich kann mich nicht enthalten, nochmals mein Erstaunen über diese Antwort Euer Exzellenz auszudrücken.

Erstens hat es mich sehr befremdet, daß in Angelegenheit der Behandlung von Personen, hinsichtlich deren die chinesische Regierung die Jurisdiktion sich zugesprochen hat, eine Einmischung von anderen Mächten anscheinend durch Euer Exzellenz als zulässig angesehen wird, und daß dieser Versuch, statt a limine zurückgewiesen zu werden, durch die Regierung der Republik in Erwägung gezogen wurde. Eine solche Einmengung des Auslandes in inländische Angelegenheiten ist, soweit mir bekannt, nirgends anders vorgekommen, und ein derartiger Versuch wäre gewiß in jedem anderen Lande, das auf seine Souveränität und Unabhängigkeit hält, mit Entrüstung als unzulässig abgewiesen worden.

Aber abgesehen von diesem prinzipiellen Punkte, hinsichtlich dessen die Würde der chinesischen Regierung in Mitleidenschaft gezogen ist, über welche diese allein zu wachen hat, ist der Inhalt des Vorschlages an und für sich so fluchwürdig, daß es mir unerklärlich ist, wie darüber noch überlegt werden kann.

Bei der Kriegserklärung an das Deutsche Reich und an Österreich-Ungarn hat die chinesische Regierung verschiedene Bestimmungen festgesetzt, auf welche die Untertanen dieser Reiche achten müssen, in welchem Falle sie weiter nicht behelligt werden sollten. An diese Bestimmungen haben sich die genannten Untertanen gehalten, und sie haben sich in Übereinstimmung mit dem ihnen von mir bekanntgemachten Wunsche ihrer eigenen Regierungen von allem enthalten, was geeignet sein könnte, die öffentliche Ordnung zu stören. Noch vor kurzem ist mir von sehr autoritativer Seite versichert worden, daß bei der chinesischen Regierung hinsichtlich des Betragens der Untertanen der feindlichen Mächte in China keinerlei Klagen aus den Provinzen eingelangt seien.

Angesichts dessen, daß überdies über die Behandlung der chinesischen Untertanen in den feindlichen Staaten nicht zu klagen ist, besteht, wie mir scheint, für die chinesische

Regierung keinerlei Anlaß, um von der bei Beginn des Krieges eingeschlagenen Richtlinie abzuweichen. Sollten einzelne Personen sich strafbarer Handlungen schuldig machen, dann stehen der chinesischen Regierung genügend Mittel offen, um gegen diese aufzutreten. Wird hiebei rechtmäßig verfahren, dann kann niemand darüber sich aufhalten. Unter diesen Umständen müssen, ganz abgesehen von allen anderen Erwägungen, die elementarsten Prinzipien der Rechtlichkeit in Widerspruch geraten mit einer Maßregel wie jener, welche nach Mitteilung Euer Exzellenz gegen die wehrlosen und unschuldigen Deutschen, Österreicher und Ungarn durch die chinesische Regierung erwogen wird.
Daß diese Maßregel eine grobe Vergewaltigung des Völkerrechtes wäre, ist Euer Exzellenz ebenso wohl bekannt wie mir. Es gibt kein einziges Lehrbuch über Völkerrecht, das nicht die Landesverweisung sowie die Internierung feindlicher Untertanen, es sei denn offensichtlich, daß die Sorge für die Sicherheit des Staates eine solche Maßregel wirklich notwendig erscheinen lasse, auf das schärfste verurteilt. Aber wo von Ausweisung aus dem Lande gesprochen wird, wird als selbstverständlich angenommen, daß es den Ausgewiesenen freisteht, hinzugehen, wohin sie wollen, vor allem in ihr eigenes Vaterland. Deportation nach einer entlegenen Kolonie einer Macht, die mit dem Staate, dem die Ausgewiesenen angehören, im Kriege ist, ist eine Sache, welche so sehr gegen den Gerechtigkeitsbegriff und gegen die Würde des Staates verstößt, daß sich noch keine Macht hiezu erniedrigt hat. Die deutschen, österreichischen und ungarischen Untertanen leben in China unter dem Schutz der chinesischen Gesetze, die chinesische Regierung ist für ihre Behandlung verantwortlich und hat nicht das Recht, sie, als wären sie eine Ware, an eine andere Macht zu übertragen.
Daß die chinesische Regierung, welche behauptet hat, für die Erhaltung des Völkerrechtes den Krieg erklärt zu haben, sich einer so unerhörten und unmenschlichen Maßregel schuldig mache sollte, kann ich unmöglich glauben, und ich hoffe für die Ehre der chinesischen Regierung, von Euer Exzellenz ehestens zu hören, daß in der allgemeinen Behandlung der Untertanen feindlicher Mächte keine Veränderung eintreten wird.
Euer Exzellenz genehmigen inzwischen die Versicherung etc. . . .

Beelaerts m. p.

Der k. u. k österreichisch-ungarische Geschäftsträger
in Christiania.
Z: 26/P, E — Christiania, am 8. Juni 1918.
Internierung der in China befindlichen österr.-ungar. und deutschen Staatsangehörigen in Australien.
An Seine Exzellenz
den Herrn Minister des k. u. k. Hauses und des Äußern
Stephan Grafen Burián!
Laut einer dem deutschen Gesandten zugekommenen Meldung aus China soll die japanische Regierung nunmehr die Forderung der Entente wegen Überführung aller in China zurückgebliebenen österreichisch-ungarischen und deutschen Staatsangehörigen nach Australien und Internierung daselbst in Peking unterstützt und im Prinzipe durchgesetzt haben.
Herr von Hintze ist der Ansicht, daß Japan diesen Vorstoß gegen die deutschen Interessen in Ostasien hauptsächlich deshalb unternommen hat, um den Ententemächten und Amerika einen Beweis für die Bündnistreue Japans zu liefern und die Alliierten auf diese Weise über die japanischen Absichten in China, welche durch die jüngst abgeschlossene Militärkonvention beleuchtet wurden, zu beruhigen.
Von seinem bei der chinesischen Gesandtschaft in Kopenhagen als Legationssekretär tätigen Freunde hat der Gesandte die Mitteilung erhalten, daß man in Peking bemüht sein werde, die Durchführung der Ausweisungsmaßregel tunlichst zu verzögern, und die deutschen Kaufleute möglichst rücksichtsvoll behandeln wolle.

Der k. u. k. Geschäftsträger:
(Unterschrift unleserlich)

Übersetzung.
Comité International de la Croix-Rouge
Agence Internationale des Prisenniers de Guerre
Service Civil
Dr. Ferriére Genf, am 4. Mai 1918.
7556
Titl.
Auf unsere Anfrage teilt uns die Gesandtschaft der Chinesischen Republik in Paris unterm 11. Februar mit, daß die Untertanen der mit China kriegführenden Mächte, wenn sie sich den sie betreffenden Vorschriften fügen, die Erlaubnis haben, sich dort weiter aufzuhalten und wie gewöhnlich ihren Geschäften nachzugehen; bloß zwei Deutsche namens Sozebak und Gueth, welche die Erlaubnis erhalten hatten, in ihre Heimat zurückzukehren, und als buddhistische Missionäre verkleidet wieder nach China gekommen sind, wurden aus diesem Grunde vorsichtshalber in Hankow/Hou-Peh interniert.
Die genannte Gesandtschaft bittet uns bei dieser Gelegenheit, ihr die vollständige Liste der chinesischen Untertanten, welche von den österreichischen Behörden interniert wurden, mitzuteilen.
Wir wären Ihnen dankbar, wenn Sie uns gefl. mitteilen wollten, ob chinesische Untertanen in Lagern interniert oder an Konfinierungsstationen konzentriert wurden, und wenn Sie uns in diesem Falle die Namensliste der Betreffenden zukommen ließen.
Genehmigen Sie . . .

gez.: Dr. Ferrière
Vize-Präsident
des Internationalen Komitees vom Roten Kreuz

3 HHStA, Adm. Reg. 36/432. Ein anderes Lager, wo österreichische Militärflüchtlinge interniert waren, befand sich auch in Hailun, Provinz Heilongjiang. Der oben bezeichnete Faszikel enthält auch Namenslisten von in den beiden Lagern internierten Österreichern und Ungarn.

4 Vgl. das Schreiben des Hilfsvereins aus Shanghai vom 19. Sept. 1917, welcher infolge der starken Belastung um öffentliche Mittel ansuchte (HHStA, Adm. Reg. 36/609):
Aufstellung der Unterstützungen an hilfsbedürftige Landsleute für den Monat September 1917.

Frau H. Tennenbaum, bisher von uns unterstützt	$	40,–
Familie Chudoba, bisher aus Staatsmitteln unterstützt	$	65,–
Familie Vanourek, bisher aus Staatsmitteln unterstützt	$	60,–
Fräulein Frida Leiter, bisher von uns unterstützt	$	40,–
Herr R. Scala, in den letzten beiden Monaten von uns unterstützt, war beim Zoll und von dort infolge Kriegserklärung seitens China entlassen, früher in Hongkong und Canton gewesen	$	45,–
Herr J. Kolena, auf Dampfer *Albinga* gewesen, bekam letzten Monat eine Unterstützung von uns, wohl noch mehr nötig	$	40,–
Herr A. Haken, aus Staatsmitteln unterstützt	$	50,–
Herr H. Kober, aus Staatsmitteln unterstützt	$	70,–
Familie Neswadba, 4 Kinder, aus Chita (Sibirien), aus Staatsmittel unterstützt	$	60,–
Frau Ethel Gruetz, aus Staatsmitteln unterstützt	$	30,–
Herr A. Kellermann, aus Staatsmitteln unterstützt	$	45,–
Herr K. Malvanuck, aus Staatsmitteln unterstützt	$	45,–
Familie Tordy, bisher Vorschüsse aus Staatsmitteln bekommen gegen ihre Sicherheit von M 14.000,– Guthaben bei der Deutsch-Asiatischen Bank	$	120,–
Herr A. Lambertz, aus Staatsmitteln unterstützt	$	60,–
Herr Vokurka, früher bei Bahnbauten im Innern tätig gewesen, infolge Krieges schon lange Stellung verloren, im letzten Monat von uns unterstützt	$	45,–

Herr B. I. Stransky, aus Staatsmitteln unterstützt	$ 45,–
Frau Stransky, eben angekommen, benötigt Unterstützung	$ 80,–
Frau Skalicky, benötigt jetzt Unterstützung. Ihr Mann zur Zeit in Untersuchungshaft und wird später wohl auch Unterstützung brauchen von mindestens $ 45,–	$ 45,–
Frau Parvazza, ihr Mann, Koch auf dem österr. Lloyddampfer *China* gewesen, ohne Mittel, nicht in der Lage, seine Frau zu erhalten	$ 45,–
Herr Chyba — Diese Herren waren früher auf den österr. Lloyd-	$ 45,–
Herr Herko — dampfern tätig und traten vor ungefähr zwei	$ 45,–
Herr Phillipovich — Jahren in den chinesischen Seezolldienst ein. In-	$ 45,–
Herr Mose — folge Kriegserklärung Chinas verloren sie ihre Stel-	$ 45,–
Herr Starek — lung. Sie sind mittellos und wurden im letzten	$ 45,–
Herr Krauss — Monat von uns unterstützt mit je $ 45,–	$ 45,–
Herr Stojak war Barbier auf dem österr. Lloyddampfer *Bohemia,* und es wurde ihm aus Staatsmitteln ein Friseurgeschäft im Deutschen Klub eingerichtet. Die Einrichtung dieses Geschäftes konnte aus dem Klub nicht genommen werden. Der Mann ist völlig mittellos und benötigt	$ 45,–
Herr Peimann und zwei Kinder. Es wurde von uns mit Schreiben vom 7. August eine Unterstützung von je $ 250,– für 6 Monate, insgesamt $ 1500,–, von Minister A. von Rosthorn erbeten, jedoch erhielten wir gar keine Antwort. Herr Peimann würde Sicherheiten zur Verfügung stellen können.	$ 250,–
Notwendige Reserve für weitere Unterstützungen, wie in unserm heutigen Schreiben auseinandergesetzt	$ 450,–
Gesamterfordernis an notwendigen Unterstützungen	$ 1995,–

5 HHStA, Adm. Reg. 36/609.

6 Ebd.

7 Ebd.

8 Ebd.

9 Vorher war Österreich noch zweimal mit der Ausreise von Chinesen befaßt. Bei der ersten durch die Schweiz reisenden Gruppe scheint übrigens nicht alles reibungslos abgelaufen zu sein. In einem Schreiben vom 17. März 1918 bezüglich einer für April vorgesehenen Ausreise nach Dänemark ersuchte die Ministerialkommission im k. u. k. Kriegsministerium das Außenministerium »zur Vermeidung ähnlicher unliebsamer Vorkommnisse, wie sie sich anläßlich der letzten Ausreise einer größeren Anzahl chinesischer Staatsbürger in die Schweiz abgespielt haben, die dänische Gesandtschaft zu veranlassen, vor Ausreise der drei Chinesen von ihrem gegenwärtigen Aufenthaltsorte (Innsbruck) sicherzustellen, daß ihnen schweizerisch der Grenzzutritt gestattet werde«. (HHStA, Adm. Reg. 36/609)

Schließlich mußte man noch Ende 1918 dem chinesischen Diener des Gesandtschaftsattachés Graf Rex in Bukarest dazu verhelfen, zu seinem Herrn zu kommen (Ju Schewu, geb. am 27. Januar 1883, Buddhist), HHStA, Adm. Reg. 36/609/49/4.

10 Schreiben der niederländischen Gesandtschaft in Peking vom 18. August 1921; Schreiben des deutschösterreichischen Staatsamts für Äußeres vom 15. Januar 1920 an Legationsrat Calice, Haag; HHStA, Adm. Reg. 6/68.

Einundzwanzigstes Kapitel

Ärzte, Abenteurer, Wachleute und Wassertechniker

Die Entwicklung der Beziehungen in der Zwischenkriegszeit

A. Neue Grundlagen und Größenverhältnisse

Die chinesische Kriegserklärung an Österreich-Ungarn war gleichzeitig auch der Startschuß für chinesische Bemühungen, das künftige Verhältnis zwischen beiden Staaten auf die Grundlage der Gleichberechtigung zu stellen. Die chinesischen Behörden unterließen zwar sofortige Versuche, die zivilen Angehörigen der beiden feindlichen Mächte Deutschland und Österreich-Ungarn zu internieren, gingen aber sogleich daran, eine Bresche in die Vorrechte ausländischer Mächte in China zu schlagen, indem sie die deutsche und die österreichische Konzession (für die sich die Italiener lebhaft interessierten) unter ihre Verwaltung brachten und den Angehörigen der beiden Feindmächte den Genuß weiterer exterritorialer Rechte entzogen[1]. Auf der Pariser Friedenskonferenz verzichtete die österreichische Verhandlungsdelegation willig auf die Rechte aus den alten Verträgen, deren Geltung durch Artikel 234 des Vertrages von Saint-Germain (10. September 1919) für beendet erklärt wurde. Hingegen versuchten die österreichischen Unterhändler etwas von der Boxer-Entschädigung zu retten, was später chinesischen Gelehrten ein Stirnrunzeln entlockte[2], jedoch von der finanziellen Situation des übel zusammengestutzten Restösterreich her gesehen nicht ganz unverständlich ist.

Während China mit seinen Forderungen hinsichtlich der ehemaligen österreichischen Rechte und Privilegien voll durchdrang, konnte es in bezug auf Deutschland nur einen Teilerfolg erzielen. Die deutschen Pachtgebiete in Shandong gingen nicht an China, sondern – wie es von den europäischen Alliierten in Geheimabmachungen zugesagt worden war – an Japan. Aufgrund der energischen Forderungen der damals ihren Anfang nehmenden »4. Mai-Bewegung« verweigerte die chinesische Delegation ihre Unterschrift unter den Friedensvertrag mit Deutschland, China wurde aber durch seine Unterschrift unter den Staatsvertrag mit Österreich dennoch Völkerbundmitglied[3].

Für das nunmehr kleine Österreich spielte der Verlust der Privilegien in China kaum eine Rolle. Schon zur Zeit der Monarchie war die personelle und kommerzielle Präsenz von Österreichern in China gering gewesen. Die Situation des neuen, kleinen, zum Binnenland gewordenen Österreich war nicht dazu angetan, das alte Manko an Initiative und Investitionen wettzumachen. Gewiß, auch unter dem mit der Mauerkrone gezierten österreichischen Bundesadler nährten sich einige Österreicher in China mehr oder weniger redlich. Zu den redlichen gehörten etwa der Besitzer einer Papierfabrik, Ernst Kelen, der später das österreichische Generalkonsulat übernahm[4], und der Architekt Harry Gonda, der – wie einige andere Österreicher – sich nach sibirischer Kriegsgefangenschaft in China mit Erfolg etabliert hatte[5]. Noch früher als Gonda – nämlich bereits um die Jahrhundertwende – hatte sich einer seiner Geschäftspartner, Anton Quoika, in China niedergelassen. Der ausgezeichnete Techniker, der später auf der Insel Rügen gemeinsam mit Wernher von Braun Raketen baute, besaß in Shanghai ein Ingenieurbüro und war auf die technische Ausrüstung von Häusern spezialisiert. Unter den Selbständigen sollte man auch Robert Toebich von der *Kaiserin Elisabeth* erwähnen, der 1928 die renommierteste Konditorei Tianjins (Tientsins), *Kiessling und Bader*, übernahm und in der Folge in Peking, Shanghai, Nanking und im Seebad Beidaihe Filialen errichtete, deren kulinarische Tradition noch heute in China weiterwirkt. Österreichische Ärzte waren ebenfalls bereits im Lande. Der ehemalige russische Kriegsgefangene Dr. Leo Brüll wurde in Tianjin Mitinhaber des Chinese-American Hospital, und die Ärzte Dr. Fritz Windisch (Zahnheilkunde) und Albert von Miorini waren bereits in den zwanziger Jahren Stützen der Shanghaier Tongji-Universität. Den aus der russischen Kriegsgefangenschaft entflohenen Chemiker Dr. Karl Ludwig verschlug es zeitweilig ins Innere der Provinz Jiangsu, wo er für den Provinzgouverneur eine Haarbleicherei betrieb, die jedoch zugrunde ging, als in Europa der Bubikopf aufkam und Haarnetze und »Pepis« nicht mehr gefragt waren. Andere Österreicher, wie der spätere Honorarkonsul in Toronto, Friedrich A. Istl, waren für deutsche Handelshäuser tätig. Istls aus Sibirien nach China geflüchteter Vater hatte den Sohn Anfang der dreißiger Jahre nach China geholt, wo dieser dann in Tianjin, Peking und Kalgan Geschäftsinteressen wahrnahm[5a].

Andere Landsleute machten sich als Abenteuerer einen Namen. Da gab es einen Österreicher, der sich in Begleitung einer hübschen Freundin in den lockenden Orient aufmachte, diese unterwegs nicht billig an den Nisam von Hyderabad veräußerte und mit diesem Startkapital einer der ungekrönten Nachtklub-Könige Shanghais wurde, bis ihn die Japaner wegen Spionage für die Kuomintang-(Guomindang)-Regierung erschossen[6]. Ein anderer vielversprechender junger Landsmann, der allerdings mit Schweizer Paß reiste, machte sich in der Gegend um Shanghai als Pirat einen Namen[7]. Schon der Gleichberechtigung der Frauen wegen sollte man auch die umfangreichen Waffengeschäfte einer österreichischen Residentin Shanghais erwähnen[8].

Doch sie alle waren Waisenkinder gegen den Altösterreicher und zeitweiligen Inhaber eines Passes der Republik Österreich, der in dem Buch *Shanghai, The Paradise of Adventurers* als »the most extraordinary adventurer of modern times« bezeichnet wird: Ignatius Timothy Trebitsch ... alias Trebitsch-Lincoln ... alias Timothy Lincoln ... alias Jackson James Lamprecht Trautwein ... alias Leo Tandler ... alias Keehan Patrick ... alias Lohmand Theofore Tolnai Ludwig ... alias Hermann Ruh ... alias Anagarica Fukkosaty[9]. Dieser schon von den Namen her vielseitige Mann wurde 1879 in einem kleinen Dorf in der Nähe von Budapest geboren und hätte der Intention seiner Eltern nach ursprünglich Rabbiner werden sollen[10]. Er zerstritt sich aber mit seinem Vater über religiöse Fragen und wandte sich in Deutschland und Kanada protestantischen theologischen Studien zu. Im Alter von zwanzig Jahren kam er nach England, nahm im Gedenken an das Idol seiner Jugend den Doppelnamen Trebitsch-Lincoln an und erreichte es, vom Erzbischof von Canterbury zum Kuraten von Appledore in Kent ernannt zu werden. Dort hielt es ihn aber nur vierzehn Monate, er wechselte zum Journalismus über und danach zur Politik. 1910 erlangte er für die Liberale Partei bei den Wahlen ein Mandat und zog ins Unterhaus ein. Nachdem er 1914 den Parlamentssitz verloren hatte, bewarb er sich erfolgreich um den Posten eines Zensors für die ungarische und rumänische Korrespondenz und verdiente sich als Doppelagent für England und Deutschland ein Zubrot, bis er aufflog. Bis 1919 bewohnte er dann – auch wegen Urkundenfälschung – eine Gefängniszelle auf der Isle of Wight und soll danach sowohl hinter Béla Kun als auch hinter dem Kapp-Putsch gestanden sein. Seine Vorliebe für Extremismen soll ihn zeitweilig in München auch an die Seite Adolf Hitlers geführt haben.

Abt Chao Kung alias Trebitsch-Lincoln, Skizze von Friedrich Schiff

Als ihm in Europa der Boden zu heiß wurde, fuhr er nach Shanghai, wo er sich bald die Beachtung chinesischer Machthaber zu sichern wußte. Bereits im Oktober 1923 begleitete er eine von General Wu Hong Chong geführte Delegation nach Deutschland und in die Schweiz, um Militärexperten und Kredite aufzutreiben. Auf der Rückreise nach

Shanghai begleiteten ihn seine Frau und seine zwei Söhne. Doch bald war er wieder in Europa. Am 11. Februar 1924 wurde in Trebitschs österreichischen Paß, der auf Trautwein lautete, ein Visum nach Österreich via britische Häfen gestempelt, und im Juni desselben Jahres bemühte er sich in Europa, für die nationalistische Bürgerkriegspartei Chinas Sympathien zu werben. Nachher wurde er für kurze Zeit Berater bei dem chinesischen Warlord Wu Peifu, und als er sich 1925 von Shanghai nach Ceylon einschiffte, hieß er Leo Tandler. In Ceylon interessierte er sich für den Buddhismus, dessen Verbreitung danach Teil seiner Lebensgrundlage werden sollte. 1927 soll er sich in ein Kloster in der Nähe von Peking zurückgezogen und den Namen Chao Kung angenommen haben, den er seitdem führte. Dies erwies sich als praktisch, da er sich wegen der Methode, mit der er die übrigen Teile seiner Lebensgrundlage sicherte, öfter auf der Flucht befand und dann in buddhistischen Tempeln untertauchen konnte.

Nach einem stärkeren Engagement im Munitionshandel faßte Trebitsch, nunmehr Abt Chao Kung, den Entschluß, in Europa buddhistische Klöster zu gründen. 1932 fuhr er unter Benutzung eines chinesischen Passes nach Holland, Belgien und Deutschland, wurde aber aus allen diesen Ländern ausgewiesen. In Shanghai gewann er die Bewunderung und das Geld eines französischen Parfumfabrikanten, eines Tankstellenbesitzers, einer Professorenwitwe und eines italienischen Komponisten. Er gründete sein eigenes Kloster, und seine Predigten auf englisch und chinesisch hatten großen Zulauf. 1935 verschaffte ihm der Selbstmord einer seiner Schülerinnen, der deutschen buddhistischen Nonne Tao Ta, unwillkommene Publizität. Trotzdem setzte er seine Bemühungen fort, den Buddhismus unter Nichtchinesen und vor allem in Europa zu verbreiten. Doch hier wie auch in Amerika wurde ihm der Zutritt verweigert. Er wurde bekannt als »the man no country wants« und lebte von 1937 an ständig in China. Im gleichen Jahr veröffentlichte er das Buch *Dawn or Doom of Humanity*, in dem er den Zweiten Weltkrieg vorhersagte und eine Reihe anderer interessanter Prognosen gab. Im Jahre 1943 verstarb er im General Hospital zu Shanghai nach einer Magenoperation im Alter von 64 Jahren. Wahrscheinlich war er vergiftet worden.

Das Klima der politischen Wirren im damaligen China begünstigte »Karrieren« wie die von Trebitsch, doch brachte das Abschließen von Geschäften damals in China auch ganz seriösen Kaufleuten, wie etwa den Vertretern der renommierten Firma Böhler, mehr Abenteuer, als ihnen lieb waren. Im 3. Wiener Gemeindebezirk, nicht weit von der heutigen chinesischen Botschaft, wohnt Frau Lucy Schwarz, die Witwe des ehemaligen Böhler-Vertreters Bruno Müller. Frau Schwarz ist zart und kultiviert, und man würde nie annehmen, daß sie in wüster Umgebung mit wüsten chinesischen Haudegen parliert und einen wesentlichen Teil zum Gelingen der Böhler-Lieferungen in die Mandschurei beigetragen hat. Den Autoren zuliebe kramt Frau Schwarz ihre alten Kalender

Lucy Schwarz mit ihrem ersten Gatten Bruno Müller und chinesischen Mitarbeitern im April 1924 in Taiyuan (Archiv der ÖGCF)

heraus; die Eintragungen erzählen ganz erstaunliche Details. Ihr Mann wurde 1922 zum ersten Mal nach Shenyang (dem damaligen Mukden) gerufen, um mit Zhang Zuolin und dessen erstem Minister, Yang Yuting, über die Errichtung eines großen Arsenals mit Waffenfabriken zu sprechen[11]. Nach Gesprächen in Wien kehrte Bruno Müller in Begleitung seiner Frau im Herbst 1924 nach Shenyang zurück. Nach vierwöchigen Verhandlungen, die zum Teil in Opiumkneipen stattfanden, fiel endlich gegen Mitternacht die chinesische Entscheidung gegen die englische Konkurrenz und zugunsten Böhlers. Da jener Handel gegen die Zusagen verstieß, welche Österreich in Saint-Germain den Entente-Mächten hatte geben müssen, sollte die Sache geheim bleiben. Die Unterlagen wurden hinter dem Spiegel des Reisenecessaires von Frau Schwarz versteckt, und sie bestieg damit und einem vom österreichischen Außenminister bestellten Palasthündchen am 15. Oktober 1924 die Transsibirische Eisenbahn. Auf der Fahrt wurde sie in der Nacht vom 26. auf den 27. Oktober betäubt und ausgeraubt. Als sie Krach schlug, erwiesen sich die Sowjetrussen als zuvorkommend. Lucy Schwarz wurde in der Lubljanka vor einen Haufen gestohlener Sachen geführt, fand ihr Necessaire und später mit großer Erleichterung auch die darin versteckten Geheimpapiere. Die Papiere lieferte sie in Wien bei Böhler ab, den Hund beim Außenminister, doch der konnte sich ihn wegen der in der Zwischenzeit eingetretenen Inflation nicht mehr leisten.

Die Kurierdienste von Frau Schwarz setzten bald einen Stab von Kapfenberger Ingenieuren und Meistern sowie von ehemaligen Artillerieoffizieren der österreichischen Armee in Bewegung. Der erste Fachmann der Böhlerwerke auf dem Gebiet des Waffenbaus, Direktor Rudolf Plessing, weilte in den Jahren 1924–1932 fünfmal längere Zeit hindurch in Shenyang. Doch nicht nur Personen traten die weite Reise an: »Außerdem wurden nach Mukden gegen 2000 vor der Ententekontrolle ver-

Betriebsfeier der Firma Koreska in Shanghai
(Im Besitz von E. Baumgartner)

borgene halbfertige Geschütze sowie viele hundert zur Erzeugung von Geschützen und Handfeuerwaffen geeignete, zur Zerstörung bestimmt gewesene Pressen und Werkzeugmaschinen der Böhlerwerke und der ehemaligen Österreichischen Waffenfabriken über See versendet[12].« Da die Transporte über englische Seehäfen gingen, wurden die Rüstungsgüter als Eisenbahnschienen getarnt.

Bruno Müller starb im März 1925 in Mukden, und der nachmalige österreichische Honorarkonsul Ernst Störi nahm nach Überwindung von Anfangsschwierigkeiten erfolgreich die verwaiste Stelle ein. Die Anlaufzeit, die er brauchte, war durch seinen kleinen Wuchs bedingt. Nach Angaben von Frau Lucy Schwarz waren die chinesischen Geschäftspartner – auch eine Besonderheit kommerzieller Tätigkeit im Fernen Osten – bereits von der zarten Gestalt der Gattin des ersten Böhler-Vertreters, der selbst über eine massige Figur verfügte, enttäuscht gewesen. Als nach seinem Tod der ebenfalls schmächtige Störi kam, erkundigte man sich besorgt, ob es denn der Firma jetzt so schlecht gehe.

Es waren also nur einige große Firmen, die zumeist noch von früher Chinaerfahrung hatten, welche den chinesischen Markt suchten. Neben Böhler war noch Schoeller-Bleckmann in China vertreten (durch Hugo Sonnleitner), und die Büroartikelfirma Koreska eröffnete sogar 1936 in Shanghai eine eigene Fabrik, die ganz China mit Kohle- und Wachspapier etc. versorgte. Manager des mit vierzig Beschäftigten arbeitenden

西北邊防總司令部委任令第一六七號

令械掾富蘭克

爲令委事茲委富蘭克充本

總司令部械掾合亟

令行該員遵照任事此令

Nro. 353.

Die Chinesische Gesandtschaft bestätigt hiermit, daß der Inhalt nebenstehenden Dokuments in der deutschen Uebersetzung wie folgt lautet:

" Nordwestarmee-Oberkommando-Befehl Nro. 167.
Waffenmeister Alexander Franke ist laut Oberkommando-Befehls als Waffenmeister engagiert und untersteht der Waffen - Abteilung des Nordwestarmenn-Oberkommandos.
China , am 25. Tage,des 3. Monats, des 9. Jahres der Chinesischen Republik(25./III, 1920).
Unterschrift des Obergenerals:
Hsüh- Schu Tsching,m.p."

Wien, den 6. September 1926.

Für den Gesandten :

Legationssekretär.

Betriebes war Konrad Schindler, der technische Direktor hieß Josef Urain[12a]. Andere Unternehmen schreckten vor den Risken, Gefahren und exotischen Begleiterscheinungen des Chinahandels zurück. Daran konnte auch der Handelsvertrag nichts ändern, der am 19. Oktober 1925 vom chinesischen Gesandten Yong Lianghuang und dem österreichischen Außenminister Dr. Heinrich Mataja in Wien unterzeichnet wurde[13]. Zwar erlebte die Wiener Frühjahrsmesse 1929 eine stärkere Beteiligung aus China, und das *Österreichische Jahrbuch* vermerkte mit Genugtuung das Ansteigen der Lieferungen von Schirmen und Stöcken in jenes Land[14], doch dürfte dies ebensowenig ausgereicht haben, China in der österreichischen Exportbilanz Gewicht zu verschaffen, wie die Tatsache, daß das Hauptmünzamt in Wien sich über Vermittlung des österreichischen Konsulats in Shanghai 1928/29 mit der Herstellung der Stanze für einen neuen chinesischen Silberdollar befaßte[15]. Dem österreichisch-chinesischen Handel fehlte eben die Präsenz von Österreichern in China – so wie es schon Konsul Haas Ende des 19. Jahrhunderts bemängelt hatte. Die Statistik zeigt, daß sich nur wenige entschlossen, in jenes ferne Land zu gehen. Zwischen 1919 und 1923 waren es zwanzig Personen, 1924 neun, 1925 zwölf, 1926 dreizehn[16] und 1932 siebzehn[17].

1935 wurde die Zahl der Österreicher in ganz China auf 150 bis 200 Personen geschätzt[18], während sich vor dem Ersten Weltkrieg allein in Harbin mehr als doppelt so viele aufgehalten hatten. So nimmt es nicht wunder, daß es in der Zwischenkriegszeit kaum direkte Lieferungen von Österreich nach China gab. Wohl fand man gelegentlich österreichische Waren auf dem chinesischen Markt – wie etwa Zigaretten der Marke *Memphis* –, doch gingen die Importe über ausländische Handelshäuser[19].

Die Ausfuhr Österreichs nach China war allerdings nur gering, wenn man nach Waren rechnet; kalkuliert man den Export von Kenntnissen, so war der Wert recht beträchtlich.

B. Die Vermittlung österreichischen Fachwissens nach China

Der erste Experte in chinesischen Diensten war wahrscheinlich der dem Leser aus dem Kapitel über Krieg und Internierung bekannte Waffenmeister Alexander Franke. Während andere Österreicher nach Ende der Internierung in die Heimat abgeschoben wurden, wurde er vom Obersten Armeekommando der Nordwestarmee gedrängt, zu bleiben und seine speziellen Kenntnisse zur Verfügung zu stellen. Schließlich wurde der Vertrag auf der holländischen Gesandtschaft geschlossen, und Franke wurde ein chinesischer Beamter, der sich den Landessitten weitgehend anpaßte. Er mietete eine chinesische Wohnung mit heizbarem Ziegelbett, engagierte einen chinesischen Diener, den er Max nannte, und verheiratete sich schließlich auf Rat seiner chinesischen Freunde, die meinten, es sei nicht gut für einen Mann, allein zu leben, mit einer jungen Chinesin, die er Mitzi rief. Er wurde zum Kapitän-Waffenmeister ernannt, und die Dinge schienen einen günstigen Verlauf zu nehmen, bis er die Wechselhaftigkeit des damaligen Geschickes eines Armeeangehörigen in China kennenlernte. Sein Oberkommandierender wurde von seinen bestochenen Truppen verlassen, Wu Peifu und Zhang Zuolin (Tschang Tso-lin) besetzten die Stadt, und Franke schien seinen Job los zu sein. Er verdingte sich bei einem anderen General, der aber bald darauf von Wu Peifu in die Pfanne gehauen wurde, und so schien es die sicherste Lösung zu sein, Angebot und Reisegeld eben jenes Wu Peifu anzunehmen. Wu Peifu bewirtete den Österreicher fürstlich und beauftragte ihn, alle seine Arsenale zu inspizieren. Von dem dabei verdienten Geld richtete sich Franke in Peking eine mechanische Werkstätte ein. 1922 beorderte ihn Wu zu sich nach Luoyang und bestellte Musterpistolen für eine Waffenfabrik, die er errichten wollte. Franke machte die nötigen Zeichnungen, zog sich aber die Eifersucht anderer Techniker zu und wurde schließlich entlassen. Doch der Kriegsherren gab es damals in China viele, und in Frankes Gewerbe wurde man nicht brotlos. Marschall Zhang Zuolin berief ihn nach Mukden (Shenyang), Franke sollte

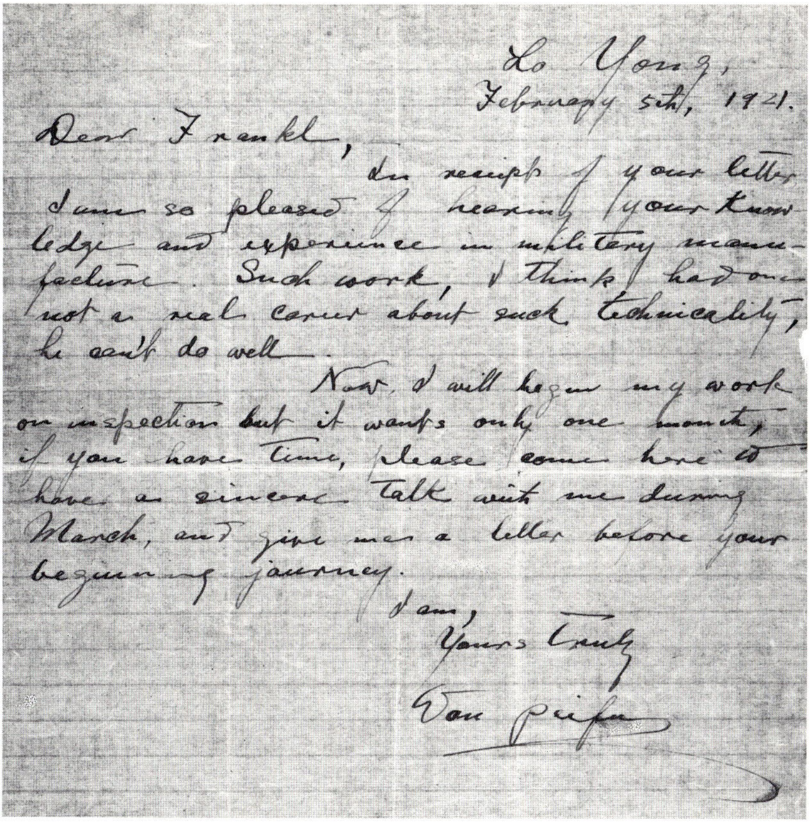

Lo Yang,
February 5th, 1921.

Dear Frankl,

On receipt of your letter I am so pleased of hearing your knowledge and experience in military manufacture. Such work, I think, had one not a real career about such technicality, he can't do well.

Now, I will begin my work on inspection but it wants only one month, if you have time, please come here to have a sincere talk with me during March, and give me a letter before your beginning journey.

I am,
Yours truly
Wu Peifu

Brief des chinesischen Warlords Wu Peifu an Alexander Franke (Archiv der ÖGCF)

3000 Landminen herstellen und nebenbei für waffentechnische und artilleristische Organisationsaufgaben zur Verfügung stehen. Letzteres war nicht ganz leicht, weil man in anderen Kategorien dachte, und, als im Arsenal ein großer Brand ausbrach, diesen nicht mit Wasser, sondern dem Schwingen zweier Götterbilder bekämpfte. Doch Franke traf in Mukden auch aufgeschlossene Persönlichkeiten wie den jungen Zhang Xueliang. In seinen Tagebuchaufzeichnungen schildert er ihn als vierundzwanzigjährigen General, der sehr modern und gut ausgebildet sei. 1924 wollte Franke endlich die Heimat wiedersehen. Er nahm Urlaub und erreichte nach langer Fahrt seine Heimatstadt Villach. Da seine Mitzi inzwischen in Peking am gelben Fieber gestorben war, ging er nicht mehr in den chinesischen Staatsdienst zurück, »wo man nie und nimmer eine sichere Existenz sich ergründen konnte[20]«.

Bald nach Franke kamen die von Böhler entsandten Spezialisten, doch der Export österreichischen Fachwissens blieb nicht immer auf den militärischen Bereich beschränkt. Die Bedingungen dafür wurden in erster Linie von dem Chinesen Zhu Jiahua und dem Österreicher Ludwig Brandl geschaffen. Zhu Jiahua, 1893 in der Provinz Zhejiang geboren, hatte seinen Dr. Phil. an der Berliner Universität gemacht und hatte für deutschsprachige Fachberater besonders viel übrig. Er benützte seine Stellung als *Commissioner of Civil Affairs* der Provinz Zhejiang und

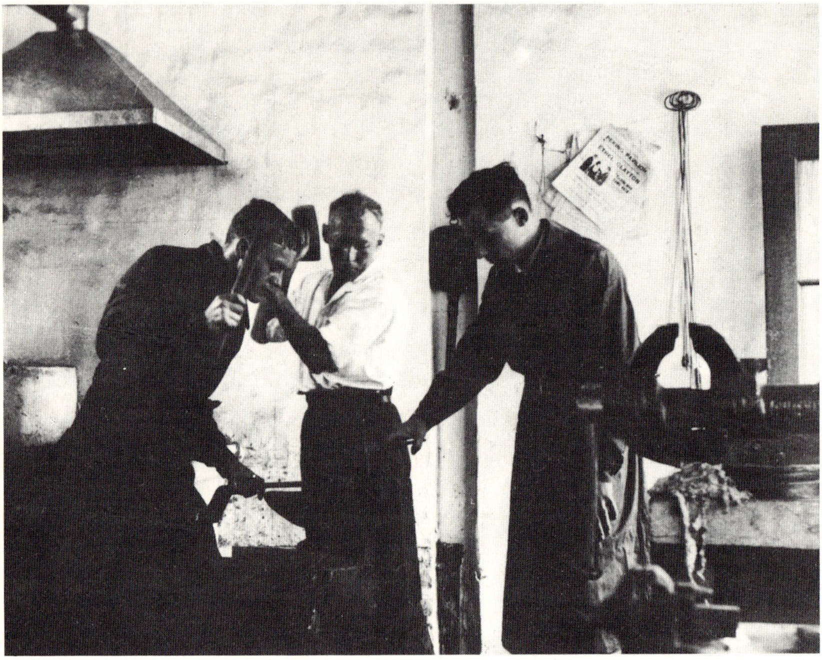

Alexander Franke in seiner Werkstätte in Peking
(Archiv der ÖGCF)

später als Kanzler der Nationalen Zentraluniversität in Nanking, als Unterrichts- und als Verkehrsminister[21], um die Entsendung von Fachleuten aus Deutschland und Österreich zu fördern. Im Herbst 1927 begann die Provinz Zhejiang ein Wasserbauamt einzurichten, wobei ab 1928 der österreichische Ministerialrat und Baudirektor a. D. Ing. Ludwig Brandl so effektive Arbeit leistete, daß Zhu Jiahua in seiner Wohlmeinung für österreichische Berater ständig bestärkt wurde. Von 1928 bis 1931 arbeitete Brandl als Chefingenieur der Wasserbauverwaltung der Provinz Zhejiang, unternahm hydrometrische und geodätische Vermessungen, projektierte Flußregulierungen und Kanalbauten, führte die Methoden der Luftbildvermessung in China ein und erstellte an die Regierung in Nanking Vorschläge zur Errichtung zentraler Institute für Hydrographie und Photogrammetrie. 1931 wurde er von der Zentralregierung in Nanking eingeladen, in die anläßlich der Jangtse-(Yangzi-)-Hochwasserkatastrophe geschaffene *National Flood Relief Commission* einzutreten. Als sein Vertragsverhältnis im Februar 1936 endigte, bat ihn die Nankinger Regierung dringend, seine Arbeit fortzusetzen, und so ging Brandl 1937 unter beträchtlichen persönlichen Opfern nochmals nach China zurück[22]. Dem ehemaligen Baudirektor der Donau-Regulierungskommission gelang es durch sein Wirken bei Zhu Jiahua ein so großes Guthaben an *good will* zu erzeugen, daß sich jener durch eine Panne, die es mit einem der ersten österreichischen Experten, nämlich Gustav Ritter von Kreitner (Sohn des Expeditionsbegleiters Széchenyis), gab, bei der Berufung weiterer Fachleute aus Österreich nicht beirren ließ. In einem Brief vom 17. Januar 1928 an den österreichischen Bundeskanzler Ignaz Seipel gab Zhu Jiahua folgendes bekannt:

> Die Regierung der Provinz Chekiang hat seit 1927 Schritte unternommen, um den inneren Sicherheitsdienst hier zu reorganisieren. Zu diesem Zweck hat sie seit dem Frühjahr 1928 Herrn Dr. Ritter von Kreitner aus Österreich hierher berufen, um der Regierung bei dieser Reorganisation behilflich zu sein, da sie der festen Überzeugung war, daß Österreich die beste und zuverlässigste Polizei der Welt aufzuweisen hat. Es wurden daher große Hoffnungen auf den Dienst des genannten Herrn gesetzt. Leider hat er diesen Hoffnungen in keiner Weise entsprochen, und muß ich mit aufrichtigen Bedauern sagen, daß Herr Dr. v. Kreitner einerseits nicht die Befähigung und andererseits auch nicht das sachliche Interesse hat, die ihm gestellten Aufgaben zu lösen. Durch das Versagen dieses Herrn ist viel Zeit verloren gegangen, doch will die Regierung sich dadurch nicht verleiten lassen, die begonnene Reorganisation des Sicherheitsdienstes einzustellen. Die Regierung möchte im Gegenteil nach wie vor die Mitarbeit Österreichs in Anspruch nehmen, um so mehr, als der Unterzeichnete Österreichs Land und Volk gut kennt und schätzt. Die Regierung glaubt hierbei auf Ihre Unterstützung, sehr geehrter Herr Bundeskanzler, rechnen zu dürfen. Sie will für Ihre Aufbauarbeiten wenn möglich recht viele Österreicher heranziehen, seien es Ingenieure, Wissenschaftler oder sonstige Fachleute sowie Instruktoren für die Landespolizei.
>
> Es dürfte Sie vielleicht interessieren, daß der Unterzeichnete Europa sehr gut kennt. In den verschiedenen Zweigen meiner Tätigkeit habe ich z. B. in Kanton Professoren und Dozenten aus Deutschland, insgesamt zwölf Deutsche (Mediziner, Naturwissenschaftler und Forstleute) für die dortige Sun-Yat-sen-Universität berufen. Ich konnte diese Berufungen durchführen, weil ich direkt aus meiner Studentenzeit her noch Beziehungen mit Deutschland pflege. Ich habe bereits damals auch an Österreich gedacht, was der frühere österreichische Gesandte in Peking, Herr von Rosthorn, bestätigen kann. Ferner kann auch Herr Brandeis vom Wiener Bankverein Auskunft geben.
>
> Zur allgemeinen Orientierung füge ich bei, dass die Provinz Chekiang ein Flächenausmaß von 105.000 Quadratkilometer und 21 Millionen Einwohner hat. Sie umfaßt 75 Regierungsbezirke, hat Landpolizei

und Wasserpolizei (Flußpolizei, Seepolizei und Küstenpolizei). Seit dem vergangenen Herbst richten wir auch ein Wasserbauamt neu ein, wobei uns der frühere Baudirektor der österreichischen Donauregulierung, Herr Ministerialrat a. D. Ing. Ludwig Brandl, werktätig als Fachmann unterstützt. Er wird auch für diese Arbeiten voraussichtlich weitere Ingenieure aus Österreich heranziehen und uns diesbezügliche Anträge stellen[23] ...

Tatsächlich wurden etwa ein Jahr darauf vom Wasserbauamt der Provinz Zhejiang fünf Ingenieure und ein Werkmeister aus Wien berufen, um die Vermessungs-, Projektierungs- und Bauarbeiten für die Regulierung der Flüsse und Kanäle der Provinz in Angriff zu nehmen[24]. Auch später gab es immer wieder Zuzug von österreichischen Wasser-

Alfred Tritthart in seinem Büro und mit seinen Arbeitskollegen
(Alle drei Fotos im Besitz der Witwe)

bauspezialisten, von denen mancher bis nach Ende des Zweiten Weltkriegs in China verblieb.

Der prominenteste davon scheint Dipl.-Ing. Alfred Tritthart gewesen zu sein. Er antwortete 1927 auf ein Inserat in der österreichischen Ingenieurszeitung und wurde unter 49 Bewerbern ausgesucht. Von 2. Juli 1927 bis 10. August 1949 war er in Tianjin (Tientsin) bei der Hai-Ho Conservancy Commission als Chefingenieur tätig. Außerdem wirkte er als Berater des Wasserbauministeriums, der Lotsenvereinigung in Hebei und Shandong und beim Bau des Seehafens in Tanggu. Im Juni 1947 nahm er als Delegierter an der Wasserbaukonferenz in Nanking teil[25]. Die zahlreichen Fachgespräche machten auf ihn einen recht guten Eindruck, doch bald bekam er auch die Raffgier zu spüren, wie sie für die Vertreter der verfallenden Kuomintang-Herrschaft typisch war. Der neue Direktor der Hai-Ho Conservancy Commission hatte Gefallen an Trittharts Haus gefunden und zwang ihn, mit Frau und vier Kindern

auszuziehen. Außerdem degradierte er den Österreicher zum Berater und besetzte den Posten des Chefingenieurs mit einem Protegé, der seine Erfahrungen bei der Reparatur von Lokomotiven gesammelt hatte[25a]. Als bald darauf die kommunistischen Truppen in Tianjin einmarschierten, erkannte Tritthart, daß sie ganz im Gegensatz zu den Greuelvorhersagen der Kuomintang strenge Disziplin hielten und der Zivilbevölkerung kein Leid taten. Die neuen Behörden hätten den erfahrenen Ingenieur, der sich auch mit wissenschaftlichen Arbeiten einen Namen gemacht hatte[25b], gerne behalten, doch war die deutsche Schule in Tianjin geschlossen worden, und ein weiteres Verbleiben hätte seine vier Kinder vor unlösbare Ausbildungsprobleme gestellt. Schweren Herzens trennte sich Tritthart von der Arbeit, der er 22 Jahre lang hingebungsvoll nachgegangen war[25c]. »Warum drängst du so? Wir wollen unseren Enkelkin-

Diese internationale Brücke in Tianjin mußte der österreichische Dipl.-Ing. Alfred Tritthart gleich zu Beginn seiner Tätigkeit wieder gebrauchsfertig machen

交通部塘沽新港工程處

TANGKU NEW HARBOUR CONSTRUCTION BUREAU

TANGKU, TIENTSIN, CHINA.

CABLE ADDRESS
NEWHARBOUR

November 30 1948

Tangku, China.

To Whom it may concern

This is to certify that Mr. A. Tritthart has been Technical Advicer to Tangku New Harbor Construction Bureau, Tangku (Tientsin), China, from March 1937 to date.

Mr. Tritthart has been with the Hai Ho (River) Conservancy Commission in various capacities for years and had been Chief Engineer in late years. As the Tangku New Harbor is situated at the mouth of the River"Hai Ho", his advices to the Bureau based on his past experience with that river have contributed immensely towards the construction of the Harbor. His high technical knowledge and long experience will be most suited for any river and harbor work.

Tangku New Harbor Construction Bureau

C. S. T'ien
Assistant Chief Engineer

C. Tan
Chief Engineer

dern auch noch Arbeit lassen«, hatten seine chinesischen Mitarbeiter manchmal zu ihm gesagt. Nun schmerzte sie der Verlust des tatkräftigen Österreichers.

Doch Zhu Jiahua begnügte sich keineswegs mit der Heranziehung von Wasserbau-Ingenieuren. Er dachte so oft und in so vielfältiger Weise an die österreichischen Experten, daß in der österreichischen Korrespondenz von dem »durch seine Österreich-freundliche Haltung h. a. ...

rühmlichst bekannten Dr. Chu-Chia-Hua« gesprochen wurde[26]. Diese Bezeichnung wird verständlich, wenn man bedenkt, daß Zhu in seinem Vertrauen in österreichische Leistungsfähigkeit so weit ging, von dort sogar Fachleute für die Küsten- und Hochseefischerei (er meinte, es müßte noch solche von Kaisers Zeiten her geben), für Seidenweberei und Porzellanindustrie anzufordern[27]. Zhu baute auf die »anerkannte Tüchtigkeit der österreichischen Fachleute«[28] und hatte, laut dem von fünf in China wirkenden Experten 1931 eingereichten Dekorierungsantrag, die Entsendung österreichischer Berater auf folgenden Gebieten angesprochen: Polizei, Gendarmerie, Chirurgie, Hygiene, Seidenweberei, Finanzverwaltung, Küsten- und Hochseefischerei, Küstenpolizei, Porzellanindustrie, Forstwesen, Reorganisation der inneren Verwaltung, Verwaltungsrecht und Musik[29]. Diese Initiativen Zhus können ebensowenig weggeleugnet werden wie die Tatsache, daß sein Name heute in der Volksrepublik China einen schlechten Klang hat. Der Grund dafür liegt darin, daß Zhu später den äußerst rückschrittlichen Kuomintang-Politikern Chen Lifu und Chen Guofu nahestand, die später nach den Anfangsbuchstaben der beiden Namen – nicht nur von kommunistischer Seite – als »CC-Clique« bezeichnet wurden. Mao Zedong setzte Zhu im Jahre 1949 auf die Kriegsverbrecherliste[30].

Über den Stellenwert Zhu Jiahuas in der chinesischen Geschichte zu entscheiden, kommt in erster Linie dem chinesischen Volk zu. Der europäische Beobachter muß sich darüber hinaus auch aus dem Grund einer Wertung enthalten, daß jene Phasen der chinesischen Zeitgeschichte noch nicht ausreichend dokumentiert sind. Aus dem Briefwechsel Zhus mit den österreichischen Bundeskanzlern Seipel und Schober könnte man allerdings den Eindruck gewinnen, daß Zhu Ende der zwanziger, Anfang der dreißiger Jahre mit den Reformen Sun Yatsens durchaus noch verbunden war. In einem am 22. April 1929 an Bundeskanzler Seipel gerichteten Schreiben äußerte er den Wunsch nach einem persönlichen Berater für die Reorganisation der inneren Angelegenheiten der Provinz Zhejiang. Als hauptsächliche Qualifikationen gab er dabei an: »Der Betreffende müßte grundlegende Vorschläge insbesondere in sozialpolitischer Hinsicht zu machen in der Lage sein. Es wäre zu erwägen, hiefür etwa einen ganz entsprechend gebildeten Herrn zu wählen, der Dr. Sun Yatsens Lehre verehrt[31].«

Später wurde im Rahmen der Kuomintang auf Tschiang Kaischeks und Chen Lifus Initiative hinsichtlich der gesellschaftlicher Organisations- und Verhaltensformen unter dem Titel *Neues Leben* ein rückschrittlicher, primitiver Konfuzianismus gepredigt[32]. Doch Ende der zwanziger Jahre besaßen die in Suns Programm enthaltenen Forderungen noch schärfere Konturen, und Gustav Ritter von Kreitner, der von Zhu Jiahua im Streit geschieden war, verdächtigte in seinem Buch *Hinter China steht Moskau*[33] die Anhänger von Sun Yatsens Lehren der Verbreitung von Radikalismus und Kommunismus. Daß Sun Yatsens Lehren damals zum Teil anders interpretiert wurden als in späterer Zeit, beweisen die Ansichten, welche der Wiener Dr. Erwin Reifler in Briefen äußerte, die er verfaßte, bevor er nach China fuhr, um dort als Experte zu wirken. Darin hat der laut Staatspolizei der Sozialdemokratie nahestehende[34] Staatswissenschaftler, Sinologe und Mitarbeiter chinesischer Partei- und Regierungsstellen in Europa der Überzeugung Ausdruck verliehen, »daß sich auch Österreich unter richtiger Ausnützung der günstigen Umstände in das von Dr. Sun Yatsen geforderte und zum Teil verwirklichte System ›China-Rußland-Deutschland‹ einfügen kann[35]«. Und Zhu? Glaubte er damals noch an Sun Yatsens Prinzipien in ihrer vollen Tragweite? Sollte die Berufung von Experten wie Reifler ein Indiz dafür sein, daß sein Gesinnungswandel sich erst später vollzogen hat? Chinesische Historiker werden darüber einst nach Öffnung der Archive Auskunft geben können. Für einen erst später eingetretenen Gesinnungswandel Zhus spricht, daß er z. B. noch am 16. November 1925 im Namen der Professoren der Pekinger Universität einen flammenden Aufruf unterzeichnete, der international versendet wurde und folgendermaßen endet: »Es lebe das Bündnis der ausgebeuteten Klassen des Westens mit den unterdrückten Völkern des Ostens!«

Österreichischerseits ist jedenfalls zu vermerken, daß Zhu auch nach seinem Wechsel vom Leiter des Amtes für Inneres der Provinz Zhejiang auf den Posten des Präsidenten der Zentraluniversität in Nanking (Ende 1930) Initiativen zur Berufung österreichischer Fachleute ergriffen hat. Gegen den Willen des Inhabers der Lehrkanzel für Musik an der Zentraluniversität, der in Frankreich studiert hatte und Franzosen berufen wollte, setzte Zhu Jiahua durch, daß die Einladung zur Entsendung eines Professors für Musik an Österreich erging[36]. Ende 1932 begab sich der Musikpädagoge Dr. Alois Strassl mit einem Dreijahreskontrakt an die Stätte seines neuen Wirkens, und es scheint, daß die Wahl auf einen tüchtigen Mann gefallen war, denn schon am 9. Juli 1933 sah sich der österreichische Konsul in Shanghai veranlaßt, »das Bundeskanzleramt diensthöflich zu ersuchen, davon den Herrn Unterrichtsminister verständigen zu wollen, da(ß) seine Empfehlung tatsächlich einen Würdigen traf und dadurch das kulturelle Ansehen Österreichs wesentlich gefördert wird[37]«. Trotz des verkürzten Sommersemesters brillierten Strassls Studenten bei einem öffentlichen Konzert mit mehrstimmigen gemischten Chören, was angesichts des abweichenden chinesischen Klang- und Intervallempfindens einen besonderen Erfolg darstellte. Eine Reihe von Strassls musiktheoretischen Vorlesungen wurden ins Chinesische übersetzt, und für Herbst 1933 bereitete er eine *Einführung in das Studium des Gesanges* in chinesischer Sprache vor[38].

Doch nicht nur die Wiener Musik, auch die Wiener medizinische Schule war damals in China sehr bekannt, und ihre Vertreter waren dort sehr willkommen. In landesweitem Maßstab war der österreichische Hygiene-Spezialist Dr. Heinrich Jettmar zur Bekämpfung der Pest in China unermüdlich tätig und hat sich dabei ganz besondere Verdienste erworben. Seinem Wirken ist ein eigenes Kapitel gewidmet. Aber auch

Der österreichische Anatom Prof. Heinrich Hayek mit seinen chinesischen Studenten
(Im Besitz der Witwe)

eine ganze Reihe anderer österreichischer Ärzte hat in China gelehrt und gearbeitet. 1929 wurde der Chirurg Dr. Gustav Canaval an die Universität Kanton berufen[39]. Dort scheint er zufriedenstellend gearbeitet zu haben, denn Anfang der dreißiger Jahre bemühte sich dieselbe Universität um die Entsendung eines Gynäkologen, eines Pathologen und eines Anatomen[40]. 1933 folgte Dr. Leo Alexander, der vorher an der Frankfurter Universitäts-Nervenklinik als Wissenschaftlicher Assistent tätig gewesen war, einem Ruf des *Peiping Union Medical College,* wo er als *Honorary Lecturer* wirken und ein Laboratorium einrichten sollte[41]. An jenem College hatte sich vorher bereits die österreichische Augenheilkunde einen Namen gemacht. Dr. Adalbert Fuchs, der kaum weniger berühmte Sohn des weltbekannten Professors für Augenheilkunde Dr. Ernst Fuchs, war mehr als ein Jahr lang *Visiting Professor* in Peking gewesen und hatte im Auftrag der Rockefeller Foundation Nord- und Zentralchina bereist[42]. Das wissenschaftliche Ansehen, das er genoß, war sogar Anstoß zu Visiten beim ehemaligen chinesischen Kaiser und dessen Gemahlin gewesen[43]. In den dreißiger Jahren wurde dasselbe Fach in Peking durch Dr. Arnold Pillat betreut, der ebenfalls später in Wien eine Lehrkanzel für Augenheilkunde innehatte. Beide Fachärzte waren auch an den sozialen Zuständen in China[44] und der Vermittlung von mehr Wissen über jenes Land interessiert. Fuchs hielt Vorträge über China an der Wiener Urania[45], und Pillat war besonders im Rahmen des Österreichisch-Chinesischen Kulturvereines aktiv.

Besondere Prominenz sollte auch die Tätigkeit von Dr. med. et phil. Heinrich Hayek erlangen, Hayek, ein Schüler des Anatomen Ferdinand Hochstetter, hatte sich in Rostock habilitiert und wurde 1935 eingeladen, die Leitung des Anatomischen Institutes der deutschsprachigen Tongji-Universität in Shanghai zu übernehmen[46]. Damals sollen von den 24 medizinischen Schulen Chinas zwölf deutschsprachig gewesen sein, so daß man sich auf medizinischen Tagungen gelegentlich auf Deutsch als Arbeitssprache einigte[47]. Hayek unterrichtete in China bis 1938 Anatomie, Histologie und Botanik. Die chinesischen Studenten machten auf ihn einen sehr guten Eindruck. Er lobte ihre manuelle Geschicklichkeit und ihren Fleiß, und auch sie brachten ihm Sympathie entgegen. Sprach er später bei wissenschaftlichen Veranstaltungen, so kamen sie von weither angereist[48], und von manchen chinesischen Ärztefamilien hat er sogar zwei Generationen unterrichtet. So z. B. praktizierte zuletzt in Wiener Neustadt ein junger chinesischer Arzt namens Michael Wong, dessen in Hongkong lebende Mutter früher ebenfalls ihre Examen bei Prof. Hayek gemacht und den Sohn später zu ihrem ehemaligen Lehrer an die Wiener Universität geschickt hatte. In China trifft man heute Hayek-Schüler auf verantwortungsvollen Posten. So etwa erinnerte sich der Chef der Internen Abteilung der 2. Klinik der Universität Wuhan und Inhaber der entsprechenden Lehrkanzel, Prof. Guo, gerne an seinen Lehrer, als Gerd Kaminski im Frühjahr 1972 das Spital besichtigte.

Obwohl an der staatlichen chinesischen Tongji-Universität die Mehrzahl der Professoren deutsche Staatsangehörige waren, zeigte man sich von chinesischer Seite am verstärkten Zuzug von Österreichern sehr interessiert, nicht nur im Bereich der medizinischen, sondern auch der technischen Abteilung. Dort hat zwischen 1926 und 1932 Prof. Dr. Hans List seine chinesischen Hörer durch den hohen Stand seiner Kenntnisse sehr beeindruckt. Jawohl, es ist derselbe List, dessen Grazer Gesellschaft für Verbrennungskraft erst kürzlich wieder durch die Entwicklung eines sparsamen Dieselmotors internationale Schlagzeilen gemacht hat! Er kam 1926 im Alter von dreißig Jahren als Professor an die Tongji-Universität und lehrte dort bis 1932[49]. Solche fruchtbaren Kontakte wollte man von chinesischer Seite her fortsetzen, und so erschien im August 1937 der Unterrichtsvorstand der Tongji-Universität, Dr. Hsüeh Chi-hao, beim österreichischen Konsul in Shanghai und bat, an das Bundeskanzleramt den Wunsch seiner Universität weiterzuleiten, daß man wieder einen österreichischen Professor für das Fach Kraftmaschinen, Dieselmotoren und Dampfkessel beschäftigen wolle[50].

Auch auf anderen wissenschaftlichen Gebieten traten Österreicher in China hervor. Noch heute erinnert man sich dort gerne an den Paläontologen Otto Zdanski, der 1920/21 und 1923 in Zhoukoudian, dem Fundort des berühmten Peking-Menschen, arbeitete und dabei zu interessanten wissenschaftlichen Ergebnissen kam[51]. Erwin Reifler, der zuerst mit anderen Österreichern an der Reorganisation der inneren Verwaltung Chinas arbeitete, trat Anfang 1933 den Posten eines Professors an der Verkehrsuniversität in Shanghai an, wo er der einzige Europäer im Lehrkörper war. Ihm wurde die Aufgabe übertragen, Material über das gesamte österreichische Eisenbahnwesen zu sammeln, zu bearbeiten und ins Chinesische zu übertragen[52]. In Nanking, Kanton und Shanghai wirkte übrigens auch der österreichische Obereisenbahnrat Ing. Jakob Piegl[52a]. Der Grazer Mathematiker Wilhelm Blaschke unterhielt in der Zwischenkriegszeit ebenfalls Kontakt zu chinesischen Kollegen und nutzte dazu auch eine Weltreise, die ihn 1932 unter anderem nach China führte[53]. Über Vermittlung des Völkerbundsekretariates wurde

1931 für die Universität Nanking ein Geographieprofessor gesucht, und die Wahl fiel – nachdem das Österreichische Nationale Komitee für geistige Zusammenarbeit zwei hier tätige deutsche Wissenschaftler vorgeschlagen, die chinesische Seite sich aber telegraphisch für einen Österreicher ausgesprochen hatte – auf den Assistenten am Wiener Geographischen Institut Dr. Wissmann[54]. Nach Nanking sollten 1937 auch zehn österreichische Ärzte kommen, die aber infolge der Kriegsereignisse schon in Südchina hängen blieben[54a].

Als besonderer Schwerpunkt im Transfer österreichischen Fachwissens nach China muß aber noch das Polizeiwesen erwähnt werden. Man hielt damals in China die österreichische Polizei für die beste der Welt und beeilte sich, österreichische Berater heranzuziehen. Nach dem Fiasko mit Gustav Kreitner ließ sich Zhu Jiahua durch das österreichische Bundeskanzleramt erfahrene Praktiker nach Zhejiang vermitteln. 1929 kamen die Gendarmerie-Landesdirektoren Karl Schindler, Ferdinand Peinlich[55] und der Regierungsrat Dr. Rudolf Muck mit Dreijahreskontrakten nach China. Über die Bedingungen ihrer dortigen Tätigkeit mögen Auszüge aus einem Schreiben Aufschluß geben, das Muck am 17. März 1930 an einen Hofrat der Polizeidirektion in Wien gerichtet hat:

> Die polizeilichen Verhältnisse, die ich hier vorfand und die so wie in jedem anderen Lande innig verknüpft sind mit den politischen und staatlichen Zuständen, waren sehr schwer zu verstehen. Was ich aus eigener Wahrnehmung beurteilen konnte, schien mir überhaupt trostlos ... Es kommt noch dazu, daß die Polizeifunktionäre, die doch alle Butter auf dem Kopfe haben, in der Beantwortung der informativen Fragen sehr zurückhaltend waren ...
> In der Zwischenzeit war ich zur Erkenntnis gekommen, daß nicht so sehr polizeiliche Reformen als grundlegende Einrichtungen nottun, um die Polizei auf ein höheres Niveau zu bringen. Da ist vor allem die Gehaltsfrage. So ein Polizist bekommt im Durchschnitt ein Gehalt von etwa zehn mexikanischen Dollars monatlich, beim heutigen Kurs kaum 25 S. Davon muß er auch seinen Lebensunterhalt bestreiten. Bei erster bester Gelegenheit wird er davongejagt, monatelang kann er oft auch auf diesen kärglichen Sold warten. Die Krankenversorgung besteht darin, daß dem erkrankten Mann das Gehalt für die Zeit seiner Abwesenheit gestrichen wird ... Monatelang brauchte ich, bis ich diese Entdeckung machte. Aber noch andere Sachen fand ich nur mühevoll heraus. So zum Beispiel, daß der Mann Tag und Nacht das ganze Jahr im Dienste steht, daß die Pritsche im »Zelt«, das etwa dem Wachzimmer entspricht, sein ständiges Quartier ist, daß der Verheiratete einen Urlaub braucht, um zu seiner Frau zu gehen, daß es nichts gibt wie eine Pension, daß die Vorschriften über die Abfertigung zwar bestehen, aber nicht gehandhabt werden usw. usw.[56]

Aufgrund dieser Beobachtungen schlug Muck die Einführung einer Besoldungsordnung, eines Organisationsstatuts, einer Dienstvorschrift, einer neuen Kanzleiordnung und eines Pensionsinstituts vor. Er machte dazu nicht nur selbst Entwürfe, sondern gab seine Kenntnisse und Vorstellungen auch an die Polizeischüler in Hangzhou, die Studenten der Hochschule für Selbstverwaltung und die Hörer an der staatswissenschaftlichen Fakultät der Zentraluniversität in Nanking weiter. Darauf war er sehr stolz, »weil in Nanking zwei Dutzend reichsdeutsche Berater sitzen, darunter auch ein Regierungsrat von Zantier aus Berlin für Verwaltungsangelegenheiten[57]«.

Doch nicht nur technisch-wissenschaftliche, auch politische Ratschläge hatte der Regierungsrat aus Wien anzubieten. Sie geben zugleich über sein eigenes politisches Profil Aufschluß:

> Eine Fülle von Ideen habe ich noch in der Reserve, die ich mit der Zeit in die Tat umsetzen will. So besteht hier eine Art Heimwehr, Selbstschutzformationen in den Uranfängen. Ich halte sie für sehr entwicklungsfähig . . . Prof. Dr. Chou, der mir vorgesetzte Kommissär, der gleichzeitig Mitglied der Zentralregierung in Nanking und Vizerektor der Universität in Kanton ist (betrachten Sie bitte einmal die Entfernung von Nanking–Hangchow und Kanton auf der Karte), ist ein aufgeklärter und begeisterungsfähiger Mann, der auf meine Anregungen eingeht. Nur hat er leider viel zu wenig Zeit, um sich mit den Sachen beschäftigen zu können, und daran krankt die ganze Reformbestrebung[58].

Die Heimwehr-Idee in der Provinz Zhejiang in die Tat umsetzen, war Dr. Muck allerdings nicht mehr vergönnt. Mit Brief vom 12. Februar 1931 ließ Zhu Jiahua den österreichischen Vizekanzler und Außenminister Dr. Johannes Schober wissen, daß er aus politischen Gründen die Leitung des Ressorts für Inneres der Provinz Zhejiang zurückgelegt habe und daß daher verschiedene geplante Berufungen aus Österreich nicht mehr durchgeführt werden könnten. Sogar die Verträge mit den Beratern Dr. Muck und Hofrat Schindler seien von der neuen Provinzialregierung aus Ersparnisgründen aufgelöst worden, doch sei es ihm aufgrund seiner politischen Tätigkeit in zentralen Gremien der Kuomintang möglich gewesen, die beiden Herren bei der Zentralregierung unterzubringen[59]. Die von Zhu gleichzeitig geäußerte Bitte um die Entsendung von zwei österreichischen Spezialisten auf dem Gebiet des Verwaltungsrechtes und der Verwaltungsorganisation blieb nach einer einmal mehr durch Interventionen gekennzeichneten Auswahl in Österreich[60] wegen eines Kompetenzkonfliktes auf der Strecke. Nach dem nestroyhaften Motto »Wer ist stärker - ich oder ich?« stritten sich das Bundeskanzleramt – Auswärtige Angelegenheiten und das Wanderungsamt im Bundeskanzleramt um die Zuständigkeit für die Entsendung von Beratern nach China. Der Chef des Wanderungsamtes, Bundesminister Ing. Schumy, schrieb am 25. Juli

1930 dem Generalsekretär für die auswärtigen Angelegenheiten, Franz Peter, einen beleidigten Brief, in dem er dem Bundeskanzleramt – Auswärtige Angelegenheiten »Mangel an Vertrautheit mit der Agenda des modernen Wanderungswesens oder zum mindesten mit dem Wirkungskreise des Wanderungsamtes« vorwirft, die Rechtfertigung der Abteilung 13, es handle sich bei der Vermittlung von Fachleuten nach China um eine »eminent politische Angelegenheit[61]«, nicht gelten läßt und abschließend die Forderung stellt, diese Agenden dem Wanderungsamt abzutreten, das sich seiner politischen Verantwortung gewiß ebenso bewußt sein werde »wie die anderen Zentralstellen, an die sich die Abteilung bisher gewandt hat[62]«. Dies hinderte das Bundeskanzleramt – Auswärtige Angelegenheiten nicht, die Kompetenz auch weiter zu beanspruchen, doch Univ.-Prof. Dr. Brockhausen, der vom Wanderungsamt aufgefordert wurde, die gesamte Bewerbungsprozedur zu wiederholen, nachdem er bereits vom Bundeskanzleramt – Auswärtige Angelegenheiten primo loco empfohlen worden war, streikte und verzichtete dankend, was ihn betraf, auf die weitere Verfolgung der Angelegenheit. Gleichzeitig erinnerte er nachdrücklich an die Qualitäten von Dr. Erwin Reifler, den er ursprünglich gern als Assistenten mitgenommen hätte[63].

Reifler schaffte es später, auf anderem Wege nach China zu kommen, und die Chinesen fanden nach der Methode »Kommt der Berg nicht zu Mohammed, so kommt Mohammed zum Berg« einen Weg, das Fehlen österreichischer Experten für innere Angelegenheiten durch die Entsendung von Studenten und Delegationen nach Österreich wettzumachen. Doch bevor wir darauf eingehen, wäre noch die Frage aufzuwerfen, ob die österreichischen staatlichen Stellen den in China arbeitenden Experten ihre Tätigkeit in irgendeiner Weise gelohnt haben. Eine Anerkennung wäre sicherlich am Platz gewesen. Vor allem, wenn man bedenkt, daß der Geschäftsträger der österreichischen Gesandtschaft in Peking am 6. Januar 1914 nach Wien gemeldet hatte, daß von den zahlreichen Einwohnern der Doppelmonarchie kein einziger in China als Berater tätig und ihm auch niemand bekannt sei, der dafür Eignung besäße[64]. Daß unter den viel schlechteren Bedingungen der Ersten Republik gleich mehrere Österreicher sich in China als Berater Ansehen verschaffen konnten, hätte sicherlich Lob verdient. Doch wenn auch in Berichten des Außenamtes den österreichischen Experten in China eine wesentliche Funktion für die Verbreitung österreichischer Kultur zugesprochen wurde[65], war der Staat in anderen Dingen eher kleinlich.

Ludwig Brandl hatte in China im praktischen und wissenschaftlichen Bereich[66] unter schwierigen Bedingungen effizient gearbeitet. China-Österreicher erinnern sich an seinen stehenden, leicht gequälten Ausspruch: »I kann ja den Jangtse net in Flascheln abfülln[67]!« Er zerriß sich zudem förmlich bei der Förderung der Beziehungen zwischen den beiden Ländern, so daß er dem Außenamt nach dessen amtlichen Angaben in gewisser Weise den in China fehlenden Gesandten ersetzte[68].

Die Regierung in Nanking belohnte seine Tätigkeit mit hohen Auszeichnungen. Als sie 1937 an Brandl die Einladung richtete, zum dritten Mal als Berater für wasserwirtschaftliche Fragen in ihre Dienste zu treten, richtete Brandl an das Finanzministerium eine Eingabe, ihm während seiner Absenz in China den vollen Weiterbezug seiner Pension zu gestatten. »Ich bin darauf um so mehr angewiesen«, schrieb er, »als mittlerweile meine Tochter, welche bisher als Haushaltungsschullehrerin der Gemeinde Wien ein bescheidenes Einkommen bezog, im Zuge von Ersparungsmaßnahmen als Dienstjüngste trotz ausgezeichneter Qualifikation leider abgebaut wurde und arbeitslos geworden ist, so daß ich für sie sorgen muß.« Brandl wies weiter darauf hin, daß er nicht nach dem Schema von Völkerbundberatern, sondern nach den kargen Ansätzen für chinesische Beamte entlohnt werden würde. Man sehe in ihm einen Freund, »der nicht hinüberkommt, um ein Geschäft zu machen, sondern der als Kulturträger kommt und ehrlich bei den schwierigen Aufgaben helfen will, welche die Führer des Volkes zu bewältigen haben«. Angesichts der großen Risken und der kleinen Bezüge, welche ihm die neuerliche Annahme einer Stellung in China bringen würde, bat Brandl das Finanzministerium, seine dortige Tätigkeit nicht als erwerbsmäßig, sondern als wissenschaftlich anzusehen, und konnte für seine einschlägigen bisherigen Leistungen ein Gutachten des bekannten deutschen Professors und Wasserbauexperten Dr. Ing. H. Engels aus Dresden hinsichtlich seiner Arbeiten am Jangtse vorlegen[69].

Das focht aber die zuständigen Beamten ebensowenig an wie eine Befürwortung durch das Außenamt. Mit Schreiben vom 24. März 1937 teilte ihm Finanzminister Neumeyer mit, daß dem Ansuchen leider nicht Folge geleistet werden könne[70]. Dennoch entschloß sich Brandl, das Risiko einzugehen, trotz der beengten finanziellen Verhältnisse nochmals nach China zu fahren. Er wolle im Fernen Osten sein Gesicht nicht verlieren, schrieb er dem Gesandten Winterstein und schloß an den Dank für die vergebliche Unterstützung durch das Außenamt die Bitte, in einer künftig zu errichtenden amtlichen Vertretungsbehörde in China die Beschäftigung der Witwe des Polizeiberaters Muck vorzusehen: »Sie hat bekanntlich keine Pension und schlägt sich nur kümmerlich durch, da ihr Ansuchen um eine Gnadenpension abschlägig beschieden wurde[71]. . .«

Der Dank des Vaterlandes blieb im Falle der in China tätig gewesenen österreichischen Experten aus.

Doch fort mit düsteren Betrachtungen. Was Brandl und Mucks Witwe passierte, gilt für andere auch. Es ist Teil des Risikos, als Österreicher auf die Welt zu kommen. Aber dem Homo Austriacus werden dafür andere Gaben in die Wiege gelegt. Zum Beispiel die Fähigkeit, sich über Ausländisches ausgiebig zu freuen. Im Januar 1931 brachten die österreichischen Blätter in Wort und Bild bis dahin nicht aufgetretene Mixturen der Begriffe »Wiener Sicherheitswache« und »Chinesen«. In der *Wiener Mittagszeitung* vom 24. Januar 1931 erschienen unter dem Titel *Die Chinesen sind da!* Karikaturen, die – ein närrischer Einfall? – chinesi-

Karikaturen in der »Wiener Mittagszeitung« vom 24. Januar 1931 anläßlich der Ankunft der ersten chinesischen Polizeischüler in Wien

sche Polizisten bei der Verkehrsregelung am Michaelerplatz, beim Umgang mit Heurigenbesuchern und bei anderen typisch österreichischen Dienstverrichtungen zeigte. In anderen Zeitungen fand man ähnliche Hinweise darauf, daß der bis dahin aus Mistelbach und anderen rustikalen Regionen Österreichs gespeiste Zustrom zu den gesicherten, mit Pensionsberechtigung ausgestatteten Posten bei der Wiener Polizei befremdliche Einsprengsel erhalten hatte. *Die Stunde* brachte am selben

Unterricht der chinesischen Polizeischüler in Theorie und Praxis
(*Öffentliche Sicherheit,* Polizeiarchiv Wien)

Tag unter dem Titel *Ich lerne Polizei* ein »Beinahe-Interview mit einem Chinesen«, und die *Wiener Allgemeine Zeitung* vom 22. Januar verwöhnte ihre Leser mit der Schlagzeile *Polizisten aus dem »Land des Lächelns«* und einem Photo, das zehn junge Chinesen vor der für sie exotischen Kulisse des Wiener Ostbahnhofes zeigte.

Was war geschehen? In Ermangelung einer größeren Anzahl von österreichischen Polizeiberatern in China waren die künftigen Propheten moderner Polizeiorganisation aus China zum Olymp polizeilicher Effizienz, nach Wien, gekommen. Es handelte sich dabei um zehn Polizeioffiziersschüler aus Zhejiang, denen die *Wiener Allgemeine Zeitung* prophezeite, sie würden in Wien nicht verkehrsregelnd, sondern verkehrshemmend wirken: »Unsere Wiener werden schon dafür sorgen, daß ein rechtes Gedränge um den gelben ›Polypen‹ herrscht.«

Nun, selbstverständlich waren die fremden Gäste für die neugierigen Wiener anfänglich ein gefundenes Fressen. Neugierig beobachteten sie, wie das Gepäck der Chinesen in einen Schulwagen der Polizei verladen wurde: Holzkoffer, strohgeflochtene Taschen, ein Grammophon und ein großer Korb mit blauen chinesischen Polizeikappen[72]. Doch es sollte noch längere Zeit dauern, bis sie die chinesischen Gäste beim Verkehrsregeln oder beim Patrouillendienst beobachten konnten. Denn die ersten anderthalb Jahre hindurch wurden sie in den theoretischen Fächern unterrichtet. Sie waren in der Marokkanerkaserne untergebracht und lernten: »Organisation der Bundespolizeiwachen, Instruktion, Organisation und Wirkungskreis der Bundespolizei- und sonstigen Behörden; Staatsrecht und österreichische Verfassung; Strafrecht und Strafprozeß; Gewerberecht; Verkehrs-, Meldewesen und sonstige lokalpolizeiliche Bestimmungen; kriminalpolizeilicher Unterricht; Polizeiverwendung und Polizeikampf usw.[73]«.

Die chinesischen Polizeioffiziere hatten wohl daheim einige Monate lang Deutsch gelernt, taten sich aber in der ersten Unterrichtsstunde noch recht schwer[74], und so wurde drei Monate hindurch Dr. Erwin Reifler als Dolmetsch in Anspruch genommen, bis sich die Polizisten aus Zhejiang dann selbst behelfen konnten. Auch in anderen Bereichen zeigten sie eine erstaunliche Anpassungsfähigkeit. Sie wurden Könner im Zillenfahren und schlugen sich auch tapfer, als sie bei minus 24 Grad auf der Teichalpe im Schilauf ausgebildet wurden, einer Fertigkeit, auf deren weitere Ausübung sie dann wohl im sonnigen Zhejiang für immer verzichten mußten. In einem Kurs für moderne Tänze, der ihnen von der Wiener Polizei spendiert wurde, bewährten sie sich ebenfalls[75].

Nach anderthalb Jahren wurden die chinesischen Gäste den Schulwachzimmern Lisztstraße und Heeresamt zur Einführung in den Polizeiwachdienst zugeteilt. An der Seite von Wiener Polizisten versahen sie Straßendienst und zeigten sich beeindruckt:

> Während dieser Zuteilung konnten wir den Wiener Kameraden bei der Durchführung der verschiedenen Amtshandlungen zusehen und

Bei der praktischen Ausbildung
(*Öffentliche Sicherheit*, Polizeiarchiv Wien)

vieles lernen. Besonders vorbildlich erscheint uns das taktvolle, höfliche und doch energische Einschreiten der Wiener Wachebeamten, ihre Anpassungsfähigkeit und ihr Diensteifer[76].

In der weiteren Folge wurden die Chinesen dem Kommissariatsdienst, der Alarmabteilung, dem Gefangenenhaus, dem Fahndungsdienst, dem Sicherheitsbüro, dem Strafregisteramt, dem Wahlkatasteramt, der Wirtschaftspolizei und dem Zentralinspektorat zugeteilt. Da hatten sich die Wiener schon längst an die Präsenz von fernöstlichen Polizisten gewöhnt, und diese stellten den Hiesigen das beste Zeugnis aus:

> ... Die österreichische Bevölkerung fanden wir überall freundlich und entgegenkommend, und besonders reizend empfinden wir die Wiener Gemütlichkeit. Sei es in der Stadt oder auf dem Land, stets wurden wir mit größter Liebenswürdigkeit aufgenommen, so daß wir uns bald heimisch fühlten und die liebenswürdigen Österreicher in unser Herz schlossen[77] ...

Auf ihren besonderen Wunsch wurden die Gäste aus Zhejiang auch eine Zeitlang in Niederösterreich im Gendarmeriedienst verwendet und konnten bei der Bezirkshauptmannschaft Baden auch die Arbeit einer

Chinesisch-österreichischer Kameradschaftsabend in der Marokkaner-Kaserne
(*Öffentliche Sicherheit,* Polizeiarchiv Wien)

politischen Verwaltungsbehörde kennenlernen. Doch die zwei Jahre, welche für ihren Aufenthalt in Österreich vorgesehen waren, neigten sich dem Ende zu, und da es einerseits noch viele Dinge gab, die sie noch kennenlernen wollten, und sie sich andererseits in Österreich wohlfühlten, stellten sie das Ansuchen um eine einjährige Verlängerung, was ihnen sowohl von chinesischer als auch von österreichischer Seite gewährt wurde. Das dritte Studienjahr war dann vornehmlich Spezialfächern wie der Moulagetechnik, der Daktyloskopie und – da in China die Brandbekämpfung in den Wirkungskreis der Polizei fiel – einer Praxis bei der Wiener Berufsfeuerwehr gewidmet[78].

Von einiger Bedeutung mag gewesen sein, daß die bei ihrer Ankunft zwischen 20 und 27 Jahre alten Chinesen in Österreich auch mit sozialen Poblemen konfrontiert wurden, indem sie Fürsorgeeinrichtungen, Jugendgerichte und ähnliche Institutionen besichtigten. Das, was sie ihrem Dolmetsch Erwin Reifler über ihre Heimat erzählten, legt nämlich die Vermutung nahe, daß ihnen, die offensichtlich aus wohlhabenden Familien stammten, die sozialen Probleme in Zhejiang fremd geblieben waren. Sonst wäre es nicht zu Aussagen wie der folgenden gekommen (bei der Reifler noch geglättet haben mag): ». . . Es gibt fast kein Arbeitslosenproblem, arbeitslos ist nur der, der nicht arbeiten kann. Wird jemand wirklich arbeitslos, braucht er nur auf das Land zu gehen und den Boden zu bebauen, um ein auskömmliches Leben führen zu können[79]. « Die Massen von Einwohnern Zhejiangs, die damals auswanderten, um dem Hungertod zu entgehen, und dabei als Hausierer und Arbeiter auch nach Österreich kamen, hätten die jungen wohlbehüteten Polizeioffiziere eines Besseren belehren können.

Ob die in Österreich erfolgte Konfrontation mit rauhen sozialen Wirklichkeiten auf die spätere Arbeit der Polizisten aus Zhejiang irgend

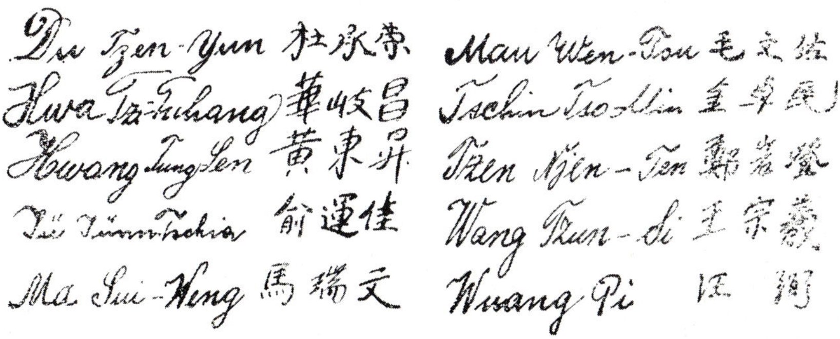

Die Unterschriften der ersten chinesischen Polizeischüler in Wien
(*Öffentliche Sicherheit,* Polizeiarchiv Wien)

welche Auswirkungen gezeitigt hat, ist uns nicht bekannt. Fest steht nur, daß ihre hier erworbenen technischen Kenntnisse Anerkennung und Verwertung gefunden haben. Davon erzählt ein Beitrag, den der Polizeioffizier Yu Yunjia für die Zeitschrift *Öffentliche Sicherheit* geschrieben hat. Gleich nach der Rückkunft im Februar 1934 wurden die Absolventen der Wiener Ausbildung damit beauftragt, je fünf Bezirke von Zhejiang zu Studienzwecken zu bereisen, wonach sie von der Regierung verschiedenen Dienststellen zugeteilt wurden, um dort Reformen zu verwirklichen. Yu zum Beispiel kam als Stellvertreter des Chefs der Sicherheitsabteilung in die Polizeidirektion von Hangzhou und baute mit seinen neuerworbenen Kenntnissen und zwei Tatbestandskoffern, die er aus Wien mitgebracht hatte, die daktyloskopische Abteilung auf[80].

Bevor sieben der zehn in Wien ausgebildeten chinesischen Polizeioffiziere Österreich verließen – drei blieben noch zur Absolvierung eines Jusstudiums zurück –, gab es ein großes Abschiednehmen. Zum Ende des zweiten und des dritten Studienjahres hatte man den Gästen in Studienreisen ganz Österreich gezeigt und erhoffte sich, daß sie in ihrer Heimat auch für österreichische Kultur eine gewisse Mittlerfunktion übernehmen würden. Die Zeichen dafür standen nicht schlecht. Beim Abschiedsabend, der am 12. Dezember 1933 im Festsaal der Schulkaserne stattfand, gab der chinesische Geschäftsträger seiner großen Zufriedenheit über den Studienaufenthalt seiner Landsleute Ausdruck, bezeichnete die Wiener Polizei als »mustergültig für die ganze Welt« und meinte, die guten Beziehungen zwischen den beiden befreundeten Nationen würden sich von Tag zu Tag mehr entwickeln[81]. Ein Sprecher der chinesischen Polizeioffiziere äußerte sich ähnlich, und außerdem hatten sie gemeinsam einen Artikel verfaßt, in dem sie ihren österreichischen Lehrern Dank abstatteten. Dabei erwähnten sie namentlich Polizeirat

Verabschiedung chinesischer Polizeioffiziere
(*Öffentliche Sicherheit,* Polizeiarchiv Wien)

Dr. Hüttl, Polizeioberkommissär Dr. Krögler, Polizeimajor Schmutterer, Polizeibezirksinspektor Perzinger, Polizeirevierinspektor Eibl, Polizeioberwachmann Biringer, Polizeiwachmann Sabatka und Polizeiwachmann Dr. Wytrhlik (wie mögen sie wohl den Namen des zuletzt Genannten ausgesprochen haben?). Über ihren ersten Lehrer hieß es dann noch weiter:

> Speziell Polizeibezirksinspektor Perzinger hatte sich unser wie ein Vater angenommen. Er war unser steter Begleiter, gab uns die nötigen Aufklärungen, pflegte uns, wenn wir krank waren, und stand uns stets mit Rat und Tat zur Seite. Wir haben ihn deshalb ins Herz geschlossen und verehren in ihm nicht nur den Lehrer, sondern schätzen ihn auch als guten Menschen[82].

Die Begeisterung der chinesischen Gesandtschaft über die österreichische Polizei hielt nicht nur an, sondern schlug im Jahr darauf noch höhere Wellen. Am 22. November 1934 veranstaltete die chinesische Mission in Wien eine »Freundschaftskundgebung für die österreichische Polizei«, bei der der Geschäftsträger a. i. (der Gesandte residierte in den dreißiger Jahren in Berlin), Dekien Toung (eigentlich: Tong Deqian), betonte, daß Österreich in folgenden menschlich-humanitären Aktivitäten an der Spitze der Welt stehe: in der Medizin, in der Musik und im Polizeiwesen. Toung versäumte nicht, in diesem Zusammenhang seine besonderen Sympathien für Dollfuß, Schuschnigg und Starhemberg auszudrücken[83]. Die Begeisterung für das Sicherheitssystem Österreichs, in der nach dem Bürgerkrieg des Jahres 1934 nicht alle Österreicher dem chinesischen Chargé d'Affaires folgen konnten, brachte eine Fortsetzung der Ausbildung chinesischer Polizeioffiziere in Österreich mit sich. Zwei davon, die Leutnants Chang Wei-yen und Loh Gae, meldeten sich nach Ausbruch des japanisch-chinesischen Kriegs freiwillig in die Heimat zurück. Beim chinesich-österreichischen Kameradschaftsabend, der ihnen zu Ehren im Oktober 1937 in der Marokkanerkaserne veranstaltet wurde, trugen sie den veränderten politischen Umständen Österreichs Rechnung, indem sie sich mit einem herzhaften »Heil Österreich! Heil die Wiener Polizei!« verabschiedeten[84]. Zum späteren »Heil Hitler!« wollte sich der zurückbleibende Leutnant Yu, der sich nach dem Bundeskanzler und Polizeipräsidenten Schober den Namen »Schobern Yu« zulegte, allerdings nicht mehr bequemen. Er promovierte bereits nach dem Anschluß und erregte unliebsames Aufsehen damit, daß er als einziger der frischgebackenen Jus-Doktoren den deutschen Gruß verweigerte. Yu kam später als stellvertretender Polizeichef von Shanghai und nach dem Krieg als Vertreter der Regierung auf Taiwan bei den UN-Organisationen in Wien wiederum mit Österreichern in Berührung.

Doch nicht nur bei der Polizei, auch beim österreichischen Bundesheer hatte man Gelegenheit, Kameradschaft mit chinesischen Offizieren zu pflegen. Auf eine Anfrage der chinesischen Gesandtschaft vom 20. Juli 1931 teilte das Bundesministerium für Heerwesen mit, daß Österreich zwar über keine Kriegsschule zur Ausbildung von Generalstabsoffizieren, wohl aber über die Offiziersakademie in Enns bzw. Wien verfüge, wo chinesische Offiziere als außerordentliche Hörer aufgenommen werden könnten[85]. Dieses Angebot wurde von der chinesischen Seite akzeptiert, und die chinesische Gesandtschaft ersuchte darum, den Major Peh Chang-shao in den dritten Jahrgang der Artilleriekurse der Wiener Heeresschule und die Leutnants Hou-Tsoi Yang, Tse-Hu Chen und Dschau Tsai ab 1. Oktober 1931 in den Kurs des ersten Jahrganges der Heeresschule in Enns aufzunehmen[86]. Im Heeresministerium zerbrach man sich hierauf den Kopf, wie man die weitgereisten Gäste integrieren sollte. Doch schon am 21. Oktober 1931 konnte man dem Bundeskanzleramt in einem umfangreichen Schreiben befriedigt mitteilen, welche Lösungen man dafür gefunden hatte: die chinesischen Offiziere sollten die Uniform des österreichischen Bundesheeres, aber auf der Kappe die chinesischen Hoheitsabzeichen und auf dem Kragen die Distinktionen der chinesischen Armee tragen. Der österreichische Offizierssäbel in Kombination mit dem Portepee der chinesischen Armee wurde ihnen außer Dienst zugestanden. Da man offensichtlich auch Angst vor chinesischen Sonderwünschen hinsichtlich Unterkunft und Verpflegung hatte, wurde in den Amtsräumen des Bundesministeriums für Heereswesen folgender Passus auf die Welt gebracht:

> Insoferne die chinesischen Offiziere Räume in Anspruch nehmen, die nicht schon als Unterkünfte und deren Nebenerfordernisse für die eigenen Heeresangehörigen dienen und deren Beleuchtung, Beheizung und Reinigung demnach ohnehin erforderlich ist, sondern gesonderte Räume, durch deren Beleuchtung, Beheizung und Reinigung infolge

Widmung als Unterkunft für die chinesischen Frequentanten der Heeresverwaltung ein Mehraufwand erwächst, haben die chinesischen Offiziere hiefür aufzukommen.
In diesem Falle werden vom Kommando der Heeresschule einvernehmlich mit der Bauabteilung und Wirtschaftsabteilung der 4. Brigade die durchschnittlichen Selbstkosten für die Beleuchtung, Beheizung und Reinigung der gesondert in Anspruch genommenen Räume zu ermitteln und der nach oben gerundete Betrag als Unterkunftsvergütung monatlich im nachhinein von den ausländischen Hörern hereinzubringen sein.
Die aus diesem Anlasse eingehenden Beträge sind als absetzbare Einnahme zugunsten der einschlägigen Voranschlagsposten in Empfang zu stellen.
Die für Verpflegung auflaufenden Kosten haben von den außerordentlichen Hörern monatlich im nachhinein bei der zuständigen Rechnungsstelle erlegt zu werden[87].

Auch hinsichtlich der Bekleidung gedachte man sich für Exotisches zu wappnen, und so wurde fürsorglich die Weisung gegeben: »Sollte das Anpassen der Bekleidung Schwierigkeiten bereiten, sind die Genannten wie Wehrmänner von außergewöhnlicher Körperbeschaffenheit zu behandeln (Maßanfertigung)[88].«

Die amtliche Vorsicht gegenüber dem chinesischen militärischen Zuwachs wich bald sichtlicher Befriedigung, und als der Kommandant der Kriegsschule in Nanking, General Yang Chieh, im Rahmen einer militärischen Studienreise im Februar 1934 auch Österreich besuchte, dürfte er ein gutes Einvernehmen konstatiert haben[89]. Schon am 5. Juli 1932 hatte sich die chinesische Gesandtschaft im Namen des Generalinspektorats der chinesischen Armee für die »herzliche Kameradschaft« und den »besonderen Eifer« bedankt, den die österreichischen Offiziere sich bei der Ausbildung ihrer chinesischen Zöglinge angelegen sein ließen[90]. Am 22. März 1933 kam das Echo vom Kommandanten der Heeresschule in Enns, Generalmajor Kainz:

> Die als außerordentliche Hörer im I. Jahrgang der Offiziersakademie eingeteilten chinesischen Offiziere weisen in allen Lehrgegenständen großes Interesse und regen Fleiß auf, so daß ihre Erfolge – auch hinsichtlich physischer Leistungen in der Kraftfahr-, Winteralpin- und Körperausbildung, sowie im Reiten – nach Abschluß des I. Semesters als gute und durchaus zufriedenstellende bezeichnet werden müssen.
> Im persönlichen Verhalten, Takt und Lebensführung sind sie mustergültig[91]...

Auch in diesem Bereich wurde durch den Anschluß an das mit Japan verbündete Deutsche Reich der Fortsetzung des Kontakts ein Ende gesetzt.

Doch es wäre verfehlt, die damalige Ausbildung von Chinesen in Österreich nur unter dem Zeichen von Polizei und Militär zu sehen. Gleichzeitig wurde sehr viel anderes Wissen vermittelt, was um so stärker zu Buche schlägt, als es jenen Chinesen auch heute noch in vollem Maße zugute kommt. Chinesische Medizinstudenten verbreiten in China den Ruf der Wiener medizinischen Schule. Österreichische Shanghai-Emigranten z. B. erinnern sich heute noch an einen Röntgenologen, Schüler Finsterers, der sich durch das aus Österreich mitgebrachte Fachwissen ebenso hervortat wie durch seinen unerschöpflichen Vorrat von original Wiener Herrenwitzen. Anfang der dreißiger Jahre wirkte Dr. Hou, ein chinesischer Schüler des österreichischen Professors Brücke, sogar als Extraordinarius an der Innsbrucker medizinischen Fakultät.

Es gab auch Hörer der Germanistik, die während ihres Studiums Wien außerordentlich liebgewannen. Als eine österreichische Reisegruppe 1978 das Institut für Germanistik der Universität Wuhan betrat, kam ihr der Inhaber der Lehrkanzel, Prof. Ma Weiji, strahlend entgegen und sagte in unverkennbarer Wiener Tonart: »Grüß Sie ... Ist die Staatsoper wieder genauso aufgebaut?« Es waren zwar schon vierzig Jahre her, daß der Wissenschaftler sein dreijähriges Studium in Wien beendet hatte, doch erinnerte er sich noch an alles: an seine Wohnung in der Josefstadt, an seine fast täglichen Theaterbesuche und natürlich an die Oper, deren Beschädigung im Krieg ihn sehr getroffen hatte, als er davon hörte[92].

Neben den Studenten, die sich längere Zeit in Österreich aufhielten, muß man in diesem Zusammenhang auch die Absolventen von Studienreisen erwähnen. 1928 begab sich Dr. med. Li Chi-wen zwecks Studiums des Volksgesundheitswesens nach Wien[93]. 1929 kam Enki Dai, der Chef des Wasserbauamtes der Provinz Zhejiang, um sich über neue Methoden der Vermessungstechnik zu informieren. Er wurde bei seinem Besuche auch von Bundeskanzler Schober empfangen, der mit ihm Fragen der Entsendung österreichischer Fachleute besprach[94]. 1934 wurde dem chinesischen Obersten Tsao Mo Gelegenheit zum Studium der Einrichtungen des österreichischen Bundesamtes für Eich- und Vermessungswesen gegeben[95]. Im selben Jahr scheint der Generaldirektor der Nanking-Shanghai- und der Shanghai-Hangzhou-Ningpo-Linie der chinesischen Reichsbahn in Begleitung Erwin Reiflers im Rahmen einer Studienreise um die Welt nach Österreich gekommen zu sein[96]. Das umfangreichste Fachprogramm in Österreich dürfte die chinesische pädagogische Mission im Januar 1933 absolviert zu haben. Sie stand unter der Leitung von Cheng Chi-pao und umfaßte als Mitglieder die Herren Lee Chia-siang, S. M. Lee, Kuo You-shou und S. L. Yang[97]. Von österreichischer Seite wurde folgender Besichtigungsplan vorbereitet: Information über die Organisation des österreichischen Schulwesens im Bundesministerium für Unterricht, Empfang durch Otto Glöckel im Stadtschulrat, Begrüßung durch den Bürgermeister, Besuch des Pädagogischen Institutes der Stadt Wien, der Knaben und Mädchenhauptschulen Muthsamgasse, Schweglerstraße, Castelligasse, der Volks- und Hauptschulen Albertgasse, Kagran, Siedlung Freihof sowie der 2. Gewerblichen Fortbildungsschule und der Fortbildungsschule für das Baugewerbe; ferner außerhalb Wiens der Besuch mehrerer Bundeserziehungsanstalten und der Pestalozzischule in Wiener Neustadt. Die Akten über den Besuch zeigen, daß für derlei Besuche aus China zwar viel guter Wille, aber wenig Geld vorhanden war. Auf Unterbringungsmöglichkeiten für die chinesische Delegation angesprochen, meinte das Unterrichtsministerium, daß hiefür nur die Jugendherberge im 3. Bezirk in Frage käme, doch müsse bemerkt werden, »daß eine Unterbringung in dieser Herberge, in der keine Einzelzimmer zur Verfügung stehen, der gesellschaftlichen Stellung der Mitglieder der chinesischen Studienkommission kaum angemessen sein dürfte«. Statt »einem Thé oder dgl., der mit Rücksicht auf den allgemeinen Geldmangel überdies ausgeschlossen sei«, schlug der befaßte Beamte, Ministerialrat Moeckel, vor, den Gästen einen Gratisbesuch in der Wiener Staatsoper zu ermöglichen[98]. Dieser Ersatz von Mahl durch Musik dürfte den Intentionen der Chinesen, die dem europäischen Essen wahrscheinlich ohnehin wenig abgewinnen konnten, entgegengekommen sein, denn der chinesische Geschäftsträger dankte dem österreichischen Bundeskanzler überschwenglich dafür, daß er der Delegation seine Loge zur Verfügung gestellt hatte, »um die beste Musik der Welt persönlich zu würdigen[99]«.

Ein weiterer Weg des Transfers von österreichischem Fachwissen nach China war der Austausch von wissenschaftlichen Publikationen. In den Listen der Spender von Literatur für die Nationalbibliothek in Peking scheinen 1930/31 folgende österreichische wissenschaftliche Institutionen auf: Akademie der Wissenschaften, Akademie für Musik und darstellende Kunst in Wien, Bundesamt für Eich- und Vermessungswesen in Wien, Zoologisch-Botanische Gesellschaft in Wien, Naturhistorisches Museum (Wien), Botanischer Garten der Universität Graz, Internationale Zeitschrift für Bohrtechnik (Wien), Internationaler Bohrtechniker-Verband (Wien)[100]. Aber auch andere Bibliotheken, wie etwa die der Academia Sinica, bekamen Material aus Österreich. Das Bureau of International Exchange der genannten Akademie erhielt von Österreich von 1930 auf 1931 58 Bücherpakete, womit Österreich im guten Mittelfeld der Spenderländer lag.

C. »Der Zopf muß ab!« – Der Kampf der chinesischen Gesandtschaft gegen ein überholtes Chinabild

An der Vermittlung österreichischen Fachwissens nach China war, wie aus dem vorhergehenden Abschnitt deutlich geworden ist, die chinesische Gesandtschaft in Wien maßgeblich beteiligt. Als am 22. Januar 1931 die ersten chinesischen Polizeischüler ankamen, hatten die Mitglieder der Gesandtschaft vorher vorbereitende Gespräche geführt, ihre Landsleute am Bahnhof empfangen und sie am nächsten Tag in ihren Quartieren besucht. Doch gleichzeitig waren die in Wien eingetroffenen Chinesen ungewollt Anlaß für andere Aktivitäten der Gesandtschaft, die für sie weniger erfreulich waren. In ihrem Artikel *Polizisten aus dem »Land des Lächelns«* vom 22. Januar hatte die *Wiener Allgemeine Zeitung* darauf hingewiesen, daß die zehn Chinesen ganz ohne Zopf gekommen seien. Dahinter verbarg sich mehr als die Fleißaufgabe eines Lokalredakteurs. Kurz vorher hatte nämlich die österreichische Boulevardpresse mit der chinesischen Gesandtschaft einen symptomatischen Kampf um den chinesischen Zopf ausgefochten. Die skurrile Darstellung der Chinesen, die auf frühere Zeiten zurückging, war den Blättern lieb geworden, denn sie war eine unerschöpfliche Quelle für Scherz- und Schauergeschichten, die nach Bedarf in die anderen Meldungen eingepaßt werden konnten. Vielseitiger verwendbar und witterungsunabhängiger als das Ungeheuer vom Loch Ness, füllte der Chinese getreulich kleine Textlücken ebenso wie Titelseiten. Kein Wunder, daß man in den Redaktionen von der Modernisierung Chinas nur ungern Kenntnis nahm, denn kurzhaarig und europäisch gekleidet eignete sich der Chinese viel weniger zum Lieferanten von Schlagzeilen und Illustrationen. Man behalf sich, indem man den »faden« modernen Chinesen nur wenig zur Kenntnis nahm und den einst mühsam entwickelten Typ eines lustig-lasterhaften Zopfträgers mit Druckerschwärze konservierte.

Damit war die chinesische Gesandtschaft während der Ersten österreichischen Republik schon gleich am Anfang ihrer Tätigkeit konfrontiert worden. Am 1. Juni 1921 warb *Der Erzähler* mit einer besonderen Titelseite um Aufmerksamkeit. Über Kurzmeldungen, wie *Die Schulden Österreichs, Die angebliche Reise des Ex-Kaisers Karl nach Spanien* und *Was die Pepitant erzählt* prunkte ein reich illustrierter Aufmacher mit dem Titel *Die Nase des Li Hou-chi.* Auf der zweiten Seite wurde dann dem interessierten Leser verraten, was es mit dem bezopften, traditionell gewandeten Chinesen, den der Zeichner bei allerlei dunklen Taten zeigte, eigentlich auf sich hatte. »Ein junges weißes Mädel aus besserer kalifornischer Familie« hatte sich in San Francisco verirrt und war vom Opiumhöhlenbesitzer Li in sein Lokal gezerrt worden. Und was für ein Lokal! »Verworfene weiße Weiber balgten sich mit gelben Wüstlingen. Andere wiederum wanden sich im Opiumrausche.« Da das Mädchen, wie gesagt, aus besserer Familie war, konnten sich die Eltern den besseren Detektiv Howard leisten, welcher mit dem besseren Detektiven eigenen Instinkt auf die Spur des Mädchens kam. Der phantasievolle Berichterstatter offerierte dabei folgende dramatische Steigerung:

> Mister Howard riß dem Chinesen die Hand aus der Tasche. Li Houchi hatte ein Fläschchen mit einer Flüssigkeit in der Hand. Howard versetzte dem Chinesen eine gewaltige Ohrfeige und rief: »Du hast noch nie weißes Fleisch besessen? Und doch betupfst du deine Nase mit dieser Flüssigkeit? Weil du den Geruch der weißen Weiber nicht vertragen kannst, was? Du hast dieses Fläschchen bei dir. In deiner Nähe ist also auch weißes Fleisch! Zeige, wo dasselbe ist.«

Der Chinese zeigte, doch natürlich hatte er Heimtücke im Sinne: »In wilder Hast, mit fliegenden Zöpfen (aha!) kamen die beiden Brüder angestürmt.« Doch sie konnten gegen den Detektiv natürlich nichts ausrichten. Er fand das Mädchen. »Ober ihr hing ein chinesisches Schwert, so verrucht hinterlistig angebracht, damit, wenn sie versuchte, sich zu erheben, um einen Fluchtversuch zu wagen, ihr das Schwert das Herz durchbohren mußte.« Mit der ihm eigenen Findigkeit befreite der Detektiv sie und »trug sie hinaus ins Lokal, wo die beiden Chinesen höhnisch lachend die Polizisten überzeugen wollten, daß die Gesuchte sich nicht in ihrem Hause befand. Als sie jedoch Howards mit seiner Bürde ansichtig wurden, erschraken sie, denn sie wußten, daß ihnen nun keine Gnade zuteil würde. Sie wurden jetzt ins Gefängnis geführt. Ihr Abscheu vor dem Geruche des weißen Fleisches hatte sie verraten . . .«.

Die chinesische Gesandtschaft stieß sich am Geruch des betreffenden Artikels und ließ das österreichische Außenamt in einer Verbalnote wissen, daß dieser Artikel geeignet sei, Rassenvorurteile und internationale Gegensätze zu begünstigen[101]. Damit hatte sie zweifellos recht. Das Außenamt antwortete am 8. Juli, daß der von Frau Bergmann herausgegebene *Erzähler* eine »Heiratszeitung« ohne jegliche politische oder literarische Bedeutung sei. Das Bundesministerium für auswärtige Angelegenheiten bedauere diesen auf die Sensationslust der Leser spekulierenden Artikel außerordentlich, könne aber mangels Vorzensur in Österreich keine Abhilfe schaffen[102].

So wurden die Österreicher und damit auch die chinesische Gesandtschaft in Wien von einem Teil der Verleger nach wie vor mit bezopften chinesischen Zerrbildern konfrontiert. Der Zopf gehörte dazu. Der *Wiener Bote* des Jahres 1924 sprach von China mit der größten Selbstverständlichkeit als dem »Reich der Zopfträger[103]«, und in dem der Landbevölkerung gewidmeten *Kleinen Wirtschafts- und Hauskalender für das Schaltjahr 1928* prangt gleich am Anfang im allgemein belehrenden Teil über »Das tägliche Brot« ein malerisch angezogener Chinese mit Zopf und Hängeschnurrbart, auf einen Reisesack gestützt.

Durch eine Fügung des Schicksals fand die österreichische Publizistik ein wenig später sogar Gelegenheit, den chinesischen Zopf geharnischt verteidigen zu können. Anstoß für dieses Rauschen im österreichischen Blätterwald war ein Disput, welcher zwischen der chinesischen Gesandtschaft und einer im Zirkus Zentral auftretenden chinesischen Artistentruppe entstand. Spezialität dieser Zirkuskünstler war es, an Zöpfen hängend in der Luft verschiedene Kunststücke zu vollführen. Ihre Zöpfe waren keine politischen Voten, sondern Berufsutensilien. Andererseits war die chinesische Gesandtschaft, die mit Mißmut die Darstellung von Chinesen in der österreichischen Presse verfolgt hatte, vom leibhaftigen Auftreten bezopfter Landsleute wenig erbaut. So entschloß sie sich, den Artisten ihre Pässe nur unter der Bedingung zu verlängern, daß sie sich die Zöpfe abschneiden ließen. In den Protest der Truppe gegen diesen amtlichen, ihren Broterwerb hindernden Zugriff stimmte eine Reihe von Blättern mit Vergnügen ein. Die *Kronenzeitung* brachte am 18. Januar 1931 ein Titelbild und einen langen Artikel, in dem Theodor Horn unter anderem feststellte:

> Die Chinesen haben mandelförmige Augen und weibelförmige Zöpfe ... Bei uns ... kann man sich bekanntlich trotz der in China Hals über Kopf eingeführten Reformen einen richtigen Chinesen nur mit Zopf vorstellen. So kommt es, daß man das, was man einen echten Chinesen nennt, nicht in China selbst, sondern nur im Zirkus oder Varietés zu sehen kriegt. Wenn die chinesischen Behörden und ihre Vertreter glauben, ein solcher Artist sei ein unwürdiger Sohn seines Vaterlandes, dann möchte ich ihrem Vertreter zurufen:
> O, Konsul, werde nur nicht noch nervöser
> Wang bleibt auch ohne Zopf doch ein Chineser.
> Es ist begreiflich, daß Wang und seine Landsleute furchtbar erschraken, als sie erfuhren, daß über ihren Häuptern derart scharfe Maßregeln schweben. Wie konnten sie auch ahnen, daß die chinesische Regierung, die auf nicht weniger als 450 Millionen Chinesen aufzupassen hat, auch ihnen ihr Augenmerk zuwendet. Im »Reich der Mitte« muß die Regierung gegen die Aufrührer mit starken *Heerscharen* zu Felde ziehen, und nun will sie auch gegen die armen Artisten mit scharfen *Haarscheren* losgehen. Ich glaube, diese drakonische Maßnahme aus dem »Land des Lächelns« wird – wo man sie auch erfährt – ein Lächeln im ganzen Land hervorrufen.

Die schon seit längerer Zeit durch entstellende Reportagen über China sensibilisierte chinesische Gesandtschaft hatte die Angelegenheit vielleicht ernster genommen als notwendig und die Zopfnummern als »eine Erniedrigung der chinesischen Rasse und ihrer heutigen modernen Auffassung[104]« bezeichnet. Dieser dramatische Akzent kam einigen Redakteuren gerade recht. »Tragikkomödie rings um den chinesischen Zopf«, posaunte die *Wiener Allgemeine Zeitung* – »Die chinesische Regierung verbietet in Wien auftretenden Artisten die ›Zopfnummer‹[105].«

Titelbild der Kronenzeitung zur »Zopfaffaire« des Jahres 1931

Kein Wunder, daß dieselbe Zeitung, als sie fünf Tage später über das Eintreffen der chinesischen Polizisten in Wien berichtete, sich einen Hinweis auf den Zopf nicht ganz verkneifen konnte. Die vom Standpunkt der Gesandtschaft her verständliche Opposition gegen die Zopfnummer hatte sie bei Teilen der Presse unpopulär gemacht. Man darf doch dem Wiener sein Spektakel nicht nehmen!

Einige Blätter rächten sich dafür. Im *Tag* vom 18. Januar 1931 verriß mit deutlichem Seitenblick auf die zu erwartenden Polizeischüler Friedrich Oppenheimer die ehemals der k. u. k. Armee zugeteilten chinesischen Offiziere unter dem Titel *Wang-Tsching, der Chinaleutnant.* Es war ein mit Geschick und Taktlosigkeit verfaßter Artikel, wie folgende Kostproben beweisen:

> Eine Woche später trug ein junger Chinese die lichten Paroli des Regiments. Ein unausgesetzt grinsender. Es war bald allen klar: das war seine Art zu grüßen. Wie andere den Hut lüpfen, lüpfte er die Lippen. Und zeigte ein Pferdegebiß. Nachgerade. Es schien, als würde er Heu frühstücken, Hafer. Brotreste mit Salz darauf. »Er grüßt mit den Menageklappen«, sagte der Fähnrich. In seinen schwarzen Schlitzäuglein glimmte Lebensfreude. Er sprach Englisch und Französisch. Schauderhaft, aber fließend. Nach vier Wochen konnte er vierzig deutsche Worte und das Götz-Zitat. Darauf war der Fähnrich stolz . . .
> Dann roch es sich herum, daß Wang-Tsching die Seidenwäsche einen Monat lang ununterbrochen auf dem Leibe habe. Auch sah man ihn niemals mit reinen Aufschlägen. Und das Regiment trug die zartesten Paroli der Armee. Er schien das militärische Gegenstück zu jenem Erdenbürger zu sein, der die Frage heraufbeschwor: »Sagen Sie, wer trägt eigentlich ihre reinen Hemden . . . ?« Schließlich ließ sich der Oberst Wang-Tschings Burschen rufen. Blickte wild auf den Soldaten. Der, über buschigen Schnurrbart hinweg, noch wilder auf den Obersten: Der Dienst erfordert Ernst. Dann herrschte der Allgewaltige den geringsten unter den Ranglosen an: »Wenn der Leutnant noch einmal so dreckert auf die Gass'n geht, dann werd' ich – Sie einsperrn . . . !«
> Nun wurde Wang-Tsching intensiver bemuttert. Er erhielt sozusagen Ehrendetektive. Einige Offiziere zogen Wachdienst vor . . .

Und auch der Bericht Siegfried Geyers in der *Stunde* vom 24. Januar über die Neuankömmlinge von der chinesischen Polizei enthielt Anspielungen auf die Zopfaffäre:

> Ein paar Wochen lang hat der Tenor Richard Tauber aus China gelächelt. Er trug einen Kimono, war gelb geschminkt und hatte schmale, geschlitzte Augen. Ansonsten ist er nicht sehr chinesisch gewesen. Aber China hat nichts gegen ihn unternommen. Was geht das mich also an?

Die chinesische Gesandtschaft sammelte alle diese Druckerzeugnisse und übermittelte sie mit einer Note am 2. Februar 1931 dem Bundeskanzleramt – Auswärtige Angelegenheiten mit dem Hinweis, daß »gewisse Wiener Zeitungen« China und die Chinesen durch boshafte Artikel und Karikaturen angegriffen hätten, was nicht mit der Annäherung der beiden Nationen im Einklang sei, worum das BKA und die Gesandtschaft sich bemühten. Auch im Bundespressedienst wurde der chinesische Geschäftsträger vorstellig, »wobei er mehrfach auf die für Österreich überaus günstige Stimmung in seinem Lande hinwies«. Dort versprach man ihm, »mit den hauptsächlich in Betracht kommenden Zeitungen auf privatem Wege Rücksprache nehmen und nach Möglichkeit auf diese Weise einer Wiederholung solcher Vorfälle« vorbeugen zu wollen. Im Bundeskanzleramt nahm man sich die chinesische Beschwerde ebenfalls zu Herzen und erwog, »ob allenfalls dem Herrn Vizekanzler beantragt werden könnte, in einer Äußerung gegenüber einer Korrespondenz oder einem führenden Blatt die Geschmacklosigkeit dieser Verhöhnungen zu verurteilen und zu bedauern (unter Hinweis auf Fehlen gesetzlicher Mittel zur Vorbeugung). Die Abtlg. 13/pol. würde großen Wert auf eine zumindest scheinbare Satisfaktion für die chinesische Gesandtschaft legen, u. zw. m. R. auf die vielfachen wertvollen kulturellen Beziehungen mit China (Anstellungen in China, Instruktionskurse in Wien usw.)[106]«.

Ein besonderer Stein des Anstoßes war für die Legation Chinas auch eine ganze Reihe von Filmen. Der Nationalstolz der jungen chinesischen Republik war leicht verwundbar, und so wurden die chinesischen diplomatischen Vertreter bei Bundeskanzler, Vizekanzler, Beamten, Presse und Kinos wiederholt wegen verschiedenster kinematographischer Erzeugnisse vorstellig[107]. Ihre Proteste betrafen Abenteuerfilme, in denen Chinesen vorkamen (z. B. *Polizeistation Chinesenviertel,* Mai 1936, Gartenbau- und Kärntner-Kino), ebenso wie China betreffende Filme historischen (*Alarm in Peking* – über den Boxeraufstand, 1937) und modernen Inhalts (*So lebt China,* 1937 – eine Art früher Antonioni-Film). Die damit befaßten österreichischen Beamten waren mit der chinesischen Botschaft nicht immer einer Meinung. Bezüglich des vorher genannten Gangsterfilms meinte man im Außenamt: »Die Handlung bildet eine recht unklare Waffenschmuggelgeschichte für eine kommunistische Provinzregierung in ›Foochow‹ – die Gauner sind aber alle Europäer und Amerikaner.« Als der schon in der Schweiz und der Tschechoslowakei umstritten gewesene Film der schweizerischen Präsens-AG *So lebt China* im April 1937 in Wien anlief, wandte sich der chinesische Geschäftsträger nicht nur an Bundeskanzler Schuschnigg (Brief vom 14. April), sondern auch an die Presse, worüber das *Neuigkeitsweltblatt* am 18. April 1937 ausführlich berichtete:

> In der Wiener Urania wurde Freitag abends zum ersten Male ein Film *So lebt China* vorgeführt, für den seit Tagen große Reklame gemacht wird, der aber, wie die Vorführung zeigte, ein recht einseitiges Bild vom Leben in China gibt und offenbar propagandistische Absichten verfolgt. Der chinesische Gesandte in Wien, Herr Dekien Toung, stellte daher auch in einem Schreiben an uns fest, daß der Inhalt des Films gerade das Gegenteil seines Titels darstellt, denn »so

lebt China gewiß nicht!«. Es heißt in dem Schreiben weiter: »Dieser Film ist in allen Stücken frei erfunden und ist nach der Wahl der Bilder und dem Text der Erklärungen, die jedenfalls von unseren schlimmsten Feinden inspiriert sind, eine reine Verleumdung der Ehre Chinas. Tatsächlich findet sich in dem Film keine einzige Spur der vieltausendjährigen Kultur Chinas, kein Schatten der höheren Gesellschaftskreise, selbst nicht der kleinen chinesischen Bourgeoisie, man zeigt nur das Elend der ärmsten Bevölkerung Chinas und viele japanische Fahnen. Dieser Film ist in China und allen befreundeten Ländern absolut verboten.«
Der Gesandte bemerkt zum Schluß, daß ein Film wie dieser »niemals in einem Land vorgeführt werden dürfte, das so befreundet mit China ist wie Österreich, und noch dazu in einem Institut wie die Urania«, und gibt der Überzeugung Ausdruck, daß der Herr Bundeskanzler, der ein Freund Chinas ist und viele Sympathien für die alte Kultur Chinas hat, die nötigen Anweisungen geben wird, damit dieser verleumderische Film verboten wird.

In einem Kommentar lobte das *Neuigkeitsweltblatt* die »stimmungsvolle und stilgerechte« Filmmusik von Alfred Uhl, meinte aber auch, daß der Film die Schattenseiten zu sehr hervorkehre. Dem von der Urania als Gutachter herangezogenen Dozenten Mänchen-Helfen (siehe auch 22. Kapitel) gingen die vom chinesischen Geschäftsträger vermißten »höheren Gesellschaftskreise« weniger ab, sondern er bemängelte vor allem die Darstellung der chinesischen Bauern als »Masse dumpf dahinbrütender Halbmenschen«. Dem vom Außenamt delegierten Beamten scheint der Film gefallen zu haben, doch dürfte er durch die ständigen Beschwerden der chinesischen Botschaft bereits sensibilisiert gewesen sein, was auch aufgrund anderer Aktenstücke vermutet werden kann[108].

Mehr oder weniger einig war man sich hinsichtlich des Films *Alarm in Peking*, den der Amtsvermerk des Bundeskanzleramtes – Auswärtige Angelegenheiten folgendermaßen charakterisiert:

Der Film bringt eine romanhafte Handlung aus der Zeit des Boxeraufstandes und schildert die Verteidigung des Pekinger Gesandtschaftsviertels gegen die Angriffe der chinesischen Revolutionäre ... Wohl wird an mehreren Stellen darauf hingewiesen, daß die Chinesen alle diese Schandtaten aus Patriotismus und Heimatliebe begehen, doch bleibt der allgemeine Eindruck, daß eben die Europäer die heldenhaften und guten Menschen sind, während die Mörder und Betrüger auf der chinesischen Seite zu finden sind.
Bei der bekannten Empfindlichkeit der chinesischen Gesandtschaft muß mit einer energischen Fortsetzung der Intervention gegen den Film gerechnet werden. Der Film ist nebstbei recht schlecht gemacht und vom typischen Standpunkt der Berliner Filmindustrie gegen »minderrassige« Völker gesehen[109].

Trotz gelegentlichen Unwillens über die rege Protesttätigkeit der chinesischen Mission bemühte man sich im Außenamt, deren Wünschen so weit wie möglich entgegenzukommen. Die Aufführung der Filme wurde zwar aus prinzipiellen Gründen nicht verboten, aber man versuchte, durch Kürzungen der Laufzeit, Herausschneiden inkriminierter Stellen usw. einen Kompromißweg zu beschreiten. Einen Kompromiß – einen typisch österreichischen Kompromiß – stellte auch die Reaktion der österreichischen Behörden auf Beschwerden der chinesischen Botschaft und eines von ihr möglicherweise ermutigten anonymen Briefschreibers[110] wegen der »Opiumhöhle« in der Habsburgergasse dar. Die Bundespolizeidirektion in Wien und die Generaldirektion für die öffentliche Sicherheit ließen die politische Abteilung des Außenamtes wissen, daß dort zwar zwei Chinesen in der Garderobe beschäftigt seien, »die dort verwendeten Jazzmusiker chinesische (Kimono) (sic!) Kleidung« trügen und das Lokal den »Charakter einer chinesischen Gaststätte« habe. Bei der Überwachung »dieser Vergnügungsstätte, welche übrigens im Durchschnitt von Personen der besseren Gesellschaftskreise besucht wird«, hätten sich aber »Anstände irgendwelcher Art« nicht ergeben. Um jedoch den Chinesen einen Gefallen zu tun, verhängte man gegen die Konzessionspächterin wegen Unterlassung der Führung des vollen Vor- und Zunamens sowie wegen der irreführenden Bezeichnung »Opiumhöhle« die Strafe eines Verweises. Außerdem wurde vom Polizeikommissariat Innere Stadt verfügt, daß das Lokal nunmehr den Namen »Orientalische Höhle« (abgekürzt »O. Höhle«!) zu führen habe. Auch das Handelsministerium gab sich hilfreich, indem es die Beschwerde der Inhaberin des Lokales gegen die Verwandlung ihrer »Opium-« in eine »O. Höhle« nicht weiter verfolgte. Dazu der Bericht: »Das genannte Bundesministerium ist der Anschauung, daß durch die Änderung des Titels (die rechtliche Grundlage der bezüglichen Verfügung sei wohl zweifelhaft) dem Hauptwunsche der chinesischen Gesandtschaft Rechnung getragen worden sein dürfte. Weitere Verfügungen hinsichtlich der Ausstattung des Lokales wären nicht recht begründet und könnten von der Inhaberin im Hinblick auf die schwere Wirtschaftslage wohl auch kaum verlangt werden[111].« Tatsächlich blieben derlei österreichische Bemühungen auf den chinesischen Geschäftsträger Dekien Toung nicht ohne Eindruck und mögen dazu beigetragen haben, daß er nach seiner Rückkehr nach China in Ansprachen die Österreicher als »fromm von Herzen und mild im Charakter« bezeichnete[112].

Doch welchen Stellenwert hatten die Verzeichnungen, welche die chinesische Gesandtschaft so beschäftigten, im allgemeinen Bild, das sich Österreicher damals von China machten? Ein Blick auf die Publikationen und die anderen Elemente der China-Information jener Tage beweist, daß die Chinesen gar nicht so schlecht wegkamen. Gewiß, es gab die Schriften von Gustav Kreitner und des Rechtsanwaltes Otto Eibuschitz, in denen die Chinesen als lauernde »gelbe Gefahr« dargestellt wurden, der auch der Abwurf von Giftgasbomben über Wien zuzutrauen sei[113]. Auch Hans Pittioni erwartete sich in seinem 1924 in Wien erschienenen Buch *Ost über West* (kein vorweggenommenes Mao-Zitat!) von den Chinesen einiges, wie man den einleitenden Zeilen des Opus entnehmen kann:

> Wohin gehen sie alle, die Menschen mit den gelben, stumpfen Gesichtern, aus welchen die schiefliegenden Schlitzaugen melancholisch umherblicken? . . .
> . . . Auf allen Straßen des ungeheuren Reiches ist es lebendig. Wie viele ziehen aus? Sage zehn Millionen. Sage zwanzig Millionen. Sage mehr.
> Niemand hat sie gezählt.
> Und diese Millionen ziehen nach Westen.
> Nach Westen! Dort liegt die Welt. Eine fremde, wunderbare. Die von andern erbaut wurde, daß wir sie erobern können. Wir, die Söhne des blumigen Reiches der Mitte . . .

Doch sind diese Druckschriften im Fach Kuriositäten und nicht unter den damals verbreiteten Publikationen abzulegen.

Im April 1931 veröffentlichte der damals in Berlin wirkende österreichische Dozent Otto Mänchen-Helfen, über den im Zusammenhang mit den Kontakten Chinas zur österreichischen Arbeiterbewegung näher eingegangen wird, in der Reihe *Die Weltpolitik* ein Buch *China*[114]. Es ist ein fair und spannend geschriebenes Werk, das dem Leser sehr viel Wissen über das China der Zwischenkriegszeit vermittelt. Mänchen-Helfen erklärt darin die Gründe und Grundlagen des chinesischen Nationalismus und die Unvollständigkeit des Sieges der Kuomintang, der das Warlordtum in China nicht beseitigt hatte. Er machte das Elend der chinesischen Arbeiter plastisch, indem er die Arbeitszeiten mancher Zündholzfabriken angibt, in denen – auch von Kindern – täglich zwischen vier Uhr morgens und acht Uhr abends gearbeitet wurde, und er verdeutlicht die Schwierigkeiten der mit starken traditionellen Elementen konfrontierten Reformbewegung, indem er darauf hinweist, daß in Guangxi eine Zimmerleutegewerkschaft erst dann gegründet werden konnte, nachdem man den Schutzgott des Zimmererhandwerks als erstes Mitglied eingetragen und mit Mitgliedsbuch versehen hatte. Diese Grundlinien führt er in seinem 1932 im sozialdemokratischen Bücherkreis zu Berlin erschienenen Werk *Drittel der Menschheit* weiter. Dieses Buch bezieht noch mehr internationale Aspekte ein, zeigt für die chinesische Republik unter Führung Tschiang Kaischeks noch mehr Schwierigkeiten auf und stellt langfristig folgende Prognose:

> In den entsetzlichen Krämpfen, in denen sich China windet, wandelt es sich zur gleichen Zeit von Grund aus. Wir sahen, daß überall dort, wo wenigstens vorübergehend Friede herrscht, die Industrie sich weiter entwickelt. Wo sich die Industrie entwickelt, entsteht ein

neues Proletariat. Noch ist es jung, ohne Klassenbewußtsein, überdies an Händen und Füßen gebunden, schwach und machtlos. Es wird mächtig werden. Gewerkschaften werden entstehen. Früher oder später wird es eine Arbeiterpartei Chinas geben. China steht in der industriellen Revolution. Das alte China der Mandarine, des Konfuzianismus, der Großfamilie stirbt. »Die wohlfeilen Preise ihrer Waren sind die Artillerie, mit der die Bourgeoisie alle chinesischen Mauern in den Grund schießt, mit der sie den hartnäckigsten Fremdenhaß der Barbaren zur Kapitulation zwingt« (Marx). Die chinesische Mauer ist zerschossen. Es gibt keine Kraft, die sie wieder erbauen könnte. China ist geweckt worden. Es hat sich erhoben. Noch taumelt es schlaftrunken. Es sucht einen neuen Weg. Es wird ihn finden[115].

Ein anderer (alt)österreichischer Autor, der sich um die Vermittlung eines differenzierten China-Bildes bemühte, war der »rasende Reporter« Egon Erwin Kisch. Sein Name war bekannter als der Mänchen-Helfens, und die Buchhandlungen waren in der Regel mit seinen Werken assortiert. »Kisch contra Kitsch!« sagte er einmal stolz zu Thomas Mann, als sie vor einer mit Kisch-Büchern wohlgefüllten Auslage standen[116]. Kisch packte seine China-Reportagen noch stärker von seinem persönlichen politischen Standpunkt her an, als dies der Sozialdemokrat Mänchen-Helfen getan hat. Bei seinem gekonnten Zugriff ging dann wohl auch das eine oder andere Detail zugunsten der straffen und einprägsamen Linienführung verloren. Ein Beispiel dafür ist seine Anschuldigung gegen Wiener Großbanken, sie hätten China nur unter der Bedingung Geld geliehen, »daß vom Anleihebetrag bei der Cantiere Navala Triestino Schlachtkreuzer bestellt und bei den Skodawerken in Pilsen armiert werden[117]«. Tatsächlich handelte es sich bei dieser Anleihe nicht um Produkte der Firma Cantiere Navale Triestino Monfalcone, sondern des Stabilimento Tecnico Trieste, und wie aus dem 17. Kapitel hervorgeht, war die Widmung der Anleihe keineswegs von österreichischer Seite her vorgenommen worden. Mögen auch Kischs Argumente manchmal keine objektiven Grundlagen gehabt haben, seine Sympathie für China war echt, und sein Blick für chinesische Zustände gewann immer mehr Schärfe. Mitte der zwanziger Jahre schilderte er in seinem *Rasenden Reporter* mitfühlend die Lebensbedingungen der Chinesen in London, zeigte sich aber über Details der Situation in China noch nicht ganz informiert. 1932 unternahm er inkognito von Moskau aus eine Reise durch China. Das Buch *China geheim* erschien Ende 1933 und liefert auch noch heute eine Fülle von blitzgescheiten Beobachtungen und scharfen Schlußfolgerungen. In *China geheim* bleibt nichts geheim von dem, woran China krankte, und doch ist es keine trocken-doktrinäre Abhandlung wie manche andere, damals mit politischem Engagement über China verfaßte Bücher. Seine vielfältigen Eindrücke präsentierte Kisch in einer Weise, daß sie dem Österreicher vertraut, ja hautnah waren und dadurch um so mehr unter die Haut gingen. Dafür ein Beispiel aus *China geheim*:

Wien in Peking. Ein Wort von Karl Marx, das Wort, daß Österreich das deutsche China sei, will uns nicht aus dem Sinn, sooft wir uns im Gewirr der chinesischen Gassen verlieren. Da fühlen wir uns wahrhaftig, als wären wir im asiatischen Österreich, in einem chinesischen Wien. Gaudium und Elend, ewiges Teehaus und Geschäftsgeist, Servilität und Strenge, Fremdenhaß und Fremdenindustrie wohnen hart an hart. Volk der Phäaken. Immer ist Sonntag, auch wochentags. Immer ist Tag, auch bei Nacht. Nur dreht sich am Herd der Spieß nicht. Man sieht mehr Hungernde als Satte. Die Chinesen sind wienerischer als die Wiener, in ihren besten Zeiten konnte sich der Wurstelprater keineswegs etwa mit Tjen-Men-Da-Dje messen, einer Pekinger Straße, die man mit einem phosphoreszierendem Strich auf dem Globus verzeichnen müßte. Im Wiener Prater steht (oder stand) im Mittelpunkt des Ringelspiels von Calafatti ein fünf Meter hoher Chinese mit Zopf und Hängeschnurrbart und hebt die Hand, dieweil die Pferdchen kreisen. In China gibt es kein Karussel mit einem fünf Meter langen Europäer in der Mitte, der den Kreislauf segnet. Wien ist also in diesem Punkt stark voraus. Auch wenn Mei Lan-fang oder Lo Sa-jung (diese Schauspielerin Rosa Jung ist die Tochter eines Deutschen) des Weges kommt, so erregt das bei weitem nicht solches Aufsehen wie ein Bühnenliebling auf der Praterstraße. Ebenso wird bei einer Konkurrenz zwischen den Gruppen von Präuschers Panoptikum und denen des Tempels »Schö-Ba-Jü« Präuscher die Palme davontragen. Und der Heurige? Der Heurige fehlt in Peking ganz. Aber sonst! Was man in Wien eine »schöne Leich« nennt, ist geradezu der letzte Dreck gegen einen Leichenzug in China. (Man stößt während eines nächtlichen Spaziergangs auf zwei bis drei Leichen, Verhungerte, die haben keinen Leichenzug.) Was wir meinen, ist ein richtiger Kondukt mit Sarg aus Buchenholz, in dem sich's fein wohnen läßt, mit Trägern in grünrotem Kostüm, die Musikbanda spielt, und Figuren von schönen Maderln werden hinterhergetragen, schönen Dienern und allem, was dazu gehört. Verkauft's mei G'wand, i fahr' in Himmel. Gelegenheit, das Gewand zu Geld zu machen, ist vorhanden, das Dorotheum, das Pfandhaus, ist immer just vis-à-vis. Doch das kommt später.

Indessen feiern wir auf jeden Fall
Nur lustiger das wilde Karneval.

Faust II[120]

Altösterreicher wie Egon Erwin Kisch und von gleichen politischen Grundsätzen geleitet war der in Budapest geborene Arthur Holitscher, der sich zuerst als Journalist und Reiseschriftsteller einen Namen machte und später in seine interessant geschriebenen Bücher zunehmend politische Anliegen verwob[121]. Als er 1920 dem Kongreß der Orientvölker in Moskau beiwohnte, prägte sich ihm ein, was damals Radek und Béla Kun zu ihm sagten: »Der Westen hat uns im Stich gelassen – wir verlegen die Bewegung nach dem Osten[122].« 1925 meinte er in China bereits den Erfolg dieser Linie konstatieren zu können. Holitschers Buch *Das unruhige Asien* ist ein hochinteressantes Dokument über die Endphase des russischen und kommunistischen Einflusses in der Kuomintang. Tschiang Kaischek und Wang Jingwei sind für ihn, wenn auch ängstlichere, Ausgaben sowjetischer Kommissare:

> Beide, Wang und Tschang[123], sind noch junge Leute, wie die übrigen Würdenträger im allgemeinen. In Kleidung und Attitüde gleichen sie den Moskauer Kommissaren, ihr Leben ähnelt dem der Moskauer Kommissare während der ersten Jahre der Revolution. Doch wenn ihr Leben auch stündlich bedroht ist, Mord und Überfall auf der Tagesordnung Kantons wie auch des übrigen China stehen, wenn sie auch, wie es von Wang heißt, allnächtlich anderswo zu schlafen gezwungen sind – diese Volkskommissare tragen ihr gefährdetes Leben bei weitem nicht so tapfer durch die Stadt, wie ich es in Rußland in jenen ersten Jahren beobachten konnte[124].

Alles schien Holitscher in das Bild einer chinesisch-russischen Kampfgemeinschaft zu passen, mit dem er nach China gekommen war. Die Kadetten der von Tschiang Kaischek und Zhou Enlai geleiteten Whampoo-Militärakademie sah er als »Rote Armee Chinas[125]«, die Aufmärsche zum 2. Kongreß des linken Flügels der Kuomintang am 1. Januar 1926, dem er gemeinsam mit den »russischen Genossen« beiwohnte, erinnerte ihn an »die denkwürdigen Aufmärsche der Roten Armee auf Moskaus Rotem Platz«[126]. Borodin, der von Radek über Holitscher gehört hatte, sagte zwar zu ihm, »es sei noch viel zu früh, um an definitive und gültige Resultate zu glauben«. »Selbstverständlich« verstehe »der Chinese unter Kommunismus etwas ganz anderes als der Russe oder der vorgebildete Proletarier der westlichen Länder[127]«. Dennoch hielt Holitscher bei seinem Vortrag an der Sun Yatsen-Universität in Kanton an seiner Überzeugung des gemeinsamen russisch-chinesischen Weges fest.

> In einer Ansprache, die ich auf Einladung der Professoren vor den Hörern und Hörerinnen der Universität Kanton halten durfte, wies ich auf die Aufgaben der Studentenschaft in den großen Freiheitsbewegungen dieser Zeit hin. Ich sprach von der kläglichen Haltung der deutschen Studenten in unserer eigenen mißglückten Revolution und von dem Heroismus, der zähen jahrhundertelangen Aufopferung der russischen, die die große Revolution Rußlands vorbereitet und zum Sieg geführt hat.

Der Verfasser unter chinesischen Arbeitern auf der Fahrt nach Canton
(Aus Holitscher: *Das unruhige Asien*)

Die Reaktion der chinesischen Studenten schien ihm recht zu geben:

An der Begeisterung, die jeder auf Rußland bezügliche Satz unter diesen jungen Menschen erweckte, konnte deutlich die Wesensverbundenheit des chinesischen und russischen Freiheitskampfes erkannt werden. An wie vielen Symptomen, die sich mir während meines Aufenthaltes im Süden wie auch in nördlichen Landesteilen Chinas boten, habe ich dann die beglückende Gewißheit gewonnen, darüber, wie stürmisch die Zeit in den Ländern des Ostens vorwärtsschreitet![128]

Ganz anderer Meinung hinsichtlich der Ersprießlichkeit chinesisch-sowjetischer Kooperation war Colin Ross. Der schriftstellerische Ruhm des vielgelesenen Holitscher war zwar älter, doch wurde Holitscher 1933 in Deutschland verboten, und das steigerte die Chancen von Schriftstellern ganz anderen politischen Zuschnitts. Der 1885 in Wien geborene Ross wirkte später in München als Schriftsteller, unternahm mehrere große Reisen und wandte sich nach vorerst schwankenden politischen Idealen dem Nationalsozialismus zu. In seinen Büchern arbeitet er interessante Fragen (»Will Moskau die Führerin im Befreiungskampfe Asiens werden, oder ist die Sowjetmacht letzten Ende nichts als die Erbin und Vollstreckerin der alten imperialistischen Politik des Zarentums?«[129]) und Prognosen heraus (»Als die entscheidenden politischen und wirtschaftlichen Faktoren der neuen Zeit zeichnen sich am Horizont bereits deutlich Amerika, Rußland und China ab. Diese drei sind zunächst die einzigen in sich geschlossenen, natürlichen Großmächte der Zukunft[130].«) Seine analytische Vorgangsweise opferte er allerdings mit zunehmendem Engagement für den Nationalsozialismus einem Nachvollzug der Beurteilung der Weltlage durch Adolf Hitler auf, von dem er meinte, daß »die nachtwandlerische Sicherheit seines politischen Genius sich zu einer wahrhaft weltweiten und weltweisen, kristallklaren Schau entwickelte[131]«. In seinem Buch *Das neue Asien* (1940) vertrat Ross daher schon die Ordnungsideen des japanischen Verbündeten. Die »kristallklare Schau« des Führers hatte dabei jene eigenständige Position von Ross verdrängt, welche in seinen früheren Werken noch zu finden war:

> ... Als die Imperialisten und Militaristen, die wir sind, neigen wir dazu, Werturteile über Völker nur aufgrund kriegerischer Erfolge oder Mißerfolge abzugeben, und so kam Japan in Europa aufgrund seiner beiden Siege über China und Rußland zu unverdientem Ansehen und maßloser Überschätzung ...
> Aber in Japan zeigte sich, daß sich die Maschine ebensowenig ungestraft mißbrauchen läßt wie das Schwert. Mit europäischer Kleidung, europäischen Maschinen, europäischen Arbeitsmethoden zog auch der Geist des Abendlandes mit all seiner Unruhe, seiner Zerrissenheit, seiner Auflehnung in das bisher seelisch umfriedete ferne östliche Inselreich ein ...
> Ich machte diese Abschweifung nur, um mit allem Nachdruck darauf hinzuweisen, daß meiner Ansicht nach das Schwergewicht der ostasiatischen Entwicklung in China liegt[132]...

Ross hegte unverkennbare Sympathien für das chinesische Volk – auch in seinem Werk über das neue Asien –, jedenfalls aber in jenen seiner in vielen Auflagen erschienenen Bücher, deren Erscheinungsdatum in die Zeit der Ersten österreichischen Republik fällt. So kam es, daß die bekannten politischen China-Autoren Österreichs zwar Situation und Zukunft jenes Landes recht verschieden beurteilten, sich aber trotz sonstiger klaffender Gegensätze in den freundschaftlichen Gefühlen für die chinesische Bevölkerung trafen.

Neben den Werken von Mänchen-Helfen, Kisch, Holitscher und Ross standen damals in den Bücherschränken österreichischer Familien auch politisch anspruchslosere, darum aber nicht weniger gern gelesene Reiseberichte. Da sind einmal an erster Stelle zwei Autoren zu nennen, die miteinander befreundet sind und seit vielen Jahrzehnten durch Bücher und Vorträge einen großen Leser- und Zuhörerkreis spannend unterhalten und informieren: Herbert Tichy und Max Reisch. Zu zweit waren die beiden 1933 mit dem Motorrad nach Indien gefahren, und bald zog es sie – diesmal auf getrennten Wegen – wieder nach Asien.

Tichy war es leid, die verbrauchte Luft der Hörsäle der Wiener Universität zu atmen, stundenlang stillzusitzen und sich in den folgenden zehn Minuten der Pause mit Mädchen über Kristallsysteme und chemische Formeln zu unterhalten – »Noch dazu mit Mädchen, die unten Sandalen und Wollstrümpfe, oben aber Brillen und Zöpfe haben«. »Nur solche« schienen nach seinem Eindruck »Naturgeschichte zu studieren[133]«. Da nahm er eines Tages im Geographischen Institut der Universität Wien ein Tibet-Buch von Sven Hedin zur Hand: »Ich schlug es aufs Geratewohl auf und sah das Bild einer kahlen Felslandschaft vor mir, aus der sich der Gipfel eines Gletscherberges wie eine silberglänzende Pyramide emporhob. Und in diesem Augenblick wußte ich, daß ich diese Landschaft einmal mit eigenen Augen sehen würde. Es schien mir plötzlich sinnlos, von den Wundern der Ferne immer nur zu träumen, ich wollte sie erleben[134].«

Dem dreiundzwanzigjährigen Tichy gelang es, von den Puchwerken ein Motorrad zu organisieren und seinen Lehrer an der Wiener Universität, Prof. Sueß, zu veranlassen, ihm als Thema für die geologische Dissertation den Himalaya anzuweisen. Die Puch trug ihn brav durch Indien und Afghanistan. Im Himalayagebiet ging er zu Fuß – mehr als tausend Kilometer. Nicht nur, weil er dort mit dem Motorrad nicht weitergekommen wäre, sondern weil man einen Europäer daran gehindert hätte, sich dem Kailas, dem heiligen Berg Tibets, zu nähern. Wie einst Sven Hedin mußte Tichy sich als Tibeter verkleiden. Und Hedin war es auch, der 1937 dem jungen Forschungsreisenden und Autor für dessen später in vielen Auflagen erschienenes Buch *Zum heiligsten Berg der Welt* ein sehr anerkennendes Geleitwort schrieb.

Auch Max Reisch litt es nicht lange in der Heimat, und auch er wurde bei seinen Plänen von seinem Lehrer, nämlich dem an der Hochschule für Welthandel wirkenden Wirtschaftsgeographen Prof. Dietrich, unterstützt. Für seine Transasien-Expedition, die er 1935 im Alter von 22 Jahren gemeinsam mit dem Wiener Helmuth Hahmann antrat, stifteten ihm die Steyrwerke einen ihrer neuen Wagen mit 1390 Kubikzentimetern Hubraum und 32 PS. Das war ein bescheidenes Leistungsvermögen, bedenkt man die gewaltige Strecke von 23.000 Kilometern, welche von Palästina bis China mit diesem Gefährt zurückzulegen war. Doch oft und oft sollte sich die leichte Bauweise des Wagens, dessen Motor wunderbar durchhielt, als Vorteil erweisen, weil er leichter mit Menschenkraft durch unwegsames Gelände gebracht werden konnte.

Apropos unwegsames Gelände, eine Fahrt durch innere chinesische Provinzen mit dem Automobil wurde damals schlicht als unmöglich bezeichnet. Dazu kam, daß der chinesische Geschäftsträger in Wien die Visa verweigerte, weil er keinerlei Verantwortung für die Sicherheit Reischs und seines Gefährten übernehmen wollte. Mitverantwortlich für die ablehnende Haltung der Vertreter der Nankinger Regierung mag die Erfahrung mit der schweizerischen Expedition gewesen sein, die den schon erwähnten Streifen *So lebt China* gedreht hatte[135].

Tatsächlich scheiterte die Realisierung der zuerst geplanten Route über Yunnan und Guizhou daran, daß in Yunnan Kämpfe zwischen den aus Jiangxi zum Langen Marsch aufgebrochenen kommunistischen Truppen und dem lokalen, mit der Nankinger Regierung verbündeten Warlord ausgebrochen waren[136]. So blieb den Österreichern nur der Weg über Hanoi und Langson. Am 22. April 1936 passierten sie die Grenze

Die Bewohner des Städtchens Kiyang (Provinz Hunan) hatten noch nie ein Auto zu Gesicht bekommen. (Foto: Prof. Dr. Max Reisch)

der chinesischen Provinz Guangxi. Die Strecke zwischen Longzhou und der Provinzhauptstadt Nanning legten sie in einem Tag zurück. Zum ersten und wahrscheinlich für lange Zeit letzten Male fuhr ein österreichisches Auto mit österreichischem Nummernschild und österreichischen

Fahrern in Nanning ein. Reisch und Hahmann wurden von den dortigen Behörden respektvoll aufgenommen. Reisch erinnerte sich später amüsiert an den Grund: »Das verdanke ich meinem Bart, der sich seit Persien zu würdevollem Umfang entwickelt hatte. Man schätzte mich auf 45–50 Jahre, und bei der Ehrfurcht, die der Chinese dem Alter entgegenbringt, war das recht vorteilhaft[137] . . .«

Die weitere Fahrt nach Hunan verlief nicht so flott. Morastige Wege reduzierten bisweilen die Tagesleistung auf 34 Kilometer. Doch der Steyr schaffte – wohl als erster Kraftwagen – die Verbindung zwischen den beiden Provinzen. In Qiyang (Tschi-jang) in der Provinz Hunan war es überhaupt der erste Auto, das die Bevölkerung zu Gesicht bekam. Erst einige Monate davor hatte ein Chinese dorthin ein Fahrrad aus Changsha mitgebracht und es den staunenden Leuten gegen Geld gezeigt. Kein Wunder, daß sich gleich mehrere Kaufleute darum rissen, das wunderbare Fahrzeug in ihrem Magazin einstellen zu dürfen. Der

Max Reisch mit chinesischem Gastgeber
(Foto: *Transasien*)

Auserwählte verrechnete keine Miete, sondern überreichte Reisch im Gegenteil beim Abschied zum Dank zwei chinesische Fabeltiere. In Nanchang, der Hauptstadt der Provinz Jiangxi, war man weniger zuvorkommend und verlangte mit dem Hinweis: »In Nanchang herrscht Ord-

Auf schmalen Wegen durch die Reisfelder
(Foto: Max Reisch)

nung!« von den verdutzten Österreichern, daß sie, nachdem sie bereits ein Dutzend asiatischer Länder durchquert hatten, sich einer Fahrprüfung unterzögen. Erst nach mehrfachen feierlichen Versicherungen, des Autolenkens kundig zu sein, bekamen die beiden für zwei Jiangxi-Dollar einen Jiangxi-Führerschein. An der Grenze der Provinz Anhui war dann schließlich die Welt mit Brettern vernagelt. Die Straße führte durch ein starkes Holzfort mit Schießscharten. Ein Soldat öffnete, drohte mit dem Gewehr und schloß wieder. Da sagten die Österreicher auf deutsch in einschmeichelndem Ton: »Lieber Soldat, bitte laß uns durch, wir sind friedlich und wollen durch Anhwe nach Tschekiang fahren.« Und siehe, es wirkte. Wahrscheinlich hielt man sie für ausländische Militärberater. Blieben noch 420 Kilometer nach Shanghai. Als dort der Wagen den Bund entlangrollte, drückten die beiden Expeditionsteilnehmer einander stumm die Hände. Hinterindien und China waren zum ersten Mal mit einem Kraftwagen durchquert worden, und der brave Steyr hatte es überstanden, ohne daß auch nur ein Kolbenring oder ein Ventil ausgetauscht worden wäre. Diese große verkehrsgeographische Pionierleistung wurde auch durch ein Schreiben des *Automobile Club of China* an den Österreichischen Touringklub bestätigt.

Eine Laune des Schicksals wollte es, daß der bewährte Untersatz am Ende der gefahrvollen Reise ausgerechnet nach dem Grenzübertritt von

Reisch und Hahmann auf dem Weg durch die Märchenlandschaft von Guangxi
(Foto: Max Reisch)

Deutschland nach Österreich von einem Ausländer, der die Linksfahrordnung in Österreich vergessen hatte, in Schrott verwandelt wurde[138].

Während Reisch und Tichy auch heute noch in Österreich fast jedermann bekannt sind, ist der Name eines anderen Chinabuchautors aus der Zwischenkriegszeit in Vergessenheit geraten: Heinz von Perckhammer, der vor allem seine ausgezeichneten Photographien über China sprechen ließ. Als Angehöriger des österreichischen Marinedetachements in Peking hatte er Gelegenheit, in China ausgiebig auf Motivsuche zu gehen. Für sein großformatiges Werk über Peking, welches 1928 zu Berlin erschien, erbat Perckhammer einführende Worte von Arthur Holitscher. 1930 brachte er in Zürich ein Bändchen *Von China und Chinesen* heraus, in dem vor allem Szenen des chinesischen Alltagslebens festgehalten sind. Die anschauliche Einführung und die Erklärungen hat Perckhammer selbst verfaßt. Beide Bücher enthalten wertvolle Bilddokumente und beweisen, daß für Perckhammer, der unter anderem als Photograph der Reisen des *Graf Zeppelin* international berühmt wurde, die Darstellung Chinas und seiner Menschen ein besonderes Anliegen gewesen ist.

Es gab aber auch Vertreterinnen des schwachen Geschlechts, die entschlossen waren, den Schwierigkeiten und Gefahren weiter Asienreisen zu trotzen. In der ersten Hälfte der zwanziger Jahre (um 1923) begab sich

中國汽車借行社

The Automobile Club of China.

(Members Alliance Internationale de Tourisme, Brussels).
(Affiliated to the Royal Automobile Club of Great Britain and Ireland, the Automobile Association of Great Britain, the Automobile Association of America, the Singapore Automobile Club, and the Royal Java Motor Club).

TELEGRAPHIC ADDRESS "MOOROB" SHANGHAI

CODES: BENTLEY'S 1ST EDITION BENTLEY'S 2ND EDITION

TELEPHONE 10704.

P. O. BOX NO. 1049

SECRETARIES: BECK & SWAN
17 THE BUND.
SHANGHAI.

3rd July, 1936.

Secretary,
Austrian Touring Club,
Schubertring 7,
WIEN 1.

Dear Sir,

We have pleasure in certifying that on 19th June, 1936, Messrs. Max Reich and Helmuth Hahmann of the Austrian Trans Asia Motor Car Expedition arrived in Shanghai after travelling through the interior of China via Kwangsi from Indo-China, and that these gentlemen were the first motorists to pass through Kwangsi Province by motor car into Hunan Province. Many portions of the roads traversed by them on this journey were in an unfinished condition, but with the assistance of the Kwangsi highway officials they found it possible to overcome the various difficulties and complete their journey.

Messrs. Reich and Hahmann are undoubtedly the first motorists to have travelled from Indo-China to Shanghai via Kwangsi by motor car.

Whilst the construction of roads in China is proceeding rapidly, it should be realised that what are known as first class roads here can only be considered as second class in Europe, and many of the roads which these gentlemen travelled on were second and third class roads for China, the latter being practically unusable except in favourable weather.

We are, dear Sir,
Yours faithfully,

Beck & Swan

Secretaries.

Einstiger Blick auf das Tor des Himmlischen Friedens
(Aus Heinz v. Perckhammer, »Peking«, Berlin 1928)

die österreichische Schriftstellerin Alice Schalek im Auftrag von Hugo Stinnes nach Japan[139], um über dessen neueröffnete Ostasienlinie zu berichten. Dort wurde sie von der damals unter japanischer Kontrolle stehenden Verwaltung der Südmandschurischen Eisenbahn eingeladen, auch die Mandschurei zu besuchen. In Shenyang (Mukden) wurde sie von Zhang Zuolin empfangen, der ihr zuvorkommenderweise auch seine Photographie widmete. Alice Schaleks Sympathien konzentrierten sich eher auf ihre japanischen Gastgeber, doch versagte sie Zhang, der ihr wie ein »Operetten-Marschall« erschien, ihre Anerkennung nicht ganz: »Einen Weg vom Banditen zur Marschallswürde kann nur eine Persönlichkeit gehen[140] . . .«

Ohne den Rückhalt einer großen Firma, sondern auf eigene Faust kam auch die in Cilli wohnhafte Altösterreicherin Alma Karlin in den Fernen Osten. Die Tatsache, daß sie auf ihren Reisen immer wieder Arbeit annahm, um ihren Lebensunterhalt zu bestreiten, steht zu der empfindsamen Art ihrer Schreibweise in seltsamem Gegensatz. Die Einwohnerschaft Chinas blieb ihr folgendermaßen in Erinnerung:

> Man gewöhnt sich vielleicht an die Chinesen. Das mag sein. Sechs Monate China waren für mich jedenfalls nicht genug. Ich ehre vieles, was ich bei ihnen antraf, und ihre geheimnisvollen Tempel, der Schatten des Mystischen, Düster-Grauenhaften, der zauberhafte Aberglaube, der in fremde Welten versetzt, zogen mich wie nur noch in der Südsee an; aber nichts wird mich abhalten, zu sagen, daß sie als Volk gegen Ausländer grob sind, abscheulich herumspucken (so daß Europäer auch mit der Zeit dieses Laster annehmen), und daß man von der Reinlichkeit des Nachbarn keinen Begriff hat[141].

Länger als Alma Karlin hielt sich in China die österreichische Schriftstellerin Joe Lederer auf, die unter anderem 1938 das Jugendbuch *Fanfan in China* veröffentlichte, welches 1958 unter dem Titel *Entführt in Shanghai* wieder aufgelegt worden ist[142].

Abgesehen von den oben erwähnten Reisebeschreibungen mit und ohne politische Tendenz war China auch in den anderen Sparten der Literatur wohl vertreten. Wissenschaftler wie Handel-Mazzetti oder auch der in Wien und Graz beheimatete aufstrebende Völkerkundler Hugo A. Bernatzik legten die Ergebnisse ihrer Reisen in populär geschriebenen Werken vor[143]. Ernst Diez schrieb eine *Einführung in die Kunst des Ostens*[144], und Arthur von Rosthorn verfaßte eines der wenigen brauchbaren Geschichtswerke über China.

Andere Autoren versuchten durch Übersetzungen und Nachdichtungen die Werke der chinesischen Dicht- und Erzählkunst in Österreich bekannter zu machen. Eine ganze Reihe von Übersetzungen stammen von Anna von Rottauscher, auf die in dem ihrem Lehrer Arthur von Rosthorn gewidmeten Kapitel bereits eingegangen wurde. Andere chinesischen Sagen und Märchen nachempfundene Werke stammten von Sidonie Förster-Streffleur[145]. Bibliophile Ausgaben chinesischer Liebeskomödien und chinesischer Lyrik wurden in Wien auch von Hans Rudelsberger[146] und Otto Wolfgang herausgebracht[147].

Einem ging es allerdings um mehr als das Tändeln mit hübsch anzusehenden Produkten einer späten Chinoiserie: dem österreichischen expressionistischen Dichter Albert Ehrenstein[148]. Vom Umschlag her mögen sich seine Werke nicht von denen anderer mit chinesischer Lyrik befaßter Autoren unterschieden haben. Auch seine Nachdichtungen wurden auf besonderem Papier gedruckt und mit chinesischen Motiven verziert[149]. Doch es ging ihm um viel mehr, als exotische Romantik zu erzeugen. Schon während des Ersten Weltkriegs hatte sich sein eigenes dichterisches Schaffen gegen den Krieg und das bestehende politische System gewendet. Mit Walter Hasenclever, Kurt Pinthus, Ernst Rowohlt, H. E. Jacob und Martin Buber war er im »geheimen Konzil des deutschen Expressionismus« in Weimar zusammengekommen, um die gemeinsame Gesinnung gegen den Krieg zu bekunden[150]. Ab 1915 gehörte er eine ganze Reihe von Jahren der von Pfemfert gegründeten *Antinationalen Sozialistenpartei* an und stand mit Karl Liebknecht und Rosa Luxemburg in Kontakt. Vom Januar 1917 bis Spätsommer 1918 arbeitete Ehrenstein beim sozialistisch organisierten Adlerschen *Verein für Individualpsychologie* als Sekretär und unterhielt Verbindungen zu Stefan Zweig, Franz Blei und Alfred Adler. Später schloß er sich der *Gruppe 1925* an, der auch Johannes R. Becher, Bertolt Brecht, E. E. Kisch, Rudolf Leonhard und Kurt Tucholsky angehörten[151]. Die Auswahl chinesischer Gedichte und die Art ihrer Übersetzung gehörten zum Gesamtkonzept seines schriftstellerischen Anliegens, wie es sich auch in seinen eigenen Werken äußerte. So stellte er dem Buch *China klagt – Nachdichtungen revolutionärer chinesischer Lyrik aus drei Jahrtausenden* folgendes von ihm selbst verfaßtes Gedicht voran:

Kampflied der Chinesen

Wir sind nicht reif?
Das ist das Lied, das sie gesungen haben
Jahrhundertlang uns armen Waisenknaben
Womit sie uns beschwichten

Des Volkes Hoffen vernichten,
Des Bessern Sinn betören,
Die Zukunft uns zerstören
Wir sind nicht reif?

Reif sind wir immer, reif zum Glück auf Erden.
Wir wollen glücklicher und besser werden.
Reif sind wir, unser Leid zu klagen,
Reif sind wir, euch nicht mehr zu tragen,
Reif, für die Freiheit alles zu wagen.

Die nachfolgenden Verse bekannter und unbekannter chinesischer Dichter sollten für die Leiden des chinesischen Volkes und sein Recht auf eine neue Zukunft Zeugnis ablegen. Es handelte sich dabei um von Ehrenstein »dem Deutschen angeeignete« Gedichte, wie er es im Titelblatt für seine Auswahl aus dem *Buch der Lieder* formuliert hat, also um Nachdichtungen, in die er eine starke persönliche Note eingebracht hat. Beckmessereien wie die des chinesischen Dissertanten Chuan Chen, der durch die Hervorhebung mancher Abweichungen vom chinesischen Original gegen Ehrensteins politische Thesen angehen wollte[151a], mußten daher ins Leere gehen. Ehrenstein hat seine Werke nie als sinologische Arbeiten ausgegeben.

Es gab aber auch österreichische Schriftsteller, die mit chinesischen Themen arbeiteten, ohne sich dabei chinesische Texte zur Vorlage zu nehmen. Ihre Werke unterscheiden sich in der Themenwahl nicht sehr von den früher behandelten, China betreffenden Werken aus der Vorkriegszeit. Wie Hofmannsthal in seinem Gedicht *Der Kaiser von China spricht* zeigt Franz Kafka in der Erzählung *Beim Bau der chinesischen Mauer,* daß ihn die Vorstellung von dem im Mittelpunkt der Welt residierenden und regierenden chinesischen Kaiser besonders beeindruckt hat. Während aber der junge Hofmannsthal den chinesischen Kaiser als Zentrum einer nach allen Himmelsrichtungen durch seine Untertanen weitergegebenen charismatischen Ausstrahlung sieht, begreift Kafka im Jahre 1917 zur Zeit des Niedergangs der österreichischen Monarchie dieses Verhältnis anders. Sein 1917 verfaßtes Fragment *Beim Bau der chinesischen Mauer* enthält eine zentrale Stelle, welche er – bis auf die angeknüpfte Schlußfolgerung (»Genau so, so hoffnungslos und hoffnungsvoll, sieht unser Volk den Kaiser«) – in den 1918 veröffentlichten Band *Ein Landarzt*[152] aufgenommen hat:

> Es gibt eine Sage, die dieses Verhältnis gut ausdrückt. Der Kaiser, so heißt es, hat Dir, dem Einzelnen, dem jämmerlichen Untertanen, dem winzig vor der kaiserlichen Sonne in die fernste Ferne geflüchteten Schatten, gerade Dir hat der Kaiser von seinem Sterbebett aus eine Botschaft gesendet. Den Boten hat er beim Bett niederknien lassen und ihm die Botschaft zugeflüstert; so sehr war ihm an ihr gelegen, daß er sie sich noch ins Ohr wiedersagen ließ. Durch Kopfnicken hat er die Richtigkeit des Gesagten bestätigt. Und vor der ganzen Zuschauerschaft seines Todes – alle hindernden Wände werden niedergebrochen, und auf den weit und hoch sich schwingenden Freitreppen stehen im Ring die Großen des Reiches – vor allen diesen hat er den Boten abgefertigt. Der Bote hat sich gleich auf den Weg gemacht; ein kräftiger, ein unermüdlicher Mann; einmal diesen, einmal den anderen Arm vorstreckend, schafft er sich Bahn durch die Menge; findet er Widerstand, zeigt er auf die Brust, wo das Zeichen der Sonne ist; er kommt auch leicht vorwärts wie kein anderer. Aber die Menge ist so groß; ihre Wohnstätten nehmen kein

Ende. Öffnete sich freies Feld, wie würde er fliegen, und bald wohl hörtest Du das herrliche Schlagen seiner Fäuste an Deiner Tür. Aber statt dessen, wie nutzlos müht er sich ab; immer noch zwängt er sich durch die Gemächer des innersten Palastes; niemals wird er sie überwinden; und gelänge ihm dies, nichts wäre gewonnen; die Treppen hinab müßte er sich kämpfen; und gelänge ihm dies, nichts wäre gewonnen; die Höfe wären zu durchmessen; und nach den Höfen der zweite umschließende Palast; und wieder Treppen und Höfe; und wieder ein Palast; und so weiter durch Jahrtausende; und stürzte er endlich aus dem äußersten Tor – aber niemals, niemals kann es geschehen –, liegt erst die Residenzstadt vor ihm, die Mitte der Welt, hochgeschüttet voll ihres Bodensatzes. Niemals dringt er hier durch und gar mit der Botschaft eines Toten. – Du aber sitzt an Deinem Fenster und erträumst sie Dir, wenn der Abend kommt.
Genau so, so hoffnungslos und hoffnungsvoll, sieht unser Volk den Kaiser[153]...

Die Vorstellung der Emanation einer fruchtbringenden »Mitte der Mitten« war mit deutlichem Bezug auf die Haupt- und Residenzstadt Wien dem Bild einer sterilen Isolation des Monarchen gewichen. Kafka setzt damit die Tradition fort, mit den Mitteln der Kunst exotisch verpackte Hinweise auf österreichische Zustände zu geben. Die Weiterführung einer anderen Tradition, nämlich der, den Chinesen als völlig anderes, unbegreifliches Wesen zu schildern, findet sich bei Arthur Schnitzler. Ihn, der die Seelenzustände der Menschen seiner Gesellschaft so meisterhaft zu schildern wußte, mag es gereizt haben, eine fremde, sogar für ihn undurchdringliche Psyche darzustellen. Die Anregung dazu dürfte der im *Neuen Wiener Journal* am 4. April 1924 veröffentlichte Beitrag *Eine Viertelstunde vor dem Tode* von Emil Seeliger gegeben haben[154]. Schnitzler schildert eine Episode, die sich zwischen einem jungen deutschen Offizier[155] und einem rätselhaften Chinesen abspielt:

Er war damals Oberleutnant.
Boxeraufstand in China, gefährlich, unnachsichtig. Seine Majestät hatte befohlen, daß kein Pardon gegeben werde. Es nützte nicht viel. Nationalistische Bewegung. Freiheitsbewegung. Doch wir wollen nicht von Politik reden. Überall in Städten, in Dörfern, auf dem Land Aufruhr, da und dort wurde er niedergeschlagen, Hunderte, Tausende wurden gehängt, füsiliert[156].

In einem Dorf soll der junge Offizier die Exekution einer Gruppe von Verschwörern leiten. Einer davon liest unentwegt in einem Buch. Auf den Hinweis, daß er seinen Roman nicht werde fertig lesen können, antwortet er ungerührt: »Es ist nie ganz sicher, was in der nächsten Stunde geschieht[157].« Der Oberleutnant ist von diesem Mann so beeindruckt, daß er zu seinem Obersten galoppiert und ihn freibittet. Er sprengt zurück:

> ... Zwölf lagen schon tot da. Nun sollten die letzten fünf drankommen. Von Salve zu Salve gab es immer eine Pause von zehn Minuten. Mein Chinese hockte noch immer da im Hof, der freie Himmel über ihm, und las. Ja, ich merkte sogar von weitem, daß er an die Seite kleine Bleistiftzeichen eintrug. Er sah mich nicht, er mußte sich für verloren halten. Er mußte wissen, daß er in fünf Minuten drankam. Ringsum die Soldaten. Als ich mein Pferd zum Stehen brachte, wandte er sich um, betrachtete mich diesmal sogar mit einiger Neugier. ... Ich trat auf meinen Chinesen zu, legte die Hand auf seine Schulter, eine törichte Bewegung, und sagte mit etwas heiserer Stimme: »Sie sind begnadigt.« Er sah mich an, ein bißchen fragend. Er lächelte ein wenig. Das Buch hielt er in der Hand und steckte es mechanisch in die Tasche seiner weiten weißen Jacke. Die vier andern machten große Augen. Vielleicht hofften sie. Mein Chinese blickte mich an. »Nun, was hab ich gesagt«, meinte er, »man kann nie wissen.«

Das Fragment schließt mit dem Satz: »... Ich weiß nur eins, von allen Menschen, denen ich je auf der Welt begegnet, war er derjenige, der mir am fremdesten war[158].«

Schnitzler beschreibt in dieser Erzählung eindringlich, was bei dieser Konfrontation zweier Welten in der Psyche des Abendländers vor sich geht. Den Versuch, die Seelenzustände des Chinesen zu beschreiben, hat er nicht unternommen.

Das, was der große Schriftsteller sich versagte, taten Operettentextautoren ohne Bedenken und mit für chinesische Leser sicherlich überraschenden Ergebnissen. Über die Art, wie die Handlung von Operetten, z. B. von Lehars *Das Land des Lächelns,* zusammengeschustert wurden, ergoß Karl Kraus seinen beißenden Spott. Unter dem Titel *Was tut sich in Ischl* schrieb er im Oktober 1929 in der *Fackel*:

> Das ist in jedem Sommer die Frage, aber so brennend wie diesmal war sie noch nie. »Gearbeitet« wird dort, was denn sonst. Oder einem Heerlager gleicht es. Unter dem »Heer von Librettisten« wandeln die drei Könige der Wiener Operette: Lehar, Oskar Straus und Kalman ... Bei Viktor Leon ergibt sich ein Anstand. Er läßt die Liebesgeschichte mit einem Happy end enden! Das geht nicht, das ist seit *Friederike* altmodisch geworden. Da müssen die Schöpfer Beda und Herzer heran, denen es schon gelungen ist, Goethe dem deutschen Volk nahe zu bringen, und die nun auch an Leon Hand anlegen wollen, was vielfach Bedenken erregt. Doch behält schließlich die künstlerische Erwägung die Oberhand über die Pietät.
> Die neuen Librettisten Lehars sind der Ansicht, daß dem Meister die Aktschlüsse mit Liebesresignation viel mehr liegen, und daß Lehar in seinem Schaffen über die Happy-end-Periode hinaus sei ... Aus diesem Grund wird die junge Wienerin ihren Chinesen wieder verlassen und an den Strand der blauen Donau wieder zurückkehren.

Erwin Lang: Bildnis des Herrn Lau Jü Chin

Das Vernünftigste, was sie tun kann.
Lehar selbst ist mit dieser Änderung des Schicksals seines Liebespaares vollständig einverstanden und soll bereits neue Melodien der Entsagung gefunden haben.

Trotzdem sollte man Meister Lehar zubilligen, daß sein Werk zur Sympathiewerbung für China beigetragen hat.

In der österreichischen Malerei setzte sich das Chinoiseriehafte lediglich in einigen Buchillustrationen fort[160]. Ansonsten gab es Künstler wie Oskar Kokoschka oder Leopold Krakauer, welche unter Zurückdrängung jeglichen chinesischen Akzents ein vom Namen her chinesisches Thema völlig ihren stilistischen Ausdrucksmitteln unterwarfen[161], oder Maler wie F. Michl und Erwin Lang, welche auf einen Chinaaufenthalt zurückblicken konnten und sich in ihren Bildern um die richtige Wiedergabe der chinesischen Note ihrer Themen besonders bemühten[162]. Alle diese Chinabilder wurden aber an Quantität und Qualität übertroffen von denen Friedrich Schiffs, dem ein eigenes Kapitel gewidmet ist.

Doch auch Ausstellungen von Werken chinesischer Künstler in Wien gaben den Österreichern Gelegenheit, jenem Lande durch das Medium der bildenden Kunst näherzukommen. Die erste derartige Präsentation nach dem Ersten Weltkrieg erfolgte von April bis Juni 1922 im Österreichischen Museum für Kunst und Industrie (heute Museum für angewandte Kunst). Den Ehrenschutz hatten der chinesische Gesandte Huang Yongliang und der japanische Gesandte Kumataro Honda gemeinsam übernommen. Die Objekte – Plastiken, Bilder, Teppiche, Porzellangegenstände von der Han- bis zur Qing-Dynastie – stammten aus dem Naturhistorischen und dem Kunsthistorischen Museum, dem Museum für Kunst und Industrie, der Silberkammer, dem Kunsthistorischen Institut der Universität Wien, aus ungarischem Staatsbesitz und privaten Sammlungen. Angeregt worden war die Ausstellung vom Vorstand des kunsthistorischen Institutes der Universität Wien, Prof. Josef Strzygowski[163]. Damit sollte ein Anstoß gegeben werden, der ostasiatischen und insbesondere der chinesischen Kunst in Wien mehr als bisher Beachtung zu schenken. Doch der nötige Effekt schien vorläufig auszubleiben. In einem 1928 veröffentlichten Artikel beklagte die Mitherausgeberin des Katalogs für die oben erwähnte Ausstellung, Melanie Stiassny, die mangelnde Bereitschaft der hiesigen Museen und des Kunsthandels, ihre Aufmerksamkeit der asiatischen Kunst zuzuwenden. Um so höheres Lob spendet sie daher der Initiative Alexander Försters, in seinen Verkaufsräumen am Kohlmarkt (das Geschäft existiert heute noch und hat in seinem Angebot noch immer ausgesuchte Objekte chinesischer Kunst) eine Ausstellung chinesischer Kunst arrangiert zu haben. Förster zeigte dabei rare Stücke seiner Sammlung, welche zum Teil bis in die Han-Zeit zurückgingen[164]. Im selben Jahr führte der Verein gemeinsam mit dem Museum für Kunst und Industrie eine Ausstellung *Ostasiatische Gerätekunst und Kleinbildnerei* durch, an der auch das Franz-Hopp-Museum für ostasiatische Kunst in Budapest, das Museum für Völkerkunde in München und viele Privatsammler beteiligt waren[164a].

1930 nahm man den 6. deutschen Orientalistentag zum Anlaß, um, wieder unter starker Heranziehung von Gegenständen aus Privatbesitz, im Österreichischen Museum für Kunst und Industrie eine Ausstellung von Werken asiatischer Kunst durchzuführen. Veranstalter war gemeinsam mit dem Museum der mittlerweile recht aktiv gewordene *Verein der Freunde asiatischer Kunst und Kultur in Wien,* als dessen Sekretärin Melanie Stiassny wirkte[165]. Im selben Jahr bekamen die Österreicher aber auch Gelegenheit, die Bilder moderner chinesischer Maler zu sehen. A. Chytil, der an der National Academy of Fine Arts in Peking unterrichtete, wählte Wien als ersten Ausstellungsort der von ihm zusammengestellten Sammlung. Der chinesische Geschäftsträger Toung meinte dazu bei der Eröffnung in der Sezession:

> In der vorjährigen Ausstellung chinesischer Kunst in Berlin, wo alle Kunstzweige gut vertreten waren, befanden sich äußerst wertvolle und seltene Gegenstände; es war sozusagen ein chinesisches Museum, in dem die Altertümer vorherrschten. Heute aber, Herr Präsident der Sezession und Herr Professor Chytil, besteht Ihre Ausstellung haupt-

sächlich aus ausgewählten Bildern der berühmten Maler des neuen, wiedererwachenden China, und es ist die erste dieser Art in Europa. Sie soll unsere moderne Kunst den westlichen Völkern vermitteln, und dies ist ein nicht genug zu lobendes Unternehmen[166].

Qi Baishi wurde damals als Moderner dem österreichischen Publikum vorgestellt. Im Sommer 1979 kehrten seine Werke im Rahmen einer in der Akademie der bildenden Künste gezeigten Ausstellung als die eines Klassikers der chinesischen Malerei nach Wien zurück. Über seine Malweise heißt es in dem von Chytil verfaßten Vorwort des Katalogs:

> Seine Bilder sind eine Flut eines wild jubelnden Rhythmus von Linien, seine Komposition sprengt alle Grenzen unserer okzidentalen Phantasie. Sein Pinsel ist vielleicht von überhaupt einzigartiger Kühnheit in der Geschichte der chinesischen Malerei, und seine Vorstellungsweise ist unerschöpflich[167].

Neben dem zweiten Schwerpunkt der Ausstellung, dem romantischen Landschaftsmaler Xia Chenzun, sah man u. a. auch Werke von Xia Yishen, Shita-sun, Wang Sholin, Lo Shanta, Li Shilin, Kuh Paoking, Fou Ji und K. T. Onang[168].

Die nächsten Ausstellungen kamen wiederum auf Initiative des rührigen Vereines der Freunde asiatischer Kunst und Kultur zustande. Gemeinsam mit der Graphischen Sammlung Albertina wurde ein Überblick über die ostasiatische Malerei und Graphik geboten, der im 12. Jahrhundert ansetzte und im 19. Jahrhundert endete. Mit der zeitgenössischen ostasiatischen Kunst scheinen die Freunde nicht viel im Sinn gehabt zu haben. Die Ausstellungsstücke kamen aus der Albertina, dem Staatlichen Museum für Völkerkunde in München (was auf Differenzen mit dem Wiener Museum für Völkerkunde schließen läßt, das von Melanie Stiassny in ihrem Artikel *Ostasiatische Kunst am Wiener Markt* wegen stiefmütterlicher Behandlung der Asiatica angeschossen worden war), dem Österreichischen Museum für Kunst und Industrie, dem 1. Kunsthistorischen Institut der Universität Wien und aus Privatbesitz. Für die vom 10. November 1934 bis 1. Januar 1935 in Zusammenwirken mit dem Kunsthistorischen Museum veranstaltete *Ausstellung Eurasiatischer Kunst (Nomadenkunst und Tierstil)* brachten die Vereinsangehörigen einen repräsentativen Ehrenausschuß zusammen, dem neben dem Bundeskanzler, dem Außenminister, dem Verkehrsminister, dem Staatssekretär für Unterricht und dem Wiener Bürgermeister auch der Fürsterzbischof von Wien sowie die Gesandten Frankreichs, Ungarns, Schwedens, Großbritanniens und Bulgariens angehörten. Als Aussteller beteiligten sich das Kunsthistorische Museum, das Naturhistorische Museum, das offensichtlich wieder versöhnte Museum für Völkerkunde, das Städtische Museum, das Österreichische Museum für Kunst

Der berühmte chinesische Maler Qi Baishi (Ch'i Pai-shih) empfing seinen österreichischen Freund Anton Exner gerne in seinem Pekinger Studio. (Die Fotos wurden in Peking am 5. April 1931 aufgenommen.)

und Industrie, das Museum in Mistelbach, das Franz-Hopp-Museum in Budapest, das Museum in Szeged sowie Private[169]. Zu den Privatsammlern gehörte auch C. T. Loo, Paris, der mit einer umfangreichen Auswahl aus seiner Sammlung vertreten war: Ordos-Bronzen, Objekte aus verschiedenen Perioden der chinesischen Geschichte sowie einige Kaukasus- und Luristan-Bronzen. Nach Schluß der Ausstellung erwarb Baron Eduard von der Heydt die ganze Sammlung und überließ sie dem Österreichischen Museum für Kunst und Industrie als Leihgabe, was eine wertvolle Bereicherung der Wiener öffentlichen Sammlung darstellte[170].

Die Initiative zweier Mitglieder des Vereins, Dr. Otto Mänchen-Helfen und Fritz Löw-Beer, führte dazu, daß im Frühjahr 1937 in Kooperation mit dem Österreichischen Museum für Kunst und Industrie chinesische Lackkunst in einer entwicklungsgeschichtlichen Darstellung gezeigt wurde. Außerdem wurden ostasiatische Malereien gezeigt, welche von Baron von der Heydt in der Folge dem Museum als Leihgaben überlassen wurden. Das Staatliche Museum in Berlin, das Museum für ostasiatische Kunst der Stadt Köln und das Museum für Völkerkunde in Wien stellten Gegenstände aus ihren Beständen zur Verfügung[170a].

Mit einem besonderen Thema befaßte sich die Ausstellung mandschurischer Schriften, Trachten, Schmuckstücke und verschiedener Gegenstände im Museum für Völkerkunde zu Wien, Dezember 1937. Die Schaustücke waren Leihgaben von Anton und Walter Exner. Beide Namen sind mit der Präsentation ostasiatischer Kunst in Wien eng verbunden. »Anton Exner (1882–1952) war ein Kunsthändler, der sich der ostasiatischen Kunst verschrieben und der neben seinem Beruf eine intensive Sammelleidenschaft entfaltet hatte. Mit fünf Reisen um die Welt, fünfundzwanzig Fahrten nach China – bei Ausbruch des Ersten Weltkriegs befand er sich dort – und siebzehn Aufenthalten in Japan trug er eine einzigartige Sammlung zusammen, von der er den wertvollsten Teil, der vom Museum in jahrelanger Arbeit ausgewählt worden war, dem Österreichischen Museum (für Kunst und Industrie) und damit der Öffentlichkeit widmete. Diese Schenkung erfolgte in zwei Phasen am

Qi Baishis Arbeitszimmer
(Aufgenommen von Anton Exner)

28. März 1944 und am 6. Mai 1946[171] . . .« Außerdem tauschte er 1943 mit dem Museum für Kunst und Industrie dort befindliche Kommerzware gegen archaische Bronzen und Keramiken von der Han- bis zur Yuan-Periode[172].

Walter Exner trat schon frühzeitig in die Fußstapfen seines Vaters. Von 1936 auf 1937 befand er sich fast ein Jahr in Peking, um Kunststudien zu betreiben, bevor er wieder nach Wien in die Firma seines Vaters zurückkehrte[173]. Im Rahmen einer Asien-Schriftenreihe, die er im Siebenberg-Verlag (Wien–Peking) herausgab, bemühte er sich ebenfalls, das Verständnis für Fernost zu mehren. Später betreute er die Sammlungen seines Vaters und vermittelt außerdem bis heute den österreichischen Museen wichtige Stücke für Ausstellungen oder Ankauf.

Schließlich entschlossen sich die Freunde asiatischer Kunst und Kultur in Wien doch, auch der zeitgenössischen Kunstentwicklung in China mehr Beachtung zu schenken. Als die Albertina daranging, eine kleine Schau chinesischer Graphiken vorzubereiten, überredeten sie die Leitung, in die geplante Ausstellung auch die interessante Folge moderner chinesischer Gemälde aus der Sammlung des deutschen Botschafters in China, Dr. Oskar P. Trautmann, aufzunehmen. Das Projekt wurde dann unter dem Titel *Ostasiatische Graphik und Malerei vom Ende des 18. Jahrhunderts bis zur Gegenwart* von der Albertina und dem Österreichischen Kulturbund durchgeführt[174].

Qi Baishis Arbeitstisch
(Aufgenommen von Anton Exner)

Der Verein der Freunde asiatischer Kunst und Kultur in Wien veranstaltete auch Vorträge, die wohl mehr in exklusivem Kreise stattfanden. Doch zugleich bemühten sich bereits die Volksbildungsstätten, breitere Volksschichten mit Leben und Kultur der Chinesen bekanntzumachen. Ein Blick auf die China-Vorträge der Urania in Wien vermag dies zu verdeutlichen[175].

Wenn auch stellenweise ein Übergewicht der Information über die alte chinesische Kunst festzustellen und China des öfteren von der Titelgebung her mit dem Etikett des Geheimnisvollen umgeben war, so war doch das in den damaligen Urania-Veranstaltungen enthaltene Informationsangebot über das moderne China beträchtlich und fiel im allgemeinen recht chinafreundlich aus.

Bleibt noch zu überprüfen, wie es mit den Quellen aussah, aus denen die meisten Österreicher ihre Kenntnisse über China bezogen: mit den Schulbüchern und den Zeitungen. Was das Lehrmaterial betrifft, so hatte sich die immer freundlicher werdende Akzentuierung Chinas weiter durchgesetzt. Die Geographiebücher widmeten ihre Aufmerksamkeit in bewährter Weise vor allem dem Löß und fügten bedauernd hinzu, daß es den Chinesen infolge von Bürgerkriegen und Unruhen nicht möglich sei, sich vor dem Eindringen der Nachbarn (Russen und Japaner) zu schützen[176]. Zum ersten Mal entdeckten die Geschichtsbücher das ferne Reich, gingen auf den chinesisch-japanischen Krieg von 1894-1895 und seine Folgen ein sowie auf aktuelle japanische Bestrebungen, China zu kontrollieren. Wenn auch die Details nicht immer stimmten und die Boxer etwas irreführenderweise als »Turnverein« bezeichnet werden, so fehlt es doch nicht an Verständnis für den chinesischen Unwillen über das europäische Vordringen[177]. Das Lesebuch für die zweite Klasse der Hauptschulen enthält sogar – welch wärmere Formulierung hätte die chinesische Gesandtschaft sich wünschen können – den schlichten Satz: »Der Chinese ist ein lieber Mensch[178].«

Was die Zeitungen betrifft, so scheinen die von der Gesandtschaft beanstandeten Artikel wohl für einige Blätter nicht ganz untypisch gewesen zu sein. Im großen und ganzen war aber die Berichterstattung in den österreichischen Zeitungen über China nicht unfreundlich. Dann und wann wurde noch auf chinesische Fremdenfeindlichkeit Bezug genommen[179], doch im allgemeinen waren die ohne besonderen politischen Anlaß über China veröffentlichten Berichte ein buntes Allerlei ohne feindliche Tendenz. Da mischten sich Reportagen über einen Brand in der Verbotenen Stadt[180] mit solchen über einzelne chinesische Städte[181], kulturellen Sehenswürdigkeiten wie dem Grab des Konfuzius[182] oder den Ming-Gräbern[183] und anderen über chinesische Reformbestrebungen wie z. B. die Umformung des chinesischen Bildungswesens[184]. *Meinls Monatsschrift* unterrichtete ihr Leserpublikum freundlich-belehrend vornehmlich über Chinesisches, das mit den aus China importierten Waren zusammenhing: »Und wenn auch wir, wir Armen, Kleinen, keine Machtstellung in Asien zu verteidigen haben, so wissen wir doch, wie tausend Fäden und Bande, tausend wechselvolle wirtschaftliche Beziehungen nach jenen Ländern führen[185].« Diese Fäden und Bande gewannen dann in anderen Ausgaben der genannten Zeitschrift in der Form von Erläuterungen über Reis, Ingwer, Tee konkrete Gestalt[186]. Einmal erfreute die Zeitschrift ihre Leser auch mit der uralten und doch immer wieder aufgegriffenen Methode, aus Wienerisch Chinesisch zu machen. Unter »1000 Worte Chinesisch« hieß es dann: »ha-tsi – die Erkältung, tsi-hung – die große Hoffnung, shat-si – die Braut[187]«. Mochte der Nutzen für China gering zu Buche schlagen, geschadet haben diese Artikel jedenfalls nicht.

In den politischen Reportagen kamen je einmal Tschiang Kaischek und Wang Jingwei zu Wort. Am 31. März 1927 brachte die *Neue Freie Presse* ein Tschiang-Interview:

> Gespräch mit Tschiang Kaischek – Der Oberbefehlshaber der Kantontruppen über seine Pläne – Telegramm unseres Korrespondenten, Shanghai, 30. März.
> Der Oberbefehlshaber der Kantontruppen, General Tschiang Kaischek, empfing heute Ihren Berichterstatter zu einer Unterredung. Der General ist der Urtypus des chinesischen Soldaten von heute. Die Uniform schlicht, ohne jedes Abzeichen, die blau-rote Revolutionsschleife, als Krawatte getragen, ist die einzige farbige Unterbrechung in seiner lehmgelben Uniform. Im Laufe der Unterhaltung, die Ihr Korrespondent als erster der fremden Journalisten mit dem heute wohl mächtigsten Manne Chinas hatte, sagte der General unter anderm: »Ich arbeite jetzt die Pläne für die Eroberung Nordchinas aus. Von einer geheimen Verständigung oder einem Bündnis mit Tschang Tso-lin oder seinem Generalstabschef ist keine Rede. Ich bedauere

die unsinnige Entstellung der Tatsachen in einem gewissen Teil der fremden Presse. Uns die Absicht einer Eroberung der Fremdenniederlassungen zu unterschieben, ist lächerlich, dazu sind keinerlei Mittel vorhanden. Die Zurückgewinnung der Konzessionen wird der Politik und den diplomatischen Verhandlungen überlassen bleiben.
Die öffentliche Meinung der Englisch sprechenden Länder ist vollkommen durch die Propaganda irregeführt worden, die von Shanghai ausgeht. Deshalb wünsche ich die Beseitigung der fremden Nachrichtenbüros in China. Ich werde nationalchinesische Agenturen einrichten.
Innenpolitisch habe ich augenblicklich Schwierigkeiten mit der kommunistischen Gruppe. Aber von einem Zerfall der Kuomintang zu sprechen, ist unsinnig. Ich wünsche die Zusammenarbeit mit den Kommunisten[188].«

Tatsächlich wurde Tschiang Kaischek erst viel später beim Xi'an-Zwischenfall zur Zusammenarbeit mit den Kommunisten gezwungen. Als er dieses Gespräch führte, hatte er sich ihrer in Shanghai gerade erst auf blutige Weise entledigt. Doch soll, bevor auf die Berichterstattung in der österreichischen Presse über Krisen in China eingegangen wird, noch jener Mann zu Wort kommen, der später wegen Kollaboration mit Japan von den Kommunisten und der Regierung Tschiang Kaischeks gleichermaßen als Verräter gebrandmarkt wurde: Wang Jingwei. Als er im Februar 1933 zur Kur in Karlsbad weilte, bekam er Besuch vom *Wiener Journal.* Wang meinte zum Vertreter dieser Zeitung, es gelte nun, durch die auf der einen Seite vom Kommunismus und auf der anderen von Japan heraufbeschworenen Gefahren durchzukommen. Über Wien hatte Wang schon viel gehört. Er fand für die Stadt ebenso freundliche Worte wie für die in China wirkenden österreichischen Experten[189].

Es scheint, daß die österreichischen Journalisten damals bereit waren, über jeden interessanten chinesischen Staatsmann freundlich zu berichten. Die Sachkenntnis über China war nicht groß, und so war man bei der Presse sehr oft auf ausländische Informationen angewiesen. Daß sich die hiesigen Blätter bei der Mandschurei-Krise Anfang der dreißiger Jahre wenig für China engagierten, lag wohl an der Tatsache, daß sie sich lediglich auf ausländische Agenturberichte stützen konnten. Diese wurden sehr oft kommentarlos abgedruckt, wodurch letztlich ein leichter Vorteil für den kaum verurteilten Angreifer Japan entstand[190]. Gab es Kommentare, so versuchte man auch dabei, durch die Veröffentlichung gegensätzlicher Standpunkte eine – für den Angegriffenen allerdings nicht besonders günstige – Art von Objektivität zu erreichen. So brachte z. B. das *Neue Wiener Tagblatt* in seiner Ausgabe vom 27. September 1930 eine vom damaligen Redakteur der chinesischen Nachrichtenagentur in Europa, Dr. Erwin Reifler, übermittelte Darstellung des chinesischen Standpunktes, gleich auf der nächsten Seite aber eine gegen China gerichtete Stimme aus England. Deutlich für China bezog die *Ar-*

beiter-Zeitung Stellung. Ohne der nach rechts gerückten Regierung Tschiang Kaischek überschwengliche Sympathien zu beweisen, wurde die japanische Aggression vom Organ der Sozialdemokratischen Partei Österreichs aus prinzipiellen Gründen als »nackter imperialistischer Eroberungskrieg« bezeichnet, »der wahrscheinlich die bereits bestehende Oberhoheit Japans in eine tatsächliche und wirtschaftliche Besetzung und eine völlige Besitzergreifung umwandeln soll[191]«.

Während sich also die *Arbeiter-Zeitung* konsequent gegen die japanischen Übergriffe wandte, taten es die anderen Blätter meistens nur dann, wenn ein Autor mit entsprechenden Ansichten zufällig zur Hand war. Das galt für Boulevard-Zeitungen wie das *7-Tage-Blatt des Telegraf,* welches Japan der Fingierung von Zwischenfällen beschuldigte[192], ebenso wie für Blätter von der Art der *Wiener Wirtschaftswoche,* wo der im Deutschen Auslandsinstitut in Stuttgart verankerte Fritz Wertheimer mit fachmännischer Nüchternheit den Konflikt zwischen liberalen Kreisen der japanischen Wirtschaft und den »Staatsabsolutisten der Armee und Marine« herausarbeitete[193]. Ansonsten beschränkte man sich auf die kommentarlose Veröffentlichung von Agenturmeldungen[193a].

Ein treffendes Beispiel für die Abhängigkeit der österreichischen Zeitungen von ausländischen Kommentatoren lieferte die *Kronenzeitung* in ihrem Bericht über den Xi'an-Zwischenfall, bei dem Tschiang Kaischek von dem rebellierenden Marschall Zhang Xueliang festgenommen wurde. Ausgerechnet unter Berufung auf den japanischen Korrespondenten einer japanischen Zeitung in Shanghai meldete sie einen Pakt der Meuterer mit Rußland und den Vormarsch kommunistischer Truppen auf Xi'an[194]. Gleichzeitig tritt dabei noch ein weiteres Detail klar hervor: In der Frage hie Japan, da China mochten die österreichischen Blätter noch gewillt sein, Neutralität zu waren. Das galt aber nicht für die innerchinesische Auseinandersetzung zwischen der Kuomintang und den Kommunisten. Für letztere floß das Lob der österreichischen Presse nur spärlich – im allgemeinen nur dann, wenn es einem ausländischen Berichterstatter so einfiel. So z. B. brachte Joe Chalmers im *7-Tage-Blatt des Telegraf* vom 19. Januar 1938 einen für »die beiden Generäle Tschuh-teh und Mao Tse-tung, die Führer der Achten Marscharmee, die aus früheren kommunistischen Soldaten bestand«, sehr schmeichelhaften Vergleich der Tapferkeit ihrer Truppen mit jener der Kuomintang[195]. Dabei dürfte es sich allerdings um eine der berühmten, die Regel bestätigenden Ausnahmen handeln. Der für die Verbreitung des »Nützlichen und Unterhaltenden« in Stadt und Land bestimmte *Illustrierte Universal-Kalender* zählte die Aktivitäten der »chinesischen Bolschewiken«, noch vor der Cholera, gleichsam als eine der Plagen der Bevölkerung, auf[196]. In dieser Hinsicht konnte ihm die *Reichspost* fast das Wasser reichen.

Während die *Neue Freie Presse*[197] und das *Neue Wiener Tagblatt*[198] bei der Schilderung des Xi'an-Zwischenfalls sichtlich Zurückhaltung zeigten, berichtete die *Reichspost* am 14. Dezember 1936 auf der Titel-

8 Groschen

Illustrierte Kronen Zeitung

40 Heller

Vier Todesopfer einer Familientragödie in Wiener-Neustadt.

Politik in China: Tragödie – mit Operettenfinale.

Titelblatt der Kronenzeitung anläßlich der Beendigung des Zwischenfalls von Xi'an

seite über den Putsch des »kommunistischen Generals Tschanghsüliang« und meinte: »Trotz des prompten Dementis Moskaus unterliegt es keinem Zweifel, daß Tschanghsüliang unter sowjetrussischem Einfluß gehandelt hat und wahrscheinlich durch Bestechung dazu gebracht wurde, sich für den Anschluß an die Kommunisten und gegen Japan zu erklären.« Am 25. Dezember brachte das Blatt in zwei langen Spalten von drei deutschen Missionaren und einem österreichischen verfaßte

Briefe, die anschaulich machen sollten, wie die vier aus dem Aufruhrgebiet »in abenteuerlicher Flucht« den »kommunistischen Schergen« entronnen waren.

Doch dann wurde der Leser wieder durch einen Bericht vom 28. Dezember aufgerichtet, der die ohne jede Bedingung erfolgte Freilassung des unbeugsamen Generalissimus kundtat, welcher dabei über den »ungeschlachten Bauernlümmel Hsüliang (Selbstbezeichnung)« Tränen vergoß. Das heißt, die katholische Presse Österreichs brachte China zwar Sympathien entgegen, nahm aber die chinesischen Kommunisten und linksorientierte Gruppierungen von dieser Wertung nicht nur ausdrücklich aus, sondern machte sie zum Ziel heftiger und von wenig Verständnis für die chinesische Situation zeugender Angriffe.

Wesentlichen Anteil an der Meinungsbildung innerhalb des katholischen Lagers hatte die Societas Verbi Divini, die in den ersten fünfzig Jahren ihres Bestandes nicht weniger als 180 Millionen Zeitschriften und Bücher herausgebracht hatte[199]. Ein Teil dieser Publikationen nahm zu aktuellen politischen Problemen Chinas Stellung. »Es wird durch den Bolschewismus eine Geistessaat in China ausgestreut, die durch die katholische Religion nur unter den größten Schwierigkeiten, wenn überhaupt, ausgerottet werden kann. Die Fernhaltung von bolschewistischen Einflüssen wird damit geradezu eine Lebensnotwendigkeit für den Fortbestand und das Blühen der katholischen Missionen in China[200]«, meinte das Ordensmitglied Peter Schmitz in einer von ihm 1931 publizierten Broschüre über den Bolschewismus in China. Die SVD machte Meinung gegen die chinesischen Kommunisten, indem in St. Gabriel speziell dieser Aufgabe gewidmete Werke in Druck gingen (z. B. P. Theodor Roling, *Von der roten Flut hinweggespült! – Erlebnisse aus der jüngsten bolschewistischen Offensive in China,* 1937), oder indem andere dort herausgegebene Zeitschriften immer wieder in einer bestimmten Art und Weise über China berichteten. Dort streute man Meldungen über die als »rote Banden« bezeichneten chinesischen Kommunisten ein[201], während die Ausbildung chinesischer Polizisten in Wien positiv hervorgehoben wurde[202].

Andererseits muß man dem österreichischen Klerus aber zubilligen, daß er seine Haltung zu den Chinesen seit dem 19. Jahrhundert in wesentlichen Punkten revidiert hatte. Man distanzierte sich nunmehr von einer Vermengung von Missionsgedanken und Kolonialismus. Pater Dr. Paul Schebesta SVD meinte dazu mit einiger Schärfe:

> ... Dem unvoreingenommenen Beobachter ist Kolonisation gleichbedeutend mit Ausbeutung. Die humanitären Einrichtungen seitens der Kolonialmächte sind oft nur ein Mäntelchen für in Wirklichkeit selbstsüchtige Zwecke. Nennt mir nur eine Kolonialmacht, die selbstlos, ohne Eigennutz, Vorkehrungen treffen würde, um den Aufschwung der Eingeborenen zu fördern, ihre Lebensbedingungen zu verbessern! Die weiße Rasse lebt nun einmal in dem Wahn, daß sie

berechtigt ist, sich überall auf Erden als Herrscherin niederzulassen, daß sie überall die Eingeborenen unterjochen und ihren Zwecken dienlich machen darf[203] . . .

Auch die Einstellung zur chinesischen Bevölkerung hatte sich gewandelt. Während die Missionare des 19. Jahrhunderts sich beklagt hatten, daß die lokale Verpackung der zu rettenden Seelen wenig ansprechend sei und sie, ginge es nicht um das Seelenheil, den nächsten Dampfer nach Hause nehmen würden, so meinte der Vorarlberger Missionar Georg Froewis, man müsse »a große Liab zu den Chinesen, a weites Herz« haben[204]. Der vorher zitierte Satz aus dem Lesebuch für Hauptschulen, »Der Chinese ist ein lieber Mensch«, stammt übrigens von Petrus Klotz, dem Erzabt des Stiftes St. Peter in Salzburg[205].

Die Relativierung des positiven Chinabildes bezüglich der chinesischen Kommunisten mochte in katholischen Kreisen Österreichs einen gewissen Einfluß ausüben, was vor allem im Ständestaat da und dort eine Rückwirkung auf amtliche Entscheidungen mit sich brachte. So wurde z. B. eine Initiative der Gewerkschaft der Filmschaffenden für die Gründung eines österreichisch-chinesischen Kulturinstitutes unter anderem aus der Erwägung abgelehnt, daß die fehlende Mitwirkung von Univ.-Prof. Pater Schmid aus St. Gabriel an der Aktion ein Kennzeichen für die geringe Seriosität des Unternehmens darstelle[206]. Doch sollte, mangels von Kontakten offizieller Stellen zu den kommunistisch besetzten Gebieten Chinas, dieser Umstand erst später, nach dem Sieg der chinesischen Kommunisten, Relevanz erhalten. Die Gesandtschaft der Nankinger Regierung in Wien konnte die Gesamtbilanz der österreichischen Informationen über China aus ihrer Sicht positiv abschließen.

D. »Fromm von Herzen und mild im Charakter« – das Österreichbild der Chinesen in der Zwischenkriegszeit

Vorwegnehmend kann man sagen, daß die große Masse der chinesischen Bevölkerung von Österreich nichts wußte (Zhang Zuolin sagte der Österreicherin Alice Schalek, daß er von diesem Land noch nie gehört habe) und genauere Kenntnisse und Vorstellungen sich auf den kleinen Kreis derjenigen beschränkten, die mit dem klein gewordenen Staat in Mitteleuropa in intensiveren Kontakt gekommen waren. Teilnehmer an internationalen Konferenzen der dreißiger Jahre wie Prof. Gregor Sebba berichteten den Autoren, daß dabei von Chinesen und Österreichern ein gewisser Gleichklang der Gewohnheiten und Mentalitäten festgestellt wurde, vor allem auch die gemeinsame Bereitschaft zum Kompromiß. Diese Beobachtungen finden in damaligen Kommentaren chinesischer Politiker ihre Bestätigung. Wang Jingwei meinte 1933 zu einem Vertreter des *Wiener Journals:* »... Wir Chinesen kennen kein Volk, das uns im Charakter ähnlicher ist als gerade die Österreicher. Wir verstehen uns ausgezeichnet. Die gemeinsame alte, wenn auch verschiedene Kultur dürfte dies vielleicht verursachen[207].« Dekien Toung (Tong Deqian), sieben Jahre lang chinesischer Geschäftsträger in Wien, stellte nach Ablauf seiner Amtszeit sogar mit chinesischer Gründlichkeit verschiedene Ursachen für die chinesisch-österreichischen Ähnlichkeiten zusammen:

> ... Unter den Privaten, wenn sie freundschaftliche Beziehungen anknüpfen, beiderseits von demselben Willen und Charakter beseelt sind und auf derselben Stufe stehen, kommt es – wenn, was ihre Interessen anbelangt, nichts im Wege steht – glatt zum regen Umgang. So steht es auch mit den Beziehungen zwischen den Ländern. Die chinesisch-österreichischen Beziehungen sind sehr rege gestaltet. Gründe gibt es hierzu neun:
> 1. Zahlreiche Verschmelzungsfälle unter den befreundeten Voelkern. Unser Vaterland stellt das fünftausendjährige Volk dar, es bildet die Nachkommen des Gelben Kaisers und hat nach und nach verschiedene Urstämme vor der Gründung des Mittelreichs in sich verschmolzen. Nachdem die fünf Hunnen China beunruhigt hatten, kam immer mehr Verwirrung in die Blutsverwandtschaft. Nach der Beendigung der Revolution war die Republik mit der Zusammensetzung der fünf Rassen: Chinesen, Mandschuren, Mongolen, Mohammedaner und Tibetaner ins Leben gerufen. Peiping und Nanking sind wirklich die Zusammenkunftsorte der fünf Rassen. Sie sind von gegenseitiger Humanität und Liebe beseelt. Da spürt man keine Differenz zwischen fremden Völkern. Das österreichische Volk ist die *ostgotische* Nachkommenschaft, nämlich die Germanen, sie haben ihren Staat schon während des vierten und fünften Jahrhunderts am Donaulauf gegründet, was den Knotenpunkt der Germanen, Slawen, Mongolen, von vier Völkern bildet. Während der Zeit des deutschen Kaiserreiches war mehrfach die Vereinigung anderer Völker zu beobachten. In der Österreichisch-Ungarischen Monarchie kamen um so mehr Komplikationen in die Blutsverwandtschaft. Wien ist die Hauptstadt der Staaten geworden. Man bemerkte auch sehr viele Geburten von anderen Völkern in Wien. Da ist fast keine Rede von Unterschieden zwischen Deutschen, Ungarn, Tschechen und Italienern. Das ist die erste Assimilität zwischen chinesischen und österreichischen Völkern.
> 2. Sie besitzen hohe Kulturen. Die chinesische fünftausendjährige Kultur gilt als Vater aller Kulturen des Ostens, was schon längst von Welthistorikern anerkannt worden ist. In Konfuzius ist die Vollendung aller Lehren der früheren Heiligen und Weisen verkörpert. Er hat Menschlichkeit (Humanität) und Gerechtigkeit angeregt und Tugend und Moral aufs allereifrigste eingeführt, wonach die Gelehrten der späteren Generationen handelten, und das Publikum befolgt das,

was gute Sitte geworden ist. Die Welt nennt unser Vaterland ein Reich voller Zeremonien und Gerechtigkeit. Das ist kein übertriebenes Lob. Österreich war ursprünglich der Berührungspunkt der beiden großen Kulturen, der deutschen und der römischen, und hat die römische Zivilisation angenommen und hängt fest am Christentum. Seit dem Eingriff Europas, der Besetzung Ungarns und der Belagerung Wiens ist es auch zum Zentrum der Kulturen des Ostens und des Westens geworden. Darum sind die Österreicher strenggläubig sowie Menschenfreunde. Dadurch, daß Moral und Kultur auf der Höhe stehen, spielt es beinahe eine Hauptrolle in ganz Europa. Dies ist die zweite Assimilität zwischen den Chinesen und Österreichern.

3. Fromm von Herzen, und mild im Charakter. Das sind wichtige Gründe, diese Herzensfrömmigkeit und Charaktermilde, weil die Chinesen und Österreicher zahlreiche andere Völker in sich verschmelzen und wiederum hohe Kultur dadurch besessen haben. Im Altertum hat man in China Lieder, Bücher, Zeremonien und Musik geschätzt, was zur traditionellen Sitte wurde und woran man noch bis heute festhält. Obwohl die antike Musik nicht ganz überliefert wurde, so ist man ihr doch noch bisher zugeneigt. – Mit den österreichischen berühmten Musikern, wie Beethoven, Strauß, Haydn und Schubert, kommen andere Länder gar nicht in Betracht. Wien bildet das Musikzentrum der Welt. Es gibt keinen Wiener, der keine Musik liebt oder kennt. Dies ist allgemein ganz üblich. Die chinesische und österreichische Frömmigkeit und Milde kommen nur daher. Das ist die dritte Assimilität.

4. Die Politik des Liebeswerbens. Wir Chinesen haben den Nachbarländern und schwachen, kleinen Völkern gegenüber immer die Politik des Liebeswerbens getrieben und sind der militärischen Aggression entgegengetreten. Die zwei Parolen: »Mit fernen Ländern sich verbrüdern« und »Die Völker aus vier Gegenden heranziehen« bilden die traditionelle Politik. Die Idee des Liebeswerbens der Ungarn und Hunnen liegt darin verkörpert. – Österreichische Diplomatie sieht auch in dem Liebeswerben und in der Verbrüderung ihre traditionelle Politik. Es hat sehr selten mit militärischer Macht andere Völker unterdrückt. Die Einverleibung Ungarns und der Anschluß Böhmens sind die Konsequenz der Politik des Liebeswerbens seitens des österreichischen Hofs. In der alten Zeit unterwarf Südslawien die Welschen und annektierte Ungarn. Alles das beruht auf diesem Gedanken. – Selbst die Vermählung der Marie Antoinette mit dem französischen König Ludwig XVI. wie auch der Marie Louise mit Napoleon gingen hieraus hervor. – Das ist die vierte Assimilität.

5. Nichtgleichberechtigte Verträge erdulden und von Mächten unterdrückt werden müssen. Seit China mit England den Nanking-Vertrag abgeschlossen hat, ist die Tür zu weiteren Abschlüssen solcher Verträge geöffnet. Die anderen Mächte beriefen sich nacheinander auf

den Präzedenzfall und verlangten das gleiche Recht. Durch den Tientsin-Vertrag, den Boxer-Vertrag und den von Shimoneseki hat China viel an Territorium und Recht verloren. Mit den 21 Forderungen hat es den höchsten Punkt der Nichtgleichberechtigung erreicht. Seit die Volksrevolution gelungen ist, geht die Regierung mit der Absicht um, alle ungleichberechtigten Verträge zu revidieren. Unglücklicherweise ist der Mukdenzwischenfall vom 18. September 1931 eingetreten, die nordöstlichen vier Provinzen sind außer Verteidigung gekommen, auch die Westmongolei und Nordchina sind bedroht. Während dieser Staatskrisis hatten sowohl die Regierung als auch das Volk recht große Leiden zu erfahren. Ununterbrochen waren sie bestrebt, den Untergang zu retten, was man natürlich nicht außer acht ließ.
Die Österreichisch-Ungarische Monarchie ist durch den Vertrag von St.-Germain und den von Turin aufgeteilt. Was von Österreich erhalten geblieben ist, ist nur das Gebiet, welches die Germanen (Deutschen) bewohnen, welches auch als Gebiet des Handels, der Industrie, des Forstwesens und der Viehzucht zu bezeichnen ist. Von dem, was an Produkten bleibt, kann man sich nicht ernähren. Auch die ausländischen Märkte sind den Österreichern gesperrt. Gibt es noch etwas Nichtgleichberechtigteres als dies? Und immer wieder bleibt Österreich keine Unterdrückung erspart. Aus diesem Grunde ist es schwer, Ruhe und Ordnung zu wahren.
Die beiden Länder, China wie Österreich, haben dasselbe Schicksal und sympathisieren miteinander. Dies ist die fünfte Assimilität.
6. Der Stand der beiden Länder.
China bildet die Tür Asiens, hiervon hängt der Friede oder der Krieg am Großen oder Stillen Ozean ab. Wenn ein imperialistisches Land die agressionelle Politik auf dem Kontinent verfolgt und dieselbe verwirklichen will, so ist China das erste Land, das in Mitleidenschaft gezogen wird. Die Erhaltung der chinesischen Selbständigkeit und die Unversehrtheit von deren Territorialität bedeutet Status quo der ostasiatischen gleichen Gelegenheit und des Friedens. Wenn diese gesichert sind, so gibt es nie Krieg am Pazifik. Alsdann ist auch keine Ursache zur Befürchtung von Unruhen in Europa.
Österreich ist als das innere Herz Europas zu betrachten, und aller Blicke sind auf Österreich gerichtet. Die Unversehrtheit Österreichs bedeutet eine weitere Garantie für den Frieden und die Gleichheit in Europa. Andernfalls käme Europa leicht ins Wanken, was den Fernen Osten und die Welt überhaupt hineinziehen würde. Seinerzeit berührte der verstorbene Bundeskanzler Dollfuß oft diese beiden Fragen mir gegenüber und erkundigte sich auf das genaueste nach Ostasien, den dortigen Verhältnissen, den Beziehungen zwischen den Ländern Ostasiens und über dessen Status quo. Er befürchtete, daß, wenn Krieg im Fernen Osten ausbräche, Österreich auch mit hineingezogen werden könnte. Ebenso befürchte ich, daß, wenn es in Zen-

traleuropa unruhig werden würde, China in Mitleidenschaft gezogen werden könnte.
Dies ist die sechste Assimilität.
7. Bestrebung zur weiteren Existenz.
Um der Staatskrisis zu begegnen, sinnen wir alle, von oben wie unten, d. h. die Regierung und das Volk, auf rechtmäßige und anständige, friedliche Mittel, um Errettung herbeizuführen und sorgfältig danach zu handeln sowie zu arbeiten, daß für das Volk Segnungen geschaffen werden zum weiteren Bestehen des Staates. Weder Murren gegen Gott noch das Sichverfeinden mit dem Nachbarn bringt Segnungen, man muß nur Motive zur Selbstbeherrschung ersinnen, in der Hoffnung darauf, daß China neben anderen Ländern vereint dasteht, wie dies stets der Fall zur Ehre Chinas mit Österreich war und ist.
Die österreichische Regierung arbeitete eifrig darauf hinaus, die wirtschaftliche Lage im Inlande wieder zu beleben und die Unversehrtheit innerhalb der Staaten zu festigen. Seit einigen Jahren sind zusehends Resultate erzielt worden, wodurch die österreichische Position stabilisiert und der wirtschaftliche Zustand gehoben wurde, wie dies zu erwarten war.
Dies ist die siebente Assimilität.
8. Es gibt keinen Interessenkonflikt zwischen China und Österreich.
Daß in der jetzigen Zeit keine Harmonie zwischen den verschiedenen Ländern herrscht, ist ausschließlich auf den Interessenkonflikt zurückzuführen. Nächst diesem ist es auch auf die Psychologie der Völker und die Regierungssysteme zurückzuführen. Seit dem Weltkrieg ist keine Rede von einem Interessenkonflikt zwischen China und Österreich gewesen, vielmehr liegt das Interesse der gegenseitigen Hilfe und Zusammenarbeit vor. Der Handel der beiden Länder liegt in dem Austausch der Waren.
Dies bildet die achte Ursache der freundschaftlichen Beziehungen.
9. China und Österreich haben den günstigsten Vertrag abgeschlossen. Am 19. Oktober 1925 haben China und Österreich den genannten Vertrag unterzeichnet. Die beiderseitigen freundschaftlichen Beziehungen stehen auf der Basis des Völkerrechts und der Gerechtigkeit. Es gibt nur eifrige gegenseitige Unterstützungen und Kooperation, aber keine Handlungen außerhalb des Rechts und der Vernunft, und durch gegenseitige Schätzung und gegenseitiges Vertrauen werden die Beziehungen selbstverständlich rege gestaltet.
Dies ist die neunte Ursache der Freundschaft zwischen den beiden Ländern.
Da die obengenannten neun gleichen Punkte vorhanden sind, kommt es natürlich leicht zur Harmonie. Aus diesem Grunde siedeln sich die Österreicher nach Ankunft in China alle gern hier an, und nach der Rückkehr in die Heimat vergessen sie China doch kein bißchen. Unsere Landsleute in Österreich freuen sich ausnahmslos ihres Daseins

dort und betrachten Österreich als ihre zweite Heimat. Sind sie wieder nach China zurückgekehrt, so gedenken sie doch immer noch Österreichs. – Als ich nach Österreich kam, fand ich guten Umgang und gute Zustände. Nach der Lehre Dr. Sun Yatsens »Verbündet euch mit den Völkern der Welt, die uns gleichberechtigt behandeln, und seid mit ihnen Hand in Hand kampfbereit!«, nach den Umständen und Gelegenheiten, die sich hier und da bieten, soll verfahren werden. Dank dem Präsidenten Wilhelm Miklas, einem Mann von höchster Tugend und bedeutendster Fähigkeit, der mit den Chinesen am meisten sympathisiert – er regiert schon acht Jahre – und den bisherigen bekannten österreichischen Ministerpräsidenten wie den Herren Seipel, Schober, Dr. Dollfuß und Schuschnigg sowie Herrn Berger von Waldenegg als Minister des Äußern, mit denen ich verkehrte und mich verständigte, wurden unsere Beziehungen immer freundschaftlicher. Unter solchen Umständen konnte ich nichts anderes tun als Österreich lieben. Allem, was Österreich nicht schadete, aber China nützte, stimmte die österreichische Regierung bei. Ebenso wurde auch von China aus verfahren. Unsere Zusammenarbeit im Völkerbund ist schon herkömmlich geworden. Immer reger werden unsere Beziehungen zueinander.
Alles dies verursachen die obenerwähnten neun Assimilitäten. Unsere Regierung und das Ministerium des Äußern und der österreichische Bundespräsident, die Ministerpräsidenten sowie der Minister des Äußern haben dies zustande gebracht.

Dekien Toung[208].

Diese Ausführungen Toungs, der damals bereits in Nanking als Generalsekretär des chinesischen Außenministeriums fungierte[209], fanden in einigen in China auf englisch und chinesisch herausgegebenen Zeitungen Aufnahme[210]. Dennoch dürfte die Zahl derer, die eine fest umrissene Vorstellung von Österreich hatten, eher klein gewesen sein. Und selbst jene zeigten eine deutliche Abhängigkeit von den in Österreich jeweils dominierenden politischen Auffassungen. Das fiel um so leichter, als sich auch in China eine Verlagerung des Schwergewichtes in das rechte bzw. rechtsextreme Lager ergeben hatte. Konsultiert man das *Große Wörterbuch der Diplomatie,* das 1937 in Peking veröffentlicht wurde, so kommt Österreich nicht nur unter seinem eigenen Stichwort, sondern auch unter »Wiener Kongreß«, »Dollfuß«, »Hitler«, »Italienisch-ungarischer Vertrag von 1934«, »Metternich«, »Pragmatische Sanktion«, »Problem von Bosnien und Herzegowina«, »Friede von Schönbrunn 1809«, »Restauration des Habsburg-Reiches in Österreich«, »Arthur Edler von Rosthorn«, »Völkerbundhilfe für Österreich«, »Chinesisch-österreichischer Vertrag von 1869«, »Chinesisch-österreichischer Vertrag von 1925«, »Vertrag von Prag 1866«, »Verträge von Wien« und »Tirol-Frage, Trentino-Frage« vor[210a]. Während die Behandlung der historischen Titel verrät, daß man diesbezüglich in objektiver Weise sehr viel an Wissen aufgearbeitet hatte, sind aus den modernen Texten deutlich geprägte Sympathien herauszulesen. Hitler etwa wird unter seinem Stichwort ebenso lang wie freundlich behandelt. Doch auch die Bemühungen, eine Restauration der Habsburger in Österreich herbeizuführen, fanden in dem genannten Werk freundliche Kommentare. Verständnis zeigte man unter dem Stichwort »Österreich« auch für die Auflösung des Parlaments im Jahre 1933, die nach den chinesischen Angaben als eine Art Patentlösung deshalb stattfand, weil die unterschiedlichen Meinungen der Parteien nicht miteinander vereinbart werden konnten. Bezüglich der zeitgenössischen österreichisch-chinesischen Beziehungen wurden bloß der Verzicht auf die exterritorialen Rechte im Staatsvertrag von St-Germain, der Abschluß eines Handelsvertrages auf Basis der Gleichberechtigung und der Ort der jeweiligen diplomatischen und konsularischen Vertretungen angeführt.

Lu Xun

Kulturell mag Österreich in China damals stärker profiliert gewesen sein als politisch. Der laut einer kürzlich von der Hongkonger Zeitung *Da Gongbao* veranstalteten Meinungsumfrage beliebteste Dichter Chinas, Ai Qing, zeigte sich stark beeindruckt von den Werken Arthur Schnitzlers, dessen *Anatol* bereits 1924 in chinesischer Fassung vorlag[211]. Auch Stefan Zweig fand damals schon in China große Beachtung. 1928 erschien in einer Übersetzung von Yang Renpian im Shangwuyin-Verlag mit besonderem Papier und Einband sein *Romain Rolland*[212]. 1939 erschienen Rainer Maria Rilkes *Briefe an einen jungen Dichter*[213]. Es gab aber auch Übersetzungen von Franz Kafkas *Prozeß* und einigen seiner Erzählungen sowie von einzelnen Gedichten Nikolaus Lenaus[214]. Beliebt war in China auch die österreichische Schriftstellerin Hermynia zur Mühlen[215], die mit den Werken *Rosenstock, Was Peterchens Freunde erzählen* (1928), Märchen (1932) und *Das Schloß der Wahrheit* vertreten war[216]. Ein besonderes Zeugnis literarischer Wechselbeziehungen stellt das Gedicht eines Österreichers das, welches von keinem Geringeren als Lu Xun[217] ins Chinesische übersetzt worden ist. Die Verse waren auf dem 2. Kongreß linksgerichteter Schriftsteller 1931 in Shanghai verfaßt und Lu Xuns chinesische Übersetzung am 5. August 1931 in der chinesischen Zeitschrift *Literarische Reportage* publiziert worden. Titel und erster Teil des Gedichtes sind auch auf deutsch erhalten:

China brennt
von Hans Maier (Homay)

Aus Chinas alter Erde züngeln Flammenzungen
Ein ungeheures Feuer lodert auf zum Firmament
Der Boden glüht wie von Millionen heißen Lungen
Das Reich der Mitte Land der Demut brennt[218].

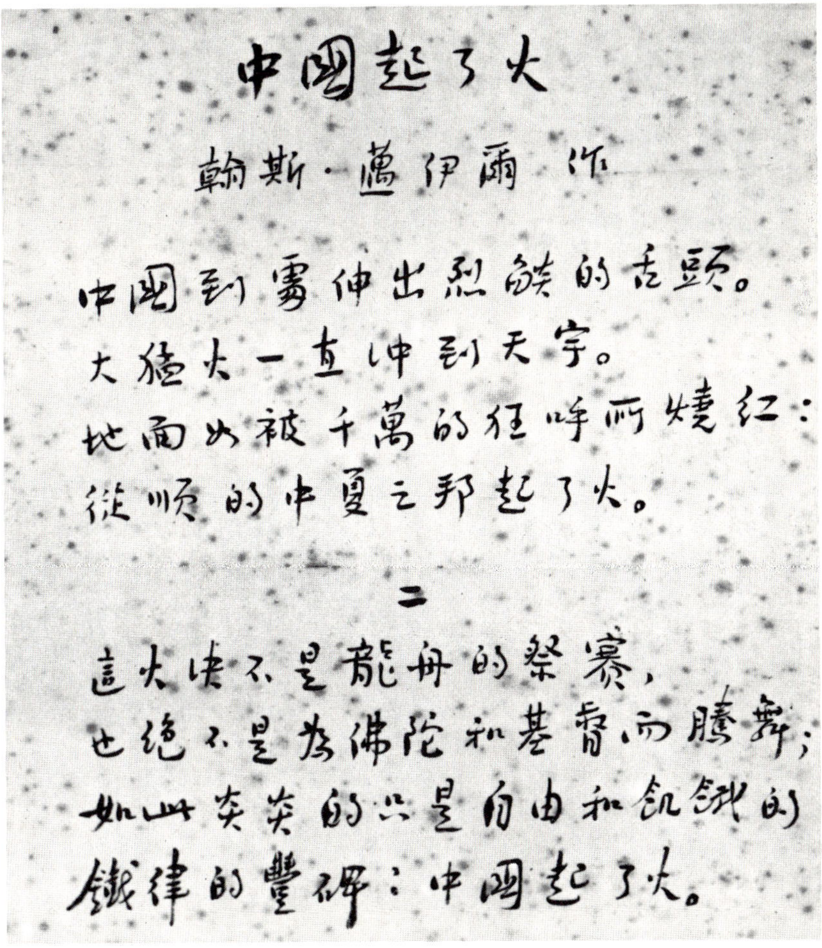
中國起了火

翰斯·邁伊爾 作

中國到處伸出烈燄的舌頭。
大猛火一直冲到天宇。
地面如被千萬的狂呼所燒紅：
從順的中夏之邦起了火。

二

這火決不是龍舟的祭賽，
也絕不是為佛陀和基督而騰舞；
如此炎炎的只是自由和飢餓的
鐵律的豐碑：中國起了火。

Die eigenhändig geschriebene chinesische Nachdichtung von Lu Xun

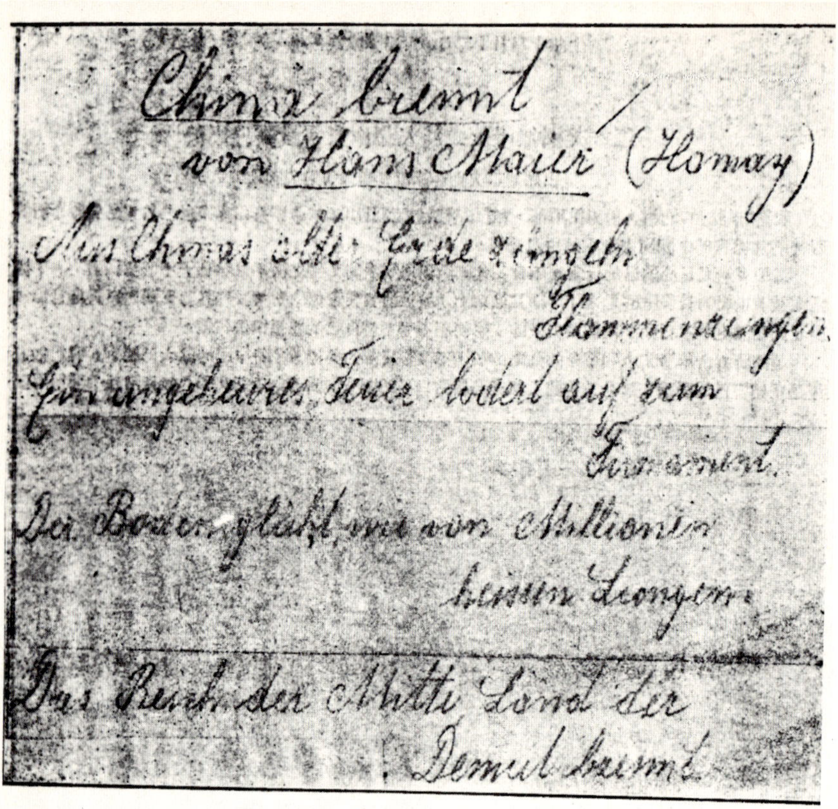
China brennt
von Hans Maier (Homay)
Aus Chinas alter Erde züngeln
Flammenzungen.
Ein ungeheures Feuer lodert auf zum
Firmament.
Der Boden glüht wie von Millionen
heißen Zungen.
Das Reich der Mitte Land der
Demut brennt.

Trotz eifriger Nachforschungen ist es den Autoren weder in China noch in Österreich gelungen, dem Verfasser dieser Verse auf die Spur zu kommen. Rewi Alley wurde auf unsere Bitte von der Altösterreicherin Ruth Weiß befragt und konnte sich zwar erinnern, daß ein Österreicher an jener Konferenz teilgenommen hat, wußte aber keine Details. Weiß jemand unserer Leser mehr?

Natürlich war auch die Musik ein wesentlicher Teil der kulturellen Präsenz Österreichs in China. Wie schon vorher berichtet, wirkte in Nanking ein österreichischer Musikpädagoge, und auch unter den Studenten der Musikakademie in Wien war China vertreten[219]. In Shanghai inszenierte ein Cousin F. Schiffs, der Antiquitätenhändler G. F. Gmehling, mit Erfolg Wiener Operetten, und auch Gastspiele wie das des Violinvirtuosen Robert Pollak[220] fanden starke Beachtung. Im Programm der chinesischen Rundfunkstationen und Orchester waren österreichische Musikwerke – besonders Walzer – ebenfalls stark vertreten.

Bruder Berchmans Brückner SVD machte als Dozent an der Kunstakademie der Furen-Universität seine chinesischen Schüler mit der österreichischen Malkunst vertraut, wobei sich ein interessanter, mit chinesischen Elementen vermischter Stil entwickelte[221]. In Tianjin (Tientsin) und Peking unterrichtete der aus Tirol stammende Franziskaner-Frater Korbinian Paugger Holzschnitzerei und Kunstgeschichte. Er war bei dem bekannten Tiroler Schnitzer Raffeiner in die Lehre gegangen, und seine an Pacher oder Stoß erinnernden Werke kamen vielen Kirchen in China zugute. Während seiner 56jährigen Tätigkeit in China schuf der ehemalige Sägewerksarbeiter viele Altäre, Kanzeln und Chorgestühle und lieferte auch oft die Entwürfe für die Bauten selbst. Als er 96jährig in Bozen verstarb, meinte der *Kurier,* Bruder Korbinian habe »ein gutes Stück österreichischen Wesens in das Reich der Mitte verpflanzt[222]«.

Darstellung von P. Freinademetz aus der Malschule der Furen-Universität (Archiv von St. Gabriel)

Die kulturelle Werbung für Österreich in China war allerdings durch die Absenz einer österreichischen Gesandtschaft erschwert. Der verarmte Staat ließ sich durch die holländische Gesandtschaft vertreten, die bereits im Ersten Weltkrieg die österreichischen Interessen wahrgenommen hatte. Ersatzweise versuchte man eine

E. Image-Pflege durch Vereine

Die österreichische Vereinstätigkeit in China stieß auf mehr Schwierigkeiten als die chinesische in Österreich, auf die später noch eingegangen wird. Während nämlich die Österreicher höchstens dem Aussehen und der Kleidung nach die Chinesen mit anderen Ostasiaten, namentlich mit den Japanern, verwechselten, wußten die Chinesen in vielen Fällen die Österreicher auch politisch und kulturell nicht von den Deutschen zu unterscheiden. Da die Österreicher im Vergleich zu den Deutschen zahlenmäßig nicht ins Gewicht fielen, war es um so schwerer, ein besonderes Österreichbild herauszuarbeiten.

Zuerst bemühten sich die in China ansässigen Österreicher, innerhalb des deutsch-chinesischen Kulturverbandes ein Reservat für die Information über Österreich zu schaffen. Am 18. Mai 1935 richtete Ing. Ludwig

Brandl als ältester der österreichischen Residenten an den österreichischen Bundeskanzler ein Schreiben, in dem er mitteilte, die Österreicher und Schweizer seien eingeladen worden, sich dem kürzlich gegründeten chinesisch-deutschen Kulturverband anzuschließen. Als Ehrenvorstand sollten satzungsgemäß der chinesische Unterrichtsminister und die Gesandten Österreichs, Deutschlands und der Schweiz fungieren. In Ermangelung eines österreichischen diplomatischen Vertreters sei der frühere österreichische Gesandte, Herr von Rosthorn, vorläufig genannt worden. Geschäftsführender Vorsitzender sei der Verkehrsminister Zhu Jiahua. Brandl wies darauf hin, daß von deutscher Regierungsseite dem Verband vorerst größere Bücherspenden und wahrscheinlich auch Propagandafilme zugehen würden, und meinte: »Im Interesse unseres Vaterlandes erlaube ich mir, die Aufmerksamkeit Eurer Exzellenz auf diese Veranstaltungen zu lenken und die Erwägung anzuregen, hiebei nicht hinter der reichsdeutschen Propaganda zurückzustehen ...« – Eine Bemerkung, die vom Sachbearbeiter in Wien mit dem handschriftlichen Kommentar »naiv!« versehen wurde[223]. Der vom Bundeskanzleramt – Auswärtige Angelegenheiten zu einer Stellungnahme aufgeforderte *Österreichische Auslandsbund* zeigte sich von der Aussicht eines gemeinsamen deutsch-österreichischen Vereins nicht begeistert. Er räumte ein, daß von den Österreichern in China nur die in Tianjin wohnhaften über einen eigenen Verein, nämlich den 1926 gegründeten *Österreichischen Hilfsverein*[224], verfügten und daß sie ansonsten darauf angewiesen seien, Mitglieder der deutschen Klubs zu werden. Der in Frage stehende Verein werde aber – da der österreichische Ehrenvorstand in Wien residiere – »letzten Endes doch nur der überwiegend deutschen Kolonie, dem überwiegenden deutschen Einflusse und damit der antiösterreichischen Propaganda dienen[225]...«. Der Generalsekretär des Auslandsbundes schloß sein Schreiben mit den Sätzen: »Wenn ich mir auch klar bin, daß eine Nichtbeschickung der Neugründung nicht in Frage kommen kann, so möchte ich doch die Bitte aussprechen, es möge der Einfluß des Bundeskanzleramtes – Auswärtige Angelegenheiten dahin geltend gemacht werden, daß eine Ralliierung unserer Landsleute in rein heimatlichen Vereinen im Fernen Osten als eine unbedingte Notwendigkeit nicht ganz aus dem Auge gelassen werde[226].« Die Reaktion eines der chinesischen Verantwortlichen des neuen Vereins schien den Befürchtungen des Auslandsbundes, die auch von dem Kammerkonsulenten Alexander Max Vallas geteilt wurden[227], vorläufig recht zu geben. Mit Schreiben vom 4. November 1935 bedankte sich Herr T. T. Shang im Namen der Vereinigung für die Zusendung von 25 Folgen des *Volkswirtschaftlichen Aufklärungsdienstes* und für das »dadurch zum Ausdruck gebrachte Interesse an unseren Bestrebungen zur Förderung der kulturellen Beziehungen zwischen dem deutschen und chinesischen Volke[228]...«

Zu dem berechigten Mißtrauen, daß die Chinesen zwischen Deutschen und Österreichern nicht differenzieren würden, kam die auch schon aus der Monarchie bekannte Hartleibigkeit einzelner Behörden in bezug auf Anliegen, deren Erfüllung mit Kosten verbunden war. Nach einer eingehenden Rundfrage hieß es in einer hausinternen Mitteilung des Bundeskanzleramtes – Auswärtige Angelegenheiten vom 6. Dezember 1935: »Zusammenfassend muß festgestellt werden, daß außer der Fremdenverkehrswerbung, die einiges Material zur Verfügung gestellt hat, keine der bisher befaßten Stellen (BMU, BMHuV, Handelskammer, Lichtbildstelle etc.) die geringste Absicht bekundet hat, für den genannten Verband irgendwelches Material beizustellen. Es wäre vielleicht in Erwägung zu ziehen, i. k. W. beim Bundespressedienst irgend welches Material, das dort ohnedies vielfach unbenützt liegenbleibt, zu beschaffen und dem Verband zu übersenden, etwa Jahrbücher, HD-Sachen und ähnliches!« Einige Tage später wurde der Vermerk hinzugefügt: »Von Legationssekretär Zeileissen zu verlangen und zugleich mit 1 zur Absendung zu bringen 2 Exemplare des österreichischen Jahrbuches 1933/34, 2 Exemplare von *Österreich, wie es Dollfuß schuf,* 1 Exemplar von *Der Aufbau eines Staates,* 1 Exemplar von *Österreichs Erneuerung* (Reden HBK Schuschnigg), 2 Exemplare des außenpolitischen Exposé HBM f. d. ausw. Angelegenheiten vom 28. XI 35[229].«

Nachdem dergestalt die Profilierung Österreichs in China vorangetrieben worden war, ließ sich das Bundesministerium für Unterricht im darauffolgenden Jahr nicht lumpen und übermittelte nach China eine Bücherspende. Hermann Tertschs Buch gab österreichbeflissenen Chinesen Auskunft darüber, *Was man vom Erdinnern erzählt,* Karl Rosenberg war mit *Das Rätsel um die Cheopspyramide* und *Unterhaltendes aus der Mathematik* vertreten. Neben diesen eher handfesten Themen nahm sich Steinrücks *Tegetthoffs Briefe an seine Freundin* eher lyrisch aus. Dafür gab das Werk von Witt-Teufelsbauer praktischen Anschauungsunterricht: *Das bäuerliche Volksbildungsheim Hubertendorf und sein Wirken.* Schließlich scheint man sich auch der in Österreich alpin ausgebildeten chinesischen Polizisten erinnert zu haben, denn die Sendung enthielt auch *Gefahren und Erste Hilfe in den Bergen* und *Moderne Bergbauern.* Während andere Stücke der Sendung durchaus brauchbar waren, folgte Österreich mit den erwähnten Titeln einer Tradition, die es bereits 1869 mit den Buchgeschenken aus Anlaß des Abschlusses des ersten Vertrages mit China gestiftet hatte[230]. Für chinesische Leser sei angemerkt, daß es Österreich damals wirtschaftlich miserabel ging.

Die »ebenso interessanten und lehrreichen, als prächtig ausgestatteten Schriften der österreichischen Verkehrswerbung« wurden immerhin vom chinesisch-deutschen Kulturverband mit verbindlichem Dank entgegengenommen[231]. Der Verband ehemaliger Studenten in Deutschland, Österreich und der Schweiz (De-Ao-Rui Tongxuehui) in Nanking sorgte dafür, daß auch Österreich eine gewisse Aufmerksamkeit geschenkt wurde[232]. In deren Klubhaus lagen ebenfalls Bücher und Broschüren über die genannten Länder auf.

Im Frühjahr 1936 wurde sogar der Wunsch des Österreichischen Auslandsbundes nach Gründung einer nur auf Österreich ausgerichteten

Vereinigung erfüllt. Sitz dieser neuen Institution war Shanghai. Ausschlaggebend für das Zustandekommen eines Sino-Österreichischen Komitees im Verein für chinesische und ausländische kulturelle Beziehungen dürften Interessen – nicht zuletzt auch kommerzieller Natur – des Gründers des *China & Foreign Tourist Guiding Bureau,* Dr. Asia Ho, gewesen sein, der laut dem Bericht des österreichischen Honorarkonsuls Ockermüller die Vorarbeiten geleistet und dem Komitee in seinen eigenen Büroräumen ein Zimmer zur Verfügung gestellt hatte[233]. Der Auftakt zu den Tätigkeiten des neuen Komitees dürfte der Empfang gewesen sein, der in den Räumen des chinesischen YMCA zu Ehren des ehemaligen chinesischen Geschäftsträgers in Wien, Dekien Toung (Tong Deqian), veranstaltet wurde. Toungs Rede über die Ähnlichkeiten zwischen den Österreichern und den Chinesen wurde bereits früher wiedergegeben. Im Namen der Österreicher antwortete der an der Eisenbahnuniversität in Shanghai lehrende Dr. Erwin Reifler, welcher sich in seinen chinesisch vorgetragenen Ausführungen auf die Verdienste von Dekien Toung und Arthur von Rosthorn um den österreichisch-chinesischen Kulturaustausch konzentrierte[234]. Der neue Verein sollte nur Staatsbürgern Chinas und Österreichs offenstehen und von einem chinesischen Hauptaufsichtsrat, einem österreichischen Stellvertreter des Hauptaufsichtsrates, einem chinesischen Aufsichtsrat und dessen österreichischem Vertreter verwaltet werden (Art. 5 der Statuten). Der Tätigkeitsbereich war weit gesteckt:

> Art. 4 Das Komitee stellt sich die Aufgabe, die folgenden Arbeiten aufzunehmen:
> a. Das Komitee wird ein sino-österreichisches Institut gründen, um der Bevölkerung Chinas sowohl als auch Österreichs die Möglichkeit zu bieten, die Sprachen, Literaturen und Musik usw. dieser beiden Länder zu studieren.
> b. Das Komitee wird jeden Monat eine gesellige Zusammenkunft haben. Das Programm derselben wird Abendessen, Vorträge, Unterhaltungen und dergleichen mehr einschließen, um es den Mitgliedern zu ermöglichen, in ständigem Kontakt miteinander zu bleiben.
> c. Das Komitee wird eine sino-österreichische Touristen-Vereinigung gründen, um den Touristen Chinas und denen Österreichs den Besuch der betreffenden Länder zu erleichtern.
> d. Das Komitee wird ein Verkehrsbüro gründen, um Österreichern, die nach China kommen, und chinesischen Studenten, die nach Österreich gehen, Reiseerleichterungen zu verschafffen.
> e. Das Komitee soll eine Publikations-Abteilung gründen, um an einem jeden Monat eine Zeitschrift zu veröffentlichen, die die verschiedenen Informationen und neuesten Nachrichten, China und Österreich betreffend, bringt.
> f. Das Komitee wird eine Bibliothek aufmachen, die die bekanntesten Bücher Chinas und Österreichs enthält[235].

Das Konsulat übermittelte auch noch den Wunsch Dr. Hos, die wichtigsten österreichischen Reisebüros mögen gebeten werden, mit dem China & Foreign Tourist Guiding Bureau zusammenzuarbeiten, wogegen das Bundesministerium für Handel und Verkehr nichts einzuwenden hatte[236]. Die krisenhaften Entwicklungen in China und Österreich scheinen aber diesen Unternehmung keinen Raum gegönnt zu haben, denn über weitere Aktivitäten der genannten Vereinigung schweigen die uns vorliegenden Akten.

In Österreich war ab 1926 der von Rosthorn initiierte und präsidierte *Verein der Freunde asiatischer Kunst und Kultur in Wien* aktiv. Es war eine Institution mit einer verhältnismäßig schmalen Basis, was seine Mitglieder und den Radius der Tätigkeit betrifft. Die Vereinsangehörigen kamen zumeist aus der Aristokratie, der hohen Beamtenschaft oder der begüterten Geschäftswelt. Allerdings war auch der junge Mänchen-Helfen, der zugleich für den sozialdemokratischen *Kampf* schrieb, wohlgelitten. Die Ausstellungen, Vortragsveranstaltungen und Führungen hatten fast ausschließlich Themen aus vergangenen Jahrhunderten zum Gegenstand. Das gleiche gilt für das schön gestaltete Jahrbuch, das unter dem Titel *Wiener Beiträge zur Kunst- und Kulturgeschichte Asiens* ab 1926 herausgegeben wurde. Innerhalb dieses selbstgewählten engen Rahmens müssen die Aktivitäten des Vereines allerdings als sehr beachtlich bezeichnet werden. Die meisten einschlägigen Ausstellungen in der Zwischenkriegszeit gehen auf seine Initiativen zurück, und er verstand es auch, immer wieder in den Vorträgen bekannte Wissenschaftler aus dem In- und Ausland zu präsentieren. So kamen 1936 Wolfram Eberhard, 1937 Paul Pelliot, Karl Hentze und Bernhard Karlgren. Am 23. April 1938 wurde der NS-Parteigenosse Dr. Eduard Beninger zum Leiter des Vereines bestimmt. Der Verein büßte einen Großteil seiner Mitglieder ein und war von da an zur Bedeutungslosigkeit verurteilt. 1965 wurde er behördlich aufgelöst, da es nicht gelungen war, ihn zu neuem Leben zu erwecken[236a].

Kurz davor hatte sich ein anderer Verein gebildet, der den kulturellen Austausch mit China auf etwas breiterer Basis fördern wollte. Die Anregung dazu dürfte aus China gekommen sein, das sich angesichts des japanischen Angriffs verstärkt um die Pflege freundschaftlicher Beziehungen zu den europäischen Staaten bemühte. In einem Vortrag am 19. Oktober 1937 scheint der chinesische Legationssekretär Ho angedeutet zu haben, daß die Gründung eines solchen Vereins sehr wünschenswert wäre. Der Zuckerindustrielle Dr. Victor R. von Bauer, der, wie dem Leser vielleicht erinnerlich, sich schon unter der Monarchie sehr um die Gründung einer österreichisch-chinesischen Bank bemüht hatte, fühlte sich davon angesprochen und begab sich am nächsten Tag in die chinesische Gesandtschaft, wo er seine Hilfe bei der Durchführung dieses Projektes offerierte. Bei dieser Gelegenheit erfuhr er, daß zu diesem Zweck bereits der chinesische Polizeileutnant Jü (Yu) und der österreichische Geschäftsmann und China-Fan Otto Tomschik sich zusammengetan hatten. Selbstverständlich vergaß man Arthur Rosthorn nicht. Er hielt in der Gründungsversammlung der Vereinigung am 3. November 1937 einen Vortrag und führte den Zuhörern dabei die Kontinuität der guten, fast nie getrübten Beziehungen zwischen Österreich und China vor Augen[237]. Rosthorn trat für den neuen Verein auch gemeinsam mit Legationssekretär Ho Feng-schan (He Fengshan), Leutnant Yu Yunjia und Otto Tomschik als Proponent auf. Der Vereinszweck wurde in den eingereichten Statuten folgendermaßen umschrieben: »Die Vereinigung hat den Zweck, durch gesellschaftliche Zusammenkünfte, Vorträge und gelegentliche Publikationen die kulturellen Beziehungen zwischen Österreich und China zu pflegen und zu fördern.« Der Passus »sowie das Verständnis für China und seine alte Kultur« war auf Wunsch der Behörde gestrichen worden.

Als Ehrenpräsident war der jeweils in Wien akkreditierte chinesische Missionschef vorgesehen. Die Vereinsleitung sollte grundsätzlich aus Angehörigen beider Nationen paritätisch zusammengesetzt sein[238].

Das Bundeskanzleramt – Auswärtige Angelegenheiten meinte in einer Stellungnahme: »Bedenken außenpolitischer Natur liegen gegen den Wortlaut der Vereinssatzung nicht vor. Immerhin muß es als fraglich bezeichnet werden, ob die Gründung einer österreichisch-chinesischen Kulturvereinigung gerade zur Zeit der gegenwärtigen Ereignisse in Ostasien erwünscht erscheint. Das BKA (AA) würde es im Hinblick darauf begrüßen, wenn die Vereinsgründung bis zur Wiederherstellung friedlicher Verhältnisse in China zurückgestellt werden könnte. Auch vermag das BKA (AA) in Unkenntnis der Proponenten (sic!) nicht zu beurteilen, ob diese hinreichende Gewähr für eine in jeder Hinsicht einwandfreie Führung der Vereinsgeschäfte bieten[239].«

Ob der Verein je eingetragen wurde, konnte anhand der Akten nicht festgestellt werden. Ein Amtsvermerk des Bundeskanzleramtes vom 26. Januar 1938 gibt Auskunft, daß die dem Proponenten des Vereines Otto Tomschik eingeräumte Frist zur Wiedervorlage der abgeänderten Satzungen vom Magistrat auf zwei Monate verlängert worden sei. Eine neuerliche Anzeige über die Bildung des Vereines war bis dahin beim Magistrat noch nicht eingelangt[240]. Dann aber traten bald Ereignisse ein, auf deren Drohen Dr. Victor Bauer in seinem Vortrag über *Sinn und Aufgaben der chinesisch-österreichischen Kulturvereinigung* am 19. November 1937 hingewiesen hatte: »Kaum ein anderes Kulturvolk Europas kann lebhafter als wir Österreicher alle Phasen dieses Kampfes *(des chinesischen Volkes gegen Japan – Anm. d. Aut.)* mitempfinden. Denn auch wir führen seit Jahren schon einen stillen, aber darum nicht minder zähen Kampf um unsere Unabhängigkeit, um unsere individuelle Eigenart und um unser Recht auf Selbstbestimmung[241].« Wenig später wurde dieser Kampf durch den Einmarsch deutscher Truppen vorläufig zuungunsten Österreichs entschieden. Das Buch, das der patriotische Österreicher Victor Bauer über Zentraleuropa geschrieben hatte, wurde von den Nazi-Behörden eingestampft. Sein Autor starb Anfang der vierziger

Jahre[242]. Die Personengruppe der Chinafreunde betrachtete Arthur von Rosthorn als ihren geistigen Leiter und holte bis zu seinem Tode in allen Dingen seinen Rat ein[243].

Die chinesischen Studenten, die sich in der Zwischenkriegszeit in Österreich aufhielten, entfalteten wie alle damals im Ausland befindlichen chinesischen Intellektuellen eine rege Aktivität. Ebenso wie ihre chinesischen Professoren – vergleiche z. B. *Open Letter to the Democratic Peoples of the World,* Changsha, Juli 1925, der auch an »His Ex. The Prime Minister, The Government, Vienna, Austria[244]«, gesandt wurde – wandten sich die chinesischen Studenten gegen ausländische Übergriffe und Fehlbewertungen Chinas und versuchten, der Bevölkerung des Gastlandes die chinesischen Reformbestrebungen nahezubringen. In Österreich protestierten sie gelegentlich gegen ausländische Filme über China[245], wandten sich aber ansonsten vornehmlich der Sympathiewerbung für China zu. Der Verein chinesischer Studenten hatte seinen Sitz im Hotel de France neben der Universität und lud zu seinen Veranstaltungen auch österreichische Gäste ein. Dabei wurde nicht nur der Pflege der chinesischen Kultur Raum gegeben, sondern auch öfter chinesischen politischen Anliegen Nachdruck verliehen. Als Beispiel sei der 20. Jahrestag der Gründung der Chinesischen Republik angeführt. Am 10. Oktober 1931 lud der Verein chinesischer Studenten ins Hotel de France ein, und der Medizinstudent Guo Bingkuan hielt dabei folgende Rede:

> Meine Damen und Herren!
> Es ist uns eine große Freude, Sie als unsere österreichischen Freunde bei der Feier der Gründung der Chinesischen Republik begrüßen zu können. Es ist heute das zwanzigste Mal, daß wir diesen unseren Nationalfeiertag feiern. Bisher haben wir chinesischen Studenten im Ausland jedes Jahr diesen Tag im wahrsten Sinne des Wortes festlich gefeiert. Auch heute haben wir uns dazu versammelt, doch muß diesmal das Wort »Feier« eine gewisse Einschränkung erfahren. Denn Sie werden begreifen, daß uns angesichts der Überschwemmungskatastrophe, der Hungersnot und des imperialistischen Raubzuges Japans heute andere Gefühle erfüllen als in den vergangenen Jahren. Aber gerade die Besetzung der Mandschurei durch die Japaner ist es, die uns bestimmt hat, auch heuer diesen Tag zu feiern. Die Not und Bedrängnis unseres Landes scheint die Existenz unserer Nation und unserer Kultur in Frage zu stellen. Um so angenehmer berührt es uns daher, daß wir in unserem Kampf um unsere Existenz der Sympathien unserer österreichischen Freunde sicher sein können. Ihr heutiges zahlreiches Erscheinen beweist, welches Interesse Sie an den Vorgängen im Fernen Osten, welches Interesse Sie an der Erhaltung unserer Kultur nehmen. Die Tatsache aber, daß das fernöstliche Nachrichtenwesen und die fernöstliche Propaganda einen vorherrschenden Einfluß von japanischer und englischer Seite nicht verkennen lassen, macht eine genaue Orientierung über die wirkliche Si-

tuation in China auch seinen besten Freunden im Ausland nahezu unmöglich. Wir chinesischen Studenten in Österreich fühlen uns daher verpflichtet, unsere österreichischen Freunde über die wahre Lage im Fernen Osten und die wirklichen Hintergründe der japanischen Besetzung zu informieren. Wir richten an unsere österreichischen Freunde, insbesondere an die Herren von der Presse, die innige Bitte, unsere Mitteilungen ihren Volksgenossen in größtmöglichem Umfang zur Kenntnis zu bringen, damit wir bei unserem Appell an die Humanität und die Gerechtigkeit der Welt ihrer Unterstützung sicher sind. Handelt es sich doch in diesem Falle nicht nur um eine rein chinesische Angelegenheit, sondern um eine Frage des Weltfriedens. Dies ist der Grund, warum wir heute, obwohl heute in ganz China Trauer herrscht, doch den Tag der Gründung der Chinesischen Republik feiern.

Herr Dr. Shen wird jetzt in übersichtlicher Darstellung über die Bedeutung des heutigen Tages und über die mandschurische Frage referieren. Nach Beendigung seines Vortrages bitte ich alle jene Damen und Herren, die irgendwelche genaueren Aufklärungen wünschen, ihre Fragen zu stellen. Herr Dr. Erwin Reifler wird nötigenfalls Frage und Antwort verdolmetschen.

Nehmen Sie nochmals meinen herzlichsten Dank für ihr so zahlreiches Erscheinen entgegen. Besondere Freude macht es uns, in unserer Mitte Herrn Polizeivizepräsidenten Dr. Brandl, Herrn Gesandten Ludwig, Herrn Gesandten Post, Herrn Regierungsrat Wilhelm, die Herren von der Presse, die Herren von der Wiener Polizeischule, die Generalsekretärin des Vereines der Freunde Ostasiens, Frau Dr. Stiassny, und die Mitglieder des Vereines der Freunde Ostasiens begrüßen zu können[246].

Die Rede des Studenten Guo wurde noch durch längere, ebenfalls vor allem der Mandschurei-Krise gewidmete Ausführungen des Dr. med. univ. Shen Zhité ergänzt, der aber auch auf die guten Beziehungen zu österreichischen Kulturinstitutionen hinwies: »In Wien dient das China-Institut, das die größte chinesische Fachbibliothek Europas beherbergt, der Pflege chinesischen Wissens und chinesischer Kultur. Sein Begründer, Exz. v. Rosthorn, der leider heute verhindert ist, an unserer Feier teilzunehmen, hat in China einen klangvollen Namen. Ebenso widmet sich der Verein der Freunde Ostasiens, den Exz. Rosthorn präsidiert, und dessen Vertreter, insbesondere Frau Dr. Stiassny, wir heute in unserer Mitte begrüßen können, der Pflege fernöstlicher Kunst und Kultur[247].«

Während solche Aktivitäten durchaus den Beifall der österreichischen Behörden fanden, die dabei auch durch hohe Vertreter repräsentiert waren, verhielt es sich anders mit kommunistischen Versammlungen. Am 11. Oktober 1925 berichtete Polizeipräsident Schober an den Bundeskanzler und das Bundeskanzleramt, es hätten während der letzten Monate »sowohl in Wien als auch in mehreren österreichischen Provinzstädten kommunistische Versammlungen mit der Tagesordnung *Die Vorgänge in China* stattgefunden, bei denen nebst österreichischen Kommunisten auch in Österreich lebende Chinesen das Wort ergriffen haben«. Die von der Polizeidirektion gepflogenen Erhebungen hätten erbracht, »daß die chinesischen Redner mit den Studenten der Medizin Tschi Dscheng (am 26. Oktober 1901 zu Kanton in China geboren und dahin zuständig, konfessionslos, ledig), früher in Wien VIII., Bennogasse Nr. 30, gegenwärtig in Baden bei Wien wohnhaft, und mit dem Studenten der Philosophie Hsü Hung-tsao (am 4. Mai 1902 zu Kanton in China geboren und dahin zuständig, konfessionslos, ledig) in Wien I., Reichsratsstraße Nr. 17 wohnhaft, identisch sind«. Bezüglich Tschi Dschengs sei die Teilnahme an Veranstaltungen am 30. Juni und 16. Juli 1925 in Wien und hinsichtlich Hsüs ebenfalls die Teilnahme am 16. Juni in Wien und außerdem noch am 25. September in Graz nachgewiesen. Das gegen beide in Gang gesetzte, wie es im Amtsdeutsch so schön heißt, »Abschaffungsverfahren« wurde allerdings wegen der Intervention der chinesischen Gesandtschaft und des Versprechens der Betreffenden, sich in Österreich nicht mehr politisch zu betätigen, nicht durchgeführt[249].

Neben den mehr politisch akzentuierten Aktivitäten der chinesischen Studentenschaft gab es aber auch solche, welche vor allem Belange des Studiums in Österreich zum Gegenstand hatten. Dazu bot der Rahmen des im Sommer 1933 gegründeten *Österreichisch-chinesischen Studentenkomitees* eine Möglichkeit. Der Geograph Dr. Hermann Wissmann, der als Professor für Geographie an die National Central University in Nanking gegangen war, beteiligte sich an der Gründung des Advisory Committee for Overseas Study in Nanking und bat die Wiener Mittelschulprofessorin Dr. Bettina Rinaldini, ihm Informationsmaterial aus Wien zusammenzustellen. Diese Informationen wurden in eine Broschüre eingebracht, welche das Studium in Österreich, Deutschland, England, Frankreich, Polen und USA behandelte. Offenbar auf Wissmanns Anregung hin bildeten in Österreich Professoren aller Hochschulen des Landes, Vertreter der Studentenschaft inklusive des Vorsitzenden des chinesischen Studentenklubs in Wien und Chinafreunde ein Österreichisch-chinesisches Studentenkomitee, das sich laut seiner ersten Aussendung die Aufgabe stellte, chinesische Studenten nicht nur bei den technischen Fragen von Reise und Inskription, sondern auch bei der Zimmersuche und der »Einführung bei Professoren, in wissenschaftliche Gesellschaften und private Geselligkeit« zu unterstützen[250]. Für die zuletzt ca. vierzig chinesischen Studenten in Wien[251] bedeutete das eine wertvolle Hilfe.

Die vielfältige Vereinstätigkeit auf beiden Seiten wäre sicherlich geeignet gewesen, zur Verstärkung der freundschaftlichen und kulturellen Beziehungen zwischen beiden Ländern einen wesentlichen Beitrag zu leisten. Dies um so mehr, als Österreich 1937 erwog, sich in China endlich durch einen Berufsdiplomaten vertreten zu lassen, welcher in der Lage gewesen wäre, den Effekt der beiderseitigen Bemühungen wirksam zu verstärken. Bereits am 12. Februar 1931 hatte Zhu Jiahua in einem Brief an Schober angeregt, den österreichischen Berater Brandl mit diplomatischen Funktionen zu betrauen[252]. Damals meinte man im Bundeskanzleramt – Auswärtige Angelegenheiten, aus budgetären Gründen könne die Errichtung einer österreichischen Gesandtschaft in China nicht in Erwägung gezogen werden. Gegen die offizielle Betrauung Brandls mit diplomatischen Funktionen spreche aber, abgesehen vom Mangel gesetzlicher Anstellungsvoraussetzungen, sein Abhängigkeitsverhältnis zu den chinesischen Behörden[253]. Inoffiziell aber betraute das Außenamt Brandl mit verschiedenen Aufgaben, die er mit Erfolg erledigte. Da jedoch Brandls Anwesenheit in China keine kontinuierliche war und seine Beratertätigkeit viel von seiner Zeit in Anspruch nahm, konnte er trotz verdienstvoller Bemühungen das Fehlen eines beruflichen Vertreters Österreichs nicht kompensieren. 1937 wurden sogar bereits Vormerkungen für allfällige Verwendung bei dem in Shanghai zu errichtenden Berufskonsulat vorgenommen[254]. Gemeinsam mit der »Vereinsdiplomatie« hätte dies einen wichtigen Aufschwung bringen können. Doch all dem wurde durch die Entwicklung in Österreich der Boden entzogen. Noch in einem Bericht vom 28. Januar 1938 hatte sich die österreichische Vertretung in der UdSSR anläßlich des Moskau-Besuches von Sun Fo, dem Sohn Sun Yatsens, den Kopf über das *chinesische* Schicksal zerbrochen[255]. Sun Fo, der früher schon einmal in Österreich gewesen war[256], reiste am 27. Februar mit drei Begleitern bei Lundenburg nach Österreich ein, um sich von dort weiter nach Prag und Paris zu begeben[257]. Wenig später kam ein anderer Chinese nach Österreich. Es war der zur militärischen Ausbildung in Deutschland abkommandierte Sohn Tschiang Kaischeks, Jiang Weiguo. In seiner Begleitung befand sich das 98. deutsche Jägerregiment[258].

ANMERKUNGEN

1 Siehe Gerd Kaminski, *Chinesische Positionen zum Völkerrecht,* Berlin 1973, S. 131 f., und die dort angegebenen Quellenverweise.

2 Qian Tai, *Zhongguo bu pingdeng tiaoyue zhi Yuanqi ji qi feichu,* Taibei 1961, S. 125. Laut Qian Tai habe Österreich auch versucht, für die Rückgabe der Konzession und das beschlagnahmte Eigentum österreichischer Staatsbürger Entschädigungsansprüche zu stellen.

3 Gerd Kaminski, *Chinesische Positionen zum Völkerrecht,* S. 32 ff.

4 Interview mit dem Inhaber der Fa. Reichfeld und Frau Liselotte Albin am 12. September 1979.

5 Gonda machte sich dort als Architekt von Kinos, Wohnhäusern, Theatern und Geschäftslokalen einen Namen, wie aus den von Friedrich Schiff gesammelten, aber leider nicht mit Bezeichnung der Zeitung und des Datums versehenen Zeitungsausschnitten von Anfang der dreißiger Jahre hervorgeht.

5a Interviews mit den ehemaligen China-Residenten Kommerzialrat Walter G. Schmitt, Erich Baumgartner, und Wilhelm Ebner (20. September 1979); mit dem ehemaligen Schiffsarzt Dr. Hermann Erben (26. Oktober 1977); mit Karl Heinz Ludwig (23. April

1979); mit Dipl.-Ing. Heinz Toebich (Oktober 1979); Schreiben von Generalkonsul a. D. Friedrich A. Istl vom 6. Oktober 1979. Der Vater Friedrich Istls, Alois Istl, war Bildhauer und wurde sogar vom christlichen General Feng Yuxiang mit einem Auftrag geehrt. Er sollte ein Denkmal für zwei von dessen Generälen schaffen. Der unter ungünstigen Bedingungen durchgeführte Guß gelang bis auf die Kleinigkeit, daß der Fuß des einen Kämpen wegrutschte, was aber nicht weiter störte. Dennoch verhinderte eine Veränderung in der damaligen Warlord-Politik die sofortige Aufstellung. Die Bronzefiguren wurden im Central-Park Pekings nicht auf ihre Podeste gehievt, sondern vielmehr vom Parkwächter gegen ein gutes Trinkgeld Istls vergraben. Erst nach einem etwa vier Jahre später aufgetretenen politischen Hoch Feng Yuxiangs kamen sie – bereits mit würdiger Patina ausgestattet – auf den ihnen zugedachten Platz. Später gründete Istl in Tianjin eine Fabrik, die sich mit der Herstellung von Rahmen und Trägern aus Metall befaßte. So waren trotz der geringen Handelsbeziehungen zwischen beiden jungen Republiken die Stahlregale der National Library in Peking in gewissem Sinne ein österreichisches Produkt. Alois Istl gab auch seine Kunstfertigkeit an die Bevölkerung des Gastlandes weiter. An den Kunstakademien Tianjins und Pekings lehrte er bis Anfang der fünfziger Jahre Bildhauerei, Gravieren und Ziselieren. – Interview mit Herrn Generalkonsul Friedrich Istl im Mai 1980. Einen Überblick über China–Österreich bietet auch das in Shanghai herausgegebene *Adreßbuch über das Deutschtum in Ostasien,* welches allerdings keine Staatsangehörigkeit angibt. Den Bekanntheitsgrad der Konditorei Kiessling und Bader bestätigt ein Passus in dem Buch Han Suyins *Die Blume Erinnerung,* Genf-Hamburg 1966, S. 31: ». . . Über einer Ladenfront sah ich in goldenen Buchstaben das Wort Kiessling's. Hinter den beiden Glasscheiben waren die leckersten Backwaren ausgestellt und dazu Weihnachtsmänner, Engel, Bären und Enten aus Schokolade. Ich erinnerte mich, daß älterer Bruder mir in einem Brief dieses Geschäft als die beste Konditorei von ganz China genannt hatte. Der Satz ›Wir waren bei Kiessling's‹ deutete darauf hin, daß man eine gewisse gesellschaftliche Stufe erklommen hatte. Einige Mädchen meiner Schule, die in Tientsin gewesen waren, hatten von Kiessling's erzählt. Ich blickte auf die Kuchen, und mein Magen tat schrecklich weh . . .«

6 Interview mit Herrn Hans Jabloner,

7 G. E. Miller (Pseud.), *Shanghai, The Paradise of Adventurers,* Shanghai o. D., S. 146.

8 Interview mit Dipl.-Ing. Robert Tauber.

9 G. E. Miller, a. a. O., S. 218.

10 Die weitere Schilderung der »Karriere« von Trebitsch-Lincoln folgt G. E. Miller, a. a. O., S. 204 ff., und der *Shanghai Evening Post* vom 8. Oktober 1943.

11 Interview mit Frau Lucy Schwarz, verw. Müller, am 15. April 1977. Die Angaben von Frau Schwarz werden bestätigt durch einen von Otto Böhler verfaßten Artikel *Böhler in Japan,* in: *Werkzeitung der Betriebsgemeinschaft der Gebr. Böhler & Co. A. G.,* Jg. 5, Jänner–März 1942, Nr. 1/3, S. 5. Nach den Angaben Otto Böhlers war es einer der japanischen Militärberater Zhang Zuolins, Oberst Matsui, welcher Bruno Müller von Japan her kannte und die Anregung zu seiner Fahrt nach Mukden gab.

12 Otto Böhler, a. a. O., S. 5.

12a Interview mit dem ehemaligen Mitarbeiter von Koreska / Shanghai, Herrn Erich Baumgartner am 20. September 1979.

13 Carnegie Endowment for International Peace, *Treaties and Agreements With and Concerning China 1919–1929,* Nachdruck Hyperion Press, Westport, o. D., S. 165–169.

14 Österreichisches Jahrbuch 1929, Wien 1930, S. 177.

15 Verbalnote des Bundeskanzleramts – Auswärtige Angelegenheiten vom 13. Juni 1929 an die Gesandtschaft der Republik China in Wien, HHStA, Neues Pol. Arch. / 605.

16 Österreichisches Jahrbuch 1926, Wien 1927, S. 162.

17 Österreichisches Jahrbuch 1931, Wien 1932, S. 188.

18 Schreiben des Österreichischen Auslandsbundes an das Bundeskanzleramt – Auswärtige Angelegenheiten vom 6. Juli 1935, HHStA, Neues Pol. Arch. / 606.

19 Interview mit dem Inhaber der Fa. R. Reichfeld.

20 Franke, III, *Fünf Jahre in chinesischen Militärstaatsdiensten.*

21 Siehe den *Chinese Who's Who*, in: *China Handbook 1937–1944*, Chungking 1944, S. 571. – Zhu wurde später Präsident der Academia Sinica.

21a Entfällt.

22 Schreiben Ludwig Brandls an das Bundesministerium für Auswärtige Angelegenheiten vom 4. März 1932 mit beigeschlossenem Lebenslauf, HHStA, Neues Pol. Arch. / 605, sowie Schreiben Brandls vom 19. April 1937 an den Gesandten Winterstein, ebd.,

23 HHStA, Neues Pol. Arch. / 605. Gustav Ritter von Kreitner war laut einem mit 30. Januar 1929 datierten Konsulatsbericht aus Shanghai über Vermittlung des als Berater der Nankinger Regierung fungierenden deutschen Obersten Max Bauer im Frühjahr 1928 für die Provinzregierung von Zhejiang nach Hangzhou als Ratgeber für die Organisation eines modernen Polizeidienstes verpflichtet worden. Die genauen Gründe für die Entlassung Kreitners hatte der österreichische Konsul in Shanghai auf direktem Wege nicht erfahren, doch bezog er sich auf Mitteilungen von Ing. Brandl, wonach »sich Dr. K. im Laufe seines Hierseins durch äußerst unkonziliantes, ja arrogantes Benehmen eine Atmosphäre geschaffen habe, die einmal zur Explosion führen mußte. Sein fortgesetzt vertragswidriges Verhalten soll den Anlaß zur Lösung seines Dienstverhältnisses mit der Regierung geführt haben«.
Der Kern des Entlassungsschreibens der Provinzregierung an Kreitner vom 21. Januar 1929 umfaßte folgende Passagen:
»Die Regierung sieht sich zu ihrem Bedauern veranlaßt, festzustellen, daß Sie andauernd die Bedingungen des mit Ihnen abgeschlossenen Dienstvertrages nicht einhalten. Trotz Ihrer nun schon neunmonatlichen Anwesenheit haben Sie hinsichtlich der den eigentlichen Zweck Ihrer Berufung bildenden grundlegenden Reorganisationsvorschläge der Regierung keine Anträge gestellt und uns sehr enttäuscht. Außerdem muß mit Bedauern wahrgenommen werden, daß Sie wiederholt überhaupt keinen Dienst machen und auch vor der Bewilligung eines angesuchten Urlaubs abreisten.« Kreitner erschien dann noch bei Honorarkonsul Winkler in Shanghai und versuchte vergeblich diesen für eine Intervention bei den chinesischen Behörden zu gewinnen. Als dieser sich weigerte, reagierte Kreitner mit der Bemerkung, »daß er sich dann eben an das deutsche Konsulat wenden werde, das ihn sicherlich tatkräftiger vertreten werde, da er, ›Gott sei's gedankt‹, auch deutscher Reichsangehöriger sei . . .« Die gesamte oben angeführte Korrespondenz befindet sich ebenfalls im HHStA, Neues Pol. Arch. / 605.

24 Schreiben von Zhu Jiahua an Bundeskanzler Ignaz Seipel vom 23. April 1929, HHStA, Neues Pol. Arch. / 605.

25 Damals schrieb er in sein Tagebuch: »Freitag, den 6. VI. Um 8:30 gehe ich zum Kai-Lon Hotel, und im Truck zum Versammlungslokal . . . Um Punkt 9 Uhr beginnt die Eröffnungsfeier in einem großen Saal für 132 Abgeordnete . . . Die Wände des Saales sind mit Lichtbildern, Plänen und Diagrammen von allen Flußläufen Chinas bedeckt. Über dem Redner-Tisch sind 4 große Zeichen auf der Hinterwand: Yü Wan Ching Shen, der 1. Wasserbauer Chinas. Es wurde die chinesische Nationalhymne gesungen, dann 3 Minuten lange still gehalten zum Andenken an die Gefallenen, dann kam eine lange Rede des Ministers und hierauf begann die Arbeit. Jeder hatte auf seinem Platz ein Paket mit Druckschriften Berichte enthaltend, über 240 an der Zahl. Es wurden 3 Komitees gebildet, die diese Berichte genau durchsprachen, Änderungen machten und den endgültigen Wortlaut festsetzten. Es gab viele Meinungsverschiedenheiten und es mußte abgestimmt werden. Die 3 Komitees arbeiteten in 3 verschiedenen Räumen, ich war im 2 Komitee . . . Sonnabend 7. Die Komitees arbeiteten schwer. Es war drükkend heiß . . . Sonntag 8. Sehr heiß. Vormittag Komitee. Nachm. allgemeine Versammlung. Es war so heiß, daß ich mehrmals Angst verspürte, daß es mir schlecht werde. Alle veränderten Berichte waren über mittags neu gedruckt worden und mußten nun getrennt durchgesprochen werden. Wenn wieder Veränderungen vorgeschlagen wurden, wurden die neuen Berichte abermals gedruckt und lagen bald auf den Tischen. Montag. 9. Es regnet und hat stark abgekühlt. Die Berichte wurden rasch durchgesprochen. Mittags war ich eingeladen mit 20 anderen zu einem guten chinesischen Essen, Szechuan Provinz Art in einem Gasthaus an der Ecke beim Sun-Yatsen-Denkmal. Die Nat. Resources Commission (Wasserkraft-Anlagen) waren die Veran-

stalter. Das Essen war ausgezeichnet. Nachmittags wurde die Arbeit mit einer Feier abgeschlossen. Dann gab es ein Dinner im Sitzungssaal. Ich wurde aufgefordert, vorne am Ehrentisch mit dem Herrn Minister, dem Bürgermeister von Nanking und noch einigen Herren. Zuerst sprach der Herr Minister, dann der Bürgermeister und schließlich noch ein alter Ingenieur Tsao aus Shansi, Taiyuan, der in seiner Antwortrede meine ... Bemerkungen über die Sitzungen gebrauchte: »well organized, well done ...«

25a Tagebuch

25b Beitrag in: *The Great Flood of 1939*, hrsg. von der *Tientsin Press*, sowie *Report on the Improvement of the Approaches to Canton Harbour*, Canton 1948.

25c Interview mit Frau Stefanie Tritthart im Dezember 1979; Rundfunkinterview mit Dipl.-Ing. Alfred Tritthart am 23. März 1978 in Ö 1; Klaus Wemmer, *22 Jahre Arbeit im »Reich der Mitte«*, in: *Kronenzeitung* (Ausgabe Steiermark) vom 23. März 1978, S. 11.

26 Bundeskanzleramt an Gesandten Pflügl, Genf, am 5. März 1932, HHStA, Neues Pol. Arch. / 605.

27 Zhu Jiahua an Bundeskanzler Ignaz Seipel am 23. April 1929, HHStA, Neues Pol. Arch. / 605.

28 Zhu Jiahua an Bundeskanzler Schober am 16. Dezember 1929, ebd.

29 Diese angebotenen Stellen wurden allerdings nicht alle von Österreichern besetzt, weil sich teils keine geeigneten Persönlichkeiten meldeten, teils im Rahmen chinesischer Sparmaßnahmen Einstellungen fallengelassen werden mußten. – Aktenvermerk des Bundeskanzleramts vom Oktober 1931, ibd.

30 Mao Tse-tung, *Über den der reaktionären Kuomintang-Regierung erteilten Befehl, Yasuji Okamura, den ehemaligen Oberbefehlshaber der japanischen Aggressionsstreitkräfte in China, wieder zu verhaften und die Bürgerkriegsverbrecher der Kuomintang in Haft zu nehmen – Erklärung des Sprechers der Kommunistischen Partei Chinas,* in: Mao Tse-tung, *Ausgewählte Werke,* Bd. IV, Peking 1969, 350; in den Anmerkungen dazu ist vermerkt, daß die CC-Clique am lautesten nach dem Bürgerkrieg verlangt habe. Vgl. auch Gerd Kaminski, *China-Taiwan,* Frankfurt 1971, S. 152f.

31 HHStA, Neues Pol. Arch. / 605.

32 Gerd Kaminski, *China-Taiwan,* S. 153.

33 Berlin 1932 (2. Aufl.).

34 Amtserinnerung des Bundeskanzleramtes vom 12. Februar 1932. HHStA, Neues Pol. Arch. / 605.

35 Dr. Erwin Reifler an Univ.-Prof. Dr. Karl Brockhausen am 25. Oktober 1931, HHStA, Neues Pol. Arch. / 605.

36 Dr. Rudolf Muck (Polizeiberater der Regierung in Nanking) an Bundeskanzler Schober am 1. Oktober 1931, HHStA, Neues Pol. Arch. / 605.

37 Ockermüller an Bundeskanzleramt (Auswärtige Angelegenheiten) am 9. Juli 1933, HHStA, Neues Pol. Arch. / 605.

38 Ebd.

39 Zhu Jiahua an Bundeskanzler Seipel am 22. April 1929, HHStA, ebd.

40 Österreichische Gesandtschaft in Berlin an das Bundeskanzleramt – Auswärtige Angelegenheiten am 23. Dezember 1930, HHStA, Neues Pol. Arch. / 605.

41 Österreichisches Generalkonsulat Frankfurt an die österreichische Gesandtschaft in Berlin am 26. Januar 1933, HHStA, Neues Pol. Arch. / 605.

42 *Urania-Mitteilungen,* Jg. 22, Nr. 27 vom 19. September 1931.

43 Ernst Fuchs, *Wie ein Augenarzt die Welt sah,* Selbstbiographie und Tagebuchblätter, herausgegeben von Adalbert Fuchs, Wien 1946, S. 267. Die Visiten haben im Winter 1923 stattgefunden.

44 Vgl. z. B. ebd. die von Adalbert Fuchs stammenden Anmerkungen über die Lebensbedingungen eines chinesischen Kulis, S. 253.

45 *Urania-Mitteilungen,* Nr. 1, 7. Januar 1926 und Nr. 27 vom 19. September 1931.

46 Österreichische Akademie der Wissenschaften, Almanach für das Jahr 1969, Wien 1970, S. 278 f.

47 Interview mit Frau Erika Hayek (Witwe Prof. Hayeks) im Jahre 1977.

48 Ebd.
49 *Kürschners Gelehrtenkalender* sowie *Who is Who in Österreich,* Zürich 1979, S. 356.
50 Konsulat Shanghai an Bundeskanzleramt am 12. August 1937, HHStA, Neues Pol. Arch. / 599.
51 Harry Shapiro, *Das Geheimnis des Pekingmenschen,* Frankfurt 1976, Siehe auch Zhou Wenbin in der Nr. 3/1978 von *Huashi,* S. 4.
52 *Neues Wiener Journal* vom 3. Januar 1933, S. 7.
52a Siehe Anmerkung 175.
53 Mitteilung von Dr. Wolfgang Ruppert.
54 Österreichischer Vertreter beim Völkerbund Pflügl an Generalsekretär für die Auswärtigen Angelegenheiten, Franz Peter, am 25. August 1931, HHStA, Neues Pol. Arch. / 605; Bundeskanzler Schober an die Großdeutsche Volkspartei für die Steiermarkt (die für einen steirischen Kandidaten interveniert hatte) am 19. Oktober 1931, ebd.
54a Darunter der Primarius des Eisenstädter Spitals, Dr. Leonhard Raiter, und der Wiener Rettungsarzt Dr. Eugen Milch, Interview mit Dr. Hermann Erben (26. X. 77).
55 Peinlich scheint in der chinesischen Provinz Jiangsu tätig gewesen zu sein – Zhu Jiahua an Bundeskanzler Seipel am 22. April 1929. HHStA, Neues Pol. Arch. / 605.
56 HHStA, Neues Pol. Arch. / 605.
57 Ebd.
58 Ebd. Daß Muck eher für ein, sagen wir einmal, straff organisiertes Staatswesen eintrat, beweist auch sein für die Zeitschrift der Sicherheitswache verfaßter Artikel *Sun Yatsens politisches Vermächtnis,* in: *Öffentliche Sicherheit,* 13. Jg. Nr. 12, Dez. 1933: »Die leitenden Männer glauben nun, daß die Reife des Volkes noch nicht da sei, und lassen sich mit der Einführung des demokratischen Reformprogramms Zeit. Dieses Zögern wird von den Gegnern der heutigen Zentralregierung als Machtgelüst ausgelegt und ihnen vorgeworfen, daß sie eine Diktatur ausüben wollen. In Wirklichkeit ist aber die Verzögerung in der restlosen Einführung des demokratischen Prinzips im Aufbau des chinesischen Staates, außer auf die ständigen Unruhen im Innern auf den Umstand zurückzuführen, daß das Sun-Yatsensche Programm gerade in diesen Dingen einer Revision bedarf...«
59 Ebd.
60 Kostprobe aus einem Schreiben des Oberregierungsrates der burgenländischen Landesregierung Dr. Ernst Mayrhofer vom 16. Juni 1931 an den Attaché Schwarzenberg: »... Ich habe mich im Wege der burgenländischen Landesregierung und des Bundeskanzleramtes (Inneres) beworben und seither von der Sache nichts mehr gehört. Meine Bewerbung wurde von meiner Dienststelle äußerst warm einbegleitet. Einmal hörte ich, daß der uralte Universitätsprofessor Brockhausen sich gemeldet habe, kann das aber nicht so recht glauben, denn für so einen alten Herrn ist das doch nichts, abgesehen davon, daß er, der nie bei der politischen Verwaltung gedient, doch kaum praktische Ratschläge geben kann. Und im politischen Dienst ist ja doch die Praxis alles, da nützen die schönsten Theorien nichts...« – HHStA, Neues Pol. Arch. / 605.
61 »... weil in China ›der österreichische Einfluß leider noch sehr gering ist und geeignete Stützpunkte für die weitere Ausbreitung unseres Kultureinflusses zu schaffen wären‹.« – HHStA, Neues Pol. Arch. / 605.
62 Ebd.
63 Karl Brockhausen an das Bundeskanzleramt im Dezember 1931, ebd.
64 Graf Des Fours an Berchtold am 6. Januar 1914, HHStA, Pol. Arch. XXIX / 13
65 S. Anm. 61.
66 Vgl. etwa Ludwig Brandl, *Die Hochwasserkatastrophe am Yangtse-kiang im Jahre 1931,* Wiener Geographische Studien, Heft 1, 1933, S. 29 ff.; ders., *Die Regulierung des Yangtse-kiang* (deutsch / chinesisch), Nanking 1935.
67 Interview mit dem ehemaligen China-Österreicher Wilhelm Ebner am 20. September 1979.
68 Amtserinnerung des Bundeskanzleramtes – Auswärtige Angelegenheiten vom 22. März 1937, HHStA, Neues Pol. Arch. / 605.
69 Brandl an das Bundesministerium für Finanzen im März 1937, ebd.

70 HHStA, Neues Pol. Arch. / 605.

71 Brandl an Winterstein am 19. April 1937, HHStA, Neues Pol. Arch. / 605. Ende der dreißiger und während der vierziger Jahre ist Brandl dann wieder in Österreich mit wasserbaulicher Publikationstätigkeit hervorgetreten. Vgl. *Ausbau großer Ströme in Europa und Asien,* Wien 1940, Ehrenvortrag zum 125. Jahrestag der Gründung der Technischen Hochschule in Wien; Donauschiffahrt 1938–1940, darüber 1943 vertraulicher Bericht: *Ergebnisse hydrotechnischer Forschung im Gebiete des Yangtsekiang,* Wien 1947. Wahrscheinlich hatte der Ausbruch des japanisch-chinesischen Krieges die Rückkehr Brandls in die Heimat veranlaßt.

72 *Wiener Allgemeine Zeitung* vom 22. Januar 1931.

73 *Aus unserer Studienzeit in Wien – von zehn chinesischen Polizeioffizieren,* in: *Öffentliche Sicherheit,* 13. Jg., Nr. 12, Dez. 1933, S. 22.

74 Polizeibezirksinspektor Johann Perzinger, *Die erste Unterrichtsstunde,* ebd., S. 20.

75 Polizeimajor Karl Schmutterer, *Unsere Berufskameraden aus Hangchow* , ebd., S. 20 f.

76 *Aus unserer Studienzeit in Wien – von zehn chinesischen Polizeioffizieren,* ebd.

77 Ebd., S. 22 f.

78 Karl Schmutterer, *Unsere Berufskameraden aus Hangchow,* S. 20 f.

79 Erwin Reifler, *Was die chinesischen Polizeioffiziere aus Hangchow erzählen,* in: *Öffentliche Sicherheit,* 11. Jg., Nr. 5, Mai 1931, S. 11.

80 Jü Jünn Tschia, *Die Wiener Daktyloskopieabteilung an der Polizeidrektion in Hangchow,* in: *Öffentliche Sicherheit,* 15. Jg., Nr. 1, Januar 1935, S. 28.

81 *Abschied der zehn chinesischen Polizeioffiziere,* in: *Öffentliche Sicherheit,* 14. Jg., Nr. 2, Februar 1934, S. 15.

82 *Aus unserer Studienzeit in Wien – von zehn chinesischen Polizeioffizieren,* S. 23.

83 Toung sandte den Text seiner Rede mit einem am 29. November 1934 datierten Begleitschreiben an den österreichischen Bundeskanzler Schuschnigg. Beide Schriftstücke sind im Anschluß im vollen Wortlaut wiedergegeben (HHStA, Neues Pol. Arch. / 338):

Légation de Chine à Vienne
Vienne, le 29 Novembre 1934.
Monsieur le Chancelier Fédéral,
à l'occasion d'une manifestation d'amitié que j'ai organisée le 22 courant en l'honneur de la police fédérale, j'ai prononcé quelques mots qui traduisent mon profond sentiment de sympathie et celui de mon pays envers l'Autriche qui a toujours et aujourd'hui plus que jamais une grande mission historique et culturelle à remplir, mission aussi glorieuse qu'importante dont dépendent l'equilibre de l'Europe et la paix du monde, notamment celle de l'Extrême Orient, et qui trouve maintenant son meilleur exécuteur dans Votre Excellence à laquelle j'ai l'honneur de soumettre ci-joint une copie de mon discours qui sera aussi publié dans la presse chinoise.
Veuillez agréer, Monsieur le Chancelier Fédéral, l'expression de mes sentiments les plus dévoués.
22 Novembre 1934.
Monsieur le Secrétaire d'Etat,
Monsieur le Président et le Vice-Président de police fédérale, Mesdames et Messieurs,
Je vous remercie profondément de vouloir bien venir à cette réunion d'amitié que j'offre en honneur de Monsieur le Secrétaire d'Etat et dans sa personne de la police fédérale de l'Autriche. Cette manifestation est modeste, mais elle est sincère de ma reconnaissance envers le Gouvernement Fédéral et les hautes autorités de la police autrichienne òu je suis très heureux d'avoir un grand nombre d'amis et qui m'ont toujours témoigné tant de sympathie fraternelle pour mon pays et nos officiers de police.
Ceux-ci ont bien profité de leurs études à l'école de police de Vienne, grâce à l'attention affectueuse et au zèle exceptionnel de ses bons commandants et de tous leurs aimables collègues. Pendant ces dernières années et aussi maintenant, mes chers amis Dr. Hüttl et Dr. Krögler et les professeurs de cette école, notamment H. Perzinger, se sont entièrement livrés avec un amour paternel à l'éducation et à l'enseignement de

leurs élèves chinois qui les aiment et ne les oublient jamais. Votre belle réputation attire de nouveaux élèves qui viennent d'arriver de la Chine pour étudier, eux aussi, les enseignements de votre technique moderne et de votre longue expérience.
A cette occasion, Monsieur le Secrétaire d'Etat et Messieurs le Président et le Vice-Président de la police fédérale, j'ai aussi une honorable mission de remettre à vos illustres collaborateurs, Messieurs le Dr. Hüttl et le Dr. Krögler, les décorations de mérite de la police chinoise que mon Gouvernement leur a conférées pour les services précieux qu'ils ont ainsi généreusement rendus à la Chine.
Permettez-moi de vous évoquer un des entretiens amicaux, même affectueux, que j'ai eu l'honneur d'avoir eu avec votre grand Chancelier disparu Dr. Engelbert Dollfuss: Ayant été honoré de son amitié personnelle et de sa confiance, il m'a fait confidence, après avoir parlé avec sympathie touchante de la culture millénaire et de la grandeur de la Chine, de ses soucis et de ses luttes héroïques pour le bien-être de l'Autriche. Je lui ai répondu »que je suis aussi optimiste pour l'avenir de mon pays que pour l'avenir de ma chère patrie adoptive: l'Autriche. Car cette noble nation occupe la première place au monde dans plusieurs domaines des activités humaines: la médecine, la musique et la police etc. Votre vieille culture résiste glorieusement à toutes les tempêtes du moment. D'ailleurs vous avez des hommes d'Etat éminents comme le vénérable Président Fédéral. Votre Excellence et vos illustres collaborateurs du Cabinet – notamment son digne et grand successeur Monsieur le Chancelier Fédéral actuel Dr. von Schuschnigg et Monsieur le Vice-Chancelier Prince Starhemberg. Par cela vous êtes entourés de sympathie et d'estime universelles. La grandeur d'un pays ne dépend nullement de la limite territoriale; le rayonnement des sciences, des arts et des hommes d'Etat de l'Autriche dépasse non seulement de beaucoup ses propres frontières, mais aussi les limites géographiques de l'Europe. Un pays qui possède tant de trésors inappréciables a son avenir assuré«. Le Chancelier Dollfuss me répliqua avec un doux sourire et de soulagement que »heureusement nous avons cela«.
Les paroles éloquentes que votre illustre Chancelier Schuschnigg vient de prononcer à Rome en parlant de l'importance de la mission historique et culturelle de ce beau pays, confirment justement ma pensée et elles me font une grande joie.
La musique et la médecine de Vienne – la première est la beauté spirituelle de l'homme et la seconde son salut corporel, toutes deux sont des éléments essentiels de la vie humaine – sont universellement reconnues comme les meilleures, Mais on ne sait pas encore apprécier à sa juste valeur la police fédérale, la police étant la clé de l'ordre de chaque pays sans lequel il est impossible d'avoir des progrès moraux et matériels des peuples. C'est là aussi que les qualités priment les quantités comme dans les autres domaines: la police autrichienne possède une élite d'officiers qui ont tous passé leur doctorat de droit, ce que l'on trouve rarement ailleurs; quant à l'organisation et à la technique,vous ne cedez rien à personne. L'Autriche a toujours sa mission historique et culturelle à remplir dans le monde. Voilà la grandeur et la gloire de votre noble patrie.

84 *Verabschiedung zweier chinesischer Polizeioffiziere in der Marokkanerkaserne,* in: *Öffentliche Sicherheit,* Nr. 2 aus 1938. Etwas vorher – am 3. August 1937 – war der chinesische Heeresoberleutnant Dai Sun-yi, der seit November 1934 die Einrichtungen der Bundespolizeidirektion Wien studiert und die Polizeioffiziersakademie besucht hatte, nach China abgefahren, um an der Zentralschule für Polizeioffiziere in Nanking eine leitende Stelle einzunehmen. In einem mit 14. Oktober 1937 datierten Brief an Staatssekretär Dr. Skubl schrieb er unter anderem: ». . . Euer Exzellenz haben mir und meinen Landsleuten durch die in hochherziger Weise ermöglichte Studienreise durch Österreich den größten Teil des österreichischen Gebietes vor Augen geführt, und ich darf versichern, daß die Erinnerungen an diese Fahrt zu den schönsten meines Lebens gehören. Ich werde das schöne Österreich, das schöne Wien, und die Wiener Polizei und insbesondere die Marokkanerkaserne nie vergessen. Indem ich Ihnen, Euer Exzellenz, die Gefühle meiner Dankbarkeit zum Ausdruck bringe, darf ich bekunden, daß ich all das polizeiliche Fachwissen, das ich mir in Wien angeeignet habe, in den Dienst der chinesischen Polizei stellen und so Wiener und österreichisches Polizeiwesen nach China verpflanzen werde . . .« – Ebd.

Anzumerken wäre vielleicht auch noch, daß im September 1935 ein Abgesandter der Stadtverwaltung von Qingdao (Tsingtau) namens Li Xiongfei (Li Hsiung-fei), der mit dem Studium verschiedener Einrichtungen in Europa betraut war, bei der Wiener Polizeidirektion vorgesprochen hatte, welche ihm auf seinen Wunsch Einblick in die Organisation des österreichischen Sicherheitsdienstes und der Polizeidirektion Wien gegeben hatte. – Vermerk des Bundeskanzleramtes vom 16. November 1935, HHStA, Neues Pol. Arch. / 605.

85 Bundesministerium für Heereswesen an die chinesische Gesandtschaft in Wien am 3. August 1931, HHStA, Neues Pol. Arch. / 606.

86 Bundeskanzleramt – Auswärtige Angelegenheiten an Bundesministerium für Heerwesen am 29. August 1931, HHStA, Neues Pol. Arch. / 606. Anzumerken wäre noch, daß 1932 noch der chinesische Hauptmann Huangtao als außerordentlicher Hörer in die Offiziersakademie aufgenommen wurde. – Bundesministerium für Heerwesen an Heeresinspektorat und Bundeskanzleramt (Auswärtige Angelegenheiten) am 11. April 1932, HHStA, Neues Pol. Arch. / 606.

87 Im Namen des Bundesministers für Heerwesen, Schiebel, General der Infanterie an das Bundeskanzleramt – Auswärtige Angelegenheiten am 21. Oktober 1931, HHStA, Neues Pol. Arch. / 606.

88 Ebd.

89 Verbalnote der chinesischen Gesandtschaft in Wien an das Bundeskanzleramt – Auswärtige Angelegenheiten vom 25. Januar 1934, HHStA, Neues Pol. Arch. / 606.

90 Entfällt.

91 Halbjahresbericht über die chinesischen Offiziere an das Heeresinspektorat, der noch einen Zusatz vom 24. März 1933 trägt: »Ich habe gelegentlich meiner Besichtigung der Schule den gleichen Eindruck gewonnen. Schilhawsky, Generalmajor.« – HHStA, Neues Pol. Arch. / 606.

92 Mitteilung von Frau Dir. Edeltraut Rotter.

93 Österreichische Gesandtschaft in Berlin an chinesische Gesandtschaft in Berlin am 5. November 1928, HHStA, Neues Pol. Arch. / 605.

94 Bundeskanzler Schober an Zhu Jiahua am 30. Januar 1930, ebd.

95 Bundesamt für Eich- und Vermessungswesen an Bundeskanzleramt (Auswärtige Angelegenheiten) am 27. Juli 1934, HHStA, Neues Pol. Arch. / 606.

96 Vizekonsul Kelen von Shanghai an Bundeskanzleramt (Auswärtige Angelegenheiten) 6. August 1934, ebd.

97 Österreichische Gesandtschaft Berlin an Bundeskanzleramt (Wanderungsamt) am 4. Oktober 1932, ebd. Lee Chia-siang könnte mit dem Österreich-Maturanten Li Jiaxiang ident sein.

98 Zur Schilderung des Besuches der chinesischen pädagogischen Mission siehe Bundesministerium für Unterricht an Bundeskanzleramt (Wanderungsamt) am 15. Dezember 1935, HHStA, Neues Pol. Arch. / 606 sowie »Vorläufiges Programm für den Besuch der chinesischen Mission zum Studium der Unterrichts- und Erziehungseinrichtungen«, ebd.

99 Chinesischer Geschäftsträger Dekien Toung an Bundeskanzleramt – Auswärtige Angelegenheiten am 26. Januar 1933, ebd.

100 Nach den *Annual Reports* der National Library of Peiping, 1930, S. 36; 1931, S. 33 f. Nach einem Bericht der Lazarist Press, Peiping, wurde die Bibliothek am 1. Juli 1931 für die Allgemeinheit geöffnet.

101 Verbalnote vom 21. Juni 1921, HHStA, Neues Pol. Arch. / 599.

102 Außenamt an chinesische Gesandtschaft am 8. Juli 1921, ebd.

103 *Der Wiener Bote – Illustrierter Kalender für Stadt- und Landleute auf das Jahr 1924*, Jg. 55, S. 126.

104 *Kronenzeitung* vom 18. und *Wiener Allgemeine Zeitung* vom 17. Januar 1931.

105 Ausgabe vom 17. Januar 1931.

106 Amtsvermerk des Bundeskanzleramtes vom 10. Februar 1931 mit einer beigelegten Stellungnahme des Bundespressedienstes vom 24. Februar 1931, HHStA, Neues Pol. Arch. / 599. Die vorher zitierte chinesische Note befindet sich im selben Faszikel.

107 Der Schriftverkehr darüber befindet sich sämtlich in Faszikel 599 des Neuen Politischen Archives im HHStA.

108 Amtsvermerk vom 1. Februar 1937:
VA 34.066-13/37
»Der Gefertigte wohnte am 29. Jan. d. J. der Vorführung des Filmes *So lebt China* in der Filmprüfstelle des Wiener Magistrates bei. Der Film, hergestellt von einer Züricher Firma, bringt eine unterschiedliche Reihe der verschiedensten Bilder aus China, die auf einer Filmexpedition aufgenommen wurden. Der Film entbehrt jeder aggressiven oder beleidigenden Tendenz. Es wird wohl in einzelnen Szenen das harte und primitive Leben des Reisbauern gezeigt, ferner wird auf den Opiumgenuß hingewiesen, doch alles in einer Form, die nicht gegen China gerichtet ist. Der Begleittext des Filmes betont sogar ausdrücklich die großen Bemühungen der chinesischen Regierung um die Verbesserung der Verhältnisse, so wird z. B. ausführlich die Originalaufnahme der Aushebung einer Opiumhöhle und die wegen Opiumgenuß zu Gefängnis verurteilten Raucher gezeigt. Es wird immer wieder auf die Höhe der uralten Kultur Chinas in sehr schmeichelhafter Weise hingewiesen. Der Film ist im übrigen ausgezeichnet gemacht und kulturell sehr wertvoll. Wenn sich jemand beschweren könnte, so wären das eher die Japaner, auf deren Raubpolitik in China mehrmals ausdrücklich hingewiesen wurde. Der Film wurde von der Filmprüfungskommission einstimmig genehmigt.«
Was in dem Bericht so lobend als Aktion der chinesischen Polizei geschildert wird, ist allerdings laut der Meldung des *Weltneuigkeitsblattes* eine Aktion der französischen Polizei gegen eine chinesische Opiumhöhle, wodurch sich die Tendenz der beschriebenen Szene anders darstellt.
Offenbar der selbe Beamte hat die Akten des Bundeskanzleramts mit einem Brief an Ministerialrat Erich Huber vom 2. August 1937 verziert, in dem er unter anderem folgendes ausführt: »Die Schreibereien des kleinen Chinesen sind nachgerade nur mehr als Frechheiten zu bezeichnen *(gemeint ist der chinesische Geschäftsträger – Anm. d. Aut.)*. Ebenso wie er es bei der Angelegenheit des Filmes *So lebt China* getan hat, so fuhrwerkt er jetzt auch bei allen höchsten Stellen ... Selbstverständlich können wir nicht jede Tatsachenschilderung aus China – die natürlich nicht immer nur Ehrenvolles für dieses Land zeigen kann – glatt unterdrücken, zumal es sich um erstklassige Filmproduktionen handelt. Im vorliegenden Fall ist der Film ein Erzeugnis der Tobis-Sascha, deren österreichisch-deutsche Konstruktion und Interessengemeinschaft ja bekannt sein dürfte. Trotzdem wurde die Polizeidirektion aufgefordert, ein besonderes Augenmerk bei der Zensurierung dieses Filmes walten zu lassen. Den Brief an Herrn Sektionschef Chavanne bzw. an den Herrn Bundeskanzler wollen Sie ruhig weiterleiten, bitte Sie aber beizufügen, daß seitens des Außenamtes alles ordnungsgemäß geschehen ist.«
Der offizielle Amtsvermerk des Außenamtes lautete aber erfreulicherweise anders als der oben zitierte Brief, der beweist, daß sich der betreffende mit der Materie gar nicht beschäftigt hatte. Sonst hätte er es unterlassen, eine historisch-romanhafte Handlung als Tatsachenschilderung zu bezeichnen. Vgl. dazu den Haupttext.

109 Amtsvermerk vom 5. August 1937, befindet sich wie alle anderen Materialien hinsichtlich der Korrespondenz bezüglich chinafeindlicher Filme in HHStA, Neues Pol. Arch. / 599.

110 Brief eines Dr. S. K. vom 19. April 1934:
»Hochverehrter Herr Bundesminister!
Ich möchte gerne Ihre gesch. Aufmerksamkeit auf zwei sog. Nachtlokale, und zwar das Ha-de-La und die Opiumhöhle, lenken und bitte Herrn Bundesminister, dafür Sorge zu tragen, daß diese zum Himmel schreienden Zustände abgeschafft werden. In beiden Lokalen, die ganz finster sind, wird von dort angestellten Freudenmädchen ganz offen Prostitution betrieben und in kleinen Nischen und Hängematten widernatürlicher Geschlechtsverkehr betrieben. Ich bin ein verheirateter Mann und kann mich daher nicht zu Gericht stellen, sonst würde ich gerne dieser Schmach öffentlich ein Ende bereiten. Es verkehren dort sehr viele halbwüchsige Burschen und kann man sich über die Folgen leicht ein Bild machen. Das gleiche Schreiben richte ich an S. Eminenz Herrn

Fürsterzbischof Dr. Innitzer und an den Herrn Bürgermeister von Wien, da die beiden Lokale sich rühmen, solche Beziehungen zu haben, daß ihnen nichts geschehen könne.« – HHStA, ebd.

111 Dienstzettel der Generaldirektion für die öffentliche Sicherheit an die Abteilung 13 pol. vom 6. Juni 1934, HHStA, Neues Pol. Arch. / 599. Vgl. auch den vertraulichen Bericht der Bundes-Polizeidirektion Wien an das Bundeskanzleramt – Auswärtige Angelegenheiten vom 7. Juni 1934, ebd.

112 Ansprache vom 29. März 1936 vor dem Sino-Österreichischen Komitee in Shanghai, HHStA, Neues Pol. Arch. / 606.

113 Otto Eibuschitz, *Memel und Shanghai,* Wien 1932; Gustav Kreitner, *Hinter China steht Moskau,* 2. Aufl. Berlin 1932. Derselbe verfaßte für das vorher angegebene Werk von Eibuschitz auch ein Nachwort. Die Prognose mit den Giftgasbomben findet sich bei Eibuschitz auf S. 16. 1933 veröffentlichte Eibuschitz in Wien unter dem Titel *Europa erwache! Sowjet-Asien droht* ein Buch, in das die Schrift *Memel und Shanghai* samt Nachwort Kreitners Eingang fand und in dem er seine Thesen weiter ausbaute.

114 Erscheinungsort Dresden, 232 Seiten.

115 Otto Mänchen-Helfen, *Drittel der Menschheit,* Berlin 1932, S. 190.

116 Hugo Huppert, *Poet der Reportage,* in: Egon Erwin Kisch, *Abenteuer in fünf Kontinenten,* Wien 1948, S. 9.

117 Egon Erwin Kisch, *China geheim,* in: Egon Erwin Kisch, *Gesammelte Werke in Einzelausgaben,* III, Berlin 1961, S. 542.

118 Entfällt.

119 Entfällt.

120 Egon Erwin Kisch, *China geheim,* S. 602 f.

121 Im Zusammenhang mit dem politischen Engagement Holitschers sei angemerkt, daß er 1922 mit der Wolga-Delegation der Arbeiterhilfe nach Sowjetrußland reiste (Arthur Holitscher, *Reisen,* Potsdam 1928, S. 166) und 1927 einer von der Sowjetregierung eingeladenen internationalen Delegation zur Teilnahme an den Feiern zum 10. Jahrestag der Oktoberrevolution angehörte. Dabei traf er auch mit Madame Sun Yatsen und Borodin zusammen. Beim Kongreß der Freunde der Sowjetunion, welcher damals in Moskau stattfand, saß Holitscher gemeinsam mit Madame Sun Yatsen, Frau Krupskaja, Barbusse und anderen im Präsidium. (ibd., S. 278).

122 Arthur Holitscher, *Das unruhige Asien,* Berlin 1926, S. 220.

123 Holitschers Schreibung ist »Tschang Kai-schek«.

124 Arthur Holitscher, *Das unruhige Asien,* S. 209.

125 Ebd., S. 222.

126 Ebd., S. 208.

127 Ebd., S. 218.

128 Ebd., S. 222 f.

129 Colin Ross, *Das Fahrten- und Abenteuer-Buch,* Berlin 1930, S. 226.

130 Colin Ross, *Die Welt auf der Waage,* Leipzig 1929, S. 74.

131 Colin Ross, *Das neue Asien,* 7. Auflage, Frontbuchhandelsausgabe für die Wehrmacht, Leipzig 1944, S. 13.

132 Colin Ross, *Die Welt auf der Waage,* S. 54–56.

133 Herbert Tichy, *Zum heiligsten Berg der Welt,* 5. Aufl., Wien 1953, S. 11.

134 Ebd., S 12.

135 Max Reisch, *Transasien,* Leipzig 1939, S 17.

136 Ebd., S. 164 f.

137 Ebd., S. 169.

138 Ebd., 170–198.

139 Alice Schalek, *Japan, das Land des Nebeneinander – Eine Winterreise durch Japan, Korea und die Mandschurei,* Breslau 1925, S. 361.

140 Ebd., S 377.

141 Alma M. Karlin, *Einsame Weltreise – Die Tragödie einer Frau,* Minden – Berlin – Leipzig, 1930, S. 224.

142 Gero von Wilpert, *Deutsches Dichterlexikon,* 2. Aufl. Stuttgart 1976, S. 431.

143 1938 legte Bernatzik sein Werk *Die Geister der gelben Blätter* (München) vor, das unter anderem auch in China heimische Minoritäten beschreibt. Das Buch geht auf 1936 / 37 gemeinsam mit der Frau Bernatziks durchgeführte Feldforschungen in den »Rückzugsgebieten« Südostasiens zurück. Das gilt auch für das Werk *Akha und Meau,* 2 Bde., Graz 1947. In der von Bernatzik im Bibliographischen Institut, Leipzig 1939, herausgegebenen *Großen Völkerkunde,* Teil Asien, bearbeitete er selbst die auch in China als Randvölker lebenden hinterindischen Völker, während Hochasien (Mongolen, Tibeter) vom Wiener Universitätsprofessor Dr. Robert Bleichsteiner und Ostasien von Dr. Alexander Slawik (siehe das Rosthorn gewidmete Kapitel) bearbeitet wurden.

144 Wien – Hellerau, 1922. 1943 veröffentlichte Diez noch in Berlin – Wien – Leipzig sein Werk *Entschleiertes Asien,* in dem er auch auf die älteren Perioden der Geschichte der chinesischen Kultur eingeht. Im selben Jahr erschien in Wien unter dem Titel *Shan Shui* sein Werk über die chinesische Landschaftsmalerei.

145 Sidonie Förster-Streffleur, *Was Li-Pao-Ting erzählt,* Wien 1924. Die Autorin hatte sich mehrere Jahre in China aufgehalten. Ihr oben zitiertes Buch fand den Beifall des chinesischen Gesandten in Wien, Y. L. Hwang: »Da unsere Sagen und Märchen wegen der Entfernung des Landes und der Verschiedenheit der Sprachen wenig bekannt sind, freue ich mich, sie durch die Erzählungen des Li-Pao-Ting den Europäern näher gebracht zu wissen.« Ebd. S. 7. Die Autorin veröffentlichte später auch noch *Die Lotosblume vom Hoangho,* Wien 1947.

146 Hans Rudelsberger, *Altchinesische Liebeskomödien,* Wien 1923.

147 Otto Wolfgang, *Die Porzellanpagode – Nachdichtungen chinesischer Lyrik,* Buchausstattung mit Originalsteinzeichnungen von Viktor Leyrer, Wien 1921.

148 Zur Stellung Ehrensteins in der Literatur siehe Jörg Drews, *Die Lyrik Albert Ehrensteins – Wandlungen in Thematik und Sprachstil von 1910 bis 1931 – Ein Beitrag zur Expressionismus-Forschung,* München 1969 (Diss.).

149 *Das Liederbuch Chinas,* Leipzig-Wien-Zürich 1922; *China klagt – Nachdichtungen revolutionärer chinesischer Lyrik aus drei Jahrhunderten,* Berlin 1924; *Pe-lo-thien,* Berlin 1923. Vgl. auch seine 1927 unter dem Titel *Räuber und Soldaten* veröffentlichte auszugsweise Übersetzung des *Shuihu.*

150 Drews, a. a. O., S. 60.

151 Ebd., S. 123, 219.

151a Chuan Chen, *Die chinesische schöne Literatur im deutschen Schrifttum* (Diss.) Kiel 1933.

152 Paul Raabe (Hrsg.), *Franz Kafka – sämtliche Erzählungen,* Frankfurt 1970, S. 400, 404.

153 Ebd., S. 296, 138. Den Hinweis auf dieses Werk Kafkas verdanken die Autoren Herrn Dr. Wolfgang Ruppert.

154 Mitteilung von Dr. Reinhard Urbach, dem die Autoren auch für den Hinweis auf Arthur Schnitzlers Fragment *Boxeraufstand* dankbar sind.

155 Mit dem Hinweis auf den kaiserlichen Befehl, daß kein Pardon gegeben werde, ist Kaiser Wilhelm bezeichnet.

156 Arthur Schnitzler, *Boxeraufstand,* in: *Die erzählenden Schriften,* Bd. 1, Frankfurt 1961, S. 545.

157 Ebd., S. 546.

158 Ebd., S. 547 f.

159 Entfällt.

160 Siehe Anmerkungen 145–149.

161 Oskar Kokoschka illustrierte *Die chinesische Mauer* von Karl Kraus. Unter den Werken von Leopold Krakauer (Expressionist), geb. 1890 in Wien (*Allg. Lexikon d. bildenden Künstler,* Bd. 21, Leipzig 1937, S. 409; Elijahu Rappeport, *Der Expressionist Leopold Krakauer,* in: *Der Jude,* Jg. 4, 1919/1920, S. 347–378) findet sich eine »chinesische Landschaft«.

162 F. Michl brachte 1925 bei der Gesellschaft für vervielfältigende Kunst in Wien ein Heft mit sechs Holzschnitten heraus, dem er den Titel *Aus dem Fernen Osten* gab. Die

Themen: »Straße am Basar in Wladiwostok«, »Marktszene«, »Japanerinnen bei der Toilette«, »Chinesischer Stempelschneider «, »Japanerinnen beim Tee«, »Chinesische Lastträger am Hafen von Waldiwostok«. Erwin Lang veröffentlichte 1922 im Haybach Verlag in Wien unter dem Titel *Hoffnung auf China* ein teilweise von ihm illustriertes Werk, das er seinem Freunde Richard Wilhelm widmete. Von seiner Hand stammen die Zeichnung *Chinesischer Student,* und die Holzschnitte *Der Vogelliebhaber* und *Bildnis des Herrn Lau Jü Chin.* Die Holzschnitte dienten nicht nur der Buchillustration, sondern wurden auch einzeln aufgelegt.

163 Katalog der Ausstellung ostasiatischer Kunst im Österreichischen Museum für Kunst und Industrie, April–Juni 1922, hrsg. von Dr. Ernst Diez und Dr. Melanie Stiassny, Wien-Berlin-Leipzig-München, 1922.

164 Melanie Stiassny, *Ostasiatische Kunst am Wiener Markt,* in: *Belvedere,* Heft 65, Mai 1928, S. 116 ff.

164a Herbert Fux, *Japan im Österreichischen Museum für angewandte Kunst – ein historischer Rückblick 1864–1974,* in: *Japan-Foschung in Österreich,* hrsg. von Josef Kreiner u. a., Wien 1976, S. 160.

165 Vgl. den von Melanie Stiassny verfaßten Katalog.

166 Text der Rede des chinesischen Geschäftsträgers, HHStA, Neues Pol. Arch. / 606.

167 Katalog der CXI Ausstellung der Vereinigung bildender Künstler Wiener Sezession: *Chinesische Malerei – Japanische Holzschnitte,* 15. März – 21. April 1930.

168 Ebd.

169 Siehe Katalog.

170 *Sammlung Baron Eduard von der Heydt, Wien, – Ordos-Bronzen, Bronzen aus Luristan und dem Kaukasus, Werke chinesischer Kleinkunst aus verschiedenen Perioden,* bearbeitet von Viktor Griessmaier, Wien 1936, veröffentlicht als Sonderpublikation zum zehnjährigen Bestand des Vereines der Freunde asiatischer Kunst und Kultur in Wien.

170a Siehe Katalog.

171 Herbert Fux, a. a. O., S. 164.

172 Ebd.

173 Bericht von Honorar-Generalkonsul Paul Bauer aus Tianjin an das Bundeskanzleramt – Auswärtige Angelegenheiten, 4. März 1937, HHStA, Neues Pol. Arch. / 606.

174 Siehe Katalog.

175 Erstellt nach den Mitteilungen der Wiener Urania; einzelne Jahre konnten wegen des Fehlens der Hefte in der Ablage der Urania nicht erfaßt werden.

1918: *Die Reisen des Venezianers Marco Polo* (Prof. Dr. Friedrich Umlauft)
Dschuang-tse, ein chinesischer Philosoph (Univ.-Doz. Dr. Viktor Kraft)

1919: Unterlagen fehlen

1920: *Durch unerforschte Gebiete Hinterindiens und Chinas* (Anton K. Gebauer) mit vier Wiederholungen
Chinesische Weltanschauung (August Trojan)
Mathematik der Ägypter, Inder und Chinesen (Prof. Dr. Karl Haas)

1922: *Einführung in die chinesische Philosophie: Lao Tse, Taoismus, Dschwang Dsi, Taotekin, Zusammenhänge und Gegensätze zum Christentum* (Dr. Franz Spunda)
Ostasiatische Malerei – Das erzählende Bild in China und Japan (Dr. Wilhelm Cohn, Berlin)
Laotse, Buddha, Christus (Univ.-Doz. Dr. Oskar Ewald)
Das Hochland von Yünnan und SW-Setschuan (Dr. Heinrich Handel-Mazzetti)
Das Hochgebirge von NW-Yünnan und das tibetisch-birmanische Grenzgebiet (Dr. Heinrich Handel-Mazzetti)
Guidschou (Kweitschiu) und Hunan (Dr. Heinrich Handel-Mazzetti)

1923: *Meine Reise durch Zentralasien, Rußland, Kaukasien* und *Persien (1922)* (Dr. Colin Ross)
Eine Filmreise durch Zentralasien (Dr. Colin Ross)

Der Einfluß Ostasiens auf die Kultur des Abendlandes (Dr. Melanie Stiassny)
Ostasien – im Rahmen der kunsthistorischen Vortragsreihe (Dr. Melanie Stiassny)
Im Herzen Asien (Dr. Hermann Consten, Bad Blankenburg)

1924: Wiederholungen der Vorträge Handel-Mazzettis

1925: fehlt

1926: *Als Kuli ins Verbotene Land – Reise des englischen Forschers MacGovern* mit Film, Lichtbildern und Musik (Univ.-Doz. Dr. Robert Bleichsteiner), sechs Wiederholungen
Reise um die Erde (Colin Ross)
Die Leuchte Asiens – Buddhas Weg aus der Welt ins Nirwana – Film
Als Kaufmann in der Mongolei (Wolfgang Karl Brandauer)
Die Seele des Ostens – Nachdichtungen japanischer und chinesischer Texte (Max Stein)
Ahnenkult im alten China (Dr. Melanie Stiassny)
Bergwanderungen in China, Korea, Japan (Univ.-Doz. Dr. Albert Fuchs)
Vortragsreihe China:
Gestaltungsgeschichte Chinas (Univ. Prof. Dr. L. Kober)
Die Pflanzenwelt (Kustos Dr. Heinrich Handel-Mazzetti)
Die Tierwelt (Univ.-Prof. Dr. Fr. Werner)
Die Landschaften (Dr. Otto Lehmann)
Die Menschenrassen (Dr. Josef Weninger)
Völkerkunde (Dr. Theodor Broering)
Die Religionen (Doz. Dr. D. Bleichsteiner)
Die Geschichte (Dr. Otto Mänchen-Helfen)
Die Kunst (2 Teile) (Dr. Melanie Stiassny)
Die weltwirtschaftliche Bedeutung (Dr. Hermann Leiter)
Chinesisches Volksleben (Dr. Theodor Broering, St. Gabriel)

1927: *Chinesischer Getreideanbau – 4000 Jahre chinesische Naturbeobachtung* (Ing. Bruno Leinweber)
China und die Sowjetunion (Dr. Otto Mänchen-Helfen)
Hexenkessel China – russischer Film, interpretiert von Reinhard Augustin, Mödling, viele Wiederholungen
Das Leben in Shanghai – mit Lichtbildern vom internationalen Settlement (M. Kars)
Reise um die Erde (Colin Ross)
Der Kampf um China – Arbeiterschaft, Gilden, Sun Yat-sen ... (Dr. Fritz Wertheimer, Deutsches Auslandsinstitut in Stuttgart)
Die Frau in Ostasien – mit 120 farbigen Lichtbildern (Alice Schalek)

1928: fehlt

1929: *Om mani padme hum* – Tibetfilm (Dr. Wilhelm Filchner)
Das erwachende Asien (Dr. Albert Lauterbach)
Bei den Kopfjägern auf Formosa (Dr. Walter Beyer, Berlin)
Mit Sven Hedin durch Asiens Wüsten (eine Wiederholung)

1930: *Die Ostasiatische Kunstsammlung A. Förster* (Führung durch Dr. Melanie Stiassny)
Der Kampf um Mandschurei und Mongolei, mit Lichtbildern (Dr. Fritz Wertheimer, Stuttgart)
Mit Sven Hedin durch Asiens Wüsten (Dr. Walter Beyer, Berlin)
Die Leuchte Asiens, Film (Karoline Halatschka)
Chinesische Landschaftsgärten, mit Lichtbildern nach eigenen Aufnahmen (Dr. Florence Ayscough)
Drei Vorträge über chinesische Kunst von Dr. Melanie Stiassny
Wunder des Ostens, Film (Hürlimann)
Der Fluß Yangtsekiang im Geistesleben der Chinesen, mit Lichtbildern (Dr. Florence Ayscough)

Om mani padme hum, Film (Dr. Wilhelm Filchner).
In den Hochgebirgen und Wüsten Zentralasiens (Dr. Emil Trinkler, Berlin)
Wanderungen und Erlebnisse in Nordchina, mit Lichtbildern (Doz. Dr. Arnold Pillat)

1931: *Zyklus: Einführung in die Betrachtung asiatischer Kunstdenkmäler* (Univ.-Ass. Dr. Leopold Speneder)
Chinesische Dichtungen in Vers und Prosa, u. a. nach Rückert, Wilhelm, Klabund, Bethge und Ehrenstein (Franz Zusanek).
Werke asiatischer Kunst in Wiener Museen (Dr. Kurt Blauensteiner)
Wanderungen durch China (Univ. Prof. Dr. Adalbert Fuchs)

1932: *Die Seele Asiens* (Dr. Werner Zimmermann, Schweiz)
Rätsel Ostasien – der japanisch-chinesische Konflikt und seine weltpolitische Bedeutung (Dr. Paul Rohrbach, München)
Die Mandschurei (Forstrat Georg Fenzel)
Buddha in der Kunst des Ostens (Dr. Melanie Stiassny und Dr. Leopold Speneder)
China und die Chinesen – zum Verständnis der Ereignisse im Fernen Osten (Obereisenbahnrat Ing. Jakob Piegl, als Berater der chinesischen Nationalregierung längere Zeit in Nanking, Kanton und Shanghai gewesen)
China und Japan als Gegensätze (Alma M. Karlin)
Führung durch die Ausstellung ostasiatischer Malerei und Graphik in der Albertina (Dr. Melanie Stiassny)

1933: *Krieg in China,* Film (Rikli)
Verschollene Kulturen Asiens, gemeinsam mit dem Verein der Freunde asiatischer Kunst und Kultur in Wien (Dr. Leopold Speneder)
Kolonialkulturen Chinas vor 2000 Jahren (Univ.-Ass. Dr. Viktor Griessmaier)
Asiens nationales Erwachen (Dr. Paul Rohrbach, München)

1934: *Monumentalbauten in China und Japan* (Dr. Fritz Novotny)
Eine Wienerin unter Pagoden und Wolkenkratzern, 100 Lichtbilder (Gretl Brandl – die Tochter des Beraters für Wasserbau Ing. Brandl, Anm. d. A.)

1935: *Frau und Göttin in der Kunst des Orients (China)* (Dr. Melanie Stiassny)
Peking – Stadtbild und Bauten (Univ.-Prof. Dr. Ernst Diez)
Ein achtjähriger Kampf um Asien, mit Lichtbildern (Sven Hedin)

1936: *Die Ausstellung chinesischer Kunst in London* (Dr. Marguerite Kaufmann)
Geheimnisvoller Ferner Osten, mit Lichtbildern (Edgar von Hartmann)
Als Schiffsjunge in den Fernen Osten (Dipl.-Ing. Walter Urbanek)
Zum heiligsten Berg der Welt – als Pilger verkleidet ins verbotene Tibet (Herbert Tichy)
Asien rückt näher – Pionierfahrt Wien–Shanghai im Auto (Max Reisch)
So lebt China, Film der schweizerischen Praesens

1937 *Chinesische Landschaftsmalerei* (Univ.-Prof. Dr. Ernst Diez)
Das moderne China, mit Lichtbildern (Dr. Theodor Broering)
Um Mandschurei und Mongolei (Konsul Dr. Fritz Wertheimer, Stuttgart)

1938: *Der Konflikt in Fernost* (Gesandter a. D. Univ.-Prof. Dr. A. Rosthorn)
Krieg in China (General d. Infanterie d. Res. Otto Wiesinger)
Im Hochgebirge von Chinesisch-Tibet, Lichtbilder (Prof. Dr. Ed. Imhof, Zürich)
(Ab April auch NS-Propaganda: *Großmacht Japan*)
Im Zauber der Tropen Asiens – Formosa, Südchina, Singapur (Dr. Leopold Scheidl)
Jabonah-Jabonah, auf Asiens Karawanenstraßen (Degeto-Film)

176 Becher-Helmer, *Erdkunde* – Dritter Teil, Wien 1934, S. 30–33.

177 A. Zeehes, *Lehrbuch der Geschichte für die oberen Klassen der Mittelschulen,* Vierter Teil, 7. Aufl., Wien 1930, S. 54 f., 57, 92.

178 *Heimat und weite Welt,* Lesebuch für die zweite Klasse der Hauptschulen, hrsg. von einer Lehrerarbeitsgemeinschaft, Wien 1938, S. 181. Für Sympathien in Richtung der

Chinesen warben im selben Buch auch chinesische Sprichwörter und eine Legende aus dem Eroberungskrieg Japans in China. S. 182 f.

179 Siehe z. B. die Sonderausgabe von *Das interessante Blatt,* März 1932: *Ein halbes Jahrhundert in Bildern,* das Strafexekutionen anläßlich des Boxeraufstandes in China brachte, oder den kleinen Wirtschafts- und Hauskalender für das Schaltjahr 1928, Jg. 52, S. 47, der ein Photo mit folgender Erklärung enthielt: »Die Fremdenviertel in Shanghai erhielten Stacheldrahtschutz, da die Engländer hier Aufstände der chinesischen Bevölkerung befürchteten.« Vgl. auch den Artikel der *Reichspost* vom 21. Oktober 1924, S. 3, *Eine fremdenfeindliche Bewegung in China.*

180 *Neues Wiener Tagblatt* vom 8. Juli 1923.

181 Heinrich Hemmer, *Die gelbe Großstadt – Das von England verlorene Hankau,* in: *Neues Wiener Tagblatt* vom 22. Januar 1927.

182 *Die Ruhestätte des Weltweisen – Am Grabe des Confucius,* in: *Volkszeitung* vom 11. Mai 1924.

183 *An den Pyramiden Chinas – Die Gräberstadt der Ming-Dynastie,* in: *Volkszeitung* vom 8. Juni 1924.

184 E. Kappenberg, *Die Umbildung Chinas,* in: *Die Reichspost* vom 8. Juni 1924, S. 31.

185 *China, das Wunderland,* in: *Meinl's Monatsschrift,* Jg. 17, Mai 1927, Nr. 5, S. 9.

186 *Der Reis, seine Bedeutung und sein Anbau,* ebd., Jg. 17, März 1927, Nummer 3, S. 6 f.; *Wissenswertes über Ingwer,* ebd., Jg. 17, Juli 1927, Nr. 7, S. 26; Heinrich Hemmer, *Teegeschichten,* ebd. Jg. 17, Oktober 1927, S. 6f. In dieser Nummer befinden sich auch noch andere Beiträge über Tee und seine Zubereitung.

187 Ebd., Weihnachten-Silvester 1927, S. 20.

188 S. 1.

189 *Das neue China – Besuch bei Chinas Staatskanzler Van Chinwey in Karlsbad,* in: *Wiener Journal,* 11. Februar 1933.

190 Vgl. z. B. die Berichterstattung der *Reichspost* zwischen dem 17. und dem 29. September 1931 (im wesentlichen eine kommentarlose Aneinanderreihung von Meldungen); weniger und kürzer waren die Meldungen in der *Kronenzeitung* (20., 22., 24. September), die Ausgabe vom 27. brachte neben Berichten über den grauenhaften Selbstmord eines Liebespaares sowie über die schwerste Wienerin und den kleinsten Wiener ein Bild des Himmelstempels, aber kein Wort zu den aktuellen politischen Ereignissen.

191 *Arbeiter-Zeitung* vom 20. September 1931, S. 4. Siehe auch die Ausgaben vom 19., 21., 22., 23., 24., 25., 28. und 30. September.

192 *Der Mann der Zwischenfälle – General Doihara, der Drahtzieher in Fernost,* in: *7-Tage-Blatt des Telegraf,* Nr. 16, 1. Jahrgang, Wien, 21. Juli 1937, S. 1. Vgl. dazu auch Warren Sailor, *Blaue Reiter gegen die Welt – Der Geheimbund mit dem Hundertjahrplan,* in: *7-Tage-Blatt des Telegraf,* 13. Oktober 1937, Jg. 1, Nr. 28, S. 1–3. Aus der Einleitung: ». . . Es ist ein Akt, ein blutiges Zwischenspiel, so wie es die Eroberung von Korea, die Besetzung Formosas, die Niederwerfung Rußlands, die Etablierung des ›selbständigen‹ Staates Mandschukuo war.«

193 Konsul Dr. Fritz Wertheimer, *Spannungen in Japan, Verarmungsprozeß in China,* in: *Wiener Wirtschaftswoche,* 9. März 1938, S. 7.

193a Vgl. z. B. die Meldungen der *Kleinen Volkszeitung* vom 19. und 20. Dezember 1935 über die Lostrennung Nordchinas und den Bericht der *Wiener Neusten Nachrichten* vom 15. November 1937 über den japanisch-chinesischen Krieg.

194 *Kronenzeitung* vom 14. Dezember 1936, S. 9.

195 Joe Chalmers, *Tsingtau – wieder einmal japanisch,* in: *7-Tage-Blatt,* Jg. 2, Nr. 3, 19. Januar 1938, S. 2.

196 *Illustrierter Universalkalender für das Jahr 1921,* Winterberg-Wien-New York, S. 110.

197 *Neue Freie Presse* vom 13. Dezember, S. 6, 14. Dezember S. 1, 15. Dezember, S. 1, 16. Dezember, S. 1, 17. Dezember S. 1, 18.–20. Dezember S. 1, 22. Dezember S. 1, 23. Dezember S. 1, 25. Dezember, S. 5, 28. Dezember, S. 2.

198 *Neues Wiener Tagblatt* vom 13.–14. Dezember, S. 1, 18. Dezember, S. 3, 19.–21. De-

zember, S. 1, 22. Dezember, S. 2, 23. September, S. 2, 24. und 25. Dezember, S. 1, 28. Dezember S. 2, 31. Dezember S. 1.

199 Johannes Thaurer, *Der österreichische Anteil der Orden am Missionswerk der Kirche,* Wien 1950, S. 61.

200 Peter Schmitz, SVD, *Der Bolschewismus in China,* Wien 1931, S. 75.

201 *Wochenpost* (Eigentum der SVD) vom 14. Dezember 1930, S. 322.

202 Ebd., 8. März 1931, S. 712.

203 Paul Schebesta, *Die Mission im Kampfe mit der Heidenwelt,* Wien 1931, S. 11.

204 August Zmarzly – Alois Macheiner, *Georg Froewis SVD – 40 Jahre Missionar im Umbruch Chinas,* Wien 1960, S. 251.

205 Die vom Schulbuch gekürzt wiedergegebene Stelle lautet: »Der Chinese ist ein sympathischer, lieber Mensch, soweit ich natürlich nicht an den Richtplatz vor dem Westtore denke. Aber schließlich hat maches Ding seinen Abschaum und schon besser renommierte Völker ihr Westtor, warum nicht auch das Vierhundertmillionenvolk Chinas?« – Petrus Klotz, *Unter Tempeln und Pagoden,* Freiburg i. B. 1929, S. 140.

206 Amtsvermerk des Bundeskanzleramtes vom 10. Dezember 1936, HHStA, Neues Pol. Arch. / 599 / I / 3.

207 *Wiener Journal* vom 11. Februar 1933.

208 HHStA, Neues Pol. Arch. / 606.

209 Er wurde vom österreichischen Konsul als solcher angesprochen. – Siehe *Ansprache des österreichischen Konsuls H. L. Ockermüller vor dem Sino-Österreichischen Kultur-Komitee am 29. März 1936,* HHStA, Neues Pol. Arch. / 606.

210 *North China Daily* vom 30. März 1936 sowie die chinesischsprachige *Xinbao* gleichen Datums.

210a Vgl. dazu ein österreichisches Werk mit biographischen Daten berühmter Zeitgenossen: Árpád Keitner, *Menschen und Menschenwerke* (deutsch / englisch / französisch), Bd. 1 1924, S. 317, *Hwang, Yungliang* – ab 1920 in Wien akkreditiert, danach Delegierter beim Völkerbund; Bd. 2: S. 446, *Yen, Williams Weiching,* vorher im diplomatischen Dienst, 1920–22 Außenminister, ab 1922 Ministerpräsident. Bd. 3: S. 529, *Tsai, Yuan Pey,* Rektor der Nationalen Universität in Peking.

211 Ai Qing liebte besonders Schnitzlers *Beatrice* (mündliche Mitteilung des Dichters an die Autoren), außerdem wurden bis heute folgende Werke Artur Schnitzlers ins Chinesische übersetzt: *Frau Berta Garlan* (1932), *Frau Beate und ihr Sohn, Fräulein Else, Therese, Leutnant Gustl, Der einsame Weg, Sterben, Liebelei, Der Reigen, Der grüne Kakadu, Nibelungenlied.* Laut einer brieflichen Mitteilung des chinesischen Instituts für ausländische Literatur aus dem Jahre 1979.

212 *Zweigs Tragödie,* in: *Pekinger Volkszeitung* vom 21. Mai 1978.

213 Laut einer brieflichen Mitteilung des chinesischen Institutes für ausländische Literatur, Peking, aus dem Jahre 1979.

214 Ebd.

215 Gero von Wilpert, *Deutsches Dichterlexikon,* 2. Aufl., Stuttgart 1976, S. 788.

216 Siehe Anmerkung 213

217 Berühmtester chinesischer Dichter der Zwischenkriegszeit und dieses Jahrhunderts.

218 Der zweite Teil lautet aus dem Chinesischen rückübersetzt:
»Dies Feuer ist keinesfalls für den Wettkampf der Drachenboote zur Trauerfeier.
Es steigt und tanzt auch keinesfalls für Buddha und Jesus
So ein heißes Feuer ist das bleibende Denkmal für Freiheit und Hunger: China brennt.«
Die Unterlagen wurden den Autoren im Wege über die chinesische Botschaft in Wien vom Lu-Xun-Museum in Shanghai zur Verfügung gestellt.

219 Bei der Verabschiedung chinesischer Polizeioffiziere im Oktober 1937 ist auch ein Musikakademiker namens Hong zugegen gewesen. – *Öffentliche Sicherheit* Nr. 2, 1938.

220 Bericht über das Konzert von Prof. Robert Pollak vom 24. März 1934 in Shanghai, Konsul Ockermüller an Bundeskanzleramt – Auswärtige Angelegenheiten am 23. April 1934, HHStA, Neues Pol. Arch. / 606.

221 Fritz Bornemann, *Ars Sacra Pekinensis – Die chinesisch-christliche Malerei an der Katholischen Universität (Fu Jen) in Peking,* St. Gabriel, Mödling bei Wien, 1950.
222 *Wiener Kurier* vom 18. Mai 1951.
223 HHStA, Neues Pol. Arch. / 606.
224 Obmann Medizinalrat Dr. Brüll.
225 Österreichischer Auslandsbund an Bundeskanzleramt – Auswärtige Angelegenheiten am 6. Juli 1935, HHStA, Neues Pol. Arch. / 606.
226 Ebd.
227 An Dr. Schöner (pol. Abt. des BKA. – Auswärtige Angelegenheiten) gerichtete Stellungnahme des Kammerkonsulenten Alexander Max Vallas, undatiert, HHStA, Neues Pol. Arch. / 606: »Erfahrungsgemäß – die Beispiele in Albanien (Tirana), Argentinien (Buenos-Aires), Brasilien (Sao Paulo) und möglicherweise an anderen Überseeorten – stellen sich allen propagandistischen Absichten Österreichs immer und immer wieder die austrophoben Tätigkeiten dortiger reichsdeutscher Vereinigungen entgegen, die, nach Berichten von dort lebenden Österreichern, ausschließlich als Werbezellen österreichfeindlicher Gesinnungen und Strömungen anzusehen sind . . .«
228 HHStA, Neues Pol. Arch. / 606.
229 Ebd.
230 Bundesministerium für Unterricht an Bundeskanzleramt – Auswärtige Angelegenheiten am 19. Oktober 1936, HHStA, Neues Pol. Arch. / 606.
231 Chinesisch-deutscher Kulturverband an Bundeskanzleramt – Auswärtige Angelegenheiten am 15. November 1935, HHStA, Neues Pol. Arch. / 606.
232 Interview mit dem ehemaligen Mitglied Prof. Wang Zhaoren am 15. Juni 1978.
233 Österreichisches Konsulat in Shanghai an Bundeskanzleramt – Auswärtige Angelegenheiten am 16. April 1936, HHStA, Neues Pol. Arch. / 606.
234 Ebd.
235 Ebd.
236 Aktenvermerk des Bundeskanzleramtes – Auswärtige Angelegenheiten, HHStA, Neues Pol. Arch. / 606.
236a Herbert Fux, a. a. O., S. 169
237 Victor Bauer, *Sinn und Aufgaben der chinesisch-österreichischen Kulturvereinigung,* Vortrag, gehalten am 19. November 1937, S. 3f.
238 HHStA, Neues Pol. Arch. / 406.
239 Amtsvermerk des Bundeskanzleramtes – Auswärtige Angelegenheiten vom 2. Dezember 1937, HHStA, Neues Pol. Arch. / 406.
240 Ebd.
241 Victor Bauer, a. a. O., S. 4.
242 Gespräch mit dem früheren Mitarbeiter Bauers und späteren österreichischen Botschafter Dr. Krahl am 26. Oktober 1976.
243 *Nachruf auf Exzellenz Arthur von Rosthorn,* gehalten in der Sitzung der österreichisch-chinesischen Kulturvereinigung vom 29. November 1946 von Univ.-Prof. Dr. A. Pillat (maschingeschriebenes Manuskript), S. 2.
244 HHStA, Neues Pol. Arch. / 605.
245 Brief des chinesischen Geschäftsträgers an den österreichischen Bundeskanzler vom 14. April 1937, HHStA, Neues Pol. Arch. / 599.
246 Nachlaß Prof. A. Pillat, Archiv der ÖGCF.
247 Ebd.
248 HHStA, Neues Pol. Arch. / 606.
249 Ebd. Siehe dort auch die Ergänzung vom 2. November 1925.
250 Die entsprechende Korrespondenz findet sich im HHStA, Neues Pol. Arch. / 606.
251 Siehe Anmerkung 245.
252 »In ernster Verfolgung dieser Absichten, unsere wechselseitigen Beziehungen zu pflegen, möchte ich den heutigen Anlaß benützen, um eine Anregung zu geben, die Sie mir hoffentlich nicht übel nehmen.

Da die chinesische Regierung bereits eine Gesandtschaft in Wien besitzt, so wäre es doch gewiß erwünscht, daß auch Österreich seine Gesandtschaft in China wieder ins

Leben ruft. Insbesondere würden wir es begrüßen, wenn Österreich der erste Staat wäre, dessen Gesandtschaft ihren Sitz in Nanking hat. Die anderen Mächte sind nämlich noch immer von den alten Ideen durchdrungen und haben ihre diplomatischen Vertretungen in Peiping, welche Stadt heute doch gar keine politische Bedeutung mehr besitzt. Daß Österreich bisher noch keine Vertreter außer den wenigen Konsulaten hier bestellt hat, ist uns wohl verständlich, aber es wäre doch gewiß zu begrüßen, wenn Sie einen offiziellen Beauftragten hier im Lande hätten, um die wirtschaftlichen und wissenschaftlichen Beziehungen und das Zusammenarbeiten auf diesen Gebieten zu pflegen. In dieser Hinsicht ist allerdings seit dem Herbst 1928 der zur Einrichtung eines Wasserbauamtes hierher gerufene Ministerialrat Ing. Ludwig Brandl eifrig und erfolgreich aus eigener Initiative tätig, wenn er auch bisher keinen offiziellen Auftrag seitens seiner heimatlichen Regierung hatte. Ministerialrat Brandl hat während seiner Anwesenheit uns und damit auch seiner Heimat schon manchen wertvollen Dienst erwiesen. Wenn nun auch die österreichische Regierung vielleicht vorläufig noch nicht die Absicht hat, eine mit allem offiziellen Beiwerk ausgestattete Gesandtschaft hier zu unterhalten, so wäre es doch zu wünschen, den zu unserer vollen Zufriedenheit und zur Ehre seiner Heimat auf verschiedenen Gebieten sich hier betätigenden Ministerialrat Brandl als offiziellen beauftragten Vertreter ihres Landes zu bestellen. Ich erwähne speziell seinen Namen, nicht nur, weil ich ihn persönlich kenne, sondern weil er durch seine Tätigkeit hier sich schon einen sehr guten Ruf, nicht nur Chekiang, sondern auch anderwärts, erworben hat. Alle Mitglieder der Zentralregierung in Nanking, welche in Chekiang weilten, haben von ihm einen sehr guten Eindruck mitgenommen, wobei ich nicht unterlassen will, zu betonen, daß er auch jederzeit, wo es irgend möglich war, für seine Landsleute hier eingetreten ist. Ministerialrat Brandl hat während der Zeit seiner Anwesenheit hier nicht nur auf seinem engeren speziellen Fachgebiete Wertvolles geschaffen, sondern hat uns auch in anderen Beziehungen sehr dankenswerte Dienst geleistet, während er gleichzeitig immer bestrebt war, seinen Landsleuten hier ein Feld der Tätigkeit zu eröffnen.

Ich würde daher glauben, daß Herr Ministerialrat Brandl derzeit der gegebene Vertreter ihrer Staatsangehörigen ist, da er das neue China so gut kennt und auch über vielfache starke Beziehungen verfügt. Wenn er auch nicht aus der berufsmäßigen Diplomatenlaufbahn hervorgegangen ist, so sollte das kein Hindernis für seine Bestellung sein. Österreich wird ja heute hier in Asien keine andere Außenpolitik betreiben, als trachten, hier ein wirtschaftliches Betätigungsfeld zu finden. Um dieses Ziel zu fördern, ist in erster Linie wissenschaftliche und wirtschaftliche Zusammenarbeit notwendig, um durch diese Zusammenarbeit gegenseitige Annäherung und gegenseitiges Vertrauen zu sichern.

Die geplante neue Industrialisierung Chinas kann in vielfacher Hinsicht Möglichkeiten bieten, welche heute vorhandene innere Schwierigkeiten Österreichs vielleicht beseitigen oder zumindest erleichtern helfen. Die richtige Erfassung und Beurteilung dieser Möglichkeiten erfordert bei unseren ganz anders gearteten Verhältnissen eine genaue Kenntnis unseres Volkes, seiner Bedürfnisse und seiner Anschauungen. Die Anpassung an diese Verhältnisse ist für den Europäer nicht leicht. Es wäre daher meiner Meinung nach nicht angebracht, sich bei diesem Anlaß auf einen allzustrengen bürokratischen Standpunkt zu stellen und einen österreichischen Gesandten nur aus der berufsmäßigen Diplomatenlaufbahn zu wählen.

Entschuldigen Sie, verehrter Herr Bundeskanzler, diese Meinungsäußerung mit meiner aufrichtigen guten Absicht, einen Vorschlag zu machen, von dem ich sicher bin, daß seine Ausführung wesentlich dazu beitragen würde, die guten Beziehungen zwischen unseren Ländern und Völkern zu entwickeln und zu befestigen.« – HHStA, Neues Pol. Arch. / 605.

253 Dienstzettel des Bundeskanzleramtes – Auswärtige Angelegenheiten vom 18. April 1931., ebd.

254 Vermerk von Gesandten Winterstein vom 23. April 1937, ebd.

255 »Sun Fo soll dem äußerst linken Flügel der Kuomintang angehören und als richtiger Kommunist anzusprechen sein. Hingegen hat Herr Ting-fu Tsiang in Gesprächen mit

den hiesigen Kollegen alle kommunistischen Velleitäten in bezug auf seine Person strikt abgelehnt, sich jedoch dahin geäußert, daß, wenn China nur mehr die Wahl bliebe, sich unter den hiedurch bedingten innerpolitischen Konzessionen Moskau in die Arme zu werfen oder vor Japan zu kapitulieren, er trotz allem noch letzteres vorziehen würde.« – HHStA, Neues Pol. Arch. 599 / VI / 1.

256 Zwischen dem 25. Juni und dem 28. Juni 1928. Sun war damals Verkehrsminister, weilte aber privat in Wien. – Bundespolizeidirektion Wien an Bundeskanzleramt am 28. Juni 1928, HHStA, Neues Pol. Arch. / 605.

257 Radiogramm der österreichischen Gesandtschaft in Moskau an Außenamt vom 16. Februar 1938, HHStA, Neues Pol. Arch. 599 / VI / 1.

258 Horst Eliseit, *Im Schatten des großen Drachen,* Berlin 1966, S. 357.

Zweiundzwanzigstes Kapitel

China-Kontakte von Vertretern der österreichischen Arbeiterbewegung

A. Im Rahmen der II. Internationale

Die Aktionen von Österreichern in bezug auf chinesische Fragen waren natürlich von der allgemeinen Linie der II. Internationale gegenüber den kolonialen und halbkolonialen Staaten wesentlich mitgeprägt. Diese Linie läßt sich so bezeichnen: Man war sich zwar der Probleme der Kolonien und weniger entwickelten Gebiete sehr wohl bewußt, aber der Erfolg bei den Versuchen, eine Verbindung zwischen der theoretischen Verarbeitung der Fakten (imperialistische Expansion usw.) und einem echten sozialistischen Einfluß herzustellen, hielt sich in Grenzen[1]. Der Asienreferent am Amsterdamer *Instituts für Sociale Geschiedenis*, Fritjof Tichelman, begründet diese Meinung folgendermaßen:

> Die Kolonialpolitik der Sozialdemokratie war eine abgeleitete Politik. Die Tatsache, daß die sozialistische Presse dieser Frage gelegentlich nicht wenig Aufmerksamkeit widmete, darf nicht dazu führen, zu vergessen, daß das ökonomische Interesse der Arbeiterklasse im nationalen Rahmen und auf kurzen Termin an erster Stelle stand, und in diesem Zusammenhang auch die ganze Innenpolitik. Danach kam die Außenpolitik, bei der auch wieder ökonomische Interessen am schwersten wogen. Erst dann, oder besser, erst innerhalb all dieser Beziehungssysteme läßt sich die Kolonialpolitik der Sozialdemokratie situieren. Eine Politik, die von Haupt und Rébérioux zu Recht als liberal und humanitär charakterisiert wird ... Die dritte Welt und die Kolonien blieben eine marginale Frage. Die Orientierung war eurozentrisch[2] ...

Diese Einstellung schuf für China-Kontakte der Sozialisten des klein und zum Binnenstaat gewordenen Österreich nicht die besten Voraussetzungen, doch sollten gerade im Rahmen der II. Internationale Österreicher bei der Behandlung von China betreffenden Fragen eine Rolle spielen.

Friedrich Wolfgang Adler wirkte von 1921 bis 1946 als Sekretär der II. Internationale und hielt in dieser Funktion Verbindung zu chinesischen sozialdemokratischen Gruppierungen. Dies scheint nicht immer leicht gewesen zu sein, da die Organisationsstruktur der chinesischen

Partner wenig entwickelt war und sie überdies eine Neigung zum Sektierertum zeigten. Der erste Kontakt kam im Jahre 1925 zustande. Mit Brief vom 27. April teilte Yang Kantao Friedrich Adler und Tom Shaw mit, daß die Sozialdemokratische Partei Chinas den Beitritt zur II. Internationale erwäge, und erbat Statuten und Materialien. Yang hatte dabei ein liniertes Blatt ohne Briefkopf verwendet und gab als Adresse Rue Blainville Nr. 5 in Paris an[3]. Adler schrieb am 5. Mai zurück und regte an, eventuell bei einer für 9. und 10. Mai 1925 angesetzten Exekutivsitzung zusammenzutreffen[4]. Im August und Oktober desselben Jahres sandte Yang an Adler noch mehrere Briefe[5], ohne daß dieser besonders reagiert hätte. Dieses mangelnde Interesse wird verständlicher, wenn man bedenkt, daß Yang in seinem Schreiben vom 14. August 1925 eine wahrscheinlich ohnehin schon stark übertriebene Mitgliederzahl von 3500 angab[6]. Diese Zahl ist von Adler rot unterstrichen worden. Am 3. Juli 1926 gab es dann wieder eine Anfrage eines Sekretärs dieser Partei, der Auskünfte über die Jugendinternationale haben wollte und eine knappe Antwort erhielt[7].

Dann scheint Adlers Interesse an den chinesischen Sozialdemokraten gewachsen zu sein. Auf einen unverbindlichen chinesischen Brief vom 8. Januar 1927[8], mit dem wieder einmal – die Abstände waren recht kurz – die Bestellung eines neuen Generalsekretärs (Wang Kien) bekanntgegeben wurde, antwortete Adler am 1. Februar 1927 und teilte mit, daß sich das Exekutivkomitee der Sozialistischen Arbeiter-Internationale am 12. und 13. Februar treffen würde. Im Rahmen der allgemeinen Erörterungen der Weltlage werde man auch über China sprechen. Dabei würde man gerne ein oder zwei chinesische Vertreter mit beratender Stimme zulassen[9].

Tatsächlich legte am 12. Februar 1927 Yang Kantao auf der Pariser Exekutivsitzung einen Arbeitsbericht seiner Partei vor und kündigte außerdem in seinem Referat an, man wolle offen kämpfen, »um die Lehre von Marx zu verbreiten und die proletarischen Kräfte in Übereinstimmung mit der Taktik unserer Sozialistischen Internationale zu organisieren[10]«.

Das stärkere Interesse Adlers an China-Kontakten mag mit dem fast zur gleichen Zeit abgehaltenen *Kongreß gegen koloniale Unterdrückung und Imperialismus* (Brüssel, 10. bis 15. Februar 1927) zusammenhängen, der von dem deutschen kommunistischen Reichstagsabgeordneten Willi Münzenberg initiiert worden war. Der Kongreß und die von Münzenberg 1926 gegründete *Liga gegen koloniale Unterdrückung* wurden von der Sozialistischen Arbeiter-Internationale als Instrumente des »bolschewistischen Einheitsfrontmanövers« gesehen. Der SAI lehnte es ab, sich dabei zu engagieren[11], dürfte aber andererseits die kommunistische Initiative zum Anlaß genommen haben, die eigenen Kontakte zur dritten Welt zu verstärken.

Daß zwischen mehreren chinesischen Gruppen, die unter dem Titel »sozialdemokratisch« auftraten, starke Fraktionskämpfe tobten, wurde

Adler gleich nach dem Auftreten Yangs auf der Pariser Exekutivsitzung der SAI vor Augen geführt. Am 14. Februar 1927 erhielt er – wohl nicht zufällig aus Brüssel – ein von Vertretern der Kuomintang, der Gewerkschaften und der Nationalarmee gezeichnetes Telegramm, welches Yang Kantao jegliche Legitimation absprach[12]. Adler sah die Notwendigkeit, mehr Informationen über China zu sammeln; er wandte sich am 17. Februar 1927 an das Chinesische Informationsbüro in London und bot die vom Sekretariat der Sozialistischen Arbeiter-Internationale herausgegebene *Internationale Information* zum Tausch gegen chinesische Bulletins an[13]. Am 23. Februar 1927 erfolgte eine positive Antwort aus London, welche die Zusendung des Informationsdienstes der Kantoner Kuomintang-Presseabteilung in Aussicht stellte. Wegen der inneren Krise der Kuomintang kam es aber zu keiner Entscheidung bezüglich einer Institutionalisierung ihres Verhältnisses zur SAI, wenn man sich auch darüber einig war, daß die SAI für die Befreiung Chinas und für die Arbeiterbewegung in China eintrete[14]. So blieb man auf die Kontakte zur Minipartei der chinesischen Sozialdemokraten angewiesen.

Am 8. Februar 1928 schrieb Adler wieder nach Paris und bot den chinesischen Genossen Finanzierungsmöglichkeiten durch den Matteotti-Fond an, wies aber gleichzeitig auf die bestehenden Unklarheiten hinsichtlich der Vertretungsbefugnis der chinesischen Funktionäre hin[15]. Die Antwort ließ auf sich warten. Erst am 29. August 1928 meldete sich wiederum Yang Kantao als »Internationaler Delegierter der Sektion China[16]«. Im Herbst wurde Adler gebeten, dem Direktor des internationalen Büros der ILO, der sich auf eine Reise nach Rußland, Japan, China und Indochina begab, zur Kontaktaufnahme eine Liste der Mitglieder der Sozialdemokratischen Partei Chinas zur Verfügung zu stellen[17]. Adler wandte sich am 23. Oktober 1928 an Yang[18], den aber der Wunsch nicht wenig in Verlegenheit gebracht haben dürfte. Mit Brief vom 9. November 1928 übermittelte er eine Liste, der Adler mit Recht den Vermerk »Mager!« beifügte. Bei drei der sechs angeführten Professoren der Volksuniversität in Chengdu, Sichuan, fehlten die Vornamen. Ansonsten hatte Yang bloß drei Mitglieder in Shanghai und eines in Nanking anzubieten[19]. Seine Organisation dürfte im Charakter eher einem intellektuellen Klub als einer Partei nahegekommen sein. Trotz dieses Gesichtsverlustes meldete sich Yang am 20. März 1929 unverdrossen als neuer Generalsekretär[20].

Wenig später hatte Adler wiederum Anlaß, Kontakt zu Yang zu suchen. Er wollte dessen Stellungnahme zu dem zwischen China und der UdSSR ausgebrochenen Konflikt um die Ostchinesische Eisenbahn und meinte in seinem Brief vom 24. Juli 1929: ». . . il sera certainement nécessaire de discuter cette question dans la séance de notre Comité Exécutif dimanche le 28 juillet à 10 heures du matin[21] . . .« Außerdem teilte Adler mit, daß Yang erwartet werde und für ihn ein Zimmer reserviert sei.

Doch die chinesischen Sozialdemokraten schienen gerade wieder

Fraktionskämpfe auszutragen. Am 8. August 1929 meldete sich Pi Yingling brieflich bei Adler und teilte ihm zwar nicht seine Adresse, wohl aber seine Berufung zum neuen Generalsekretär mit[22]. Verzweifelt erkundigte sich Adler am 19. August 1929 bei Yang nach der neuen Adresse der Vertretung der chinesischen Sozialdemokratischen Partei[23]. Parteichef Pi ließ am 29. Dezember wieder von sich hören, fragte, ob es etwas Neues gebe, und wünschte ein glückliches neues Jahr[24]. Doch nicht lange danach mußte er sein Amt wieder an Yang abgeben, der sich am 14. Januar 1931 abermals als Generalsekretär vorstellte[25].

Danach scheint die Korrespondenz eingeschlafen zu sein; jedenfalls fehlen weitere Hinweise. Als Japan 1932 in China Aggressionsakte setzte, dürfte aber noch ein Kontakt stattgefunden haben, denn Adler veröffentlichte in der *Internationalen Information* einen Aufruf des europäischen Vertreters der Sozialdemokratischen Partei Chinas *An die Arbeiter aller Länder*[26].

Dies war übrigens eine zweite – in ihrer Wirksamkeit über die oben angeführte Korrespondenz weit hinausgehende – Möglichkeit Adlers, auf chinesische Probleme aufmerksam zu machen. Im Rahmen seiner Redaktionstätigkeit für die *Internationale Information* gab er solchen Themen des öfteren breiten Raum. Nachdem in den ausländischen Settlements in China Arbeiterdemonstrationen blutig unterdrückt worden waren, schrieb Julius Braunthal in der *Internationalen Information* unter dem Titel *Die Ereignisse in China und die Arbeiterschaft:* »Die Ereignisse in China haben in den Reihen der internationalen Arbeiterklasse ein lebhaftes Echo gefunden. In einer großen Zahl von Ländern haben die politischen und gewerkschaftlichen Organisationen des Proletariats ihrer Solidarität mit den chinesischen Arbeitern Ausdruck gegeben.« Und Adler veröffentlichte im Anschluß daran einen Aufruf der chinesischen Sozialdemokratischen Partei in Europa, der von Paris aus ergangen war[27]. Ein von Adler redigierter Aufruf des Büros der Sozialistischen Arbeiter-Internationale zum 1. Mai 1927 beginnt folgendermaßen:

> An die Arbeiter aller Länder!
> In einer Zeit großen geschichtlichen Geschehens, voll drückender Sorgen und drohender Gefahren, rüstet das internationale Proletariat zum Festtag der Arbeit.
> Im Vordergrund der weltpolitischen Ereignisse steht das Erwachen des chinesischen Volkes, sein gewaltiger Kampf um das Recht auf volle Selbstbestimmung. Er erfüllt mit Freiheitshoffen die Seelen der unterdrückten Völker aller Farben und aller Rassen und zeigt den Imperialisten aller Länder: Die Epoche kolonialer Ausbeutung geht zu Ende!
> »Das, was in China geschieht, ist der erste Anfang der großen Meuterei der letzten großen Reservearmee des Kapitalismus, und deswegen, Genossen, ist, was dort geschieht, unsere eigenste Sache, und deswegen wollen wir den Arbeitern dort drüben unseren Gruß

schicken!« In richtiger Vorahnung künftiger Ereignisse wurde diese Erkenntnis vor zwei Jahren unter dem stürmischen Jubel des ganzen Kongresses der Sozialistischen Arbeiter-Internationale in Marseille ausgesprochen; heute ist sie zum Gemeingut der Arbeiterklasse der ganzen Welt geworden. Soviel Zwiespalt es innerhalb des Proletariats über den besten Weg zu seiner Befreiung auch geben mag, in der Sympathie und Solidarität für die nationale Freiheitsbewegung in China besteht volle Einigkeit.
Ein Drittel der Erdkugel liegt zwischen London und Shanghai. Wir können der Revolution, in deren vordersten Reihen die chinesischen Proletarier kämpfen, keine unmittelbare Hilfe leisten. Aber wir können sie unterstützen durch unsere Aktion in der Heimat der imperialistischen Ausbeuter. Sie verfügen über die Machtmittel des Staates, für sie ist der Weg nach China offen, sie hoffen noch immer, mit Pulver und Blei die schmähliche Schande ihrer »Konzessionen« und »Exterritorialitätsprivilegien« zu behaupten. Und deshalb demonstrieren wir an diesem 1. Mai neuerlich für die sofortige Rückberufung der fremden Truppen und Kriegsschiffe aus China[28]!

Am 3. April 1927 trafen unter dem Vorsitz der Sekretäre Friedrich Adler und Jan Oudegeest Vertreter der SAI und des Internationalen Gewerkschaftsbundes zu einer gemeinsamen Sitzung zusammen. In einem zweiten Punkt der Tagesordnung wurden die Ereignisse in China eingehend besprochen und im Hinblick auf die neuen Vorkommnisse in Nanking und Shanghai die Kundgebungen der beiden Internationalen vom Februar (1927) in einer Resolution *Über die Ereignisse in China,* die von Brockway (Großbritannien) vorgelegt wurde und einstimmige Annahme fand, neuerlich formuliert.

Die Sekretariate der beiden Internationalen wurden beauftragt, die Anwesenheit von Vertretern der Gewerkschaftsbewegung des Fernen Ostens an der Arbeitskonferenz in Genf im Mai 1927 dazu zu benutzen, um innigere Beziehungen zur Arbeiterbewegung in jenen Ländern herzustellen[29]. Die *Resolution über die Ereignisse in China* wurde von Adler redigiert und in der *Internationalen Information* veröffentlicht[30].

Ähnlich verhielt es sich mit der Resolution der Exekutive der SAI zum russisch-chinesischen Konflikt[31] und mit jener des Büros zur japanischen Aggression in China[32]. Außerdem veröffentlichte Adler immer wieder für China positive Stellungnahmen von europäischen sozialdemokratischen Parteien bzw. ebensolche Pressekommentare[33].

Neben Adler engagierte sich in der II. Internationale vor allem Otto Bauer für China. Wie viele andere – europäische, aber auch chinesische – Marxisten war er der Meinung, daß die chinesische Revolution nicht aus der Dorfgemeinschaft, sondern aus der Fabrik kommen müsse. Unter diesem Aspekt rief er 1928 vor dem III. Kongreß der Sozialistischen Arbeiter-Internationale zur Solidarität mit dem chinesischen Proletariat auf[34]:

Aber die Entthronung West- und Mitteleuropas, der Sturz seiner Alleinherrschaft in der Welt, sie äußern sich nicht nur im Aufstieg des Kapitalismus der Vereinigten Staaten, sie äußern sich ebenso in der schnell fortschreitenden industriellen, geistigen und politischen Entwicklung der erwachenden Massen der Völker des Ostens. Wir haben auf dem Kongreß in Marseille das Erwachen dieser Völker, wir haben ihren Freiheitskampf um die nationale Befreiung, wir haben insbesondere das Erwachen der Arbeiterklasse im Osten begrüßt. Heute genügt es nicht mehr, sie zu begrüßen. Das junge Proletariat der Völker des Ostens hat in den wenigen Jahren, die seit dem Kongreß von Marseille vergangen sind, eine große Geschichte erlebt. Wir alle haben mitdenkend und mitfühlend miterlebt vor allem die großen Ereignisse der chinesischen Revolution, ihren Sieg im Befreiungskampf gegen die Militaristen im eigenen Lande und gegen den fremden Imperialismus, wir haben aber auch erlebt den Kampf des chinesischen Proletariats, die blutigen Gemetzel von Shanghai und Kanton, deren Opfer eingeschreint bleiben in den Herzen der Arbeiterklasse der Welt.
Heute wissen wir, daß das junge chinesische Proletariat seine Junischlacht und seine Kommune hinter sich hat, daß die Generale der chinesischen nationalen Revolution sich dem chinesischen Proletariat gegenübergestellt haben mit der Fratze der Cavaignacs und der Gallifets. Heute wissen wir, daß sich dort im fernen China wiederholt, was das europäische Proletariat im 19. Jahrhundert erlebt hat: der zwieschlächtige Charakter der bürgerlichen Revolution, die, revolutionär gegen die alten Gewalten, konterrevolutionär wird, sobald sich das Proletariat in ihrem Rücken erhebt. Heute haben wir erfahren, wie dieselbe Gesetzmäßigkeit der Entwicklung des Kapitalismus und der bürgerlichen Revolution, die wir aus unseren europäischen Erfahrungen kennen, auch dort im Fernen Osten gilt.
Es ist unzweifelhaft eines der weltgeschichtlichen Verdienste des Sowjetregimes, vielleicht sein größtes, daß es durch seine Existenz und durch seine Politik gegenüber den Völkern des Ostens den Prozeß der nationalen Revolution im Osten beschleunigt hat. Aber der Witz der Weltgeschichte will es, daß gerade daraus, dort in jenen Völkern, dieselben irreführenden Illusionen hervorgegangen sind, aus deren Bekämpfung der Marxismus in Rußland ursprünglich entstanden ist.
Jeder, der die Geschichte der russischen Revolution kennt, erinnert sich an die Zeit der Kämpfe zwischen Narodnitschestwo und Marxismus in Rußland. Er erinnert sich an jene Illusion der Anfänge des russischen Sozialismus, daß für Rußland ganz andere Gesetze der Entwicklung gelten als in Europa, daß Rußland auf der Basis der russischen Dorfgemeinschaft, ohne durch die Zwischenstufe des Kapitalismus hindurchgehen zu müssen, mit einem Sprung aus der vorkapitalistischen Gesellschaft in die sozialistische eintreten könne. Wir

wissen, daß es demgegenüber die große geschichtliche Leistung des russischen Marxismus, der Plechanow und Axelrod, gewesen ist, diese Illusionen überwunden, die russischen Arbeitermassen gelehrt zu haben, daß auch Rußland durch den kapitalistischen Prozeß hindurch muß, daß nicht aus Dorfgemeinschaften, sondern aus der Fabrik die russische Revolution kommen muß und wird. Aber jetzt haben wir es erlebt, wie im Verlauf der revolutionären Prozesse im Osten dort abermals Illusionen entstanden sind, die in vieler Hinsicht erinnern an die seinerzeitigen Illusionen des russischen Narodnitschestwo. Wir haben es erlebt, wie gerade der russische Bolschewismus, der vom russischen Marxismus herkommt, die Illusion genährt hat, daß es möglich sei, aus den vorkapitalistischen, noch halbfeudalen Gesellschaftsordnungen des Ostens mit einem Sprung in den Sozialismus zu gelangen. Die Ereignisse von Kanton und Shanghai, sie scheinen mir vor allem eine Widerlegung dieser Lehre zu sein. Die Erfahrungen der letzten Jahre zeigen, daß auch die Entwicklung im Fernen Osten denselben Gesetzen unterliegt wie in Europa. Sie geben dem erwachenden Proletariat des Fernen Ostens die Lehre, daß es die Erfahrungen, die das Proletariat der vorgeschrittensten Industriestaaten Europas gemacht hat, sich nutzbar machen, sich aneignen muß, daß es die Kampfmethoden, die sich das Proletariat in schweren Kämpfen erarbeitet hat, anzuwenden lernen muß, wenn es nicht von Abenteuer zu Abenteuer in verhängnisvolle Katastrophen stürzen soll, die nur mit blutigen Niederlagen enden. Und deswegen, wenn wir heute nach dem Appell an die amerikanischen Arbeiter, den Appell an die Arbeiter des Fernen Ostens, an die Arbeiter dieser erwachenden Völker richten, sich mit uns zu vereinigen, so ist das nicht nur gemeint im organisatorischen Sinne, sondern auch, sich zu vereinigen zum gemeinsamen Kampfe aufgrund der Erkenntnisse und aufgrund der Methoden, die das europäische Proletariat in einem Jahrhundert der Entwicklung sich erarbeitet hat.
Und so, nach drei Fronten hin, an die amerikanischen Arbeiter, an die Arbeiter des Fernen Ostens und an jene Arbeitermassen in Europa, die außerhalb unserer Reihen und zum Teile in Feindschaft gegen uns stehen, an sie richtet sich der Appell unseres Manifestes. Dieses Manifest will die Arbeiter aller Länder zur Einheit aufrufen, es will ihnen sagen, daß in dieser Stunde, wo der Kapitalismus mächtiger denn je geworden ist, das Proletariat alle seine Kräfte zusammenfassen muß, daß in dieser Stunde die Arbeiterklasse neue Antriebe braucht, um vorwärtszukommen, und daß dieser neue Antrieb nur die Einigung des Proletariats sein kann, die unsere Kräfte nicht einfach addieren, sondern unendlich vervielfachen würde. Deshalb schlagen wir Ihnen dieses Manifest vor, als einen Appell zur Einheit des Proletariats der ganzen Welt, damit es den Arbeitern der Welt sage: Die Welt wird zur Welt der Arbeiter werden, wenn nur die Arbeiter geeint sein werden, sich sie zu erobern.

Als Japan 1931 seine Aggression in China begann, gehörte Otto Bauer zu den vehementesten Befürwortern der Solidarität mit China. Er legte gemeinsam mit Emile Vandervelde dem erweiterten Büro der II. Internationale eine danach einstimmig angenommene Resolution vor, in der die Arbeiterklasse der ganzen Welt aufgefordert wurde, »gegen die Aktion des japanischen Imperialismus zu protestieren und auf die Regierungen den größtmöglichen Druck auszuüben, damit sie die Autorität des Völkerbundes ausnützen, um die Räumung der von dem japanischen Eroberer gewaltsam besetzten Positionen zu fordern und durchzusetzen[35]«.

Bauers Interesse für China äußerte sich aber nicht nur im Rahmen der Sozialistischen Arbeiter-Internationale, sondern auch

B. Im Rahmen der Sozialdemokratischen Partei Österreichs

In der von den österreichischen Sozialisten herausgegebenen Monatsschrift *Der Kampf* veröffentlichte Otto Bauer bereits am 1. Dezember 1911 einen Artikel *Orientalische Revolutionen,* der folgende Beurteilungen und Prognosen enthielt:

> Die revolutionären Stürme, die heute China erschüttern, sind die Wirkung des Vordringens des europäischen, des japanischen und des amerikanischen Kapitalismus in das Riesenreich. So werden den Kämpfen um die Aufteilung Afrikas gewaltigere Kämpfe um die Aufteilung Asiens folgen. Der Kapitalismus kann seine Laufbahn nicht vollenden, ehe er die ganze Erde seiner Herrschaft unterworfen hat . . .
> Die revolutionären Bewegungen der Völker des Orients sind nach Ursprung und Ziel von der Bewegung des europäischen Proletariats wesensverschieden. Mögen auch zuweilen türkische, persische, ägyptische, indische, chinesische Revolutionäre der europäischen Sozialdemokratie manches Schlagwort entlehnen, so hat doch die Bewegung dieser Länder – in denen, von einem Teil Indiens und einigen Städten der Türkei und Chinas abgesehen, noch kein industrielles Proletariat besteht – mit der Klassenbewegung des Proletariats nichts gemein. Trotzdem haben wir die Pflicht, diesen Bewegungen unsere Aufmerksamkeit zu schenken. Denn die weltpolitischen Umwälzungen, die sich in der Welt des Islams, in der indischen und in der mongolischen Welt vorbereiten, werden die Bedingungen mitbestimmen, unter denen das europäische Proletariat seinen Kampf wird führen müssen. Der Befreiungskampf des Proletariats ist das wichtigste Stück der jüngsten Phase der Weltgeschichte, und vom ganzen Weltgeschehen werden die Bedingungen, die Formen, die Aussichten, die Ziele dieses Befreiungskampfes mitbestimmt . . .

Bei aller Übereinstimmung in den allgemeinen Charakterzügen entspricht doch jede der orientalischen Revolutionen den besonderen ökonomischen, politischen und kulturellen Verhältnissen ihres Landes . . .
Zwischen der persischen und der indischen Revolution stehen die türkische und die chinesische in der Mitte. Beide finden in der Schicht der europäisch Gebildeten, die hier viel breiter ist als in Persien, ihre wichtigste Stütze. Beide gewinnen durch das nationale Offizierskorps die Verfügung über die Armee. In beiden Ländern ist aber die ökonomische Umwälzung weniger weit fortgeschritten als in den entwickelten Provinzen Indiens – in Bengalen, dem Frankreich, und Dekhan, dem Schottland Indiens . . .
Noch ist es ungewiß, ob ihnen die Regeneration ihrer Länder, ihre Verwandlung in unabhängige, parlamentarisch regierte Nationalstaaten gelingen wird, oder ob sie nur Vorspiele sind der Aufteilung ihrer Länder durch die kapitalistischen Weltmächte.
Aber auch die Unterwerfung Persiens, der Türkei, Chinas unter die Herrschaft der europäischen Mächte würde keineswegs das Ende der orientalischen Revolutionen bedeuten! Im Gegenteil! Die Herrschaft Europas wird die wirtschaftliche Entwicklung dieser Länder beschleunigen, die sozialen Verhältnisse schneller umgestalten, die revolutionäre Bewegung auf jene höhere Stufe heben, die sie in dem längst unterworfenen Indien erreicht hat . . .
. . . Jede Umwälzung in Asien und Afrika muß in Europa mächtig nachwirken. Gerät der Orient in Brand, dann flackern auch hier die Flammen empor.
Hat im 18. Jahrhundert der Befreiungskampf Amerikas das Zeichen gegeben zur europäischen Revolution, so wird dereinst vielleicht die Revolution Asiens und Afrikas das Sturmsignal sein im Befreiungskampf des europäischen Proletariats[36].

Wenig später hob Bauer nochmals die große Bedeutung der chinesischen Revolution hervor[37]:

»Die Tatsache muß als feststehend angenommen werden, daß der Weg der Revolution verlassen ist«, schrieb Naumann im Jahre 1900. Auch diesen Glauben hat der rechte Flügel unserer Partei geteilt. Hat man uns doch sogar aus Geologie und Biologie erweisen wollen, daß die Vorstellung der Revolution dem »Entwicklungsgedanken« widerspreche!
Seit jenen Tagen haben wir erlebt: die russische Revolution 1905, die persische Revolution 1906, die türkische Revolution 1908, die portugiesische Revolution 1910, die chinesische Revolution im letzten Jahre. Die Revolution in China, dem Riesenreich, das nicht viel weniger Bewohner zählt als alle Staaten Europas zusammen, ist das folgenschwerste Ereignis unserer Tage.

Wie alle orientalischen Revolutionen ist auch die chinesische Revolution hervorgegangen aus der Verknüpfung der *liberalen* Bewegung der *gebildeten Oberschicht* der Nation mit der konservativen, fremden- und neuerungsfeindlichen, *nationalreligiösen* Bewegung der *Volksmasse.*

Die liberale Bewegung der gebildeten Oberschicht setzt nach Chinas Niederlage im Kriege gegen Japan 1894 ein. Sie gewinnt schnell einen einflußreichen Teil der Beamtenschaft. Unter ihrem Einflusse verkündet 1898 der junge Kaiser Kuang-Hsü sein Programm, »europäische Methoden zu befolgen, weil, während China und Europa gleichermaßen der Ansicht sind, daß der erste Zweck des Staates die Wohlfahrt des Volkes ist, Europa in dieser Erkenntnis weiter fortgeschritten ist als wir, so daß wir also mit der Übernahme europäischer Methoden nur unsere Lücken ausfüllen«. Der Kaiser versucht zunächst Heer und Schule nach europäischem Beispiel umzugestalten. Aber nach 100 Tagen der Reform macht ein Staatsstreich der Reaktionäre den Reformbestrebungen ein Ende. Der Kaiser wird gefangengesetzt, die Kaiserin-Witwe Tzu-Hsi übernimmt die Regentschaft, die Führer der Reformbewegung werden hingerichtet.

Nun setzt in den Volksmassen die nationalkonservative Bewegung ein. Die Boxer, halb Miliz, halb religiöse Sekte, erheben sich (1900), um die Fremden aus China zu vertreiben, der Propaganda des Christentums auf chinesischem Boden ein Ende zu machen, die uralte chinesische Sitte von jedem fremden Einfluß zu befreien, Chinas Unabhängigkeit von den Weltmächten wiederzugewinnen. Europa antwortet mit dem Hunnenfeldzug. Die Einnahme Pekings durch die europäischen Truppen ist die tiefste Demütigung des Reiches der Mitte. Der Russisch-Japanische Krieg (1904) ermutigt die gedemütigte Nation. Nun ist ja durch die Tat erwiesen, daß die Mongolen eine europäische Großmacht besiegen können, wenn sie sich europäischer Methoden bedienen. Die Reformbewegung setzt von neuem ein. Die Mandschu machen ihr Zugeständnisse. Schule und Armee werden nach europäischem Muster reorganisiert, Eisenbahnen gebaut, Studenten an japanische, amerikanische und europäische Hochschulen geschickt, Provinziallandtage berufen, die Verkündung einer Verfassung wird versprochen.

Aber diese Reformen befriedigen die nationale Bewegung nicht. Ihre Träger sind patriotische Beamte, die die Reorganisation des tiefgesunkenen Reiches ersehnen; die Kaufmannschaft, die den Boykott der ausländischen Waren verkündet und die Konzessionen an ausländische Kapitalisten bekämpft; die Offiziere der reorganisierten Armee; die Lehrer und die Schüler der reorganisierten Hochschulen; die Studenten und Arbeiter, die in Japan, Amerika, Europa gewesen und dort höhere Formen sozialen und staatlichen Daseins kennengelernt haben. Aber ungleich der Bewegung von 1898 findet die nationale Reformbewegung jetzt Stütze in den Volksmassen. Sie gewinnt sie, indem sie an den doppelten nationalen Haß der Chinesen appelliert: an den Haß des Chinesen gegen die Fremdherrschaft der tatarischen Mandschu und an den Haß des Asiaten gegen die Anmaßung der europäischen Fremdlinge. »Aus Europa brechen Soldaten herein. Horch, im Palaste des Kaisers hört man die Schritte des Mannes, der mit offenen Armen die Fremdlinge aufnimmt«, so warnt das revolutionäre Lied. Die Mandschu-Dynastie muß fallen, damit China wieder selbständig und mächtig werde. So gewinnt die in Amerika erzogene Intelligenz die Volksmasse für das Programm eines republikanischen Bundesstaates nach amerikanischem Muster. Anwendung europäischer und amerikanischer Methoden als Mittel zur Befreiung von europäischem und amerikanischem Druck – das ist die Losung der Revolution. Die liberale Reformbewegung von 1898 und die volkstümlich-nationale Reaktion von 1900 sind zu höherer Einheit verschmolzen.

Auf einen großen Teil der Armee und der Beamtenschaft gestützt, siegt die Revolution. Aber wie die konstituierende Nationalversammlung von 1789 nicht das Ende, sondern der Anfang einer Jahrzehnte dauernden revolutionären Epoche war, so ist die Verkündung der chinesischen Republik nicht das Ende, sondern der Anfang der chinesischen Revolution. Alle inneren Gegensätze werden nun aufgerollt: die Gegensätze zwischen der Notwendigkeit schneller Umgestaltung und dem konservativen, an uralter Überlieferung hängenden Sinn der Volksmasse, zwischen dem Reich und den nach Selbständigkeit strebenden Provinzen, zwischen dem Süden und dem Norden, zwischen den Grundherren und den Bauern, zwischen Stadt und Land. Im größten Reiche der Erde setzt eine Periode ungeheurer innerer Kämpfe, riesenhafter Umwälzungen ein.

Alle Weltmächte haben Besitzungen auf chinesischem Boden, alle gieren nach der Erweiterung ihres Besitzes. Jede neue Phase der chinesischen Revolution wird ihnen willkommene Gelegenheit zum Beutezug sein. Aber kein Staat gönnt dem andern seinen Teil an der Beute. Um das bißchen Marokko kamen wir zweimal an den Rand des Krieges; wie erst, wenn China in Bewegung gerät? Gesteigerte Rüstungen, wachsende Steuerlast, verschärfte Kriegsgefahr werden in Europa die nächsten Wirkungen der chinesischen Revolution sein.

Die darauffolgenden Ereignisse brachten dann tatsächlich sowohl in China als auch in Europa eine schwere Erschütterung der bestehenden Systeme, doch mußte Bauer in den zwanziger Jahren erkennen und anerkennen, daß die sechsjährige europäische Revolutionsperiode 1917–1923 unterbrochen war und auch vom Fernen Osten vorderhand keine Initialzündungen zu erwarten waren. Als Gründe für die Stagnation der chinesischen Revolution nannte er »den Verrat Tschiang Kaischeks, die Wendung in Wuhan, die Unterdrückung der Kommunisten durch die Kuomintang, schließlich die Auflösung der nationalen Revolution in den alten Beutekrieg der Tutschune[38]«.

Otto Bauer hatte gegenüber China die großlinige, wenig ins Detail gehende Betrachtungsweise beibehalten, wie sie schon seinen frühen einschlägigen Schriften eigentümlich war. Andere Exponenten und Mitglieder der sozialdemokratischen Bewegung Österreichs zeigten sich aber damals schon um Details bemüht. 1925 veröffentlichte Julius Braunthal eine eingehende Studie über *Ökonomische und soziale Wurzeln des chinesischen Risorgimento*[39]. Braunthal korrigierte dabei Kautskys Vorhersage von 1886, welche auf einen viel rascheren Auflösungsprozeß der altchinesischen Wirtschaftsformen und Sozialverhältnisse abgestellt hatte[40]. Und er rückte nach einem recht detaillierten Überblick über die chinesische Zeitgeschichte – ohne auf Bauer Bezug zu nehmen – auch dessen Beurteilung Chinas zumindest ansatzweise zurecht, indem er darauf hinwies, daß »nur die Randstädte, nur Intellektuelle, jungchinesische Hafenbourgeoisie und Fabriksproletariat« von den revolutionären Gärungen ergriffen, die weiten Landgebiete aber stumm seien[41]. Damit war angedeutet, daß die Umformung Chinas ohne Beteiligung der chinesischen Bauern ein aussichtsloses Unternehmen bleiben müsse. Später sollte Braunthal über den Sozialismus in Asien noch umfangreicher publizieren[42]. Der dritte Band seines großen Werkes *Geschichte der Internationale* (1971) gibt diesem Thema breiten Raum. Als Gründer und erster Generalsekretär der neuen Sozialistischen Internationale (bis 1956)[43] korrespondierte Braunthal auch noch bis in die späten fünfziger Jahre mit kleinen sozialdemokratischen Gruppen in Hongkong[44].

Von den Österreichern, die im *Kampf* chinesische Probleme anschnitten, wäre noch Oscar Pollak zu nennen, der in seinem Artikel *Der Bauer in der Nachkriegszeit* noch deutlicher als Braunthal auf die revolutionäre Qualität der Bauernbewegungen hinwies:

> In den Tagen des Umsturzes, da der Pflug der Agrarrevolution über halb Europa und Asien hinweggeht und in seinen Furchen, auf den Trümmern des Feudalismus, die neuen Staaten entstehen, ist der Bauer eine *revolutionäre Kraft*[45].

Pollak vergaß allerdings nicht, auf die Gefahren hinzuweisen, welche eine durch Agrarreform gesättigte Bauernschaft für den Fortgang von Revolutionen hervorrufen kann[46].

Andere Artikel im *Kampf* stammten aus dem Ausland und befaßten sich mit kolonialer Fabrikarbeit, den Kolonialproblemen der Sowjetunion, der chinesischen Revolution, der durch das Vordringen Japans in der Mandschurei erzeugten Kriegsgefahr sowie mit den späteren Aktionen Japans in China[47].

Doch halt, da gab es noch einen Österreicher: den ausgezeichneten China-Kenner Otto Mänchen-Helfen, der sein umfassendes Fachwissen ebenfalls dem *Kampf* zur Verfügung stellte. Mänchen-Helfen verband seriöse wissenschaftliche Kenntnisse mit politischem Engagement. Er war seit 1926 Mitglied des Rosthorn-Vereins der Freunde asiatischer Kunst und Kultur und arbeitete dort sachkundig mit. Auch im *Kampf* sind einige von ihm verfaßte, mehr wissenschaftlich akzentuierte Artikel zu finden wie *Die kulturhistorischen Richtungen in der Völkerkunde* und *Japans Entwicklung vom Shogunat zum Konstitutionalismus*[47]. Andererseits schrieb Mänchen-Helfen auch engagierte Analysen zu politischen Themen wie dem der chinesischen Bauernbewegung[48]. Diese Beiträge verrieten gleich seinen schon früher erwähnten Büchern den Kenner des Landes ebenso wie den gebildeten Marxisten. Tatsächlich hat Mänchen zwei Jahre lang in Moskau am Marx-Engels-Institut verbracht, um Vorstudien für das Werk über Marx anzustellen, welches er dann später gemeinsam mit dem Mitarbeiter der Sozialistischen Internationale, Boris Nikolaievsky, herausgab[49]. Er unternahm auch ausgedehnte Reisen durch China und die Mongolei. Anfang der dreißiger Jahre, bis zur Machtübernahme der Nationalsozialisten, war Mänchen-Helfen Dozent an der Berliner Universität. Damals veröffentlichte er auch in sozialistischen Verlagen Deutschlands seine wichtigen Bücher *China* (1931) und *Drittel der Menschheit* (1932). In Wien widmete er sich im wissenschaftlichen Bereich vor allem kunsthistorischen und geschichtlichen Themen. Im Jahrbuch der Freunde der asiatischen Kunst und Kultur erschienen Aufsätze Mänchens über ostasiatische Malerei und chinesisches Lackgerät (1937) sowie ein Beitrag zur Geschichte der Völkerwanderung (1936).

Da die Sozialdemokratische Partei Österreichs damals verboten war, fehlte dem aus Deutschland zurückgekehrten Gelehrten eine seiner Überzeugung entsprechende Aktionsbasis für offene politische Betätigung. Dennoch scheute Mänchen-Helfen auch zur Zeit des Ständestaates vor couragierter Meinungsäußerung nicht zurück und verhehlte keineswegs seine Sympathien für die Reform der chinesischen Gesellschaft.

Als 1937 in Wien der umstrittene Film *So lebt China* lief, äußerte er sich auf Wunsch der Urania in einem Gutachten, welches er auch der chinesischen Gesandtschaft zur Verfügung stellte[50] und das unter anderem folgende Passagen enthält:

> Versuchen Sie doch die Übersetzung ins Europäische: in einem Film *So lebt Wien* müßten außer der Stephanskirche zu sehen sein letztklassige Heiligenfiguren aus einer Kapelle in Hernals, die Detailaufnahme des Sockels einer schlechten Barocksäule und dergleichen mehr. Nein, es war keine glückliche Hand, die die Kurbel gedreht hat!
>
> Wenn ich bedenke, mit welch großen Kosten ein Film wie dieser gedreht wurde, dann muß ich um so mehr bedauern, daß dabei so wenig von dem, was China heute kennzeichnet, erfaßt worden ist. Keiner der Besucher, der es nicht schon weiß, bekommt etwas von der das Land bis in seine Tiefen erschütternden Industrialisierung zu

erfahren. Es gibt riesige Eisenwerke, Textilfabriken, Kohlengruben, Ölmühlen, Tabakfabriken, Druckereien (wie wertvoll wäre z. B. eine Aufnahme von den Riesenbetrieben der Commercial Press gewesen!), es gibt eine nach Millionen zählende und täglich wachsende Arbeiterbevölkerung. Der naive Besucher geht weg mit dem Eindruck: in China gibt es blöde Bauern, schwitzende Kuli, häßliche Götzen und so nebenbei halt auch, da und dort, ein paar elegante Damen. Nichts von dem bewunderungswürdigen Kunsthandwerk, nichts von den neuen Straßen – mit deren Hilfe erst das Reich zum Reich wird –, nichts von der 1000-Zeichen-Bewegung – dafür eine Schule nach ältester Art –, die Reihe ließe sich unschwer fortsetzen. Ich schließe aber: ich halte den Film für mehr als mäßig. Und zwar, wie ich betonen möchte, nicht, weil er das Werk der Regierung ignoriert – obgleich auch das zur Kritik Anlaß gibt –, sondern weil er das Vielfältige des Landes, sein Ringen um ein neues Leben, den Kampf des Alten und des Neuen so sehr verbirgt, weil er nur einen Ausschnitt gibt, der bisweilen an die Karikatur grenzt, weil er, mit einem Wort, nicht zeigt, wie China lebt, sondern wie sich schlecht Unterrichtete, schlecht Geführte das Leben in China vorstellen[51].

Wie befruchtend hätte sich die weitere Anwesenheit Mänchen-Helfens auf die China-Information in Österreich auswirken können! Doch knapp nachdem er sich auch in Wien habilitiert hatte, traf ihn auch hier das Geschick, das Land verlassen zu müssen. Von 1939 an wirkte er in den Vereinigten Staaten[52], wo er 1969 als international hochangesehener Gelehrter verstarb.

Tichelman hat in seiner Beurteilung der Haltung der europäischen Sozialdemokratie zu China kritisch vermerkt, daß das Thema vielleicht mehr Gegenstand von Presseberichten als von konkreten Aktionen gewesen sei. Damit hat er wohl recht. Andererseits muß auch in der relativ reichhaltigen Information über China, die damals von sozialdemokratischen Blättern geboten wurde, eine sogar sehr wichtige konkrete Aktion gesehen werden. Für die öffentliche Meinung in Europa war auch die Art der Berichterstattung sozialdemokratischer Zeitungen über die japanische Aggression in China von Bedeutung. Es ist vorher schon darauf hingewiesen worden, daß im Gegensatz zur bürgerlichen Presse die *Arbeiter-Zeitung* anläßlich des Mandschureikonflikts eindeutig für China Stellung bezogen hat.

Doch die österreichische Sozialdemokratie setzte sich mit der Lage in China nicht nur im Wege der Publizistik auseinander. Aufrufe wie der des Büros der Sozialistischen Arbeiter-Internationale zum 1. Mai 1927, die natürlich in den Organen der Sozialdemokratischen Partei Österreichs veröffentlicht wurden, zeitigten bei den Mitgliedern ein Echo. In der zweiten Hälfte der zwanziger Jahre tat sich laut Kurzmeldungen des *Kampf* die Sozialistische Arbeiterjugend bei der Bewegung *Hände weg von China* besonders hervor, und die japanischen Aggressionsakte in Shanghai und der Mandschurei brachten 1932 diese Aktivitäten zu einem neuen Höhepunkt. Ein Bericht der *Internationalen Information* vom 20. Februar 1932[53] sagt darüber folgendes:

> *Gegen den japanischen Raubzug.*
> Der Verband der Sozialistischen Arbeiterjugend Österreichs hat in den letzten Wochen in seinen vierhundert Ortsgruppen Kundgebungen für die Abrüstung und gegen den japanischen Raubzug in China durchgeführt. In der beschlossenen Resolution heißt es:
> Den Arbeiterbrüdern in China entbieten wir sozialistischen Gruß und die Versicherung innigster Anteilnahme an ihrem Geschick. Die Arbeiterjugend Japans fordern wir auf zum tätigen Protest gegen den Raubkrieg ihrer Regierung, die Jugend aller Länder zum Kampf gegen die drohende Kriegsgefahr.
> Die imperialistischen Mächte aber warnen wir vor dem frivolen Versuch, die Völker wieder in Kriege zu hetzen.
> Wenn der Krieg dennoch ausbrechen sollte, ist es Pflicht der sozialistischen Arbeiterjugend aller Länder, den Krieg zu töten durch die sozialistische Revolution.

Bei den älteren Funktionären mögen um diese Zeit bereits innenpolitische Sorgen überwogen haben. Der holländische Sozialdemokrat Charles G. Cramer, der lange als Ingenieur in Indonesien gearbeitet hatte und als Kolonialspezialist galt, klagte später, daß er während seines Besuches in Wien im Jahre 1931 bei seinen Versuchen, die österreichischen Genossen für asiatische Probleme zu interessieren, wenig Interesse gefunden habe[54]. Bald darauf reduzierten die Februar-Ereignisse des Jahres 1934 drastisch die Möglichkeiten der österreichischen Sozialdemokratie in Österreich, im Zusammenhang mit chinesischen Fragen tätig zu werden. Wie mißtrauisch die Behörden solchen Aktivitäten gegenüberstanden, mußte nicht nur Arthur Rosthorn bei der Gründung des neuen Österreichisch-chinesischen Kulturvereins, sondern auch die Gewerkschaft der Filmschaffenden bei dem Projekt eines Österreichisch-chinesischen Kulturinstitutes erfahren. Während Rosthorns Pläne zwar behindert, aber nicht vereitelt wurden, wurde die Initiative der Filmgewerkschaft kalt abgeblockt. Am 4. November 1936 teilte die Gewerkschaft der Filmschaffenden dem Bundeskanzler ihre Pläne bezüglich der Institutsgründung mit und bat um die Entsendung eines Vertreters zur konstituierenden Sitzung[55]. Zu diesem Zeitpunkt hatte das Unterrichtsministerium sich bereits gegen das Projekt festgelegt und bei einer Vorbesprechung mit Vertretern der Filmgewerkschaft Skepsis geäußert. Das vom Ministerium eingeschaltete Staatspolizeiliche Büro verstärkte die bestehenden Widerstände, indem es darauf hinwies, daß einer der Proponenten, der deutsche Staatsbürger und Forschungsreisende E. von Hartmann, wegen politischer Schwierigkeiten aus Deutschland geflüchtet sei.

Zudem glaubten Unterrichtsministerium und Staatspolizei Hartmanns Asienkenntnisse bemängeln zu müssen. Hatten doch die Professoren vom geographischen Institut der Universität Wien gemeint, Hartmann sei ihnen nicht bekannt und könne daher »höchstens eine unbedeutende Rolle als Asienforscher« spielen. Eine zweite Auskunft des Staatspolizeilichen Büros erbrachte an für Hartmann ungünstigen Fakten, daß er einen Sprachfehler habe und über Tibet »anscheinend nur mangelhaft orientiert« sei. Einig waren sich alle befaßten Behörden, daß ein solcher Verein nur unter Mitwirkung des Vertreters von Pater Schmid, St. Gabriel, und von Ing. Brandl sinnvoll sein könne; und um sich weitere Scherereien zu ersparen, leitete man gegen Hartmann kurzerhand ein Abschaffungsverfahren ein. Da alle von den Proponenten vorher angesprochenen möglichen Förderer amtlich gewarnt worden waren und für den neuen Verein ausfielen, blieb der Gewerkschaft nichts übrig, als dem Bundeskanzleramt am 17. November mitzuteilen, sie sehe sich »infolge verschiedener Schwierigkeiten, die sich in den letzten Stunden ergeben haben, ... genötigt, die ... Sitzung für das Österreichisch-chinesische Kulturaustausch-Institut vorläufig aufzuschieben[56]«.

Immerhin ist es aber einem prominenten Vertreter der österreichischen Sozialdemokratie doch gelungen, sich während der dreißiger Jahre für China nicht nur publizistisch einzusetzen, sondern an Ort und Stelle einen effektiven Beitrag zur Linderung der Not der chinesischen Bevölkerung zu leisten. Es handelt sich dabei um den Professor für Anatomie und Wiener Stadtrat für Volksgesundheit, *Dr. Julius Tandler*. In Österreich hatte Tandler innerhalb und außerhalb seines Aufgabenbereiches Großartiges geleistet. In der Zeit, in der er der Wiener Landesregierung angehörte, rief er Kindergärten ins Leben, errichtete Bezirksjugendämter, Schulzahnkliniken, Schülerausspeisungen, Mutterberatungsstellen, führte Säuglings-Wäschepakete ein und vieles andere mehr[57]. Doch sein Wirken beschränkte sich nicht auf Wien. Tandler sah seine Aufgabe überall dort, wo es Not zu lindern galt. Als in Donawitz hunderte Kinder von ausgesteuerten arbeitslosen Eltern hungerten, war er als erster mit einer rasch ins Leben gerufenen privaten Hilfsaktion zur Stelle[58]. Auch außerhalb Österreichs war Tandlers Hilfe begehrt. In New York und Atlantic City hielt er im Jahre 1929 vielbeachtete Vorträge über das von ihm geschaffene Wohlfahrtswesen, in Montreal sprach er über die soziale Aufgabe der Pflegerinnen[59]. Im Herbst 1930 wurde er in die Hygiene-Kommission des Völkerbundes berufen, und 1931 wurde er von ihr nach Athen entsandt, um dort eine Reform nach Wiener Muster durchzuführen[60].

Als Tandler sich 1933 von der Wiener Stadtverwaltung Urlaub erbat, um einer Einladung der chinesischen Regierung zu folgen, war er bereits ein weltberühmter Mann. Er sollte als Lehrer für Anatomie in Shanghai wirken und außerdem das medizinische Studium neu organisieren[61]. Tandler verbrachte einige Monate in Shanghai[62]. Wie immer setzte er sich dabei voll ein. Nach Beendigung seiner Lehrtätigkeit in Shanghai

Stadtrat Professor Tandler
(Skizze Friedrich Schiffs
für das *Peiping Chronicle*)

wurde ihm ein großes Diplom überreicht, das die dankbaren Worte aufwies: »Wie im Mai der Regen die Erde befruchtet, so hat Ihre Weisheit unser Land gesegnet[63].«

Tandler hätte sicher noch mehr leisten können, wäre ihm nicht die Nachricht zugekommen, daß man in Wien im Zusammenhang mit den Februarereignissen des Jahres 1934 gegen ihn in Abwesenheit ein Hochverratsverfahren eröffnet hatte. Er ging zurück, um sich zu stellen, und wurde verhaftet, was in China Aufsehen und Verwunderung erregte. Das *Peiping Chronicle* brachte am 20. März 1934 unter dem Übertitel *Arrest Causes Surprise Here* eine große, vom österreichischen Maler Friedrich Schiff gezeichnete Porträtskizze Tandlers und fügte den Kommentar bei: »Professor Tandler, the Viennese scientist, whose arrest in Vienna upon his return from Peiping *(damalige Bezeichnung für Peking)* has caused much surprise among friends and acquaintances here ...« Tandler wurde zwar nach einigen Tagen freigelassen, verlor aber seine Lehrkanzel ebenso wie seine Funktion in der Stadtverwaltung[64].

Das Phänomen China beschäftigte ihn weiter, und so ging er, obwohl er von vielen Universitäten Einladungen erhielt, nochmals für ein Jahr dorthin. In China widmete sich Tandler mit besonderer Aufmerksamkeit Organisationsaufgaben. Schon in Shanghai war er dem Komitee zur Verbesserung der Wohnverhältnisse beigetreten[64a]. Sein größerer Aufgabenkreis ermöglichte es ihm in der Folge, in chinesischen Kleinstädten Mutterberatungsstellen ins Leben zu rufen. Als jene in Tai-Chow eröffnet wurde, war sogar der chinesische Gesundheitsminister Dr. Heng Liu zugegen und forderte Tandler auf, den Anwesenden einiges über die Bedeutung dieser neuen Einrichtung sowie über die Jugendfürsorge von Wien zu erzählen. Tandler erinnerte sich später:

> ... Ich unterzog mich dieser ehrenden Aufgabe, und so haben im inneren China chinesische Bauern und Kleinstädter zum ersten Male wohl etwas über die Jugendfürsorge Wiens erfahren. Natürlich nicht in chinesischer Sprache, sondern englisch, das von einem Arzte, der auch eine Zeitlang in Wien studiert hat, ins Chinesische übertragen wurde[65] ...

Bettlerin in Shanghai
(Im Besitz von Dr. Anneliese Martens [Anna Wang])

Doch Tandler ging es nicht nur um die Einführung einzelner, in Wien bewährter sozialer Einrichtungen, sondern um eine Gesamtreform:[66]

> Gar viel Zeit meines Aufenthaltes in China habe ich der Frage gewidmet, wie möglichst rasch und möglichst gut der medizinische Unterricht und die ärztliche Versorgung des Landes gefördert werden könnten. Die von mir erstatteten Vorschläge erliegen an den entsprechenden Stellen. Wer das bisher über die Armut des Bauernstandes Gesagte sich vor Augen führt, wird begreifen, daß diese mehr als 300

Menschlicher »Müll«, Shanghai 1942
(Im Besitz von Dr. Anneliese Martens [Anna Wang])

Millionen Menschen nicht imstande sind, im Erkrankungsfalle einen Arzt zu bezahlen. Daher würde selbst unter der Voraussetzung, daß Hunderte von Fakultäten alljährlich Tausende Ärzte promovierten, das offene Land ohne Arzt dastehen müssen, denn der Arzt muß leben und braucht dazu ein bestimmtes Einkommen. Auf den Lebensstandard seiner bäuerlichen Umgebung aber kann er bei aller Aufopferungsfähigkeit nicht herabsinken, denn er braucht ja Bücher, Instrumente und muß ein Kulturträger sein. Hauptproblem der zukünftigen ärztlichen Versorgung ist daher: wovon lebt der Arzt am Lande? Und so ergibt sich eigentlich zwangsläufig, was ich auch vorgeschlagen habe, daß der Arzt am Lande in China nicht wie bei uns

Armut und Reichtum stießen besonders in Shanghai hart aneinander
(Im Besitz von Dr. Anneliese Martens [Anna Wang])

Solche Wohnverhältnisse in Shanghai stellten Tandler vor eine fast unlösbare Aufgabe
(Im Besitz von Dr. Anneliese Martens [Anna Wang])

als kleiner Unternehmer eines Gesundheitsbetriebes, gleichsam als ein Kleingewerbetreibender für Gesundheitsverschleiß, leben kann, sondern daß er beamtet sein muß, daß er, aus den Steuern des Landes, des Staates oder der Provinz bezahlt, sein Fortkommen finden muß. Das heißt also mit anderen Worten, in China ist nur die staatliche Organisierung des Ärztestandes imstande, die ärztliche Versorgung durchzuführen.

Tandlers geschultes Auge erkannte allerdings auch vielversprechende eigenständig-chinesische Lösungsversuche. Von den Experimenten Jimmy Yens in Tinghsien war er beeindruckt:

Auf der Straße schlafende Bettler, Shanghai
(Im Besitz von Dr. Anneliese Martens [Anna Wang])

... schließlich wird aus jedem Dorf ein von der Dorfversammlung bestimmter Mann nach Tinghsien geschickt, der dort zu einem einfachen Heilgehilfen erzogen wird. Auf diesem Wege bekämpft die Schule nicht nur Seuchen, sondern auch den Aberglauben, einen der gefährlichsten Feinde der Volksgesundheit[67].

Tandler begrüßte Bestrebungen, welche auf die Errichtung von Kooperativen und Konsumgenossenschaften abzielten[68]. Allerdings zweifelte er, »ob auf dem Wege agrarischer und sozialer Reformen überhaupt noch eine rechtzeitige Besserung erzielbar ist, und ob nicht einzig und allein eine radikale Bodenreform zum Ziel führen kann[69]...«. Er hob hervor, daß die Hilfsaktionen der westlichen Welt für die Opfer chinesischer Überschwemmungskatastrophen nicht über die Existenz und Kontinuität anderer, noch mehr ins Gewicht fallender Zustände hinwegtäuschen sollten:

Wenn irgendwo in China einer der Flüsse austritt und weite Strecken des Landes überschwemmt, die Menschen von Haus und Hof vertreibt, ihr Ackerland verwüstet und so Hungersnot erzeugt, pflegen sich die internationalen Zeitungen mit besonderem Eifer der Verbreitung solcher Nachrichten zu widmen. Barmherzige Menschen denken dann beim eigenen Frühstückskaffee an die armen, hungernden Chinesen, ja es finden sich sogar Organisationen kirchlicher und weltlicher Art, die für die armen Überschwemmten im Fernen Osten Sammlungen einleiten. Von den zirka 340 Millionen Chinesen aber, die jahraus, jahrein hungern, spricht kein Mensch, schreibt keine Zeitung[70].

Auch hinsichtlich der Lebensbedingungen der Stadtbewohner äußerte sich Tandler kritisch. Er sprach von den unmenschlichen Lebensbedingungen der in Strohhütten hausenden Einwohner Shanghais und registrierte außerdem erschüttert: »In Shanghai wurden im Laufe des letzten Jahres durch die Sanitätsbehörden 32.000 Leichen neugeborener Kinder gesammelt und begraben. Das heißt, in Shanghai werden in einem Jahr mehr weibliche Neugeborene ausgesetzt, als in Wien in drei Jahren überhaupt geboren werden[71].«

Nach dem Verlust seiner Funktionen in Wien mag ihm angesichts des Elends in China der Parteienhader in Europa noch grotesker erschienen sein, und er schrieb folgende mahnenden Worte:

... Europäische Geschichte mag wohl in Europa und den benachbarten Meeren gespielt werden, Erhaltung oder Vernichtung Europas mag eine Angelegenheit der europäischen Völker sein. Weltgeschichte aber wird gespielt werden am Stillen Ozean und an seinen Küsten und wird entscheidend sein für das Schicksal der gesamten Menschheit. Verblendet von den kleinlichen Auseinandersetzungen in Europa, sehen die Verantwortlichen nicht, was in den Millionenvölkern Asiens sich vorbereitet.

Bei diesem Zitat handelt es sich um die Schlußsätze von Tandlers Buch über China, das er, von den Zuhörern zahlreicher Vorträge in privatem Kreis bestürmt, nach seiner zweiten Rückkehr aus China verfaßt hatte: *Volk in China,* erschienen in Wien Ende 1935. Es ist ein gescheites, engagiertes und überaus menschliches Buch, das seinen hohen Informationswert bis auf den heutigen Tag nicht verloren hat. Darüber hinaus gemahnt es daran, daß dieser große Mensch, Politiker und Gelehrte auch dem leidenden chinesischen Volk einen Teil seiner Schaffenskraft gewidmet hat.

Doch auch die Leistungsfähigkeit Tandlers war nicht unerschöpflich. Die riesige Aufgabe, die er 1936 in der Sowjetunion auf Wunsch des sowjetischen Gesundheitsministers übernommen hatte, überstieg die Kräfte seines geschwächten Organismus. Als zeitweiliger Berater sollte er Richtlinien zur Reform des Medizinstudiums, des Ärzteeinsatzes und der Spitalsorganisation erstellen[72]. In dem für ihn besonders eingerichteten Büro verbrachte Tandler viele Stunden und erarbeitete Pläne, nach denen einige hundert Provinzspitäler und Entbindungsheime, einige tausend Kindergärten und eine Anzahl neuer Kliniken gebaut wurden[73]. Auch früher in Wien hatte er sich nie geschont und war krank und fiebernd zu Vorlesungen gekommen, mit der Bemerkung, »er meide das Krankenlager, weil er die Erfahrung gemacht habe, daß die meisten Menschen im Bett sterben[74]. . .«. Nun aber begann sein Herz zu versagen, in der Nacht vom 25. auf den 26. August 1936 stand es still[75]. Es hat auch für die Menschen Chinas geschlagen.

C. Im Rahmen der Kommunistischen Partei Österreichs

Da die relativ breiten Raum einnehmenden China-Kontakte österreichischer kommunistischer Ärzte und Schriftsteller in anderen Kapiteln behandelt werden, sollen hier nur einige zusätzliche Details angemerkt werden. Ebenso wie sozialdemokratische haben sich auch kommunistische Parteiorganisationen der Verhältnisse in China angenommen und sie zum Thema ihrer Versammlungen und Aufmärsche gemacht. Dabei wurde auch Kontakt zu in Österreich lebenden chinesischen Studenten gesucht, welche sich – zumindest eine Zeitlang – bereit fanden, auf kommunistischen Versammlungen das Wort zu ergreifen. Nach den Auseinandersetzungen zwischen Chinesen und Fremden in China organisierte die Kommunistische Partei Österreichs Veranstaltungen, auf denen auch chinesische Studenten als Redner auftraten, was alsbald die Aufmerksamkeit der Polizeibehörden erregte. In einem Polizeibericht vom 11. Oktober 1925 an das Bundeskanzleramt heißt es:

Während der letzten Monate haben sowohl in Wien als auch in mehreren österreichischen Provinzstädten kommunistische Versammlungen mit der Tagesordnung »Die Vorgänge in China« stattgefunden, bei denen nebst österreichischen Kommunisten auch in Österreich lebende Chinesen das Wort ergriffen haben. Die chinesischen Redner nahmen gegen die imperialistischen Westmächte, insbesondere gegen England, Stellung und führten aus, daß die Westmächte ihr ganzes Bestreben darauf richten, durch verschiedene Mittel die Chinesen der kapitalistischen Ausbeutung gefügig zu machen[76].

Selbst scheinen die österreichischen Kommunisten allerdings von den Vorgängen in China wenig gewußt zu haben, wenn sie auch die aus Moskau kommenden Anweisungen getreulich vollzogen. Als am 6. Februar 1927 und am 12. Februar 1927 von Moskau Parolen ausgegeben wurden und eine »Internationale Woche gegen die Kriegsgefahr« proklamiert wurde (10.–18. März), forderte das Exekutivkomitee der Kommunistischen Jugendinternationale »alle Verbände auf, im Laufe dieser Kampagne Betriebsversammlungen, Meetings und Demonstrationen durchzuführen, besondere Nummern der Zeitschriften, Flugschriften und Flugblätter herauszugeben[77]«.

Also wurde in Wien (die Zeitschrift erschien sonst in Berlin) im März 1927 ein *Sonderheft gegen Kriegsgefahr und Intervention in China* beim Verlag der Jugendinternationale (Egon Grünberg & Co.) herausgebracht. Die Autoren der verschiedenen Beiträge waren Ausländer – Russen und Chinesen, was vermuten läßt, daß es sich dabei um Übersetzungen von aus Moskau zentral verteilten Materialien handelt. Im Kreise der österreichischen Mitglieder hatte sich weder ein Verfasser für einen eigenständigen Beitrag noch ein Kenner auch damals schon bekannter chinesischer Namen gefunden, der folgende Schreibweisen verhindert hätte: Tschan-So-Lin für Tschang Tso-lin (Zhang Zuolin), Fin-Ju-San für Feng Yu-hsiang (Feng Yuxiang) und Tsian-Kai-Schi für Tschiang Kai-schek[78].

Ein konkreteres China-Bild dürfte sich bei der Kommunistischen Partei Österreichs erst durch die in China tätigen Spanienkämpfer-Ärzte bzw. über Vermittlung der sowjetischen Besatzungsmacht ergeben haben.

D. Im Rahmen der anarchistischen Bewegung

Nachzuweisen sind China-Kontakte für den österreichischen »Herodot der Anarchie[79]«, Max Nettlau. Er selbst charakterisierte sich 1941 in einer biographischen Skizze als: »Nettlau Max, geboren 30. April 1865 in Neuwaldegg bei Wien, freiheitlicher Sozialist ohne öffentlichen Wirkungskreis, kleinen Kreisen bekannt als Bearbeiter historischen sozialistischen Materials, Sammler derartiger Dokumente und Druckwerke in weitestem Umfang, die im (Internationaal) I(nstituut voor) S(ociale) G(eschiedenis) konserviert sind, und auch als Vertreter mancher von der Routine abweichender Anschauungen, was sich alles aus seiner eigenen Entwicklung erklärt[80].«

Doch ganz so unbekannt und ohne öffentlichen Wirkungskreis, wie sich Nettlau in diesen Sätzen gibt, war er gewiß nicht. Zuerst von seinem Vater, der Hofgärtner in Wien war, erhalten und dann von dessen Nachlaß lebend, widmete Nettlau sein Leben der Erforschung der verschiedenen Strömungen des Sozialismus und der geistigen Auseinandersetzung mit ihnen, ohne einer davon den Anspruch der Alleingültigkeit zuzubilligen. Er war mit vielen berühmten Sozialistenführern Europas bekannt oder befreundet. In Österreich hielt er zu Victor Adler Kontakt. Da er auf dem Hainfelder Parteitag der österreichischen Sozialdemokraten teilnehmen, aber nicht als Mitglied gelten wollte, fungierte er als Stenograph. 1891 lud ihn der Diskussionsklub *Veritas* der jungen sozialdemokratischen Intellektuellen zu seinen Diskussionsabenden ein, und 1892 bekam er auf sein Ersuchen eine Gastkarte zum Wiener Parteitag. Den Pariser internationalen Kongreß von 1889 besuchte Nettlau als Mandatar der radikalsten Sektion der Socialist League, der Norwich Branch. Er war unter denjenigen Delegierten, die den Kongreß unter Protest verließen, nachdem man den anarchistischen Delegierten Dr. Merlino beleidigt hatte. Auch später noch vertrat Nettlau die Sektion Norwich auf internationalen Versammlungen. Die Konferenz der Socialist League wählte ihn am 20. Mai 1890 in ihren Council. Nettlau veröffentlichte in mehr als fünfzig Zeitschriften, von denen die meisten anarchistisch waren. Nach der Oktoberrevolution versuchte die russische Regierung Nettlau für eine Staatsausgabe der Werke Bakunins zu gewinnen und seine Sammlung anzukaufen. Nettlau lehnte jedoch beides ab. Als seines Vaters Vermögen durch die Geldentwertung dahingeschwunden war, »sorgten einige Anarchisten in mehreren Ländern mit eigenen Opfern für die Erhaltungskosten seiner Sammlung«. Nettlau konnte sich seinen Angaben nach »den Anhänger irgendeiner Regierung überhaupt nur als, sagen wir, irgendwie sehr mangelhaften Menschen vorstellen«. Dennoch hat er nie eingesehen, »warum die andern Länder alle leben sollten, Österreich-Ungarn und die Türkei aber zerrissen werden mußten[81]«.

Seine oft recht unorthodoxen Anschauungen verhinderten eine feste Bindung an irgendeine politische Gruppierung. Dennoch war er in anarchistischen Kreisen der ganzen Welt einschließlich Chinas bekannt und respektiert.

Die in China erscheinende anarchistische Zeitschrift *La Popolamaso* nahm in ihrer Bakunin gewidmeten Sondernummer auf Nettlau Bezug[82], und der berühmte, nach dem Sturz der »Viererbande« wieder rehabilitierte chinesische Schriftsteller Ba Jin begann 1924 mit Nettlau zu korrespondieren[83]. Dabei scheint der Österreicher auf Ba Jin Eindruck gemacht zu haben, denn als der Schriftsteller auf Bitte der Autoren im

Sommer 1978 befragt wurde, erinnerte er sich noch immer recht gut an diesen Briefwechsel[84].

Andererseits hat Nettlau mit Bienenfleiß Material über die chinesischen Arnachisten gesammelt; es ist in einem unveröffentlichten handschriftlichen Manuskript Nettlaus enthalten, welches das Internationaal Instituut voor Sociale Geschiedenis in Amsterdam aufbewahrt[85]. Es ist zu bezweifeln, ob irgendein anderer Europäer eine so umfassende Darstellung der wichtigsten Vertreter des chinesischen Anarchismus und ihrer Publikationsorgane zustande gebracht hat wie Nettlau auf einigen eng beschriebenen, mit Zusätzen gespickten großen Blättern. Ein Teil des Manuskripts ist in den Anmerkungen zu diesem Kapitel abgedruckt[86].

ANMERKUNGEN

1 Fritjof Tichelman, *Die Kolonialpolitik der westeuropäischen Sozialdemokratie in der Zeit der II. Internationale,* Vortragsmanuskript in Maschinschrift, o. D., S. 8.
2 Ebd., S. 10.
3 Internationaal Instituut voor Sociale Geschiedenis, Amsterdam, Akten der Sozialistischen Arbeiter-Internationale (SAI) 1359/1.
4 SAI, 1359/2.
5 SAI, 1359/5, 1359/7, 1359/9.
6 SAI, 1359/5.
7 SAI, 1359/11; 1359/12.
8 SAI, 1359/18.
9 SAI, 1359/19.
10 *Dritter Kongreß der Sozialistischen Arbeiter-Internationale,* Brüssel 1928, Bd. 1, Zürich 1928, IV, Nr. 31. Yangs Bericht und Referat vom vorhergehenden Jahr sind in die Akten dieses Kongresses aufgenommen worden.
11 Internationale Information (hrsg. vom Sekretariat der Sozialistischen Arbeiterinternationale), IV, Nr. 52, 7. Oktober 1927: *Zur Geschichte der Liga gegen koloniale Unterdrükkung.*
12 SAI, 1361.
13 SAI, 1363/6.
14 SAI, 1367/3.
15 SAI, 1359/20.
16 SAI, 1359/21.
17 SAI, 1359/24.
18 Durchschlag des Briefes fehlt in den Akten.
19 SAI, 1359/26.
20 SAI, 1359/28.
21 SAI, 1359/29.
22 SAI, 1359/31.
23 SAI, 1359/32.
24 SAI, 1359/34.
25 SAI, 1359/41.
26 *Internationale Information,* IX, Nr. 6, 20. Februar 1932, S. 79.
27 *Internationale Information,* II, Nr. 27, 2. Juli 1925, S. 1.
28 *Internationale Information,* IV, Nr. 20, 7. April 1927, S. 146 f.
29 Ebd., S. 149.
30 Ebd.
31 »... Es ist ein unerträglicher Gedanke, daß ein Zusammenstoß zwischen der russischen

und der chinesischen Revolution zu einer wirtschaftlichen Katastrophe und damit zum Siege der Konterrevolution führen könnte ... Die Internationale, die vom Anfang der chinesischen Revolution an das Recht des chinesischen Volkes auf seine volle nationale Souveränität, auf die Beseitigung aller Privilegien ausländischer Mächte auf chinesischem Boden verteidigt hat, erkennt an, daß es das Recht Chinas ist, die Beseitigung der russischen Kontrolle über die ostchinesische Bahn, soweit sie auf chinesischem Boden liegt, zu fordern. Die Sowjetregierung, die so oft die Beseitigung aller Privilegien der fremden Mächte auf chinesischem Boden gefordert hat, hat kein Recht, dieses Prinzip zu bestreiten, wenn es sich um ein Privileg der Sowjetunion handelt.« – *Internationale Information,* VI, Nr. 29, 3. August 1929, S. 311.

32 Resolution vom 25. Januar 1932, in: *Internationale Information,* IX, Nr. 4, 26. Januar 1932, S. 38:

»Zum Chinesisch-Japanischen Konflikt.
Resolution des Bureaus der S. A. I.
vom 25. Januar 1932.

(I. I.) Das Bureau der S. A. I. stellt fest, daß sich die Lage in der Mandschurei seit der Resolution des Bureaus, die die Besetzung eines großen Teils des Gebietes der Mandschurei durch die Japaner als offene Verletzung der internationalen Verträge brandmarkte, erheblich verschlechtert hat. Weder das Eingreifen des Völkerbundrates, noch die Vorstellungen der Vereinigten Staaten haben die Regierung Japans, das Mitglied des Völkerbundes und sogar ständiges Ratsmitglied ist, den Kriegsächtungspakt und den Washingtoner Vertrag unterzeichnet hat, daran gehindert, ihre widerrechtliche Besetzung auszudehnen, Kriegsoperationen vorzunehmen und mit allen Mitteln die Bildung eines angeblich selbständigen Staates zu begünstigen, der nichts als ein Herrschaftsinstrument in seinen Händen wäre.

Das Bureau der S. A. I. prangert vor den Arbeitern die Gefahr für den Weltfrieden an, die diese Vergewaltigung des Selbstbestimmungsrechtes eines Volkes, die schamlose Verletzung der internationalen Verträge, die Diskreditierung der internationalen Institutionen, die die Sicherung der friedlichen Lösung von Konflikten bezwecken, bedeutet.

Das Bureau stellt fest, daß die Anwesenheit der Vertreter der japanischen Regierung bei der Abrüstungskonferenz als eine Verhöhnung und Herausforderung so lange erscheinen wird, als sie die Mandschurei besetzt hält.

Das Bureau sendet im Namen aller sozialistischen Arbeiter den organisierten Arbeitern Chinas, die die Hilfe der Internationale verlangten, seinen solidarischen Gruß. Die S. A. I. rechnet darauf, daß das Proletariat der beiden betroffenen Länder gemeinsame Sache machen wird gegen die imperialistische Politik, die ihnen beiden großen Schaden bringt. Das Bureau fordert die Arbeiter aller der S. A. I. angeschlossenen Parteien auf, jede Gelegenheit zu benutzen, um die Verbrechen des japanischen Militarismus am Völkerrecht zu brandmarken.«

Resolution vom 26. Februar 1932, in: *Internationale Information,* IX, Nr. 8, 27. Februar 1932, S. 93 f.:

»An die Arbeiter aller Länder!

Der Überfall Japans auf China hat in Ostasien die Kriegsfurie entfesselt. Die Mandschurei, von japanischen Truppen okkupiert, soll eine ›autonome Republik‹, eine Marionette in der Hand des japanischen Imperialismus, werden. In den Straßen der Millionenstadt Shanghai toben blutige Kämpfe.

Solange Japan in der Mandschurei vorging, haben die Großmächte nichts unternommen, um die Verletzung der von Japan unterzeichneten Verträge zu verhindern, um die japanischen Räuber zu zwingen, den von ihnen rechtswidrig besetzten chinesischen Boden zu verlassen.

Erst die Beschießung von Shanghai und Nanking hat die kapitalistischen Regierungen in Bewegung gesetzt. Aber auch jetzt, da sie um ihre eigenen Privilegien in China bangen, wagen sie es nicht, wirksame Aktionsmittel anzuwenden. Anstatt dessen liefern sie noch immer Munition an Japan und dulden es, daß japanische Delegierte verlogene Friedensreden auf der Abrüstungskonferenz halten.

Unter dem Druck der öffentlichen Meinung der Welt, des sozialistischen Weltproletariats, der chinesischen Delegierten, hat sich der Völkerbundrat genötigt gesehen, eine außerordentliche Völkerbundversammlung zur Behandlung des Krieges im Fernen Osten einzuberufen. Aber nichts berechtigt einstweilen zur Annahme, daß die Völkerbundversammlung ein weniger klägliches Schauspiel der Hilflosigkeit bieten wird als der Völkerbundrat.

Das Versagen des Völkerbundes zu Beginn des Konfliktes hat den hemmungslosen japanischen Imperialismus zur Weiterverfolgung seiner großangelegten Pläne ermutigt. Er unternimmt einen Raubzug gegen China, der alle Kennzeichen eines Eroberungskrieges mit zynischer Offenheit zur Schau trägt. In dieser Lage ist die moralische Ächtung des japanischen Imperialismus, der den Krieg begonnen hat, ohne eine schiedsgerichtliche Lösung auch nur zu versuchen, die primitivste Pflicht des Völkerbundes, das Minimum, das von den Unterzeichnern des mit so viel Pomp gefeierten Kriegsächtungspaktes verlangt werden muß!

Wir haben keine Illusionen über die andern imperialistischen Mächte, die chinesischen Boden usurpieren oder ›Interessen in China‹ zu verteidigen vorgeben. Wir wissen, daß der Krieg in Ostasien, wo die imperialistischen Interessen aller Großmächte zusammenstoßen, früher oder später einen neuen Weltbrand entfesseln kann, daß wir nach dem Weltkrieg des Atlantischen Ozeans nun von der Gefahr eines Weltkrieges des Stillen Ozeans bedroht sind. Alles zu versuchen, um dieses maßlose Unglück für die menschliche Zivilisation zu verhüten, ist oberste Pflicht.

Wir fordern daher vor allem:

Erklärung Japans als Angreifer!

Sofortige Einstellung aller Munitionslieferungen und Kreditgewährung an Japan!

Anwendung aller wirtschaftlichen und finanziellen Druckmittel, um Japan zur Einstellung seines Raubzuges zu zwingen!

Nichtanerkennung aller japanischen Eroberungen in China, selbst wenn sie durch einen China aufgezwungenen Vertrag besiegelt werden sollten!

Arbeiter aller Länder:

Zwingt Eure Regierungen, diese Forderungen zu erfüllen!

Duldet nicht, daß die kapitalistischen Regierungen als Komplizen des japanischen Imperialismus oder aus Feigheit den nächsten Weltbrand vorbereiten helfen!

Demonstriert überall gegen den japanischen, gegen den Weltimperialismus!

Nieder mit dem Imperialismus!

Es lebe der Friede und die Abrüstung!

Das Bureau der Sozialistischen
Arbeiter-Internationale

Zürich, den 26. Februar 1932.«

33 Vgl. etwa die *Entschließung der Auslandsvertretung der Sozialdemokratischen Arbeiterpartei Rußlands vom 18. November 1931,* in: *Dokumente und Diskussionen,* Archivbeilage der *Internationalen Information,* VIII, Nr. 14, 5. Dezember 1931, S. 98 ff.; *Erklärung der englischen Arbeiterbewegung vom 23. Februar 1932,* in: *Internationale Information,* IX, Nr. 8, 27. Februar 1932, S. 94 f. oder den Abdruck des Artikels aus dem Brüsseler *Peuple* vom 15. Dezember 1931: *Ein schweres Versagen des Völkerbundes,* in: *Probleme des Völkerbundes, Beilage der »Internationalen Information«,* VIII, Nr. 5, Dezember 1931, S. 32.

34 *Dritter Kongreß der Sozialistischen Arbeiter-Internationale,* Brüssel 5.–11. August 1928, *Berichte und Verhandlungen,* Bd. 2, Abt. V–IX, Zürich 1928, VI 147–157.

35 Emile Vandervelde, *Die Bolschewiken und der chinesisch-japanische Konflikt,* in: *Internationale Information,* VIII, Nr. 46, 5. Dezember 1931, S. 580.

36 Otto Bauer, *Orientalische Revolutionen,* in: *Der Kampf,* Jg. 5, 3. Heft 1911, S. 114–121.

37 Otto Bauer, *Begrabene Hoffnungen,* in: *Der Kampf,* Jg. 5, 1. April 1912, 7. Heft, S. 291 f.

38 Otto Bauer, *Nach dem Parteitag,* in: *Der Kampf,* Jg. 20, Dezember 1927, Nr. 12, S. 546.

39 Der Kampf, Jg. 18, August/September 1925, Heft 8/9.

40 Karl Kautsky, *Die chinesischen Eisenbahnen und das europäische Proletariat,* in: *Neue Zeit,* Band 4, 1886, S. 537 ff.

41 Julius Braunthal, *Ökonomische und soziale Wurzeln des chinesischen Risorgimento.* FN 39.

42 Dem Braunthal-Akt im Archiv für Geschichte der Arbeiterbewegung ist zu entnehmen, daß Braunthal auf italienisch ein Werk *Über den Sozialismus in Asien* verfaßt hat. Nähere Details waren nicht vorhanden, und den Autoren ist es leider auch nicht gelungen, sich das Werk durch Fernleihe zu beschaffen.

43 Manfred Ackermann, *Julius Braunthal – Ein Leben dem Sozialismus geweiht,* Gedenkrede vom 26. Mai 1972, Wien 1972, S. 7.

44 Sozialistische Internationale, Ordner China, Corresp. 1940–1971.

45 Oscar Pollak, *Der Bauer in der Nachkriegszeit,* in: *Der Kampf,* Nr. 11, November 1928, S. 565.

46 Ebd.

47 Ernst Reinhard (Bern), *Koloniale Fabriksarbeit – europäische Arbeitslosigkeit,* in: *Der Kampf,* 1928, Jg. 21, Nr. 8/9, Aug./Sept. 1928, S. 430–440; Max Werner (Heidelberg), *Die Kolonialprobleme der Sowjetunion und die chinesische Revolution,* in: *Der Kampf,* ebendort, S. 345–359.; Theodor Dan (Berlin), *Kriegsgefahr in Sicht,* in: *Der Kampf,* Jg. 25, Nr. 4, April 1932, S. 149–157.

47 *Der Kampf,* 18. Jg. Nr. 7, Juli 1925; Nr. 8/9 von Aug./Sept. 1925.

48 Otto Mänchen-Helfen, *Die Bauernbewegung in China,* in: *Der Kampf,* Jg. 23, Nr. 8, Aug. 1930, S. 317–330; ders., *Die chinesische Bauernbewegung,* in: *Der Kampf,* Nr. 9, Sept. 1930, S. 371–390.

49 Boris Nicolaievsky – Otto Mänchen-Helfen, *Karl Marx – Man and Fighter,* neue Auflage der 1936 in London erschienenen englischen Ausgabe, London 1973. Vizekanzler a. D. DDr. Pittermann erinnert sich an Mänchen-Helfen als aktiven Mitarbeiter in der Bildungszentrale der Partei (Mai 1980). Nach den Angaben des ehemaligen sozialistischen Parlamentsabgeordneten Prof. Mark (März 1980) war Mänchen-Helfen ca. 1924/25 von der Sozialdemokratischen Partei Österreichs zum Studium nach Leipzig entsendet worden. Prof. Mark erinnert sich auch, daß Mänchen-Helfen ihm gegenüber erwähnt hat, seiner Meinung nach sei der beste Sinologe von Wien ein Straßenbahner aus der Brigittenau. Über diesen Mann war leider nichts in Erfahrung zu bringen.

50 Brief vom 22. 4. 1937: »Sehr geehrte Herren, ich wurde als Kenner der Mongolei und Fachmann für China – was allerdings zu schmeichelhaft ist – von der Urania eingeladen, mein Urteil über den Film *So lebt China* abzugeben. Ich erlaube mir, den Brief, den ich der Urania schrieb, in Abschrift Ihnen zu übermitteln. Nicht etwa zur publizistischen Verwertung, die ich nicht haben möchte, sondern um Sie, sehr geehrte Herren, wissen zu lassen, daß das harte Urteil, das über den Film gefällt wurde, auch von denen geteilt wird, die zu ihrer Kritik und ihrem Protest allein von wissenschaftlichen Gründen bestimmt worden sind, die also weder offiziell noch offiziös und auch nicht aus politischen Gründen den Film verurteilen müssen. Ich kann den Unwillen, der Sie erfüllt, nachempfinden. Mit vorzüglicher Hochachtung Ihr ergebener Dr. Mänchen.« – HHStA, Neues Pol. Arch. F 599.

51 Ebd.

52 Vorwort des Herausgebers der deutschsprachigen Ausgabe von Otto Mänchen-Helfens monumentalem nachgelassenen Werk *Die Welt der Hunnen,* Wien – Köln – Graz 1978.

53 IX, Nr. 6, S. 91.

54 Mündliche Mitteilung von Fritjof Tichelman an die Autoren, am 29. Juli 1977.

55 HHStA, Neues Pol. Arch. 599 I/3.

56 Diese und sämtliche andere Korrespondenzen, auf die Bezug genommen worden ist, ebd.

57 *Österreichisches Lexikon,* Wien-München 1966, Bd. 2. Die im Lexikon gemachten Angaben wären noch durch folgende weitere Leistungen Tandlers zu ergänzen: Errichtung neuer medizinischer Forschungsstellen, von Lungenheilstätten, Altersheimen, Trinkerheilstätten, Jugendhorten, Kinder- und Ferienheimen – *Arbeiter-Zeitung* vom 25. August 1956.

58 *Arbeiter-Zeitung* vom 18. Septemper 1932.

59 *Arbeiter-Zeitung* vom 6. April, 15. Mai und 3. August 1929.

60 *Arbeiter-Zeitung* vom 6. Januar 1931.
61 Gerhard Frank, *Julius Tandler,* in: *Der Kampf* (illegal), Jg. 3, 1936, S. 400.
62 Julius Tandler, *Volk in China,* Wien 1935, S. 7.
63 Gerhard Frank, a. a. O., S. 400.
64 Victor Wittner, *Erinnerungen an Professor Tandler,* in: *Die Zeit,* 15. Februar 1949.
64a Julius Tandler, *Volk in China,* S. 25 ff.
65 Ebd., S. 34.
66 Ebd., S. 34 f.
67 Ebd., S. 19.
68 Ebd.
69 Ebd., S. 16.
70 Ebd., S. 12.
71 Ebd., S. 25, 41.
72 Alfred Gisel, *Julius Tandler – zur 25. Wiederkehr seines Todestages,* in: *Der Sozialistische Akademiker,* August/Sept. 1961, S. 13; ders., *Julius Tandler,* in: Norbert Leser, *Werk und Widerhall,* Wien 1964, S. 413 f.
73 Gerhard Frank, a. a. O., S. 401.
74 Victor Wittner, a. a. O.
75 Alfred Gisel, *Julius Tandler,* S. 413.
76 HHStA, Neues Pol. Arch. 606.
77 *Jugend-Internationale, Sonderheft gegen Kriegsgefahr und Intervention in China,* 8. Jg., März 1927, S. 9.
78 Ebd., S. 25 – zum Vergleich wurden die damals in den Massenmedien gebräuchlichen Transkriptionen herangezogen.
79 Rudolf de Jong, *Biographische und bibliographische Daten von Max Nettlau, März 1940,* in: *International Review of Social History,* 1969, S. 444.
80 Ebd., S. 447.
81 Die vorstehende Schilderung folgt der von Rudolf de Jong (siehe oben) herausgegebenen autobiographischen Skizze Nettlaus.
82 Das im Amsterdamer Institut für Sociale Geschiedenis aufbewahrte Exemplar der Zeitschrift weist leider nur Monats- und Tagesangabe, nicht aber das Jahr auf.
83 Editor's Note zu Pa Chin, *Family,* New York 1972, S. XIV.
84 Brief des Interviewers Helmut Forster an Gerd Kaminski vom 25. November 1978.
85 Nettlau, Manuskript 1895–1914, I, Hfdst. XII, S. 353–355.
86 »China, das England seit 1840 dreimal mit Krieg überzog, um ihm den Opiumhandel aufzuzwingen, Land zu nehmen (Hong Kong) und dem Handel Häfen zu öffnen – auch Frankreich nahm an den ersten Kriegen von 1856 und 1860 teil –, wurde dadurch sozial erschüttert, jahrelang dauerte die Taipingrebellion, und parallel mit allem schob Rußland im Norden sich zum Großen Ozean vor und seit den Neunzigern ging Japan erobernd vor und in den Vereinigten Staaten, speziell in Kalifornien, hatten längst Chinesenhetzer gewütet, die besonders ein gewisser Kearney in den Achtzigern populär machte.

Die Taipings hatten ungefähr den Ruf, den heute die ›Kommunisten‹ für das böse Gewissen der Bourgeoisie haben, und damals wurde, besonders von Missionären, die die Sprache kannten, viel über geheime soziale Gesellschaften und über sozialistische Ideen und sogar zeitweilige Durchführungen autoritärer Systeme im alten China geschrieben. (Anm. 578; s. z. B. *Journal of the North China Branch of the Royal Asiatic Society,* Shanghai, II, 1. Sept. 1860, S. 20–44; *Neue Zeit,* 14. Juli 1900, S. 467–471, nach. Die Grundgedanken des alten Chinesischen Sozialismus und von Ernst Faber, Elberfeld, 1877; Alexandra David, *Le philosophe Moh-Ti et l'idée de solidarité.* Letztere Studie ist besprochen von Prof. Hector Denis im *Bulletin de la classe des Lettres* der belgischen Akademie, 1909, Nr. 8, 366–375. Aus diesen Schriften würde man die verschiedenen Stufen der Behandlung desselben Gegenstands sehen; den jetzigen Stand der Forschung kenne ich nicht.)

Etwas später wurde man auf alte chinesische Denker aufmerksam, die, wenigstens in der Auffassung mancher ihrer Interpreten, ein libertäres, ja geradezu anarchistisches Ansehen gewannen. Alexandra David schrieb einmal *Un ›Stirner‹ chinois* (Ein chinesischer ›Stirner‹; *Mercure de France,* Nr. 275, 1. Dez. 1908, S. 445–52), nämlich Yang-tschou, den sie in ihrem Buch behandelt hatte, bzw. welches Prof. Hector Denis in Nr. 7 des *Bulletin* (Anm. 578) referierte, S. 225–7. *Les théories individualistes dans la philosophie chinoise.*

Lao Tse, ein allgemein anerkannter Philosoph (um 550 vor der christlichen Zeitrechnung), wurde von Alexander Ular in seiner Übersetzung in der *Revue blanche* anarchistisch interpretiert; derselbe ließ ihn im Inselverlag *(Bücher des Ostens)* erscheinen, *Lao-Tse, Die Bahn und der rechte Weg. Der chinesischen Urschrift in deutscher Sprache nachgedruckt von Alexander Ular.* (Anm. 579); er schrieb auch über Lao Tse den Artikel *Jenseits von Nietzsche* (*Die Zeit,* Wien, Nr. 448, 2. Mai 1903). Ular hatte lange in China gelebt und erschien um 1900 in Paris, zeigte etwas Interesse am Anarchismus und brachte ihm Lao Tse zu. Er warf sich auf russische politische Studien und schien an den Stern des Grafen Witte zu glauben, auch an Clemenceau. Er wurde durch Bücher und Artikel ein auch in deutscher Sprache sehr bekannter Spezialist für Rußland, China und für voraussehende Weltpolitik überhaupt. Er war ein Deutscher, soll Sohn eines Bremer Professors gewesen und als internierter Deutscher in Marokko gestorben sein. Ich sah ihn ein einziges Mal, 1901 oder 1902, mit Cornelissen oder Insabato, und sein Wesen blieb mir undurchsichtig. *Le Livre de la Voie et la Ligne droite de Lao-tse* (*Revue blanche,* 1. Juli 1900, S. 338–50; 15. Juli, S. 421–35) erscheint mir bei Durchsicht im Juli 1934 besonders in seinem zweiten Teil ein Appell zum Nicht-wollen, Nicht-hervortreten, allseitiger Zurückhaltung und Enthaltung, wodurch Harmonie und stilles Wirken der eigenen Kraft sich ergeben. Eine Art Quietismus der allgemeinen Rücksichtnahme, wodurch dann autoritäre Punktionen gegenstandslos würden. Also mehr ein Leitfaden für allseitige resignierte Beschaulichkeit – und in diesem Fall jedenfalls ein Schritt abseits von der ehrgeizigen autoritären Vulgärwelt, die auch im damaligen China vorherrschend gewesen sein wird. Demgegenüber erscheinen andere Übersetzungen von Lao-Tse leer und ohne viel Sinn, und es ist schon möglich, daß Ular, dem Kenntnisse und Scharfsinn nicht fehlten, das Richtige getroffen hat. (Anm. 581) *(Nettlau hat hier Nr. 580 ausgelassen. Anm. d. Verf.)* Man vergleiche seinen Text mit *Le Tao de Laotseu traduit du chinois par Montgioi* (Alberto de Buvouieville) Paris, Librairie de l'Art indépendant, 1894, 57 S. in: 18° *(L'Esprit des races jaunes); The Book of the Simple Way by Walter Old* (London, Philip Wellby) eine deutsche Übersetzung von Richard Wilhelm (Verlag Eugen Diederichs) – *Tao Teh Ch'ing. The Simple Way or the Path of Virtue by Laotze* (London, C. W. Daniel, o. J.; 40 S. in: 12°; 1908; The Oriental Classics, 2); *Lau-Tsze's Tau-Teu-King. The old philosophic classic on reason and virtue,* übers. von Dr. Paul Carus in *The Monist* (Chicago), Juli 1897, S. 571–601 usw. Anarchistische Denkweise ist etwas so Natürliches, daß sie überall erscheint, wo jemand sich über die anerzogenen autoritären Denkschablonen zu erheben weiß. Der heutige Stand der Lao Tse-Studien ist mir nicht bekannt.

Die *Temps Nouveaux* druckten 1906 manches, das Ular 1903 und 1904 in der *Dépêche* (Toulouse) über China schrieb *(Les Syndicats chinois . . .).* Auch Kropotkins *Gegenseitige Hilfe, Gesetz und Autorität* und *Der Staat* sollen übersetzt worden sein, und zwar von Li-Yu-Ying. Ferner Artikel über die chinesische Revolution von Yu-Tsche-an und Ma-Fu-Ye (als Broschüre).

Als erste anarchistische Publikation kenne ich zehn Nummern der *Revue der Revolutionen,* in Tokio (Japan); Nr. 1 mit Bakunins, Nr. 2 (Herbst 1906) mit Stepniaks Porträt (10 S. in fol.) 1906–07. Dort erschien auch *Equity. The Chinese Anarchist News* (Han Pao), 1908, wenigstens 11 Nrn.; Nr. 11, 28. Sept. 1908 und vielleicht noch eine Zeitschrift, 1908, die wenigstens 18 Nrn. hatte, aber keinen Titel in europäischer Schrift. Zu der erstgenannten Revue vgl. vielleicht Kotokus Bemerkung (Brief vom 18. Dez. 1906): ›Eine Gruppe chinesischer Studenten in Tokio wird zum Zentrum der chinesischen revolutionären Bewegung.‹ Nach T. N., 11. Juli 1908, war *Tien-Yee,* von Frau Ho-Chin 1907 in Tokio herausgegeben, das erste anarchistische Organ. Dies war eine Revue in –8°, von der noch 1908 Nr. 13–14, 5, 16–19 erschienen sind.

Junge Chinesen, die über die Mittel, sich eine chinesische Druckerei einzurichten, verfügten, legten eine solche in einer Landgegend im Süden von Paris in einem alten turmartigen Gebäude an, und Grave überließ ihnen die Adresse der *Temps Nouveaux* und wurde der verantwortliche Redakteur; die Polizei lud ihn dann einmal vor und warnte ihn wegen der nicht gewöhnlichen Art und Menge der Beleidigungen der damaligen Hauptperson in China, der Kaiserin-Mutter. Ob die chinesische Zeitschrift ein Propaganda- oder ein Kampfblatt war, ist kaum zu sagen; wahrscheinlich war sie beides, denn es gibt z. B. ein chinesisches Buch in dieser Druckerei (1907), das *Die Revolution* von Tsun min, dem Übersetzer; *Libre Examen* von Paraf Javal; Kropotkins *An die jungen Leute; Ordnung, Der Anarchismus* von Eltzbacher und *Anarchie und Kommunismus* von Cafiero enthält, mit den Porträts von Bakunin, Kropotkin und Reclus. Ein anderer solcher Band (eine von Kanonen beschossene Fahne ist die Umschlagzeichnung) enthält Texte von 11, 6, 6, 15, 14 Seiten (1907). Malatesta, *Fra Contadini,* wurde im kleinsten Format, das man in -64° nennen könnte, auf 32 Seiten gedruckt (1907 oder 1908).

Die Zeitschrift *Sinsiki,* mit dem Esperantotitel *La Tempoj Novaj (Les Temps Nouveaux)* erschien vom 22. August 1907 an; 52 Nrn. in folio; Nrn. 53–80 in -4° und dann folgte *Le Siècle nouveau* (Das neue Jahrhundert), 41 Nrn. in -4°. Diese 101 Nummern endeten 1909. Die Herausgeber hatten von da ab die Möglichkeit, ihre Tätigkeit in China selbst oder in größerer Nähe von China fortzusetzen, wo 1911 der große politische Umsturz erfolgte, die Republik von Sun-yat-sen.

La *Vôco del Popolo* (Die Volksstimme; chinesisch und Esperanto) erschien in Kanton, 20. August 1913, 2 Nrn. und wurde im September nach dem portugiesischen Macao verlegt (Nr. 3, 4, 13., 20. Dezember 1913 ...) Diese gab Sifo (1884–1915) heraus, der 1906 durch eine Bombenexplosion eine Hand verloren hatte. (Anm. 582, vgl. *Anarchismus in China,* unterz. P. G. [Singapore], *Freedom,* Oktober 1914; *A Chinese Anarchist Pioneer,* von K. Ch. Shan, ibd., Oktober 1915, über Sifo. – *A Report to the International Anarchist Congress* [Dez. 1921], unterz. The Anarchist-Communist Group of the Chinese language, *›The Voice of the People‹;* in der amerikanischen *Free Society,* new series, I, 12, Juli 1922. Grave's Publications, Nr. 14, 15. Juli 1922.) Das nach seinem Tod fortgesetzte Blatt erreichte 29 Nrn. Die Pariser Zeitschrift war von Li-Yü-Ying, dem Enkel eines Ministerpräsidenten, der große Mittel besaß, und Wu-Che-Vai herausgegeben worden. (Anm. 583: s. auch Grave, Mem., S. 289.) – In *La Voix du Travail* (Paris), Juli 1927 werden Li Yü Ying und Pü Tsi hivei genannt, die selbst lange Jahre im Exil waren und die jetzt (1927) einflußreich seien, ohne eine Regierungsstellung einzunehmen; sie hätten einen großen Unterrichtsplan ausgearbeitet und die ›Arbeitsuniversität‹ gegründet mit Abteilungen für Arbeiter und Bauern. Ihr Organ ist *Die Revolution.* Dieser Darstellung in dem anarchosyndikalistischen Organ (unterz. You Song) steht die wegwerfende Kritik dieser Männer in *La Revue Internationale Anarchiste,* 15. Februar 1925 gegenüber (S. 91–2); sie seien Anarcho-Politiker, Ex-Kameraden. Wou-Tze-Hoei sei ein einflußreiches Mitglied der Kuomintang; noch 1915–16 war er antiparlamentarisch, 1922 nicht mehr usw., er wird schließlich ›crapule‹ genannt. – Im *Syndikalist,* 9. Februar 1929, werden Wu-Tze-Hui, Li-Schih-Tschen und Tsai-Yuan-Pei, ›ehemalige Anarchisten‹ als Mitglieder des Zentralkomitees der Partei Kuomintang bezeichnet, und es wird in dem Blatt geschrieben, daß ›diese drei Renegaten‹, den Anarchismus kompromittieren. ›Sie geben immer noch ein Wochenorgan heraus, das sich *Revolution* nennt und vielfach Übersetzungen aus den Werken Kropotkins veröffentlicht‹ ... S. auch Fede (Rom), 18. Okt. 1925.

In China soll dann bis zur Revolution nichts geschehen sein; nachher gründete Sifo in Kanton die ›Conscience Group‹, Gewissengruppe, und die (erwähnte) Zeitschrift *Fujmin Lernejo;* in den Regeln, die sich diese Richtung gab, war bestimmt: nicht Fleisch zu essen, zu rauchen, zu trinken, Dienstboten zu halten, Rickshaws (von Trägern geschleppte Sessel) zu benutzen, nicht formell zu heiraten – freie Liebe, keinen Zunamen zu führen (Anm. 584: Hier sind Namen gemeint, welche die Zugehörigkeit zu großen Familienverbänden bezeichnen, im Sinn der schottischen Clans; der alte Sippengeist sollte also bekämpft werden. In den Publications von Grave, Nr. 41, 1. Juli 1926, S. 12–3, bespricht W. Y. H. diesen Punkt und meint: ... ›Statt das System [der großen Familie] zu zerstören, wäre es nicht besser, es zu verbessern, um freie und autonome kommunistische Dörfer zu schaffen als erstes Zellennetz der künftigen Gesellschaft?‹ . . .), kein Amt, keinen Parlamentssitz anzunehmen, keiner politischen Partei anzugehören, keinem militärischen Cercle, keinem religiösen Kreis.

Die Herausgeber der *Volksstimme* mußten auch Macao verlassen; Sifo ging nach Shanghai, P. G. nach Singapore; das Blatt erschien geheim weiter, aber Sifo starb schon 1915. Studien über Anarchismus (Briefe und Artikel) von Sifo wurden dann herausgegeben. Die Gruppe löste sich auf. Eine andere Gruppe in Peking gab Bakunins *Gott und der Staat* heraus, aber, wie angegeben wird, schlecht übersetzt. Dann wurde eine unter dem Eindruck der russischen Revolution von 1917 stehende Monatsschrift *Evolution* gegründet, in der der Gegensatz von Anarchisten und Bolschewisten noch nicht hervortrat, und dieselbe Gruppe, im Studentenmilieu, gab Schriften Kropotkins heraus. Wie in dieses Milieu seit Ende 1919 ein Bolschewik ›Veitinski‹ eindrang, der zuerst das Vertrauen von Pekinger anarchistischen Studenten gewann, ist von dem Chinesen Bao Pu im *Libera Laboristo* ausführlich beschrieben; übers. im *Syndikalist,* 6. Nov. 1926. Den weiteren Entwicklungen kann ich nicht folgen.

Es werden noch genannt: *Homaro* (1916; 2 Nrn.); *Freiheit,* 1 Nr.; *Friede* (1918, 1 Nr.); *Das neue Leben* (Tientsin; 4 Nrn.); *Freiheit* (Shanghai, 1920; 1 Nr.); Wiedererscheinen der *Volksstimme* (Kanton), 1921 . . . In San Francisco machte Ring Shih, d. i. die Gesellschaft Gleichheit, seit 1925 allgemeine anarchistische Propaganda und gab seit 1926 *Equality* (chinesisch) heraus, ein Blatt in Heften, das bis Nr. 22 oder länger erschien (s. *Man,* San Francisco, Aug.–Sept. 1933). *Gott und der Staat* und eine Schrift von Ferrer erschienen 1924, von einem Chinesen in Lyon übersetzt (s. *Freedom,* Juli–August 1924). Damals gab es die Monatsschrift von ca. 50 S., deren Titel englisch *Freeman* (Shanghai) lautet, dann den anarchosyndikalistischen China *Labour Herald,* hrsg. von dem Anarchisten Tsao-Chou.

Man gewinnt hierdurch den Eindruck, daß das Pariser Organ eine recht persönliche Angelegenheit einiger Männer war, die sich für die Ideen wirklich interessierten, zugleich aber sich als im politischen Kampf stehend betrachteten und nach 1911 und den weiteren Ereignissen sich etwa so verhielten wie Kropotkin selbst in den ersten Monaten der russischen Revolution, als er keinem der damaligen Regimes Schwierigkeiten machte und zufrieden gewesen wäre, wenn ein liberales Regime dauernd Erziehungsarbeit und vieles andere Notwendige besorgt hätte. Eine solche Haltung befriedigte die übrigen Anarchisten nicht, und diese Männer werden als Schädlinge der Bewegung betrachtet. Es entstehen dann Arbeiter- und revolutionäre Organisationen, aber ich glaube, daß die Tätigkeit der älteren Richtung, falls diese Männer noch leben, deshalb nicht aufhörte. Der Bildungsdrang der chinesischen Jugend ist ein sehr großer, und diese Männer scheinen ein liberales Gegengewicht gegen die Absorption der Jugend durch den Bolschewismus gebildet zu haben und bilden es vielleicht noch.«

Für die freundliche Gewährung der Einsichtnahme in Nettlaus Manuskript danken die Autoren dem International Instituut vor Sociale Geschiedenis, Amsterdam.

Dreiundzwanzigstes Kapitel

Der Kampf gegen den schwarzen Tod

Dr. Heinrich Jettmar als Pestarzt in China

Einer der Österreicher, welche der leidenden Menschheit in China mit ganzem Herzen dienten und dabei an besonders verantwortungsvoller und gefährlicher Stelle eingesetzt wurden, war Univ.-Prof. Dr. Heinrich M. Jettmar. Er kam am 18. Juli 1889 in Wien als Sohn eines Gymnasialprofessors auf die Welt. Sein Medizinstudium wurde durch den Ersten Weltkrieg unterbrochen. Er tat Dienst als Sanitätsunteroffizier und setzte seine medizinische Tätigkeit auch in der russischen Kriegsgefangenschaft fort. Dabei zeigte er Hingabe und Umsicht, so daß er zwischen 1917 und 1919 vom Assistenten an der bakteriologischen Station Transbaikaliens zum stellvertretenden Vorstand aufrückte. Während der großen mandschurischen Lungenpestepidemie im Winter 1920/1921 wurde er außerdem zum Leiter der Pestbekämpfungsabteilung berufen. Nach Erlöschen der Seuche gewährte die oberste Sanitätsbehörde der »Republik des Fernen Ostens« ihrem verdienten Mitarbeiter Urlaub, damit er seine Studien beenden könne. Im Mai 1922 wurde er in Wien zum Doktor der gesamten Heilkunde promoviert. Schon im Oktober desselben Jahres kehrte er nach Transbaikalien zurück, wo er wiederum die Leitung der bakteriologischen Station übernahm.

Der Ruf seiner Tüchtigkeit drang bis nach China. Dort stand an der Spitze des North Manchurian Plague Prevention Service Dr. Wu Lienteh, der dem Vernehmen nach schon zu Zeiten der chinesischen Monarchie unter großen Schwierigkeiten Versuche zum Eindämmen der gefürchteten Krankheit unternommen hatte. Die Erlaubnis zum Verbrennen von Pestleichen hatte Wu einst wegen der Abweichung von der üblichen Bestattungsweise von der berüchtigten Kaiserin-Witwe Ci Xi (Tzu Hsi) selbst einholen müssen. Um die Audienz protokollarisch möglich zu machen, hatte man ihn vorher rasch zum General ernannt[1]. Dr. Wu lud den jungen Österreicher ein, in dem von ihm geleiteten Pestverhütungsdienst die Stelle eines Serologen zu bekleiden. Jettmar nahm an. 1926/27 wurde er beurlaubt, um ein Jahr lang als stellvertretender Leiter an der mongolischen Veterinärstation in Urga zu wirken. 1928 führte er eine Expedition in die nördliche Mandschurei, mit dem Ziel, die epidemiologischen und anderen medizinischen Probleme der dortigen Tungusenvölker zu studieren. Damals begann er auch im größeren Maßstab botanische und zoologische Sammlungen anzulegen, welche er

Jettmar (mit weißen Gamaschen) unterwegs mit der Pestexpedition
(Nachlaß Jettmar)

später größtenteils dem Naturhistorischen Museum in Wien übereignete. Darunter befindet sich sogar ein »Jettmar-Veilchen«, welches er zum ersten Mal in der Gegend von Yan'an (Jenan) gefunden hat. Auch eine auf wilden Nagern der Mandschurei schmarotzende Milbe zeugt vom Forscherdrang des österreichischen Arztes, indem sie seinen Namen trägt[2].

Doch die eigentlichen und großen Verdienste Jettmars fallen in den Bereich der Pestbekämpfung in China. Im Herbst 1928 und im Sommer 1929 studierte er das südmandschurische Pestzentrum. 1930 entsandte man ihn zum Ersten Internationalen Mikrobiologenkongreß in Paris. Danach wurde er Leiter der epidemiologischen Einheit der Gesundheitsorganisation in Nanking sowie Leiter des Nankinger Zentrallaboratoriums. Dabei widmete er sich neben der Bekämpfung der Cholera und der Hakenwürmer in Jiangxi sowie der Malaria in Süd-Henan vor allem der Bubonen- und Lungenpest in Shanxi und Shaanxi. In diesem Zusammenhang unternahm er mehrere Expeditionen[3].

Dabei hatte er des öfteren mit dem bürokratischen Wesen der Kuomintang-Gesundheitsbehörden zu kämpfen. So erfuhr er z. B. am 29. Oktober, daß er sich in die von der Pest befallenen Gebiete Shanxis und Shaanxis begeben sollte. Doch das Gesundheitsministerium hatte es nicht für nötig befunden, genauere Informationen einzuholen. Am 30. Oktober schreibt Jettmar in sein Tagebuch:

Vormittags zu Dr. Liu *(damaliger Gesundheitsminister – Anm. d. Aut.)*, der mit dem Nachtzug aus Shanghai angekommen ist. Er... informierte mich flüchtig über die Pestsituation und ersuchte mich, in das befallene Gebiet nach Shansi und Shensi zu fahren.
Von Dr. Jen erfuhr ich spärliche Einzelheiten ... Es handelt sich also voraussichtlich um Lungenpest ...
Ich drängte auf Abreise heute abend. Meine Kollegen wollten sich drei Tage in Peking aufhalten, um sich dort ihre Winterausrüstung anfertigen zu lassen. Ich opponierte deswegen sofort und erreichte die Zusage, daß die Reise nach Fengtschou möglichst unverzüglich vonstatten gehen müsse[4].

Es war damals also gar nicht so leicht, sich voll in den Dienst der Pestbekämpfung in China zu stellen. Und war es nicht umständliches und nachlässiges Verhalten der zuständigen Behörden, so war es des öftern die Bevölkerung selbst, die Jettmar in seiner wichtigen Mission behinderte. Noch 1928/29 stand er auf seinen Expeditionen einer starken Feindseligkeit der Bevölkerung gegenüber. Natürlich mußte Jettmar Pestleichen sezieren, um den Erreger feststellen zu können, wobei er sich in ständiger Lebensgefahr befand. Doch die Bevölkerung sah darin bloß eine Verstümmelung von Leichen und damit einen schweren Verstoß gegen den hochgehaltenen Ahnenkult. Jettmar vermerkte darüber:

Die Mitglieder der Pestorganisation, obgleich sie sich zum Wohle der Bevölkerung unter der Gefahr ihres Lebens aufopferten und außer Dr. Pollitzer, einem älteren Berufskollegen[5], und mir Chinesen waren, erfreuten sich keineswegs einer Beliebtheit, im Gegenteil! Wir hatten uns sogar durch Sektionen von Pestleichen im Freien außerordentlich verhaßt gemacht, und einmal wurde des Nachts sogar das Gebäude, in dem wir wohnten, beschossen, ohne daß zum Glück jemand verletzt wurde. Eine Zerstückelung, ja sogar eine leichte Verletzung war äußerst verpönt bei den Chinesen[6].

1931 begegnete man Jettmar in den leidgeprüften Gebieten Shanxis und Shaanxis zwar nicht mit offener Feindseligkeit, doch war das Verhalten gegenüber der Seuche noch immer von tief eingewurzeltem Aberglauben gekennzeichnet. Am 10. November, dem neunten Tag der Expedition, erreichte das Ärzteteam Dörfer, wo die Hausmauern mit Kalk gezogene Striche und Kreuze trugen, ein sicheres Zeichen, daß dort die Pest wütete. Derlei magische Symbole – oder etwa auf Stangen aufgepflanzte Widderköpfe – sollten die Seelen der Toten und die Dämonen bannen. Jettmar beeilte sich, ein Flugblatt über das richtige Verhalten beim Auftreten von Lungenpest zu verbreiten[7].

In diesen Gegenden starben in schlimmen Jahren bis zu 40 Prozent der Bevölkerung an der Pest. Auf vielen Gehöften, welche Jettmar betrat, hatte die heimtückische Krankheit alle Bewohner dahingerafft.

Über die Schreckensbilder, die sich ihm täglich zeigten, geben Jettmars Tagebuchnotizen Auskunft:

> 27. November 1931: Ich ging nun direkt auf die Gehöfte los, und der Dorfschulze zog sich entsetzt zurück. Zwei Hunde, die sich mir mit Gekläff entgegenwarfen, mußten erst abgewehrt werden, dann betrat ich den Hof des ersten Gehöftes. Außen war alles still und verlassen, nur ein paar Hühner liefen umher. Die Türen zu den Wohnräumen waren verschlossen und zum größten Teil mit dem chinesischen Schloß verriegelt. Ich ritzte mit einem Stein das Papierfenster der Tür und sah ins Innere des ersten Raumes. Zwei Leichen lagen auf dem K'ang, noch ganz frisch, wie sich später herausstellte, nur zwei Tage alt. Aus dem Munde der einen Leiche rieselte in reichlicher Menge blutiger Schleim auf den darunter liegenden Filz, hier eine ganze Lache bildend. Die nächste Kammer: ein totes Mädchen; das schöne Gesicht noch gar nicht entstellt, nur ein wenig blutiges Sputum um sie herum. Das zweite Gehöft: im mittleren Raum eine elegante Chinesin mittleren Alters in schönen Seidenkleidern, auf dem Rücken liegend mit ruhigen Gesichtszügen, wie aufgebahrt, eine noch ganz frische Leiche; im zweiten Wohngemach zwei männliche Leichen. Im dritten Gehöft: in jedem Wohnraum Leichen! Hier schon älter und entstellt, die Köpfe schwarz wie von Negern (»Schwarzer Tod«). Um den geschwollenen Mund dicke Krusten angetrockneten blutigen Sputums.
> Ich wartete nun geduldig auf meinen Diener Tschang und die Tragtiere, die endlich in der Abenddämmerung den Lößberg herunterkamen.

Auch der nächste Tag begann mit Erlebnissen, die den österreichischen Arzt fast unerträglich belasten mußten:

> 28. November. Der heutige Tag, ein klarer, windstiller Wintertag, gehört zu den eindrucksreichsten meines Lebens ... Dann gingen wir auf den Abgang des Vorortes, wo in einem Gehöft eine noch unbeerdigte Leiche lag. Dieselbe lag in einem verriegelten engen Raum auf dem K'ang. Das Gesicht war zum größten Teil – offenbar von einer Katze oder von Ratten – weggefressen. Der noch vorhandene Rest war ganz schwarz und gab ein eigentümliches leises, andauerndes knisterndes Geräusch von sich. Alles war deutlich zu sehen, da die Morgensonne eben in den Raum hineinschien. Dann gingen wir ostwärts in die etwa fünf Li entfernte Ortschaft Lu Go'Er. Hier ließen wir uns den Dorfverwalter – einen alten Mann mit größerem Bart – kommen, welcher uns – allerdings widerstrebend – die Lage der noch unbeerdigten Leichen zeigte ...
> Ich weiß schon nicht mehr genau, wie viele Gehöfte und wie viele Leichen ich hier inspizierte. Es waren alles Lungenpestfälle, wie an dem reichlich aus dem Munde fast jeder Leiche herausrieselnden und

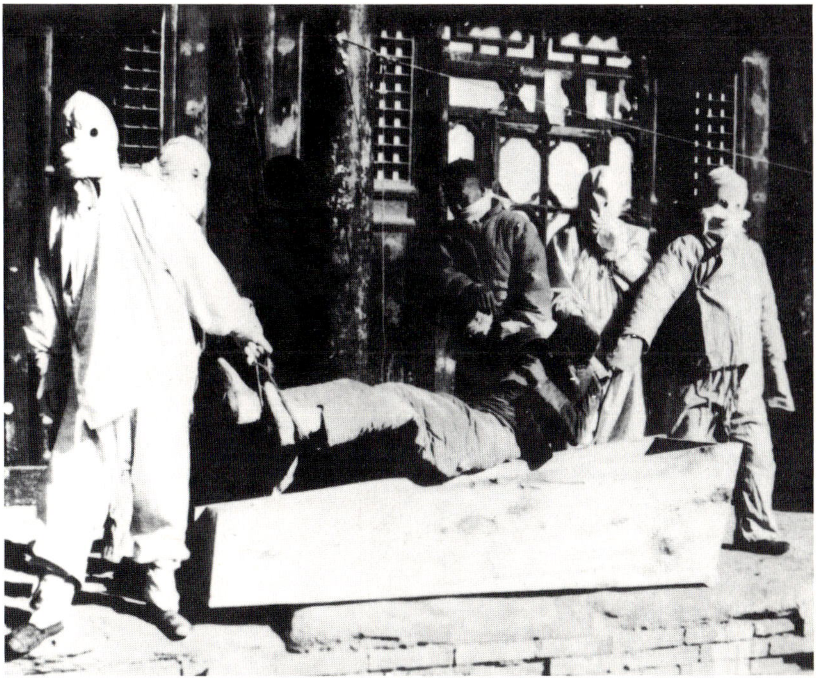

Eine Pestleiche wird in den Sarg gelegt
(Aufnahme von Prof. Heinrich Jettmar)

angetrockneten blutigen Schleim zu erkennen war. Nur eine – die absonderlichste – dieser etwa dreißig Leicheninspektionen sei genauer beschrieben:
Als ich eine der verschlossenen engen Kammern öffnete, starrte mir direkt eine etwa vierzehn Tage alte Leiche mit furchtbar entstelltem schwarzen Gesicht und bluterfülltem Mund entgegen. Dicht nebenan lag die Leiche einer Frau – etwa zehn Tage alt – mit dem schwarzen, bluttriefenden Gesicht gegen die Wand zugekehrt.
Plötzlich regte sich unter einer kleinen Decke, die den engen Raum zwischen dem Körper der toten Frau und der Wand ausfüllte, ein Etwas, und ich erschrak heftig, als plötzlich ein nackter und furchtbar verwahrloster Körper eines kleinen noch lebenden Kindes auftauchte! Ich rannte um Maske und Handschuhe in den Hof hinaus, dann kehrte ich zurück, hob das strampelnde und weinende Kind über die Leiche seiner Mutter und trug es schnell in den Hof hinaus, wo ich es auf dem großen Mühlstein (der im Hof fast jeden Gehöftes der hiesigen Bauern steht) niederstellte. Zum Glück war Mittagszeit, und die Sonne des klaren Wintertages brannte ganz tüchtig herunter, so daß ich mit dem Kinde anstandslos jene Manipulationen ausführen konnte, welche notwendig waren, um es der menschlichen Gesellschaft wiederzugeben. Es war ein dreijähriges,

recht hübsches Mädchen, vollkommen gesund, nur furchtbar verwahrlost, welches sich nach kurzem Schreien leicht besänftigen und alles geduldig über sich ergehen ließ. Mein mich stets begleit . . . tete *(Lücke im Manuskript – Anm. d. Aut.)* verschaffte ein Waschbecken mit heißem Wasser und Seife, der ich etwas Desinfektionsflüssigkeit zufügte, schließlich auch noch nach vielem Hin- und Herstreiten einige zerlumpte Kleider, und ich hatte nun das Vergnügen, das Kind allein auszuziehen, gründlichst zu waschen und umzukleiden.
Niemand getraute sich, mir zu helfen oder mich irgendwie zu unterstützen; ich mußte alle Kinderfrauverrichtungen allein ausführen. Dagegen hatte ich von den oberen Terrassen der Nachbargehöfte eine große Menschenmenge als Zuschauer, welche mit erschreckten Gesichtern – die Mäuler oder die Nasen mit der Hand zugedeckt[8] – meine Beschäftigung verfolgten.
Später erfuhr ich den ganzen Inhalt des Dramas: Vater und Mutter starben vor zwei Wochen resp. zehn Tagen und ließen zwei Kinder – ein sechsjähriges und das dreijährige Mädchen – zurück. Das sechsjährige Kind pflegte nun einige Tage nach dem Tode der Eltern das jüngere Geschwister, dann aber wurde dem Kind der Anblick der sich zersetzenden Leichen offenbar unheimlich, und es lief davon. Es wurde von vorübergehenden Leuten mitgenommen und konnte bis heute noch nicht aufgefunden werden. Das kleine Mädchen blieb auf dem K'ang neben den Leichen zurück. Es war noch zu klein, um davonzulaufen. Es muß auch die letzten Tage sich irgendwie Nahrung verschafft haben, denn auf dem K'ang und der mütterlichen Leiche lagen recht zahlreiche kindliche Fäces herum, und das Kind selbst war noch nicht wesentlich abgemagert. Nach der Auffindung war es jedenfalls recht hungrig, denn es aß gierig die ihm gebotene Grütze auf. Das Kind, das schon lange eine eventuelle Inkubationszeit hinter sich gebracht hatte und daher als Kontakt kaum mehr gefährlich war, wurde einem Verwandten übergeben, der selbst mehrere Kinder hatte.

So wichtig es war, daß Jettmar sich der Bestattung der Toten und der Versorgung etwaiger Überlebender in Pesthäusern annahm, ebenso wichtig war es, die Einwohner der bis dahin verschont gebliebenen Häuser vor Ansteckung zu bewahren. Jettmar scheute keine Mühe, um den Pesterreger möglichst rasch festzustellen. Gleich nach der Sektion der ersten Leichen legte er Pestkulturen an, die er in einem Teekanister in der Nacht an seinen Körper preßte, damit durch seine Körperwärme das Wachstum der Mikroben sich beschleunigte und nach ihrer Erkennung um so rascher Gegenmaßnahmen ergriffen werden könnten[9]. Als er in dieser Gegend angelangt war, wußte er schon um die Art des Erregers und konnte prompt mit den Impfungen beginnen. Am 29. November spritzte er nicht weniger als 400 Menschen das Serum, das sie vor der Krankheit errettete.

Das Sanitätsauto Prof. Jettmars wird von einer auf dem Weg nach Yan'an befindlichen Studentengruppe passiert, 1938. (Aufnahme von Prof. Heinrich Jettmar)

Seine Unzufriedenheit mit der laxen Art der Kuomintang-Behörden veranlaßte Jettmar, 1932 eine Stelle als Assistent am Hygienischen Institut der Universität Wien anzunehmen. 1934 habilitierte er sich für Hygiene, und 1937 wurde ihm der Titel eines außerordentlichen Professors verliehen.

Doch China ließ ihn nicht los. Als er die Chance bekam, beim Völkerbund als Epidemiologe in einer Mission nach China angestellt zu werden, sagte er ja und unternahm zwischen 1938 und 1941 zahlreiche Expeditionen in das Landesinnere. Dabei kam er auch mit dem kommunistischen Gebiet in und um Yan'an in Berührung. Auf dem Weg dorthin folgte er der Route, welche die kommunistische Armee während ihres berühmten *Langen Marsches* genommen hatte:

> ... Ich wanderte somit auf der Route des allerletzten Abschnittes des berühmten *Großen Marsches* der kommunistischen Aufständler, der vom Süden Chinas bis Yenan führte. Dieser *Große Marsch* bereitete den Generälen Tschiang Kai-scheks große Sorgen und führte in zahlreiche Kampfhandlungen, bis sich die Insurgenten nach ihrer Festsetzung in Yenan als Partisanen gegen die vordringenden Japaner und ihre Söldlinge so ausgezeichnet bewährten, daß sich die Regierung Tschiang Kaischeks entschloß, mit ihnen zusammen gegen den gemeinsamen Todfeind vorzugehen und ihre politischen Gegner dabei sogar geldlich zu unterstützen[10]...

Prof. Jettmar kam im Februar 1938 nach Yan'an und blieb bis Mai. »Die kleine Stadt Yenan selbst«, so schreibt er, »stand zur Zeit meines Aufenthaltes im völligen geistigen Umbruch. Die Missionen waren zerstört, und die fremdländischen Priester im Machtbereich der 8th Route

Impfaktion unter den Studenten Yan'ans, 1938
(Aufnahme von Prof. Heinrich Jettmar)

Army vertrieben worden. Die buddhistischen Tempel ereilte gleiches Schicksal. Allenthalben strömten ›Pilgerzüge‹ junger Leute nach Yenan, um hier in einer der in den hiezu neu gegrabenen Lößhöhlen gegründeten ›Universitäten‹ politische Bildung zu erhalten. In einem Bergabhang nahe der Stadt war ein Höhlen-Zentralspital errichtet worden, dessen Zugang zum Teil mit Hilfe der Hände erklettert werden mußte.

Die Regierungsbehörden selbst mit Mao Tse-tung und seinen beiden ausländischen Beratern *(gemeint sind wahrscheinlich Dr. Ma Hai-de alias George Hatem und Otto Braun – Anm. der Verf.)* residierten in Lößhöhlen, die am Abhang des unmittelbar sich über der Stadt auftürmenden steilen Berges errichtet waren[11].«

Die Arbeit des österreichischen Arztes in Yan'an, die wegen der Absenz von Pestfällen allgemeinen hygienischen Maßnahmen und der Bekämpfung einer eben ausgebrochenen Rinderpestepidemie gewidmet war, wurde von Mao Tse-tung mit Sympathie verfolgt. Dazu Prof. Jettmar:

> Mao Tse-tung verhielt sich mir und meinen Intentionen gegenüber sehr gönnerhaft und empfing mich sogar in einer längeren Audienz, wo er sich sehr über Österreich und seine Lage interessiert zeigte. Er ließ sich auch von seinem Adlatus einen geographischen Atlas bringen, und ich mußte ihm auf demselben Österreich in seinen Beziehungen zu den Nachbarländern demonstrieren[12]. . .

Da Prof. Jettmar im Dienste des Völkerbundes stand und er sich Mao Tse-tung gegenüber freimütig als »nur Sozialist« deklarierte, kam es mit Mao Tse-tung zu keinen tiefergehenden politischen Gesprächen. Hingegen nahm der Vorsitzende an Jettmars Rinderpestbekämpfungs- und

»Tötet die erste Fliege!« Hygieneaufklärung 1938
(Aufnahme von Prof. Heinrich Jettmar)

Hygienemaßnahmen lebhaften Anteil und bat ihn, auch seine Residenz in ein Programm zur Rattenbekämpfung einzubeziehen.

Bei solchen Programmen war es sehr wichtig, daß die politischen Führer mit gutem Beispiel vorangingen, denn die neu errichtete Ordnung bestand erst zu kurz, als daß Aberglauben und schlechte Traditionen der bäuerlichen Bevölkerung bereits völlig beseitigt sein konnten.

Bevor Prof. Jettmar in Zusammenarbeit mit den Behörden ein auf modernen Erkenntnissen basierendes Flugblatt zur Bekämpfung der Rinderpest herausgab, hatten sich bereits lokale Quacksalber des Themas angenommen und Heilmittel angeboten, die von verdünntem Menstruationsblut bis zum frisch abgeschnittenen Hals eines Hahnes reichten. Es gab Bauern, die sich weigerten, das gesunde vom kranken Vieh zu trennen, »da es ohnehin auch krepieren würde«. Aberglaube und Apathie waren noch weit verbreitet[13].

Angesichts dieser ungünstigen Vorbedingungen für die Durchsetzung einer neuen Ordnung war Prof. Jettmar über bereits sichtbare Erfolge der Yananer Regierung positiv überrascht. Die Räuberplage, ein in der Gegend früher tief verwurzeltes Übel, schien behoben zu sein. Auf einer Reise von Yan'an nach Yulin stellte er fest:

> Doch sahen wir wiederholt aufgelassene Räuberhöhlen ... Die aus Holzleitern und eingemeißelten Stufen bestehenden Zugänge waren jedoch meist vollkommen zerstört, wobei ich nicht feststellen konnte, ob diese Zerstörung durch die Mao Tse-tung und Tschu Teh untergeordnete »8th Route Army« oder durch die Räuber selbst bewerkstelligt wurde.
> Jedenfalls war zum Unterschied von 1931, als ich diese Gegend ebenfalls bereiste, die eminente Räubergefahr im Umkreis von etwa 100

Das »Höhlenspital« in Yan'an, 1938
(Aufnahme von Prof. Heinrich Jettmar)

Kilometern um Yenan, dem gegenwärtigen Sitz der Regierung Mao Tse-tungs, völlig beseitigt, und man konnte unbesorgt weite Spaziergänge machen[14].

Beeindruckt war Prof. Jettmar auch von der Schlichtheit des Auftretens der Führung in Yan'an. Es gefiel ihm, daß sich Mao Zedong bei Freilicht-Theateraufführungen mitten unter das Publikum auf den Boden setzte, und die im Vergleich zu chinesischen Traditionen sehr geringen Bezüge Mao Zedongs imponierten ihm so, daß er es in seinen Aufzeichnungen speziell erwähnte:

> Mao Tse-tung erhielt, wie mir sein amerikanischer Berater und Dolmetsch *(wahrscheinlich Dr. Ma Hai-de – Anm. d. Verf.),* mit dem ich mich gut befreundete, damals mitteilte, monatlich drei Silberdollars »Taschengeld«, und es hatte, so sagte er mir, lange Debatten gekostet, die Apanage auf fünf Silberdollar zu erhöhen[15].

Nach der Rückkehr aus Yan'an äußerte sich Jettmar Anna Wang gegenüber hinsichtlich des dort Gesehenen sehr positiv. Sie erinnert sich an ihn als einen der Wissenschaft und dem Dienst am leidenden Menschen hingegebenen Mann, dem Falschheit und Heuchelei überaus zuwider waren. Gelegentlich habe er sich aus überheblichen und religiös heuchlerischen europäischen Gesprächsrunden entfernt und ihr dabei anvertraut, wie sehr ihm solches zuwider sei. »Jetzt reden wir deutsch!« sagte er dann und pflegte hinzuzufügen, um wieviel lieber er mit chinesischen Bauern zusammen sei als mit solchen Europäern[16].

1941 wurde Jettmar Senior Medical Adviser der Regierung in Chongqing (Tschungking), trennte sich aber bald von seinen Arbeitgebern und reiste im August desselben Jahres nach Shanghai. Dort arbeitete er zuerst an einer Lepraklinik und wurde dann an die deutsche medizinische Universität in Shanghai (Tongji) berufen, wo er Physiologie, Bakteriologie, Parasitologie und Hygiene im Ausmaß von siebzehn Wochenstunden unterrichtete.

Nach der Befreiung Österreichs rief ihn die Heimat zurück. Im Mai 1947 wurde er zum Leiter des Hygiene-Institutes der Universität Graz und 1948 zum ordentlichen Universitätsprofessor ernannt. Doch auch in Österreich vergaß er China nicht. Als sich in Österreich Anfang der fünfziger Jahre ein China-Komitee bildete, dem neben Mitgliedern der KPÖ auch nichtkommunistische Chinafreunde angehörten, war Jettmar unter den Proponenten und zeigte sich um den Kulturaustausch zwischen China und Österreich sehr bemüht[17]. Vor seinem Tod im Jahre 1971 versuchte er auch noch, seine Erlebnisse bei der Pestbekämpfung in China breiteren Kreisen bekanntzumachen. Doch der Bertelsmann-Verlag, dem er das Manuskript anbot, meinte seinem Publikum ein so grausiges Thema nicht zumuten zu können. So blieb den Autoren dieses Buches die Aufgabe, Leser auf das Werk dieses großen Österreichers hinzuweisen, auf sein reiches und erfülltes Leben, von dem ein beträchtlicher Teil dem chinesischen Volk gewidmet war.

ANMERKUNGEN

1 Gespräch von Gerd Kaminski und Else Unterrieder mit Frau Dr. Olga Jettmar, der Witwe Prof. Jettmars, am 17. Oktober 1977.

2 Hier das Verzeichnis der Sammlungen in einer von Jettmar selbst verfaßten Zusammenstellung:
die Phanerogamenflora Transbaikaliens: ca. 600 Arten (dem Naturhistor. Museum Wien abgeliefert);
die Aphanipterenfauna transbaikalischer und mandschurischer Nagetiere: ca. 500 Flöhe zahlreicher Arten, darunter auch eine Anzahl noch unbeschriebener Species. An das Naturhistorische Museum London;
die Flora Harbins: ca. 400 Arten: an das Naturhistorische Museum Wien;
Milbensammlung von mandschurischen wilden Nagern (an Prof. Vitsthum);
die Flora der Sungarimündung und des kleinen Hingans (ca. 500 Arten: Naturhistor. Museum Wien);
Culiciden Chinas und der Mandschurei (an Prof. Dr. E. Martini, Hamburger Tropeninstitut);
die Flora der Umgebung Urgas (Mongolei): ca. 300 Arten (Wien, Naturhistorisches Museum);
Dipteren und Coleopteren der Ind. Mandschurei (Naturhistorisches Museum Hamburg);
die Flora der Umgebung Yenans (Nord-Shensi): ca. 200 Arten (Naturhistorisches Museum Wien);
die Flora der Umgebung Kweiyangs: ca. 400 Arten.

3 Die bisherige Darstellung folgt Lebensläufen Jettmars, die von ihm selbst in Manuskriptform verfaßt worden sind und durch das freundliche Entgegenkommen von Frau Dr. Olga Jettmar in Kopie im Archiv der ÖGCF vorliegen.

4 Zitiert nach der Kopie des Tagebuches, welche von Frau Dr. Olga Jettmar freundlicherweise dem Archiv der ÖGCF überlassen worden ist.

5 Laut Auskunft von Frau Dr. Olga Jettmar ebenfalls ein Österreicher, der dann vom Völkerbund übernommen wurde und nach Indien und Amerika ging.
6 Unveröffentlichtes Buchmanuskript *Auf Pestexpedition im Fernen Osten* , II, S. 5, im Besitz der Familie.
7 Tagebuch über die Expedition nach Shanxi und Shaanxi.
8 Die meisten Chinesen glaubten damals, daß bei Lungenpest der Geruch die Krankheit übertrage.
9 Tagebuchaufzeichnung vom 11. November 1931.
10 *Auf Pestexpedition im Fernen Osten,* Einführung, S. 10a.
11 *Auf Pestexpedition im Fernen Osten,* S. 9.
12 Ebd.
13 Ebd., S. 4 ff.
14 Ebd., S. 8.
15 Ebd., S. 9.
16 Interview mit Anna Wang im Mai 1978.
17 Interview mit Ruth von Meyenburg am 3. November 1978.

Vierundzwanzigstes Kapitel

»I like the Chinese!«

Siebzehn China-Jahre des österreichischen Malers Friedrich Schiff

Immer, wenn die Autoren an Österreicher, welche lange in China waren, die Frage stellten, wer denn unter den »China-Österreichern« der bekannteste gewesen sei, lautete die übereinstimmende Antwort: »Schiff.«

Der Name Schiff war uns nicht unbekannt. In einem Buch über Shanghai waren uns die Illustrationen mit meisterhaft getroffenen chinesischen Typen aufgefallen. Und das sollte ein Österreicher gemacht haben? Wir hätten auf das Alterswerk eines Mannes getippt, dessen Familie schon mindestens in dritter Generation in China lebte! Wie erstaunt waren wir, als wir von seiner Frau hörten, daß er damals kaum das dreißigste Lebensjahr erreicht hatte und keineswegs in China aufgewachsen war.

1908 in Wien geboren, unternahm er seine ersten künstlerischen Versuche in dieser Stadt, wo sein Vater, Robert Schiff, ein bekannter Maler war, der auch den Kaiser porträtiert hatte. Nach der Graphischen Lehr- und Versuchsanstalt besuchte Friedrich – oder Frederick, wie er sich mit Künstlernamen nannte – die Akademie der bildenden Künste, wo er bei den Professoren Dachauer und Jungwirth studierte[1]. Die Österreicher lernten sein Talent zuerst durch Arbeiten für Wiener Zeitungen kennen. Da finden sich eindrucksvolle Skizzen von Künstlern wie Edmund Eysler, Raoul Aslan, Max Devrient, Peter Lorre, Kurt Bois, Hermann und Helene Thimig, Eduard Köck und Fritz Grünbaum neben solchen von prominenten Richtern und Staatsanwälten – und auch damals schon eine Reihe gekonnter Karikaturen. Damals war Schiff knapp über zwanzig. Die wirtschaftliche Situation war zu jener Zeit in Österreich für einen aufstrebenden jungen Künstler eher schwierig. Er habe es vorgezogen, »statt über die schlechten Zeiten zu jammern, hinauszuziehen und sein Glück zu versuchen«, schrieb eine Wiener Journalistin 1936 in einem ihm gewidmeten

Friedrich Schiff in seinem Shanghaier Atelier

langen Artikel[2]. Nach Ansicht seiner Frau ist es allerdings in erster Linie der Wunsch gewesen, ferne Länder und ihre Menschen im Bild festzuhalten, seiner Malerei neue Dimensionen zu erschließen, der ihn veranlaßte, aus Österreich wegzugehen. Ein Cousin, G. Francis Gmehling, der schon geraume Zeit in China war und dort einen Antiquitätenhandel betrieb, hatte ihn eingeladen, und so kam Friedrich Schiff im Juni 1930 in Shanghai an. Wegen seiner schmalen Börse, die für ein Schiffsbillett nicht reichte, war er mit der Tanssibirischen Eisenbahn gefahren. Sein stets waches zeichnerisches Interesse hatte ihm in Sibirien eine Verhaftung eingetragen, als er auf einem Bahnsteig Bauern skizzierte. Überdies war im Zug kaum etwas zu essen zu bekommen gewesen, so daß er sich eine schier endlose Zeit ausschließlich von Sardinen ernähren mußte[3].

Doch nun befand er sich in der betriebsamsten Stadt des Fernen Ostens. Ein Europäer, den man aus seiner Heimatgemeinde »plötzlich in diesen schreienden, tobenden und hupenden Hexenkessel versetzt hätte, hätte bestimmt den Eindruck gehabt, daß eine Revolution ausgebrochen sei«, meint er später einmal[4]. Trotzdem fand sich Schiff in diesem Kunterbunt von Menschen und Gegensätzen bald zurecht, und er reüssierte. Seine Porträts aus der Wiener Zeit fanden in Shanghai Gefallen. Die *North China Sunday News* brachten am 22. Juni 1930 zwei Reproduktionen (Porträts des Rechtsanwalts M. Brill und vom Vater des Künstlers, Prof. Robert Schiff) und meinten nach einem Überblick über die biographischen Daten des Malers, sie hätten die in anderer Technik geschaffenen Werke Schiffs noch nicht gesehen, aber seine Porträts seien eine exzellente Präsentation nicht nur der physischen, sondern auch der psychischen Eigenschaften der Dargestellten[5]. Schiffs Ausstellungen im Shanghai Art Club und im Elite Work Room waren ein voller Erfolg[6]. Der Art Club versäumte nicht die Gelegenheit, den jungen Wiener ab dem darauffolgenden Herbst als Lehrer zu verpflichten.

Überhaupt schienen alle den jungen Österreicher sympathisch zu finden. Reporter sprachen gerne mit ihm, vor allem auch Reporterinnen. Barbara Miller von der Frauenseite einer großen Shanghaier Zeitung war enthusiasmiert, aus Wien, von wo man nur die Theaterstücke »Snitzlers«, die »romantischen Rhythmen von Strauß« und die »verwirrende«

Psychoanalyse Freuds kannte, einen so schlagfertigen jungen Künstler kennenzulernen. Andere Berufskollegen stimmten ihr zu. Schiff wurde rasch populär. Immer mehr Mitglieder der Shanghaier Gesellschaft ließen sich von ihm porträtieren. Nun, europäische Physiognomien hatte er bereits in Wien mit Erfolg auf die Leinwand gebracht. Was besonders überrascht, ist die Treffsicherheit, mit der er schon nach ein paar Wochen Aufenthalt Chinesen und typisch chinesische Szenen skizzierte. Der Kopf eines älteren chinesischen Bauern gelang ihm so gut, als hätte er lange Zeit nichts anderes studiert. Im *Wiener Tag* lautete der Untertitel zur Reproduktion allerdings: »Shanghai, junger Chinese[7].« Wie sollten sich auch damals die Österreicher so gut mit chinesischen Gesichtern auskennen! Schiff aber fand sich mit den Charakteristika der verschiedenen Typen der chinesischen Bevölkerung so gut zurecht, daß er in Shanghai nicht nur als Porträtmaler, sondern – was noch mehr Einfühlungsvermögen voraussetzte – auch als Karikaturist beschäftigt wurde.

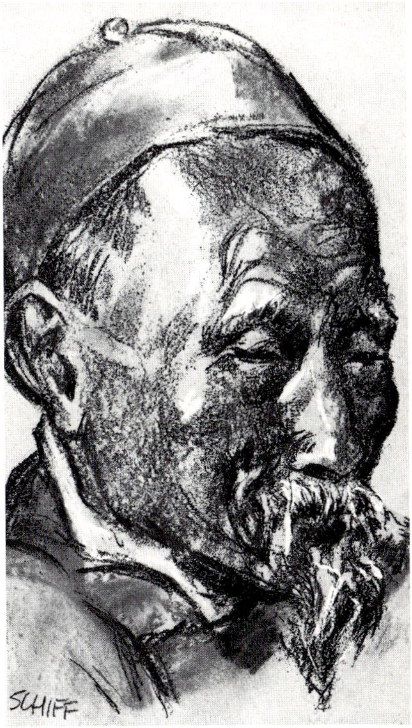

Bald wurde Schiff auch selbst karikiert – fast immer ein sicheres Signal für den hohen Bekanntheitsgrad einer Person. Die Karikatur, welche in den *North China Daily News* erschien, stammte vom berühmten Zeichner Sapajou und trug den Titel »Mr. J. Schiff. The successful Young Viennese Artist[8]«.

Das alles klingt recht positiv, soll aber nicht etwa den Eindruck vermitteln, daß Schiff nicht hart arbeiten mußte. Wie er 1936 bei einem Wien-Besuch erzählte, durfte er nicht wählerisch sein. »Er machte Wandmalereien in Privatwohnungen von Amerikanern und Chinesen und schmückte Kabaretts und Filmtheater, da die Freskotechnik dem chinesischen Klima nicht standhält, mit Leinwandmalereien. Selber mußte er sich die Leinwand zerschneiden, stückeln, nähen, um das gewünschte Format herauszubekommen[9].« Daneben machte er unzählige Werbegraphiken für Einladungen, Speisekarten, Prospekte und vieles andere mehr.

Wann immer er Zeit hatte, zeichnete er aber die Impressionen, welche ihm die Umgebung vermittelte. Wie die chinesischen Maler arbeitete er mit flinken Strichen. Zuseher staunten oft, wie rasch seine

Bilder entstanden. Oft zeichnete er ein und dasselbe Objekt mehr als ein dutzendmal – nie jedoch langsam. Aus den vielen mit schlafwandlerischer Sicherheit angefertigten Blättern wählte er dann die besten aus. Sein Skizzenheft begleitete ihn fast immer, auch am Abend, wenn er sich in den unzähligen Bars und Nachtklubs Shanghais Anregungen zu seinen Karikaturen holte. Die *Shanghai Evening Post* berichtete einmal darüber unter dem auf den ersten Blick überraschenden Titel: *Young Artist Invades Cabarets With His Protective Pig*[10]. Nein, es handelte sich dabei um keine Frühform der Mäuse oder Tauben heutiger prominenter Maler. Schiffs Schwein war nur gezeichnet, und es hatte mit ihm folgende Bewandtnis: Obwohl Schiff in den Lokalen sehr unauffällig mit der Hand unter dem Tischrand skizzierte, kam es doch vor, daß einige Personen, die er aufs Korn genommen hatte, es merkten und herüberkamen, um zu kontrollieren, was er zu Papier brachte. In diesem Fall blätterte er rasch um – und der Anblick des Schweinchens wirkte im allgemeinen entwaffnend. Allerdings – nicht in allen Fällen. Wie die Zeitung berichtete, hatte Schiff während seiner nächtlichen Studien in zwei Fällen fast sein Leben riskiert und war außerdem der Anlaß von ein oder zwei Schlägereien gewesen. Kein Wunder, daß er solche und andere Details des Shanghaier Nachtlebens so wirklichkeitsnah wiedergeben konnte! Seine Bilder, die nach diesen Motiven entstanden, waren so populär, daß sie als Postkarten gedruckt und in Buchhandlungen und anderen Geschäften angeboten wurden. Das entschädigte ihn für manche dabei erlittene Unbill, welche von den Journalisten der Klatschspalten nur zu gerne vermerkt wurde. So hieß es eines Tages unter den Gesellschaftsnachrichten: »Freddie Schiff has a beautiful black eye. Hit himself with a tennis racquet, sez he. One summer version of the old door-in-the-dark gag[11].«

By SAPAJOU

MR. J. SCHIFF

The Successful Young Viennese Artist

Schon in den ersten Jahren gab es in Shanghai zahlreiche Ausstellungen von Schiffs Werken. Doch auch in Österreich machte er auf ein China aufmerksam, das man in seinem Heimatland noch wenig zur Kenntnis genommen hatte. 1933 beteiligte er sich an der Ausstellung der Vereinigung bildender Künstler, welche am 28. März 1933 im Glaspa-

Postkartenserie von Schiff (Kuvert dazu S. 758)

last (Palmenhaus) des Burggartens eröffnet wurde. Zwei Tage später berichtete ihm sein Vater brieflich von der Vernissage:

> Mein lieber Fred!
> Habe Dir schon lang nicht geschrieben, weil ich Dir gleich über die Ausstellung hab berichten wollen. Gratuliere Dir herzlichst! Es ist wirklich ein schöner Erfolg. Die Sachen wirken ganz ausgezeichnet! Bei der Eröffnung war ganz allgemein das Urteil, daß Deine Sachen die besten sind!... Der Unterrichtsminister hat eröffnet und eine Menge bekannter Persönlichkeiten waren da, Hofrat Stix (Albertina), der deutsche Gesandte und der polnische und der chinesische, mit dem ich kurze Zeit gesprochen hab (französisch!). Hab ich Dir schon geschrieben, daß Du einen kleinen Saal allein für Dich hast?!... Nun mein lieber Fredl, das ist ein schönes Debut, und Du kannst, glaube ich, wirklich damit zufrieden sein und mußt nur jetzt fest und ernst weiter arbeiten, daß Du noch ein Stück vorwärts kommst und die nächste Collection wieder einen Fortschritt bringt! Einen Namen hast Du Dir jedenfalls damit schon gemacht...

Nicht nur der Vater, auch die Kunstkritiker äußerten sich positiv. In der *Volkszeitung* war zu lesen: »Als einen Zeichner von besonderen

— POST CARDS —

SKETCHES OF CHINESE LIFE

BY

SCHIFF

THE BARBER
THE RICKSHAW MAN
THE WHEELBARROW MAN
THE CHILD JUGGLER
THE TRAVELLING RESTAURANT
THE FORTUNE TELLER

PRICE: $2.00 THE SET

Printed and published by

Kelly and Walsh, Limited

(INCORPORATED IN HONG KONG)

Shanghai. Hong Kong. Singapore

Qualitäten lernt man Schiff kennen. Das ist mehr als gesteigerte handwerkliche Fähigkeit, das ist Sehen und Erfahren und inneres Erleben des chinesischen Menschen und seiner Lebensäußerungen[12]. . .« Das *Neue Wiener Journal* meinte, die Collection Schiff sei innerhalb der Ausstellung der wertvollste Beitrag[13], die *Arbeiter-Zeitung* sprach von einem »bunten Bild chinesischen Volkslebens«[14], und das *Neue Wiener Tagblatt* lobte: »Diese chinesischen Schädel sind mit einer meisterlichen Entschiedenheit behandelt, mit einem hinreißenden Temperament hingelegt, hingefegt, das imponiert[15]. . .«.

Gleichzeitig feierte Schiff mit Ausstellungen in Shanghai Erfolge und 1934 auch in Peking, wo er seine Arbeiten im Studio Magdalen Lloyd präsentierte. In die alte Hauptstadt (damals Peiping) war er gekommen, um mit einer sehr vielversprechenden Arbeit zu beginnen: mit Illustrationen von Büchern über berühmte chinesische Städte. Texte und Photos sollten von der »Altösterreicherin« und Frau des ehemaligen holländischen Gesandten, Ellen Thorbecke, beigesteuert werden. Leider wurde die Serie später durch den Krieg unterbrochen, und es erschienen nur die Bücher über Peking, Hongkong und Shanghai. Sollten Sie, liebe Leser, in irgendeinem Antiquariat darauf stoßen, dann greifen Sie zu: es handelt sich dabei um wahre Kostbarkeiten.

Während der Zeit, als Schiff für das Buch an der Figur des Herrn Wu arbeitete, der seinem ausländischen Freund, Mr. Pim, die Reize Pekings nahebringt, wurde er vom *Peiping Chronicle* beauftragt, für eine Serie dieser Zeitung eine Reihe von Porträtskizzen bekannter Persönlichkeiten der Stadt anzufertigen. Darunter befanden sich der Bürgermeister von Peking, Yuan Liang, der amerikanische Gesandte, Nelson Trusler, der britische Botschafter, Sir Alexander Cadogan, und eine Reihe anderer Missionschefs[16], der Kriegsminister Ho Ying-chin, der Direktor des Palastmuseums, Ma Heng, und last not least der bekannte chinesische Philosoph Hu Shi.

Aber auch Schiff selbst stand im Mittelpunkt einiger fast ganzseitiger Artikel, welche über ihn in Pekinger Blättern erschienen. Das *Peiping Chronicle* wies in einer mit drei Bildern Schiffs illustrierten Reportage unter dem Titel *Austrian Artist Visiting Peiping* darauf hin, daß der

Österreicher in dem fluktuierenden Strom von Künstlern, welche Peking besuchten, eine herausragende Erscheinung sei, und *La Politique de Pékin* brachte über eine Doppelseite Reproduktionen von acht Bildern und eine wohlwollende Kritik. Verschiedentlich wurde ausgedrückt, daß man der Fertigstellung des Peking-Bandes mit freudiger Erwartung entgegensehen könne[17]. Das Buch mit den in Peking entstandenen Illustrationen wurde dann noch im selben Jahr von Kelly und Walsh als Weihnachtsangebot herausgebracht und in den Zeitungen groß annonciert. *Shanghai Times* und *North China Daily News* gaben blendenden Kritiken breiten Raum. Die *Tientsin Times* schrieb unter dem »Aufmacher« *A Truly New Book on China – Unique and Artistic Publication* unter anderem: »It is a work of art, informed with a whimsical humour, the very milk of human kindliness, and a sense of the beautiful[18].« Auch aus Österreich kamen 1934 wohlwollende Besprechungen der Werke, welche Schiff zur Frühjahrsausstellung des Hagenbundes (Glaspalast) beigetragen hatte[19].

Der chinesische Philosoph Hu Shi

Mit der Zeit übernahmen immer mehr bekannte, in China erscheinende Journale Schiffs Aquarelle, Ölbilder oder Karikaturen ganzseitig, des öfteren auch auf den Umschlagseiten[20]. Seine – mittlerweile eigene – Malschule florierte, und er brachte gemeinsam mit Ellen Thorbecke für die holländische Java-China-Japan-Linie ein Geschenkbuch über China[21] und eine ganze Anzahl reizender Kinderbücher heraus.

Nach einem Japan-Aufenthalt, den er auf der Reise eingelegt hatte, weilte Schiff 1936 zu Besuch in Wien. Leider war es ihm nur mehr vergönnt, seinen Vater einige wenige Tage vor dessen Tod zu sehen. Danach unterbrachen Anschluß und Krieg die Kontakte zu Österreich. Schiff behielt während dieser Zeit seinen österreichischen Paß.

Die Zeit, die nun kam, war nicht immer leicht. 1937 fielen die ersten japanischen Bomben. Doch auch solchen Widrigkeiten kam Schiff von der heiteren Seite bei. Er veröffentlichte *Final Notice – A Shanghai Emergency Sketchbook* , in dem er die durch den Krieg bedingten Notstandsmaßnahmen persiflierte. Shanghaier Zeitungen bewunderten seinen gelassenen Optimismus. Die *Shanghai Times* schrieb unter dem Titel *Österreichischer Künstler zeigt neue Bilderausstellung:*

Kohlehügel, Peking, ca. 1937

Wenn es irgendwelche Auszeichnungen für hartnäckigen, unerschütterlichen Optimismus während der Krise Shanghais gibt, dann sollte eine davon auf jeden Fall an einen jungen österreichischen Künstler hier vergeben werden, welcher trotz der Ablenkungen durch explo-

dierende Bomben und fallende Schrapnells unbeirrt weiterarbeitet. Der betreffende Künstler ist Herr Frederick Schiff, und eine Ausstellung seiner neueren Arbeiten ist gerade jetzt in der Nanking Road Nr. 47 zur Besichtigung arrangiert worden[22].

Tatsächlich war Schiff mit seiner Arbeit so verwachsen, daß äußere Umstände seinem Schaffen keinen Abbruch tun konnten. Mehr und mehr meinte er, mit seiner Malerei dem nahezukommen, was er innerlich spürte. »Es war sehr schwierig, das zu verlernen, was mich die Akademie gelehrt hatte«, erzählte er einem Reporter des Hongkonger Sunday Herald. »Aber ich glaube, daß ich nun beginne, das zu malen, was in mir ist[23].«

1938 erschien das von Schiff illustrierte Album *Hongkong* und 1940/41 *Shanghai,* wiederum in bewährter Zusammenarbeit mit Ellen Thorbecke. Diese Arbeiten machten ihn in noch weiteren Kreisen berühmt. Schiffs Name war nun so bekannt, daß zuweilen bei der Werbung für Lokale ausschließlich seine Dekorationen in den Mittelpunkt gestellt wurden. So erschien in einer Shanghaier Zeitung eine Anzeige mit dem Text: »The talk of the town: The strikingly beautiful new decorations by Schiff – Roxy Night Club.« Groß waren nun auch die Inserate, mit denen Schiff für seine Malschule werben konnte, und die Atelierfeste, die er gab, wurden bei der Berichterstattung der Shanghaier Presse an prominenter Stelle berücksichtigt.

1942 stellten die berühmtesten Karikaturisten Shanghais zum ersten Mal gemeinsam aus, und natürlich stammte ein wichtiger Teil der Exponate von Schiff. *Asiana* berichtete darüber im Juni 1942:

> Schiffs Schnappschüsse zeitgemäßer Themen mit klugen Schlagwörtern: die Hosen eines kleinen chinesischen Schelms mit dem wohlbekannten Schlitz an der Hinterfront werden »Notstandshosen« genannt, ein großes weißes Blatt, das keinerlei Zeichnung zeigt, ist mit »Geheimdienst« betitelt, der zeitgemäße Slogan »Hamstern« bekommt ... eine neue Bedeutung, wenn ein Mann im Lehnstuhl gezeigt wird, der von einer Traube Mädchen umringt ist, Schlangen vor

Reisgeschäften und Wechselstuben und Radfahrer in der Pracht ihrer O-Beine geben Eindrücke von Szenen, an die wir uns gewöhnen, eine elegant gekleidete Lady, die ihren chinesischen Koch fragt: »Why you no make Yorkshire pudding«, bekommt die erstaunliche Antwort: »Missie, market side no catchee Yorkshire!«

War Schiff 1942 als einer der Besten genannt worden, so reichte ihm die *Shanghai Evening Post* 1943 die Siegesfahne[24]. Daneben gab es immer wieder größere Einzelausstellungen des Künstlers, auf denen mehr seine Aquarelle und Ölbilder zur Geltung kamen. Ein Bericht darüber trug den Titel *Hiesiger Karikaturist enthüllt durch Veranstaltung einer Ölbilderausstellung seine Vielseitigkeit*[25]. Einige Journalisten wußten also gar nicht mehr, daß Schiff, als er 1930 in Shanghai angekommen war, sich mit Porträtstudien eingeführt hatte. Doch bekannte Zeitschriften wußten diese »ernste« Seite von Schiffs Schöpfungen mindestens ebenso zu schätzen wie seine Karikaturen. *East* und andere Magazine überraschten ihre Leser immer wieder mit Porträt- und Landschaftsstudien des Malers. Eine besonders glückliche Hand bewiesen die Redakteure von *East* mit der Auswahl des Kopfes eines alten Mannes und dem hinreißenden Stimmungsbild *Regentag in Hangzhou* .

Nach Kriegsende illustrierte Schiff eine der gerade überwundenen Zeit gewidmete Broschüre mit dem Titel *Squeezing Through! Shanghai Sketches 1941–1945*[26]. Darin skizzierte Schiff mit spitzem Stift Chinesen, Japaner, Juden und Deutsche. Wie er später seiner Frau erzählte, fanden die verschiedenen Gruppen die jeweils anderen prächtig getroffen, hatten aber an der eigenen Darstellung allerhand auszusetzen. Doch die Zeit nach dem Krieg verbesserte Schiffs Arbeitsbedingungen nicht, sondern verschlechterte sie sogar. So mußte er ans Kofferpacken denken.

Was dachte er über China, wie er es 1930 bis 1947 erlebt hatte? Bei Durchsicht seiner nachgelassenen Schriften kommt man zu dem Eindruck, daß er die auf Schritt und Tritt anzutreffende Ausbeutung weder billigte, noch aber konkrete Vorstellungen hatte, wie man dies am wirksamsten ändern könnte. Er hatte ein Gesicht von Shanghai kennengelernt, das es ihm unmöglich machte, sich nach 1949 vorzustellen, wie diese bunte, brodelnde, verdorbene und faszinierende Stadt plötzlich eine so grundlegend neue Ordnung akzeptieren würde. Hatte er doch diese Stadt mit ihren scheinbar unlösbaren Gegensätzen zu lange und gründlich selbst erlebt. Die Kontraste Shanghais waren ihm lange im Gedächtnis haften geblieben, und wenn er später in Wien in kleinem Kreise Vorträge hielt, kam er etwa so darauf zu sprechen[27]:

Will man das Porträt dieser Stadt malen, muß man es in den kontrastierendsten Farben tun und zu jedem Farbfleck, den man auf die Leinwand setzt, sogleich die Komplementärfarbe fügen. Denn diese Stadt und das Leben in ihr besteht aus den schärfsten Gegensätzen: Hier stehen Luxusappartementhäuser mit allen Errungenschaften

Blinder Bettler

moderner Technik ausgestattet, mit Zentralheizung, Air Conditioning und eigenem Schwimmbad, das nur für die Mieter und ihre Gäste reserviert ist. Gleich daneben leben Kulis in primitivsten Behausungen. Unter den Strohdächern der Sampans, der schmalen Wohnboote, die sich zu Hunderten am Ufen drängen, werden Menschen geboren, und auf dem engen Deck sterben sie, ohne je ein anderes Heim gekannt zu haben. In den Straßen der Chinesischen Stadt schlafen in den erstickend heißen Sommernächten die Menschen auf Strohmatten auf der Straße, um der unerträglichen Hitze in ihren engen, primitiven Häusern zu entgehen. Und nicht weit entfernt, auf dem Dachgarten des eleganten Klubhauses, trinken Damen in dekolletierten Abendkleidern und Herren im weißen Smoking ihren eisgekühlten Whisky. In diesem Shanghai lebten Menschen in für unsere Begriffe unvorstellbarem Elend. Und hier gab es ebenso kaum vorstellbaren Reichtum. Es gab Hunger, Hunger und Not, und es gab die raffinierteste Küche der Welt, in der das Kochen zu einer Kunst entwickelt worden war. Hier gab es uralte Lebensweisheit und daneben ein fast tierisches Dahinvegetieren oder rücksichtsloses Raffen und Jagen nach materiellen Gütern.

Die Bettelsuppe

Doch Schiff pflegte in diesem Zusammenhang auch andere Aspekte zu sehen. Gewiß, die europäischen Gründer Shanghais waren nüchtern und rücksichtslos: »Sie bereiteten die Atmosphäre für das unglaubliche Wachstum einer völlig unsentimentalen, weit offenen Stadt, in der das Wort ›Profit‹ in allen Sprachen der Welt groß geschrieben wurde[28].« Mit den Worten Schiffs haben »die echten Shanghailänder, die Pioniere und ihre Nachfolger ... nur selten etwas aus gutem Herzen getan. Ihre Ent-

Freudenmädchen und Kupplerin

scheidungen waren von realistischen Überlegungen diktiert. Sie waren in erster Linie Kaufleute, und das Unternehmen Shanghai mußte vor allem Gewinn abwerfen. Aber die fremden Herren sorgten für ihre Stadt, so gut sie konnten, wohl nicht aus humanitären Beweggründen, sondern um ihre Geschäfte ungestört und möglichst reibungslos betreiben zu können[29]«. Und das bewirkte nach Ansicht Schiffs, daß die Chinesen in Shanghai trotz des lebhaften Bildes der Armut, das er einleitend von

ihnen gegeben hatte, in vielen Fällen immer noch besser dran waren als im eigentlichen China, wo statt der erbarmungslosen kapitalistischen oft noch grausamere feudalistische Verhältnisse herrschten.

Schiff versuchte also Probleme von mehreren Seiten aus zu betrachten. Er war kein Kämpfer für ein bestimmtes politisches Konzept.

Seine Frau bezeichnet ihn als »sehr demokratischen, liberal eingestellten Menschen«, dessen Maxime »leben und leben lassen« gewesen sei. Das heißt nicht, daß er an Unterdrückung, wo er sie sah – und sie war in Shanghai oft zu sehen –, achtlos vorüberging. Er rebellierte nicht, aber er registrierte, skizzierte und kritisierte so auf seine Weise. *Die Bettelsuppe, Der blinde Bettler* (siehe Photoseiten) sind erschütternde Aussagen über die Situation der einheimischen Bevölkerung. Müh und Plage des Alltags zeigt ein Bild von lastziehenden Kulis, das ebenfalls in diesem Buch wiedergegeben ist. Mit seiner Darstellung eines Singsong-Mädchens und seiner Amah erregte Schiff in Shanghai Beifall[31], aber auch Kritik in gewissen chinesischen Kreisen, welche dies nicht als passende Darstellung chinesischer Lebensumstände empfanden[32]. Europäische Intoleranz verhinderte eine Ausstellung, welche Schiff gemeinsam mit einem anderen Künstler über das Shanghaier Nachtleben veranstalten wollte. Die Mehrheit der Sponsoren meinte schließlich, »es wäre das beste, diese Karikaturen in Shanghai nicht zu zeigen[33]«.

Doch bei vielen, vielen kamen seine mit einem Augenzwinkern hin-

THE TEACHINGS OF WESTERN CIVILISATIO

geworfenen Zeichnungen, mit denen er sich über Typen und Zustände in Shanghai lustig machte, gut an. Neben vielen Postkartenserien, in denen er auch die Ausländer aufs Korn nahm (siehe das Bild der vom Pferd gefallenen Europäerin)[34], verspritzte er in dem 1939 erschienenen *Maskee-Sketchbook*[35] gleichzeitig mit den bunten Farben Bosheiten gegen das »Maskee« (»Never Mind«) bestimmter materiell überinteressierter Shanghaier Chinesinnen. Der Zeichnung eines schlanken Mädchens mit besonders hochgeschlitztem Kleid fügte er den Titel »Miss Shanghai« und den vielsagenden Text hinzu:

Me no worry
Me no care
Me go marry
Millionaire

If he die –
Me no cry!
Me go marry
Other guy!

Auch bei anderen Serien oder einzelnen Karikaturen stammten die Texte meistens von Schiff selbst. Die Gabe der ironischen Formulierung war ihm also nicht nur im Bild, sondern auch im Wort gegeben. Aber, wie schon gesagt, in seinem Werk war Schiff Kritiker, nicht Kämpfer. – Ein humorvoller, scharfer Beobachter, dessen Ambitionen in erster Linie den aus den Beobachtungen geschöpften Bildern galten.

Die Chinesen mochte er. Text und Darstellung des Blattes *I like the Chinese* (siehe Bild) kamen ihm sicherlich vom Herzen. Schiff schätzte und achtete die Lebensart der Chinesen und hielt sie – nicht wie viele andere aus exotischer Schwärmerei, sondern aus eigener Erfahrung – für Philosophen. In seinem Freundeskreis gab es nicht wenig Chinesen, und er hatte zu ihnen ein herzliches Verhältnis. Im Bereich der Kunst meinte er von ihnen viel lernen zu können, ohne eine Tendenz zur Imitation zu zeigen. Allerdings verkannte er, der auf Freiheit der Kunst Bedachte, die großen Einschränkungen nicht, welchen sich die chinesischen Künstler zu unterwerfen hatten: »So wie die Söhne des Himmels eine Mauer um ihr Reich zogen, um es von allen äußeren Einflüssen, Neuerungsversuchen und Vergleichsmöglichkeiten abzuschließen, so erstickte die Kunst in den ihr zu eng gezogenen Grenzen[36].«

Zu ersticken meinte auch er unter der chinesischen Bürokratie, welche sich nach der Niederlage der Japaner in Shanghai etablierte[37]. Auch wirtschaftlich schien Shanghai nicht mehr die Gewähr für seinen Lebensunterhalt zu bieten. So dampfte er, von freundlichen Stimmen der Presse begleitet, 1947 nach Buenos Aires ab[38].

Doch China ließ ihn nicht los. Den Lebensabschnitt, den er dort verbracht hatte, betrachtete er nach Auskunft seiner Frau als entscheidend.

I LIKE THE CHINESE !
SCHIFF

Kulis

Bis zwei, drei Jahre vor seinem zu frühen Tod im Jahre 1968 hat er noch in Wien chinesische Skizzen ausgearbeitet. In den späteren Jahren ist seine Kunst reifer geworden, doch China hat ihn geprägt. So tauchten in seinen späteren Ausstellungen immer wieder China-Sujets auf, in Argentinien (1947–1953) und danach in Wien. In der Festwochenausstellung des Künstlerhauses 1954, *Reisebild,* konnte er an seine Ausstellungen der Jahre 1933 und 1934 anschließen, welche China den Österreichern nahegebracht hatten. »Ein flotter Zeichner. Schiff muß sich lange in Ostasien aufgehalten haben, da seine hingebürsteten Figurenstudien die Menschen Chinas trefflich und eindringlich wiedergeben«, vermerkte die *Weltpresse* am 31. Mai 1954. 1962 waren wieder die Festwochen Anlaß für eine größere Ausstellung von Schiffs Werken. Als Signalement wählte man den Kopf eines alten Bauern, den Schiff in Shanghai schon kurz nach seiner Ankunft zum ersten Mal und danach immer wieder gezeichnet hatte. Veranstalter war das Volksbildungshaus Margareten in Zusammenwirken mit der Bezirksvorstehung. Im selben Jahr erhielt Schiff für das beste Plakat des Jahres einen Preis der Stadt Wien, was vor Augen führt, daß der Maler auch in Wien äußerst vielseitig tätig gewesen ist. Die schwere Kinderlähmung, die ihn seit Jahren zum Gehen auf Krücken zwang, hatte ihm Humor und Schaffensfreude nicht nehmen können. Natürlich malte Schiff in dieser Zeit auch viel »Nichtchinesisches«, Porträts, interessante Impressionen von Wien und Salzburg, farbenfrohe, aber doch schwebende Veduten von Grado, wo er sich jedes Jahr aus gesundheitlichen Gründen aufhielt. In den Frühjahrs- und Herbstausstellungen des Künstlerhauses war er regelmäßig vertreten.

Aber es waren doch neu empfundene und gestaltete chinesische Typen, welche Schiff kurz vor seinem Tode für seine Ausstellung vorbereitete. Er konnte sie nicht mehr präsentieren. Viele ehrende Nachrufe wurden dem auch in Argentinien mehrfach ausgezeichneten Künstler im In- und Ausland gewidmet. Im Herbst 1968 zeigte das Künstlerhaus eine Gedächtnisausstellung, welche aus Platzgründen leider nur die Ölbilder umfaßte.

»Beim Tode nehmen wir nichts mit«, sagt ein altes chinesisches Sprichwort. Schiff hat uns seine lebensvollen Bilder hinterlassen, und das ist für die, welche ihn nicht persönlich kennenlernen konnten, ein Trost und eine Bereicherung für alle, die China anhand der Werke eines außergewöhnlichen Künstlers nachempfinden wollen.

ANMERKUNGEN

1 Nach zwei von Friedrich Schiff selbst verfaßten Lebensläufen und den Erzählungen seiner Frau, Lise Schiff, der die Autoren auch hinsichtlich der Materialbeschaffung überaus viel verdanken.

2 Herta Staub, *Frederic H. Schiff – Ein Wiener Maler in Shanghai,* in: Pfingstbeilage der *Wiener Zeitung,* 1936, S. 3.

3 Schiff Album I. – Schiff hinterließ eine Reihe von Alben mit Zeitungsausschnitten und anderen Erinnerungsstücken, bei denen allerdings öfters weder der Name der Zeitung noch das Datum ersichtlich ist. In diesen Fällen kann nur wie hier auf das Album verwiesen werden.

4 Schiff, *Portrait einer Stadt,* Vortragsmanuskript in Maschinschrift, o. J., S. 2.

5 »We have not as yet seen the color work of this young artist but his portraits are excellent presentations not only of the physical but also of the psychical attributes of his sitters and his pencil sketches are spirited likenesses expressed with economic detail.«
Das *China Journal* veröffentlichte gar vier Bilder mit folgendem freundlichen Begleittext: »Promising young artist in Shanghai: Those who have seen his work will welcome the arrival in Shanghai from Vienna of a young artist by the name of Friedrich Hermann Schiff, who has come to this city to live. We give here a few examples of his work, all portraits; but we believe Mr. Schiff also does landscapes and figures. The strength and accuracy of his portraits indicate very clearly that this promising young artist will go far, and we expect to hear more from him in the not too distant future.«

6 Schiff Album I.

7 *Der Wiener Tag*, 21. Dezember 1930.

8 Schiff Album I.

9 Herta Staub, *Frederic Schiff – Ein Wiener Maler in Shanghai*, a. a. O.

10 Schiff Album II.

11 Schiff Album I.

12 Ebd.

13 29. März 1933, S. 9.

14 11. April 1933

15 Schiff Album I.

16 Der brasilianische, M. M. L. Velloso, der spanische, Don Justo Garrido y Cisneros, der deutsche, Dr. Oscar Trautmann, der belgische, Baron Jules Guillaume, und der dänische Gesandte, Oscar de Oxholm.

17 Schiff Album I.

18 Schiff Album I.

19 Die *Wiener Zeitung* schrieb am 27. April 1934: »Friedrich H. Schiff, dessen Chinastudien schon in der letztjährigen Frühjahrsausstellung aufgefallen sind, hat ebenfalls eine größere Zahl von Werken ausgestellt. Er muß ein gründlicher Kenner des ›Reiches der Mitte‹ sein, seine künstlerisch einwandfreien Skizzen von Land und Leuten erwecken auch ethnographisches Interesse.«
Der Tag erwähnte am 27. April Schiff als Schöpfer einer ganzen Reihe »technisch vorzüglicher und thematisch interessanter Blätter aus China«, die *Reichspost* sprach von »ausgezeichneten graphischen Blättern und Temperastudien«, und *Das Echo* kommentierte am 24. April 1934: »Sein Aufenthalt in China findet Niederschlag in einer Fülle hervorragender Zeichnungen chinesischer Typen und chinesischen Milieus. Aber auch die Frische und Selbstverständlichkeit farbiger Impressionen aus Hafen und Straßen verrät ein ungewöhnliches malerisches Gefühl.«

20 Vgl. dazu einen Kommentar der *Shanghai Times* : »One new feature of the *China Journal* especially worthy of mention is the improved cover design. A good deal more lively than the old covers used, these new covers show colourful glimpses of Chinese life. This month's cover is a sketch of Chinese children at the kite season and is signed by Frederick Schiff, a well known Shanghai artist.« Schiff Album I.

21 *Het geheimzinnige China – Mysterious China* , 50 Seiten, o. J.

22 Schiff Album II.

23 Zitat aus einer ganzen, der Biographie Schiffs gewidmeten Seite des *Hongkong Sunday Herald,* 15. Januar 1939.

24 »The most versatile artist on exhibition is undoubtedly Schiff. His work ranges from pure art to ribald satire and his medium embraces everything from oil to pen-and-ink. His *Street Urchins* is the solitary exhibit in oil, while *Nocturno* – a most decorative little study in water color – is a delightful excursion in the realm of straight art. In whatever medium he works, however, Schiff has a fantastic delicacy that is always appealing. He has the knack of catching the characteristics of his subjects with a few deft flashes of color. His pictures are flung on paper with a suggestion of break-neck speed, but the result is extremely effective. He spears life with a subtle brush and a satirical eye. His best works on show, apart from the two already mentioned, include *Market Scene, Street Girl and Amah, Dancing Girls, Department Store* and a pleasing little sketch in charcoal.« Schiff Album III.

25 »Revealing an entirely new side of his artistic nature by treating Shanghai's art-thirsty public to an exhibition almost exclusively composed of oilpaintings, F. H. Schiff, prominent local painter of cartoon fame, yesterday opened an eight-day display of his works at the Studio, 20 Nanking Road.« Schiff Album III

26 Gemeinsam mit Paula Eskelund, Hwa Kuo Printing Co.

27 Friedrich H. Schiff, *Portrait einer Stadt,* Vortragsmanuskript in Maschinschrift, o. J., S. 3.

28 Ebd., S. 6.

29 Ebd.

30 Ebd., 9 f.

31 Vgl. *The Shanghai Sunday Times,* 16. Mai 1943, »Cartoonists Exhibit at Art Gallery«: »Schiff had some of his well known and much commented upon masterpieces sent to the exhibition. Who of Shanghai's art lovers does not remember his quaint drawing of the Chinese girl with her amah, lounging against a street wall, waiting for we know not what . . .«

32 »The sketch . . . of a street girl and her amah caused a certain amount of controversy in Chinese circles in Shanghai when it was shown there. It seems that it is not a fitting representation of Chinese life.« Bericht einer japanischen Zeitung, höchstwahrscheinlich der *Japan Times,* Schiff Album II.

33 Sonntagsausgabe des *Peiping Chronicle,* Frühjahr 1934. Auch hier ist beim Zeitungsausschnitt leider das Datum nicht vermerkt. Schiff Album I.

34 Aus dem zwölfteiligen Zyklus *The Call of the East.*

35 »Maskee« ist aus dem Portugiesischen abgeleitet und bedeutet im Pidgin soviel wie »never mind«.

36 Fragment aus dem am 28. Juni 1953 zu Buenos Aires gehaltenen Vortrag *Kunst und Symbol,* Manuskript in Maschinschrift, S. 8.

37 Vgl. den handschriftlichen Entwurf zu einem Brief:
»Dear Maureen . . . Instead of a city-government ruled by and for the Taipan-class we have a burocracy of a still very disorganized and disorderly type.« In diesem Brief schildert Schiff auch sonstige unerfreuliche Erlebnisse mit der Bürokratie.

38 »Schiff Leaving Tomorrow For Argentina. – Shanghai's loss will be Argentine's gain when Mr. F. Schiff, well-known artist, bids farewell tomorrow to this city and sails for South America.
Mr. Schiff, who studied at the Academy of Fine Arts in Vienna, first came to China in 1930, and during the 17 years that he has been here he has not been idle. He has been working as a painter and cartoonist in this city, and has found time to illustrate several books on China, including *Peking Studies* by Catleen, *Shanghai* and *Hongkong* by E. Thorbecke, etc.
Mr. Schiff has published several volumes of his own cartoons which have been familiar to Shanghailanders. In addition, he has held several exhibitions of his works and has done, in crayon or in oils, portraits of such well-known personalities as Gen. Wu Techen, Gen. Ho Ying-chin, Sir Alexander Cadogan, M. E. Fontanel, and others.
Readers of the *China Daily Tribune* will recall the series of witty Schiff cartoons published in our Sunday issues last summer, depicting the foibles of post-war Shanghai.
On page one today, Schiff signs off with his farewell cartoon to Shanghai.«
»Well-Known Artist Leaves Shanghai,
Mr. F. Schiff, well-known artist in Shanghai, is leaving on Thursday next for Buenos Aires aboard the mv. *Tegelberg.* Mr. Schiff who came to Shanghai in 1930 will be best remembered for his amusing and clever cartoons and his watercoloured sketches. His *Maskee,* which was published in 1939, was an instant success and his illustrations in *Peking Studies* received public acclaim.
For the past few years Mr. Schiff has been successfully painting portraits and oils. He does not expect to return to Shanghai, but will make his home with a sister in Buenos Aires.«

Fünfundzwanzigstes Kapitel

Die österreichische Emigration in China

A. Wie es begann

Während der dreißiger Jahre wurde die kleine Gruppe der in China lebenden Österreicher ziemlich plötzlich um eine große Personenanzahl vermehrt. Fast alle diese Neuankömmlinge hatten sich allerdings nicht, wie die vor ihnen gekommenen Österreicher, dieses Land freiwillig als Ziel ausgesucht, sondern sie gehorchten dem Gebot bitterster Bedrängnis. Zwischen 3000 und 4000 österreichische Juden haben damals vor allem in Shanghai Zuflucht gefunden[1]. Darunter befinden sich bekannte Namen des österreichischen Kultur- und Wirtschaftslebens: der Pianist Robert Kohner, der Geiger Ferdinand Adler, die Sänger Josef Fruchter und Rosl Albach-Gerstl, die Schauspielerinnen Jenny Rausnitz und Lily Flohr, der Komiker Fritz Heller, die Ärzte Dr. Rosenfeld, Dr. Spaniermann, Dr. Fanny Halpern und Dr. Schönfeld sowie Mitglieder der Familien des Malers Fuchs, Georg Kreislers und des Geschäftshauses Schöps[2].

Warum wurde aber gerade Shanghai zum Zufluchtsort so vieler verfolgter Österreicher? Zwar ist in dem Buch Salcia Landmanns über den jüdischen Witz das Gespräch zweier Juden verzeichnet, von denen einer die Absicht hat, nach Shanghai zu gehen. Auf den Einwand des anderen, das sei doch so weit weg, kontert er: »Weit weg von wo?« Doch reicht dies natürlich als Erklärung für den Flüchtlingsstrom nach Shanghai nicht aus. Sicherlich hätten viele der nach Shanghai Emigrierten sich lieber anderen Ländern zugewandt, wo ihnen Sprache und Lebensumstände vertrauter waren. Doch Shanghai hatte einen unübersehbaren Vorteil: während anderswo die Einwanderung mit finanziellen Leistungen (Australien 200 Pfund) oder Quoten beschränkt bzw. weitgehend unterbunden wurde (England, Polen, Rumänien)[3], wurde in Shanghai jedermann im internationalen Settlement oder in der französischen Konzession an Land gelassen. Oft kam es vor, daß seitens der nationalsozialistischen Behörden an Juden die Aufforderung gerichtet wurde, innerhalb von zehn Tagen das Reichsgebiet zu verlassen. Natürlich fiel dann in vielen Fällen die Wahl auf Shanghai, wo man mit Sicherheit aufgenommen wurde[4]. In anderen Fällen war der Nachweis, eine Schiffspassage nach Shanghai zu besitzen, die letzte Möglichkeit, jemanden aus dem KZ herauszubekommen.

In Schüben von etwa einmonatigen Intervallen gelangten die Flücht-

Der Polizeipräsident in Wien.

II.20 06 -38 F.Z.(St). Wien, den 3. Dez. 1938

Verwaltungs... Rpf- 67 entrichtet.

Zeugnis.

Dem Herrn Jakob Steinhauser

Der Frau

Dem Fräulein

am 14.4.1902 in Lemberg geboren,

zuständig nach Wien

in 1., Judengasse 6 wohnhaft,

wird auf sein Ansuchen nach Überprüfung des Verhaltens zum Zwecke der beabsichtigten Reise nach China hiemit

bestätigt, daß gegen ihn

keinerlei bedenkliche, die Reise behindernden Tatsachen

vorgemerkt sind.

I.A.

[signature]

Lager Nr. 35 d. — Amtsdruckerei des Polizeipräsidiums in Wien.

Grete Deman,
Wien, II.
Rembrandtstrasse 36.

Wien, den 16. Janauar 1939.

An die

G E H E I M E   S T A A T S P O L I Z E I

Wien, I.

Betrifft: Schutzhaftjude Wilhelm D e m a n, inhaftiert am 10. November 1938, geboren in Wien am 31. Oktober 1895. dzt. Konzentrationslager Dachau 3 K, Block 18, Stube 2.

Unter höflicher Bezugnahme auf meine ergebenen Ansuchen vom 16. Dezember, 23. Dezember und 29. Dezember 1938, bitte ich hiemit nochmals ergebenst um Enthaftung meines Gatten Wilhelm D e m a n. Wie bereits angegeben, hat mein Mann den Weltkrieg als Front - Offizier mitgemacht und wurde wiederholt ausgezeichnet. Die diesbezüglichen Belege können jederzeit vorgelegt werden. Mein Mann hat sich niemals politisch betätigt.

Wir besitzen ein Affidavit für die Einreise nach Ameri und eine terminierte Schiffskarte nach Shanghai.

Mit der Bitte, mich zur Auskunfterteilung und Vorlage von Belegen freundlichst vorladen zu wollen, zeichne ich

hochachtungsvoll

linge, zum größten Teil auf italienischen und französischen Schiffen, nach China. Einmal angekommen, hatten sie sich bei der Polizei zu melden und wurden dort mehr oder weniger barsch aufgefordert, sich wohlzuverhalten[5]. Hierauf trennten sich die Wege. Die Flüchtlinge, welche keine vermögenden Verwandten, Freunde oder in Shanghai gefragten Berufe hatten, waren auf Hilfe angewiesen. 1934 wurde von deutschen Juden für bedürftige Landsleute ein Hilfsfonds gegründet, welcher sich auch der ersten Ankömmlinge aus Österreich annahm. 1938 gründete Paul Komor, ein Shanghaier Geschäftsmann ungarischer Abstam-

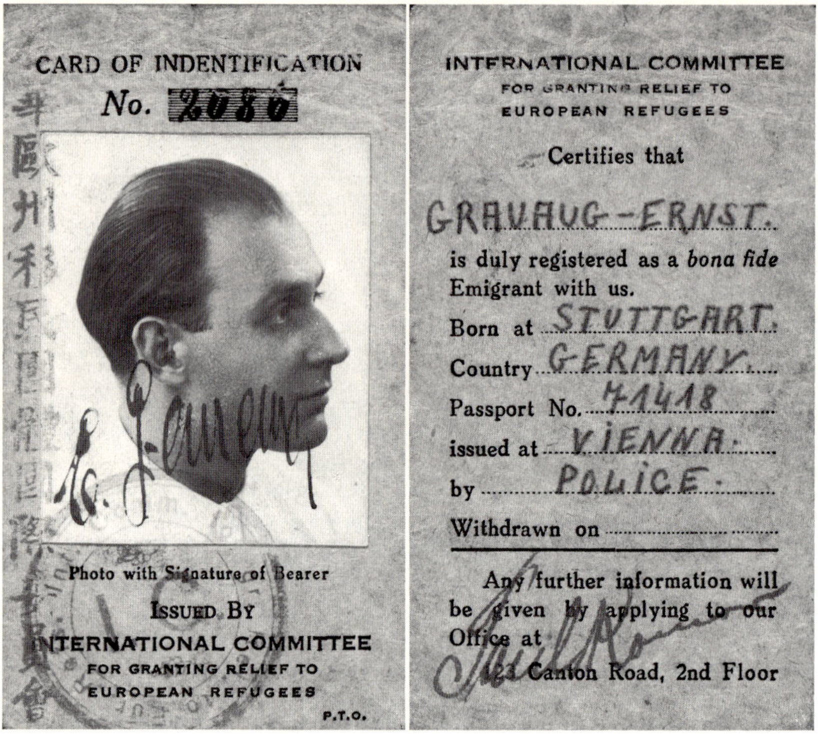
CARD OF INDENTIFICATION

No. 2080

Photo with Signature of Bearer

ISSUED BY

INTERNATIONAL COMMITTEE

FOR GRANTING RELIEF TO

EUROPEAN REFUGEES

P.T.O.

INTERNATIONAL COMMITTEE

FOR GRANTING RELIEF TO

EUROPEAN REFUGEES

Certifies that

GRAUAUG-ERNST.

is duly registered as a *bona fide* Emigrant with us.

Born at STUTTGART.

Country GERMANY.

Passport No. 71418

issued at VIENNA.

by POLICE.

Withdrawn on

Any further information will be given by applying to our Office at

123 Canton Road, 2nd Floor

mung, das *International Committee for Granting Relief to European Refugees,* in dem in Shanghai ansässige Juden und Nichtjuden ungarischer, tschechischer, österreichischer, britischer und holländischer Nationalität vertreten waren. Diese äußerst effizient arbeitende Institution[6] mietete gemeinsam mit dem Hilfsfonds Heime, welche den Flüchtlingen je nach Bedarf für kurze oder längere Zeit zur Verfügung standen[7]. Gleichzeitig bemühte sich – teilweise in Überschneidung mit den Tätigkeiten der anderen – HICEM um die Einwanderer (Zusammenziehung der Abkürzungen für *Hebrew Immigration Aid Society* und *Jewish Colonization Association*). Reiche jüdische Familien in Shanghai wie die Kadoories, die Sassoons und die Abrahams gewährten nicht nur im Rahmen von Privatinitiativen großzügig Hilfe, sondern versuchten eine weitere Konzentration der Arbeit der jüdischen Hilfsorganisationen durch Gründung des CFA *(Committee for the Assistance of European Jewish Refugees in Shanghai)* zu erreichen[8]. Diese erfahrenen, alteingesessenen Geschäftsleute merkten auch bald, daß die anschwellende Flut jüdischer Flüchtlinge ohne Hilfe jüdischer Organisationen von außen nicht zu bewältigen war. Und tatsächlich – ohne die Hilfe des *American Joint Distribution Committee,* kurz »Joint« genannt, wäre die Situation so manchen österreichischen Flüchtlings in Shanghai prekär geworden[9]. Jakob Lechner berichtet darüber in seinen Erinnerungen:

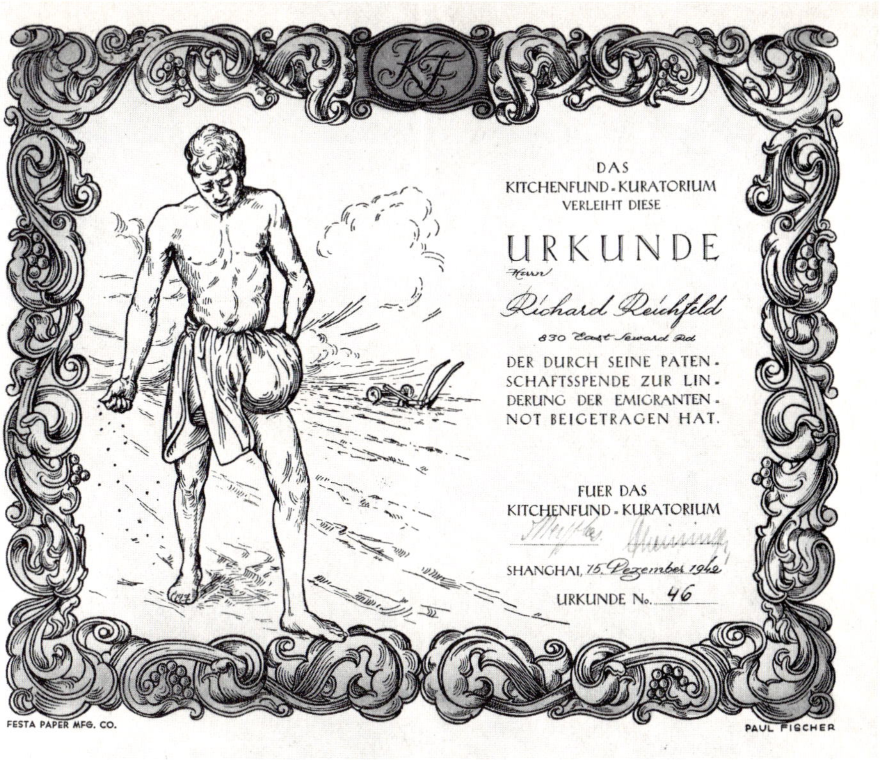

Jeder Ankömmling aus Europa, unabhängig von Nationalität, Rasse, Weltanschauung oder Religion, der sich beim Komitee registrieren ließ, konnte ohne weiteres die Betreuung in Anspruch nehmen. Diese bestand in der Hauptsache in der Verabreichung von drei Mahlzeiten täglich.
Wer sich kein privates Quartier leisten konnte, dem wurde Unterkunft in einem Heim gewährt. Alte oder leidende Personen erhielten vom Jointkomitee das Privatquartier bezahlt. Der Joint hatte für die Emigranten ein modernes Spital, ebenso eine moderne Apotheke errichtet[10] . . .

Dennoch gab es in den Massenquartieren Tränen. Obwohl der Lebensgefahr entronnen und mit dem Allernötigsten versorgt, fanden es viele aus guten Lebensverhältnissen kommende österreichische Flüchtlinge schwierig, sich mit der Situation in den Heimen abzufinden. In einem Heim waren zwischen 300 und 600 Menschen untergebracht, und oft wurden sogar Ehepaare getrennt. Für die Verrichtung der Notdurft standen in einigen Heimen nur Kübel zur Verfügung, und die Betten standen so nahe beisammen, daß man nur vom Fußende aus hineinklettern konnte. Nirgendwo war Gelegenheit, die Kleider aufzuhängen. Dreimal am Tag stellten sich die Heimbewohner in ihren Kleidern aus

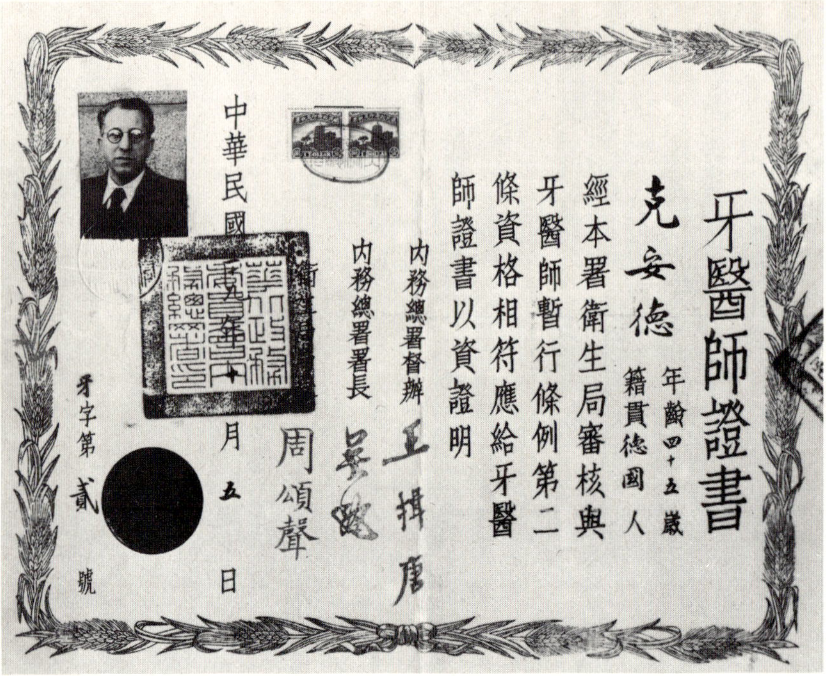

Chinesisches Arztdiplom des österreichischen Emigranten Dr. Leo Kandel

besseren Tagen und mit einem Blechnapf in der Hand an, um ein recht monotones Essen verabreicht zu bekommen[11].

B. Ein neuer Anfang

Nicht allen Heimbewohnern war das Schicksal so gnädig wie dem Wiener Zahnarzt Dr. Leo Kandel. Im März 1939 war er mit zehn Mark in der Tasche in China angekommen. Das bedeutete, daß er und seine schöne Frau in einem der Heime Unterkunft suchen mußten. Die dortige Atmosphäre trieb Frau Kandel an den Rand eines Nervenzusammenbruchs. Verzweifelt bemühte sich ihr Mann, eine Existenz aufzubauen, doch war dies für einen Zahnarzt, der teure Apparate brauchte, ohne Bargeld keine leichte Aufgabe. Da kamen ihm die Ausschweifungen eines amerikanischen Berufskollegen in Peking zugute. Dieser hatte nicht nur einen Sexklub gegründet, sondern bemühte sich darüber hinaus mit recht guten Erfolgen, die zu ihm als Patientinnen kommenden Ehegattinnen der Diplomaten und Konsuln zu verführen. Das wohlverstandene gemeinsame Interesse und die darauf gegründete Solidarität der gehörnten Ehemänner führten zu dem Beschluß, den deutschen Antiquitätenhändler Dr. Otto Burchard nach Shanghai zu ent-

Shanghai Jewish Youth Association School

Report for the term ending Dec. 25th 1945.

Name Mary Steinhauser	Possible attendance –
Form Trans. Lower B	Actual attendance Regular
Age at end of Term ... yrs	Number of times late
Average age in Form ... yrs	Examination marks; Percentage ... Order ...
No. of pupils in Form 47	Daily marks: Percentage ... Order ...

Grand Form Order 2nd

SUBJECT	Marks Gained in Examination: Percentage	~~Order~~	REMARKS	TEACHERS
Hebrew				
Scripture				
Grammar				
Composition				
Literature				
Reading		95%	excellent.	L.R.
Dictation			very good	L.R.
Recitation			excellent	L.R.
Copy Writing			very good	L.R.
Arithmetic			very good indeed	L.R.
Algebra				
Geometry				
Geometrical Drawing				
History				
Geography				
German				
Art			very good	L.R.
General Knowledge			excellent	L.R.
French				
Sport				
Rhythmick Gymn.			excellent	Edelstein
Singing			very good.	Gysten

CONDUCT excellent

DETENTIONS

GENERAL REMARKS Mary is the most conscientious pupil of her class, her results – as usual – being excellent

Promoted to Trans. Lower A.

L. Rosner

Lucie Hartwich
Principal

School will re-assemble on Jan. 2nd 1946 at 8. a. m.

senden und den Ausländern in Peking einen weniger triebhaften Zahnarzt zu besorgen. Burchard stieß dabei auf Dr. Kandel, der nun das triste Quartier verlassen konnte. Dr. Burchard streckte ihm das Geld für die Eröffnung einer Praxis vor, Kandel zog dem amerikanischen Konsul erfolgreich einen Weisheitszahn, wurde von diesem wärmstens weiterempfohlen und war von diesem Augenblick an ein gemachter Mann[12].

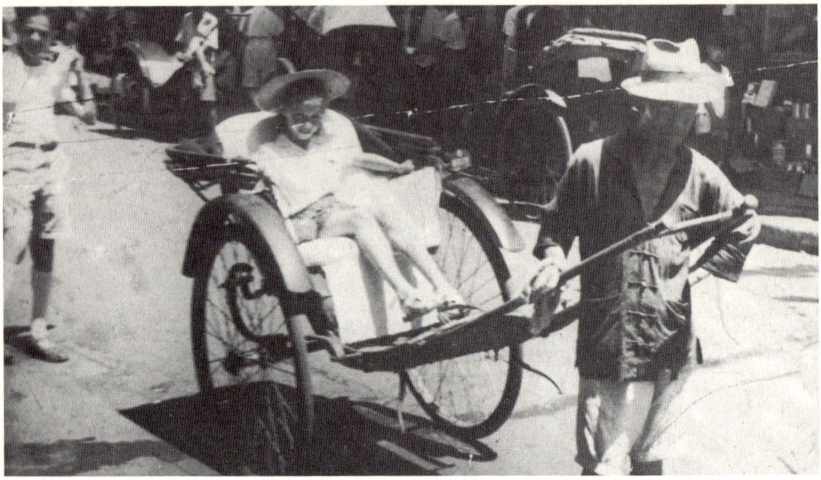

Die fleißige Schülerin Mary Steinhauser

Auch andere österreichische Ärzte reüssierten in Shanghai und brachten es zu einigem Wohlstand. Einige davon stellten ihre medizinischen Kenntnisse auch oder später sogar ausschließlich der chinesischen Revolutionsbewegung zur Verfügung. So hat Dr. Spaniermann nach Angaben Herrn Jabloners mehrmals Zhou Enlai medizinisch versorgt, und Dr. Rosenfeld (siehe das ihm gewidmete Kapitel) soll nach derselben Information nicht nur Chen Yi und Lin Biao, sondern auch Mao Zedong behandelt haben.

Andere Berufsgruppen konnten sich ebenfalls erfolgreich durchschlagen. Juweliere und Kürschner eröffneten neue Läden, vor allem in der französischen Konzession. Textilfachleute bauten in Shanghai eine Produktion auf. Österreichische Flüchtlinge betrieben Webereien und Färbereien verschiedener Größe. Manche lieferten bloß an lokale Schneider, andere exportierten bis nach Südamerika[13]. In der mondänen Bubbling Well Road entstanden elegante österreichische Geschäfte, die in ihren geschmackvoll arrangierten Schaufenstern Pullover, Handtaschen, Mäntel und kunstgewerbliche Artikel anboten. Sie kamen beim Publikum sehr gut an[14]. Eine Familie Singer aus Kittsee betrieb in der Avenue Petain eine »Hungarian Butchery«. Andere arbeiteten als Schuster, Schneider, Schlosser, Taschner, Friseure und Hutmacher. Der Wiener Ossi Levin gründete die Tageszeitung *Jewish Chronicle*. Der Mit-

Dipl.-Ing. Robert Tauber (Mitte) mit seinen chinesischen Arbeitskollegen. Die chemische »Fabrik«, ihre Arbeitsstätte, im Hintergrund

begründer von Ellmayers berühmter Tanzschule, ein Herr Erdstein, fand eine Anstellung an der für die Flüchtlingskinder eingerichteten Kadoorie-Schule. Wilhelm Deman, der in Wien ein renommiertes Übersetzungsbüro besessen hatte, gründete in Shanghai das Gregg Business College. Mit dieser stark frequentierten Handelsschule machte er sich einen guten Namen und zählte zu den populärsten Persönlichkeiten der Shanghaier Emigration[15].

Viele der von Österreichern aufgebauten Unternehmungen waren anfänglich – oder immer – bloß eine Art Heimindustrie. In kleinem Rahmen erzeugten sie Mottenpulver, Schuhpasta, Odolersatz, preßten Kohlen oder schliffen Kristallgläser[15a]. Die kleinen chemischen Fabriken wurden scherzhaft »Dramaturgies« genannt, da die Hauptutensilien aus alten *drums* (Eisentonnen) gebastelt waren[15b].

Techniker hatten eine Chance, im öffentlichen Dienst unterzukommen, wo man sie allerdings recht niedrig einstufte. Eine der erfolgreicheren Ausnahmen mag der Österreicher Karlburger gewesen sein, welcher der Shanghai Woosoong Harbour Pilots Association als Maschineningenieur angehörte[16].

Andere österreichische Flüchtlinge blieben zwar ihrem Metier treu, konnten sich ihm aber nur mehr in primitiverer Form widmen – wie etwa der Wiener Taxichauffeur, der zwar noch im Transportgewerbe,

Putzerei der Familie Steinhauser in Shanghai

aber auf einem der in Shanghai üblichen Dreiradler strampelnd, tätig war. Der Wiener Meisterschwimmer Lunzer verwertete seine Körperkräfte in modifizierter Form als Rausschmeißer in einem Nachtklub[17].

Ein großer Teil der Flüchtlinge mußte sich auf völlig neuen Gebieten Arbeit suchen. Einige fanden Anstellungen als Verkäufer in englischen Geschäften. Der ehemalige Sekretär von Karl Farkas und Fritz Grünbaum, Hans Jabloner, eröffnete mit dem Schauspieler Fritz Strehlen (Simpl und Volkstheater) in der französischen Konzession das Restaurant *Fiaker*, wobei Jabloner die Geschäftsführung und Strehlen das Kochen besorgte. Sieben bis acht Mann gingen zur Polizei, und einige fanden Aufnahme in der kleinen Armee des internationalen Settlements, dem Shanghai Volunteers Corps[18]. Andere machten Putzereien, Kaffeehäuser und Konditoreien auf. Wieder andere verlegten sich auf den Handel mit Waren jeder erdenklichen Art.

Da gab es zum Beispiel den jungen Fritz Hungerleider, der deshalb keinen Hunger litt, weil er sich von chinesischen Briefmarkensammlern im Austausch für Hitlermarken zum Essen einladen ließ. Sein Vater hatte den wohlbehüteten Sechzehnjährigen, dem er in Wien die Oper nur in Begleitung zu besuchen erlaubt hatte, mit einem Erste-Klasse-Ticket auf der *Gneisenau* nach Shanghai geschickt. Geld durfte er ihm allerdings keines mitgeben, und so stellte sich der kleine Fritz mit Briefkuverts der Familienpost, auf denen Winterhilfemarken prangten, an die Ecke Nanking Road–Chusan Road und sorgte auf diese Weise für seinen Lebensunterhalt. Seiner Familie schrieb er, sie möge ihm noch extra Marken schicken, und bald kam er mit einem deutschen Briefmarkenhändler ins Geschäft, der fürchtete, der jugendliche Konkurrent könnte ihm die Preise verderben[19]. Ein anderer junger österreichischer Flüchtling namens Georg Fischer gründete gemeinsam mit einem Mitschüler in einem Kino die sogenannte *Vienna Stamps Company*[20]. Was Fritz Hungerleider betrifft, so blieb er auch später ein typisches Beispiel für die Vielfalt der Tätigkeiten, mit denen österreichische Flüchtlinge ein Sprungbett für weiteres Fortkommen suchten. Nachdem sein Vater gekommen war und einen Handel mit Popeline für chinesische Schneider aufgezogen hatte, betätigte sich Fritz neben der Mithilfe im väterlichen Geschäft als Opern- und Operettensänger im internationalen und im französischen Settlement[21]. Außerdem drang er in die buddhistischen Lehren ein, was ihm heute als Präsident der Österreichischen Buddhistischen Gesellschaft sehr zustatten kommt.

Wieder ein anderer unternehmungslustiger junger Österreicher verdingte sich als Botenjunge bei einer chinesischen Bank. Einmal, als er gerade in der Schalterhalle stand, wurde er Zeuge eines Überfalls. Wenig später war der Raub durch die Hilfe des damals Zwölfjährigen aufgeklärt. Wie das kam? Er hatte sich einfach – so vom Hinschauen – die Nummern sämtlicher dem Räuber hingezählten Geldscheine gemerkt. Der Gangster hatte das Pech, an Hans Eberstark zu gelangen, heute Übersetzer aus und in dreißig Sprachen, Mitbegründer des Intelligenzlerklubs Mensa, auch damals schon Besitzer eines computerartigen Gedächtnisses[21a].

Viele Österreicher mußten sich allerdings mit weniger koloritreichen Tätigkeiten begnügen und ihr Brot als Fensterputzer oder Bedienerinnen erwerben. Eine Hilfstätigkeit, die sich nur unter den besonderen Bedingungen der Emigration in Shanghai entwickeln konnte, hat Jakob Lechner in seinem Bericht festgehalten: die des Essenholers. Eine Reihe von Familien, die nicht in Heimen wohnten, aber trotzdem Wert auf das dreimal täglich gratis ausgegebene Essen legten, ließen sich das Essen von ärmeren Landsleuten, welche sich für sie anstellten, ins Haus bringen[22].

Im großen und ganzen führten die österreichischen Flüchtlinge in Shanghai ein bescheidenes Leben. Wenige waren reich. Einige gehörten dem Mittelstand an. Die meisten waren arm und teilten zu dritt oder viert ein Zimmer[23].

C. Wien in Hongkew

Viele jüdische Flüchtlinge ließen sich gleich nach ihrer Ankunft im Stadtteil Hongkew nieder. Dabei handelte es sich um ein Viertel von der Fläche eines größeren Wiener Bezirks, welches bei früheren chinesisch-japanischen Kämpfen schwer zerstört worden war und bis zur japanischen Besetzung im Jahre 1937 den japanischen Teil des internationalen Settlements bildete. Hier lagen die Mieten bis zu 75 Prozent unter dem Shanghaier Durchschnitt[24]. Darum kaufte und mietete der Joint hier Objekte und waren auch für Flüchtlinge leicht Privatwohnungen zu finden. Die Japaner begrüßten den Zuzug als eine Verbesserung des Prokopfverhältnisses zu den anderen Konzessionen[25].

Sehr bald bekam die Gegend eine wienerische Note. Kaffeehäuser mit Schanigärten wurden eröffnet. Für die österreichischen Juden, die sich nach Auskunft eines ehemaligen Flüchtlings »kaffeehausmäßig organisierten«, ein besonders wichtiger Faktor. Wienerische Restaurants wie das *Weiße Rößl* oder das dreißig bis vierzig Tische umfassende *Delikat* etablierten sich. Der Chortenor Kovacz vom Johann-Strauß-Theater eröffnete ein Lokal *Der Würsteltenor.* Es gab drei Konditoreien, die ausgezeichnete Wiener Mehlspeisen anboten. Einer der Inhaber war in Wien Straßenbahnschaffner gewesen, aber die ausgezeichneten Kochkünste seiner Frau halfen ihm über den Mangel an einschlägiger Berufserfahrung hinweg, und das Geschäft florierte. Bald konnten Neuankömmlinge zu ihrer Überraschung feststellen, daß die Chusan Road in Hongkew mit ihren Kaffeehäusern, Konditoreien, Restaurants und Delikatessengeschäften frappant an eine Straße in Wien erinnerte[26].

D. Das Ghetto

Weniger angenehme Erinnerungen an Wien – nämlich an das nationalsozialistische Regime – brachten in der Folge zunehmend einschneidende Maßnahmen der japanischen Behörden. Am 9. August 1939 wurde eine Beschränkung künftiger jüdischer Einwanderung nach Shanghai bekanntgemacht. In Zukunft sollten Einwanderer nur mehr bei Vorweis von 400 US-Dollars, eines Arbeitsvertrages oder als Bräute von Einwohnern Shanghais zugelassen werden[27]. Diese Bestimmungen konnten dadurch umgangen werden, daß Scheinverträge ausgestellt wurden oder die Dollars durch mehreres Hin- und Herwandern einer ganzen Reihe von Flüchtlingen gute Dienste leisteten.

Mit dem 1940 erfolgten Eintritt Italiens in den Krieg war jedoch den Flüchtlingen der Weg über das Mittelmeer versperrt. Nun konnte man Shanghai nur noch mit plombierten Zügen erreichen. Lediglich in Moskau gab es die Wohltat einer Übernachtungsmöglichkeit[28]. Mit dem

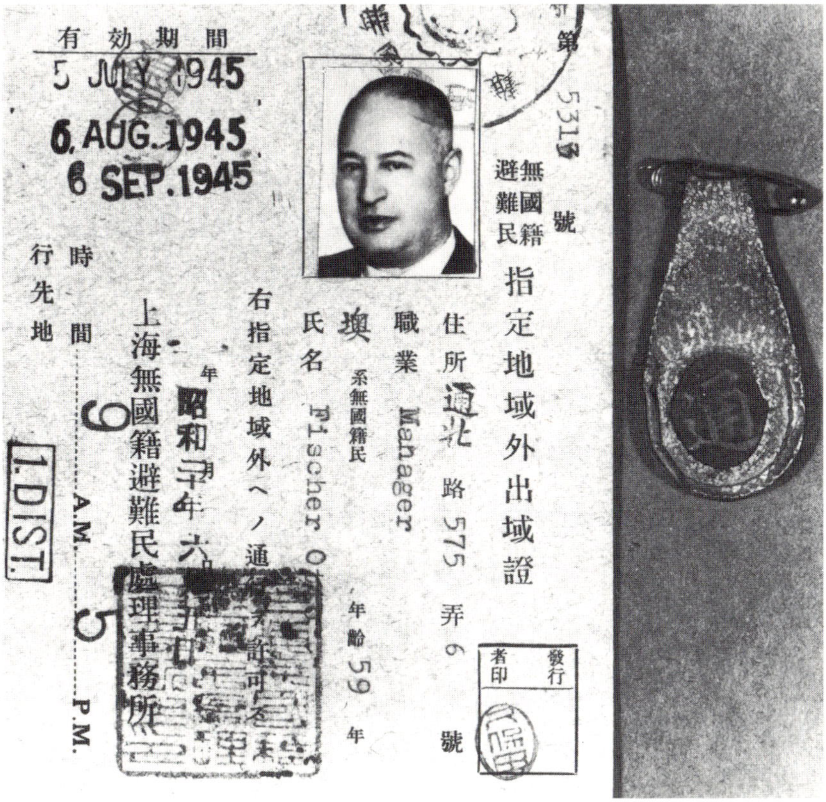

Ausweis für einen Flüchtling aus Österreich zum Verlassen der »Designated Area«. Daneben ein Passierabzeichen zum Anstecken

Überfall Hitlers auf die Sowjetunion war dann auch dieses Tor geschlossen.

Aber auch jene, die Shanghai rechtzeitig erreicht hatten, konnten sich ihres geretteten Lebens nicht ungestört erfreuen. Von der japanischen Besatzungsmacht wurden Maßnahmen getroffen, welche die jüdischen Flüchtlinge an Geschehnisse unseligen Angedenkens erinnerten. Mitte des Jahres 1942 wurden ihre Identitätskarten mit gelben Streifen versehen[29]. Am 18. Februar 1943 kam es zur Umwandlung Hongkews in eine »designated area«, die den jüdischen Flüchtlingen als Zwangsaufenthalt zugewiesen wurde. Mit anderen Worten: Hongkew wurde zu einem Ghetto[30]. Während sich die in diesem Bezirk ansässigen Chinesen, welche – das muß hier festgehalten werden – immer noch die große Mehrheit der Einwohner bildeten[31], frei bewegen und andere Bezirke Shanghais aufsuchen durften, waren die Juden an ein strikt gehandhabtes Genehmigungssystem gebunden und mußten nachts zu Hause sein[32]. Dieses Zuhause wurde den besser situierten Flüchtlingen, die außerhalb Hongkews meist komfortable Appartements erworben hatten, durch einen Zwangstausch mit japanischen Substandardwohnungen zugewiesen[33].

Die Ausgabe der heiß begehrten Passiergenehmigungen oblag den Japanern Okura und Ghoya. Okura war ein Sadist, ein brutaler Schläger, der die um Erlaubnisscheine Ansuchenden stundenlang in der drükkenden Hitze stehen ließ, sie grausam schlug und jene, die Hongkew unerlaubt verlassen hatten, gnadenlos in das typhusverseuchte Ward-Road-Gefängnis steckte[34]. Zum Schaden der Juden arbeitete er auch mit deutschen Polizeispitzeln zusammen.

Ein anderer Typ war sein Kollege Ghoya, der sich – ganz ohne blasphemische Ambition – als »König der Juden« bezeichnete. Ein zu schlichter Geist hatte hier zu viel Macht bekommen[35]. Wutanfälle, bei denen der kleingewachsene Japaner auf den Schreibtisch sprang, um sein Gegenüber besser ohrfeigen zu können, wechselten mit Phasen großer Leutseligkeit. Festzuhalten ist, daß er niemanden tötete oder ins Gefängnis warf[36]. Flüchtlingen mit Intelligenzberufen bezeugte er, wenn sie es richtig anfingen, sogar großen Respekt. Österreichische Juristen bekamen von ihm großzügig Übertrittsbewilligungen. Daß sie nicht notwendigerweise Anwälte, jedenfalls aber vor den Shanghaier Gerichten nicht vertretungsbefugt waren, kam Ghoya nicht in den Sinn. Er erlag dem würdigen Eindruck der gesiegelten Doktordiplome. Der österreichische Rechtsanwalt Dr. Jakob Lechner erzählt darüber:

> Zur erstmaligen Verlängerung meines Passes hatte ich nicht das Originaldiplom der Juristischen Fakultät Wien, das dekorativ ausgestattet war, mit, sondern eine amtliche Kopie in einfacher Ausfertigung. Ghoya: »Where is your diploma?« Als ich ihm die mitgebrachte Kopie reichte, rief er wutentbrannt: »This is a diploma?« Trotzdem drückte er den Verlängerungsstempel auf den Paß, schob

Ghoya I.

The former King of Hongkew

No Can

You are grave-digger. Very honest profession. I give you blue pass. All districts. But first you bring me list of customers.

Either way is wrong

Your English is too good. You better go to America.- No pass. Get out!

Your English is too poor. No English, no business, no pass. Get out!

The Vamp

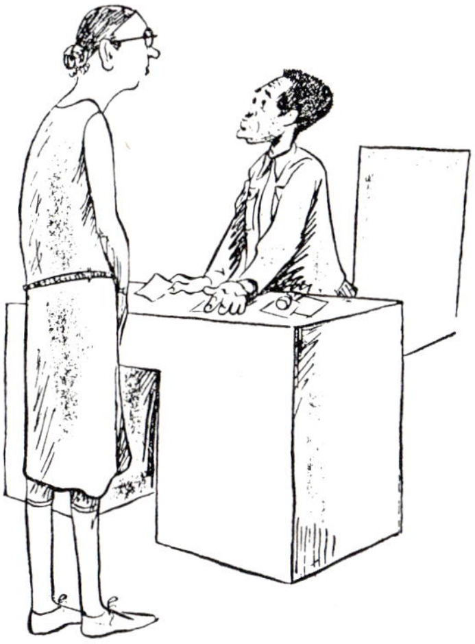

You make m e d i c a l massage? I know what that means. You make dirty love to dirty men. Get out; Don't darken my doors again!

The Dictator plays

If you don't beat proper rythm, Professor, I'll kill you, you dirty swine.

"R" and "L" are becoming a bore

if the Rion starts to Loar.

ihn mir zu und rief in einem verachtungsvollen Ton: »You must be a very poor lawyer[37].«

Trotzdem zeigten die Japaner vergleichsweise wenig Hang zum Antisemitismus[38]. Das ermöglichte ein Kuriosum, welches den deutschen Generalkonsul immer wieder zur Weißglut brachte: Der *Ostasiatische Lloyd* – während der Nazizeit ein Shanghaier Vetter des *Völkischen Beobachters* – wurde im Auftrag der japanischen Besatzungsmacht von zwei jüdischen Polizisten zensuriert, von denen einer aus Wien und der andere aus Polen stammte. Auf die bitteren Klagen des Konsuls hatten die Japaner stets die gleiche abweisende Antwort: »Aber die können doch so gut deutsch[39]!« Mit dem Ghetto wollten die Japaner offenbar den Rassenfanatikern unter den Shanghaier Deutschen bloß den Mund stopfen und zeigten, im Gegensatz zur Kuomintang, welche, als sie Shanghai wieder übernahm, die Juden in Lager stecken wollte[40], keine Absicht, ihnen weiteres Leid zuzufügen[41]. Dies wurde auch vom Shanghai-Klub, der sich später in Wien konstituierte, anerkannt, indem er den Beschluß faßte, man möge an die Japaner keine Wiedergutmachungsansprüche stellen[42].

E. Das Verhältnis der österreichischen Flüchtlinge zu den anderen Bevölkerungsgruppen Shanghais

Echten Antisemitismus praktizierte im Gegensatz zum allgemeinen japanischen Verhalten ein guter Teil der in Shanghai tätigen deutschen Beamten. An Ort und Stelle war ein deutscher Polizeiattaché stationiert, der in Shanghai seinen speziellen Berufsobliegenheiten nachging. Der Chef der deutschen Gestapo in Shanghai, Meisinger, übte Druck auf die japanischen Behörden aus und war bei den jüdischen Flüchtlingen gefürchtet[43]. Ein besonderer Scharfmacher war auch der deutsche Handelsattaché, Jesko von Puttkammer[44]. Es gab aber deutsche Beamte, die mit den jüdischen Flüchtlingen sympathisierten. Und österreichische Geschäftsleute, wie der erste Honorarkonsul nach dem Zweiten Weltkrieg, Ernst Störi, kamen ungeachtet der Aktivitäten der Gestapo ins Ghetto und hielten den Kontakt zu ihren dort konfinierten österreichischen Landsleuten aufrecht[45].

Die Nazipropaganda rief in Shanghai Gegenaktionen der Flüchtlinge hervor. Georg Fischer erinnert sich, daß Shanghaier HJ-Gruppen bei einem ihrer Fahrradausflüge von jüdischen Kindern die Fahrradreifen zerstochen worden sind. In einem anderen Falle drangen jüdische Jugendliche während einer deutschen Siegesfeier in die Kaiser-Wilhelms-Schule ein und rissen dort die Embleme herunter[46].

In gewissem Ausmaße huldigten auch die Kuomintang und das Marionettenregime Wang Jingweis[48] dem Antisemitismus. Von ihren Plänen, Konzentrationslager für die jüdischen Flüchtlinge einzurichten, soll die Kuomintang nur wegen der amerikanischen Drohung, in diesem Falle die UNRRA-Hilfe einzustellen, Abstand genommen haben[49].

Der einfache Chinese in Shanghai war kein Antisemit. Nach einer Aussage von Herrn Prof. Rudolf Reynolds waren die Chinesen gegenüber den Flüchtlingen überaus tolerant. Erst später und unter dem Eindruck antisemitischer Propaganda fielen gegenüber den Flüchtlingen einschlägige Bemerkungen[50], doch kam dies selten vor, und wenn, dann nur in Hongkew[50a]. Der Durchschnittschinese konnte und wollte nicht zwischen den verschiedenen Fremden unterscheiden[51].

Nach der Übernahme Shanghais durch die Kuomintang-Streitkräfte wurden allerdings manche österreichische Juden – nicht ihrer Herkunft, sondern ihres Vermögens wegen – zum Ziel chinesischer Erpressungsversuche. Einer aus der chinesischen Erpressergilde war ein Hauptmann, der sich in der Weihaiwei Road etablierte. Mehrere wohlhabende österreichische Flüchtlinge fielen seinen Anschlägen zum Opfer: 5000 Dollar oder Verhaftung wegen angeblicher Kollaboration mit den Japanern. Auch Herr Jabloner, Eigentümer des berühmten Restaurants *Fiaker*, wurde von ihm vor die Alternative gestellt, zu zahlen oder zu sitzen. Doch was tut Gott? In weiser Voraussicht hatte er einige Tage zuvor in den *Fiaker* einen Kuomintang-General mit viel Lametta geschickt, der in typisch österreichischem Tonfall eine Schöberlsuppe und einen Schweinsbraten bestellte. Dem aufmerksam gewordenen Restaurateur stellte er sich als ehemaliger österreichischer Militärakademiker vor. Mit dieser militärisch-kulinarischen Verbindung in der Hinterhand konnte es sich Herr Jabloner leisten, das Heischen des chinesischen Hauptmanns »nicht einmal zu ignorieren[52]«.

Was die in Shanghai ansässigen Europäer betraf, gab es zwei Motive, die bei ihnen Widerstände gegen den Flüchtlingsstrom auslösten. Vor allem die Engländer hatten immer auf die Höherwertigkeit der Europäer gepocht (man erinnere sich an das Schild vor dem kleinen Park am Bund: »Für Hunde und Chinesen verboten!«), und nun gab es plötzlich in Massen bettelarme Einwanderer, welche dem von den Engländern so hochgehaltenen Nimbus der Europäer schweren Abbruch taten. Auf noch stärkere Widerstände stießen die Emigranten bei den Weißrussen, welche die ärmeren Schichten der Bevölkerung ausmachten und in den Neuankömmlingen ökonomische Konkurrenten erblickten. Gelegentlich kam es zu Prügeleien, die in der Regel von Weißrussen vom Zaun gebrochen wurden[53].

Aber auch unter den Flüchtlingen selbst gab es Gegensätze, wenn auch nicht so krasse. Es gab Ausbeutung ärmerer durch wohlhabende Juden in verschiedensten Formen. Eine der schlimmsten davon war die Beschäftigung armer Jüdinnen in Bordellen, die von reicheren Landsleuten etabliert worden waren. Friktionen oder Distanz wurden aber auch durch nationale und religiöse Verschiedenheiten hervorgerufen. Deutsche Juden belächelten die österreichische Ausdrucksweise, obwohl sie sich mit der Zeit das eine oder andere davon aneigneten, und etliche von ihnen gaben sich für den Geschmack der Österreicher zu selbstbewußt[54]. Der Kontakt zu den Österreichern, die sich »kaffeehausmäßig« gefunden hatten, war nicht immer eng. Auf die Frage nach den Hintergründen meinte einer der Interviewpartner knapp: »Kann man mit einem deutschen Juden tarockieren[56]?«

In ihrem religiösen Leben waren die österreichischen und deutschen Juden an eigene Traditionen gewöhnt, die weder denen der russischen noch denen der arabischen Juden in Shanghai entsprachen. In seiner Synagoge drang der Shanghaier Oberrabbiner Meir Ashkenazi auf die Einhaltung orthodoxer Tradition, duldete aber, daß sich unter Lutz Wachsner eine liberalere Gemeinschaft zentraleuropäischer Juden bildete, welche beim Gottesdienst Orgel und gemischten Chor verwendete[57].

F. Einfluß der Präsenz österreichischer Flüchtlinge auf das Shanghai von gestern und heute

Vielleicht ist da mit dem Wiener Essen zu beginnen, weil Spuren dieser Tradition auch heute noch in Shanghai zu finden sind. Es gibt dort heute noch Lokale, die den Kaffee auf wienerische Art mit Schlagobers oder Apfelstrudel servieren[58]. Ein nur zu gerechter Ausgleich für die mehr als siebzig chinesischen Restaurants, welche Wien zurzeit aufweist. Ebenso waren Wiener Mehlspeisen und Würstel in Shanghai früher unbekannt[59]. Auch unter den chinesischen Einwohnern Shanghais sprach es sich herum, daß man in den Wiener Restaurants wohlschmeckende exotische Speisen wie Wiener Schnitzel, Gefüllte Paprika, Gulyas oder Paprikahuhn bekommen konnte[60].

Während weniger betuchte Chinesen in den preisgünstigen österreichischen Restaurants in Hongkew schlemmten, kam die High Society in den *Fiaker* in der Rue Joffre der französischen Konzession. Selbst Zhou Enlai soll sich nach Angaben des ehemaligen Besitzers, Hans Jabloner, dort bei seinen Shanghai-Aufenthalten Wienerisches einverleibt haben. Dabei frischte er gerne seine Deutschkenntnisse wieder auf. Aus dem Clan der berühmten und teilweise berüchtigten Songs kam der Finanzminister, es kam bescheiden und ohne Aufhebens Song Qingling, die Witwe Sun Yat-sens und heutige Stellvertretende Vorsitzende des Nationalen Volkskongresses. Ihr schmeckte es so gut, daß sie die Restauration mit ihrem signierten Photo bedachte. Und es kam auch ihre stolze Schwester Song Meiling, die Frau Tschiang Kai-scheks, welche gerne

Interieur des »Fiaker«

Ente mit Rotkraut und danach einen Kaffee mit Schlag zu sich zu nehmen pflegte. Ihr Kommen war allerdings weniger unauffällig, sondern wurde stets von einer Vorhut zweier Beiwagenmaschinen mit Maschinengewehren angekündigt. Zu den Gästen des *Fiaker* zählten auch der berühmte Peking-Opern-Darsteller Mei Lanfang, Pearl S. Buck, Noël Coward, der unkriegerische ehemalige chinesische Kaiser Pu Yi und der kriegerische General MacArthur.

Im Lokal spielte der ausgezeichnete Pianist Professor Anton Zilzer österreichische Melodien, was zu einer weiteren bleibenden Einwirkung der österreichischen Präsenz in Shanghai überleitet: der Musik. Gewisse österreichische Traditionen waren schon vor der Emigrationszeit vor-

Anzeige aus der Shanghai Evening Post, 10. Dezember 1938

CAFE

Mocca	— 40
"Fiaker" Black Coffee with wipped cream	—.50
Turkish Coffee with milk	—.50
Melange with wipped cream	—.50

SWEETS

Gugelhupf	—.25
Milchstriezel	—.20
Buchtel	—.15

ORDERS TAKEN

FOR PRIVATE PARTIES!

handen gewesen. Walzer erfreuten sich ungeheurer Popularität, und von früher importierten österreichischen Militärmusikern kannte man auch viele Märsche. Besonders populär war der Marsch *Unter dem Doppeladler,* der mit Vorliebe auf dem Rückweg von Begräbnissen gespielt wurde[60a].

Gemeinsam mit der Shanghai Dramatic Association wurden im Lyceum-Theatre in der Nähe des Französischen Klubs Operetten aufgeführt. Man gab *Die Fledermaus, Die lustige Witwe,* den *Graf von Luxemburg* und *Das Dreimäderlhaus*[61]. Manchmal mietete man zu Aufführungen auch Kinos[62].

1940 wurde sogar ein Wiener Operettentheater ins Leben gerufen, das sechs Jahre lang eine österreichische Theatersaison bot. Regie führte Fritz Frieser, und der Komponist Leo Schönbach, der in Shanghai ge-

Jabloner, Strehlen und ihr Personal. Der kleine Lehrling (zweiter von links) stattete ihnen später im Jahre 1946 als Leutnant der Volksbefreiungsarmee einen Besuch ab.

storben ist, hatte die musikalische Leitung inne. Am Programm standen die Meisterwerke der Wiener Operette, und nach Angaben des ehemaligen Ensemblemitglieds Leopold Brodmann waren die Vorstellungen immer ausverkauft. Einmal wurde sogar eine neue Wiener-Shanghaier Operette aus der Taufe gehoben. Sie hieß: *Sag, bist du mir treu?* Die Musik stammte von dem Komponisten Sonnenschein und erzielte angeblich einen durchschlagenden Erfolg. Erst das Ende des Krieges zerstreute dann das ausgezeichnete Ensemble, nachdem als Abschiedsvorstellung Lehárs *Wo die Lerche singt* gegeben worden war[63].

In vielen der von Österreichern betriebenen Lokalen gab es Wiener Musik – nicht nur im *Fiaker,* sondern etwa auch in der gegenüber dem Französischen Klub gelegenen Bar, welche von zwei Wienern, einem Lederwarenhändler und einem Juwelier, betrieben wurde, und fast überall sonst, wo man österreichisch essen und trinken konnte. Sogar Lokale, deren Inhaber keine österreichischen Flüchtlinge waren, bekamen dadurch eine eigene Note, daß sie als besondere Attraktion österreichische Künstler beschäftigten. Als Beispiel sei die attraktive erste Gattin des ehemaligen Theaterdirektors Ernst Grauaug erwähnt. In Shanghai trat sie unter dem Namen Edith Grey auf und wurde anfänglich als »Beer Barrel Songbird« des renommierten, gegenüber dem Jessfield Park gelegenen *Winter Garden* bekannt. Außerhalb ihrer Gesangsnummern oblag

Der »Beer Barrel Songbird« Edith Grey (Grauaug) privat in Shanghai

ihr noch der Ausschank von eisgekühltem Bier aus einem großem Faß, hinter dem sie postiert war. Doch bald war ihre Popularität so angewachsen, daß sie mit einer eigenen Band in verschiedenen Lokalen gastierte. Zum Schluß stieg sie in des Wortes zweifacher Bedeutung zu höchsten künstlerischen Ehren auf, als sie ihre Darbietungen in den Turm-Nachtklub des *Cathay Hotel,* des berühmtesten Hotels im Fernen Osten, verlegen konnte[63a]. Auch im Rundfunk wurde die Mitwirkung österreichischer Künstler sehr begrüßt, wie die Programmankündigungen in den damaligen Zeitungen beweisen.

Als dann nach den Deutschen auch die Japaner kapituliert hatten, bedankten sich die Flüchtlinge bei den alliierten Nationen und bei der Stadt Shanghai ebenfalls wienerisch-musikalisch. Die European Jewish Artists' Society gab am 29. April 1946 im Lyceum Theatre eine Festvorstellung der Operette *Die Fledermaus.*

Das durch die österreichischen Flüchtlinge stark angekurbelte Musikleben Shanghais hat zweifellos zu einer lokalen europäischen Musiktradition beigetragen. Dies wurde auch offenbar, als die Wiener Philharmoniker auf ihrem Flug zu einem Gastspiel in Peking am 11. April 1973 in Shanghai zwischenlandeten. Das Orchester wurde von Shanghaier Funktionären sehr herzlich begrüßt, »und allgemein wurde bedauert, daß die Wiener Philharmoniker kein Konzert in Shanghai gaben, dessen musika-

"E J A S"
EUROPEAN JEWISH ARTIST'S SOCIETY
818/74 TONGSHAN ROAD
TELEPHONE 52922
SHANGHAI

18.April 1946

Herrn
Professor Deman
c/o "Gregg School of Business"
Shanghai

Sehr geehrter Herr Professor Deman,

Wie Ihnen bekannt sein duerfte, findet

Montag, den 29. April um 7.30 p.m.

im Lyceum Theatre als

DANK an die ALLIERTEN NATIONEN und SHANGHAI

eine Festvorstellung der Operette

"Die Fledermaus"

von Johann Strauss statt.

Wir gestatten uns hiermit, Sie hoefl. zu dieser Vorstellung einzuladen und uebersenden Ihnen beiliegend zwei Ehrenkarten.

In der Erwartung Ihres geschaetztem Besuches dieser besonderen Veranstaltung begruessen wir Sie mit dem Ausdrucke

unserer besonderen Wertschaetzung

"E J A S"

Anlage: zwei Ehrenkarten

lische Tradition in bezug auf westliche Musik viel bedeutender ist als die Pekings[64]«.

Zu erwähnen wäre auch, daß die Ärzte, welche sich unter den österreichischen Flüchtlingen befanden, bei ihren Fachkollegen in Shanghai einen sehr guten Eindruck hinterlassen haben. Als der Neurologe und damalige Rektor der Universität Wien, Univ.-Prof. Dr. Franz Seitelberger, an der Spitze einer österreichischen Wissenschaftlerdelegation im

Jahre 1976 in Shanghai weilte, teilte man ihm mit, daß man sich mit Vergnügen an die österreichischen Ärzte erinnere, unter anderem auch an die Neurologin Dr. Fanny Halpern, ehemals Assistentin bei Prof. Tandler[65].

Spuren hinterließen die österreichischen Flüchtlinge auch im Shanghaier Gewerbe. Durch Fertigungstechniken aus Österreich erhielten chinesische Kürschnerbetriebe wesentliche Anregungen. Auch die Idee, mit Petit-point-Stickereien Handtaschen zu schmücken, wurde von österreichischen Flüchtlingen nach Shanghai gebracht. Die Weitergabe verfeinerter Glasschleiftechnik war ebenfalls ein bedeutender technischer Beitrag. Großes Interesse fanden auch nach österreichischer Fasson angefertigte Strickwaren, Regenmäntel und Capes.

All dies mögen kleine und keineswegs sensationelle Einflüsse sein, doch sind sie sicherlich erfreulicher als durch Krieg oder Kolonialherrschaft erzielte große Einwirkungen.

HONORARY TICKET

THE EUROPEAN JEWICH ARTIST SOCIETY

CORDIALLY INVITES

Mr. **Prof. Deman**

TO A GALA PERFORMANCE OF THE LIGHT OPERA

"THE BAT"

BY JOHANN STRAUSS

This Performance is dedicated in gratitude to

THE ALLIED NATIONS AND SHANGHAI

LYCEUM THEATRE April 29th 1946. 7.30 p.m.

STALL ROW P **SEAT** 30

G. Heimkehr

Die Vertreibung der Japaner ermöglichte den Hilfsorganisationen eine wirksamere Tätigkeit. Die Flüchtlinge erhielten üppige Lebensmittelpakete und waren nunmehr besser versorgt als ihre Landsleute in der Heimat. Dennoch dachte man an Heimkehr. Es galt, zu Dokumenten

SQUEEZING THROUGH!

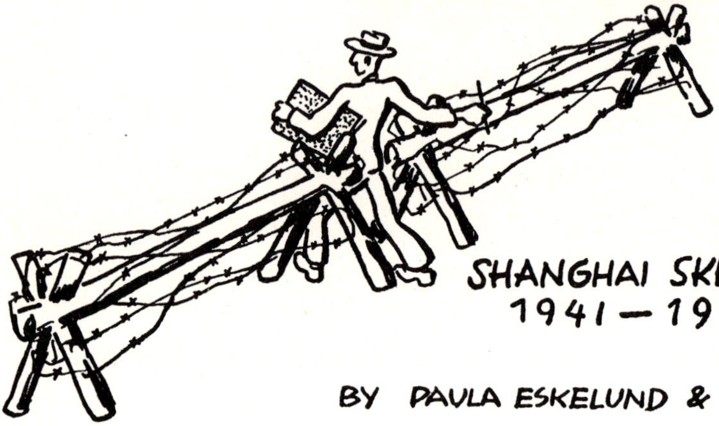

SHANGHAI SKETCHES 1941 – 1945

BY PAULA ESKELUND & SCHIFF

KÜSS DIE HAND, GNÄDIGE FRAU!

On May 8, 1943 about 20,000 Central European Jews were seggregated in Hongkew in two square kilometers. So the clever "Jude - men" - as the Chinese call them - created a miniature European city among ruins and actually made it a kind of tourist attraction. In Hongkew you can buy and sell everything. Precious crystals and silverware from the old country are neatly arranged in diminutive windows. Cafes and restaurants serve first - class coffee and cakes. You settle and read your newspaper. Everybody knows everybody. The shabbiest Hongkewite is "Herr Professor" or "Herr Doktor"! Want to see the "Merry Widow"? She is there. Or listen to Austrian songs? They sing them every Sunday in "The White Horse". The emigrants look sad but they have a sense of humour, and rumours are a good spice to their daily ration of misery. In fact, they say that there exists a stock-exchange, where you can exchange one new rumour against two old ones. The emigrant's life is a hard one. He must, somehow, squeeze through and his methods are not always popular. But if you look behind the surface you meet worries, poverty, misery. However, the "Jude - man" belongs to a strong race. Through centuries his system has developed anti-toxins to hardships. He wants to survive. And he did.

MR· TURNABOUT
① HERR FRIEDRICH GEORG MEYER SECRETARY OF THE „MONARCHIST BUND" IN AUSTRIA, 1930
② MR· FREDERICK· G· MEYER IN SHANGHAI 1935
③ HERR FRIEDRICH MEYER WELL-KNOWN MEMBER OF THE GERMAN COMUNITY IN SHANGHAI 1940
④ TOVARISH MEYER 1945

FREE AUSTRIA

NAME / NAME: Ernst Grauaug

PROFESSION / BERUF: Theaterdirektor

DATE AND PLACE OF BIRTH / DATUM UND ORT DER GEBURT: Stuttgart 1.V.1905

IS REGISTERED AS AUSTRIAN SUBJECT WITH US
IST BEI UNS ALS OESTERREICHISCHER UNTERTAN GEMELDET

DATE OF ISSUE / AUSSTELLUNGSDATUM: 15.11.1940

VALID TILL / GUELITG BIS: 15.11.1941

FREE AUSTRIAN OFFICE
Shanghai

FREE AUSTRIAN OFFICE SHANGHAI

Signature

STAMP
FREE AUSTRIAN OFFICE SHANGHAI

SIGNATURE

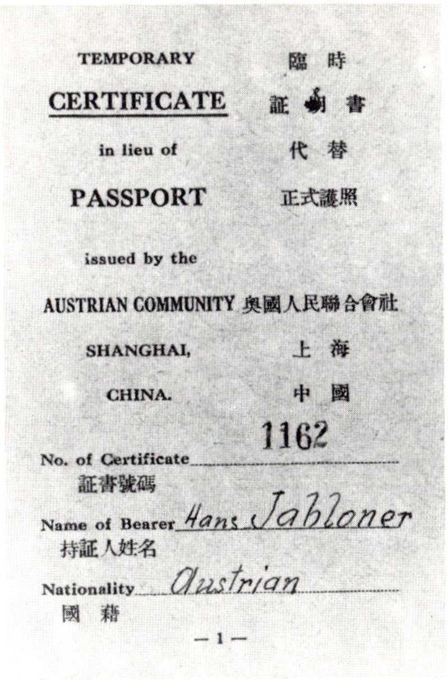

TEMPORARY 臨時

CERTIFICATE 証書

in lieu of 代替

PASSPORT 正式護照

issued by the

AUSTRIAN COMMUNITY 奥國人民聯合會社

SHANGHAI, 上海

CHINA. 中國

No. of Certificate 1162
証書號碼

Name of Bearer Hans Jabloner
持証人姓名

Nationality Austrian
國籍

— 1 —

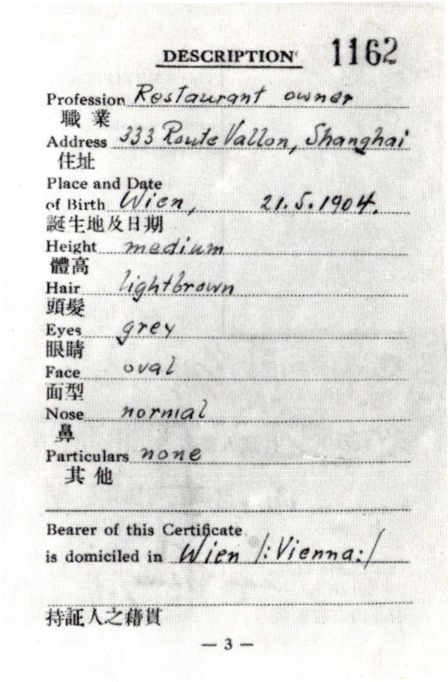

DESCRIPTION 1162

Profession Restaurant owner
職業

Address 333 Route Vallon, Shanghai
住址

Place and Date of Birth Wien, 21.5.1904.
誕生地及日期

Height medium
體高

Hair lightbrown
頭髮

Eyes grey
眼睛

Face oval
面型

Nose normal
鼻

Particulars none
其他

Bearer of this Certificate is domiciled in Wien /: Vienna: /
持証人之籍貫

— 3 —

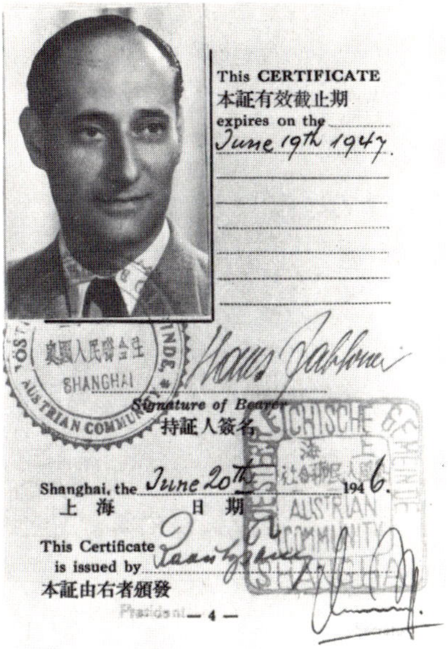

This CERTIFICATE
本証有效截止期
expires on the June 19th 1947.

Signature of Bearer
持証人簽名

Shanghai, the June 20th 1946.
上海 日期

This Certificate is issued by
本証由右者頒發
President

— 4 —

und zu Informationen über die Heimat zu kommen. Schon Anfang der vierziger Jahre hatte ein engagierter Monarchist namens Wernberger, der später in der japanischen Hilfspolizei Funktionen übernahm, den Versuch unternommen, die österreichische Identität durch Gründung eines *Free Austrian Office* hervorzukehren. Dieses Office versuchte, die Emigranten mit Ausweisen zu versehen, welche allerdings infolge der starken monarchistischen Neigungen des Ausstellers Wernberger (laut Auskunft Ernst Grauaugs früher: Weinberg) einen recht kuriosen Anstrich hatten. Am Umschlag war unter der Aufschrift »Free Austria« ein merkwürdiger Adler aufgeprägt, welcher neben der republikanischen Mauerkrone den Lorbeerkranz der Monarchen trug. Unter seinen leeren Klauen prangte die Jahreszahl 1809. Zu ergründen, warum 1809 gewählt wurde, blieb den Autoren bisher versagt. Weder die Schlacht von Aspern noch die

AUSTRIAN
RESIDENTS
ASSOCIATION

SHANGHAI, 25. 7. 1947.
305/29 KUNGPING ROAD
TEL. 51251

ZEUGNIS

Womit bestaetigt wird dass Frau Liselotte ROSENBAUM in der Zeit vom 1. Dezember 1946 bis zum heutigen Tage als Sekretaerin unserer Association taetig war.
Frau Rosenbaum hat waehrend dieser Zeit, abgesehen von ihrer Exaktheit und Tuechtigkeit in der Durchfuehrung der von ihr uebernommenen Aufgaben, eine Liebe und Opferbereitschaft fuer die Sache unserer Association gezeigt, wie sie nur in ganz seltenen Faellen in diesem Ausmasse vorkommt.
Als Empfehlung sei ihr zum Ausdruck gebracht, dass Frau Rosenbaum angeborene ualitaeten fuer die Funktion einer Fuersorgerin, vereint mit dem noetigen technischen und administrativen Wissen besitzt.
Unsere Organisation erleidet durch ihre Abreise einen unersetzlichen Verlust und wuenschen wir ihr das Beste fuer ihre Zukunft in der Heimat.

AUSTRIAN RESIDENTS ASSOCIATION

O. Goldschmied
Chairman

Übernahme des Außenministeriums durch Metternich, welche in dieses Jahr fielen, reichen aus, um die Aufnahme der Jahreszahl in das Wernbergersche »Staatswappen« plausibel zu machen. Wahrscheinlich wollte Wernberger auf das Datum der Annahme der Würde eines »erblichen Kaisers von Österreich« (1804) oder die Aufgabe der Würde des »römischen Kaisers« (1806) durch Franz I. hinweisen, wobei ihm eine Verwechslung unterlaufen ist. An frühere Zeiten knüpfte Wernberger auch dadurch an, daß der Ausweisinhaber bei ihm nicht als »Staatsbürger«, sondern – siehe die entsprechende Rubrik – als »österreichischer Un-

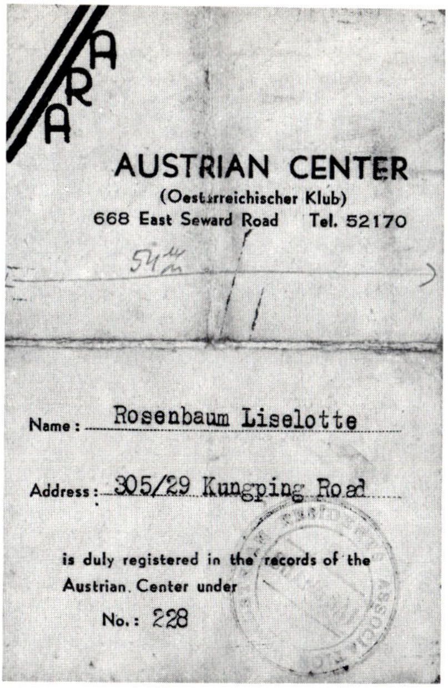
AUSTRIAN CENTER
(Oesterreichischer Klub)
668 East Seward Road Tel. 52170

Name: Rosenbaum Liselotte

Address: 305/29 Kungping Road

is duly registered in the records of the Austrian Center under

No.: 228

tertan« gemeldet war. Die Legitimation, welche Ernst Grauaug von Wernberger bekam, trägt das Datum vom 15. 11. 1940. Um Verlängerung hat er sich nicht bemüht und wurde dazu auch nicht aufgefordert. Auch von Aktivitäten des *Free Austrian Office* vernahm Grauaug nichts. Wernbergers Projekt scheint, wenn nicht eine Eintagsfliege, so doch eine Einjahresfliege geblieben zu sein.

Nach Kriegsende erhielten allerdings Wernberger und andere wieder Auftrieb, und es kam zu einer Reihe von konkurrierenden Gruppierungen, die Ausweise herstellten und sich bei chinesischen und österrei-

UNITED NATIONS

PREPARATORY COMMISSION
INTERNATIONAL REFUGEE ORGANISATION
REPATRIATION BRANCH OFFICE
235 NANKING ROAD
SHANGHAI

TEL. 11738 & 11737

IN REPLY REFER TO: ....

DATE July 22, 1947.

To Whom It May Concern

The bearer of this letter is known to this office as one of the most helpful members of the staff of the Austrian Residents Association.

The work which she has accomplished in helping the one hundred and forty Austrian repatriates depart on the S.S."Marine Lynx", the day after tomorrow, has been phenomenal. This office, understaffed for such operations as this sending off of 700 persons, has been depending very heavily on the Austrian Residents Association for their share, and Miss Rosenbaum has been the person who has accomplished very much more than her share of the work.

I take pleasure in recommending her.

Thomas Pym Cope
Director
Repatriation Branch Office
PrepCom UNRRA-IRO

chischen Behörden um Anerkennung bemühten[65a]. Die Initiative, die sich bei den Emigranten weitgehend durchsetzte, kam von sozialdemokratischer Seite.

Unter den österreichischen Emigranten befanden sich zwei Brüder Hendel, genannt »dicker Hendel« und »dünner Hendel[65b]«. Während der dünne Hendel Mitglied der Heimwehr gewesen war, hatte der dicke, Heinrich Hendel, in Österreich Gewerkschaftsfunktionen ausgeübt und dachte nun daran, in Shanghai einen Verein österreichischer Sozialdemokraten oder etwas Ähnliches zu gründen. Da legte sich der Tischler Walter Strauß ins Mittel, der insoweit auch das Gemeinsame im Auge hatte, als er für die meisten abreisewilligen Österreicher die Transportkisten verfertigte. Er meinte, es gehe um die gemeinsame österreichische Identität, und bei einer Vereinsgründung sei es daher besser, alle Österreicher zu berücksichtigen. Tatsächlich reichte ja das ehemalige politische Spektrum der Emigranten von der KP bis zu Heimwehr und Hugenbergbund. Dementsprechend wurden Wahllisten aufgestellt, und die vom dicken Hendel angeführte sozialdemokratische Liste gewann vor der bürgerlich-monarchistischen. Da Hendel mit einem der ersten Rückreisetransporte nach Österreich zurückkehrte, wurde der Vorsitz in der Austrian Residents Association danach von dem angesehenen Kaufmann Otto Goldschmied übernommen. Die Association (305/29 Kungping Road) widmete sich vor allem Fürsorgeaufgaben, betrieb später aber auch ein Austrian Center – Österreichischer Klub (668 East Seward Road), das kulturelle Aktivitäten entfaltete. Eine wichtige Funktion kam der ARA bei den Rücktransporten zu, und sie kooperierte in diesem Zusammenhang mit UNRRA und IRO, welche ihr offiziellen Status einräumten[65c].

Im Rahmen der Vereinigung begann man auch die Angehörigen mit Papieren auszustatten sowie das Senden von Paketen in das hungernde Österreich zu organisieren. Einmal gelang es sogar, gegen ein gehöriges Quantum Whisky von einem US-Admiral speziellen Frachtraum auf einem amerikanischen Marinetransporter zu erhalten, und jeder konnte auf diese Weise Berge von Lebensmitteln nach Österreich senden[66].

Die ideologischen und fraktionellen Differenzen konnten also überwunden werden, doch traten andere auf, deren Überbrückung schwerer fiel. Die israelisch orientierten Gruppierungen bezeichneten die Juden, welche nach Österreich zurückfahren wollten, als »Mitschuldige des Hiltlerregimes« und forderten alle, die kämpfen konnten, auf, nach Israel zu gehen[67].

Trotzdem gab es viele Rückkehrwillige, welchen die Austrian Residence Association in Ermanglung offizieller Stellen behilflich war. Im Dezember 1946 ging ein kleines Schiff ab, mit dem die ersten zurückkehrten[68]. Im Februar 1947 folgte ein nur Österreicher umfassender Transport; ein zweiter, der auch deutsche Heimkehrer umfaßte, kam im Juli desselben Jahres zustande[69]. Die Papiere wurden in der Regel von der österreichischen Botschaft in Washington geschickt. Nachdem sich

SHANGHAI BRANCH OFFICE 233
INTERNATIONAL REFUGEE ORGANIZATION
№ 5642
Name WESCHLER
Male Age
SS CAPTAIN MARKOS
Cabin FIRST LOUNGE Berth 7
SHIP TICKET
Passenger keep this ticket.

1948 die österreichische Gesandtschaft mit ihrer Konsularabteilung in Shanghai etabliert hatte, war nur noch diese für die Ausstellung von Reisepässen für die in China weilenden österreichischen Staatsbürger zuständig[70].

Doch nicht alle wollten reisen. So mancher fühlte sich in China sehr wohl und wollte länger bleiben. Die Wirren in China sollten dies jedoch nur ganz wenigen erlauben. Es kam zu weiteren Rückwanderertransporten – nunmehr ausgestattet mit Schreiben der österreichischen Gesandtschaft, welche sämtliche Grenzstellen und Behörden ersuchte, »den Rückwanderern bei der Abwicklung der Formalitäten behilflich zu sein, dieselben nach Möglichkeit zu unterstützen und das von ihnen mitgeführte Hab und Gut in großzügiger Weise als Übersiedlungsgut zu betrachten und demgemäß zu behandeln[71]«. Die sich immer mehr zuspitzende innenpolitische Situation in China flößte so manchem Österreicher, der sich ursprünglich zum Bleiben entschlossen hatte, Furcht ein, wie folgender Leserbrief an die *China-Press* beweist:

> Editor, *The China Press.*
> Sir:–May I ask you kindly to bring to the attention of the IRO the following urgent request.
> I and many Austrians have registered with the IRO for repatriation to Vienna 2 months ago. As the general situation is going from bad to worse, we asked several times the IRO and the Austrian Consulate about the time of our repatriation. But so far, we could not get any definitive answer. In today's paper you quote Mr. Jennings Wong, Director of the IRO as saying: Chartered planes would be dispatched here to resettle DP's and stateless nationals only when emergency

Heimreise

arises. Does Mr. Wong consider this time not already as emergency, when anything can happen anytime? Would it be then not too late? Please therefore ask Mr. Jennings Wong, the responsible Director of the IRO to furnish us in time or through your esteemed paper the correct date and all necessary details about our repatriation to Vienna.

I remain, etc.,
Hurry Up.

Shanghai, December 18, 1948

Einer der späten Transporte wurde vom Inhaber des Gregg Business College, Wilhelm Deman, geleitet. Unterstützt von der International Refugee Organization, schiffte er sich gemeinsam mit 31 anderen Österreichern auf der *General Meigs* ein, um über die USA in die Heimat zurückzukehren. Einem Reporter erzählten die Österreicher während des Hafenaufenthaltes in Hongkong, sie würden China wegen der angespannten Lage verlassen und bedauerten dies sehr, weil sie China sehr liebgewonnen hätten – die Umgebung, die Leute und das Essen[72].

Solch gute Erinnerungen an China bewogen einen Kreis ehemaliger Shanghai-Emigranten, in Österreich Kontakt zu halten. Man traf sich im Café *Altes Rathaus* in der Wipplingerstraße, das einem alten Shanghaier, nämlich dem ehemaligen Besitzer des *Fiaker,* Hans Jabloner, gehörte. Fast täglich spielte man bei ihm Tarock. Ab 1952/53 gab es sogar einen ins Vereinsregister eingetragenen Shanghai-Klub, der, nachdem das *Alte Rathaus* gesperrt hatte, seinen Sitz im Promenaden-Café aufschlug[73]. Verantwortlich waren die Herren Steinhauser und Josef. Später verebbte die Vereinstätigkeit wegen Überalterung der Mitglieder, doch soll sich heute noch ein von Kurt Maimann geleiteter Shanghai-Klub in Tel Aviv befinden[74].

1 Laut Auskunft von Herrn Hans Duldner, der in Shanghai als Polizeibeamter tätig gewesen ist. (Interview am 16. April 1977.) Von anderen wird die Zahl höher geschätzt. So spricht Jakob Lechner von 5000 (Jakob Lechner, *Emigranten in Shanghai,* in: *Arbeiter-Zeitung* vom 18. Juni 1977, S. 10) und Herr Dipl.-Ing. Robert Tauber von 6000 Personen (Interview am 21. November 1978).

2 Interviews mit Hans Duldner (15. April 1977), Dr. Alice Müller (25. Oktober 1977), Mary Steinhauser (11. Oktober 1977), Dr. Hermann Erben (26. Oktober 1977), Hans Jabloner (6. Dezember 1978).

3 Interview mit Hans Duldner (16. April 1977); vgl. auch Jakob Lechner, *Emigranten in Shanghai,* in: *Arbeiter-Zeitung* vom 18. Juni 1977, S. 9.

4 Interview mit Dr. Alice Müller.

5 Interview mit Hans Duldner (16. April 1977).

6 Auskunft ehemaliger österreichischer Flüchtlinge, die auch die Meinung vertraten, dieses Komitee habe in verschiedener Hinsicht wirksamer gearbeitet als der Joint.

7 David Kranzler, *Japanese, Nazis and Jews – the Jewish Refugee Community of Shanghai 1938–45,* New York 1976, S. 91 f.

8 Ebd., S. 94. Der Millionär Horace Kadoorie nahm sich besonders der Erziehung der Flüchtlingskinder an und stiftete ihnen eine moderne Schule und vorzügliche Freizeiteinrichtungen. Als die Flüchtlingskinder später nach Wien kamen, hielten die hiesigen Schulen den Vergleich mit der Kadoorie-Schule nicht aus (Interview mit Mary Steinhauser). Von der Dankbarkeit der österreichischen Emigranten für die Obsorge, die ihren Kindern zuteil geworden war, zeigt folgendes Kadoorie gewidmetes Gedicht:

Thank you
by
Dr. Arnold Eberstark (German)
English Version Mrs. Margaret Deman
May 20, 1940

Smooth like a carpet of lovely flowers
Was our life and the world seemed ours,
When, all of a sudden, a thunderstorm came,
A whirlwind of evil, of pain and of shame.

A raging typhoon got hold of us,
Pulling out trees like stalks of straw,
There was no resisting, protesting nor fuss,
Whilst all the world looked on with quivering jaw.

At random and helpless like storm-beaten seeds
We were driven away to sure ruin almost,
In destiny's hands we were nothing but weeds
Doomed to live or to die at a distant coast.

And lo, a harbor to us was offered
On the yellow coast, in ocean-wide distance;
Food, shelter and a friendly hand were proffered,
Holding out to us the hope for existence . . .

In freedom. We gladly came here
Where our eyes we were allowed to raise . . .
Life here is strange, and father dear
Lifted up his hands to God in joyful praise.

But our parents' strife was doubly hard,
Their heads were bending low with worry,
No friends, no money helped them at the start,
And everybody was "so very sorry!"

Whatever should we children do . . .
We had no homes, no books, no room,
No joy, no pleasure, and no hope.
Dark was our life and full of gloom . . .

'Til God sent us a man, a friend . . .
Whose heart is fond of children and of flowers
He saw what was wrong and soon his mind was bent
On helping us, and the all luck was ours!

He gave us the finest of all schools,
Installed a Club with flowers, games and toys,
With books, piano, workshop, many tools,
A real paradise for girls and boys.

He gave the fertile ground us where to grow
Like a good gardener, with gentle hand,
His name has not yet been mentioned, but you know
Just as we do. God bless him, and no end.

9 Ebd., S. 99.
10 Jakob Lechner, Ebd., S. 10.
11 Ebd., Kranzler, a. a. O., S. 127 ff.
12 Interview mit Dr. Leo Kandel (5. Mai 1977).
13 Interview mit Prof. Vivien Pick (9. Oktober 1977) sowie mit Mary Steinhauser.
14 Ebd.
15 Bericht des *Shanghai Echo* vom 15. Februar 1949.
15a Interview mit Hans Duldner (25. und 16. April 1977) sowie mit Dipl.-Ing. Robert Tauber; vgl. auch Jakob Lechner, *Emigranten in Shanghai,* II, in: *Arbeiter-Zeitung* vom 25. Juni 1977, S. 12.
15b Interview mit Dipl.-Ing. Robert Tauber.
16 Interview mit Hans Duldner (15. und 16. April 1977). – Die Schreibung des Namens ist nicht ganz sicher.
17 Ebd.
18 Ebd.; sowie Interview mit Hans Jabloner. Einer von ihnen, Harry C. Gonda, rückte unter der japanischen Besatzung sogar zum Verantwortlichen für die europäische Abteilung auf. – Interview mit Ernst Grauaug (23. Juni 1979).
19 Interview mit Prof. Fritz Hungerleider (13. Mai 1978).
20 Interview mit Georg Fischer (16. Mai 1977).
21 Interview mit Prof. Fritz Hungerleider (30. März 1978; 13. Mai 1978).
21a Interview mit Mary Steinhauser.
22 Jakob Lechner, *Emigranten in Shanghai,* II, in: *Arbeiter-Zeitung* vom 25. Juni 1977.
23 Interview mit Hans Duldner (16. April 1977).
24 Kranzler, a. a. O., S. 116.
25 Interview mit Hans Duldner (16. April 1977).
26 Kranzler, a. a. O., S. 113; Interview mit Dr. Alice Müller.
27 Kranzler, a. a. O., S. 271 ff.
28 Interview mit Dr. Alice Müller.
29 Kranzler, a. a. O., S. 495.
30 Ebd., S. 489 f. Der Ghettocharakter wurde auch dadurch unterstrichen, daß nichtjüdi-

sche Europäer dazu verhalten waren, Hongkew zu verlassen. – Interview von Dr. Wolfgang Ruppert mit Prof. Karl Kolm am 12. 4. 1979.

31 In dem Bezirk von etwa einer Quadratmeile befanden sich nach der Umsiedlung ca. 100.000 Chinesen und 16.000 Flüchtlinge. – Kranzler, a. a. O., S. 491.

32 Interview mit Prof. Vivien Pick.

33 Ebd. Jakob Lechner, *Emigration in Shanghai,* III, in: *Arbeiter-Zeitung* vom 2. Juli 1977, S. 12 f.

34 Kranzler, a. a. O., S. 500; Duldner (Interview vom 15. April 1977).

35 Kranzler, a. a. O., S. 498.

36 Kranzler, a. a. O., S. 499. Als erster soll der Österreicher Robert Klein bei Ghoya einen Passierschein beantragt haben. Er kam mit verwundertem Gesicht zurück und antwortete auf die Fragen seiner wißbegierigen Landsleute lakonisch: »I hab' Schläg bekommen.« Interview mit Liselotte Albin.

37 Jakob Lechner, *Emigration in Shanghai,* IV.

38 Vgl. die Aussage des früheren deutschen Generalkonsuls von Tianjin (Tientsin), Fritz Wiedemann, in Kranzler, a. a. O., S. 488.

39 Interview mit Hans Duldner (16. April 1977).

40 Ebd.

41 Jakob Lechner, *Emigration in Shanghai,* VI, in: *Arbeiter-Zeitung* vom 10. Juli 1977.

42 Interview mit Mary Steinhauser.

43 Interview mit Dipl.-Ing. Robert Tauber.

44 Interview mit Hans Duldner (15. April 1977); Kranzler, a. a. O., S. 478.

45 Interview mit Hans Duldner (16. April 1977).

46 Interview mit Georg Fischer (16. Mai 1977).

47 Vgl. die Aussagen Han Suyins in ihrem Werk *Zwischen zwei Sonnen,* München-Eßlingen, 1971, S. 101 f; 109.

48 Kranzler, a. a. O., S. 487.

49 Interview mit Hans Duldner (16. April 1977).

50 Interview mit Dr. Alice Müller.

50a Interview mit Hans Jabloner (6. Dezember 1978).

51 Interview mit Prof. Vivien Pick (geb. Hsü Dschi-siu).

52 Interview mit Hans Jabloner.

53 Kranzler, a. a. O., S. 153–157.

54 Interview mit Dr. Alice Müller.

55 Interview mit Hans Duldner (16. April 1977).

56 Ebd.

57 Interview mit Dr. Alice Müller.

58 Rita Zeller, *Österreicher in Peking,* in: *China-Report* Nr. 1, 1971, S. 13. Christian Oertel, *Impressionen einer Chinareise oder die 5. Modernisierung: Der Tourismus,* in: *Das Neue China,* Okt./Nov. 1979, S. 30.

59 Kranzler, a. a. O., S. 289.

60 Interview mit Prof. Vivien Pick.

60a Interview mit Hans Duldner (16. April 1977).

61 Interview mit Hans Jabloner.

62 Interview mit Prof. Vivien Pick und Mary Steinhauser.

63 Maurice Hirschmann, *Sechs Jahre Wiener Operette in China,* in: *Welt am Montag,* Nr. 90, S. 8.

63a Interview mit Ernst Grauaug (23. Juni 1979).

64 Wilhelm Hübner, Vorstand der Wiener Philharmoniker, *Die erste Konzertreise der Wiener Philharmoniker in die Volksrepublik China,* in: *China-Report* Nr. 11, 1973, S. 24.

65 Interview mit Univ.-Prof. Dr. Franz Seitelberger.

65a Einem Amtsvermerk des österreichischen Außenamtes vom 10. Januar 1949, HHStA, China 12/80.133, ist folgendes zu entnehmen: Seit 1940 gebe es in Shanghai eine *Freie Österreichische Bewegung,* deren Gründer zueinander im Widerspruch stünden. Es handle sich dabei um Ernst Stoeri, P. H. Wernberger und Raoul Gustav von Toms.

Letzterer wolle von Bundesminister a. D. Rott zum offiziellen Vertreter des *Free Austrian World Movement* bestellt worden sein. Eine Anerkennung seitens der Alliierten sei allerdings nicht erfolgt. Kriegsdienstmeldungen, welche von dieser Bewegung an die Alliierten gerichtet worden seien, hätten jene nicht zur Kenntnis genommen. Toms sei im Januar 1946 auf sein Ersuchen hin vom chinesischen Außenamt ermächtigt worden, österreichische Personalausweise auszustellen. Eine Autorisierung durch das österreichische Außenamt könne allerdings aus schwerwiegenden Gründen (sie sind im Akt aufgezählt) nicht erwogen werden. Im Frühjahr 1946 habe Toms die Vereinigung *Österreichische Gemeinde* gegründet, der angeblich nur wenige Personen und vor allem jene angehörten, welche von der gleichzeitig gegründeten *Austrian Residents Association* wegen undemokratischer Gesinnung und Kollaboration mit den Japanern abgelehnt worden waren. Die *Austrian Resident Association* scheine aber auch weitgehend alle Nichtjuden und getauften Juden abgelehnt zu haben. Ein Teil jener Leute sei zu Toms gegangen, welcher ungefähr 2000 österreichische Ausweise ausgefolgt habe. Ende 1946 hörten die Eingaben von Toms an das österreichische Außenministerium um Autorisierung auf, und damit dürften auch die Aktivitäten der österreichischen Gemeinde aufgehört haben. Die ARA berufe sich darauf, daß bei ihr 4300 Österreicher registriert seien und daß sie für die UNRRA die Registrierung der Österreicher durchgeführt habe. Dies sei allerdings nicht richtig, denn die UNRRA habe die Registrierung zwar in den Räumen der ARA, aber durch eigene Organe im Februar 1947 durchgeführt. Damals hätten sich 4776 Österreicher gemeldet. Am 10. Juli 1947 habe die ARA durch das Bundeskanzleramt – Auswärtige Angelegenheiten die Ermächtigung erhalten, mit Gültigkeit bis 31. Dezember 1947 österreichische Staatsangehörigkeitsausweise auszustellen. Bis 30. Juli 1948 seien 2304 der in Shanghai lebenden Österreicher abgewandert, davon 968 nach Österreich. Darunter habe sich auch der erste Vorsitzende der ARA, der frühere Schutzbundbataillonskommandant Heinrich Hendel, befunden. Gegen die ARA seien die Vorwürfe der Tendenz zum Linkssozialismus oder Kommunismus bzw. der Unduldsamkeit gegenüber Nichtjuden erhoben worden. Allerdings lägen dafür keine Beweise vor. Der österreichische Gesandte Stumvoll scheine mit den Leuten von der ARA gut auszukommen.

65b Herr Ernst Grauaug glaubt sich zu erinnern, daß der »dünne Hendel« mit Vornamen Oskar hieß und vorher als Pedikeur und Bademeister im Grinzinger Bad tätig gewesen ist. – Interview vom 23. Juni 1979.

65c Interview mit Frau Liselotte Albin am 12. September 1979; Bestätigung des Repatriation Branch Office Prep Com UNRRA-IRO für die Genannte (die Sekretärin der ARA war) vom 22. Juli 1947.

66 Interview mit Dipl.-Ing. Robert Tauber.

67 Interview mit Dipl.-Ing. Robert Tauber; in gemildertem Maße auch von Hans Jabloner bestätigt.

68 Interview mit Dr. Alice Müller.

69 Jakob Lechner, *Emigration in Shanghai,* V, in: *Arbeiter-Zeitung* vom 23. Juli 1978, S. 12.

70 Vgl. Brief Zahl 2759 der Österreichischen Gesandtschaft in Washington an Dr. Leo Kandel, Association of Austrian Residents.

71 Schreiben der Österreichischen Gesandtschaft in China, Konsularabteilung, Zahl 761-12b/49, Shanghai, vom 14. Februar 1949. Dieses Dokument, die Unterlage für Anm. 72 wie auch der in Abbildung wiedergegebenen Materialien verdanken die Autoren der großen Freundlichkeit von Herrn Prof. Wilhelm Deman.

72 *The China Mail,* Hongkong, vom 18. Februar 1949.

73 Interview mit Hans Jabloner.

74 Interview mit Mary Steinhauser.

Sechsundzwanzigstes Kapitel

Ärzte und Autoren

China in Berichten österreichischer Spanienärzte

Die ersten Berichte, durch die man in Österreich vom Werden des neuen China erfahren konnte, stammten aus der Feder von – Ärzten. Ärzten, die am spanischen Bürgerkrieg teilgenommen hatten und nach dem Sieg Francos weder in Spanien bleiben noch nach Österreich zurückkehren konnten. In Frankreich wurden sie im Zuge der sogenannten Nichteinmischungspolitik zunächst einmal interniert. So war es eine logische Konsequenz ihrer Haltung, die erste Gelegenheit zu benutzen, um nach China zu kommen und auf der anderen Seite der Erdkugel, wieder in einem Brennpunkt der Weltgeschichte, hilfreich zu wirken.

In dieser kleinen Ärztegruppe waren die Österreicher mit Dr. Fritz Jensen, Dr. Walter Freudmann, Dr. Heinrich Kent und den »Altösterreichern« Dr. Schön (aus Ungarn), Dr. Kisch (Bruder von Egon Erwin Kisch aus Prag) und Dr. František Kriegel (ebenfalls Tscheche und später einer der führenden Exponenten des Prager Frühlings) recht stark vertreten[1]. Von den drei »eigentlichen« Österreichern ist nur noch Dr. Walter Freudmann am Leben, ein stiller, sympathischer Arzt, der im 10. Wiener Gemeindebezirk heute noch praktiziert. Er war der erste, der über seinen Chinaaufenthalt berichtete: Sein Buch *Tschi-lai! Erhebet Euch!* erschien 1947 in Linz und fand – zu Unrecht – leider wenig Beachtung. Die Österreicher hatten damals andere Sorgen.

Heute ist Dr. Freudmann wohl noch weniger gesprächig, als er es unmittelbar nach der Rückkehr aus China war. Dennoch: China, so sagt er, war ein beeindruckendes Erlebnis für ihn, eine ganz andere Welt[2]. Warum er nach China gegangen sei? Erstens, weil es diese Möglichkeit gegeben habe, und zweitens, weil das für ihn ein Teil des Kampfes gegen den Faschismus gewesen sei. Auch in der chinesischen Gesandtschaft in London – vor der Abreise befand er sich zu einem sechswöchigen Zwischenaufenthalt in der britischen Metropole – hatte man ihn, verblüfft, gefragt, wie er denn auf die Idee gekommen sei, nach China zu gehen. – »Wir wollen dem chinesischen Volk in den schweren Stunden des Krieges in der Form helfen, wie das eben Ärzte tun können[3].« Angesichts der erstaunten Gesichter chinesischer Gesandtschaftsdamen beschlich ihn damals die bange Ahnung, daß es nicht so leicht sein würde, diesen Vorsatz in die Tat umzusetzen. Dennoch schifften sich die Ärzte am 5. August 1939 auf der *Aeneas* nach China ein. In Marseille kamen noch weitere Spanienärzte dazu.

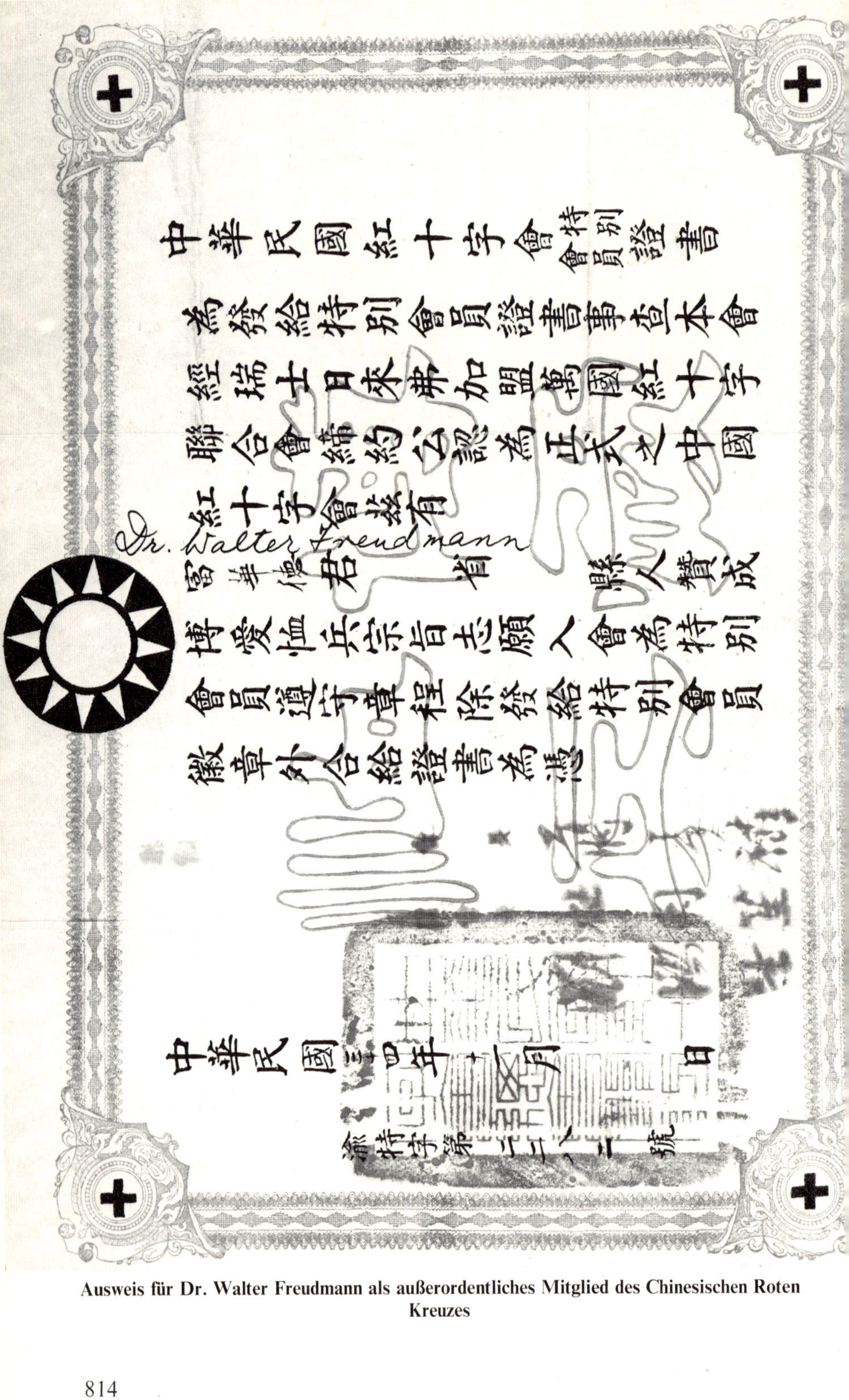
中華民國紅十字會特別會員證書
為發給特別會員證書事查本會
經瑞士日來弗加盟萬國紅十字
聯合會締約公認為正式之中國
紅十字會茲有
留華德 Dr. Walter Freudmann 君肯縣人贊成
博愛恤兵宗旨志願入會為特別
會員遵守章程除發給特別會員
徽章外合給證書為憑
中華民國三十四年 月 日
渝特字第二八二號

Ausweis für Dr. Walter Freudmann als außerordentliches Mitglied des Chinesischen Roten Kreuzes

Schon auf dem Schiff begann man mit Hilfe zweier junger Chinesen, welche die Heimreise aus Europa angetreten hatten, die Sprache des künftigen Gastlandes zu lernen.

> Man hatte uns gesagt, daß sie unerlernbar wäre. Nach den ersten Unterrichtstagen gaben wir uns bereits überschwenglichen Hoffnungen hin. Aus den täglichen Fortschritten schlossen wir, daß wir die Sprache bald beherrschen würden. Dieser Optimismus war an und für sich recht nützlich.
> Als wir auf chinesischem Boden standen, büßten wir sofort unsere Illusionen ein. Trotzdem hatten wir uns in den ersten Stunden des Lernens überzeugt, daß von unüberwindlichen Schwierigkeiten keine Rede sein kann. Mit Fleiß und Hartnäckigkeit kann man auch Chinesisch erlernen[4].

In Hongkong organisierte die China Defence League den Weitertransport nach dem endgültigen Bestimmungsort, Guiyang (Kweiyang). Die Wartezeit war nur sehr unbefriedigend ausgefüllt mit verschiedenen recht überflüssigen Empfängen, wobei anwesende Ausländer, aber auch Chinesen dringend von der Reise aus dem sicheren Hongkong in das unsichere China abrieten.

Ein Empfang aber machte tiefen Eindruck auf Dr. Freudmann und seine Kollegen. An jenem Abend waren sie Gäste bei Madame Sun Yatsen (Song Qingling), der Witwe des »Vaters der chinesischen Republik«, die heute in China das Amt des stellvertretenden Staatsoberhauptes bekleidet. Die Wärme, die von Song Qingling ausging, machte diesen Abend für Dr. Freudmann unvergeßlich:

> Wir kamen in eine einfache, überaus kleine und bescheidene Wohnung. Einfach wie ihre Wohnung war auch die Art und Weise ihres Gehabens. Keinerlei Förmlichkeit, die wir in allen Schattierungen in Hongkong genossen hatten. Sie war von einer unnachahmlichen Würde, die auf uns tiefen Eindruck machte. Wir empfanden, daß wahre, menschliche Größe ohne alle Äußerlichkeit auszukommen vermag. Ihr eigenes Handeln, die opfervolle Tätigkeit, die ihr ganzes Wesen beseelte, war mehr Aufforderung an uns, für China tätig zu sein, als alle bis dahin von uns gehaltenen Reden.
> Es war ein schöner Abend. Auch diesmal gab es ein chinesisches Mahl. Das Interesse, das Frau Sunyatsen uns bezeigte, die Wärme, die von ihr ausstrahlte, ließen uns verspüren, daß wir es mit einem echten Gefühl zu tun hatten[5]. . .
> Über gewisse Maßnahmen der Regierung Tschiangkaischeks, dem Manne ihrer leiblichen Schwester, äußerte sie sich auffallend skeptisch und kritisch. Was uns zu denken gab, war ihre Vermutung, die sie mit einiger Betonung äußerte, daß wir alle wohl nur im zentralen China und nicht aber im Nordwesten Verwendung finden würden. Darin lag aber ein entscheidender Unterschied[6].

Diesen Unterschied bekamen unsere Ärzte, die aus der Wärme der internationalen Solidarität in Spanien kamen, im China der Guomindang (Kuomintang) sehr bald eisig zu spüren. Endlich in Guiyang angekommen, verhinderte man tatsächlich ihre Zuteilung zur damals im Rahmen der Guomindang-Armee operierenden »Neuen Vierten«, und man verschleppte auch ihren Einsatz im Bereich der Guomindang-Truppen.

Der offizielle Empfang war eher kühl, aber auch ein chinesischer Zimmergenosse, der deutsch sprach, weil er bei Prof. Böhler in Wien studiert hatte, zeigte sich wenig begeistert. Freudmann amüsierte sich über ihn, der behauptet hatte, so schnell wie möglich an die Front zu wollen:

> Was er wirklich dachte, wurde offenbar, als er einmal tatsächlich an die Front abgehen sollte. Schnell verheiratete er sich, was ihn nach dort gültigem Brauch davor bewahrte, jemals Kweiyang verlassen zu müssen.
> Ich konnte nicht in Erfahrung bringen, ob in Kuomintang-China die eheliche Kampffront für lebengefährlicher galt als die japanische Kampffront[7].

Unsere Ärzte wurden bespitzelt und einige von ihnen, während sie schliefen, sogar ihrer Dokumente – in der Eile samt Hose – beraubt. Nach tagelangem Herumdrucksen der leitenden Sanitätsbehörden bekamen sie diese dann auf folgende Weise zurück:

> Der Zwischenfall endete recht komisch. Ein paar Tage später kam unseren beiden bestohlenen Freunden die Nachricht zu, sie möchten sich an eine etwa zwei Kilometer entfernte, durch ein Grabdenkmal näher gekennzeichnete Stelle an der Hauptstraße begeben. Die Kleidungsstücke mitsamt dem Inhalt seien gefunden worden und an der Fundstelle abzuholen.
> Tatsächlich, zu ihrem nicht geringen Erstaunen fanden sie dort einen Polizisten, der seit dem Morgen an einer Grube neben dem Grabdenkmal Wache gestanden hatte. Er holte aus einem Loch die Hosen hervor, die beide als die ihrigen erkannten. Auch die Brieftaschen waren in der richtigen Hosentasche, und nicht ein einziges Dokument fehlte. Doktor Lim hatte Wort gehalten. Von dem Täter haben wir natürlich nie etwas gehört[8].

Wären nicht die einfachen chinesischen Menschen gewesen und einige junge Ärzte, die, wenn auch versteckt, den Ausländern ihre Sympathien bezeugten, dann wäre dieses zweimonatige Warten auf den Fronteinsatz mehr als frustrierend gewesen. Aber als dieser Einsatz dann endlich zustande kam, war er für den jungen Arzt (Promotion 1935, 1937 bis 1939 Spanien), dessen heißer Wunsch es war, zu helfen, weniger ein medizinischer als ein Kampf gegen die Korruption der Guomindang-Offiziere, die Medikamente verschoben, sich an den Essensrationen Lebender, Sterbender und Gestorbener bereicherten, ein Kampf gegen zur Grausamkeit gewordenen Gleichgültigkeit, ein zäher Kampf gegen die Spitalsbürokratie, der zudem nicht offen geführt werden konnte, wollte man sich nicht der Arbeitsmöglichkeit überhaupt begeben. Freudmann hatte Angst um dieses Land: »Wie konnten die Armeen gegen die Japaner bestehen, wenn sie ihre eigenen Soldaten derart unwürdig, grausam und unmenschlich behandelten[9]?«

Aber Freudmann hatte auch positive Erlebnisse, so auf dem Weg zu seinem ersten Fronteinsatz in der Provinz Hunan. Bei Bauern, die noch nie vorher einen Ausländer gesehen hatten, zeigte sich beim Anblick des Fremden immer wieder eine köstliche Überraschung auf den Gesichtern, nie aber Unfreundlichkeit: »Daß ihrem Wesen Güte und keine Feindseligkeit zugrunde lag, war eine stets angenehme Offenbarung[10].« Freudmann hatte große Hochachtung vor der Riesenkraft dieser in Lumpen gekleideten, eher schmächtigen Gestalten, die den Ärzten als Lastträger dienten und für einen Hungerlohn übermenschliche Lasten und um ein Mehrfaches an Werten schleppten, als sie selbst in einem ganzen Jahr verdienen konnten. »In Europa wäre kaum ein Mensch um ein Vielfaches ihrer Entlohnung zu bewegen gewesen, eine solche Leistung zu vollbringen. Welch gewaltige Kräfte birgt der Schoß dieses Volkes[11]!«

Mit Hilfe eben dieser Menschen und ihrem sprichwörtlichen Erfindungsreichtum konnte Dr. Freudmann, der sein Sanitätsprogramm gegen alle Widerstände schrittweise vorantrieb, auch einige, in seinen Augen kleine, Erfolge erzielen. So hatte er den Kampf gegen Flecktyphus, Rückfallfieber und Krätze mit Hilfe einer Entlausungsanlage aufgenommen, welche von dem kaum ausgebildeten chinesischen Rot-Kreuz-Personal aus dem Nichts, genauer gesagt: aus Lehmerde, Bambusstangen, einem Weinfaß und einer gußeisernen Pfanne gefertigt worden war und ebenso ihren Dienst tat wie die modernste Dampfkesselanlage. Freudmann führte auch Impfungen gegen Typhus, Cholera und schwarze Pocken ein, verfaßte Rundschreiben zur Einhaltung von Hygienevorschriften und behandelte in zunehmendem Maße auch die Bauern der Umgebung, gerade dies aber gegen den Widerstand der Sanitätsoffiziere, deren idyllische Ruhe er störte und die er auf diese Weise um einen Teil der Medikamente ärmer machte.

Die korrupten Bürokraten blieben letztlich die Stärkeren. Ein zweiter Fronteinsatz, hundert Kilometer westlich von Yichang am Jangtse, war womöglich noch frustrierender als der erste, auch wenn Freudmann die Freundschaft eines recht aufgeschlossenen Obersten, den er geheilt hatte, gewinnen konnte. Als dieser versetzt wurde, wurde Freudmanns Lage immer unerträglicher.

Freudmanns Kollegen hatten ähnliche Erfahrungen gemacht, und ihr Widerstand gegen die herrschende Mißwirtschaft hatte ihnen nicht wenige Feinde geschaffen. Sie hatten in ein Wespennest gestochen. Die unbequemen Ärzte wurden abgeschoben, Dr. Freudmann zur chinesischen

Expeditionstruppe in Birma, wo er, bevor er in seine Heimat zurückkehrte, von 1942 bis 1945 Dienst tat.

Einem kleineren Teil der Ärzte aber war es gelungen, in China zu bleiben. Und dies war vor allem das Verdienst von Dr. Fritz Jensen (Friedrich Jerusalem). Er war neben Dr. Jakob Rosenfeld und Dr. Heinrich Jettmar der bekannteste österreichische China-Arzt und das Herz der Gruppe der Spanienärzte. Schon während des Kampfes gegen Franco, wo er unter großem persönlichem Einsatz den Sanitätsdienst seines Bataillons geleitet hatte, war der lebhafte Österreicher überall bekannt und beliebt gewesen. Einer seiner Spanienkameraden, Alfred Kantorowicz[12], schildert ihn uns als Draufgänger mit heftigem Temperament und als guten Kameraden, mit einem Schuß Abenteurertum im Blut. Einmal sagte Jensen zu Kantorowicz: »Nicht jeder macht sich solche Kopfzerbrechen wie du. Ein Schuß Leichtigkeit, ein wenig Abenteuerlust tun unserem Kampf hier gewiß keinen Abbruch[13].« Kantorowicz war zwar mit dieser Auffassung nicht einverstanden, aber er bewunderte Jensen sehr, weil er neben Köpfchen auch durchaus einiges in den Armen und Fäusten hatte, obwohl man ihm das kaum ansah: »Dr. Jensen ist kaum mittelgroß, aber ungewöhnlich breitschultrig. Das Gesicht auf diesem gedrungenen Körper ist eher schmal; hinter sehr dicken Brillengläsern blicken mich bewegliche, fixierende Augen an[14]. . .« Jensen war während seiner Studienzeit in Wien zur Aufbesserung seiner Finanzen gelegentlich mit Erfolg als Leichtgewichtler in einer Ringkämpfertruppe aufgetreten: »Sieht man ihn so an, das schmale, bebrillte Gesicht eines Intellektuellen, so erscheint's kaum glaublich. Mit fröhlichem Lächeln antwortet er meiner Musterung. Ja, dieser Täuschung seien auch die Wiener Nazis mehrfach anheimgefallen – zu ihrem Schrecken und Schaden. Der kleine, schmalgesichtige Intellektuelle schien ihnen gerade das rechte Objekt für ihre Anrempelungen. Dann gab's blutige Köpfe[15].«

In den letzten Spanientagen wurde Jensen am Fuß verwundet. Dennoch war er es, der die Reise der Spanienärzte nach China organisierte[16]. Von England aus verschaffte er das Geld, über das Chinesische Rote Kreuz die Arbeitsplätze. Aber auch ihm blieb die Erfahrung mit der Korruption in der Tschiang-Armee nicht erspart. Jensen zeigte mutig die Mißstände auf und gewann eine Gruppe von chinesischen Rot-Kreuz-Ärzten dafür, ein Beispiel von Ehrlichkeit im Gesundheitswesen zu geben. Er reiste in seiner Funktion verschiedentlich durch das Land und weilte auch längere Zeit in Chongqing (Tschungking), wo er öfter mit dem späteren chinesischen Ministerpräsidenten Zhou Enlai zusammentraf. Aus dieser Zeit kennt ihn Anna Wang[17]. Auch sie schildert Jensen als einen temperamentvollen, leichtblütigen Menschen mit schauspielerischem Talent. Er war belesen, witzig, kontaktfreudig und ein charmanter Plauderer. Alle hatten ihn gern. Er paßte sich überall leicht an und fand bei den chinesischen Revolutionären ebenso gute Aufnahme wie bei dem Kreis von Ausländern, der sich damals in Chongqing be-

Dr. Fritz Jensen mit den Schwestern seiner Frau Wu'an
(Foto im Besitz von Jensens Schwester, Edith Stein)

fand. Einige in der Chongqinger Ausnahmesituation halb verrückt gewordene Amerikaner behandelte Jensen à la Freud, obschon er keine psychiatrische Ausbildung besaß. Wenn er seine Behandlungsobjekte dann zuweilen in die größte Verwirrung stürzte, amüsierte ihn das königlich. »Aber niemand«, so berichtet Anna Wang, »konnte ihm längere Zeit ernstlich böse sein«, auch nicht der bekannte neuseeländische »Chinese« Rewi Alley, dem der beliebte Jensen des öftern Unruhe in seine Kooperativen brachte, weil er sich zu häufig verliebte. Das fand ein Ende, als er die junge Lehrerin Wang Wu'an kennenlernte – das zauberhafte, tapfere »Fräulein Wang«[18] seines später veröffentlichten bekannten China-Buches – und Zhou Enlai sie in Chongqing nach chinesischem Recht traute.

Als der Weltkrieg zu Ende ging, war es für Fritz Jensen eine Selbstverständlichkeit, noch in China zu bleiben. Wieder war er es, der für einige Ärzte eine Anstellung, diesmal bei der UNRRA, einer Hilfsorganisation der Vereinten Nationen, erlangte. In dieser Eigenschaft kam Jensen 1947 auch für einige Wochen in die Revolutionshauptstadt Yan'an (Yenan), die dann im Zuge der Bürgerkriegsereignisse für ein Jahr evakuiert werden mußte. Jensen ging im Gefolge von Zhou Enlai nach Shanghai und organisierte die Versorgung der 8. Armee:

> Mit einem Safe-conduit beider Armeen ausgestattet, machte er seine erste offizielle Inspektionsreise in die befreiten Gebiete. Er kehrte zurück, schilderte den Beamten der UNRRA die Not, aber auch die tadellose Ordnung der Verwaltung, die jede Korruption bei der Verteilung (im Gegensatz zum Kuomintang-Gebiet) ausschloß, und zwar so überzeugend, daß der Beschluß gefaßt wurde, sofort entsprechende Mengen von Lebensmitteln, Kleidung, Medikamenten und medizini-

Dr. Fritz Jensen mit den Eltern seiner Frau Wu'an
(Fotos im Besitz von Jensens Schwester, Edith Stein)

schen Instrumenten auch für diese Gebiete bereitzustellen. Auch persönlich wirkte sein Einfluß. Zu Hause, im Kreis der Familie Wu Ans, erzählte er seine Erlebnisse, erzählte er von dem Wunder der kommunistischen Reformen, der neuen Demokratie. Am nächsten Morgen waren die beiden jungen Schwestern Wang verschwunden. Lange Zeit hörte man nichts von den Mädchen. Bis Fritz sie endlich bei einer seiner späteren Reisen in Schantung als Krankenschwestern in den Reihen der Volksarmee wiedertraf und sie gründlich ausschimpfte[19].

Fritz Jensen überwand große Schwierigkeiten und führte den ersten Konvoi von Lastwagen durch eine vorher festgelegte kampffreie Zone. Er erreichte mit dem ersten flachkieligen Landungsschiff über den Jangtsekiang die inneren Gebiete von Jiangxi, mit dem ersten Seeschiff den Hafen Jinan (Tsinan) in Shandong, den die Volksarmee erobert hatte, er organisierte Fallschirmabwürfe von Lebensmitteln und Kleidern aus Flugzeugen weit im Nordwesten, wohin andersgeartete Transporte wochen- und monatelang gebraucht hätten.

1948 kehrte Dr. Jensen mit seiner Frau Wu'an nach Europa zurück, vorerst in die Schweiz, dann nach Österreich. Von da an widmete er sich ganz seinen schriftstellerischen und journalistischen Interessen. 1949 erschien in Wien sein Buch *China siegt,* das mehr sein wollte und war als der China-Bericht eines Arztes – er machte darin die Leser mit China, dem Land der Vergangenheit und der Zukunft, seiner Geschichte und den Reformbewegungen der befreiten Gebiete wie den dabei führenden Persönlichkeiten bekannt[20]. Zur damaligen Zeit, als man in Europa kaum etwas über das Geschehen in China wußte, war dies sicherlich von Bedeutung. Im Nachhinein aber muß den Leser das Fehlen ausführli-

Dr. Fritz Jensen (ganz rechts) und seine Frau Wu'an (ganz links) beim Maiaufmarsch der KPÖ auf der Wiener Ringstraße (wahrscheinlich 1949)

cherer Schilderungen persönlicher Art und eigenen Erlebens aus einer an Ereignissen so reichen, aber an schriftlichen Zeugnissen so armen Zeit mit großem Bedauern erfüllen, zumal sie Jensen nun nicht mehr nachliefern kann. In dem Bemühen, in einer sicher knapp bemessenen Zeitspanne möglichst viel Wissenswertes über China zu Papier zu bringen, schlichen sich hie und da auch Fehler ein[21]. Diese sind aber unbedeutend, und wenn auch eben bedauert wurde, daß Jensen nicht noch mehr aus seinem eigenen Erleben berichtete, so bietet das Buch doch genügend Schilderungen interessanter, von Jensen selbst erlebter Episoden, die zeigen, welchen Weg der Verfasser gehen mußte, um seinen Platz in diesem großen Lande zu finden:

Dr. Fritz Jensen mit Frau und Kind

> China lehrte mich verstehen, woher wir kommen und wohin wir gehen . . .
> Ich glaubte, als Gebender, als Lehrender und Mitteilender nach China gekommen zu sein, ich glaubte zu wissen, von wo ich kam und wohin

ich ging. Nur in Etappen und in mühsamer Arbeit verwandelte ich mich aus dem »Konsulenten«, als der ich angestellt worden war, in den Schüler, der ich einige Jahre hindurch sein mußte, bevor ich mich in bescheidener Weise nützlich machen konnte[22]...

Viele kleine Erlebnisse bereiteten mich in der Folgezeit auf den langen und mühevollen Weg vor, den ich zurücklegen mußte, bevor ich das Recht hatte, mich zu einem Teil des chinesischen Volkes zu bekennen.

Die Division, in deren Frontspital ich arbeitete, fand sich bald von den Japanern umzingelt und gab ihre Stellungen auf. Wir mußten uns in Eilmärschen der Umklammerung des Feindes entziehen und waren gezwungen, alle Straßen und gebahnten Wege zu meiden und über weglose Bergketten und auf schmalen, zwischen Reisfeldern dahinziehenden Pfaden den Rückweg zu den Hauptkräften der Armee zu suchen.

Ich wanderte im Stab der Offiziere dahin, hinter uns eine endlose Kette von Soldaten, gefolgt von den Kulitruppen, die das Gepäck der Division auf ihren Schultern trugen. Die Nachhut bestand aus den Tragbahren mit Verwundeten und Kranken und deren Trägern.

Auf den verlassenen Wegen, an die wir uns hielten, trafen wir nur wenige Menschen. An *eine* Begegnung aber erinnere ich mich deutlich: Es war ein alter Bauer, der uns entgegenkam. Er trug eine schwere Last Baumwolle, sein Rücken war gekrümmt, seine faltige Haut hatte die Farbe von gebeiztem Leder. Die ganze kleine Gestalt war von einem Leben zu harter Arbeit zusammengezogen und von zu wenig und zu gehaltloser Nahrung ausgetrocknet. Die Folgen des Trachoms, der in China so verbreiteten Bindehautentzündung, machten es ihm unmöglich, seine Augen zu schließen: seine rotgeränderten Lider tränten. Das unaufhörlich überfließende Augenwasser hatte auf seinen Wangen Ekzemstraßen gebildet, die bis an den Kieferrand reichten.

»Das alte, das ausgesogene, das niedergetretene China«, dachte ich, als die gebeugte Gestalt sich näherte – und ich bereitete mich vor, mein Herz dem Mitleid zu öffnen, das mich überkommen wollte.

Der Bauer war herangekommen und hatte mich erblickt. Er stellte seine Last hin und sah mich an. Er ging im Kreis um mich herum und prüfte mich von allen Seiten. Dann stand er da, deutete mit dem Finger auf mich und begann zu kichern. Seine Augen tränten, sein ganzer in Lumpen gekleideter Körper schüttelte sich, und aus seiner Kehle kamen die Geräusche eines hilflosen Greisenlachens. Ich war stehengeblieben und starrte ihn verständnislos an. Die Offiziere bildeten einen Ring um uns; erst lächelten sie, und dann, mitgerissen von der unwiderstehlichen Heiterkeit des Alten, begannen sie laut zu lachen. Ich war eine kleine, verwirrte europäische Insel in einem Meer von chinesischem Gelächter.

»Warum lacht er?« fragte ich.

»Warum lachst du?« übersetzte einer der Offiziere.
Der Bauer wurde plötzlich still. Er fürchtete, sein Benehmen könnte als Respektlosigkeit gedeutet werden. Er suchte nach einer Antwort und sagte dann stockend:
»Der Ausländer, er sieht so komisch aus. Und er kennt nicht unsere Wege.«
Noch bevor der Offizier mir diese Antwort übersetzt hatte, war mir plötzlich alles klar geworden. Ich sah mich selbst mit den Augen eines Chinesen. Ich sah in einem Land, wo 400 Millionen Menschen kleine, diskrete und wohlgeformte Hügelchen im Gesicht tragen, einen Ausländer, dessen Nase wie ein Hochgebirge aufragt; eine weiße, bleiche Haut, die stellenweise von der brennenden Sonne hochrot verfärbt war, wo 400 Millionen mit einem wohltuenden, ebenmäßigen Farbton bedeckt waren, der keine größeren Schwankungen aufwies als die von Braun bis Elfenbein; einen mehrtägigen struppigen Bart, der in Stoppeln das Gesicht bedeckte, während bei allen anderen Kinn und Lippen nur durch dünnen Haarwuchs leicht betont waren.
Statt des Mitleids, das ich fühlen wollte, schlich sich Neid in mein Herz. Der alte Bauer mit seiner schweren Last und seinem ausgemergelten Körper war wenigstens zu Hause, fiel nicht aus dem Rahmen und kannte die Wege. Aus der Übersetzung dessen, was er sagte, erkannte ich das Mitgefühl, das er, trotz meiner guten Kleidung und meiner anscheinend hohen Position, für mich empfand. Und ich, der bereit gewesen war, ihn zu bedauern, nahm sein Lachen und sein Mitleid als verdient entgegen. Ich war ein Fremdling und sein natürlicher Feind. Meine Anwesenheit in einer Soldatentruppe erschien dem alten Bauern als ein Beweis, daß ich von einem bösen Wind aus besseren Umständen in eine Tiefe verschlagen worden war, in der ich mich nicht zurechtfinden konnte. Ich verstand plötzlich, welch schwierigen Schritt ein Chinese zu tun hat, ehe er von den Äußerlichkeiten eines Europäers absehen und ihn als seinesgleichen anerkennen kann. In diesem einen Augenblick überkam mich die ganze Geschichte der Unterdrückung Chinas durch die Ausländer, die er vergessen muß, ehe er das Wort eines Europäers für bare Münze nehmen kann; die Höhe der Entwicklung, die er erreichen muß, um den individuellen Freund in der Masse der überheblichen Bedrücker zu erkennen[23].

In diesem Buch zeigt Jensen auch eine andere Seite seines Talentes: er streut Nachdichtungen aus dem Chinesischen in den Text ein. Später, unmittelbar nach seinem jähen Tod, kam ein ganzer Band Gedichte – eigene und Nachdichtungen aus verschiedenen Sprachen – unter dem Titel *Opfer und Sieger* heraus. Als Probe aus diesem Buch soll ein Gedicht des späteren Außenministers Chen Yi dienen, dem Jensen einige einleitende Worte voranstellt:

Als die Rote Armee der Arbeiter und Bauern im Jahre 1934 den Langen Marsch begann, der sie nach Jenan brachte, wurden in den alten revolutionären Gebieten Abteilungen von Partisanen zurückgelassen, die später, im Großen Antijapanischen Krieg, zum Kern der Neuen Vierten Armee wurden. Um sich viele tausend Kilometer von der Hauptmacht der Armee getrennt – in Hunan und Kiangsi in Südmittelchina – zu behaupten, brauchte es Mut und Kampfgeist.
Dshön I, Führer dieser Abteilungen, heute Bürgermeister der Stadt Shanghai und einer der berühmtesten Generäle Chinas, stand in Kiangsi einer Übermacht von Kuomintangtruppen gegenüber, vor der er sich kämpfend in die Berge zurückzog. In einem dieser Gefechte verlor er seine Leibgarde und fand sich nach Sonnenuntergang in tiefer Dunkelheit allein im Wald. Zwischen den Bäumen leuchteten die Fackeln der Kuomintangsoldaten auf, die nach ihm suchten. Gegen alle Wahrscheinlichkeit gelang es Dshön I, sich zu retten. Bei den Seinen angelangt, brachte er von diesem Moment höchster Gefahr das nachfolgende Gedicht mit. Unmittelbarer als jede historische Erklärung geht es auf den Grund der Frage, wie diese kleinen Abteilungen aushalten konnten, wie sie später mit der Hauptmacht der Befreiungsarmee vereint das imperialistische Japan schlagen und vierzehn Jahre danach jenen Sieg erringen konnten, auf dem die Volksrepublik China aufgebaut ist.

Ein Gedicht in höchster Gefahr

Von Dshön I

Hundertmal stand ich im Kampf in hundert Schlachten,
diesmal aber, denk ich, geht es
gradewegs ins Reich des Todes.
Dort wohl treff' ich meine alten Kameraden.
Noch im Schwung der irdischen Attacke
unter hunderttausend Fahnen stürzen
sie den Totenkönig, und der Hölle
weisen sie den abgeschlagnen Schädel als Trophäe[24].

Nach der Ausrufung der Volksrepublik war Jensen, diesmal als Korrespondent, wiederum in China[25]. Aufs neue bereiste er das Land, in dem er acht Jahre zu Hause gewesen war, das er, als es aus allen Wunden blutete, erlebt, erlitten hatte. Er sah viel Neues, aber als er nach seiner Rückkehr von einer sechswöchigen Reise durch das Land gefragt wurde, welches der stärkste Eindruck gewesen sei, den er empfangen habe, und welches der größte Wandel, antwortete er: »Der größte Wandel in China ist das befreite Volk[26].«

Es war Fritz Jensen, der seit dem 4. Januar 1955 wieder Berichte aus Peking nach Wien sandte, nicht vergönnt, diesen Wandel, zu dem er selbst Jahre hindurch seinen persönlichen Beitrag erbracht hatte, noch

Dr. Fritz Jensen mit dem berühmten Schriftsteller und Präsidenten der chinesischen Akademie der Wissenschaften Guo Maruo (Kuo Mo-jo) (Fotos im Besitz von Jensens Schwester, Edith Stein)

weiter zu verfolgen. Bei dem aufsehenerregenden Absturz der *Kashmir Princess,* die einen Teil der chinesischen Delegation zur Konferenz nach Bandung bringen sollte und in der Ministerpräsident Zhou Enlai vermutet worden war – ein zunächst auf dem Höhepunkt des Kalten Krieges von amerikanischer Seite energisch bestrittener, dann aber klar bewiesener Anschlag von Leuten Tschiang Kaischeks gegen die afro-asiatischen Entspannungsbemühungen – kam, 52jährig, am 11. April 1955 auch Dr. Fritz Jensen ums Leben. Seine sterblichen Überreste wurden mit denen der anderen Opfer – Mitgliedern der chinesischen Delegation, einem Mitglied der Delegation der DRV, chinesischen und einem polni-

Trauerfeier in Peking für Dr. Fritz Jensen und die anderen Opfer des Attentats

Ehrenmal auf dem Heldenfriedhof in Peking für Dr. Fritz Jensen und die anderen Opfer des Attentats. Die Widmungsinschrift ist von Zhou Enlai persönlich kalligraphiert worden.

schen Journalisten[27] – auf dem Heldenfriedhof Babaoshan bei Peking beigesetzt. Als die Vorstandsdelegation der Österreichisch-chinesischen Freundschaftsgesellschaft (ÖGCF) im Januar 1977 China besuchte, legte sie in Anwesenheit Wang Wu'ans am Grabmal des großen österreichischen China-Freundes einen Kranz nieder, zum Zeichen, daß die Brücke zwischen den beiden Kontinenten, den beiden Ländern, an der Fritz Jensen viele Jahre seines Lebens gearbeitet hatte, ein gutes, sicheres Fundament erhalten hat.

ANMERKUNGEN

1 Die Namen der Altösterreicher nach den Angaben von Frau Dr. Anneliese Martens (Anna Wang) in einem Gespräch am 18. 8. 1979. Im Jahre 1946 kam dann noch die Zahnärztin Dr. Robitscher-Hahn dazu, die 1899 in Böhmen, Karlsbad, geboren worden war und die am 10. 10. 1977 in Frankfurt/Main verstorben ist. Sie war selbst nicht in Spanien gewesen, hatte aber aktiv in einem Spanienhilfskomitee mitgewirkt. Vgl. dazu: *Frau Dr. Magdalena Robitscher-Hahn – Als Ärztin in den Bergen von Shanxi,* in: *Das neue China,* 4. Jg., Nr. 20, Dezember 1977, S. 3 ff.

2 Gespräch mit Dr. Walter Freudmann am 10. 5. 1977.

3 Dr. W. Freudmann, *Tschi-lai!,* Linz 1947, S. 6.
4 Ebd., S. 8.
5 Ebd., S. 25.
6 Ebd., S. 26.
7 Ebd., S. 42
8 Ebd., S. 58.
9 Ebd., S. 90.
10 Ebd., S. 96 f.
11 Ebd., S. 70 f.
12 Alfred Kantorowicz, *Spanisches Tagebuch,* Berlin 1951.
13 Ebd., S. 394.
14 Ebd., S. 130.
15 Ebd., S. 132.
16 Dies und das folgende nach den Erinnerungen von Dr. Heinrich Kent, *Österreichische Volksstimme* vom 1. 5. 1955, S. 11 f.
17 Gespräch mit Anna Wang am 18. 8. 1979, vgl. Anmerkung 1.
18 Über ihren Werdegang berichtet er auf den Seiten 217–222, ohne hier allerdings zu erwähnen, daß es sich bei der Genannten um seine Frau handelte.
19 Dies und das folgende nach den Erinnerungen von Dr. Kent, vgl. Anmerkung 16.
20 In den Schilderungen zur Person Mao Zedongs folgt er in weiten Strecken den Berichten Edgar Snows (S. 323–334), der von ihm aber nicht namentlich genannt wird.
21 So bei einigen Zahlen zum Langen Marsch, zur Stärke der Armee, vor allem bei Angaben zur Person Zhu Des, aber auch auf dem Gebiet der Sprache, die Jensen recht gut gesprochen haben mag, für die ihm aber die schriftlichen Grundlagen fehlten. So schreckt er die Leser (S. 212/213) mit der Feststellung, daß zum Erlernen der chinesischen Schrift zehn Jahre Studium und Übung erforderlich seien, daß jedes Wort durch ein eigenes Schriftzeichen dargestellt werde und es darum so viele Schriftzeichen gebe wie die Zahl der Ausdrücke, aus denen die Sprache besteht. Bei etwa 5000 gebräuchlichen Schriftzeichen (und vor den Schriftreformen war dieser Bestand nicht sehr viel größer) müßte die chinesische Sprache demnach sehr ausdrucksarm sein. An anderer Stelle (S. 330) bezeichnet er Peking (Beijing, die nördliche Hauptstadt) als: Peitsching: der nördliche Sitz der Tsching-Dynastie.
22 Fritz Jensen, *China siegt,* S. 9 f.
23 Ebd., S. 12 ff.
24 Fritz Jensen, *Opfer und Sieger,* Berlin 1955, S. 92.
25 Auch in Vietnam: Fritz Jensen, *Erlebtes Vietnam,* Wien 1955.
26 Fritz Jensen, *The Greatest Change in China,* in: *People's China,* April 1954, S. 17 ff.
27 *Das kleine China-Handbuch,* Peking 1958. Über den Flugzeugabsturz finden sich Berichte, die den Tod Jensens erwähnen, in den Tageszeitungen *Die Presse* vom 13. 4. 1955, S. 4, 14. 4., S. 5, 19. 4., S. 3, *Das Neue Österreich* v. 13. 4. 1955, S. 3, 14. 4., S. 3, *Neuer Kurier,* 12. 4. 1955, S. 2, *Die Volksstimme* brachte längere, ihm und dem Attentat gewidmete Berichte am 13. 4., 14. 4., 17. 4., 19. 4., 22. 4., 24. 4., 26. 4., 1. 5. 1955 sowie zu den Jahrestagen des Absturzes am 12. 4. 1956 und 11. 4. 1965.

Für die uns zur Verfügung gestellten Fotos von Fritz Jensen haben wir besonders herzlich seiner Schwester, Frau Edith Stein, zu danken.

Siebenundzwanzigstes Kapitel

Dr. Jakob Rosenfeld

Vom KZ-Häftling zum Brigadearzt der Volksbefreiungsarmee

Doktor Jakob Rosenfeld, der später als »Luo Daifu« in die chinesische Zeitgeschichte eingehen sollte, wurde am 11. Januar 1903 in Lemberg im österreichischen Galizien geboren. Der Vater, Michael Rosenfeld, ein Militärbeamter, übersiedelte später nach Wöllersdorf in Niederösterreich. Sein Sohn Jakob maturierte am Staatsgymnasium in Wiener Neustadt. Nach zwölf Semestern Medizinstudium wurde er am 11. Mai 1928 in Wien zum Doktor der gesamten Heilkunde promoviert[1]. Über die Zeit, die vor seinem langjährigen Aufenthalt in China lag, konnten die Autoren trotz angestrengten Suchens nach Auskunftspersonen nur wenig feststellen. Das Adressenbuch *Lehmann* aus dem Jahre 1938 verzeichnet einen Dr. Jakob Rosenfeld, Spitalsarzt, wohnhaft im 18. Bezirk, Währinger Str. 99. Dies war das Spital der Wiener Israelitischen Kultusgemeinde. Außerdem scheint Rosenfeld noch in der Riemergasse 14 eine Praxis als Facharzt für Urologie gehabt zu haben[2]. Vielleicht finden sich Personen, die ihn gekannt haben, aufgrund dieses Berichtes.

Dem heutigen ORF-Redakteur Harry Sichrovsky, der in den sechziger Jahren als Korrespondent in Peking weilte, war es damals möglich, Unterlagen einzusehen, welche später nicht mehr zur Verfügung standen. Diese Recherchen verwertete Harry Sichrovsky 1961 in einer dem Leben Rosenfelds gewidmeten Schrift, die er für den Fritz-Jensen-Preis einreichte. Den einleitenden Teil geben wir hier wieder:

> »Gute Nacht, Herr Doktor und Prosit Neujahr!« Die Ordinationshilfe nahm im Vorzimmer Hut und Mantel vom Haken. »Alles Gute, alles Gute, Fräulein Hilde, und machen Sie sich einen lustigen Abend!« Doktor Jakob Rosenfeld hörte kaum noch das »Danke« des Mädchens und das Knacken, als die Tür ins Schloß fiel. Er lehnte sich gemütlich in seinen Armstuhl zurück und streckte die Beine aus. Sein Blick glitt über die Glasschränke mit den Tiegeln und Flaschen der Medikamente, streifte einige medizinische Geräte und blieb endlich an dem Zigarrenkistchen auf dem Schreibtisch haften. Er griff nach einer Havanna, zündete sie an und sog genießerisch den feinen Duft des exotischen Tabaks ein. Während er durch das große Fenster des Ordinationszimmers das Treiben der Schneeflocken draußen beobachtete, ließ er an diesem Silvesterabend des Jahres 1937 vor seinem geistigen Auge das abgelaufene Jahr Revue passieren.

Dr. Jakob Rosenfeld mit Dolmetscher Fang Zheng (rechts) und Leibwache Li Guang
(Archiv der ÖGCF)

Das Leben war gut, nicht anders konnte das Ergebnis der Bilanz sein. Die Praxis florierte, ein Patient gab dem andern die Tür in die Hand. Doktor Rosenfeld dachte an seine Bibliothek, an Burg und Oper, an die Antiquitäten, die er als leidenschaftlicher Sammler in diesem Jahr seiner Kollektion einverleibt hatte. Der Urlaub an der Riviera kam ihm in den Sinn. Unbewußt spielten seine Finger mit der goldenen Kette der Taschenuhr, als wollte er sie zum Zeugen seiner Prosperität aufrufen. Dabei glitt sein Blick über die Rundung des Bäuchleins. Er mußte lächeln. Mochten ihn die Freunde ob seiner Korpulenz hänseln, gutes Essen gehörte eben zu seinen Schwächen. Er überlegte, was er im kommenden Jahr unternehmen sollte. Italien und Griechenland lockten. Oder sollte man nicht den alten Traum verwirklichen und die Pyramiden Ägyptens kennenlernen? Würde dann noch Zeit bleiben für die geplante Fahrt nach London, zur Versteigerung wertvoller Bücher aus dem Nachlaß irgendeines Lords?
Einen Augenblick nur dachte er an die Schlagzeilen der Zeitungen, an die Arbeitslosigkeit und das Elend ringsum, an die blutigen Verfolgungen seiner Glaubensbrüder jenseits der Grenze. Ach, was kümmerte es ihn! Hier war noch immer Österreich, und alles war anders. Manchmal noch erinnerte er sich an die Verwundeten, die er im Februar 1934 behandelt hatte, und jeden Monat gab er eine Spende für die Flüchtlinge aus Deutschland. Aber die hohe Politik, die sollten andere machen, jene, die dazu berufen waren. Er wollte damit nichts zu schaffen haben. Jeder hat seinen Beruf, und: Schuster, bleib' bei deinem Leisten, lautete das alte, aber immer noch gültige Sprich-

wort. Kranke gab es immer und würde es immer geben, und einen Arzt würde man zu allen Zeiten brauchen, Krise oder Wohlstand, Demokratie oder nicht, Krieg oder Frieden . . .
Die Schutzhäftlinge in ihren gestreiften Anzügen gingen im Gänsemarsch. Jeder trug sechzehn Ziegelsteine. Bauern, Arbeiter, Studenten, Professoren, Greise, halbe Kinder, Kommunisten, Sozialisten, Katholiken, parteilose Demokraten, Juden, Protestanten, Atheisten, sie schleppten sich müden Schrittes, einer hinter dem andern, und der Ziegelturm am anderen Ende des Hofes wuchs und wuchs. Die SS-Aufseher standen breitbeinig da, die Arme hinter dem Rücken verschränkt, und machten sich über den jämmerlichen Zustand der Häftlinge lustig. Das Thermometer zeigte achtzehn Grad unter Null. Ein eisiger Wind pfiff durch die dünnen Anzüge der Häftlinge. Die Erschöpften rangen nach Atem, und ihre Gesichter waren vor Kälte blau angelaufen. Schutzhäftling Nummer 9615 ging mit den andern in der Reihe. »Doktor, Doktor, durchhalten, nach einer Stunde gibt es Pause . . . !« Kaum hörbar waren die gewisperten Worte des Hintermannes. Das war Erich, der Jungkommunist aus Deutschland. Pause? Hier? Nummer 9615 erinnerte sich plötzlich daran, daß es Neujahrstag war, der 1. Jänner 1939, und da sollte es tatsächlich das Wunder einer Pause geben, selbst hier in Buchenwald. Die Gedanken von Nummer 9615 kehrten zurück zum Silvesterabend des Vorjahres. Wie anders hatte alles ausgesehen, wie hatte er sich getäuscht, er, der gebildete, weltaufgeschlossene Mann! Die Welt hatte er doch nicht verstanden, viel weniger verstanden als so mancher einfache Arbeiter ohne akademische Bildung . . .
Ein donnerähnliches Getöse weckte Doktor Rosenfeld aus seinen Betrachtungen. Der Ziegelturm war eingestürzt, zwanzig Häftlinge lagen unter seinen Trümmern begraben, wälzten sich in ihrem Blut, ächzten, stöhnten, stießen Schmerzensschreie aus oder blieben stumm, schon jenseits aller Schmerzgefühle. Nummer 9615 vergaß die Nierenentzündung, die er sich im Lager zugezogen hatte und die unentwegt schmerzte, vergaß, daß er nur eine Nummer war, vergaß den elektrisch geladenen Stacheldraht und die schußbereiten Waffen der SS-Aufseher. In diesem Augenblick war er nur noch Arzt. Mit einer Kommandostimme, die er sich selbst niemals zugetraut hätte, rief er den Kameraden zu: »Zieht eure Hemden aus, schnell! Wir brauchen Verbandzeug!« Die Häftlinge warfen ohne Zögern die Ziegel fort, zogen sich die vom Frost gestärkten Kittel über die kahlgeschorenen Köpfe und rissen sie in Streifen. Mit nacktem Oberkörper standen sie, krank und unterernährt, in der bitteren Kälte, aber als sie dem Doktor halfen, die Verbände anzulegen, wurde ihnen warm ums Herz. Nummer 9615 verband acht Kameraden, den anderen konnte kein Verband mehr helfen.
»Warum arbeiten die Häftlinge nicht?« Die schneidige Stimme des Lagerkommandanten dröhnte über den Hof. Die Wachen scharrten verlegen mit den Stiefeln und erklärten den Vorfall. »Schweine! Schlappschwänze! Alles an die Arbeit!« Die SS-Männer stürzten sich auf die Häftlinge, zerrten sie hoch, stießen sie vorwärts. Nummer 9615 war noch damit beschäftigt, die Beine des letzten Opfers zu verbinden. Er schien nichts zu hören und nichts zu sehen, spürte nicht die Gewehrkolben auf Rücken und Kopf, sah nicht das Blut, das ihm von der Stirne und aus dem Mund rann, schien die Umwelt aus seinem Wesen verdrängt zu haben. Bis er lautlos über dem Verwundeten zusammenbrach.

Nummer 9615 lag mit verschwollenen Augenlidern im Bunker. Die Wände ringsum rochen nach Blut. Er versuchte, seine Zunge, seine Lippen zu bewegen. Er hatte das Verlangen, seinen Puls zu fühlen, seine Gliedmaßen zu betasten, eine Selbstdiagnose seines Zustands zu stellen. Er legte die Handflächen auf den Fußboden, versuchte sich aufzurichten, sank stöhnend zurück. Und wieder war Nacht um ihn. Nummer 9615 glaubte, das Stampfen von Rädern, das Hämmern von Maschinen zu hören. War es Traum oder Wirklichkeit? Wie aus weiter Ferne vernahm er eine bekannte Stimme: »Steh' auf, dreckige Judensau! Hast noch einmal Glück gehabt. Du bist entlassen! Deine Passage nach Shanghai ist da...!!«

Da war sie nun, die große Stadt mit ihren Hotels und Bankpalästen, mit dem Bund, der herrlichen Promenade entlang der Huangpubucht. Da war der Duft des großen Welthafens, mit betrunkenen Matrosen, mit Spielhöllen, Gangsterbanden und Schmugglern, mit weißrussischen Emigranten und Prostituierten aller Rassen und Hautfarben, die in den Bordellen saßen und Mah-Jongg spielten, während sie auf Kunden warteten. Da waren die Opiumhöhlen, die Kinder in den Schwitzbuden und die amerikanischen Luxuslimousinen, die Rikschakulis, die internationale Konzession, die Körper von Säuglingen, verhungert und erfroren in den Straßen und Kanälen, die gebrechlichen, mit Lumpen bedeckten Hütten der Millionen und die Gattinnen und Konkubinen der Mandarine mit Lilienfüßchen und Wespentaille – das alles und noch viel mehr war Shanghai. Aber war es China? Doktor Rosenfeld hatte Lin Yutang gelesen und Pearl S. Buck, er hatte ein geübtes Auge für Elfenbeinschnitzereien und Mingvasen, und in seiner Studienzeit hatte er sich mit Konfuzius beschäftigt. Mit diesem Wissen bewaffnet, war er nach China gekommen. Dies hatte ihm damals wenig Sorgen bereitet, galt es doch, das nackte Leben zu retten, und nicht, Sinologie zu studieren.

Nun aber fühlte er, daß es hinter diesem Hexenkessel Shanghai ein China geben mußte, eine Welt, in der vierhundert Millionen Menschen lebten und arbeiteten, liebten, haßten und kämpften. Ja, vor allem kämpften, gegen die Teufelsbrüder seiner Feinde kämpften, die ihm Ruhe, Frieden, die Familie, die Heimat und beinahe das Leben geraubt hatten. Jene Politik, um die er sich nie gekümmert hatte, sie hatte sich um ihn gekümmert, ohne nach seiner Meinung oder seinem Einverständnis zu fragen. Ja, nun würde er sich um diese Politik kümmern, die das Leben bedeutet. Man müßte etwas tun, müßte teilhaben an diesem Feldzug der Vergeltung, an der Befreiung der Welt von diesem Mordregime, das von Paris bis Tokio die Welt in Fesseln hielt. »Kranke wird es immer geben, und einen Arzt braucht man immer.« War das nicht der Leitspruch seines Lebens gewesen, geprägt an jenem Silvesterabend, der nun Jahrhunderte zurückzuliegen schien? Nun, jetzt gab es wirklich Kranke und Verwundete, Kämpfer und Helden, irgendwo hinter dem Yangtse, und sie brauchten einen Arzt wie niemals zuvor.

In Shanghai konnte Rosenfeld sich gemeinsam mit einem Leidensgefährten aus dem KZ eine neue Existenz aufbauen. Seine von seiner Schwester in England finanzierte Privatklinik florierte. Trotzdem galten seine Gedanken den unzulänglich versorgten Patienten in den befreiten Gebieten Chinas. Er sprach darüber sowohl mit dem altösterreichischen[3] Kommunisten Heinz Shippe (Grzyb), der als politischer Kommentator arbeitete, wie auch mit dem heimlich für die KPCh tätigen chinesischen Arzt Dr. Shen Qizhen[4]. Wie zufällig brachte Shen bei den darauffolgenden Begegnungen die Rede auf die Neue Vierte Armee, erzählte »über das Partisanengebiet in den Provinzen Shandong und Jiangsu, über das Leben der befreiten Bauern und die Bildung örtlicher Volksregierungen, über die nationale Einheitsfront und den Kampf in den befreiten Gebieten[5]«.

Bei Shippe rannte Rosenfeld mit seinem Interesse ebenfalls offene Türen ein. Shippe, der unter dem Namen *Asiaticus* der amerikanischen Zeitschrift *Pacific Affairs* Beiträge lieferte und in Wien auch ein China-Buch veröffentlicht hatte[6], war vor dem Ende der Kooperation zwischen Kuomintang und KP in der Politischen Abteilung des Hauptquartiers der Nationalrevolutionären Armee tätig gewesen[7]. Der überzeugte Marxist hatte vor, sich zur Neuen Vierten Armee durchzuschlagen, und freute sich, daß Rosenfeld die gleiche Absicht zu hegen schien. Als Dr. Wu Zhili 1941 in geheimer Mission nach Shanghai kam, um für die Neue Vierte Armee Ärzte zu suchen, traf er mit Shippe und Rosenfeld im Kaffeehaus *Chocolate-Shop* in der Nähe des Bund zusammen. Zu seiner Freude hörte er, daß sich der erfahrene österreichische Arzt ins Innere begeben wollte. Das war kurz vor Pearl Harbour[8].

Bald darauf machten sich Shippe und Dr. Rosenfeld mit Dr. Shen als Lotsen auf den Weg. Es war mühsam, durch die japanischen Linien zu kommen. »Rosenfeld schleppte einen schweren Koffer voll von Büchern, Medikamenten und medizinischen Geräten mit sich, auf die er nicht verzichten wollte, trotz der Warnung des Freundes, daß diese Last sie das Leben kosten könnte. Er mußte das Ungetüm schließlich doch in einem Wald zurücklassen. Und keinen Tag zu früh, wie sich später herausstellte.« Denn die Japaner hatten die Fahndung nach den seltsamen Wanderern aufgenommen, »aufgrund einer vertraulichen Mitteilung, daß sich in dem Koffer Banknoten für die Neue Vierte Armee befänden. Tatsächlich kam es zur Verhaftung in einer kleinen Garnison«, und sie konnten sich nur dadurch befreien, »daß sie ihren ganzen Alkoholvorrat opferten, um die japanischen Offiziere stockbesoffen zu machen[9]«.

Während der Wanderungen bei Nacht und in den Verstecken bei Tag übersetzte Dr. Shen seinem österreichischen Freund Seite für Seite Mao Zedongs Schrift *Über die neue Demokratie,* und Rosenfeld war von den einfachen, einprägsamen Sätzen sehr beeindruckt. »Dann war plötzlich die Lichtung da, ein Haufen Soldaten, Hurrageschrei, Händeschütteln und Umarmungen mit Tschen Yi (Chen Yi)[10], dem Oberstkommandierenden der Neuen Vierten, und mit Liu Schao-tschi (Liu Shaoqi), dem politischen Kommissar, und glückverheißende Müdigkeit und seligmachender Hunger[11]. . .«

Dr. Wu, der mit Rosenfeld in Shanghai zusammengetroffen war, stieß im Februar zum Hauptquartier[12] und war dann mit dem Österreicher fast ein Jahr lang zusammen. Er erinnert sich an diese Zeit, als ob es gestern gewesen wäre. »Alle mochten ihn«, sagt er mit dem Brustton der

Überzeugung. »Mehr noch: alle, die ihn kannten, liebten ihn. Da war keine Fremdheit. Alle nannten ihn Luo Daifu *(Dr. Luo – Rosenfeld hieß mit chinesischem Namen Luo Shengte, Anm. d. Aut.),* sogar die Bauern, oder auch scherzhaft Luo Da Bizi. *(Langnase Luo, in der Umgangssprache Ausdruck für Ausländer, Anm. d. Aut.).* Offiziere und einfache Soldaten wurden von ihm gleich gut behandelt. Zu jeder Tages- und Nachtzeit war er für die Patienten da[13].«

Zu dieser Zeit kam der jetzige Direktor im Metallurgie-Ministerium, Zhou Xuancheng, des öfteren an Dr. Rosenfelds Wirkungsstätte, um seine Frau zu besuchen, die dort als Krankenschwester arbeitete. Er hatte ganz ähnliche Eindrücke wie Dr. Wu:

Dr. Jakob Rosenfeld an seinem 42. Geburtstag (Archiv der ÖGCF)

> Dr. Rosenfeld kannte keine Arbeitsruhe. Ob am Morgen oder in der Nacht, er war immer in der Klinik. Die Patienten liebten ihn und hatten Vertrauen. Er trug das gleiche einfache Gewand wie wir – sogar Strohsandalen – und aß das gleiche Essen. Er war ein durch und durch gütiger Mensch[14].

Dies sagte Zhou während einer Wiener Jause, welche Dr. Mayer von der ÖGCF für den Metallurgieminister Tang Ke und dessen Begleitung gab. Als der Minister hörte, daß von Dr. Rosenfeld die Rede war, setzte er nachdrücklich hinzu:

> Dr. Rosenfeld war bei uns ein hoher Offizier. Er hat politisch und fachlich einen sehr guten Eindruck gemacht – auf die Marschälle wie auch auf die einfachen Soldaten!

Was das Politische betrifft, so war Dr. Rosenfeld Mitglied der Sozialdemokratischen Partei Österreichs und hatte schon vor seinem Eintreffen in China die marxistischen Klassiker gekannt[15]. Nach Auskunft Dr. Wus studierte der österreichische Arzt in China Mao Zedongs Abhandlung über den Widerstandskrieg und seine Anweisungen zur Gue-

Dr. Jakob Rosenfeld

rillataktik. Dabei sagte er zu Wu, seiner Meinung nach sei Mao Zedong ein besserer Theoretiker als Clausewitz. Mao habe eine echte Kriegskunst entwickelt. Kompromisse oder sogar Aktionseinheit mit Marionettenarmeen, welche von Mao Zedong herbeigeführt wurden, das sei in Europa, »wo Feind Feind ist«, unmöglich. Doch nicht nur das militärische Geschick der chinesischen KP-Führer imponierte ihm, wie Tagebucheintragungen beweisen:

> Sommer... Die meisten Häuser in Shantung (Shandong) sind nur Strohhütten. Menschlicher und tierischer Kot ist der einzige Dünger für den Bauern. Seine einzige Lichtquelle ist das Öllämpchen... Das heilige Privateigentum wurde in Shantung nicht angerührt. Aber die Pacht wurde auf 25 Prozent ermäßigt, und der Anteil der Großgrundbesitzer an der Ernte darf 37,5 Prozent nicht übersteigen. Früher waren es 50 bis 70 Prozent... Die Täler und Berge erinnern mich manchmal an Tirol, und wenn ich die entschlossenen Gesichter der Bauern sehe, denke ich oft: Nicht anders werden die Gesichter jener Bauern ausgesehen haben, die 1809 unter Andreas Hofer gegen Napoleon gezogen sind... Die gefangenen Japaner werden gut behandelt, und jeder erhält zwanzig Zigaretten pro Tag. Zu jeder Mahlzeit bekommen sie Gemüse oder Fleisch. Ihre Behandlung ist viel besser,

als sie die Haager Konvention vorschreibt. Und die Kerle beginnen zu verstehen, daß wir nicht gegen das japanische Volk kämpfen, sondern gegen die imperialistische Aggression ... Das Plärren der Maultiere stört die Stille der Sommernacht. Heute habe ich zum ersten Mal gebratene Heuschrecken gegessen, sie schmecken nicht schlecht. Tuberkulose, Katarrhe und andere Infektionskrankheiten werden durch die Heuschreckenschwärme verbreitet ...
Winter ... Lautlos fällt der Schnee und deckt die Felder, Hügel und Täler zu. Der kalte Wind bläst wie antike Musik durch den Winter ... In allen Einheiten werden jetzt Versammlungen der demokratischen Kritik abgehalten. Jeder hat das Recht, jedermann zu kritisieren, der Oberstkommandierende ist keine Ausnahme. Nur eine Armee, die dem Volk dient und vom Volk geliebt wird, kann sich so etwas erlauben ... Lautlos fällt der Schnee und deckt die Gräber vieler Helden zu, auch die Gräber der Helden von Buchenwald ... Eintausend Kilometer unserer Küstenlinie sind in den Händen der Achten Armee. Allein die 115. Division zählt 100.000 Soldaten und 500.000 Partisanen und Mitglieder der Volksmiliz ... Wo noch die Kuomintang herrscht, wird es schlimmer und schlimmer. Dort stecken die Offiziere das Geld ein, das die Engländer und Amerikaner schicken, und die Waffen richten sie nicht gegen die Japaner. Die Menschen dort sterben den Hungertod. Fast alle leiden infolge Vitaminmangels an Nachtblindheit. Viele Familien haben nur ein Kleidungsstück, wenn eine Person ausgeht, müssen die anderen nackt zu Hause bleiben. Die Uniformen der Soldaten, die wir gefangennehmen, sind in Fetzen, aber die Offiziere leben wohlgenährt und im Luxus. Bei uns ist alles anders. Es gibt keine Korruption, die Menschen haben Vertrauen in die Regierung und in die Währung, die Preise sind streng kontrolliert, jeder hat genug zu essen. Was bei den Kämpfen zerstört wird, bauen die Soldaten für die Bauern wieder auf. Unsere Armee hat keinen Groschen Geld und kein Gewehr von außen erhalten, im Gegenteil, ich habe selbst erlebt, daß wir von Kuomintangtruppen angegriffen werden. Unsere Führer sind ehrlich und bescheiden, auch die Generale leben wie die einfachen Soldaten ... Nicht mein Gefühl, sondern die Tatsachen und Erlebnisse geben mir die Überzeugung: die Kommunisten werden China auf dem Weg der neuen Demokratie in ein modernes Land verwandeln. Die Öllämpchen werden zu Glühbirnen werden[16] ...

Das, was Rosenfeld bei der Neuen Vierten Armee sah, beeindruckte ihn so, daß er begann, darüber ein Buch zu schreiben. Ein Kapitel davon sollte dem Chef dieser Armee und späteren chinesischen Außenminister, Marschall Chen Yi, gewidmet sein[17]. Zu diesem Zweck bat Rosenfeld Chen Yi um einige biographische Angaben, welche dieser ihm mit Brief vom 8. März 1942 zukommen ließ. Rosenfeld zeigte seine Verbundenheit mit Chen Yi und den anderen Kampfgefährten, indem er 1943 in Subei, Provinz Jiangsu, der Kommunistischen Partei Chinas beitrat.

Doch Rosenfeld hatte nicht bloß Sympathien für die politischen Anliegen der Gemeinschaft, in die er sich begeben hatte, er besaß auch die nötigen Fachkenntnisse, um im Rahmen dieser Gemeinschaft einen wirksamen Beitrag zu leisten. Dr. Wu erwähnte einem der Autoren gegenüber, er habe mehrere Male mit Dr. Rosenfeld gemeinsam operiert und dessen ausgezeichnete Technik bewundert. Der Österreicher kannte sich nicht nur auf dem Gebiet der internen Medizin und der Urologie bestens aus, sondern besaß auch gynäkologische Kenntnisse[18]. Diesen Erfahrungsschatz setzte er nicht nur selber zum Wohle seiner Patienten ein, sondern gab ihn in vielen Kursen an junge Armeeärzte und Sanitäter weiter[19]. Außerdem machte er für den Sanitätsdienst der Neuen Vierten Armee wertvolle Verbesserungsvorschläge[20]. Daher war die Achtung vor seinen Fähigkeiten so groß, daß man ihn sogar mit dem berühmten traditionellen chinesischen Mediziner Hua Tuo verglich[21].

Bei der Hilfeleistung an seine Patienten scheute Rosenfeld weder Mühe noch Gefahr. Seine Leibwache berichtet davon:

> Nach der Eroberung von Ganyu im November 1943 umzingelte uns der Feind und schlug von allen Seiten los. Genosse Fu Zhuting, der für den Militärbezirk Binhai zuständig war, ritt selbst an die Front und wurde dort unglücklicherweise verletzt. Als er (Rosenfeld) hörte, daß die Verwundung ernst war, lief er eilig los und war schon über 20 li gelaufen, als ihm eine Reiterabteilung nachkam. Da er sich beim Laufen zu sehr angestrengt hatte, bekam er wieder seine Herzkrankheit. Aber er beachtete seine eigenen Schmerzen nicht und bestand darauf, die Rettungsarbeit zu Ende zu führen.
>
> Seit seine linke Niere in Deutschland von den faschistischen Gewalttätern zerschlagen worden war, entzündete sie sich oft, und er bekam dabei hohes Fieber. Es war im Frühherbst des Jahres 1944, als er eines Tages im Hause der Familie Chen im Kreise Ju – er hatte gerade viel mit Schreibarbeit zu tun – einen Schwindelanfall und hohes Fieber bekam. In früheren Zeiten nahm er in solchen Fällen Sulfonamid-Präparate ein, diese waren aber zu Ende gegangen, und es war keinerlei Medizin für die Behandlung der Entzündung und des Fiebers vorhanden. Um die Körpertemperatur zu senken, befahl er Genossen Fang Zheng, Genossen Li Guang und mir, vor die Tür (zum Weingestell?) zu kommen und ihn zur Abkühlung in einen Brunnen zu tauchen. Anfänglich wehrten wir uns dagegen, weil wir fürchteten, daß etwas passieren könnte. Er aber setzte sich auf den Wassereimer, griff zum Brunnenstrick und blieb dabei, daß wir die Winde drehen und ihn in den Brunnen hinablassen sollten. Später wurden wir dafür von unserem Vorgesetzten kritisiert. Aber gerade als wir ihm sagten, er solle sich im Zimmer etwas niederlegen, hörte er von der akuten Erkrankung eines Kindes, und sofort lief er wieder davon, um ihm

Hilfe zu bringen. Als der dreijährige Xiao-Wei wieder gesund war, konnte er auch »up« und »good-bye« und andere englische Ausdrücke sagen, und er (Rosenfeld) umarmte ihn voll Freude und hob ihn in die Höhe.
Was einen an Genossen Rosenfeld besonders beeindruckte, war, daß er als Ausländer in China auf den Kriegsschauplätzen stets auf seinem Posten blieb, immer äußerst gewissenhaft war und niemals an seine persönliche Sicherheit dachte. Ich erinnere mich da an eine Begebenheit, die sich im frühen Winter des Jahres 1944 zugetragen hat. Er behandelte gerade im Dorf Xia Guzi im Kreise Ju einen Vorgesetzten, als unerwartet Flugzeuge der japanischen Räuber auftauchten. Sie näherten sich schnell, und die Genossen redeten ihm aufgeregt zu, in einer nahen Schlucht Zuflucht zu suchen. Er aber harrte unbeirrt aus und beendete trotz des Bombardements und des ungeheuren Lärms der feindlichen Flugzeuge ruhig in der Strohhütte seine Behandlung. Diese heldenhafte Handlung bewegte diesen leitenden Funktionär tief, und als er genesen war, schenkte er Rosenfeld zum Andenken eine Pistole, die er selbst sehr gern hatte. Er (Rosenfeld) nahm die schwarzfunkelnde Waffe und sagte bewegt in chinesischer Sprache: »Danke, danke!« Diese Pistole wurde ihm sehr teuer, und er trug sie im nordöstlichen Kriegsgebiet stets bei sich.
Auch ein weiteres Mal, 1947 in Hailong, beendete Dr. Rosenfeld die Operation an einem Genossen unter ständigem Feindbeschuß. Erst nachdem er die Kugel aus dem Körper des Kämpfers entfernt hatte, begab er sich in den Luftschutzraum[22].

Um des Wohles der Patienten willen wollte Rosenfeld immer möglichst nahe der Front sein. Nach der japanischen Kapitulation arbeitete er beim Generalkommando der Demokratischen Vereinigten Heere Nordost. Als dann der chinesische Bürgerkrieg wieder ausbrach, drang er darauf, an die Front geschickt zu werden. Schließlich erfüllte ihm Luo Ronghuan[23] den Wunsch und ernannte ihn zum Chef des Sanitätsdienstes der 1. Brigade der Demokratischen Vereinigten Heere Nordost[24]. Mit Feuereifer machte er sich an die Arbeit. Da befahl ihm der militärische Leiter der Brigade, in die Etappe zurückzukehren. Rosenfeld schaffte es aber doch, wieder an die Front zu kommen:

Plötzlich fiel ihm Genosse Wan Yi, der Politkommissar der 1. Brigade, ein. Dieser hatte während des Krieges gegen Zhang Buyun und Lü Xiaoxian eine Gesichtsverletzung erhalten, und Rosenfeld hatte ihn geheilt. Er suchte also Genossen Wan Yi auf und sagte: »Früher ließ man mich in Harbin – nun schickt man mich bereits nach Tumen – immer weiter von der Front. Das geht doch nicht.« Und er brachte nochmals zum Ausdruck: »Wenn schon weg von der Front, dann jedenfalls nicht weiter, als man noch den Lärm der Handfeuerwaffen und Geschütze vernehmen kann.« Kommissar Wan erklärte

ihm geduldig, daß er überhaupt nur nach Lalin gekommen sei, weil die Organisation sich ganz besonders um ihn sorge. Und als er dann immerfort darum gebeten habe, sei er dann schließlich in die Kreise Yushu, Dongfeng, Hailong usw. gekommen.
Ständig damit beschäftigt, den Schmerz der Verwundeten zu lindern und Tod und Invalidität zu bekämpfen, vergaß er Essen und Schlaf. Er arbeitete Tag und Nacht und dachte nicht an sich selbst. Eines Tages, er hatte viele Patienten zu betreuen gehabt und war hungrig und müde und wollte sich gerade zum Essen setzen, da hörte er, daß man einen Schwerverletzten gebracht hatte. Er ließ das Essen stehen und machte sich sofort daran, den Patienten zu operieren und somit ein Leben zu retten. Da die Operation sehr lange dauerte, mußte er

、《组织上的和
报告，丰富和发
留下了难以忘怀

领三十万大军进
”。华中的党政
涛同志从皖南突
动派的残暴罪行

是资产阶级，再无分析；而毛泽东同志认为必须区别官僚买办资产阶级和民族资产阶级，区别大资产阶级和中小资产阶级。再如，对国民党的各个派系，也必须作具体的科学的分析。如果没有这一科学的分析，也就没有党的战略策略了，还有什么“发展进步势力，争取中间势力，孤立顽固势力”的政策界线呢！少奇同志说：真假马克思主义者的区别也正在这里。

为了帮助学员们加深理解，少奇同志还以生动的例证、对比的方法来阐明毛主席思想的正确性，批判右倾或“左”倾机会主义。他说：陈独秀的右倾机会主义路线在和资产阶级联合

一九四一年三月，刘少奇、陈毅同志和奥地利医生罗生特在苏北盐城合影。　　沈其震珍藏并供稿

Am 21. März 1980 erschien in der chinesischen Tageszeitung Wenhuibao ein Artikel, dem ein Foto beigefügt ist, auf dem Rosenfeld zwischen Chen Yi und Liu Shaoqi zu sehen ist.

auf eine weitere Mahlzeit verzichten. Solche Situationen gab es ständig. In jenen bitterkalten Tagen, auf den rauchenden Schlachtfeldern, nahm er alle großen Operationen stets selbst vor und behandelte alle Schwerkranken, und unter seiner persönlichen Fürsorge und medizinischen Betreuung wurden viele Schwerverletzte wieder gesund und konnten an die Front zurückkehren[26].

Auch Dr. Wu erinnert sich, daß Rosenfeld beim Gegenstoß der Volksbefreiungsarmee in der Mandschurei immer mit an die Front gegangen ist. Nur während der Kampfpausen sei er nach Harbin zurückgekehrt. Ansonsten habe er in einem erbeuteten Ambulanzwagen geschlafen, den ihm Dr. Wu überlassen hatte. Andere Ärzte wurden durch den Druck des aufopferungsvollen Dienstes oft gereizt und polternd. An Rosenfeld bewunderten alle seine stets fröhliche und ausgeglichene Stimmung. »Er hat aus seinen Beschwerden kein Aufhebens gemacht und konnte, wie man in China sagt, ›Bitternis mit fröhlichem Gesicht essen‹«, sagt Anna Wang, die damals am China Welfare Institute gearbeitet hat. Sie hebt auch hervor, daß er sich zum Unterschied von manchen anderen Europäern stets positiv über die Chinesen geäußert hat und auch selber bei den Chinesen in hohem Ansehen stand[27].

Dr. Jakob Rosenfeld

Nachdem die Volksbefreiungsarmee sich im Bürgerkrieg durchgesetzt hatte, kehrte Rosenfeld am Vorabend der Gründung der Volksrepublik China nach Österreich zurück. Dr. Wu sah ihn noch im Juni 1949 in Shanghai, als Rosenfeld dort alte Emigrantenfreunde besuchte. Bei der Gelegenheit erfuhr er von den Rückreiseplänen. »Es könnte der Instinkt eines Mannes gewesen sein, der das Alter und vielleicht den Tod kommen spürte und darum die Heimat sehen wollte«, meint Dr. Wu[28].

Tatsächlich war Dr. Rosenfeld nur ein kurzes Wiedersehen mit Österreich vergönnt. Bei einem Besuch von Verwandten in Israel versagte sein Herz[29], und als sich Anfang der fünfziger Jahre eine chinesische Delegation nach ihm erkundigte, konnte sie nur noch die Todesnachricht zurückbringen.

Rosenfelds Arbeit behielt man in China in ehrendem Andenken. Alle chinesischen Gesprächspartner der Autoren wiesen darauf hin, daß er als einziger von allen ausländischen Ärzten einen regulären militärischen Rang erhalten hatte. Dr. Wu ist der Ansicht, daß Dr. Jakob Rosenfeld in der Neuen Vierten Armee so berühmt gewesen sei wie der kanadische Arzt Dr. Norman Bethune in der Achten Feldarmee. Jeder Soldat habe ihn gekannt[30]. Als Harry Sichrovsky im Herbst 1960 in Jinan dem Gouverneur der Provinz Shandong gegenübersaß, drückte dieser über den Besuch eines Österreichers seine besondere Freude aus, habe doch der Österreicher Luo Shengte beim Aufbau des neuen China so mitgeholfen, daß man ihn niemals vergessen werde[31]. Als Chen Yis Gedichte im Jahre 1977 neu aufgelegt wurden, gedachte man auch gleichzeitig Rosenfelds, indem auch der Brief mit den autobiographischen Daten veröffentlicht wurde, den der Marschall auf Bitte des österreichischen Arztes geschrieben hatte[32]. Kriegskameraden Rosenfelds wie Dr. Wu sind dabei, die Erinnerung an den österreichischen Arzt wachzuhalten. Ein großes Bild von Rosenfeld hängt im Militärmuseum in Peking.

ANMERKUNGEN

1 Mitteilungen der Promotionskanzlei der Universität Wien sowie des Universitätsarchivs, Ablichtungen der Immatrikulationsbögen (Nationale) aus dem ersten Semester.

2 Wiener Telefonbuch des Jahres 1938. Die Hinweise aus dem *Lehmann* sowie dem Telefonbuch aus 1938 verdanken wir der Güte von Herrn Dr. Hugo Ebner.

3 Er stammte aus dem österreichischen Polen.

4 Heute Vizepräsident der chinesischen Akademie der medizinischen Wissenschaften.

5 Sichrovsky, a. a. O., S. 5.

6 *Von Kanton bis Shanghai 1926–1927,* Agis Verlag, Wien – Berlin1928.

7 Vgl. dazu auch Rewi Alleys Gedicht *Hsipo* in der kommentierten Übersetzung Lutz Biegs, *Das Neue China,* Nr. 18/19, 1. Okt. 1977 (Alley und auch andere Autoren scheinen Shippes Vornamen mit »Hans« falsch angegeben zu haben, da er laut Auskunft von Anna Wang Heinz hieß) sowie Wang Huo, *He Died on China's Soil – The Story of Hans Shippe,* in: *China Reconstructs,* Nr. 12, Dez. 1979.

8 Gespräch mit Dr. Wu Zhili im August 1978 in Peking.

9 Sichrovsky, a. a. O., S. 6.

10 Chen Yi, späterer chinesischer Außenminister.

11 Sichrovsky, a. a. O., S. 7.

12 Hier liegt eine leichte Diskrepanz in den Angaben vor. Laut Wang Huo (siehe Anm. 7) hat sich Shippe erst im Mai 1941 zur Neuen Vierten begeben.

13 Gespräch mit Dr. Wu.

14 Gespräch mit Direktor Zhou Xuancheng am 29. April 1978 in Wien.

15 Gespräch mit Dr. Wu; Liu Hongde (ehemalige Leibwache von Dr. Rosenfeld), *Erinnerungen an den Abteilungsleiter J. Rosenfeld,* auf Bitte der Autoren über Vermittlung der chinesischen Gesellschaft für Freundschaft mit dem Ausland verfaßtes Manuskript, Maschinschrift (chinesische Schreibmaschine), in der Übersetzung im vollen Wortlaut als Anhang zu diesem Kapitel abgedruckt.

16 Sichrovsky, a. a. O., S. 7–9.

17 Liu Hongde, *Erinnerungen an den Abteilungsleiter J. Rosenfeld;* Gespräch mit Dr. Wu.

18 Gespräch mit Dr. Wu.

19 Ebd.; Liu Hongde, a. a. O.

20 Liu Hongde, a. a. O.

21 Ebd.

22 Ebd.

23 Rosenfeld hatte schon vorher unter Luo Ronghuan gearbeitet und diesem durch rechtzeitige Behandlung seiner Nierenkrankheit das Leben gerettet. 1946 war Luo politischer Kommissar der Nordöstlichen Militärregion. Nach 1949 wurde er Marschall, stellvertretender Vorsitzender des ständigen Ausschusses des Nationalen Volkskongresses, stellvertretender Vorsitzender des Nationalen Verteidigungsrates, Direktor der Allgemeinen Politischen Abteilung der Volksbefreiungsarmee und Politbüromitglied. – *Who's Who in Communist China,* hrsg. von Union Research Institute, Bd. 1, Hongkong 1969, S. 472.

24 Liu Hongde, a. a. O.

25 Seit 1978 stellvertretender Ministerpräsident.

26 Liu Hongde, a. a. O.

27 Gespräch mit Anna Wang im August 1978.

28 Gespräch mit Dr. Wu.

29 Sichrovsky, a. a. O., S. 9.

30 Gespräch mit Dr. Wu.

31 Sichrovsky, a. a. O., S. 9.

32 *China Reconstructs* vom September 1977, S. 29. Der Brief beginnt so: »Genosse Rosenfeld, Du bist als antifaschistischer Kampfgefährte weit über das Meer nach China gekommen, um am antijapanischen Krieg teilzunehmen, und beteiligst Dich nun im feindlichen Hinterland an der Arbeit der Neuen Vierten Armee. Du hast den harten Kampf der Neuen Vierten Armee mit eigenen Augen gesehen und ihn persönlich erlebt. Für immer bist Du ein Zeuge für alles, was die Neue Vierte Armee betrifft.
Du hast die Absicht, ein Buch über die Neue Vierte Armee zu schreiben. Ich hoffe sehr, daß Dein Werk veröffentlicht werden wird. Ich danke Dir für die Hilfe, die Du der Neuen Vierten Armee erwiesen hast, und bin gerne bereit, Dir als Genosse zu helfen, Dein bedeutungsvolles Werk zu vollenden . . .«

ANHANG

Liu Hongde, *Erinnerungen an den Abteilungsleiter J. Rosenfeld:*

Genosse Rosenfeld (Luo Shengte, früher als Lu Shengfu übersetzt) ist Österreicher. Er wurde am 11. Januar 1901 in Wien, der Hauptstadt Österreichs, geboren *(unrichtig, siehe oben, Anm. d. Aut.).* 1928 hat er sein Studium an der Medizinischen Fakultät der Universität Wien beendet. Zu Beginn des antijapanischen Krieges war er nach China gekommen. 1941 schloß er sich der Neuen Vierten Armee an, kehrte aber am Vorabend der Gründung des neuen China in seine Heimat zurück. Als Genosse Rosenfeld im Jahre 1943 in der Provinz Shandong gegen die Japaner kämpfte, hatte ich bei ihm den Posten einer Leibwache, und als er 1946 als Sanitätsabteilungsleiter in der 1. Brigade der Demokratischen Vereinigten Heere Nordost gegen die Japaner kämpfte, war ich sein Verwalter.

Wenn ich mich jetzt an die Zeit erinnere, als ich vor dreißig Jahren zweimal bei ihm gearbeitet habe, so stehen mir seine Worte und Taten noch deutlich vor Augen. Mein ganzes Leben werde ich den internationalistischen Geist nicht vergessen, mit dem Genosse Rosenfeld die Revolution des chinesischen Volkes zu seiner eigenen Sache gemacht hatte, im bitteren Kampf über die anderen sich selbst vergaß, ohne nach Entlohnung zu fragen an der Revolution teilnahm und an vorderster Front das Leben der Verwundeten rettete. Man kann ihn mit vollem Recht einen internationalistischen Kämpfer nach der Art Bethunes nennen.

1. Ohne sich vor der Macht zu beugen nach der Wahrheit streben, ohne die Frage nach persönlichem Gewinn an der Revolution teilnehmen

Ich erinnere mich, es war im Winter 1943, und ich arbeitete bei der Nachrichtenstelle der Sanitätsabteilung des Militärbezirks Shandong. Eines Tages rief mich der politische Kommissar, Genosse Guang Shan, zu einem persönlichen Gespräch zu sich. Er sagte, daß er mich zum Leibwächter unseres internationalistischen Freundes Dr. Rosenfeld ernennen wolle. Damals habe ich mich sowohl gefreut als auch gefürchtet: gefreut, weil die Partei mir vertraute und mir eine so ungewöhnliche Aufgabe übertrug; gefürchtet, weil ich ein Kind armer Bauern und, obwohl schon über sechs Jahre bei der Armee, noch keine achtzehn Jahre alt war und sehr wenig von den revolutionären Grundsätzen wußte. Ich hatte keine Ahnung von A, B, C und D, ja, als ich gerade in die Armee eingetreten war, konnte ich noch nicht einmal Namen wie Zhao, Qian, Sun und Li schreiben, noch weniger verstand ich von Fremdsprachen. Wie sollte ich diese wichtige Aufgabe bewältigen?

Am nächsten Tag schulterte ich mein Gepäck und ging aufgeregt in das Haus des Genossen Rosenfeld. Er hatte gerade die Behandlung des Genossen Luo Ronghuan (Kommandant des Militärbezirks Shandong und politischer Kommissar) beendet. Schon der erste Anblick Dr. Rosenfelds überraschte mich. Ich hatte fest angenommen, er würde einen westlichen Anzug und Lederschuhe tragen, aber zu meiner Überraschung trug er genau wie wir die Uniform der Achten Armee – eine alte wattierte Jacke am Körper und Bastsandalen an den Füßen. Alles, was ihn von uns unterschied, waren die längere Nase, seine blauen Augen und die Körpergröße. Aber seine Nase war nicht besonders gekrümmt, und auch seine Augen lagen nicht tief in den Höhlen, er sah richtig wie ein vornehmer Europäer aus.

Schon im Zuge der ersten Begegnung sprach er mit mir über alltägliche Angelegenheiten. Zuerst fragte er mich nach meinen Erlebnissen. Als er hörte, daß ich bereits mit zwölf Jahren an der Revolution teilgenommen hatte, freute er sich sehr und klopfte mir auf die Schulter. Mit gestrecktem Daumen bedeutete er mir seine Anerkennung. In diesem Augenblick wurde mir die Anziehungskraft dieses großen und starken internationalen Freundes mit seinen strahlenden, freundlich lächelnden Augen bewußt. Seine Aufgeschlossenheit hat mich tief bewegt. Es schien mir, als ob ich in meiner alte Einheit mit einem langjährigen, vertrauten Genossen oder Chef gesprochen hätte. Meine Unruhe und mein gespannter Gesichtsausdruck verschwanden allmählich. Von diesem Moment an arbeiteten, lebten und kämpften wir gemeinsam für das gleiche Ziel – die Revolution.

Die Zeit ging schnell dahin, und bald waren es drei Jahre, in denen unsere revolutionäre Freundschaft stets gewachsen war. Gleich am Anfang meiner Arbeit bei ihm sagte er immer auf chinesisch »Danke!«, wenn ich ihm z. B. Wasser brachte. Er trank gerne Kaffee. Jedesmal, wenn sich unter der Kriegsbeute, die man ihm brachte, Kaffee befand, so genoß er ihn mit uns gemeinsam. Als er merkte, daß ich die Kaffeebüchse nicht zu öffnen und Kaffee nicht zu brühen verstand, brachte er es mir bei. Und er gab mir auch mit viel Eifer Englisch-Unterricht. An zwei Abenden erlernte ich die lateinischen Buchstaben (ich hatte früher die neue Schrift gelernt und hatte darum ein bißchen Voraussetzungen). Daß ich heute etwas Englisch sprechen kann, verdanke ich jener Zeit, wo er es mir Wort für Wort, Satz für Satz beigebracht hat. Ich lernte von ihm englische Lieder. Er lehrte mich Englisch und ich ihn Chinesisch. Einmal fand ich eine Brieftasche und übergab sie dem Vorgesetzten. Als Dr. Rosenfeld in der Zeitung las, daß ich deswegen ausgezeichnet worden war, lobte er mich voll Freude und sagte, daß ich richtig und gut gehandelt hätte. Um mich anzuspornen, kaufte er mir einen Pullover. Seine herzliche Anteilnahme und seine Bemühung um die Erziehung eines jungen Soldaten rührten mich sehr. In meinem Herzen lebt er nicht nur als hochgeehrter Vorgesetzter und Genosse, sondern auch als vertrauter Freund.

Mit der Zeit lernte ich Genossen Rosenfeld immer besser kennen. 1943 war die Situation in Binhai äußerst schwer. Um für ihn zu sorgen, wurden von der Partei für ihn einige Maßnahmen angeordnet. Diese aber hat er stets abgelehnt und betont, daß er nicht zum Vergnügen, sondern für die Revolution nach China gekommen sei. Er schlief mit uns gemeinsam auf dem Kang, benützte eine Öllampe und deckte sich mit einer gelben Decke zu. Er aß Maismehlpuffer, chinesische Zwiebeln und Gewürzpüree. Die Partei stellte ihm ein gut trainiertes dattelrotes Pferd zur Verfügung, er aber ritt es nur bei Krankenbesuchen, während des Marsches überließ er das Pferd gewöhnlich Patienten und ging selbst zu Fuß. In Österreich *(im Original irrtümlich: »Deutschland«)* verdiente er monatlich über 1000 US-Dollar, dann in Shanghai lagen seine Lebenskosten über einigen -zig US-Dollar im Monat, im Shandong-Gebiet betrug seine Entlohnung nur mehr 100 Beihai-Yuan, das war weniger als ein US-Dollar. Und sogar diese wollte er nicht gerne ausgeben und unterstützte damit oft auch noch andere.

Genosse Rosenfeld hatte einen offenen, heiteren Charakter und war voll von revolutionärem Optimismus. Selbst nach der zermürbenden Arbeit in der Klinik, nach Krankenbesuchen oder auch nach der Behandlung des Genossen Luo Ronghuan summte er gerne wie ein Kind die in den befreiten Gebieten bekannten Lieder wie *»Ohne Kommunistische Partei gibt es kein neues China«, »Der Himmel im befreiten Gebiet ist hell«, »Der Osten ist rot, die Sonne steigt auf, China hat hervorgebracht einen Mao Zedong ...«*. Er sang sowohl auf deutsch wie auf englisch, meist aber in einem noch ungeübten Chinesisch.

Der Alltag des Genossen Rosenfeld war sehr einfach. Er war streng zu sich selbst. Wer immer ihm auch ein Gericht mehr zubereitete, den wies er nicht nur zurück, sondern er wurde manchmal sogar zornig. Dennoch machte er zweimal eine Ausnahme:

Einmal, als Genosse Qiu Guoguang zu Besuch kam. Abteilungsleiter Rosenfeld ließ deshalb von sich aus mehr Gerichte zubereiten, aber, um ehrlich zu sein, wir selbst wollten es auch besser machen als sonst. Denn Genosse Qiu Guoguang war schließlich in der Shandonger Zeit unser Chef gewesen. Danach aber ließ er (Rosenfeld) es sich nicht nehmen, selbst die Kosten zu tragen.

Das andere Mal hatte ich mit dem Dolmetsch, Genossen Fang Zheng, etwas mehr Weizenmehl besorgen können, und wir hatten vor, Jiaozi daraus zu machen, um uns das Leben etwas angenehmer zu machen. Rosenfeld hatte nicht nur nichts dagegen, sondern begab sich sogar mit besonderer Freude gemeinsam mit uns ans Werk. Zuerst formte er ein winziges, völlig formloses Jiaozi, und dann zeigte er uns mit den Händen, daß wir für ihn 42, ja, 42 Jiaozi machen sollten! So viel konnte er doch nicht essen! Ich war sehr im Zweifel. Erst durch Genossen Fang Zheng erfuhr ich, daß an jenem Tag sein (Rosenfelds) Geburtstag war. Nach europäischem Brauch sollte für jedes neue Lebensjahr auf dem Geburtstagskuchen eine neue Kerze angezündet werden. Und in jenem Jahr war Dr. Rosenfeld gerade 42 Jahre alt geworden. Deshalb wollte er, daß wir 42 kleine Jiaozi für ihn herstellen sollten. Überdies stimmte diese europäische Sitte auch mit den damaligen Gewohnheiten im feindlichen Hinterland überein. Dr. Rosenfeld sagte dazu bedeutungsvoll: »Man soll für die Revolution lange leben. Wir sind alle revolutionäre Soldaten und essen gemeinsam Jiaozi, damit wir alle lange leben.«

Dr. Rosenfelds Vater war pensionierter Offizier der österreichisch-ungarischen Monarchie. Mit eigenen Augen sah er die Brutalität des deutschen Faschismus, zugleich aber erfuhr er in der Heimat von Marx auch den positiven Einfluß des revolutionären Gedankengutes. Er wurde Mitglied der Sozialdemokratischen Partei Deutschlands *(beide Male hat hier der chinesische Berichterstatter Österreich mit Deutschland verwechselt, Anm. d. A.).* Im Verlaufe des Kampfes gegen den Hitler-Faschismus wurde er verhaftet und ins Gefängnis geworfen. Das Vermögen der Familie wurde beschlagnahmt. Seine Brüder und die jüngere Schwester flohen ins Ausland. Die Schwester war Doktor für Gynäkologie, Zahn- und innere Medizin und nach England emigriert, wo sie als Ärztin tätig war. Er (Rosenfeld) wurde von den Nazis grausam gefoltert, wobei er Verletzungen an zwei Rippen, an der Niere und am Gebiß davontrug. Er aber war treu und unbeugsam, energisch und willensstark. Sein revolutionärer Wille ließ sich nicht beugen, er blieb standhaft. Schließlich konnten die Hitler-Banditen nichts anderes tun, als ihn aus der Heimat zu vertreiben. Er verließ die Heimat von Marx *(gemeint ist wahrscheinlich Österreich, obwohl hier Deutschland nicht falsch wäre, denn Rosenfeld war im KZ Buchenwald, Anm. d. A.)* und kam als antifaschistischer Kämpfer nach China, um am Krieg gegen Japan teilzunehmen.

Noch in Deutschland sprach er bewundernd von den Namen Mao Zedong, Zhou Enlai und Zhu De. In Shanghai begann er, sich seinen Lebensunterhalt als Arzt zu verdienen, um die Kommunistische Partei Chinas suchen zu können. Mit allen Mitteln versuchte er, rasch das Sprachproblem und das Geldproblem (er hatte bei seiner Ankunft in Shanghai nur zehn Mark in der Tasche) aus der Welt zu schaffen. Nachdem er von seiner Schwester aus England Geld bekommen hatte, eröffnete er gemeinsam mit Wilhelm Daike *(einem Leidensgefährten im deutschen Konzentrationslager; Deick oder Deicke – Name ist nach dem chinesischen Text nicht klar eruierbar, Anm. d. A.)* eine Privatklinik. Wegen seiner großen ärztlichen Kunst kamen Tag und Nacht die Patienten, um sich von ihm heilen zu lassen.

Damals konnte man schwer einen Dolmetsch für Deutsch finden, und so begann er, Englisch zu lernen. Nach fünf Monaten angestrengten Lernens konnte er aufgrund der schon vorhandenen Kenntnisse bereits sprechen. So wurde sein Geschäft mit der Klinik noch besser. Er verdiente viel und wurde reich. Aber Geld und Gewinn konnten ihn nicht beirren. Vielmehr wurde sein Wunsch, die KP Chinas zu suchen und an der chinesischen Revolution teilzunehmen, noch stärker, noch zwingender.

1941 wurde er schließlich zusammen mit seinem alten Freund Heinz Shippe aus Deutschland, einem bekannten deutschen Journalisten und politischen Kommentator, vom Sanitätsabteilungsleiter der Neuen Vierten Armee, Genossen Shen Qizhen, in die befreiten Gebiete des nördlichen Jiangsu gebracht, wo sie sich der Neuen Vierten Armee anschlossen. Später war er an den verschiedenen Kriegsschauplätzen in Shandong und arbeitete in der Achten Armee. Außerdem trat er während des antijapanischen Krieges der ruhmvollen Kommunistischen Partei Chinas bei.

2. An den Nächsten mehr denken als an sich selbst – mit ganzem Herzen für den Patienten da sein

Genosse Rosenfeld war Arzt. Ständig dachte er mehr an die anderen als an sich selbst. Er half den Patienten aus vollem Herzen und mit bestem Willen. Ich erinnere mich an die ständigen Kriegshandlungen 1943 in Binhai. Um die Verletzten und Verwundeten zu retten, stand Dr. Rosenfeld früh auf und ging spät zu Bett, dachte nicht an Schlaf und Essen.

Damals war Politkommissar Luo Ronghuan sehr krank und konnte nicht reiten. Bei den Truppenbewegungen trug man ihn gewöhnlich auf einer Bahre, von wo aus er die Geschicke des Krieges leitete. Eines Tages bemerkte Politkommissar Luo Ronghuan, daß die Genossen, welche die Bahre trugen, sehr erschöpft waren, und er bestand darauf, daß er künftig reiten wolle. Durch die Anstrengung aber traten im Harn Blutspuren auf. Das brachte Dr. Rosenfeld in höchste Erregung. Er wich daraufhin Tag und Nacht nicht von der Seite des Genossen Luo und ließ ihm die beste Behandlung angedeihen. Da die Bedingungen für medizinische Untersuchungen im Kriegsgebiet sehr schlecht waren und keine Möglichkeit bestand, Blutanalysen vorzunehmen, untersuchte er rechtzeitig den Urin des Politkommissars Luo; in den Stellungen sammelte er die Ausscheidungen, untersuchte mehrmals jeden Tropfen auf verschiedene Weise, verfolgte aufmerksam den Krankheitszustand, indem er das Ohr an die Brust des Politkommissars legte und ihn abhörte. Er war der Revolution treu ergeben und opferte sich für die Patienten auf.

Nach der Eroberung von Ganyu im November 1943 umzingelte uns der Feind und schlug von allen Seiten los. Genosse Fu Zhuting, der für den Militärbezirk Binhai zuständig war, ritt selbst an die Front und wurde dort unglücklicherweise verletzt. Als er (Rosenfeld) hörte, daß die Verwundung ernst war, lief er eilig los und war schon über 20 li gelaufen, als ihm eine Reiterabteilung nachkam. Da er sich beim Laufen zu sehr angestrengt hatte, bekam er wieder seine Herzkrankheit. Aber er beachtete seine eigenen Schmerzen nicht und bestand darauf, die Rettungsarbeit zu Ende zu führen.

Seit seine linke Niere in Deutschland von den faschistischen Gewalttätern zerschlagen worden war, entzündete sie sich oft, und er bekam dabei hohes Fieber. Es war im Frühherbst des Jahres 1944, als er eines Tages im Hause der Familie Chen im Kreise Ju – er hatte gerade viel mit Schreibarbeit zu tun – einen Schwindelanfall und hohes Fieber bekam. In früheren Zeiten nahm er in solchen Fällen Sulfonamid-Präparate ein, diese waren aber zu Ende gegangen, und es war keinerlei Medizin für die Behandlung der Entzündung und des Fiebers vorhanden. Um die Körpertemperatur zu senken, befahl er Genossen Fang Zheng, Genossen Li Guang und mir, vor die Tür (zum Weingestell?) zu kommen und ihn zur Abkühlung in einen Brunnen zu tauchen. Anfänglich wehrten wir uns dagegen, weil wir fürchteten, daß etwas passieren könnte. Er aber setzte sich auf den Wassereimer, griff zum Brunnenstrick und blieb dabei, daß wir die Winde drehen und ihn in den Brunnen hinablassen sollten. Später wurden wir dafür von unserem Vorgesetzten kritisiert. Aber gerade als wir ihm sagten, er solle sich im Zimmer etwas niederlegen, hörte er von der akuten Erkrankung eines Kindes, und sofort lief er wieder davon, um ihm Hilfe zu bringen. Als der dreijährige Xiao-Wei wieder gesund war, konnte er auch »up« und »good-bye« und andere englische Ausdrücke sagen, und er (Rosenfeld) umarmte ihn voll Freude und hob ihn in die Höhe.

Was einen an Genossen Rosenfeld besonders beeindruckte, war, daß er als Ausländer in China auf den Kriegsschauplätzen stets auf seinem Posten blieb, immer äußerst gewissenhaft war und niemals an seine persönliche Sicherheit dachte. Ich erinnere mich da an eine Begebenheit, die sich im frühen Winter des Jahres 1944 zugetragen hat. Er behandelte gerade im Dorf Xia Guzi im Kreise Ju einen Vorgesetzten, als unerwartet Flugzeuge der japanischen Räuber auftauchten. Sie näherten sich schnell, und die Genossen redeten ihm aufgeregt zu, in einer nahen Schlucht Zuflucht zu suchen. Er aber harrte unbeirrt aus und beendete trotz des Bombardements und des ungeheuren Lärms der feindlichen Flugzeuge ruhig in der Strohhütte seine Behandlung. Diese heldenhafte Handlung bewegte diesen leitenden Funktionär tief, und als er genesen war, schenkte er Rosenfeld zum Andenken eine Pistole, die er selbst sehr gern hatte. Er (Rosenfeld) nahm die schwarzfunkelnde Waffe und sagte bewegt in chinesischer Sprache: »Danke, danke!« Diese Pistole wurde ihm sehr teuer, und er trug sie im nordöstlichen Kriegsgebiet stets bei sich.

Auch ein weiteres Mal, 1947 in Hailong, beendete Dr. Rosenfeld die Operation an einem Genossen unter ständigem Feindbeschuß. Erst nachdem er die Kugel aus dem Körper des Kämpfers entfernt hatte, begab er sich in den Luftschutzraum.

3. An die Front gehen, um Leben zu retten und den Verletzten beizustehen. Furchtlos angesichts der Gefahr bei der Rettung von Kameraden

Nach der Kapitulation der japanischen Räuber ging Genosse Rosenfeld mit der Armee von Shandong nach dem Nordosten und arbeitete beim Generalkommando der Demokratischen Vereinigten Heere Nordost. Aber als Tschiang Kai-schek den Bürgerkrieg entfesselte und das chinesische Volk wiederum unter den Wirren des Krieges zu leiden hatte, bat er die Partei mehrmals, ihn doch an die Front zu schicken. Er bat inständig: »Die Front braucht den Arzt doch nötiger als die Etappe.« Anfang Mai 1946 war es, als er uns freudig und aufgeregt mitteilte, Genosse Luo Ronghuan habe seinen Wunsch, an die Front geschickt zu werden, erfüllt und ihn offiziell zum Sanitätsabteilungsleiter der 1. Brigade der Demokratischen Vereinigten Heere Nordost (Vorläufer der 38. Armee) ernannt. Er begab sich auf dem kürzesten Weg nach Fuyu, wo das Hauptquartier der 1. Brigade lag, und begann sofort mit seiner Arbeit. Um diese Zeit war auch ich bei der 1. Brigade. Ich hatte gerade neue Soldaten aus der nördlichen Mandschurei abgeholt und bereitete mich auf das Lernen in einer Ausbildungsbrigade vor. Sobald er (Rosenfeld) mich sah, bat er den Leiter der politischen Abteilung, Wang Zhenqian, mich wieder bei ihm arbeiten zu lassen. Diese Bitte genehmigte der Leiter Wang sofort – ich sollte mich nach meiner Ausbildung bei ihm melden.

Damals war die 1. Brigade mit der Vorbereitung der Eroberung des Gebietes südlich des Jangtse-Unterlaufes beschäftigt. Damit er Unterstützung für seine Arbeit bekam, schickte er (Rosenfeld) sogleich ein Telegramm an Genossen Fang Zheng, worin er diesen dringend ersuchte, so schnell wie möglich zu kommen. Gerade zu dieser Zeit wurde ihm aber plötzlich vom Chef der Brigade mitgeteilt, er solle zu der im Hinterland der Brigade zurückgelassenen Abteilung nach Tumen zurückgehen. Über diese Entscheidung war er sehr aufgeregt – was sollte er tun? Plötzlich fiel ihm Genosse Wan Yi, der Politkommissar der 1. Brigade, ein. Dieser hatte während des Krieges gegen Zhang Buyun und Lü Xiaoxian eine Gesichtsverletzung erhalten, und Rosenfeld hatte ihn geheilt. Er suchte also Genossen Wan Yi auf und sagte: »Früher ließ man mich in Harbin – nun schickt man mich bereits nach Tumen – immer weiter von der Front. Das geht doch nicht.« Und er brachte nochmals zum Ausdruck: »Wenn schon weg von der Front, dann jedenfalls nicht weiter, als man noch den Lärm der Handfeuerwaffen und Geschütze vernehmen kann.« Kommissar Wan erklärte ihm geduldig, daß er überhaupt nur nach Lalin gekommen sei, weil die Organisation sich ganz besonders um ihn sorge. Und als er dann immerfort darum gebeten habe, sei er dann schließlich in die Kreise Yushu, Dongfeng, Hailong usw. gekommen.

Ständig damit beschäftigt, den Schmerz der Verwundeten zu lindern und Tod und Invalidität zu bekämpfen, vergaß er Essen und Schlaf. Er arbeitete Tag und Nacht und dachte nicht an sich selbst. Eines Tages, er hatte viele Patienten zu betreuen gehabt und war hungrig und müde und wollte sich gerade zum Essen setzen, da hörte er, daß man einen Schwerverletzten gebracht hatte. Er ließ das Essen stehen und machte sich sofort daran, den Patienten zu operieren und somit ein Leben zu retten. Da die Operation sehr lange dauerte, mußte er auf eine weitere Mahlzeit verzichten. Solche Situationen gab es ständig. In jenen bitterkalten Tagen, auf den rauchenden Schlachtfeldern, nahm er alle großen Operationen stets selbst vor und behandelte alle Schwerkranken, und unter seiner persönlichen Fürsorge und medizinischen Betreuung wurden viele Schwerverletzte wieder gesund und konnten an die Front zurückkehren.

Als Genosse Rosenfeld Sanitätsabteilungsleiter der 1. Brigade war, hörte er, daß im Gefecht bei Qitamu viele Verwundete in der strengen Kälte Blut verloren und nicht mehr zur rechten Zeit gerettet werden konnten. Er war sehr bedrückt und beklagte die beschränkten Möglichkeiten, die ein einzelner habe. Er machte dem Leiter der Vierten Feldarmee, Stabschef Nie Heting, und den Sanitätsabteilungsleitern Ho Cheng, Sun Yizhi und anderen den Vorschlag, den Körper Verletzter warm zu halten, um den Blutverlust zu verringern. Dieser gute Vorschlag wurde angenommen, allgemein in die Tat umgesetzt und erzielte sichtbare Erfolge. Um die Effektivität der Ärzte zu erhöhen, schlug er vor, einen gemeinsamen Lehrgang zu veranstalten. Aufgrund seiner Initiative und Vorplanung wurden aus der ganzen Brigade mehr als 300 medizinische Kräfte herangezogen und eine medizinische Ausbildungsgruppe zusammengestellt, die in den Kampfpausen zusammentrat.

Um diese Zeit hatte ich meine Ausbildung beendet und war auf Befehl der politischen Abteilung der 1. Brigade wieder zu Genossen Rosenfeld gekommen und bei ihm als Verwalter der Sanitätsabteilung tätig. Mit eigenen Augen konnte ich sehen, wie er den Unterricht vorbereitete und gestaltete und selbst seinen Schülern zeigte, wie man einen Verletzten auf dem Schlachtfeld bergen und pflegen muß. Damit die Genossen besser verstehen konnten, sprach er gewöhnlich in seinem noch ungeübten Chinesisch zu ihnen und wendete viel Kraft auf, um die medizinische Theorie in verständlicher Weise zu erklären. Nach dem Besuch der kurzen Lehrgänge konnten viele medizinische Kräfte ihre Tätigkeit erfolgreicher ausüben und wurden eine Art Kerntruppe.

Genosse Rosenfeld genoß als Arzt auch schon in Österreich ein gewisses Ansehen. Er kam aber auf das Schlachtfeld China und setzte sich mit Leib und Seele für die Revolution ein. Von den Ufern des Yangzi (Jangtse) bis zum Fuße des Changbai-Gebirges im Nordosten gab es Soldaten und Menschen aus dem Volk, die durch seine sorgsame Behandlung vor dem Tode gerettet wurden. Er war nicht nur ein erfahrener Internist und guter Chirurg, sondern hatte auch sehr gute Kenntnisse in der Gynäkologie. Ich erinnere mich: Er war gebeten worden, an einem Zusammentreffen von langjährigen Genossen teilzunehmen, als plötzlich ein alter Mann erschien und sagte, daß seine Schwiegertochter sich infolge einer schwierigen Geburt in Lebensgefahr befinde. Kaum hatte Dr. Rosenfeld das gehört, als er auch schon in das Haus der Wöchnerin lief. Dort gab es keine Desinfektionsmittel. Ohne zu zögern, nahm er sein eigenes Geld und ließ zu diesem Zweck Branntwein kaufen. Er konnte alle Schwierigkeiten überwinden, bis schließlich das bereits tote Kind geboren wurde. Die Mutter konnte gerettet werden.

Vielen Genossinnen in der Armee oder auch außerhalb, die schon lange vergeblich auf eine Schwangerschaft gehofft hatten, konnte er durch seine Diagnose und Behandlung helfen. Die Genossen sagten von ihm: »So wie Hua Tuo kann er durch Handauflegen heilen.« Er aber sagte bescheiden von sich: »Ich bin nur ein unqualifizierter Krankenpfleger.«

4. Am Marxismus-Leninismus festhalten – Eine rote Welt ersehnen

Genosse Rosenfeld kam vom fernen Europa auf das Schlachtfeld China. Für die Befreiung des chinesischen Volkes hat er viele Schwierigkeiten auf sich genommen und heldenhaft gekämpft. Er litt mit dem chinesischen Volk, er liebte den Vorsitzenden des chinesischen Volkes, Vorsitzenden Mao, über alles und war der Sache des Kommunismus immer treu.

Als Genosse Rosenfeld 1941 in das vom Feind besetzte Hinterland kam, kämpfte er in Mittelchina in der Neuen Vierten Armee zusammen mit Genossen Chen Yi. Sofort spürte er die große Macht des von der KP Chinas geleiteten Volkskrieges. In Yanfu und Binhai sah er mit eigenen Augen, wie sich die mutigen Söhne und Töchter Chinas den japanischen Räubern und Eindringlingen widersetzten, wie hartnäckig gegen den Feind gekämpft und die Flamme des Widerstandskrieges entfacht wurde, als Han Deqin und Li Yafan gefangengenommen wurden. In der Praxis des revolutionären Kampfes machte ihm die Neue Vierte Armee, die in Mittelchina für ihre militärische Schlagkraft bekannt war, ebenso wie die Truppen in Shandong, die dem Feind blutige Kämpfe lieferten, einen tiefen Eindruck. Angespornt von der herzlichen Anteilnahme und Unterstützung durch den Genossen Chen Yi begann er, ein Buch über die Neue Vierte Armee zu schreiben. In seiner großen Arbeit *Österreich–China* sang er ein Loblied auf die gute Freundschaft zwischen dem österreichischen und dem chinesischen Volk. Soweit mir bekannt ist, war das Buch bereits fertig zum Druck. Doch aus verschiedenen Gründen ist es dann nicht erschienen.

Seiner Meinung nach konnte sich der bewaffnete Kampf unter der Führung des Vorsitzenden Mao deshalb aus den kleinsten Anfängen vergrößern und erstarken, in hundert Schlachten hundert Siege erringen und aus einer schlechten Ausgangslage den in günstigen Positionen befindlichen Feind vernichten, weil er von drei Bedingungen ausging: er folgte der Führung der Partei, stützte sich auf die Volksmassen und hielt sich an die Ideen Mao Zedongs.

Oft studierte er die Werke von Marx, Lenin und Mao Zedong. Er wappnete sich mit dem Geist des Marxismus-Leninismus und der Ideen Mao Zedongs. Damals waren die englischen Übersetzungen der Werke von Marx, Lenin und dem Vorsitzenden Mao rar, und er konnte sie nicht auf chinesisch lesen. Um aber mit Hilfe eines revolutionären Standpunktes und der revolutionären Theorie und Praxis die Probleme zu analysieren und zu erforschen, ließ er sie Genossen Fang Zheng mündlich übersetzen. Damals war Genosse Fang Zheng noch sehr jung und erst seit kurzem in der Armee. Seine Kenntnis der revolutionären Prinzipien war deshalb nicht gerade groß. Es blieb ihm nichts anderes übrig, als für Genossen Rosenfeld, der begierig nach neuen Erkenntnissen war, in anderen Büchern nachzulesen und auch von anderen Genossen Erklärungen einzuholen, um sein Wissen zu bereichern. Wenn Genosse Rosenfeld dann eine befriedigende Antwort erhalten hatte, lächelte er freundlich. Er klopfte Genossen Fang Zheng auf die Schulter, dankbar und glücklich darüber, daß der Marxismus-Leninismus und die Ideen Mao Zedongs studiert wurden.

Während seines Aufenthaltes in Shandong rief ihn (Rosenfeld) der Vorgesetzte Xiao Hua einmal an und teilte ihm mit, daß Roosevelt gestorben und Truman Präsident geworden sei. Rosenfeld untersuchte und überdachte zwei Tage lang ernsthaft diese Frage nach der Methode der Klassenanalyse, und da er wußte, daß Truman ein Kriegshetzer war, konnte dieser nicht unser Freund sein, und er änderte damit auch seine Ansichten über die amerikanische Führungsspitze. Nachdem er in der Zeitung Artikel wie *Die Niederlage der japanischen Faschisten ist nicht nur gewiß, sondern wird auch in Kürze erfolgen* und *Das nächste Jahr ist gewiß kein günstiges Jahr für die japanischen Faschisten* gelesen hatte, sagte er zu uns: »China wird bald den Sieg im antijapanischen Krieg errungen haben, und es ist offensichtlich, daß dann sehr viele tüchtige Leute für den Wiederaufbau gebraucht werden. Aber zunächst brauche ich noch dich, Fang Zheng und den kleinen Dicken (damit war der Genosse Li Ke gemeint) – die ›drei kleinen Nasen‹, um mir – der ›großen Nase‹ – zu helfen, die Revolution gut durchzuführen.« Als ich im Sommer 1945 an der Kang-da (der Hochschule des Antijapanischen Krieges) studierte, schrieb er mir englische und chinesische Briefe und schickte mir kleine Geschenke wie Füller und andere Dinge, um mich zu ermuntern, fleißig zu studieren. Aus vollem Herzen schrieb er mir in einem Brief: »Zum Jahrestag des Beginns des antijapanischen Krieges schicke ich Dir ein kleines Andenken. Ich wünsche Dir beim Studium viel Erfolg und hoffe, daß Du stets Deine ganze Kraft für die Revolution einsetzen mögest.« Mit diesen Worten brachte er seine große Hoffnung zum Ausdruck, die er in uns, die Kämpfer für die Revolution setzte.

Wenn man mit ihm sprach, hörte man aus seinen Worten die feste Zuversicht, daß die chinesische Revolution unter der weisen Führung des Vorsitzenden Mao und der KP Chinas siegreich sein würde. Oft sagte er: »Vor meiner Abreise möchte ich unbedingt den

Vorsitzenden Mao besuchen, um dann nach Moskau zu fahren und dort auch Stalin zu sehen. Dann werde ich über Warschau nach Wien zurückkehren. Wenn dort alles rot (das heißt die KP an der Macht) ist, dann werde ich sehr schnell wieder nach China zurückkehren. Wenn nur die Hälfte rot ist, so benötigt man mit der revolutionären Methode des Vorsitzenden Mao drei Jahre, um das Schwarze zu beseitigen, und dann kann ich nach China zurückkehren. Wenn aber alles schwarz ist, so wird es sechs Jahre dauern und noch länger, bevor ich zurückkomme.« Er sprach oft von seinem innigen Wunsch, die roten Fahnen des Marxismus-Leninismus überall wehen und eine rote Welt verwirklicht zu sehen. Später fragte er uns in scherzhafter Art: »Was meint ihr, in welcher Abteilung soll ich nach meiner Rückkehr arbeiten? – In der Sanitätsabteilung? – gut. Im Hauptquartier? – auch möglich.« Und er fragte weiter: »Wie heißt die Abteilung des Leiters Xiao? – Richtig, wir werden in der politischen Abteilung arbeiten.« Leider fiel mir damals nicht rechtzeitig ein, ihm zu sagen: »Wenn du wieder in China bist, wirst du sicherlich in Peking wohnen.«

Als er dies sagte, hatte er natürlich gedacht: »Nach der Niederlage der Japaner werde ich siegreich in die Heimat zurückkehren«, aber er konnte nicht wissen, daß Tschiang Kaischek nach der Kapitulation der Japaner den Bürgerkrieg entfachen und er selbst auf den Schlachtfeldern des Befreiungskampfes noch einige Jahre tätig sein würde. Ich nahm während der Angriffe im Herbst 1947 von ihm Abschied. Später hörte ich, daß er auch an den Abwehrkämpfen in Heishan und an den berühmten Feldzügen Liaoning-Shenyang und Beiping-Tianjin teilgenommen hatte. Erst am Vorabend des Sieges im Jahre 1949 nahm er von seinen chinesischen Kriegskameraden wirklich Abschied und kehrte zurück in seine Alpenheimat. *(Im Original ist hinzugefügt:* »In die vor langem verlassene Heimat von Marx.«)

In dieser Zeit des 30. Jahrestages der Gründung der Volksrepublik China nehme ich wieder einmal das Photo zur Hand, das er mir vor dreißig Jahren geschenkt hatte. Seine imponierende Gestalt ersteht mir sofort wieder vor Augen: ein Ausländer, der die chinesische Revolution zu seiner eigenen Sache gemacht, für die Abtragung der »drei großen Berge«, die auf dem chinesischen Volk lasteten, und für die Befreiung des chinesischen Volkes seine Jugend und Kraft hingegeben hat. Stets werde ich mich seines tiefen proletarischen Empfindens und seines großen internationalistischen Geistes erinnern. So wie die *Internationale* und *Der Osten ist rot,* von Dr. Rosenfeld in den bitteren Jahren und mitten im Kriegsgewirr voll Begeisterung in seiner fremden Art in chinesischer Sprache gesungen, auch heute noch in meinen Ohren tönen.

Liu Hongde, 20. 3. 1979

Achtundzwanzigstes Kapitel

Gesandter Stumvoll und die diplomatischen Beziehungen treten in den Ruhestand

Ein Blick in die ersten Blätter der Akten des österreichischen Außenministeriums aus dem Jahre 1948 verspricht hinsichtlich Chinas keine große Ergiebigkeit. Da und dort findet sich eine Eintragung, daß Zusendungen der nationalchinesischen Presseagentur empfangen und archiviert worden sind. Aktenstücke über den Staatsvertrag, das Verhalten der Besatzungsmächte in Österreich und das Südtirolproblem dominieren. Das ändert sich jedoch schlagartig mit den ersten Meldungen, die vom Gesandten Felix Stumvoll aus China eintreffen. Die häufigen und umfangreichen Berichte zeugen von den Bemühungen eines Mannes, der für seine Arbeit günstigere Umstände verdient hätte.

Felix Stumvoll, der erste in China stationierte Berufsdiplomat seit dem Zusammenbruch der Österreichisch-Ungarischen Monarchie, hatte noch zu Kaisers Zeiten Gelegenheit, im Reich der Mitte Erfahrungen zu sammeln. Ende 1908 wurde er dem Generalkonsulat in Shanghai als Konsularattaché und später dem Konsulat in Tianjin (Tientsin) zugeteilt[1]. Auch über seinen Vater, der Hausarzt bei der SVD in St. Gabriel bei Wien war, mag sich ein zusätzlicher Kontakt zu China ergeben haben. Als überzeugter Gegner Hitlers lehnte Felix Stumvoll dessen Angriffskriege ab und studierte Medizin, um nicht zum Militärdienst eingezogen zu werden[2]. Als Dr. med. übernahm ihn wieder das Außenamt nach der Befreiung Österreichs und entsandte ihn, der so viele Vorkenntnisse besaß, im Jahre 1948 nach China. Die chinesische Presse sparte nicht mit Vorschußlorbeeren:

Gesandter Dr. Felix Stumvoll

> ... Herr Dr. Stumvoll hat vor Ausbruch der chinesischen Revolution und kurz nachher mehrere Jahre in China gelebt. Er wurde im Jahre 1883 in dem wegen seines Erdöls bekannten Orte Zistersdorf geboren. Später übersiedelte er nach Wien, wo er die Konsularakademie besuchte ... In der Stellung (als »Rechtsberater« in Tientsin) verwendete Stumvoll die in der österreichisch-ungarischen Niederlassung in Tientsin eingehobenen Strafbeträge mit großem Erfolg zum Ausbau kommunaler Anlagen[3] ...

Die Regierungszeitung wußte über den österreichischen Diplomaten zu berichten:

> Der österreichische Gesandte ist 64 Jahre alt. Seine Ausdrucksweise ist von bezwingender Liebenswürdigkeit und Anziehungskraft. Er erklärte mit besonderem Nachdruck, daß keinerlei Mißverständnisse zwischen den beiden Ländern bestehen und daß er der uralten Kultur unseres Landes mit Ehrfurcht und Anerkennung gegenüberstehe[4].

Die Pressekonferenz, welche Stumvoll am Tage seiner Ankunft in Nanking am 19. Februar 1948 gegeben hatte, hatte offensichtlich auf die chinesischen Journalisten Eindruck gemacht. Sie berichteten, der österreichische Gesandte habe vom österreichisch-chinesischen Handel der Vorkriegszeit gesprochen, von der österreichischen Stahl-, Automobil-, Maschinen- und Papierproduktion, von den traditionellen Kontakten in den Bereichen von Medizin, Musik, Theater, Recht und Polizeiwesen und von der Bedeutung, die dem Studentenaustausch zwischen Österreich und China zukomme[5]. Zweifellos hatte Stumvoll wichtige Möglichkeiten der Förderung der gegenseitigen Beziehungen erkannt, und er schien entschlossen, diese nach besten Kräften zu nutzen. Am 5. März 1948 fuhr er – unter der Bedeckung zweier Militärautos, wie er Außenminister Gruber vielsagend berichtete – zwecks Überreichung seines Beglaubigungsschreibens zu Tschiang Kaischek. Stumvoll richtete an den Marschall eine englisch abgefaßte Ansprache, welche dieser erwiderte, danach kamen fünf Minuten Konversation, eine Photoaufnahme und ein zwanzigminütiger Empfang beim chinesischen Außenminister. Nachmittags statteten General Wu Siyu und Zeremonienmeister Liu Naifan stellvertretend für Tschiang Kaischek in der österreichischen Gesandtschaft einen Besuch ab und führten mit Stumvoll ein einstündiges literarisch-philosophisches Gespräch. Nach dem Bericht des Gesandten war alles glatt verlaufen, und er gab der Hoffnung Ausdruck, nach Mitte März im Embankment Building am Soochow Creek (Hongkew) in Shanghai, wo die meisten Österreicher lebten, eine Konsularabteilung eröffnen zu können[6].

Dennoch war sich der österreichische Gesandte bereits zum damaligen Zeitpunkt vollkommen klar darüber, daß der Bürgerkrieg, welcher damals in China herrschte, sich nicht bloß im militärischen Schutz für

Gesandte beim Besuch des Chefs der Kuomintang-Regierung auswirken würde. Die Situation, die er in China antraf, förderte nicht seine Sympathien für den Mann, der sein Beglaubigungsschreiben entgegengenommen hatte. Wenige Monate später berichtete Stumvoll nach Wien, daß zur Beendigung des Bürgerkrieges die Bildung einer Koalitionsregierung das nächstliegende wäre, »falls die Ausschaltung des derzeitigen Präsidenten Chiang und seines Klüngels möglich ist[7]«.

Doch vorderhand waren Kuomintang-Funktionäre das chinesische Visavis Stumvolls, und er zögerte nicht, alle sich bietenden Möglichkeiten zu nutzen, um China und Österreich einander wieder näherzubringen. Die österreichischen Leistungen auf dem Gebiet von Kultur und Wissenschaft waren in China nach wie vor angesehen, was dadurch bezeugt wird, daß das Peiping Union Medical College sich im Juli 1948 an den österreichischen Gesandten wandte und um Vermittlung für die Entsendung weiterer österreichischer Fachärzte ersuchte. Stumvoll unternahm auch den Versuch, österreichische Mediziner an katholischen Spitälern unterzubringen, doch Bischof Yu Bin, dem er mit einem Empfehlungsschreiben von Kardinal Innitzer einen Besuch abstattete, winkte ab und meinte, er solle es lieber bei den Protestanten versuchen, die mehr Spitäler hätten. In seinem Bericht an den österreichischen Außenminister bezeichnet Stumvoll den chinesischen Bischof als »Fahnenträger der Ecclesia militans«. Er übersah das politische Engagement des kirchlichen Würdenträgers ebensowenig wie dessen Einfluß. Stumvoll war überzeugt, daß der Bischof in der Presse und auch anderswo für Österreich Wege ebnen könnte, und legte Wert darauf, sich mit ihm gutzustellen. Der Bischof zeigte sich seinerseits an Österreich interessiert und äußerte Stumvoll gegenüber, es sei die allgemeine Meinung des chinesischen Volkes, »daß wir alles daransetzen werden, um Österreich aus seinen gegenwärtigen Schwierigkeiten zu helfen«. Obwohl Österreich keine Großmacht mehr sei, habe es doch seine Stimme im internationalen Rat der Völker. Nachdem Stumvoll bereits am 21. April 1948 in den *North China Daily News* einen Artikel *Was ist Österreich?* lancieren konnte, wurde er durch seine katholischen Verbindungen von der katholischen Tageszeitung *Yi Shih Pao* (Yi Shi Bao) eingeladen, für die Ausgabe vom 24. Oktober 1948 einen Artikel zum UNO-Tag zu schreiben. Stumvoll beschwor darin in ähnlicher Weise die in der chinesischen Geschichte verankerten Ideale von Brüderlichkeit und Humanität, wie er dies vorher in einem Vortrag am 5. September auf Einladung Yu Bins vor der katholischen Kulturvereinigung getan hatte; der Vortrag war von der gesamten katholischen Presse Chinas veröffentlicht worden[8].

Trotz dieser Erfolge war Stumvoll klug genug, zu erkennen, daß er angesichts der politischen Grabenkämpfe im Einflußbereich Tschiang Kaischeks und der politischen Rolle, welche Yu Bin dabei spielte, gut daran tat, diesen nicht übertrieben oft als Präsentator Österreichs einzusetzen. Am 27. Juli 1948 berichtete Stumvoll dem österreichischen Außenminister[9] von der Parlamentskonstituierung, bei der ein zu kurz ge-

OESTERREICHISCHE GESANDTSCHAFT IN CHINA
KONSULARABTEILUNG
EMBANKMENT BUILDING, ZIMMER 110/111
400 N. SOOCHOW ROAD
SHANGHAI (O)

TELEFON: 46373

TELEGRAMM-ADRESSE: AUSTROMISS SHANGHAI

GESCHAEFTSZAHL: 1449-3/48

GEGENSTAND:

Shanghai, den 25. Juni 1948.

Herrn
Dr. Leo Kandel,
9, Hatamen Street,
P E I P I N G.

Die oesterreichische Gesandtschaft in China, Konsularabteilung teilt Ihnen mit, dass S.E. Herr Minister Dr. Stumvoll am Freitag den 2. Juli in Peiping eintreffen und im Hotel Wagon Lits Wohnung nehmen wird.

Sie werden gebeten, dem Herrn Minister nach Moeglichkeit an die Hand zu gehen in ihn mit den Verhaeltnissen in der dortigen Kolonie vertraut zu machen.

DIE OESTERREICHISCHE GESANDTSCHAFT IN CHINA
KONSULARABTEILUNG

(R. Ott - Kanzler)

kommener Volksvertreter zum Gaudium des Publikums mittels eines mitgebrachten Sarges gegen politische Machenschaften Tschiang Kaischeks protestierte. Stumvoll vermerkte dies als eine »groteske Note«, welche nur die Beredsamkeit von Erzbischof Yu Bin beseitigen konnte, und ließ den Berichtsempfänger über seine Wertung jener Ereignisse nicht im unklaren: ihm scheine, »daß sich wieder eine Diktatur des Generalissimo ergeben« habe.

Stumvoll versäumte daher keine Gelegenheit, eigene Wege zu bahnen, auf denen er den Chinesen sein Land näherbringen konnte. Dazu benötigte er aber – vor allem in den fern von Nanking gelegenen Städten – die Unterstützung seiner in China ansässigen Landsleute. Auf einer Dienstreise, die ihn im Juli 1948 zu den ca. 200 Österreichern in Nordchina führte, mußte er allerdings feststellen, daß es gar nicht so einfach war, diese unter einen Hut zu bringen. Die alteingesessenen Alpen-

住平奧國僑民公會
北平南河沿八號

The Association of
Austrian Residents
in Peiping

電話(五)三三二一

Peiping. 11.Maerz 1947

BESTAETIGUNG

Die Stadtverwaltung von Peiping (Peking) hat am 23. April 1946 als Endergebnis einer Untersuchung ueber die politische Belastung von oesterreichischen Staatsangehoerigen hier am Platze amtlich erklaert, dass kein hier ansaessiger Oesterreicher ein Nazi oder ein Collaborationist war. Aus dieser Erklaerung geht hervor, dass Dr. Herbert Tichy waehrend seiner Anwesenheit in Peking seit September 1942 der oertlichen Nazipartei nicht angehoert und auch sich fuer diese nicht betaetigt hat.

VERBAND DER OESTERREICHISCHEN
RESIDENTEN IN PEIPING

i.A.

(G.Fuchs)

Österreichische Zensurstelle 503

1459

republikaner wollten sich mit den »zugereisten« Emigranten nicht immer verstehen und machten ihnen den Vorwurf, nur auf die eigenen Glaubensgenossen zu schauen und innerhalb österreichisch deklarierter Vereinigungen die Hilfeleistung an Nichtjuden bzw. getaufte Juden abzulehnen, während die nach China Geflüchteten den Vorwurf erhoben, daß die früher Gekommenen während der Kriegszeit stramme Nazis gewesen seien. In beidem mag ein Quentchen – oder mehr als ein Quentchen – Wahrheit stecken. Eine Österreicherin, die in Tianjin aufge-

OESTERREICHISCHE GESANDTSCHAFT IN CHINA

KONSULARABTEILUNG

EMBANKMENT BUILDING, ZIMMER 110/111

400 N. SOOCHOW ROAD

SHANGHAI (O)

TELEFON: 46373

TELEGRAMM-ADRESSE: AUSTROMISS SHANGHAI

GESCHAEFTSZAHL: 908/48

GEGENSTAND:

Shanghai, den 17. Mai 1948.

B e s c h e i n i g u n g .

Die oesterreichische Gesandtschaft in China bescheinigt hiemit, dass Herr Richard R e i c h f e l d, geb. am 8. Oktober 1891 in Wien, von Beruf Kaufmann, ausgewiesen mit Reisepass Nº 312/5168, Serie A Nº 1912, ausgestellt am 3. Oktober 1947 von der oesterreichische Gesandtschaft in Washington, in Shanghai Vize-Praesident der "ARA" (Austrian Residents' Association) war und sich hier in Abwesenheit einer Vertretung der oesterreichische Bundesregierung wertvolle Verdienste fuer die hier in der Emigration lebenden oesterreichischen Staatsangehoerigen erworben hat.

Herr Reichfeld verlaesst China aus Gesundheitsruecksichten und kehrt in seine Heimat nach Oesterreich zurueck. Alle Behoerden und Dienststellen in Oesterreich werden gebeten, ihm bei der Wiedererrichtung seiner Existenz in Oesterreich - dass er am 28. November 1938 infolge des Nationalsozialistischen Terrors verlassen musste - behilflich zu sein.

DIE OESTERREICHISCHE GESANDTSCHAFT IN CHINA
KONSULARABTEILUNG

(R. Ott - Kanzler)

wachsen ist, teilte den Autoren mit, daß sie zwar von ihrem Vater vom BDM bewußt ferngehalten worden sei, nicht wenig andere Landsleute aber ihre Kinder zu HJ und BDM geschickt hätten und selbst ganz gerne in Parteiuniform herumspaziert seien[10]. Als die Frau, deren Familie einen jüdischen Flüchtling aufgenommen hatte, später in Shanghai zum Vorsitzenden der Austrian Residents Association, Goldschmied, ging, bedauerte dieser, ihr keine wirksame Hilfe leisten zu können, da ihr Paß kein »J« aufwies. Das mag allerdings auch daran gelegen sein, daß bestimmte Hilfeleistungen zwar nicht von der ARA, wohl aber von den jüdischen Hilfsorganisationen, mit denen sie zusammenarbeitete, von zusätzlich zur österreichischen Staatbürgerschaft zu erbringenden Kriterien abhängig gemacht wurden.

Für eklatante Unduldsamkeiten der ARA gegenüber Nichtjuden konnten keine Beweise erbracht werden, und Gesandter Stumvoll hatte am Verhalten der Emigranten nichts zu beanstanden[11]. Er zog sie jenen Exponenten der österreichischen Residenten vor, welche sich als Nationalsozialisten hervorgetan hatten. Das zeitigte eine Reihe von Beschwerdebriefen, die aber vom österreichischen Außenamt als »unbegründet und persönlich« nicht berücksichtigt wurden[12]. In Peking hielt sich Stumvoll vom 3. bis zum 12. Juli auf und lud die ca. vierzig Österreicher zu einer Jause ins Hotel *Wagon Lits* ein. Dort bestellte er, wie er in seinem Bericht an das Außenamt[13] vermerkt, trotz der Quertreibereien nazitreuer Elemente den Zahnarzt Dr. Leo Kandel zum provisorischen Vertreter österreichischer Interessen und regte die Gründung einer chinesisch-österreichischen Kulturvereinigung unter Beteiligung einflußreicher chinesischer Persönlichkeiten an. Die Schaffung einer solchen Vereinigung erschien um so wünschenswerter, als Stumvolls Einladung an chinesische Studenten, an österreichischen Universitäten zu inskribieren, laut einem Bericht des *Peiping Chronicle* vom 7. Juli 1948 nicht weniger als vierzig Bewerber, darunter sogar Mongolen, erbrachte. Gleichzeitig berichtete die Zeitung von Stumvolls Absicht, einen Freundschafts- und Handelsvertrag anzustreben und die Chinesen mit österreichischer darstellender Kunst und Musik und die Österreicher mit chinesischer Kultur bekanntzumachen. In Tianjin traf Stumvoll 35 Österreicher an und bezeichnete die beiden Ärzte Dr. K. Goldschmied und Dr. L. Brüll als die wichtigsten von ihnen. In Qingdao (Tsingtau) waren es 37 Österreicher, die sich unter Leitung des Zahntechnikers Karl Lustig organisiert hatten. Auch an diesen Orten traf Stumvoll mit seinen dort ansässigen Landsleuten zusammen und informierte die chinesische Presse über seine Pläne[14].

Am 15. November 1948 wurde auf Initiative des Gesandten Stumvoll in Nanking eine *Sino-Austrian Cultural Association* gegründet. Zum Vorsitzenden wurde der Direktor der Staatsbibliothek, Jiang Fuzong, gewählt. Als seine Stellvertreter fungierten der provisorische Sekretär der österreichischen Gesandtschaft, E. J. Schwarz, und der Zollamtsdirektor Zhu Qi. Der Arzt Dr. F. Kobler, der damals ebenfalls bei der österreichischen Gesandtschaft angestellt war, übernahm die Leitung des Kontrollausschusses. Erklärtes Vereinsziel war, die kulturelle Zusammenarbeit zu fördern und die freundschaftlichen Beziehungen zwischen den beiden Nationen zu vertiefen. In einer Ansprache verglich der SACA-Vorsitzende Jiang die Preußen mit den Römern und meinte, Österreicher und Chinesen hätten eher Ähnlichkeit mit den alten Griechen[15]. Die Kuomintang-Prominenz blieb bei den Veranstaltungen der SACA in Nanking nicht aus. Zu Silvester wurde im eben fertiggestellten Klubhaus des deutsch-österreichisch-chinesischen Studentenverbandes gefeiert, und unter den erschienenen Gästen befanden sich neben Unterrichtsminister Zhu Jiahua der Marineminister, der Polizeidirektor und dessen Stellvertreter sowie der Bürgermeister von Nanking.

Dennoch verstand es Stumvoll, die SACA in Abstand von der Kuomintang-Regierung zu halten, und wies am 14. Juni 1949 in einem Brief an Dr. Leo Kandel darauf hin, daß es ihm gelungen sei, die Vereinigung vor allem auf »liberale und streng demokratische Hochschullehrer aufzubauen[16]«. Dem österreichischen Außenminister konnte Stumvoll am 10. Oktober 1949 berichten, daß die chinesisch-österreichischen Kulturvereinigungen in Nanking, Peking und Shanghai infolge der Vorsicht, die er hatte walten lassen, nicht politisch hervorgetreten seien, sondern »rein kulturelle und wirtschaftliche Ziele« verfolgten[17].

Warum agierte Stumvoll derart vorsichtig und vorausschauend? Nun, weil er an die dauernde Durchsetzung Tschiang Kaischeks weder glauben noch sie billigen mochte. Bereits am 17. November 1948 berichtete er nach Wien, die Regierungstruppen hätten sich durch das Zurückweichen der Streitkräfte Liu Bochengs täuschen lassen. Trotz der Siegesmeldungen befinde sich die Regierung Tschiang Kaischeks im Belagerungszustand. Der Erste Sekretär Tschiang Kaischeks, Zhan Pulei, dessen Sohn eben nach Österreich unterwegs sei, um an der Technischen Hochschule in Wien zu studieren, habe sich am 13. November 1948 aus Verzweiflung über die politische Lage vergiftet. Schon am 18. Mai 1948 hatte Stumvoll seine Eindrücke über die Machtverhältnisse in China an den österreichischen Außenminister weitergegeben. Als politische Kräfte führte er die »CC-Clique[18]« an, welche er als die »Himmler« Chinas bezeichnete. Bei der Erwähnung der »Chekiang-Clique« nahm er auf Zhu Jiahua Bezug, der direkten Zugang zu Tschiang Kaischek habe, Vorsitzender des deutsch-österreichisch-schweizerischen Studentenverbandes sei und versuche, sich mit der schweizerischen und der österreichischen Gesandtschaft gutzustellen. Die Sozialistische Partei Chinas sah Stumvoll ohne Rückendeckung durch das Volk, und die KP hatte sich seiner Meinung nach durch den »erbitterten Widerstand gegen Japan« zu einem der »Hauptfaktoren für die politische Zukunft Chinas emporgearbeitet[19]«. Damit hatte Stumvoll Wertungen vorgenommen, die er später noch rückhaltloser vorbrachte:

> In den 22 Jahren unumschränkter Kuomintang-Parteiherrschaft unter der Ägide ihres Diktators Chiang Kai-shek hat China kaum nennenswerte Fortschritte zu verzeichnen gehabt. Während die große Masse der Bevölkerung darbte, gelang es den vier großen Familien Chinas, den Chiang, den Kung, Soong und Chen, sowie einigen weiteren privilegierten Personen, auf Kosten der übrigen Bevölkerungsklasse Reichtum im Ausland sicher zu plazieren[20].
>
> Der weiße Terror Chiang Kai-sheks und der Machthunger der ihm nahestehenden Cliquen in der Zeit von 1927 bis zum Ausbruch des

chinesisch-japanischen Krieges sind die eigentlichen Gründe für den Zusammenbruch der Kuomintang und die jetzigen Erfolge der Kommunisten ... Das Gedankengut Mao Tse Tungs ist auf seinem profunden historischen Wissen und der Fülle seiner praktischen Erfahrungen im Verkehr mit Bauern und Arbeitern aufgebaut[21].

Nach dem Einmarsch der Volksbefreiungsarmee in Nanking schrieb er:

Die roten Truppen bewiesen durch ihre eiserne Disziplin und ihr freundliches Verhalten gegenüber der Bevölkerung, daß die von der Kuomintang verbreiteten Nachrichten über die brutale Haltung der kommunistischen Armee nichts als Greuelmeldungen waren[22].

Als der bevorstehende Einmarsch der kommunistischen Truppen sich bereits in intensiven Artillerieduellen ankündigte, hatte die SACA übrigens zu einer Veranstaltung eingeladen, die ungeachtet der kriegerischen Ereignisse auch durchgeführt wurde. Es war der Abend des 22. April 1949. Ein Vortragender erzählte von der alten chinesischen Musik. Shang Cheng-tsu, der Dekan der germanistischen Fakultät der Zentraluniversität Nanking, rezitierte unter anderem *Die Zigeuner* von Lenau, *Schloß Boncourt* von Chamisso, Goethes *Sänger*, Schillers *Teilung der Erde* und *Wer weiß wo* von Detlev von Liliencron. Dann setzte sich der österreichische Gesandte selbst ans Klavier und spielte Haydn, Mozart, Beethoven und Schubert. Kuomintang-Prominenz nahm an diesem Abend nicht mehr teil, sondern, wie Stumvoll berichtete, »nur mehr liberale Chinesen[23]«.

Mit der neuen Führung meinte Stumvoll zum Wohle Österreichs zumindest auf kulturellem Gebiet kooperieren zu können, und er unternahm dies mit Erfolg. Trotz des Fehlens offizieller Kontakte zur neuen chinesischen Staatsführung erreichte er, daß ihm von den kommunistischen Behörden kulturelle Betätigung gestattet wurde. Die SACA in Nanking arbeitete weiter und räumte als Geste des guten Willens in ihrem Gebäude zwei hochrangigen chinesischen Juristen Zimmer ein[24].

Bereits am 4. Juni 1949 trat die SACA mit einer Veranstaltung hervor, die chinesischen und österreichischen Liedern gewidmet war – vor allem solchen von Franz Schubert. Gesandter Stumvoll konnte 140 Gäste begrüßen, hauptsächlich Lehrer und Mitglieder des diplomatischen Korps. Während der Darbietungen kamen weitere 40 Gäste – zum Teil uniformierte Mitglieder des städtischen Unterrichtsamtes, die vorher eine andere Veranstaltung zu besuchen hatten, von der österreichischen aber unbedingt noch den letzten Teil hören wollten[25]. Am 19. August hielt Stumvoll einen Vortrag über das Schaffen der österreichischen Graphikerin Dr. Emma Bormann, die damals in Shanghai lebte, und illustrierte ihn mit einer Ausstellung von Holzschnitten der Künstlerin, welche sich in seinem Besitz befanden[26]. Während sich an

ÖSTERREICHISCHE GESANDTSCHAFT
IN CHINA

NANKING (5), den 8. August 1949
SHANGHAI LU
WU T'IAO HSIANG 12/1
TELEFON: 32652

TELEGRAMM-ADRESSE:
AUSTROMISS NANKING

Zahl N 917/49

Herrn Dr. Leo K a n d e l ,
9, Hatamen Street
P e i p i n g.

Lieber Dr. Kandel !

Ihr Schreiben vom 26. Juli Zl. PN 1330/49 langte am 3. August 1949 hieramts ein, kann aber erst heute von mir beantwortet werden, da ich nach einem unter den schwierigsten Verhaeltnissen verbrachten 12taegigen Dienstaufenthalt in Shanghai erst gestern wieder hier eingetroffen bin.

In Angelegenheiten der SACA kann ich Ihnen die erfreuliche Mitteilung machen, dass es mir trotz grosser Schwierigkeiten gelungen ist, am 3. August 1949 in Shanghai eine SACA zu gruenden, die, wie ich hoffe, bald erfolgreich wird arbeiten koennen. Es ist das unter den heutigen Verhaeltnissen, wo in Shanghai und anderen Grosstaedten Chinas Auslaendervereine ihre Taetigkeit einstellen mussten, ein einzig dastehender Fall. Weitere Einzelheiten hierueber werde ich Ihnen bekanntgeben, sobald sich eine Moeglichkeit hiezu bietet. Vorlaeufig sind 58 Mitglieder vorgemerkt.

Fahren Sie bitte nur in den gegebenen Richtlinien weiter fort. Ich hoffe sehr, dass Ihnen ein voller Erfolg beschieden sein wird und freue mich schon sehr auf Ihre weiteren einschlaegigen Nachrichten.

In Angelegenheit der Veraenderungen in der Oesterreicherkolonie Peiping erhalten Sie von meiner Konsularabteilung in Shanghai weitere Mitteilungen. Die Einschreiter moegen auf alle Faelle beglaubigte Photokopien ihrer Sproesslinge einsenden.

In Angelegenheit des Friedhofsbeitrages bestehen keine Bedenken, den auf die Oesterreicher entfallenden Anteil von der Oesterreicherkolonie hereinzubringen.

Wegen Ihrer eventuellen Absichten, Peiping zu verlassen, moechte ich Ihnen raten, doch lieber den weiteren Lauf der Ereignisse abzuwarten. Als Arzt finden Sie im Neuen China ein reiches Betaetigungsfeld und, wie ich glaube, gute Verdienstmoeglichkeiten. Menschlich genommen waere Ihr Abgang fuer die oesterreichische Propaganda ein schwerer nicht wettzumachender Verlust, da Sie ja doch stets die oesterreichische Idee in Peiping bezw. Nordchina hochgehalten und unsere dort lebenden Oesterreicher stets unentwegt betreut und zusammengehalten haben. Also bitte sprechen Sie mir nicht wieder von Reiseplaenen. Ich erinnere mich noch genau Ihrer Worte am Nordsee in Peiping, dass Sie in dieser wunderschoenen Stadt Ihren Lebensabend verbringen moechten.

Ich selbst bleibe unentwegt auf meinem Posten, da ich noch immer Optimist und ueberzeugt davon bin, dass mein Ausharren fuer Oesterreichs kuenftige Kultur- und Wirtschaftsbeziehungen zu China von ausschlaggebender Bedeutung ist, es sei denn, dass hoehere Stellen anders entscheiden sollten.

Es freut mich sehr, dass es Ihrer Assistentin Julia trotz aller Schwierigkeiten doch noch gelungen ist nach Hongkong und von dort weiter nach USA zu kommen.

Wegen der 6 in Harbin weilenden oesterreichischen Priester ist mir nichts Naeheres bekannt, und ich waere Ihnen fuer baldige Bekanntgabe weiterer Daten ausserordentlich verbunden. Inzwisahen haben sich eine Reihe oesterreichischer Emigranten aus Harbin bei mir gemeldet.

In Angelegenheit Bischoffshausen danke ich fuer Ihre lieben Bemuehungen und bitte um seinerzeitige weitere Nachricht.

Ich hoffe recht bald wieder von Ihnen zu hoeren und gruesse Sie und Ihre lieben Angehoerigen einstweilen aufs Herzlichste

Stets

Ihr

dieser Veranstaltung nur vierzig Personen beteiligten, besuchten 150 am 9. September »Eine Stunde österreichischer Musik – von den Klassikern bis zum Wienerlied«. Davon waren hundert chinesische Hochschullehrer und fünfzig Diplomaten. Das Programm wurde hauptsächlich von Herbert Ruff (Klavier), der vor 1938 Geschäftsmann gewesen war, und seinem Sohn Bernhard (Geige), einem professionellen Musiker, bestritten. Die Stücke von Schubert, Mozart, den Gebrüdern Strauß und Lehár wurden stark akklamiert[27]. Stumvoll setzte auch seine schon früher erfolgreich gewesenen Bemühungen fort, die chinesische Presse mit Informationen über Österreich zu versorgen[28], und startete auch mit Erfolg eine Broschürenreihe der SACA. Eine Nummer davon stellte das Nachkriegsösterreich vor, eine andere enthielt Beiträge über Walter von der Vogelweide (T. T. Tschang), den Puppenspieler Richard Teschner (F. Stumvoll), das alte chinesische Konzept des Menschen und der Nichtexistenz (Ni Chingyuan) und das Raumbewußtsein in der chinesischen Dichtung und Malerei (Tsung Pai-hwa)[29].

In Shanghai gelang es Stumvoll, trotz der Absenz diplomatischer Beziehungen zwischen Österreich und der neuen Führung in China mit Billigung und Beteiligung der Behörden, eine neue örtliche Sino-Austrian Cultural Association zu gründen. Die Konstituierung fand am 3. August 1949 im Haus des Industriellen H. Y. Yung statt. Vierzig Chinesen und fünfzehn Österreicher waren daran beteiligt. Sie wurde von Li Tiancai, dem früheren Sekretär von Marschall Zhang Xueliang[29], und Sun Qian, einem juristischen Berater der Shanghaier Stadtregierung, unterstützt[30]. Die Präsidentschaft übernahm Li Tiancai, und die beiden Berater der

Stadtregierung, Chuang Chen und Meng Chien-Shu, bildeten den Vorsitz. Stumvoll wurde zum Ehrenpräsidenten gewählt. Die neue Gesellschaft, deren Vorstand und Arbeitskreisen viele Professoren der Tongji- und der Jiaotong-Universität angehörten[31], nahm sich als Vereinsziel vor: a) die Förderung der chinesischen und österreichischen Kultur und b) die Vertiefung der freundschaftlichen Beziehungen zwischen den beiden Völkern[32].

In Peking gab es zwar schon eine SACA, die im Herbst 1948 ihre Arbeit aufgenommen[33] und sich die Förderung von »closer cultural relations« sowie »promotion of fellowship among members of similar interests« vorgenommen hatte. Neben Stumvoll fungierte Zhu Jiahua als zweiter Ehrenpräsident. Doch im Sommer 1949 wurde infolge der veränderten politischen Situation die Frage einer Neukonstituierung akut. Am 26. Juli 1949 berichtete der provisorische Vertreter österreichischer Interessen in Peking, Dr. Leo Kandel, an Stumvoll, Präsident Yuan Tongli und Vizepräsident Pater Eder seien »bei Nacht und Nebel verschwunden«, ohne daß eine Übergabe der Agenden an ihn möglich gewesen wäre[34].

Zweifellos waren für die Missionare in China schlechtere Zeiten angebrochen. Im Raum von Peking war – eine Pikanterie am Rande – der Freimaurer Dr. Kandel rührend um sie bemüht, verschaffte ihnen Pässe und kümmerte sich auch um ihr materielles Fortkommen. Ihre Arbeitsbedingungen hatten sich allerdings einschneidend verändert. Zu großer Beunruhigung sah der praktizierende Katholik Stumvoll vorerst keinen Anlaß. Seiner Meinung nach wollten die Kommunisten unter den Missionaren keine Märtyrer schaffen, erwarteten aber von den europäischen Geistlichen, daß sie sich den neuen Bedingungen anpaßten, eventuell sogar ein Handwerk ergriffen[35]. Tatsächlich konnte dies in einigen Fällen die Landesverweisung um ein gutes Stück hinauszögern. Als der Jesuitenbruder Johann B. Huber gemeinsam mit anderen Jesuiten eingesperrt werden sollte, lief der kommunistische Bezirkschef herbei und schrie empört: »So eine Schande, einen Arbeiter einzusperren!« Frater Huber ging frei, mußte aber doch zwei Jahre später China verlassen[36]. Die meisten seiner Mitbrüder waren schon vorher durch Urteile der Volksgerichte zur Abreise gezwungen worden[37]. Den anderen österreichischen Missionaren, die in China gearbeitet hatten, erging es ähnlich. Dem Pater Siegfried Kaler SVD, der im Kreis Shandan der chinesischen Provinz Gansu auf einer 2400 Meter hoch gelegenen Missionsstation Dienst tat, wurde zuerst vom örtlichen Kommissar über einen einheimischen Priester mitgeteilt, es wäre besser, wenn er außer Landes ginge. Als Kaler sich weigerte, mit der Bemerkung, er könne erst nach Abberufung durch seinen Oberen abreisen, wurde er mit den kommunistischen Reformplänen für die katholische Kirche konfrontiert, die darauf abzielten, den ausländischen Einfluß immer mehr zu reduzieren. Ziyang (selbst ernähren) – Zichuan (selbst missionieren) – Ziguan (sich selbst, d. h. ohne Rom, verwalten) waren die Parolen für eine nationale chinesisch-katholische Bewegung. Die ausländischen Priester sollten keinen Anteil daran haben. Kaler wurde anderthalb Jahre lang in seiner Station interniert. Schließlich wurde ihm ein Dokument überreicht, welches besagte, daß »dieser Ausländer« wegen Verdachtes der Spionage für die Imperialisten des Landes verwiesen werde[38].

Doch nicht nur die Priester bekamen Schwierigkeiten, sondern alle Ausländer, die in irgendeiner Form mit der Mission in Verbindung standen. Zu dem kleinen Kontingent der Österreicher, welche neben den Deutschen, Holländern und Belgiern für die SVD in China tätig waren, gehörte auch Bruder Konrad Heidegger, der in Gansu als Sekretär und Finanzreferent des Bischofs tätig gewesen war. Er erinnert sich, daß die chinesischen Kommunisten nach der Machtübernahme zuerst Religionsfreiheit propagierten und die Missionare in Lanzhou bloß beobachteten. Nach zwei Jahren kam es jedoch zu Verhaftungen. Heidegger, der Bischof und andere Mitbrüder wurden in verdunkelten Zellen eingekerkert und der unerlaubten Beziehungen zu Frauen und des Betruges beschuldigt. Ein Missionar wurde verrückt und verstarb in der Folge an eitriger Mittelohrentzündung. Dies versetzte die Provinzverwaltung in Aufregung. Eine Untersuchung wurde eingeleitet, und nachdem die Gefangenen vorher nur zweimal täglich einen Viertelliter heißes Wasser und nachmittags ein Stück Brot bekommen hatten, durfte nunmehr ihr früherer Koch nahrhafteres Essen bringen. Im Februar 1953 wurden Heidegger zu zehn und der Bischof zu fünfzehn Jahren Gefängnis wegen Spionage für die Vereinigten Staaten verurteilt und nachher ins Ausland abgeschoben. So mußten sie nicht nur im übertragenen, sondern auch im eigentlichen Sinne des Wortes ihre Herden verlassen, denn die SVD hatte im Richthofen-Gebirge auf 4000 Meter Höhe mit 200 Yaks und 800 Schafen eine florierende Milchwirtschaft betrieben.

Gewiß hatten den Missionaren in vielen Fällen ihre früheren guten Beziehungen zu Kuomintang-Beamten geschadet. Der Polizeipräsident von Gansu zum Beispiel hatte in Wien eine Polizeiausbildung genossen und sich nachher dem nationalsozialistischen Gedankengut zugewandt. Zweimal besuchte er den Parteitag in Nürnberg, und schöne Erinnerungen an jene stramme Zeit ließen ihn im fernen Gansu ein chinesisches *Kraft durch Freude*-Plakat entwerfen[39]. Noch mehr geschadet hat aber der Missionsarbeit das Verhalten der meisten westlichen Staaten in der Frage der Anerkennung der neuen Regierung in Peking. Vielleicht wäre sonst ein Modus vivendi möglich gewesen. Sogar der Vertreter des Vatikans in Nanking, Internuntius Riberi, legte Stumvoll indirekt nahe, nicht die Flucht der Tschiang Kaischek-Regierung nach Kanton mitzumachen, indem er ihm dezidiert mitteilte, das diplomatische Korps wolle im wesentlichen ungeachtet der Machtübernahme durch die Kommunisten in Nanking bleiben[40]. Der österreichische Gesandte befand sich also in Übereinstimmung mit dem Vertreter des Vatikans, als er befand, man müsse mit den chinesischen Kommunisten Kontakt aufnehmen und dürfe die Sache des Christentums in China nicht so schnell verlorengeben. In einem Brief an Außenminister Gruber berichtete er, die Missionierung sei unter den neuen Bedingungen erschwert, meinte aber gleichzeitig: »Trotzdem bin ich davon überzeugt, daß auch hier mit der Zeit ein Kompromiß gefunden werden wird, sobald starre Parteidisziplin sich den gegebenen Verhältnissen anzupassen gelernt hat[41]«.

Es sollte anders kommen. Die kommunistische Führung war zwar nicht am Verbleib der katholischen Geistlichen, sehr wohl aber an dem der westlichen Diplomaten interessiert. Wären diese geblieben, hätte sich vielleicht auch für die ersteren ein Weg gefunden. Das Verhalten der meisten westlichen Staaten in der Anerkennungsfrage raubte den Missionaren diese Chance. Ihnen war China zur Heimat geworden. Pater Kaler, der sich einst »für China oder Gansu« gemeldet hatte, war längst mit dem Land und seiner Bevölkerung vertraut, und als er weg mußte, weinte er wie viele andere Mitbrüder. Dennoch denken die meisten China-Missionare ohne Groll zurück, freuen sich über den Kontakt, den sie mit der chinesischen Bevölkerung hatten, und meinen, daß ihre Arbeit nicht vergeblich gewesen sei[41a].

Daß die österreichische Missionstätigkeit in China ihr Ende fand, lag sicherlich nicht am österreichischen Gesandten Felix Stumvoll. Kaum ein anderer hat sich so unermüdlich wie er für die Beachtung der realen Verhältnisse und die Anerkennung der Regierung in Peking eingesetzt.

Stumvolls Berichte waren ausführlich und wohlbegründet und schilderten die Situation in China so, daß eine Präferenz für Kontakte mit der neuen kommunistischen Führung daraus abzuleiten war. Am 8. November 1948 meldete Stumvoll an Außenminister Gruber, das diplomatische Korps beabsichtige in Nanking zu bleiben, »auch wenn eine stark kommunistisch geführte chinesische Koalitionsregierung zustande kommen sollte[41b]«. Spätere Entwicklungen im Zusammenhang mit dem Koreakrieg haben zu einer propagandistischen Verzerrung der Einschätzung der neuen chinesischen Führung durch die westlichen Staaten geführt. Die Sondergenehmigung, die den Autoren dankenswerterweise auch für die Durchsicht der noch unter Verschluß liegenden China-Akten im Haus-, Hof- und Staatsarchiv erteilt worden ist, ermöglicht ihnen den Nachweis, daß die damaligen Einschätzungen ganz andere waren. Bei seiner positiven Prognose für ein Arrangement mit den chinesischen Kommunisten konnte sich Stumvoll auf niemand anderen als den amerikanischen Botschafter John Leighton Stuart berufen. In seinem Bericht an Gruber vom 22. November 1948 gab Stumvoll wieder, was ihm der amerikanische Missionschef gesprächsweise mitgeteilt hatte: »Die rote Partei Chinas habe jedes Interesse, im Falle eines entscheidenden Sieges über die Zentralregierung sich dem Ausland gegenüber als Partei der Ruhe und Ordnung zu zeigen . . .« Es sei »von seiten der Kommunisten nichts zu befürchten, da diese sich aller Voraussicht nach für die eheste Wiederherstellung normaler geordneter Verhältnisse mit größtem Nachdruck einsetzen« würden[42]. Als der stellvertretende Protokollchef des Außenamtes der Tschiang Kaischek-Regierung, Wang Kiding, am 19. Januar 1949 bei Gesandten Stumvoll vorsprach und der Hoffnung Ausdruck gab, Stumvoll werde in Anbetracht der freundschaftlichen Beziehungen zwischen beiden Ländern mit der Regierung nach Kanton übersiedeln, meinte der amerikanische Botschafter zu Stumvoll, diese Sonderaktion des Protokolls stelle ein »ziemlich plumpes Manöver« dar[43]. Ähnlich ablehnend hatte sich schon vorher der britische Botschafter, Sir Ralph Stevenson, geäußert, indem er Stumvoll mitteilte, seiner Meinung nach sei die Position Tschiangs »heute vollkommen untergraben«. »Fast alle im Volk« hätten »das Vertrauen verloren[44]«. Auch Stevenson war der Ansicht, das neue Regime wolle sich mit dem Ausland gutstellen, und er gab Stumvoll den Rat, von Wien für den Fall der Einnahme Nankings durch die Kommunisten keine Instruktionen zu erbitten, sondern sich nach den Erfahrungen und der konkreten Lage zu orientieren. Dieser Auffassung stimmte Stumvolls vorgesetzte Dienststelle zu. Stumvolls Bericht trägt folgenden, am 20. Januar 1949 in Wien vom Außenminister oder vom Generalsekretär stammenden handschriftlichen Vermerk:

> Gesandter Stumvoll kann nichts Besseres tun, als sich der besonnenen und klugen Haltung des britischen Botschafters anzuschließen. Da er dies zu beabsichtigen scheint, sind Instruktionen überflüssig.

Dementsprechend fand der Gesandte der Tschiang Kaischek-Regierung bei Außenminister Gruber taube Ohren, als er am 27. Januar vorsprach, um eine Instruktion an Stumvoll zu erwirken, des Inhalts, dieser möge der Kuomintang-Regierung nach Kanton folgen. Der österreichische Außenminister eröffnete ihm, daß die österreichische Regierung sich in der Frage der Verlegung des Amtssitzes des österreichischen Gesandten an die Majorität der in Nanking vertretenen Staaten, insbesondere an die USA, Großbritannien und Frankreich, halten werde[45].

Das diplomatische Korps in Nanking zeigte eine einheitliche und eindeutige Haltung. In einer Geheimsitzung am 22. April 1949 kamen die ausländischen diplomatischen Vertreter überein, nicht zu übersiedeln, sondern abzuwarten und nach dem Fall Nankings mit den kommunistischen Behörden Kontakt aufzunehmen. Da von kommunistischer Seite zu diesem Zeitpunkt noch keine Zentralregierung gebildet worden war, zu der diplomatische Beziehungen unterhalten werden konnten, sah man in der Aufnahme oder Aufrechterhaltung konsularischer Beziehungen die beste Lösung[46].

Die chinesische Volksbefreiungsarmee marschierte in Nanking früher ein, als so mancher vermutet hatte. Am 30. April kabelte Gesandter Stumvoll im Wege über die britische Botschaft:

> After occupation Nanking Liberation Army no contacts with consular department Shanghai possible stop Legation undamaged all well[47].

Am 7. Mai 1949 meldete sich Stumvoll wiederum über das britische Foreign Office telegraphisch in Wien:

> ... Informal contacts with Foreign Residents Affairs Commission Nanking established today.

Das Amt für die Angelegenheiten der ausländischen Residenten, das damals unter Leitung des heutigen chinesischen Außenministers Huang Hua stand, legte seinerseits ebenfalls großen Wert darauf, daß es sich um »informelle« Kontakte handelte, um den ausländischen Diplomaten die Aufnahme offizieller diplomatischer Beziehungen um so schmackhafter zu machen. Die an ihre Privilegien gewohnten Diplomaten wurden kaum anders als Privatleute behandelt. Postverkehr durften sie nicht im Namen der Gesandtschaft, sondern nur im eigenen Namen führen, Chiffre-Telegramme waren verboten, selbstverständlich durften sie nicht mehr mit CD-Plaketten fahren, und die Neuregistrierung der Nummerntafeln mußte auf den Namen vorgenommen werden. Im übrigen durften nicht beliebig viele Wagen angemeldet werden. Mit der ihnen eigenen jahrtausendealten Meisterschaft im Klassifizieren gestanden die chinesischen Behörden Großmächten je fünf, mittleren Mächten je drei Autos und kleinen Staaten je ein Auto zu. Demgemäß verfügte die österreichische »Gesandtschaft« über einen Pkw, ein Motorrad und zwei Dienstfahrräder. Trotz dieser Auswahl verschiedener Fortbewegungsmittel war die Bewegungsfreiheit »aus Sicherheitsgründen« auf das engere Stadtgebiet beschränkt. Stumvoll mußte »ein schweres Herzleiden« als Begründung angeben, um die Erlaubnis zu erhalten, auf eine Woche Shanghai zu besuchen, wo sich immer noch vier- bis fünfhundert Österreicher aufhielten. Sein Gepäck wurde dabei einer genauen Kontrolle unterworfen, was ihn sichtlich ärgerte[49]. Obwohl ihn diese Behandlung, die man dem kanadischen und dem australischen Botschafter erspart hatte, hart traf, versuchte sich Stumvoll in die Mentalität der neuen chinesischen Führung hineinzuversetzen, sah derlei Aktionen gegen die Ausländer als eine »Art natürlicher Reaktion auf die in der Vergangenheit erlittenen Demütigungen« an und erinnerte in diesem Zusammenhang an die berüchtigte Verbotstafel eines früher Ausländern vorbehaltenen Parks in Shanghai: »Chinese and dogs not admitted[50].« Trotz dieser Einschätzung scheinen ihm die eingeschränkten Arbeitsbedingungen recht lästig gewesen zu sein. Nachdem er in einem mit 12. August 1949 datierten Schreiben über die schwierigen Verhältnisse in Nanking geklagt hatte, schloß er daran die Feststellung: »... Aber die Verlegung der Hauptstadt nach Peking schafft für das diplomatische Korps neue Aspekte – und Hoffnungen«, wie er vielsagend hinzufügte[51].

In Wien war man vorerst geneigt, Stumvolls Hoffnungen auf eine Akkreditierung bei der neuen chinesischen Regierung zu nähren. Als der Gesandte der Tschiang Kaischek-Regierung am 5. Mai 1949 beim Generalsekretär des österreichischen Außenamtes, Wildner, erschien und darauf drang, Stumvoll möge bei seinen Nankinger Kollegen, vor allem beim britischen Botschafter, stärker die Auffassung der nunmehr in Kanton befindlichen Regierung vertreten, wehrte Wildner mit dem Hinweis ab, die Sicherheit der in China residierenden Österreicher müsse bei der Tätigkeit Stumvolls im Vordergrund stehen[52]. Und Stumvoll bemühte sich in seinen Berichten, die Wiener Stellen in dieser Haltung zu bestärken. Am 2. September gab er in einem Schreiben dem österreichischen Außenminister zu bedenken, daß die österreichische Gesandtschaft zu den wenigen zähle, die gegenüber der neuen chinesischen Führung nicht belastet sei. Außer der österreichischen Gesandtschaft hätten es bloß die Vertretungen des Vatikans, der Schweiz und der Türkei vermieden, sich in Kanton durch einen Diplomaten repräsentieren zu lassen, während die Sowjetunion in Kanton sogar durch ihren Botschafter vertreten gewesen sei. Er plädiere deshalb dafür, die österreichische Vertretung nicht völlig aufzulassen, weil dies spätere kulturelle und kommerzielle Kontakte sehr erschweren könnte[53].

Bald darauf meldete sich Stumvoll wieder mit einem Bericht und meinte, die militärischen Erfolge der Kommunisten und die für Oktober in Aussicht genommene Regierungsbildung machten eine baldige Anerkennung durch die Westmächte – vor allem durch Großbritannien und die Commonwealth-Staaten – wahrscheinlich. »Das neue China will leben«, schrieb er und sagte dessen Anpassung an »gegebene Wirklichkeiten« voraus. Auf diese Präliminarien ließ Stumvoll Kernsätze folgen, die sein eigentliches Anliegen enthüllen:

> Angesichts der erhöhten Bedeutung dieses diplomatischen Postens harren sämtliche diplomatischen Missionen Chinas in Nanking bzw. Shanghai – wenn auch mit zum Teil stark reduziertem Stab – weiter hier aus, um einen möglichst glatten und reibungslosen Übergang in die neue Ära zu finden[54].

Nachdem am 28. September 1949 das neue Staatsgrundgesetz beschlossen und ein dringliches Telegramm an die Vereinten Nationen bezüglich der Gründung der Volksrepublik China und der alleinigen Vertretungsbefugnis ihrer Regierung von der chinesischen Nachrichtenagentur verlautbart worden war, unternahm der österreichische Gesandte einen neuen Vorstoß:

> Damit ist die Frage der Anerkennung des Neuen China durch das Ausland in ein akutes Stadium getreten[55] . . .

Dieser Meinung war auch die neue Volksregierung. Am 1. Oktober betonte Mao Zedong die Bereitschaft, auf Basis der Gleichheit, des gegenseitigen Vorteils und des gegenseitigen Respekts für die territoriale Souveränität diplomatische Beziehungen aufzunehmen. Gesandter Stumvoll reagierte am 5. Oktober mit einem Chiffre-Telegramm:

Nanking diplomatic representatives having no consulate Peking invited by Foreign Affairs director Nanking October 3rd transmit their governments following oral communication: Eight consulates in Peking received Foreign Minister's and President Mao's declaration 1. October. Nanking mission will receive both documents soon. Ciphered reply possible please cable attitude regarding recognition; commercial and cultural prospects promising[56].

Huang Hua, damals Direktor des Ausländeramtes in Nanking, hatte die Chefs der ausländischen Missionen telephonisch einladen lassen, um ihnen ein Schreiben mit dem Angebot Mao Zedongs zu übergeben[57]. Tags darauf brachte sich das Amt Huang Huas nochmals auf formlose Weise in Erinnerung. Der Vizedirektor des Ausländeramtes, Chen Yin, erschien in der österreichischen Gesandtschaft, um ein mit Beilagen versehenes Schreiben des chinesischen Außenamtes zu deponieren. Er legte keinen Wert darauf, den Gesandten persönlich zu treffen, bat aber um dessen Unterschrift auf der Empfangsbestätigung. Vom Botschaftssekretär, der ihn empfing und ihn mit Pressemitteilungen und SACA-Schriften versorgte, versuchte Chen Yin die Haltung der österreichischen Regierung herauszubekommen. Doch die kannte auch der österreichische Gesandte noch nicht. Die Erklärung Mao Zedongs war von einem Brief Zhou Enlais begleitet, in dem der chinesische Außenminister unter anderem ausführte: »Ich erachte es für notwendig, daß normale diplomatische Beziehungen zwischen der Volksrepublik China und allen Staaten der Welt hergestellt werden.« Stumvoll übermittelte beide Schreiben nach Wien, mit der Bitte, ihn »in die Lage zu versetzen, dieselben zu einem den Umständen angemessen erscheinenden Zeitpunkt beantworten zu können[58]«.

Stumvoll war überzeugt, daß es eine lohnende Aufgabe sei, die österreichische Kultur im neuen China weiter zu verbreiten, und wies auf die durch die Sino-Austrian Cultural Associations in Nanking, Shanghai und Peking gegebenen Möglichkeiten[59], die um so leichter genutzt werden könnten, als der chinesische und der österreichische Geist viele verwandte Seiten hätten und man im Norden wie im Süden Chinas überall Wiener Weisen hören könne[60]. Gleichzeitig warnte er davor, die in China lebenden Österreicher ohne diplomatische Betreuung zu lassen[61].

Das heißt aber nicht, daß Stumvoll einer Anerkennung um jeden Preis das Wort geredet hätte. Nachdem die DDR von China anerkannt worden war, registrierte er die bei anderen Gesandtschaften entstandene Verunsicherung und riet zu Abwarten und einer »gesichtsbewußten Reserve[62]«. Seine grundsätzliche Einstellung wurde durch derlei Ereignisse aber nicht ins Wanken gebracht. Nach der Anerkennung der Pekinger Regierung durch Australien regte er an, sich an diesem Beispiel zu orientieren und sich an die gegebenen Fakten zu halten:

Ob die chinesische Volksrepublik diese Kontrolle auch in Zukunft wird ausüben können, scheint meines Erachtens für die Frage der Anerkennung genau so irrelevant wie seinerzeit anläßlich des Sturzes der Mandschu-Dynastie. Nur die tatsächlichen Verhältnisse entscheiden[63] . . .

Stumvoll warnte vor einer Isolierung Chinas, die das Land vielleicht gegen seinen Willen in eine weitgehende Abhängigkeit von der Sowjetunion bringen könnte[64], und erblickte in der amerikanischen Haltung Unklarheit und Inkonsequenz:

Man kann sich meines Erachtens gegebenen Tatsachen gegenüber um so weniger verschließen, wenn man die in der Vergangenheit gemachten Fehler selbst offen zugegeben hat[65].

Eine allzu enge Verknüpfung der österreichischen mit der amerikanischen Position in der Anerkennungsfrage lehnte Stumvoll ab und vertrat die Auffassung, es genüge, sich die Entscheidung Großbritanniens zum Vorbild zu nehmen. Nach der Spaltung in der Kuomintang zwischen dem legitimen Präsidenten Li Zongren und dem im Besitz der Parteimacht befindlichen Tschiang Kaischek meinte Stumvoll, dies bedeute auch eine außenpolitische Schwächung der Kuomintang-Kräfte, und berichtete unter anderem nach Wien:

Vor allem ist ihre Stellung in der UNO nahezu unhaltbar geworden. Hiedurch ist aber auch die Anerkennungsfrage der Pekinger Zentralregierung in ein akutes Stadium getreten. Sollte, wie in hiesigen informierten Kreisen erwartet wird, die Anerkennung Großbritanniens schon im Januar oder Feber des kommenden Jahres stattfinden und Österreich ihm bald folgen, so würde dies die außerordentlich schwierige Position der österreichischen Gesandtschaft in China meines Erachtens wesentlich erleichtern[66].

Infolge der damaligen Viermächtebesetzung Österreichs sah man sich aber im österreichischen Außenministerium nicht in der Lage, auf Stumvolls Anliegen einzugehen. Die Vereinigten Staaten zeigten sich über die britische Haltung in der Anerkennungsfrage nicht begeistert[67], und das österreichische Außenamt scheint gezögert zu haben, ähnliche Irritationen in den USA hervorzurufen. Um die Frage nicht gleich entscheiden zu müssen, wählte man eine »österreichische« Lösung. Man sagte weder ja noch nein, sondern erinnerte sich, daß Gesandter Stumvoll das Pensionsalter erreicht hatte, und schickte ihn in den Ruhestand. Gleichzeitig beauftragte man ihn, die österreichische Gesandtschaft »aus finanziellen Gründen« zu schließen[68].

Das bedeutete für den aufopferungsvoll und erfolgreich tätigen Stumvoll keinen geringen Schock. Auf dem Umweg über die amerikanische

Botschaft in Nanking und die österreichische Vertretung in Washington erstattete er Bericht, wie er weisungsgemäß am 22. Dezember im Office of Alien Affairs vorgesprochen und von der Entscheidung der österreichischen Regierung Mitteilung gemacht hatte. Dabei habe er nicht verfehlt, die in der Instruktion genannten Gründe für die Schließung der Gesandtschaft sämtlich anzuführen: seine bevorstehende Pensionierung, das Fehlen eines geeigneten Nachfolgers und die beengte finanzielle Lage Österreichs. Die chinesischen Funktionäre, die sicherlich Gelegenheit gehabt hatten, den Telegrammaustausch zwischen Nanking und Wien zu verfolgen, hätten sich allerdings informiert und pikiert gezeigt. Sarkastisch meinten sie, es scheine eigenartig, daß die österreichische Regierung oder Herr Stumvoll selbst so großen Wert auf pünktliche Pensionierung legten. Das Fehlen eines geeigneten Nachfolgers könne nicht als sachlicher Grund angeführt werden, und überdies sei es auffallend, daß die Nachbarstaaten des Sowjetblocks alle ihre diplomatischen Vertreter aus China zurückzögen. Eine solche gemeinsame Aktion müsse tieferliegende Gründe haben. Obwohl die chinesischen Beamten eine unfreundliche und ironische Sprache geführt hätten, sei immerhin das Versprechen gegeben worden, gegen die in China lebenden Österreicher keine Repressalien zu ergreifen.

Stumvoll erklärte – vielleicht in der Absicht, das Steuer doch noch herumzureißen –, er sei bestürzt und bezüglich des Schicksals der in China zurückbleibenden Landsleute in großer Sorge. Daran schloß er die Frage, ob sich die Stellen in Wien nicht entschließen könnten, zur Wahrung der österreichischen Interessen in China wenigstens eine Schutzmacht zu bestellen. Damit wollte er trotz seines Abganges eine gewisse Kontinuität schaffen, was auch in Wien erkannt wurde. Im Außenamt wurde Stumvolls Bericht der handschriftliche Vermerk beigefügt, eine Vertretung Österreichs etwa durch die Schweiz würde eine de-jure-Anerkennung der Pekinger Regierung implizieren, mit der aber bis zu einer Einigung zwischen den USA und Großbritannien in der chinesischen Frage zuzuwarten sei. Gegenwärtig sei es nicht ratsam, »daß Österreich sich im Gegenstand in irgendeiner Weise exponiert[68a]«.

So gab es einen rührenden Abschied von der Nankinger SACA, deren Funktionäre Stumvoll trotz ihrer kleinen Gehälter ein großes Bankett gaben, an dem alle Dekane der Nankinger Universitäten und zwei Professoren der Jinling-Universität teilnahmen. Stumvoll sagte, sein Herz werde stets bei der Nankinger SACA bleiben, mit der er eine Brücke zwischen Österreich und China schlagen wollte. Professor Shang sprach die Hoffnung aus, daß die Anerkennung der Pekinger Regierung durch Österreich bald erfolgen und Stumvoll als Botschafter nach Peking gehen werde[69].

Etwas besser als im offiziellen Bericht kommen Stumvolls Gefühle in einem Brief an seinen Vertrauensmann in Peking zum Ausdruck[70]:

Geschaeftszahl:L363/50

Gegenstand: Oesterreicherkolonie in Peking
und Liquidierung dieser Gesandtschaft.

Shanghai, den 6. Feber 1950.

Herrn Dr. Leo Kandel,
9, Hatamen Street,
P e k i n g.

Lieber Dr. Kandel !

Ihnen fuer alle Ihre freundlichen Bemuehungen im Interesse unserer Oesterreicher in Nordchina nochmals bestens dankend, moechte ich Ihnen in Bestaetigung Ihres Briefes vom 31. Jaenner 1950 nur kurz mitteilen, dass die Liquidierung der oesterreichischen Gesandtschaft in China einschliesslich der Konsularabteilung, soweit i c h hierueber informiert bin, aus personellen und finanziellen Gruenden verfuegt wurde.

Ich selbst wurde mit Ende Dezember 1949 wegen Ueberschreitung der gesetzlichen Altersgrenze - ich bin am 27. Dezember 1949 66 Jahre alt geworden - in den dauernden Ruhestand versetzt und fuehre die Liquidierung der Gesandtschaft ab 1. Jaenner 1950 lediglich als Pensionist weiter.

Die Konsularabteilung Shanghai wurde gemaess einer den zustaendigen chinesischen Lokalbehoerden in Nanking und Shanghai am 18. Jaenner 1950 bekanntgegebenen gleichlautenden Notifikation ab 20. Jaenner 1950 fuer den allgemeinen Parteienverkehr geschlossen. Alle in Nanking und Shanghai befindlichen auslaendischen diplomatischen und konsularischen Vertretungsbehoerden wurden um etwa die gleiche Zeit von der Liquidierung dieser Gesandtschaft offiziell in Kenntnis gesetzt.

Eine Entscheidung ueber die Anerkennung der chinesischen Zentralregierung des Volkes seitens Oesterreichs ist bisher nicht erfolgt, ebensowenig ueber die von mir angeregte Uebernahme des kuenftigen Interessenschutzes der in China lebenden Oesterreicher durch eine befreundete Macht.

Mein weiterer Aufenthalt in China haengt von der Erledigung verschiedener noch schwebender Liquidierungsangelegenheiten seitens der chinesischen Behoerden und von den durch die Blockade Shanghais bedingten Ausreisemoeglichkeiten ab. Doch hoffe ich - fuer den Fall dass alles wider Erwarten doch noch glatt geht, - um den 20. Maerz d.J. mit einem amerikanischen Dampfer via Hongkong nach USA ausreisen zu koennen. Die in all diesen Belangen vorliegenden und noch zu erwartenden Schwierigkeiten lassen sich schriftlich leider nicht wiedergeben.

Wegen Canetti habe ich nochmals gedrahtet. Fuer die Oesterreicherliste meinen besten Dank!

/.

- 2 -

Und nun noch meine besten Wuensche fuer Ihre baldige Genesung und eine gute Zukunft!

Arbeiten Sie bitte, soweit als moeglich, fuer Oesterreich und die SACA weiter! Zu diesem Behufe sende ich Ihnen separat noch einige Propagandaliteratur, darunter auch das erst kuerzlich erschienene SACA Journal ueber Oesterreichs Wirtschaft und Handel. (Einstweilen anbei ein Probeexemplar.)

Mit vielen herzlichen Gruessen

Ihr

Beilage: 1.

Das Abreisedatum, welches Stumvoll in seinem Brief an Kandel angab, konnte er nicht einhalten. Nach Verlust seiner Anwartschaft auf Akkreditierung in China war er Privatmann ohne jegliches Privileg und den chinesischen Ausreisevorschriften voll unterworfen. Die Behörden ließen sich mit der Genehmigung des Ausreisevisums betont Zeit, zumal es ein Landsmann Stumvolls für gut befunden hatte, diesen wegen verbotenen Besitzes wertvoller Antiquitäten – Stumvoll besaß eine schöne Sammlung chinesischer Siegel – anzuzeigen[71]. So verlängerte sich der Aufenthalt des pensionierten Gesandten in China, und er benützte ihn, um nach Wien weiterzuberichten. Die Lektüre des Schreibens, das er am 30. Juni 1950 in Tianjin verfaßt hat – mangels einer Schreibmaschine fertigte er auch die Zweitschrift mit der Hand an –, macht einem das Herz schwer. So schreibt ein Mann, der sich weit über seine Verpflichtungen hinaus eingesetzt hat und nun auch die geringsten Früchte seiner Anstrengungen verlorengeben muß:

> . . . Ohne offizielle österreichische Unterstützung können die Österreich in China seit jeher entgegengebrachten Sympathien leider nicht mehr in Erscheinung treten. Die Position Österreichs in China war bis zur Liquidierung dieser Gesandtschaft mangels jeglicher politischer Tendenzen die denkbar günstigste; die Aufnahme wirtschaftlicher Beziehungen durch keinerlei Bedenken gehemmt . . .
> Nichts von dem, was ich in zweijähriger intensiver Arbeit vorbereitet und aufgebaut bzw. dessen Reste ich jetzt noch mühsam erhalten habe, kann unter den gegebenen Verhältnissen verwertet oder realisiert werden[72] . . .

Am 15. Juni 1950 hatte die Gesandtschaft der Tschiang Kaischek-Regierung ihre Tätigkeit in Österreich eingestellt[73]. Am 3. Juli verließ

Stumvoll China mit dem Schiff. Damit traten die diplomatischen Beziehungen zwischen China und Österreich gleich ihm in einen Ruhestand. Ein tragisches Schicksal für einen Mann, der so viel Scharfsicht und Einfühlungsvermögen besessen hatte, daß er zum Beispiel schon 1948 das Verhältnis zwischen Lin Biao und Mao Zedong wegen einer prosowjetischen Tendenz Lin Biaos und einer auf die Unabhängigkeit Chinas bedachten titoistischen Position Mao Zedongs als gespannt angesehen hatte[74]. Hier war der rechte Mann zur unrechten Zeit am rechten Platz!

ANMERKUNGEN

1 *Jahrbuch des k. u. k. Auswärtigen Dienstes* 1909, S. 354; HHStA, 1948, pol. Österreich 2/112.024 Presseberichte.

2 Interview mit Dr. Leo Kandel im Jahre 1977. Sein Medizinstudium hatte Stumvoll nach Auskunft des Universitätsarchivs allerdings schon vor der Machtübernahme Hitlers in Österreich begonnen.

3 *Ta Kan Pao* vom 19. Februar 1948, HHStA, 1948, pol. Österreich 2/112.024.

4 *Zhongyang Ribao* vom 19. Februar 1948, ebd.

5 Ebd.

6 Stumvoll an Außenminister Karl Gruber am 5. März 1948, HHStA, 1948, pol. Österreich 2/112.024.
In seiner an Tschiang Kaischek gerichteten Rede betonte Stumvoll zuerst, er sei stolz, zum ersten österreichischen Gesandten in China seit dem Ersten Weltkrieg bestellt worden zu sein, und fuhr dann fort: »A heavy responsibility rests on all of us to build safe and strong foundations for a lasting peace. We are all engaged in a great collaborative effort and it is my sincere wish that the renewal of political and commercial relations between the two countries may promote the friendly intercourse between the peoples and be a not insignificant element in their simultaneous progress in peace and prosperity.«
Die Antwort Tschiang Kaischeks enthielt folgende Kernsätze:
»In extending my hearty welcome to you today, I wish to assure you that the Chinese Government fully shares with you the desire of strengthening the traditional bonds of friendship which have subsisted between our two countries, and I am sure that the people of China will spare no effort in cooperating with the Austrian people for the purpose of promoting the commercial and cultural ties between them and bringing about the realization of the desire you have expressed.«
Zhongyang Ribao brachte am 6. März den vollen Text beider Ansprachen sowie Photos, *China Daily News* veröffentlichten am selben Tag Auszüge aus den Reden.

7 Stumvoll an Gruber am 5. November 1948, HHStA, 1948, pol. GZ (Geschäftszahl) 119264.

8 Stumvoll an Gruber am 10. April 1948, HHStA, 1948 pol. GZ 113.318, Stumvoll an Gruber am 8. September 1948, ibd. GZ 117.491.

9 HHStA, 1948, pol. GZ 116.408.

10 Interview mit Frau Eva Bodenstein (geborene Skoff) im Dezember 1979. Diese Darstellung findet durch Erkundigungen, die Gesandter Stumvoll persönlich vorgenommen hat, ihre Bestätigung. Vgl. Bericht vom 28. Juli 1948 an das Bundeskanzleramt – Auswärtige Angelegenheiten, HHStA, 1948, pol. GZ 116.702, China 49.

11 HHStA, 1949, pol. GZ 80.133/China 12, Amtsvermerk vom 10. Januar 1949.

12 Die Beschwerdebriefe liegen in einer Beilage zu 1948, pol. GZ 116.702, China 49.

13 Siehe Anmerkung 10.

14 Berichte darüber erschienen am 15. Juli 1948 in der Tientsiner *Min Jeh Pao* und am

21., 23. und 24. Juli im Tsingtauer *People's Herald,* wobei besonders die Möglichkeiten für chinesische Studenten, in Österreich zu studieren, Beachtung fanden.

15 Stumvoll an Bundeskanzleramt – Auswärtige Angelegenheiten am 10. Januar 1949, HHStA, GZ 81.022, China K/80.075.

16 HHStA 1949, GZ 87.448, China K/80.075.

17 HHStA 1949, GZ 88.527, China 3/80.109.

18 So benannt nach den beiden Chen, den äußerst reaktionären Kuomintang-Politikern Chen Guofu und Chen Lifu.

19 Stumvoll an Gruber am 18. Mai 1948, HHStA, GZ 134.363, China 3/114.363. Der Bericht trägt einen Vermerk des Kabinettsdirektors, daß der österreichische Bundespräsident die Ausführungen Stumvolls »mit großem Interesse« gelesen habe.

20 Stumvoll an Bundeskanzleramt am 6. Juni 1949, HHStA, GZ 86817, China 3/80.109.

21 Stumvoll an Gruber am 18. Mai 1949, HHStA, GZ 85.949, China 3/80.109. In diesem Bericht bringt Stumvoll auch seine Ansicht zum Ausdruck, daß Tschiang Kaischek Sun Yatsens Grundsätze »nicht zur praktischen Durchführung« habe kommen lassen, und ein Rückblick auf die chinesische Geschichte zeige, daß die politische Ideologie Mao Zedongs von der Sun Yatsens kaum abweiche.

22 Ebd.

23 Andante con variazioni in f-moll (Haydn), Phantasie in d-moll (Mozart), das Menuett in G-Dur aus der Sonate op. 45/2 (Beethoven), *Für Elise* (Beethoven) und eine Auswahl von Schubert. – Stumvoll an Bundeskanzleramt am 27. April 1949, HHStA, GZ 85.260, China K/80.075.

24 Stumvoll an Bundeskanzleramt am 6. Juni 1949, HHStA, GZ 86.818, China K/80.075.

25 Ebd.

26 Stumvoll an Bundeskanzleramt am 20. August 1949, HHStA, GZ. 87.632, China K/80.075.

27 Stumvoll an Bundeskanzleramt am 10. September 1949, GZ 87.855, China K/80.075.

28 Ebd. Stumvoll hatte in Nanking eine österreichische Pressedienststelle eingerichtet, welche unter der Leitung von Dr. Kobler stand. Offerten von Meldungen aus Wien (*Die Presse* oder *Die Industrie*) waren von folgenden chinesischen Zeitungen angenommen worden: *Zhongyang Ribao (Central Daily News), Da Gong Bao, Nanjing Wanbao (Nanking Evening Paper).* Zwischen dem 1. Januar und dem 28. Februar 1949 kamen sechzehn Artikel zur Versendung, von denen folgende zehn in den Zeitungen Aufnahme fanden: *Österreichs Außenhandel, Die Österreichische Nationalbibliothek, Die österreichische Filmproduktion, Der Wiederaufbau der Wiener Oper, Wohnbau in Österreich, Der österreichische Export, Der Tod von Lehár, Reise durch Salzburg.* – Stumvoll an Bundeskanzleramt am 5. März 1949, HHStA, GZ 82.620, China 6/81.023.
Auch zwei von Stumvoll verfaßte Artikel waren veröffentlicht worden: *Rebirth of Cultural Life in Postwar Austria (North China Daily News vom 7. März 1948); Die internationale Stellung Österreichs* (ins Chinesische übersetzt in der *Da Gong Bao* vom 3. Januar 1949). – Stumvoll an Bundeskanzleramt am 5. Januar 1949, HHStA, GZ 81.321, China 6/81.023; am 4. Januar, GZ. 81.023 China 6/81023. Noch am 27./28. April 1950 gelang es ihm, in den *North China Daily News* Artikel über die Vertagung des österreichischen Staatsvertrags zu lancieren. – Stumvoll an BKA am 9. Mai 1950, HHStA GZ 124.382, China 6/120.685.

29 Siehe Stumvoll an BKA am 10. Sept. 1949, GZ. 87.855, China K/80.075.

30 Stumvoll an Bundeskanzleramt am 10. August 1949, HHStA, GZ 87.238, China K/80.075.

31 Der Gesellschaft gehörten laut Bericht Stumvolls folgende Personen an (die Namen sind dem Bericht entsprechend wiedergegeben, da sie mangels der chinesischen Zeichen nicht mit Sicherheit korrekt in der neuen Standardumschrift wiederzugeben sind): Dschou Tschi-Sing, Tsao Kuo-Bing, Hsia Dschie-Pea (Tongji-Universität), Mao I-seng (Brückenbauingenieur und Regierungsberater), Hsiao Wei-kuo (Regierungsberater, Nanking-Shanghai-Eisenbahn), Liang Tse-Yeng (Dekan der medizinischen Fakultät der Tongji-Universität). Arbeitsräte waren: Wang Pao-Ying (Professor an der Jiaotong-Universität), Wang Tsi-Tso (ebendort), Tu Kung Tseng (Chirurg an der Tongji-Univer-

sität), Obmann der Ausschüsse war der Volkswirtschaftler Ling Yi Tse. Abteilung Kultur: Yang Yu-Tse (Tongji-Universität), Pan Huai-Su (ebendort), Dr. jur. Edwin Weissberger (Österreicher). Abteilung Wissenschaft: Tzu Kung-China (Tongji-Universität), Prof. Fanny Halpern (Österreichische Neurologin). Abteilung Technik: Prof. Dr. Wu Tse-Han (Tongji-Universität), Architekt Hans Hajek (österreichischer Professor an der St. Johns-Universität). Abteilung Wirtschaft: Hsue Yuan-Fang (Professor für Volkswirtschaft), Wang Lien, Friedrich Justh (österreichischer Kaufmann). – Stumvoll an Bundeskanzleramt am 20. August 1949, HHStA, GZ 87.856, China K/80.075.

32 Ebd.

33 Dr. Leo Kandel an Stumvoll am 27. Okt. 1948, HHStA GZ 119.506, China K/119.132.

34 Stumvoll an Bundeskanzleramt am 8. August 1949 mit gleichzeitiger Vorlage seiner Korrespondenz mit Dr. Kandel, HHStA, 87.448, China K/80.075.

35 Stumvoll an Gruber am 12. August 1949, HHStA, GZ 3/80.109. Stumvolls Meinung entsprach auch dem Tenor eines Berichtes des österreichischen Gesandten beim Heiligen Stuhl, Kohlruss, an Außenminister Gruber vom 16. April 1949, HHStA, GZ 83.327, China 3/80.109. Danach war man nach Rücksprachen mit China-Missionaren im Vatikan der Meinung, daß mit den chinesischen Kommunisten eventuell ein Modus vivendi gefunden werden könnte. Als Positivum der KP Chinas wurde dort auch hervorgehoben, daß in der Volksbefreiungsarmee kein Unterschied zwischen Offizieren und Mannschaften gemacht, sowie die Liebe, welche Armen und Entrechteten entgegengebracht werde.

36 *Blätter der österreichischen Jesuiten,* Ostern 1976, Nr. 1, *50 Jahre Chinamission,* S. 10.

37 Ebd. Die Jesuiten aus der österreichischen Ordensprovinz hatten in China ein selbständiges Missionsgebiet in Hebei betreut: »Als 1926 Bischof Lécroart SJ Österreich besuchte, hatte er die Absicht, das ganze südliche Gebiet der Mission Süd-Ost-Tcheli den Österreichern und Ungarn zur gemeinsamen Verwaltung zu übergeben. Eine spätere Teilung sollte noch erfolgen. Aber der damalige Apostolische Delegat für China, Erzbischof Constantini, bestand darauf, daß vorerst ein Teilgebiet dem einheimischen Klerus übergeben werde. Der restliche Teil im Süden wurde den ungarischen Jesuiten als Präfektur Tamingfu übergeben. Die Frage eines eigenen Gebietes für die österreichischen Jesuiten stieß auf verschiedene Schwierigkeiten, da viele der französischen Jesuiten der Meinung waren, eine weitere Teilung sei nicht angebracht. Aber P. Ersin SJ als Provinzial und P. General in Rom bestanden darauf. So sah sich P. Bornet SJ als Missionsoberer genötigt, eine neue Ost-West-Teilung vorzuschlagen. Diese wurde verschiedener Gründe wegen nicht angenommen. Der neue Missionsobere P. Wagner SJ dachte viel realistischer. Eine Ost-West-Teilung hätte die alte Mission von Hsienhsien fast aller einheimischen Priester beraubt und zugleich dem neuen österreichischen Missionsgebiet eine solche Überzahl einheimischer Jesuiten gegeben, daß man gleich ein chinesisches Missionsgebiet hätte machen können. Hsienhsien hingegen wäre an mangelndem Nachschub aus Frankreich ausgestorben. So kam es zur Nord-Süd-Teilung mit der Errichtung der neuen Apostolischen Präfektur Kinghsien. Dies geschah am Feste des heiligen Canisius des Jahres 1939. Am Feste Maria della Strada desselben Jahres wurde P. Brellinger SJ zum ersten Apostolischen Präfekten und Missionsoberen ernannt. Die österreichischen Jesuiten hatten ein eigenes Missionsgebiet ... Die Apostolische Präfektur Kinghsien umfaßte zehn politische Bezirke und war in vier Dekanate geteilt: Kinghsien, Kichow, Nanking und Wuchiao. Nach einigen Jahren wurde das Amt des Apostolischen Präfekten und das des Ordensobern getrennt, und P. Franz Burkhardt wurde zum Missionsobern bestellt.« Ebd.

38 Interview mit Pater Siegfried Kaler am 16. Mai 1979.

39 Interview mit Bruder K. Heidegger am 16. Mai 1979.

40 Stumvoll an Gruber am 2. Dezember 1948, HHStA, China 3/114.365.

41 Stumvoll an Gruber am 9. Juni 1949, HHStA, GZ 86.819, China 4/86.672.

41a Siehe Anm. 37 und 38. In diesem Sinne äußerte sich auch der ehemalige China-Missionar Dr. O. König SJ in einem Gespräch im Jahre 1976.

41b Stumvoll an Gruber am 8. November 1948, HHStA, GZ 119.162.

42 Stumvoll an Gruber am 22. November 1948, HHStA, GZ 114.365, China 3.

43 Stumvoll an Gruber am 20. Januar 1949, HHStA, GZ 81.324, China 3/80.109.
44 Stumvoll an Gruber am 6. Dezember 1948, HHStA, GZ 80.376, China 3/80.109.
45 HHStA, GZ 81.190 und 81.222, China 3/109.
46 Stumvoll an Gruber am 22. April 1949, HHStA, GZ 85.123, China 3/80.109.
47 Stumvoll an Bundeskanzleramt am 30. April 1949, HHStA, GZ 86.814, China 3/80.109. Das Telegramm langte im Wege über das Foreign Office und die österreichische Gesandtschaft in London am 2. Mai in Wien ein.
48 Ebd.
49 Stumvoll an Gruber am 24. Juni 1949, HHStA, GZ 86.822 China 3/80.109; Stumvoll an Gruber am 29. Juni 1949, ebd., GZ 86.823 China 3/80.109; Stumvoll an Gruber am 9. August 1949, ebd., GZ 87.260, China 3/80.109; Stumvoll an Bundeskanzleramt am 24. August, ebd., GZ 87.447, China 3/80.109.
50 Stumvoll an Gruber am 9. August 1949, HHStA, GZ 87.260, China 3/80.109
51 Stumvoll an Bundeskanzleramt am 12. August 1949, HHStA, GZ 87.893, China 3/80.109.
52 Amtsvermerk von Generalsekretär Wildner vom 5. Mai 1949, HHStA, GZ 83.579, China 2/83.253.
53 Stumvoll an Gruber am 2. September 1949, HHStA, GZ 87.596, China 3/80.109.
54 Stumvoll an Gruber am 19. September 1949, HHStA, GZ 88.218, China 3/80.109.
55 Stumvoll an Gruber am 30. September 1949, HHStA, GZ 88.522, China 3/80.109.
56 Telegramm vom 5. Oktober 1949, HHStA, GZ 87.681.
57 Stumvoll an Gruber am 3. Oktober 1949, HHStA, GZ 88.525, China 3/80.109.
58 Stumvoll an Gruber am 6. Oktober 1949, HHStA, GZ 88.543, pol. 49/87.681.
59 Stumvoll an Gruber am 10. Oktober 1949, HHStA, GZ 88.527, China 3/80.109.
60 Stumvoll an Gruber am 31. Oktober 1949, HHStA, GZ 89.048, China 3/80.109.
61 Stumvoll an Gruber am 10. Oktober 1949, HHStA, GZ 88526, China 3/80.109.
62 Stumvoll an Gruber am 31. Oktober 1949, HHStA, GZ 89.048, China 3/80.109.
63 Stumvoll an Gruber am 1. November 1949, HHStA, GZ 89.049, pol. 49/87.681.
64 »... Die Auswirkungen einer vielleicht im Interesse Moskaus gelegenen neuerlichen völligen Isolierung Chinas vom übrigen Ausland im Falle seiner Nichtanerkennung aber wären unabsehbar. Immer deutlicher zeigt sich die Verlegung des Schwerpunktes der Weltpolitik von Europa nach Fernost ...« – Stumvoll an Gruber am 11. November 1949, HHStA, GZ 89.527, China 3/80.109.
In einem mit 1. Dezember 1949 datierten Bericht an den Außenminister meinte Stumvoll, es mehrten sich die Anzeichen, daß die Sowjetunion China von sich abhängig machen wolle. So z. B. werde die Industrialisierung nur so weit vorangetrieben, »als sie russischen Interessen dient«. – HHStA, GZ 89.941, China 3/80.109.
65 Stumvoll an Gruber am 12. November 1949, HHStA, GZ 89.528, pol. 1949/87.681.
66 Stumvoll an Gruber am 25. November 1949, HHStA, GZ 89.940, China 3/80.109.
67 Vgl. den Bericht des österreichischen Geschäftsträgers in den USA, Dr. Schöner, an Außenminister Gruber vom 10. Januar 1950, HHStA, GZ 120.402, USA 2/120.401. Nach Schöners Schilderung betrachteten die Mehrzahl der amerikanischen Politiker und Presseleute die Anerkennung der Pekinger Regierung durch Großbritannien als Beeinträchtigung der »diplomatic partnership«. Während sich im State Department eher eine Mehrheit für die Anerkennung ausspreche (um eine Abhängigkeit Chinas von Moskau zu vermeiden), herrschten im Kongreß sehr starke Ressentiments, und infolge der Interventionen von Tschiang Kaischek und seiner Frau sowie der Propagandatätigkeit der chinesischen Botschaft gehe die Front mitten durch die Parteien.
68 Diese Sachlage ergibt sich aus den später zitierten Aktenstücken. Die Liquidationsanordnung für Stumvoll war leider nicht auffindbar, weil die meisten Aktenstücke von China 2 fehlen.
68a Schöner an Gruber am 29. Dezember 1949 (unter Vorlage von Stumvolls Bericht), HHStA, GZ 120.157, Österreich 2/120.157.
69 Stumvoll an Bundeskanzleramt am 18. Dezember 1949, HHStA, GZ 120.319, China K/120.319. (Das Bankett hatte am 16. Dezember stattgefunden.)
70 Aus dem Besitz von Dr. Leo Kandel, Kopie im Archiv der ÖGCF.

71 Interview mit Prof. Wang Chaoren im Jahre 1979.

72 Stumvoll an Bundeskanzleramt am 30. Juni 1950, HHStA, GZ 125.866, China 2/120.203.

73 Amtsvermerk vom 8. August 1950, HHStA, GZ 126.029, China 49/126.078. Der erste chinesische Botschafter der Nachkriegszeit hatte sein Beglaubigungsschreiben Ende 1947 übergeben. HHStA, AA Zl. 104-574 – Prot. 1947, 19. 12. 1947.

74 Stumvoll an Gruber am 29. November 1948, HHStA, China 3/114.365. Stumvolls Bericht wurde übrigens im Außenamt mit der Bleistiftglosse »wishful thinking?« versehen.

Neunundzwanzigstes Kapitel

Pfeiler, aber noch keine Brücke – Beziehungen ohne die Grundlage der Anerkennung

Es begann im Café Landtmann ... Wiederaufleben des österreichisch-chinesischen Handels

Auch nachdem mit dem Gesandten Stumvoll die österreichisch-chinesischen Beziehungen in den Ruhestand getreten waren, wurde in beiden Ländern die wechselseitige Erinnerung wachgehalten. Wie schon zu früheren Zeiten war der Handel ein wichtiger Faktor, der aufgetretene Hindernisse überwand. »War es nicht oft im Interesse der Politik, daß der Warenfluß nicht versiegte?« fragte der Vorsitzende des China-Ausschusses der Vereinigung Österreichischer Industrieller, Franz Joseph Haslinger, in einem Vortrag über die erfolgreiche Reise der ersten österreichischen Handelsdelegation in die Volksrepublik China im Jahre 1956. Schon Ende der vierziger Jahre hatte Haslinger für die Firma Reichert (optische Geräte) in einem kleinen Hotelzimmer in Ostberlin mit der ersten Handelsvertretung der Volksrepublik China (CNIEC) die ersten Geschäfte abgeschlossen. In der Folge führte »der dornenvolle, oft abenteuerliche Weg« von Reichert-Erzeugnissen über die chinesische Handelsvertretung in der Schweiz. Die Verantwortung für die damit angedeuteten Schwierigkeiten lag bei der China-Embargo-Politik des amerikanischen Außenministers John Foster Dulles. In Opposition dazu standen in Österreich verschiedene Personen und Institutionen. Und wo fanden sie sich zusammen? Im Café Landtmann neben dem Burgtheater, wo schon so mancher wichtige Plan geschmiedet worden ist[1].

Nicht nur Haslinger und einige andere Vertreter der Industrie pflogen Kontakt mit der Volksrepublik China. Derlei gehörte auch zum Programm des 1952 gegründeten Österreichischen Büros für den Ost-West-Handel, an dessen Spitze der Linkskatholik Univ.-Prof. Josef Dobretsberger stand. Bei einer Schale Gold oder einer Melange besprach man im Landtmann die Möglichkeiten eines China-Geschäftes, wobei Haslinger bereits mit konkreten Erfahrungen aufwarten konnte[2]. Ab 1953 bemühte sich das Ost-West-Handelsbüro verstärkt um den China-Export[3]. Dazu gehörte auch der Plan, für österreichische Industrielle eine Reise in die

Volksrepublik China zu organisieren. Wegen der Vermutung, daß das Büro bzw. einzelne seiner Mitglieder der KPÖ nahestünden, legten die dort vertretenen österreichischen Firmen Wert darauf, ein solches Projekt über eingeführte österreichische Institutionen laufen zu lassen und ihm von Anfang an zumindest offiziösen Charakter zu geben, was auch den Intentionen der chinesischen Partner entsprach[4]. Um aber die mit der Aufnahme diplomatischer Beziehungen befaßten Stellen nicht zu präjudizieren, beschloß man, »die Initiative zur Aufnahme und späteren Ausweitung des Handels in die Hände der Vereinigung Österreichischer Industrieller zu legen, statt – wie dies normalerweise üblich gewesen wäre – vorbereitende Arbeiten durch die Bundeskammer der gewerblichen Wirtschaft oder das Bundesministerium für Handel und Wiederaufbau durchführen zu lassen«[5].

Den Vorsitz im neugeschaffenen China-Ausschuß der Vereinigung Österreichischer Industrieller (dem Exekutivkomitee gehörten an: Hans von Werther, Schrack; Claudius Walter, Steyr-Daimler-Puch; Dir. Mike, Heid; Dipl.-Ing. Schnell, Siemens)[6] übernahm Dr. Franz Joseph Haslinger, der gleichzeitig auch die Funktion eines Vizepräsidenten des Ost-West-Handelsbüros ausübte. 1954 und 1955 nahm der Ausschuß auf der Leipziger Messe Kontakt mit den Chinesen auf. Außerdem begab sich Dr. Marquet von der VÖI zur CNIEC nach Berlin.

Nach China übersandte Angebote blieben allerdings vorerst ohne Echo, und so lag die Notwendigkeit einer direkten Fühlungnahme an Ort und Stelle auf der Hand. An die Vereinigung Österreichischer Industrieller und das Ost-West-Handelsbüro waren separate Einladungen des chinesischen Komitees zur Förderung des internationalen Handels ergangen, doch entschloß man sich, der Effizienz halber gemeinsam aufzutreten. Prof. Dobretsberger verpflichtete sich vor der Abreise gegenüber dem Delegationsleiter F. J. Haslinger schriftlich, »weder als Präsident des Österreichischen Büros für den Ost-West-Handel noch persönlich als Mitreisender öffentlich zum Aufgabengebiet der Delegation Stellung zu nehmen«. Damit wurden, wie es im Bericht des Delegationsleiters heißt, »Inkongruenzen in wirtschaftspolitischer oder politischer Hinsicht ausgeschaltet[7]«. Andererseits sollte die Sekretärin des Büros, Frau Dr. Helene Legradi, »als Sekretärin der Delegation fungieren und die Querverbindungen des österreichischen Büros in den Dienst der Aktion stellen[8]«.

Mit dieser Einigung, die ein einheitliches Auftreten der Delegation begünstigte, war schon Wesentliches erreicht. Doch noch galt es, das Projekt durch die zuständigen öffentlichen Stellen absegnen zu lassen. Der Widerstand eines Gesandten im Außenamt mußte überwunden werden. Um so leichter war es, das Placet von Kanzler Raab, Außenminister Figl und Staatssekretär Kreisky zu erhalten. Letzterer meinte: »Wir können uns nicht aus solchen Entwicklungen heraushalten[9].« Die amerikanische Botschaft in Wien zeigte für die österreichischen Bemühungen ebenfalls Verständnis, und in Moskau, wo man auf der Hinreise – nicht ohne Grund – Zwischenstation machte, war man über die China-

Delegation »weder begeistert noch zutiefst enttäuscht[10]«. Die österreichische Presse äußerte sich skeptisch, und auch sonst wurden der Delegation noch kurz vor der Abreise etliche Schwierigkeiten »durch allzu Kluge, allzu Bedächtige und allzu Geschäftige« bereitet, die aber nach Aussage von Delegationsleiter Haslinger »gottlob nur bis Schwechat« reichten[11]. China empfing die Österreicher mit vollendeter Gastfreundschaft. Der Delegationsleiter berichtete:

> Die Dolmetscher überboten sich. Sie waren Gedankenleser. Die Flotte amerikanischer Automobile, das Funktionieren des Arbeitsprogrammes, das reichliche Gesellschaftsprogramm mit der Mozartfeier im Pekinger Staatstheater *(Dirigent: Alfred Uhl – Anm. d. Aut.)* als Höhepunkt, die Reise nach Mukden und nicht zuletzt die großartigen Einladungen, Ausflüge und Besichtigungen, die haben sich in der Zwischenzeit herumgesprochen[12].

Überrascht waren die Österreicher auch vom chinesischen Entgegenkommen bei der Vergabe von Aufträgen. Man war bestrebt, jede der vertretenen Firmen zu berücksichtigen. Schließlich konnten Abschlüsse im Werte von fast 600 Millionen Schilling getätigt werden.

Dieser überaus günstige Verlauf der Delegationsreise kann nur zum Teil mit chinesischen Handelsinteressen begründet werden. Gewiß, China benötigte damals Produkte der Elektro-, der feinmechanischen und der optischen Industrie, welche es aus Österreich relativ günstig beziehen konnte[13]. Dazu kam der Wunsch, nicht völlig von der Sowjetunion abhängig zu sein. Haslinger meinte dazu in seinem Bericht:

> ... Die ursprüngliche Schutzmaßnahme im Koreakrieg *(gemeint ist das gegen China verhängte Embargo – Anm. d. Aut.)* hat ihr späteres wirtschaftspolitisches Ziel sicherlich nicht erreicht, aber Entwicklungen ausgelöst, die dem Westen nicht unbedingt sympathisch sein können. Der Ostanteil im Chinaaußenhandel ist auf fast 90 Prozent gestiegen, eine Entwicklung, die China nicht wünscht und die es beseitigen möchte. Auch aus den Alltagsgesprächen über unsere Abmachungen ergibt sich immer wieder, daß China auch wirtschaftlich nicht Satellit werden möchte[14].

Ein weiterer ausschlaggebender Beweggrund für das chinesische Entgegenkommen bei den Aufträgen war aber zweifellos der Wunsch der Pekinger Regierung, von Österreich anerkannt zu werden. Dadurch erhielt der Besuch einen wichtigen politischen Akzent. Dies wurde von chinesischer Seite auch dadurch signalisiert, daß nicht nur der stellvertretende Handelsminister und der Minister für Lebensmittelindustrie die Österreicher begrüßten, sondern sogar Ministerpräsident Zhou Enlai persönlich in Erscheinung trat. Im Verlaufe des Gespräches, das er mit der Delegation führte, wurde auch das chinesische Interesse besonders deutlich, mit

Der von Prof. Heinrich Sussmann für die Wiener Herbstmesse 1956 entworfenen Pavillon der VR China (Alle vier Fotos im Besitz von Prof. Sussmann)

Österreich über den Handel hinaus Beziehungen anzuknüpfen. Zhou Enlai brachte zum Ausdruck, daß China sich von dem hochindustrialisierten alten Kulturland Österreich sehr viel mehr erwarte, als es der Größe Österreichs entsprach. Schließlich warf er konkret die Frage der Anerkennung auf und appellierte an Österreich, es möge dabei seiner Neutralität eingedenk sein. Angesichts der guten Wirtschaftskontakte

sollte sich die Delegation für die Normalisierung der Beziehungen einsetzen. Gleichzeitig ersuchte der chinesische Ministerpräsident seine Gäste, ihm bei der Vermittlung des Gastspiels eines großen österreichischen Orchesters behilflich zu sein, und Delegationsleiter Haslinger versprach, sich bei den Wiener Philharmonikern persönlich einzusetzen. Außerdem wurde noch ein Vorschlag durchbesprochen, den Prof. Dobretsberger schon beim chinesischen Handelskomitee vorgebracht hatte: die Entsendung junger chinesischer Techniker und Kaufleute nach Österreich, die dort praktizieren sollten[15].

Auch gelegentlich der Geschäftsabschlüsse auf der Importseite wurde ein betontes chinesisches Entgegenkommen sichtbar. Neben Mais, Gerste, Sojabohnen und Eiprodukten lieferte China trotz entgegenstehender intersozialistischer Bindungen zum ersten Mal Wolframerz (150 Tonnen) an ein westliches Land[16].

Die Delegation, die Wien am 22. Juni 1956 verlassen hatte, kehrte Ende August zurück, und gleich darauf ergab sich eine neue Gelegenheit zur Intensivierung der Kontakte. Ende 1955 hatten die Chinesen sich entschlossen, die Wiener Herbstmesse 1956 zu beschicken. Prof. Heinrich Sussmann, der 1955 den chinesischen Ausstellungspavillon in Paris besucht und seine Karte hinterlassen hatte, bekam zu mitternächtlicher Stunde einen Anruf, daß er sich am nächsten Tag in Paris einfinden möge. Dort wurde er mit der Planung des chinesischen Pavillons auf der Wiener Messe betraut. Sussmann ließ mit Hilfe von Pappmaché, Hartfaserplatten und eines Stahlrohrgerüstes ein Bauwerk nach dem Muster traditioneller chinesischer Palastarchitektur entstehen[17]. Angehörige der Kunstgewerbeschule (heute Akademie für angewandte Kunst) wirkten als Dekorateure, darunter der junge Alfred Hrdlicka, der sich später rühmte, durch das vor entsetzten chinesischen Augen vorgenommene

Stutzen eines schlecht zusammengepaßten Pappmaché-Löwen mit dem Fuchsschwanz die Kulturrevolution vorweggenommen zu haben[18].

Fest steht jedenfalls, daß der Eindruck eines traditionellen chinesischen Bauwerks ganz vorzüglich gelungen war, und auch bei dem zugehörigen Garten hatte sich Sussmann die größte Mühe gegeben. Die von ihm benötigten porösen Steine zum Beispiel hatte er nach langwierigem Suchen erst bei Zulieferern des Wiener Zentralfriedhofes entdecken können. Die Wiener zeigten sich von dem neuen Pavillon auf der Messe entzückt, und vor dieser prächtigen Kulisse unternahm man chinesischerseits erneut einen Vorstoß in Richtung Anerkennung. Zur Eröffnung kam Dr. Ji Chaoding, Vizepräsident der Bank of China, der in den Jahren davor mit Dr. Haslinger schon wiederholt auf den Messen in Leipzig, Posen, Brünn, Budapest und Plovdiv zusammengetroffen war. Dabei hatten sie festgestellt, daß sie in Harvard Jahrgangskollegen gewesen waren.

Jis Wünsche, Österreich möge nun seinerseits Beweise des guten Willens liefern, wurden von Haslinger unterstützt. Er forderte zu einer »höchst pfleglichen und behutsamen Behandlung unseres sehr subtilen Partners« auf, drang auf korrekteste und pünktlichste Ausführung aller Aufträge und meinte, daß man auch daran denken sollte, in China ein breiteres Kulturprogramm anzubieten[19]. Bezüglich der Zukunft der österreichisch-chinesischen Beziehungen zeigte sich Haslinger zuversichtlich. Doch schon im Jahr darauf übertitelte er einen Bericht dramatisch mit »SOS für den österreichischen Chinaexport«. Es sei symptomatisch, meinte Haslinger eingangs, ». . . daß vom chinesischen Pavillon auf dem Wiener Messegelände nur noch die Fundamente erhalten sind«. Trotz des 1956 erzielten Vorsprungs sei Österreich dabei, sich von anderen Staaten überrunden zu lassen. Als Gründe dafür nannte Haslinger,

DDr. F. J. Haslinger mit dem stv. chinesischen Ministerpräsidenten Li Xiannian
(Foto: Xinhua)

daß Großbritannien und andere westeuropäische Länder realistischerweise die Embargo-Politik gegenüber China abgeschüttelt hätten. Insbesondere die Westdeutschen – deren Delegation 1956 zum Wohlgefallen der Österreicher abgesagt worden war – hätten große Anstrengungen unternommen. Ihr großes Einkaufspotential und die bundesdeutschen Kreditmöglichkeiten könnten den bescheidenen Exportanteil Österreichs auf dem chinesischen Markt bedeutend schmälern[21]. Haslinger registrierte ringsum Annäherungen an China, die einer De-facto-Anerkennung sehr nahe kamen[22], und verwies auf die Erwartungen, die China gegenüber Österreich hegte:

> Oft genug aber haben chinesische Funktionäre auf Österreichs Neutralität verwiesen, und wir können nicht bestreiten, daß es zumindest subjektiv berechtigt ist, wenn man daraus bestimmte Erwartungen ableitet . . . Seit die westeuropäische Industrie so massiv auf den Plan getreten ist und sich mit größter Dynamik anschickt, Chinas enorme Einfuhrwünsche zu befriedigen, und seit die westeuropäische Industrie irgendwie doch mit einer De-facto-Anerkennung Chinas durch ihre Regierungen aufwarten kann, ist das neutrale Österreich schon deshalb ins Hintertreffen geraten, weil es jetzt nicht mehr nur auf die Lieferung hochwertiger Güter, sondern auf die Anbahnung von Wirt-

schaftsbeziehungen schlechthin ankommt. Seien wir doch nüchtern und objektiv: daß die Chinesen im Bewußtsein ihres wirtschaftlichen Schwergewichts politische Nebenabsichten hegen und entsprechende Bedingungen stellen, wenn auch unausgesprochen, das ist doch mehr als natürlich. Wo gibt es eine Wirtschaftspolitik, die ausschließlich wirtschaftlichen Zielen dient? Was für alle anderen recht ist, muß für China billig sein.

Der auch in Wien bekannte und anerkannte chinesische Initiator stärkerer Wirtschaftsbeziehungen zu Westeuropa, Dr. Chi Chao-ting (Ji Chaoding), hatte als Führer der chinesischen Delegation zur letzten Hannoverschen Messe den Wandel der chinesischen Grundauffassung präzise genug festgehalten: China hat bisher bei seinen Freunden gekauft. In Zukunft werde es nach rein wirtschaftlichen Überlegungen dort kaufen, wo seine Bedürfnisse am besten befriedigt werden können. Im Vorjahr hatte er bei der Eröffnung des chinesischen Pavillons auf der Wiener Messe gesagt, daß die österr. Industriellendelegation das erste Kapitel zum Buche der Beteiligung des Westens am industriellen Aufbau des Neuen China geschrieben hätte. In der soeben erschienenen Septembernummer von *China Reconstructs* schildert Dr. Chi den Zusammenbruch der Embargopolitik vom chinesischen Standpunkt aus. Er läßt darin keinen Zweifel darüber, wie wenig diese Politik China wirtschaftlichen Schaden zugefügt habe, wie großen Schaden aber die unterentwickelten Länder Südostasiens in ihrem lebenswichtigen Export hierdurch erlitten haben, welche Keime zu Konflikten entstanden seien und wie sich die europäischen Länder selbst wirtschaftlich schädigten. Der Aufsatz zeigt erneut, wie sehr sich politische und wirtschaftliche Aspekte in der Embargofrage überkreuzen und verknüpfen, wie Illusion und Wirklichkeit und wie sich die gegenwärtige Lage in den Augen eines chinesischen Wirtschaftsexperten darstellt, der den Westen genau kennt und der Chinas Handel mit dem Westen seit Jahren ohne irgendwelche Akzentuierung ideologischer Differenzen tatkräftig zu fördern versucht. Aus dem Aufsatz wird erneut klar, daß in der gegenwärtigen Situation nur derjenige Industriestaat Aussichten hat, in dem Rennen um den chinesischen Markt zu bestehen, der bereit ist, die Voraussetzungen für wirtschaftliche Abmachungen durch irgendeinen realistischen Akt der Anerkennung der Volksrepublik China zu untermauern.

Österreich hätte dazu vor einiger Zeit noch die Möglichkeit gehabt, ohne allzuviel zu wagen. Damals wäre der Preis erschwinglicher gewesen. Unsere westlichen Konkurrenten haben den Preis hinaufgetrieben. Hätte es damals genügt, einige Initiative zu zeigen, das Zaudern zu überwinden, so ist es damit jetzt nicht mehr getan. Das ist das Ergebnis einer sorgsamen Analyse der heutigen Situation. Hätte damals eine zweite Industriedelegation reicher Exportaufträge noch sicher sein können, so ist es heute unmöglich, ohne weitere Schritte irgendeinen Erfolg zu erwarten. Es sind nicht die Chinesen, es ist der Westen und seine Exportdynamik, der diese Konstellation geschaffen hat . . .

. . . Wenn uns jetzt unsere Regierung zu Hilfe kommt, wenn jetzt unter aller Wahrung unserer westlichen Einstellung und unserer Auffassungen von Neutralität ein entscheidender Schritt der allein zuständigen politischen Stelle erfolgt, wenn ein Gremium aus Ministerien und Repräsentanten der Wirtschaft, öffentlichen Körperschaften und Industrie den Weg sucht, der für uns gangbar und für die Chinesen akzeptabel ist, . . . dann ist das Tor immer noch weit genug offen[23]. . .

Soweit Haslingers Bericht, der zeigt, welch große Relevanz dem Handel auch für andere Bereiche der österreichisch-chinesischen Beziehungen zukam. Doch entgegen der ausgesprochenen Hoffnungen blieb es damals bei einer Politik der kleinen Schritte.

Am 4. Dezember 1957 traf eine chinesische Wirtschaftsdelegation in Wien ein, die vom Bundesminister für Handel und Wiederaufbau sowie von Bürgermeister Jonas empfangen wurde. Auf dem Besuchsprogramm standen die Montanistische Hochschule Leoben, die Stahlwerke in Kapfenberg und Donawitz, VÖEST und Stickstoffwerke in Linz sowie in Wien Goertz, Eumig, Norma, Uher und natürlich Reichert. Auch Kulturelles wurde geboten. Den *Don Carlos* verdauten die chinesischen Gäste anstandslos, bei der *Walküre* scheint ihnen allerdings die Handlung einiges Kopfzerbrechen verursacht zu haben. Die Erklärungen, die nachher auf eine Fülle von Fragen zu geben waren, dauerten dann schließlich fast so lang wie der Kunstgenuß selbst[24].

1958 reiste unter dem Titel »Techniker-Delegation« neuerlich eine österreichische Gruppe nach China und hielt wissenschaftliche Vorträge über die Exportmöglichkeiten der österreichischen Industrie[25]. Im selben Jahr besuchte auch eine chinesische Techniker-Delegation Österreich. Für das Programm zeichnete Dr. Otto Hartig von der VÖI verantwortlich.

Am 3. Februar 1959 fand eine wichtige Sitzung des China-Ausschusses unter Teilnahme von Vertretern der Bundeswirtschaftskammer statt. Zur Debatte stand die Entsendung eines Außenhandelsdelegierten in die Volksrepublik China. Der Ausschuß beschloß, bezüglich dieser Frage am 23. März 1959 bei Außenminister Figl und am 21. April 1959 bei Staatssekretär Dr. Kreisky vorzusprechen. Beide Herren zeigten sich den Wünschen der Industrie aufgeschlossen. Dr. Kreisky war übrigens in der Zwischenzeit auch mit Dr. Ji Chaoding bekannt geworden. Diesem wurde auch die Führung der chinesischen Delegation zur Herbstmesse 1959 übertragen. Damals fanden wichtige Fühlungnahmen mit österreichischen öffentlichen Stellen statt. Der Generalsekretär des Außenamtes, Dr. Platzer, traf mit Dr. Ji in der Wohnung des Präsidenten der Industriellenvereinigung, Dr. Mayer-Gunthof, zusammen und gab – laut den

Aufzeichnungen Dr. Haslingers – zu erkennen, »daß eine Anerkennung der Republik China (Formosa) nicht stattfinden werde[26]«.

Der Aufenthalt der chinesischen Delegation in Wien wurde allerdings durch die »Feuerzeugaffäre« getrübt. Die von der Volksrepublik China ausgestellten Gasfeuerzeuge ähnelten jenen einer österreichischen Firma zu sehr: Proteste, Verstimmungen, zerschlagenes Porzellan waren die Folgen.

Die Jahre 1960 bis 1964 brachten zwar weitere lebhafte Kontakte[27], aber wegen der Nachwirkungen des Großen Sprunges, der Mißernten und des Abzuges der sowjetischen Experten aus China stark rückläufige Exportziffern. Doch das Jahr 1964 schien eine Wende zu bringen. Der österreichische Handelsdelegierte in Hongkong, Dr. Svoboda, schrieb damals an den Vorsitzenden des China-Ausschusses, Haslinger, folgendes:

> Hongkong, den 2. Juni 1964
>
> Sehr geehrter Herr Generalkonsul!
>
> Ich darf mir erlauben, Ihnen wieder einen Bericht über die Entwicklung der Chinasache zu erstatten:
>
> Wenn ich bisher überzeugt war, daß wir durch politische Unterlassungen in unseren Geschäftschancen in China wegen der schlechten Wirtschaftslage und des allgemeinen Geschäftsrückganges nichts verloren haben, so bin ich überzeugt, daß wir nunmehr auf dem besten Wege sind, uns die wenigen Chancen, die wir überhaupt in China haben, zu verderben.
>
> Nach der Anerkennung Frankreichs werden in absehbarer Zeit Belgien und Kanada folgen. Der italienische Botschafter in Kairo verhandelt bereits mit dem dortigen chinesischen Botschafter, und der italienische Trade Commissioner in Hongkong bereitet alles vor, daß die kommende Anerkennung auch ein wirtschaftlicher Erfolg wird. Auch die Bundesrepublik Deutschland spielt mit dem Gedanken eines Regierungsabkommens herum und erwarten alle, daß sich in absehbarer Zeit zwischen China und der BRD zumindest handelsmäßig etwas tun wird ...
>
> Mich selbst sticheln dauern die Amerikaner, warum wir China nicht anerkennen. Wenn ich ihnen darauf erkläre, daß sie beleidigt sein werden, stellen sie nur die Gegenfrage »Na und?« und weisen darauf hin, daß sie ihren Freunden gegenüber in der Chinafrage liberaler geworden sind ...
>
> Ich persönlich fürchte, daß angesichts der fortgeschrittenen Entwicklung im Chinaproblem seitens anderer westlicher Industrieländer auch eine Industriellendelegation nicht sonderlich erfolgreich sein wird, wenn sie ohne jedes »politische backing« nach Peking kommt. Man müßte, meiner Ansicht nach, ehestmöglich Gespräche auf Diplomatenebene wegen Normalisierung der Beziehungen aufnehmen und dies mit Entsendung einer Industriellendelegation koppeln ...

Für den Weitblick Svobodas spricht, daß die Entwicklung, die er vorhergesagt hatte, tatsächlich – wenn auch durch die Kulturrevolution verzögert – einen ähnlichen Verlauf nahm. In Wien konnte man sich zwar nicht sofort zum spektakulären Schritt der Einleitung von Verhandlungen über die Aufnahme diplomatischer Beziehungen entschließen, aber man wurde in anderer Hinsicht initiativ. Am 10. April 1964 trat im Ludwig-Urban-Saal des Hauses der Industrie in Wien der China-Ausschuß unter Beiziehung von Vertretern der Bundeswirtschaftskammer zusammen[28]. Der Leiter der handelspolitischen Abteilung der VÖI, Dr. Mario Marquet, stellte eingangs fest, daß der Chinahandel während der letzten Jahre stark abgesunken sei. In letzter Zeit habe man jedoch feststellen können, daß China wieder größere Kaufkraft besitze und an Einfuhren aus westlichen Ländern wieder mehr interessiert sei als früher. Dem fügte Dr. Haslinger hinzu, daß die ständige Fühlung mit Vertretern Chinas eigentlich nie abgerissen sei. Der österreichische Handelsdelegierte in Hongkong stehe in ständigem Kontakt mit den chinesischen Behörden und sei auch bereits öfter nach Peking gereist. Überdies habe sich bei verschiedenen Messen, vor allem in Leipzig und Posen, immer Gelegenheit zu Gesprächen mit Vertretern der Volksrepublik China ergeben. Auch die österreichische Industriellendelegation unter Führung Präsident Mayer-Gunthofs habe voriges Jahr die Gelegenheit ihres Aufenthaltes in Hongkong zu Gesprächen mit Repräsentanten Chinas benützt. Im weiteren Verlauf der Sitzung wurde über zwei in verschiedener Richtung unternommene, einander aber nicht überschneidende Aktionen der Bundeswirtschaftskammer und der Industriellenvereinigung berichtet. Der Ostasienreferent der Bundeswirtschaftskammer, Raikich, berichtete sodann, daß am 25. Februar eine Delegation der Bundeskammer[29] in Bern bei der chinesischen Botschaft vorgesprochen habe. Dieser Delegation sei ein sehr freundlicher Empfang bereitet worden. Die Bundeswirtschaftskammer peilte durch den erwähnten Besuch den Abschluß eines Kammerabkommens an, das im September 1964 von Vizepräsident Seidl in Peking paraphiert wurde und am 7. Dezember desselben Jahres in Kraft trat. Dieser Vertrag umfaßte nicht nur die technischen und administrativen Bedingungen, unter denen der Handels- und Zahlungsverkehr abgewickelt werden sollte, sondern auch eine Bestimmung, die beiden Vertragspartnern das Recht einräumte, in der Hauptstadt des anderen Landes eine Handelsvertretung einzurichten[30].

Ebenfalls im Februar 1964 entsandte auch die VÖI eine Delegation nach Bern, welche die Möglichkeit der Entsendung einer »fact finding mission« nach China erkunden sollte. Zweck dieser Erkundung sollte sein, den chinesischen Bedarf an Importgütern festzustellen. Auch diese Initiative zeitigte noch im Jahre 1964 einen konkreten Erfolg. Unter Führung von Dr. Franz Joseph Haslinger begab sich eine Gruppe Industrieller[31] am 25. Oktober für vierzehn Tage nach China. Für das Rahmenprogramm und die Arrangements der Gespräche war der *China Council for the Promotion of International Trade* zuständig. Die österreichischen Industriellen nahmen die Tatsache, daß China durch das Hereindrängen von immer mehr Ländern ein schwieriger Markt geworden war, ebenso zur Kenntnis wie das Drängen von Vizeministerpräsident Li Xiannian auf einen bilateralen Ausgleich im Warenaustausch. Sie stellten fest, daß China nach wie vor ein interessanter Handelspartner sei, und nahmen sich vor, im Sinne langfristiger Erwartungen die Kontakte zu pflegen[32].

Die Kulturrevolution sollte allerdings die Verwirklichung dieses Vorhabens ziemlich stark behindern. Exporte konnten zu dieser Zeit nur sporadisch abgewickelt werden. Dennoch schnellten durch eine dieser vereinzelten Lieferungen in den Jahren 1966/67 die österreichischen Exportzahlen nochmals empor, da es sich dabei um ein komplettes LD-Stahlwerk handelte, welches die VÖEST in Taiyuan errichtete[33]. Diese Lieferung, mit der sich Österreich deutlich vom China-Embargo distanzierte, hielt das chinesische Interesse an fortgeschrittener österreichischer Technik auch während der Zeit reduzierter Handelsbeziehungen zwischen Österreich und China wach. Das VÖEST-Stahlwerk arbeitete, wie dem Präsidenten der österreichischen Bundeswirtschaftskammer, Ing. Rudolf Sallinger, bei seinem Besuch im Jahre 1971 versichert wurde, die ganze Zeit zur vollsten Zufriedenheit der chinesischen Stellen[34].

Außerdem hatten die Bundeswirtschaftskammer und der Chinesische Rat zur Förderung des internationalen Handels in Peking und Wien Handelsmissionen errichtet, die auch zu Zeiten turbulenter Entwicklungen in China eine Klammer zwischen beiden Ländern bildeten. 1965 kamen die Chinesen mit fünf Mann nach Wien und etablierten sich zuerst in einer Mietwohnung im 1. Bezirk, Sonnenfelsgasse. Später übersiedelten sie in eine Villa in Ober-St. Veit, die einst dem bekannten Wiener Schauspieler Hans Moser gehört hatte, und schließlich mieteten sie ein im Cottage-Viertel, Weimarer Straße, gelegenes Haus. Der erste Handelsdelegierte blieb nur ein paar Wochen, ihm folgte sein Stellvertreter Liu Baokang für längere Zeit in der Leitung der Mission. Nach Liu kamen Mi Guojun (ab Juli 1966), der später als Geschäftsträger a. i. die chinesische Botschaft in Tokio einrichtete, und Qing Qingsan, während dessen Amtszeit bereits die diplomatischen Beziehungen aufgenommen wurden. Qing fungierte an der neuen chinesischen Botschaft als Handelsrat, bis er in gleicher Eigenschaft nach Bonn versetzt wurde.

Die Kulturrevolution legte in den meisten Staaten die chinesischen diplomatischen Missionen lahm, scheint aber die Handelsvertretungen weniger in Mitleidenschaft gezogen zu haben.

Die Angehörigen der chinesischen Handelsmission in Wien trugen den Entwicklungen in ihrer Heimat insoweit Rechnung, als sie bei Einladungen stets ihren Chauffeur mitbrachten und ihm betont höflich Feuer gaben. Er war übrigens ein baumlanger, netter Mann, der möglicherweise auch gewisse Sicherheitsaufgaben wahrzunehmen hatte. Im Gegensatz zu den meisten der diplomatischen Missionen blieb also die Außenhandelsvertretung intakt. Ihre Mitglieder beeindruckten durch vorzügliche Deutschkenntnisse, gingen auf den Markt einkaufen, scherzten mit den Standlerinnen, luden die Kinder der Umgebung zum Ping-Pong-Spielen ein und erwarben sich bald die Sympathien mißtrauischer Wiener Nachbarn. Das offizielle Österreich sparte allerdings noch mit Sympathiebeweisen. Auf den Empfängen der chinesischen Handelsvertretung sah man außer Exponenten der Wirtschaft die längste Zeit ausschließlich Vizekanzler Dr. Bruno Pittermann.

Die Partnerschaft der Bundeswirtschaftskammer sicherte den Chinesen jedoch immerhin eine Reihe wertvoller Kontaktmöglichkeiten. Über Vermittlung der Kammer kamen im Jahre 1966 nach langer Zeit wiederum die ersten von China entsandten Studenten nach Österreich. Am 20. Juni 1966 ließ sich Zhou Yanjun, aus der Provinz Hebei, 23 Jahre alt, Absolvent der Pekinger Akademie für Fremdsprachen, und am 18. November der zwanzig Jahre alte, aus Yunnan stammende Mittelschulabsolvent Zhu Zhangcai bei Universitäts-Lektorin Vivien Pick ihre chinesischen Abschlußzeugnisse beglaubigt übersetzen. Beide nahmen mit ausgezeichneten Erfolgen an der Sprachausbildung der Internationalen Hochschulkurse teil, bis sie in die Heimat zurückberufen wurden, um ihren Beitrag zur Kulturrevolution zu leisten.

Das Verebben dieser großen Massenbewegung und die Konsolidierung im Jahr 1970 führte wiederum zu engeren Kontakten mit den chinesischen Handelsorganisationen, wofür die 1966 in Peking errichtete Außenhandelsvertretung (Leiter: zuerst Dipl.-Ing. Schmied und dann Dir. Emil Raikich) ein nützliches Instrument darstellte. Gleichzeitig brachte die Bundeswirtschaftskammer bei den zuständigen österreichischen Stellen in Erinnerung, daß sie die Anerkennung der Regierung in Peking für wünschenswert erachte[35]. Präsident Rudolf Sallinger, der 1966 die österreichische Delegation anläßlich der Eröffnung der Außenhandelsstelle in Peking geleitet hatte, machte innerhalb und außerhalb der Österreichischen Volkspartei seinen großen Einfluß geltend, und bevor die Anerkennungsfrage nach Relevierung durch den österreichischen Außenminister vom außenpolitischen Ausschuß der ÖVP behandelt wurde, vergatterte Sallinger opponierende Mitglieder dieses Gremiums und sorgte dafür, daß der Ausschußvorsitzende Karasek (heute Generalsekretär des Europarates) bei der positiven Beurteilung der Anerkennungsinitiative auf keinen Widerstand stieß.

So waren die Handelskontakte mit den anderen Aspekten österreichisch-chinesischer Beziehungen eng verwoben, und die Exponenten der österreichischen Wirtschaft waren Vorkämpfer für die 1971 erfolgte Errichtung diplomatischer Vertretungen in beiden Staaten.

Die Rolle der KPÖ

Dank der sowjetischen Besatzungsmacht verfügte die Kommunistische Partei Österreichs im ersten Jahrzehnt nach Kriegsende über eine beachtliche Organisationsstruktur, die sie längere Zeit hindurch in den Dienst der österreichisch-chinesischen Beziehungen stellte. Die Kooperation mit den sowjetischen Behörden mag einen organisatorischen Vorteil gebracht haben, war jedoch von dem Nachteil begleitet, daß dadurch von vornherein bloß bestimmte Kreise der österreichischen Bevölkerung erfaßt wurden. Österreichs Politiker erinnern sich heute noch mit einem verschmitzten Lächeln an Plakate, die während der Wahlkämpfe der Nachkriegszeit affichiert wurden: »Wer die Rote Armee liebt, wählt Kommunistische Partei[36].« Kultureinrichtungen wie z. B. das *Theater in der Scala,* die als KPÖ-nahe bekannt waren, wurden aus diesem Grunde von großen Teilen der Bevölkerung überhaupt nicht frequentiert. Von der KPÖ inspirierte Kulturaktivitäten fanden im allgemeinen nur in den Blättern der sowjetischen Besatzungsmacht und der KPÖ ihren Niederschlag. Dies bedeutete eine empfindliche Schmälerung der Basis für China-Kontakte, bei denen die KPÖ initiativ oder unterstützend auftrat.

Selbstverständlich hatte die KPÖ auch bei den eigenen Mitgliedern hinsichtlich Chinas eine große Informationslücke zu überwinden. In der 1949 vom kommunistischen Stern-Verlag in Wien herausgegebenen Bro-

Vorstellung im Neuen Theater in der Scala vom 10. Juni 1952
(Archiv der ÖGCF)

schüre *Der Sieg in China* heißt es eingangs: »China liegt, von uns aus gesehen, am anderen Ende der Welt. Die Fragen, um die es in China geht, scheinen fremd und wirr zu sein[37]. . .« Und tatsächlich übersprangen eingewurzelte falsche Vorstellungen über China nicht nur zeitliche, sondern auch ideologische Barrieren. Als 1950 eine Delegation des kommunistischen Weltjugendbundes nach China kam, verlangten die europäischen

Teilnehmer stürmisch danach, für ihre Frauen und Freundinnen »Kimonos« zu erstehen, und wunderten sich über die erstaunten Gesichter der Gastgeber. Zur dringend notwendigen Verbreitung von Wissen über China ersuchte man diejenigen, welche bereits dort gewesen waren, um Niederschrift ihrer Erlebnisse und brachte einschlägige Bücher heraus[38]. Außerdem wurden Vorträge organisiert. Fritz Jensen und seine Frau

Szenenfoto der Aufführung der Peking Oper »Das Mädchen mit den weißen Haaren« in Wien, Juni 1952

Wang Wu'an traten wiederholt in verschiedenen Zirkeln (Gruppen von Frauen, Lehrern usw.) auf und erzählten über die neuen Entwicklungen in Wu'ans Heimat. Bald aber bot die damalige sowjetisch-chinesische Partnerschaft Möglichkeiten für die Organisierung von Großveranstaltungen. An Ruth von Meyenburg (Verfasserin der Bücher *Blaues Blut und rote Fahnen* und *Hotel Lux*), damals Generalsekretärin der Österreichisch-Sowjetischen Gesellschaft, wurde von sowjetischen Stellen der Wunsch herangetragen, man möge in Österreich ein Gastspiel von chinesischen Künstlern organisieren[39]. Frau Meyenburg – damals mit Ernst Fischer verheiratet – sah sich nach einer österreichischen Partnerorganisation um und brachte ein *Chinesisch-Österreichisches Komitee* zustande, in dem auch ideologisch nicht gebundene China-Freunde vertreten waren. Unter anderem treffen wir hier wieder auf den China-Fan Otto Tomschik, der vor dem Krieg gemeinsam mit Rosthorn und Victor Bauer versucht hatte, eine österreichisch-chinesische Kulturvereinigung ins Leben zu rufen. Aber auch die Mitglieder des Vereins der Freunde asiatischer Kunst und Kultur Dr. Viktor Griessmaier und Univ.-Prof. Robert Bleichsteiner sowie die ehemaligen China-Ärzte Prof. Pillat und Prof. Jettmar waren kooperationswillig. Im Mai und Juni 1952 fanden in Wien unter dem Titel *Chinesisch-Österreichische Kulturwochen* großangelegte Veranstaltungen statt. Das von Prof. Heinrich Sussmann gestal-

Das Mädchen mit den weißen Haaren

MUSIKDRAMA IN 3 AKTEN

Verfasser:	Ho Dching-Dsch, Ding Ih u. a.
Komponisten:	Ma Ke, Tchang Lu, Tchü Uei u. a.
Regisseure:	Schu Tschiang, Schuei-Hua, Dung Chiau-Uh
Hauptregisseur:	Schu Tschiang
Dirigent:	Uang Schen-Lin
Bühnendekorateure:	Tschan Jau, Tschi Mu-Dung, Li Tchang
Bühnenleiter:	Liu Liän-Tsch

Personen: (Angegeben in der Reihenfolge ihres Auftretens)	Darsteller:
Schi-Er, Tochter von Jang Bai-Lau	Wang Kuen
Jang Bai-Lau, Pächter von Huong Sch-jen	Tschang Schou-Vei
Bauernfrau, Tante Wang, Nachbarin von Jang Bai-Lau	Di-Li
Mu Jen-dsch, Verwalter und Spießgeselle von Huong Sch-jen	Go Dchün
Huong Sch-jen, Gutsherr	Tchen Tchiang
Da Schen, Diener des Gutsherrn	Wang Fong-Liang
Onkel Dschau, Pächter, alter Freund von Jang Bai-Lau	Tchang Fei
Da Tschung, Bräutigam der Schi-Er, Sohn von Tante Wang	Tschin-Sching
Da-suo, Bauernjunge	Liu Dching-Chien
Li Suen, Bauer	Dchau Lu
Frau Huong, Mutter des Gutsherrn	Li Bo
Tchang Erl-schen, Dienerin des Gutsherrn	Han Bing
Hu-dz, Bauernjunge	Sven Vei-Schen
Ein Vertreter der Volksregierung	Uh Tchiän

tete Plakat von der Länge eines chinesischen Rollbildes kündigte an: Gastspiel des chinesischen Jugendensembles – Aufführung der chinesischen Oper *Das Mädchen mit den weißen Haaren,* die *Kantate vom Gelben Fluß, Tanz der chinesischen Seide,* »die unerreichten chinesischen Akrobaten und viele andere künstlerische Darbietungen«.

Die Eröffnungsveranstaltung mit 170 Mitwirkenden fand am 28. Mai im Großen Konzerthaussaal statt. Daneben bot das Tabor-Kino eine *Festwoche des chinesischen Films.* Außerdem gab es noch ein reichhaltiges Angebot an Ausstellungen. In der Hofburgpassage zeigte man *Das heutige China,* während das Museum für Angewandte Kunst *Kunst und Kunstgewerbe Ostasiens* und das Völkerkundemuseum *Kunst und Kunstgewerbe in China* präsentierten.

Trotz dieses großzügigen Angebotes war die Kommunikation der chinesischen Künstler mit der österreichischen Bevölkerung doch eine recht beschränkte. Sie waren in einem der KPÖ gehörenden Gebäude (Wieland-Schule) untergebracht. War die österreichische Begleiterin mit ihren Schützlingen dort angelangt, dann schloß der Pförtner hinter ihnen die Eisentore mit der Bemerkung »Kaan laßt's auße!«. Außerdem reduzierten sich die Auftrittsmöglichkeiten für die chinesischen Gäste außerhalb Wiens auf Städte in der sowjetischen Zone wie Wiener Neustadt oder St. Pölten. Das lag allerdings zweifellos mehr an der Haltung der englischen, amerikanischen und französischen und weniger an der sowjetischen Besatzungsmacht. Apropos sowjetische Besatzungsmacht: Auch für die Sowjets waren die Kontakte zu Chinesen in vielen Fällen Neuland. Bei einer Großveranstaltung in Kagran hatten die Chinesen ihren Politredner vergessen. Anna Sussmann kam der rettende Einfall: »Wißt's was, laßt's einen anderen irgendwas reden, und ich werd' übersetzen.« Gesagt, getan, Frau Sussmann, welche die übliche Rede schon in- und auswendig kannte, stellte sich in ihrem blauen Kostüm, das dem der Chinesinnen ähnelte, furchtlos hin und »übersetzte« brillant. So brillant, daß der in der ersten Reihe sitzende russische Kommandant nachher enthusiasmiert aufsprang, ihr Blumen aufnötigte und begeistert fragte: »Wocher gannst du so gutt doitsch?«

Das Bewußtsein, im wesentlichen doch bloß ausführende Organe zu sein, mag den Mitgliedern des von Frau Meyenburg initiierten *Chinesisch-Österreichischen Komitees* allerdings in der Folge die Lust am weiteren Engagement gemindert haben. Zudem wurde der unermüdliche Otto Tomschik krank, und so blieben die Hoffnungen Ruth Meyenburgs auf den Fortbestand des Komitees unerfüllt.

Immerhin brachte der »Völkerkongreß«, der vom 12. bis zum 19. Dezember 1952 in Wien abgehalten wurde, wiederum Chinesen – und zwar aus dem Kreis der Prominentesten – nach Wien. Frau Sussmann hatte im Kursalon die Delegiertenkarten auszugeben. Für den Geschmack der Organisatoren ließ sie dabei zuviel Schlichtheit walten. Der erhaltenen Ermahnungen eingedenk, ging sie nachher gemeinsam mit den anderen Sekretariatsmitgliedern arbeitsteilig vor. Während sie umarmte und küßte, spendeten die anderen Applaus. Da bemerkte sie, daß in einer Ecke ganz bescheiden eine gutaussehende, etwas exotisch anmutende Dame stand. Frau Sussmann ging auf sie zu, umarmte sie feurig, und während die anderen in die Hände klatschten, gab die Besucherin sich als Song Qingling, die Witwe Sun Yatsens, zu erkennen. Zur chinesi-

世界人民和平大会

CONGRESSO DEI POPOLI PER LA PACE

VIENNA - 12 DICEMBRE 1952

schen Abordnung gehörten außerdem der als Schriftsteller, Wissenschaftler und Politiker gleichermaßen berühmte Guo Moruo und der Jugendfreund Mao Zedongs, Emi Xiao, der durch Dithyramben auf sein Vorbild Aufsehen erregt hatte. Xiao trat lange nicht so diskret auf wie Song Qingling.

Prof. Heinrich Sussmann hatte drei Tage und drei Nächte gearbeitet, um das Konzerthaus für den Kongreß einzurichten. Als er dann endlich ins Bett sank, war ihm nur kurze Rast vergönnt, denn um zwei Uhr nachts klingelte das Telefon – da im Gebäude tagsüber Schallplattenaufnahmen gemacht wurden, tagte man nachts –, und er erhielt die Mitteilung, daß Emi Xiao, der gerade den Vorsitz führte, lautstark die Präsenz einer Fahne der Tschiang-Kaischek-Regierung kritisiert habe. Fluchend fuhr Sussmann zuerst in die Hosen, dann ins Konzerthaus und fragte nach der Fahne. »Ich sehe sie nicht«, erklärte ihm Xiao knapp. Nicht zu knapp geriet die Schimpfkanonade, die der müde Architekt nun auf Xiao losließ, welchem wahrscheinlich eine Verwechslung unterlaufen war, die er in der Zwischenzeit bemerkt hatte[40].

Nach der Erinnerung von Frau Anna Sussmann hat im Jahr 1953 eine ebenfalls kommunistisch organisierte Juristenkonferenz im Palais Schwarzenberg stattgefunden, an der auch der Präsident des chinesischen Obersten Volksgerichtshofes, Shen Junru, teilgenommen hat. In der Oper spielte man *Fidelio*. Während der französische Vertreter in der Pause äußerte, es sei schade, daß deutsch gesungen werde, sagte der chinesische Gast, der gespannt der Musik gelauscht hatte, er habe schon an vielen Orten *Fidelio* gesehen, doch hier in Wien sei es am schönsten gewesen.

Solche Kongresse pflegten immer dann stattzufinden, wenn die Russen im 1. Bezirk, den sich die Besatzungsmächte turnusweise aufteilten, das Kommando hatten. Daher kamen und gingen die Delegierten relativ unbemerkt. Wenn es für gut befunden wurde, dann erschienen in der *Volksstimme* (KPÖ) oder der *Österreichischen Zeitung* (Herausgeber: die sowjetische Besatzungsmacht) Berichte, die aber kaum in den anderen Zeitungen Österreichs ein Echo fanden.

Daß mehr allgemein österreichisch aufgemachte Veranstaltungen größere Erfolgschancen hatten, bewies das erfolgreiche Gastspiel der Peking-Oper im Oktober 1956 im Wiener Volkstheater. Die Veranstaltungen waren schon zwei bis drei Wochen vorher ausverkauft und wurden auch von der nichtkommunistischen Presse hervorragend kritisiert[40a]. Das österreichische Fernsehen übertrug sie auch in die Bundesrepublik Deutschland. Berühmte Schauspieler zeigten bekannte Szenen wie *Kampf im Dunkeln* und *Die betrunkene Yang Guifei*. Außerdem standen Tänze wie z. B. der Lotosblumentanz auf dem Programm. Die etwa achtzig Mitwirkenden erhielten großen Beifall und wurden auch durch einen Empfang beim Wiener Bürgermeister geehrt[41].

Erwähnenswert ist auch, daß der gegenwärtige Generalsekretär der KPCh, Hu Yaobang, im Jahre 1959 an der Spitze einer 500 Personen umfassenden chinesischen Delegation zu den kommunistischen Weltjugendfestspielen nach Wien kam. Unter den Mitgliedern der Delegation befanden sich auch die beiden berühmten chinesischen Pianisten Yin Chengzhong und Bao Huiqiao.

Zu dieser Zeit begann sich analog zu den Beziehungen KPdSU–KPCh auch das Verhältnis zwischen der KPÖ und der Kommunistischen Partei Chinas abzukühlen[42]. Das wurde nicht sofort nach außen sichtbar. Nachdem 1956 die Anwesenheit des KPÖ-Delegierten Friedl Fürnberg beim 8. Parteitag der KPCh durch Veröffentlichung von Bild und Redetext chinesischerseits betont worden war[43], wurde auch noch 1959 der Parteivorsitzende Johann Koplenig bei seiner Teilnahme an den Feiern zum 10. Jahrestag der Volksrepublik China – wenn auch bereits mit einem etwas kleineren Porträtphoto – von den chinesischen Massenmedien wohlwollend behandelt[44]. Dies fiel ihnen um so leichter, als Koplenig wohl auf die enge Gemeinschaft aller Staaten des sozialistischen Lagers mit der Sowjetunion hinwies, gleichzeitig aber Sympathien für den Großen Sprung vorwärts und für die Ansichten Mao Zedongs, daß der Ostwind stärker als der Westwind und der Imperialismus nur ein Papiertiger sei, bekundete. Hinsichtlich der Beziehungen zwischen Österreich und China meinte Koplenig, daß formelle diplomatische Beziehungen zwar noch nicht hergestellt seien, die österreichische werktätige Bevölkerung jedoch für das chinesische Volk ausschließlich Gefühle der Freundschaft und Sympathie hege.

Zum 10. Jahrestag befand sich auch die Delegation einer kommunistischen Vorfeldorganisation, nämlich des Weltfriedensrates, unter der Leitung von Univ.-Prof. Dr. Heinrich Brandweiner in China. Dieser Hochschullehrer, der in Graz Kirchen- und Völkerrecht unterrichtete, hatte 1952 durch Mitwirkung am *Report on US Crimes in Korea* der Internationalen Vereinigung demokratischer Juristen Aufsehen erregt[45]. Über seine Delegation, die in Peking mit Außenminister Chen Yi und Guo Moruo zusammentraf, erschienen in der chinesischen Presse eine ganze Anzahl kurzer Berichte[46]. Eine Zeitlang hatte der Weltfriedensrat in Wien sogar einen chinesischen Mitarbeiter, der heute bei der chinesischen Freundschaftsgesellschaft beschäftigt ist.

Doch die Entfremdung zwischen Peking und Moskau wirkte sich auch in Österreich aus. Während des Sommers 1963 kursierten in Wien etliche gegen die KPÖ gerichtete offene Briefe, für welche »antirevisionistische Kommunisten Österreichs« verantwortlich zeichneten. Am 5. Oktober 1963 erschien die erste Ausgabe der *Roten Fahne.* Als Herausgeber trat Franz Strobl auf, der seit dem Kriegsende Mitarbeiter der Abteilung Presse und Schulung beim Zentralkomitee der KPÖ gewesen war. Im Sommer 1965 rief die *Rote Fahne* zur Gründung einer neuen kommunistischen Partei in Österreich auf. Ihr Herausgeber, Strobl, wurde Obmann der am 1. Mai 1966 von 75 Personen gegründeten MLÖ (Marxisten-Leninisten Österreichs). Am 12. Februar 1967 wurde aus der MLÖ die MLPÖ (Marxistisch-Leninistische Partei Österreichs). Zu dieser Zeit hatte die Organisation bereits die erste »Parteisäuberung« hinter sich. Die Ausgeschlossenen scharten sich um den ehemaligen kommunistischen Betriebsrat Alfred Jocha und gründeten im Juni 1968 die *Vereinigung revolutionärer Arbeiter,* die der Strobl-Gruppe vorwarf, sie hätte bloß eine »Schreibtisch-Scheinmacht« errichtet. Doch auch die Jocha-Gruppe blieb vom Spaltpilz nicht verschont. 1972 taten sich dreizehn Personen, darunter neun Studenten, zum *Kommunistischen Bund Wien* zusammen und brachten damit den Stand pekingorientierter politischer Gruppierungen auf drei.

Peking vermied es, als Schiedsrichter aufzutreten, und veröffentlichte vorerst sämtliche Kondolenz- und Glückwunschtelegramme der österreichischen ideologischen Sympathisanten. 1974 lud man sogar den Kommunistischen Bund und die Vereinigung revolutionärer Arbeiter ein, je zwei ihrer Mitglieder für eine gemeinsame Reise durch China zu entsenden[47]. Der Sturz der »Viererbande« löste das Konkurrenzproblem. Die Opposition der beiden anderen Organisationen gegen die politische Linie Chinas ab 1977 machte das Feld frei für den Kommunistischen Bund, so daß dessen ZK-Sekretär, Walter Lindner, Anfang 1978 befriedigt feststellen konnte:

> Heute verkörpern wir den Marxismus-Leninismus in Österreich, und diese marxistisch-leninistische Bewegung entwickelt sich ausgezeichnet. Während in den Jahren seit ungefähr 1966, nach dem ersten Scheitern der Gruppe um die *Rote Fahne,* viele an der Zukunft des Marxismus-Leninismus verzweifelten, ist es heute für jedermann zu sehen, daß der Marxismus-Leninismus in Österreich eine lichte Zukunft hat.

Diese Aussage traf Lindner auf der vom 6. bis 8. Januar 1978 abgehaltenen 1. Nationalen Delegiertenkonferenz des Kommunistischen Bundes Österreichs. Auf dieser Delegiertenkonferenz wurden unter anderem noch folgende Thesen aufgestellt: Österreich sei ein imperialistisches Land und stehe in der Reihe der Unterdrückernationen, die Neutralität Österreichs sei nur eine scheinbare, gegen die Wehrgesetznovelle und das »militaristische Kasernensystem« müsse gekämpft werden. Ob derlei Auffassungen mit der in diesen Punkten sehr deutlichen politischen Linie der chinesischen Führung in Einklang gebracht werden können, bleibt abzuwarten[48].

Und wie war die Haltung der KPÖ? Zuerst agierte sie noch vorsichtig. Noch im Mai 1960 entsandte die Jugendorganisation der Partei eine fünf Mitglieder umfassende Delegation unter Führung des FÖJ-Vorsitzenden Karl Reiter nach China[49]. Im Jahre 1961 schickte man zum 40. Jahrestag der KP Chinas ein längeres Telegramm, das am 3. Juli von der Pekinger Volkszeitung veröffentlicht wurde. Als dann innerhalb der KPÖ prochinesische Oppositionsgruppen auftraten, wurden sie zuerst totgeschwiegen und dann als »Chinesen« abgetan[50]. Wenn auch nie eine echte Auseinandersetzung mit den Argumenten der Vertreter der Pekinger Linie stattfand, so waren doch China-Kontakte von jener Zeit an für KPÖ-Funktionäre kaum karrierefördernd. Dies brachte leider eine Aktivität zum Erliegen, die zwar unter den Auspizien der KPÖ stattgefunden, jedoch im wesentlichen Nichtparteimitglieder zu wissenschaftlichen und kulturellen Studienzwecken nach China gebracht hatte. Organisator war der österreichische Mittelschulprofessor Dr. Otto Kreilisheim. Seiner – nicht mehr genauen – Erinnerung nach hat er von 1952 oder 1953 bis Anfang der sechziger Jahre an der Entsendung von vier bis fünf Delegationen mitgewirkt. Auf diese Weise ermöglichte er österreichischen Fachleuten, in ihren Spezialbereichen fruchtbare Kontakte in China zu pflegen. Teilnehmer an jenen Gruppen waren unter anderem die Zoologen Prof. Marinelli und Wettstein, die Direktorin des Museums für Völkerkunde, Dr. Becker-Donner, der Ostasienexperte des Museums für Angewandte Kunst, Dr. Herbert Fux, sowie dessen Direktor Dr. Griessmayer, der Experte für Musikerziehung Prof. Rom, der Architekt Niedermoser, der Dirigent und Komponist Robert Schollum und der Geograph Prof. Stratil-Sauer. Da es wenigen österreichischen Wissenschaftlern vergönnt war, so wie der Biochemiker Univ.-Prof. Dr. Hoffmann-Ostenhof außerhalb der vorgesehenen Kanäle auf eigene Faust erfolgreiche Kontakte anzuknüpfen[50a], war es besonders bedauerlich, daß die mit Hilfe der KPÖ aufgebaute kulturelle Brücke in den sechziger Jahren unter der Last des chinesisch-sowjetischen Konflikts zusammenbrach.

Österreicher in China – Chinesen in Österreich

Es waren Österreicher verschiedenster Herkunft, verschiedenster Ansichten und verschiedenster Ambitionen, welche das Schicksal in China zusammenführte und denen somit die Möglichkeit gegeben war, dort die Erinnerung an ihre Heimat wachzuhalten.

Bloß auf der Durchreise von Vietnam, wo er Berater Ho Chi-minhs gewesen war, kam Georges Wächter nach China. Von der Grenze an stellten ihm die Chinesen ein Maultier zur Verfügung, auf das sie zwecks Hebung seiner Bequemlichkeit ein Brett mit einem Polster gebunden hatten. Der österreichische Gast wurde umhegt und von Kunming nach Peking gebracht, damit man sein Augenleiden behandeln könne. Ende 1950 langte er dort an und blieb bis zum April des darauffolgenden Jahres. Er stellte fest, daß ihm seine österreichische Herkunft nützlich war. Die behandelnden Ärzte erinnerten sich mit Vergnügen an Prof. Tandler, und im Radio ertönte des öftern österreichische Unterhaltungsmusik. Der Ruf Österreichs als Volk der Tänzer und Geiger bestätigte sich in der Folge durch die Bitte des chinesischen Generals Shen, den Wächter von Vietnam her kannte, der österreichische Gast möge ihm das Walzertanzen beibringen. So mimte Wächter für den General die

Rolle der Dame, während der chinesische Sekretär dazu sehr gekonnt die nötigen Melodien pfiff[51].

In Peking lebte damals auch noch der schon früher erwähnte Zahnarzt Dr. Leo Kandel, der sich mit Bohrgeräuschen weniger melodiös profilierte. Doch während Kandel 1952 wegen Versiegens seiner Praxis die Zelte abbrach, blieb der Österreicher Walter Zeißberger an der Stätte seines früheren Wirkens. Wie dem Leser vielleicht erinnerlich, hatte Rosthorn den begabten Gymnasiasten als Schüler angenommen. Nach der Matura setzte Zeißberger seine Studien bei Rosthorn fort und inskribierte außerdem von 1932 bis 1936 Völkerkunde. Im Juli 1936 ging er nach China und wurde 1937 an der katholischen Furen-Universität Research-Student. 1939 machte er seinen Master of Arts, wurde an derselben Universität Assistent, Lektor und schließlich Assistenzprofessor für Weltgeschichte und Völkerkunde. 1950 wurde er von der Universität Peking als Lektor für die deutsche Sprache übernommen. Gelegentlich hielt er auch Vorträge über deutsche Geschichte. Die Wirren der Kulturrevolution spielten Zeißberger und seiner chinesischen Frau übel mit. Teile seiner großen Bibliothek wurden vernichtet. Nach Etablierung der österreichischen Botschaft in Peking fanden die österreichischen Missionschefs in ihm einen gelehrten Landsmann, der über chinesische Sprache und Kultur im Detail Bescheid wußte, und die wieder anwachsende deutschsprachige Studentenkolonie weiß Zeißbergers Rat bei der Verfassung von Dissertationen oder auch bei den Feinheiten des chinesischen Schachspiels zu schätzen.

1951 kehrte eine Frau nach China zurück, die – obgleich fern von dort in Klosterneuburg bei Wien geboren – sich schon in jungen Jahren das Reich der Mitte zur künftigen Heimat erkoren hatte. »China mit seiner langen, ungebrochenen Geschichte zog mich früh in seinen Bann«, schreibt sie uns über ihr Leben. »Kunstgegenstände im Schönbrunner Schloß, Rollbilder bei einer Ausstellung in der Sezession, auf denen ein einziger Blütenzweig den ganzen Frühling auszudrücken schien, und dann die chinesische Philosophie, die ich mir zum philosophischen Rigorosum an der Universität erwählte, ein Chinesischkurs an der Konsularakademie, wo ich zumindest ein paar der geheimnisvollen Schriftzeichen mit oh, so vielen Strichen erlernte . . . Für eine junge Person aus jüdischer Familie bot das weite, ferne China im Gegensatz zum kleinen, zerstückelten Österreich, ein verlockendes Ziel.« Im September 1933 war es dann soweit. Dr. Ruth Weiß hatte Verbindung zu Zeitungen angeknüpft und konnte hoffen, sich in China durch Korrespondententätigkeit über Wasser halten zu können. Auf dem Schiff, das sie im September nach Shanghai brachte, befand sich auch Professor Tandler. Sie begleitete den Wiener Stadtrat, als er von Rewi Alley – damals Fabriksinspektor im internationalen Settlement – durch verschiedene Fabriken der Stadt geführt wurde. Der jungen Österreicherin fiel es immer schwerer, sich von China zu trennen, und so nahm sie 1937, nachdem sie bereits ihrer Familie die Heimkehr angekündigt hatte, das

Angebot an, für eine Universität in Chengdu, Sichuan, als Sprachlehrerin und Sekretärin tätig zu sein. 1943 heiratete sie einen chinesischen Ingenieur. Dieser ging mit einem Stipendium in die USA, und sie folgte ihm im Frühjahr 1946. Fünf Jahre arbeitete sie dann im Sekretariat der Vereinten Nationen. Als die Volksrepublik China Ende 1950 eine Delegation zu den Vereinten Nationen entsandte, verließ Frau Weiß des öfteren ihren Schreibtisch, um den Debatten zuzuhören. Das mißfiel ihren Vorgesetzten, und ihr Vertrag wurde nicht erneuert. Da sie als Frau eines Chinesen Anspruch darauf hatte, in seine Heimat zurückbefördert zu werden, mußten die Vereinten Nationen dafür sorgen, daß sie samt ihren beiden Kindern und ihrem Gepäck nach Peking transportiert wurde. Ihr Mann zog es vor, in Amerika zu bleiben. Ruth Weiß oder Wei Luosi, wie sie jetzt heißt, optierte für China. Seit vielen Jahren arbeitet sie dort an Übersetzungen, schreibt für den in Hongkong herausgegebenen *Eastern Horizon* und wird gelegentlich als Sprachlehrerin »verliehen«. Aus Dalian, wo sie gerade als Gastprofessorin Englisch unterrichtete, schrieb sie uns vor einigen Monaten: »Besonders die jüngsten Ereignisse, seit dem Sturz der ›Viererbande‹, geben zu großen Hoffnungen Anlaß, und ich möchte gern das Jahr 2000 erleben. Trotz meiner siebzig Jahre fühle ich mich frisch und munter und durchaus nicht zum Ruhestand aufgelegt.«

Einer, der ebenfalls keineswegs ans Ausruhen denkt, sondern sich gerne seinem Dienst in der chinesischen Akademie der medizinischen Wissenschaften widmet, ist Richard Theodor Frey (Richard Stein). Er wurde am 11. Februar 1920 in Wien geboren, mußte im Alter von etwas über achtzehn Jahren nach Shanghai emigrieren und fand Anschluß an die kommunistische Bewegung. Er wurde in die Achte Feldarmee aufgenommen und arbeitete im Höhlenspital Yan'ans. Dort scheint er sich mit seinem russischen Arbeitskollegen Orlow nicht gut verstanden zu haben, denn der Kominterndelegierte und Tass-Korrespondent in Yan'an, P. P. Wladimirow, notierte am 22. Februar 1944 in sein Tagebuch:

> Doktor Frei. Orlow hegt starke Zweifel an seiner medizinischen Bildung. Während Ma Haide immerhin Dermatologe ist, handelt es sich bei Frei um einen ganz gewöhnlichen Laien. Frei gibt sich als Internist aus, ist in Wirklichkeit aber ein miserabler Feldscher. Er behauptet, er habe in Wien Medizin studiert. In China lebt er seit 1939. Er schreibt und spricht Deutsch, Englisch und Chinesisch[52].

Die Chinesen jedoch besaßen das Vertrauen zu Frey, das dem russischen Delegierten abging, und setzten ihn wiederholt zu verantwortlichen Missionen ein. So z. B. kümmerte er sich um amerikanische Piloten, die von den Japanern abgeschossen worden waren, und eskortierte sie sicher nach Yan'an[53]. Nach dem Krieg wurde er zuerst in Chongqing (Tschungking) für politische Aufgaben verwendet; 1963 kam er nach Peking, wo ihm seither an der Akademie für medizinische Wissenschaften die Auswertung ausländischer Fachzeitschriften obliegt. Österreichische Mediziner fanden in Frey einen »Kader«, der auch den nötigen Dienstrang besitzt, um ihnen Wege ebnen zu können. Sein in der neuen Heimat erworbenes Ansehen wird dadurch unterstrichen, daß er Inhaber eines der raren chinesischen Dienstpässe ist[54].

Nicht wenige Österreicher hielten das Interesse an ihrem Heimatland durch Deutschunterricht wach. Da sind einmal die Ehefrauen von zwei chinesischen Wissenschaftlern zu nennen. Schon vor der Ausrufung der Volksrepublik lebte Frau Olly Wang mit ihrem Mann in Nanking, wo dieser an der Universität theoretische Physik lehrte. Sie selbst unterrichtete ihre Muttersprache. Das trifft auch für andere Österreicherinnen zu. Valerie Meng, Frau eines chinesischen Kinderarztes, lebte ebenfalls in Nanking und Peking und gab wie Frau Wang Deutschlektionen. Eine ganze Reihe chinesischer Diplomaten haben bei ihr am Pekinger Fremdspracheninstitut Deutsch gelernt. Entlegener war der Wohnsitz von Frau Basilia Fang (geb. Plattner), einer Tirolerin, die 1951 während ihrer Aupair-Zeit in London mit einem chinesischen Doktor der Metallurgie die Ehe eingegangen war. Bevor Basilia Plattner mit ihrem frisch angetrauten Mann nach China fuhr, holte sie noch vom großelterlichen Hof in Piburg im Ötztal ihr dreijähriges Töchterchen Gudrun, welches somit den damaligen Bestand an Paßösterreichern in China entscheidend vermehrte. In Shenyang (Mukden), wo der Mann, Fang Bing, an einem Forschungsinstitut arbeitete, unterrichtete Basilia Fang Deutsch und Englisch, während Gudrun, die noch zwei Halbbrüder bekam, zusammen mit chinesischen Kindern die Schulen absolvierte und ab 1968 in einer Textilfabrik arbeitete. Als Gudrun Plattner 1972 nach Österreich kam, war sie von den einundzwanzig in China verbrachten Jahren geprägt. Deutsch sprach sie nur gebrochen, insbesondere das »r« wollte ihr nicht recht über die Zunge. Statt »Tirol« sagte sie »Tilol«. Damit mußte sich die Großmutter in Ötz ebenso abfinden wie mit dem Umstand, daß sich die »chinesische« Enkelin standhaft weigerte, mit ihr den Gottesdienst zu besuchen. Gudrun Plattner, die heute als Vertragsbedienstete an der Universität Wien arbeitet, konnte einige Jahre später Mutter, Brüder und den chinesischen Stiefvater in Wien begrüßen. Die chinesischen Behörden hatten eine Familienzusammenführung ermöglicht, wie sie das auch schon in den Fällen der vorher genannten Österreicherinnen getan hatten. Diese waren während der sechziger Jahre nach Österreich zurückgekehrt – während der Krisenzeit, die damals durch Mißernten, Fehlplanungen und den Abzug der sowjetischen Experten hervorgerufen worden war. Frau Wang konnte ihren Sohn Erich gleich mitnehmen, und in den siebziger Jahren folgte ihr Mann Zhaoren, der seitdem in Zeitungen und Fernsehen durch seine Meisterschaft in der lebensverlängernden Kunst des Schattenboxens Aufsehen erregt. Wenn Sie bei einem Spaziergang durch die Laudongasse in Wien einem Chinesen begegnen, der leichtfüßig schwer deutbare Schrittfolgen und eindrucksvolle Handbewegungen macht, dann handelt es sich um Professor Wang. Haben Sie keine Angst davor, ihn anzusprechen. Er redet gerne über seine Kunst. Dabei wird er Sie verbindlich anlächeln und vielleicht seinen Ärmel hochkrempeln, um Ihnen die für einen mehr als Achtzigjährigen verblüffend junge Haut zu zeigen, die er nur den regelmäßigen Übungen im Schattenboxen (Taiji) verdankt.

Übrigens, wenn wir gerade von Gesundheit reden. Die Heimkehr von Frau Meng, deren Mann später in China verstarb, bescherte Österreich eine ganze »Wiener-chinesische Schule«. Peter Meng hat sein Medizinstudium schon in China absolviert und arbeitet heute in einer Klinik in Vorarlberg. Alexander Meng ist gerade dabei, seine Ausbildung zum Facharzt für Neurologie zu beenden, und arbeitet außerdem unter Leitung von Dr. Johannes Bischko am Ludwig-Boltzmann-Institut für Akupunktur. Gustav und Siegfried Meng studieren noch, wobei gesagt werden muß, daß Gustav sich im Dschungel einer Halbinsel Südchinas eine wertvolle Praxis als »Barfußdoktor« erworben hat.

Etwa zur Zeit, als Frau Wang und Frau Meng nach Österreich zurückkehrten, verließ ein anderer Österreicher China in Richtung Ostberlin. Ernst Schwarz, der sich in seiner Emigrationszeit vor allem mit dem Buddhismus beschäftigt hatte, war vom Gesandten Stumvoll als provisorischer Sekretär der österreichischen Gesandtschaft angestellt worden und nach Schließung der Mission in China geblieben, wo er in Hangzhou Deutsch unterrichtete und gelegentlich auch Werke österreichischer Autoren ins Chinesische übersetzte. Er dissertierte später an der Ostberliner Humboldt-Universität und unterrichtete dortselbst als Lektor. Von ihm liegen einige Übertragungen von Werken der klassischen chinesischen Literatur vor, die er unter dem Titel *Der Ruf der Phönixflöte* 1973 in Berlin veröffentlicht hat. Schwarz verließ seinen Angaben nach China nicht wegen der damaligen Wirtschaftslage, sondern wegen politischer Differenzen.

Doch die sechziger Jahre brachten wiederum Zuzug von neuen Deutschlehrern aus Österreich. Von 1959 bis 1969 hielt sich Rita Zeller in Peking auf, wo sie zuerst an der Schule der chinesischen Nachrichtenagentur und danach am 2. Pekinger Fremdspracheninstitut unterrichtete. Während ihrer Tätigkeit beim Weltfriedensrat in Wien hatte sie den sudanesischen Journalisten Achmed Kheir kennen und lieben gelernt und war ihrem Lebensgefährten nach Peking gefolgt.

Einige Jahre später (Ende 1963) kamen Heinz Hardegen und seine Lebensgefährtin Mimi Czerni nach Peking. Hardegen war ein alter China-Fan, der sich die Sprache von chinesischen Studenten hatte beibringen lassen und seine so und im Selbststudium erworbenen Kenntnisse während der Nachkriegsjahre in Kursen der Wiener Urania weitergab. Wegen zu geringer Teilnehmerzahl mußten die Kurse allerdings in der Folge in ein chinesisches Restaurant übersiedeln und kamen schließlich, als Hardegen einen Posten in St. Pölten antrat, völlig zum Erliegen. Der prominenteste Kursteilnehmer war der berühmte Akupunkteur Dr. Johannes Bischko. Während Hardegen in China beim Rundfunk arbeitete, war Mimi Czerni im 2. Pekinger Fremdspracheninstitut beschäftigt. Auch die Tochter von Dr. Helene Legradi (Ost-West-Handelsbüro), Franzi Sockal, und ihr späterer Ehemann gaben eine Zeitlang in China Deutschunterricht.

Eine Mittlertätigkeit zwischen österreichischer und chinesischer Kultur versuchte der auch noch nach 1949 in Shanghai verbliebene österreichische Architekt Hajek auszuüben. Mit Brief vom 25. Oktober teilte er dem österreichischen Außenamt mit, daß er privat versuche, eine Vortragsserie über berühmte Österreicher auf die Beine zu stellen. Nach Negrelli sollten Otto Wagner, Ressel und der Erbauer der Semmering-Bahn, Ritter von Ghega, an die Reihe kommen. Wieviel von Hajeks Plänen verwirklicht werden konnte, war nicht festzustellen. Immerhin blieb er bis 1959 in Shanghai, bemühte sich, die chinesischen Behörden mit Informationen über modernes österreichisches Bauen zu versorgen, und bildete zusammen mit dem jungen Österreicher Albert Menasche und dessen Angehörigen einen kleinen Brückenkopf österreichischer Präsenz.

Albert Menasche kam mit seinem chinesischen Ziehvater und seiner Mutter 1946 im Alter von etwa elf Jahren nach China. Sein leiblicher Vater, dem das Nestroy-Kino gehört hatte, war 1938 bei antisemitischen Ausschreitungen erschlagen worden. Als man 1941 den Sohn abtransportieren wollte, legte sich der Chinese, mit dem seine Mutter sich angefreundet hatte, ins Mittel und sagte, es sei sein Kind. Damit rettete er dem Knaben das Leben.

Viele Wiener Leser werden übrigens diesen Herrn kennen. Seit vielen Jahren hat er auf dem Wiener Christkindlmarkt einen Stand, wo man chinesisches Kunstgewerbe kaufen kann. Vielleicht haben Sie bei Herrn Chen Gunfin schon einmal gekauft. Den Chinesen mit österreichischer Familie hatte es nach dem Krieg in die Heimat zurückgezogen. Dort waren die Emigranten, die sich zur Heimreise nach Österreich anschickten, über die Neuankömmlinge erstaunt und fragten: »Jetzt kommt ihr daher?« Tatsächlich ergaben sich bei Schulgang und Arbeitsbeschaffung Schwierigkeiten. Zuerst wurde die Kadoorie-Schule und dann die Shanghai Jewish School aufgelöst. Menasche erteilte Englischunterricht und arbeitete für die letzten verbliebenen Ausländer bei Polizei und Gericht als Dolmetsch. Einen Erwerb konnte er sich auch dadurch sichern, daß er sich um ca. 200 Schilling monatlich von der jüdischen Kultusgemeinde für die Gottesdienste als »zehnter Mann« fix engagieren ließ. Die Kultusgemeinde zahlte überdies eine Unterstützung, welche später – ein weiterer Beweis für die chinesische Genauigkeit in solchen Dingen – in gleicher Höhe vom Polizeipräsidium Shanghais weitergezahlt wurde. Von diesen 300 Yuan – Minister verdienten kaum mehr – konnte man ganz gut leben, zumal das rote Rationierungsbuch der Familie sie gegenüber der chinesischen Bevölkerung privilegierte. Rückblickend meint Herr Menasche, der heute bei der UNO-Organisation UNIDO als Sicherheitsbeamter arbeitet, es seien für ihn schöne Jahre gewesen. Die Bevölkerung habe sich zu ihm sehr freundlich verhalten. Er sei zusammen mit den Kindern einer anderen chinesischen Familie aufgewachsen und habe im Gegensatz zu seiner Mutter eigentlich kein Heimweh nach Österreich verspürt. Sie habe immer gedrängt, nach Österreich zurückzufahren. Er selbst habe sich erst nach Österreich gesehnt, als ihm der Sohn des damaligen Messedirektors und späteren Wiener Bürgermeisters Bruno Marek bei einem Besuch in Shanghai Ansichtskarten von Österreich gezeigt habe. Außerdem habe er 1960 geheiratet, und jene Zeit, in der man nur schwer Milch, Butter oder Eier bekommen konnte, schien ihm für künftige Nachkommenschaft nicht günstig zu sein. So schickte er seinen Paß, den er noch von dem Architekten Hajek bekommen hatte, an die österreichische Botschaft in New-Delhi und bekam einen Familienpaß zurückgesandt. Die chinesischen Behörden genehmigten binnen vierzehn Tagen die Ausreise, und so kehrten die vermutlich letzten Österreicher Shanghais in die Heimat zurück[55].

In Peking, umgeben von alten ebenerdigen chinesischen Hofhäusern, lebte zu dieser Zeit noch immer Valentina Wilfert, welche ihre gewohnte Umgebung nicht missen wollte. Die nach einem österreichischen Bankbeamten verwitwete Russin hatte bereits einige Jahrzehnte in China verbracht, ging selten aus und ließ die Zeit an ihrem in einem engen Gäßchen gelegenen chinesischen Haus vorbeistreichen. Das ging so lange gut, bis die Wogen der Kulturrevolution immer höher schlugen und schließlich auch das zurückgezogene Leben der russischen Pekingerin mit österreichischem Paß erreichten. Eines Tages klopfte sie unangemeldet an die Türe ihrer Tochter in Wien, die in der ersten Verblüffung ihre Mutter gar nicht wiedererkannte[55a].

Und wie verhielt es sich mit der chinesischen Kolonie in Wien? Schon in der Zwischenkriegszeit war neben den chinesischen Studenten eine Reihe chinesischer Händler und Arbeiter ins Land gekommen. Die meisten stammten aus der chinesischen Provinz Zhejiang und waren deshalb nach Europa gekommen, weil sie daheim ihre Familie nicht ernähren konnten. Ein typisches Schicksal ist das von Ye Tinsha, der uns folgendes erzählte:

> Ich wurde 1896 in Qingtian in der Provinz Zhejiang geboren. Die Lage meiner Familie war sehr schlecht. Meistens hatten wir nur getrocknete Süßkartoffel zu essen, manchmal etwas Reis und höchstens zwei- bis dreimal im Monat einen Happen Fleisch. Ich bestellte ein Reisfeld von drei Mu (15 Mu = 1 Hektar) und mußte meine Großmutter, meine Eltern und meinen jüngeren Bruder erhalten. Es war dringend notwendig, unser Einkommen aufzubessern, und so ging ich mit Waren wie Reis, Salz, Zucker, Fisch oder marinierten Früchten hausieren. Mit 27 nahm ich mir ein Mädel aus der Nachbarschaft, das ebenfalls bäuerlicher Herkunft war, zur Frau. Dann kam einmal

ein Bekannter vorbei, der schon in Europa gewesen war. Nach einem bloß einjährigen Aufenthalt in Frankreich konnte der sich schon einen Heimaturlaub leisten! Ich wollte mit nach Europa, fleißig arbeiten, um dann mit dem Ersparten daheim meiner Familie die Existenz sichern zu können. Auf höchstens drei Jahre wollte ich weg, als ich 1930 losfuhr, ja, und nun sind es in der Zwischenzeit vierzig Jahre geworden!
So einfach, wie man es mir geschildert hatte, war das Geldverdienen in Europa nicht. In Frankreich war ich vorerst ein paar Monate arbeitslos. Dann versuchte ich es in Deutschland, ging mit deutschen Waren – Tischtüchern und Bekleidung – hausieren. Ein bißchen konnte ich zur Seite legen, gerade soviel, daß es für meine Familie daheim zum Leben reichte. Zehn Mark waren es etwa im Monat. Nie verdiente ich aber genug, um heimfahren zu können. 1939 kam ich dann nach Wien. Die Leute hatten mir erzählt, daß ich vielleicht dort leichter Geschäfte machen könnte. Bei Kriegsausbruch hatten verhältnismäßig viele Chinesen in Wien Zuflucht gesucht, von denen sich dann nach 1945 die meisten wieder nach Frankreich, Deutschland, Holland oder Schweden zerstreuten. Ich versuchte es zuerst wieder mit dem Hausieren, aber des Krieges wegen konnte man keine Ware bekommen. So meldete ich mich 1940 zur Arbeit als Bauhilfsarbeiter. Bei dieser Arbeit bin ich bis zu meiner Pensionierung im Jahre 1962 geblieben. Es war ein angenehmes Arbeitsverhältnis. Der Chef hat mich gern gehabt. Ich darf mir heute noch von seinen Baustellen Brennholz holen[55b].

Andere Chinesen zogen es vor, in Österreich den Kochlöffel zu schwingen. In den dreißiger Jahren traf sich die kleine chinesische Kolonie in einem kleinen, behelfsmäßigen, nur für chinesische Besucher bestimmten Restaurant. Während des Krieges wurde in dem China-Restaurant in der Meidlinger Hauptstraße gegen Schwarzbrotmarken Reis abgegeben[55c], und nach dem Krieg sahen Chinesen, die es nach Wien verschlagen hatte und die dort mit ihrem erlernten Beruf nichts anfangen konnten, in der Eröffnung chinesischer Restaurants ihre Chance. Pioniere waren ein gelernter Diplom-Ingenieur und ein gelernter Kinderarzt, die sich in der Nähe des Technischen Museums bzw. in der Porzellangasse gastronomisch etablierten. Die wachsende Prosperität, die restriktive Haltung der deutschen Behörden gegenüber chinesischer Einwanderung, Fluchtgelder aus Taiwan und eine lockere Auswanderungspolitik der Volksrepublik China ließen in den siebziger Jahren die Zahl der chinesischen Restaurants in Wien anschwellen. Damals aber war die chinesische Küche in Wien einem kleinen Kreis von Kennern vorbehalten. Exklusiv war auch die Bedienung. Im Restaurant in der Porzellangasse war sie rein akademisch: der Kinderarzt machte den Empfangschef, ein Musikwissenschaftler und eine Literaturhistorikerin servierten. Bloß das Küchenpersonal war möglicherweise zum Glück der Gäste nicht promoviert. Dort waltete Frau Grün – eine der Chinesinnen, die in Shanghai Österreicher geheiratet hatten. Ein weiterer kleiner Zuzug für die Gruppe der in Österreich ansässigen Chinesen, wenn man es auch aus den Namen nicht sofort vermuten konnte, denn die Damen hießen nunmehr Pick, Neufeld, Duldner oder – wie bereits erwähnt – Grün.

Auch chinesische Studenten gab es wieder in Wien. Den Akten des Haus-, Hof- und Staatsarchivs ist zu entnehmen, daß Ende 1948 über Vermittlung des Gesandten Stumvoll zehn chinesische Jus-Studenten sich nach Wien begaben und weitere eine Reihe anderer Fächer inskribierten[56]. Sie scheinen aber nicht in Österreich ansässig geworden zu sein. Einen bleibenden Namen unter den Übersee-Chinesen sicherten sich Frau Prof. Pick (geb. Xu Zhisiu), der ein eigenes Kapitel gewidmet ist, und Herr Ling – letzterer, ebenfalls ein Emigrant aus Zhejiang, durch Zeugung einer hübschen und begabten Tochter. Wie die meisten Halbchinesinnen zog Dolores Ling durch gutes Aussehen die Aufmerksamkeit auf sich. In ihrem Falle war es die besondere Aufmerksamkeit des bekannten Wiener Operettentenors und Schauspielers Toni Niesner. Er heiratete die junge Sängerin und förderte ihre Karriere, in deren Verlauf Dolores Ling unter anderem überzeugend die Hauptrolle im *Kleinen Teehaus* verkörperte. In zweiter Ehe ist sie mit einem Beamten des französischen auswärtigen Dienstes verheiratet und hat sich in der Malerei einem europäisch-chinesischen Mischstil zugewandt.

Gleichfalls als Malerin hervorgetan hat sich die aus Shanghai stammende Wang Gi-in (Wang Jiyin), welche während ihres Klavierstudiums in Paris sich auch der bildenden Kunst zugewendet hatte. Ihren entscheidenden Beitrag zu den kulturellen Beziehungen zwischen Österreich und China leistete sie allerdings als Pädagogin und Konzertpianistin. Bereits 1956 nahm sie am internationalen Mozart-Wettbewerb in Salzburg teil, erhielt ein Anerkennungsdiplom und ein damit verbundenes Stipendium in Österreich. Zugleich knüpfte sie auch persönliche Bande zu diesem Land. In der Mozartstadt lernte sie Professor Walter Fleischmann kennen und lieben, der damals am Klagenfurter Konservatorium unterrichtete. 1964 ging das junge Ehepaar nach Afghanistan, um an der dortigen österreichischen Musikschule zu lehren. Seit 1970 unterrichtet Wang Gi-in als Lehrbeauftragte an der Wiener Musikhochschule, wo ihr Mann als Professor wirkt. Eine besondere Bedeutung kam der Entscheidung der chinesischen Behörden zu, Wang Gi-in und ihren Mann für das Jahr 1980 als Pädagogen an die Hochschule in Shanghai zu berufen. Damit fiel diesem österreichisch-chinesischen Ehepaar die schöne und wichtige Aufgabe zu, an die lange Tradition österreichischen Musikunterrichts in China wieder anzuknüpfen.

China und Österreich in damaligen Publikationen

Von den Büchern, die damals in Österreich über China erschienen, geht ein Teil auf eigene Erlebnisse der Autoren zurück. Da waren, wie schon erwähnt, die Spanienärzte Jensen und Freudmann, die China-Bücher veröffentlichten. Da gab es auch die Brüder Basch, die in Shanghai als Pressephotographen gearbeitet hatten. Nach ihren Aufzeichnungen und Angaben schrieb der junge Mediziner Walter Than einen recht anschaulichen und lebendigen Text, der mit dem interessanten Photomaterial der beiden Brüder 1949 unter dem Titel *China ohne Zopf* veröffentlicht wurde. Besonders aber ragen aus den Publikationen die Werke Herbert Tichys heraus. Der Forschungsreisende, Geologe und Schriftsteller war nach einem Besuch in Thailand im Jahre 1941 in China hängengeblieben und hatte zuerst in Shanghai und dann in Peking als Korrespondent deutscher Zeitungen gearbeitet. Seine klugen Kommentare und Prognosen in der Zeitschrift *Das Reich* unterscheiden sich wohltuend von den Propagandaergüssen ringsherum. Nach Kriegsende war er zwar – wie ihm die Association of Austrian Residents bestätigte – bar jeden Verdachtes, Nazi oder Kollaborateur gewesen zu sein[57], doch ließ ihn das Ende der deutschen Zeitschriften, für die er gearbeitet hatte, auch bar jedes weiteren Lebensunterhaltes. Tichy trug dies mit philosophischem Gleichmut. Er war mit einem verarmten mongolischen Prinzen befreundet und schlug in einem der Zimmer von dessen weitläufiger, ungeheizter Residenz sein Lager auf. Die tiefen Temperaturen des Pekinger Winters zwangen ihn, sich tief unter Kleidern und Lumpen zu vergraben, um nicht zu erfrieren. Tagsüber wärmte er sich gemeinsam mit Bettlern am offenen Feuer. »Wenn man ein Volk wirklich kennenlernen will, dann muß man mit ihm arm gewesen sein«, meint Prof. Tichy heute dazu[58]. Kein Wunder, daß seine China-Bücher eine unverfälscht chinesische Atmosphäre ausstrahlen. 1948 veröffentlichte er *China ohne Mauer*, in dem ein Schwede namens Fredrikson auftritt, dem Tichy seine eigenen Anschauungen in den Mund legt – etwa, daß weder Moskau noch Washington die Zukunft Chinas bestimmen könnten, sondern die Lösung beim chinesischen Volk liegen müsse[59]. Einen besonderen Reiz erhält das Werk überdies durch die 56 Zeichnungen des Pekinger Malers Chen Chih-Nung. Schade, daß es nicht wieder aufgelegt worden ist! Von Tichys Einfühlungsvermögen in das chinesische Leben zeugen auch seine 1948 und 1959 veröffentlichten Werke *Weiße Wolken über gelber Erde* und *Die Flut der tausend Ernten*.

Von eigenem – wenn auch kürzerem – Erleben Chinas ist auch das von Hans Grümm 1951 veröffentlichte Buch *China heute* geprägt. Es ist ein China, das die Spuren des soeben überwundenen Kampfes ebenso wie die Zeichen eines neuen Aufbruchs zeigt. Die Mitglieder der Delegation des Weltbundes Demokratischer Jugend, der Grümm angehörte, hatten einerseits Gelegenheit, in den alten unterirdischen Gängen der Guerillagebiete eine Art »Räuber-und-Gendarm-Spiel« mitzumachen,

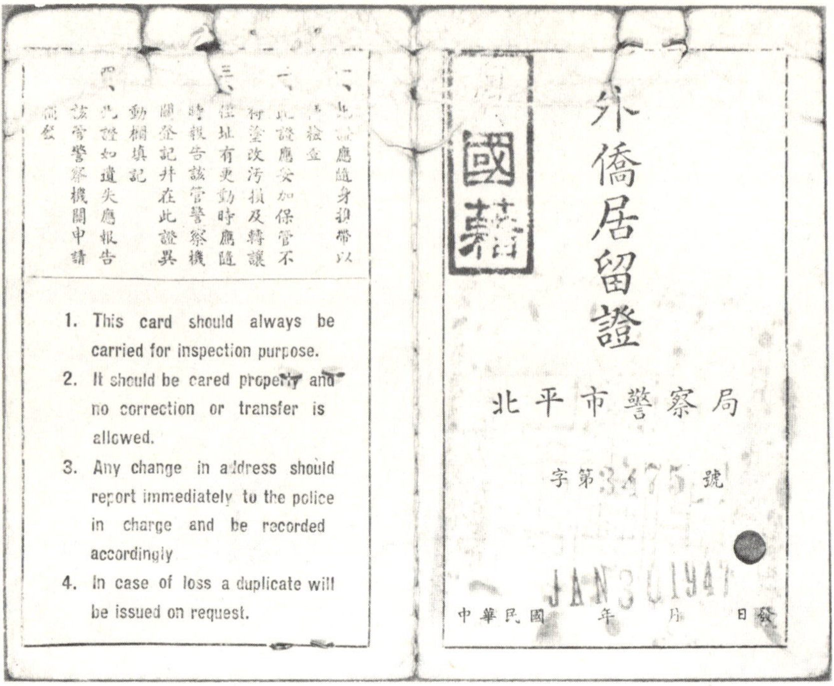

一、此證應隨身携帶以備檢查
二、此證應妥加保管不得塗改污損及轉讓
三、住址有更動時應隨時報告該管警察機關登記并在此證異動欄填記
四、此證如遺失應報告該管警察機關申請補發

1. This card should always be carried for inspection purpose.
2. It should be cared properly and no correction or transfer is allowed.
3. Any change in address should report immediately to the police in charge and be recorded accordingly.
4. In case of loss a duplicate will be issued on request.

國籍

外僑居留證

北平市警察局

字第3475號

JAN 30 1947

中華民國 年 月 日發

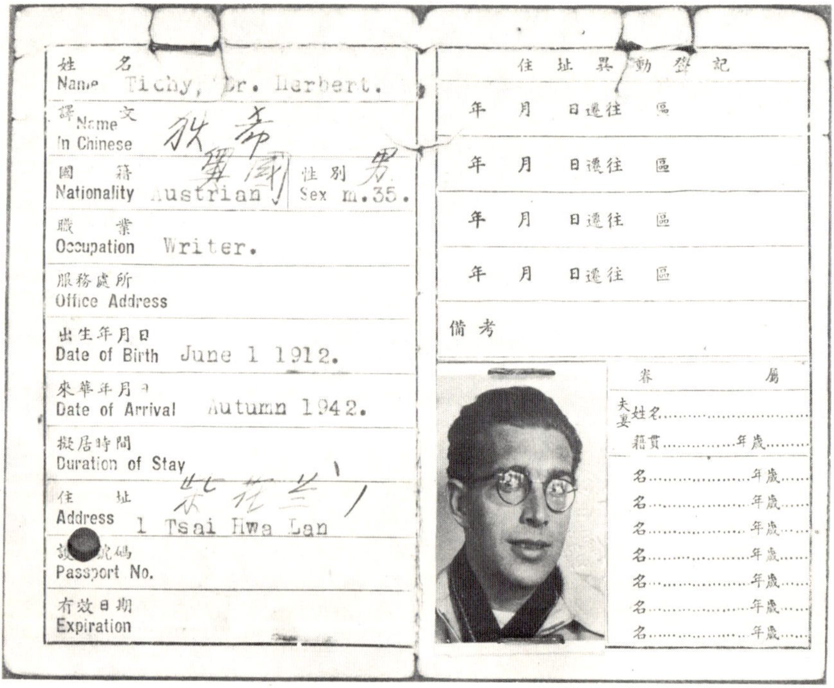

姓名 Name	Tichy, Dr. Herbert.
譯文 Name In Chinese	
國籍 Nationality	Austrian
性別 Sex	m. 35.
職業 Occupation	Writer.
服務處所 Office Address	
出生年月日 Date of Birth	June 1 1912.
來華年月日 Date of Arrival	Autumn 1942.
擬居時間 Duration of Stay	
住址 Address	1 Tsai Hwa Lan
護照號碼 Passport No.	
有效日期 Expiration	

住址異動登記

年 月 日遷往 區

年 月 日遷往 區

年 月 日遷往 區

年 月 日遷往 區

備考

眷屬

夫妻姓名……

籍貫……年歲……

名……年歲……

名……年歲……

名……年歲……

名……年歲……

名……年歲……

名……年歲……

名……年歲……

Höhepunkte des Chinabesuches von Hans Grümm im Jahre 1951
(Foto im Besitz von Prof. Grümm)

und andererseits die Möglichkeit, mit führenden Persönlichkeiten der jungen chinesischen Volksrepublik zusammenzutreffen. Das bezog sich nicht nur auf Gleichaltrige wie den Obmann der Allchinesischen Studentenföderation, Xie Bangding (heute Vizepräsident der chinesischen Freundschaftsgesellschaft und 1979 stellvertretender Leiter einer nach Österreich entsandten Delegation dieser Gesellschaft), sondern auch auf jene Männer, welche man allgemein mit der Schaffung des neuen China identifiziert: Mao Zedong, Zhou Enlai, Liu Shaoqi und Zhu De. Zhou wird von Grümm als vollendeter, überlegener Weltmann beschrieben, der durch sein herzliches Wesen jedermann in Bann geschlagen habe. Der Vorsitzende der KPCh blieb ihm folgendermaßen in Erinnerung:

> ... Unweigerlich zieht der Kopf von Mao Tse-tung die Blicke auf sich. Sein Gesicht ist voll, nicht dick, und die Züge sind beweglich. Meist wechseln sie von beschaulich anmutender Ruhe zu einem freundlichen Lächeln, das fast knabenhaft wirkt. Über den Augen, die sehr durchdringend blicken können, baut sich eine mächtige Stirne auf, die auf beiden Seiten von charakteristischen kohlschwarzen Haarbüscheln flankiert wird. Wenn man seine Person mit einem Wort charakterisieren will, so findet man nur ein passendes: überragend[60].

Blumen für den Gast aus Österreich
(Foto im Besitz von Prof. Grümm)

Grümm hielt in der Folge über seine China-Eindrücke im Porr-Haus noch einige Vorträge. Nach den Vorgängen in Ungarn 1956 trat er aus der KPÖ aus. Diese hatte allerdings dadurch, daß sie in Peking Korrespondenten für die Tageszeitung *Volksstimme* unterhielt, weiterhin die Möglichkeit, China-Informationen zu offerieren. Der erste Korrespondent war Fritz Jensen. Nach ihm kam Bruno Frei, der 1960 sein Buch *Der Große Sprung* veröffentlichte. Frei wurde von Harry Sichrovsky abgelöst, der sich 1969 von der KPÖ trennte und eines der wenigen guten Korea-Bücher *(Korea-Report)* verfaßt hat. Sichrovskys Frau Lotte hat eine Reihe chinesischer Publikationen ins Deutsche übersetzt. Sichrovskys Nachfolger, Otto Janecek, der letzte in der Reihe der *Volksstimme*-Korrespondenten in Peking, brachte 1964 im Europaverlag das ungeachtet der bereits bestehenden sowjetisch-chinesischen Differenzen fair und anschaulich geschriebene Buch *Die Mitte ist links* heraus.

Die Mehrzahl der österreichischen Blätter teilte allerdings die damaligen positiven Einschätzungen Chinas durch die KPÖ-Blätter nicht. Zuerst sorgten die westlichen Besatzungsmächte dafür, daß China eine schlechte Presse hatte. Später wurden sie in dieser Aufgabe vom Pressedienst der Tschiang-Kaischek-Regierung abgelöst, der es vor allem während der sechziger Jahre verstand, auf verschiedenen Wegen Artikel in österreichischen Zeitungen zu lancieren. Nicht vergessen darf man in diesem Zusammenhang auch, daß die Chinesen selbst – vor allem während der Kulturrevolution – durch ihr Verhalten nicht wenig Material für eine negative Publicity beisteuerten. Dennoch waren eine ganze Reihe von Meldungen wenig sachlich und kaum recherchiert, wovon einige Kostproben von Titeln aus jener Zeit einen Eindruck vermitteln: »Unruhen und Empörung in Rotchina: Bevölkerung erhält Hungerra-

Aller Anfang in Peking ist schwer
(Foto seines Sohnes Thomas von Harry Sichrovsky)

tionen[61]«, »Rotchina ein ›Tiergarten‹[62]«, »Hundefleisch aus Rotchina« (das angeblich für die ostdeutsche Bevölkerung zum Zwangsverzehr bestimmt war – Anm. d. Aut.)[63], »China in dreizehn Punkten schuldig[64]«, »Rotchinas Fallschirmarmee in Tibet[65]«, »60.000 Chinesen in die Sowjetunion geflohen« (unter Berufung auf »vertrauenswürdige Reisende«)[66], »Pekings Kamikaze-Kämpfer[67]«, »Chinas Aufmarsch an der ›Südseefront‹[68]«, »Pekings weltweite Aggressivität[69]«. Auch bei der Photoauswahl kam China meistens nicht gut weg. Am beliebtesten waren Photos marschierender chinesischer Truppen, chinesischer Bajonettkämpfer und waffentragender chinesischer Kinder. Die *Kronenzeitung* ging noch einen Schritt weiter, indem sie unter dem Titel »Subtile Demonstration gegen Mao und Nasser« aus Amerika einen Artikel übernahm, der auf Pissoirmuscheln gemalte Bilder Mao Zedongs und Nassers zeigte[70]. Als Kontrast dazu brachte die amtliche *Wiener Zeitung* eine ganze Farbseite anläßlich der Nationalfeiertagsaktivitäten auf Taiwan.

1963 ging ein österreichischer Spitzenjournalist daran, die Mauer der Abhängigkeiten von Informationen aus zweiter und dritter Hand zu durchbrechen, und begab sich in die chinesische Volksrepublik[71]. Es handelte sich dabei ausgerechnet um den Chefredakteur des *Kurier*, einer Zeitung, die China bis dahin, sagen wir, etwas stiefmütterlich behandelt hatte. Um so mehr ist der Mut Dr. Hugo Portischs zu würdigen, um so höher der Wert seiner Pionierleistung zu veranschlagen. Einer der beiden Verfasser, Gerd Kaminski, erinnert sich noch genau an den Tag, als Hugo Portisch im Auditorium Maximum der Wiener Universität im Oktober 1964 seinen nachher oft wiederholten China-Vortrag hielt. Die Leute prügelten sich um die Plätze und lauschten dann mit größter Aufmerksamkeit den Erzählungen über ein Land, von dem sie sich offensichtlich bis dahin nicht die geringsten Vorstellungen gemacht hatten. Portischs Dias – auch die bei Regen oder aus dem fahrenden Zug aufgenommenen, die man heute bei ähnlichen Vorträgen aussondern müßte – erregten damals ein Staunen sondergleichen. So lebten die Chinesen? So wohnten, so arbeiteten sie, so waren sie angezogen? Das Buch *So sah ich China,* welches auf der von Portisch im *Kurier* veröffentlichten Artikelserie fußt, erlebte allein in Österreich eine Auflage von 100.000. Darüber hinaus erzielten Portischs Berichte jedoch eine weltweite Breitenwirkung. UPI kaufte die Rechte, und rund 1000 Zeitungen brachten die Serie. Außerdem erschien *So sah ich China* in Deutschland, den USA, in Großbritannien, Spanien, Indien und Japan sowie als Piratenausgabe in Hongkong. Der beliebte Journalist brach nicht nur österreichische Tabus. Ein noch größeres Anathema war die Volksrepublik China oder »Rotchina«, wie man damals zu sagen pflegte, in den Vereinigten Staaten. Und gerade dort war man besonders dankbar, daß jemand den Vorhang gelüftet hatte, daß jemand sagte: »Es ist nicht ganz so, wie man es täglich hört.« Und Portisch sagte es über viele Mikrophone vor einigen tausend Menschen in Los Angeles, wo ihn der Bürgermeister anläßlich des »Harbour Day« als Festredner eingeladen hatte, und er schrieb es in zwei Titelgeschichten für den einflußreichen *Saturday Review.* Nicht weniger interessiert gaben sich die Mitglieder des US Foreign Affairs Council und des Overseas Press Club.

Portisch wurde ausführlich von der *New York Times* zitiert und in Chicago bei einer Telephon-Show von den Hörern dreieinhalb Stunden lang festgehalten. Was war es denn, das Portisch sagte? Wie gelang es ihm, die Amerikaner so anzusprechen? Er sagte ihnen, zwei so große Nationen könnten auf die Dauer nicht aufeinander verzichten, der Weg zum Frieden führe über eine Annäherung zwischen China und den Vereinigten Staaten. Die Erklärungen des österreichischen Journalisten beruhten nicht auf bloßen Vermutungen: er konnte sich dabei auf ein langes Gespräch mit dem chinesischen Außenminister Chen Yi berufen. Dieser hatte ihm zu einem Zeitpunkt, in dem die USA die ersten Bombenflüge gegen Nordvietnam flogen, Mitteilungen gemacht, welche die *New York Times* zu dem Schluß brachten: »China does not want to go to war[72].« Der Welt vorgeführt zu haben, daß man im Vexierbild China auch ganz andere Züge entdecken konnte, das ist Portischs bleibendes Verdienst.

Doch viele andere Blätter bevorzugten die andere Seite des »Vexierbildes« und versagten damit den jungen Leuten die Informationen, welche ihnen Nachschlagewerke und Schullehrbücher ebenfalls vorenthielten. So verriet das *Danubia Volkslexikon*[73] seinen Lesern, der Führer »des Kuomintang«, Tschiang Kaischek, habe seit 1926 einen Kampf gegen die unbotmäßigen Generäle und gegen die »Pa Lu Chün« geführt, welche »ungenau allgemein als Kommunisten bezeichnet werden«. Daß sich hinter »Pa Lu Chün«, worunter der arglose Leser sich eine geheimnisvolle Partei, einen Geheimbund oder gar einen Volksstamm vorgestellt haben mag, die Achte Feldarmee verbarg, die im Widerstand gegen die Japaner mit Tschiang Kaischek kooperierte, scheint dem Bearbeiter des Stichworts unbekannt geblieben zu sein. In der besonders für Jugendliche bestimmten *Welt von A bis Z* aus dem Jahre 1952[74] wurden zwar umständlich chinesische Zeichen erklärt, doch verwendete der Autor dafür Piktogramme aus der Zeit des zweiten Jahrtausends vor Christus, und die beigegebenen Zeichen aus neuerer Zeit stehen auf dem Kopf. In Band 12 der *Großen Bertelsmann Lexikon-Bibliothek* (»Die große illustrierte Länderkunde«) aus dem Jahre 1963 konnte man sich genauer informieren. Hier fand das chinesische Sprichwort »Einmal sehen ist besser als hundertmal hören« Bestätigung. Der Verfasser des China-Textes, Univ.-Prof. Stratil-Sauer, war mit einer der früher erwähnten, von Kreilisheim veranstalteten Delegationen in China gewesen. Doch nicht jeder Schüler oder Lehrling konnte sich ein so umfangreiches Werk leisten.

Was die Schulbücher boten, war mager und mangelhaft. Einer der beiden Autoren, Gerd Kaminski (geb. 1942), kann sich erinnern, daß »China« gegen Ende der Mittelschulzeit in einem an einen Schüler delegierten einstündigen Referat vorgetragen wurde. In seinen Geschichtslehrbüchern kam das Land überhaupt nicht vor. Dieser Zustand hat sich später nur wenig gebessert. Zwei bereits nach der Anerkennung der Pekinger Regierung durch Österreich herausgegebene Bücher mögen dafür als Beispiel dienen. Der dritte Band von *Zeiten, Völker und Kulturen* widmet China einen Absatz unter dem Titel *Kommunismus in Asien.* Die Behauptung, daß die »nationalen Streitkräfte« auf Taiwan einen eigenen Staat errichtet hätten, ist ebenso falsch wie die Angabe, die Volksrepublik China sei 1971 in die Vereinten Nationen aufgenommen worden[75]. In *Menschen und Völker im Wandel der Zeiten* wird tadelnd festgestellt: »Während die Amerikaner dem verfassungsmäßig gewählten Präsidenten Tschiang Kaischek jede Unterstützung versagten, leisteten die Russen dem Anführer der Kommunisten, Mao Tse-tung, starke Hilfe.« Dies und die im selben Absatz aufgestellte Behauptung, der chinesische Bürgerkrieg sei quasi durch den sowjetischen Einfluß in Nordchina entfesselt worden, sind von der modernen Forschung nicht bestätigte Klischeevorstellungen; und auch der Tag der Ausrufung der Volksrepublik China ist mit »21. September 1949« falsch angegeben[76].

Leider hat auch die Aufnahme diplomatischer Beziehungen zu China keine nennenswerte Verbesserung der in den österreichischen Schulbüchern enthaltenen Informationen über eines der wichtigsten Länder der Erde zur Folge gehabt. Sicherlich sind die Texte optisch ansprechender geworden, bunte Illustrationen und Aufgaben, die zur eigenen Reflexion anregen, machen die Fehler im Inhalt nicht wett. Der 1976 veröffentlichte zweite Band von *Zeiten, Völker und Kulturen* weist unter anderem folgende Mängel auf: Nach einem Absatz, der die Geschichte Chinas vom zweiten Jahrtausend bis zum dritten Jahrhundert vor Christus zusammenfaßt und in jedem Satz anfechtbar ist, springt der Text unvermittelt zur Mongolen-Dynastie des 13. Jahrhunderts über, ohne so wichtige chinesische Dynastien wie die Han oder die Tang auch nur mit einem Wort zu erwähnen. Von den chinesischen Geistesströmungen nennt das Buch nur Konfuzianismus und Buddhismus. Chinas Kontakte mit Europa werden gänzlich vernachlässigt, und die Zahl der chinesischen Schriftzeichen wird mit »über 2000« angegeben, während in Wahrheit heute 5000 bis 10.000 der insgesamt 50.000 Zeichen in Gebrauch stehen. Daß dann die im dazugehörigen Arbeitsbuch gestellte Frage: »Was kannst du über die chinesische Schrift berichten?« dem Schüler nicht weiterhilft, sondern eher geeignet ist, falsche Eindrücke zu fixieren, bestätigt einmal mehr die Tatsache, daß es bei der Aufbereitung des Lehrstoffes mit einer modernen Form allein nicht getan ist[77].

Als Positivum ist andererseits hervorzuheben, daß das Bundesministerium für Unterricht schon seit 1973 das Thema »China« in die einwöchigen Fortbildungsseminare für Geschichtslehrer an allgemeinbildenden höheren Schulen aufgenommen hat; diese Seminare erfreuen sich eines regen Zuspruchs.

Etwas leichter hatten es die Geographen. Sie konnten sich nach wie vor auf den Löß berufen. Davon legt der von Hauptschullehrer Karl Becher verfaßte Lehrbehelf für Volks-, Haupt- und Mittelschulen, *Der Ferne Osten* beredtes Zeugnis ab. Unter dem Titel *Gelbes Land – Gelber Fluß – Gelbes Meer* heißt es gleich am Anfang:

> Ganz Nordwestchina ist ein Lößland, und nirgends auf der Welt spielt der Löß solch eine wichtige Rolle im Leben der Bevölkerung wie dort. Nur in diesem Land, wo alle Felder auf Löß angelegt, alle Wohnungen im Löß ausgehöhlt sind, wo der Lößstaub die Straßen, die Kleider der Leute, das Wasser der Flüsse und selbst des Meeres gelb färbt, nur von solchem Lande kann man sagen, daß der Mensch auf Löß geboren wird, im Löß und vom Löß lebt und sein Grab im trockenen, gelben und staubigen Löß findet[78].

Das Erdkundebuch für die zweiten Klassen der Mittel- und Hauptschulen aus dem Jahre 1954 hatte neben ähnlich ausführlichen Beschreibungen der Lößgebiete über das Leben der Chinesen unter anderem folgendes zu bieten: »Die meisten Straßen der Städte sind eng und schmutzig . . . Sänftenträger warnen mit lauten Rufen vor Zusammenstößen . . . Durch die Menge winden sich zweirädrige Wägelchen, die der Beförderung von Personen dienen (Rikscha). Sie werden von Menschen (Kulis) gezogen[79].« Das Erdkundebuch für die fünfte Klasse der Mittelschule wußte noch 1959 – zehn Jahre nach Gründung der Volksrepublik China – über die Lage auf dem chinesischen Festland zu vermelden:

> Es gibt daher auch heute praktisch zwei einander bekämpfende chinesische Staaten: 1. Den südlichen Teil des Landes unter der konservativen Kuomintang (Volkspartei) und der von Marschall Tschiangkaischek beherrschten Zentralregierung von Nanking. 2. Im Norden des Landes die »Volksdemokratie von China«, in dem die von Maotsetung geführte Kommunistische Partei vorherrscht[80].

Es scheint also, daß sich auch die Geographen – obwohl ihre Schilderungen Chinas im Durchschnitt informativer und akkurater waren als jene der Geschichtsbuchautoren – dort auf schlüpfrigen Boden begaben, wo sie den ihnen wohlvertrauten Löß verließen. Auch in diesem Falle hat die Aufnahme der diplomatischen Beziehungen bis jetzt wenig Abhilfe schaffen können.

Am dritten Teil des Lehrbuchs der Geographie und Wirtschaftskunde für die dritte Klasse der Hauptschulen und allgemeinbildenden höheren Schulen aus dem Jahre 1975 haben ausgezeichnete Fachleute mitgewirkt, und das Buch besticht durch genaue und interessant aufbereitete geographische Angaben über China. Beim Abschnitt über die Volkskommune wurden jedoch wieder eher subjektive Vorstellungen und Klischeebilder verarbeitet als die Fakten, die zum damaligen Zeitpunkt auch in Österreich schon leicht greifbar waren. Die Schilderung vermittelt den Eindruck von »blauen Ameisen«, die vor Sonnenaufgang durch dröhnende Lautsprechermusik geweckt, von der Kommuneleitung kollektiv zur Feldarbeit abkommandiert werden, das von der in der Mitte des Dorfes stehenden Gemeinschaftsküche hergestellte Essen einnehmen, am Abend die Kinder aus den »Kinderkrippen, Kindergärten und Ganztagsschulen« abholen und sich dann in die »ärmlichen Unterkünfte« begeben. (Ganztagsschulen, wie sie bei uns diskutiert werden, gibt es in China nicht, und Kindergärten sind in chinesischen Dörfern bis jetzt eher rar.) Die Motive der chinesischen Führung für die Errichtung der Volkskommunen werden dem österreichischen Schüler in diesem Zusammenhang ebenfalls mitgeteilt: »Durch die Errichtung der Volkskommunen soll der einzelne in das Kollektiv eingegliedert und das einst so fest gefügte Familienband gelockert werden[81].«

Ähnliche Vorstellungen vermittelt leider auch das Arbeitsbuch für Geographie und Wirtschaftskunde für die dritte Klasse der Hauptschulen:

> Die kommunistische Führung hat die Chinesen in Volkskommunen zusammengefaßt. Viele hundert Menschen leben in Gemeinschaftssiedlungen und essen in Kantinen. Haushalte der Familien sind weitgehend aufgelöst[82].

Derlei Mißtöne sind um so bedauerlicher, als sich die Autoren der neuen Lehrbücher durchwegs viel Mühe gegeben haben, den Lehrstoff lebendig zu präsentieren. Doch leiden derlei Bestrebungen, wenn wie im

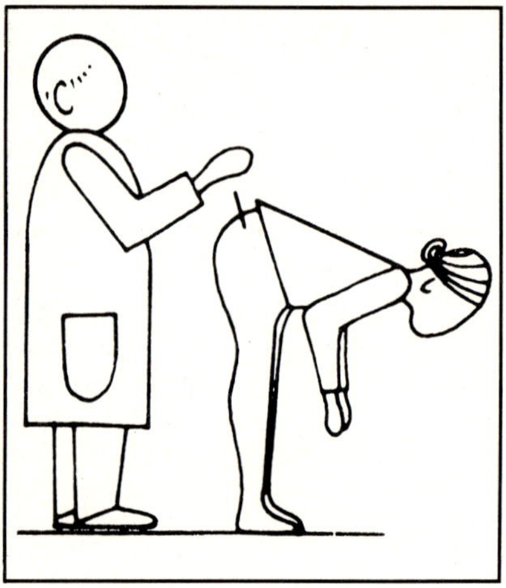

Wie sich die Autoren des Schulbuches »Die Welt heute« (Wien 1979) die Akupunktur vorstellen

vorliegenden Buch die Akupunktur unzureichend erklärt und mit einer Zeichnung illustriert wird, in der ein Arzt einem vor ihm gebückt stehenden Patienten eine Nadel ins Gesäß sticht, das Land mit dem antichinesischen Propagandatexten entliehenen Titel »Rotchina« bezeichnet wird, die Zahl der vereinfachten chinesischen Schriftzeichen mit 5000 viel zu hoch angegeben ist, die für chinesische Wörter angebotenen Übersetzungen von Fehlern wimmeln und dem Schüler beigebracht wird, ganz Hongkong sei ein von China gepachtetes Gebiet[83].

Auch die Lesebuchautoren haben bis jetzt die Chance, Aktuelles über China zu bieten, nicht genutzt. Im Lesebuch für die vierten Klassen der Hauptschulen aus dem Jahre 1949 war China mit einem Abschnitt aus *Die gute Erde* von Pearl S. Buck vertreten[84]. Das war zur damaligen Zeit durchaus legitim. Doch warum haben die Herausgeber von späteren Ausgaben so wenig auf das moderne China Bedacht genommen? Ein Blick in die Lesebücher zeigt, daß dieses Land entweder mit beziehungslos eingestreuten Bildern[85] oder aber in einer Weise repräsentiert ist, wie es liebgewordenen Klischeevorstellungen entspricht: der Chinese als Verkörperung eines abgeklärten Weisen. Deshalb dominiert China bei den Sprichwörtern[86] und Parabeln[87]. Das ist ihm nicht unbedingt zum Nachteil geraten. Die Lesebücher stellen die Bewohner Chinas als Vertreter der Weisheit und Friedfertigkeit[88] vor, eine Charakterisierung, mit der man in China zufrieden sein kann. Doch sollte gerade die kulturelle Öffnung Chinas nach dem Sturz der »Viererbande« Anlaß und Gelegenheit geben, aktuelle literarische Zeugnisse von und über Chinesen in die Texte aufzunehmen.

Gerechterweise muß man allerdings sagen, daß trotz aller dieser Unzulänglichkeiten die China-Information in Österreich allemal noch besser war als die Österreich-Information in China. Als die Autoren 1979 mit einer Vertreterin der chinesischen Geschichtsforschung sprachen, wurde von jener immer wieder auf eine berühmte österreichische Historikerin hingewiesen, die sich offensichtlich in der chinesischen Akademie für Sozialwissenschaften hohen Ansehens erfreute. Es handelte sich allerdings dabei nicht um die Professorin an der Universität Wien, Dr. Erika Weinzierl, wie anfangs vermutet werden konnte, sondern um Frau Eva Priester. Der Leser erinnert sich recht, wenn er in seinem Gedächtnis Frau Priester als Redakteurin des KP-Organs *Volks-*

stimme und jene Person lokalisiert, die Ende 1979 in einem *Klub 2* des Österreichischen Fernsehens durch enragierte Verteidigung Stalins Aufsehen erregt hat. Wegen der langen Abgeschlossenheit der chinesischen Wissenschaftler vom Ausland scheinen eine ganze Reihe von Forschungsdisziplinen in China heute noch von den Materialien zu zehren, die sie über Österreich und seine Forschung zu einer Zeit bekommen haben, als ihre Verbindungen mit der KPÖ noch intakt waren. Daß diese Materialien nicht immer Darstellungen und Standpunkte enthalten, welche in Österreich allgemein anerkannt sind, liegt in der Natur der Sache. Schon Stumvoll hatte bemängelt, daß die chinesischen Zeitungen für die KPÖ Imagepflege betrieben, indem diese Partei als drittstärkste Österreichs herausgestellt wurde. Da es damals aber nur drei Parteien in Österreich gab, »was sie«, wie Stumvoll sarkastisch vermerkte »ihren chinesischen Lesern wohlweislich verschwiegen haben«, war die Darstellungsweise einigermaßen fragwürdig[88a].

Auch sonst folgten die Chinesen lange Zeit der Schreibweise von Vertretern der KPÖ, die Österreich in der Hand von Reaktionären und Komplizen des Imperialismus sahen. Ganz in diesem Stil ist der Artikel gehalten, den *Da Gongbao* am 18. September 1959 veröffentlichte, nachdem auf dem chinesischen Messestand ein dem Produkt einer österreichischen Firma nachgebautes Feuerzeug beschlagnahmt worden war. An die Titel *Auf der Wiener Herbstmesse: Ein Mitarbeiter unseres Landes wurde beleidigt – Offizielle österreichische Entschuldigung – Ernster Protest des Geschäftsführers Ji Chaoding fordert Veröffentlichung einer Entschuldigung gegenüber China durch die Messedirektion* schloß eine Einleitung, derzufolge ein Häuflein von Reaktionären in Österreich China wegen unberechtigten Nachbauens eines Feuerzeuges verklagt und Mitarbeiter der chinesischen Volksrepublik absichtlich beleidigt habe. Danach hieß es im Text:

> Am 9. September kamen plötzlich eine Gruppe von Rechtsanwälten, Militärpolizei (sic!) und Kriminalpolizei zur China-Halle der Wiener Herbstmesse, erzwangen die Schließung eines Standes und ließen außerdem ein Feuerzeug mitgehen. Ohne Erlaubnis fielen sie in das Büro des Leiters der chinesischen Delegation ein und lärmten ohne Grund. Schließlich hinderten sie Delegationsleiter Ji Chaoding mit Gewalt daran, hinauszugehen, um an einem Empfang der Österreichischen Länderbank teilzunehmen. Dieser Haufen Leute beachtete nicht die Mindestregeln internationalen Anstands, zog öffentlich eine gerichtliche strafrechtliche Vorladung heraus und beleidigte die Mitarbeiter der chinesischen Ausstellungsdelegation. Der mit amerikanischem Kapital erscheinende *Kurier* hatte diese Beleidigung des chinesischen Volkes offensichtlich vorbereitet und schickte besonders einen Journalisten mit der Polizei mit, der in den chinesischen Hallen photographierte, um eine Propagandaaktion zu starten. Ei-

nige andere reaktionäre österreichische Zeitungen begannen in der Folge ebenfalls eine Propagandakampagne gegen China.
Die Mitarbeiter der chinesischen Messedelegation verwahrten sich energisch gegen diese Beleidigungen durch die Reaktionäre, lehnten entschieden die Annahme der gerichtlichen Vorladung ab und legten gegen diese Vorgangsweise energisch Protest ein. Ihre gerechte Position fand die Unterstützung der breiten österreichischen Massen und der freundschaftlichen Persönlichkeiten der Arbeits- und Handelswelt. Dieses von A bis Z erdichtete Dokument mußte wohl oder übel am nächsten Tag zurückgezogen werden, außerdem kam der Messedirektor mit dem Innenminister und dem Wiener Polizeipräsidenten zur chinesischen Ausstellungshalle, wo sich der Messedirektor offiziell beim Delegationsleiter entschuldigte.
Jedoch bezüglich des weggenommenen chinesischen Feuerzeuges wurde bis heute noch keinerlei Erklärung abgegeben. Am 13. schrieb der Leiter der chinesischen Delegation Ji einen Brief an den Direktor der Wiener Messe, wo er gegen diese politischen Machenschaften der reaktionären Elemente nochmals Protest einlegte und von der Ausstellungsleitung die Veröffentlichung der Entschuldigung durch die Messedirektion verlangte. Er behielt sich das Recht auf Schadenersatzforderungen vor. Die chinesische Messedelegation hat über diese Angelegenheit eine Erklärung veröffentlicht.

Trotz ihrer Neutralität waren die Österreicher den Chinesen offensichtlich nicht ganz geheuer. In einem Anfang der siebziger Jahre erschienen Handbuch über die Länder der Welt wurden die Zustände in Österreich in einer Weise gekennzeichnet, wie sie zur damaligen Zeit mit chinesischen Augen gesehen nicht eben schmeichelhaft war. Es wurde hervorgehoben, daß sich Österreich trotz seiner Neutralität als Teil der westlichen Welt verstehe und daß die USA, bzw. in Österreich die Freiheitliche Partei, Österreich sogar an die NATO binden wollten. Die Österreichische Volkspartei, eine der staatstragenden Parteien Österreichs, wurde als Interessensvertretung des Monopolkapitals, der Grundbesitzer und der reichen Bauern verzeichnet[89]. Dieses Handbuch wurde von den Studenten an der Peking-Universität benützt, wenn sie sich über andere Länder informieren wollten[90]. Reichte ihr Interesse weiter zurück, so konnten sie in dem 1965 zu Shanghai erschienenen großen zweibändigen Lexikon *Cihai* unter dem Stichwort »Shu-ci-ben-de« (»Schutzbund«) erfahren, daß dieser im Jahre 1934 einen antifaschistischen Aufstand durchgeführt habe, der aber infolge des Verrates des rechten Flügels der Sozialdemokratischen Partei fehlgeschlagen sei[90a].

Schulbücher der damaligen Zeit auf Österreich-Informationen zu überprüfen, erübrigt sich, da die Lehrer wegen der Kulturrevolution und ihrer Nachwehen bestenfalls mit behelfsmäßigen Texten operieren konnten, in denen für jenes kleine ferne Land kein Platz vorhanden war. Kein Wunder, daß noch im Jahre 1973 eine Delegation der ÖGCF in

Anfänglich war man sich beim Empfang österreichischer Delegationen nicht immer über die geographische Lage Österreichs im klaren. Hier eine mit Palmen verzierte Begrüßungstafel für die österreichischen Freunde vor einer chinesischen Fabrik (Foto: Gerd Kaminski).

einer chinesischen Fabrik mit einer reichlich mit gemalten Palmen versehenen Willkommenstafel begrüßt wurde, welche, obwohl optisch perfekt, hinsichtlich der Lage Österreichs allerdings leicht irreführend wirkte.

Beim Wacherhalten der Erinnerung an Österreich kam sicherlich dem künstlerischen Bereich eine gewisse Bedeutung zu. Die Beziehung auf musikalischem Gebiet wird dadurch unterstrichen, daß in Peking nicht nur das Mozart-Gedenkjahr 1956 festlich begangen wurde, sondern auch der Verband chinesischer Komponisten der Stiftung Mozarteum in Salzburg für die Neuherausgabe der Werke Mozarts die beachtliche Spende von 38.000 Schweizer Franken zur Verfügung stellte[91]. Während auf literarischem Gebiet in Österreich die Rosthornschülerin Anna von Rottauscher durch ihre Übersetzungen altes chinesisches Kulturgut vorstellte und die Lyriker Herbert Eisenreich (langjähriger Präsident des Österreichischen Pen-Klubs) und Rudolf Felmayer in ihrem Schaffen chinesische Vorbilder verrieten, war es in China neben Arthur Schnitzler, dessen *Nibelungenlied* 1959 in Peking veröffentlicht wurde, und Franz Grillparzer *(Der arme Spielmann)*[92] vor allem Stefan Zweig, dessen Werke in China Beachtung fanden. 1957 erschien Zweigs *24 Stunden aus dem Leben einer Frau* in der Zeitschrift *Übersetzte Literatur*[93]. Die Zeitschrift *Weltliteratur* brachte 1963 in der Nummer 3 zwei Titel aus der Sammlung *Verwirrung der Gefühle*, welche auch 1978 Aufnahme in den ersten Band des Werkes *Ausländische Erzählungen* fanden[94]. Diese Rezeption österreichischer Literatur mag im Vergleich zu dem, was etwa von DDR-Schriftstellern übersetzt worden ist, gering scheinen, doch erwies sich der Einfluß von Zweig als bleibend, und seine Vorstellungen von der Freiheit des Menschen und seines künstlerischen

Schaffens gelangten insbesondere während der Zeit des Einflusses der »Viererbande« zu brennender Aktualität. Daß dies nicht eine bloße Vermutung darstellt, beweist ein Artikel Jun Xiangs (Pseudonym), der unter dem Titel *Zweigs Tragödie* am 21. Mai 1978 in der *Pekinger Volkszeitung* veröffentlicht wurde:

> Über das Unheil, das Hungersnöte der Menschheit gebracht haben, gibt es eine große Zahl historischer Aufzeichnungen. Über den Schaden durch geistigen Hunger wurde dagegen sehr wenig berichtet. Aber gerade dieser Hunger ist für manche Menschen viel bitterer und schwerer zu ertragen gewesen als Mangel an Nahrung. Denn physischer Hunger kann – solange noch ein Hauch Atem im Menschen ist – bei entsprechender Ernährung rasch wieder geheilt werden. Die geistige Hungersnot dagegen kann den Intellekt des Menschen vernichten, und selbst wenn man durch einen glücklichen Zufall wiederum geistige Nahrungsmittel zusetzen und den normalen Zustand wiederherstellen kann, so können doch die ernsten Nachwirkungen der Mangelerkrankung auch viele Jahre später noch wirken und die Krankheit wiederaufleben lassen. Die *Schachnovelle* des österreichischen Schriftstellers Stefan Zweig ist eine Erzählung, die voll künstlerischer Gestaltungskraft die Zerstörung und das Unheil beschreibt, das eben dieser geistige Hunger hervorruft.
>
> Stefan Zweig (1881–1942) hatte durch seine literarischen Biographien ganz eigener Prägung Weltruhm erlangt. Seine Biographien Marie Antoinettes und Maria Stuarts u. a. erregten damals großes Aufsehen und werden bis heute von vielen Menschen gelesen. Zweig verfügte über große Gelehrsamkeit und kulturelle Bildung; er schrieb nicht nur gute Gedichte und hervorragende Erzählungen, sondern er hat auch in sehr überragender Weise Forschungen über viele weltbedeutende Schriftsteller betrieben und mit Werken wie *Drei Dichter, Die Meister* u. a. viele höchst interessante literarisch-kritische Biographien voll tiefer Einsicht verfaßt.
>
> Stefan Zweig war der erste österreichische Schriftsteller, der in unserem Land bekanntgemacht wurde, seine Werke wurden bereits vor einem halben Jahrhundert in China übersetzt und herausgebracht. 1928 wurde im Shangwuyin-Verlag sein *Romain Rolland* verlegt (Übersetzer war Yang Renpian, die Übersetzung von Zweigs Namen wurde damals mit anderen Charakteren als heute vorgenommen), ein wunderschön gebundenes Buch auf Daolin-Papier. Vorangestellt wurden fünf Photos, die Rolland in verschiedenen Perioden seines Lebens und Handschriften zeigen, sowie ein sehr ausdrucksstarkes Bild von Zweig (von He-er-lai). *(Anmerkung d. Ü.: Der chinesisch transkribierte Name könnte für mehrere in Frage kommende Maler stehen und wurde deshalb nicht übertragen.)* Dies war ein Erinnerungsgemälde, das ganz offensichtlich aus der ertragreichen mittleren Schaffensperiode des Schriftstellers stammt. Unter der breiten Stirn

leuchten hinter einem Zwicker zwei feurige, große Augen und strahlen Weisheit und Tiefsinnigkeit. Unter dem ordentlich gestutzten, dichten schwarzen Schnurrbart fest geschlossene, üppige Lippen – zeugend von seinem Glauben an das menschliche Leben. Wer hätte denken können, daß dieser stattliche Mann eines Tages – in vollem Besitze seines Verstandes und durchaus nicht in materieller Not – Selbstmord begehen würde. Dieser Selbstmord war – in gewisser Hinsicht – gerade das Ergebnis des Nicht-ertragen-Könnens von geistigem Hunger. Fünfzig Jahre nach der Einführung seiner Werke in unser Land kann man bei Lektüre des letzten Werkes seines Lebens, der *Schachnovelle* , noch tiefer sein unglückliches Schicksal ermessen. Die Erzählung Zweigs besitzt eine unverwechselbare künstlerische Ausdrucksform. Dieser Schriftsteller, der den Weg vom Humanismus und Ästhetizismus bis zum Antifaschismus gegangen war, hat hervorragend und mit psychologischer Tiefe Unglück und Bitternis im Leben von Frauen gestaltet. Seine ausgefeilte künstlerische Handschrift fand die Bewunderung Gorkis. »Er ist wahrhaftig, klar und reinen Herzens, er ist zweifellos ein wirklicher Künstler.« Thomas Mann nannte ihn den besten Schriftsteller deutscher Sprache, der seit Erasmus Weltruhm erlangt habe. In unserem Land veröffentlichte die Zeitschrift *Yiwen »24 Stunden aus dem Leben einer Frau«* und den in neunzehn Sprachen übersetzten »nicht abgesandten Brief« *(es scheint sich hier um die sehr freie Übertragung der Erzählung »Brief einer Unbekannten« zu handeln, die 1922 im Inselverlag im Sammelband »Amok« erschienen war, A. d. Ü.),* welche am besten die Ausdrucksmöglichkeiten des Künstlers deutlich machen.

Die *Schachnovelle* dagegen ist völlig aus dem Leben eines Mannes gegriffen. Am interessanten Wettkampf einiger Passagiere auf einem Ozeandampfer mit dem zufällig anwesenden Schachweltmeister entspinnt sich diese herzbewegende Geschichte eines Opfers geistigen Hungers, der zum Schachnarren geworden war:

Um den geistigen Schutzdamm eines Gefangenen zu brechen, übten die deutschen Faschisten eine besondere Foltermethode an: Sie sperrten ihn in ein winziges Zimmer, ließen es durchaus nicht an Essen und Trinken fehlen, schlugen und schimpften auch nicht, schnitten ihn aber von jeder Kultur und jedem Verkehr ab, ließen ihn absolut nichts lesen und keine Zeile schreiben. Diese Methode des geistigen Aushungerns brachte den Gefangenen fast um den Verstand, und um zu verhindern, daß sein Geist zerstört würde, stahl er unter Lebensgefahr bei einem Verhör den faschistischen Banditen aus einer Manteltasche ein Buch – unglücklicherweise war es ein ihn absolut nicht interessierendes Schachbuch. Dieses Buch hinterließ einen Geschmack, als wenn man Wachs kaut – dieses für ihn sinnlose Buch benützte er, um seinen geistigen Hunger zu stillen und zu verhindern, daß ihm wegen der totalen Abgeschiedenheit der Verstand bräche – und so blieb er gegenüber den faschistischen Machenschaften siegreich. Aber dieses eintönige Schachspielen, dieses ständige nur mit sich Schachspielen und sonst nichts, rief eine Art Schach-Irrsinn bei ihm hervor. Jahre nach seiner Wiederherstellung bedurfte es nur dieses Zusammentreffens mit dem Schachspiel (auf dem Schiff), um urplötzlich wieder aufzubrechen.

Diese Geschichte hört sich sehr befremdlich an, aber denkt man – besonders wenn man die durch die »Viererbande« hervorgerufene geistige Dürre erlebt hat – genauer darüber nach, so wird man ermessen können, wie zutiefst wahr sie ist. Wenn man gegen einen kulturell gebildeten, erwachsenen Menschen die Methode geistigen Aushungerns anwendet, so wird sich sein Verstand verwirren; versetzt man eine ganze Nation in geistigen Notstand, so muß das Ergebnis ein noch verheerenderes sein. Der bei uns erschienene Kurzroman *Der Klassenvorstand*, in dem zwei Kinder infolge ungenügender geistiger Versorgung zu geistigen Krüppeln werden, erregt deshalb das Augenmerk der Leser, weil solcherart geistig unterernährte Kinder durchaus keine Einzelfälle sein müssen.

Im kulturellen Zentrum Europas, Wien, geboren, war die europäische Kultur ein Leben lang geistige Heimat Zweigs. 1934 mußte er wegen der Verfolgung durch die deutschen Faschisten sein Land verlassen, den Ozean zweimal überqueren und nach Brasilien emigrieren. Es bereitete ihm bitterstes Leid, zu sehen, daß die Kultur, von der sein ganzes Leben erfüllt gewesen war, unter den Stiefeln der Faschisten zertreten wurde. Die 1941 entstandene *Schachnovelle* beschreibt den tiefen Schmerz des geistig Hungernden und ist eine zornige Anklage gegen den Faschismus. Schließlich konnte er die geistige Dürre nicht länger ertragen. Er schrieb im Februar 1942 einen Abschiedsbrief (siehe Anmerkung) voll tiefen, echten Empfindens und schied mit seiner Frau gefaßt aus dem Leben. Natürlich hängt Zweigs Tragödie auch damit zusammen, daß er letztlich die Schranken bürgerlichen Denkens nicht durchbrechen konnte, aber kann nicht das chinesische Volk, das gerade die Beeinträchtigung durch die Viererbande ertragen mußte, um so leichter das unglückliche Geschick dieses österreichischen Schriftstellers verstehen und mitfühlen?

Die gründliche Beseitigung von Hungerkatastrophen wird nur durch den Sozialismus im Verein mit Modernisierung ermöglicht werden. Zur Beseitigung geistiger Dürre ist es notwendig, die »Viererbande« vernichtend zu kritisieren, ihre Stirnfesseln und Halskragen zu zerbrechen und für die Kultur konsequent die richtungsweisenden Losungen zu befolgen, wie: das Alte für die Gegenwart nutzen, das Ausländische für China nutzen, hundert Blumen blühen lassen, das Gute aus dem Alten verwenden und weiterentwickeln. Daneben muß man unablässig darüber wachen, daß die geistige Hungersnot, welche Menschen zu Narren und Kinder zu geistigen Krüppeln macht, niemals wiederkehren kann.

In einer Fußnote werden zwei Sätze aus dem Abschiedsbrief Stefan Zweigs vom 22. Februar 1942 zitiert, dort als ganze Sätze. Der Zusammenhang soll durch den in Klammern befindlichen Text deutlich gemacht werden:

(»Mit jedem Tage habe ich dieses Land mehr lieben gelernt . . .«) »nachdem die Welt meiner eigenen Sprache für mich untergegangen ist« (»und meine geistige Heimat Europa sich selber vernichtet«) . . . (»so halte ich es für besser«) »rechtzeitig und in aufrechter Haltung mein Leben abzuschließen, dem geistige Arbeit immer die lauterste Freude und persönliche Freiheit das höchste Gut dieser Erde gewesen.«

ANMERKUNGEN

1 Interview mit Franz Joseph Haslinger 1977.

2 Franz Joseph Haslinger, *Chronik meiner China-Kontakte,* Wien, 28. Dezember 1971 (schreibmaschingetipptes Manuskript), S. 1.

3 Josef Dobretsberger, *Fünf Jahre Österreichisches Büro für den Ost-West-Handel,* in: *Mitteilungen des Österreichischen Büros für den Ost-West-Handel*, Jg. 6, Nr. 6, 1957, S. 1 f. Zu den China-Kontakten Dobretsbergers vgl. auch: Josef Dobretsberger, *Katholisches Leben im heutigen China,* Wien 1957, wo er der Zukunft der katholischen Kirche in China eine sehr positive Prognose stellt.

4 *Bericht des Delegationsleiters* (Franz Joseph Haslinger – Anm. d. Aut.) *über die Industriellendelegation nach Peking* (getipptes Manuskript), o. J., S. 2.

5 Mario Marquet, *Bericht über die Fact-finding-Mission der Vereinigung Österreichischer Industrieller nach China* (im Abziehverfahren vervielfältigt), Wien, Dez. 1974, S. 2.

6 F. J. Haslinger, *Chronik meiner China-Kontakte,* S. 1.

7 *Bericht des Delegationsleiters* . . ., S. 3.

8 Ebd.

9 Interview mit F. J. Haslinger 1977.

10 F. J. Haslinger, *Vortrag über Chinareise* (getipptes Vortragsmanuskript), 1966, S. 3.

11 Ebd., S. 2.

12 Ebd., S. 5.

13 Interview mit F. J. Haslinger 1977.

14 F. J. Haslinger, *Bericht des Delegationsleiters* . . ., S. 11.

15 Interview mit F. J. Haslinger 1977; *Bericht des Delegationsleiters* . . ., S. 9; Helene Legradi, *Kleine Episoden aus einem Tagebuch* . . ., in: *Mitteilungen des Österreichischen Büros für den Ost-West-Handel,* Jg. 6, Nr. 6, 1957, S. 22 f.

16 *Bericht des Delegationsleiters* . . ., S. 10.

17 Interview mit Prof. Heinrich Sussmann am 4. Juli 1979.

18 So Hrdlicka in einem Interview mit dem ORF.

19 *Bericht des Delegationsleiters* . . ., S. 12 f.

20 *SOS für den österreichischen China-Export* (getipptes Manuskript), 1957, S. 1.

21 Ebd., S. 2.

22 Ebd., S. 3.

23 Ebd., S. 7–9.

24 Interview mit F. J. Haslinger 1977 und ders., *Chronik meiner China-Kontakte,* S. 2.

25 Josef Staribacher, *Österreichs Handelsbeziehungen mit der Volksrepublik China,* in: *Mitteilungen des Österreichischen Büros für den Ost-West-Handel,* Jg. 23, März 1974, S. 1.

26 F. J. Haslinger, *Chronik meiner China-Kontakte,* S. 2.

27 Auf Einladung des chinesischen Botschafters kam am 16. April 1960 eine österreichi-

sche Industriedelegation nach Bern. Außerdem bestanden rege Beziehungen zum Council for the Promotion of International Trade in Peking. – Haslinger, ebd.

28 Die im Haupttext folgende Schilderung hält sich an die mit 14. April 1964 datierte Ausfertigung des Protokolls.

29 Bestehend aus den Herren Hofrat Dr. Wessely, Dr. Kaufmann und Raikich.

30 Rudolf Sallinger, *Der Handelsverkehr zwischen Österreich und der Volksrepublik China*, in: *China-Report*, Nr. 15/16, 1974, S. 9.

31 Gebr. Böhler u. Co. (Dkfm. Walter Engel), Österr. Stickstoffwerke AG (Dr. Hans Kraußer), VÖI (Dr. Mario Marquet), Maschinenfabrik Heid AG (Dir. Hans Mike), Siemens & Halske (Dipl.-Ing. Alfred Schnell), Steyr-Werke AG (Dir. Claudius Walter), E. R. Weinberger (Dr. Emil Weinberger), Fa. Schrack (Prok. Hans Werther).

32 Mario Marquet, *Bericht über die Fact-finding-Mission der Vereinigung Österreichischer Industrieller nach China in der Zeit vom 25. 10. bis 8. 11. 1964.*

33 Josef Staribacher, *Österreichs Handelsbeziehungen mit der Volksrepublik China*, S. 1. Vgl. dazu auch Eduard Peters, *Peking will Handel forcieren – Warenaustausch zwischen Österreich und der Volksrepublik China stark angestiegen*, in: *Die Presse* vom 6. Juli 1966, S. 8.

34 Rudolf Sallinger, *Österreichs Chinahandel – Initiativen in der Bundeskammer*, in: *China-Report*, Nr. 11, 1973, S. 5.

35 Ebd., S. 7.

36 Gespräch mit Vizekanzler a. D. Dr. Bruno Pittermann im März 1974.

37 *Der Sieg in China* (*Die aktuelle Reihe*, Nr. 13), anonym, Wien 1949, S. 5.

38 Vgl. z. B. Hans Grümm, *China heute – Sechs Wochen im neuen China*, Wien 1951.

39 Interview mit Ruth von Meyenburg am 3. November 1978.

40 Interview mit Prof. Heinrich Sussmann und seiner Gattin am 4. Juli 1979.

40a Vgl. z. B. Norbert Tschulik in einer Kritik der *Wiener Zeitung*, 16. Oktober 1956. S. 5:

»Gastspiel der Pekinger Oper im Volkstheater. Das bedeutete die Begegnung mit einer anderen, einer uns fremden, aber zugleich auch ungemein fesselnden Welt. Drei Stunden farbiger Exotik, origineller Theaterkunst und artistischer Virtuosität, geboten von einem etwa 80 Personen umfassenden Ensemble, das sich unter dem Namen ›Pekinger Oper‹ aus mehreren Gesellschaften aus allen Teilen Chinas zusammengeschlossen hat und eine Auswahl bester Künstler darstellt. Die chinesische Oper ist nicht Oper in dem bei uns üblichen, enger begrenzten Sinn. Sie ist Theater überhaupt, und zwar Theater, das Schauspiel-, Gesangs- und Tanzkunst zu einer in sich geschlossenen Einheit vereinigt. Legenden und Historie sind die Grundlagen der Handlung, aber auch das volkstümliche Element spielt eine entscheidende Rolle. Die unverwelkte Lebendigkeit dieser Kunst, die aus der Kraft alter, unverfälschter Tradition heraus frei von Einflüssen der europäischen Kunst, die im heutigen China ja bereits wohlbekannt ist, bleibt und die Lebenskraft des Phänomens ›Theater‹ im ursprünglichsten und vielgestaltigsten Sinn bewahrt hat, das ist einer der starken Eindrücke, die wir aus dem Volkstheater mitgenommen haben.

In der Form der chinesischen Oper sind dem Tanz bzw. der mimischen Ausdruckskomponente die reichhaltigsten, schönsten und tiefsten Aufgaben zugeteilt. Sprache und Gesang bleiben Akzessoires, doch ist die Art ihrer Verwendung nicht minder charakteristisch für das Gesamtbild. Die Pantomime ist zweifacher Art: differenziert Bewegung als poesievoller Ausdruck von Gedanken, Gefühlen und Handlungen in vorwiegend lyrischer Haltung und Bewegung als impulsiver Ausdruck kämpferischer Aktivität, die sich bis zur Akrobatik und manchmal zu einer Art Jongleurkunst steigert ...

Allen Nummern gemeinsam ist die Schönheit und Leuchtkraft der Kostüme, deren Farben und Phantasie allein schon die bunte Welt der Exotik vor unsere Augen gezaubert haben. Ob Volksmilieu oder Kaiserhof, ob Streitmacht der Götter oder der Menschen, stets sind Farbigkeit und Lebhaftigkeit der Kostüme von attraktivem Reiz. Die starke Schminke läßt einzelne Gesichtspartien unbewegte Züge annehmen, Mund und Augen heben sich dadurch um so feiner in ihrer beredten und zugleich subtilen Mimik ab, sie leuchten auch zum Teil durch die Maske durch, die des öfteren das Gesicht auch völlig verhüllt und uns das eigenartige Profil Ostasiens in bizarrem, phantastischem Zuschnitt vor Augen führt. ›Der Raub des Wunderkrauts‹, ›Die Trunkenheit der Yang Guifei‹, das feine Seelen- und Stimmungsdrama der vom Kaiser verlassenen schönen Frau, ›Der Aufruhr im Himmelreich‹, der vom König der Affen – einer übrigens virtuosen, humorgewürzten Tänzerrolle! – entfesselt wird; ›Die Festung von Yentanschan‹, ein sehr kriegerisches Stück, und ›Der herbstliche Fluß‹, ein besonders reizvolles Stück, in dem ein sentimentales Mädchen bei der Verfolgung ihres Liebhabers an einen Fluß kommt und hier von einem humorvollen alten Fischer ans andere Ufer gerudert wird, wobei keine Spur von Dekoration existiert und alles, so auch das Schwanken des fahrenden Schiffes, rein mimisch verdeutlicht wird, all das sind die bunten Stationen dieses Gastspieles, das poesievollen Stimmungszauber auch im ›Laternentanz der Lotosblüte‹ und im Volkstanz ›Tee-Ernte und Schmetterlingsjagd‹ sich entfalten läßt . . .«

Und nach Hervorhebung einzelner Leistungen, darunter auch der von Kuen Su-shang (Guan Sushuang, heute Abgeordnete zum Nationalen Volkskongreß und – nach langer erzwungener Spielpause – im Juni 1980 als Leiterin des Yunnaner Pekingoper-Ensembles und eine der Hauptdarstellerinnen zu einem Gastspiel nach Wien zurückgekehrt), schließt Tschulik:

»Stürmischer Beifall dankte ihr und dem übrigen Ensemble für die prächtigen Darbietungen.«

41 Interview mit Prof. Vivien Pick am 7. Januar 1979. Im selben Jahr befand sich auch eine prominente Vertreterin der chinesischen Frauen in Österreich. Dr. Wu Yifang, die erste Chinesin, welche ein Doktorat erlangt hatte, vertrat ihr Land auf dem Vierten Kongreß der Internationalen Vereinigung Demokratischer Frauen und kam dadurch nach Wien. – Howard Borman, *Biographic Dictionary of Republican China,* Bd. 3, New York 1970, S. 462.

42 Telefoninterview mit Oberstudienrat Dr. Otto Kreilisheim im September 1979.

43 *Da Gongbao* (Tianjin) vom 24. September 1956. Vgl. auch die *Shenyang Ribao* vom 27. September 1956, welche ein Gruppenphoto der Österreicher vor den nördlichen Kaisergräbern Shenyangs (Mukdens) bringt, und die *Guangming Ribao* vom 15. September 1956.

44 *Renmin Ribao (Pekinger Volkszeitung)* vom 30. September 1959.; *New China News Agency* (Peking) vom 28. September 1959. Vgl. auch die Shanghaier *Wenhuibao* vom 4. und 7. Oktober 1959 sowie die *Renmin Ribao* vom 9. Oktober 1959.

45 Der Bericht erschien auch als Beilage der chinesischen Zeitschrift *People's China,* 1. Juni 1952; zu den Reaktionen in Österreich vgl. etwa den Artikel *Not der Wissenschaft und KP,* in: *Das kleine Volksblatt* vom 6. April 1952, S. 3.

46 *Renmin Ribao* vom 14. August 1959, vom 31. August, *Wenhuibao* vom 29. August, *Renmin Ribao* vom 7. Oktober 1959.

47 Schon während oder nach der Kulturrevolution muß ein Delegationsbesuch, an dem Vertreter der Jocha-Gruppe teilnahmen, stattgefunden haben. Die Autoren erinnern sich, bei der internationalen Reiseausstellung *Bunte weite Welt* 1975 im Rathaus einen Mann getroffen zu haben, der das Spanienkämpferabzeichen trug, sich als Mitglied der VRA deklarierte und Alfred Jocha als »ehrlichen Kerl« bezeichnete. Weiters wußte er zu berichten, er sei mit einer Gruppe in China gewesen und von den Parteispitzen empfangen worden. Danach habe er den Chinesen nahegelegt, Mao Zedong möge mehr an seine Gesundheit denken und seinen Zigarettenkonsum einschränken. Lin Biao habe er zu ihrem Entsetzen als verdächtigen Kerl bezeichnet.

48 Zum vorstehenden Absatz des Haupttextes siehe *Dokumente der 1. ordentlichen Nationalen Delegiertenkonferenz des Kommunistischen Bundes Österreichs,* Wien 1978, insbesondere S. 9, 29, 39, 63, 88; Peter Fuchs – Karl-Peter Schwarz, *Ein Besuch in der Volksrepublik China,* Wien 1974, Vorwort; Friedrich Wilhelm Schlomann – Paulette Friedlingstein, *Die Maoisten,* Frankfurt 1970, S. 205 ff.

49 *New China News Agency* am 15. Mai 1960.

50 Schlomann-Friedlingstein, *Die Maoisten,* S. 211.

50a Univ.-Prof. Dr. Otto Hoffmann-Ostenhof hatte auf einem Kongreß in Japan den chinesischen Professor von der Academia Sinica in Shanghai, Y. Wang, kennengelernt und war von ihm nach China eingeladen worden. Im Oktober und November 1957 hielt er sich knappe zwei Monate in China auf und hielt an den Akademie-Instituten für organische Chemie und Biochemie in Shanghai, Peking und Kanton Vorträge, welche vor allem die Enzyme des Phosphatstoffwechsels zum Gegenstand hatten. Er stellte damals der Entwicklung der chinesischen Forschung eine sehr günstige Prognose. Als es bald darauf nach dem Welken der »Hundert Blumen« zu einer Antirechtsabweichler-Kampagne in China kam, welche für die chinesischen Wissenschaftler recht einschneidende Folgen mit sich brachte, prägte der dadurch überraschte österreichische Professor den Satz: »Vorsicht vor Augenzeugen!« – Gespräch mit Prof. Hofmann-Ostenhof im Januar 1980.

51 Interviews mit Herrn Georges Wächter am 14. Dezember 1976 und am 7. Februar 1977.

52 P. P. Wladimirow, *Das Sondergebiet Chinas 1942–1945,* Berlin 1976, S. 313 f.

53 Gunther Stein, *The Challenge of Red China,* New York 1945, S. 357 f.

54 Im Februar 1980 wurde Frey gemeinsam mit Dr. Ma Haide und Dr. Hans Müller vom chinesischen Gesundheitsminister wegen besonderer Leistungen im Geiste des Internationalismus und Kommunismus geehrt. – Xinhua (London) vom 13. Februar 1980. Bei den nachfolgenden Passagen des Haupttextes stützen sich die Autoren auf eigene Kenntnisse, auf Gespräche mit den betroffenen Personen auf Gespräche mit Prof. Vivien Pick, auf den Artikel Rita Zellers *Österreicher in Peking,* in: *China-Report,* Nr. 1, 1971, S. 12–14, und auf den Brief Basilia Fangs an Gerd Kaminski vom 30. Mai 1972.

55 Interview mit Herrn Albert Menasche am 6. Juli 1979.

55a Interview mit Frau Eva Bodenstein im Dezember 1979.

55b Interview im Herbst 1971.

55c Mitteilung von Frau Hedwig Fux im Dezember 1979.

56 HHStA, 1948 K/115263, ihre Ansuchen wurden vom Dekan der Wiener Juridischen Fakultät am 24. September 1948 bewilligt.

57 Vgl. auf S. 853 die Bestätigung der *Association of Austrian Residents in Peiping.*

58 Gespräch mit den Autoren am 8. Oktober 1977, vgl. auch Herbert Glattauer, *Menschen hinter großen Namen – Professor Dr. Herbert Tichy,* in: *Kurier* vom 15. Januar 1977.

59 Herbert Tichy, *China ohne Mauer,* Wien 1948, S. 164.

60 Hans Grümm, *China heute,* Wien 1951, S. 68 f.

61 *Neuer Kurier* vom 30. Dezember 1958.

62 *Neuer Kurier* vom 18. Dezember 1958.

63 *Burgenländisches Volksblatt* vom 26. Juli 1958.

64 *Wiener Kurier* vom 29. Mai 1959 – »... Nur wer mit moralischer Blindheit geschlagen sei, könne das Pekinger Regime als geeignet zur Aufnahme in die Vereinten Nationen ansehen« (Cabot Lodge).

65 *Abendpresse* vom 29. November 1960.

66 *Express* vom 13. September 1963.

67 *Kronenzeitung* vom 29. September 1965.

68 *Die Presse* vom 6. April 1966.

69 *Volksblatt* vom 16. November 1965.

70 *Kronenzeitung* vom 3. März 1968.

71 Schon vorher reiste Louis Barcata von der *Presse* in die Volksrepublik China und wurde dort laut Meldung der *Pekinger Volkszeitung* vom 17. November 1958 von Außenminister Chen Yi empfangen. Die späteren Chinaberichte Barcatas entbehrten allerdings sehr der Ursprünglichkeit, die Erlebnisberichten eigen sein sollte, und gingen im Informationswert über die Publikationen von – etwa in Hongkong ansässigen Korrespondenten – nicht hinaus. Von der Art der Wiedergabe unmittelbarer Eindrücke und der Breitenwirkung her gesehen erscheint es daher legitim, Hugo Portischs Reise als Pioniertat des österreichischen Journalismus zu würdigen.

72 Interview mit Hugo Portisch am 3. Juli 1979.

73 *Danubia Volkslexikon,* Bd. 1, Wien 1948, S. 257.

74 *Die Welt von A bis Z,* Wien 1952, S. 81.

75 *Zeiten, Völker und Kulturen,* Bd. 3, 3. Auflage, Wien 1972, S. 188. – Die Regierung in

Taibei hat bis heute keinen eigenen Staat auf Taiwan ausgerufen, sondern beansprucht die Gesamtvertretung. In den Vereinten Nationen ging es nicht um die Neuaufnahme der Volksrepublik China, sondern darum, welche Regierung vertretungsberechtigt ist.

76 *Menschen und Völker im Wandel der Zeiten,* 3. Aufl., Eisenstadt 1972, S. 186.

77 *Zeiten, Völker und Kulturen,* Bd. 2, Wien 1976, S. 77–80, sowie das beigegebene Arbeitsbuch, S. 38–41. Zu den sonstigen Darstellungen in österreichischen Geschichtsbüchern wäre noch folgendes festzustellen: In *Zeiten, Völker und Kulturen,* Bd. 5, für die 5. Klasse, Wien 1973, wird in dem Teil, der dem alten Orient gewidmet ist, China nicht behandelt. Der Band für die 8. Klasse desselben Werkes, Wien 1972, enthält eine Reihe von durch die moderne Geschichtsforschung nicht gedeckten Klischeebildern: die Liquidierung der meisten Großgrundbesitzer durch die Bodenreform, das durch aggressive Motive bedingte Eingreifen Chinas in den Koreakrieg und den Vietnamkrieg, Beseitigung jeder individuellen Lebensweise und Zerstörung der Familie usw. (S. 201–206). Besser gelungen sind die von Walter Göhring und Herbert Hasenmayer unter Beratung der Professoren Ludwig Jedlicka bzw. Adam Wandruszka verfaßten Bücher *Zeitgeschichte,* Wien 1972, und *Neuzeit,* Wien 1974. In *Neuzeit* wird unter Bezugnahme auf wichtige Details das vom Vordringen der europäischen Mächte in Asien gekennzeichnete Schicksal Chinas im 19. und beginnenden 20. Jahrhundert verständlich gemacht (S. 156–158). Bei *Zeitgeschichte* könnte man sich mit der Darstellung des angeblich so positiven Verhältnisses Tschiang Kaischeks zu den Bauern, der Konferenz von Bandung und der Reaktion der Staaten Asiens auf die sowjetischen Vorschläge eines kollektiven Sicherheitssystems für Asien kritisch auseinandersetzen, doch muß man auch hier den Autoren bescheinigen, in ihren Ausführungen an Präzision und Plastizität die anderen Schulbuchautoren übertroffen zu haben (S. 48–133).

78 Karl Becher, *Der Ferne Osten,* Graz 1955, S. 25.

79 Fuchs – Kellner – Slanar, *Erdkunde für die zweite Klasse der Mittel- und Hauptschule,* 6. Aufl., Wien 1954, S. 95–97.

80 Klimpt – Slanar, *Erdkunde für die fünfte Klasse der Mittelschule,* 4. Aufl., Wien 1959, S. 105.

81 Seydlitz, *Lehrbuch der Geographie und Wirtschaftskunde,* 3. Teil, Wien 1975, S. 13.

82 Aumayr – Höller – Piuk, *Die Welt heute – Arbeitsbuch für Geographie und Wirtschaftskunde für die 3. Klasse der Hauptschulen,* 4. Aufl., Wien 1979, S. 75.

83 Ebd., S. 71 f. Hongkong, das von den Lehrbuchautoren als eine Einheit dargestellt wird, zerfällt in das im Vertrag von Nanking abgetretene Inselgebiet und die Pachtgebiete auf dem Festland.

84 *»Ans Werk«, Lesestoffe für die 4. Klasse der österreichischen Hauptschulen,* 2. Aufl., Wien 194, S. 153 ff.

85 *»Das Gute Wort«, Lesebuch für österreichische Hauptschulen,* Bd. 3, 3. Aufl., Wien o. J. (erstmalig 1964 zugelassen), bringt in einem Bildteil nach der Seite 96 ohne weiteren Kommentar ein chinesisches Bild von einem Vogel, der einen Fisch fängt. *»Welt im Wort«, Lesebuch für die 1. Klasse der Hauptschulen,* Wien 1975, zeigt auf S. 151 ebenfalls ohne weitere Erklärung nach einer *Der grausame Emir* betitelten Anekdote Roda Rodas den Kopf einer chinesischen Schattenspielfigur; in *»Welt im Wort«, Lesebuch für die Unterstufe der allgemeinbildenden höheren Schulen,* Bd. 3, 5. Aufl., o. J. (erstmals zugelassen am 13. Mai 1969), dient auf S. 17 das Bild einer chinesischen Landschaft zur Illustration einer koreanischen Erzählung; auf S. 47 von *»Welt im Wort«, Lesebuch für die Unterstufe der allgemeinbildenden höheren Schulen,* Bd. 2, 4. Aufl., Wien o. J. (erstmalig 1968 zugelassen), wird zwar richtig – wenn auch wegen der von der chinesischen Schrift verschiedenen koreanischen Schrift nicht sehr typisch – zur Illustration einer koreanischen Geschichte über das Schreibenlernen eine Darstellung über das Schreiben chinesischer Zeichen mit dem Pinsel gebracht, doch liegt sie, statt aufrecht zu stehen, auf dem Bauch und vermittelt von Schrift und damaliger Schreibtechnik einen falschen Eindruck.

86 *Welt im Wort,* Bd. 3, S. 360 f., *Das gute Wort,* Bd. 3, S. 47.

87 Erzählung von dem Streit zweier chinesischer Mütter um ihr Kind, in: *Das gute Wort,* Bd. 3, S. 46 f.; die Erzählung vom Krieg, der unterblieb, weil an der einzig möglichen

Stelle des Vordringens ein guter Mensch wohnte, auf den Rücksicht zu nehmen war, in: *Das gute Wort,* Bd. 4, 3. Aufl., Wien o. J. (erstmalig 1964 zugelassen), S. 98.; dieselbe Geschichte findet sich auch in Bd. 25, S. 197 f., und *Das gute Wort* in den Texten *Unter der Oberfläche,* Bd. 4, Wien 1977, S. 30. Vgl. auch die Geschichte der Konkubine Bao Si in der Fassung von Hermann Hesse und die Kritik am theoretisierenden Konfuzius im *Ingwertopf* von Bertolt Brecht, *Welt im Wort,* Bd. 4, Wien 1976, S. 192–200. Schließlich ist auch noch auf Band 3 von »*Welt im Wort*«, *Lesebuch für die Unterstufe der allgemeinbildenden höheren Schulen,* Wien o. J., 5. Aufl. (erstmalig zugelassen 1969) hinzuweisen, wo auf S. 236 das Märchen von den neun Bauern zu finden ist, die sich vor dem Blitz fürchteten und dann von ihm getroffen wurden, nachdem sie den einzigen Gerechten als vermeintlichen Sünder vertrieben hatten.

88 Vgl. auch das Gedicht *Fluch des Kriegs* von Li Bai (Li Tai Pe), in: *Das gute Wort,* Bd. 4, S. 97.

88a Stumvoll an Gruber am 1. September 1949, HHStA, GZ 87.595, China 3/80.109.

89 *Shijie geguo gaikuang shouce,* Hongkong 1975, S. 637; es handelt sich dabei um einen Nachdruck der einige Jahre zuvor in der chinesischen Volksrepublik erschienenen Ausgabe.

90 Diesen Hinweis verdanken wir unserem Kollegen am Boltzmann-Institut Dr. Helmut Opletal, der zur damaligen Zeit zwei Jahre lang in China studiert hat.

90a Bd. 1, S. 567. Dieses Werk enthält außerdem noch die einschlägigen Stichwörter: Franz Kafka (S. 286); Franz Schubert (S. 567); Wolfgang Amadeus Mozart (S. 1077); Republik Österreich (S 1205); Joseph Haydn; Franz Liszt (S. 2423); Ludwig van Beethoven (S. 2730); Johann Strauss (S. 2969); Alois Schumpeter (S. 3014); Franz Werfel (S. 3180);

Der *Cihai,* welcher in erster Auflage 1947 erschien und 1974 unverändert nachgedruckt wurde, enthält folgende Hinweise auf Österreichisches: Auer's lamp (931/4); Austria (374/1); Austria-Hungary (374/5); Austria Magyar (374/6); Austrian School (Karl Menger, Wieser usw. 374/6); Beethoven (1268/2); Doppler (1343/2, 3); Franz-Josephs-Land (781/2); Sigmund Freud (500/5); Graz (692/3); Grillparzer (692/4); Habsburg (272/4); Haydn (797/2); Hofmannsthal (97/5); Liechtenstein (181/1); Mozart (1141/5); Rudolph II (1280/4); Schnitzler (1483/4); Schubert (236/2); Strauss (248/4); Tyrol (584/4); Vienna (1049/6); Waltz (1000/5); War of Austrian Succession (375/2).

91 Laut Auskunft des Präsidenten der Stiftung Mozarteum.

92 Laut einer vom Pekinger Forschungsinstitut für fremdsprachige Literatur zur Verfügung gestellten Liste der Übersetzungen von österreichischer Literatur ins Chinesische. *Der arme Spielmann* wurde in der Nr. 12 der chinesischen Zeitschrift *Weltliteratur* aus dem Jahre 1962 abgedruckt, welche außerdem noch einige biographische Angaben über den österreichischen Dichter enthielt (S. 78–113 bzw. S. 113 f.).

93 *Yiwen (Übersetzte Literatur)* Nr. 9, 1957, S. 3–46, S 45 f. zur Biographie Zweigs.

94 S. 68–95 bzw. im Buch S. 152 ff.

Dreißigstes Kapitel

Zurückzublicken auf die Pfirsichblüten ...

Professor Vivien Pick (Hsü Dschi-siu)

Eine Pionierin in der Erweckung von Interesse an China im Österreich der Zweiten Republik war Frau Professor Vivien Pick. Der Weg, den sie dabei gehen mußte, war keineswegs leicht. »Zurückzublicken auf die Pfirsichblüten, die meinen Weg einst säumten – ach, wie schwer!« klagt sie in einem Gedicht, das sie zehn Jahre nach ihrer Ankunft in Wien verfaßt hat[1]. Seitdem sind wieder siebzehn Jahre vergangen, und wenn die zarte, aber unbeugsame Chinesin heute zurückblickt, so sieht sie, daß die Saat ihrer Bemühungen, China und Österreich einander näherzubringen, mittlerweilen voll aufgegangen und auch ihr in Österreich zurückgelegter Lebensweg mit Blüten reich verziert ist.

Vivien Pick – heißt so eine Chinesin? werden nun jene Leser fragen, die mit ihr nicht bekannt sind. Sie ist es trotz des europäisch klingenden Namens. Am 29. März 1915 kam sie als ältestes von acht Geschwistern in Nanwei nicht weit von Shanghai auf die Welt. Die Eltern besaßen genug Land, um die kleine Dschi-siu (Zhixiu) in die von den Jesuiten gegründete renommierte *Morning Star*-Mittelschule in Shanghai zu schicken[2]. Wie alle chinesischen Kinder in europäischen Schulen nahm sie zusätzlich zu ihrem Vornamen Dschi-siu einen europäischen an. Damit wäre vom Namen immerhin schon der erste Teil erklärt. Der zweite Teil ließ noch etwas auf sich warten. Zuerst studierte Hsü Dschi-siu (Xu Zhixiu) am berühmten Frauen-College *Jinling* in Nanking chinesische Literatur. Ihre Diplomarbeit behandelt das moderne chinesische

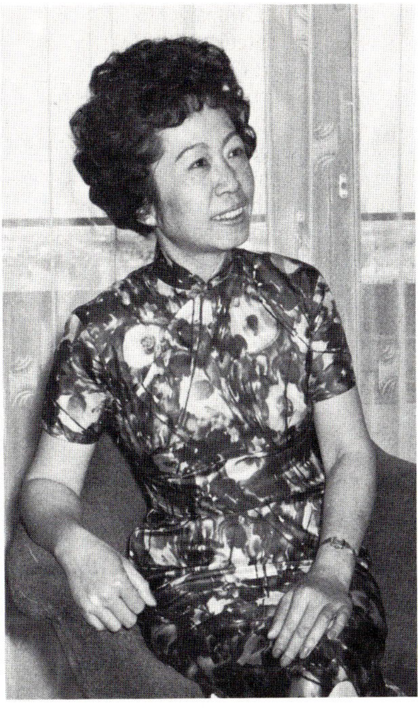

Prof. Vivien Pick
(Foto: Friedrich Nußgruber)

Mr. H. J. Pick, Eng.

and

Miss Vivien Zee

request the honour of your presence

at their wedding

at the Cathay Hotel

20 Nanking Road Shanghai

on Saturday

the twenty-first of September 1946

at five o'clock

Dinner at 7 p.m.

at the same place

謹詹中華民國三十五年九月二十一日
下午五時舉行結婚典禮敬治喜筵恭請

光臨

畢克
徐芝秀 鞠躬

地點：南京路二〇號華懋飯店 下午七時入席

Diese Privatinitiative des österreichischen Emigranten Dipl.-Ing. Herbert Pick war durchaus im öffentlichen Interesse. Frau Prof. Vivien Pick wirkte später in Wien mit nachhaltigen Erfolgen als Mittlerin für chinesische Sprache und Kultur.

Drama. Nachher unterrichtete sie dieses Fach an Abschlußklassen chinesischer Mittelschulen, später machte sie Übersetzungen und schrieb für eine große chinesische Tageszeitung Theater- und Filmkritiken.

Bei Bekannten traf sie eines Tages einen Europäer, der Chinesischstunden nehmen wollte. Nachdem sie ihn schon geraume Zeit unterrichtet hatte, merkte sie, daß er an ihr Gefallen fand. Auch ihr war er nicht gleichgültig. Natürlich war ihre Familie von der Aussicht auf europäischen Zuzug nicht enthusiasmiert, doch Dschi-siu zeigte damals schon einen hervorstechenden Charakterzug, nämlich die Entschlossenheit, unbeirrt ihren Weg zu gehen. Nicht zufällig war es mit der Zeit dazu gekommen, daß sie von ihren sechs Schwestern nicht »große Schwester«, sondern »großer Bruder« genannt wurde.

Als emanzipierter Chinesin war es ihr ein Greuel, mitanzusehen, wie ihre Geschlechtsgenossinnen zu willenlosen Gebärmaschinen degradiert wurden. Sie wollte anders leben, und das bestärkte sie in ihrem Entschluß: Am 21. September 1946 heiratete sie den österreichischen Diplomingenieur Herbert Josef Pick. Der ehemalige österreichische Generalkonsul in Shanghai, Ernst Störi, und ein Lieblingsonkel waren die Beistände. Trauzeugin war eine der berühmten Frauen des damaligen und heutigen China: Dr. Wu Yifang, Präsidentin von Ginling, nach 1949 Vize-Gouverneurin der Provinz Jiangsu, heute noch ein besonders prominentes und verehrtes Mitglied der Politischen Konsultativkonferenz.

Herbert Pick war einer der vielen österreichischen Emigranten, die in Shanghai Zuflucht gefunden hatten. Als studierter Chemiker kannte er sich im Imprägnieren aus und versuchte es mit einer kleinen Werkstätte zur Herstellung von Regenmänteln. Doch die Plastikpelerinen, welche dann auf den chinesischen Markt kamen, erwiesen sich als übermächtige Konkurrenz. So suchte Herbert Pick sein Glück in Australien, wo er Verwandte hatte. Doch seine chinesische Frau durfte nicht mitkommen, die australischen Einwanderungsbedingungen ließen es nicht zu. Alle Vorsprachen und Bitten blieben vergeblich. So kam das getrennte Paar brieflich überein, sich in Wien zu treffen. Hsü Dschi-siu, nunmehr Vivien Pick und mit einem österreichischen Paß versehen, begab sich auf die lange Reise in ihr neues Heimatland, das sie nicht kannte und dessen Sprache sie nicht sprach.

Im September 1952 traf sie in Wien ein. Sie lebte von ihren Ersparnissen und lernte Deutsch. Gelegentlich half sie im chinesischen Restaurant in der Porzellangasse, das damals *China* hieß und Dr. Cheng, einem chinesischen Kinderarzt, gehörte. Geduldig wartete sie auf ihren Mann. Da kamen im August 1953 aus Australien ein Brief und ein Päckchen, das einige Andenken enthielt. Dipl.-Ing. Herbert Pick war in Australien einem Herzanfall erlegen. Ein Wiedersehen war ihr nicht vergönnt gewesen, und der Schmerz darüber sollte sie noch lange quälen.

Zu Ostern 1958 schreibt sie im klassischen Stil ein Gedicht, dessen Übersetzung so lautet:

Mit wem soll ich das schöne Fest verbringen?
Du gingst aus meines Lebens Melodie.
Nun bring ich sie nicht mehr zum Klingen.

Ich wandre ziellos hin am Bergesrand
Und sehe nur den Himmel weit und breit
Verschmelzen mit dem schneebedeckten Land[3].

Doch schmerzliche Gedanken brachten keinen Lebensunterhalt. Und an den mußte die plötzlich völlig auf sich allein gestellte Chinesin nun allen Ernstes denken. Ihr Aussehen hätte es ihr ermöglicht, es anderen Exotinnen gleichzutun, welche die Freundschaft eines begüterten Mannes akzeptiert hatten. Doch Vivien Pick wollte arbeiten, und unverhofft erhielt sie ein Angebot. Thomas Chorherr hatte in der *Welt am Montag* einen Artikel über ihr Schicksal geschrieben, der von einem ehemaligen Emigranten gelesen wurde, welcher in seiner Schuherzeugung in Shanghai mit chinesischen Arbeitskräften sehr gute Erfahrungen gemacht hatte. Dieser Mann meldete sich bei Vivien Pick und bot ihr eine Stelle als Aushilfskraft in seiner Schuhfabrik an. Doch seine neue Hilfsarbeiterin bewährte sich nicht so, wie er es gehofft hatte. Sie war gewis-

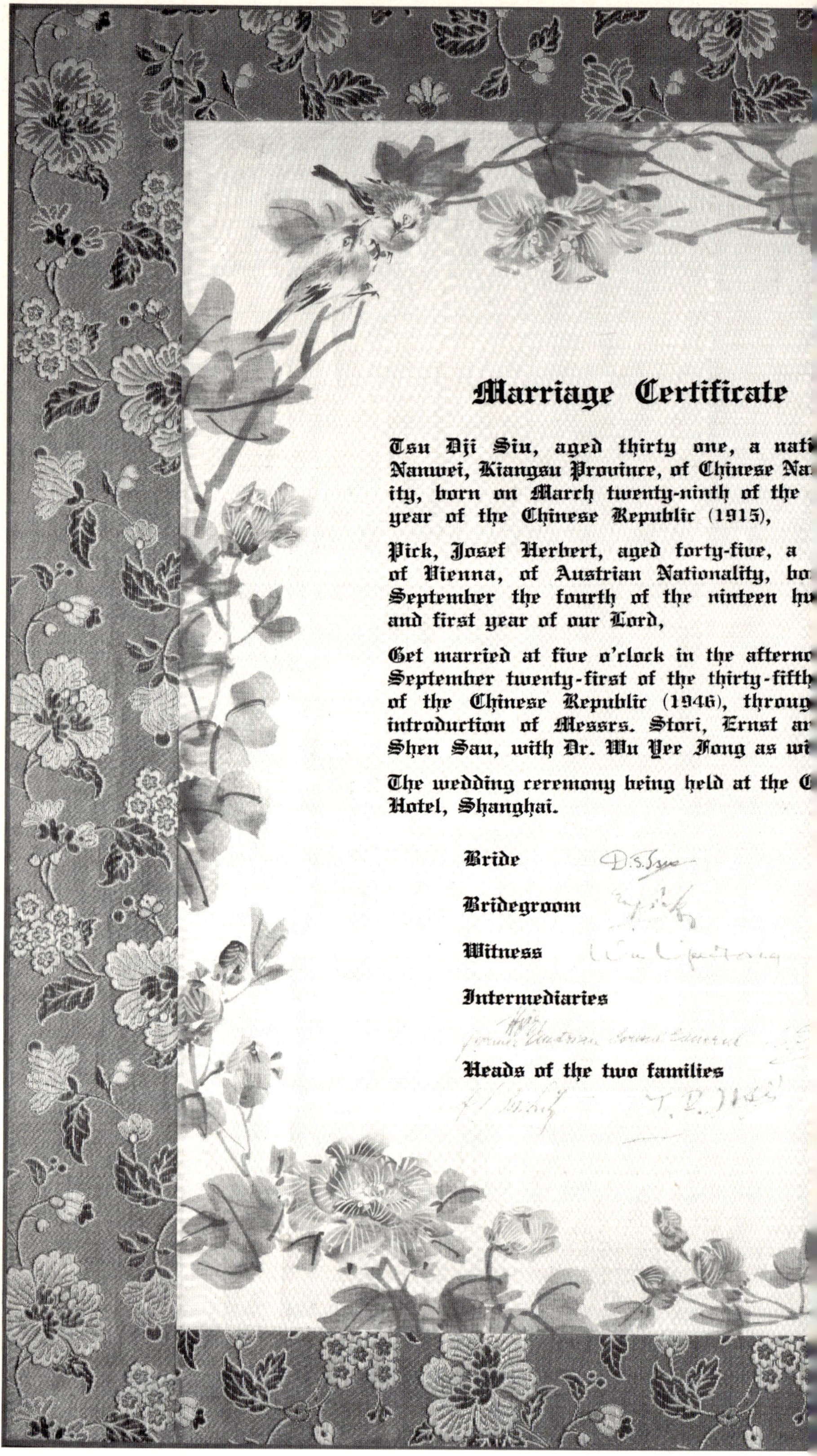

Marriage Certificate

Tsu Dji Siu, aged thirty one, a nati
Nanwei, Kiangsu Province, of Chinese Na
ity, born on March twenty-ninth of the
year of the Chinese Republic (1915),

Pick, Josef Herbert, aged forty-five, a
of Vienna, of Austrian Nationality, bo
September the fourth of the ninteen hu
and first year of our Lord,

Get married at five o'clock in the afterno
September twenty-first of the thirty-fifth
of the Chinese Republic (1946), throug
introduction of Messrs. Stori, Ernst ar
Shen Sau, with Dr. Wu Yee Fong as wi

The wedding ceremony being held at the C
Hotel, Shanghai.

Bride

Bridegroom

Witness

Intermediaries

Heads of the two families

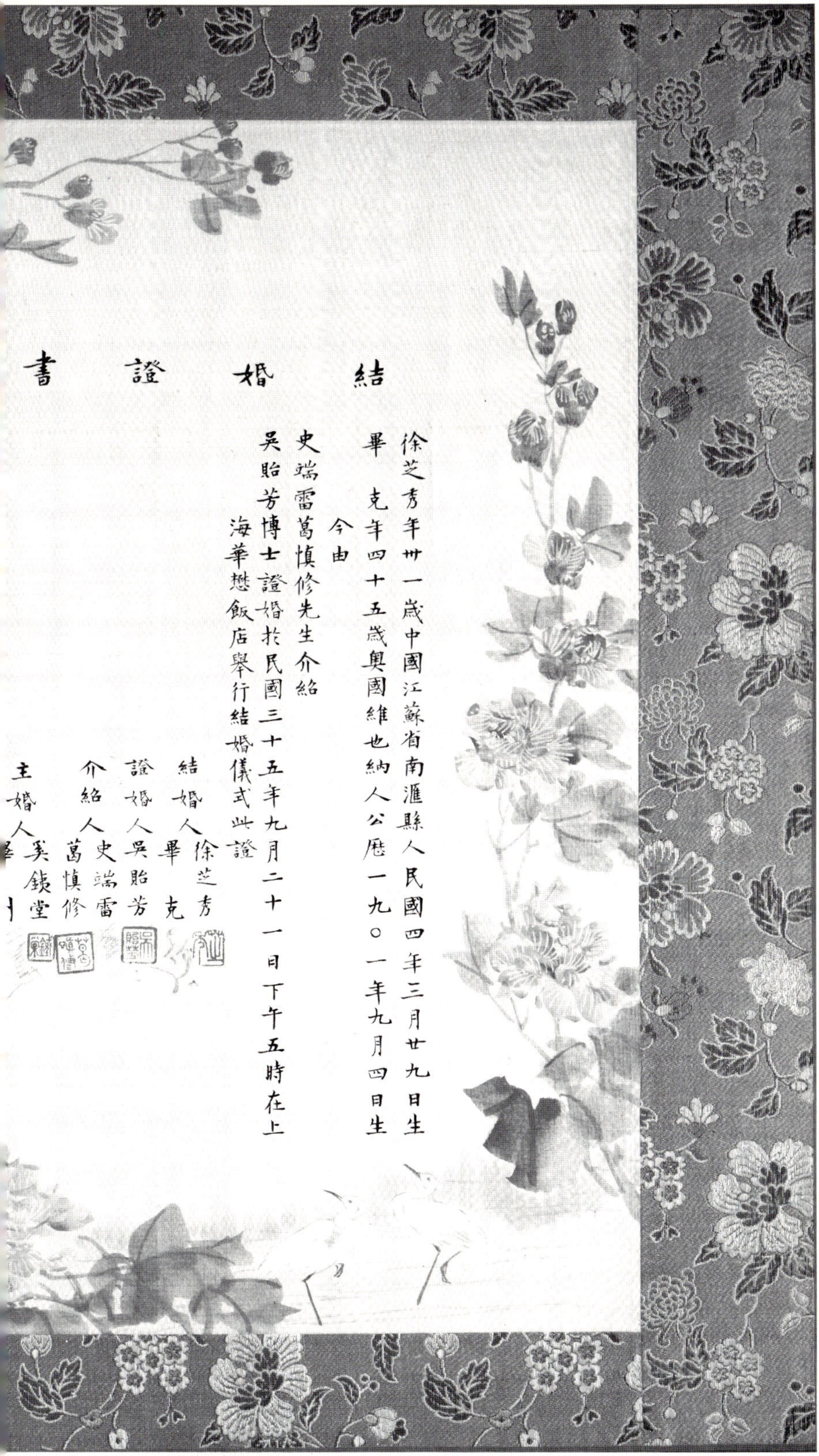

結婚證書

徐芝秀年卅一歲中國江蘇省南滙縣人民國四年三月廿九日生

畢　克年四十五歲奧國維也納人公歷一九〇一年九月四日生

今由

史端雷葛慎修先生介紹

吳貽芳博士證婚於民國三十五年九月二十一日下午五時在上海華懋飯店舉行結婚儀式此證

結婚人　徐芝秀　畢　克

證婚人　吳貽芳

介紹人　史端雷　葛慎修

主婚人　吳錤堂

senhaft, aber zu langsam. Manchmal weinte sie, weil sie mit der ungewohnten Arbeit nicht fertig wurde.

Das Arbeitsverhältnis dauerte nicht länger als fünf Wochen. Danach ging Vivien Pick nach Holland. Die Überseechinesen in Amsterdam hätten sie gerne dortbehalten. Sie wollten ihre Kinder in chinesischer Sprache und Literatur unterrichten lassen. Doch Vivien Pick zog es nach Österreich zurück. »Ich war in China an großes Format gewöhnt, daher entsprach Wien meinen Vorstellungen. In Holland war alles viel kleiner, und in den engen Stiegenhäusern Amsterdams wäre ich eines Tages zu Tode gefallen«, meint sie heute dazu. Wieder wurde das China-Restaurant in der Porzellangasse zum Asyl. Sie half und bekam dafür freies Essen und hie und da Trinkgelder. Da dies zum Leben nicht reichte, war sie sehr glücklich, in einem amerikanischen PX-Laden Anstellung zu finden. Dort bewährte sie sich gut. Waren keine Kunden da, dann putzte sie mit chinesischer Emsigkeit die Regale, was der Direktor wohlwollend vermerkte. Und dennoch wurde sie nach einem halben Jahr fristlos entlassen. Sie verlangte Aufklärung. Der Direktor bedauerte: ein vertraulicher Befehl des Hauptquartiers in Salzburg. Offensichtlich war die österreichische Chinesin einem besonders findigen Beamten als »Sicherheitsrisiko« erschienen.

So mußte sie wieder in das Restaurant zurück. Außer ihr arbeitete dort auch Ye Shaomao, einer der chinesischen Studenten, die im Krieg gegen Japan als Dolmetsch zur Armee berufen worden waren und denen man nach Kriegsende Stipendien für das Ausland gegeben hatte. Der gebürtige Kantonese war 1948 nach Wien gekommen, um Kompositionslehre zu studieren. Der Regierungswechsel in China hatte ihn seines Stipendiums beraubt, und so machte er im China-Restaurant den Kellner. Ab Anfang der fünfziger Jahre konnte er sich durch Chinesischunterricht am Orientalischen Institut der Universität Wien ein paar Schillinge dazuverdienen. Doch mit dem Restaurant ging es unter der unkundigen Leitung des chinesischen Mediziners bergab. Die 200 Schilling, die Ye monatlich von der Universität bezog, konnten das nicht ausgleichen, und so beschloß er, zu einem Freund nach Taiwan zu fahren. Vorher teilte er noch dem Institutssekretär mit, er könne sich bei Dr. Cheng um einen Ersatz umsehen. Der Arzt wäre selbst nicht abgeneigt gewesen, Yes Platz einzunehmen, doch bei einer internen chinesisch-akademisch-kulinarischen Besprechung im Restaurant setzte sich die Meinung durch, daß die Absolventin eines Studiums der chinesischen Literatur dafür besser geeignet wäre, als ein – wenn auch chinesischer – Jünger des Hippokrates.

So war es dann ab Herbst 1956 Vivien Pick, die im Orientalischen Institut mit Chinesisch-Eleven geduldig die verschiedenen Tonhöhen der chinesischen Sprache einübte und die für sie anfänglich sehr rätselhaften Schriftzeichen an die Tafel malte. Für die Abhaltung von drei Lehrgängen pro Woche bekam sie viele Jahre lang rund vierhundert Schilling pro Monat, eine Entlohnung, die eine Angehörige des Reinigungsdienstes der Universität mit Recht entrüstet zurückgewiesen hätte. So war sie nach wie vor darauf angewiesen, sich im chinesischen Restaurant ein Zubrot zu verdienen. Oft kam es vor, daß sie ein und derselben Person am selben Abend Chinesischunterricht erteilen und nachher ein chinesisches Menü servieren mußte. Erst als zu Beginn der sechziger Jahre die zusätzliche Eröffnung von Kursen an der Ostakademie eine kleine finanzielle Aufbesserung brachte, konnte Vivien Pick darauf verzichten, in der Porzellangasse Frühlingsrolle und pikante Suppe zu servieren.

Noch hatte sie nicht die feste Absicht, auf immer in Österreich zu bleiben. Sie lebte in Untermietzimmern und sparte sich von ihrem kargen Einkommen noch etwas ab, um ihren Neffen, der in China studierte, finanziell zu unterstützen. Doch da wurde ihr in greifbarer Form gezeigt, daß man in Wien ihre Arbeit für wichtig hielt und anerkannte. Ein einflußreicherer ihrer Schüler unterstützte unter Hinweis auf ihre wichtige Tätigkeit mit Erfolg Vivien Picks Antrag auf Zuerkennung einer Gemeindewohnung. Im September 1962 bezog sie zwei Räume eines neuen Hochhauses in der Brigittenau.

Blick von meiner neuen Wohnung

Empor zum Wolkenhimmel strebt der Turm,
Gleichsam als ob ihn Flügel trügen.
Den Berg im Rücken und den Fluß, wendet der Blick
Südwärts der Stadt sich zu.
Ein sanfter Wind, der leis' die Wipfel streichelt
Und Schatten wandernd, schräg von Sonnenglut geführt.
Im neunten Stockwerk – hoch genug, die Kraniche zu hören –
Sind unter mir die Menschen und die hellen Sterne weit.
Im Dämmergrau versinken nun die Türme
Und bunte Lichter leuchten überall im Dunkel[4].

Nun fühlte sie sich in Österreich ganz zu Hause und widmete sich mit noch größerem Eifer ihrer Aufgabe. Im Frühjahr 1962 nahm sie in Wien an einem UNESCO-Seminar teil und referierte über das moderne chinesische Drama. 1963 hielt sie auf Einladung der Vereinigung der Auslandsösterreicher und des Urania-Verbandes in Südtirol 22 Vorträge über China. Eine besondere Breitenwirkung konnte sie gleichzeitig über den Rundfunk erzielen. In einer ganzen Anzahl von Sendungen erzählte sie von chinesischen Festen, von der Wandlung der Stellung der chinesischen Frau, vom chinesischen Schönheitsideal und von der chinesischen Dichtkunst. Diese Programme wurden nicht nur vom österreichischen, sondern auch vom saarländischen und vom norwegischen Rundfunk ausgestrahlt.

In den Sendungen über die Formen der chinesischen Lyrik konnte Vivien Pick auch auf eigene Erfahrungen und Werke zurückgreifen. Bei ihren Verwandten mütterlicherseits war die Beschäftigung mit der klassi-

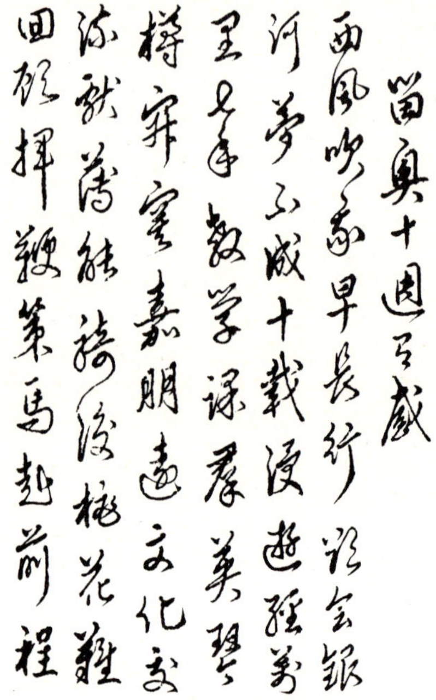

Chinesisches Original des Gedichtes von Vivien Pick »Zum 10. Jahrestag meiner Anwesenheit in Wien« (Kalligraphiert von Joyce Lai)

Zum 10. Jahrestag meiner Anwesenheit in Wien
September 1962

Als mich der Westwind auf die lange Reise blies
Hofft' den Geliebten ich am Silberfluß zu treffen.
Doch ach! vergebens war mein Traum.
Zehn Jahre währt das Wandern schon. – Zehntausend Meilen!
Und siebenmal ist Herbst und Frühling es geworden,
Seitdem die Freunde hier die Heimatsprach' ich lehre.
Stumm ist die Harfe, leer der Becher,
Zerstoben sind die Freunde einst mir nah.
Und doch! Ich wirk' – mit meiner schwachen Kraft
Dem gegenseit'gen Tausch von Geist und Kunst zu dienen.
Zurückzublicken auf die Pfirsichblüten,
Die meinen Weg einst säumten – ach, wie schwer!
Ich schwinge meine Peitsche, schlag aufs Pferdchen ein
Und weiter geht die Reise, immer weiter.

Deutsch von Ferdinand Wernigg

Zur Versform des nebenstehenden Gedichts

Ein qi lü, d. i. ein Gedicht nach der Siebenzeichenregel. Diese Versform kam im 7. Jhdt. n. Christus auf (zu Beginn der Tang-Dynastie). Sie stellt an Rhythmus, Reim und Aufbau besondere Anforderungen. Ein Gedicht dieses Stils besteht aus acht Zeilen mit je sieben Silben. Einem vorgegebenen Muster der Tonabfolge (die chinesische Sprache kennt nämlich vier Tonhöhen) muß in der Weise gefolgt werden, daß die Wörter der gleichbleibenden oder leichtansteigenden Tonhöhe mit solchen, die ab- und anschwellend oder abfallend markiert sind, wechseln. Die Zeilen 2, 4, 6 und 8 weisen den selben Endreim auf. Die mittleren vier Zeilen sollen so abgestimmt sein, daß sie zwei Paare von Parallelsätzen bilden. Die Kunst in der Bildung von Parallelsätzen besteht darin, Sätze zusammenzustellen, deren Wortfolge vollkommen parallel ist. Das heißt: Beginnt der eine Satz mit einem Eigenschaftswort, so muß beim anderen auch ein Eigenschaftswort am Anfang stehen. Dasselbe gilt dann für die nachfolgenden Hauptwörter, Zeitwörter, Zahlwörter, usw. Die Tonhöhen der parallelgestellten Wörter sollen aber einander entgegengesetzt sein. Diese Parallelismen werden durch den besonderen Charakter der chinesischen Sprache ermöglicht. Sie verleihen den chinesischen Gedichten eigenen Reiz und besondere Schönheit. Da sie im Deutschen aber nicht in gemäßer Weise wiederzugeben sind, geht leider viel von ihrer Ausstrahlung in der Übersetzung verloren.
Die Gliederung des Inhalts muß folgendermaßen erfolgen: Die ersten beiden Sätze führen ein, die nächsten beiden dienen der Steigerung, das nächste Satzpaar bringt die Umkehr und das letzte die Auflösung.

Anmerkungen

Der Ausdruck »Westwind« deutet die westliche Erziehung an, die ihr zuteil wurde.
»Silberfluß« steht für die Milchstraße. Die chinesische Legende berichtet von einem Hirten und einem Webermädchen im Himmel, die zueinander in so heftiger Liebe entbrannt waren, daß sie ihre Arbeit vernachlässigten. Daraufhin wurden sie vom Herrscher des Himmels bestraft. Durch die Milchstraße voneinander getrennt sollten sie künftighin leben. Doch die Elstern rührt ihr Kummer, und so versammeln sie sich am 7. Tag des 7. Monats eines jeden Jahres über der Milchstraße, um eine Brücke zu bilden, auf der sich die Liebenden einmal im Jahre treffen können. Die Legende wird in der chinesischen Literatur oft zitiert, um ein getrenntes liebendes Paar anzudeuten. Als Vivien Pick nach Wien kam, hoffte sie, dort ihren Gatten zu treffen, den sie in Shanghai geheiratet hatte. Das Unglück wollte es, daß er in Sydney starb, als er dort seinen Bruder besuchte. So konnte er sein Heimatland nicht wiedersehen.
Harfe zu spielen und mitsammen Wein zu trinken symbolisieren eine glückliche Ehe.

schen chinesischen Reimkunst Tradition. Viviens Großmutter hatte Verse geschrieben, ebenso ihr Lieblingsonkel, welcher sich der ersten lyrischen Versuche seiner Nichte gerne angenommen hatte. Die komplizierten Regeln hatte sie in frühen Jugendjahren von einem würdigen, alten Hauslehrer gelernt, der eigentlich für ihren Bruder engagiert worden war, sich jedoch wegen dessen mäßigen Interesses ganz der Ausbildung der großen Schwester widmen konnte. So kam es, daß Vivien Pick die Eindrücke, die sie in Österreich und anderen europäischen Ländern von Menschen, Kultur und Landschaft empfing, in Versformen der Tang- und Sungzeit künstlerisch verarbeitete. Der durch die Versform den chinesischen Originalen eigene Reiz geht bei der Übersetzung verloren. Dennoch sind durch die Bemühungen eines Kreises von Teilnehmern der Chinesischkurse schöne und aussagekräftige deutsche Versionen entstanden. In einem Falle hat sogar Barbara Frischmuth ein von Vivien Pick der alten Heimat gewidmetes Gedicht nachempfunden:

Tor des Himmlischen Friedens

So klar der Himmel den Blick erhoben
Geflügelte Dächer in Schönheit geblieben
Das Gelb der Ziegel das Rot der Mauern
Noch tausend Herbste wird es durchschimmern
Der Wolf geflohen der Rauch verzogen
Die letzten Dämonen verwirrt und vertrieben
Und keine Angst mehr vor Hagelschauern
Taifun und Wirbelstürmen im Innern
Mag Blitz und Donner auch noch so toben.

Bis jetzt haben die Gedichte von Vivien Pick durch Rundfunk und Zeitungen Verbreitung gefunden. Vielleicht findet sich einmal ein Verlag, der aus diesen raren Zeugnissen west-östlicher Begegnung ein wertvolles Geschenkbüchlein macht?

Die Schüler der Lektorin für Chinesisch stellten jedenfalls mit Freude fest, daß sie beim Unterricht nicht bloß steril die Sprache geboten bekamen, sondern daß Vivien Pick bereit und imstande war, auf Fragen nach Einzelheiten der chinesischen Kultur genau Antwort zu geben. Und die Schüler wurden immer mehr. Nachdem Pia Maria Plechl in der Samstag-Ausgabe der *Presse* vom 8. Mai 1965 unter dem Titel *Fernöstliche Lyrik und österreichischer Paß* über die Tätigkeit Vivien Picks berichtet hatte, meldete sich die St. Pöltener Firma Voith und engagierte die erfahrene Lehrkraft für einen zweijährigen Chinesischlehrgang in der Fabrik. Wenig später wurde sie vom damaligen Direktor Ernst Florian Winter an die Diplomatische Akademie berufen, wo sie ab 1966 über zehn Jahre lang unterrichtete.

Als sich im Herbst 1971 das *Österreichische China-Forschungsinstitut* (später: ÖGCF)[5] konstituierte, wurde sie als prominenteste Vertreterin des chinesischen Kulturlebens in Wien in den Vorstand berufen, dem sie heute noch angehört. 1978 lud man sie ein, im Ludwig-Boltzmann-Institut für China- und Südostasienforschung als Konsulentin zu wirken. Diesen beiden Institutionen stand (und steht) sie auch noch nach ihrer Pensionierung als Universitätslektorin im Jahre 1977 mit Rat und Tat zur Verfügung. Auch dort gab sie Sprachunterricht, hielt Vorträge und half bei der Durchführung von Forschungsvorhaben.

Kein Wunder, daß der Kreis ihrer ehemaligen Schüler groß und vielfältig ist. Wenn auch der Run auf die Chinesischkurse erst nach der Anerkennung der Pekinger Regierung durch Österreich im Jahre 1971 so richtig einsetzte[6], ist doch zu vermerken, daß jene Schüler, welche sich in der Zwischenzeit einen Namen gemacht haben, meistens schon geraume Zeit vorher durch den Besuch der Kurse Interesse an China gezeigt hatten. Einer der ersten Chinesischinteressenten war der heutige Botschafter in Athen, Dr. Walter Backes. Etwas später kam Botschafter Dr. Gerald Hinteregger, zur Zeit Chef der österreichischen Mission in Moskau. Von den Angehörigen des österreichischen Außenamtes hat sich Botschaftsrat Dr. Oswald Soukop (zur Zeit in Bangkok) zuerst als Hörer Vivien Picks an der Universität Wien und dann an der Diplomatischen Akademie am längsten kontinuierlich mit der chinesischen Sprache beschäftigt. Als er dann zwischen 1972 und 1976 als Angehöriger der österreichischen Botschaft in Peking weilte, brauchte er sich daher nicht ausschließlich auf die internationale Sprache der Musik zu verlassen – er gründete mit anderen Diplomaten ein Pekinger Kammermusikensemble –, sondern beeindruckte durch solide Chinesischkenntnisse, die er während seines Aufenthaltes zunehmend perfektionierte. Ebenso hat der ehemalige Handelsrat an der österreichischen Botschaft in Peking, Dr. Peter Jehly, bei Vivien Pick den Grundstock zu seinen ausgezeichneten Chinesischkenntnissen gelegt. Bei der österreichischen Industrieausstellung in Peking erwiesen sich die von ihm erarbeiteten chinesisch-deutschen Unterlagen als unentbehrliche Behelfe, und seinem durch die Sprachkenntnis gesteigerten Wissen und Einfühlungsvermögen ist so mancher Export österreichischer Waren nach China zu verdanken. Auch nach seiner Rückkehr in die Kammer in Wien setzte er seine wissenschaftliche Beschäftigung mit China fort. Gegenwärtig arbeitet er an einer großangelegten Studie über die chinesische Landwirtschaft.

Als China-Experten mit raren Spezialkenntnissen haben sich unter den ehemaligen Schülern Vivien Picks Dr. Wolfgang Ruppert und Dr. Helmut Opletal profiliert. Dr. Wolfgang Ruppert ist einer der wenigen Menschen in Europa, die chinesische naturwissenschaftliche Fachzeitschriften im Original lesen und auswerten können. Sein Buch über chinesische Mathematik wurde mittlerweile sogar von der Volksrepublik Mozambique bestellt. Seine anderen erfolgreichen Forschungen reichen von Studien über das chinesische Bildungssystem über Biographien chinesischer Wissenschaftler bis zur chinesischen Methode der Biogasgewinnung.

Prof. Vivien Pick mit den ersten beiden österreichischen Austauschstudenten in Peking, Helmut Opletal (rechts) **und Emanuel Ringhoffer** (links)

Dr. Helmut Opletal hat über das chinesische Informationswesen, chinesische Vorkämpfer für demokratische Rechte (Li-Yi-Zhe) und andere Themen der chinesischen Innenpolitik dissertiert und publiziert. Seit mehreren Jahren gehört er der außenpolitischen Redaktion von *Zeit im Bild 2* des österreichischen Fernsehens als freier Mitarbeiter an. Seine fachkundigen Chinaberichte haben Aufsehen erregt. Zur Zeit des Erscheinungsdatums dieses Buches hat Opletal wahrscheinlich bereits seine Arbeit als erster österreichischer Korrespondent in Peking aufgenommen.

Neben weiteren Schülern, welche die bei Vivien Pick erworbenen Sprachkenntnisse beruflich verwerten konnten, wie den bekannten Professoren für Japanologie Josef Kreiner (Bonn) und Sepp Linhard (Wien) sowie dem Sinologen Otto Ladstätter (Wien), sind aber auch die »Hobbystudenten« zu nennen, denen die von Vivien Pick vermittelten Kenntnisse Freude und Erfüllung gebracht haben. Dolores Ling, Tochter eines chinesischen Vaters und einer österreichischen Mutter, beliebte Sängerin und Tänzerin in Wien, kam in einer späteren Phase ihres Lebens über die chinesische Schrift zu einem chinesisch-europäischen Malstil, der international Anklang gefunden hat. Erfolgreiche Ausstellungen ihrer Werke gab es in Städten wie Paris, Straßburg und Chicago.

Eine große Vorliebe für die chinesische Sprache bekundeten auch zwei Angehörige des Wiener Rathauses: Dr. Ferdinand Wernigg und Bertram Hüttner. Dr. Wernigg von der Wiener Stadtbibliothek widmete sich gerne gemeinsam mit der ehemaligen Rosthorn-Schülerin Dr. Edith Czech und der Mittelschulprofessorin Eleonore Langer der Übersetzung von Vivien Picks Gedichten und bemühte sich, für sie Verbindungen zum Wiener Kulturleben herzustellen. Als Bertram Hüttner Anfang der sechziger Jahre an der Universität mit dem Chinesischunterricht begann, hatte er sich schon weit über tausend Zeichen selbst beigebracht. Er lernte nicht nur das moderne, sondern auch das klassische Chinesisch, fuhr mit dicken Bücherkoffern in die Sommerfrische und war nach einigen Jahre so weit, daß sich eine junge Chinesin, die immerhin ein BA in chinesischer Literatur erworben hatte, an ihn bei der Übersetzung von klassischen Texten um Hilfe wandte. »Nebenbei« kann Hüttner auch gut Japanisch und ist zudem einer der schnellsten Stenographen der Welt, was dem Wiener Gemeinderat und dem Nationalrat zugutekommt. Die Stenographie bildet übrigens den Anknüpfungspunkt zu einem weiteren Schüler, Professor Seher vom Theresianum, dessen differenzierte Interessen an der chinesischen Sprache ihn nicht nur veranlaßten, sich neben der Hochsprache auch im kantonesischen Dialekt zu versuchen, sondern auch gemeinsam mit Professor Kennerknecht ein neues System der chinesischen Stenographie zu entwickeln. Wer weiß, vielleicht steigt man in China sogar eines Tages auf die wohlerdachte Seher-Kennerknechtsche Methode um?

Schließlich sei noch angemerkt, daß einer der beiden Autoren dieses Buches seit Anfang der sechziger Jahre ebenfalls zu den Schülern Vivien Picks gehört.

Doch unsere chinesische Österreicherin wirkte nicht nur durch ihre Schüler über ihren ursprünglichen Aufgabenbereich hinaus. Viele Jahre lang wandte man sich bei den verschiedensten, mit China oder der chinesischen Sprache verbundenen Problemen an sie. Sie mußte zur Stelle sein, als das Fernsehen für das Gastspiel der Peking-Oper eine fachkundige Übersetzung und einen Kommentar brauchte, und ebenso, als Polizei- und Gerichtsbehörden einige in Schwechat verhaftete chinesische Rauschgiftschmuggler aus Malaysia verhören wollten (eine junge Frau hatte vorher ihren Beruf hartnäckig mit »Sekretärin« angegeben, doch unter dem gestrengen Blick der Gerichtsdolmetscherin änderte sie die Aussage verschämt auf »Barmädchen«). Museen ersuchten sie um Übersetzung von Gedichten, die auf Rollbildern oder Porzellan kalligraphiert waren. Ärzte wollten Aufschluß über chinesische Rezepte, Touristen über das Horoskop, das ihnen in einem chinesischen Tempel gestellt worden war. Für ihre chinesischen Landsleute in Wien erledigte sie kostenlos unzähle Behördenwege. Immer wieder kamen auch Ersuchen von Firmen, Texte aus deutschem oder englischem Fachchinesisch in chinesisches Fachchinesisch zu übertragen. Als die österreichische Industrieausstellung in Peking (1974) vorbereitet wurde, wirkte sie dabei mit und stand während der Ausstellung in China als Mitglied des Teams der

Chinesischen Delegationen stellt sich Prof. Vivien Pick gerne als Beraterin und Dolmetscherin zu Verfügung (Foto: Dipl.-Ing. Fritz Sippel)

Bundeswirtschaftskammer für Übersetzungen und Ratschläge zur Verfügung.

Und wie hielt sie es mit der Politik? Für viele Österreicher und Chinesen einst und jetzt eine wichtige Vorfrage, ein wichtiger Vorsatz für die Brille, mit der sie dann die Leistungen anderer beurteilen. Um es vorwegzunehmen: Professor Vivien Pick war immer österreichisch-chinesische Patriotin und gehörte nie einer politischen Partei an. So kam sie oft zwischen zwei Stühle zu sitzen. Die zuerst aus Taiwan beschickte Mission bei der Atombehörde und der UNIDO kreidete ihr an, daß sie im Unterricht das vorzügliche, in Peking herausgegebene Grammatikbuch verwendete und ihre Sympathie für die auf dem chinesischen Festland erzielten Fortschritte offen zum Ausdruck brachte. Für einzelne Mitglieder der volkrepublikanischen Vertretung in Österreich war sie hingegen eine zu sehr der alten Kultur verhaftete Intellektuelle. Da half es nicht, daß sie sich immer wieder ohne Rücksicht auf Mühen oder böse Nachrede bereit fand, einer objektiven Würdigung Chinas im In- und Ausland zu dienen. Weltpolitische Maßstäbe fanden diese Bemühungen vorübergehend im Rahmen der Versuche des amerikanischen *Committee for a New China Policy,* die chinesisch-amerikanischen Beziehungen zu verbessern. Diesem Komitee, dessen erster Vorsitzender Hans Morgenthau war, gehörte auch Vivien Picks Chef und gelegentlicher Schüler an

Überreichung des Goldenen Verdienstzeichen an Prof. Vivien Pick durch Unterrichtsminister Piffl-Percevic

der Diplomatischen Akademie, Ernst Florian Winter, an. Da damals zwischen Amerika und China weitgehend Funkstille herrschte, schrieb Vivien Pick – natürlich kostenlos – für das Komitee an die chinesischen Botschaften in Bern und Paris zahlreiche Briefe, führte Ferngespräche und besuchte mit Funktionären dieser Institution in den Jahren 1969 und 1970 als Dolmetscherin dreimal die chinesische Mission in Paris, wobei auch Botschaften von Henry Kissinger übermittelt wurden.

Doch nicht überall hatte sich die Maxime des verewigten Ministerpräsidenten Zhou Enlai durchgesetzt, auch Nichtparteimitglieder gut zu behandeln. Als Vivien Pick vom Vorstand der ÖGCF zum Mitglied der von Vizekanzler a. D. Dr. Withalm geführten China-Delegation bestimmt worden war, äußerte sie in der chinesischen Botschaft in Wien die nicht unverständliche Bitte, etwas früher fahren zu dürfen, um das Wiedersehen mit ihrer seit mehr als zwanzig Jahren von ihr getrennten Familie etwas ausdehnen zu können. Obwohl der Ankunftsort der Delegation Vivien Picks ehemalige Heimatstadt Shanghai war und somit eine etwas frühere Ankunft keine technische Schwierigkeiten bereitet hätte, antwortete der zuständige Beamte der chinesischen Botschaft mit einem glatten Nein. Einer der beiden Autoren dieses Buches erinnert sich noch daran, daß er gerade dazukam, als der Diplomat Frau Professor Pick mitteilte, sie dürfe ihre Familie nur zwei Tage lang – solange währte der

Aufenthalt der Delegation in Shanghai – sehen. Sie war tränenüberströmt. Der Diplomat war böse. »Sie schimpft!« erklärte er pikiert. Hatte er erwartet, daß sie ihm ob seiner Eröffnung um den Hals fallen würde? Wie wir alle mittlerweile wissen, geht ein solches Verhalten auf den damaligen schlechten Einfluß der »Viererbande« zurück. Heute wird man in der Volksrepublik China die gewaltige und stets uneigennützige Leistung Vivien Picks besser einschätzen können. Vielleicht wird man ihr eines Tages auch danken.

In ihrem neuen Heimatland Österreich hat man dies in gewissem Ausmaß schon getan. 1966 überreichte ihr in Anerkennung ihrer Leistungen der damalige Unterrichtsminister Dr. Piffl-Percevic das Goldene Verdienstzeichen der Republik Österreich. 1972 wurde ihr auf Vorschlag ihrer obersten Chefin, Frau Bundesminister Dr. Hertha Firnberg, vom Bundespräsidenten der Berufstitel »Professor« verliehen. Die Frau Bundesminister gratulierte in einem herzlichen Telegramm. Die ÖGCF war bei der Überreichung der Urkunde durch ihren Ehrenpräsidenten, Dr. Alfred Maleta, vertreten.

Vielleicht kennt der Leser die chinesische Legende vom törichten alten Mann, der einen Berg abtragen möchte. Mao Zedong hat diese Legende zur Grundlage eines seiner bekanntesten Artikel gemacht. Es ist nur recht und billig, Frau Professor Vivien Pick, geborene Hsü Dschisiu, als österreichischen Yu Gong zu bezeichnen. Entschlossen und unerschrocken hat sie trotz widrigster Umstände nach dem Zweiten Weltkrieg begonnen, in Österreich den Berg der Unwissenheit und der Vorurteile gegenüber China abzubauen. Obwohl ihr lange Zeit niemand half, blieb sie unverzagt. Dafür sollte ihr die Dankbarkeit beider Länder gewiß sein.

ANMERKUNGEN

1 Vivien Pick, *Zum 10. Jahrestag meiner Anwesenheit in Wien,* September 1962, Deutsch von Ferdinand Wernigg.

2 Soweit nicht anders angegeben, basieren die folgenden Schilderungen auf mündlichen Mitteilungen Frau Prof. Picks bzw. den eigenen Erinnerungen Gerd Kaminskis.

3 Vivien Pick, *Ich denke Dein zu Ostern,* Deutsch von Eleonore Langer.

4 Vivien Pick, *Blick von meiner neuen Wohnung,* Deutsch von Ferdinand Wernigg.

5 Gesellschaft zur Förderung freundschaftlicher und kultureller Beziehungen zur VR China.

6 Siehe *Run auf Chinesisch – Ping-Pong-Politik läßt Interesse an Sprache steigen,* in: *Informationsdienst für Bildungspolitik und Forschung,* Nr. 1551, 12. Oktober 1971.

Einunddreißigstes Kapitel

Die Aufnahme diplomatischer Beziehungen

Man rückt einander näher

Gemäß einer Weisung des österreichischen Außenministers vom 31. Januar 1950 war die Anerkennung der Regierung in Peking solange zu vermeiden, als dieser Schritt nicht von allen vier Besatzungsmächten vollzogen worden sei[1]. Diese Haltung erklärt sich aus der damals durch den Alliierten Rat beschränkten Handlungsfähigkeit Österreichs[2]. 1955 stellte der Staatsvertrag Österreichs Freiheit wieder her, und man hätte danach in der Alpenrepublik neue Überlegungen hinsichtlich des Verhältnisses zu China anstellen können.

Die neue Situation wurde in Peking wohl bemerkt und beobachtet. Am 10. März 1956 berichtete die *Pekinger Volkszeitung* über eine Stellungnahme, die der österreichische Vertreter bei den Vereinten Nationen vor Journalisten abgegeben hatte:

> Der ständige Delegierte Österreichs bei den Vereinten Nationen Ma Xie *(Matsch, Anm. d. Aut.)* sagte am 8. als Antwort auf Fragen von Reportern, Österreich habe die Pekinger Regierung noch nicht anerkannt, aber er drückte seine Überzeugung aus, daß die Anerkennung Chinas durch Österreich nicht zu umgehen sein wird, weil »einige Persönlichkeiten aus der Wirtschaft die Einrichtung von Handelsbeziehungen fordern«.

Tatsächlich waren einflußreiche Wirtschaftskreise – wie auch schon im 29. Kapitel erwähnt – an einer Anerkennung der Pekinger Regierung besonders interessiert. Deshalb setzten sie besondere Hoffnungen in die Chinareise eines prominenten österreichischen Parlamentariers. Dr. Lujo Toncic-Sorinj, Vorsitzender des Außenpolitischen Ausschusses und nachmaliger Außenminister und Generalsekretär des Europarates, reiste auf Einladung der Chinesischen Gesellschaft für Außenpolitik mit seiner neu angetrauten Gattin im Sommer 1957 nach China und wurde während seines vierwöchigen Aufenthaltes vom Vizevorsitzenden des ständigen Ausschusses des Nationalen Volkskongresses, Chen Shutong (am 23. Mai 1957), und schließlich auch vom chinesischen Ministerpräsidenten Zhou Enlai (am 30. Mai 1957) empfangen[3]. Nach Beendigung seiner Reise erklärte Toncic vor Journalisten in Hongkong, derlei Besuche könnten dazu beitragen, Mißverständnisse und falsche Ansichten

Der erste Botschafter der VR China in Österreich, Wang Yueyi, beim Abschreiten der Ehrenkompanie vor der Präsidentschaftskanzlei (Foto: Basch)

zu beseitigen. Er betonte, daß die Entwicklung von Handelsbeziehungen von politischen Gesichtspunkten nicht beeinträchtigt werden sollte, und meinte, Österreich solle mit westlichen und östlichen Staaten in gleicher Weise Handel treiben[4]. Die von der österreichischen Wirtschaft gezeigten Bemühungen wurden in anderen Ländern – nicht ganz zu Unrecht – als vorbereitende Schritte zu einer Anerkennung der Pekinger Regierung gedeutet. Nachdem im Frühjahr 1960 eine Delegation österreichischer Industrieller auf chinesische Einladung zur chinesischen Vertretung in der Schweiz gefahren war, meldete die Nachrichtenagentur Reuter unter Berufung auf ungarische Pressestimmen, Österreich werde noch im selben Jahr in Peking eine Industrieausstellung veranstalten und sich zu einer Aufnahme diplomatischer Beziehungen und zum Einzug einer Pekinger Delegation in die Vereinten Nationen bekennen. Solche Meldungen wurden von der taiwanfreundlichen Presse mit geringer Begeisterung veröffentlicht[5]. Mit um so größerer Freude wiesen jene Blätter auf das österreichische Dementi hin[6].

Trotz der damaligen Richtigstellung verfehlte das österreichische Außenamt nicht, behutsam jene Wege zu erkunden, welche Vertreter der österreichischen Wirtschaft den künftigen österreichisch-chinesischen Beziehungen weisen wollten. 1964 begab sich der österreichische Generalkonsul in Hongkong, Dr. Rudolf Majlat, zum ersten Mal nach Peking. In der Folge unternahm er noch viele Reisen dorthin. Nach dem Tod des österreichischen Honorarkonsuls Horn, der vorher in China Militärberater und Kaufmann gewesen war, hatte das Außenamt in Hongkong ein Berufskonsulat errichtet und seine Leitung nicht zufällig Rudolf Majlat übertragen. Majlat war nicht nur juristisch, sondern auch sinologisch und japanologisch vorgebildet[7]. Es gelang diesem profunden Ostasienkenner, im Wege über die chinesische Nachrichtenagentur und den Hongkonger Marco-Polo-Klub mit Freunden Chinas wie dem Sohn des chinesischen Außenministers der zwanziger Jahre, Percy Chen, aber auch mit in Hongkong weilenden Funktionären in Kontakt zu kommen. Dies eröffnete ihm trotz des Fehlens diplomatischer Beziehungen die Möglichkeit, jährlich in die chinesische Volksrepublik zu reisen. Dort gab es damals wenig Touristen, und so hielt ihn das Hotelpersonal, je nachdem, ob er gerade rasiert war oder einen Vollbart trug, für einen Albaner oder einen Kubaner. Die Gespräche, welche er in Peking führte, ließen ihn schon damals eine spätere Annäherung Chinas an die Vereinigten Staaten vermuten. Wie er heute lächelnd erzählt, hat ihm das damals in Wien niemand geglaubt. Die Eindrücke, die Majlat damals gewann, veranlaßten ihn, daheim für eine frühe Aufnahme der diplomatischen Beziehungen zu plädieren. Insbesondere 1964, nach der Anerkennung der Pekinger Regierung durch Frankreich, drang er gleichzeitig mit dem österreichischen Handelsdelegierten Svoboda in Wien darauf, man solle in der China-Frage initiativ werden[8].

Die bald darauf ausbrechenden Wirren der Kulturrevolution verhinderten vorerst eine Realisierung der Vorschläge Majlats und Svobodas.

Die Anerkennung, gesehen vom Karikaturisten der Kronenzeitung

Doch als China sich Anfang der siebziger Jahre an einer Konsolidierung und Erweiterung seiner diplomatischen Beziehungen interessiert zeigte, erinnerte man sich am Ballhausplatz an die Berichte des Konsulats in Hongkong, aber auch an die Mitteilungen österreichischer Botschafter aus jenen Staaten, in denen dem diplomatischen Korps auch ein Vertreter der Volksrepublik Chinas angehörte. Das galt besonders für die österreichische Mission in Warschau, jener Stadt, wo die Chinesen mit den Amerikanern inoffizielle Kontakte pflegten. Der Posten des chinesischen Botschafters in Polen war daher mit dem späteren Vizeaußenminister und heutigen Präsidenten der chinesischen Freundschaftsgesellschaft, Wang Bingnan, besonders hochrangig besetzt. Botschafter i. R. Prof. Dr. Verosta erinnert sich, daß es ihm seine Stationierung in Polen ermöglichte, trotz des Fehlens diplomatischer Beziehungen an einem für Zhou Enlai gegebenen Bankett teilzunehmen. Mit Wang Bingnan kam er öfter zusammen und erhielt von ihm Material über die Volksrepublik China zugesandt.

So war die Aktenlage im Hause nicht ungünstig, als der heutige österreichische Bundespräsident und damalige Außenminister, Dr. Rudolf Kirchschläger, nicht lange nach seinem Amtsantritt daran ging, die Anerkennungsfrage zu regeln. Am 20. Oktober 1970 übermittelte Dr. Kirchschläger dem Außenpolitischen Ausschuß des Nationalrates folgendes Dokument:

> *Bericht des Bundesministers für Auswärtige Angelegenheiten über Überlegungen betreffend das Verhältnis Österreichs zur VR China.*
> Durch die jüngste kanadische Anerkennung der VR China ist die Diskussion um die Aufnahme von diplomatischen Beziehungen mit der VR China wieder in ein akutes Stadium getreten. Tatsächlich hat es sich gezeigt, daß in der heutigen Situation die großen weltpolitischen Probleme, namentlich auf dem Gebiet der Abrüstung, nicht ohne die Volksrepublik China gelöst werden können. Auch aus österreichischen Wirtschaftskreisen kommt schon seit längerer Zeit die Anregung, den Realitäten bezüglich der VR China Rechnung zu tragen. Die Handelsbeziehungen mit diesem Land sind tatsächlich bedeutend und vor allem ausbaufähig. Ehe der Frage nahegetreten wird und allenfalls Gespräche mit der VR China aufgenommen werden, erscheint – auch als Ergebnis der Beratungen in der Bundesregierung – eine Befassung des Außenpolitischen Ausschusses des Nationalrates tunlich.
> Von österreichischer Seite wird nicht daran gedacht, eine Erklärung abzugeben, die ausdrücklich auch die Souveränität der VR China über die sogenannte Republik China, also Formosa, anerkennt, wohl aber dürfte es möglich sein, so wie Frankreich oder Kanada einer Formel zuzustimmen, welche die Regierung in Peking als die einzige legale Regierung Chinas anerkennt, wobei der Umfang dessen Territoriums nicht erwähnt und daher auch die Eigenstaatlichkeit Formosas nicht berührt wird[9].

Auf die Frage nach den Gründen für diese Initiative antwortete Bundespräsident Kirchschläger der Koautorin dieses Buches in einem Gespräch am 6. August 1979:

> In Österreich gab es damals eine stärkere Tendenz für die Aufnahme der diplomatischen Beziehungen, besonders von seiten des früheren Vizekanzlers Pittermann. Er hat die ganze Sache überdacht und auch mit dem Bundeskanzler erörtert, welche Formel zur Aufnahme der

Beziehungen möglich wäre, welche keine politische Haltungsänderung Österreichs voraussetzte. Es waren also Entscheidungen vom Bundeskanzler und von ihm, welche zu den Bukarester Gesprächen führten, die dann auch recht gut verliefen. Es war ihnen daran gelegen, die Aufnahme von Beziehungen zu einer Zeit zu vollziehen, die noch vor dem grünen Licht der Amerikaner lag und sich nicht nach den Wünschen der Vereinigten Staaten vollzog. Denn Unabhängigkeit heißt nicht nur Unabhängigkeit von den Vorstellungen der Sowjetunion, sondern auch Unabhängigkeit von den amerikanischen Vorstellungen.

Man hat dabei Glück gehabt, daß der Zeitpunkt noch nicht so weit vorangeschritten war und das amerikanische Gelblicht noch nicht eingesetzt hatte – um bei diesem Vergleich mit dem Straßenverkehr zu bleiben. Auch von chinesischer Seite konnte man so eine Formel erreichen, die Österreich in seiner Eigenständigkeit zufriedengestellt hat. Es gab zwar vorübergehend wegen der Aufnahme der Beziehungen Widerspruch, aber der währte nur drei Monate.

Die vom österreichischen Bundespräsidenten erwähnten Widerstände waren nicht zuletzt darauf zurückzuführen, daß die Tschiang-Kaischek-Regierung sich schon früh in den sechziger Jahren mit einer Presse- und Handelsvertretung sowie einer Mission bei den in Wien ansässigen UNO-Organisationen erfolgreich etabliert und mit der Zeit eine Taiwan-Lobby aufgebaut hatte. Wenn er auch nicht für Österreich zuständig war, so konnte doch der Missionschef Yu Xiaoping die Verbindungen nutzen, welche er als Polizeischüler in Wien und später als stellvertretender Polizeichef von Shanghai zu Privatleuten und Beamten geknüpft hatte. Sein wienerisch gefärbtes Deutsch, sein in pietätvoller Erinnerung an sein Idol, Polizeipräsident Schober, gewählter Vorname »Schobern« und seine Bekannten von anno dazumal sicherten ihm und seinen Mitarbeitern Entree und Einfluß.

So kam es, daß ausgerechnet ein – wenn auch pensioniertes – Mitglied des österreichischen Außenamtes, Botschafter Anton Mayr-Harting, öffentlich gegen die Anerkennung Stellung nahm, indem er sagte, man habe ja unter Hitler erlebt, was daraus werde, wenn man Radaubrüder nicht nur gewähren lasse, sondern auch noch durch Anerkennungen unterstütze. China sei ein »trojanisches Pferd«, und Österreich solle sich nicht als Banner- und Fackelträger einer neuen Weltrevolution einspannen lassen. Mayr-Hartings Thesen wurden gedruckt[10] und von einem vornehmlich von Otto Molden organisierten *Komitee für Chinesisch-Europäische Zusammenarbeit* nebst anderen gegen China gerichteten Materialien versendet. Innerhalb der Österreichischen Volkspartei kam es zur heftigen Opposition einer Minorität. Bundeswirtschaftskammer- und Wirtschaftsbundpräsident Rudolf Sallinger mußte eine »Vergatterung« vornehmen, bevor die Anerkennungsfrage im außenpolitischen Arbeitsausschuß der ÖVP behandelt wurde. Damit half er dem

Gesandten Karasek, dem damaligen außenpolitischen Sprecher der ÖVP und heutigen Generalsekretär des Europarates, seinen wohlwollenden Standpunkt zur Anerkennung durchzusetzen. Im Ausschuß wie auch später im Parlament berief sich Karasek darauf, daß die Pekinger Regierung bereits seit 21 Jahren den weitaus größten Teil des chinesischen Territoriums effektiv kontrolliere, betonte, daß er auf längere Sicht keine Änderung in den Autoritätsverhältnissen in China erwarte, und sah damit die Anerkennungsvoraussetzungen als gegeben an. Abschließend sprach Karasek den Wunsch aus, daß bei den Verhandlungen über die Anerkennung möglichst nach einer eigenständigen österreichischen Formel gesucht werden sollte[11]. Diese Forderung wurde in der Parlamentsdebatte am 3. März 1971 – obwohl der Bericht des Außenministers vom Außenpolitischen Ausschuß des Parlamentes einstimmig genehmigt worden war – vom Vertreter der Freiheitlichen Partei Österreichs, Dr. Scrinzi, in noch schärferer Form erhoben. Scrinzi sprach sich aus moralischen Gründen dagegen aus, bei der Anerkennung der Pekinger Regierung mehr als nötig Interessen Taiwans zu verletzen[12]. Seitens der regierenden Sozialistischen Partei Österreichs wandte sich der Abgeordnete Dr. Czernetz gegen die »Zwei-China-Theorie« und meinte, daß gerade neutrale Staaten durch eine realitätsbezogene Politik ihre Funktion besser erfüllen könnten. Außerdem unterstrich Czernetz den Anspruch der Pekinger Regierung auf den Sitz in den Vereinten Nationen[13]. Außenminister Dr. Kirchschläger unterstrich abschließend, daß der Zeitpunkt zur Aufnahme der Beziehungen richtig gewählt war:

> ... Wir prellten nicht vor. Wir konnten das gar nicht, denn zu dem Zeitpunkt, als die anderen die diplomatischen Beziehungen aufgenommen haben, bedurften wir ja noch des Einverständnisses des Alliierten Rates. Aber wir warteten auch nicht bis zu jenem Zeitpunkt, in welchem uns eine Großmacht grünes Licht gibt, sondern wir entschieden uns aufgrund unserer eigenen Überlegungen[14] ...

Bezüglich der Vertretungsfrage in den Vereinten Nationen meinte der Minister:

> Je früher die Vereinten Nationen durch diese Phase der Umstellung auf die Universalität hindurchgehen, desto früher werden wir auch etwas effektivere Vereinte Nationen haben als jene, denen wir uns jetzt manchesmal gegenübersehen. Ich sehe also in dieser Einbeziehung der Volksrepublik China in die Vereinten Nationen auf weite Sicht einen erheblichen Vorteil[15] ...

Die Kritiker der Haltung von Minister Kirchschläger in der Frage der Anerkennung und der Vertretung Chinas in den Vereinten Nationen berücksichtigten nicht, daß die Tschiang-Kaischek-Regierung sich in beiden Fällen durch das Beharren auf dem *Alleinvertretungsanspruch* für ganz China selbst ausmanöviert hatte. Wie es der namhafte amerikanische Völkerrechtler Quincy Wright schon 1955 formulierte: »The tail is not the dog[16].« Mit einem Zweihundertsiebenundsiebzigstel der Fläche und bestenfalls einem Fünfundfünfzigstel des Staatsvolkes konnte die Regierung in Taibei wirklich keinen Anspruch auf Alleinvertretung glaubhaft machen.

Einem der beiden Autoren dieses Buches war es damals möglich, wissenschaftliche Beiträge zur Erhellung der Problematik der Anerkennungsfrage zu leisten. Als Konsulent bei den parlamentarischen Vorbesprechungen, Vortragender vor dem österreichischen Zweig der *International Law Association,* Kommentator im Rundfunk, Verfasser eines Leitartikels für die offizielle *Wiener Zeitung* und einer längeren Abhandlung für die *Österreichische Zeitschrift für Außenpolitik* legte Gerd Kaminski die Übereinstimmung des österreichischen Vorhabens mit Völkerrecht und außenpolitischer Zweckmäßigkeit dar[17].

Über die Verhandlungen, die in Rumänien geführt wurden, berichtete der österreichische Außenminister am 8. Juni vor dem Parlament:

> Aufgrund eines Beschlusses der Bundesregierung wurde am 10. März der österreichische Botschafter in Bukarest beauftragt, mit dem dortigen Botschafter der Volksrepublik China Kontakt aufzunehmen und diesem das Interesse an einer Aufnahme diplomatischer Beziehungen zur Kenntnis zu bringen. In ihrer Antwort vom 5. April hat die chinesische Regierung diese Absicht begrüßt, aber gleichzeitig dargelegt, daß sie die Beziehungen mit anderen Ländern aufgrund gewisser gleichbleibender Grundsätze – die wir aus den Verhandlungen mit Italien und Kanada kannten – aufzunehmen pflege. Am 26. April wurde von österreichischer Seite formell mitgeteilt, daß wir als immerwährend neutraler Staat nicht in der Lage seien, diesen sogenannten gleichbleibenden Grundsätzen zu folgen. Am 8. Mai ließ die chinesische Regierung durch ihren Botschafter mitteilen, daß man von den Bemerkungen der österreichischen Regierung Kenntnis nehme und die Situation Österreichs als neutraler Staat verstehe. Die chinesische Seite überreichte den Entwurf für ein gemeinsames Kommuniqué, welches mit der Wahl eines Alternativvorschlags den österreichischen Vorstellungen Rechnung trug[18].

Das Kommuniqué über die Anerkennung, welches am 27. Mai 1971 gleichzeitig in Wien und Peking veröffentlicht worden war, lautete folgendermaßen[19]:

> *Gemeinsames Kommuniqué der Regierung der Volksrepublik China und der Regierung der Republik Österreich über die Aufnahme diplomatischer Beziehungen zwischen China und Österreich.*
> Die Regierung der Volksrepublik China und die Regierung der Republik Österreich haben beschlossen, gemäß den Prinzipien der gegen-

seitigen Respektierung der Souveränität und territorialen Integrität, der gegenseitigen Nichteinmischung in die inneren Angelegenheiten sowie der Gleichberechtigung und des gegenseitigen Vorteils mit Wirksamkeit vom 28. Mai 1971 sich gegenseitig anzuerkennen, diplomatische Beziehungen aufzunehmen und innerhalb von sechs Monaten gegenseitig Botschafter zu entsenden.
Die chinesische Regierung respektiert den Status der Neutralität der Republik Österreich.
Die österreichische Regierung anerkennt die Regierung der Volksrepublik China als die einzige rechtmäßige Regierung Chinas.
Die chinesische Regierung und die österreichische Regierung sind übereingekommen, auf der Grundlage der Gleichberechtigung und des gegenseitigen Vorteils gemäß den internationalen Gepflogenheiten für die Errichtung der Botschaft der Gegenseite in der betreffenden Hauptstadt und für die Durchführung ihrer Aufgaben alle erforderliche Hilfe zu gewähren.
Bukarest, den 26. Mai 1971
Botschafter der Volksrepublik China in Rumänien
(gez.) Chang Hai-feng
Botschafter der Republik Österreich in Rumänien
(gez.) Eduard Tschöp

Die *Pekinger Volkszeitung* widmete der Aufnahme diplomatischer Beziehungen zwischen China und Österreich am 29. Mai 1971 einen freundlichen Leitartikel[20]. Auch in Österreich war das Presseecho freundlich[21], verschlechterte sich aber etwas, als Außenminister Kirchschäger im Oktober bekanntgab, daß Österreich in der Generalversammlung der Vereinten Nationen in der Vertretungsfrage Chinas für den albanischen Antrag stimmen werde[22]. Die – wegen des Beharrens Taibeis auf dem Alleinvertretungsanspruch falsche – Optik, hier werde ein *Staat* zugunsten eines anderen *ausgeschlossen*[23], beschwor Traumata aus den dreißiger Jahren von Anschluß und Kleinstaatvergewaltigung herauf. Es sollte sich aber wenig später wieder einmal erweisen, daß offizielle Beziehungen mehr Kontakte, diese mehr Informationen und diese wiederum mehr Verständnis zeitigen. Eine der ersten Amtstätigkeiten der beiden Botschafter in Wien und Peking betraf den Austausch von Journalistendelegationen. Auf die Reise einer chinesischen Journalistendelegation nach Österreich im Februar 1971[24] folgte im Oktober 1972 der Besuch einer Delegation führender österreichischer Journalisten in China unter Führung der stellvertretenden Chefredakteurin der *Presse,* Ilse Leitenberger. Dieser Besuch, bei dem sich die österreichischen Presseleute endlich ein Bild an Ort und Stelle machen konnten, zeitigte Berichte, die

Die österreichische Journalistendelegation unter Führung der stv. Chefredakteurin der »Presse« Ilse Leitenberger wird von Ministerpräsident Zhou Enlai empfangen. Links der Chefredakteur der »Arbeiter-Zeitung« Manfred Scheuch. (Foto: Xinhua)

sich von früheren positiv abhoben. Während man früher die angebliche »Aggressivität« Chinas betont hatte, schrieb Delegationsleiterin Ilse Leitenberger nach dem Augenschein in China:

> Es gibt keine Armee der Welt, die beim einzelnen wie in der Einheit so friedfertig wirkt; die so bescheiden lebt[25] . . .

Eine weitere liebgewordene Klischeevorstellung nahm Redakteur Nußbaumer vom *Kurier* aufs Korn. Unter dem Hinweis, das westliche Bild von den »blauen Ameisen« sei falsch, schrieb er:

> Nirgends, nicht einmal unter den Tausenden Arbeitern, die in einem grandiosen Einsatz einen neuen Schiffskanal graben, habe ich eine dumpfe, von Propaganda erschlagene Masse entdeckt[26].

Der Chefredakteur der *Arbeiter-Zeitung*, Manfred Scheuch, bezeichnete die Chinesen als freundliches, arbeitsames, kulturell und politisch interessiertes Volk, das den westlichen Staaten Entgegenkommen demonstriere[27], und Kurt Seinitz schrieb unter dem Titel *Chinas wirksamste Waffe – Tschou En-lai* über die »ungewöhnliche Begegnung mit einem Mann, der (74 Jahre alt) in jeder Weise außerhalb des alltäglichen Lebens steht. Seine Arbeitszeit beträgt ca. 20 Stunden pro Tag. Er ist Maos engster Vertrauter. Besitzt sehr viel Temperament und Charme. Er schätzt das offene Wort, das Philosophieren. Er ist Pragmatiker, aber nicht Opportunist[28]«.

Ähnlich äußerten sich die anderen Mitglieder der Delegation in ihren Blättern bzw. Harry Sichrovsky im Hörfunk. Die Gespräche über die Anerkennung waren es, welche ihnen und anderen österreichischen

Journalisten Gespräche in China, also Informationen aus erster Hand, und in der Folge vielen anderen vieles andere mehr ermöglicht haben[29]. Nach dem chinesischen Motto: »Einmal sehen ist besser als hundertmal hören« oder dem österreichischen: »Durchs Reden kommen die Leut' z'samm.«

ANMERKUNGEN

1 Amtsvermerk vom 8. August 1950, HHStA, GZ 126.029, China 49/126.078.

2 Erklärung des österreichischen Außenministers Kirchschläger am 3. März 1971 vor dem Parlament, Stenographisches Protokoll, 36. Sitzung des Nationalrats der Republik Österreich, XII. Gesetzgebungsperiode, S. 2855 ff., zitiert nach Horst Dieter Rennau, *Schwerpunkte der Beziehungen Österreichs zur Volksrepublik China ab Ende 1970* (Diplomarbeit an der Diplomatischen Akademie), Wien 1972, S. 8.

3 *Pekinger Volkszeitung* vom 22. Mai, 26. Mai und 30. Mai 1957.

4 *Da Gongbao* (Hongkong) vom 24. Juni 1957; *Gongshang Ribao* (Hongkong) vom 24. Juni 1957.

5 *Jing Bao* vom 6. Juni 1960.

6 *Gongshang Ribao* vom 6. Juni 1960.

7 Diese und die folgenden, die Tätigkeit von Generalkonsul Majlat betreffenden Darstellungen fußen auf einem Vortrag, den Dr. Majlat am 17. Januar 1978 vor der ÖGCF gehalten hat.

8 »Generalkonsul Dr. Majlat hat sich entschlossen, nach Hause zu berichten, daß man ›ehestmöglich China anerkennen möge‹. Er tat dies sehr vorsichtig, weil er weiß, daß man sich im Außenministerium größter Zurückhaltung befleißigt.« – Aus einem Brief des österreichischen Handelsdelegierten in Hongkong, Dr. Svoboda, an den Vorsitzenden des China-Ausschusses der Vereinigung Österreichischer Industrieller, DDr. Franz Josef Haslinger, vom 2. Juni 1964.

9 III-25 der Beilagen zu den stenographischen Protokollen des Nationalrates, XII. Gesetzgebungsperiode.

10 *Das chinesische Problem,* Wien 1971.

11 Stenographisches Protokoll, 36. Sitzung des Nationalrates der Republik Österreich, XII. Gesetzgebungsperiode, 3. März 1971, S. 2855 ff., zitiert nach Rennau, a. a. O., S. 5.

12 Ebd.

13 Ebs., S. 7 f.

14 Ebd., S. 8.

15 Ebd., S. 9.

16 Quincy Wrigth, *The Chinese Recognition Problem,* in: *American Journal of International Law,* Bd. 49, 1955, S. 337.

17 *China, das Rechtsproblem aus österreichischer Sicht,* Vortrag vor der International Law Association am 29. März 1971; Interviews für die Journalsendungen des österreichischen Rundfunks; *Völkerrechtliche Aspekte der Gespräche mit Peking,* Leitartikel der *Wiener Zeitung* vom 2. März 1971; *Anerkennung der Regierung in Peking?,* in: *Österreichische Zeitschrift für Außenpolitik,* Heft 1, Jg. 11, 1971, S. 4–22.

18 Rennau, a. a. O., S. 11f.

19 *China-Report* Nr. 1, 1971, Dokumententeil, S. 26.

20 Leitartikel der offiziellen chinesischen Tageszeitung *Renmin Ribao* vom 29. Mai 1971: »Begrüßung der Aufnahme diplomatischer Beziehungen zwischen China und Österreich.

Nach freundschaftlichen Verhandlungen und auf Grund der Prinzipien der gegenseitigen Achtung der Souveränität und territorialen Integrität, der gegenseitigen Nichteinmischung in die inneren Angelegenheiten und der Gleichberechtigung sowie des gegenseitigen Nutzens haben die Regierung der Volksrepublik China und die Regierung der Republik Österreich beschlossen, einander ab 28. Mai 1971 anzuerkennen und offizielle

diplomatische Beziehungen aufzunehmen. Es ist ein begrüßungswertes Ereignis, daß ein neues Kapitel in den Beziehungen zwischen China und Österreich eröffnet worden ist.
Trotz der weiten Entfernung von Tausenden Kilometern zwischen China und Österreich bestehen seit jeher freundschaftliche Gefühle zwischen unseren beiden Völkern. Seit der Gründung der Volksrepublik China unterhalten unsere beiden Völker ständig kulturelle und wirtschaftliche Verbindungen. Im Jahre 1964 unterzeichneten der Chinesische Rat zur Förderung des Internationalen Handels und die Bundeskammer der gewerblichen Wirtschaft Österreichs das Abkommen zur Förderung der Wirtschaftsbeziehungen zwischen den beiden Ländern, nach dem beide Seiten Handelsvertretungen austauschten. Die Aufnahme offizieller diplomatischer Beziehungen zwischen China und Österreich entspricht den gemeinsamen Interessen der beiden Völker und widerspiegelt deren allgemeine Wünsche.

Unser großer Führer Vorsitzender Mao wies auf folgendes hin: »Die Volksrepublik China strebt stets, freundschaftliche Beziehungen mit allen Ländern auf Grund der Gleichberechtigung und des gegenseitigen Nutzens, der gegenseitigen Achtung der Souveränität und der territorialen Integrität herzustellen und zu entwickeln, und befolgt den Nachbarstaaten gegenüber eine gutnachbarliche Politik.«

Stets dieser Lehre des Vorsitzenden Mao Folge leistend, hat die chinesische Regierung diplomatische Beziehungen zu vielen Ländern aufgenommen und freundschaftliche Verbindungen mit ihnen entwickelt. Wir vertreten seit eh und je die Auffassung: Alle Staaten, ob groß oder klein, sind in den internationalen Angelegenheiten gleichberechtigt, und es wird niemals zugelassen, daß Großmächte kleine Länder schikanieren und starke Länder schwache tyrannisieren. Wir dulden keine Einmischung anderer Staaten in die inneren Angelegenheiten unseres Landes und werden uns niemals in die anderer Länder einmischen. Gemeinsam mit den Völkern der ganzen Welt sind wir entschieden dagegen, daß ein oder zwei »Supermächte« eine Machtpolitik betreiben, die internationalen Angelegenheiten monopolisieren, die Souveränität anderer Staaten verletzen und den nationalen Interessen anderer Länder schaden. Dieser unser fester Standpunkt findet bei immer mehr Staaten Sympathie und Unterstützung.

Die Regierung der Volksrepublik China ist die einzige legitime Regierung Chinas. Taiwan ist ein untrennbarer Bestandteil des Territoriums der Volksrepublik China. Der USA-Imperialismus hält mit Gewalt Chinas Taiwan besetzt und tut nun sein Äußerstes, um seine Politik »zwei China« oder »ein China, ein Taiwan« zu betreiben, die unumgänglich mit einer schmählichen Niederlage enden wird.

Seitdem das österreichische Volk von der Aggression und Unterdrückung von seiten der deutschen Faschisten befreit ist, kämpft es unermüdlich für die Wahrung der Unabhängigkeit und des Status des Friedens und der Neutralität seines eigenen Landes. Im Jahre 1955 proklamierte Österreich seine ständige Neutralität. Die chinesische Regierung und das chinesische Volk sympathisieren stets mit dem österreichischen Volk in seinem gerechten Kampf, unterstützen es immer und respektieren Österreichs Status der Neutralität.

Die Aufnahme diplomatischer Beziehungen zwischen China und Österreich eröffnet der weiteren Entwicklung der freundschaftlichen Beziehungen zwischen den beiden Ländern eine weite Perspektive. Wir wünschen, daß sich die Freundschaft zwischen dem chinesischen und dem österreichischen Volk von Tag zu Tag entwickelt.«

21 Im *Kurier* vom 28. Mai 1971 schrieb damals Hugo Portisch in einem langen Artikel unter anderem: »... Andererseits *(nach dem Hinweis, daß die amerikanische Anerkennung noch nicht erfolgt sei – Anm. d. Aut.)* aber bekundet hier die dritte Großmacht dieser Welt, China, ein aktives Interesse an der Neutralität und Integrität Österreichs ... Von der Eingliederung Chinas in die internationale Völkerfamilie sollte man also eine allgemeine Erhöhung der Sicherheit in der Welt erhoffen können. Wäre dem nicht so, würden sich nicht auch die USA jetzt so sehr um China bemühen ... Denn – dies wurde offiziell betont – den ausdrücklich im Abkommen verankerten Respekt vor der Neutralität Österreichs hat uns Peking aus eigenen Stücken angeboten.« Die *Arbeiter-Zeitung* vom 28. Mai 1971 widmete dem Kommuniqué und seinen Auswirkungen breiten Raum, wies auf die besondere österreichische Formel hin und auf optimistische

Aussagen Außenminister Kirchschlägers hinsichtlich des österreichischen China-Handels. Die *Kronenzeitung* gleichen Datums hob ebenfalls mit Befriedigung die besondere österreichische Formel hervor, und die *Presse* von jenem Tag unterstrich die Anerkennung der österreichischen Neutralität durch China, die kurze Verhandlungsdauer, den Umstand, daß das Ergebnis vom außenpolitischen Sprecher der ÖVP, Karasek, am Vortag gutgeheißen worden war, und brachte außerdem einen Wirtschaftsbericht unter dem Titel *China, ein unentdeckter Markt lockt.*

22 So berichtete die *Kronenzeitung* am 27. Oktober 1971: »Die Würfel sind gefallen. Rotchina sitzt seit Dienstag morgen in der UNO. Nach tagelangen zähen Debatten beschloß die UN-Vollversammlung die Aufnahme Pekings beim gleichzeitigen Ausschluß Formosas. Doch dieser Schritt kann der Weltorganisation möglicherweise den Todesstoß versetzen. In Amerika erhoben sich sofort Stimmen, der ohnehin total verschuldeten UNO den Geldhahn abzudrehen...« Andererseits hatte dasselbe Blatt am 23. Oktober in einem Kommentar Viktor Reimanns die Alleinvertretung Chinas durch Tschiang Kaischek als Fehleinschätzung bezeichnet, da die Einwohnerzahl Taiwans kaum 2 Prozent der von ganz China ausmache. Auch Hugo Portisch hatte am 23. Oktober im *Kurier* die Frage gestellt, ob es sich bei dem Streit um die UNO-Vertretung für China nicht um ein »künstlich hochgezüchtetes Problem« handle, da das kommunistische Regime seit 27 Jahren 98 Prozent der chinesischen Bevölkerung vertrete.

23 Beide chinesische Regierungen beharren bis heute auf dem Standpunkt, daß es nur ein China gibt und sie jeweils den gesamten Staat vertreten. Daher wurde »Taiwan« keineswegs ausgeschlossen. Die Regierung in Taipei hat bis heute keinen »Staat Taiwan« ausgerufen. Es wurde damals also lediglich die Frage geregelt, welche Regierung für China in den Vereinten Nationen vertretungsberechtigt sei.

24 Sie stand unter Leitung des stellvertretenden Direktors der chinesischen Nachrichtenagentur, Teng Kang, und der stellvertretenden Direktorin der Informationsabteilung des chinesischen Außenministeriums, Chang Ying, und traf unter anderem mit Bundeskanzler Kreisky, Außenminister Kirchschläger, Abg. Karasek, Bundesobmann Schleinzer und Vertretern des Österreichischen China-Forschungsinstitutes zusammen.

25 *Die Presse* vom 28. November 1972.

26 *Kurier* vom 25. November 1972.

27 *Arbeiter-Zeitung* vom 24. November 1972.

28 *Kronenzeitung* vom 27. November 1972.

29 Nicht zufällig hatte der österreichische Bundespräsident Franz Jonas in seiner Neujahrsansprache am 1. Januar 1972 die Aufnahme diplomatischer Beziehungen zur Volksrepublik China als einen großen Erfolg der österreichischen Außenpolitik bezeichnet.

Zweiunddreißigstes Kapitel

»Ich bin ein kleiner Igel und sehr lustig«

Chinas Bewertung der österreichischen Neutralität

1. Die Zeit des Abschlusses des Staatsvertrages und der österreichischen Neutralitätserklärung

1955 hatte China seine Sympathien für die Neutralität bereits entdeckt[1]. Im Vordergrund stand dabei allerdings das chinesische Interesse, die Förderung der Neutralität vor allem zur Verbesserung der eigenen Position in dem von Paktorganisationen durchsetzten ost- und südostasiatischen Raum anzuwenden. Europa lag weitgehend außerhalb der chinesischen Interessensphäre, und den dortigen Verhältnissen gewidmete chinesische Kommentare gaben im wesentlichen ohne eigenständigen Ansatz die sowjetischen Standpunkte wieder.

Am 16. Mai 1955 brachte die *Pekinger Volkszeitung* anläßlich der Unterzeichnung des österreichischen Staatsvertrages eine Reportage über das Geschehen in Wien sowie einen Leitartikel. Die Reportage folgte, wie auch von der *Volkszeitung* angegeben, den Meldungen der sowjetischen Nachrichtenagentur TASS. In den Mittelpunkt gestellt wurde dabei die Verlesung des Moskauer Memorandums durch den sowjetischen Außenminister Molotow im Rahmen der Konferenz der Außenminister am 14. Mai, dem Tag vor der Unterzeichnung des Staatsvertrages. Als Tendenz ergab sich dabei eine Hervorhebung der nach Abschluß des Staatsvertrages seitens Österreichs zu erklärenden dauernden Neutralität als Ergebnis sowjetischer Initiativen. Dies trifft auch auf den Leitartikel zu, welcher mit »Wir begrüßen die Unterzeichnung des österreichischen Staatsvertrages« übertitelt ist: »Daß Österreich diesen Status erlangen konnte, wurde durch die Bemühungen der Sowjetunion ermöglicht.« Und dann kommt genau im Nachvollzug des sowjetischen Modells der berühmte sowjetische Schienbeintritt gegen Adenauers NATO-Sympathie:

> Die glückliche Lösung der österreichischen Frage deutet an, daß andere ungelöste internationale Probleme auch durch friedliche Verhandlungen gelöst werden können. Vor allem das deutsche Volk kann daraus sehen, daß es keinen Grund gibt, den von den amerikanischen Aggressoren gezeigten Weg zu gehen. Die Sache ist sehr klar, wenn Westdeutschland die amerikanische Politik der Wiederbele-

bung des deutschen Militarismus ablehnt und an keinem westlichen Militärpakt teilnimmt, dann hat Deutschland eine friedliche und unabhängige Zukunft ... Nach der Unterzeichnung des österreichischen Staatsvertrages wird sich der Kampf in ganz Deutschland gegen die Wiederbelebung des westdeutschen Militarismus und für die friedliche Wiedervereinigung zweifellos noch mehr intensivieren.

Der Leitartikel der Tianjiner (Tientsiner) *Da Gong Bao* vom 15. Mai 1955, *Die wichtige Bedeutung der Lösung des Österreichproblems,* ist länger und bietet mehr Details. Am Anfang wird ebenfalls auf die Meriten der Sowjetunion eingegangen, deren »Ernsthaftigkeit und Tatkraft« die erfolgreichen Gespräche über Österreich ermöglicht hätten. Dann wird aber auch der strategische Wert des österreichischen Territoriums hervorgehoben, das nach den Worten des früheren Oberkommandierenden der amerikanischen Besatzungstruppen in Österreich einem »Schloß, das den Verbindungsweg nach dem Ostblock sperrt«, gleichkomme. Ein weiterer Schwerpunkt ist dem Vorwurf gewidmet, der deutsche »Militarismus und Revanchismus« wolle im Umweg über den Europagedanken Österreich wiederum seiner Unabhängigkeit berauben und leiste dazu bereits durch enge Wirtschaftsbeziehungen und die starke Präsenz deutscher Firmen in Österreich gewisse Vorarbeiten. Schließlich kommt auch wieder der Schienbeintritt gegen Adenauer:

> ... Viele Zeitungen in Westdeutschland haben es als besonders wichtig erachtet, daß die Gespräche zwischen der Sowjetunion und Österreich ein Vorbild für die Lösung des Deutschlandproblems sein können ... Das chinesische Volk muß gemeinsam mit den Völkern der verschiedenen Staaten Europas die von der Regierung der Sowjetunion unternommenen wichtigen Maßnahmen zur friedlichen Lösung der Österreichfrage unterstützen, sich über den Abschluß des österreichischen Friedensvertrages freuen und weiter unermüdlich gegen die Durchführung des Pariser Abkommens der Wiederaufrüstung Westdeutschlands kämpfen.

Ähnliche Berichte, welche zum Teil Auszüge aus den oben zitierten Artikeln wiedergeben, finden sich in den Meldungen der chinesischen Nachrichtenagentur Xinhua[2] sowie in der für das Ausland bestimmten englischsprachigen chinesischen Monatszeitschrift *People's China*[3].

China vertrat also damals gegenüber der österreichischen Neutralität im wesentlichen sowjetische Positionen. Mangels diplomatischer Beziehungen waren die damaligen chinesischen Kontakte nach Österreich spärlich und konzentrierten sich vor allem auf die KPÖ, welche natürlich ebenfalls die sowjetische Auffassung vertrat. Vor dem 8. Parteitag der Kommunistischen Partei Chinas hielt der Leiter der Delegation der KPÖ, Friedl Fürnberg, eine Begrüßungsansprache, in der er abschließend auch auf die österreichische Neutralität einging:

Unser Land hat seine dauernde Neutralität erklärt. Wir Kommunisten verteidigen die Neutralität Österreichs, weil wir wissen, daß wir damit einen Schlag gegen die Kriegspolitik der Imperialisten führen. Wir machen alle Anstrengungen, um die Einheit der Arbeiterklasse und unseres Volkes zum Schutze der Unabhängigkeit unseres Landes zu schaffen. Gleichzeitig sind wir untrennbar verbunden mit der großen Armee des Kommunismus, an deren Spitze das ruhmreiche Banner der Sowjetunion weht. So kämpfen wir auch mit euch, Genossen, wenn wir auch ein kleines Land sind, das viele tausend Kilometer von eurem Land entfernt ist[4].

Damit wurde zum Wissensstand der Chinesen über das allgemeine europäische und insbesondere das österreichische Neutralitätsverständnis nicht wesentlich beigetragen, und es kann daher nicht verwundern, wenn populärwissenschaftliche Abhandlungen, die damals in China erschienen, hinsichtlich der Information über die österreichische Neutralität Mängel aufwiesen. So etwa führte Dong Zheng in einer in der Zeitschrift *Weltwissen* erschienenen Abhandlung über *Neutrale Staaten* die österreichische Neutralität fälschlicherweise auf Bestimmungen des österreichischen Staatsvertrages zurück[5].

Österreich lag eben damals am Rande der Sphäre chinesischen Interesses und war außenpolititsch für China konkret nur insoweit interessant, als es geeignet gewesen wäre, die Bilanz der Anerkennung der Regierung in Peking durch andere Staaten zu verbessern. Vor allem in diesem Sinne ist wohl Zhou Enlais Erklärung zu verstehen, die er am 30. Januar 1956 vor der Politischen Konsultativkonferenz abgab:

Österreichs Entscheidung, dauernde Neutralität aufrechtzuerhalten, hat den Weg für Österreichs friedliche Entwicklung gebahnt. Wir respektieren Österreichs neutralen Status und würden uns freuen, die Herstellung von Beziehungen der friedlichen Kooperation zwischen China und Österreich zu sehen[6].

Tatsächlich war dann die Aufnahme diplomatischer Beziehungen zwischen Österreich und der Volksrepublik China der nächste Anlaß, bei dem es wiederum zu chinesischen Stellungnahmen zur österreichischen Neutralität kam.

2. Die Zeit der Aufnahme diplomatischer Beziehungen zwischen Österreich und China

Infolge der Absenz diplomatischer Beziehungen beeinflußte die Verhärtung und Radikalisierung der chinesischen Neutralitätskonzeption während der sechziger Jahre das Verhältnis zu Österreich kaum. Als die Verhandlungen über die Anerkennung und die Aufnahme diplomatischer Beziehungen zwischen dem österreichischen Botschafter Dr. Eduard Tschöp und dem chinesischen Botschafter Chang Haifeng in Rumänien begannen, befand sich China bereits in einem Stadium der Verbesserung seiner Beziehungen zu den westlichen Industriestaaten und in einem »Hoch« der Neutralitätsbewertung. Im Rahmen der kurzen und reibungslosen Verhandlungen kam die chinesische Seite dem neutralen Österreich nicht nur durch eine im Vergleich zu Kanada oder Italien bessere Formel entgegen, welche Taiwan nicht ausdrücklich erwähnte[7], sondern bot laut der Erklärung vom 27. Mai 1971, mit welcher der damalige Außenminister Dr. Rudolf Kirchschläger die Aufnahme der diplomatischen Beziehungen bekanntgab, von sich aus an, die Anerkennung der dauernden Neutralität Österreichs durch China in das gemeinsame Kommuniqué aufzunehmen[8]. Die österreichische Seite hatte im Verlaufe der Verhandlungen wohl wiederholt auf den neutralen Status Österreichs hingewiesen, ohne aber die Aufnahme eines entsprechenden Passus zu verlangen. Es waren die Chinesen, welche diesen Vorschlag – offenbar als Austausch für die österreichische Anerkennung – gemacht haben[9].

So kam es zu Absatz 2 des gemeinsamen Kommuniqués vom 26. Mai 1971, welcher folgenden Wortlaut hat:

> Die chinesische Regierung respektiert den Status der Neutralität der Republik Österreich[10].

Der Aufnahme der diplomatischen Beziehungen zu Österreich wurde von der *Pekinger Volkszeitung* am 29. Mai 1971 ein Leitartikel gewidmet, welcher in seinem letzten Teil auch in positiver Weise auf die österreichische Neutralität Bezug nimmt:

> Seitdem das österreichische Volk von der Aggression und Unterdrükkung von seiten der deutschen Faschisten befreit ist, kämpft es unermüdlich für die Wahrung der Unabhängigkeit und des Status des Friedens und der Neutralität seines eigenen Landes. Im Jahre 1955 proklamierte Österreich seine ständige Neutralität. Die chinesische Regierung und das chinesische Volk sympathisieren stets mit dem österreichischen Volk in seinem gerechten Kampf, unterstützen es immer und respektieren Österreichs Status der Neutralität[11].

An diese grundsätzliche Erklärung schlossen während der ersten siebziger Jahre weitere ähnliche positive chinesische Aussagen an. Dabei waren noch in gewissem Ausmaß Elemente des chinesischen Neutralitätsverständnisses aus den fünfziger Jahren zu spüren. Der Neutrale – das klingt auch in dem oben wiedergegebenen Kommentar der *Pekinger Volkszeitung* durch – müsse sein wertvolles Gut gegen die Mißgunst und Annäherungsbestrebungen der Militärblöcke verteidigen, womit damals bereits in erster Linie die Sowjetunion, jedoch teilweise auch noch die

USA und die NATO gemeint waren. So wird etwa im damaligen chinesischen Handbuch über die Staaten der Welt der Freiheitlichen Partei Österreichs vorgeworfen, Österreichs Neutralität aufgeben und ein Naheverhältnis zu NATO-Staaten, wie der Bundesrepublik Deutschland, eingehen zu wollen[12].

Wohl speziell aus Anlaß der Aufnahme der diplomatischen Beziehungen zu Österreich wurde, um die Bevölkerung über diesen Staat zu informieren, in einem der mit *Internationales Wissen* übertitelten Informationsheftchen Österreich vorgestellt. Nach einem historischen Überblick findet sich über den heutigen Status von Österreich folgender Passus:

> Im Mai 1955 schlossen die Sowjetunion, die USA, England und Frankreich den die Souveränität und Demokratie wiederherstellenden österreichischen Staatsvertrag, der festlegt, daß Österreich keine wie immer gearteten politischen und wirtschaftlichen Beziehungen mit Deutschland eingehen dürfe. Im Oktober nahm das Parlament das Verfassungsgesetz über die immerwährende Neutralität an, das erklärt, Österreich werde an der immerwährenden Neutralität festhalten, an keinen militärischen Bündnissen teilnehmen und nicht erlauben, daß auf seinem Territorium militärische Stützpunkte errichtet werden. Im gleichen Monat zogen alle Besatzungstruppen ab[13].

Freundliche Erklärungen zur Neutralität, die sich im wesentlichen an den oben zitierten Kommentar der *Pekinger Volkszeitung* halten, wurden vom chinesischen Botschafter Wang Yueyi aus Anlaß des chinesischen Nationalfeiertages im Oktober 1971 sowie von einer chinesischen Journalistendelegation, welche im Februar 1972 nach Österreich kam, abgegeben [14]. Sehr stark auf die Souveränität und Handlungsfreiheit des neutralen Österreich stellte die Rede ab, welche der chinesische Außenminister Ji Pengfei am 26. Oktober 1972 in der österreichischen Botschaft in Peking hielt:

> Austria, situated in the heart of Europe, is a country with a long history and cultural tradition. After World War II, the industrious and talented Austrian people rapidly healed the war wounds and rehabilitated and developed their national economy. In 1955 in accordance with their own will, they chose the road of permanent neutrality.
> The Chinese Government has consistently supported the Austrian people in their efforts to safeguard national independence and state sovereignty. As early as January 1956, premier Chou En-lai officially stated on behalf of the Chinese Government that we »respect Austria's neutral status«. The Chinese Government reaffirmed this position last year in the Joint Communiqué on the establishment of diplomatic relations between our two countries. The Chinese Go-

vernment always holds that all nations, big or small, should be equal. The internal affairs of a given country must be handled by that country themselves, and no other country has the right to interfere[15]. . .

Eine freundliche, mehr die Rechte als die Pflichten des Neutralen herausstellende Haltung konnte Kaminski auch bei den chinesischen Völkerrechtsspezialisten feststellen, als er im April 1972 in Peking völkerrechtliche Fachgespräche führte. An vorderster Stelle seines Fragekataloges bezüglich der Neutralität stand das Problem, ob die für das gemeinsame Kommuniqué gewählte Formel »respektiert den Status der Neutralität« für die chinesische Seite bloß ein politischer Programmsatz oder aber das völkerrechtliche Rechtsgeschäft der Anerkennung einer erklärten dauernden Neutralität mit allen daraus für beide Teile entstehenden Rechte und Pflichten bedeute. Der damalige Direktor des Völkerrechtsbüros im chinesischen Außenministerium, Shen Weiliang, und die Völkerrechtsexperten Lin Qing und Huang Jiahua erklärten dazu, politisch habe man die österreichische Neutralität schon 1955 anerkannt, mit völkerrechtlicher Wirksamkeit dann im Jahre 1971. Die Formel, daß China den Status Österreichs respektiere, sei als Anerkennung zu werten. Dadurch sei auf seiten Chinas die Pflicht entstanden, den neutralen Status Österreichs nicht zu verletzen. Dies sei striktest durchzuführen. Auf sonstige Inhalte des durch die Anerkennung der Neutralität zwischen China und Österreich entstandenen Verpflichtungsverhältnisse wollte man damals chinesischerseits nicht sehr konkret eingehen. Die Frage der militärischen Absicherung der Neutralität sei ebenso ausschließlich eine innere Angelegenheit Österreichs wie die, ob Österreich an Sanktionen der Vereinten Nationen teilnehmen solle. Allerdings wollte man auch nichts von der österreichischen, auf Professor Verdross zurückgehenden Konstruktion[16] wissen, daß die ständigen Sicherheitsratsmitglieder – also auch China – ihr Veto einlegen müßten, falls man seitens der Vereinten Nationen versuchen sollte, Österreich zu einer mit seinem Status nicht vereinbaren Teilnahme an Sanktionen zu verhalten. »Der Neutrale bestimmt selbst, was er tut – die anderen Mächte mischen sich nicht ein!« – so etwa könnte man die Summe aus den damals von chinesischen Völkerrechtlern zur Neutralität abgegebenen Stellungnahmen ziehen. Interessant war, daß die chinesischen Völkerrechtler einer ideologischen Neutralität eine Absage erteilten, und schließlich ist noch festzuhalten, daß der Status Österreichs ausdrücklich begrüßt wurde: »Es ist gut, daß Österreich in Europa neutral ist.«

Bei seinem damaligen Besuch in Peking und auch in späteren Jahren hatte Kaminski Gelegenheit, mit dem ersten österreichischen Botschafter in China, Dr. Hans Thalberg, über die ihm gegenüber gezeigte chinesische Haltung zur Neutralität zu sprechen. Botschafter Thalberg hob hervor, daß die chinesische Seite über Charakter und Entstehung der österreichischen Neutralität erstaunlich gut informiert sei und auf den besonderen Status Österreichs immer freundlich Bezug nehme. Dazu gab Botschafter Thalberg folgendes Resümee:

> Zusammenfassend möchte ich sagen: Die Volksrepublik China hat für die immerwährende Neutralität Österreichs stets größtes Verständnis gezeigt und bei jeder Gelegenheit, bei offiziellen wie auch bei privaten Anlässen, deutlich gemacht, daß man unseren neutralen Status, aber auch die Neutralitätspolitik, die wir seit 1955 verfolgt haben, zu schätzen weiß. Ich glaube sogar, daß die Neutralität bei der Zustimmung Pekings zur Wahl Waldheims als Generalsekretär der Vereinten Nationen eine beträchtliche Rolle gespielt hat ...
> Nach anfänglichem Zögern – Peking hätte gewiß einem Kandidaten der Dritten Welt den Vorzug gegeben – und einer Gegenstimme im ersten Wahlgang, Stimmenthaltung wahrscheinlich im zweiten Wahlgang, hat China im letzten Wahlgang für Waldheim gestimmt. Knapp vorher ließ man mich ins Außenministerium rufen, und Botschafter Chang Wen-chin teilte mir offiziell mit, daß Außenminister Chi Peng-fei nun auch nach New York Weisung gegeben habe, für Waldheim zu stimmen ...
> Auf meinen Dank für die Unterstützung Chinas sagte Tschou En-lai wörtlich: »Wir haben eine gute Sache unterstützt[17].«

Auch auf andere Weise zollte China der österreichischen Neutralität und Neutralitätspolitik Anerkennung. Österreich bekam als einer der wenigen Staaten Europas die große Ausstellung archäologischer Funde nach Wien, es war unter den ersten, die in Peking eine Industrieausstellung abhalten, Ärzte zum Studium der Akupunktur und Austauschstudenten entsenden konnten. Als eines der ersten westlichen Orchester wurden die Wiener Philharmoniker nach Peking eingeladen.

3. Die Zwischenperiode chinesischer Neutralitätsskepsis

Noch in der Amtsperiode Botschafter Thalbergs in Peking wurde die immer intensiver werdende Forcierung der Vereinigte-Front-Politik und die chinesische Besorgnis spürbar, die Sowjetunion könnte die westliche Entspannungsbereitschaft ausnützen, um zur Welthegemonie zu gelangen. Botschafter Thalberg bemerkte, daß angesichts des sich zuspitzenden Antagonismus zwischen China und der Sowjetunion die Neutralen zwar nach wie vor geschätzt seien, unter den gegebenen Umständen den NATO-Ländern aber eine höhere Bedeutung zugemessen werde.

Die auf Botschafter Thalberg folgenden Botschafter Dr. Franz Helmut Leitner und Dr. Eduard Tschöp mußten dann die Feststellung machen, daß China dem Staat Österreich mit gleicher, seinem neutralen

Status aber mit verminderter Sympathie gegenüberstand. Gleichzeitig wurde deutlich, daß China von seinem Standpunkt »Alles nach Belieben des Neutralen« abgegangen war und von Österreich höflich, aber immer deutlicher eine entsprechende militärische Absicherung seiner Neutralität erwartete. Unter Verweis auf die chinesischen Erfahrungen während des russisch-japanischen Krieges und das Schicksal von Dänemark und Norwegen warnte der stellvertretende Vorsitzende des Nationalen Volkskongresses, Dong Biwu, als ihm im April 1973 Botschafter Leitner das Beglaubigungsschreiben überreichte, davor, sich allzu sehr auf die Neutralität zu verlassen, da die Geschichte zeige, daß die Neutralität von Kriegführenden bei Bedarf willkürlich verletzt werde.

Botschafter Tschöp wurde bei seinem Antrittsbesuch beim Leiter der Westeuropaabteilung des chinesischen Außenamtes, Xu Weiqin, Anfang Februar 1975 vorgehalten, daß die Schweiz eine Politik der bewaffneten Neutralität verfolge und große Opfer für die Landesverteidigung bringe, was in China große Bewunderung hervorrufe. In der Schweiz werde, ebenso wie in China, ein ausgedehntes unterirdisches Luftschutzsystem errichtet, und der Vorsitzende Mao Zedong habe ausdrücklich angeordnet, »tiefe Tunnels zu graben«. Ein chinesisches Sprichwort besage, wenn man vorbereitet sei, brauche man keine Angst zu haben, ansonsten sei man verloren.

In dieselbe Kerbe schlug der damalige Präsident der Gesellschaft des chinesischen Volkes für Freundschaft mit dem Ausland, Chai Zemin. Er wandte Botschafter Tschöp gegenüber die allgemeine Formel an, mit welcher China damals die europäischen Mächte von Entspannungsillusionen kurieren zu können meinte. Er betonte, beide Supermächte betrieben sehr aktive Vorbereitungen für einen Krieg. Ein künftiger Konflikt sei daher unvermeidlich. Das Hauptkampfgebiet werde in Europa liegen, und auch Österreich werde davon betroffen sein. Die chinesische Regierung respektiere den neutralen Status Österreichs. Von den Supermächten sei jedoch keine Vertragstreue zu erwarten, man müsse daher auf der Hut und vorbereitet sein. Der österreichische Wunsch, die Neutralität zu bewahren, dürfe nicht in eine »Idee der friedlichen Illusionen« übergehen.

Auch der damalige chinesische Außenminister, Qiao Guanhua, brachte bei einem zu Ehren Botschafter Tschöps Ende Februar 1975 gegebenen Abendessen das Thema der Absicherung der österreichischen Neutralität zur Sprache. Die Volksrepublik China habe die österreichische Neutralität stets unterstützt, sei aber besorgt, daß sie von anderer Seite verletzt werden könnte. Jeder Staat müsse genügend Verteidigungskraft besitzen. In der Schweiz sei diesbezüglich die Lage besser, in Österreich dagegen herrsche eine zu starke Friedensstimmung vor. Selbst bei einer Besetzung müsse Widerstand geleistet werden. In diesem Zusammenhang brachte der chinesische Außenminister den Vergleich zwischen einem Elefanten und einer Fliege und stellte fest, daß es auch der Fliege möglich sei, durch hartnäckige Anstrengungen den Elefanten zu bezwingen. Die öffentliche Meinung in Österreich: »Wozu braucht man als neutrales Land entsprechende Verteidigungskräfte?« sei sehr problematisch. In ähnlicher Weise äußerte sich Qiao Guanhua wenig später gegenüber einer von Dr. Alois Mock geführten Delegation der österreichisch-chinesischen Freundschaftsgesellschaft (ÖGCF)[18].

Diese direkten chinesischen Aussagen wurden von indirekten Hinweisen in den Meldungen der chinesischen Nachrichtenagentur flankiert. Geschickt wurden Aussagen von Bundeskanzler Kreisky und General Emil Spanocchi so montiert, daß sie genau in das erwünschte Bild eines verteidigungsbereiten und verteidigungswilligen Österreichs paßten[19], und durch die Gestaltung der Zwischentitel stellte die chinesische Nachrichtenagentur Xinhua zusätzlich noch in subtiler Weise klar, wie das chinesische Anliegen – gleichlautend mit einem der von Xinhua gewählten Zwischentitel – beschaffen ist: »Neutrality must be safeguarded by force[20].«

Selbstverständlich fand diese Position auch in den – damals spärlich vorhandenen – chinesischen wissenschaftlichen Werken über internationale Beziehungen ihren Niederschlag. Ein Forschungskollektiv stellte in der im Mai 1976 zu Shanghai erschienenen Broschüre *Grundlagenwissen über internationale Probleme* die Bedrohung der Welt und insbesondere Europas durch die Sowjetunion heraus. In diesem Zusammenhang wurde auch Österreich erwähnt.

> Sogar einige neutrale Staaten wie Österreich, Schweden und Schweiz haben angesichts der militärischen Bedrohung, die von Tag zu Tag schwerer wird, Maßnahmen getroffen, um ihre Landesverteidigung zu verstärken. Sie haben allgemeine Wehrpflicht, trainieren ihre Staatsbürger und reformieren die Ausbildung. Sie legen in großem Maßstab unterirdische Verteidigungsanlagen an[21].

Als dann die chinesische Führung zu der Ansicht kam, daß subtile und weniger subtile Warnungen bei den westlichen Industriestaaten nichts fruchteten, griff man zur Schocktherapie der Ankündigung eines bald bevorstehenden Weltkrieges. Offenbar hielt man es für notwendig, einen neuen Krieg so drastisch und nah an die Wand zu malen, damit möglichst viele Staaten das Ihre täten, um eine weitere Verschiebung des Machtschwergewichtes zugunsten der Sowjetunion durch eigene Rüstungsanstrengungen zu verhindern.

Erstes Objekt chinesischer Schocktherapie war die von Bundesminister Dr. Christian Broda geleitete Delegation der ÖGCF Anfang 1977. Der stellvertretende Vorsitzende des ständigen Ausschusses des Nationalen Volkskongresses, Tan Zhenlin, teilte der Delegation unverblümt im Rahmen von Ausführungen über die »Viererbande« mit:

> Wenn die Machenschaften der Viererbande realisiert worden wären, so hätte dies nicht nur für das chinesische Volk, sondern für die ganze

Welt eine Katastrophe bedeutet. Wäre die Viererbande mit der Sowjetunion ein Bündnis eingegangen, so hätte sie der Sowjetunion als Handlanger gedient. Unter diesen Bedingungen hätte es dramatische Änderungen gegeben. Die Sowjetunion wäre nach Westen vorgerückt, und die erste Station wäre Österreich gewesen. Österreich ist neutral, doch hätte die Sowjetunion davon keine Notiz genommen. Die Sowjetunion hätte versucht, Deutschland unter ihrer Einflußsphäre wiederzuvereinigen, und dabei wäre sie auf jeden Fall durch Österreich marschiert[22].

Wang Bingnan, ein alter erfahrener Diplomat und heute Präsident der chinesischen Gesellschaft für Freundschaft mit dem Ausland, drückte sich in etwas diplomatischeren Wendungen aus. Zuerst sparte Wang nicht mit verbindlichen Worten über die österreichische Neutralität. Er meinte, es sei gut, daß Österreich eine Neutralitätspolitik betreibe, und es wäre auch gut, wenn alle Staaten eine ähnliche Politik wie Österreich verfolgten. Dann kamen aber der bereits früher erwähnte Wink mit dem Zaunpfahl nach dem Beispiel der Schweiz und schließlich Betrachtungen über die Möglichkeit, den neutralen Status im Kriegsfall auch tatsächlich beibehalten zu können:

> ... So zum Beispiel ist die Schweiz ein typisches neutrales Land. Sie ist von zwei Weltkriegen nicht erfaßt worden. Aber auch die Schweiz hat erkannt, daß die Welt nicht so sicher ist. Sie wissen, daß die Schweiz sehr intensiv Luftschutzanlagen baut, und heuer hat sie großangelegte Manöver durchgeführt. Die Schweiz ist nicht ganz sicher, ob sie in einem dritten Weltkrieg ihre Neutralität bewahren könnte. Deswegen haben wir den europäischen Freunden immer vorgeschlagen, die Wachsamkeit zu erhöhen und Vorbereitungen zu treffen. Vorbereitet zu sein ist besser[23].

Selbstverständlich war den österreichischen Zuhörern die Skepsis Wang Bingnans hinsichtlich des Schicksals der dauernd neutralen Staaten in einem dritten Weltkrieg »unter die Haut gegangen«, doch war auch Wang Bingnan nicht bereit, von seinem Standpunkt abzurücken, was er bei seiner Antwort auf Zusatzfragen klarstellte:

> 1. China ist für den Frieden und gegen den Krieg.
> 2. Da es in der Welt zwei Supermächte gibt, ist ein neuer Weltkrieg, der durch ihre Rivalität entstehen wird, unvermeidlich. Es ist fraglich, ob die neutralen Staaten in einem neuen Weltkrieg ihre Neutralität bewahren werden. Es ist gut, wenn sie ihre Neutralität bewahren können, doch ist dies ein subjektiver Wunsch[24].

Dem Vernehmen nach ist es den Schweizern nicht besser gegangen[25]. Es handelte sich also nicht um eine gegenüber Österreich zum Ausdruck gekommene bilaterale Modifizierung chinesischer Neutralitätsauffassung, sondern offenbar um einen Teil der damals aktuellen chinesischen Gesamtstrategie.

Dies zeigen auch die Gespräche, die eine österreichische Bundesratsdelegation unter Leitung von Prof. Dr. Herbert Schambeck im Sommer 1977 in Peking geführt hat. Der europäischen Einigung wurde von chinesischer Seite ein höherer Stellenwert zugemessen als dem »Fürsichbleiben« der dauernd Neutralen. Der stellvertretende chinesische Ministerpräsident Li Xiannian meinte dazu:

> Seit Anfang dieses Jahrhunderts hat Europa zweimal Weltkriege erlebt. Die europäischen Völker wünschen Entspannung. Die rauhe Wirklichkeit sieht aber anders aus. An die Probleme soll man daher nicht von subjektiven Wünschen aus herangehen, sondern von den Tatsachen. Das hat die Geschichte gelehrt. Wenn man die Tatsachen erkennt, kann man den Frieden besser sichern.

In diesem Zusammenhang rief Li Xiannian zur europäischen Einigung auf:

> Man sollte die großen Gemeinsamkeiten suchen und die kleinen Verschiedenheiten behalten. Wir hoffen, daß sich die europäischen Länder einigen können[26]. . .

In einem Bericht über die Gespräche der österreichischen Abgeordneten zum Bundesrat sind außerdem noch folgende bedeutsame Passagen enthalten:

Die mit der Außenpolitik befaßten Funktionäre der Volksrepublik China sind gegen den Rückzug der Amerikaner aus Europa. Sie vertreten heute den Standpunkt, daß Westeuropa sich von den USA nicht loslösen könne. Dies gelte aber auch umgekehrt. Begründung: »Ein Land allein kann dem Sowjetimperialismus nicht widerstehen«. (Vgl. die Positionen, die China noch Anfang der siebziger Jahre zur NATO eingenommen hat!) In diesem Zusammenhang betonte der stellvertretende Ministerpräsident, daß sein Land »die neutrale Position Österreichs respektiere« und die »österreichische Politik verstehe«. In den Gesprächen am Rande wurde aber erneut deutlich, daß man Österreich eine verstärkte Landesverteidigungspolitik empfiehlt. Hao Dexing (Präsident des Institutes des chinesischen Volkes für Außenpolitik) meinte: »Es ist gut, wenn Sie an der Neutralitätspolitik festhalten, aber gleichzeitig wehrmäßig Maßnahmen treffen, um Ihr Territorium zu verteidigen.« In Fortsetzung dieser Erklärung war von einem kompetenten hohen Beamten zu hören, daß die Volksrepublik China nicht verstehen könne, daß der Staatsvertrag Österreich den Besitz von Raketenwaffen zu Verteidigungszwecken untersage. Wörtlich meinte er: »Wir persönlich sind der Meinung, daß alle Staaten die Waffen besitzen sollten, die sie benötigen[27].«

Aus der Tatsache, daß bei vielen dieser Gespräche der Neutralität

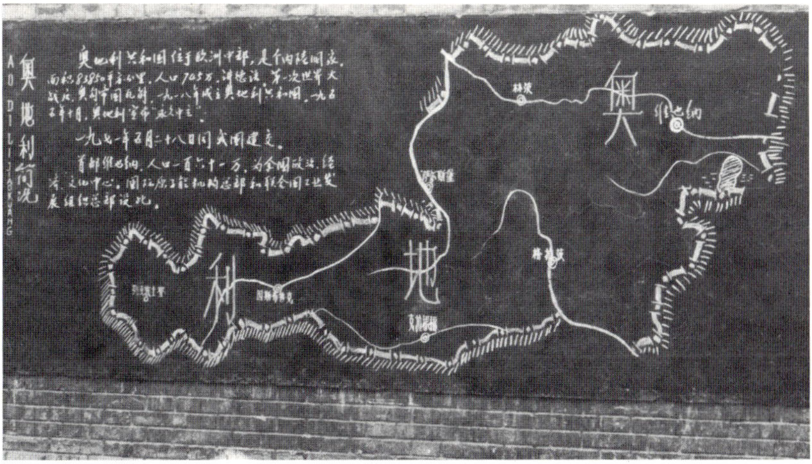

Karte Österreichs am »schwarzen Brett« einer Volks- und Mittelschule in Xi'an (aufgenommen 1977). Im begleitenden Text befindet sich ein Hinweis auf die immerwährende Neutralität dieses Landes. (Fotos: Dipl.-Ing. Karl Jones)

gleichzeitig noch immer Lob gespendet wurde, läßt sich allerdings der Schluß ziehen, daß die skeptischen chinesischen Bemerkungen hinsichtlich der Möglichkeit, die Neutralität im Ernstfall aufrechtzuerhalten, keine grundsätzliche Abwertung der Neutralität durch China, sondern die chinesische Gesamtstrategie der Warnung der Welt vor dem Vordringen des »Sozialimperialismus« als Hintergrund hatten. Nach wie vor war die Neutralität – nach der NATO-Mitgliedschaft – als zweitbeste Lösung willkommen und als positiver Beitrag zur Friedenssicherung von chinesischer Seite anerkannt.

Als weiterer Beweis dafür kann angeführt werden, daß offenbar auch im chinesischen Schulunterricht der neutrale Status Österreichs positiv hervorgehoben wird. Im Archiv der ÖGCF befindet sich das im Juli 1977 aufgenommene Photo einer Zeichnung, die auf dem schwarzen Brett einer Volks- und Mittelschule in Xi'an zu finden war. Es handelt sich dabei um eine Landkarte Österreichs, die mit einer kurzen Legende mit den wichtigsten kennzeichnenden Fakten versehen ist. An erster Stelle steht dabei die österreichische Neutralitätserklärung.

4. Ein neues »Hoch« in der Bewertung der österreichischen Neutralität durch China?

Seit Anfang 1978 fehlen in den chinesischen Erklärungen die vorher energisch gegebenen Hinweise, daß der Ausbruch eines Weltkrieges in absehbarer Zeit unvermeidlich sei, sondern man hat sich wieder auf die Position eingependelt, die im Bericht Zhou Enlais an den 10. Parteitag

Schule in Xi'an mit Österreich-Karte im Hintergrund

im Jahre 1973 zu finden ist: »Ein solcher Krieg kann verhindert werden, solange die mit jedem Tag mehr erwachenden Völker aller Länder die Richtung klar erkennen, ihre Wachsamkeit erhöhen, ihre Geschlossenheit festigen und im Kampf ausharren[28].« Möglicherweise hat man chinesischerseits feststellen müssen, daß der von China erwünschte Effekt einer stärkeren Abwehrbereitschaft eher dann zu erzielen ist, wenn die Möglichkeit der Abwendung des Kriegs betont wird, als wenn er als unvermeidbar hingestellt wird. Vielleicht hat man auch in China das konstatiert, was europäische Fachleute feststellen – nämlich, daß »die Konferenz von Helsinki, zumindest vorerst, keinen Beginn, sondern einen Höhepunkt darstellte[29]«.

In diesem Sinne nahm man davon Abstand, Vertretern Österreichs weiterhin zu sagen, daß man auf ihre Chance, die Neutralität zu bewahren, wenig gebe. Als Botschafter Dr. Willfried Gredler sein Amt in Peking antrat, stellte er fest, daß die hohen chinesischen Funktionäre von der Weltlage immer noch mit großer Besorgnis sprachen, gleichzeitig aber meinten, die »Imperialisten und Sozialimperialisten« würden es nicht wagen, einen Krieg vom Zaun zu brechen, wenn man ideologisch und militärisch gut vorbereitet sei. Illusionen und eine Beschwichtigungspolitik würden jedoch zu einer Katastrophe führen.

Als im August 1978 eine Delegation der ÖGCF unter Leitung von Bundesminister Otto Rösch die Volksrepublik China besuchte, betonte der Präsident der Gesellschaft des chinesischen Volkes für Freundschaft mit dem Ausland, Wang Bingnan, auf eine Frage Kaminskis die besondere Stellung des neutralen Österreich innerhalb der Gruppe der westlichen Industriestaaten, wobei er sowohl den Status Österreichs hervorhob als auch den Umstand, das Österreich niemals Kolonien besessen hat. Dies sei eine gute Grundlage, um echte freundschaftliche Beziehungen zu pflegen. Ein Jahr darauf hob Wang Bingnan bei seinem Besuch in Österreich dessen Neutralitätsstatus wiederum rühmend hervor[30].

Selbstverständlich ließen die chinesischen Gastgeber den Besuch eines österreichischen Verteidigungsministers nicht vergehen, ohne ihre Vorstellungen von einer militärisch abgesicherten Neutralität zu bekräftigen. Diesmal geschah es allerdings wieder in subtiler und zum ersten Mal in literarischer Form. Der Westeuropadirektor der chinesischen Freundschaftsgesellschaft, Zhu Ziqi, nebenbei ein bekannter chinesischer Lyriker, widmete dem Igel-Symbol des österreichischen Bundesheeres ein Gedicht, das in künstlerischer Form den chinesischen Idealtyp des dauernd neutralen Österreich wiedergibt: engagierte friedenserhaltende Außenpolitik, die durch ein ebenso großes Engagement in der Landesverteidigung abgesichert ist.

Lied eines Igels

Ich bin ein kleiner Igel und sehr lustig.
Meine Heimat an der Donau habe ich verlassen,
um das weit entfernte China zu besuchen.
Überall begrüßen mich Freunde,
die meine Schönheit und Stärke loben
und gerne möchten, daß ich ihnen das Igellied singe.
Ich wohne in einer Höhle, die ich mir selbst gegraben habe;
mit Fleiß und Schweiß kann ich mich aus eigener Kraft versorgen.
Ich giere nicht nach fremdem Land
und will kein fremdes Nest besetzen.
Wenn meine Augen auch klein sind, so sind sie doch hell
und können sehr wohl Freund und Feind unterscheiden.
Ich bin sanft und mild, aber ich kann auch zornig werden.
Wenn die böse Schlange wagt, mich anzugreifen,
zerreiße ich ihr giftiges Maul
und durchbohre ihr schwarzes Herz!
Gemeinsam mit anderen schütze ich Freiheit und Frieden,
und die bösartige Schlange wird ihr Ziel nicht erreichen.
Guilin, am 17. August 1978, von Zhu Zi-qi

Auch der berühmte chinesische Dichter Ai Qing scheint die österreichische Neutralität positiv zu sehen, was ein Vergleich seiner beiden 1954 und 1979 in Wien entstandenen Gedichte ergibt. Allerdings warnt er die Österreicher davor, sich durch die Neutralität einschläfern zu lassen. In der vorletzten Strophe des 1979 verfaßten Gedichtes schreibt er übrigens ausdrücklich »immerwährende Neutralität«, da dies aber auf chinesisch kürzer und schöner klingt als auf deutsch, hat die Übersetzerin mit »ewiger Frieden« eine Umschreibung gewählt.

刺猬歌

小小刺猬真快活，
告别老家多瑙河。
万里访友到中国。
朋友处处欢迎我。
赞我美丽又坚固，
喜听我唱刺猬歌。

自己打洞自己住，
辛勤流汗来养活。
不争别人半寸土，
不占他家一个窝。
两眼虽小目光亮，
辨别敌友决不错。

性情温和也发怒，
若是恶蛇敢惹我，
扎烂它的毒嘴巴！
刺穿它的黑心窝！
自由和平同维护，
恶蛇狠毒无奈何。

赠奥地利雷施部长先生和
奥中友协代表团朋友们。

一九七八年八月十七日于中国桂林　朱子奇

Das »Igellied« über das neutrale Österreich im chinesischen Original

Wien
von Ai Qing (1954)

Wien, schön bist du schon,
aber voller Schmerzen,
wie eine rheumatische junge Frau.
Mit hübschem Gesicht, aber gelähmten Gliedern.

Wien, ein zerstörtes Klavier,
die Hälfte deiner Tasten bringt keinen Ton hervor.
Wien, du Teller voller dunkelroter Kirschen,
von denen so viele verfault.

Ein Stern kann nicht nur halbseitig funkeln,
ein Lied nicht bloß halb gesungen werden.
Die Freiheit soll wie ein Apfel sein –
scharlachrot, rund und im Ganzen.

Meinem Herzen tut es weh.
Aus dem Springbrunnen vor dem bronzenen Mozart
kommen keine Wasserstrahlen,
sondern die Tränen des österreichischen Volkes.
Wie groß ein Genie auch sein mag,
keines kann auf das heutige Wien eine Elegie komponieren.

Es regnet.
Auf der Straße liegt blasser Glanz des Wassers.
Wien sitzt in einem alten Stuhl,
seine beiden Augen starren auf das Fenster.
Augenblick für Augenblick erduldet es die trübkalte Zeit . . .

Wien, dir meinen Segen.
Ich wünschte, morgen wäre ein schöner Tag.
Das Sonnenlicht käme durchs Fenster zu dir
und striche sanft über deine Regenbogenhaut.

Nachdichtung von Barbara Frischmuth

Wieder in Wien
von Ai Qing (1979)

Als ich Dich früher sah
glichst Du einer Witwe
die, im Lehnstuhl sitzend
unendlich traurig schien

die Finger auf den Tasten
ohne Kraft, die »Nachtmusik« zu Ende zu spielen
befangen im Vergangenen
verloren in Illusionen

Wie anders
sehe ich Dich heute
Dein Antlitz leuchtet
und ein Lied liegt auf den Lippen

Der Atem vieler Wanderer aus der Ferne
hat Dich, Wien, gewärmt
Freude ist ein schäumendes Getränk
das dem Kelche überquillt

Menschentrauben, hier und dort
suchen die Spuren des Habsburger-Reiches
diese staunen in der Burg
jene wenden sich zum Dome

im vornehmen Schönbrunn
das Bild der Antoinette
hier kommt keine Trauer auf
selbst wenn man an das Fallbeil denkt

Zweimal hat hier seine Rosse
Napoleon getränkt
Mit Österreich vermählte sich
der Kaiser der Franzosen

Schon einmal kam ich her
vor fünfundzwanzig Jahren
ein Schießplatz der Besatzer
war Badens schöne Flur

Berauscht vom Freudentrank des ew'gen Friedens*
genießt man nun die Ruhe
und in der Oper
ist Don Juan zu sehen

Schönes Wien
nimm meine Wünsche
sollst leben und glücklich sein
Du und Deine Menschen.

Übersetzung: Else Unterrieder

* *im Original eigentlich: immerwährende Neutralität*

1 Vorher war die chinesische Haltung gegenüber Neutralen von Ablehnung und Skepsis gekennzeichnet. – Vgl. dazu G. Kaminski, *Die chinesische Haltung zur Neutralität,* in Kaminski (Hrsg.), *Neutralität in Europa und Südostasien,* sowie ders., *»Die Bewertung der österreichischen Neutralität durch die Volksrepublik China«,* in: *Festschrift für Stephan Verosta,* Berlin 1980, welchem Beitrag dieses Kapitel weitgehend folgt.

2 Vgl. die Meldungen der New China News Agency (NCNA) vom 15. und 16. Mai 1955.

3 Bericht in *People's China,* Nr. 12 1955, S. 41: »The Austrian State Treaty was formally signed on May 15. Public opinion in China considers that this settlement of a ten-year-old problem is an important step in relaxing international tension. It also confirms once again that all international disputes can be settled through peaceful negotiations.
The Tientsin *Ta Kung Pao* wrote editorially on May 17: ›The conditions that bring independence and freedom to Austria are also applicable in the case of Germany. There is every reason to believe that the German question can be settled quickly provided the Paris Agreements are abrogated, and provided that Germany is not allowed to enter into any military treaty or have military bases set up in her territory.‹
The fact that Austria had promised not to join any military bloc, the newspaper pointed out, was in full conformity with her national interests. This entitles her to the happy prospect of long-term peaceful development. Her national independence ist to be maintained. She is in a position to establish economic and political relations with all countries.«

4 *Der 8. Parteitag der Kommunistischen Partei Chinas – Begrüßungsansprachen und Grußadressen der Bruderparteien,* Band 3, Verlag für fremdsprachige Literatur, Peking 1956, S. 236.

5 Dong Zheng, *Zhongli guo,* in: *Shijie Zhishi,* Nr. 12/6, 1955, S. 33.

6 *Excerpt from Political Report by Premier Chou En-lai at the Second Session of the Second National Committee of the People's Political Consultative Conference of China,* January 30, 1956 – Aussendung der chinesischen Botschaft in Wien vom 21. Januar 1976.

7 Gerd Kaminski, *Rechtliche und politische Aspekte der Anerkennung der Pekinger Regierung durch Österreich,* in: *China-Report,* Nr. 1, 1971, S. 6 f.

8 *Wiener Zeitung,* 28. Mai 1971.

9 Interview des Autors mit Herrn Botschafter Dr. Eduard Tschöp am 20. Dezember 1976.

10 *China-Report,* Nr. 1, 1971, S. 26.

11 Der Artikel ist vollständig abgedruckt auf S. 955 f.

12 *Shijie geguo gaikuang shouce,* Hongkong 1975, S. 637; es handelt sich dabei um einen Nachdruck der einige Jahre zuvor in der chinesischen Volksrepublik erschienenen Ausgabe.

13 *Guoji Zhishi,* 28. Mai 1971, S. 112.

14 Die Grußbotschaft Wang Yueyis enthält folgenden Passus:
»... Die chinesische Regierung und das chinesische Volk unterstützen konsequent das österreichische Volk in seinem gerechten Kampf zur Wahrung der Unabhängigkeit und Neutralität seines Landes ... In dem gemeinsamen Kommuniqué über die Aufnahme diplomatischer Beziehungen zwischen China und Österreich wird ausdrücklich darauf hingewiesen: ›Die chinesische Regierung respektiert den Status der Neutralität der Republik Österreich‹; ›Die österreichische Regierung anerkennt die Regierung der Volksrepublik China als die einzige rechtmäßige Regierung Chinas.‹ Das ist ein Kennzeichen dafür, daß die freundschaftlichen Beziehungen zwischen China und Österreich bereits in eine neue Phase getreten sind ...«; *China-Report,* Nr. 2, 1971, S. 25.
Zu Beginn ihres Reiseberichtes über Österreich schrieb die chinesische Journalistengruppe: »The Chinese people have consistently respected the neutral policy of Austria and have supported the Austrian people's just struggle to safeguard national independence and national rights.« Außerdem wurde aus dem Gespräch der Delegation mit dem damaligen österreichischen Außenminister Dr. Kirchschläger dieser mit folgender Feststellung zitiert: »Austria highly evaluates China's respect for her neutrality status as stated in the communique. This is of great significance to us.« – *New Friendship between*

Chinese and Austrian People (by Chinese Journalist's Delegation), in: *China-Report,* Nr. 6, 1972, S. 17.

15 *China-Report,* Nr. 7/8, 1972, S. 37.

16 Siehe z. B. Alfred Verdross, *Austria's Permanent Neutrality and the United Nations Organization,* in: *American Journal of International Law,* Bd. 50, 1956, S. 67 f., sowie Ulrich Scheuner, *Die Neutralität im modernen Völkerrecht,* Köln-Opladen 1969, S. 35.

17 Schreiben von Botschafter Thalberg an den Verfasser vom 15. Juli 1977.

18 Alois Mock, *Chinesischer Kommunismus – »Mit Konsequenz und Härte«,* in: *Freiheit,* Nr. 4, April 1975, S. 37.

19 Siehe Chronik der österreichisch-chinesischen Beziehungen, *China Report,* Nr. 26/27, 1975, S. 50.

20 Vgl. dazu auch die Berichte von Xinhua (London) vom 8. und 25. Oktober 1976. Im ersten Bericht werden österreichische Offiziere zitiert, die gegenüber dem chinesischen Korrespondenten betont hatten, daß eine Neutralität ohne Verteidigungsrückhalt nicht existieren könne, und im zweiten der damalige österreichische Verteidigungsminister Lütgendorf, welcher hinsichtlich des Problems der Verstärkung der Luftverteidigung der *Presse* ein Interview gegeben hatte.

21 S. 78 f.

22 Tan Zhenlin, *Über innen- und außenpolitische Probleme,* in: *China-Report,* Nr. 32/33, 1977, S. 61.

23 Aufzeichnungen von Gerd Kaminski.

24 Aufzeichnungen von Gerd Kaminski.

25 Der ehemalige Legationsrat an der schweizerischen Botschaft in Peking und heutige Leiter des politischen Sekretariats im schweizerischen Bundesrat, Botschafter Cuendet, bestätigte dem Verfasser in einem Interview am 3. Juni 1977, daß zu jener Zeit von chinesischer Seite auch gegenüber Diplomaten seines Landes Skepsis hinsichtlich des Schicksals der Neutralen im Kriegsfall geäußert worden ist.

26 Herbert Vytiska, *Gespräche in Peking – Europa aus chinesischer Perspektive,* in: *Freiheit,* Nr. 9, September 1977, S. 16.

27 Ebd.

28 *Der 10. Parteitag der Kommunistischen Partei Chinas,* Verlag für fremdsprachige Literatur, Peking 1973, S. 33.

29 Wilhelm Kuntner, *Die strategische Lage in Europa,* in: Gerd Kaminski (Hrsg.), *Sicherheit, Neutralität und Prosperität in Europa und Südostasien,* Bonn 1979.

30 Dies geschah in etlichen Interviews, die er dem ORF gewährte, sowie in offiziellen Ansprachen. Unter anderem unterstrich Wang Bingnan unter Hinweis auf die österreichische Neutralität das chinesische Interesse an einer starken Partizipation Wiens als dritte UNO-Stadt an den Arbeiten der Vereinten Nationen.

Dreiunddreißigstes Kapitel

Brückenschläge

»Freudige Erregung am Ballhausplatz«

Die Tätigkeit der Botschaften in Peking und Wien

». . . Als ich das erste Mal von Peking nach Wien anrief . . ., herrschte freudige Erregung am Ballhausplatz. Peking war nun auch für Wien eine politische Realität«, erinnert sich der erste österreichische Botschafter in der Volksrepublik China, Dr. Hans Thalberg[1]. Einige Jahre später hatte diese politische Realität bereits solche Konturen angenommen, daß Botschafter Dr. Wilfried Gredler in einem Vortrag über seine Amtstätigkeit unumwunden erklären konnte: »Mein Posten ist einer der wichtigsten[2].«

Die Pioniere österreichischer diplomatischer Präsenz in China waren also erfolgreich, obwohl sie es keinesfalls leicht gehabt hatten. Dr. Thalberg erhielt zwar von der chinesischen Regierung eine Interimswohnung zur Verfügung gestellt. Da er aber auf die Ermächtigung aus Wien zum Ankauf von Möbelstücken warten mußte, hatte er sich vorerst mit einer spartanischen Einrichtung zu begnügen. In den Räumen befand sich nichts als ein Bett und ein vom dänischen Botschafter geliehenes Sofa[3].

Die Weltlage ließ Dr. Thalberg keine Zeit, sich allzusehr um sein Mobiliar zu kümmern, denn er fand sich bald nach seiner Ankunft in Peking mit dem dringenden Problem der Kandidatur Dr. Kurt Waldheims konfrontiert. Bei der Wahl zum Generalsekretär der Vereinten Nationen konnte Waldheim mit der Unterstützung von drei der fünf ständigen Sicherheitsrats-Mitglieder und mit der Duldung eines vierten rechnen. Es galt also, China für den österreichischen Kandidaten zu gewinnen. Am 9. Dezember schien die Chance für Thalberg gekommen zu sein. Am späten Nachmittag teilte ihm der chinesische Protokollchef, Han Su, mit, daß ihn Ministerpräsident Zhou Enlai am Abend zu einem Gespräch empfangen werde. Infolge der angespannten Tätigkeit des chinesischen Ministerpräsidenten und seiner Neigung, zugunsten einer Ausdehnung seiner Arbeitzeit die Nacht zum Tag zu machen, wurde Botschafter Thalberg erst gegen elf Uhr abends gebeten, von einem Nachtmahl beim jugoslawischen Botschafter eilig zurückzukehren. Gemeinsam mit dem Botschaftsrat Bukowski und dem chinesischen Chauffeur Liu wartete Thalberg auf den großen Moment. Einige Minuten vor Mitternacht läutete das Telefon. Zhou Enlai ließ bitten. Mit hoher Geschwindigkeit fuhren sie in dem alten, ungeheizten Mietwagen zum Nationalen Volkspalast. Chauffeur Liu war so aufgeregt, daß er mit dem

Auto auf den Gehsteig geriet und beinahe die Freitreppe hinaufgefahren wäre, was die Wachen sichtlich beunruhigte.

Nicht jeder Botschafter wurde übrigens von Zhou Enlai empfangen, schon gar nicht während der ersten Wochen seines Aufenthaltes. Dr. Thalberg wertete dies als demonstratives Zeichen der Sympathie und des Interesses, das man für die Randlage Österreichs an der Nahtstelle zwischen der NATO und dem Warschauer Pakt empfand[4]. Nach dem Gespräch schrieb Botschafter Thalberg noch in der Nacht in sein Tagebuch:

> Tschou zeigte sich bestens informiert über Österreich. Er ließ sich eingehend über die wirtschaftliche und politische Situation informieren und knüpfte daran Betrachtungen über die Beziehungen zwischen unseren beiden in jeder Hinsicht so verschiedenen Ländern. Auch hier wieder das große Interesse und Verständnis für Österreichs Neutralität und ihre Bedeutung in der Welt. Der Ministerpräsident erkundigte sich über die Entstehungsgeschichte unserer Neutralität. Dann kam das Gespräch unvermittelt auf den Krieg und Hitler, und Tschou En-lai fragte mich, ob Hitler nicht Österreicher war. Ich sagte: »Ja, aber in Österreich hat er es zu nichts gebracht.« Tschou lachte laut; und er lachte schon, bevor der Dolmetscher Zeit gehabt hatte, meine Antwort ins Chinesische zu übersetzen, woran ich merkte, daß der Ministerpräsident jedenfalls Deutsch verstand. Tschou verglich Hitler mit Napoleon. Ich wendete ein, daß Napoleon immerhin Bannerträger der fortschrittlichen französischen Revolution war, während Hitler ein destruktiver Reaktionär war. Tschou fragte: »Wenn Sie so fortschrittliche Gedanken haben, was halten Sie von Metternich?« Ich sage, er hat versucht, die Probleme seiner Zeit mit überholten Mitteln zu lösen. Wieder Beifall. Ich füge hinzu: Aber immerhin hat er den Frieden in Europa für hundert Jahre gesichert. Ungeduldig möchte ich auf aktuelle Fragen übergehen, vor allem auf die Wahl des UN-Generalsekretärs. Aber Tschou dominiert das Gespräch: »Was halten Sie von der Währungskrise?« Wir gleiten wieder ins Ökonomische, die Wirtschaftskrise in USA etc. Plötzlich erinnert sich Tschou und bedankt sich recht unvermittelt für unsere Stimmabgabe in der China-Debatte der UN, und ich glaube bereits meinen Augenblick gekommen. Aber Tschou unterbricht mich und beginnt, mir die Taiwan-Politik eindrücklich, aber sehr gemäßigt auseinanderzusetzen. »Taiwan ist ein Teil Chinas, darin stimmt Tschiang Kaischek mit mir überein.« Dann noch einige anerkennende Worte über die österreichische Stimmabgage im indisch-pakistanischen Konflikt, und ein todmüder Tschou entläßt mich. Es ist ein Uhr vorüber[5].

Obwohl er das Gespräch als Höhepunkt seines Aufenthalts in China empfand, war Botschafter Thalberg auf dem Heimweg nichtsdestoweniger deprimiert. Es war ihm nicht geglückt, das brennende Problem der Wahl Dr. Waldheims zum UN-Generalsekretär anzuschneiden. Später erzählte der österreichische Diplomat darüber:

> Traurig und gebeugten Hauptes fuhr ich von der Unterredung in mein Hotel zurück. Es war, so meinten wir damals, ein Zeichen dafür, daß die Chinesen sich gegen Waldheim entschieden hatten. Aber, wie bereits gesagt, es kam anders, und Peking gab Waldheim seine Unterstützung[6].
>
> Im ersten Wahlgang haben die Chinesen ein negatives Votum abgegeben, um ihre Präferenz für einen Kandidaten der Dritten Welt zu demonstrieren; im zweiten Wahlgang haben sie sich der Stimme enthalten, und im dritten und letzten Wahlgang hat Peking – entgegen weitverbreiteten Gerüchten – die Wahl Waldheims unterstützt[7].

Botschafter Thalberg hegt keinen Zweifel daran, daß nicht China jenes ständige Mitglied des Sicherheitsrates war, das damals einen leeren Stimmzettel abgegeben hat. Diese Ansicht begründet er damit, daß er am Vorabend des entscheidenden Wahlganges ins chinesische Außenministerium gebeten wurde, wo man ihm an maßgeblicher Stelle mitteilte, daß Außenminister Ji Pengfei der chinesischen Delegation in New York Weisung erteilt hatte, für Waldheim zu stimmen. Außerdem gratulierte ihm Zhou Enlai noch am selben Abend persönlich und bestätigte erneut, daß China seine Stimme Waldheim gegeben hatte[8]. Übrigens hatte Botschafter Thalberg gerade bei dem Gespräch, das er in diesem Punkt für erfolglos hielt, dem österreichischen Kandidaten einen großen Dienst geleistet, ohne es zu wissen. Mit dem ihm eigenen feinen Humor berichtete Thalberg:

> Viele Monate später erzählte mir ein hochplacierter chinesischer Freund, daß der österreichische Botschafter auf Tschou Enlai einen ganz besonderen Eindruck gemacht hatte. Obwohl doch die für Österreich so wichtige Wahl Waldheims bevorstand, habe der österreichische Diplomat in taktvoller und diskreter Weise in seinem Gespräch mit dem Ministerpräsidenten den Namen Waldheims nie erwähnt. Diese Diskretion habe den Ministerpräsidenten ganz besonders positiv beeinflußt und möglicherweise unserer Sache mehr genützt als irgend etwas anderes... So hatte sich die vermeintliche Niederlage in einen Triumph verwandelt[9].

Im übrigen entsprachen Geduld, Feinfühligkeit und Diskretion durchaus dem Persönlichkeitsbild Dr. Thalbergs, so daß der Eindruck Zhou Enlais trotz allem der Realität nahekam. Diese Eigenschaften kommen einem in China tätigen Diplomaten ganz besonders zustatten, und so konnte Botschafter Thalberg auch in anderen Fragen erstaunliche Erfolge verzeichnen. Deren Stellenwert ist angesichts des »Ghettocharakters« des damaligen Diplomatenlebens in China um so höher anzusetzen. Menschliche Kontakte mit Chinesen waren zu jener Zeit weitgehend unmöglich[10]. Die Informationsmöglichkeiten blieben sehr bescheiden. Als in Verkennung dieser Situation der österreichische Rundfunk bei Dr. Thalberg anrief, um dessen Eindrücke vom Nixon-Besuch zu erfahren, begegneten seine Beteuerungen, von dem Ereignis völlig abgeschnitten zu sein, tiefster Skepsis: »Ja, wie informieren Sie sich denn, Herr Botschafter, über das, was in China vorgeht?« Darauf konnte er damals bloß die für die wißbegierigen Journalisten frustrierende Antwort geben: »Über den Kurzwellendienst des österreichischen Rundfunks in Wien[11].«

Trotz dieser Hindernisse konnte Dr. Thalberg geduldig Schritt um Schritt Österreich und China auf den verschiedensten Gebieten einander näherbringen. Vorsichtig setzte er ein erstes Signal für verstärkte kulturelle Beziehungen, indem er für eine umfangreiche Spende österreichischer Literatur an die Peking-Universität sorgte. Dann ergriff er im Frühjahr 1972 bei der Eröffnung des neuen Botschaftsgebäudes die Gelegenheit, auf das österreichische Interesse an einem Kulturaustausch: Philharmoniker gegen chinesische archäologische Ausstellung, hinzuweisen. »Zum großen Erstaunen der anwesenden Österreicher antwortete Minister Chi Peng-fei, daß die chinesische Regierung diesen beiden großen Kulturvorhaben mit Sympathie begegne und der Verwirklichung eigentlich nichts im Wege stehe[12].« Beide Projekte erwiesen sich als durchschlagende Erfolge. Als Botschafter Thalberg sich im April 1973 gemeinsam mit den Geigern und Bläsern der Wiener Philharmoniker in die Heimat begab, hatten außerdem noch andere Besuche im Rahmen der österreich-chinesischen Beziehungen positiv zu Buch geschlagen, darunter die von ihm vorbereiteten Besuche von Handelsminister Staribacher und der österreichichen Journalistendelegation unter Führung von Frau Ilse Leitenberger *(Die Presse)*[12a].

In kurzer Zeit hatte Thalberg viel erreicht, und es ist schade, daß seine Gesundheit ihm nicht erlaubte, sein Amt in Peking noch länger auszuüben. Doch das lebhafte Interesse für China blieb bei ihm auch später wach. Als Botschafter in Bern hält er heute noch auf Einladung von Kulturorganisationen Vorträge über China und ist der österreichischen Gesellschaft zur Förderung freundschaftlicher und kultureller Beziehungen zur Volksrepublik China herzlich verbunden.

Auch Thalbergs Mitarbeiter trugen wirksam zur Profilierung Österreichs in China bei. Dr. Dietrich Bukowski war 1971 Thalberg vorausgefahren, um für das Notwendigste vorzusorgen, und er vertrat Dr. Thalberg auch später als Geschäftsträger ad interim. Innerhalb kürzester Zeit eignete sich Bukowski Kenntnisse in der chinesischen Sprache an, und von seiner in brillantem Chinesisch gehaltenen Rede zum österreichischen Nationalfeiertag des Jahres 1972 spricht man in Peking heute noch. Bukowski ist im Amt dafür berühmt, die Sprache jedes Landes zu lernen, in das er entsandt wird. Als er dann später seinen Posten als Botschafter in Bulgarien antrat, soll man ihm – si non e vero e ben' trovato – nach einem ähnlichen Bravourstück mit der Einschränkung beglückwünscht haben, sein Bulgarisch sei vorzüglich, habe aber einen leichten chinesischen Akzent. Dr. Oswald Soukop, der zweite Zugeteilte, hatte schon an der Universität und an der Diplomatischen Akademie bei Frau Professor Pick Chinesisch gelernt. Seine dadurch gegebenen Chancen zur Kontaktpflege erhöhte er außerdem durch die Gründung eines international besetzten Kammermusikensembles, in dem er den Klavierpart übernahm und den Ruhm Österreichs als Land der Musik einmal mehr zur Geltung brachte.

Nach Botschafter Thalberg übernahm der rührige Dr. Franz Helmut Leitner die Leitung der österreichischen Mission in Peking. Sein Arbeitsstil war »amerikanischer« als der Thalbergs, verriet Prägung durch vorhergegangene Tätigkeiten in Japan und Kanada. Im chinesischen Außenamt wurde er bald durch häufige telefonische Urgenzen bekannt. Und es gab sehr viele österreichisch-chinesische Projekte, die seine Observanz erforderten. Da waren die österreichische Industrieausstellung im Frühjahr 1974, zu deren Eröffnung sich Präsident Sallinger als Regierungskommissär nach Peking begab, der Austausch von Ärztedelegationen, die Vorbereitung der chinesischen Archäologieausstellung in Wien und nicht zuletzt die Besuche von Außenminister Kirchschläger, Wissenschaftsminister Firnberg und von Delegationen des Österreichischen China-Forschungsinstitutes unter den Ex-Vizekanzlern Withalm (1973) und Pittermann (1974). Während auf die weiteren Besuche österreichischer Politiker noch an anderer Stelle eingegangen werden wird, soll hier vor allem dem Besuch des österreichischen Bundesministers für auswärtige Angelegenheiten Augenmerk geschenkt werden.

In einem Gespräch mit einem der beiden Autoren[13] bezeichnete der damalige Außenminister und heutige Bundespräsident Österreichs sein abendliches Gespräch mit Ministerpräsident Zhou Enlai als den wirklichen Höhepunkt seines Besuches. Lächelnd erinnerte er sich daran, am Anfang von dem großen chinesischen Staatsmann einer Prüfung unterzogen worden zu sein. Zhou Enlai stellte eine große Anzahl von Fragen nach Zahlen: von der Rohstahlproduktion bis zum Hektarertrag an Weizen in Österreich sowie nach dem damals noch unterschiedlichen Preisniveau in Österreich und der Schweiz und dem Anteil der Beschäftigten in der Landwirtschaft. Durch einen glücklichen Zufall konnte der österreichische Außenminister fast alle Fragen beantworten. Er hatte nämlich vorher im *Roten Büchlein* geblättert und einen Satz Mao Zedongs gefunden, der sinngemäß so lautete: Wenn man mit jemandem spricht, soll man die Zahlen nicht vernachlässigen. Zahlen sind die nüchternste und klarste Ausdrucksweise. Deshalb hatte er sich auf dem Flug etwas intensiver mit österreichischer Statistik beschäftigt, indem er in *Austria facts and figures* blätterte. Daß es zunächst überwiegend wirtschaftliche Fragen waren, die vom chinesischen Minsisterpräsidenten angeschnitten wurden, war zur Zeit der österreichischen Industrieausstel-

Ministerpräsident Zhou Enlai mit dem damaligen österreichischen Außenminister und heutigen Bundespräsidenten Dr. Rudolf Kirchschläger (Foto: Xinhua)

lung in Peking nicht verwunderlich. Neben der Leistungsfähigkeit der österreichischen Industrie und Landwirtschaft galt das Gespräch auch chinesischen Wirtschaftsproblemen. Dabei betonte Zhou Enlai: »Wenn wir in der Landwirtschaft versagen und es einen umfassenden Zusammenbruch gibt, kann uns niemand helfen. Niemand kann 800 Millionen oder noch mehr ernähren[14] ...« Zu einem agrarischen Problem hatte Dr. Kirchschläger einen konkreten Hinweis. In einer Volkskommune, 70 Kilometer von Peking entfernt, hatte man seiner Meinung nach die Triebe der Weinstöcke schlecht beschnitten, und er bat, zeigen zu dürfen, wie man mit einer anderen Methode mehr Ertrag erreichen könnte. Als Zhou Enlai hörte, daß der Kommunevorsitzende dies nicht zugelassen hatte, kritisierte er dies und meinte, Dr. Kirchschläger solle bei anderer Gelegenheit nochmals dorthin fahren[15]. Auf das wirtschaftliche folgte ein interessantes politisches Gespräch, bei dem sich die Auffassungen nicht immer deckten. Als der österreichische Außenminister dem chinesischen Ministerpräsidenten wieder einmal widersprach, meinte dieser: »Wenn Sie nicht an die Unvermeidbarkeit von Kriegen glauben, ist es sehr schwer, mit Ihnen zu reden[16].« Doch war sein Ton nicht unfreundlich, und es gab genügend Themen, wo die Meinungen beider Gesprächspartner harmonierten, etwa beim starken Interesse an der Unabhängigkeit Österreichs. Die österreichische Politik wurde von Zhou Enlai als klug anerkannt, und er betrachtete das Streben des Landes, seine Unabhängigkeit zu bewahren, als einen Beitrag zur allgemeinen politischen Entwicklung.

Zhou Enlai besaß nach Angaben Dr. Kirchschlägers eine sehr starke persönliche Ausstrahlungskraft; dabei sei er persönlich bescheiden gewesen und habe eine gewisse – man könnte sagen – Herzlichkeit gezeigt, immer wieder verbunden mit dem Ernst in der Beurteilung der einzelnen Fragen. Zhou Enlais Ausführungen seien von einem vielseitigen Wissen, einer präzisen Ausdrucksweise und einem nüchternen Herangehen an die Probleme der Welt gekennzeichnet gewesen. Nie habe er Worte leichthin gesprochen. Rückblickend empfindet der österreichische Bundespräsident den Gedankenaustausch mit Ministerpräsident Zhou Enlai als eines der großen Gespräche seines Lebens. Als es nach etwa eineinhalb Stunden vorüber war, hatte er das Gefühl: »Schade, daß es zu Ende ist[17].«

Übrigens wäre Dr. Rudolf Kirchschläger selbst recht gerne Botschafter in China geworden. Diesen Hinweis haben die Autoren von dem schwedischen Botschafter Lennart Petri bekommen. Darauf angesprochen, meinte Bundespräsident Kirchschläger: »Das ist im Zusammenhang mit der Nationalratswahl 1971 gewesen. Damals habe ich zu Petri gesagt: ›Na ja, jetzt ist meine Chance, als Botschafter nach Peking zu gehen, vorbei, und ob ich nach vier Jahren alters- und gesundheitsmäßig noch dazu in der Lage sein werde – falls ich wieder Botschafter werden sollte –, ist fraglich. Meine Frau und ich wären recht gerne nach Peking gegangen, weil man nirgends so viel an fremder Kultur wie auch heutigem politischen Geschehen lernen kann wie auf diesem Posten[18].«

Immerhin konnte Dr. Rudolf Kirchschläger während seines Besuches auch einige allgemeine Eindrücke von China sammeln. Daß das Management ein bis zwei Tage pro Woche körperlich arbeitet, sieht er als Verbindung zum wirklichen Leben, »die wir auch manchmal bei uns nötig hätten«: »Wenn wir in entscheidungstragende Tätigkeiten hineinwachsen, vergessen wir leicht, was körperliche Arbeit heißt, und verlieren das Verständnis dafür[19].« Beeindruckt war er von der großen Gastfreundschaft, in geringerem Maße allerdings von der damit verbundenen Benutzung von Staatskarossen, mit denen seiner Meinung nach fast ein Kult getrieben wurde. Er wäre manchmal viel lieber Rad gefahren. Am meisten imponierte ihm die Nutzung jedes kleinsten Stückchens Bodens für die Ernährung, und er hat daraus eine persönliche Nutzanwendung gezogen: »Es ist vermessen, einen Garten nur für voluptarische Zwecke zu benutzen. Ich pflanze seither in meinem Garten neben Zierbäumen auch Obstbäume, Erdbeeren, an einer Mauer Himbeeren und Brombeeren. Ich erinnere mich, daß in einem großen Park nach einer Kette von Zierbäumen Marillen- oder Pfirsichbäume standen – schön wie Zierbäume, aber mit genießbaren Früchten[20].«

Der Besuch des österreichischen Außenministers[21] war zweifellos ein Höhepunkt der ereignisreichen Amtsperiode von Botschafter Leitner, dem als Botschaftsrat Dr. Arnold Moebius und als Botschaftssekretär weiterhin Dr. Oswald Soukop zur Seite standen. Als Dr. Leitner dem chinesischen Außenminister Qiao Guanhua im November 1974 seinen Abschiedsbesuch abstattete, unterstrich dieser, daß die ideologischen und sozialen Unterschiede zwischen den beiden Ländern kein Hindernis für gute Beziehungen seien, und betonte, daß zwischen Peking und Wien kein Interessenkonflikt bestehe.

Nachfolger Dr. Leitners wurde Dr. Eduard Tschöp, der 1971 als Botschafter in Rumänien mit seinem chinesischen Amtskollegen die Anerkennung ausgehandelt hatte. Am 27. Januar 1975 überreichte er dem zu Lebzeiten bereits zur Legende gewordenen Marschall Zhu De sein Beglaubigungsschreiben[23]. Im darauffolgenden Jahr stirbt Zhu De, und es sterben auch Zhou Enlai und Mao Zedong. Das Land wird politisch durch die Zwischenfälle vor dem Tor des Himmlischen Friedens, die Anti-Deng-Kampagne und den Sturz der »Viererbande«, aber auch im wahrsten Sinn des Wortes durch große Erdbeben erschüttert, welche eine Evakuierung der ausländischen Botschaften notwendig machen. Die Reisen von Vizekanzler a. D. Dr. Fritz Bock und einer Delegation der ÖGCF unter Leitung von Dr. Alois Mock kommen im Jahre 1975 noch zustande. Die ÖGCF-Delegation 1976 unter der Leitung von Justizminister Dr. Broda und mit Beteiligung der Klubobmänner beider Großparteien muß wegen des Erdbebens vorerst abgesagt werden. Als sie dann kurzfristig für Ende 1976 festgesetzt werden kann und die österreichischen Politiker bei klirrender Kälte in Peking ankommen, befindet sich Dr. Tschöp wegen seiner angegriffenen Gesundheit auf Erholungsurlaub. Als Geschäftsträger ad interim vertritt ihn Gesandter Dr. Franz Schmid, assistiert von dem Chinesisch sprechenden zweiten Zugeteilten, Dr. Erich Buttenhauser.

Beim Besuch einer Delegation der österreichischen Akademie der Wissenschaften im Februar 1977 ist Dr. Tschöp wieder anwesend. Bei einem Abendessen, das er im Mai für den chinesischen Außenminister Huang Hua anläßlich des sechsten Jahrestages der Aufnahme diplomatischer Beziehungen zwischen China und Österreich gibt, betont dieser unter Bezugnahme auf die zahlreichen gegenseitigen Besuche, die ein sichtbarer Ausdruck der guten Beziehungen seien, daß sich das Verhältnis zwischen Wien und Peking trotz der unterschiedlichen Gesellschaftsordnungen günstig entwickelt habe[24]. Im Rahmen dieser Besuchs-

Generalsekretär Kaminski erklärt den Fahrern der Freundschaftsgesellschaft vor der Übergabe die Besonderheiten des Steyr-Citybusses. Im Hintergrund die Residenz des österreichischen Botschafters. (Foto: Erika Niesner)

diplomatie kommen im August eine Delegation des Bundesrates und eine Landwirtschaftsdelegation unter Minister a. D. Dr. Weihs nach Peking, denen Dr. Tschöp die Unterstützung der Botschaft zuteil werden läßt. Im Dezember desselben Jahres beendet er seine Amtsperiode in China, die wahrhaftig keine leichte gewesen ist.

Nachfolger von Dr. Eduard Tschöp war der ehemalige Klubobmann der Freiheitlichen Partei Österreichs, Dr. Willfried Gredler, der vorher die österreichischen Botschaften in Straßburg bzw. Bonn geleitet hatte. Vor seiner Abreise von Wien, die am 21. Januar 1978 erfolgte, bezeichnete Dr. Gredler seine bevorstehende Amtstätigkeit in Peking als »Jugendtraum«. Er habe schon immer Interesse für den Fernen Osten empfunden. Obwohl er keine Illusionen über die handelspolitische Bedeutung erzeugen wolle, die China in den nächsten Jahren haben könnte, glaube er, daß mit dem Machtantritt der jetzigen chinesischen Führung beste Voraussetzungen für das Verhältnis dieses Landes zu westlichen Partnerstaaten entstanden seien. Er wolle während seiner Tätigkeit in China die ihm zur Verfügung stehende Bewegungsfreiheit maximal ausschöpfen, also verschiedene Teile des Landes besuchen – dies nicht nur, um Erfahrungen zu sammeln, sondern auch, um Österreich bekannt zu machen[25]. Seine Erfahrungen als Politiker kamen dem neuen österreichischen Botschafter sicherlich zustatten. Er wußte, wie er wirksam sein konnte, doch diente ihm diese Wirksamkeit nicht als Selbstzweck, sondern als Vehikel für effizientes Wirken im Dienste österreichischer Interessen. So begann er unverdrossen seine Ansprachen eine gute Strecke lang auf chinesisch und förderte so durch diese freiwillig auf sich genommene Mühe sein Ansehen bei den chinesischen Gästen. Daß er gelegentlich dabei auch deren Heiterkeit förderte, nahm er zum Wohle der Republik gern in Kauf. »Mein Akzent soll dem einer geheimnisvollen tibetanischen Minderheit ähneln, und alles fragt mich, ob ich aus den Bergen Xizang Zizhiqüs stamme, was ja für einen Zillertaler sogar irgendwie zutrifft«, schrieb er gutgelaunt an einen der beiden Autoren[26].

Botschafter Gredler besitzt also etwas, das für seine Tätigkeit in Peking einen Schatz darstellte, nämlich Humor und Selbstironie. Er freute sich, wenn protokollarische Händedrücke infolge der trockenen Pekinger Luft aus seinen und anderen Botschafterfingern schmerzhafte, lange Funken zogen, und er lachte mit den Hunderten Chinesen, welche ihm in Tianjin beim Angeln nach den Autoschlüsseln im versperrten Auto zusahen und dabei die Feststellung trafen, sie hätten sich zwar bei dem soeben gesehenen Film gut unterhalten, dieser Österreicher sei jedoch um Klassen besser[27].

Der kostbare Besitz von Humor erleichtert es nicht nur, über Schwierigkeiten des Pekinger Alltags hinwegzukommen, sondern er stellt auch eine wichtige Verbindung zur chinesischen Bevölkerung dar. Als die österreichische Juristendelegation im April 1979 von der österreichischen Botschaft in ihr Hotel zurückfuhr, stand Willfried Gredler am Vorplatz, winkte seinen scheidenden chinesischen und österreichischen Gästen mit einem großen weißen Taschentuch und wischte sich zum Zeichen seines Abschiedsschmerzes gelegentlich damit die Augen. Falls ein Leser jetzt die Stirne runzelt, sei ihm gesagt: Die Szene wirkte herzlich und nicht würdelos. Die mitgekommenen chinesischen Kader äußerten sich ganz begeistert über den netten und lustigen österreichischen Botschafter. Gredler verstand es, bei seinen chinesischen Gesprächspartnern Sympathien zu sammeln, und erreichte bei ihnen des öfteren Zugeständnisse, die keineswegs selbstverständlich waren und seinem Pekinger Dasein offensichtlich Würze gaben. Am 26. April 1978 schrieb er:

> Ansonsten ist mein Job nach wie vor faszinierend, und neulich schlug ich eine (erste) Bresche in hiesige Gebräuche. Sie wissen, daß die Chinesen bisher alles bilateral machten. Als sich eben Tang Ke, der Metallurgieminister, nach Österreich verabschiedete, gab ich ihm ein Abendessen und lud dazu auch die französische, britische und bundesdeutsche Botschaft, die alle hochrangigst vertreten waren. Der chinesische Minister fährt nach Österreich in diese Länder, daß die Chinesen das akzeptierten, war völlig neu[28] . . .

Geschickt wußte Botschafter Gredler das Gewicht der Präsenz des österreichischen Botschafters dort in die Waagschale zu werfen, wo es für Österreicher in China von Nutzen war. Er gab österreichischen Wirtschaftstreibenden durch seine Anwesenheit bei ihren Verhandlungen »mehr Gesicht« und lehnte es nicht ab, sich um kulturelle Einzelprobleme wie die Entsendung zweier österreichischer Musikpädagogen nach China oder die Vermittlung von Deutschlehrstellen an Österreicher persönlich und prompt zu kümmern. Sein Einsatz kam den ÖGCF-Delegationen unter den Ministern Rösch und Haiden, aber auch der von der

ÖGCF organisierten Reisegruppe von Höchstrichtern ebenso zugute wie der chinesischen Freundschaftsdelegation unter Wang Bingnan und den von Frau Prof. Han Youtong geführten Juristen.

Gredler, dessen aktive Dienstzeit mit dem Jahre 1980 zu Ende geht, hatte in China einen besonders würdevollen Abgang, indem er von seiner Partei als Kandidat für die Bundespräsidentenwahl aufgestellt wurde. Damit erhält der zweite Mann an der Botschaft, Legationsrat Dr. Peter Niesner, für längere Zeit die Verantwortung als Chef der Mission. Während er, der an einigen wichtigen Projekten bereits erfolgreich beteiligt war, bis zu den Abschiedsbesuchen Gredlers nach den Präsidentschaftswahlen vom Mai 1980 interimistisch die Botschaft leitet, wetteifert der österreichische Botschafter in China, der gerne Bundespräsident wäre, mit dem Bundespräsidenten, der gerne Botschafter in China geworden wäre, um das höchste Amt im Staat. Kein schlechtes Omen für die österreichisch-chinesischen Beziehungen.

Ganz gegen ihre zur Zeit der Monarchie an den Tag gelegten Gewohnheiten kam die chinesische Seite während derselben Periode mit bloß zwei Botschaftern aus. Das soll allerdings nicht heißen, daß die Chinesen heute lieber im Ausland blieben. Als vor ein paar Jahren bei einem Angehörigen der chinesischen Botschaft in Wien infektiöse Gelbsucht diagnostiziert und vom Botschafter seine Heimreise angeordnet worden war, fand sich am nächsten Tag im Hanusch-Krankenhaus hoffnungsfroh die halbe Belegschaft der chinesischen Mission ein, um feststellen zu lassen, ob sie nicht vielleicht auch Gelbsucht hätten[29]. Das Heimweh chinesischer Diplomaten im Ausland ist also nicht kleiner geworden, sondern wird bloß durch eine größere Disziplin in Schach gehalten. Der erste chinesische Botschafter, Wang Yueyi, bot allerdings stets ein Bild von solch blühender Gesundheit, daß sich derlei Untersuchungen bei ihm nicht ausgezahlt hätten. Er kam ursprünglich nicht aus dem diplomatischen Dienst, sondern aus der innerchinesischen Wirtschaftsorganisation. Ihm zur Seite stand der Karrierediplomat Botschaftsrat Song Enfan, der früher in Ostberlin stationiert gewesen war und etwas Deutsch und Englisch verstand. Vom ersten Sekretär der Botschaft Lin Haicheng abwärts sprachen fast alle anderen chinesischen Diplomaten Deutsch und verblüfften immer wieder durch ihre Sprachbeherrschung.

Gleich nach ihrem Eintreffen in Österreich waren übrigens die Angehörigen der chinesischen Botschaft »in«. Zum ersten Empfang anläßlich des chinesischen Nationalfeiertages, am 30. September 1971, drängten sich in Hübners Kursalon kaum weniger als tausend Menschen. Unter den zahlreichen Vertretern des öffentlichen Lebens befand sich sogar Bundeskanzler Dr. Kreisky. In einer kurzen Ansprache gab Botschafter Wang Yueyi seiner Überzeugung Ausdruck, daß mit der Aufnahme diplomatischer Beziehungen die politischen, wirtschaftlichen und kulturellen Kontakte durch beiderseitige Bemühungen bestimmt eine neue Entwicklung erfahren würden[30]. Den übernächsten Empfang gaben die

Chinesen bereits im eigenen Haus in der Metternichgasse 4, einem Bankierspalais aus der Gründerzeit, das sie über Vermittlung ihres Vertrauensanwaltes, Dr. Norbert Wittmann, erworben hatten – Kompetenzzuwachs für den Merkur auf dem Deckengemälde des Stiegenhauses, der nunmehr nicht nur über prosaische Bilanzen, sondern für allgemeine Prosperität der österreichisch-chinesischen Beziehungen zu wachen hat.

Rechtsanwalt Dr. Wittmann kümmerte sich übrigens nicht nur um juristische Angelegenheiten der chinesischen Mission, sondern sorgte auch in seiner Eigenschaft als Stadtrat für Kultur für besonders herzliche Beziehungen der chinesischen Diplomaten zu seiner Heimatstadt Wiener Neustadt. Schon vorher hatte er auf chinesische Einladung das Reich der Mitte bereist und darüber vielbeachtete Vorträge gehalten. Nun kamen die Chinesen selbst. Am 21. Oktober 1971 folgten sie einer Einladung von Bürgermeister Barwizius und waren von da ab gern und oft gesehene Gäste. Überhaupt fiel auf, daß die Angehörigen der chinesischen Botschaft in Österreich fast omnipräsent waren. Sie reisten im ganzen Land umher, besuchten Vertreter des öffentlichen Lebens, Betriebe, lokale Handelsmessen sowie landschaftliche und kulturelle Sehenswürdigkeiten. Einige paßten sich sogar den Wienern sprachlich an, verwendeten wienerische Ausdrücke, und telefonierte man in die Metternichgasse, so ertönte am anderen Ende der Leitung nicht selten ein herzliches »Hier ist die chinesische Botschaft, grüß Gott!«. Beim Werben um *good will* wurden die Botschaftsangehörigen ab Mai 1972 von Korrespondenten der chinesischen Nachrichtenagentur Xinhua unterstützt. Der muntere Südchinese aus der Provinz Zhejiang, Chen Wengui, errang sich bald allgemeine Sympathien, und hinfort konnte man auch bei Pressekonferenzen oder Vorträgen, auf deren Besuch andere ausländische Vertreter verzichtet hatten, einen freundlich lächelnden Chinesen im Publikum entdecken.

Später übten sie nicht einmal bei monarchistischen Zirkeln Abstinenz, wo von den Wänden Otto von Habsburg grüßte, sondern hörten sich mit Interesse an, was man sich dort von China zur Rettung des Abendlandes versprach. Botschaftsrat Song Enfan wurde im österreichischen Fernsehen als Ping-Pong-Partner des burgenländischen Landeshauptmanns Otto Kery bekannt, und der junge Tian Dongliang erzeugte durch seine stimmstark vorgetragenen chinesischen und österreichischen Lieder im heimischen Blätterwald ein beifälliges Rauschen. Hinter vorgehaltener Hand erzählten sich ausländische Vertreter über ihn, er könne schwierige italienische Arien vom Blatt singen. Mit einem Wort, die Chinesen entpuppten sich als Allerweltskerle. Ihre Beliebtheit und Allgegenwart waren schon fast unheimlich.

Das fand auch die österreichische Staatspolizei. Angeregt durch von taiwanesischer Seite nicht ganz unbeeinflußte Ankündigungen des amerikanischen Magazins *Newsweek* und einiger österreichischer Zeitungen, »Rotchina« plane für Wien seine größte Botschaft in Europa und ein dazu passendes Subversions- und Spionagezentrum, verfolgten die

Chinesisch-österreichisches Pingpong. Gemischtes Doppel von Landeshauptmann Theodor Kery und Botschaftsrat Song Enfan anläßlich einer Ausstellungseröffnung der ÖGCF in Eisenstadt im Jahre 1973

Stapoleute vermeintliche Solidarisierungen zwischen Diplomaten und extremen österreichischen Splittergrüppchen mit Argusaugen. Die Behauptungen, daß dabei jeder mit tschechischen Vorfahren und daher hohen Backenknochen ausgestattete Wiener als Chinese notiert wurde, muß als grobe Entstellung zurückgewiesen werden. Tatsache ist jedoch, daß der Generalsekretär der ÖGCF eines schönen Tages Besuch von einem Inspektor der Staatspolizei erhielt, der über die Kontakte von Österreichern mit Chinesen, das Vorleben österreichischer China-Stipendiaten und einiges andere mehr Auskunft haben wollte. Obwohl der Generalsekretär sich und seine Gesellschaft für unzuständig erklärte, wurden diese Besuche erst nach dem dritten oder vierten Mal eingestellt. Besonders aufklärungsbedürftig erschien dem Staatspolizisten die Tatsache, daß bei einem Aufmarsch pekingfreundlicher Kommunisten in Wien ein gelber Volvo mit Diplomatennummer gesichtet worden war. Waren also die Marschierer automobilistisch ferngelenkt worden? Auf eine spätere Frage erkärte der Herr Inspektor verlegen, die ganze Vermutung habe sich in Nichts aufgelöst. Besagtes Kraftfahrzeug sei Eigentum der schwedischen Botschaft. Warum er wohl ausgerechnet auf China verfallen war? Vielleicht wegen der gelben Farbe . . .

In der Folge erwies sich allerdings auch für China gegenüber skeptisch eingestellte Österreicher, daß die Vertretung der Volksrepublik

Eröffnung einer von der ÖGCF veranstalteten China-Woche in Innsbruck. Zweiter von rechts der bewährte und beliebte Leiter der Kulturabteilung der chinesischen Botschaft Hang Xiongwen

China – weit entfernt von der Absicht, in Österreich Subversion zu betreiben – peinlich bemüht war, jeden Anschein der Einmischung in innere Angelegenheiten zu vermeiden, und sich zudem in der Bewertung wichtiger Fragen von ihren selbsternannten österreichischen Gesinnungsfreunden wesentlich unterschied. Während jene etwa gegen das österreichische Bundesheer Sturm liefen, zitierte die chinesische Nachrichtenagentur wohlwollend einen Artikel des österreichischen Magazins *Profil*, der die Notwendigkeit verstärkter österreichischer Anstrengungen zur Landesverteidigung zum Gegenstand hatte[31]. Das geschah zwei Tage nach der Abreise des ersten chinesischen Botschafters in der Republik Österreich, Wang Yueyi, der sich in ein afrikanisches Land begab.

Der neue chinesische Missionschef, Yu Peiwen, war ein altgedienter Karrierediplomat, der seit 1951 im chinesischen Außenministerium hohe Funktionen bekleidet, an wichtigen Reisen chinesischer Staatsmänner teilgenommen und als Botschafter im Sudan und in Äthiopien Dienst versehen hatte[32]. Diese Personalentscheidung des chinesischen Außenamtes spiegelt ein verstärktes Interesse an der diplomatischen Präsenz in Wien wieder. Yu und seine Frau, die beide in den USA studiert hatten, sprachen fließend Englisch und konnten sich daher selbständig gesellschaftlich bewegen, was hier alsbald anerkennend vermerkt wurde. Frau Yu, die in Yan'an dabeigewesen war, konnte ihren Mann nicht nur diplomatisch, sondern auch offiziell vertreten, da sie die Funktion eines Botschaftsrates bekleidete. Botschaftsrat Song wurde 1978 durch einen alten Offizier der 8. Feldarmee, Nie Ying, abgelöst, der durch sein liebenswertes, typisch chinesisches Auftreten das international polierte Auftreten des Botschafterehepaars wirksam ergänzte. Mit den vielen

Ein herzlicher Händedruck zwischen Ministerpräsident Zhou Enlai und einem der wichtigsten Pioniere des Aufbaus von Beziehungen zwischen Österreich und der VR China, dem Präsidenten der österreichischen Bundeswirtschaftskammer Kommerzialrat Rudolf Sallinger, 27. August 1971 (Foto: Xinhua)

kleinen Lachfältchen in seinem offenen Gesicht hätte er für Friedrich Schiff ein prächtiges Modell abgegeben.

Während der Botschafter sich mit Vorliebe der Vorbereitung großer Delegationen und vor allem auch den österreichisch-chinesischen Wirtschaftsbeziehungen widmete, hatten andere Diplomaten den Problemen ihrer Landsleute in Österreich ihr Augenmerk zu schenken. Von einigen Dutzend hatte sich z. B. die Zahl der in Wien lebenden Auslandschinesen auf runde tausend gesteigert, von denen etwa ein Drittel Pässe der Volksrepublik China besaß. Neben Botschaftsrat Nie kümmert sich vor allem der Erste Sekretär Hang Xiongwen um diese Angelegenheiten. Auch er spricht fließend Englisch, und da er aus der südchinesischen autonomen Region Guangxi gebürtig ist, beherrscht er außerdem den Kanton-Dialekt, was ihm bei den überwiegend kantonesisch sprechenden Überseechinesen in Wien sehr zustatten kommt. Da er sich zudem um Kultur- und Presseangelegenheiten zu kümmern hat, kämpft er gegen eine Hydra von Verpflichtungen und bleibt nur dadurch siegreich, daß er auch in seiner Freizeit Termine wahrnimmt und sich moderne rationelle Methoden zu eigen gemacht hat. Die Erfahrung dieser Missionsmitglieder wird dem neuen chinesischen Botschafter zustatten kommen, welcher den Posten Botschafter Yus einnehmen wird. Yu Peiwen fuhr im Januar 1980 nach fünfjähriger Amtstätigkeit nach Peking, um sich von dort im Februar zu den Abrüstungsverhandlungen nach Genf zu begeben. Bei seinem Abschiedsbesuch bei der österreichisch-chinesischen Gesellschaft ÖGCF schenkte man ihm einen Quadratmeter Grinzinger Weingarten mit Rebstock. Wie seine »Grundnachbarn« Kurt Waldheim, Franz Joseph Strauß und der König von

Schweden hat Botschafter Yu dadurch einen lebenslangen Anspruch auf Bezug von grünem Veltliner erworben. So fuhr er heim und blieb doch in Wien zu Hause.

Sollten sich die zur Zeit der Drucklegung dieses Buches immer stärker kursierenden Vermutungen bestätigen, daß der erste Botschafter Chinas in der Bundesrepublik Deutschland, nachmalige Herausgeber des theoretischen Organs *Rote Fahne* und Vize-Außenminister, Wang Shu, zum chinesischen Missionschef in Wien ausersehen sei, so kann man daraus in Ansehung des ausgeprägten chinesischen Protokollbewußtseins eine Aufwertung des Wiener Postens ablesen, welche für die weitere Entwicklung der diplomatischen Beziehungen zwischen Österreich und China günstige Signale setzt.

Ausbau der wirtschaftlichen Beziehungen

Sehr bald nach der Anerkennung flog Präsident Rudolf Sallinger, der bei der Entwicklung der Beziehungen Österreichs zur Volksrepublik China einen entscheidenden Beitrag geleistet hatte, mit einer österreichischen Wirtschaftsdelegation nach Peking. »Bei dieser Gelegenheit fanden nicht nur Gespräche mit dem chinesischen Rat zur Förderung des Internationalen Handels, sondern auch eine vielseitige Unterhaltung mit Premierminister Tschou Enlai und Handelsminister Bai statt. Einer der Punkte, die damals auf der Tagesordnung standen, war der Wunsch Österreichs, in Peking eine Industrieausstellung zu organisieren, um nicht nur den Außenhandelsorganisationen, sondern auch einem weiten Kreis von Fachleuten einen Einblick in die Leistungsfähigkeit der österreichischen Industrie zu geben. Diese Verhandlungen konnten erfolgreich abgeschlossen werden, und es erfolgte die Einladung an Österreich, im Frühjahr 1974 eine derartige Ausstellung durchzuführen. Gleichzeitig wurde die Einladung zum Besuch einer chinesischen Delegation ausgesprochen. Auch diese Einladung wurde angenommen, und im Juni 1972 besuchte eine elfköpfige Wirschaftsdelegation unter Vizepräsident Wang Wen-lin Österreich, wobei ein sehr reichhaltiges Fachprogramm (33 Firmenbesuche) abgewickelt wurde[33].«

Bald darauf stattete der österreichische Handelsminister, Dr. Josef Staribacher, zwischen dem 28. Oktober und 4. November der Volksrepublik China einen offiziellen Besuch ab. Die Aufnahme diplomatischer Beziehungen hatte Anlaß dazu gegeben, das seit 7. Dezember 1974 bestehende Abkommen zwischen der österreichischen Bundeswirtschaftskammer und dem Chinesischen Rat zur Förderung des internationalen Handels durch ein Regierungsabkommen zu ersetzen, welches von den Ministern Staribacher und Bai am 2. November 1972 in Peking unterzeichnet wurde[34]. Dabei ergaben sich gegenüber dem Kammerabkommen einige Veränderungen, wie zum Beispiel die Einräumung der gegenseitigen Meistbegünstigung auf dem Gebiet der Zölle und sonstigen

Abgaben, die anläßlich der Ein- und Ausfuhr eingehoben werden[35]. Dieser Wirtschaftsvertrag wurde im Jahre 1977 durch einen Notenwechsel über die Registrierung von Waren und Dienstleistungen ergänzt[36].

Abgesehen von konkreten Problemen der österreichisch-chinesischen

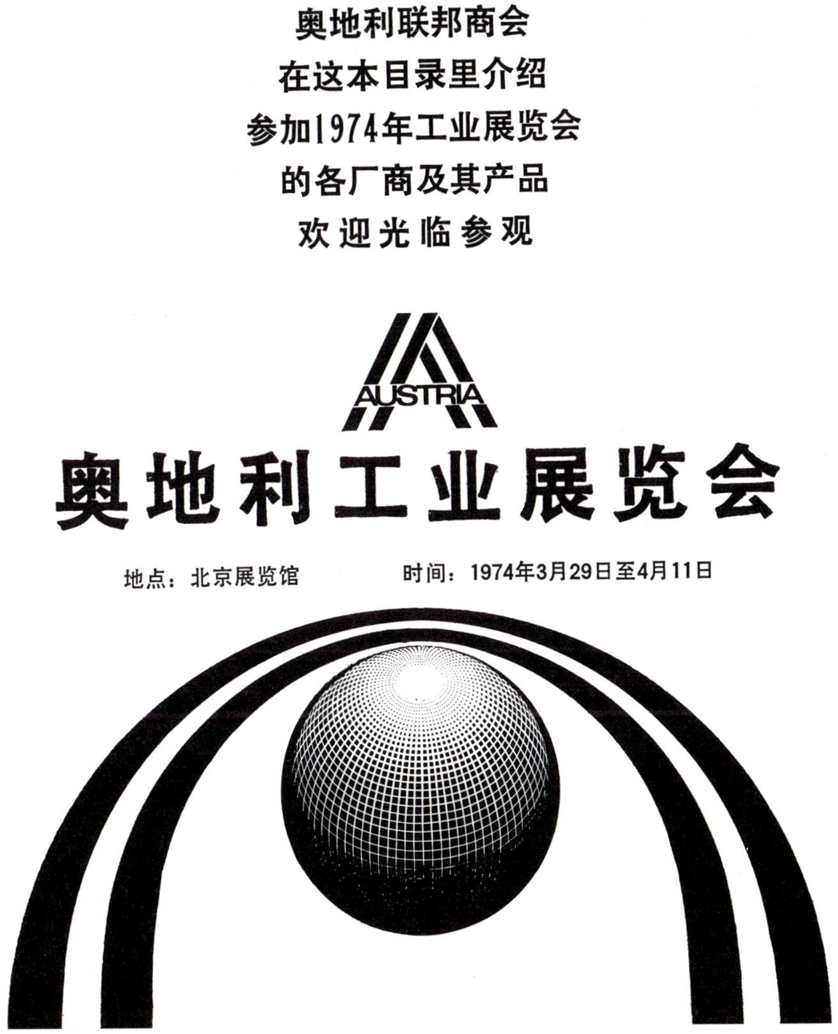

Umschlag des Ausstellungskataloges der österreichischen Industrieausstellung in Peking

Minister Rösch übergibt dem Präsidenten der chinesischen Freundschaftsgesellschaft Wang Bingnan die Schlüssel für das Delegationsgeschenk, einen von der Steyr-Daimler-Puch AG gespendeten Citybus (Foto: Erika Niesner)

Wirtschaftsbeziehungen kamen beim Besuch des österreichischen Handelsministers auch allgemeine politische Probleme zur Sprache. Minister Bai ließ die Absicht der chinesischen Regierung erkennen, einen Vertreter zur EG nach Brüssel zu entsenden, und betonte gleichzeitig die Absicht der chinesischen Regierung, die Neutralität Österreichs in jeder Hinsicht zu unterstützen. Welche Politik Österreich im Rahmen der europäischen Integration durchführe, sei einzig und allein Angelegenheit Österreichs, in die sich kein anderes Land einzumischen habe[37]. Auch der Ministerpräsident kam auf das Verhältnis Österreichs zur EG zu sprechen, beglückwünschte Österreich zur Beibehaltung seiner Souveränität und brachte seine Befriedigung darüber zum Ausdruck, daß Österreich gleichzeitig bemüht sei, den Handel mit Drittstaaten zu verbessern, wozu auch das Handels- und Zahlungsabkommen zwischen Österreich und der Volksrepublik China einen Beitrag leiste[38]. Zhou Enlai erwähnte auch die knapp vorher stattgefundenen Besuche des britischen Außenministers Hume und seines deutschen Amtskollegen Scheel, bemerkte in diesem Zusammenhang, daß Österreich bereits früher die diplomatischen Beziehungen zur Regierung in Peking aufgenommen habe, und meinte, die Handelsbeziehungen zwischen Österreich und der Volksrepublik China seien noch nicht so entwickelt, wie es wünschenswert wäre[39].

Zur Intensivierung des österreichisch-chinesischen Handels sollte die zwischen 29. März und 11. April 1974 abgehaltene österreichische Industrieausstellung in Peking einen wichtigen Anstoß geben. In den großen Hallen des Pekinger Ausstellungszentrums stellten 74 österreichische Industriefirmen auf insgesamt 5000 Quadratmetern Bodenfläche ihre Produkte aus. Es handelte sich in erster Linie um Erzeugnisse der Investitionsgüterindustrie, der Maschinenfabriken, der chemischen und der elektrotechnischen Industrie sowie einiger Spezialfirmen. Die von der Bundeswirtschaftskammer veranstaltete Schau beschränkte sich allerdings nicht auf die Präsentation von Produkten, sondern machte sich auch allgemeine Information über Österreich zum Anliegen. In der Eingangshalle wurden eine Multivisionsschau unter Begleitung von Musik berühmter österreichischer Komponisten gezeigt. Darüber hinaus wurden in Photos folgende Themen abgehandelt: österreichische Landschaft – Sport – kulturelles Leben und Wirtschaft in Statistik[40]. Im Leiter der österreichischen Handelsmission, Handelsrat Dr. Peter Jehly, fanden die österreichischen Aussteller einen sprachkundigen und chinaerfahrenen Ratgeber, der auch mit selbstverfaßten ausgezeichneten Unterlagen aufwarten konnte.

Dennoch kletterten die österreichischen Exporte nicht so rasch in die Höhe, wie man es österreichischerseits gerne gesehen hätte. Im Jahre 1974, dem Jahr der Industrieaustellung, fielen die Ausfuhren nach China sogar auf 126,5 Millionen gegenüber 339, 5 Millionen Schilling im Jahre 1973 zurück. Der Grund dafür ist in der beschränkten Exportpalette Österreichs gegenüber China zu suchen. Als einige der großen traditionellen Exportpositionen wie Stahl, Kunstdünger oder Papier wegen preislicher Differenzen ausfielen, bewirkte dies eine empfindliche Reduktion der Gesamtzahlen österreichischer Exporte nach China[41]. Die chinesischen Ausfuhren nach Österreich stützten sich zu dieser Zeit hingegen bereits auf eine breite Warenpalette (Chemikalien, Rohstoffe, tierische und pflanzliche Öle, sonstige Fertigwaren und Rohtabak), was das Ansteigen der österreichischen Importe aus China von 239,5 Millionen Schilling des Jahres 1973 auf 311,8 Millionen Schilling im Jahre 1974 erleichterte[42]. Vermehrte Kunstdünger-, Stahl- und Papierkäufe ließen die österreichischen Exporte zwar im Jahr 1975 auf 514,010 Millionen hinaufschnellen, doch brachte bereits das darauffolgende Jahr einen starken Rückschlag und eine Halbierung dieser Exportziffer (268,417 Millionen)[43].

Im September 1976 brachte sich China auf der Wiener Herbstmesse mit einem eigenen Pavillon in Erinnerung, der bei den Besuchern großen Anklang fand, die sich neben dem Interesse an den kunstgewerblichen Gegenständen besonders erstaunt über das reichhaltige Angebot an Nahrungsmitteln äußerten[44]. Das wachsende Interesse der Österreicher an Artikeln aus der Volksrepublik China bewog auch eine Reihe von Warenhäusern, im Jahre 1977 China-Wochen abzuhalten. Beim *Steffel* am Graben lockte man das Publikum mit Fahnen, auf denen zur Verwunderung von sprachkundigen Passanten in großen Zeichen »Genosse Zhou Enlai« zu lesen war, und bei *Gerngroß* auf der Mariahilfer Straße begeisterten sich österreichisches Verkaufspersonal und Kunden unter anderem an biedermeierlich wirkenden, hübsch dekorierten Porzellanbehältern, welche als altmodische Bügeleisen angeschrieben waren. Erst als schon fast alle davon verkauft waren, sprach sich herum, was amüsierte Chinesen verraten hatten: es handelte sich mitnichten um Bügeleisen, sondern vielmehr um Männernachttöpfe. Trotz dieser Anfangsschwierigkeiten in chinesischer Warenkunde klingelten die Kassen, nicht zuletzt auch für chinesische Eßwaren, denen die Österreicher einige Jahre zuvor vielleicht noch aus dem Weg gegangen wären. Während der siebziger Jahre hatte sich hierzulande ein zunehmender Gusto für chinesische Küche entwickelt. Zu diesem Trend hatte das Anschwellen der Zahl chinesischer Restaurants das Seine beigetragen. Fluchtgelder aus Taiwan und später auch eine liberale Auswanderungspolitik der Behörden der Volksrepublik ließen chinesische Gasthäuser wie die Pilze aus dem Boden schießen. In Wien sollen es heute über siebzig sein, und selbst in kleinen Städten wie Krems werben zwei chinesische Wirte um die Gunst des österreichischen Publikums[44a].

Das verstärkte und vielfältiger gewordene wirtschaftliche Interesse der Österreicher an China blieb jedoch keine Einbahnstraße. Mit dem Sturz der »Viererbande« fielen ideologisch bedingte Handelsrestriktionen, und Österreich erhielt seine Chance, an der stärkeren Öffnung des chinesischen Marktes zu partizipieren. China schickte nicht nur wieder verstärkt Wirtschaftsdelegationen nach Wien und in die Bundesländer – so etwa im April 1977 eine von dem damaligen Vize-Außenhandelsminister Yao Yilin geführte Delegation und im April 1978 eine unter dem Metallurgieminister Tang Ke[45] –, sondern kaufte auch verstärkt in Österreich ein. 1977 kletterten die österreichischen Exporte wieder auf 483 Millionen und 1978 auf 793 Millionen Schilling. Eine wenn auch geringere Steigerung erfuhren auch die österreichischen Einfuhren aus China (1977 : 256 Millionen, 1978 : 414 Millionen), und die Österreicher leisteten außerdem als Touristen ihren Beitrag zur chinesischen Wirtschaftsentwicklung. Waren es in den sechziger Jahren nur wenige Grüppchen, welche sich ins Reich der Mitte begaben und von den anderen mißtrauisch als Sektierer angesehen wurden, wurden während der siebziger Jahre Chinareisen auch für den Durchschnittstouristen eine Selbstverständlichkeit. Hatte nicht sogar die beliebte Rundfunksprecherin Rosemarie Isopp China besucht und sich in zahlreichen Volkshochschulbeiträgen begeistert geäußert? Das flößte auch jenen Vertrauen ein, die früher bestenfalls nach Maria Taferl gefahren wären. Von einigen wenigen Dutzend wuchs die Zahl der österreichischen Chinafahrer auf 600 im Jahr 1978 und auf 700 im darauffolgenden Jahre[46]. Sie trugen nicht nur zu den chinesischen Devisenreserven, sondern auch zu dem chinesischen Guthaben an *good will* in Österreich bei[47]. »Der Abschied von unseren beiden Betreuern, die uns diese drei Wochen durch China begleitet haben, ist herzlich, und das ›Auf Wiedersehen‹ beiderseits sicherlich ehrlich gemeint. Als wir das Flugzeug besteigen, finden wir dieses Land wesentlich sympathischer als manchen anderen Ostblockstaat. Haben diese zwanzig Tage genügt, um uns so zu beeinflussen?« äußerte ein hoher Beamter gedankenvoll am Ende seiner schriftlich niedergelegten Reiseerinnerungen[48].

Apropos Reiseerinnerungen – erstaunlich viele der österreichischen

Der Maler Kurt Conrad Loew singt zur Mondneujahrsfeier 1978 der ÖGCF ein selbststillustriertes Werkellied (Archiv der ÖGCF)

Chinatouristen empfanden ihre Reise nicht als vorübergehendes Erlebnis wechselnder Photomotive, sondern als bleibenden Eindruck, den sie daheim auch anderen vermitteln wollten. Ein beachtlicher Teil hielt nachher im kleineren oder größeren Kreis Vorträge, nicht wenige stellten Broschüren zusammen und übermittelten sie dem Archiv der ÖGCF[49]. Eine begeisterte Österreicherin brachte sogar ein Buch im Selbstverlag heraus[50]. Der Maler Kurt Conrad Loew verfaßte ein Werkellied, das er mit selbst angefertigten Posters illustrierte, und auch Chinafahrer aus nichtkünstlerischen Berufen unterstrichen die Bedeutung solcher Reisen für das Verständnis des Landes etwa so:

In dem Lande der Chinesen
bin ich unlängst auch gewesen,
Vieles wurde dort erst klar,
was einst und jetzt auch deutlich war[51].

Der China-Tourismus präsentiert sich daher nicht nur als an Bedeutung zunehmender Zweig der chinesischen Wirtschaft, sondern auch als Brücke. Nicht nur die Mehrung allgemeinen Verständnisses für China wurde auf diesem Wege vollzogen, sondern bei Touristenreisen gar mancher Grundstein für Kontakte in besonderen Bereichen gelegt. Österreichische und chinesische Gewerkschafter und Volksbildungsleute, Ärzte, Architekten, Esperantisten[52] und sogar Juristen fanden so zusammen und intensivierten später ihre Kontakte auf fachlicher Ebene.

MESSAGE BY THE AMBASSADOR OF AUSTRIA

I am very happy to welcome the members of the Vienna Philharmonic Orchestra on the occasion of their friendship visit to China. The Vienna Philharmonic Orchestra symbolizes the long history of musical tradition in Austria.

During the last two years the friendly contacts between China and Austria have constantly been deepened. Especially cultural exchanges between our two countries have expanded. The Austrian people has always admired the Chinese people for its achievements in all fields of culture and civilization. Now the Vienna Philharmonic Orchestra has come to Peking to acquaint the Chinese people with Austrian music. Music is a means of communication which goes from heart to heart regardless of language barriers and is thus able to contribute towards a better mutual understanding between different peoples.

This is the first visit of the Vienna Philharmonic Orchestra to China in its 130 years of history. Its concerts given in Peking will be an expression not only of the musicians' friendly sentiments for the Chinese people, but also of the deep feelings of sympathy and respect of the Austrian people toward China.

Hans Thalberg

奥地利大使的献辞

我非常高兴地欢迎维也纳交响乐团的成员来中国进行友好访问。维也纳交响乐团象徵着奥地利具有悠久历史的音乐传统。

在过去两年中，中国与奥地利的友好接触不断加深，尤其在两国文化交流方面日益扩大。奥地利人民始终钦佩中国人民在文化与文明各个方面的成就。现在维也纳交响乐团来到北京把奥地利音乐介绍给中国人民。音乐是一种不受语言障碍的媒介使人们心心相通，从而能够增进各国人民相互之间的了解。

在一百三十年的历史中，维也纳交响乐团第一次访问中国。在北京演出的音乐会不仅表示音乐家们对中国人民的亲切感情，也是体现了奥地利人民对中国深厚的同情与尊敬。

汉斯·塔尔贝格

MESSAGE OF THE PRESIDENT OF THE ORCHESTRA

On the occasion of the first Austrian cultural visit which brings the Vienna Philharmonic Orchestra to Peking, I present the Orchestra's greetings to our Chinese friends.

We are very honoured to be the first Austrian artists to acquaint you with our music, and we hope to give you joy. We, of course, derive much pleasure from performing — for the first time in our history — a Chinese composition, the Piano Concerto "Yellow River".

The Vienna Philharmonic Orchestra has made many concert tours all over the world, and we have found that through our music we can communicate with all people, whether we speak their language or not. Thus we hope that the bonds of friendship resulting from our first concerts in Peking will be strengthened and multiplied in the future.

Professor Wilhelm Huebner
President
Vienna Philharmonic Orchestra

交响乐团主席的献辞

值此作为奥地利首次文化访问、维也纳交响乐团来到北京之际，我转达乐团向我们中国朋友们的问候。

我们十分荣幸地作为首批奥地利艺术家向你们介绍我们的音乐，并希望能给你们带来愉快。当然，我们为有史以来第一次演奏中国作品——钢琴协奏曲《黄河》，而深感欣慰。

维也纳交响乐团在全世界曾进行过多次巡回演出。我们发现，不论语言是否相通，我们可以用我们的音乐与各国人民进行交流。为此我们希望由于在北京的首次演出所建立的友谊将更加巩固和日益壮大。

维也纳交响乐团主席
韦汉姆·黑勃纳教授

— 1 —

Aus dem Programmheft der Wiener Philharmoniker

PROGRAMME I April 11, 1973

节 目 单（一）

演出日期 1973年4月11日

CONDUCTOR: CLAUDIO ABBADO

指挥：克劳狄奥·阿巴多

1. Symphony No. 41 in C Major
K 551 "Jupiter"

MOZART

(1) Allegro Vivace

(2) Andante Cantabile

(3) Menuetto: Allegretto

(4) Allegro Molto

1. C大调第四十一交响乐K.551号
《朱比特》

莫扎特

(1)活泼的快板

(2)如歌的行板

(3)小步舞：小快板

(4)极快板

— INTERVAL —

—— 休 息 ——

2. Symphony No. 3 in E Flat Major
Op. 55 "Eroica"

BEETHOVEN

(1) Allegro con Brio

(2) Marcia Funebre: Adagio Assai

(3) Scherzo: Allegro Vivace

(4) Allegro Molto

2 降E大调第三交响乐作品第55号
《英雄》

贝多芬

(1)有活力的快板

(2)葬礼进行曲：很从容

(3)谐谑曲：活泼的快板

(4)极快板

Jadekleid gegen Johann Strauß – die österreichisch-chinesischen Kulturbeziehungen der siebziger Jahre

In einem Vortrag vor dem österreichischen China-Forschungsinstitut wies Außenminister Dr. Rudolf Kirchschläger am 15. März 1972 darauf hin, daß die österreichische Fernostpolitik sich nicht nur auf den Ausbau des Warenverkehrs beschränken dürfe. Tatsächlich wurden in den siebziger Jahren beträchtliche Anstrengungen unternommen, um die beiden Staaten auch im kulturellen Bereich einander näherzubringen.

Bald darauf begab sich eine Gruppe von Österreichern nach China, die sich selbst mit Recht als »akkreditierte Botschafter der Musik« bezeichnen[53]. Damit wurde einer traditionellen chinesischen Vorliebe für österreichische Musik, der auch die Extremismen der Kulturrevolution nichts anhaben konnten, in idealer Weise entsprochen. So hatte z. B. zur Verwunderung der Diplomaten 1972, beim ersten Empfang der österreichischen Botschaft anläßlich des österreichischen Nationalfeiertages, im Peking-Hotel eine chinesische Militärkapelle mit sichtlicher Freude Mozarts *Kleine Nachtmusik,* den *Donauwalzer* von Johann Strauß und

Gemeinsame Aufführung des Klavierkonzertes »Der gelbe Fluß« durch die Wiener Philharmoniker und chinesische Musiker am 12. April 1973 in Peking (Foto: Xinhua)

Schuberts Ouvertüre zu *Rosamunde* gespielt[54]. Wie schon an anderer Stelle erwähnt, war ein Gastspiel der weltberühmten Wiener Philharmoniker schon 1956 von Ministerpräsident Zhou Enlai angeregt worden. 1973 standen die Weichen dafür endlich auf beiden Seiten günstig, und es gelang im Anschluß an eine Japan-Tournee der Philharmoniker, vier Konzerte in Peking zu arrangieren. Da den Musikern bewußt war, mit ihrem Gastspiel in Peking nicht nur eine kulturelle, sondern auch eine wesentliche politische Mission zu erfüllen, sprangen sie über ihren Schatten und studierten dieses eine Mal nicht nur die Nationalhymne des andern Landes ein, sondern erklärten sich, einem Hinweis des Generalsekretärs der ÖGCF, Kaminski, folgend, bereit, eine moderne chinesische Komposition zu spielen. Mit diesem Stück, zu dem der österreichische Botschaftssekretär Dr. Oswald Soukop in aller Eile die Noten besorgt hatte, gewann man die Herzen des chinesischen Publikums, das diese Geste des Orchesters gegenüber den Gastgebern besonders zu würdigen wußte. Als sich der Dirigent Claudio Abbado, nachdem die letzten Töne des Klavierkonzertes *Gelber Fluß* verklungen waren, gemeinsam mit dem zur Mitwirkung eingeladenen chinesischen Solisten Yin Chengzhong verneigte, brach tosender Beifall los, und es dauerte lange, bis der chinesische Pianist mit der Zugabe von Schuberts Impromptu in Ges-Dur den österreichischen Musikern seine Reverenz erweisen konnte[55]. Nach diesem Durchbruch steigerte sich die chinesische Begeisterung noch weiter. Besonders die Interpretation von Walzerkompositionen kam beim Publikum ungemein an. Als die Philharmoniker – diesmal unter Willy Boskovsky – in dem 18.000 Personen fassenden Sportpalast konzertierten, gab es bei der Ankündigung des *Donauwalzers* bereits Vorapplaus. »Und bei der *Pizzicato-Polka* ging ein Raunen durch das Publikum«, erzählt Professor Hübner, »mit Staunen und Heiterkeit bewunderten uns die Zuhörer und konnten es kaum fassen, daß man auch ohne den Geigenbogen so unbeschwert Musik machen kann. Die Begeisterung war dementsprechend, und wieder klatschte das ganze Auditorium – 18.000 Menschen – im Takt, und auch wir freuten uns und klatschten mit[56].«

So war der Eindruck, den die Wiener Philharmoniker als musikalische Sendboten Österreichs in China hinterließen, tief und vielfältig[57]. Er war aber auch nachhaltig – trotz der Kritik an europäischen Komponisten, welche bald darauf in chinesischen und europäischen Zeitungen Schlagzeilen machte[57a]. 21.000 Menschen waren bei den vier Konzerten anwesend, und noch eine viel höhere Zahl hatte sie am Fernsehschirm miterlebt. Dem Vernehmen nach hat der chinesische stellvertretende Ministerpräsident Deng Xiaoping vielen aus der Seele gesprochen, als er damals meinte, die Musik der Österreicher sei ein Labsal, und es wäre schön, wenn man auch in China selbst zu solchen Leistungen fähig wäre. Er blieb auch bei seiner Wertschätzung für Beethoven, Mozart und Schubert, als man ihre Musik in China öffentlich verdammte[58], und seine Haltung in dieser Frage mag zu dem gegen ihn gerichteten Haß der

Frau Bundesminister Dr. Hertha Firnberg hilft eigenhändig beim Auspacken der Objekte der großen chinesischen archäologischen Ausstellung in Wien
(Fotoabteilung des Österreichischen Museums für Angewandte Kunst)

»Viererbande« beigetragen haben. Trotzdem ist die Schlagzeile etwas übertrieben, die eine vielgelesene österreichische kleinformatige Zeitung Jahre später zu heißer Sommerzeit brachte: »Philharmoniker stürzten Maos Kronprinzen[58a].«

In dem damaligen Kampf um die Macht, den die »Viererbande« gegen Zhou, Deng und andere führte, mußte eben auch die Musik herhalten, um Argumente zu liefern. Eine wirkliche Stimmung gegen die Kompositionen dieser österreichischen Komponisten in der chinesischen Bevölkerung zu erzeugen, ist den Radikalen allerdings nie gelungen. Dies wurde dem Generalsekretär der ÖGCF klar, als er 1974 zur Zeit des Höhepunktes der Kritik an Beethoven und Co. eine chinesische Archäologendelegation zu betreuen hatte. Während er ihnen, um sie nicht in Verlegenheit zu bringen, einen Besuch von Humperdincks *Hänsel und Gretel* in der Volksoper anbot, bestanden sie wie ein Mann darauf, eine Aufführung der *Zauberflöte* in der Wiener Staatsoper zu hören, und unterhielten sich in der Pause freundschaftlich mit den Philharmonikern. Daß diese Haltung nicht nur auf eine intellektuelle Schicht älterer Wissenschaftler zutraf, zeigte sich 1978 beim Besuch der chinesischen Fußballnationalmannschaft in Österreich. Während der langen Autobusfahrten riefen die Sportler in Sprechchören »Strauß, Strauß, Strauß!«, und nachdem die ersten Walzer erklungen waren, sagte der Delegations-

Die Eröffnung der großen Ausstellung archäologischer Funde der VR China 1974 war das letzte offizielle Auftreten von Bundespräsident Franz Jonas vor seinem Tode. (Links von ihm Bundeskanzler Dr. Kreisky, rechts hinter der Vitrine Wissenschaftsminister Dr. Firnberg.)

leiter mit leuchtenden Augen: »Diese Art von Musik ist bei unseren Massen sehr beliebt!«

Im selben Jahr widmete die chinesische Nachrichtenagentur zum ersten Mal den Salzburger Festspielen einen ausführlichen Bericht[59], und als Anfang 1979 ein chinesisches Jugendorchester namens *Rotes Halstuch* zum Gedenken an Franz Schuberts 150. Todestag dessen *Unvollendete* sowie Mozarts Klavierkonzert in A-Dur aufführte, war klargestellt, daß nach einer unbedeutenden Episode der Kritik der hohe Stellenwert der österreichischen Komponisten und ihre bedeutende Rolle im Rahmen der österreichisch-chinesischen Beziehungen wiederhergestellt war[60]. Dies wird durch die Tatsache unterstrichen, daß in Fortführung alter Traditionen zwei österreichische Musikpädagogen für das Studienjahr 1980 nach China eingeladen worden sind[61].

Die chinesische Archäologendelegation 1974 mit den Autoren dieses Buches
(Archiv der ÖGCF)

Traditionen zwei österreichische Musikpädagogen für das Studienjahr 1980 nach China eingeladen worden sind[61].

Für den philharmonischen Ohrenschmaus revanchierte sich China 1974 nicht weniger spektakulär mit der großartigen Ausstellung archäologischer Funde, von der man in Wien heute noch spricht. Die im Österreichischen Museum für angewandte Kunst ausgestellten Objekte waren so wertvoll, daß zu ihrer Sicherung eine Staatsgarantie abgegeben werden mußte. Zur optimalen Vorbereitung und Präsentation wurde auf österreichischer Seite eine so umfangreiche Arbeit geleistet, daß Wissenschaftsminister Dr. Hertha Firnberg bei der Eröffnung am 21. Februar 1974 sagen konnte, daß dabei ein Querschnitt des österreichischen Volkes mitgewirkt habe: »Von den Mitgliedern der Bundesregierung über die Diplomaten, Beamten, Wissenschaftler und Architekten dieses Hauses bis zu den Schreibkräften, den vielen Handwerkern und den Reinigungskräften.«

Und das österreichische Volk machte sich in der Folge die Ausstellung tatsächlich zu eigen. Der von Wilhelm Angeli[62], Herbert Fux[63] und Alfred Janata[64] mustergültig erarbeitete Katalog war viel rascher als erwartet restlos ausverkauft, und vor dem Museum auf dem Stubenring bildeten sich täglich lange Menschenschlangen. Das Jadekleid oder das *Fliegende Pferd* waren Tagesgespräch. Unter den 240.000 Menschen,

Die ersten beiden österreichischen Austauschstudenten in Peking, Emanuel Ringhoffer und Helmut Opletal, beim Studium der Geschichte einer Fabrik (im Rahmen ihres Geschichtsstudiums an der Peking-Universität) mit chinesischen und ausländischen Arbeitskollegen

welche bis 22. April 1974 die Ausstellung sahen, mögen auch Touristen aus dem Ostblock gewesen sein, die eine solche Ausstellung ansonsten nicht zu Gesicht bekommen hätten.

Die Ausstellung bildete einen wichtigen Anstoß für die Wiedererweckung des Interesses an chinesischer Kunst und mag einen Beitrag dazu geleistet haben, daß auch spätere – vor allem mit eigenen Exponaten bestrittene – China-Ausstellungen in Österreich auf ein starkes Publikumsinteresse zählen konnten[65]. Der Verstärkung der Kontakte zwischen österreichischen und chinesischen Museumsfachleuten diente der Austausch von Delegationen[66].

Selbstverständlich war der Besuch der Ressortchefin, Bundesminister Dr. Herta Firnberg, im Juni 1974 besonders geeignet, dem gegenseitigen Kennenlernen österreichischer und chinesischer Wissenschaftler Auftrieb zu verleihen. In ihrer Begleitung befanden sich der Präsident der Österreichischen Akademie der Wissenschaften, H. Hunger, der Rektor der Universität Wien, S. Korninger, die Abgeordneten S. Radinger (SPÖ), W. Blenk (ÖVP), O. Scrinzi (FPÖ) sowie W. Frühauf (Wissenschaftsministerium). In Gesprächen mit dem stellvertretenden Ministerpräsidenten Deng Xiaoping, dem führenden Mitglied der Gruppe für Wissenschaft und Unterricht unter dem Staatsrat Li Qi und dem Generalsekretär der Chinesischen Akademie der Wissenschaften, Yue Zhijian, erörterte Frau Dr. Firnberg die zukünftigen Aspekte einer wissenschaftlichen Kooperation zwischen Österreich und China[67].

Einige Weichen waren von ihr bereits vorher gestellt worden. Im November 1973 hatten sich im Rahmen des Studenten- und Akademikeraustausches zwischen Österreich und China die beiden ersten österreichischen Sprachstudenten nach China begeben. Trotz der damals noch vorhandenen Beschränkungen sahen sie zwei Jahre später ihren Aufenthalt in Peking als Erfolg an:

> Vor allem ein noch engerer Kontakt zwischen chinesischen und ausländischen Studenten ist uns ein Hauptanliegen, aber im wesentlichen haben wir in den fast zwei Jahren in Peking das erreicht, was wir uns vom Studienaufenthalt erwartet hatten, nämlich gut Chinesisch zu lernen und damit Geschichte, Kultur, Politik und Alltagsleben des Landes besser kennenzulernen[68].

Das interdisziplinär ausgerichtete, der Erforschung des heutigen China gewidmete Österreichische China-Forschungsinstitut – heute ein Ludwig-Boltzmann-Institut –, das jene ersten österreichischen Absolventen eines Studiums in Peking zu seinen Mitarbeitern zählt, war von Frau Minister Firnberg wirksam unterstützt worden und hatte bereits die ersten greifbaren Resultate erarbeitet. Ebenfalls konkrete Erfolge konnte das mit Unterstützung des Wissenschaftsministeriums im Rahmen der Ludwig-Boltzmann-Gesellschaft gegründete Ludwig-Boltzmann-Institut für Akupunktur aufweisen. Unter seinem erfahrenen Leiter Dr. Johannes Bischko, der bereits mehr als zwanzig Jahre erfolgreich die Funktion des Präsidenten der Österreichischen Gesellschaft für Akupunktur bekleidete, hatte das neue Institut mit seiner der Wiener Poliklinik angeschlossenen Ambulanz einen derartigen Ansturm von Patienten zu verzeichnen, daß manche Spätgekommene vorerst Wartezeiten bis zu einem Jahr in Kauf nehmen mußten[69]. Bereits im August 1972 war einer Delegation des Institutes unter Leitung von Dr. Bischko ermöglicht worden, eine elftägige Studienreise durch die Volksrepublik China zu unternehmen, wobei festgestellt werden konnte, daß der österreichische Standard dem chinesischen im Bereich der Therapie sehr ähnlich war und auf dem Gebiet der Akupunktur-Analgesie[70] von den chinesischen Ärzten sehr viel zu lernen sein würde[71]. Außerdem hatte Frau Minister Firnberg zum ersten Mal in der Geschichte Österreichs eine ordentliche Lehrkanzel für Sinologie geschaffen und ab Herbst 1972 auf Vorschlag der philosophischen Fakultät mit dem Professor der Universität Tübingen Otto Ladstätter besetzt[72].

Nach dem Besuch des österreichischen Wissenschaftsministers kam es zu einer Intensivierung und Ausdehnung der wissenschaftlichen Kontakte. Die Zahl der jährlich nach China entsandten österreichischen Sprachstudenten wurde auf fünf erhöht, und auch chinesische Studenten kamen wieder nach Österreich. Zuerst geschah dies noch unter den Vorzeichen der wissenschaftsfeindlichen Politik der »Viererbande«, und die jungen Chinesen sahen sich veranlaßt, durch eine zehntägige Mithilfe bei der Weinlese im burgenländischen Lützmannsburg die Kontinuität ihrer Verbindung zu den Werktätigen unter Beweis zu stellen[73]. Der Sturz der »Viererbande« ermöglichte dann in China eine intensivere Auseinandersetzung mit theoretischem Wissen. Dies führte zu einer verstärkten Entsendung von chinesischen Postgraduate-Studenten nach Österreich. 1979 studierten acht in Wien, sechs in Graz und einer in Leoben – sämtlich naturwissenschaftliche Fächer[74].

Im Herbst 1977 entsandte China Yuan Xiqun als Gastdozenten und Stütze des linguistisch orientierten Sinologen an die Universität Wien; er wurde 1979 von dem literarisch sehr interessierten Gu Mingdao abgelöst. Gleichzeitig konnten die Studienaufenthalte von Österreichern in China im medizinischen Bereich erweitert werden. Akupunkturkurse standen mit der Möglichkeit der Betonung fachlicher Schwerpunkte – etwa der Kinderheilkunde – auf dem Programm[75]. 1979 bekam Dr. Alexander Meng vom Ludwig-Boltzmann-Institut für Akupunktur – wiederum unterstützt vom Wissenschaftsministerium – sogar die Möglichkeit, ohne den Rahmen eines speziell für Ausländer eingerichteten Kurses sich an der Hochschule für traditionelle chinesische Medizin in Shanghai in der Akupunkturtherapie und -forschung weiterzubilden. Mittlerweile hatte sich der Betrieb des Boltzmann-Institutes für Akupunktur in Wien stark ausgeweitet. Während mißtrauische Ärzte Dr. Bischko bei seinen Vorträgen nach der ersten China-Reise noch verdächtigten, Aufnahmen gestellt zu haben, konnte sich die Akupunktur in den darauffolgenden Jahren in Österreich allgemeine Anerkennung verschaffen, was sich nicht zuletzt in der starken Frequenz der vom Institut durchgeführten Lehrgänge für Akupunktur auswirkte. Im selben Jahr fand auch die weltweite Anerkennung der Leistungen des Institutsleiters, Dr. Johannes Bischko, dadurch Ausdruck, daß er von der Weltgesundheitsorganisation eingeladen wurde, an einer Sitzung dieser Sonderorganisation der UNO über Akupunktur in Peking teilzunehmen. Vor Beginn der Session wirkte Dr. Bischko am 1. Chinesischen Nationalkongreß für Akupunktur, Moxibustion und Akupunktur-Analgesie mit und wurde gleich den anderen Teilnehmern auch vom Vorsitzenden Hua Guofeng empfangen[77].

Abschließend wäre hinsichtlich des Bereiches der medizinischen Wissenschaften noch der Austausch von Ärztedelegationen zu erwähnen. Am 22. September 1973 begab sich eine österreichische Ärztedelegation unter Leitung des Ärztlichen Direktors der Allgemeinen Unfallversicherungsanstalt, Dr. Wolfgang Krösl, nach China. Chinesische Gegendelegationen kamen 1973 und 1979.

Der Besuch des österreichischen Professors Karl Rinner (Technische Universität Graz) in der Volksrepublik China im Jahre 1976[78] machte die Geodäsie zu einem besonderen Schwerpunkt des wissenschaftlichen Austausches beider Länder. Anfang 1980 kamen drei chinesische Profes-

Prof. Edda Mally stellte im Frühjahr 1980 als erste österreichische Malerin in Peking, Shanghai und Nanning aus soren auf Blitzseminare in die steiermärkische Landeshauptstadt, und die Aufnahme eines chinesischen Dissertanten wurde vereinbart[79]. Außerdem bestehen Pläne einer Vermessung der alten Ruinenstädte in der Provinz Xinjiang (Sinkiang), welche Arbeit von Prof. Rinner gemeinsam mit dem Ordinarius für Kunstgeschichte an der Universität Graz, Heinrich G. Franz[80], vorgenommen werden soll.

Unter dem Titel *Nur zufriedene Gesichter* berichtete die *Kleine Zeitung* über den Besuch einer von Vizepräsident Prof. Erich Schmid geleiteten Delegation der Österreichischen Akademie der Wissenschaften in China[81]. Da die österreichischen Wissenschaftler die verschiedensten Fachgebiete vertraten, gab es eine ganze Reihe von Anregungen zum Ausbau von Fachkontakten[82]. Sie erwiderten den Besuch einer chinesischen Wissenschaftlerdelegation unter Leitung des Mitglieds des Ständigen Ausschusses des Nationalen Volkskongresses, Prof. Bei Shizhang, der im November 1975 erfolgt war[83]. Mehrere Fachvertreter gehörten auch der Delegation des Akademischen Senats der Universität Innsbruck im Herbst 1979 an[83a].

Kontakte ergaben sich außerdem im Bereich der Montanistik (Prof. Günter B. Fettweis)[84], der Architektur (Prof. Roland Rainer und Chinesische Gesellschaft für Architektur)[85] und der Stadtplanung (Delegation der Stadt Peking unter Vizebürgermeister Bai Jiefu)[86]. Eine gemeinsame österreichisch-chinesische Publikation hat bereits der Besuch des in den USA lebenden österreichischen Mathematikers Prof. Wolfgang Schmidt gezeitigt. Nach seiner China-Reise des Jahres 1978 veröffentlichte er gemeinsam mit Prof. Wang Yuan vom Mathematischen Institut der Academia Sinica eine Arbeit über Diophantische Approximation[87].

Während sich Österreicher und Chinesen im Bereich der Diophantischen Approximation offenbar anstandslos verstanden, gelang dies nicht so ganz bei dem, was man in China 1976 unter Kunst verstand. Das Gastspiel des Staatlichen Ballettensembles der Volksrepublik China in Österreich wurde zwar mit der Anwesenheit des österreichischen Bundespräsidenten als Staatsakt erfolgreich in Szene gesetzt, konnte sich aber nicht den Beifall der österreichischen Kritiker erringen. »Die Rote Armee, zuckerlfarben«, schrieb damals Franz Endler von der Tageszeitung *Die Presse*[88]. Das zahlreich erschienene Publikum folgte dem Spektakel zumindest mit beifälliger Neugierde und zeigte sich deutlich erfreut, als chinesische Sänger mit Titeln wie »Wien, Wien nur du allein«, »Fein sein, beinanderbleibn« oder »Oh, du mein Österreich« (chinesisch instrumentiert!) der Stadt der Musik ihre Reverenz erwiesen. Daß echt Chinesisches wie die Peking-Oper den Österreichern besser gefällt, sollte sich später nach der kulturellen Öffnung Chinas erweisen. Als das Yunnaner Ensemble 1980 in Wien gastierte, lautete der Titel von Endlers Kritik: »Beifall für die Peking-Oper«[88a].

Einige österreichische Künstler haben übrigens zur Zeit der Knebelung chinesischer Traditionen aus eigenen Stücken in Österreich die Erinnerung daran wachgehalten. Da war Prof. Edda Mally, welche ihren

Mitglieder des Yunnaner Pekingopernensembles bei der Eröffnung einer durch die BAWAG-Fondation in Zusammenarbeit mit der ÖGCF veranstalteten Ausstellung über die Pekingoper, Juni 1980 (Fotos: Johann Klinger)

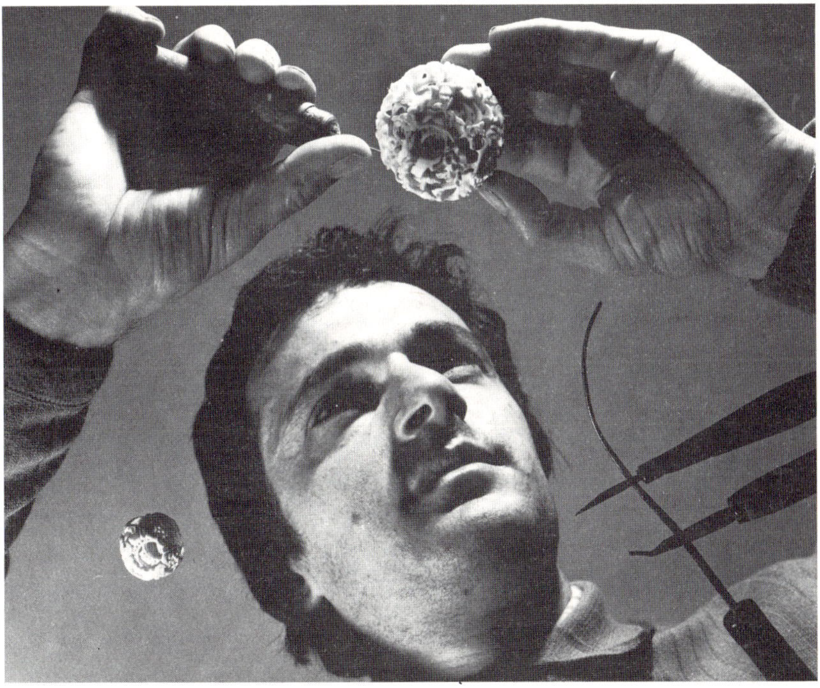

Der österreichische Bildhauer Otto Potsch bei der Schöpfung von einer seiner chinesischen »Wunderkugeln«

Stil um chinesische Elemente bereicherte und im Frühjahr 1980 auf Einladung des Kulturministeriums als erste österreichische Malerin ihre Werke in Peking, Shanghai und Nanning präsentierte. Oder der Wolkersdorfer Bildhauer Otto Potsch, der das Geheimnis der ineinandersteckenden chinesischen »Wunderkugeln« selbst löste und die Kunstform außerdem bereicherte, indem er nicht nur Elfenbein, sondern auch burgenländischen Edelserpentin als Material verwendete[89].

Während die chinesischen Feen in ihrer Heimat von Jiang Qing verbannt wurden, feierten sie bei der österreichischen Schriftstellerin Barbara Frischmuth im Rahmen ihres Romans *Mystifikationen der Sophie Silber* (1976) im steirischen Salzkammergut fröhliche Auferstehung. Die Wiederbesinnung auf die eigene Kulturtradition gab dann ab 1979 wieder reichlich Gelegenheiten zu österreichisch-chinesischen Kontakten im Bereich der Kunst, die auch genutzt werden.

Einen Teil der Kultur bildet die Körperkultur, und auch in diesem Bereich bahnten sich während der siebziger Jahre rege Beziehungen an. Die Vorhut chinesischer Sportler in Österreich bildete im Spätherbst 1972 eine chinesische Eishockey-Auswahlmannschaft, welche in Wien, Feldkirch, Klagenfurt und Kapfenberg Freundschaftsspiele austrug[90]. Über die Teilnehmer am internationalen Fußballturnier für Mittelschüler in Mödling bei Wien brachte die chinesische Nachrichtenagentur

Die österreichische Tischtennisauswahl im »Pingpong-Kindergarten«
(Foto: Xinhua)

am 4. Juli 1974 einen Bericht, der auch auf deutsch »chinesisch« klang: »Gestählt und erprobt in der Großen Proletarischen Kulturrevolution ..., haben sie ihr Bewußtsein erhöht, indem sie die revolutionäre Linie des Vorsitzenden Mao auf dem Gebiet der Körperkultur durch gewissenhaftes Studium des Marxismus-Leninismus und der Werke des Vorsitzenden Mao im Rahmen der Kritikbewegung an Lin Biao und Konfuzius durchführten[91].« Daß die Schüler der 21. Mittelschule von Lüda bei alldem auch noch den Ball trafen und in sechs Spielen gegen Luxemburg, die Bundesrepublik Deutschland, Österreich, Belgien, die Niederlande und Frankreich fünf Gewinne zu verzeichnen hatten, muß ihnen daher ganz besonders hoch angerechnet werden.

Mit weniger »Parteichinesisch«, aber einer anderen chinesischen Besonderheit hatte sich die österreichische Tischtennismannschaft vertraut zu machen, welche sich im April 1977 als erste Gruppe österreichischer Sportler in die Volksrepublik China begab[92]. Die österreichischen Gäste, die sich über die chinesische Gastfreundschaft ohnehin nicht genug wundern konnten[93], wurden außerdem dadurch verwöhnt, daß man sie einige Partien gewinnen ließ. Darüber berichtete der österreichische Spieler D. Platz:

Nach dem Training vor dem letzten Wettspiel in Hangchow kam

Die chinesische Fußballnationalmannschaft auf dem Platz der österreichischen Fabriksmannschaft Heid-Telwolle Stockerau am 8. Oktober 1978 (Foto: Heid A. G.)

Frau Li zu mir und erkundigte sich, ob ich mein Trainingsmatch gegen meinen chinesischen Wettspielpartner gewonnen hätte. – Man hatte deutlich sehen können, daß mich der chinesische Spieler absichtlich gewinnen ließ; offensichtlich, damit ich von meinem Sieg beim Spiel am Abend nicht überrascht werde. – Ich antwortete Frau Li: »Ja, ich habe gewonnen, besser gesagt, mein Partner hat mich gewinnen lassen.« Das Gesicht von Frau Li wurde darauf etwas länger – man muß wissen, daß die Chinesen in keiner Situation zugeben, daß sie absichtlich verloren haben –, aber sie gab dennoch in ihrem Bemühen, mich auf den Sieg am Abend vorzubereiten, nicht nach und versuchte es nochmals: »Glauben Sie, Chancen zu haben heute am Abend?« Ich meinte, um die Sache nicht auf die Spitze zu treiben: »Chancen werde ich schon haben, insbesondere wenn Sie mir stark die Daumen halten.« Frau Li strahlte. »Ich werde die Daumen halten. Sie werden sehen, Sie werden sehr gut spielen.« Daß ich am Abend tatsächlich mein Spiel gewann, brauche ich nicht mehr zu betonen[94].

Als die chinesische Fußballnationalmannschaft Ende September 1978 nach Österreich kam, unterließ sie es allerdings, diesem Brauch weiter zu frönen, sondern war nach den gegen westdeutsche und italienische Mannschaften verlorenen Partien froh, in Österreich gleich dreimal zu gewinnen[95]. Haare lassen mußten die chinesischen Spieler lediglich bei der Besichtigung der Lehrwerkstätten des Wirtschaftsförderungsinstitutes in St. Pölten, wo sie die Ofer der zufällig anwesenden Friseurmeisterkandidaten wurden.

Der Leiter der österreichischen Journalistendelegation 1979, Prof. Dr. Eduard Mayer, mit zwei tibetischen Mönchen

Großes Aufsehen erregten die perfekten Leistungen eines blutjungen chinesischen Gymnastikteams, das im November 1979 in Wien und Linz gastierte[96], und noch größeres Aufsehen wird wohl die österreichische Alpinistik-Expedition nach Tibet erregen, die für Herbst 1980 vorgesehen ist. Unter achtzig Bewerbungen wurde die österreichische herausgesucht und den Rotweißroten für die Besteigung des 8046 Meter hohen Shishapangma an der tibetisch-nepalesischen Grenze grünes Licht gegeben. Ein erfreuliches Zeichen chinesisch-österreichischer Sportkameradschaft, die durch eine von Prof. Fritz Moravec bei Abschluß des Übereinkommens in Peking ausgesprochene Einladung an chinesische Bergsteiger in seine Kletterschule eine zusätzliche Bestärkung erfährt.

China lernt den Samson kennen – mehr Berichterstattung über Österreich

Daß die Aufnahme diplomatischer Beziehungen in Österreich zu einer verstärkten und präziseren Berichterstattung über China führte, wurde an anderer Stelle schon betont. Der Leiterin der ersten österreichischen Journalistendelegation, Frau Ilse Leitenberger von der *Presse,* wurde es durch Vermittlung der Witwe Zhou Enlais ermöglicht, im No-

Die österreichische Journalistendelegation 1979 in Lhasa

vember 1976 China nochmals zu besuchen. Die prominente Journalistin konnte sich kurz nach dem Sturz der »Viererbande« in China überzeugen, wie verhaßt deren Mitglieder bei der chinesischen Bevölkerung waren[97]. Von besonderer Bedeutung war auch die Journalistendelegation, welche im Sommer 1979 unter der Führung des Vorstandsmitglieds der ÖGCF Prof. Dr. Eduard Mayer China bereiste. Prof. Mayer war es über Vermittlung der chinesischen Botschaft in Wien gelungen, der Gruppe als erster ausländischer Journalistendelegation einen Besuch des legendenumwobenen autonomen Gebietes Tibet zu sichern. Die Tibet-Berichte der Journalisten, welche von fast allen wichtigen österreichischen Zeitungen gebracht wurden, erregten in Österreich großes Aufsehen, da dieses Thema durch die Berichte des österreichischen Vertrauten des Dalai Lama, Prof. Heinrich Harrer, hierzulande immer schon große Aktualität besessen hatte. Die Mitglieder der Journalistendelegation folgten Harrers Spuren und konstatierten – mehr oder weniger vorsichtig – eine Konsolidierung der Verhältnisse und eine durch den Sturz der »Viererbande« verbesserte Basis des Zusammenlebens der Han mit der tibetischen Bevölkerung. Die Berichte trugen sehr wesentlich zu einer Entemotionalisierung des Themas in den österreichischen Massenmedien bei. Heinrich Harrer gratulierte sogar per Leserbrief zur objektiven Berichterstattung[98].

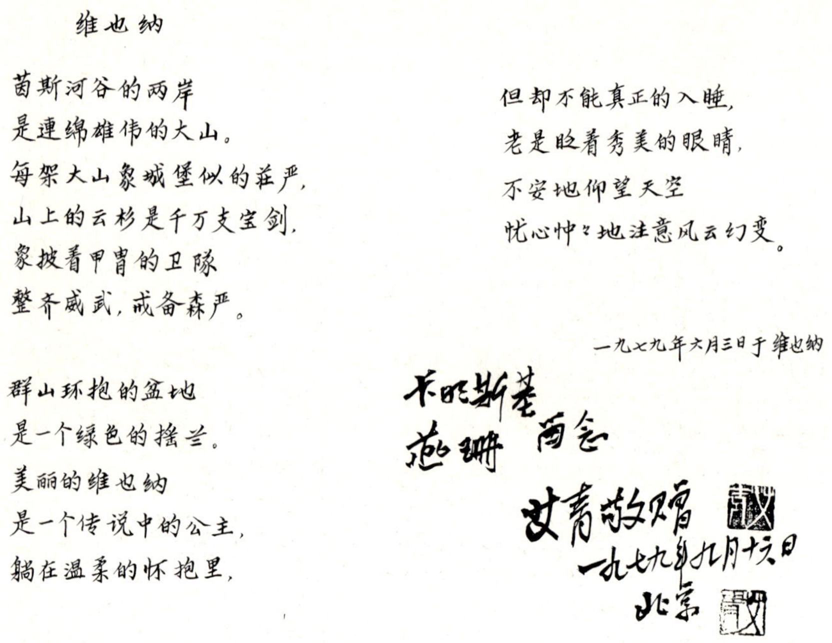
维也纳

茵斯河谷的两岸
是連绵雄伟的大山。
每架大山象城堡似的莊严，
山上的云杉是千万支宝剑，
象披着甲胄的卫隊
整齐威武，戒备森严。

群山环抱的盆地
是一个绿色的摇篮。
美丽的维也纳
是一个传说中的公主，
躺在温柔的怀抱里，
但却不能真正的入睡，
老是眨着秀美的眼睛，
不安地仰望天空
忧心忡々地注意风云幻变。

一九七九年六月三日于维也纳

卡明斯基
燕珊 留念
艾青敬赠
一九七九年九月十六日
北京

Unter den Mitgliedern der chinesischen Freundschaftsdelegation, die im Juni 1979 Österreich besuchte, befand sich auch der beliebte chinesische Lyriker Ai Qing. Das Blatt trägt eine handschriftliche Widmung Ai Qings für die beiden Verfasser.

WIEN

Zu beiden Seiten des Laufes der Enns
eine Kette von mächtigen Gebirgen.
Jeder Berg feierlich wie eine Burg.
Die großen Nadelbäume auf den Höhen
zehntausend Schwerter,
eine geharnischte Schutzgarde,
geordnet und machtvoll, beschützen sie ernst.

Das von Gebirgen umgebene Becken
gleicht einer grünen Wiege.
Das schöne Wien
ist eine Sagenprinzessin
und liegt am sanften Busen der Natur,
kann aber nicht richtig einschlafen
und zuckt mit den schönen Augen,
schaut unruhig zum Himmel auf
und achtet besorgt auf weltweite Veränderung.

Ai Qing (1979)
Nachdichtung: Barbara Frischmuth

Die häufigere und detailliertere Berichterstattung blieb erfreulicherweise keine Einbahnstraße. Der beliebteste chinesische Dichter, Ai Qing, schilderte in Gedichten seine Eindrücke über Österreich, und fast ebenso lyrisch gaben sich chinesische Journalisten. Über den Österreich-Besuch einer chinesischen Freundschaftsdelegation formulierte ein außenpolitischer Redakteur der *Pekinger Volkszeitung* seine und seiner Reisegefährten Eindrücke folgendermaßen:

Es geht aufwärts mit dem Präsidenten der chinesischen Freundschaftsgesellschaft und dem lokalen Gastgeber, dem steirischen Landtagsabgeordneten Hermann Ritzinger

Die Österreicher haben ein goldenes Herz

Man bewundert die Wiener wegen ihrer Wärme und Gastfreundschaft, indem man von ihnen sagt, sie hätten ein goldenes Herz. Im Verlaufe ihres Freundschaftsbesuches durch Österreich konnte die Delegation der Gesellschaft des chinesischen Volkes für Freundschaft mit dem Ausland feststellen, daß nicht nur die Wiener, sondern alle Österreicher ein goldenes Herz haben.

Auf Einladung der Österreichisch-Chinesischen Freundschaftsgesellschaft bereiste die Delegation vom 31. Mai bis 12. Juni sechs der neun österreichischen Bundesländer. Von der Hauptstadt bis zu den entferntesten Bergdörfern, vom Präsidenten der Republik und dem Parlamentspräsidenten bis zum einfachen Volk – sie alle bereiteten uns den herzlichsten Empfang. Präsident Kirchschläger sprach beim Empfang der Delegation die gütigen Worte: »Besuche wie der Ihrer Delegation sind besonders nützlich, und Sie alle sind bei uns herzlich willkommen.«

Und tatsächlich war es so, daß während der wenigen Tage des Aufenthaltes in Wien viele bedeutende chinafreundliche Vertreter des öffentlichen Lebens nicht nur einmal, sondern mehrere Male an den Willkommensaktivitäten teilnahmen, einige von ihnen kamen sogar fünf- bis sechsmal. Ein führender Funktionär einer politischen Partei bemerkte in seiner Willkommensrede während des Empfangs, daß bei allen innenpolitischen Meinungsverschiedenheiten doch vollkommene Übereinstimmung bestehe in bezug auf die Freundschaft zu China. Der Hauptgrund für die vorzügliche Entwicklung in der freundschaftlichen Zu-

Bundespräsident Dr. Kirchschläger begrüßt den Präsidenten der chinesischen Freundschaftsgesellschaft Wang Bingnan (Foto: Xinhua)

sammenarbeit zwischen der chinesischen und der österreichischen Regierung und den beiden Völkern liegt in der Tatsache, daß sich trotz der Unterschiede im gesellschaftlichen System die Länder gegenseitig respektieren und als gleichberechtigte Partner betrachten.

Präsident Kirchschläger erinnerte sich seines Besuches in der Volksrepublik China vor fünf Jahren in seiner Eigenschaft als Außenminister, wenn er sagte: »Ich bemerkte die freundschaftlichen Gefühle des chinesischen Volkes dem österreichischen Volk gegenüber. China respektiert die österreichische Politik der Unabhängigkeit und Neutralität. Viele Politiker sind nach einem China-Besuch stark beeindruckt von dem Fleiß und der Klugheit des chinesischen Volkes, und sie sehen auch, daß China die kleinen Länder und deren Völker voll respektiert.« Über Ministerpräsidenten Zhou Enlai sagte er: »Ministerpräsident Zhou Enlai war von einer starken, motivierenden Kraft, und er kannte die Lage nicht nur in Europa, sondern sogar die Situation Österreichs bis ins Detail. Er hatte gesagt, daß wir nur dann miteinander in Kontakt treten können, wenn wir die Situation des anderen kennen. Ministerpräsident Zhou Enlai setzte dieses Prinzip in die Tat um.«

Ein Journalist, der China besucht hatte, erinnerte sich sehr lebhaft des tiefen Eindrucks, den Ministerpräsident Zhou Enlai auf ihn ausgeübt hatte. Als sich damals einer seiner Kollegen als Journalist der Wiener *Kleinen Zeitung* vorstellte, sagte Ministerpräsident Zhou Enlai lächelnd: »Alle Länder, ob groß oder klein, sind gleichberechtigt, und dasselbe gilt auch für Zeitungen«, und der Journalist sagte uns: »Die Art Ministerpräsident Zhou Enlais, alle Menschen gleich zu behandeln, wird für immer in meinem Gedächtnis bleiben.« Auf der Reise unserer Delegation durch die Bundesländer und Bezirke wurden wir überall sehr herzlich vom Landeshauptmann, dem Landtagspräsidenten oder anderen örtlichen Verantwortlichen willkommen geheißen, manche kamen uns dazu sogar bis an die Landes- und Bezirksgrenzen entgegen. Niemals werden wir den begeisterten Empfang vergessen, den uns Krakaudorf bereitete. Dies ist ein Bergdorf mit etwa tausend Einwohnern. Unsere Delegation kam hier nur vorbei und hielt

Der Präsident der chinesischen Freundschaftsgesellschaft Wang Bingnan überreicht im Juni 1979 dem stv. Vorsitzenden der ÖGCF Klubobmann Dr. Heinz Fischer ein der ÖGCF von der chinesischen Freundschaftsgesellschaft gewidmetes Ehrenbanner. (Foto: K. Reiberger)

eine kleine Rast, aber alle Einwohner des Ortes empfingen uns mit großem Feiertagszeremoniell. Auf dem Dorfplatz hatten sich die Ehrengarde und das Orchester in ihren traditionellen Festtagsgewändern aufgestellt und erwarteten uns. Dann führte man besonders für uns den »Samson«-Brauch der Verjagung der bösen Geister vor, welcher gewöhnlich nur einmal im Jahr veranstaltet wird. Dabei tanzte ein Einwohner nach den Klängen der Musik, und danach feuerte die Garde mit ihren Gewehren ein Ehrensalut für die Delegation. Dies wiederholte sich viermal. Man sagte uns, ausländische Delegationen in dieser feierlichen Art zu empfangen, sei durchaus nicht üblich.

Die Delegation besuchte eine Schule im 15. Wiener Gemeindebezirk. Über 400 junge Menschen führten uns ein Programm vor und sangen außerdem ein chinesisches Lied, in chinesischer Sprache. Auf Initiative der Österreichisch-Chinesischen Freundschaftsgesellschaft führten nicht wenige Wiener Schulen einen Wettbewerb durch, in dem China gemalt werden sollte. So auch die Schule, die wir besichtigten. Man sah zwei Gruppen von Zeichnungen an den Wänden des Ausstellungsraumes: die eine zeigte die Mannschaft der chinesischen Bergsteiger bei der Besteigung des Gipfels des Dschomolungma, die andere zeigte chinesische Bauern bei der Arbeit auf den Feldern. Die Anmut der Bilder spiegelte die Liebe der österreichischen Kinder zum chinesischen Volk wider. Unsere österreichischen Freunde sagten mit Recht: »Unsere Freundschaft wird von Generation zu Generation weitergegeben.«

Das österreichische Volk nimmt Anteil an China und es hofft, daß China noch stärker wird. Freunde aus Wirtschafts- und Bankkreisen, mit denen die De-

Ein Prosit des Präsidenten der chinesischen Freundschaftsgesellschaft Wang Bingnan für den Vorsitzenden der ÖGCF Vizekanzler a. D. DDr. Pittermann, für den stv. Vorsitzenden Prof. Dr. Koren und die stv. Generalsekretärin Else Unterrieder. (Foto: K. Reiberger)

legation zusammentraf, brachten allgemein diesen guten Wunsch zum Ausdruck. Die VÖEST in Linz ist ein Unternehmen, das bereits recht früh Kontakte mit China knüpfte. Die in der Stahlindustrie fortgeschrittenste Technik der Welt, das LD-Blasstahl-Verfahren, wurde in diesem Betrieb entwickelt. Unser Eisen- und Stahlwerk in Taiyuan übernahm diese Technik bereits vor Jahren von ihm. Jetzt hat das Unternehmen unserem Land vorgeschlagen, die weitere Umgestaltung des Werkes in Taiyuan auf dem Wege von Kompensationsgeschäften vorzunehmen, weil China auf diese Weise ohne zusätzliche Devisenaufwendungen die Entwicklung seiner Eisen- und Stahlindustrie beschleunigen könnte.

Die Steyr-Werke erzeugen in der Hauptsache schwere Lastwagen und Traktoren. Die Leitung des Werkes sagte uns, daß demnächst eine Delegation nach China entsandt würde, um Verhandlungen über den weiteren Ausbau der Handelsbeziehungen zu führen.

Das österreichische Volk legt großen Wert auf die Pflege seiner nationalen Traditionen, seiner Kunst und Kultur. Überall in diesem weltberühmten Land der Musik sahen und hörten wir Werke, welche die großen Meister der Musik wie Haydn, Schubert, Beethoven und Strauß als künstlerisches Erbe hinterlassen hatten. Deren einstige Wohnsitze werden sorgsam gehütet und gepflegt, und die Menschen lieben ihre Werke, auf die sie stolz sind, bis zum heutigen Tag. Der Wiener Männergesangsverein, welchen wir ebenfalls besuchten, holte speziell die Original-Partitur des Walzers *Blaue Donau* von Strauß aus dem Tresor der Bank, wo sie aufbewahrt wird, um sie uns zu zeigen. In den Städten sahen wir überall die Statuen dieser unsterblichen Musiker. Viele wunderschöne alte Gebäude werden gut restauriert und erhalten, obwohl sie in den Kriegen sehr gelitten hatten. In den berühmten Museen stehen die Menschen vor der Fülle der Kunstschätze und können sich nicht von ihrem Anblick trennen.

Der Wienerwald ist durch die berühmten Klänge von Strauß sehr bekannt und zieht die Menschen besonders an. Tatsächlich aber gibt es in Österreich nicht nur diesen einen Wienerwald. Überall, wohin wir kamen, sahen wir Grün, Wälder und Wasser. Der Waldanteil beträgt in Österreich 44 Prozent der Ge-

Der Präsident der chinesischen Freundschaftsgesellschaft Wang Bingnan verkostet einen steirischen »Obstler« (Foto: Xinhua)

samtfläche, in der »grünen Steiermark« sind es über 60 Prozent. Dies ist das Ergebnis fleißiger Aufforstungsarbeiten von Generationen sowie strenger Leitungs- und Schutzmaßnahmen.

Am Abend vor der Abreise meinten die Freunde während eines Abschiedsbanketts zu uns, sie hofften, wir hätten in diesen zwölf Tagen nicht nur die Vorzüge, wie die Entwicklung der österreichischen Wirtschaft, kennengelernt, sondern sie hofften, daß das chinesische Volk auch um die Probleme ihres Landes wisse. Während der Begegnung sagten sie, das Staatsbudget befinde sich seit Jahren in den roten Zahlen, bei einem ständigen Ansteigen der Preise, die Jugendkriminalität sei ziemlich hoch, und durch die Industrieverschmutzung sei die Donau auch nicht mehr so blau wie früher.

Aber die in den dreißig Jahren seit dem Krieg vom österreichischen Volk bei der Entwicklung der Wirtschaft erzielten Erfolge sind doch das wichtigste, und es gibt vieles, wovon wir lernen können. Was uns jedoch am meisten beeindruckte, ist die Tatsache, daß es in Österreich viele aufrichtige Freunde des chinesischen Volkes gibt, welche durch ihre angestrengte Arbeit die Blume der österreichisch-chinesischen Freundschaft hegen und pflegen.

In einem anderen Bericht, der vom Vorstandsmitglied der chinesischen Freundschaftsgesellschaft, Frau Chen Mingxian, in Nr. 18/1979 der einflußreichen Zeitschrift *Shijie Zhishi* (Weltwissen) veröffentlicht worden ist, sind sogar noch mehr Details enthalten:

Im Juni ist Österreich überall grün. Wir haben sechs der neun Bundesländer Österreichs besucht, sind 2000 Kilometer auf der Autobahn gefahren, die Augen haben eine ganz grüne Welt in sich aufgenommen – dunkelgrüne Wälder, hellgrüne Wiesen, Weingärten, Saaten. Nur 10 Prozent der Bevölkerung Österreichs arbeiten in der Landwirtschaft, Österreich ist also ein entwickeltes Industrieland. Aber die Umweltverschmutzung ist nicht so ernst wie in anderen Industrieländern. Die meisten Gegenden, in die wir kamen, haben eine gute, frische Luft,

Präsident Wang Bingnan mit einem Enkerl des niederösterreichischen Landeshauptmannes Andreas Maurer (Foto: Pressedienst der NÖ. Landesregierung)

und das hängt eng mit dem Waldreichtum Österreichs zusammen. Ich kann mich erinnern, als wir im Westen Wiens an einem Wald vorbeifuhren, verkündeten die Gastgeber durch das Mikrophon: »Achtung, hier ist der berühmte Wienerwald, seitlich sehen Sie das Helenental. Das Tal ist zwar eng, aber breit genug zum Spaziergang für Liebespaare. Von hier aus dem Wienerwald weht der Wind nach Wien, und dadurch ist auch dort die Luft frisch.« Mit dem Namen »Wienerwald« verbinden sich poetische Empfindungen, ist er doch durch das gleichnamige Musikstück des berühmten Musikers Strauß weltbekannt geworden. Der Wienerwald ist schön, und es gibt in Österreich noch viele solcher Wälder.

Oase in der Oase

Wenn man Österreich als eine Oase bezeichnen könnte, dann wäre das im südlichen Österreich gelegene Land Steiermark eine Oase in der Oase. Österreich ist gebirgig, und die Wälder machen 30–40 Prozent der Gesamtfläche des Landes aus. In der Steiermark sind es sogar 50 Prozent. Darum wird sie das »grüne Herz Österreichs« genannt. Das meiste Holz der Steiermark wird exportiert. Viehzucht und Landwirtschaft sind hoch entwickelt, Obst, Gemüse, Tabak, Mais und andere landwirtschaftliche Kulturen geben reichen Ertrag. Der Prozentsatz der bäuerlichen Bevölkerung liegt in der Steiermark über dem Anteil in den anderen Bundesländern und beträgt 17 Prozent.

Der berühmte chinesische Dichter Ai Qing an den Ufern des steirischen Etrachsees. Neben ihm Else Unterrieder und Chen Mingxian, Juni 1979. (Foto: Xinhua)

Wir fuhren über den steirischen Semmering auf einer gewundenen Bergstraße. Das Gebirge ist nicht sehr hoch, etwas über 1000 Meter. Alles ist bewaldet. Auf der Höhe gibt es Villen und alte Burgen und an den Berghängen viele Schipisten. Die Gastgeber sagten uns, daß aus diesem Gebiet nicht nur viele weltbekannte Schiläufer hervorgegangen sind, sondern daß es hier auch das älteste Schi-Museum der Welt gibt. Wir sind alle Laien im Schilauf, aber je länger wir die Wälder zu beiden Seiten sahen, desto mehr wurden wir von ihnen angezogen. Hat vielleicht Österreich das besondere Wohlwollen des Himmels? Ganz so ist es auch nicht. Die Ackerkrume auf den Bergen ist sehr mager, dafür werden Baumpflanzungen gefördert. Die Bewahrung der Wälder ist Tradition geworden. 1860 hat Österreich ein Waldschutzgesetz verabschiedet. Obwohl sich 85 Prozent der Wälder in Privateigentum befinden, braucht man zum Holzfällen die Genehmigung der zuständigen Behörde und muß im Zeitraum von drei Jahren nach der Schlägerung die Lücke wieder schließen. Grundsätzlich darf man nicht mehr Bäume fällen, als man neue pflanzen kann, und man darf nicht auf einmal einen ganzen Wald fällen, sondern nur Teilabschnitte und in Abständen. Gegenwärtig stellt die österreichische Regierung für die Aufforstung im Gebirge Mittel zur Verfügung. Sie baut Straßen in Waldgebieten und schenkt der Erschließung von Berggegenden große Aufmerksamkeit. »Die Vorfahren pflanzten Bäume, und die Nachkommen erfreuen sich des Schattens.« Das ist auf der ganzen Welt gleich. Wenn man Pflügen und Jäten nicht beachtet, fällt die Ernte nicht vom Himmel.

Bauernhotel

Die steirische Hauptstadt Graz ist mit 250.000 Einwohnern die zweitgrößte Stadt Österreichs. Wir besichtigten das bekannte Waffenmuseum der Stadt. Dort werden über 30.000 Waffen aus dem 16. und 17. Jahrhundert ausgestellt, darunter auch chinesische Waffen aus der Ming-Zeit. Nach der Besichtigung einer Ausstellung verschiedener österreichischer Häuser aus dem 18. Jahrhundert in der Nähe von Graz übernachteten wir dann in St. Georgen im Gebiet von Murau.

St. Georgen liegt im Gebiet des Murtales. Zu beiden Seiten des Tales ziehen sich die über 1.500 Meter hohen Bergketten. Unterwegs wurde viel besichtigt, und wir erreichten erst nach 21 Uhr unser Ziel. Es hatte geregnet, und die Temperatur war stark gesunken. Wir trugen nur leichte Kleidung, und nach dem Aussteigen aus dem Bus fröstelten wir. Vor dem Hotel des Dorfes hatten sich die Leute zu unserer Begrüßung versammelt. Eine Volkskapelle in nationaler Tracht empfing uns mit mitreißender Musik, die Verantwortlichen des Ortes begrüßten uns mit herzlichen Worten und die Dorfbewohner mit süßem Wein. Ihre Freundlichkeit erwärmte unsere Herzen und vertrieb Müdigkeit und Kälte.

Als wir im Hotel eintrafen, brannte im Kamin schon ein großes, helles Feuer. Wir setzten uns ums Feuer und plauderten. Die Gemeinde hat 1.300 Einwohner. 200 von ihnen arbeiten außerhalb des Ortes. Es gibt nur vierzig richtige Bauernfamilien. Da diese Gegend während des Winters ein schönes Schigebiet und die Luft sehr gut ist, kommen jährlich 700.000 Touristen aus Europa hierher. Die Hotels in dieser Gemeinde haben nur 350 Betten, und manche Touristen übernachten deshalb nicht im Hotel, sondern bei Bauernfamilien. Die Bauernfamilien, die Zimmer frei zum Vermieten haben, hängen ein Schild an die Tür. An diesem Abend übernachteten wir getrennt, teils im Hotel und teils bei zwei Bauernfamilien.

Das Hotel ist voll ländlicher Atmosphäre, Geschirr und Besteck sind ungewöhnlich. Unser besonderes Interesse erweckten kleine Handkarren aus Holz, die als Geschirr gebraucht werden und verschiedenes gegrilltes Fleisch darboten. Ein »Handkarren« war für je zwei Personen bestimmt[99]. Während des Abendessens führten uns einige junge Leute der Gemeinde Volkstänze vor. Sie bewegten sich frei und ungezwungen, humorvoll, ehrlich und aufrichtig.

Die Atmosphäre im »Bauernhotel« ist noch persönlicher und herzlicher. Die Gäste können zum Essen von den Bauernfamilien selbstgemachten Käse und selbstgebackenes Brot, frische Milch und Eier und selbstgemachten Wein bekommen. Entsprechend den Interessen und Vorlieben der Touristen aus dem Westen, hat man die Einrichtung der Häuser modernisiert. Es ist alles sehr bequem, der Raumschmuck atmet die Atmosphäre der Berge. In den Gängen hängen Geweihe und Felle. Dennoch ist der Zimmerpreis niedriger als in normalen Hotels, und viele Touristen kommen sehr gerne hierher.

»Samson«

Am nächsten Vormittag besuchten wir das benachbarte Krakaudorf. Schon von weitem sahen wir, daß sich viele Leute auf dem Platz vor einem dreistökkigen Gebäude versammelt hatten. Es wartete eine Kapelle sowie eine mit Flinten ausgerüstete zwanzigköpfige Ehrengarde. Noch verwunderlicher war, daß sich unter den Leuten ein Riese befand, dreimal größer als ein normaler Mensch.

中　　情谊真是象天池和埃特拉湖的水
小　　一样清澈、深邃。

克拉考多夫镇居民表演
“沙姆松”的情景

”树叶的癖好。“客特”，也叫阿拉伯茶，

Ai Qing stellte zur Illustration des Artikels von Chen Mingxian über die Steiermark eine Skizze zur Verfügung, welche er vom Samson in Krakaudorf angefertigt hatte. (Foto: Xinhua)

Er trug einen langen Rock mit grünen und weißen Längsstreifen, über der Schulter ein Cape, vorne rot und hinten grün, und auf dem Kopf einen altmodischen Helm, in der linken Hand ein Schwert, in der rechten Hand eine Lanze – insgesamt sehr ehrfurchtgebietend. Aus der Nähe betrachtet war er ein nachgemachter Riese. Wie eine Sänfte wurde er von vier Personen getragen, und innerhalb des langen Rockes versteckte sich eine weitere Person. Der Riese heißt »Samson«. Die Landbevölkerung dieses Gebietes läßt Samson jährlich im August tanzen, um Teufel und böse Geister zu vertreiben. Speziell zum Empfang unserer Delegation wurde die traditionelle Zeremonie in diesem Jahr in den Juni vorverlegt.

Kaum waren wir auf den Platz gekommen und hatten uns aufgestellt, trat der Offizier der Garde hervor, um unserem Delegationsleiter Meldung zu erstatten, die Garde feuerte eine Ehrensalve. Die Kapelle spielte auf, und die vier Personen, die den Riesen trugen, traten beiseite. Der Mann, der unter dem Rock des Riesen steckte, trug diesen nun allein und tanzte hin und her. Nach dem Tanz kamen die vier Träger rasch zurück, denn das »Körpergewicht« des Riesen betrug 75 Kilogramm! Diese Zeremonie wurde fünf-, sechsmal wiederholt. Zwei Mädchen in grüner Jacke, weißem Rock und weißen Federn am Hut gingen hin und her und schenkten den Gästen aus einem kleinen hölzernen Weinfaß, das sie an der Hüfte trugen, Wein aus. Dieser alte Brauch zog alle Einwohner des Ortes, Mann und Frau, alt und jung, an, und die ausländischen Touristen fotografierten und filmten. Unser Delegationsleiter, Genosse Wang Bingnan, gab in seiner Ansprache während dieser eindrucksvollen Zeremonie seiner Hoffnung Ausdruck, daß Samson sowohl die Teufel als auch die großen und kleinen Tyrannen vertreiben möge. Diese Worte fanden den großen Beifall der Freunde.

Nachdem wir uns von »Samson« verabschiedet hatten, fuhren wir in Richtung Wien immer an den Bergen entlang. Zu Mittag aßen wir am Ettrachsee. Er liegt 1.400 Meter über dem Meeresspiegel und ist von grünen Bergen umgeben, auf deren Gipfel der weiße Schnee glänzt. Die Landschaft ähnelt sehr unserem Himmelssee in der Provinz Xinjiang (Sinkiang), voller Ruhe, schlicht und schön. Genosse Ai Qing, der Dichter, nannte den See die kleine Schwester des Himmelssees.

Nach dem Essen fuhren wir weiter die sich an den Bergen windende Einbahnstraße. Die Bergstraße ist hoch und gefährlich. Der Sölkpaß erhebt sich bis 1.790 Meter Höhe, zu beiden Seiten dicke Schneemauern. Erst jetzt sagten uns die Gastgeber, daß man wegen unseres Kommens den Schnee am Paß geräumt habe. Diese Mitteilung rührte uns sehr.

Zwei Tage reisten wir im »grünen Herzen Österreichs«, und überall empfingen wir, wie im ganzen Lande, die freundschaftlichen Gefühle des österreichischen Volkes. Wie das Wasser des Himmelssees und des Ettrachsees ist diese Freundschaft, so klar und so tief.

Derlei Berichte unterscheiden sich recht deutlich von dem, was man im China der fünfziger und sechziger Jahre über Österreich schrieb. Hat man auf der neuen »Reise nach dem Westen« nun eine Insel der Seligen entdeckt? Auf jeden Fall scheint sich der alte Spruch »Einmal sehen ist besser als hundertmal hören« auch in umgekehrter Richtung zu bewähren.

Junge und Alte bauen eine Brücke – Freundschafts- und Forschungsarbeit innerhalb von ÖCF, ÖGCF und Ludwig-Boltzmann-Institut

»Die Idee zur Gründung des Institutes ist, was ich als besonders erfreulich feststelle, von jungen Persönlichkeiten ausgegangen, die sich im *Österreichischen Bundesjugendring* zusammengefunden hatten«, erklärte Vizekanzler a. D. Dr. Pittermann anläßlich der Eröffnung einer China-Informationswoche im September 1972 und gab gleichzeitig seiner Genugtuung darüber Ausdruck, daß jene »jungen Österreicher, die die völkerverbindende Idee dieses Institutes« verwirklichten, »dabei auf die Mitarbeit erfahrener Persönlichkeiten aus dem Bereich der Wirtschaft und der Politik Wert gelegt« hätten[100]. Zu diesem Zeitpunkt war das Österreichische China-Forschungsinstitut ein Jahr alt. Wie war es zu seiner Gründung gekommen?

Die Initiative kam vom damaligen Assistenten am Institut für Völkerrecht und internationale Beziehungen der Wiener Universität, Dr. Gerd Kaminski. Er hatte seit Jahren persönliche und fachliche Inter-

Der Präsident der Österreichischen Jungarbeiterbewegung Dr. Bruno Buchwieser hat der ÖGCF in der schwierigen Anfangsphase in seinen Büroräumen eine Heimstatt gewährt. Hier zeigt er dem chinesischen Botschafter das Lokal der ÖGCF. (Von links nach rechts: Dr. Buchwieser, der Österreichreferent im chinesischen Außenministerium Pan Haifeng, Dr. Kaminski, Botschafter Wang Yueyi)

essen für China gezeigt und mit der chinesischen Handelsmission seit ihrer Einrichtung in Wien Kontakt gepflogen. Mit Sorge beobachtete er, daß nach der Aufnahme der diplomatischen Beziehungen im Jahre 1971 radikale Grüppchen von ganz rechts und ganz links zum Schaden der Beziehungen beider Staaten und des Prestiges der Volksrepublik China in Österreich das Thema China monopolisieren wollten. Seiner Ansicht nach sollten die freundschaftlichen und kulturellen Beziehungen zur Volksrepublik China auf einer breiten, vom Vertrauen der großen Mehrheit der Österreicher getragenen Ebene abgewickelt werden. Sein Entschluß, die Gründung einer entsprechenden Institution anzustreben, war rasch gefaßt, und fast ebenso rasch erhielt er von Politikern, die ihn aus der Jugendarbeit kannten und ihm vertrauten, wirksame Hilfe. Die Abgeordneten Dr. Fritz König und Peter Schieder stellten sich mit den von ihnen geführten Jugendorganisationen hinter ihn und schossen je 5000 Schilling an Mitgliedsbeiträgen vor. Diese Beträge bildeten nebst von Kaminski aus seinem schmalen Gehalt immer wieder zugeschossenen Eigenmitteln das Startkapital für die Aktivitäten der *Arbeitsgemeinschaft Österreichisches China-Forschungsinstitut.* Doch war die Arbeitsgemeinschaft vorerst ohne Heim, und ihre Tätigkeit wurde von Kaminski in Art eines vazierenden Gewerbes einmal in diesem und einmal in jenem Sekretariat von Jugendorganisationen und Interessenvertretungen ausgeübt

Der Vorsitzende der ÖGCF Vizekanzler a. D. DDr. Bruno Pittermann und der chinesische Botschafter Wang Yueyi bei der Eröffnung der ersten Chinawoche, Wien, Brigittenau, September 1972 (Archiv der ÖGCF)

– je nachdem, wo sich gerade die Möglichkeit ergab. Es ist das bleibende Verdienst des Präsidenten der Österreichischen Jungarbeiterbewegung und der Europahäuser in Österreich, Dr. Bruno Buchwieser, dem Institut in seinen Räumen in den Tuchlauben 8 ein Heim gewährt und ihm durch Finanzierung der ersten beiden Nummern der Zweimonatsschrift *China-Report* eine über Österreich hinausreichende Stimme verliehen zu haben. Durch Vermittlung des heutigen Geschäftsführers der Tageszeitung *Die Presse*, Johann P. Fritz, war es möglich, während der Anfangsphase eine Hilfestellung des Europahauses Wien zu erreichen, dessen Vorstandsmitglieder zum Teil auch im China-Forschungsinstitut Funktionen übernahmen[101].

Die Angehörigen der chinesischen Botschaft zeigen sich um den erkrankten Vorsitzenden der ÖGCF bei dessen Besuchen in der Mission rührend bemüht. (Foto: Marianne Wang)

Als besonders wichtig sollte sich in der Folge erweisen, daß es Kaminski gelungen war, die beiden österreichischen Großparteien zu einem Engagement innerhalb der Institution zu bewegen. Dies führte nie zu einer Gängelung der Arbeit des Instituts. Die Freiheit des Generalsekretärs in seiner Arbeit wurde vielmehr statutenmäßig verankert. Und doch brachte dies den ungeheuren Vorteil, daß im neutralen Österreich die Beziehungen zur Volksrepublik China anders als in der benachbarten Bundesrepublik aus dem Parteienstreit herausgehalten werden konnten. Demonstrativ lobte der damalige außenpolitische Sprecher der ÖVP, Gesandter Dr. Karasek, am Vorabend der ersten vom Österreichischen China-Forschungsinstitut veranstalteten Studienkonferenz die österreichische Chinapolitik als »Musterbeispiel einer gemeinsamen Außenpolitik der beiden Großparteien[102]«. Die solchermaßen angedeutete Haltung der beiden Großparteien wurde dadurch unterstrichen, daß der sozialistische Vizekanzler a. D. Dr. Pittermann – den Adenauer bei früheren Wien-Besuchen offensichtlich vergeblich vor den »Tschinesen« gewarnt hatte[103] – Ende 1971 den Vorsitz im künftigen Vorstand des ab März 1972 angemeldeten Vereins und der 2. Nationalratspräsident, Dr. Alfred Maleta (ÖVP), die ihm offerierte Würde eines Ehrenpräsidenten übernahm. Angesichts der Versuche, das neue Institut zu desavouieren, welche von links und rechts unternommen worden sind, war dies besonders wichtig. Während vom Organ der moskauorientierten KPÖ in Österreich *(Volksstimme)* angedeutet wurde, das China-For-

Die erste Vorstandsdelegation der ÖGCF in die VR China unter Vizekanzler a. D. Dr. Hermann Withalm (in der Mitte der stv. Ministerpräsident Deng Xiaoping (Foto: Xinhua)

schungsinstitut werde vor allem den Informationsinteressen westlicher Geheimdienste entgegenkommen, warf man von anderer Seite der jungen Institution vor, sie würde ein von Peking gelenktes Propagandazentrum darstellen. Unter dem fettgedruckten Titel *Chinapolitik oder Propagandazentrum in Wien* brachten die *Salzburger Nachrichten* Leserbriefe, in denen die Vorwürfe der Gängelung durch »Rotchina«, der bewußten Unobjektivität und des »Kotaus« vor »Rotchina« erhoben wurden[104].

Je rascher die neue, China gewidmete Vereinigung in flotteres Fahrwasser kam, desto stärker blies den exponierten Verantwortlichen der Wind ins Gesicht. Nachdem Dr. Pittermann sich hinsichtlich seines im Herbst 1972 absolvierten China-Besuches sehr wohlwollend geäußert hatte (»Positiv hat mich fast alles überrascht[105]«, »In China ist es wie bei der Oma[106]«) und auch innerhalb der Sozialistischen Internationale, deren Vorsitz er innehatte, mit seiner Meinung nicht hinter dem Berg hielt, wurde er von der Moskauer *Prawda* in einem längeren Artikel scharf attackiert[107]. Doch auch die Taiwanesen ließen ihn nicht ungeschoren und bezeichneten ihn in einer ihrer in Hongkong herausgegebenen Propagandazeitschriften bildreich als »Häuptling der Österreichischen Sozialistischen Partei, dem die Luft ausgegangen ist[108]«. Generalsekretär Kaminski, der China im Frühjahr 1972 besucht und nachher den freundschaftlichen und kulturellen Beziehungen Österreichs mit China eine günstige Prognose gestellte hatte[109], wurde im selben Artikel als »Fresser« (der die Botschaft der Volksrepublik China nur wegen ihres Kochs frequentiere), »Ignorant« und »Hurer« vorgestellt. Da aber im gleichen Atemzug Handelsminister Staribacher und der Präsident der Bundeswirtschaftskammer, Sallinger, als »schmutzige Würmer auf dem

Vorstandsdelegation 1974 der ÖGCF unter ihrem Vorsitzenden Vizekanzler a. D. DDr. Bruno Pittermann. (Neben ihm der damalige Vorsitzende der chinesischen Freundschaftsgesellschaft Li Enqiu) (Foto: Xinhua)

Misthaufen« bezeichnet wurden, konnten die attackierten Vorstandsmitglieder des Österreichischen China-Forschungsinstitutes, wenn auch nicht mit der Umgebung, so doch mit der Gesellschaft zufrieden sein und sahen keinen Anlaß, ihre Aktivitäten zu reduzieren. Dies bewog pro Taibei und kontra Peking eingestellte Personen, ihr Störfeuer auf die scheinbar schwächste Stelle zu konzentrieren: auf den ehrenamtlich arbeitenden Generalsekretär, der gerade dabei war, sich mit einem Buch über *Chinesische Positionen zum Völkerrecht* (Berlin 1973) die Dozentur zu erwerben. Zur Herabsetzung seines wissenschaftlichen Ansehens war jedes Mittel recht. Gutachter wurden mit dem Hinweis unter Druck gesetzt, daß die Erteilung der Lehrbefugnis für Kaminski um jeden Preis verhindert werden müsse, Fachzeitschriften wurden unter Hinweis auf angeblich mangelnde wissenschaftliche Qualifikationen Kaminskis aufgefordert, nichts mehr von ihm zu drucken. Einem Mitglied der österreichischen Bundesregierung wurde die unverhohlene Drohung übermittelt, man werde für den Fall, daß Kaminski sich weiterhin wissenschaftlich zu etablieren wünsche, »seine zivile Existenz vernichten«. Seitdem Kaminski, der nicht aufgab, Anfang 1978 von einer nach Wien berufenen Kommission, die mit den bekanntesten deutschen Völkerrechtlern besetzt war, einstimmig die Lehrbefugnis verliehen wurde, ist es allerdings stiller geworden.

Was hatte die gegen die Volksrepublik China eingestellten Kräfte so gegen den Gründer des Österreichischen China-Forschungsinstitutes aufgebracht? Vielleicht drückte es der schwedische Botschafter Lennart Petri (von Freunden scherzweise der chinesische Botschafter in Österreich genannt) am besten aus, als er dem ehemaligen Vizeaußenminister und heutigen Präsidenten der chinesischen Freundschaftsgesellschaft,

Vorstandsdelegation 1975 der ÖGCF nach China unter Leitung von Minister a. D. Dr. Alois Mock (im Hintergrund die große Brücke über den Jangtse bei Nanking) (Foto: Xinhua)

Wang Bingnan, mitteilte, nach Übersiedlung vom Pekinger auf den Wiener Posten habe er in Österreich keinerlei Interesse für China festgestellt – ein Zustand, der vom Team des Österreichischen China-Forschungsinstitutes in den darauffolgenden Jahren wirksam beseitigt worden sei.

Genau das hatte das Österreichische China-Forschungsinstitut sich als Aufgabe gestellt: die »chinesische Mauer« der Unkenntnis über China abzubauen und eine Brücke der Begegnung beider Völker und Kulturen zu errichten[110].

Daß Information über China bitter notwendig war, wurde durch einen Test mit Haupt- und Mittelschülern, den das Institut im September 1972 anläßlich einer China-Ausstellung durchführte, schlagend bewiesen. Als Antworten auf die Frage nach vier großen Städten Chinas waren unter anderem zu lesen: Möngtse (Mencius), Hanoi, Bangkok, Tongking. Ein Mädchen bezeichnete Shanghai als längsten Fluß Chinas, und ein Bub meinte, daß in China die erste Atombombe gefallen sei. Die Vorstellungen, welche die Schüler von China hatten, reduzierten sich meistens auf Aussagen wie: »Chinesisch, Chinesen«, »Die Menschen haben dort gelbliche Häute«, oder »China ist ein großes Land. Es gibt arme und reiche Leute. Reis gibt es am meisten«, womit der Schreiber trotz der großen Bevölkerungszahl Chinas nicht ganz unrecht hatte. Es wäre verfehlt, über diese Kinder zu lächeln und zu meinen, die Erwachsenen hätten es viel besser gewußt. Auf einer von einer Volkshochschule veranstalteten China-Reise ließ sich ein älterer Reiseteilnehmer nicht abbringen von seinen Versuchen, an die erstaunte Bevölkerung Glasperlen zu verteilen. Beim Dinner des Staatlichen chinesischen Reisebüros überreichte er dem nur mit Mühe ausdruckslos dreinblickenden Protokoll-

Vorstandsdelegation der ÖGCF 1976/77 unter Leitung von Justizminister Dr. Christian Broda

chef »eine Glasperlenkette für die Frau Gemahlin« und umsichtigerweise »eine für die Frau Konkubine«.

Da war also ein weites Feld zu beackern. Nicht zufällig wurden die ersten Aktivitäten des Instituts von den Zeitungen mit Schlagzeilen bedacht wie *Studienkonferenz bot neue Informationen*[111] oder *Brücke zur Verständigung* (über eine Ausstellung)[112]. Wohl kommt auch heute noch vor, daß von manchen Landsleuten China mit Exotik und fernem Ausland gleichgesetzt wird. Erst unlängst erhielten die Autoren den Anruf eines aufgeregten Wieners, der mitteilte, er rufe im China-Institut an, weil sich auf dem Wilhelminenberg[113] niemand melde; er möchte gerne Verhaltensmaßregeln hinsichtlich seiner kranken Schildkröte erhalten.

Im allgemeinen aber hat sich der Informationsstand in Österreich über China wesentlich gehoben. Dazu hat das Österreichische China-Forschungsinstitut maßgeblich beigetragen. In den Jahren 1972 bis 1979 hat es nicht weniger als dreißig Ausstellungen durchgeführt[114]. Ein Teil davon wurde von den Mitarbeitern des Instituts selbst zusammengestellt, ein anderer Teil kam aus China – und eine Ausstellung scheint deshalb aus China gekommen zu sein, um weitere einschlägige Eigenproduktionen zu vermeiden. Es handelt sich dabei um eine Schau chinesischer Kindermalerei. Als sich das mittlerweilen zur Gesellschaft umgetaufte Institut im Spätherbst 1974 an einer vom Dachverband österreichisch-

Vorstandsdelegation der ÖGCF 1978 unter Leitung von Verteidigungsminister Otto Rösch (im Hintergrund das Geburtshaus Mao Zedongs (Mao Tse-tungs) (Foto: Xinhua)

ausländischer Gesellschaften veranstalteten Kindermalerei-Ausstellung beteiligen wollte und aus China nichts zu erhalten war, hatte man sich österreichischerseits beholfen, indem man einem chinesischen Schüler mit echt volksrepublikanischem Reisepaß Zwangsmalstunden auferlegte. Leider erwies er sich als völlig untalentiert, und außerdem zeigte er Zeichen fortgeschrittener Austrifizierung, da er statt Wasserbüffel Hirsche und die Chinesen mit Gamsbärten darstellte. Im darauffolgenden Jahr erhielt die Gesellschaft als erste in Europa eine umfangreiche Ausstellung chinesischer Kinderzeichnungen, die allgemeines Entzücken erregten . . .

Ähnlich lebhaft entwickelte sich die Vortragstätigkeit des Instituts, bis sie Mitte der siebziger Jahre einen Stand von ca. sechzig größeren und kleineren Vorträgen pro Jahr erreichte. Dazu kommen noch Kurse in praktischen Fähigkeiten wie Unterricht in chinesischer Sprache, in chinesischer Tuschmalerei, Kalligraphie oder Taiji. Im Rahmen der Präsentation von Dokumentarfilmen über China wurden im Mai 1976 der gesamte Zyklus *Alltag in China* von Felix Greene und im Herbst 1977 unter Anwesenheit von Joris Ivens und Marceline Loridan deren großes, vielteiliges Filmwerk *Yu Gong versetzt Berge* gezeigt. Durch China-Tage und Malwettbewerbe in österreichischen Schulen und die Abhaltung von China-Wochen sollte die Basisinformation des Durchschnittsösterreichers über China verbessert werden.

Als besonders geeignetes Instrument für die Vertiefung des Wissens über China erwiesen sich die vom Institut seit dem Jahre 1973 veranstalteten Reisen. Ob es sich um Touristengruppen handelte oder um überwiegend von Politikern besetzte Freundschaftsdelegationen – die Begegnung mit China blieb nie ohne Echo[115]. An diesen positiven Effekten hatte die perfekte Betreuung durch das Staatliche chinesische Reisebüro

Vorstandsdelegation 1979 der ÖGCF unter Leitung von Landwirtschaftsminister Dipl.-Ing Günter Haiden (zwischen dem Minister und Botschafter Dr. Gredler der Präsident der chinesischen Freundschaftsgesellschaft Wang Bingnan) (Foto: Xinhua)

bzw. durch die chinesische Freundschaftsgesellschaft einen großen Anteil. Besonders perfekt war das Team, welches für die erste Vorstandsdelegation unter Leitung von Vizekanzler a. D. Dr. Hermann Withalm zuständig war und danach einige Jahre lang im wesentlichen unverändert blieb: Zhong Hanjiu vom Vorstand der Freundschaftsgesellschaft, assistiert von Yang Lihua und dem vom Außenamt ausgeborgten, in bezug auf Österreich schier allwissenden Pan Haifeng legten gemeinsam mit so tüchtigen Organisationsreferenten wie Chen Lemin und Hu Lipeng den Grundstein für ein herzliches Verhältnis, eine gute Nachrede und damit für ein verstärktes Interesse weiterer Persönlichkeiten des öffentlichen Lebens, China im Rahmen dieser Delegationsreisen einen Besuch abzustatten. In chronologischer Reihenfolge wirkten folgende Politiker als Delegationsleiter: Vizekanzler a. D. Dr. Hermann Withalm (1973)[116], Vizekanzler a. D. Dr. Bruno Pittermann (1974)[117], Minister a. D. Dr. Alois Mock (1975)[118], Justizminister Dr. Christian Broda (Ende 1976)[119], Verteidigungsminister Otto Rösch (1978)[120], Landwirtschaftsminister Dipl.-Ing. Günter Haiden (1979)[121].

Dieser vom Institut organisierte Besuch hochrangiger österreichischer Delegationen in der Volksrepublik China fand von Anfang an auf beiden Seiten Beachtung[122] und half mit, dem Institut (ÖCF) und später der Gesellschaft (ÖGCF) eine Unterstützung durch Persönlichkeiten des öffentlichen Lebens zu verschaffen, wie sie keine andere China-Gesellschaft irgendwo auf der Welt aufzuweisen hat. (Zu dem schon vorher erwähnten Vorstand kam ein Kuratorium, das unter anderem die Minister für Justiz, Landesverteidigung, Landwirtschaft und Gesundheit, den Bürgermeister von Wien, den Obmann der Österreichischen Volkspartei und viele andere hochrangige Politiker umfaßt.) Das wurde auf chinesischer Seite sehr wohl registriert, und als Justizminister Dr. Broda 1976, be-

Österreichische Juristendelegation unter Leitung der Präsidenten des Verfassungs- und des Obersten Gerichtshofes Univ.-Prof. Dr. Erwin Melichar und Dr. Franz Pallin beim stv. Leiter der Staatsanwaltschaft Zhang Su. (Foto: Xinhua)

Die auf Einladung der ÖGCF im November/Dezember 1979 in Österreich weilende Juristendelegation unter Leitung von Frau Prof. Han Youtong vor dem Bezirksgericht in Neumarkt, Stmk. (Foto: Gustav Meng)

Die chinesische Juristendelegation in der guten Stube eines steirischen Bauernhofs
(Foto: Gustav Meng)

gleitet von den Klubobmännern beider Großparteien, mit einer ÖGCF-Delegation nach China kam, gab der Präsident der Gesellschaft des chinesischen Volkes für Freundschaft mit dem Ausland, Wang Bingnan, seiner Freude darüber Ausdruck, eine Gruppe begrüßen zu können, »durch weiche 95 Prozent des österreichischen Volkes repräsentiert werden«.

Diese breite Basis ermöglichte es der ÖGCF, ihrerseits Österreichbesuche chinesischer Delegationen erfolgreich zu organisieren. Über den Besuch der Freundschaftsdelegation unter Präsident Wang Bingnan[123] und dessen Beurteilung (»Die Österreicher haben ein goldenes Herz«) wurde schon im vorhergehenden Abschnitt berichtet. Kaum weniger bedeutungsvoll war, daß auf Einladung der ÖGCF im Spätherbst 1979

Liu Dehai, der beste Pipa-Spieler der Welt, bei einer Life-Sendung von »Autofahrer unterwegs« in Bad Aussee

zum ersten Mal der Besuch einer chinesischen Juristendelegation in Österreich und in einem westlichen Land überhaupt erfolgen konnte. Die von Frau Prof. Han Youtong[124] geführte Delegation prominenter chinesischer Juristen[125] wurde dank der Unterstützung von Justizminister Dr. Broda und der Höchstgerichte ebenfalls ein voller Erfolg[126], wodurch sich die von Minister Broda, den Präsidenten von Verfassungsgerichtshof und Oberstem Gerichtshof, Prof. Dr. Melichar und Dr. Pallin, und Generalsekretär Kaminski begonnenen juristischen Kontakte zu einem interessanten Bindeglied zwischen Österreich und China

Liu Dehai und die beliebte österreichische Rundfunksprecherin Rosemarie Isopp

Ein besonderes Erlebnis für die beiden Pianisten des im Februar/März 1980 auf Einladung der ÖGCF in Österreich auf Tournee befindlichen Musikensembles: sie durften auf dem Mozart-Klavier in Mozarts Geburtshaus spielen. Spielend: Li Qi, rechts von ihm: Cui Shiguang. (Foto: Shi Hong'e)

entwickelten[127]. 1980 dehnte die ÖGCF diese Tätigkeit durch die Organisierung von siebzehn Konzerten für ein chinesisches Ensemble auch auf den musikalischen Bereich aus. Dieses Gastspiel, das von der österreichischen Presse hervorragend rezensiert wurde, bildete einen Markstein für die erneute Zusammenarbeit zwischen österreichischen und chinesischen Musikern[128].

Die ÖGCF kann außerdem noch auf eine ganze Reihe anderer mehr oder weniger bedeutender Pionierleistungen zurückblicken: Im Februar 1973 gelang es ihr, chinesische Diplomaten nicht nur zur Teilnahme an dem damals politisch noch etwas im Zwielicht stehenden Frühlingsfest zu bewegen, sondern auch noch durch Gesangsnummern zum Gelingen der Veranstaltung beizutragen[129] (die Frühlingsfeste der ÖGCF sind inzwischen bereits zur Tradition geworden; sie werden jedes Jahr von etwa

Fräulein Shi Qiaoying war die erste Funktionärin der chinesischen Freundschaftsgesellschaft, welche zum Studium ins Ausland geschickt wurde. Sie kam im Herbst 1979 auf Einladung der ÖGCF für ein Jahr nach Österreich. (Foto: Barbara Sasse)

Generaldirektor Walter Flöttl führt Bundespräsident Dr. Kirchschläger, Nationalratspräsident Benya und Sozialminister Weißenberg durch die in den Räumen der Zentrale der Bank für Arbeit und Wirtschaft im November 1977 veranstaltete Ausstellung »China – das Lächeln der Kinder.« Die dabei ausgestellten Fotos hatte Generaldirektor Flöttl im Januar desselben Jahres bei der von Bundesminister Dr. Broda geführten Vorstandsdelegationsreise selbst aufgenommen. (Foto: BAWAG)

500 Menschen besucht und finden – sowohl in Österreich als auch in der *Pekinger Volkszeitung* – ein lebhaftes Presseecho). Am 16. Mai 1974 gelang es, im Verein mit dem Wiener Institut für Entwicklungsfragen zum ersten Mal nach der Kulturrevolution einen chinesischen Spezialisten im westlichen Ausland auf ein Vortragspult zu locken. Nach langwierigen Verhandlungen sprach am 16. Mai 1974 Zhang Xianwu, Alternative Representative 8th Session Industrial Development Board, über die Konzeption der chinesischen Entwicklungshilfe. Am 2. August 1978 ermöglichte die ÖGCF gemeinsam mit der österreichischen Botschaft die erste Lesung deutschsprachiger Autoren nach der Kulturrevolution in Peking. Weil so viele interessierte Chinesen die Darbietung des Mitglieds der ÖGCF Kammerschauspieler Alexander Trojan (Burgtheater) hören wollten, mußte man vom mittleren Saal des internationalen Klubs in Peking in den großen Saal übersiedeln[130]. 1979 holte die ÖGCF zum ersten Mal eine Funktionärin der chinesischen Freundschaftsgesellschaft als Stipendiatin ins Ausland, welcher im Herbst 1980 ein Mitglied des Staatlichen chinesischen Reisebüros als Touristikstudent folgt. Ebenfalls 1980 gelang es der ÖGCF als erster Institution, chinesische Juristen zu Beiträgen für eine im westlichen Ausland herausgegebene Publikation zu bewegen. Derlei Leistungen, welche von beiden Seiten anerkannt werden[131], finden durch die Aktivitäten des von der Ludwig-Boltzmann-

Gesellschaft im Zusammenwirken mit der ÖGCF betriebenen Institutes für China- und Südostasienforschung eine wirksame Ergänzung. 1973 hatte der Vorstand wegen der zunehmenden Notwendigkeit, im Bereich des *good will* und der freundschaftlichen und kulturellen Beziehungen

Kinder der Volksschule Leystraße bringen dem österreichischen Bundespräsidenten, dem chinesischen Botschafter Yu Peiwen und den Spitzenvertretern von Parlament, Bundes- und Landesregierung sowie der Kammern ein chinesisches Ständchen in den Räumen der Bank für Arbeit und Wirtschaft. (Foto: BAWAG)

zwischen beiden Staaten Akzente zu setzen, den Beschluß gefaßt, den Vereinsnamen »Österreichisches China-Forschungsinstitut« in ÖGCF – Gesellschaft zur Förderung freundschaftlicher und kultureller Beziehungen zur Volksrepublik China – abzuändern. Im Jahre 1974 trat die ÖGCF mit Unterstützung der Kultursektion des Außenministeriums der Arbeitsgemeinschaft österreichisch-ausländischer Gesellschaften bei, wobei sie sich von den anderen Gesellschaften durch ein breiteres, auch eine Reihe von wissenschaftlichen Aspekten umfassendes Spektrum ihrer Arbeit unterscheidet. Seit Bestehen des Vereins herrscht nämlich dort die Meinung, daß die Erarbeitung wissenschaftlich gesicherter Erkenntnisse über das andere Land eine wichtige Unterstützung für stabile Beziehungen zu diesem Land darstellt und von der Neigung, in die Vorstellung von anderen Völkern eigene Utopien einzubringen, wenig zu halten ist. Aus diesem Grund unterhält die ÖGCF eine umfangreiche Bibliothek und Dokumentation, gibt sie die international anerkannte, zweimonatlich erscheinende Zeitschrift *China-Report* heraus und offeriert außer gesellschaftlichen und musischen Angeboten ein umfassendes Lehrprogramm.

Spezialisiertere Forschungsvorhaben werden allerdings seit Herbst 1978 im Rahmen des Ludwig-Boltzmann-Instituts für China- und Südostasienforschung verfolgt. Dieses Institut kann auf Strukturen aufbauen, welche in dem seit 1973 von der ÖGCF betriebenen, aber nicht mehr mit ihr identischen Österreichischen China-Forschungsinstitut betont worden sind. Unter dem Titel *Klein, aber fleißig und leistungsfähig* schrieb die stellvertretende Chefredakteurin der *Presse*, Ilse Leitenberger, am 5. November 1977:

Seine finanzielle und personelle Ausstattung ist immer noch der bescheidensten eine, doch das Duo Kaminski–Unterrieder, mit den

Eröffnung der von der ÖGCF veranstalteten Ausstellung »Österreichische Maler sehen China« durch Minister a. D. Dr. Alois Mock im Jahre 1974

Mitarbeitern seit einigen Monaten in der Wiener Wickenburggasse halbwegs untergebracht, hat den Namen des Österreichischen China-Forschungsinstituts längst auch außerhalb der Landesgrenzen »zum Klingen« gebracht . . . Vor allem aber verfolgt man seit Jahren, mehr oder weniger bedankt, mit Konsequenz durchaus richtig das Ziel, Spezialthemen zu behandeln, ungeachtet der Breite des Publikumsinteresses. Möglicherweise wollte man damit zuerst aus der Not eine Tugend machen, inzwischen hat sich jedenfalls herausgestellt, daß auch viele kleine Steinchen zusammen ein beachtliches Gewicht erzeugen können, oder, anders ausgedrückt, daß man eben durch dergleichen Spezialisierung sogar mit dem »Output« großer und reichlich dotierter Unternehmen konkurrieren kann.

Wesentlichen Anteil an der von Frau Leitenberger erwähnten internationalen Wettbewerbsfähigkeit hatte wohl der interdisziplinäre Ansatz des Instituts. Seine Leiter, Gerd Kaminski und Else Unterrieder, gingen von dem Konzept aus, daß eine isolierte philologische oder linguistische Arbeitsweise für eine Auseinandersetzung mit dem modernen China nicht ausreiche, sondern nur durch eine Zusammenarbeit von Vertretern verschiedener Fachrichtungen ein optimales Resultat zu erzielen ist. Um das durch ein Beispiel plastisch zu machen: Bei der zahlentheoreti-

Von der ÖGCF im Jahre 1979 in der Volkshalle des Wiener Rathauses veranstaltete Ausstellung chinesischer Neujahrsbilder

schen »Goldbachvermutung« wird ein Sinologe bestenfalls den Namen übersetzen und vielleicht noch über Wörterbücher feststellen können, daß es sich dabei um ein mathematisches Problem handelt. Er wird aber keinesfalls in der Lage sein, zu beurteilen, ob der chinesische Mathematiker Hua Luogeng beim Nachweis der Goldbachvermutung weiter gekommen ist als englische oder amerikanische Wissenschaftler. Dies kann nur jemand, der das Chinesische beherrscht *und* zusätzlich Fachkenntnisse besitzt – wie der Mitarbeiter des Institutes Dr. Wolfgang Ruppert, dessen Broschüre über die chinesische Mathematik sogar aus Mozambique bestellt worden ist.

Weitere Referenten des Instituts wie Dr. Helmut Opletal oder Gustav Meng können wiederum mit anderen Fachkenntnissen aufwarten, so daß die so erzielten Forschungsresultate sich nicht nur auf sprachliche, sondern auch auf Detailkenntnisse der Materie gründen[132].

Ein weiteres Geheimnis der Leistungsfähigkeit des Instituts, aber auch der als Cosponsor auftretenden ÖGCF ist die Opferbereitschaft der Mitarbeiter und Freunde. Ohne sie wäre Kaminski tatsächlich der »Josef Ressel«, als der er von Bundesminister Dr. Broda gelegentlich mit einem wohlwollenden Scherz bezeichnet wird. Seine Stellvertreterin, Else Unterrieder, begnügte sich mehr als ein Jahr lang trotz keineswegs rosiger finanzieller Verhältnisse bei voller Arbeitsleistung mit gelegentlichen Zah-

In jungen Jahren fallen Brückenschläge besonders leicht
Joyce Lai und Tochter Anja der Malerin Mally im Künstlerhaus (Foto: Schneidmesser)

Österreichisch-chinesischer Kinderchor beim Frühlingsfest (Mondneujahrsfest) der ÖGCF

lungen, die bestenfalls alle drei Monate entrichtet werden konnten. Als dann im Herbst 1977 die ÖGCF eigene Räume in der Wickenburggasse 4 bezog, waren für diese zwar dank der tatkräftigen Unterstützung durch Generaldirektor Flöttl von der BAWAG Möbel vorhanden, doch fehlte es an Geld für die nötigen Adaptierungen. Das ganze Team des Instituts und einige Mitglieder scheuten nicht die zur Nachtzeit sowie samstags und sonntags verrichtete Arbeit vieler Wochen, um durch Strei-

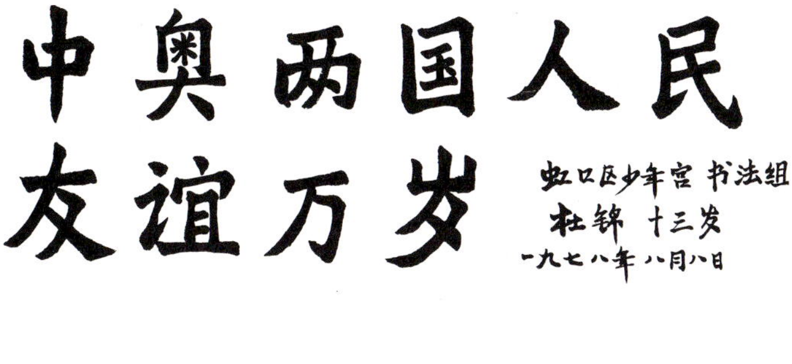

Es lebe die Freundschaft zwischen den Völkern Chinas und Österreichs! Du Jin, 13 Jahre, 8. August 1978 (Kalligraphie-Zirkel des Kinderpalastes)

»Die Massen«, gemalt von Robert Steffek, zwölf Jahre, IGS Atzgersdorf für den 1978/1979 von der ÖGCF veranstalteten Malwettbewerb (Archiv der ÖGCF)

Wang Yan, April 1979

»Menschen am Reisfeld«, A. Lengyel, dreizehn Jahre, Hauptschule Selzergasse, Wien, Malwettbewerb der ÖGCF (Archiv der ÖGCF)

Es lebe die chinesisch-österreichische Freundschaft! Wang Yan, April 1979

chen, Verkitten, Vergipsen die Räume in beziehbaren Zustand zu versetzen. Ähnlich verhielt es sich, als ein knappes Jahr später für die Zwecke des Boltzmann-Instituts eine noch mehr verlotterte Wohnung zugemietet werden konnte.

Dieses Vertrauen auf die eigene Kraft hat es ermöglicht, daß zum Zeitpunkt der Übernahme des Institutes durch die Ludwig-Boltzmann-Gesellschaft bereits zehn Titel in der Schriftenreihe des Instituts erschienen waren[133]. In seiner Eröffnungsrede für das neue Institut betonte der österreichische Außenminister, Dr. Willibald Pahr, am 27. November 1978 die bereits erbrachten Leistungen der Vorgänger-Institution *Österreichisches China-Forschungsinstitut* und bekräftigte die Bedeutung der Intensivierung und Ausweitung der einschlägigen Forschungstätigkeit[134]. Tatsächlich erwies sich das Zusammengehen mit der Ludwig-Boltzmann-Gesellschaft für den wissenschaftlichen Output als vorteilhaft. Im ersten Halbjahr nach der Gründung belief sich die Publikationsliste der Institutsmitglieder noch auf vierzehn Einheiten und schnellte dann 1979 auf dreiundvierzig empor – eine Entwicklung, welche durch die neuen, von der Boltzmann-Gesellschaft gebotenen Bedingungen ermöglicht wurde, deren Verantwortlichen dafür nicht genug Dank gezollt werden kann.

Die wirksame Unterstützung, welche seither beide Institutionen einander gewähren konnten, hat die Kurven ihrer Aktivitäten steil in die Höhe geführt. Ein wichtiger Schwerpunkt ist die Publikation dieses Buches, in dem beide Völker zum ersten Mal ihre gemeinsame Geschichte nachlesen können.

Viel wäre noch zu erzählen: von der Drachenmauer, – der einzigen in Österreich –, welche ÖGCF und Boltzmann-Institut verbindet, von der bevorstehenden China-Fahrt der berühmten österreichischen Autorin Barbara Frischmuth, von den Tiroler Murmeltieren im Pekinger Zoo, vom Wettjodeln österreichischer Chinesen beim Frühlingsfest, vom »Österreichwäldchen« in Hangzhou, vom Shuangxi des Justizministers Dr. Broda . . . doch einmal muß ein Schlußpunkt gesetzt werden. Ein vorläufiger Schlußpunkt natürlich, denn »von Österreichern und Chinesen« wird es in Zukunft noch viel zu berichten geben. Schreiben Sie mit uns ein neues Kapitel? Wir warten auf Sie bei einem grünen Tee in der Wickenburggasse 4 im achten Wiener Gemeindebezirk.

ANMERKUNGEN

1 Hans Thalberg, *Als erster österreichischer Botschafter in der Volksrepublik China* – Vortrag, gehalten auf Einladung der ÖGCF am 31. Mai 1978, in: *China-Report,* Nr. 41/1978, S. 8.

2 Wilfried Gredler, *Österreich–China: aktuell,* – Vortrag, gehalten auf Einladung der ÖGCF am 26. September 1978, in: *China-Report* Nr. 42/43 1978, S. 13.

3 Thalberg, a. a. O., S. 9, sowie eigene Kenntnis des Autors Gerd Kaminski.

4 Thalberg, a. a. O., S. 10.

5 Ebd., S. 10.
6 Ebd.
7 Ebd., S. 9.
8 Ebd.
9 Ebd., S. 10 f.
10 Ebd., S. 11.
11 Ebd., S. 11.
12 Ebd., S. 12.
12a Delegationsmitglieder waren weiterhin: Heinz Nußbaumer, *Kurier,* Dr. Hermann Polz, *O. Ö. Nachrichten,* Dr. Manfred Scheuch, *Arbeiter-Zeitung,* Helmut Schuster, *Südost-Tagespost* , Kurt Seinitz, *Kronenzeitung,* Harry Sichrovsky, ORF, Dr. Kurt Vorhofer, *Kleine Zeitung.*
13 Gespräch mit Else Unterrieder am 6. August 1979 in der Hofburg. In ähnlicher Weise äußerte sich der österreichische Bundespräsident im Beisein des Autors Gerd Kaminski am 28. November 1979 gegenüber der chinesischen Juristendelegation.
14 Interview von Else Unterrieder mit Bundespräsident Dr. Kirchschläger am 6. August 1979.
15 Gespräch Dr. Kirchschlägers mit der chinesischen Juristendelegation im Beisein von Gerd Kaminski.
16 Siehe Anmerkung 14.
17 Ebd.
18 Ebd.
19 Ebd.
20 Ebd.
21 In Begleitung des Ministers befanden sich der stellvertretende Generalsekretär und politische Direktor des österreichischen Außenministeriums, Dr. Ludwig Steiner, der Chef der Presseabteilung, Dr. Wolfgang Schallenberg, der Chef der Informationsabteilung, Dr. Walter Magrutsch, der stellvertretende Leiter der Kultursektion, Dr. Franz Wunderbaldinger und Kabinettschef Dr. Gerald Hinteregger.
22 *Die Presse* vom 18. November 1974.
23 *China-Report,* Nr. 21/22 1975, S. 35.
24 *China-Report,* Nr. 35/36 1977, S. 61.
25 *Die Presse* vom 21. Januar 1978.
26 Gredler an Kaminski am 4. Juni 1979.
27 Mitteilungen von Botschafter Gredler an Gerd Kaminski.
28 Gredler an Kaminski am 26. April 1978.
29 Mitteilung von Frau Dr. Elisabeth Pittermann.
30 *China-Report,* Nr. 2, 1971, S. 25.
31 *China-Report,* Nr. 18, 1974, S. 31.
32 Ab 1957 arbeitete Yu als stellvertretender Leiter der Amerikaabteilung, ab 1958 als Chef des Protokolls; er nahm 1961 an der 2. Genfer Indochina-Konferenz teil, begleitete Liu Shaoqi 1963 auf Reisen in asiatische Länder und Zhou Enlai 1963/64 auf Reisen in afrikanische und asiatische Länder. – *Who's Who in Communist China,* Bd. 2, hrsg. vom Union Research Institute, Hongkong 1970, S. 785 f.
33 Rudolf Sallinger, *Österreichs Chinahandel – Initiative in der Bundeskammer* – Vortrag, gehalten auf Einladung des Österreichischen China-Forschungsinstitutes am 13. Juni 1973, in: *China-Report* Nr. 11, 1973, S. 6. – Als weiteres Ergebnis dieser Delegationsreise konnte die Einladung einer österreichischen Wirtschaftsdelegation angesehen werden, die unter Führung von Vizepräsident Seidl im November Peking und Kanton besuchte. Die 24 Teilnehmer kamen aus den verschiedensten österreichischen Wirtschaftssparten, wodurch ein umfassendes Bild vermittels und gewonnen werden konnte. – Ebd. – Vgl. auch *China-Delegation nutzt die Chancen – Edelstahlindustrie am erfolgreichsten – Verbesserung der Handelsbilanz mit Peking erwartet,* in: *Die Presse* vom 5. Dezember 1971.
34 590 der Beilagen zu den stenographischen Protokollen des Nationalrates XIII. GP 29. 11. 1972

Regierungsvorlage

Handels- und Zahlungsabkommen zwischen der Republik Österreich und der Volksrepublik China

Die Republik Österreich und die Volksrepublik China sind, vom Wunsche geleitet, die Wirtschafts- und Handelsbeziehungen zwischen den beiden Staaten auf der Basis der Gleichberechtigung und des gegenseitigen Vorteiles zu entwickeln, übereingekommen, folgendes Abkommen zu schließen:

Artikel 1

Der Warenverkehr zwischen der Republik Österreich und der Volksrepublik China wird gemäß den allgemeinen Rechtsvorschriften für die Ein- und Ausfuhr, die in jedem der beiden Staaten in Geltung sind, sowie auf der Grundlage dieses Abkommens durchgeführt.

Artikel 2

(1) Die Vertragsparteien werden einander die Meistbegünstigung auf dem Gebiet der Zölle und sonstigen Abgaben (Steuern, Gebühren und Beiträge), die anläßlich der Ein- oder Ausfuhr von Waren erhoben werden, sowie auch hinsichtlich der Art der Erhebung dieser Zölle und Abgaben gewähren.

(2) Die Bestimmungen dieses Artikels finden keine Anwendung:

a) auf Begünstigungen, die von einer der Vertragsparteien bestimmten Staaten der bestimmten regionalen Organisationen in der Absicht eingeräumt wurden oder eingeräumt werden, eine Zone des freien oder präferenziellen Handels zu errichten,

b) auf Begünstigungen, die von einer der Vertragsparteien Nachbarstaaten zur Erleichterung des Grenzverkehrs eingeräumt wurden oder eingeräumt werden,

c) auf Begünstigungen, die von einer der Vertragsparteien dritten Staaten in Anwendung von multilateralen Verträgen, an denen die andere Vertragspartei nicht teilnimmt, eingeräumt wurden oder eingeräumt werden.

(3) Sollten sich aus der Anwendung des Abs. 2 Nachteile für den Handelsverkehr zwischen den beiden Vertragspartnern ergeben, so werden sich die zuständigen Behörden bemühen, diese Schwierigkeiten durch eine nach Maßgabe der bestehenden Rechtsvorschriften möglichst wohlwollende Behandlung zu beseitigen.

Artikel 3

Zur Erleichterung und Förderung der gegenseitigen Wirtschafts- und Handelsbeziehungen werden die Vertragsparteien im Rahmen ihrer Rechtsvorschriften bestrebt sein, Anträgen auf Erteilung von Bewilligungen für die Ausfuhr von Waren nach dem Gebiet der anderen Vertragspartei bzw. für die Einfuhr von Waren aus dem Gebiet der anderen Vertragspartei, soweit solche erforderlich sind, eine wohlwollende Behandlung zu gewähren.

Artikel 4

Alle Zahlungen zwischen der Republik Österreich und der Volksrepublik China erfolgen in Übereinstimmung mit den Devisenvorschriften jeder Vertragspartei in österreichischen Schilling oder in Ren-Min-Bi oder in für beide Geschäftspartner (Art. 5) akzeptablen frei konvertierbaren Währungen.

Artikel 5

Der Warenverkehr zwischen der Republik Österreich und der Volksrepublik China wird auf Grund von Verträgen abgewickelt, die zwischen natürlichen oder juristischen Personen oder Personengesellschaften des Handelsrechtes, die nach österreichischem Recht außenhandelsberechtigt sind, und chinesischen Organisationen, die nach chinesischem Recht außenhandelsberechtigt sind, abgeschlossen werden.

Artikel 6

Die Vertragsparteien setzen voraus, daß die gegenseitigen Warenlieferungen zu marktgerechten Preisen erfolgen werden. Im Falle von Schwierigkeiten auf dem Preisgebiet werden die beiderseits zuständigen Stellen bestrebt sein, geeignete Maßnahmen zu deren Behebung zu ergreifen.

Artikel 7

Die Bestimmungen dieses Abkommens finden auf Geschäfte, die vor dem Inkrafttreten dieses Abkommens abgeschlossen wurden, keine Anwendung. Auf Geschäfte, die im

Rahmen und während der Gültigkeitsdauer dieses Abkommens abgeschlossen wurden, jedoch im Zeitpunkt des Außerkrafttretens dieses Abkommens noch nicht erfüllt sind, werden die Bestimmungen dieses Abkommens weiter angewendet.
Artikel 8
Die Vertragsparteien kommen überein, eine Gemischte Kommission zu bilden. Ihre Aufgabe ist es, die Durchführung dieses Abkommens zu beobachten, neue Möglichkeiten zur Entwicklung des Handels zwischen den Vertragsparteien zu prüfen und geeignete Vorschläge zur Abänderung oder Ergänzung dieses Abkommens an die Vertragsparteien zu erstatten. Die Gemischte Kommission wird auf Wunsch einer Vertragspartei abwechselnd in Wien oder Peking zusammentreten.
Artikel 9
Dieses Abkommen tritt 60 Tage nach dem Zeitpunkt in Kraft, in dem die Vertragsparteien einander im Wege eines Notenwechsels mitteilen, daß die staatsrechtlichen Voraussetzungen für das Inkrafttreten gegeben sind. Es bleibt so lange in Kraft, bis es von einer der Vertragsparteien unter Einhaltung einer Kündigungsfrist von sechs Monaten schriftlich auf diplomatischem Weg gekündigt wird.
Zu Urkund dessen haben die hiezu gehörig Bevollmächtigten dieses Abkommen unterzeichnet und mit Siegeln versehen.
Geschehen zu Peking am 2. November 1972 in zwei Urschriften, in deutscher und chinesischer Sprache, wobei beide Texte gleichermaßen authentisch sind.
Für die Regierung der Republik Österreich:
Dr. Josef Staribacher m. p.
Für die Regierung der Volksrepublik China:
Pai Hsiang-kuo m. p.

35 »Entgegen dem Kammerabkommen verzichtet das Regierungsabkommen auf Warenlisten. Der Grund dafür liegt darin, daß der Außenhandel zwischen den beiden Ländern ... auf eine relativ sehr kleine Warenpalette beschränkt war. Den chinesischen Außenhandelsprinzipien entsprechend hat sich sowohl Angebot als auch Nachfrage nach den jeweils gegebenen Möglichkeiten gerichtet, während die umfangreichen Warenlisten manchmal nur unerfüllbare Erwartungen bewirkten.« – Peter Fitz, *Kommentar zu dem am 2. November in Peking unterzeichneten Handels- und Zahlungsabkommen zwischen der Republik Österreich und der Volksrepublik China,* in: *China-Report,* Nr. 9/10, 1973, S. 14. Den Ausführungen von Dr. Fitz war außerdem zu entnehmen, daß österreichischerseits aus der Volksrepublik China in erster Linie NE-Metalle (Wolfram, Antimonerze u. ä.) bezogen wurden. Diese Position schöpfte 1971 z. B. mehr als 60 Prozent der Gesamtbeträge in Höhe von 277 Millionen Schilling aus. Die an zweiter Stelle stehenden Beträge von Baumwollgeweben lagen demgegenüber unter 8 Prozent des Gesamtimportvolumens. Bei der österreichischen Ausfuhr dominierten Erzeugnisse der Edelstahlindustrie, denen in erster Linie die wesentliche Ausweitung der österreichischen Exporte von 121 Millionen Schilling im Jahr 1971 auf 322 Millionen Schilling im Jahr 1972 zu danken war. – Ebd.

36 Botschaft der Republik Österreich in der Volksrepublik China
Seiner Exzellenz
Herrn Liu Chen-hua
Vizeminister für Auswärtige Angelegenheiten der Volksrepublik China
Exzellenz,
Ich beehre mich, den Empfang Ihres Schreibens vom 4. April 1977 zu bestätigen, das folgenden Inhalt hat:
»Ich beehre mich auszuführen, daß die zuständigen Stellen beider Staaten in der Absicht, die Freundschaft zwischen China und Österreich zu vertiefen und die Entwicklung des Handels zwischen den beiden Staaten zu fördern, Gespräche über die Registrierung von Marken für Waren und Dienstleistungen auf der Grundlage der Gegenseitigkeit zwischen den beiden Staaten geführt haben. Im Namen der Regierung der Volksrepublik China bestätige ich hiermit, daß die nachstehende Vereinbarung über die wechselseitige Registrierung von Marken für Waren und Dienstleistungen zwischen den beiden Staaten erreicht worden ist:

›Beide Regierungen stimmen überein, daß auf der Grundlage der Gleichberechtigung und des beiderseitigen Nutzens juristische Personen, Gesellschaften oder Einzelpersonen eines Staates, die ein Unternehmen betreiben, die Registrierung von Marken für Waren und Dienstleistungen im anderen Staat in Übereinstimmung mit dessen Gesetzgebung beantragen und das Recht zur ausschließlichen Benutzung der registrierten Marken für Waren und Dienstleistungen erwerben können. Falls die Gesetzgebung eines Staates die Registrierung von Dienstleistungsmarken nicht vorsieht, können die Anträge der juristischen Personen, Gesellschaften oder Einzelpersonen des anderen Staates für die Registrierung von solchen Marken abgelehnt werden.

Dieses Abkommen tritt 60 Tage nach dem Datum Ihres Antwortschreibens in Kraft, mit welchem das gleiche bestätigt wird.‹

Ich benütze diese Gelegenheit, Eurer Exzellenz die Versicherung meiner ausgezeichneten Hochachtung zu erneuern.«

Ich beehre mich, Sie darüber zu informieren, daß die Regierung der Republik Österreich den Inhalt des oben erwähnten Schreibens bestätigt und damit einverstanden ist, daß das oben erwähnte Schreiben und dieses Schreiben ein Abkommen zwischen den Regierungen der beiden Länder begründen, das 60 Tage nach dem Datum dieses Schreibens in Kraft tritt.

Ich benütze diese Gelegenheit, Eurer Exzellenz die Versicherung meiner ausgezeichneten Hochachtung zu erneuern.

Peking, den 4. April 1977

Eduard Tschöp m. p.
Außerordentlicher und Bevollmächtigter Botschafter
der Republik Österreich in der Volksrepublik China

37 Josef Meisl, *Offizieller Besuch des Herrn Bundesministers Dr. Josef Staribacher in der Volksrepublik China; Ergebnis der Wirtschaftsbesprechungen,* 8. Nov. 1972, vervielfältigtes Manuskript, S. 7 f.

38 Ebd., S. 15. – Bei dem Gespräch nahm Zhou Enlai – angeblich zum ersten Mal – auf das chinesische Brutto-Nationalprodukt Bezug und meinte, es sei ohne Einrechnung der Dienstleistungen im Jahr 1971 200 Dollar pro Kopf gewesen. China sei potentiell ein sehr starkes Land. Wann sich diese potentielle Stärke in tatsächliche Stärke verwandeln werde, sei allerdings sehr schwer zu sagen, jedenfalls nicht vor 1980. – *Niederschrift des Gespräches des Herrn Bundesministers Dr. Staribacher und der anwesenden Journalisten mit dem chinesischen Ministerpräsidenten Tschou En-lai,* vervielfältigte, von der österreichischen Botschaft in Peking angefertigte Niederschrift, S. 5.

39 Josef Meisl, a. a. O., S. 15.

40 Rudolf Klar, *Österreichische Industrieausstellung in Peking 1974,* in: *China-Report* Nr. 15/16 1974, S. 14.

41 Peter Jehly, *Österreichs Außenhandel mit der Volksrepublik China,* in: *China-Report* 24/25 1975, S. 26 f.

42 Ebd.

43 Peter Jehly, *Der österreichisch-chinesische Außenhandel in den ersten Halbjahren 1976/77,* in: *China-Report* Nr. 37, 1977, S. 28.

44 *China und Naturschutz als Hauptattraktionen,* Bericht der Wiener Tageszeitung *Die Presse* vom 9. September 1976. Auch auf der Wiener Herbstmesse 1973 war die Volksrepublik China mit einem Pavillon repräsentiert, in dem Textilien, andere Produkte der Leichtindustrie und kunstgewerbliche Gegenstände ausgestellt waren.

44a Für die erstaunliche Leistung der chinesischen Gastronomen, aus den in ihren Eßgewohnheiten konservativen Österreichern Liebhaber der chinesischen Küche zu machen, zeugen zwei Gästebucheintragungen aus dem chinesischen Restaurant »Singapur-Haus«, Gablenzgasse 48:

15. Februar 1978.

»Der Herr Wanek war jahrzehntelang Schuhmachermeister in der Hasnerstraße, also im tiefsten Ottakringer Grund. Heute ist er zum ersten Mal im Ottakringer Fernost beim Chinesen Wirten. Nur die Mandeln waren ihm etwas zu hart, weil er schon auf

den dritten Zähnen beißt. Mit ihm waren der Karl Kropf als erster Zeuge.« . . . weitere unleserliche Unterschriften.
8. Juli 1977.
»Mein Gasthaus gefiel mir sehr gut
Nur wünsche ich mir die Tracht
und Musik und die Breuche aus
Cina, es war sehr angenehm.
Straßenkehrer, Gemeinde Wien, Mag. Abt. 48,
Ernst Vetter«

45 *China-Report,* Nr. 35/36, 1977, S. 56 f.; *China-Report,* Nr. 41, 1978, S. 39 f.

46 Mitteilung von der chinesischen Botschaft in Wien.

47 Vgl. einen Brief der Mitarbeiter des Staatlichen chinesischen Reisebüros während der ersten Periode dieser Entwicklung an das Mitglied einer China-Reisegruppe, Dr. Leopold Bauer: ». . . Nachdem Sie von China Abschied genommen hatten, empfingen wir wieder mehr als zwanzig österreichische Freunde. Wie Sie sind alle mit freundschaftlichem Gefühl zu dem chinesischen Volk nach China gekommen und haben die Freundschaft des chinesischen Volkes an das österreichische Volk nach Österreich zurückgebracht. Durch solche Besuche wird das gegenseitige Verständnis und die Freundschaft zwischen China und Österreich weiterhin gefördert und verstärkt werden; dazu haben Sie auch Ihren Beitrag geleistet. Möge die Freundschaft zwischen dem chinesischen und österreichischen Volk unaufhörlich entwickelt werden. Grüßen Sie andere Freunde von uns. Mit freundlichen Grüßen Lie Han-po und You She-szu.« – Leopold Bauer, *Drei Wochen im »Reich der Mitte«,* in: *Der Kontakt – Werkszeitschrift des Verbundkonzerns,* 3/1973, S. 16.

48 Hans Litschauer, *Studienreise in die Volksrepublik China, 27. März bis 17. April 1975,* vervielfältigtes Manuskript, o. D., S. 19.

49 Außer Hans Litschauer taten dies unter anderem Leopold Wiesinger, Wolfgang Speiser (1973), Heinz und Gertraud Fraunhofer sowie Theodor Blahut (1976), Rudolf Gansterer (1979).

50 Leopoldine Klima-Hengl, *So lebt das chinesische Volk heute,* Horn, Niederösterreich, o. J.

51 Die ersten Zeilen eines von Franz Berghuber in Villach verfaßten langen Gedichtes mit dem Titel *China 77.*

52 Vgl. den Bericht der österreichischen Esperantistin Ingrid Plazotta, gesendet vom Österreichischen Rundfunk in mehreren Folgen ab 16. November 1978.

53 Professor Wilhelm Hübner (damaliger Vorstand der Wiener Philharmoniker), *Die erste Konzertreise der Wiener Philharmoniker in die Volksrepublik China,* in: *China-Report* 11/1973, S. 20.

54 *China-Report,* 7/8 1972, S. 34.

55 Außer dem Pianisten wirkten bei diesem Stück noch chinesische Musiker mit, welche traditionelle chinesische Instrumente spielten. (Liu Dehai bestätigte sich später als bester Pipa-Spieler – chinesische Laute – Chinas und traf seine Freunde von den Wiener Philharmonikern wieder, als er 1980 auf Einladung der ÖGCF mit einem chinesischen Musikensemble in Österreich weilte.) Wie sehr dieses gemeinsame Konzertieren geeignet war, *good will* zu erzeugen, beweisen die chinesischen Kommentare: »Warm applause greeted the performance of the piano concerto *The Yellow River* presented jointly by the Vienna Philharmonic Orchestra of Austria and Chinese musicians on April 12, 1973 in Peking's Cultural Palace of Nationalities. The successful presentation under Claudio Abbado, permanent conductor of the orchestra, with Yin Cheng-chung, a noted Chinese pianist, as soloist of this work by Chinese composers was hailed by the audience as ›music of friendship‹. Hand in hand, the conductor and soloist took over four minutes of curtain calls. As a token of friendship for the Austrian musicians, Yin Cheng-chung played Schubert's Impromptu in G Flat Major as an encore.« – Gu Wen, *Music of Friendship – Vienna Philharmonic Orchestra visits China,* in: *China Features,* Peking o. D.; Chen Ko. *The Vienna Philharmonic Orchestra Comes to Peking,* in: *Chinese Literature* 6/1973; "The Vienna Philharmonic Or-

chestra also gave a joint performance with Chinese musicians of the Chinese piano concerto *The Yellow River.* Our two peoples live far apart and have different languages, national styles and cultural traditions; so it was no easy task for the Austrian artists to perform this concerto during their first visit to China, when they had never before performed Chinese music. However, out of deep friendship for the Chinese people, these Austrians musicians devoted themselves whole-heartedly to rehearsing this work, making a careful study of the characteristics of Chinese revolutionary music, its style and distinctive rhythmic patterns, and striving to understand the musical images and ideas in the concerto . . . The success of this performance of *The Yellow River* vividly embodies the true friendship between our two peoples. It will remain an unforgettable experience for the musicians of both countries."
Professor Hübner meinte dazu später: ». . . Sicher war dieser auffallende Unterschied (*zum ersten Konzert – Anm. d. Aut.)* in der Resonanz des Publikums auch darauf zurückzuführen, daß wir in unser Programm das chinesische Klavierkonzert *Der Gelbe Fluß* aufgenommen hatten, eine Freundschaftsgeste den Gastgebern gegenüber, die sich in jeder Beziehung lohnte. Dieses Klavierkonzert ist eine von einem Pekinger Komponistenkollektiv geschaffene Gemeinschaftskomposition aus dem Jahre 1970. Es dauert zwanzig Minuten und ist nach einer Kantate geschrieben, die den Gelben Fluß als Symbol des ewigen China im Kampf gegen die Eindringlinge besingt. Es preist das revolutionäre Heldentum des Proletariats sowie den Mut und den Kampfgeist der chinesischen Nation. Im Finale sind auch *Der Osten ist rot* und die *Internationale* thematisch verarbeitet. Es war das erste Mal, daß dieses Konzert von einem europäischen Orchester gespielt wurde . . .« – Hübner, a. a. O., S. 26.

56 Hübner, a. a. O., S. 27.

57 Zur Wertschätzung des Könnens der österreichischen Musiker vgl.: »The Vienna Philharmonic Orchestra was established 131 years ago, but this is the first time a Peking audience has been privileged to hear it perform symphonic works of the Vienna School and of other German and Austrian composers. The musicians' profound understanding of their national classic music and their faithful, spirited interpretion of works by different composers made an unforgettable impression on us. The orchestra as a whole has superb richness of tone and polish, with perfect co-ordination between the brass, woodwind and string instruments. Indeed, on the basis of rigorous training in small ensembles, the whole orchestra has achieved a high level of coordination and harmony. The Vienna Philharmonic Orchestra has always held to the special Viennese style of making music and is widely acclaimed as one of the best orchestras in the whole world . . . We Chinese music workers are grateful for the superb performance which these Austrian musicians gave us in Peking. We shall continue to develop musical exchange with all friendly countries and nations, to promote further friendly contacts and mutual understanding among musicians throughout the world. The first visit to China of the Vienna Philharmonic Orchestra has made a significant contribution to strengthening the friendship between the peoples of China and Austria.« – Chen Ko, a. a. O. , S. 36.
»The 131-year-old Vienna Philharmonic Orchestra was the first cultural group to come to China from Austria since the establishment of diplomatic relations between the two countries. Leading members of the Chinese government, as well as musicians and the public welcomes them warmly. Wu Teh, head of the Cultural group under the State Council, and Chiao Kuan-hua, vice-foreign minister, attended the April 13 concert and met the orchestra' leaders and permanent conductor. . . *People's Daily* in an article entitled *Fine Presentation and Long-standing Tradition,* said: ›The artists of the Vienna Philharmonic Orchestra have such a deep understanding of their classical national music that they bring to life the ideas of different composers with precision.‹ The article praised their meticulous style, highly expressive presentation and fine skill. *Kuangming Daily* and *Peking Daily* also carried articles congratulating the Austrian musicians on their successful tour and their artistic achievements and thanking them for the contribution they made to promoting the friendship between the Chinese and Austrian people.« – Gu Wen. a. a. O.

Aber auch in anderer Hinsicht fand ein fruchtbarer Austausch statt: »During their stay in China, the Austrian artists squeezed in time between their busy performance and rehearsal schedule to have contacts with Chinese musicians and other people. The flutists of the Central Philharmonic Society of China presented two Chinese flutes to the Austrian musicians for performance of the *Yellow River* in Chinese style after their return home. Trumpeters of the Vienna Orchestra presented a trumpet mouthpiece to Chinese artists. The Austrian musicians gave their opinions on the products of the Peking Musical Instrument Factory when the Chinese workers showed them their products. A highly experienced musical instrument repairer attached to the Vienna Orchestra went to the factory to pass on his skill.« – Ebd.

57a Dies wurde den Autoren von den Mitgliedern das im Februar/März 1980 in Österreich weilenden chinesischen Musikensembles bestätigt.

58 Äußerung in Gegenwart von Gerd Kaminski anläßlich des Zusammentreffens mit einer Delegation der ÖGCF unter Leitung von Vizekanzler a. D. Dr Pittermann im Frühjahr 1974.

58a *Kronenzeitung* vom 22. Juni 1976.

59 *China-Report,* 42/43 1978, S. 77.

60 *Die Presse* vom 24. Januar 1979.

61 Es handelt sich dabei um den Professor an der Wiener Musikhochschule Walter Fleischmann und seine chinesische Frau Wang Jiyin.

62 Direktor der prähistorischen Abteilung des Naturhistorischen Museums.

63 Leiter der ostasiatischen Abteilung des Museums für angewandte Kunst. Dr. Fux ist der führende Experte Österreichs für chinesische Kunstgeschichte und befaßt sich mit dem Gegenstand seit Jahrzehnten. Bereits seine Dissertation hatte die Wechselwirkungen zwischen islamischer und chinesischer Kunst zum Gegenstand.

64 Abteilungen für West- und Ostasien des Museums für Völkerkunde.

65 Erwähnt werden sollen hier die Ausstellung *Künstlerische Photographien aus der Volksrepublik China,* Oktober 1975, Museum für angewandte Kunst; »Malerei aus China – Sammlung Petri«, 19. Juni bis 18. Juli 1976, Wiener Neustadt – Kulturamt der Stadt Wiener Neustadt und Österreichisches Museum für angewandte Kunst gestaltet mit der Sammlung des königlich schwedischen Botschafters in Österreich, Lennart Petri, und Exponaten des Österreichischen Museums für angewandte Kunst; *4000 Jahre ostasiatische Kunst* (12. Mai bis 15. Oktober 1978), veranstaltet von der Stadt Krems an der Donau gemeinsam mit dem Österreichischen Museum für angewandte Kunst und dem Museum für Völkerkunde; *China – das Lächeln der Kinder* (Ausstellung von Photographien chinesischer Kinder, aufgenommen vom Generaldirektor der BAWAG, Walter Flöttl), BAWAG-Zentrale 24. 10. bis 4. 11. 1977; Sammlung König Gustav VI. Adolf von Schweden, 21. Juli bis 10. September 1978, Österreichisches Museum für angewandte Kunst in Zusammenarbeit mit dem Ostasiatischen Museum Stockholm: Neuaufstellung der Chinasammlung (Eröffnung 10. Mai 1979), Österreichisches Museum für angewandte Kunst; *Chinamode* – Beispiele der Ost-West-Begegnung im 17. und 18. Jahrhundert, Schloßmuseum Riegersburg, Außenstelle des Österreichischen Museums für angewandte Kunst, 29. Mai 1979–1981; verantwortlich zeichnete wie bei den anderen Ausstellungen des Museums auch Wissenschaftlicher Oberrat Dr. Herbert Fux, dessen wichtige Initiative bei der Präsentation chinesischer Kunst in Österreich beim Rückblick auf die einschlägigen Ausstellungen schon rein quantitativ hervorgeht. *Zeitgenössische chinesische Malerei* (in China zusammengestellte Schau, in der unter anderem wieder ältere Maler wie Qi Baishi zu Ehren kamen), 3. August– 6. September 1979, Akademie der bildenden Künste in Wien.
Ausstellungen, welche von der Österreichischen Gesellschaft zur Förderung freundschaftlicher und kultureller Beziehungen zur VR China (ÖGCF) durchgeführt worden sind, finden im letzten Abschnitt Berücksichtigung.

66 Die VR China hatte zur Eröffnung der Ausstellung *Archäologische Funde der Volksrepublik China* eine Delegation entsendet, der folgende Mitglieder angehörten: Wang Yuteng (Mitglied der Ausstellungskommission, mit organisatorischen und politischen

Fragen betraut), Guo Ensuan (Archäologe und Kunsthistoriker) und Pan Haifeng (Österreich-Referent im chinesischen Außenministerium). Die Betreuung der Delegation, die zwischen 20. Februar und 6. März 1974 in Österreich weilte, wurde unter der Autorität des gastgebenden Bundesministeriums für Wissenschaft und Forschung von Gerd Kaminski, Else Unterrieder und dem Österreichischen China-Forschungsinstitut durchgeführt. Die Delegation führte während ihres Aufenthaltes Gespräche im Wissenschaftsministerium und wurde von Außenminister Dr. Kirchschläger und dem Wiener Bürgermeister, Leopold Gratz, empfangen. Der politische Direktor des Außenministeriums, Botschafter Dr. Steiner, Arbeiterkammerpräsident Ing. Hrdlitschka, der schwedische Botschafter Petri, Chefredakteur Dr. Otto Schulmeister von der *Presse* und der Generalsekretär des China-Forschungsinstitutes, Dr. Kaminski, gaben für die Delegation Essen. Die Besichtigungen umfaßten Museen und Galerien in Wien, Salzburg und Melk, die Ausgrabungen in Carnuntum und Hallstatt, das ORF-Zentrum am Küniglberg und einen landwirtschaftlichen Musterbetrieb.
Die österreichische Gegendelegation reiste am 13. April 1976 nach China ab (Leitung Sektionschef Mag. Obermann, Mitglieder Dir. Dr. Angeli, Nathurhistorisches Museum, Wissenschaftlicher Oberrat Dr. Fux, Museum für angewandte Kunst, wissenschaftlicher Oberrat Dr. Janata, Museum für Völkerkunde, Univ.-Prof. Dr. Vetters, Archäologisches Institut der Universität Wien). Die chinesischen Gastgeber ermöglichten ihr nicht nur zahlreiche Fachgespräche, sondern auch ein ausgedehntes Besichtigungsprogramm.

67 *China-Report,* 17/1974, S. 39, 18/1974, S. 29.

68 Helmut Opletal, *Brief aus Peking,* in: *China-Report,* 24/25 1975, S. 36. Helmut Opletal und Emanuel Ringhofer haben beide in der Zwischenzeit ihr Studium (Publizistik bzw. Staatswissenschaften) abgeschlossen. Helmut Opletal arbeitet beim Österreichischen Fernsehen als freier Mitarbeiter und begibt sich im Mai 1980 als Korrespondent nach Peking. Emanuel Ringhofer arbeitet bei der Austria Presseagentur als außenpolitischer Redakteur. Beiden lernten zuerst ein Jahr am Sprachinstitut und studierten dann noch an der Peking Universität zwei Semester lang Geschichte. Während ihres Studiums arbeiteten sie jeweils einige Wochen lang bei landwirtschaftlichen Brigaden in der Umgebung Pekings und erhielten im Rahmen eines Praktikums bei einer Lokomotivfabrik historischen Unterricht. – Vgl. Helmut Opletals *Briefe aus Peking* in: *China-Report* sowie *Büffeln im Lande Maos,* IBF vom 26. März 1976. S. 1–4.

69 *Patientenwelle gefährdet Nadeltherapie,* IBF vom 10. November 1972, S. 9–12.

70 Schmerzbetäubung.

71 *China-Report,* 6/1972, S. 18.

72 Wie die beiden anderen Professoren für Sinologie österreichischer Herkunft hatte Otto Ladstätter im Ausland studiert. Während er wie Prof. Rosner (Universität Göttingen) in Deutschland unterrichtete, war an der Universität Indiana (USA) mit Prof. Bischof ein dritter Österreicher als Professor für Sinologie tätig. Bischof hatte als Sohn des damaligen österreichischen Botschafters in Moskau Gelegenheit gehabt, in den fünfziger Jahren an der Peking Universität zu studieren. Da die von diesen österreichischen Sinologen vorliegenden Werke quantitätsmäßig eine den hier behandelten früheren österreichischen Sinologen vergleichbare fundierte Beurteilung noch nicht erlauben und andererseits angesichts ihres noch nicht sehr fortgeschrittenen Alters mit wichtigen Publikationen noch zu rechnen sein könnte, bleibt eine Würdigung ihrer wissenschaftlichen Leistungen dem Ergänzungsband zu diesem Buch vorbehalten.

73 Der Landeinsatz der fünf Chinesen wurde im September 1975 von Tageszeitungen und Fernsehen ausgiebig kommentiert.

74 Mitteilung der chinesischen Botschaft in Wien.

75 Siehe dazu etwa Hermine Tenk, *Praktikum der chinesischen Akupunktur und Punktmassage für die Kinderheilkunde – Nach einem Lehrgang für chinesische Akupunktur in Nanking,* Wien-München-Bern 1979 (Ergebnis der Teilnahme der Autorin an einem dreimonatigen Lehrgang im Jahre 1976).

76 Alexander Chao-Lai Meng, *Bericht über den Studienaufenthalt an der Hochschule*

für traditionelle chinesische Medizin in Shanghai, in: *China-Report,* 50/1979, S. 39–42.

77 *China-Report,* 48/49 1979, S. 63f.

78 Auf Einladung der *Chinese Society of Surveying and Cartography – China-Report,* 32/33 1976/77, S. 52.

79 *Kurier* vom 9. Februar 1980, S. V. In einem am 22. März vom ORF gesendeten Interview erklärte Prof. Li Qinghai von der Universität Wuhan, es bestehe großes Interesse, das von Prof. Rinner angewandte Dopplerverfahren auch in China bekanntzumachen.

80 Vgl. dessen Werke *Pagode, Turmtempel, Stupa,* Graz 1978, und *Von Gandhara bis Pagan – Kultbauten des Buddhismus und Hinduismus in Süd- und Zentralasien,* Graz 1979.

81 *Kleine Zeitung* vom 26. März 1977.

82 Der Delegtion gehörten außerdem an: Univ.-Prof. Dr. Seitelberger, Wien, Univ.-Prof. Dr. Riedler, Universität Graz, und Univ.-Prof. Dr. Tuppy, Universität Wien.

83 *China-Report,* 24/25 1975, S. 39.

83a *China-Report,* 50/1979, S. 47.

84 Fettweis wurde während seines China-Aufenthaltes im November 1977 vom stellvertretenden chinesischen Ministerpräsidenten Gu Mu empfangen. – *China-Report* 38/1977, S. 43.

85 Prof. Rainer bereiste China im Jahre 1973 und legte seine Eindrücke von der auf den Menschen zugeschnittenen chinesischen Architektur in seinem eindrucksvollem Werk *Die Welt als Garten* nieder, das bereits in zweiter Auflage erschienen ist. Eine Delegation der chinesischen Gesellschaft für Architektur stattete Österreich Anfang 1978 einen Besuch ab. – *China-Report,* 39/40 1978, S. 58.

86 Auf Einladung der Stadt Wien führte diese Delegation im Oktober 1979 Informationsgespräche über Stadtplanung, Bauplanung und Baumethoden, Altstadtsanierung, Wasserversorgung, Umweltschutz, Straßen-, Brücken- und Kanalbau u. a. – *China-Report,* 50/1979, S. 47. Als besonderer Erfolg war dabei zu verzeichnen, daß von der Delegation unter dem Eindruck der Altstadtsanierung in Wien gleich nach der Rückkehr die Demolierung der Pekinger Altstadt gestoppt wurde. So ließen sie es jedenfalls die Wiener Gastgeber brieflich wissen. – Auskunft von Regierungsrat Dolejs.

87 Prof. Schmidt lehrt am Mathematischen Institut der Universität von Colorado. Die Arbeit mit dem Titel *A note on a transference theorem of linear forms* erschien in *Scientia Sinica* 22, 1979, S. 276–280. Diesen Hinweis verdanken die Autoren Herrn Dr. Wolfgang Ruppert.

88 *Die Presse* vom 30. September 1976, S. 5. – Vgl. auch *China-Report,* 32/33, 1976/77, S. 49–51.

88a *Die Presse* vom 13. Juni 1980, S. 6.

89 *Das kleine Blatt* vom 18. Juni 1966.

90 Die chinesischen Sportler, welche in Wien vom Österreichischen China-Forschungsinstitut betreut werden, sind Gäste eines Empfanges, der vom 2. Präsidenten des Nationalrats Dr. Alfred Maleta (Ehrenpräsident des China-Forschungsinstitutes) im Parlament gegeben wird, sowie eines von Vizebürgermeister Gertrude Fröhlich-Sandtner gegebenen Mittagessens. Auf dem Programm stehen außerdem noch die Besichtigung der Sporteinrichtungen auf der Schmelz und in der Südstadt, kulturelle und landschaftliche Sehenswürdigkeiten in Wien und im Burgenland sowie eine Jause mit jungen sprachkundigen Mitgliedern des Österreichischen China-Forschungsinstituts. – *China-Report* 7/8 1972, S. 35.

91 *China-Report* 18/1974, S. 31f.

92 In der Zwischenzeit hatten noch einige andere chinesische Teams Österreich besucht. Am 16. und 17. Februar nahmen sieben Läufer und fünf Läuferinnen aus der VR China an den Weltmeisterschaften im Eislaufen in Innsbruck teil. 1975 weilte zwischen 30. April und 26. Mai auf Einladung des österreichischen Badminton-Verbandes eine chinesische Mannschaft in Österreich, die in Linz, Wien, Mödling und Klagenfurt an Wettspielen teilnahm, und am 14. Februar 1976 traf eine Tischtennisauswahlmannschaft ein, welche in Wien, Judenburg, Kuchl und Salzburg Wettkämpfe aus-

trug. Im April 1977 hatte China ein Team zur Teilnahme an den Juniorenfechtweltmeisterschaften in Wien entsandt.

93 Josef Simecek, *Als erste österreichische Sportgruppe in China,* in: *China-Report,* 35/36 1977, S. 53–55, gleichlautend in *Tischtennis-Rundschau* 3/1977.

94 *Tischtennis-Rundschau,* 3/1977, *China-Report,* 35/36 1977, S. 56.

95 Spielgegner waren der Wiener Sportklub-Post (2:0), eine Bundesheerauswahl (4:1) und der Ostligaklub Heid-Telwolle (3:0). – *China-Report,* 44/1978, S. 36.

96 *China-Report* 50/1979, S. 50.

97 Ilse Leitenberger, *China in den ersten Wochen einer neuen Ära,* in: *China-Report,* 32/33 1976/77, S. 31, vgl. auch ihre Artikelserie in der *Presse.*

98 *China-Report,* 48/49 1979, S. 75.

99 In der Steiermark heißt diese Speise »a Fuhr Mist«.

100 *China-Report,* 7/8 1972, S. 38.

101 Von den Mitgliedern der Arbeitsgemeinschaft gehörten folgende gleichzeitig dem Vorstand des Europahauses Wien an: Karl Blecha (Abgeordneter zum Nationalrat, damals Vorsitzender der Jungen Generation in der SPÖ), Helmuth Braun (Zentralsekretär der Gewerkschaft der Privatangestellten, Präsident des Österreichischen Jugendrates für Entwicklungshilfe), Dr. Bruno Buchwieser (Präsident der internationalen Föderation der Europahäuser, Präsident der Österreichischen Jungarbeiterbewegung), Johann Fritz (Organisationsreferent in der Bundesleitung des Österreichischen Wirtschaftsbundes, ÖVP), Gesandter Dr. Franz Karasek (Abgeordneter zum Nationalrat, außenpolitischer Sprecher der ÖVP), Konsul Dr. Fanz Madl (geschäftsführender Vorsitzender des Instituts für Übersee).

Außerdem gehörten der Arbeitsgemeinschaft folgende Mitglieder an: Dr. Peter Fitz (Asienreferent der handelspolitischen Abteilung der Österreichischen Bundeswirtschaftskammer), Dr. Gerd Kaminski, Dr. Fritz König (Abgeordneter zum Nationalrat, Bundesobmann der ÖJB – Junge Generation in der ÖVP), Dr. Josef Krainer (Abgeordneter zum Nationalrat, ÖVP), Dr. Eduard Mayer (Bank- und Industriekonsulent), Univ.-Lekt. Vivien Pick (Lektorin für chinesische Sprache an der Universität Wien, der Diplomatischen Akademie und der Ostakademie), Peter Schieder (Abgeordneter zum Nationalrat, Verbandsobmann der Sozialistischen Jugend Österreichs, Präsident der World Assembly of Youth, heute Stadtrat in Wien.)

In den darauffolgenden Jahren traten noch in das Führungsgremium der Institution ein: Dr. Bruno Pittermann (Vizekanzler a. D.), Dr. Heinz Fischer (Obmann des Parlamentklubs, d. h. der Fraktion der SPÖ im österreichischen Nationalrat), Univ.-Prof. Dr. Stephan Koren (zuerst Obmann des Parlamentsklubs der ÖVP im österreichischen Nationalrat, dann Präsident der Oesterreichischen Nationalbank), Dr. Franz Haslinger (Vorsitzender des China-Ausschusses der Vereinigung österreichischer Industrieller), Johann Hatzl (zuerst Abgeordneter zum Nationalrat, SPÖ, dann als amtsführender Stadtrat Mitglied der Wiener Landesregierung), Mag. Josef Höchtl (Abgeordneter zum Nationalrat, stv. Obmann der ÖVP), Ing. Wilhelm Hrdlitschka (zuerst Präsident des Österreichischen Arbeiterkammertages, dann Präsident der österreichischen Industrieverwaltungs-AG).

102 *Kurier* vom 13. Januar 1971.

103 Mitteilung von Vizekanzler a. D. Dr. Pittermann an die Autoren.

104 *Salzburger Nachrichten* vom 29. Januar 1972. Einer der Briefe stammte immerhin von einem ehemaligen Mitglied des österreichischen Außenamtes, Gesandten a. D. Dr. Mayr-Harting. Vgl. auch *Die Wochenpresse* vom 26. Januar 1972.

105 *Kurier* vom 8. Dezember 1972. Als einzige negative Erfahrung bezeichnete Dr. Pittermann »das unnatürliche Puritanertum zwischen den Geschlechtern«.

106 In Vorträgen und Gesprächen.

107 A. Borisow, *Kleinliches Spiel um große Fragen,* in: *Prawda* vom 4. August 1973: »... So zieht die Position, die vom Vorsitzenden der Sozialistischen Internationale, B. Pittermann, eingenommen wurde, Aufmerksamkeit auf sich. In der letzten Zeit versäumt er keine Gelegenheit, Angriffe gegen sozialistische Länder und die kommunistischen Bewegung zu richten, ruft auf zum Kampf gegen die ›kommunistischen Regime‹,

warnt die Sozialdemokraten vor der Zusammenarbeit mit den kommunistischen Parteien, spricht in wahrheitswidriger Weise von der ›Unterwerfung‹ der Kommunisten des Westens unter Moskau usw.
Es ist jedoch interessant, festzustellen, daß Pittermann in seiner Haltung gegenüber den ›kommunistischen Regimen‹ eine sehr wichtige Ausnahme macht, und diese Ausnahme ist charakteristisch nicht nur für Pittermann selbst, sondern noch mehr für das Regime, von welchem die Rede ist, nämlich – Peking. Er war dort am Ende des vergangenen Jahres, und es scheint, als ob er noch einmal hinfahren wird. Selbstverständlich ist China vom touristischen Standpunkt ein attraktives Land, wie viele andere. Aber wenn es um Reisen des Vorsitzenden der Sozialistischen Internationale geht, fragt man sich unwillkürlich – worum geht es dabei? Nur um die Wißbegierde eines Touristen? Versuchen wir, das zu ergründen.
... Was zieht also Herrn Pittermann und gewisse seiner Kollegen so stark zu einer Erweiterung der Kontakte und Bindungen mit der maoistischen Führung? Die ideelle Nähe des sogenannten ›demokratischen Sozialismus‹ zur Doktrin des Maoismus? Davon kann man kaum ernst reden. Eine Gemeinsamkeit außenpolitischer Ziele Pekings mit der Politik der Mehrheit der sozialdemokratischen Parteien? Auch dieser Vorschlag, wenn man nach ihren offiziellen Dokumenten urteilen kann, entfällt. Die Bemühungen, ergänzende Information über die Lage in der VR China zu erhalten? Aber schon die vorhandene Information wird, wie wir gesehen haben, ignoriert oder zur Unkenntlichkeit entstellt. Es gibt nur eine Antwort. Gewisse Persönlichkeiten der Sozialistischen Internationale werden gerade durch den Antisowjetismus der chinesischen Führung angezogen. In ihrem Wunsch, die Zusammenarbeit der einzelnen Teile der internationalen Arbeiterbewegung und die Tendenzen einer realistischen Haltung im Westen durch Zusammenarbeit mit den sozialistischen Ländern zu behindern, sind sie sogar bereit, zu diesem Zweck prinzipienlose Geschäfte zu machen, wie man sie in Peking bereit hält ...«

108 *Xinwen Tiandi* Nr. 13 vom 31. März 1973, S. 13 (die Zeitschrift hat Büros in Hongkong, Taibei und Tokio).

109 »... Der Grund dafür, daß ich das geschrieben habe, ist, die Republik China bei der Auswahl künftig einzuladender Gäste zu einer sorgfältigeren Auswahl zu bringen und die chinesischen Mädchen, die Weiße heiraten wollen, zur Vorsicht zu mahnen, da diese Blonden mit den blauen Augen traditionsgemäß Vagabunden und Abenteurer sind. Nachdem ich über die weißen Figuren gesprochen habe, werde ich zum Kontrast eine rote Figur vorstellen. Diese Person ist Dr. K., der eine Pilgerfahrt nach Peking gemacht hat, mit dem Vizeaußenminister Qiao Guanhua zusammen photographiert worden ist und hier (in Österreich) sehr berühmt wurde ...« – Ebd. – Vgl. IBF vom 5. Juni 1972: *Laßt hundert Blumen blühen – Österreich könnte Kulturvermittler nach China werden; Laßt hundert Blumen blühen – Dr. Kaminski über Österreichs Chancen in China,* in: *Wiener Zeitung* vom 7. Juni 1972; *Steckt auch ein Edelweiß in Maos »tausend Blumen«?* in: *Kurier* vom 16. Juli 1972.

110 So Abgeordneter Dr. Karasek auf einer Pressekonferenz des Instituts am 12. Januar 1972.

111 *Linzer Volksblatt* vom 15. Januar 1972.

112 *Klagenfurter Volkszeitung* vom 21. November 1972.

113 Das berühmte, von Prof. König geleitete Institut für Verhaltensforschung.

114 *Chinesische Photo- und Kunsthandwerkausstellung,* Wien, VHS Brigittenau (Eröffnung am 22. September 1972), Villach, Jugendklub (21. November 1972), Klagenfurt, Stadthaus (7. Dezember 1972), Scherenschnitte und Photos Innsbruck, Volkskundemuseum (17. Januar 1973), Wien, Großer Saal der Bundeswirtschaftskammer (2. Oktober 1973), anschließend im Jugendheim des Gewerkschaftsbundes in der Ebendorferstraße sowie ab 6. Dezember 1973 im Palais Esterhazy in Eisenstadt.
Photoausstellung über China des japanischen Kunstphotographen Iijima Atsushi, Wien, Palais Palffy (4. Oktober 1973).
Plakatausstellung, Wiener Neustadt, St. Peter an der Sperr (13. Oktober 1974)
Beteiligung an der Kindermalereiausstellung der Arbeitsgemeinschaft Österreichisch-

Ausländischer Gesellschaften, Wien, Museum für Völkerkunde (18. November 1974)
Photoausstellung *China heute,* Graz, Steiermärkische Sparkasse (27. November 1974)
Österreichische Maler sehen China, Wien, Künstlerhaus, (23.September 1974)
Österreichische Künstler sehen China, Klagenfurt, Stadthaus, 13. Oktober 1975.
Moderne chinesische Photographie und Malerei, Salzburg, Arbeiterkammer (15. Oktober 1975)
Chinesische Kinderkunst, Innsbruck, Stadthaus (16. Oktober 1975)
China-Photos und Plakate, Klagenfurt, Volkskino (20. November 1975)
Österreichische Künstler sehen China, Graz, Steiermärkische Sparkasse (1. Dezember 1975)
Chinesische Kindermalerei, Salzburg, Handelskammer (30. September 1976); Wien, Museum für Völkerkunde (22. Oktober 1976; Klagenfurt, Galerie Hildebrand (Januar 1977); Graz, Pädagogische Akademie-Eggenberg; Bregenz, Volkskundemuseum (März); Linz, Bank für Arbeit und Wirtschaft (April)
Ausstellung der China-Bilder José Venturellis, Wien, Alte Schmiede (21. Februar 1977) (Kinderphotos und Spielzeug)
China – das Lächeln der Kinder, Wien, Bank für Arbeit und Wirtschaft (1. November 1977)
China-Photoausstellung, Neusiedl, Hotel Wende (29. April 1978)
Österreichische Maler sehen China, Linz, Landeskulturzentrum Ursulinenhof (24. Mai 1978)
Chinesische Poster, Wien, Z-Klub, (3. Oktober 1978)
Chinesische Neujahrsbilder, Wien, Volkshalle des Rathauses (17. Januar 1979)
Beteiligung an der Ausstellung der Arbeitsgemeinschaft Österreichisch-Ausländischer Gesellschaften *Naive Malerei,* Wien, Museum für Völkerkunde (22. Mai 1979)
Von Österreichern und Chinesen – 400 Jahre Geschichte der österreichisch-chinesischen Beziehungen, Wien, Museum für Angewandte Kunst (27. November 1979).

115 Das Echo dieser Reisen erfaßte auch die österreichischen Bundesländer. Vgl. z. B. den *Erlauftal-Boten* vom 4. Januar 1978: *Scheibbser Teeabend mit interessantem Thema.*

116 Delegationsteilnehmer: Generalkonsul Dr. Josef Buchwieser, Mag. Josef Höchtl, Dr. Gerd Kaminski, Josef Klemen (stv. Generalsekretär des Österreichischen Arbeiter- und Angestelltenbundes), Abg. z. NR. DDr. Fritz König, Adalbert Kopejtko (Leiter der Zweigstelle des Österreichischen China-Forschungsinstitutes in Innsbruck), Dr. Eduard Mayer, Dr. Franz Madl, Prof. Vivien Pick, Dipl.-Vw. Herbert Tieber (Landesparteisekretär der Sozialistischen Partei Tirols), Dr. Richard Wottava (UNIDO). Die Delegation traf mit dem stv. Ministerpräsidenten Deng Xiaoping und der stv. Präsidentin der Freundschaftsgesellschaft Ding Xuesong zusammen.

117 Delegationsteilnehmer: Landtagsabgeordneter Dr. Dietmar Bachmann (Geschäftsführer der Vereinigung Österreichischer Industrieller in Tirol), der damalige Obersenatsrat und heutige Magistratsdirektor von Wien Dr. Josef Bandion (Generalsekretär der Ludwig-Boltzmann-Gesellschaft), der damalige Abgeordnete zum Nationalrat und heutige Ombudsmann Dr. Franz Bauer, der damalige Landtagsabgeordnete und heutige Stadtrat von Wien Johann Hatzl, der Abgeordnete zum Nationalrat Dr. Hauser, der damalige Abgeordnete zum Bundesrat und heutige Abgeordnete zum Nationalrat und Generalsekretär des ÖAAB Heinzinger, die Abgeordnete zum Nationalrat Dr. Marga Hubinek, Präsident Ing. Wilhelm Hrdlitschka und Gattin, Abgeordneter Dr. Franz Karasek, Legationsrat Dr. Parisini (vom Außenministerium nominiert), Dr. Elisabeth Pittermann und Dr. Gerd Kaminski. Die Delegation traf mit dem stv. Ministerpräsidenten Deng Xiaoping und Vize-Außenminister Qiao Guanhua zusammen.

118 Delegationsteilnehmer: Ing. Erich Amerer (Leiter der Zweigstellte der Gesellschaft in Graz), Zentralsekretär Helmuth Braun, Frau Dr. Edith Mock, Sektionschef Dr. Herbert Pindur (Ministerium für Gesundheit und Umweltschutz), Landtagsabgeordneter Hermann Ritzinger, Landesamtspräsident (Steiermark) Dr. Alfons Tropper, Else Unterrieder (stv. Generalsekretär der Gesellschaft). Die Delegation traf mit dem chinesischen Außenminister Qiao Guanhua zusammen.

119 Delegationsteilnehmer: Klubobmann Dr. Heinz Fischer mit Gattin, Klubobmann Dr. Stephan Koren mit Gattin, Frau Maria Strasser, Generaldirektor Walter Flöttl (Bank für Arbeit und Wirtschaft), Landtagsabgeordneter Erich Fidesser, Dr. Peter Jann (damals Parlamentsklub der ÖVP, heute Mitglied des Verfassungsgerichtshofs), Univ.-Prof. Dr. Egon Matzner, Dipl.-Ing. Josef Reschen (damals Gemeinderat und heute Stadtrat von Salzburg), Abgeordneter zum Nationalrat Dr. Kurt Steyrer (Gesundheitssprecher der SPÖ), Abgeordneter zum Nationalrat Dr. Günther Wiesinger (Gesundheitssprecher der ÖVP), Dkfm. Alfred Stirnemann (internationaler Sekretär der ÖVP), Dr. Gerd Kaminski. Die Delegation traf mit dem stv. Vorsitzenden des Ständigen Ausschusses des Nationalen Volkskongresses Tan Zhenlin, dem Präsidenten der Freundschaftsgesellschaft Wang Bingnan und einigen hohen Funktionären der Justiz zusammen.

120 Delegationsmitglieder: Magistratsdirektor Prof. Dr. Josef Bandion; Zentralsekretär der SPÖ Abg. Karl Blecha, Dr. Trautl Brandstaller (Osterreichischer Rundfunk), Legationssekretär Marius Calligaris (vom Außenamt nominiert), die Abgeordneten zum Nationalrat Dr. Beatrix Eypeltauer (heute Staatssekretärin im Bautenministerium), Dr. Gottfried Feurstein, Dr. Josef Gruber, Landtagsabgeordneter (heute Abgeordneter zum Nationalrat) Fritz Hochmair, Generalsekretär des Österreichischen Rundfunks Dr. Heinrich Keller, Abgeordneter zum Nationalrat DDr. Fritz König, Abgeordneter zum Nationalrat Dr. Alois Leitner, Frau Elfriede List, Konsul Dr. Franz Madl, Direktor Dr. Manfred Opperer (Steyr-Daimler-Puch AG), Landesrat Ernst Neuhauser (Oberösterreich), der damalige Bundesrat und heutige Landesrat (Salzburg) Wolfgang Radlegger, Abgeordnete zum Nationalrat Dr. Erika Seda, Landesrat Hans Winetzhammer (Oberösterreich). Die Delegation traf mit dem stv. Ministerpräsidenten Deng Xiaoping und dem Präsidenten der Freundschaftsgesellschaft Wang Bingnan zusammen.

121 Die Delegation umfaßte außer dem Minister und seiner Gattin noch folgende Teilnehmer: Legationsrat Andreas Berlakovich (nominiert vom Außenministerium), Abg. z. NR Valentin Deutschmann, Dr. Edith Fischer (Wissenschaftsministerium), Abg. z. NR Dkfm Wilhelm Gorton, Abg. z. NR Hubert Huber, Abg. z. NR Walter Mondl, Abg. z. NR Dr. Heinrich Neisser, Vorsitzender der Landarbeitergewerkschaft Herbert Pansi, Abg. z. NR Josef Pfeiffer, Peter Rametshofer (Zweigstelle der ÖGCF in Graz), Landtagsabgeordneter Dir. Hermann Ritzinger, Abg. z. NR Ottilie Rochus, Abg. z. NR Gregor Stögner, Univ.-Ass. Dr. Wolfgang Ruppert (Reiseleiter). Die Delegation traf mit dem stv. Ministerpräsidenten Li Xiannian, dem Forstminister, dem stv. Landwirtschaftsminister und dem Präsidenten der Freundschaftsgesellschaft Wang Bingnan zusammen.

122 So z. B. in den Ansprachen, welche der chinesische Außenminister Ji Pengfei und der österreichische Geschäftsträger Dr. Dietrich Bukowski am 26. Oktober 1972 anläßlich des österreichischen Nationalfeiertages gehalten haben. – *China-Report,* Nr. 7/8 1972, S. 36 f.

123 Die elfköpfige Delegation umfaßte neben Funktionären der Freundschaftsgesellschaft (außer Wang Bingnan: Vizepräsident Xie Bangding, Ma Beiqiang, Liu Zheng, Chen Mingxian, Hu Juntan sowie Liu Changye vom chin. Außenministerium) auch Vertreter verschiedener Fachbereiche (Wirtschaft, Medizin, Publizistik – Zhao Yinhua, Prof. Tao Huanle, Xu Lin), auch den berühmten chinesischen Dichter Ai Qing.

124 Mitglied der Rechtskommission des Ständigen Ausschusses das Nationalen Volkskongresses, stv. Leiterin des rechtswissenschaftlichen Institutes der chinesischen Akademie für Sozialwissenschaften.

125 Weitere Mitglieder: Wu Daying, Leiter des Forschungsbüros für die Theorie von Staat und Recht des oben genannten Institutes, Zhang Zhonglin, stv. Leiter des Forschungsbüros für Strafrecht, Yu Xingru, stv. Leiter des Forschungsbüros für Zivilrecht, Di Wen (Dolmetscherin).

126 Siehe *Erster Besuch einer chinesischen Juristendelegation im westlichen Ausland,* in: *China-Report,* 50/1979, S. 7 ff.

127 Auf Initiative des Generalsekretärs der Österreichischen Juristenkommission, Dr. Ma-

chacek, hatte sich im Rahmen des Studienreiseprogramms der ÖGCF im April 1979 unter Begleitung von Dr. Kaminski eine von den Präsidenten Melichar und Pallin geführte hochrangige Juristengruppe nach China begeben und mit chinesischen Kollegen Fachgespräche geführt. Kaminski selbst hatte in China derlei Kontakte bei seinen Besuchen seit dem Jahre 1972 gepflegt.
Es handelt sich dabei um einen Bereich, in dem ein neutraler Kleinstaat wie Österreich weit über seine eigentliche Größe hinaus wirken kann.

128 Im Oktober 1979 hatte sich bereits durch den Besuch des bekannten österreichischen Pianisten Paul Badura-Skoda ein musikalischer Kontakt ergeben. Dem Ensembe, das fast in ganz Österreich konzertierte, gehörten an: Liu Dehai (der beste Pipa-Spieler Chinas), Deng Yun (Mezzosopran), Shi Hong'e (Tenor), Li Qi und Cui Shiguang (Pianisten) sowie als Delegationsleiter der Dirigent Yao Guanrong und der Beamte des Kulturministeriums Hong Shannan. Stellvertretend für alle anderen Kritiken sei hier die von Klaus Khittl aus *Die Presse* vom 13. März 1980 wiedergegeben:

»Puccini aus Peking
Chinesische Musiker erstmals mit westlicher Musik im Westen
Tenor zu sein ist schwer. In China Tenor zu sein, Bajazzo, Cavaradossi und Leoncavallos ›Matinata‹ im Repertoire zu haben, das war aber bis vor kurzem nicht nur schwierig, sondern sogar verboten. Dies in Kürze die Lebensgeschichte des Heldentenors Shi Hong'e, nicht annähernd so spektakulär, wie manche der gleißenden Töne, die er am Dienstag durchs ehrwürdige Palais Pallfy jagte.
Er gehört jenem denk- und merkwürdigen Ensemble chinesischer Musiker an, das, erstmals seit fünfzehn Jahren, wieder mit westlicher Musik im Westen gastieren darf. Siebzehn Konzerte in drei Wochen; quer durch die Bundesrepublik und die Bundesländer; Wien als die letzte Station der musikalischen Reise. Das Ensemble: Mezzosopran und Tenor, zwei Pianisten, und, weil nicht allein Rossini, Puccini oder Bizet zu Gebote stehen sollten, der Musiker Liu Dehai, dessen Kunst es ist, das uralte lautenartige Saiteninstrument, genannt Pipa, zu beherrschen.
Daß diese fünf jahrelang ihren Beruf nicht ausüben durften, ist ihren Produktionen so wenig anzuhören, wie es ihrem asiatischen Lächeln anzusehen wäre. Den Pianisten waren die Klaviere weggenommen worden, der Tenor – nach seiner Ausbildung an der Bulgarischen Staatsoper – mußte das hohe C einmotten, dem Pipa-Spieler wurde nicht nur seine traditionelle Musik, sondern sogar der ›bürgerliche‹ Sessel verboten, auf dem er beim Spielen zu sitzen pflegte.
Nun ist das alles sehr anders. Da sitzt Liu Dehai im hochgeschlossenen Mao-Anzug auf einem mit roter Seide bespannten Rokokostühlchen im Wiener Pallfy, wo einst Mozart konzertierte, und spielt die tausendjährige Pipa, Shi Hong'e darf, groß auftrumpfend, zeigen, was er alles in Sofia gelernt hat, und läßt die ›Tosca‹-Sterne blitzen oder den Bajazzo schmetternd lachen. Die junge Dame Deng Yun singt im rotschwarzen Abendkleid altchinesische Lieder, die Rosina-Arie aus dem ›Barbier von Sevilla‹ und die Habanera aus ›Carmen‹. Die Stimmen vereinen großes Volumen mit jener sinnlich timbrierten Üppigkeit, wie man sie sonst vor allem von der russischen Gesangsschule gewohnt ist. Die Pianisten Li Qi und Cui Shiguang haben die Musik virtuos in den Fingern.
Neben der extravaganten Diskrepanz zwischen Opernbelcanto und fernöstlichem Mienenspiel bezauberte an der Soiree der Österreichisch-Chinesischen Gesellschaft am meisten noch die Kunst des Mannes mit der Pipa: wenn er zum Beispiel das 1500 Jahre alte Stück ›Umzingelt von allen Seiten‹ spielt, eine exotische Schlachtenmusik mit stilisiertem Pferdewiehern, Waffenklirren und Klagerufen. Jubel für ihn und seine Kollegen, zwischen Erstaunen und Feierlichkeit, dem Comeback des Jahres angemessen.«

129 *Das Jahr des Ochsen begann in Favoriten,* in: *Kurier* vom 10. Februar 1973, S. 5; *China feierte in Wien – Büffeljahr folgte auf Mausjahr,* in: *Arbeiter-Zeitung* vom 10. Februar 1973, S. 5.

130 Alexander Trojan las Werke von Goethe, Schiller, Matthias Claudius, Lichtenberg,

Heine, Rilke, Brecht, Mao Zedong, Luitpold Stern, Anton Wildgans, Stefan Zweig, Christian Morgenstern, Joachim Ringelnatz und Wilhelm Busch.

131 Vgl. etwa das Bulletin der chinesischen Nachrichtenagentur Xinhua vom 23. Juli 1979: »... Vice-Premier Li praised the association for its contributions to the promotion of friendship between the two countries and two peoples...«, oder den Bericht der Austria Presseagentur über die Tischrede des österreichischen Außenministers Dr. Willibald Pahr vom 13. Dezember 1979 anläßlich eines für den scheidenden chinesischen Botschafter gegebenen Abschiedsessens: »... Die Intensivierung der bilateralen Beziehungen komme in dem zunehmenden Besuchsaustausch zum Ausdruck: von österreichischer Seite sind in letzter Zeit die Minister Broda, Rösch und Haiden nach China gereist, die österreichisch-chinesische Gesellschaft (ÖGCF) unter Leitung von Univ.-Doz. Dr. Gerd Kaminski habe sich große Verdienste um die beiderseitigen Beziehungen erworben.« (Aussendung der APA vom 14. Dezember 1979.)

132 Mitgliederstand des Instituts vom Jahr 1980 (angestellt sind nur die beiden Institutsleiter und Dr. Xie):
Leitung: Univ.-Doz. Dr. Gerd Kaminski, Else Unterrieder, Dipl. rer. pol. (Berlin)
Beratung: Prof. Vivien Pick (geb. Hsü Dschi-siu), Universität Wien, em. Univ.-Prof. Wang Chao-jen, Universität Nanking
Referenten: Dr. Hsieh Chih-sheng (Ost- und südostasiatisches Recht), Univ.-Doz. Dr. Gerd Kaminski (Rechts-, insbesondere Völkerrechtskonzeptionen und Außenpolitik in Ost- und Südostasien), Gustav Meng (Chinesisches Gesundheitswesen), Dr. Helmut Opletal (Innen- und Medienpolitik der ost- und südostasiatischen Staaten), Mag. Emanuel Ringhoffer (Geschichte Chinas und der südostasiatischen Staaten; Überseechinesen), Dr. Wolfgang Ruppert (Naturwissenschaft und Technik Chinas), Red. Harry Sichrovsky (Außenpolitik Chinas und Südostasiens), Else Unterrieder, Dipl. rer. pol. (Berlin) (Chinesische Geschichte und Literatur), Udo Weiss (Wirtschaft Ost- und Südostasiens)

133 Uwe G. Fabritzek, Udo Weiß, *Das Entwicklungsmodell China,* Wien, 1975, 123 Seiten
Wolfgang Ruppert, Erich Wang, *Naturwissenschaft und Technik in der VR China,* Wien, 1975, 95 Seiten
Gerd Kaminski, *Die Haltung der Volksrepublik China zum Völkerrechtlichen Gebietserwerb,* Wien, 1975, 70 Seiten
Weggel, Fabritzek, Kaminski, Sichrovsky, *China und die Dominotheorie,* Wien, 1976, 120 Seiten;
Helmut Opletal, *Chinesische Massenmedien,* Wien, 1976, 80 Seiten;
Oskar Weggel, *Die Verfassung der VR China von 1975* (in Zusammenarbeit mit dem Institut für Asienkunde, Hamburg), Wien 1976, 147 Seiten;
Gransow, Kaminski, Nakajima, Weggel, Weiss, *China und die Vereinten Nationen,* Wien 1976, 49 Seiten;
Wolfgang Ruppert, *Mathematik in China,* Wien, 1976, 140 Seiten;
Gerd Kaminski, *Chinas prinzipielle Haltung zu internationaler Ordnung und Völkerrecht,* Wien 1977, 60 Seiten;
Gerd Kaminski – Oskar Weggel, *Das Recht und die Massen, Recht und Rechtspflege in der VR China,* Wien, 1977, 165 Seiten;
Während der Interimsphase erschien kurz vor offizieller Bekanntgabe der Gründung, aber bereits als Publikation des neuen Boltzmann-Institutes: Gerd Kaminski, *Menschenrechte in China,* Wien 1978, 104 Seiten.

134 An der Eröffnung bzw. am anschließenden vom Institutsleiter Kaminski gegebenen Empfang nahmen unter anderem teil: Bundesminister für Justiz Dr. Christian Broda, Bundesminister für Landesverteidigung Otto Rösch, Präsident des Obersten Gerichtshofs Dr. Franz Pallin, Vizekanzler a. D. Dr. Hermann Withalm, Bundesminister a. D. Dr. Georg Prader, eine Reihe von Abgeordneten zum Nationalrat und andere Vertreter des öffentlichen Lebens.

Namenregister

Die Schreibung der chinesischen Namen folgt, soweit sie uns in chinesischer Schrift zur Verfügung standen, der heutigen offiziellen Lautschrift (Pinyin), ausgenommen die seit langem eingedeutschten.
Namen, deren chinesische Schreibung unbekannt blieb bzw. in Direktzitaten vorkommende Namen wurden in der Schreibung belassen, wie sie in den Quellen aufgefunden worden war. Das betrifft neben Personen- auch geographische Namen.
Das Namenregister enthält aus Platzgründen nicht die in den Fußnoten geführten Autorennamen. Vornamen wurden nur soweit aufgenommen, als sie im Text enthalten sind.